Günter Gödde, Jörg Zirfas
Therapeutik und Lebenskunst

Therapie & Beratung

Günter Gödde, Jörg Zirfas

# Therapeutik und Lebenskunst

Eine psychologisch-philosophische Grundlegung

Mit einer Eröffnung von Michael B. Buchholz

Psychosozial-Verlag

Bibliografische Information der Deutschen Nationalbibliothek
Die Deutsche Nationalbibliothek verzeichnet diese Publikation in der Deutschen
Nationalbibliografie; detaillierte bibliografische Daten sind im Internet über
http://dnb.d-nb.de abrufbar.

Originalausgabe
© 2016 Psychosozial-Verlag
Walltorstr. 10, D-35390 Gießen
Fon: 06 41 - 96 99 78 - 18; Fax: 06 41 - 96 99 78 - 19
E-Mail: info@psychosozial-verlag.de
www.psychosozial-verlag.de
Alle Rechte vorbehalten. Kein Teil des Werkes darf in irgendeiner Form (durch Fotografie,
Mikrofilm oder andere Verfahren) ohne schriftliche Genehmigung des Verlages reproduziert
oder unter Verwendung elektronischer Systeme verarbeitet, vervielfältigt oder verbreitet werden.
Umschlagabbildung: Paul Klee: »Scheidung abends«, 1922
Umschlaggestaltung und Innenlayout nach Entwürfen von Hanspeter Ludwig, Wetzlar
www.imaginary-world.de
Satz: metiTEC-Software, me-ti GmbH, Berlin
ISBN 978-3-8379-2439-8

# Inhalt

**Eine Eröffnung**    19
*Michael B. Buchholz*

Lebenskunst – philosophische Erörterung justiert therapeutische
Basiskonzepte neu    19
Empathie, Sorge und Selbstfürsorge    26
Lebenskunstlehre in der Therapeutik    29

**Vorwort**    33

**1 Die Wechselbeziehung zwischen Therapeutik und Lebenskunst**    41
    Der aktuelle Diskurs über Lebenskunst    42
    Die Relevanz des Lebenskunstdiskurses für die Therapeutik    45
    Fragen der heutigen Therapeutik an die Lebenskunst    48
      Einschätzung der »Lebenskunst« des Patienten    49
      Behandlungsperspektiven und -ziele    51
      Behandlungsmethode und -kunst    53
      Implizite Lebenskunstkonzepte des Therapeuten    55
      Polaritäten und Widersprüche    56
      Selbstsorge des Therapeuten    58
    Fragen der Lebenskunst an die Therapeutik    59
      Schönheit    60
      Glück    61
      Kunst    62
      Optionen und Kontingenzen    64
      Phantasie und Kreativität    66
      Zeitlichkeit und Endlichkeit    68
      Ausgewählte Literatur    69

## 2 Philosophien der Lebenskunst 71

Antike 72
Sokrates und Platon: Wahrheitssuche und Erinnerungsarbeit 73
Die Stoa: Beherrschung der Affekte 83
Die Epikureer: Die Orientierung an der Lebenslust als Vermeidung
von Unlust 91
Zusammenfassung der antiken Positionen 99
Ausgewählte Literatur 101

Renaissance, Aufklärung und Romantik 102
Michel de Montaigne: Die Essayistik des Selbst 106
Immanuel Kant: Das Programm einer vernünftigen Lebensführung 115
Zur Dialektik von Aufklärung und Romantik 126
Ausgewählte Literatur 138

Wegbereiter der Lebensphilosophie im 19. Jahrhundert 138
Arthur Schopenhauer: Erlösung von der Triebhaftigkeit 140
Friedrich Nietzsche: Die große Loslösung 150
Schopenhauers und Nietzsches Lebenskunstkonzepte im Vergleich 159
Ausgewählte Literatur 162

Wiederaufleben der Lebenskunstphilosophie im 20. Jahrhundert 163
Michel Foucault: Selbstsorge und Ästhetik der Existenz 165
Wilhelm Schmid: Nutzen und Nachteil der Wahl 174
Ausgewählte Literatur 179

Zusammenfassung der Positionen von der Renaissance
bis zur Postmoderne 180
Die therapeutischen Einsichten der Lebenskunstphilosophen 182

## 3 Von der antiken Heilkunst zur modernen Psychotherapie 185

Medizinische Heilkunst und philosophische Lebenskunst
in der Antike 187
Medizin und Lebenskunst 187
Die medizinisch-seelische Sorge um sich 194
Asketische versus ekstatische Konzepte der therapeutischen
Lebenskunst 200
Die lebenskunstphilosophische Relevanz der Traumdeutung 204
Der Umgang mit der Sexualität 209
Körper und Seele 213
Ausgewählte Literatur 225

Historische Stationen des Lebenskunstmodells im Blick auf und
im Umgang mit Sexualität 225
   Der Diskurs über den maßvollen Umgang mit der Sexualität 226
   Die Moralisierung des Geschlechtsaktes und die Ächtung der Lust
   (Augustinus) 228
   Zivilisierung und Selbstbeobachtung (Erasmus von Rotterdam) 231
   Der Kampf gegen die Onanie in der Aufklärung 234
   Rückblick: Scientia Sexualis oder Ars Erotica (Thomas Hobbes und
   Michel Foucault) 239
   Ausgewählte Literatur 243

Von geistlichen über philosophische zu psychologischen
Seelenkuren 244
   »Geistliche« Seelenkuren als Reaktion auf die Frömmigkeitskrise
   im 17. Jahrhundert 245
   Entwurf einer »philosophischen« Seelenkur in der Frühaufklärung 247
   Etablierung der Psychologie und Ästhetik als Teildisziplinen der
   Philosophie 249
   Übergang zum Projekt »psychologischer« Seelenkuren 252
   Anwendung der psychischen Kur auf die Geisteskranken 256
   Zur psychischen Kur in den Anfängen der Psychiatrie 261
   Therapeutische Grenzen der Seelenkuren 263
   Ausgewählte Literatur 264

Zwischenstufen auf dem Weg zu einer psychodynamischen
Therapeutik 264
   Mesmers Konzeption des Heilmagnetismus 265
   Entdeckung des Somnambulismus 268
   Der Magnetiseur als neuer Typus des Heilers 271
   Übergänge zum Hypnotismus und zur Suggestionstherapie 274
   Erfahrungen mit dem »Rapport« 279
   Das Aufdecken krankmachender Geheimnisse 282
   Die Bedeutung der Magnetiseure und Hypnotiseure für die
   moderne Psychotherapie 284
   Ausgewählte Literatur 286

Zusammenfassung: Lebenskunstkonzepte und therapeutische
Strategien 287

## 4 Freuds Therapeutik – ein Brückenschlag zur philosophischen Lebenskunst 291

Zur unmittelbaren Vorgeschichte der psychoanalytischen Behandlungskonzeption 293
   Drei Hauptströmungen in den Anfängen der modernen Psychotherapie 294
   Im Banne des Hypnotismus – Charcots neurologisches Paradigma der Hysterie 295
   Pierre Janets Prioritätsanspruch hinsichtlich der Erkenntnis des Unbewussten 299
   Ausgewählte Literatur 307

**Breuers und Freuds Therapiemodell der *Psychokatharsis* – in den Spuren von Jacob Bernays** 308
   Der Fall Anna O. 308
   Breuers Entdeckung der Katharsis als Heilfaktor 309
   Die Ausarbeitung der »kathartischen Methode« durch Breuer und Freud 311
   Zurückstufung der Katharsis von einer Behandlungsmethode zu einem Heilfaktor 313
   Bernays' »pathologische« und »therapeutische« Katharsis-Konzeption 314
   Die Katharsis-Konzeptionen von Freud, Bernays und Nietzsche im Vergleich 318
   Ausgewählte Literatur 321

**Der Übergang von der Ekstase zur *Askese* als Weichenstellung für die Psychoanalyse** 321
   Die Erkenntnis der »Verdrängung« 322
   Kunst des Erinnerns und Vergessens 324
   Die Entdeckung der Sexualität als Krankheitsfaktor und Anthropologikum 327
   Die lebensgeschichtliche Erforschung der Symptome 329
   Die neue Ausrichtung an einem Therapiemodell der Askese 331
   Ausgewählte Literatur 334

Mut zur Wahrheit – von der psychoanalytischen Grundregel
zurück zur antiken »*Parrhesia*« 335
   Die psychoanalytische Grundregel 335
   Rückblende in die Antike 336
   Selbstanalyse mittels Traumdeutung 338
   Differenzen hinsichtlich des Anspruchs auf Erkennbarkeit der
   Wahrheit 341
   Wahrheitssuche als Spiel des Aushandelns 344
   Ausgewählte Literatur 345

*Gleichschwebende Aufmerksamkeit* im Vergleich zu Muße und
Kontemplation 346
   Gleichschwebende Aufmerksamkeit als therapeutische
   Grundhaltung 347
   Philosophische Wurzeln 349
   Der Blickwinkel der ästhetischen Erfahrung 353
   Der intersubjektive Blickwinkel 355
   Gleichschwebende Aufmerksamkeit als »Mythos« – Ideal und
   Wirklichkeit 357
   Ausgewählte Literatur 359

Sigmund Freuds implizite Lebensphilosophie – Askese als Axiom
der Lebenskunst 360
   Freuds asketische Lebensform als biografischer Hintergrund 361
   Der Dualismus von Eros und Todestrieb im Spätwerk 364
   Askese als Axiom der Lebenskunst 368
   Ausgewählte Literatur 372

## 5 Ausgewählte psychodynamische Therapierichtungen und ihre impliziten Lebenskunstkonzepte 373

Die »klassische Einsichtstherapie« als Ausgangsposition 377
   Zwei unterschiedliche Begriffe der Behandlungs-»Technik« 378
   Freuds Modell einer »Einsichtstherapie« 380
   Zur Bedeutung der Metaphern des therapeutischen Erkennens 383
   Therapiemetaphern in Freuds Frühschriften zur Hysterie 385
   Therapiemetaphern in Freuds Schriften zur Behandlungstechnik 389
   Widersprüche zwischen Freuds expliziter und impliziter
   Behandlungstechnik 395
   Ausgewählte Literatur 398

## Sándor Ferenczis Weichenstellung zur »Therapie der emotionalen Erfahrung«   398
Zur Biografie   399
Therapie der emotionalen Erfahrung versus klassische Einsichtstherapie   401
Beziehungskunst und therapeutischer Takt   404
Die Gefahr der Retraumatisierung in der Therapie   407
Die intersubjektive Dimension der therapeutischen Beziehung   408
Unmittelbare Beziehungsregulierung auf der Ebene emotionaler Regeln   411
Ferenczis Rehabilitierung und Nachwirkung   414
Ausgewählte Literatur   415

## Theodor Reiks intuitionistische Therapiekonzeption und ihre Weiterentwicklung   416
Zur Biografie   418
»Hören mit dem dritten Ohr«   421
Behandlungskunst versus Behandlungstechnik   425
Vor- und Nachteile verschiedener Modi des (Zu-)Hörens   428
Der Stellenwert der unbewussten Intuition und ihr Kontext   433
Das Arbeitsmodell des »präsenten« Analytikers   436
Reiks Vorliebe für den »persönlichen Pol« der therapeutischen Haltung   438
Ausgewählte Literatur   442

## Stavros Mentzos als Selbst- und Beziehungspsychologe – der anthropologische Grundkonflikt zwischen Selbst- und Objektbezogensein   442
Zur Biografie   444
Der unbewusste Konfliktverarbeitungsmodus   446
Konfliktdynamik in der Psychose   450
Die anthropologische Grundannahme der Bipolarität   453
Interpersonale Abwehr und psychosoziale Arrangements   455
Neue Beziehungserfahrungen in der Psychosentherapie   458
Mentzos' Position zwischen »harter« und »weicher« Objektbeziehungstheorie   461
Ausgewählte Literatur   465

Irvin Yalom als philosophischer Therapeut – Fokussierung auf
existenzielle Fragen ... 466
   Zur Biografie ... 467
   Existenzielle Psychotherapie ... 469
   »Chronik einer Therapie« – eine frühe Falldokumentation ... 472
   Therapeutische Konzepte von Heilungsprozess und Ziel ... 476
   Therapiebeispiele für Lebenskunstaspekte ... 478
   »Und Nietzsche weinte« – ein fiktives Fallbeispiel ... 482
   Yaloms Balancieren zwischen existenziellen Bipolaritäten ... 486
   Ausgewählte Literatur ... 487

Vergleich der impliziten Lebenskunstkonzepte und
therapeutischen Strategien ... 487
   Therapiemetaphern im Wandel – »open to revision« ... 488
   Therapeutische Grundhaltungen im Vergleich ... 495
   Anthropologische Polarisierungen und Polaritäten ... 498
   Weltanschauliche Hintergrundannahmen ... 501
   Folgerungen ... 505
   Ausgewählte Literatur ... 506

## 6 Dimensionen einer philosophischen und sozialwissenschaftlichen Lebenskunstkonzeption ... 509

**Das Selbst der Selbstsorge** ... 511
   Identität im Übergang ... 512
   Sich-nicht-um-sich-selbst-sorgen-Können ... 514
   Kohärenz und Kontinuität ... 516
   Ausgewählte Literatur ... 523

**Der Andere in der Lebenskunst** ... 524
   Das Selbst und der Andere ... 524
   Das Modell der Anerkennung ... 526
   Formen der Anerkennung ... 531
   Ausgewählte Literatur ... 536

**Der Sinn des Lebens** ... 537
   Die Begriffe Sinn und Wert ... 537
   Zur Genealogie des Sinns ... 541
   Arbeit an der Widersprüchlichkeit ... 543
   Ausgewählte Literatur ... 547

Die Sublimierung des Geschmacks 548
Der Geschmack als ästhetisches Vermögen 549
Zur Psychoanalyse der Ästhetik 552
Geschmacksbildungen 555
Ausgewählte Literatur 558

Das Spiel der ästhetischen Erfahrung 558
Metawahrnehmungen 559
Spiele mit dem Unbewussten 562
Die therapeutische Situation 564
Ausgewählte Literatur 568

Das Glück der Phantasie 569
Nur der Unglückliche phantasiert – Möglichkeitsräume 571
Der Wunsch nach dem verlorenen Paradies 575
Realistisches Glück 577
Ausgewählte Literatur 580

Die Stilisierung der Existenz 581
Die Bedeutung der Inszenierung 581
Stile in der Therapie 586
Stilisierung und Sublimierung 587
Ausgewählte Literatur 593

Takt als intersubjektiver Beziehungsregulator 594
Bedeutungsdimensionen 595
Soziale Funktionen 599
Der therapeutische Prozess 602
Ausgewählte Literatur 603

Zusammenfassung 604

# 7 Die Bedeutung von Lebenskunstkonzepten in der Therapie- und Lebenspraxis 609

Zum Theorie-Praxis-Verhältnis in der Psychotherapie 611
Die Kluft zwischen wissenschaftlicher Theorie und professioneller Praxis 612
Medizinisches versus sozialwissenschaftliches Therapiemodell 614
Die therapeutische Beziehung im Fokus 617
Orientierung an Persönlichkeit und Kompetenzen des Therapeuten 621
Ein Phasenmodell der Therapeutenentwicklung 624
Zum Umgang mit der Pluralität in der psychotherapeutischen Praxis 625

Die implizite Verwendung von Lebenskunstkonzepten 630
Ausgewählte Literatur 634
**Schnittfelder zwischen Therapeutik und Lebenskunst – ein Modell** 635
Erschütterung des Selbst 636
Abstand, Ruhe, Distanz – Möglichkeitsräume 644
Beziehungen und Gefühle 652
Widersprüchlichkeit der Existenz und der Professionalität 662
Kunst der Balance 672
Ausgewählte Literatur 679
**Therapeutische Lebenskunst in der Moderne – ein Ausblick** 680
Psychologisierung in der heutigen Lebenskunst 681
Autonomie versus Abhängigkeit 684

**Literatur** 693

**Personenregister** 727

*Für Hilde und Gundula*

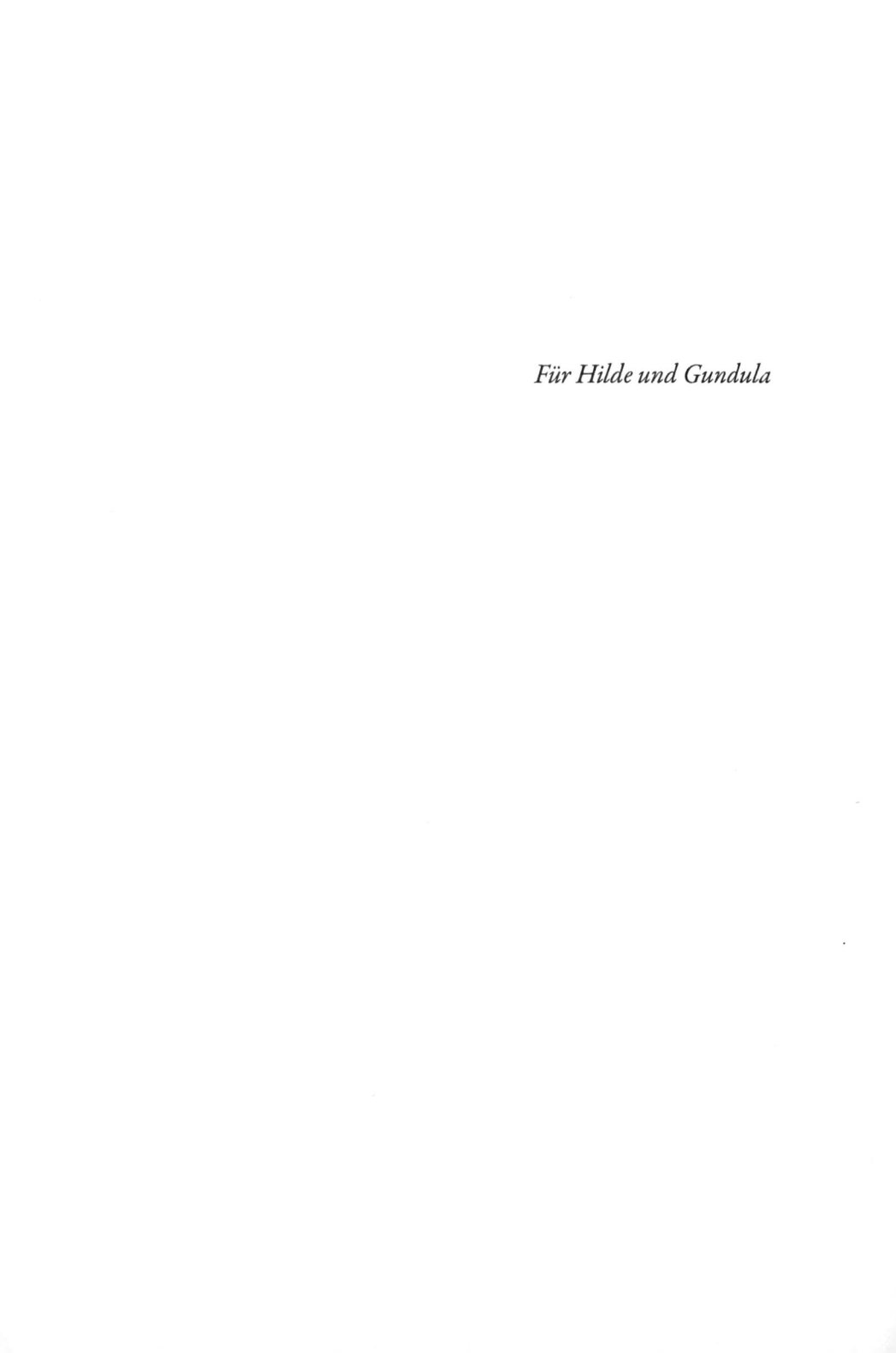

»Lassen Sie mich fürs erste daran mahnen, daß die Psychotherapie kein modernes Heilverfahren ist. Im Gegenteil, sie ist die älteste Therapie, deren sich die Medizin bedient hat. [...] [D]ie Methoden der primitiven und der antiken Medizin [lassen sich] zum größten Teil der Psychotherapie zuordnen.«

*Sigmund Freud, 1905a, S. 14f.*

»Vielleicht spielt die *Lebenskunst* des jeweiligen Therapeuten eine mindestens genauso große Rolle im Umgang mit seinen Patienten als alles Wissen um die richtige Therapieform oder die ›rite‹ Psychoanalyse.«

*Wolfgang Mertens, 2009, S. 198*

# Eine Eröffnung

*Michael B. Buchholz*

## Lebenskunst – philosophische Erörterung justiert therapeutische Basiskonzepte neu

Die Autoren dieses Buches haben mich liebenswürdigerweise gebeten, zu ihrem Buch eine Eröffnung zu schreiben. Ich habe diese Aufgabe dankbar übernommen, weil es für mich eine Ehre ist, ein solches Buch zu eröffnen, das so viele reichhaltige Verzweigungen des jahrtausendealten Menschheitsgesprächs über die Frage der Lebenskunst anspricht und entfaltet, wie das Leben richtig gelebt werden könne. Wir sind, vor allem durch die Initiative von *Günter Gödde*, seit mehreren Jahren im Gespräch über therapeutische Lebenskunst, trafen uns regelmäßig mit noch anderen – Karin Dannecker, Wolfgang Maaz, Bina Mohn, Johannes Oberthür, Werner Pohlmann, Sabine Stehle und Martin Vöhler – und gingen von der geteilten Intuition aus, dass unsere Handlungen und vor allem unser Sprechen von den impliziten, stillen Überzeugungen, was ein gutes Leben sei, geradezu durchtränkt seien; und zwar auch dann, wenn wir das nicht sofort und in wohlformulierten Worten hätten sagen können. Diese Seite des noch Unformulierten, aber durchaus Formulierbaren wird in diesem Buch als *implizit* angesprochen.

In diesem Buch geht es um eine Frage, die bislang eher peripher behandelt worden ist: Welcher Art ist der Zusammenhang zwischen *philosophischer* Lebenskunstlehre und *psychologischer* Therapeutik? Die Autoren vertreten, in aller Kürze gesagt, zwei miteinander verschränkte Hauptthesen: Lebenskunst ist, vor allem wenn es um die existenzielle Dimension geht, eine Art der Therapeutik und umgekehrt gilt, dass im Kontext noch jeder Psychotherapie sich implizite Lebenskunstlehren auffinden lassen, die belegen, dass die Psychotherapie – gleichgültig welcher Schule – insgesamt ohne philosophische Grundierung nicht auskommen kann. Daraus ergibt sich in Analogie zu einer berühmten Formulierung Kants die im Buch vorgestellte Pointe: »Lebenskunst ohne Psychotherapie stellt vor allem eine praktische, und Psychotherapie ohne Lebenskunst vor allem eine theoretische Verkürzung dar.«

Die ausgewählten Philosophen der Lebenskunst, von Sokrates und Platon bis Michel Foucault und Wilhelm Schmid, werden deshalb unter dem Aspekt ihrer impliziten Therapeutik behandelt, anders also, als es in vielen diesbezüglichen Werken geschieht. Die Fächergrenzen werden produktiv auch in anderer Hinsicht aufgesprengt: Die therapeutischen Schulen – von Sigmund Freud über die psychoanalytischen und humanistischen Schulen bis Irvin Yalom und viele andere – werden unter dem Aspekt der impliziten Lebenskunstlehren analysiert. In wichtigen Kapiteln werden auch die Fragen der »ästhetischen Erfahrung« und der »Kunst der Balance« in den Mittelpunkt gerückt.

Aus einer solchen Konzeption lassen sich sofort praktische und wissenschaftspolitische Gewinne abschöpfen. Therapeutik – das ist eine still mitlaufende Lebenskunstlehre, die sich auf eine fast tragische Weise dann selbst missversteht, wenn sie technisch mittels »Interventionen« etwas zu »reparieren« vorgibt, das sie zuvor in diagnostischen Manualen als »Störung« definiert hat. Diese technische Metapher wäre kein »szientifisches Selbstmissverständnis«, wie einst Habermas eine einflussreiche Formel prägte. Sie ist weit mehr – ein existenzielles Selbstmissverstehen, mit dem sich die Therapeutik um das bringt, was ihr eigentliches Können ausmacht. Die technische Sprache, die den therapeutischen Diskurs der Gegenwart sehr weitgehend bestimmt, zu korrigieren, ist kein nebensächliches Anliegen dieses Buches. Therapeutik muss nicht ersetzt, sie kann in philosophischen Thematisierungen grundiert werden; sie ist es und sie war es immer und sie zahlt einen hohen Preis, wenn sie diese Wurzeln leugnet. Sie könnte den Menschen nicht mehr das geben, was diese, beschwert von Fantasien, geäußert in Klagen und entstellt in Symptomen, einfordern: humanen Sinn, Orientierung, verpflichtende Werte, für die zu leben sich lohnt, die es wert sind.

Dass uns Werte etwas wert sind, dass es nicht nur um einzelne Werte geht, wird einem klar, wenn man sich die Rede von den »Störungen« vor Augen hält. Diese Rede unterstellt allein schon durch ihre Terminologie, dass es a) ein »ungestörtes« Leben geben könne, b) dass es gleichsam billig, nämlich durch Anwendung approbierter Psycho-Kuren zu erreichen wäre, c) und schließlich, dass es einem fraglos zustünde. Wer sich mit »Störungen« dann plagt, bekommt damit das Recht zu klagen zugesprochen. Die Terminologie mit den hier genannten Implikationen riskiert, die Opferrolle zu betonen. Jedem Einsichtigen jedoch ist klar, dass ein solches fragloses Recht auf ein klagloses Leben nicht besteht und schon gar nicht erteilt werden könnte. Von wem denn auch an wen? Wer hätte die Befugnisse dazu? Therapeutik kann nicht anders, als manche Versprechungen zurechtzurücken, die in solchen Terminologien liegen; sie muss die Unterscheidung zwischen dem, was man nur ertragen, und dem, was geändert werden kann, reetablieren. Zu dem, was man nur ertragen kann, kann Therapeutik brauchbare Einstellungen etablieren, soweit das möglich ist; anderes sollte sie zu verändern ermutigen. Die Kunst des »challenging« und die des »Engagements« sind interessanterweise gerade in der empirischen Psychotherapieforschung stärker entdeckt und genauer beschrieben worden als in der professionellen Praxis, obwohl sie dort natürlich auch vorkommen und geschickt gehandhabt werden. Die Rede von »Störungen« und »Interventionen« verleitet jedoch professionelle Psychotherapeuten dazu, die Behandlung seelischer Störungen im Wettbewerb mit anderen »Leistungserbringern« so zu diskutieren, als ginge es um Maximierung von Störungsfreiheit – und wir ignorieren dabei, dass die Abwesenheit von Schmerz nicht dasselbe wie Glück wäre, sondern Langeweile. Die Einstellung auf das Ziel der Schadensbeseitigung ist falsch. Der Depressive – wie unsere anderen Patienten auch – braucht es, dass seine Depression nicht als Irrtum, sondern als verzerrte Wahrheit verstanden und vernommen wird.

Die technische Terminologie in weiten Teilen der Therapeutik wäre ein Prototyp eines Lebenskunstdiskurses, der das jedoch von sich selbst nicht mehr weiß und deshalb glauben machen will, eine und nur eine Lösung – die technische – gäbe es für alle Probleme der Lebensführung. Es ist, als ob diese Ahnungslosigkeit über sich selbst mit einer enormen Lautstärke bezahlt würde, die alle andere Lebenskunst an die Peripherie drängt und schwerhörig macht. Das zu überwinden, die Lebenskunstlehren der Therapeutiken wieder hörbar zu machen, ihre Stimme wieder vernehmbar werden zu lassen – Vernunft kommt von vernehmen –, ist ein weiteres zentrales Anliegen dieses Buches.

Die technische Lebenskunstlehre, die das jedoch von sich selbst nicht wissen will, schreibt gleichsam eine und nur eine »objektive« Lösung vor – in der Methode dogmatisch, in den Wirkungen normativ und die Vielfalt begrenzend.

Das wiederholt eine historische Situation, in der objektive Ansprüche als verbindlich für die Lebensführung erhoben und vorgeschrieben wurden. Dann aber wurden sie mit der beginnenden Neuzeit allmählich subjektiviert – was schön in diesem Buch nachzulesen ist – und sind schließlich in der Therapeutik individualisiert worden. Ein Patient, der sich nur und ausschließlich als ein »Fall von ...« behandelt sähe, müsste sich schon in dieser Grundauffassung durch einen

Therapeuten schwer gekränkt fühlen, weil ihm/ihr der Anspruch auf individuelle Geschichte und Erfahrung gleichsam abgesprochen werden müsste. Er oder sie hätte ja eine Störung »wie dieser oder jene« und dann »macht man« eben das, was evidenzbasierte Forschung allein vorschreibt. Die größte Kunst der Therapeutik, die Einstellung auf die individuelle Person und ihre höchst einmalige Erfahrung wäre schon im Ansatz verspielt. Weil eine solche Person sich aber denken kann, dass ein Therapeut nach nur einem Gespräch gewiss nicht wissen kann, wie die Person gestellt und wie es um sie bestellt ist, könnte sie den Äußerungen eines Therapeuten natürlich nur wenig Glauben schenken; die Einstellung auf die individuelle Person ist unvermeidlich zeitverbrauchend; die technische Lösung will den nötigen Zeitverbrauch beseitigen oder zumindest minimieren. Sie eliminiert aber weit mehr.

Wo das Subjekt im gegenwärtigen dominanten Technik-Diskurs nicht auftaucht, kann es nur an der Peripherie erscheinen und schreibt sich dort manchmal vergleichbare Starallüren zu; manchmal als geheimes, manchmal in der Nähe des esoterischen Wissens; wenn auch mit weit geringerer Lautstärke. Das »wahre Selbst« war einst von dem Psychoanalytiker Donald W. Winnicott entdeckt worden, der jedoch nicht wusste, dass es ein zentraler Begriff der neuplatonischen Philosophie Plotins war. Winnicott bereitet diesen Begriff auf, indem er ihn als »die spontane Geste in Aktion« bezeichnet, etwas, das das Kind immer schon habe, das aber durch mütterliche oder andere Erwachsene verstört, entfremdet werden könne. Das Kind schütze dann sein wahres Selbst in sich – und mit dieser räumlichen Vorstellung von einem »Inneren« schafft sich stillschweigend ein Modell Raum, das von einer philosophischen Lebenskunstreflexion kontrastiert werden kann. Etwa durch die Frage, ob es tatsächlich einen solchen »inneren Kern« gibt und falls nein, was wir dann eigentlich damit meinen? Falls ja, in welchem Sinn wäre dieser Kern »innen«? Innen von was? Innen von der Welt, so wie Rilke vom »Weltinnenraum« sprach? Doch hatte Rilke damit eben die *ganze* Welt gemeint – und so auf eine poetisch subtile Weise gerade die Unterscheidung zwischen »innen« und »außen«, die uns so unaufhebbar selbstverständlich erscheint, aufgehoben. Die »ganze Welt«, das wäre ja die, die innen und außen einschließt, also diese Unterscheidung überwindet. Sie aber wäre nur von einem Standpunkt außerhalb der Welt überhaupt wahrzunehmen, wäre dann aber nicht mehr die »ganze« Welt. Dieser fiktive Standpunkt war in der Tradition als »god's eye view« ausgezeichnet worden.

Wenn man also in der therapeutischen Behandlung die Schalen der Entfremdung abarbeitet wie beim Schälen einer Artischocke – so die Analogie von Wittgenstein in seinen *Philosophischen Untersuchungen* (§ 164) –, findet man dann einen »Kern«? Oder findet man einfach weitere Schalen und hält am Ende – nichts in den Händen? Die Artischocke ist auseinandergenommen, das so vielfach als »positivistisch« geschmähte Modell des »Auseinandernehmens« in immer kleinere Teile und Teilchen hätte ein Ergebnis – das Spiel wäre aus. Wittgenstein aber will die Artischocke lebbar und genießbar erhalten, seine Kritik am »Artischocken-Denken« auch in der Psychologie trifft selbst dann, wenn man grundsätzlich zugesteht, dass unsere Begriffe im Sinne einer »open texture« unscharfe Ränder haben, vage und unbestimmt sind. Das hervorzuheben, war ja gerade Wittgensteins Anliegen; sie sind Sprachspiele. Die moderne Therapeutik in ihren avanciertesten Vertretern hat deshalb längst verstanden, dass das »wahre Selbst« etwas meint, das nicht im Rückzug nach innen, sondern sich in den »now moments« und »moments of meetings« (Daniel Stern) realisieren kann, in der vorübergehenden Aufhebung der individuellen Abgrenzung zugunsten von »shared minds« (Jordan Zlatev), in der Entwicklung eines »dyadic state of consciousness« (Ed Tronick), einer Ankopplung zweier Bewusstseine, durch die Formen höherer Komplexität entstehen, die für die Lösung mancher menschlicher, lebenskunstrelevanter Probleme erforderlich sind; dazu gleich noch ein paar Worte.

Die Entwicklungsnotwendigkeit zu diesen modernen Formen der Therapeutik wird von *Günter Gödde* und *Jörg Zirfas* lehrreich nachgezeichnet. Aus ihrem Buch kann man deshalb lernen, dass man mit der Idee des »wahren Selbst« auch anders als nur individualistisch spielen kann, wenn man nur andere Grundkonzeptionen anlegt. Die Beschäftigung mit Plotin etwa ebenso wie die mit Nietzsche ermöglichen andere »Spielregeln«; das wahre Selbst wäre dann etwa »weit über sich« zu denken, als etwas, das wir nicht etwa schon hatten, in einer fernen und ungeschützten Kindheit, sondern in einer zu erarbeitenden lichten Höhe – zu erarbeiten durch Stille und Meditation, durch Gespräch und Denken, durch Wachheit und Traum in anzunähernder Zukunft. Das Wahre liegt dann nicht hinter uns und wäre für immer verloren – so denkt es die biblische Genesis von der Vertreibung aus dem Paradies und der Erbsünde und eine solche Lehre muss epistemisch deprimieren, denn wir hätten ja nur etwas verloren, hinter uns gelassen, das wir nie mehr erreichen könnten und von dem wir dennoch gesagt bekommen, es sei Ort und Hort der Wahrheit, des Friedens, das Paradies. Aus dieser Falle gilt es, sich zu befreien, aus dieser Falle kann die philosophische Lebenskunstlehre befreien.

Die Auseinandersetzung mit den philosophischen Lebenskunsttraditionen führt zu einer anderen Verortung des wahren Selbst: Es liegt vor oder »über« uns, als Aufforderung zum Aufstieg, zur Suche nach dem Eingang ins Paradies vom »anderen Ende der Welt« her, wie es wohl zuerst Heinrich von Kleist in seiner Erzählung vom *Marionettentheater* formuliert hatte; das Vergnügen, diesen schönen Text zu lesen, sei hiermit im Sinne der Lebenskunst ausgesprochen. Literatur wirkt manchmal als Fenster in jene Welten, die wir sonst nicht sehen. Das schärft unseren Realitätssinn, ohne zu verletzen.

Literatur kann etwas sichtbar machen, was nicht einzelne Tatsachen sind, sondern ein Mehr ist. »Manchmal stellen Tatsachen auch eine Bedrohung für die Wahrheit dar«, schrieb der bekannte israelische Schriftsteller Amos Oz.

> »Any beginning of a story is always a kind of contract between writer and reader. There are, of course, all sorts of contracts, including those that are insincere. Sometimes the opening paragraph or chapter works like a secret pact between writer and reader, behind the protagonist's back.«

Literatur stellt einen Kontakt mit dem Leser her, der mehr und anderes ist als die Vermittlung von Fakten. Sie kann immer nur ein einzelnes Geschehen beschreiben, aber daran entfaltet sich ein Größeres. Von »Tatsachen-Schotter« sprach spöttisch auch schon der österreichische Autor Heimito von Doderer in der *Strudlhofstiege*. Manchmal sind die Dinge in einer Weise präsent, die nicht erklärt werden kann. Aber diese Weise kann erfahren werden, weil sich in einem solchen »Jetzt« die Gegenwart präsentiert, eine Repräsentanz ihrer selbst bildet und sich hochgradig verdichtet. Dagegen wären Tatsachen dann tatsächlich, so möchte man schmunzelnd formulieren, »Schotter«. Man sieht, die Form des Poetischen ist nicht nur Sache für Germanisten, sie gewinnt seelische Realität und Gegenwärtigkeit. Geht es um Glauben, um Konfession? Oder um wissenschaftliche Tatsachen? Hilfreich, wenn wir schon so literarisch sind, ist vielleicht die Erinnerung an einen Autor, Robert Musil, in dessen *Mann ohne Eigenschaften* ich noch die folgenden Zeilen über seinen Protagonisten Ulrich lese:

> »Ohne Zweifel war er ein gläubiger Mensch, der bloß nichts glaubte: seiner größten Hingabe an die Wissenschaft war es niemals gelungen, ihn vergessen zu machen, daß die Schönheit und Güte der Menschen von dem kommen, was sie glauben, und nicht von dem, was sie wissen. Aber der Glaube war immer mit Wissen verbunden gewesen, wenn auch nur mit einem eingebildeten, seit den Urtagen seiner zauberhaften Begründung. Und dieser alte Wissensteil ist längst vermorscht und hat den Glauben mit sich in die gleiche Verwesung gerissen: es gilt also heute, diese Verbindung neu aufzurichten. Und natürlich nicht etwa bloß in der Weise, daß man den Glauben ›auf die Höhe des Wissens‹ bringt; doch wohl aber so, daß er von

dieser Höhe auffliegt. Die Kunst der Erhebung über das Wissen muß neu geübt werden. Und da dies kein einzelner vermag, müßten alle ihren Sinn darauf richten, wo immer sie ihn auch sonst noch haben mögen; und wenn Ulrich in diesem Augenblick an einen Jahrzehnt-, Jahrhundert- oder Jahrtausendplan dachte, den sich die Menschheit zu geben hätte, um ihre Anstrengungen auf das Ziel zu richten, das sie ja in der Tat noch nicht kennen kann, so brauchte er nicht viel zu fragen, um zu wissen, daß er sich das schon seit langem unter vielerlei Namen als das wahrhaft experimentelle Leben vorgestellt habe.«

Aus der Nähe zwischen dem Literarischen und dem Psychologischen, zwischen dem Wissenschaftlichen und dem Intuitiven wächst dem Protagonisten Ulrich die Ahnung einer Lebenskunstlehre und Musil kann das beschreiben. Nicht nur Freud wunderte sich, dass seine Krankengeschichten wie Novellen zu lesen seien; sein literarischer »Doppelgänger« Arthur Schnitzler meinte einmal fast erschrocken, er schreibe Diagnosen.

Die hier analysierten Lebenskunstlehren justieren unser Denken neu. Diese Bezüge lassen sich bis in die Praxeologie ausbauen. Freud hatte einst den Unterschied zwischen der Hypnose und der Psychoanalyse so beschrieben, dass in der Hypnose etwas »aufgelegt« werde, etwa ein »Gegenwille« zu den Symptomen, während umgekehrt in der Analyse Schicht für Schicht weggenommen werde. Dieses berühmte Bildhauergleichnis findet sich, wie die Autoren erinnern, ebenfalls schon bei Plotin, der es als eine seiner Lebenskunstmaximen formulierte, seine eigene Statue zu meißeln, und diese Aufgabe wird dann von Foucault aufgegriffen, der sie neben Parrhesia und Askese als »Stilisierung« beschreibt. Plötzlich ist da nicht mehr der Gegensatz von (wahrem, authentischem) Selbst gegen (soziale) Entfremdung, der unauflöslich schien und manche in eine Art epistemischer Verzweiflung gestürzt hatte. Sondern das soziale Leben wird jene Arena, in welcher wir diese Aufgabe des »Werdens«, der Stilisierung, der wahren und aufrichtigen Rede (Parrhesia) uns gestaltend realisieren – oder aber verfehlen.

Die konzeptuelle Idee, dass wir immer schon ein Selbst gehabt hätten, das nun leider »verloren« ist, muss deprimieren, wenn nicht zugleich die Mittel angegeben werden, wie man es erlangen könnte. Die philosophisch gegründete Aussicht, dass es nicht hinter, sondern vor uns liegt, ist eben diese Erlösung – und sie bürdet uns, unvermeidlich, Arbeit auf. Jene Art von Arbeit, von der Freud meinte, dass sie von der Liebe ergänzt werden müsse. Und wer hätte gedacht, dass Freud ein Gleichnis verwendet, das eigentlich aus der Philosophie stammt? Ein Ursprung, den er wohl sowenig kannte wie Winnicott den vom wahren Selbst. Das ist nur einer der Gründe für die Lebenskunstlehre, über die in diesem Buch so luzide informiert wird.

## Empathie, Sorge und Selbstfürsorge

Wie man reichhaltig aus diesem Buch erfahren wird, ist das Thema der Selbstfürsorge in den Lebenskunstlehren ganz aktuell und prominent. Und ganz alt. Für sich selbst sorgen – wie viele Patienten mögen das als eine Formel mit aus einer Stunde, aus einer ganzen Behandlung genommen und sich in schwierigen Zeiten damit Tröstung angedeihen lassen haben. Tatsächlich, wer sich nicht selbst zu trösten vermöchte, wer nicht für sich selbst sorgen könnte, fiele anderen zur Last. Die Moderne hat seit dem 18. Jahrhundert für solche Menschen Psychiatrien institutionalisiert, in denen solche unglücklichen Menschen »ent-sorgt« wurden (wie man ohne Zynismus, aber begrifflich genau formulieren könnte). Der Philosoph Schopenhauer hat sich deshalb für den »Wahnsinn« interessiert, die entsprechenden Heilstätten im Berlin seiner Zeit besucht und das Mitleid unter dem Einfluss seiner Beschäftigung mit der indoasiatischen Philosophie zu einem zentralen Thema seiner Lehre gemacht. Von Foucault haben wir im Gegenzug gelernt, dass diese Institutionen keineswegs allein der Tröstung dienten, sondern dem Wegschluss und der Disziplinierung. Sie waren Teil von Macht-Dispositiven, die sich mit wachsenden Freiheitsmöglichkeiten zugleich über weiteste gesellschaftliche Bereiche zu erstrecken begannen. Es ist kein Zufall, dass Wilhelm Schmid, der Initiator des aktuellen Lebenskunstdiskurses in Deutschland, seine Dissertation über Foucault geschrieben hat.

Mit der Psychoanalyse Freuds eröffnete sich eine neue Institutionalisierung des Themas scheiternder oder gescheiterter Selbstfürsorge. Sie mündet heute in die Einsicht, dass der Wort-Teil »Selbst« im tiefsten Kern eine soziale Genese hat, die der Fürsorge eines anderen, meist: einer anderen, nämlich der Mutter, bedarf, damit dieses Selbst irgendwann die Fähigkeiten der Selbstfürsorge entwickeln und erreichen kann. Das Selbst erfährt in der mütterlichen Empathie eine Genese.

Eine therapeutische Lebenskunst erweitert die Selbstsorge um die Fürsorge, um die Empathie mit dem anderen. Empathie, das war das neue und zugleich so alte Wort, mit dem man die ebenso betulichen wie auch gouvernementalen Nebenbedeutungen der alten »Fürsorge« beseitigen und zugleich anschließen konnte an eine breite Tradition der Diskussion über »Einfühlung«, die in der Philosophie zu Freuds Zeiten die Gemüter erregte. Prominent unter ihren Vertretern war Theodor Lipps, Münchner Ordinarius, der von Freud sehr geschätzt wurde und seinerseits Freud schätzte. Die Erörterungen der Einfühlung und Einfühlung durch Max Scheler sprachen die Zeitgenossen an, weil sie es zu denken möglich werden ließen, dass als letzter Entwicklungsschritt nicht die Autonomie zu feiern sein könnte, sondern darüber hinaus Verbundenheit der Menschen untereinander, ja sogar mit dem Kosmos. Dilthey formulierte sein Konzept vom »Verstehen« als dem zentralen methodischen Instrument von Geschichts- und Geisteswissenschaften durchaus so, dass man meinen konnte, er denke ähnlich, wie es Scheler dann formulierte.

Seit der Entdeckung der Spiegelneuronen schien sogar eine Art naturaler Basis solcher empathischer Verstehensprozesse entdeckt worden zu sein und seitdem überschneidet sich das Konzept der Selbstfürsorge weitgehend mit dem der Empathie. Ich zeichne einige der modernen Linien der Empathie-Konzeptualisierungen rasch nach. Selbstfürsorge jedoch ist in der therapeutischen Praxis oft erst zu entwickeln, sie ist keineswegs »out«.

Empathie boomt. Sie wird entdeckt als Gleitmittel in zwischenmenschlichen Beziehungen; sie baut Modellbildungen vom Menschen um, indem ihre Erforschung zeigen kann, dass Menschen keineswegs primär »selfish« sind, sondern auf Kooperation hin orientiert, ja dass Kooperation überhaupt Grundlage für die gewaltigen evolutionären Leistungen ist, die Menschen von ihren nächsten genetischen Verwandten unterscheidet. Empathie ist der Intuition nahe verwandt, sie hat emotionale und kognitive Komponenten und manche schreiben ihr sogar eine epistemologische Rolle zu; sie avanciert zu einem Synonym für Verbundenheit; sie hat als »embodied simulation« das Potenzial, die alten cartesianischen Trennungen zwischen dem Körperlichen und dem Geistigen zu überwinden. Dass Empathie von allen therapeutischen Schulen als entscheidend angesehen wird, muss kaum noch erwähnt werden. Neue Untersuchungen haben begonnen, feinkörnige Details in den Blick zu nehmen.

Jedoch, es gibt auch nicht geringe Probleme. Empathie kann in diesem hier nur skizzierten, sich jedoch weit ausdehnenden Bezugsrahmen zwischen »embodiment«, neurowissenschaftlichen Zugängen und »social theory« kaum noch definiert und von anderen Begriffen abgegrenzt werden. Es gibt die ungeklärte Frage nach der »Richtung« der Empathie – sind etwa nur Therapeuten mit dieser Fähigkeit begabt? Haben nicht auch Patienten Empathie? Müsste man nicht sogar annehmen, dass gerade Menschen, die seelisch beschädigt sind, also »traumatisiert«, ein besonders hohes Maß an Empathie entwickeln müssen, weil sie Bedrohungen, die von anderen Menschen ausgehen können, besonders sensibilisiert zu erwarten lernen mussten? Empathie wäre eine Art »Überlebensversicherung«. Und dass andere, die ein ausbeuterisch-funktionales Verhältnis zu anderen Menschen entwickelt haben, wie etwa die von Franziska Lamott, Kathrin Mörtl und mir untersuchten Sexualstraftäter auch ihre eigenen, durchaus vorhandenen empathischen Fähigkeiten ausbeuten, etwa in der Wahl ihrer Opfer. Die Forschung zum Mobbing in Schule und Arbeitsplatz hat ähnliche Beobachtungen machen müssen: Täter in Rollenübernahme zu schulen in der Annahme, sie litten an Empathiemangel, erwies sich als schädlich; sie waren sozial sensibilisiert genug, um sicher zu erkennen, wer gemobbt werden könnte, ohne dass Schulklasse oder Lehrer dagegen einschreiten würden.

Wenn man so schon nicht *genau* weiß, wie gerichtet Empathie ist und wenn man zugestehen muss, dass sie sich von manchen Menschen oder unter bestimmten Umständen funktionalisieren lässt, so gibt es noch einige andere Probleme, die hier freilich nur aufgelistet werden können.

Manche Forschungen sprechen von neuronaler Synchronisation, die Befunde sind nicht nur beeindruckend, sondern auch faszinierend. Sie zeigen, dass Außergewöhnliches zwischen empathisch verkoppelten Menschen geschehen kann, die sich rhythmisch synchronisieren und »embodied attuned« sind. Während die einen ein »brain-to-brain-coupling« annehmen und eine solche biologische Basis für Kooperation und Intuition, für das Verstehen von Intentionen und Emotionen als zentral ansehen, sehen andere eher die Notwendigkeit, dass Empathie sich kommunikativ realisieren muss. Kommunikativ heißt keineswegs: *nur* durch Sprechen. Es schließt alles ein, was sich von einem Menschen hörbar und sichtbar mitteilt: Kleidung und Habitus, Outfit und Tonfall, Stimme und Gestik, Ausdruck in der Bewegung, im Sprechen wie Mimik im Gesicht.

In diesem Sinn gilt wohl in der Psychotherapie: Was auch immer empathisch der eine am Anderen wahrnimmt, kann sich nur bewähren, wenn es artikuliert wird. In der einen oder anderen Form. Das ist mehr als nur »Austausch von Worten« (Freud), das ist rhythmisch in den Körperbewegungen jedes Sprechers und synchronisiert in Sprecherwechseln, das teilt mit und wird gehört oder nicht, es drückt aus und steuert zugleich die Art und Weise des Hörens, es schafft eine gemeinsame lokale Welt (»unser Gespräch«) und nimmt zugleich umfänglich Bezug auf kulturelle Ressourcen.

Die Asymmetrie in der Beziehung zwischen einem Therapeuten und seinem Klienten verdient Aufmerksamkeit. Ein Konzept des Psychoanalytikers und Säuglingsforschers Ed Tronick ist dem am meisten gerecht geworden. Tronick nimmt an, dass Säuglinge potenzielle Gehirnfähigkeiten mit auf die Welt bringen, aber sie haben sie noch nicht organisiert. Sie müssen sich gegen ein anfängliches Übermaß an Information schützen, ein Übermaß deshalb, weil sie noch nicht genügend Strukturen haben aufbauen können, um die komplexen Eindrücke auch hinreichend geordnet aufnehmen zu können. Ein solches noch unfertiges Bewusstsein müsse sich mit einem anderen, höher entwickelten Bewusstsein von Zeit zu Zeit verkoppeln, um von dessen hilfreicher Überlegenheit profitieren zu können. Diesen Zustand bezeichnet Tronick als »dyadic state of mind«: Die Zusammenarbeit beider Bewusstseine schließt weitreichende affektive, motorische, kognitive und symbolische Operationen schließlich ein, sodass vorübergehend ein höherer »state of mind« aus der Verkopplung beider entsteht, der zur Lösung eines Problems bei dem noch nicht so hoch entwickelten Säugling genutzt werden kann. Man kann etwa an den Besuch bei einem Zahnarzt denken. Behandelt der einen so, dass deutlich wird, dass er die eigene Angst vor dem nächsten Stich der Betäubungsspritze oder vor dem Bohren versteht, mildert sich die Angst schon etwas und man kann beginnen, das Problem des Eingriffs zu bewältigen. Sein Denken hat sich für einige Momente einfühlend verkoppelt mit dem des Hilfsbedürftigen. Doch das ist genau anders, wenn der gleiche Eingriff ohne solche Verkopplung ausgeführt würde. Die empathische Leistung muss berücksichtigen, dass hier eine Balance zwischen Komplexität (etwa affektiver Art: Angst) und Kohärenz (stabilisierende Erklärung, was nun kommen wird) gefunden werden muss.

Es geht nun bei Mutter und Säugling nicht nur um Kooperation, sondern um mehr: dass beide sich in Komponenten eines einzigartigen dyadischen Systems verwandeln (lassen). Aus diesem Zustand, der in der frühen Psychoanalyse vielleicht als anaklitisch-diatrophische Gleichung bezeichnet worden wäre oder als »symbiotischer Kanal«, kann sich die individuelle Person dann lösen – und hat die Möglichkeit der Selbstfürsorge gewonnen. Vielleicht nur für einen Moment, vielleicht nur für ein singuläres Thema – aber diese Erfahrung selbst ist wertvoll und sie erweitert sich rasch. Und man versteht auf eine neue Weise, welche enorme Rolle der *Takt* bei diesen Entwicklungen spielt. Takt aber ist ein Wort, das in technischen Therapiekonzeptionen nicht vorkommt. Wohl aber in einer Therapeutik, die von einer Lebenskunstlehre grundiert ist.

## Lebenskunstlehre in der Therapeutik

Natürlich haben Therapeuten, das ist von vielen gesehen worden, die Aufgabe der Seelsorge längst übernommen. Wer nur gelegentlich in Morgenstunden Radio hört, merkt, wie die Sender zwei bis drei Minuten ihren einbestellten Seelsorgern zur Verfügung stellen – und man hört überrascht, wie sehr diese mehrheitlich einen therapeutischen Tonfall angenommen haben, selten vernimmt man traditionell theologisch-religiöse Lehre, bei der ein kleines Bibelstück einer tagesbezogen aktualisierten Exegese vorgestellt würde.

Im »Nachwort zur Laienanalyse« spricht Freud vorausschauend von einer »weltlichen Seelsorge« im Zusammenhang mit seiner berühmten Junktim-Formulierung:

> »In der Psychoanalyse bestand von Anfang ein Junktim zwischen Heilen und Forschen, die Erkenntnis brachte den Erfolg, man konnte nicht behandeln, ohne etwas Neues zu erfahren, man gewann keine Aufklärung, ohne ihre wohltätige Wirkung zu erleben. Unser analytisches Verfahren ist das einzige, bei dem dies kostbare Zusammentreffen gewahrt bleibt. Nur wenn wir analytische Seelsorge treiben, vertiefen wir unsere eben aufdämmernde Einsicht in das menschliche Seelenleben.«

Als er die »Laienanalyse« und die »Zukunft einer Illusion« fertig gestellt hatte, wiederholt er diese Wendung von der Seelsorge in einem Brief vom 25. November 1928 an seinen Freund Oskar Pfister, der als evangelischer Pastor in Zürich amtierte:

> »Ich weiß nicht, ob Sie das geheime Band zwischen der ›Laienanalyse‹ und der ›Illusion‹ erraten haben. In der ersten will ich die Analyse vor den Ärzten, in der anderen vor den Priestern schützen. Ich möchte sie einem Stand übergeben, der noch nicht existiert, einem Stand von weltlichen Seelsorgern, die Ärzte nicht zu sein brauchen und Priester nicht sein dürfen.«

Weltliche und analytische Seelsorge – hier dürfen wir annehmen, dass Freud da keine großen begrifflichen Differenzierungen etabliert haben wollte. Vielleicht hatte er unter dem Einfluss seiner wieder aufgenommenen Schopenhauer-Lektüre begonnen, indoasiatische Einflüsse in die Psychoanalyse einzuspielen, etwa in der Formulierung eines »Nirwana«-Prinzips. Dass Selbsterhaltung und Welterhaltung die gleichen Anstrengungen heute erfordern, ist die eine Einsicht. Auf sie wurde in der Anti-Atomkraftbewegung Bezug genommen, sie wurde in den epistemologischen Debatten zum Konstruktivismus wiederbelebt und sie bewegt die Gemüter in aktuellen Fragen der Politik, bei den sozio-emotionalen Krisen wie den zahllosen amerikanischen und deutschen »rampage killings« und »school shootings«, etwa in Erfurt oder Winnenden und anderswo. Ganz alte Fragen bekommen beklemmende Aktualität: Was trägt es zum Gemeinwohl bei, individuell ein »gutes Leben« zu führen? Kann es eine Verpflichtung dazu geben? Können Begründungen für und Anforderungen an ein »gutes Leben«, von Philosophen und Intellektuellen formuliert, verbindlich gemacht werden? Können Staaten von ihren Bürgern Opfer fordern, insbesondere das des eigenen Lebens? Wieweit müssen Staaten, etwa in der gegenwärtigen Flüchtlingskrise, für Opfer von Bürgerkriegen fürsorglich einspringen? Wann schlägt das Ideal selbst in Tyrannei um?

Die von *Günter Gödde* und *Jörg Zirfas* vollzogenen Brückenschläge zwischen Therapeutik und Lebenskunst verhandeln diese sozialen Fragen vor allem durch die Begriffe des Mitleids, der Anerkennung, des Geschmacks und des Takts. Dagegen kommt der traditionelle Fokus der Lebenskunst stärker im Blick auf die Selbstsorge, die ästhetische Erfahrung, die Fantasie und die Stilisierung zum Ausdruck. Doch Lebenskunst und Therapeutik erscheinen hier wie zwei Seiten einer Medaille: Denn der Selbstbezug, das Selbstgefühl und die Selbstsorge sind ohne den Bezug zum anderen nicht zu haben; und der (emotionale) Bezug zum anderen ist wiederum vom Selbstbezug abhängig – was für den Therapeuten wie den Patienten gilt.

Und angesichts der »Erschütterungen« des Selbst, die man in der Therapie erleben kann, angesichts der Tragödien und Schicksale, aber auch angesichts nur »geringer« psychischer Störungen, erscheint Lebenskunst oftmals als ein zu großer Begriff. Gelegentlich reicht es ja, wenn es »einfach weitergeht« oder wenn man »irgendwie durchkommt«. Hier sind wir von »Kunst« oftmals weit entfernt und wohl eher im Bereich des »Handwerks«. Auch wenn es, wie immer, auch dabei um letzte Sinn- und Orientierungsfragen geht. Nicht alles, was das Leben so bringt, ist auflösbar; weder durch therapeutische Lebenskunst noch durch therapeutisches Handwerk. Aber ohne Lebenskunst geht es in der Therapeutik nicht. Denn die Antworten auf die Fragen, wie man sein Leben leben will, kann und soll, spielen in die therapeutische Situation immer hinein bzw. werden von den Therapeuten wie den Patienten immer – und häufig implizit – hinein getragen.

Therapeutik ist insofern praktizierte Lebenskunstlehre, sie ist nicht nur weltlich, nicht nur analytisch, sie ist: Seelsorge. Und kehrt damit bei einem Wort ein, der Seele, das Freud durchaus häufig verwandte. Therapeuten müssen manchmal bei Zielen, die Patienten verfolgen, kritisch eingreifen, manchmal erläutern, dass gerade das Verfolgen bestimmter Ziele (»ich will ja nur glücklich sein«) eher ins Unglück statt in Lebenserträglichkeit führt.

Es ist unvorstellbar und wir sind weit davon entfernt, für jede Behandlungssituation mit jedem nur denkbaren Patienten eine Theorie der »richtigen« Behandlung zu etablieren. Das wäre auch nicht wünschenswert, weil unsere Patienten uns zu Recht vorwerfen würden, sie »nach Lehrbuch« zu behandeln.

Freilich, ohne Lehrbuchwissen geht es nicht. Doch das, was nicht zum Lehrbuch gehört, kann nicht abgetan werden. Jede Psychotherapie lebt von ihren Nebenwirkungen, vom zwanglosen Zwang zu verhandeln, vom Aushalten des Noch-nicht-Lösbaren, vom richtigen Wort, das einem zufällt, von ihren umwerfend komischen Momenten, von unerwarteten emotionalen wie kognitiven Resonanzen und Ressourcen. Und sie lebt von dem Wissen, dass das, was »die Methode« ist, auch bei jedem anderen zu haben wäre, aber das allein wäre es ja nicht wert. Zu Risiken und Nebenwirkungen fragt man besser den Therapeuten als das Lehrbuch. »The Therapist Matters«, schrieb der Altmeister Lester Luborski – und nach der Lektüre dieses Buches können wir jetzt sagen, warum: Weil Therapeuten in dem Maße gut sind, in dem sie die Aufgabe der Lebenskunstlehre sich zu eigen machen. Dies zu begründen, diese Auseinandersetzung zu beginnen und Begonnenes fortzuführen, ist Kernanliegen dieses Buches, das mit allem Erforderlichen ausrüstet.

# Vorwort

»Lebenskunst« ist als Theorie und Praxis einer reflektierten Lebensführung ein altes philosophisches Projekt. Wichtige Ansätze finden wir in der Antike: bei den Vorsokratikern, bei Sokrates, Platon, Aristoteles und Epikur sowie bei den Stoikern Seneca, Epiktet und Marc Aurel. Überlegungen zur Lebenskunst lassen sich in der Renaissance bei Erasmus von Rotterdam, Castiglione und Montaigne, in der Philosophie der Aufklärung etwa bei Voltaire, Rousseau und Kant, in der Romantik bei Herder, Goethe, Schelling und Carus, in der Moderne bei Schopenhauer, Kierkegaard, Nietzsche und Freud und im aktuellen Diskurs bei Pierre Hadot, Michel Foucault und Wilhelm Schmid wiederfinden. In seinen neueren Varianten greift der Begriff der Lebenskunst auf Modelle der Antike zurück – etwa auf die »techne tou biou« bei Aristoteles oder auf die »ars vivendi« bei Seneca – und zentriert diese um die Frage, inwiefern der Mensch auf der Basis seiner eigenen klugen Wahl, konkreten Bildungsprozeduren und einer spezifischen Lebenspraxis ein gutes, gelingendes und schönes Leben verwirklichen kann.

Eine umfassende Geschichte des Zusammenhangs von Therapeutik und Lebenskunst ist erst noch zu schreiben und liegt auch mit dieser Arbeit lediglich in Umrissen vor. Im Abendland kann eine solche Geschichte erste Ansätze zu einer therapeutischen Lebenskunst schon in den antiken Theorien der Heilkunst und Diätetik bei Hippokrates und Galen finden. Mit dem Anspruch der Medizin, die gesamten Lebensumstände und die Lebensweise der Menschen umfassend zu bewerten und zu ordnen, rückt der Begriff des »Maßes« ins Zentrum der Heilkunst und mit ihm Überlegungen und Praktiken, die dem Einzelnen gewisse Kriterien, Regeln und Maximen an die Hand geben, um sein Leben gut und gesund leben zu können.

Lebenskunstmodelle haben nicht nur – und wahrscheinlich in viel geringerem Umfang als bislang in den Diskussionen unterstellt – mit moralischen Verunsicherungen, politischen Umwälzungen, multikulturellen Gemengelagen und sozialen Dynamiken zu tun. Und sie haben wohl auch weniger mit einem modernen Kunstbegriff zu tun, der sehr stark mit Autonomie, Genialität und Kritik aufgeladen ist.

Wir gehen hier in einer therapeutischen Perspektive davon aus, dass Überlegungen zur Lebenskunst implizit wie explizit Reaktionen auf existenzielle Leidenserfahrungen sind, die es im eigentlichen Sinne des Wortes notwendig machen, die Lebensnot zu wenden. Die Richtungen der Psychotherapeutik, als Schulen der Lebenskunst betrachtet, erinnern somit an fundamentale anthropologische Gegebenheiten. Auch in ihnen geht es, in einem sehr speziellen Sinn, um die Suche nach dem richtigen Leben und um eine diesbezügliche »Formung« der Menschen. Dabei geht die therapeutische Lebenskunst von einer negativen Grundannahme aus, nämlich dass Menschen aus vielerlei Gründen mit ihrem Leben nicht »zurechtkommen«. Lebenskunst erscheint somit weniger als Kompetenz eines Bonvivant und eines Lebenskünstlers, der jede Situation seines Lebens zu genießen in der Lage ist, sondern als eines Menschen, der auf der Suche nach Möglichkeiten ist, sein Leben (wieder) »in Ordnung zu bringen«. Hierbei wird nicht unterstellt, dass Lebenskunst prinzipiell aus Erfahrungen des Krankseins herrührt, oder dass nur (psychisch) Kranke motiviert werden, Überlegungen zur Lebenskunst anzustellen. Aber es wird unterstellt, dass jede Form der Lebenskunst (auch) eine *psychologische* Grundlage hat, die im Gefühl, in der Ahnung, in der Erfahrung oder der Erkenntnis gründet, mit spezifischen Konstellationen des Lebens Probleme zu haben und sein »Leben« neu austarieren zu müssen.

Folgen wir hier zunächst Freuds Idee, dass der Mensch von drei Seiten »bedroht« erscheint, nämlich vonseiten seines Körpers, seiner Umwelt (im Sinne von Natur und Kultur) und seiner Mitmenschen, so werden induktiv eine Fülle von solchen existenziellen Problematiken deutlich, körperlich etwa die Vulnerabilität und Vergänglichkeit oder auch die Emotionalität und Triebhaftigkeit, umweltbezogen etwa die kulturellen Anforderungen und Normen – die als massive Einschränkungen oder unerreichbare Ziele auftreten können – und sozial die Abhängigkeit von anderen und die Erfahrung von Einsamkeit und Verlassensein. Etwas anders akzentuiert könnte man auch sagen, dass existenzielle Leidenserfahrungen damit zu tun haben, wie der Mensch mit sich, den anderen und der Welt umgeht, und inwieweit er in diesen Beziehungen die Erfahrung macht, dass etwas »nicht stimmt«. Lebenskunst ist der Versuch, das Leben wieder »stimmig« zu machen.

Trifft nun diese Grundannahme zu, dann müssten sich im Kontext der Klassiker der Lebenskunstphilosophien von der Antike bis zur Gegenwart solche existenziellen Leidenserfahrungen finden lassen. Das ist die erste Frage, die wir verfolgen wollen. Lassen sich bei den Klassikern der Lebenskunst Überlegungen zu Problematiken des psychischen Leidens finden und inwieweit sind die Überlegungen zur Lebenskunst von solchen Modellen motiviert? Inwiefern nehmen die Lebenskunstphilosophien Bezug auf Theorien und Praktiken der Psychotherapie?

Diese Frageperspektive lässt nun wiederum eine weitere Schlussfolgerung zu. Wenn die Lebenskunstphilosophien – in hohem Maße – im Kontext existenzieller Grundproblematiken anzusiedeln sind, und wenn sie den Versuch darstellen, diese Problematiken zu verstehen, zu begründen und auch zu behandeln, so kann man die starke These aufstellen: *Lebenskunst ist, wenn es um Fragen mit existenzieller Bedeutsamkeit geht, eine Form der (Psycho-)Therapie.* Lebenskunst ist dann auf Therapie angewiesen, wenn die psychischen Probleme schwerwiegender, intensiver, umfänglicher und folgenreicher sind, als dass man sie mit herkömmlichen Mitteln, etwa mit Selbstreflexion und Selbstbildung oder auch Beratung bewältigen könnte. Therapeutische Lebenskunst ist immer dann gefragt, wenn psychische Schwierigkeiten ein Ausmaß angenommen haben, das das Selbst-, Anderen- und Weltverhältnis in einem erheblichen Maße »stört«, und das eigene Leben nicht mehr als »gut« bezeichnet werden kann. Nicht jede Form der Lebenskunst ist therapeutisch, doch lassen sich an der therapeutischen Lebenskunst existenzielle Grundfragen ausweisen und verstehen lernen. Anders formuliert: Man geht dann in die Schule der therapeutischen Lebenskunst, wenn die anderen Schulen nicht mehr hinreichen, um die drängenden theoretischen und praktischen Fragen des Lebens zu klären.

Und diese These lässt wiederum eine andere Fragerichtung aufscheinen, nämlich die, die von der Psychotherapie ausgehend die Frage nach der Lebenskunst stellt. Wenn – verkürzend – Lebenskunst in existenzieller Perspektive Therapie braucht, ist dann nicht auch Therapie in einer gewissen Hinsicht auf die Lebenskunst angewiesen? Werden in therapeutischen Zusammenhängen nicht auch explizit und implizit Aspekte und Dimensionen von Lebenskunst verhandelt? Gibt es nicht auch eine unbewusste Lebenskunst in der Therapeutik? Insofern geht es uns hier auch um eine zweite Überlegung: In psychotherapeutischen Kontexten müssen sich – von der Antike bis zur Gegenwart – dann auch Lebenskunstimplikationen finden lassen. Dem wollen wir nachgehen, indem wir antike und moderne psychotherapeutische Konzepte auf ihre Beziehungen zur Lebenskunst hin untersuchen. Insofern gilt: *Psychotherapie ist eine Form der Le-*

*benskunst, die vor allem existenzielle Heuristiken und Pragmatiken deutlich macht.* In die Therapeutik spielen Fragen des guten, gelungenen und glücklichen Lebens in der einen oder anderen Form hinein; Lebenskunst kann somit als ein implizites Konzept der Psychotherapie verstanden werden.

Übergreifend verweisen diese Argumentationslinien auf die These, dass in einer anthropologisch-existenziellen Perspektive Lebenskunst ohne therapeutische Dimensionen ebenso wenig sinnvoll gedacht werden kann wie Psychotherapie ohne Lebenskunst. In diesem Sinne gilt eine Variation des bekannten Diktums von Kant: Lebenskunst ohne Psychotherapie stellt vor allem eine praktische und Psychotherapie ohne Lebenskunst vor allem eine theoretische Verkürzung dar.

Vor diesem Hintergrund lässt sich auch die moderne Therapeutik als Weiterführung einer – vor allem – antiken Lebenskunstphilosophie begreifen. Tatsächlich hat man in der Gründungsphase der modernen Psychotherapie in der Zeit von 1880 bis 1900 noch nicht gezögert, eine Verbindung zur Tradition der antiken Lebens- und Heilkunst herzustellen. Einer der großen Systematiker in der Pionierzeit der Psychotherapie war der Münchner Nervenarzt Leopold Löwenfeld (1847–1924). Er schrieb in seinem *Lehrbuch der Gesamten Psychotherapie*: »Die Psychotherapie ist keine Errungenschaft der Neuzeit. Wenn wir in der Geschichte nach den ersten Anfängen unserer Kunst forschen, so ergibt sich als unbestreitbare Tatsache, dass unter den verschiedenen derzeit angewandten Heilmethoden die Psychotherapie die älteste ist, dass sie die erste und ursprünglichste Form darstellt, in welcher die praktische Heilkunst geübt wurde« (Löwenfeld, 1897, S. 1).

In der modernen »Therapeutik« ist es zu einer Ausdifferenzierung der allgemeinen und speziellen Krankheitslehre, insbesondere der Psychodynamik, der Diagnostik und der Behandlungslehre gekommen. Das Ziel wird in der »Heilung« gesehen, sei es als Symptombeseitigung, als Konfliktbewältigung, als strukturelle Veränderung des Charakters (Freud) oder als »Entwicklung« der Persönlichkeit (Rogers) bzw. Individuation oder Wandlung (C. G. Jung). Von »Lebenskunst« ist in diesem Zusammenhang ganz selten und dann eher peripher die Rede.

In allen Spielarten der Psychotherapie spielen *implizite Konzepte der Lebenskunst* als Hintergrundannahmen eine nicht zu unterschätzende Rolle, denn der Therapeut und der Patient kreisen in ihren Verständigungsbemühungen ständig um die Frage, was für den Patienten in seiner aktuellen Lebenssituation »gut« und »richtig« sei und wie er das Erkannte in seine Lebenspraxis umsetzen könnte. Zu den Fragen, die in der Therapeutik zumeist nur implizit behandelt werden, gehören die »Lebensphilosophie« und Wertorientierung und die damit eng zusammenhängende Thematik der praktischen Lebenskunst – des Patienten, aber auch und gerade des Therapeuten.

Dass diese beiden Fragen seit den Anfängen der modernen Psychotherapie lediglich am Rande berücksichtigt worden sind, dürfte historisch gesehen in erster Linie am vorherrschenden empiristischen Wissenschaftsverständnis des 19. Jahrhunderts und dementsprechend an einer Trennung von Wissenschaft und Philosophie gelegen haben. In der Folge wurden philosophische und insbesondere ethische »Wertungen« weitgehend aus der als wissenschaftlich und wertfrei verstandenen Psychoanalyse und Psychotherapie ausgegrenzt.

In diesem Sinne kann man den vorliegenden Versuch einer Rekonstruktion der Lebenskunst in therapeutischer Absicht auch als eine Erinnerung verstehen, die den theoretischen, programmatischen und praktischen Zusammenhang von Lebenskunst und Therapeutik aus Sicht des 21. Jahrhunderts reflektiert. Daher lässt sich – in einem ersten Zugang – schon einmal die Frage stellen, was denn eine Psychotherapie *der* Lebenskunst bedeuten könnte, die etwa auch der Frage nach dem Unbewussten gerecht werden müsste? Auffällig ist hierbei, dass die Lebenskunstmodelle in aller Regel bewusste reflexive Modelle eines geglückten Lebens sind, die sich ganz dezidiert gegenüber den Gefühlen, den Phantasien, dem Irrationalen oder dem Unbewussten abzugrenzen versuchen. Dabei ist es nicht so, dass sie diese anthropologischen Gegebenheiten nicht reflektieren würden – eher das Gegenteil ist der Fall, sind doch die Schriften zur Lebenskunst voll davon, wie man die Leidenschaften, die Ängste oder die Einbildungen einzuschätzen und wie man sich ihnen gegenüber zu verhalten hat. Doch nehmen unbewusste Phänomene eine eigentümlich untergeordnete Rolle ein, die vor dem Hintergrund der Jahrhunderte alten Tradition der Überordnung des Geistes bzw. der Vernunft über den Körper und die Triebe zu verstehen ist.

Demgegenüber betreibt eine Psychotherapie der Lebenskunst eine Akzentverschiebung, indem sie darauf hinweist, Phänomenen des *Unbewussten* eine größere Relevanz in der Lebenskunst zuzuerkennen und die Kunst des Lebens sowohl aus bewussten wie aus unbewussten Perspektiven in den Blick zu nehmen. Dieser Blickwinkel verdeutlicht, dass auch im Irrationalen rationale Momente involviert sind und dass sich im Vernünftigen Unvernünftiges finden lässt. In diesem Sinne hat auch die manifeste Seite einer bewussten und vernünftigen Lebenskunst ihre latenten unbewussten Wünsche, Ängste und Phantasien.

Wir können uns aber auch fragen, welche Bedeutung die Lebenskunst aus psychotherapeutischer Sicht hat. Hierbei stoßen wir auf die über Jahrhunderte hinweg andauernde enge Beziehung zwischen der Philosophie und der Medizin, die die Rollen des »philosophischen Therapeuten« oder auch des »therapeutischen Philosophen« hervorgebracht hat. Da Philosophie der Lebenskunst prinzipiell keinem theoretischen, sondern einem praktischen Anliegen folgt, nämlich die Menschen zu einem guten, gelingenden und glücklichen Leben zu motivieren, liegen die Ziele der Ärzte nicht fern, die ebenfalls für ein maßvolles, harmonisches, naturgemäßes oder dann auch gottgewolltes Leben plädierten. In dieser Perspektive ist eine Psychotherapie der Lebenskunst eine Erinnerung an eine alte, wechselhaft intensive, doch bis heute gepflegte Beziehung zwischen philosophischen Erkenntnissen und therapeutischen Einsichten in die Kunst des Lebens. Denn wie bis in die Gegenwart Philosophen auf psychopathologische Studien zurückgreifen, um ihre Theorien und Modelle eines besseren Lebens zu untermauern, so rekurrieren Psychotherapeuten auf – antike wie moderne – Anschauungen und Überlegungen von Philosophen, um Hinweise zum theoretischen Verstehen und zum praktischen Handeln in der therapeutischen Situation zu erlangen. Insofern bieten Lebenskunstmodelle ein hermeneutisches, aber auch ein praktisches Anregungspotenzial für Psychotherapeuten. Denn man kann mit guten Gründen davon ausgehen, dass im therapeutischen Setting Lebenskunstfragen eine wichtige, vielleicht sogar entscheidende Bedeutung haben.

Wir möchten diese Thematik der nur selten explizit behandelten Fragen im Grenzbereich von Lebenskunstphilosophie und Therapeutik bearbeiten, indem wir beide Perspektiven in ihrer historischen Entwicklung und ihrem systematischen Zusammenhang vergleichend behandeln.

Das vorliegende Buch behandelt sieben Zugänge zum Zusammenhang von Therapeutik und Lebenskunst:

➢ In einem ersten Zugang wird die strukturelle Wechselbeziehung zwischen Therapeutik und Lebenskunst thematisiert.
➢ Im zweiten Teil wird die Geschichte der philosophischen Lebenskunst – von der Antike (Sokrates, Platon, Seneca, Epikur) über die Renaissance (Montaigne), die Aufklärung (Kant) und die Philosophie des Unbewussten (Schopenhauer, Nietzsche) bis zur heutigen Erneuerung der Lebenskunstphilosophie (Foucault, Schmid) – im Kontext zentraler psychischer Problematiken behandelt.
➢ Der dritte Teil geht umgekehrt vor, indem er nach den impliziten Konzepten der Lebenskunst in der Geschichte der Heilkunst – wiederum von der Antike über die Neuzeit, Aufklärung und Romantik bis zur modernen Therapeutik – fragt.
➢ Im vierten Teil wird eine Grundlegung der psychodynamischen Psychotherapie mit einem Brückenschlag zur philosophischen Lebenskunst vorge-

nommen, wobei die grundlegenden Behandlungskonzepte Sigmund Freuds – Katharsis, psychoanalytische Grundregel (Parrhesia), Abstinenz (Askese), gleichschwebende Aufmerksamkeit (Muße, Kontemplation) und Takt – im Zentrum stehen.

➤ Der fünfte Teil ist ausgewählten psychodynamischen Therapierichtungen – von Sigmund Freud über Sándor Ferenczi, Theodor Reik, Stavros Mentzos zu Irvin Yalom – und ihren impliziten Lebenskunstkonzepten gewidmet.

➤ Das sechste Kapitel argumentiert wiederum systematisch, insofern es ein Modell der philosophischen und sozialwissenschaftlichen Lebenskunst vorstellt, das um die Dimensionen der Selbstsorge und der Sorge um den Anderen, den Sinn des Lebens, die Sublimierung des Geschmacks, die ästhetische Erfahrung, die Phantasie, die Stilisierung und den Takt zentriert ist.

➤ Im siebten und abschließenden Teil entwerfen wir ein Theorie-Praxis-Modell, das sowohl für die Therapeutik als auch die Lebenskunst anschlussfähig ist: von der Erschütterung des Selbst als Ausgangspunkt über die Eröffnung von Möglichkeitsräumen (ästhetische Erfahrung, Wahl) und die therapeutische Beziehungsregulierung zum Umgang mit der Widersprüchlichkeit der Existenz und zur Kunst der Balance.

Insgesamt verfolgen wir dabei das Ziel, psychotherapeutische Ansätze für die Thematik der Lebenskunst aufzuschließen und Lebenskunstmodelle und -aspekte mit therapeutischen Problemstellungen zu konfrontieren. Dass es dabei zu Verkürzungen kommen muss, liegt auf der Hand: In historischer Perspektive haben wir uns dafür entschieden, einen Schwerpunkt auf die Antike, auf das 19. und 20. Jahrhundert sowie auf aktuelle Psychotherapien und Philosophien der Lebenskunst zu legen. In systematischer Perspektive gehen wir – wiederum mit Bezügen zu aktuellen Modellen – vor allem auf psychische, ästhetische und soziale Aspekte der Lebenskunst ein (Wahrnehmung, Geschmack, Stilisierung, Takt etc.).

Unser besonderer Dank gilt Michael B. Buchholz (Göttingen/Berlin), mit dem wir zahlreiche Gespräche über die Thematik dieses Buches geführt haben und der uns wichtige Denkanstöße gegeben hat. Herzlich danken wir auch Werner Pohlmann (Köln) und Thomas Müller (Ravensburg) für die sorgfältige und kritische Lektüre einzelner Kapitel, unserem Verleger Hans-Jürgen Wirth (Gießen) für seine Offenheit und ermutigende Resonanz sowie seinen Mitarbeitern für die gute Werkbetreuung.

Wertvolle Anregungen verdanken wir der Diskussionsrunde »Psychoanalyse und Lebenskunst«, die sich seit Herbst 2008 in regelmäßigen Abständen den Fragen der Lebenskunst aus psychotherapeutischen, philosophischen sowie sozial- und kulturwissenschaftlichen Perspektiven angenommen hat. Zu diesem Kreis zählen neben den Autoren: Michael B. Buchholz, Karin Dannecker, Wolfgang Maaz, Bina Mohn, Johannes Oberthür, Werner Pohlmann, Sabine Stehle und Martin Vöhler.

Aus dieser Zusammenarbeit sind mehrere Bücher hervorgegangen: *Takt und Taktlosigkeit. Über Ordnungen und Unordnungen in Kunst, Kultur und Therapie* (Gödde & Zirfas, Hrsg., 2012), *Lebenskunst im 20. Jahrhundert. Stimmen von Philosophen, Künstlern und Therapeuten* (Gödde & Zirfas, Hrsg., 2014) und *Ästhetik der Behandlung. Beziehungs-, Gestaltungs- und Lebenskunst im psychotherapeutischen Prozess* (Gödde, Pohlmann & Zirfas, Hrsg., 2015).

# 1 Die Wechselbeziehung zwischen Therapeutik und Lebenskunst

In den traditionellen Diskursen wird die Frage nach der Lebenskunst in den Zeiten virulent, in denen sich das Leben immer weniger von selbst versteht, wenn Traditionen, Konventionen und Normen an Überzeugungskraft verlieren und die Individuen gezwungen werden, sich intensiver um sich selbst zu sorgen. Während in früheren Jahrhunderten der Zweck der Lebenskunst in einem allgemeingültigen religiösen, gesellschaftlichen oder philosophischen Ideal bestand, rückt in der Moderne die individuelle Selbsterkenntnis, die Selbstverwirklichung oder auch die Selbsterfindung stärker in den Fokus der Lebenskunst. Kurz gefasst, ging es in vormodernen Zeiten um Selbstfindung und in der Moderne um Selbst*er*findung. Selbsterfindung macht Lebenskunst wiederum individualistischer, experimenteller, selbstreflexiver, optativer und kontextsensibler – und somit autonomer und fragiler zugleich. Denn einerseits gibt es keine klaren Vorgaben eines gelingenden Lebens mehr, sondern nur eine Reihe mehr oder weniger plausibler Lebensentwürfe, die alle ihre Relevanz und Plausibilität besitzen, und andererseits steigen die Anforderungen an das moderne Selbst ständig, aus seinem Leben »etwas zu machen«; gilt doch nach dem Ende der Metaphysik das Leben mittlerweile als die »letzte Gelegenheit« (Gronemeyer), sein Glück noch verwirklichen zu können. In diesem Kontext ist »Kreativität« mittlerweile zu einem Schlüsselbegriff avanciert. Man kann sein Leben formen und gestalten – doch man muss es auch. Alle Aspekte menschlichen Lebens geraten somit in den Blickwinkel der Lebenskunst, müssen gestaltet und »designed« werden; wobei die Experimente mit dem eigenen Leben gelegentlich sehr riskant werden können. Nur das selbstexperimentelle Leben erscheint als das richtige und wahre: »*Wenn der [moderne] kategorische Imperativ darin besteht, das eigene Leben so interessant und experimentell wie möglich zu machen, dann gilt es, sein Leben so aufregend wie möglich zu* *gestalten*« (Strenger, 2005, S. XXII; Übers. die Verf.). Doch was passiert, wenn man dabei nicht erfolgreich ist?

Eine Therapeutik der Lebenskunst nimmt demgegenüber eine Verschiebung des Blickwinkels vor, ohne die zeitgenössischen Rahmenbedingungen der Suche nach einem gelingenden Leben zu vernachlässigen: Denn für sie stellen weniger die intellektuellen oder ethischen Turbulenzen, sondern die (ggf. damit verbundenen) psychischen und existenziellen Problematiken den Ausgangspunkt für die Überlegungen zur Lebenskunst dar. Menschen sorgen sich in diesem Sinne um sich selbst, weil sie ein »Unbehagen« an sich selbst, den anderen oder der Kultur verspüren, dem sie durch Selbst- oder Fremdtherapien Abhilfe verschaffen wollen. Therapeutische Lebenskunst geht mithin vom »Nichtgelingen« und vom »Scheitern« aus. Sie hat es dementsprechend mit den Kehrseiten moderner Lebenskunsterfordernisse zu tun. Therapeutische Lebenskunst ist in diesem Sinne auch skeptische Arbeit an den Ideologien eines gelungenen Lebens. Sie weist auch auf die negativen Implikationen eines permanent kreativen und experimentellen Selbst hin; insofern bildet sie eine Antithese zu »glatten« und zu euphorischen Formen der Lebenskunst. Sie erinnert dabei an Sachverhalte, die man hinnehmen muss: »Die Grundlagen unseres Lebens – unsere Eltern, Körper, Geschlecht, Muttersprache, Kultur und die historischen Umstände, in denen wir leben [die Liste lässt sich verlängern; Anm. die Verf.] – sind uns vorgegeben. Die Frage ist, ob es uns gelingt, mit diesen Grundlagen ein Leben zu gestalten, das wir wirklich als unser eigenes Leben erfahren« (ebd., S. 160f.; Übers. die Verf.). Therapeutische Lebenskunst macht darauf aufmerksam, dass das Unbewusste tiefer reicht als alle Möglichkeiten der Aufklärung und ein »Mehr« an Bedeutungen aufweist als alle Möglichkeiten der Hermeneutik, dass die emotionale biografische Prägung in der Kindheit lebenslange Auswirkungen hat und dass Wünsche und Phantasien mit ihrem idealistischen Charakter per se unerfüllbar sind. Gelegentlich sind daher ihre Versprechungen auch weniger opulent als diejenigen anderer Lebenskunstdisziplinen. Denn einer therapeutischen Lebenskunst reicht es oftmals schon – und das gilt für die alten Modelle ebenso wie für die modernen –, wenn Menschen die Fähigkeit entwickeln, mit einem bestimmten Ausmaß an Unglück leben zu lernen. Glück kann auch eine Überforderung sein.

## Der aktuelle Diskurs über Lebenskunst

Es gibt etwa seit 1990 eine Renaissance der philosophischen Lebenskunst, die durch eine Reihe von Autoren initiiert worden ist, von denen Michel Foucault und Wilhelm Schmid hervorzuheben sind. Foucault (1926–1984) hat in seinem Spätwerk die individuellen Möglichkeiten der Lebenskunst als Projekt der »Selbstsorge« thematisiert und darunter den Zusammenhang von Selbsterkenntnis, Selbsttransformation und Selbsterfindung verstanden. Das gilt vor allem für seine beiden Werke *Der Gebrauch der Lüste* und *Die Sorge um sich* (beide 1984), die im Jahr seines überraschend frühen Todes erschienen. In diesem Kontext hat er von einer »Ästhetik der Existenz« gesprochen und sich mit folgenden Fragen auseinandergesetzt: Wie stelle ich eine Beziehung zu mir her, die mich selbst zum Ziel hat? Wie kann ich mich selbst als Individuum konstituieren? Wie lässt sich ein individuelles, schönes Leben formen? Kann ich aus meinem Leben ein Kunstwerk machen?

Wilhelm Schmid (geb. 1953) hat sich zunächst stark in den Denkbahnen Foucaults bewegt, vor allem in seinen beiden Werken *Die Geburt der Philosophie im Garten der Lüste. Michel Foucaults Archäologie des platonischen Eros* (1987) und *Auf der Suche nach einer neuen Lebenskunst. Die Frage nach dem Grund und der Neubegründung der Ethik bei Foucault* (1991). In seinem grundlegenden Werk *Philosophie der Lebenskunst*, das 1998 erschien und inzwischen zu einer Art Bestseller geworden ist, hat er dann eine bewundernswerte Systematisierung der diversen historischen und zeitgenössischen Ansätze in der abendländischen Philosophie der Lebenskunst vorgenommen. Schmid geht von sechs Grundfragen aus:

1. Wie kann ich mein Leben führen?
   Als zentrales Problem erscheint hier die Suche nach einer neuartigen Praxis der Freiheit. Dies bedeutet, an den Errungenschaften der Moderne, namentlich ihren Freiheiten in den verschiedensten Bereichen festzuhalten, sie aber auf reflektierte Weise zu gebrauchen, um zu einer eigenen, möglichst selbstbestimmten Form der Lebensgestaltung zu finden.
2. Wie lassen sich Zusammenhänge herstellen, in denen es sich leben lässt?
   Die Realisierung von Lebenskunst setzt voraus, die eigene Existenz im Horizont übergreifender Strukturen zu sehen. Die Aufmerksamkeit gilt der Macht, die über das Subjekt ausgeübt wird, aber auch der Macht, zu deren Ausübung es selbst in der Lage ist, um nicht zum bloßen Untertanen einer herrschenden Macht zu werden.
3. Welche Wahl habe ich?
   Sind die Möglichkeiten unserer Wahl durch strukturelle Bedingungen begrenzt, so machen wir doch die Erfahrung, dass es in vielen Situationen unseres Lebens auf unsere Sensibilität, unser Gespür und unsere Lebensklugheit ankommt. Bei aller Skepsis scheint es im praktischen Lebensvollzug doch so etwas wie eine »kluge Wahl« zu geben.

4. Wer bin ich?
   Das Subjekt der Lebenskunst muss, entgegen einer modernen Überzeugung, nicht nach Maßstäben der Identität verfasst sein, und es muss, entgegen einer postmodernen Überzeugung, nicht gänzlich der Auflösung anheimfallen, sondern kann sich selbst auf andere Weise organisieren. Seine Selbstorganisation und Selbstgestaltung kann der Einzelne allerdings nicht für sich allein, sondern nur in Auseinandersetzung mit anderen gewinnen.
5. Welches Verständnis vom Leben habe ich?
   Jeder von uns muss sich mit verschiedenartigen Interpretationen des Lebens und der Lebenswelt auseinandersetzen, um zu klären, was für ihn in der konkreten Lebenspraxis Bedeutung hat und was nicht. Dadurch erarbeiten wir uns jenes »Lebenswissen«, das wir neben der Wissensform der Wissenschaften benötigen. Das gilt auch für die professionelle Orientierung der Psychotherapeuten.
6. Was kann ich konkret tun?
   Diese Frage berührt sowohl die grundsätzliche Haltung als auch das alltäglich gelebte Leben. In jedem Fall geht es um Übungen und Techniken, mit deren Hilfe dem Leben Form gegeben werden kann (vgl. Schmid, 1998, S. 88ff.).

Anzeichen dafür, dass sich in den letzten Jahrzehnten ein lebhafter Diskurs über Lebenskunst entfaltet hat, sind: die ständig wachsende Zahl diesbezüglicher Veröffentlichungen, z. B. Buchreihen zu diesem Thema im Suhrkamp- und Insel-Verlag; die Gründung philosophischer Therapiepraxen, die in Deutschland mit Gerd Achenbachs »philosophischer Praxis« (1981) einsetzten; die Eröffnung »philosophischer Cafés«, die Marc Sautet (1991) in Paris initiierte und die inzwischen in vielen Städten Einzug gehalten hat; das »philosophische Radio«, eine von Lutz v. Werder (2000a, 2000b) beim WDR realisierte Idee; das »philosophische Quartett«, ein Diskussionsforum, das Rüdiger Safranski und Peter Sloterdijk mehr als ein Jahrzehnt lang im Fernsehen geleitet haben (vgl. Sloterdijk, 2009); die »Philosophie für Kinder« (Freese, 1989; Matthews, 1995) und der Ethikunterricht für Jugendliche (Fellmann, 2000); sowie *last but not least* das in der Didaktik der Philosophie entwickelte Bestreben, das »sokratische Gespräch« zu erneuern und zu pflegen (Nehamas, 2000).

Doch was heißt in einem historischen Sinn Renaissance? Zunächst bedeutet es das Aufgreifen eines Diskurses, der bis in die Antike zurückreicht. Seit der Antike lassen sich zwei große Denkrichtungen unterscheiden: Bei der einen Richtung, die von Aristoteles repräsentiert wird, stellt die *theoretische Erkenntnis* die höchste Wissensform dar; lebenspraktisches Wissen ist hingegen nur von untergeordneter Bedeutung. Dieser ersten Richtung geht es in erster Linie um das Anliegen, »die Wahrheit zu entdecken«. Bei der anderen Richtung, zu deren Stammvätern Epikur gehört, hat dagegen das *Lebenswissen* der asketisch-ethischen Tradition und damit das Anliegen der Lebenskunst Vorrang. Bei aller unterschiedlichen Gewichtung beider Bereiche wird die Wissensarbeit in der Antike jedoch nicht als Selbstzweck betrieben, sondern »bleibt ein Element der Asketik; sie dient der Übung des Denkens und der Einübung einer Haltung, einer Ethik« (Schmid, 1998, S. 305).

## Die Relevanz des Lebenskunstdiskurses für die Therapeutik

Die antike Diätetik bildete neben der Behandlung durch die Arzneien (Pharmazeutik) und die Behandlung durch die Hand (Chirurgie) den dritten Teil der antiken Heilkunst. Unter Gesundheit wurde die richtige Mischung der Körpersäfte (Blut, Schleim, gelbe und schwarze Galle), aber auch die ausgewogene Harmonie von Leib, Seele und Geist oder auch das Gleichmaß von äußeren und inneren Wirkfaktoren verstanden. Die Tugendlehre von Platon, die sich auf die »Symmetrie« von Geist, Körper und Seele bezieht, und vor allem die Aristotelische Lehre des »Maßes« und der »Mitte« zielen in ihren diätetischen Hinweisen auf eine Kombination von Philosophie als Lebenskunst und Medizin als Heilkunst des Körpers und der Seele. Im Sinne einer Annäherung von Lebenskunst und Medizin reflektieren etwa Sokrates und Platon das »Wohl der Seele und ihre mögliche Besserung«, denkt Epikur über die »Beunruhigung in der Seele« und die »eigene Heilung« nach und verweist Marc Aurel darauf, »bei dem Dämon in unserem eigenen Inneren zu verweilen und ihn in rechter Weise zu pflegen«. Entscheidend ist die ganzheitliche Bildung und Heilung des Menschen durch eine gesundheitsorientierte Diätetik zuträglicher Lebensformen.

Freud hatte in den Anfängen der Psychoanalyse keine Scheu, eine explizite Verbindung von der modernen Psychotherapie zur antiken Tradition der Lebenskunst herzustellen. In einem 1904 vor dem Wiener medizinischen Doktorenkollegium gehaltenen Vortrag betonte er:

> »Lassen Sie mich fürs erste daran mahnen, daß die Psychotherapie kein modernes Heilverfahren ist. Im Gegenteil, sie ist die älteste Therapie, deren sich die Medizin bedient hat. [...] [D]ie Methoden der primitiven und der antiken Medizin [lassen

sich] zum größten Teil der Psychotherapie zuordnen [...]. Es ist keine moderne Rede, sondern ein Ausspruch alter Ärzte, daß die [seelischen] Krankheiten nicht das Medikament heilt, sondern der Arzt, das heißt wohl die Persönlichkeit des Arztes, insofern er psychischen Einfluß durch sie ausübt« (Freud, 1905a, S. 14ff.).

Je weiter jedoch die Verwissenschaftlichung der Psychotherapie im 20. Jahrhundert voranschritt, desto mehr trat die Tradition der Lebenskunst in den therapeutischen Diskursen in den Hintergrund. Unverkennbar ist derzeit eine immer stärkere *Medizinalisierung* der Psychiatrie und Psychotherapie mit der Einführung von fragwürdigen Diagnosepflichten, dem Versuch der Einführung von Fallpauschalen, der Ablösung der Psychotherapie von einer Einsicht, die einmal grundlegend war: dass seelische Symptome etwas mit problematischen Einstellungen zu Lebensaufgaben, zu sich selbst oder anderen zu tun haben. Im Rahmen des »Medicozentrismus« (Parin) scheint sich derzeit alles darauf eingeschworen zu haben, dass menschliche Probleme neurobiologische Ursachen haben und dementsprechend medikamentös gelöst werden könnten. Die Versprechen der Neurowissenschaften haben aber seit einiger Zeit erheblichen Gegenwind aus den eigenen Reihen erhalten. Das medizinalisierte Programm erweist sich als löchrig, teils sogar als schädlich. Das medizinische Modell geht von gut isolierbaren, voneinander abgrenzbaren Störungen aus. In der therapeutischen Praxis treffen wir aber beinahe regelmäßig auf eine Komorbidität, individuelle Komplexität und Bedingtheit psychischer Störungen. Evidenzbasiertes Forschungswissen wird stets lediglich einen Bruchteil psychotherapeutischen Handelns beeinflussen. Die Behandlungsmethode in der Psychotherapie deckt eine vergleichsweise geringe Varianz des Gesamt-Outcomes ab, man schätzt 15%. Die Persönlichkeit des Therapeuten und des Patienten sowie kontextuelle Aspekte (speziell die therapeutische Beziehung, geschätzte 30%) seien wesentlich relevanter. Genau dies sei für den Großteil medizinischen Handelns eben nicht der Fall!

Den Gegenpol zum Medicozentrismus bildet die *Esoterik*. Die Regale der Buchhandlungen sind gefüllt mit fragwürdigen Weisheitslehren. Ein steter Zufluss zu diesem esoterischen Pol des therapeutischen Feldes stammt aus einem missverstandenen Konstruktivismus, wonach alles auf Einbildung basiere, Probleme also willkürliche Konstruktionen seien und folglich durch andere, aktiv gestaltete Einbildungen auf leichte Art verbessert werden könnten. »Positives Denken«, ein Schlager der 1950er Jahre, lebt wieder auf und offeriert autosuggestive Techniken, die gegen »schlechte Gefühle« und »pessimistische Gedanken« helfen sollen. Magisches Denken, als dessen Kern die Überzeugung gelten muss, dass Gedanken die Dinge in der Welt beeinflussen könnten, feiert in unserer nachaufgeklärten Welt fröhliche Wiederkehr.

Angesichts der Polarisierung zwischen Medicozentrismus und Esoterik, die beide gleichermaßen einseitig und unbefriedigend erscheinen, erweist sich die Frage, wie Lebenskunst und Therapeutik sich verbinden lassen, als von erheblicher praktischer, aber auch philosophischer Bedeutung. Sie kann niemanden kalt lassen, der sie einmal begriffen hat, sie weist weit über die Enge der Medizinalisierung oder die Dürre der Esoterik in Potenziale therapeutischer Möglichkeiten, die bis heute noch gar nicht ausgeschöpft sind. Aber die Lebenskunst der Therapeutik kann nur dann sinnvoll praktiziert werden, wenn sie in Theorie und Praxis bewusst reflektiert und wissenschaftlich fundiert wird.

Das Verhältnis von Psychotherapie als »Wissenschaft« und als »Lebenskunst« ist eine nach wie vor klärungsbedürftige Frage. Sollen sie strikt getrennt bleiben oder soll man sich mehr als bisher um eine Annäherung zwischen beiden bemühen? Diese Frage scheint uns für die Psychotherapie von hoher Relevanz zu sein, und doch wird diese Frage selten gestellt und noch seltener in der nötigen Sorgfalt diskutiert. Wir sehen prinzipiell keinen Gegensatz zwischen Psychotherapie als Lebenskunst und Psychotherapie als Wissenschaft. Es wäre wünschenswert, sich nicht einseitig auf theoretisches Wissen *oder* Lebenswissen auszurichten. Angesichts der Verlagerung des Schwerpunkts vom wissenschaftlichen Wissen zum Lebenswissen in der Postmoderne könnte die Philosophie und in mancher Hinsicht auch die Psychotherapie eine Vermittlerfunktion zwischen Wissenschaft und Lebens- bzw. Professionswissen übernehmen (vgl. Buchholz, 2008). Wilhelm Schmid plädiert dafür, dass »das Lebenswissen sich um eine größere Vertrautheit mit wissenschaftlichem Wissen bemühen muss, um einerseits eine irrationale Wissenschaftsfurcht zu überwinden, andererseits einen kritischen Gebrauch des Wissens zu ermöglichen, der seinerseits wiederum einer unkritischen Wissenschaftsgläubigkeit den Boden entzieht« (Schmid, 1998, S. 309).

Implizite Vorstellungen vom »guten Leben« spielen in allen Spielarten der Psychotherapie eine eminent wichtige Rolle. Wir hoffen, an diesem wichtigen Punkt nicht missverstanden zu werden. Es geht uns nicht darum, beliebige Anleihen bei der Lebenskunstphilosophie zu machen und der eigenen Subjektivität freien Lauf zu lassen. Wir gehen vielmehr davon aus, dass implizite Lebensphilosophien in der Psychotherapie durchgängig eine wichtige Rolle spielen und als Konzepte, Wertungen, Weltbilder – oft unreflektiert oder sogar betont verleugnet – in die Beziehungsgestaltung zwischen Therapeut und Patient hineinwirken. Es wäre schon viel gewonnen, wenn solche »Hintergrundannahmen« reflektiert und transparent gemacht werden können. Auch die Erforschung der therapeutischen Beziehung und Konversation anhand von Transkripten könnte dazu einen wichtigen Beitrag leisten.

## Fragen der heutigen Therapeutik an die Lebenskunst

Der antiken Lebens- und Heilkunst verdanken wir eine Reihe *psychologischer* Konzepte, die in das moderne psychotherapeutische Instrumentarium eingegangen sind. Solche therapeutischen Konzepte dienen dazu,
➤ die eigenen Triebbedürfnisse, die zu schlechten Gewohnheiten und Süchten führen können, und Leidenschaften wie Ehrgeiz, Eitelkeit, Machtstreben, unerfüllte Verliebtheit u. a. zu regulieren;
➤ mit krankmachenden Affekten – seien es depressive Affekte wie z. B. Angst, Scham, Kränkung und Sorge oder aggressive Affekte wie z. B. Ärger, Wut, Jähzorn, Neid, Eifersucht und Hass – umgehen zu lernen;
➤ sich von Gewissenskonflikten und Schuldgefühlen zu befreien;
➤ unkluges Sozialverhalten zu vermeiden, aus Fehlern zu lernen und sich durch soziale Gewandtheit und Klugheit in den verschiedensten Situationen des Alltags und im politischen Leben zu behaupten;
➤ eine Kunst des Erinnerns und eine Kunst des Vergessens zu entwickeln;
➤ eine Kunst der Traumdeutung zu entwickeln, die die Bedeutungen der Träume für das Leben klärt;
➤ sich auf Krankheit, Gebrechlichkeit und Tod nahestehender Menschen einstellen zu können;
➤ Schicksalsschläge anzunehmen;
➤ mit eigenen Krankheiten, seien sie durch Konstitution, Lebensführung, Unfälle, Alter o. Ä. bedingt, umzugehen; und nicht zuletzt,
➤ sich auf den Tod vorzubereiten und das Sterben zu lernen.

Es spricht viel dafür, den Schatz an Lebenserfahrung und Lebenswissen, den die philosophisch-psychologischen und medizinischen Lebenskunstlehren – von der Antike bis zu den aktuellen Diskursen – zu bieten haben, für die therapeutische Praxis zu nutzen. Darüber hinaus lässt sich anhand einer Reihe von Fragen zeigen, dass die Tradition der Lebenskunst vielfältige Spuren in der modernen Therapeutik hinterlassen hat, ja dass das heutige psychodynamische Denken und Therapieren ohne die »Vorarbeit« der Lebenskunstlehrer früherer Epochen kaum vorstellbar ist. Dabei geht es etwa um folgende Fragen: Welche Ansätze der Lebenskunst scheinen im praktisch-therapeutischen Umgang mit menschlichen Problemlagen auf? Welche Zusammenhänge zwischen Krankheitsbefunden, Diagnosen und therapeutischen Modellen sind aus dem Blickwinkel der Lebenskunstphilosophie bedeutsam? Inwiefern implizieren Lebenskunstphilosophien auf phänomenal-hermeneutischer und auf praktisch-therapeutischer Ebene andere Wahrnehmungs-, Denk- und Handlungsmuster?

Lebenskunst kann als individuelle Fähigkeit der »Selbstsorge« (Foucault) betrachtet werden, die auf vielfältigen Lebenserfahrungen und ihrer reflexiven Bearbeitung beruht und in eine mehr oder weniger selbstbestimmte Lebensgestaltung einmündet. Sie lässt sich nur in einem längerfristigen Lern- und Bildungsprozess erwerben, muss aber weiter gepflegt und kultiviert werden, um bewahrt und wenn möglich weiter entwickelt zu werden. Dabei sei von vornherein betont, dass wir uns hier nicht auf einer Ebene hehrer und Über-ich-lastiger Ideale, sondern auf einer pragmatischen Ebene Ich-naher Realisierungsmöglichkeiten bewegen sollten. Wohl können günstige Bedingungen für einen solchen Lern- und Bildungsprozess bereitgestellt werden; er lässt sich aber im Rahmen pädagogischer oder therapeutischer Interaktionen nicht zielstrebig angehen, steuern und mit Willensanstrengung herbeiführen.

Im Folgenden skizzieren wir in einer ersten Annäherung einige Aspekte der Lebenskunst, die uns für die Therapeutik relevant erscheinen und in den therapeutischen Prozess »hineinspielen«.

## Einschätzung der »Lebenskunst« des Patienten

Ein grundlegender Unterschied besteht zwischen der *praktizierten* Lebenskunst, die zur Ausgestaltung bestimmter Lebensformen führt, und der *Reflexion* dieser Praxis am Schnittpunkt von Denken und Existenz.
Wenn wir uns auf die Einschätzung der Lebenskunst eines Patienten fokussieren, muss das nicht bedeuten, dass wir als Therapeuten die uns vertraute Einschätzung der Konfliktdynamik, des Strukturniveaus oder der Neurosendisposition außer Acht lassen. Dennoch ist damit eine Änderung der Perspektive verbunden, deren Tragweite noch schwer zu beurteilen ist. Die Art und Qualität der Lebenskunst eines Einzelnen lässt sich daran erkennen, wie er mit sich selbst und seinen sozialen Beziehungen, insbesondere mit Freundschaften und Partnerschaften umgeht, wie er seine Arbeits- und Leistungsanforderungen gestaltet, ob er entspannen, genießen, sich künstlerisch ausdrücken kann und wie er Kränkungen und Krankheiten verarbeitet und sich zum Problem des Sterbenmüssens einstellt.

Denkbar wäre, die Lebenskunst eines Patienten anhand von vier Kriterien einzuschätzen: Welche Lebensziele verfolgt der Patient? Was motiviert ihn (bewusst und unbewusst), diese Ziele zu verfolgen? Wie gestaltet er sein Leben (Kompetenzen, Ressourcen, Defizite)? Und schließlich: In welche Grundkonflikte ist der Patient verstrickt?

Diese Aspekte lassen sich an einem Fallbeispiel verdeutlichen: Der Patient Albert nahm nach einer für ihn deprimierend verlaufenen Reise nach Spanien eine Therapie auf. Er habe die Reise mit der Hoffnung auf neu entstehende freundschaftliche und vielleicht auch intime Beziehungen angetreten. Während des Urlaubs habe er dann aber die Erfahrung machen müssen, dass er mit seinen Kommilitonen nicht wirklich in Kontakt gekommen sei. Junge Frauen, für die er sich interessiert habe, habe er aufgrund seiner Schüchternheit nicht ansprechen können. Nach dem Urlaub habe er über Wochen hinweg an starken Selbstzweifeln gelitten. Diese belastende Erfahrung habe »alte Wunden aufgerissen«. Am meisten deprimierte ihn seine wieder einmal bestätigte »Unfähigkeit«, tiefere freundschaftliche und partnerschaftliche Beziehungen eingehen zu können. Nach solchen sozialen »Misserfolgen« tendiere er dazu, sich zurückzuziehen, »abzutauchen«. Er schlafe dann lange, stehe oft erst mittags auf und könne sich schwer zur Arbeit motivieren. Sein »Spanien-Trauma« habe den Ausschlag gegeben, dass er jetzt unbedingt eine Therapie beginnen wolle.

Der Patient ist als Einzelkind aufgewachsen. Er erinnert sich deutlich an die heftigen Auseinandersetzungen mit der Mutter, als sie ihn unermüdlich zur Kontaktaufnahme mit Gleichaltrigen, z. B. zum Spielen auf dem Hof, aktivieren wollte. Zumeist weigerte er sich, ihren Ermutigungen und Drängeleien Folge zu leisten. Er behauptete in solchen Situationen, es sei interessanter, *alleine* zu spielen und zu Hause seinen Hobbies nachzugehen. Tatsächlich habe er sich beim Spielen mit Gleichaltrigen oft »unwohl« gefühlt, während er sich relativ gut mit sich allein beschäftigen konnte. Mit ihren ständigen Aufforderungen, *sozialer* zu sein, mehr mit den anderen zu spielen etc. scheint die Mutter ihn erst recht verunsichert zu haben. Oft habe er gedacht, sie solle selber mehr aus sich machen, anstatt an ihm »herumzudoktern«.

Bei dieser Betrachtung stehen die *sozialen Defizite* des Patienten im Vordergrund. Bei ihm scheint sich die ängstlich-kritische Reaktion der Mutter auf die ersten Keime seiner sozialen Unsicherheit ungünstig ausgewirkt zu haben. Ihre oft wiederholten sorgenvollen bis pessimistischen Einschätzungen und Prognosen dürften sein Selbstbild nachhaltig geprägt und stimmungsmäßig eingefärbt haben. Daher hat er schon als Kind soziale Situationen überwiegend als unangenehme und belastende Bewährungsproben für sein Selbstwertgefühl erlebt. Eine wirksame Entlastung von seinen sozialen Ängsten und narzisstischen Kränkungen fand er in einer sozialen Rückzugs- und Vermeidungsstrategie.

Andererseits war Albert auf dem Gymnasium durchgängig ein guter Schüler und auch als Student hatte er im Lern- und Leistungsbereich keine Schwierigkeiten. Er kann sich gut mit sich allein beschäftigen. Hier sind ausgeprägte *kognitive Kompetenzen* erkennbar.

In der Therapie war Albert lange Zeit in seine sozialen Ängste eingesponnen. Am Ende der dreijährigen Therapiezeit kreist er aber nicht mehr so stark um sich, kann leichter auf andere zugehen und neue Beziehungen anknüpfen; er fühlt sich in Gesprächen sicherer und lebendiger, bekommt dafür positive Resonanz, wird öfter als sonst eingeladen und kann ausgelassen mit anderen sein. Er hat nach und nach neue Erfahrungen mit Freundschaften und auch Liebesbeziehungen gemacht. Der erzielte Therapieerfolg lässt Rückschlüsse auf die vorhandenen *Ressourcen* zu, die zu Beginn der Therapie noch schwer einschätzbar waren, aber dann doch deutlich zutage traten. Positiv wirkte sich seine Neugier aus. Er war lebhaft daran interessiert, die Hintergründe seiner Probleme zu erfassen. So wurde die genauere Analyse seiner Rückzugsgefechte allmählich zu einem überraschend aufschlussreichen und entlastenden »Spiel« von Beobachtungen und Erklärungsversuchen, an dem er sich gerne beteiligte.

### Behandlungsperspektiven und -ziele

Ein wichtiges Anliegen jedes Therapeuten hat mit der Frage zu tun, was für einen Patienten in seiner derzeitigen Lebenssituation »gut«, »sinnvoll« oder »richtig« ist und wie er ihn oder sie am besten ermutigen, motivieren, fördern kann. Darüber hinaus fragen sich Therapeuten, was zu einem bestimmten Patienten »passt«. Wie steht es um die *»Passung«* (das »matching«) in der Therapeut-Patient-Beziehung? Hier geht es nicht um Anpassung, sondern um ein Zueinanderpassen von Person und Umwelt. Seelische Störung kann als »Passungsproblem« im Sinne von Thure v. Uexküll verstanden werden. Wenn Umwelt und Selbst nicht zueinander passen, entsteht eine Störung des »sense of being real« bzw. des »sense of self« – und beide Begriffe meinen dann das Gleiche. Das ist insofern seltsam, als wir Realität und Selbst normalerweise als getrennt ansehen; aber hier zeigt sich die tiefe Verbundenheit beider Dimensionen. Soweit die Psychotherapie ihre Patienten zur Anerkennung der »Realität« erziehen will, muss sie diese Dimension verfehlen, weil sie die Realität als immer schon vorhanden unterstellen würde.

Zudem brauchen Therapeuten eine Vorstellung vom »*wahren Selbst*« ihres Patienten, wobei wir diese Vorstellung als eine höchst undogmatische Idee verstehen. In der therapeutischen Praxis geht es wesentlich darum, dieses mehr oder weniger unbewusste Selbst »anzurufen«. Michael Balint sprach in diesem Kontext von »flash«, Christopher Bollas von »cracking up« und Daniel Stern von »now moment« (»Gegenwartsmoment«). Solche Momente sind »highlights« im kreativen und kooperativen Zusammenspiel von Therapeut und Patient.

Adorno (1951) hat das Konzept des »wahren Selbst«, das von Kierkegaard und William James entwickelt und später von den Humanistischen Psychologen Horney, Maslow, Rogers u. a. vertreten wurde, einer grundlegenden Kritik unterzogen. Die verzweifelte Suche nach sich selbst auf dem Wege einer Innenschau führe notwendig in die Irrationalität. Der Mensch könne sich nicht isoliert von anderen verwirklichen, sondern nur in der Auseinandersetzung mit ihnen sowie in der Objektivation seiner Fähigkeiten in Handlungen und Werken. Einen ursprünglichen »Kern«, der sich im Inneren des monadenhaft gesehenen Individuums befindet und nur darauf wartet, »entwickelt« zu werden, gebe es nicht. Subjektivität sei nicht schon bei Geburt als menschliche Seinsqualität vorhanden, sondern entstehe erst im Laufe eines als interaktionistisch bezeichneten Prozesses.

> »Nicht bloß ist das Ich in die Gesellschaft verflochten. All sein Inhalt kommt aus ihr, oder schlechterdings aus der Beziehung zum Objekt. Es wird um so reicher, je freier es in dieser sich entfaltet und sie zurückspiegelt, während seine Abgrenzung und Verhärtung, die es als Ursprung reklamiert, eben damit es beschränkt, verarmen läßt und reduziert« (Adorno, 1951, S. 203).

Dennoch erscheint es überspitzt, das Konzept vom wahren Selbst durchgängig als irrational anzusehen. Ggf. sollte man aber nicht vom »wahren Selbst« sprechen; denn wenn man unter »Wahrheit« die Übereinstimmung von Rede und Gegenstand versteht, dann wird es kaum – ohne in einen performativen Widerspruch zu geraten – möglich sein, den »Gegenstand« anders als diskursiv zu bestimmen. In diesem Sinne sollte man wohl besser von einem Selbst ausgehen, das zu bestimmten selbstgewählten wie fremdbestimmten Konstellationen passt. Auch unter entfremdeten gesellschaftlichen Verhältnissen können sich Menschen mit ihren Schwächen und Unzulänglichkeiten aussöhnen und dadurch zu einer aktiveren und produktiveren Lebensgestaltung fähig werden. Warum sollten nicht die günstigen Entwicklungsbedingungen einer Psychotherapie genutzt werden, um den Patienten zu mehr Ich-Stärke bzw. Selbstkohärenz zu verhelfen? Gerade der Psychotherapeut stellt in der Begegnung mit Menschen große Unterschiede hinsichtlich ihrer Ich-Integrität fest: Der eine redet ständig mit den Stimmen seiner Eltern, der Zweite geht ständig auf Zehenspitzen und schielt hinauf zu seinen überhöhten Idealvorstellungen und der Dritte ist in seinem ganzen Fühlen und Denken von seinem rigiden Über-Ich bestimmt. Nur wenige sprechen aus sich selbst heraus und haben sich Spontaneität und Kritikfähigkeit bewahrt.

## Behandlungsmethode und -kunst

Freud hat die Therapie mit einem Schachspiel verglichen, bei dem »nur die Eröffnungen und Endspiele eine erschöpfende Darstellung gestatten, während die unübersehbare Mannigfaltigkeit der nach der Eröffnung beginnenden Spiele sich einer solchen versagt«. Er könne sich nur an »Spielregeln« halten, die ihre Bedeutung aus dem Zusammenhang des Spielplanes schöpfen (Freud, 1913, S. 454; s. a. Pflichthofer, 2008, 2012).

Dabei stellt sich zunächst die Frage: Was spielt sich bei einer gelingenden Therapie im Patienten ab? Darauf ließe sich etwa antworten: Er versteht für seine Lebensgestaltung wesentliche Bedeutungszusammenhänge. Seine aktuellen Konflikte und strukturellen Einschränkungen werden für ihn transparent und verlieren ihre Macht über ihn. Er gewinnt affektiv befreiende Einsichten in seine charakteristischen Grundkonflikte und Strukturprobleme. Er macht in der therapeutischen Beziehung neue emotional korrigierende Erfahrungen, die er verinnerlichen kann.

Eine weitere zentrale Frage wäre: Wie wirkt die therapeutische Beziehung? Als mögliche Faktoren kann man in Betracht ziehen: die »positive Übertragung« (Freud), die »hilfreiche Beziehung« (Ermann, 1996), Kooperation, die Arbeit an der und in der Übertragung, Humor, der »Geist« der therapeutischen Beziehung, die Förderung von Bildungsprozessen.

Pointiert formuliert lässt sich das Lernen der Lebenskunst als Prozess beschreiben, der »über das Verlernen zum Neulernen und Erlernen bis hin zum Weiterlernen verläuft« (Zirfas, 2007b). Was hier für das Lernen der Lebenskunst angenommen wird, kann analog auch für Entwicklungs- und Veränderungsprozesse in der Psychotherapie gelten. Den Ausgangspunkt bildet in der Regel eine *negative Erschütterung* oder Lebenskrise, die es schwer oder gar unmöglich macht, in der bisherigen Form weiterzuleben. Um sich von der Erschütterung Halt gebender Beziehungen zu Anderen und damit des eigenen Selbstverständnisses befreien zu können, bedarf es einer *Wahl* im existenziellen Sinne. Um eine solche Wahl treffen zu können, genügt es nicht, rein rational Pro- und Contra-Argumente aufzulisten und einander gegenüberzustellen, sondern man muss die individuell vorhandenen Alternativen zuallererst sehen, erleben und leibhaftig spüren lernen. Dazu bedarf es einer »*ästhetischen Erfahrung*«, die einen Freiheitsspielraum für neue sinnliche und affektive Wahrnehmungen eröffnet. Sie ist die Voraussetzung für einen »Neubeginn« (Balint), eine Wende und einen neuen Lebensentwurf. Aber damit nicht genug, die Veränderungen in Wahrnehmung, Fühlen und Denken müssen sich in der Lebenspraxis und im konkreten Handeln bewähren. »Lebenskunst kann man nur performativ lernen« (ebd., S. 169).

Wenn man der Frage nachgeht, wie und wodurch Therapeuten heilsam wirken, liegt die Antwort nahe: durch ihr professionelles Können und speziell durch Fähigkeiten auf verschiedenen Ebenen: den Patienten zuzuhören und sie auf sich wirken zu lassen; akzeptierend und empathisch zu sein; eine offene und vertrauensvolle Atmosphäre herzustellen; aber auch Differenzen zu erkennen und zu klären; Probleme in der Übertragung und Gegenübertragung wahrzunehmen und zu handhaben; Beziehungs- und Verstehensarbeit zu leisten; zu individualisieren und zu abstrahieren. Man kann die genannten Einzelfaktoren als Gemisch aus Behandlungstechnik und -kunst auf der Basis persönlicher Kompetenzen betrachten.

Das Konzept der *Behandlungskunst* – oft als Gegenbegriff zur Behandlungstechnik verwandt – hat seinen Niederschlag in vielen Veröffentlichungen gefunden, wie z.B. die Buchtitel *Die Kunst der Psychotherapie* (1992) von Michael Franz Basch, *Deutungskunst* (1993) von Wolfgang Loch, *Die psychotherapeutische Kunst* (1997) von Rainer Holm-Hadulla oder *Kunst und Technik psychoanalytischer Therapien* (2007) von Joseph Lichtenberg zeigen.

Freud sprach im Hinblick auf die Psychotherapie mehrmals explizit von »*Deutungskunst*«. Sie diene dazu, »gleichsam aus den Erzen der unbeabsichtigten Einfälle den Metallgehalt an verdrängten Gedanken« darzustellen (Freud, 1904 S. 7). Deutungen, auch wenn sie »richtig« seien, würden nur dann zum Erfolg führen, wenn sie zum »richtigen Moment« gegeben würden, und dazu bedürfe man »eines Taktes, der durch Erfahrung sehr verfeinert werden kann«. Man müsse warten können, bis sich der Patient dem Verdrängten soweit angenähert hat, dass er mithilfe des Deutungsvorschlages »nur noch wenige Schritte zu machen braucht« (Freud, 1926, S. 250f.).

Neben der Deutungskunst wird die »*Beziehungskunst*« (A. Balint, 1936) als eigenständige, nicht-deutende Tätigkeit des Therapeuten verstanden. Zur Beziehungskunst kann man die Geschicklichkeit in der analytischen Untersuchung und im Umgang mit Übertragungssituationen rechnen, dann den Mut, sich auch intensiven Übertragungen auszusetzen, sowie die Fähigkeit, die eigene Gegenübertragung wahrzunehmen und zu reflektieren (Will, 2003, S. 85ff.). Bei Theodor Reik (1948) kann man fließende Übergänge von der Kunst einfühlsamen Verstehens und Behandelns zu einer therapeutischen Kunst erkennen, in der der Therapeut mit seiner Persönlichkeit – seiner Lebenserfahrung und Selbstreflexion sowie dem daraus resultierenden intuitiven Lebenswissen – gefordert ist. Die Umsetzung von theoretischen Konzepten in die Praxis erfordert eine »subjektive Brechung der Theorie«, die damit in eine »therapeutenspezifische (persönliche) Theorie« übergeht (Thomä & Kächele, 1986).

Eine für die Therapiepraxis und -forschung naheliegende Frage bezieht sich darauf, wie sich die praktizierte Lebenskunst des Therapeuten auf die therapeutische Beziehung und den Patienten auswirkt, und darüber hinaus, ob »die Lebenskunst des jeweiligen Therapeuten eine mindestens genauso große, wenn nicht sogar wichtigere Rolle im Umgang mit seinen Patienten [spielt] als alles Wissen um die richtige Therapieform« (Mertens, 2009, S. 152).

## Implizite Lebenskunstkonzepte des Therapeuten

Therapeuten greifen in der Praxis häufig *explizit* auf Konzepte der Lebenskunst zurück, z. B. wenn sie den Patienten ermutigen, seine persönlichen »Ressourcen« in der Musik, im Sport oder in sozialen Fähigkeiten wieder mehr ins Spiel zu bringen. Nehmen sie schon solche expliziten Interventionen als solche oft nur undeutlich wahr, so gilt das erst recht für *implizite* Lebenskunstkonzepte. Wir gehen davon aus, dass implizite Lebensphilosophien als Konzepte, Wertungen, Weltbilder – oft unreflektiert oder sogar betont verleugnet – in die Beziehungsgestaltung zwischen Therapeut und Patient hineinwirken. Denn Lebenskunst hat es auch mit der Kunst eines geteilten Lebens – etwa im therapeutischen Setting – zu tun (vgl. Marten, 1993). Wahrscheinlich könnte man leicht nachweisen, dass jeder Satz eines Psychotherapeuten, jedes »Hm« und jede Geste erfüllt ist von dessen »Philosophie«; ja man kann sogar empirische Forschungsliteratur zitieren, die nachweist, dass die gleichsam unartikulierten, habitualisierten Philosophien von Therapeuten verschiedener Schulen nicht nur enorm praxisrelevant, sondern therapeutisch auch enorm wirkungsvoll sind, weil ihre Effekte weit in den Alltag der Patienten hineinreichen.

Jeder Therapeut konstruiert Theorien oder Modelle, die er für die therapeutische Arbeit mit dem jeweiligen Patienten benötigt. Mithilfe eines von Jorge Canestri, Werner Bohleber, Paul Denis und Peter Fonagy entwickelten Vektorenmodells lassen sich verschiedene Elemente unterscheiden: die spezifischen Inhalte, die im Unbewussten und Vorbewussten des Therapeuten vorhanden sind (topografischer Vektor), seine weltanschaulichen Einstellungen, bevorzugten klinischen Konzepte und Veränderungstheorien (konzeptueller Vektor), seine individuelle Ausgestaltung des jeweiligen Behandlungskonzepts (Behandlungsvektor), seine wissenschaftlichen und vorwissenschaftlichen Überzeugungen (Vektor Kohärenz vs. Widersprüchlichkeit) und sein entwicklungstheoretischer Standpunkt, von dem aus er die Patienten beurteilt (Entwicklungsvektor) (Canestri et al., 2006; Canestri, 2007). Da implizite Konzepte der Lebenskunst in diesen Vektoren mehr oder weniger zum Tragen kommen, verdienen sie im therapeutischen Geschehen sorgfältige Beachtung.

Die implizite Anreicherung expliziter mit privaten Theorien verschafft dem therapeutischen Handeln eine individuelle Färbung und damit eine Authentizität, die ihrerseits therapeutische Wirkung hat. Doch können implizite Theorien auch so idiosynkratisch sein, dass sie das Verstehen des Fremdseelischen behindern oder unmöglich machen. Sie können auch ein wichtiger Indikator für die Gegenübertragung sein.

**Polaritäten und Widersprüche**

Implizite Lebenskunstkonzepte stehen in engem Zusammenhang mit anthropologischen Konzeptionen. Eine Grundannahme besteht darin, dass der Mensch *bipolar* ausgerichtet sei und dass die Bipolarität *zwischen den selbstbezogenen und den objektbezogenen Tendenzen* besonders bedeutsam sei (Mentzos, 1909). Dabei geht es um die Gegenüberstellung der auf das eigene Selbst (seine Entstehung, Kohäsion und Stabilität) und der auf das Objekt (das Gegenüber, den Anderen) ausgerichteten Motivationen. Unter günstigen Bedingungen wird das Spannungsfeld zwischen dem Selbst- und dem Objektpol immer wieder so ausbalanciert, dass sich der Einzelne sowohl in der Beziehung zu sich selbst als auch in der Beziehung zu anderen entfalten kann. Unter ungünstigen Bedingungen kommt es hingegen zu einem mehr oder minder starren Entweder-oder von Selbstbezogensein versus Objektbezogensein, zu einem Ungleichgewicht und dementsprechend zu einseitigen und festgefahrenen Erlebnis- und Verhaltensmustern.

Der erwähnte Patient Albert litt unter Ängsten im sozialen Bereich, die im Widerspruch zu seinen Wünschen nach Freundschaften und nach einer Liebesbeziehung standen. Er sah sein Heil in einer *Abwendung* von den Menschen. Bei Bruno, einem anderen Patienten, war es gerade umgekehrt: Seine Ängste hatten mehr mit dem Lern- und Leistungsbereich zu tun, während er sich in sozialen Beziehungen wesentlich sicherer fühlte und einen Stil aktiver *Hinwendung* zu den Mitmenschen entwickelt hatte.

Auslösendes Moment für Brunos Aufnahme der Therapie war sein Scheitern bei der Abfassung schriftlicher Hausarbeiten. Er habe seit zwei Jahren keinen Pflichtschein mehr geschafft und erfülle damit noch nicht einmal die Voraussetzungen, um zur Zwischenprüfung zugelassen zu werden. Die Arbeitsstörungen sähen so aus, dass er nach Erhalt der Aufgabenstellung oft Tage und Wochen lang müde und antriebslos sei. Oft lenke er sich mit zwanghaftem Lesen oder Fernsehen ab oder gehe Aktivitäten in der Studentenpolitik, in Wohngemeinschaftsprojekten oder Treffen mit Freunden nach. Er sei viel, allzu viel unter Leuten, sodass er die Konzentration auf das Studium phasenweise ganz aus den Augen verloren habe. Bei der letzten Proseminararbeit habe er erst an den beiden letzten Tagen unter äußerstem Zeitdruck etwas zu Papier gebracht; die noch in letzter Minute abgegebene Arbeit sei aber als nicht ausreichend bewertet worden. Die vorherige Arbeit habe er nicht einmal abgegeben. Wenn er seine Proseminararbeiten nicht bald in den Griff bekomme, müsse er sein Studium abbrechen. Er male sich schon in düsteren Farben aus, dass er dann vor seinen Eltern und Freunden als Versager dastehe.

Wie Albert erinnert sich auch Bruno an Unstimmigkeiten mit seiner Mutter, da sie ihn aufgrund ihrer eigenen unbefriedigten Kontakt- und Anerkennungsbedürfnisse ständig für sich in Anspruch nehmen wollte, aber nie wirklich für ihn da gewesen sei. Sie habe zwar viel genörgelt und ihn mit Appellen bedrängt, sich aber schon frühzeitig nicht gegen ihn durchsetzen können. Während der gesamten Gymnasialzeit habe sich Bruno bei seinen Hausarbeiten und Schulvorbereitungen schwergetan. Gegenüber der Mutter habe er den Anschein erweckt, dass er in seinem Zimmer brav an seinen Hausarbeiten sitze. In Wirklichkeit habe er sich aber, wenn er allein war, zwanghaft abgelenkt, heimlich gelesen, geträumt usw. Wenn der Vater, der sich aus eigener Kraft im Betrieb hochgearbeitet hatte, abends von der Arbeit zurückkam und die Hausaufgaben kontrollierte, wurde es oft »ungemütlich«. Bruno kann sich an peinliche Szenen erinnern, in denen der Vater ihm schroff vorhielt, nicht »zupackend« genug zu sein, und ihm dann oft »das Heft aus der Hand« nahm.

Eine Fluchtmöglichkeit und positive Gegenwelt zum Elternhaus und Gymnasium fand Bruno in einer Jugendgruppe des CVJM, wo er sich gut integrieren konnte und Freunde gewann. Er engagierte sich als Führer einer Jugendgruppe, mit der er sich wöchentlich traf und oft auf Fahrt ging – mit Fahrrad, Zelten und allem, was so dazugehört. Im CVJM fühlte er sich zugehörig und beliebt. Durch das positive Feedback gewann er ein Gegengewicht zu den auf dem Gymnasium und im Elternhaus erlebten Versagensgefühlen. An dem *circulus vitiosus* seiner Arbeitsstörungen änderte sich aber wenig. Im Studium dann dasselbe Bild: In den ersten Semestern schaffte er recht und schlecht einige Arbeiten. Dann wurde es immer komplizierter bis zu Beginn der Therapie, als er sich einen erfolgreichen Abschluss der schriftlichen Arbeiten kaum noch vorstellen konnte.

Bruno ist ausgesprochen zugewandt, objektbezogen, *prosozial.* Er geht auf andere zu, sucht sich auf sie einzustellen, sie für sich zu gewinnen. Aber wehe, wenn er allein mit Leistungsanforderungen konfrontiert ist! Beim Alleinsein spürt er, wie sehr er auf die emotionale *Präsenz* anderer angewiesen ist. Wenn er z. B. mit einem Freund in die Bibliothek geht und sich mit ihm in den Pausen in der Cafeteria trifft, kann er sich viel besser konzentrieren, als wenn er sich in der Bibliothek allein »unter lauter Fremden« fühlt.

In der Therapie war es für Bruno wichtig, dass er nach einiger Zeit erste Erfolgserlebnisse bei der Bewältigung von Studienanforderungen erzielt hat. Dabei erwies es sich als hilfreich, dass er sein Angewiesensein auf die Präsenz von Freunden und Gesprächspartnern erkannt und Strategien entwickelt hat, um damit umzugehen. Z. B. verabredete er sich regelmäßig mit anderen zum gemeinsamen Arbeiten und Besprechen der jeweiligen Arbeitsprojekte oder er nahm an Arbeitsgruppen teil, um sich gemeinsam auf mündliche Prüfungen vorzubereiten. Auch die am Ende erfolgreiche Abschlussphase des Studiums fiel noch in die Therapiezeit.

Die Erfahrungen mit der Gegensätzlichkeit der beiden Patienten lassen sich mit dem Grundkonflikt *zwischen selbstbezogenen und objektbezogenen Tendenzen* in Verbindung bringen. Das implizite Lebenskunstkonzept, das in der Therapie der beiden Patienten zum Tragen kam, hat mit einer »*Kunst der Balance*« zwischen diesen gegensätzlichen Ausrichtungen zu tun (s. u. Kapitel »Balance«).

## Selbstsorge des Therapeuten

Dass Therapeuten im Rahmen der eigenen Selbstanalyse, angefangen von Lehrtherapien und Selbsterfahrungsgruppen bis hin zu Supervisions- und Intervisionsgruppen, »an sich arbeiten« und »auf sich achten« müssen, liegt auf der Hand. Wolfgang Schmidbauer hat das »Helfersyndrom« in seinem Bestseller *Die hilflosen Helfer* (1977) eindrücklich beschrieben. In eine ähnliche Richtung ging Adolf Guggenbühl-Craigs Warnung vor Selbstüberforderung in seinem Buch *Macht als Gefahr beim Helfen* (1978).

Fasst man die Frage der Selbstsorge unter systematischen Gesichtspunkten zusammen (Schmid, 1995, Sp. 529f.; 1999, S. 246ff.), so wird deutlich, dass wir es hierbei mit einem sehr komplexen Praxiskonzept zu tun haben, das auf verschiedenen Ebenen angesiedelt ist: auf einer *phänomenalen-hermeneutischen* Ebene geht es um Fragen der Selbstwahrnehmung und des Selbstverstehens, die einhergehen mit dem Sprechen und der freimütigen Auskunft über sich selbst (gr. Parrhesia); in einem *erkenntnistheoretischen* Zugang geht es um Fragen der Selbsterkenntnis, der Selbstreflexivität und der Selbstüberprüfung (Selbsteinschätzung, Rechenschaftsbericht); in einem *pragmatischen* Sinne steht die Arbeit an sich selbst (Askese) im Mittelpunkt, d. h. Übungspraktiken und -techniken und die Herstellung von Arbeits- und Lebensbedingungen, in denen es sich zu leben lohnt (im Sinne eines gesünderen, glücklicheren und schöneren Alltags); aus einem *ästhetischen* Blickwinkel wird das Leben als eine Art Kunstwerk verstanden, das nach ästhetischen Kriterien gestaltet werden kann; die Ästhetisierung des Lebens soll zu einem schönen, bejahenswerten Leben führen, das den eigenen Stil und den individuellen Geschmack zum Ausdruck bringt; *intentional* rückt die Selbstsorge die Möglichkeiten der Selbstveränderung, ja auch der Selbstverbesserung in den Blick und damit auch Formen der Prospektion und der Prävention als Vorsorge für die Zukunft. Hierzu lassen sich auch Praktiken der Selbsterfindung rechnen, d.h. das (theoretische wie praktische) Experimentieren mit anderen Lebensperspektiven und -formen, die wiederum andere Facetten des Selbst (und der Welt) erschließen. Und schließlich lässt sich dezidiert *therapeutisch* davon sprechen, dass auch der Therapeut nicht nur die Pflege und Heilung des Patienten, sondern auch seine eigene im Blick haben muss.

Hierzu noch einige Stichworte: Wie der Patient muss auch der Therapeut immer wieder seine »Ressourcen« aktivieren. Er benötigt »Resilienz«, d. h. die Fähigkeit, therapeutische Krisen ohne dauernde Beeinträchtigung durchzustehen. Er muss mit spezifischen »Paradoxien« wie z. B. der der »mütterlichen Vaterfigur« oder der väterlichen Mutterfigur« (Greenson) umgehen lernen. Er braucht Gegengewichte zur Therapie wie Pausen, Urlaub, Reisen, aktive Interessen oder die Pflege von Freundschaften. Er muss in seiner therapeutischen Zuwendung eine »Mitte« bzw. ein »Maß« finden, das seiner Individualität entspricht. Weitere Aspekte seiner Selbstsorge sind der Umgang mit Genüssen, das Ziehen von Grenzen, die Distanz zu seiner Helfer- und Heilerrolle.

## Fragen der Lebenskunst an die Therapeutik

Es ist natürlich unmöglich, abschließend und umfassend zu sagen, welche Fragen *die* Lebenskunst an *die* Therapeutik hat, weil es nicht nur unterschiedliche therapeutische Richtungen, sondern auch unterschiedliche lebensphilosophische Ansätze gibt. Findet man zur Klärung von Sachverhalten eine strikte Historisierung und Pluralisierung von Diskursen und Praxisformen plausibel, so wäre zudem zu klären, ob überhaupt und – wenn ja – inwieweit traditionelle oder fremdkulturelle Konzeptionen von Therapie und Lebenskunst Relevanz für aktuelle Fragestellungen haben; so ist es z. B. grundsätzlich umstritten, ob die antiken oder auch die mittelalterlichen und frühneuzeitlichen Konzeptionen von Lebenskunst – und wenn ja in welcher Form – auf die aktuelle Situation der Postmoderne überhaupt zu übertragen sind (Kersting & Langbehn, 2007). Wir wollen daher im Folgenden versuchen, einige Perspektiven und Fragen unserer Sicht der Lebenskunst auf therapeutische Fragestellungen zu beziehen (vgl. Gödde & Zirfas, 2006). Die von uns hier aufgegriffenen Aspekte haben wir an anderer Stelle (Gödde & Zirfas, 2014, S. 9ff., 31ff., 161ff., 257ff.) mit etwas anderen Schwerpunktsetzungen schon einmal angesprochen.

## Schönheit

Im Zentrum der Bemühungen um Lebenskunst scheint uns die Frage nach einem schönen und glücklichen Leben zu stehen (vgl. Schmid, 2000; Brenner & Zirfas, 2002). Dabei kann Schönheit heute nicht mehr mit klassischen Harmonie- und Vollkommenheitsvorstellungen, mit berechenbaren, mathematischen Symmetrie- und Ordnungsvorstellungen oder mit einem allgemeingültigen Modell des schönen Lebens in Verbindung gebracht werden. Ein schönes Leben ist ein solches, das mit einer individuellen und somit relationalen Bejahung und Zustimmung zum Leben und zum Tod zu tun hat. Das *glückliche* und *schöne* Leben ist in der Moderne das bejahenswerte Leben (vgl. Zirfas, 1993). Als ein solches Leben ist es auf mehr oder weniger ungezwungene Weise ein *selbstbestimmtes* Leben, in dem sich die wichtigsten Wünsche *erfüllen* (vgl. Seel, 1995, S. 127). Das zentrale Ziel der Lebenskunst ist daher die Selbstbestimmungsfähigkeit und die damit zusammenhängende Lebensbejahung, die durch das Erreichen einer gewissen Anzahl von Zielen zu einer positiven Glücksbilanz führt. Dabei muss Selbstbestimmungsfähigkeit nicht Solipsismus oder Egoismus noch Beliebigkeit oder Nihilismus, sondern kann ganz im Gegenteil selbstgewählte Verbindlichkeit und Verantwortung bedeuten. Wenn ein Mensch sein Leben – und auch sein Sterben – bejahen kann, und wenn sich dieser kein anderes Leben (und Sterben) wünschen würde, so »passen« Leben und Sterben zu ihm. Ein schönes Leben bedeutet ein *individuelles, selbstbestimmtes* und *gelungenes Korrespondenzverhältnis*

zwischen Menschen und ihren Lebensformen. Schönheit im Sinne der Lebenskunst bedeutet glückhafte Selbstbejahung (Zirfas, 2007b).
In welcher Form spielen Fragen nach einem schönen Leben, nach Selbstbestimmung und Passungsverhältnissen in der Therapie eine Rolle? Kann man jedes Leben umstandslos bejahen? Welche Kriterien sprechen dafür, die menschliche Selbstbestimmungsfähigkeit infrage zu stellen?

## Glück

Strukturell betrachtet haben wir das schöne mit dem gelungenen und dem glücklichen Leben identifiziert. Das muss man nicht zwangsläufig tun, denn glückliche Momente gehören zwar zu einem gelungenen Leben dazu, doch ebenso lassen sich zu ihm Momente des Sinnvollen, des moralisch Wertvollen, des sozial Ehrenvollen und des Bewundernswerten rechnen. Wer das Glück in den Mittelpunkt der Lebenskunst rückt, liefert ihr allerdings eine gute, d.h. anthropologische Ausgangsbasis. Das Glück gilt schon seit der Antike als eine *conditio humana*, insofern es allen menschlichen Wünschen und Bestrebungen als letztes inklusives Ziel zugrunde liegt. Anders formuliert: Man kann nicht erklären, warum man nicht glücklich sein will. Seit dieser Zeit steht nicht nur zur Debatte, *was* sich jemand wünscht, sondern auch *wie* er wünscht – und wie er diesen Wunsch gegenüber anderen begründen kann. Bis in die Moderne war hier die Theorie des Objektivismus in Geltung: Man sollte nur das wollen, was – objektiv – gut ist; in der Moderne herrscht der Subjektivismus, jetzt ist etwas gut, wenn ich es will. *Aus dem Mittelpunkt der Debatte rückt die Frage nach dem Sollen, ins Zentrum die Frage nach dem Wollen und Können.* Nicht mehr heißt es etwa mit Kant: Du kannst, weil du sollst!, sondern nunmehr: Du kannst, weil du willst! Die Achtung des Besonderen im Individuellen hat hiermit Vorrang vor einem universalen Reglement des Allgemeinen.

Doch was ist unter Glück zu verstehen? Wann ist ein Leben glücklich? Wann können wir sagen, das menschliche Leben sei glücklich verlaufen? Die großen philosophischen Denker haben zunächst immer wieder auf eine Dreiteilung des Glücks hingewiesen: Sie haben Glück zunächst als positiven *Zufall* oder als günstiges *Schicksal* verstanden und damit angedeutet, dass das gelingende menschliche Leben nicht vom Menschen selbst abhängig ist, sondern von äußeren Umständen, passenden Konstellationen oder von der Gnade Gottes lebt. Das gelingende Leben kann der Mensch kaum selbst herbeiführen, sondern es ergibt sich. Noch heute – und vielleicht heute immer mehr – hoffen Menschen auf dieses Glück, etwa beim Lottogewinn, der sich zufälligerweise aus der richtigen Konstellation der Zahlen ergibt, oder auch beim Glück in der Liebe, das einem unversehens über den Weg läuft.

Eine zweite Bedeutung des gelingenden Lebens ist mit dem Glück als Erlebnis, als *Lustgefühl* oder *Freude* verknüpft. Ich fühle mich glücklich, weil meine bewussten und auch meine unbewussten Wünsche auf einmal in Erfüllung gegangen sind. Das Leben wird im Augenblick als gelungen erfahren, weil man sich geborgen, sicher, befriedigt und »wunschlos« glücklich fühlt. Hierfür ließen sich unzählige Beispiele aus allen menschlichen Lebensbereichen angeben.

Weil das Glück als Erlebnis aber nur kurzfristig dauert, haben Philosophen noch auf eine dritte Glücksform aufmerksam gemacht: auf das insgesamt *gelingende Leben*, auf das Glück als Lebensbilanz, als Lebensglück. Dieses Glück soll ein unwandelbares und dauerhaft gelingendes menschliches Leben ausmachen.

Und schließlich gibt es noch die Überlegung, in der Glück nicht nur Resultat, sondern vor allem *Voraussetzung* eines gelingenden Lebens ist: Weil der Mensch glaubt, dass er der Grund seines Glückes ist, hat er den Mut und das Vertrauen, sein Leben zum Gelingen zu bringen.

Angesichts der modernen Tendenzen eines Glückshedonismus und einer Momentarisierung des Glücks stellt sich allerdings das Problem, ob das gute und glückliche Leben *mehr* ist als die (kurzfristige) Befriedigung der jeweiligen Neigungen und Wünsche, denn es könnte ja durchaus etwas gut sein, selbst wenn man es nicht will. Festgehalten werden muss eine Entmoralisierung des Glücks, die zur Legitimation der Moral vor den individuellen Glücksansprüchen führt, womit letztendlich in jede Glücksvorstellung ein radikal individuelles Moment mit eingeht: Kommt erst das Saufen, dann die Moral? Und: Hat das Leben einen Sinn, wenn es kein vollkommenes Glück gibt? Freud war in dieser Hinsicht sehr skeptisch. Für ihn war das menschliche Leben zu schwer für den Menschen, und die Therapie bestand für ihn lediglich darin, neurotisches Elend in alltägliches Unglück zu verwandeln (vgl. Freud, 1895, S. 312). Denn der Mensch ist dasjenige Lebewesen, das sein Leben verfehlen kann. Er kann unglücklich werden und somit dasjenige nicht erreichen, was er als sein Glück versteht.

### Kunst

Mit guten Gründen lässt sich behaupten, dass es sich in Philosophie (und Medizin?) über Jahrhunderte hinweg um nichts anderes handelte als um eine *Anleitung zur Lebenskunst*. Ob es in der Antike um die Vorbereitung auf ein adliges Leben ging, in welchem sich sportliche und kriegerische Leistungen mit eleganter Muße abwechselten, ob es sich im Mittelalter um Gewissensbildung, die Vermittlung eines strengen Kanons religiöser Werte und asketischer Lebensformen handelte oder ob man sich in der Moderne auf stufenförmige Entwicklungsmöglichkeiten, die kreative Entfaltung von natürlichen Potenzialen oder die individuelle Aneignung der Welt durch ein sich selbst bildendes Subjekt konzentriert – immer ging und geht es in Fragen des richtigen Lebens und Fragen von Entwicklung und Bildung um die Vermittlung von Fähigkeiten und Wissensbeständen, die den Menschen helfen sollen, ihrem Leben eine gelungene Form zu geben. Der Mensch ist schließlich das Tier, das das Leben erst lernen muss. Doch während in früheren Jahrhunderten der Zweck der Lebenskunst in einem allgemeingültigen religiösen, gesellschaftlichen oder philosophischen Ideal bestand, rückt in der Moderne der Mensch mit Leib und Seele in den Mittelpunkt. Nun lautet die Frage: »Doch warum sollte nicht jeder Einzelne aus seinem Leben ein Kunstwerk machen können?« (Foucault, 1984, S. 80) Lebenskunst bedeutet heute, eigene Gesetzlichkeiten auszubilden, die Richtlinien seines Lebens selbst erfinden, ästhetische Selbsterfindung mit spielerisch-ethischer Selbstbeherrschung konvergieren zu lassen. Die Idee eines schönen Lebens verknüpft performativ Produktions- mit Werkästhetik, aber auch mit Rezeptionsästhetik. *Fabricando fabricamur*, gestaltend gestalten wir uns selbst – wobei sich die Kunst nicht in das Leben und das Leben nicht in die Kunst auflösen sollte.

Dabei hat sich das Verständnis von Kunst entscheidend verändert. In der Antike und im Mittelalter ist die Kunst weitgehend eine *techne* (τέχνη), ein praktisches, auf Herstellung zielendes Wissen, ein regelorientiertes Handwerk. Die Kunst hat nicht wie seit dem Beginn der Neuzeit die Funktion, die Möglichkeiten des Lebens zu vervielfältigen, sondern sie soll das Zweckmäßige und Notwendige hervorbringen. Wird in der Moderne die Kunst oftmals auf das Veränderliche, bloß Mögliche und Virtuelle reduziert, kommt ihr in der Antike Verbindlichkeit, Strenge, Kodifizierung und Verpflichtung zu. Kunst soll die Wirklichkeit nicht verwandeln, noch am (ästhetischen) Vollzug des Lebens selbst teilhaben, sondern das Leben so stabilisieren, dass dieses sich auf das Wahre, Gute und Schöne hin ausrichtet. Heute versteht man unter Kunst nicht die aus der Praxis ableitbaren Regeln oder die Mimesis der wahren Wirklichkeit, sondern Kunst hat es mit Kreativität, Erneuerung, Expressivität und Schöpferischem zu tun. Lebenskunst bedeutet heute, eigene Gesetzlichkeiten auszubilden, die Richtlinien seines Lebens selbst erfinden, ästhetische Selbsterfindung mit spielerisch-ethischer Selbstbeherrschung konvergieren zu lassen. Der moderne Lebenskünstler ist derjenige, der seinem Leben einen originellen unverwechselbaren Anstrich verleiht.

Doch kann und sollte man von jedem Menschen verlangen, aus seinem Leben ein Kunstwerk zu machen? Ist Lebenskunst nicht ein elitäres Projekt einiger Intellektueller, die die Niederungen des Alltags und des Prekariats mühelos überspielen können? Und ist ein schönes Leben nur äußerer Schein, nur Inszenierung, nur Kunstwerk? Das Leben als Kunstwerk verweist auf die Formgebung, auf die Gestaltung des Lebens vor dem Hintergrund eines bewussten Umgangs mit Perspektiven und Stilisierungen. Der antike Philosoph Plotin verwendet dafür die Metapher, man solle seine eigene Statue meißeln, d. h. zu dem zu werden suchen, der man immer schon ist. Auch wenn die Vorstellung des *bios*, d. h. des Lebens als Kunstwerk durchaus faszinierend wirkt, so sei doch, etwa mit Blick auf die Habitustheorie des Soziologen Pierre Bourdieu, an die extreme Hartnäckigkeit des menschlichen Materials in Form von verkörperten Wahrnehmungs-, Denk- und Handlungsmustern erinnert. Das schöne Leben lässt sich nicht so einfach herausmeißeln, Leben ist ein hartnäckiges Material. Lebenskunst verweist hier darauf, dass es nicht nur um inspirierte, artifizielle Kreativität, sondern auch – und vor allem – um Lebenstechniken und -fertigkeiten, d. h. um Asksepraktiken und Exerzitien geht.

In Bezug auf das (metaphorische) Lebenskunstmodell der Bildhauerei gibt es einen direkten Bezug zu Freud (1905a, S. 17), der ebenfalls die Analyse mit der Bildhauerei vergleicht und sie so der Suggestionstherapie entgegensetzt: Die Analyse arbeite *per via di levare* – sie nehme etwas weg (damit die wahre Gestalt zum Vorschein kommen kann), während die Hypnose *per via di porre* arbeite, nämlich wie die Malerei etwas auf die Leinwand draufsetze. Freud wusste wahrscheinlich nicht, dass das Bild von Plotin stammt.

## Optionen und Kontingenzen

Auf die Frage nach der Lebenskunst als der Frage, wie wir denn unser Leben gut und glücklich leben können bzw. sollen, finden wir keine einzelne und einfache Antwort, dafür aber eine ganze, gelegentlich komplizierte, Reihe von Angeboten. Diese reichen vom einfachen beschaulichen Leben im familiären Kreis über die individuelle Selbstverwirklichung in Beruf und Karriere bis hin zu esoterischen Praktiken des *New Age*. Was hier objektiv für alle sinnvoll und richtig erscheint, ist nicht leicht zu sehen. Dabei stellt sich durchaus die Frage, ob die moderne Lebenskunst das einzelne Individuum in seiner Selbstmächtigkeit und Selbstfindung, dem Bedürfnis nach Stilisierung seiner Existenz bestärkt, oder ob sie lediglich eine ideologische Kompensation angesichts fortschreitender Uniformierungen, Institutionalisierung aller Art, flexibler Ökonomisierungen, (bio)machtpolitischer Gewalttätigkeiten darstellt. Zu konstatieren ist jedenfalls, dass die Lebenskunst ihren universalisierbaren Charakter verloren hat: Es gibt keine Lebenskunst, die für alle Menschen Gültigkeit beansprucht und dementsprechend entwirft sie keine allgemein-normativen Regeln, sondern experimentell-optative Perspektiven.

Dass es im Bereich der Lebenskunst keine festen, kategorischen Perspektiven mehr gibt, hat auch mit dem zunehmenden Kontingenzbewusstsein zu tun. Dieses ist – mit all seinen Ambivalenzen von Orientierungslosigkeit, Unsicherheit und Risiko, aber auch von Freiheit, Spiel und Ermöglichung – ein Produkt der modernen Welt. Im Zentrum des modernen Bewusstseins steht daher zunehmend die Kontingenz. Das grundlos fixierte Ausgeliefertsein und die unvollständige Bestimmbarkeit eröffnen einen Raum des Potenziellen, dessen Risiken mittlerweile die Chancen zu übersteigen scheinen. Weil immer alles auch nicht bzw. alles auch anders sein könnte, weil – und obwohl – alles möglich ist *(anything goes)* und trotzdem – oder deswegen – vieles nicht mehr geht *(rien ne va plus)*, wird Kontingenzbewältigung zur zentralen Problematik der Moderne. Nicht mehr der *homo faber*, sondern der *homo patiens* bzw. der *homo contingens* stellt sich die Frage nach der Beliebigkeits- und der Schicksalskontingenz. Der Mensch avanciert zu einer tragischen Figur, zur Möglichkeit von Möglichkeiten, die ihren Grund nicht mehr in ihrem Selbst, sondern in den kontingenten Bedingungen ihrer eigenen kulturellen Deutungsmuster findet. Mit der Potenzialisierung des Realen und der Unbestimmbarkeit des Ungewissen rücken Endlichkeit und Vergänglichkeit, Verlust und Sterblichkeit, Freiheit und Simulation verstärkt in den Blick. Die Suche und die Sucht nach Bearbeitungsmustern für Unfälle, Katastrophen und Risikoszenarien wachsen.

In der Moderne wird vor allem die Orientierungs- und Perspektivlosigkeit und eine bodenlose Unsicherheit akut, weil der Bereich des Auch-anders-sein-Könnens mit jeder Wirklichkeit auch jede Ordnung und damit jede Form sozialen und individuellen Lebens erfasst. Die Unerbittlichkeit des Geschehens erscheint nicht mehr aus höheren, göttlichen, natürlichen, technologischen oder sozialen etc. Gesetzmäßigkeiten, sondern nur aus Zufällen ableitbar. Umgekehrt zeigt sich ein geringeres Maß an Kontingenz in historischen Situationen, in denen die politischen, sozialen, kulturellen und religiösen Rahmenbedingungen für die Menschen nur ein begrenztes Maß an stabilen Handlungsmöglichkeiten bereitstellen.

Die modernen Konzeptionen der Lebenskunst lassen sich auch und vielleicht vor allem als Reaktion auf das zunehmende Kontingenzbewusstsein verstehen (vgl. Gödde & Zirfas, 2014, S. 14ff.). Die modernen Menschen verlieren die biografischen Kontrollen, erleiden ihr Dasein als flüchtig und kontingent und

## 1 Die Wechselbeziehung zwischen Therapeutik und Lebenskunst

sind immer weniger dazu in der Lage, ihre Lebensgeschichte in eine – wie auch immer geartete – kohärente Erzählung zu bringen. Die Bedingungen der neuen kapitalistischen Kultur erzeugen Bindungsverluste, Orientierungsdefizite, Verhaltensunsicherheiten und -zwänge sowie Standorterosionen. Der flexible Mensch ist ein »Driver«, der das Vertrauen in die Institutionen und in sich selbst eingebüßt hat. »Gibt es Grenzen, wieweit Menschen verbogen werden dürfen? Kann der Staat den Menschen etwas wie Dehnfestigkeit eines Baumes geben, so dass wir unter dem Druck der Verhältnisse nicht zerbrechen?« (Sennett, 1998, S. 66) Was bedeutet es für die Menschen, keine definitiven Ziele mehr zu haben und ständig neu beginnen zu müssen? Welche humanen Auswirkungen hat die Entwertung der Erfahrungen, das immer neue Erfinden- und Lernenmüssen von Regeln, die nicht mehr eliminierbare Angst vor dem Versagen? Wie kann man mit dem individuellen Scheitern umgehen, wenn dieses nur ein Zufall ist? Führen diese Entwicklungen schlussendlich zu dem Gefühl, der Mensch sei selbst nur ein kontingentes Etwas? Kann Lebenskunst so etwas wie Kontingenzkompensationskompetenz vermitteln?

### Phantasie und Kreativität

Favorisiert Lebenskunst das Führen und Gestalten eines originellen Lebens, so werden sowohl imaginäre wie kreative Kompetenzen wichtig. Dabei geht es vor allem um das (Er-)Finden von Möglichkeiten. »Imaginationen handeln von Möglichkeiten, nicht von Notwendigkeit, und so ist das Imaginieren ein Akt der Unbestimmtheit und Unschärfe und als solcher schwer zu beschreiben« (Hüppauf & Wulf, 2006, S. 29). Das Imaginäre ist Operator und Modell für die Konstruktion der jeweils historisch, kulturell und sozial verschieden ausgeprägten Lebensvorstellungen. Dahinter steht die anthropologische These, dass wir Lebewesen sind, die sich, andere und die Welt nur in Bildern zugänglich machen können. Imaginäre Bilder sind dabei immer mehr als nur pure Wahrnehmungen, gehen in sie doch ästhetische Wertungen, individuelle und kollektive Symbolisierungen, traditionelle Codierungen, biografische Reminiszenzen und soziale Entwürfe mit ein. Die Einbildungskraft steht für die Fähigkeit und die Kraft, Bilder in sich aufzunehmen, sie sich »einzubilden«. So betrachtet nimmt sie die Bilder von außen nach innen, transformiert die Außenwelt in die Innenwelt. Aber sie verleiht auch der Außenwelt Ausdruck, indem sie die inneren Bilder »veräußert« und die Realität mit imaginären Strukturen versieht. Die Imagination ist performativ, indem sie Wirklichkeiten gestaltet, soziale und kulturelle

Szenerien aufbaut, auf denen dann das Leben spielt. Das Imaginäre ist somit das Leitbild der Lebenskunst, das den Versuch unternimmt, die Wirklichkeit nach seinem Bilde zu entwerfen. Wie bei den Mythen so kennt auch das Imaginäre keinen Autor oder Ursprung. Es ist eine Welt der Vervielfältigungen, die sich aus realen Erfahrungen, aktuell gelebter Wirklichkeit, aber auch aus Erinnerungen und ikonologischen Verweisungszusammenhängen speist. Das Imaginäre der Lebenskunst ist ein Bild, das sich durch Lücken, Analogien, Abbreviaturen und Fragmente auszeichnet und somit einen Spielraum des praktischen Verhaltens und Ausgestaltens ermöglicht. Es eröffnet das Spiel der Kreativität.

Zu diskutieren ist, ob die Wirkmächtigkeit der Phantasien darauf beruht, dass man sich in der Auseinandersetzung mit der Fiktion realer erlebt als in der Auseinandersetzung mit der Wirklichkeit, in der man sich oftmals fiktiv vorkommt. Hierzu merkt Freud an: »Nur auf einem Gebiete ist auch in unserer Kultur die ›Allmacht der Gedanken‹ noch erhalten geblieben, auf dem der Kunst. In der Kunst allein kommt es noch vor, daß ein von Wünschen verzehrter Mensch etwas der Befriedigung Ähnliches macht, und daß dieses Spiel – dank der künstlerischen Illusion – Affektwirkungen hervorruft, als wäre es etwas Reales. Mit Recht spricht man vom Zauber der Kunst und vergleicht den Künstler mit einem Zauberer« (Freud, 1912–13, S. 110f.). In einer gewissen Weise trifft die These des größeren Realitätsgehalts der Phantasie aus epistemologischer und praktischer Perspektive sogar zu, denn diese schafft mit ihren »Als-Perspektiven« andere, umfassendere oder intensivere Erfahrungen von Wirklichkeit als diejenigen, die man gewöhnlich macht. Und sie haben gerade in ihrer Konstruktivität (oder traditionell: in ihrer Scheinhaftigkeit und Illusion) eine Macht, die über die Realität hinauszugehen scheint. Denn die Phantasie zeigt uns als Konstruktion, wie wir die Welt konstruiert haben. Aus ihrem Blickwinkel bekommt die Realität einen spielerischen Charakter, und wir erinnern uns ihrer konstruierten und plastischen Struktur. Die Subversivität, von der in den verschiedenen Ästhetiken immer wieder gesprochen wird, rührt daher, dass die ästhetische Erfahrung die Künstlichkeit des Alltags infrage stellen kann. Sie *zeigt*, dass der Alltag nur Theater ist und fungiert in diesem Sinne nicht als Illusions-, sondern als Desillusionsmaschinerie. Die Wirklichkeit ist nicht das, was sie scheint, weil sie immer anders erscheint bzw. erscheinen kann. Die Phantasie wirkt wohl dort am wirklichsten, wo ihre Konstruktivität am deutlichsten zutage tritt.

Doch das für Lebenskunstbelange enorm bedeutsame Konzept der Kreativität ist bislang weder theoretisch noch empirisch plausibel operationalisiert worden: Handelt es sich hier um eine Eigenschaft von Personen oder um ein relationales Modell, sodass sich Kreativität aus einer spezifischen Konstellation von Personen,

Dingen und Beziehungen ergibt? Kann man Kreativität lehren bzw. gibt es (therapeutische) Möglichkeiten der Ermöglichung kreativen Handelns oder emergiert sie spontan in bestimmten Situationen, ja vielleicht gerade abseits von pädagogischen Aufforderungen und Angeboten? Jedenfalls sind kreative Leistungen nicht so einfach abrufbar wie anderes praktisches Können, etwa das Durchführen eines Dreisatzes.

## Zeitlichkeit und Endlichkeit

Ein zentraler Aspekt der Lebenskunst ist der Umgang mit Vergänglichkeit. Dass zum Leben auch das Sterben und damit die Integration der Schattenseiten des Lebens, von Einsamkeit, Schmerzen, Angst, Melancholie und Tod gehört, war für die Antike wie das Mittelalter ein Gemeinplatz. Alles Leben ist sterblich. So verwendet Homer ebenso wie der spätere griechische Sprachgebrauch den Begriff »Mensch« fast synonym mit dem Begriff der Sterblichen. Fast müßig zu erwähnen: Der Mensch ist dasjenige Lebewesen, das weiß, dass es stirbt, was zunächst zweierlei meint: Der Mensch weiß, dass er sterben *kann*, dass Sterblichkeit als eine stets präsente Möglichkeit sein Dasein begleitet, dass das Leben mithin seine Negation in sich selbst trägt; und zum zweiten weiß er, dass er sterben *muss*, dass er dem Tod nicht entrinnen kann, dass es einen Zeitpunkt in der Zukunft gibt, in der die jetzige Form des Lebens in eine andere Form, die des Todes übergeht.

Die Einübung in den Tod erschien deshalb notwendig, weil dieser als das immer schon zu antizipierende Ziel des Lebens begriffen wurde, das die Lebenskunst darauf verpflichtete, im ganzen Leben zum Sterben anzuleiten. Es gilt, sein Leben unter dem Blickwinkel der Unendlichkeit zu fassen; Sterben lernen heißt, sich an der Ewigkeit orientieren. Denn einerseits lässt sich der Sinn des Lebens erst rückschließend vom Ereignis des Todes her begreifen, andererseits gilt es, auf den Tod hin zu leben, eine richtige Haltung ihm gegenüber einzunehmen. Es gilt, die Lebenszeit zum Sterben sinnvoll zu nutzen, den Wert der Zeitlichkeit als Vergänglichkeit zu begreifen und sein Leben gegenwärtig, intensiv und systematisch zu leben. Schon in der Stoa, dann aber vor allem in der Renaissance bei Montaigne taucht der Gedanke auf, dass nur derjenige, der täglich bereit ist zu sterben, seine Lebenszeit konsequent ausschöpft. Im christlichen Mittelalter legt die *ars moriendi* als *ars vivendi* von einer Bildung zur Frömmigkeit bis in den Tod hinein Zeugnis ab.

Im nachmetaphysischen Todesverständnis der Moderne wird der Tod lediglich als Ende der Endlichkeit begriffen und das Sterben vom medizinischen

Versorgungssystem geleistet. Angesichts der Radikalisierung der Endlichkeit und der Positivierung des Lebens in der Moderne kann eine Lebenskunst des Sterbens nur bedeuten, die Endlichkeit auszuhalten, indem man sich in Abschiede, Trennungen, Differenzen und Distanzierungen im Leben einübt. Daher lässt sich das Programm der modernen Lebenskunst auf den Nenner *Endlich leben* bringen: Endlich leben – das kann man zunächst auf zweifache Art verstehen (Barth, 2000). Es meint damit zu beginnen, sich auf die zentralen Sinndimensionen und die entscheidenden humanen Praktiken menschlichen Lebens zu konzentrieren, sie wahrzunehmen, einzuschätzen und umzusetzen. Endlich leben meint aber auch, sich der Vergänglichkeit und der Kontingenz menschlichen Lebens bewusst zu werden und die entsprechende Gestaltung der Endlichkeit vorzunehmen. Immer wieder tragen wir Verantwortung für Situationen, die wir selbst nicht verantwortet haben: So tragen wir Verantwortung für ein Leben, das uns durch unsere Geburt zugemutet wurde, und wir tragen Verantwortung für ein Leben, dessen Ende wir nicht selbst bestimmen können. Lebenskunst versucht, die Dialektik von Leben und Tod wieder bewusst zu machen, sodass das Leben durch den Gedanken an den Tod wie auch der Tod durch den Gedanken an das Leben wertvoller wird.

Endlich leben meint aber noch ein Drittes: Bei Lebenskunst geht es im Kern um eine wahrnehmend-reflektierte Lebensführung, die auch ihre erkenntnistheoretischen Grenzen anerkennt. Weil es keine letztliche Selbsterfassung des Lebens geben kann, wenn darunter verstanden wird, dass es möglich ist, sich alle Motive seines Lebens bzw. seine (Lebens-)Wahl vollkommen bewusst und plausibel machen zu können, ist Lebenskunst immer auch das, was wir nicht haben, nämlich das, was uns fehlt und immer wieder auch fehlen wird (Schmid, 2000, S. 31). Warum wir etwas für schön, für sinnvoll und gelungen halten, ist im Tiefsten eine Frage der Orthodoxie. Und die bewusste »Fundamentalwahl« eines schönen Lebens oder auch dessen »Letztbegründung« lässt sich rational nicht vollkommen durchdringen und bleibt von einer impliziten, unbewussten Wahl abhängig.

## Ausgewählte Literatur

Brenner, A. & Zirfas, J. (2002). *Lexikon der Lebenskunst*. Leipzig: Reclam.
Buchholz, M. B. (1999). *Psychotherapie als Profession*. Gießen: Psychosozial-Verlag.
Buchholz, M. B. & Gödde, G. (Hrsg.). (2003). *Themenheft: Lebenskunst. Journal für Psychologie, 11*(3).
Fellmann, F. (2009). *Philosophie der Lebenskunst zur Einführung*. Hamburg: Junius.
Gödde, G. & Zirfas, J. (2006). Das Unbewusste in Psychotherapie und Lebenskunst – ein Brückenschlag. In M. B. Buchholz & G. Gödde (Hrsg.), *Das Unbewusste in der Praxis. Erfahrungen*

*verschiedener Professionen. Das Unbewusste. Bd. 3* (S. 746–782). Gießen: Psychosozial-Verlag.
Gödde, G. & Zirfas, J. (Hrsg.). (2014). *Lebenskunst im 20. Jahrhundert. Stimmen von Philosophen, Künstlern und Therapeuten.* Paderborn: Wilhelm Fink.
Gödde, G., Pohlmann, W. & Zirfas, J. (Hrsg.). (2015). *Ästhetik der Behandlung. Beziehungs-, Gestaltungs- und Lebenskunst im psychotherapeutischen Prozess.* Gießen: Psychosozial-Verlag.
Kersting, W. & Langbehn, Ch. (Hrsg.). (2007). *Kritik der Lebenskunst.* Frankfurt/M.: Suhrkamp.
Krämer, H. (1992). *Integrative Ethik.* Frankfurt/M.: Suhrkamp.
Marten, R. (1993). *Lebenskunst.* München: Fink.
Poltrum, M. (2010). *Klinische Philosophie. Logos Ästhetikus und Philosophische Therapeutik.* Lengerich und Berlin: Pabst Science Publishers und Parados Verlag.
Schmid, W. (1998). *Philosophie der Lebenskunst. Eine Grundlegung.* 3. Aufl. Frankfurt/M.: Suhrkamp.
Sloterdijk, P. (2009). *Du musst dein Leben ändern. Über Anthropotechnik.* Frankfurt/M.: Suhrkamp.
Strenger, C. (2004). *The Designed Self. Psychoanalysis and Contemporary Identities.* London: Routledge.
Zimmer, R. (Hrsg.). (2008). *Aufklärung und Kritik, Sonderheft 14: Glück und Lebenskunst.*

## 2 Philosophien der Lebenskunst

Eine historisch-systematische Aufarbeitung der Verknüpfung von Lebenskunstmodellen und psychotherapeutischen Positionen liegt weder aus philosophischer Perspektive noch aus Sicht der Psychoanalyse und der Psychotherapie vor (erste Annäherungen finden sich in: Gödde & Zirfas, 2006, 2014). Das vorliegende Kapitel verfolgt daher das Ziel, prominente Autoren des Lebenskunstdiskurses vorzustellen, deren Konzeptionen zu skizzieren und die Bedeutung der einzelnen Modelle mit dem Blick auf psychische und therapeutische Aspekte und Sachverhalte zu benennen. Es verfährt dabei notwendigerweise in doppelter Hinsicht selektiv, indem es keine umfassende Geschichte der Lebenskunstphilosophien präsentiert und indem es beim jeweiligen Autor zwei oder drei Grundgedanken rekonstruiert; dieser Teil ist schließlich von einem genuin systematischen Interesse geleitet, d. h., er stellt die auch noch für die Gegenwart bedeutsamen Einsichten dieser Philosophien in den Mittelpunkt.

Im Folgenden haben wir mehrere Vertreter der Lebenskunstphilosophie aus verschiedenen Epochen – Sokrates bzw. Platon, die Stoa und die Epikureer, Montaigne, Kant, Aufklärer und Romantiker, Schopenhauer und Nietzsche, Michel Foucault und Wilhelm Schmid (vgl. Werle, 2000) – ausgewählt, um die unterschiedlichen und auf jeweils spezifische Weise auch für die Psychoanalyse und Psychotherapie bedeutsameren Traditionen der Lebenskunst aufzuzeigen. Dabei muss die Bezeichnung dieser Konzeptionen als Lebenskunstphilosophien – bis auf diejenige von Schmid – als implizit gelten: Denn die nun im Mittelpunkt stehenden Autoren begriffen ihre philosophischen Überlegungen *einerseits* selbst nicht immer explizit in einem umfassenden und systematischen Sinne als Philosophien einer Theorie und Praxis der Lebenskunst, und sie thematisierten daher *andererseits* auch andere Felder der Philosophie, wie die Erkenntnistheorie, die

Kosmologie, die Naturphilosophie, die Macht, die Sprache usw., die für die Lebenskunstthematik im engeren Sinne nicht relevant, für die jeweiligen Autoren aber (zu bestimmten Zeitpunkten) höchst bedeutsam waren.

Idealtypisch lassen sich in einer Geschichte der Lebenskunst zwei Formen unterscheiden:
1. eine demokratisierend-nivellierende Form der Lebenskunst, der es um Haltungen und Fähigkeiten geht, die potenziell viele, wenn nicht gar alle Menschen in der Gestaltung ihres Lebens verwirklichen können. Diese Perspektive finden wir *cum grano salis* etwa bei der Stoa, den Epikureern, Kant und Schmid. Diese Lebensphilosophien halten, trotz ihrer sehr unterschiedlichen (historischen) Kontexte und Anliegen, die für das Leben (aller) notwendigen *Antworten* bereit.
2. Daneben findet sich eine aristokratisch-originelle Form der Lebenskunst, die den idiosynkratischen und kreativ-originären Charakter des Lebenskünstlers betont und damit die Individualität und Unvergleichlichkeit eines spezifisch geformten Lebens in den Mittelpunkt rückt; zu finden etwa bei Sokrates, Montaigne, Nietzsche und Foucault. Diese Lebensphilosophien betonen nicht die für alle Menschen gültigen Antworten, sondern eher die je unterschiedlichen *Fragen*, auf die Menschen durch die Gestaltung ihres Lebens sehr unterschiedlich antworten. Vielleicht besteht aber eine gelungene Lebenskunst auch darin, dass das zunächst individuell praktizierte Modell des Lebens anderen Menschen als Orientierung und Vorbild dienen kann.

## Antike

Die Philosophen der Antike verstanden ihre theoretischen und praktischen Reflexionen einer gelungenen und angemessenen Lebensführung *cum grano salis* als Lebenskunstphilosophen. Darüber geben nicht nur die Themen, sondern vor allem die Form dieser Reflexionen Auskunft, insofern diese oftmals einen empfehlenden und beratenden Charakter annahmen. Die Philosophie war lange Zeit selbst bis in die Jahrhunderte der mittelalterlichen Scholastik hinein eine praktische Wissenschaft, die Orientierung und Handlungsanleitungen für das alltägliche Leben liefern sollte. Die Philosophie drückte sich weniger in theoretischen Doktrinen und Argumentationen (λόγοι, logoi), sondern vielmehr in individuellen Handlungen und Werken (ἔργα, erga) und im Lebensstil und in der Lebensführung (βίος, bios) aus (vgl. Sellars, 2003, S. 32). So wurden die philosophischen Übungen in der Regel systematisch und unter Aufsicht betrieben;

die Lebenskunst war eine Lebenspraxis, die in *Askese* (Übung) und *Melete* (Sorge) begründet war, und letztlich auf ein zufriedenes Leben oder ein Leben, das sich durch Wohlbefinden und Glück auszeichnete bzw. darauf abzielte (ebd., S. 168). Die Lebenskunst konzentrierte sich somit nicht auf ein theoretisches (ἐπιστήμη, episteme), sondern auf ein praktisches Wissen (φρόνησις, phronesis; σοφία, sophia). Erst seit dem Mittelalter entstand zunehmend die schroffe Trennung zwischen einer theoretischen und einer praktischen Philosophie – eine Trennung, die in der aktuellen Situation der reflexiven Moderne oder der Postmoderne wiederum zunehmend im Schwinden begriffen ist.

Die Kunst des Lebens war in Antike und Mittelalter eine praktische Kunst bzw. eine Alltagskunst. In diese praktische Lebenskunst gehen Gewohnheiten, Regeln, Wertschätzungen und normative Überlegungen eine Synthese ein. Der Lebenskünstler wird bei den Griechen mit dem Begriff *kalokagathia* und bei den Römern mit dem Begriff *vir bonus* in Verbindung gebracht, die jeweils in einem engen Zusammenhang mit den Begriffen der (gr.) *arete* bzw. der (lat.) *virtus* stehen. Als Ziel menschlichen Lebens bezeichnen sie die vollkommene Übereinstimmung von Schönheit und Güte, die bestmögliche Verfassung des Menschen – die dann auch ein gutes und glückliches Leben zur Folge hat. Angestrebt wird in dieser Lebenskunst eine Beziehung von Körper und Seele, wobei der Körper Ausdruck der Seele sein soll, verkörpert diese doch die Unvergänglichkeit und Unteilbarkeit und damit den wertvollsten Teil des Menschen. Indem sich der Mensch am Ideellen orientiert, ordnet er seine (körperlichen) Leidenschaften der Idee der Vollendung seines Lebens unter. Das Ewige – als Kosmos, Ideenhimmel, Natur oder Gott – bietet den Maßstab einer Lebenskunst, die in ihrem Kern auf Maßverhältnisse zielt: Zwar besitzt der Geist *(nous; ratio)* eine Vorrangstellung in Bezug auf den Körper, die Leidenschaften und die Lüste *(pathos, aphrodisia; passionis, voluptatem)*, doch so, dass die Vernunft die Leidenschaften in einer selbstbeherrschten und selbstbeherrschenden Art und Weise zur Geltung kommen lassen sollte. Erst das Christentum wird dann durch seine Etikettierung vieler Leidenschaften als »sündig« den »Kampf um die Keuschheit« (Foucault, 1989) aufnehmen, der nicht nur auf die Sexualität begrenzt war, sondern – wie etwa die Diskussion um die »Todsünden« veranschaulicht – auf unterschiedliche menschliche »Laster« zielte.

### Sokrates und Platon: Wahrheitssuche und Erinnerungsarbeit

Zwei zentrale historische Ausgangspunkte einer Philosophie der Lebenskunst sind Sokrates und Platon, denn sie zeigen, dass die Lebenskunst mit Fragen der

Selbsterkenntnis, mit geprüften, unbezweifelbaren Wissensformen und mit einer ethisch-politischen Lebenspraxis einhergeht. Das schöne Leben wird mit der Wahrheit als dem Erkennen der letzten Grundlagen des Daseins und dem Guten als der Praxis eines gemeinsamen gerechten Lebens in Verbindung gebracht.

*Zu den Biografien*

Sokrates wurde 469 v.Chr. im attischen Demos Alopeke geboren. Als Hoplit mit schwerer Bewaffnung nahm er an der Belagerung von Potidaia (431–429) sowie 422 an den Schlachten von Delion und Amphipolis teil. Sokrates soll eine klassisch-kanonische Ausbildung genossen haben, wozu gehörte, dass man sich mit Lesen und Schreiben, Gymnastik und Musik, aber auch mit Geometrie, Astronomie und Literatur, vor allem mit Homer beschäftigte. Zudem soll er – wie sein Vater – als Bildhauer ausgebildet worden sein. Er entwickelte die philosophische Methode eines strukturierten Dialogs, die er Mäeutik (»Hebammenkunst«) nannte, in der es um eine gemeinsame Wahrheitssuche geht. Diese Kunst der Gesprächsführung und ihre philosophischen Inhalte sind nur indirekt überliefert worden, da Sokrates selbst nichts Schriftliches hinterlassen hat. In diesen Überlieferungen zeigt sich Sokrates als Philosoph, der Menschen auf der *agora*, dem Athener Marktplatz, in Gespräche verwickelt, die einerseits der Klärung von Sachverhalten (z. B. der Frömmigkeit oder des Lernens) und andererseits der Klärung des Wissens und der praktischen Umsetzung dieser Sachverhalte gewidmet waren. Sokrates setzte voraus, dass erst ein wahres Wissen auch richtiges Handeln zur Folge hat und dass sich das wahre Wissen auch in der Lebenspraxis bewähren muss. Sokrates starb 399 durch den Schierlingsbecher, zu dem er in einem Gerichtsverfahren verurteilt wurde, in dem ihm unterstellt wurde, er habe einen verderblichen Einfluss auf die Jugend und würde die griechischen Götter missachten. Dieser Gerichtsbeschluss kam mit der knappen Stimmenmehrheit von 281 von 501 Stimmen zustande.

Platon wurde 428/427 v.Chr. als Kind eines adligen athenischen Geschlechts geboren. Platon hatte zwei Brüder, Adeimantos und Glaukon, sowie eine Schwester, Potone, und einen Halbbruder, Antiphon, der aus der zweiten Ehe der Mutter hervorging. Über seine Kindheit wissen wir wenig; in seiner Jugend soll er Tragödien und Dithyramben geschrieben, diese später aber verbrannt haben. Diogenes Laertios berichtet, dass Platon an drei Feldzügen teilgenommen haben soll, worüber sich in den Schriften Platons allerdings selbst kein Hinweis finden lässt. Platons Jugend fiel in die Zeit der höchsten Blüte der athenischen Kultur. Gemäß seiner sozialen Herkunft war er einem gesellschaftlichen Ideal verpflichtet, das in der politischen Praxis die Erfüllung der menschlichen Bestimmung sah. Weil aber die Staatsgeschäfte seiner Ansicht nach nicht das Ziel verfolgten, einen gerechteren Staat hervorzubringen, zog er sich aus der Politik zurück.

Mit etwa 12 bis 14 Jahren hat Platon wohl Sokrates (469–399) kennengelernt, mit 20 Jahren schloss er sich ihm an, widmete sein Leben der Philosophie und blieb bis zu dessen Tod – er selbst war damals 28 Jahre alt – sein Schüler. Nach dem Tod von Sokrates ging er für kurze Zeit nach Megara (westlich von Attika), wo er als Lehrer der Philosophie tätig war. Anschließend unternahm er mehrere Reisen. Ob er dabei nach Ägypten oder in den Orient gelangt ist, ist unsicher; sicher bezeugt sind dagegen Reisen nach Unteritalien und Sizilien (ca. 389–387), wo er auch mit der Pythagoreischen Philosophie in Kontakt kam. Am Hof des Herrschers Dionysos I., des Älteren, von Syrakus gewann er Dion, den Schwager des Herrschers, zum vertrautesten Schüler und Freund. Kurze Zeit verbrachte er auch in der Sklaverei, ohne dass bekannt wäre, wie es dazu kam. Er wurde durch einen Zufall in Aigina wieder freigekauft und gelangte als freier Mann nach Athen zurück. 387 begründete er dort eine Philosophenschule, die sich neben dem Gymnasion des attischen Heroen Akademos (Hekademos) außerhalb der Stadt befand; seine Schüler trugen infolgedessen den Namen Akademiker. 20 Jahre lang wirkte Platon hier als Lehrer der Philosophie mit dem Ziel, Aristokraten auf ihre Tätigkeiten in der Polis Athen vorzubereiten.

Die Akademie lässt sich als eine Kombination aus Hochschule und Erziehungsanstalt beschreiben, eine Institution zur Förderung der Wissenschaften und als eine höhere Lehranstalt, die nicht nur als Schule für Philosophen, sondern auch für die in der Politik Tätigen, für Gesetzgeber und politische Ratgeber geplant war. Die Schule selbst hatte eine fast tausendjährige Tradition, als Kaiser Justitian sie im Jahre 529 n.Chr. auflöste. Die Akademie umfasste etwa 20 Mitglieder, unter ihnen die besten Mathematiker und Naturwissenschaftler jener Zeit. Der berühmteste Schüler der Akademie war Aristoteles, der 367 in die Akademie eintrat. Unmittelbar nach der ersten Reise nach Sizilien wird der Beginn des umfangreichsten platonischen Werkes, der *Politeia*, datiert, in der viele der sizilianischen Erfahrungen Eingang fanden. Platon starb kurz nach Vollendung seines 80. Lebensjahres (348/347), vermutlich während eines Hochzeitsbanketts (vgl. Martin, 1993).

*Erste Vergleichspunkte*

Über die Möglichkeit, eindeutig zwischen einer sokratischen und einer platonischen Philosophie zu differenzieren, sind bis dato ganze Bibliotheken gefüllt worden. In der Regel attestiert man der Philosophie des Sokrates eher einen Versuchscharakter, der sich durchgängig durch seine ironische, widerlegende (elenktische) und den Gesprächspartner in Widersprüche verwickelnde (aporetische) Diktion auszeichnet, die vorsichtig und tastend nach Anhaltspunkten für ein gemeinsames gutes Leben sucht, während Platons Philosophie der Ideen an vielen Stellen wesentlich apodiktischer wirkt, die Umsetzung seiner Gedanken wesentlich kategorischer, ja gelegentlich fast totalitär erscheint. Allerdings sollte man auch nicht einem Vulgärplatonismus das Wort reden, der den Prozess der gemeinsamen Suche nach dem wesentlichen Wissen ausblendet und nur den Blick auf die metaphysische Ideenwelt, seine kategoriale Anthropologie (die die Menschheit in drei Klassen, nämlich Bauern und Handwerker, Krieger und Wächter, Wissenschaftler und Philosophen einteilt) und seine »geschlossene Gesellschaft« (Popper) richtet. Platon ist sich an vielen Stellen seines Werkes darüber bewusst, dass der stufenweise Weg der Erlangung der Ideen nicht immer sein Ziel erreicht, nichtsdestotrotz aber eine Notwendigkeit darstellt, wenn die Menschen ein gemeinsames gutes Leben erreichen wollen. Und dass es auch Platon nicht nur um Wahrheit und Gerechtigkeit, sondern auch um ein gelungenes und schönes Leben ging, wird an vielen Stellen seines Werkes deutlich, so z. B. im Dialog *Politeia*, in dem die Frage im Mittelpunkt steht: »Wie soll man leben?« (Politeia 352d), oder auch im Dialog *Symposion*: »Wenn irgendwo, ist es [das Leben; Anm. die Verf.] dem Menschen erst lebenswert, wenn er das Schöne selbst schaut« (Symposion 211d). Im Weiteren muss auf eine präzise Differenzierung zwischen Sokrates und Platon verzichtet werden; Sokrates steht insofern als eine »handelnde Person« im Mittelpunkt, als er auch eine Figur der platonischen Dialoge darstellt.

*Das Wissen des Nichtwissens als der sokratische Ausgangspunkt*

Im Zentrum des sokratisch-platonischen Modells der Lebenskunst steht die Frage nach einer *Selbstsorge*, die auf ein wahres, gutes, glückliches und schönes Leben zielt: Wie muss sich der Mensch theoretisch und praktisch zu sich selbst und zu anderen verhalten, damit dieses mehr oder weniger bewusst intendierte Lebensziel erreicht werden kann? Dabei gehen Sokrates und Platon davon aus, dass die (meisten) Menschen dieses Lebensziel verfehlen, weil sie sich weder ein ihm adäquates Wissen noch eine ihm entsprechende Praxis angeeignet haben. Die Menschen wissen eigentlich nicht, warum und wozu sie leben, wie ein gelingendes Leben zu erreichen ist und was ein solches Leben auszeichnet. Lebenskunst besteht dagegen in der rationalen Prüfung eigener und fremder Lebensführung, um zu einer harmonischen und gesunden Persönlichkeit, d. h. zu einem richtigen Verhältnis zueinander stehender anthropologischer Schichten der Rationalität, Affektivität und Durchsetzungsfähigkeit zu gelangen.

In der Regel demonstriert Sokrates daher seinen Gesprächspartnern, dass diese bislang einem vermeintlichen Wissen *(doxa)* folgten, weil sie keine plausiblen Begründungen bzw. keine gesicherten Erkenntnisse *(episteme)* für ihre Wertungen, ihre Verhaltensweisen oder ihre Praxis anzugeben in der Lage sind. Das heißt, es werden zwei Wissensformen unterschieden: ein privatives, an Glaube und Meinung der Vielen orientiertes Wissen, das im Grunde genommen kein Wissen, sondern eher ein vermeintliches Wissen, ein Halbwissen ist, die *doxa*, und das eigentliche, wahre Wissen, das die Wirklichkeit in ihren Elementen, Grundzügen und Ursachen zu erkennen in der Lage ist, die *episteme*. Doch erst ein richtiges epistemisches Wissen führt zu einem schönen und guten Leben. Man kann zwar unbewusst ein guter Mensch sein, doch ein unreflektiertes Leben ist nicht das richtige Leben, weil es nicht stabil und unveränderlich, mithin unwandelbar ist; d. h. der Mensch braucht das richtige Wissen des Richtigen, um sinnvoll leben zu können (Politeia 352b). Die ironischen und widerlegenden Invektiven von Sokrates in den Dialogen setzen daher an beim vermeintlichen Wissen als Nichtwissen und – und das wird häufig übersehen – beim vermeintlichen Nichtwissen als Wissen und führen den Gesprächspartner in der Regel in eine ausweglose Situation; und sie versuchen den Weg zu bereiten für ein sicheres Wissen, das dann in eine gelungene, gemeinsame Lebenspraxis münden soll.

So verwickelt Sokrates den Euthydemos in ein Gespräch über die delphische Tempelinschrift: »Erkenne dich selbst!« Euthydemos hat Delphi bereits zweimal besucht, ist aber der Meinung, dass er der Aufforderung der Selbsterkenntnis nicht nachkommen muss, weil er sich bereits zu kennen glaubt. Da hakt Sokrates ein:

> »›Glaubst du, daß sich ein solcher kennt, welcher nur seinen eigenen Namen weiß, oder meinst du nicht vielmehr, daß nur der seinen Wert oder Unwert erkannt hat, welcher sich selbst daraufhin geprüft hat, wie es um seine Brauchbarkeit für das menschliche Leben steht? So glauben diejenigen, welche Pferde kaufen, daß sie nicht vorher ein Pferd kennen, bevor sie geprüft haben, ob es gerne gehorcht oder nicht, ob es stark ist oder schwach, schnell oder langsam und bevor sie auch alles übrige untersucht haben, ob es der Brauchbarkeit des Pferdes im Wege steht oder nicht. [...] Ist es nicht offensichtlich, daß die Menschen am meisten Gutes dadurch erfahren, daß sie sich selber kennen, am meisten Schlechtes aber dadurch, daß sie sich in sich selbst täuschen? Denn die, die sich selber kennen, wissen, was für sie gut

ist, und sie können unterscheiden, was sie bewältigen können und was nicht. Indem sie sich mit dem befassen, was sie verstehen, befriedigen sie ihre Bedürfnisse [...]. Diejenigen, welche sich über ihr Tun nicht im Klaren sind, treffen eine schlechte Wahl [sic], und sie fehlen in dem, was sie unternehmen‹« (Xenophon, 1992, IV, 24ff.).

Am Ende gesteht Euthydemos ein, dass er »einfach nichts weiß« und dass er deswegen erst einmal schweigen werde (ebd., IV, 39).

Sokrates hat also seinen Gesprächspartner an den Punkt eines wissenden Nichtwissens gebracht, der als Ausgangspunkt eines wissenden Wissens genutzt werden soll. So wird auch in einem anderen sokratischen Dialog, im *Alkibiades*, der zusammen mit der *Apologie* als Ausgangspunkt einer Theorie der lebenskunstorientierten Selbstsorge gelten kann, Alkibiades in einen Widerspruch gestürzt, als er zwar beabsichtigt, andere zu beherrschen, allerdings nicht in der Lage ist, sich selbst zu beherrschen. »Was gedenkst du nun aber mit dir selbst zu tun? Es so zu lassen, wie du jetzt bist, oder irgendeine Fürsorge zu treffen?« (Platon, Alkibiades 119a)

Der Sokrates der Lebenskunst setzt eine negative Erschütterung voraus, die es unmöglich macht, in der bisherigen Form weiterzuleben. Man weiß schlicht weder ein noch aus. Diese aporetische Unbestimmtheit fordert eine Veränderung des Verhaltens, eine neue Gestaltung des Lebens, führt im Sinne der Sorge um sich zur Notwendigkeit einer Suche nach einer anderen Antwort, nach einer neuen Lebensperspektive. Die Suche nach der Lebenskunst wird durch die Erschütterung des bisher als sicher geglaubten Wissens und die damit verbundene Verlegenheit ausgelöst sowie durch die Motivation danach zu suchen, »wie sich die Sache verhält« (ebd., 84b). Erwächst die Selbstsorge aus der Einsicht in das Nichtwissen, so ist der Ausgangspunkt der Lebenskunst das *Verlernen* vermeintlicher Sicherheiten (vgl. Zirfas, 2007a). Doch woher weiß man, ob man die richtige Antwort auf die Frage nach dem gelingenden Leben gefunden hat? Woher weiß man, ob die Selbsterkenntnis wirklich bis zum Äußersten gegangen ist? Woher weiß man, dass das Leben gelungen ist?

Unübertroffen bleibt für die Lebenskunstproblematik auch noch heute die Sokratische Frage, die man im Dialog *Menon* findet und die – wenn man so will – die erkenntnistheoretische Dimension der Lebenskunst in nuce skizziert: »Daß nämlich ein Mensch unmöglich suchen kann, weder was er weiß, noch was er nicht weiß. Nämlich weder was er weiß, kann er nicht suchen, denn er weiß es ja, und es bedarf dafür keines Suchens weiter; noch was er nicht weiß, denn er weiß ja dann auch nicht, was er suchen soll« (Platon, Menon 80e). Nur dann – so lautet die Moral dieser Frage –, wenn wir ein Kriterium haben, das uns unzweifelhaft über die richtige Lebenskunst Auskunft gibt, können wir die Frage nach einem guten Leben beantworten. Und selbst wenn der Mensch etwas gefunden hätte, das er für *die* Lebenskunst hielte, wüsste er nicht, ob sie denn die richtige sei, weil exakt dasjenige Kriterium, das er gefunden hat, ihm ja über die Lebenskunst Aufschluss erteilen soll. Der Mensch wäre erst insofern sicher in Bezug auf das gefundene Kriterium, wenn er wüsste, dass dieses das wahrhaft fundamentale Lebenskunstkriterium wäre. Um dieses aber wissen zu können, benötigte er ein weiteres Kriterium, das dann wiederum von sich aus einen Erkenntnisfortschritt darstellt und somit ein »basaleres« Moment beinhaltet als das zu Beurteilende – und so weiter. In diesem Sinne würde man unendlich weiterfragen können.

Um diesen unendlichen Regress zum Stillstand zu bringen – so der *Mainstream* der Lebenskunstdiskussion in der Antike, im Mittelalter und in der frühen Neuzeit –, braucht man eine (ideale) Kategorie der Lebenskunst, die jeglichem moralischen Urteilen seinen Grund gibt. Dabei setzt Sokrates voraus, dass auch im anfänglichen Nichtwissen eine Vorstellung darüber vorkommt, wie das Ziel des Lebens beschaffen ist (Platon, Menon 97b).

### Die Überwindung des Nichtwissens durch die Erinnerung

Der Mensch braucht also eine Ahnung oder Vermutung von dem, was ein richtiges Leben ausmacht. Die Frage nach dem Letztkriterium löst Platon dann wesentlich gründlicher und weitergehender als Sokrates, wenn er annimmt, die Seele habe die Idee eines richtigen Lebens in einem vorgeburtlichen Stadium schon geschaut. In diesem Sinne liegt der Theorie der Lebenskunst eine Theorie des Gedächtnisses zugrunde, die verbürgt, dass die Menschen im wahren Besitz der Idee des richtigen Lebens sind. Weil sich die Erinnerung in Ewigkeit bewahren lässt, bewahrt die Erinnerung die Ideen vor dem Vergessen. »Eine vergeßliche Seele wollen wir also unter die gründlich philosophischen nie einzeichnen, sondern darauf sehen, daß eine solche ein gutes Gedächtnis haben müsse« (Politeia 486d). Unbewusst haben die Menschen also nicht nur falsche Vorstellungen vom richtigen Leben, insofern sind sie im Stande des nicht wissenden Wissens. Doch sie haben unbewusst auch die richtigen Vorstellungen eines solchen Lebens, ein wissendes Wissen, weil ihr Gedächtnis – das Platon sich quasi als Containermodell vorstellt – die richtigen Vorstellungen, wenn auch in »verschleierter«, unbewusster Form, enthält. Das Unbewusste dieser Lebensphilosophie besteht nun darin, dass die unbewusste Vorstellung vom richtigen Leben einem unbewussten, weil intentional nicht zugänglichen Akt entspringt, der die ideellen Lebensmodelle der *Anamnesis* auf einen Schlag präsentiert. Das ideelle Gedächtnis im Sinne Platons ist somit keines, dass durch Visualisierung oder durch In- und Auswendiglernen gebildet oder durch eine direktive Erziehung erzielt werden kann; sondern die wahre Gedächtnisbildung wird letztlich durch einen unbewussten »Blitz« selbst erzeugt: »indem es vermöge der langen Beschäftigung mit dem Gegenstande und dem Sichhineinleben, wie ein durch einen abspringenden Feuerfunken plötzlich entzündendes Licht in der Seele sich erzeugt und dann durch sich selbst Nahrung erhält« (Briefe 341d).

Das heißt durch die intensive und extensive Beschäftigung mit Fragen des gelungenen und guten Lebens werden sich dem (philosophischen) Menschen (andere sind dazu nicht in der Lage) die wahren und richtigen Werte und Normen des Lebens schlagartig enthüllen. Allerdings braucht es dazu fast ein ganzes Leben. Ziel der philosophisch fundierten Pädagogik Platons ist es also, den Einzelnen durch den Gebrauch seiner Verstandes- und Vernunftkräfte zur vollen Entfaltung bis hin zur Einsicht in die ewigen, wahren, unveränderbaren Gegebenheiten der Welt, die Ideen, zu führen – das ist die Theorie des bekannten »Höhlengleichnisses«. Dieses generelle, allgemeine Wissen entspringt aus einem das ganze Leben ausfüllenden Lernen; die Lebenskunst ist eine Aufgabe, die man bis zu seinem Lebensende betreiben muss. Mit 50 Jahren sind die Philosophen dann am Ziel: Jetzt muss man sie »endlich zum Ziel führen und sie nötigen, das Auge der Seele aufwärts richtend in das allen Licht Bringende hineinzuschauen, und wenn sie das Gute selbst gesehen haben, dieses als Urbild gebrauchend, den Staat, ihre Mitbürger und sich selbst ihr übriges Leben hindurch in Ordnung zu halten ...« (Politeia 540a.).

### Schluss: Wahrheit und Unvergänglichkeit

Fasst man die Vorstellungen von Sokrates und Platon zusammen, so ergibt sich die Lebenskunst aus einem Übergang vom Empirischen zum Transzendenten bzw. vom Konkreten zum Ideellen. Ziel der Lebenskunst ist ein wahres, gutes und schönes Leben, das sich vor allem der Erkenntnis verdankt. Eine Erkenntnis, die von konkreten (sokratischen) Fragestellungen (Was ist Tugend?, Was ist Freundschaft?, Was ist Liebe?) und von konkreten Phänomenen (ehrenwerten, befreundeten und liebenswerten Menschen) ausgeht, um dann zu allgemeingültigen, universellen (platonischen) Bestimmungen vorzustoßen. Dabei erscheinen die sokratischen Überlegungen moderner, da sie wesentlich phänomenaler, vorsichtiger, skeptischer und prüfender vorgetragen werden als die platonischen

Überzeugungen, die wesentlich metaphysischer, ideeller und unwandelbarer formuliert werden und somit eine ewige Welt der absoluten Orientierung anbieten. Darin aber, dass Lebenskunst ein reflektiertes Wissen benötigt, dass sie einen spezifischen Ordnungscharakter, eine Kontinuität und eine Kohärenz aufweisen soll, stimmen sie überein; und auch in der Überzeugung, dass ein reflektiertes Wissen zu einer reflektierten Lebenspraxis führt.

Während Sokrates diese orientierende Ordnung immer wieder in gemeinsamen (dialogischen) Beratungen herausarbeiten möchte, glaubt Platon zu wissen, dass die unsterbliche Seele diese schon in einem vorgeburtlichen Stadium gesehen hat und dass sie insofern die eigentliche, schöne Ordnung der Welt schon kennt, aber unbewusst immer wieder verleugnet. Gedächtnis, μνήμη, meme, meint insofern Verstehen, die Dinge in der Seele aufsuchen bzw. sie in ihr vor- und wiederfinden. Der Platonismus hat hierin für die Menschen insofern etwas ungemein Tröstliches, als er gegenüber der Zeit, die dem menschlichen Sinnverlangen indifferent gegenübersteht, eine Allzeitlichkeit propagiert, die dem Zeitbedarf von Erfahrungen etwas Zureichendes entgegensetzt. Das Leben ist zwar immer zu kurz, doch gewährleisten die immer daseienden Ideen den ephemeren Menschen die allzeitliche Möglichkeit, doch irgendwann einmal alles – und zwar richtig – zu begreifen. Die paradoxe Aufhebung der Zeit durch die Allzeitlichkeit der Ideen sichert auch der Lebenskunst eine objektive Unvergänglichkeit und entzieht sie damit dem Ermessen der Menschen.

Anders formuliert: Sokrates und Platon leiden an der mangelnden Reflexivität der Lebenskunst. Sie kritisieren, dass Menschen ihr Leben nach gängigen Meinungen und Vorurteilen, unüberprüften Annahmen und tradierten Klischees leben, ohne zu wissen, was eigentlich wichtig und richtig ist. Diese Eigentlichkeit oder Wahrheit ist der Kern ihrer Lebenskunst. Man kann zwar unwissend ein guter Mensch sein, doch ein unreflektiertes Leben ist nicht das richtige Leben, weil es nicht stabil und unveränderlich, mithin unwandelbar ist; d. h., der Mensch braucht das richtige Wissen des Richtigen, um sinnvoll leben zu können (Politeia 352b). Denn die Wahrheit gibt der Lebenskunst erst ihre Sicherheit. Man erkennt sie an der Schönheit einer Ordnung, in der jedes Element seinen ihm angemessenen Platz hat; in der Schönheit wird die Wahrheit zunächst sinnlich, dann aber auch ideell zugänglich. So wie der Mathematiker wahre Verhältnisse zwischen Zahlenverhältnissen rekonstruiert, so rekonstruiert der wahre Lebenskünstler die wahren anthropologischen und sozialen Verhältnisse. Er weiß daher immer, was richtig ist und wie dementsprechend auch gehandelt werden muss.

Diese Überlegungen führen zu der Paradoxie, dass eine wahre Lebenskunst nur im Übermenschlichen, d. h. im Unwandelbaren und Unvergänglichen oder im Ideellen, ihre Grundlagen finden kann. Die Lebenskunst braucht die transzendente Grundlage einer Ideenwelt, die absolute Verbindlichkeiten für den Einzelnen und zwischen den Menschen schafft. Denn die (platonischen) Ideen stehen a. für die Möglichkeit, eine Sache allgemeingültig zu definieren, b. für Geschichtslosigkeit und Unveränderlichkeit, c. für die Unabhängigkeit von den konkreten Erscheinungen, d. für die Wesensursache und e. für die Objekte wissenschaftlicher Erkenntnis (Bächli & Graeser, 2000, S. 111f.). Ideen sind für Platon vor allem eins: Sie sind in ihrer unsinnlichen Geistigkeit enttäuschungssicher. Denn nur die bleibende ist die wahre Lebenskunst.

Allerdings muss man mit Platon von einem Aristokratismus der Lebenskünstler ausgehen. Die Masse des Volkes wird seiner Meinung nach immer unphilosophisch bleiben. Nur die wenigsten und die besten Menschen reißen sich von ihren Verblendungen und Ideologien los, um zur Erkenntnis der wahren Lebensverhältnisse vorzudringen und die richtige Lebenspraxis an den Tag zu legen. Der Lebenskünstler kann seine Eigenschaften der Vernünftigkeit, der Emotionalität und der Handlungsfähigkeit in ein richtiges, d. h. gerechtes Verhältnis setzen, sodass die Tugenden der Weisheit (Vernunft), Besonnenheit (Emotion) und Tapferkeit (Handlung) in einer gerechten, richtigen Art und Weise zum Ausdruck kommen. Und er kann die sozialen Verhältnisse in ein gerechtes Verhältnis bringen, da er in der Lage ist, jedem das Seine zukommen zu lassen, d. h., er alleine kann die Menschheit der drei Klassen, nämlich Bauern und Handwerker (Emotionalität), Krieger und Wächter (Handlung), Wissenschaftler und Philosophen (Vernunft), in ein funktionales Verhältnis zueinander setzen.

Am Ende des Dialogs *Menon* heißt es dazu:

> »Denn auch die richtigen Vorstellungen sind eine schöne Sache, solange sie bleiben, und bewirken alles Gute; lange Zeit aber pflegen sie nicht zu bleiben, sondern gehen davon aus der Seele des Menschen, so daß sie nicht viel wert sind, bis man sie bindet durch begründetes Denken« (Menon 97e–98a).

Die Wiedererinnerung transformiert den Glauben oder die Meinung durch begründendes Denken *(aitias logismo)* in Wissen, Erkenntnis und dementsprechendes Handeln. Platon definiert eine Lebenskunst für alle Zeiten, in der alle Fragen nach dem Wahren, Guten und Schönen aufgehoben sind. Sie ist darin vor allem Überwindung des Leidens am Nichtwissen, am Vergessen, an der zeitlichen Veränderung und an der Pluralität der Wissens- und Handlungsformen – denn nach Platon kann es nur *eine* wahre, schöne und gute Lebenskunst geben.

## Die Stoa: Beherrschung der Affekte

Die Philosophie der Stoa, und namentlich die Philosophie von Lucius Annaeus Seneca, hatte wie kaum eine andere Denkrichtung eine enorme Auswirkung auf die alltägliche und philosophische Lebenspraxis der abendländischen Zivilisation – wie auch auf die philosophischen und theologischen Theoriebildungen. Das gilt vor allem für ihre Ethik, die sowohl psychologische, praktisch-handlungsbezogene wie teleologische (zielbezogene) Aspekte enthält. Der Name »Stoa« leitet sich ab von einer mit Gemälden geschmückten Säulenhalle *(stoa poikile)*, in der Zenon seine Schüler versammelte. Die in den Schriften der älteren (Zenon, Kleanthes u. a.), der mittleren (Panaitios, Poseidonios u. a.) und der jüngeren Stoa (Epiktet, Marc Aurel, Seneca u. a.) vertretenen Konzeptionen der Unerschütterlichkeit des Weisen, der Gemütsruhe, der richtigen Muße, der Kontemplation sowie der tugendhaften und asketischen Lebensform bilden über die Jahrhunderte hinweg bis in die Moderne hinein grundlegende Bestandteile einer Philosophie der Lebenskunst. Die stoischen Schriften formulierten in diesen Modellen eine Theorie und Praxis der *ars vivendi*, die immer wieder als »natürlicher« philosophischer Kontrapunkt gegenüber der *vita activa*, der Technisierung, Instrumentalisierung und Beschleunigung des Lebens Geltung beansprucht hat. Die stoische Einsicht besteht darin, in der »Übereinstimmung« mit der Natur *(kata physin)*, d. h. mit dem rationalen Kosmos zu leben, womit vor allem auf die Erlangung eines tugendhaften Lebens abgezielt wurde.

*Zur Biografie Senecas*

Lucius Annaeus Seneca wurde als Sohn des (gleichnamigen) römischen Rhetors Lucius Annaeus Seneca und der wohlhabenden Helvia im spanischen Córdoba um das Jahr 4 v.Chr. geboren. Die Familie gehörte dem Ritterstand an. Seneca hatte zwei Brüder, den älteren Novatus und den jüngeren Mela. Er verbrachte seine Kindheits- und Jugendjahre in Rom, in denen er eine Ausbildung in den Fächern Rhetorik, Jura und Philosophie absolvierte. Von Jugend an litt er an einer Bronchitis und soll daher gelegentlich verzweifelt gewesen sein. Schon in diese Zeit fällt seine Beschäftigung mit der stoischen Philosophie, hörte er doch in Rom die Stoiker Attalos, Papirius Fabianus und Sotion, die allesamt eine strenge Lebensphilosophie vertraten. Seneca war zunächst als Gerichtsredner und als Rechtsanwalt tätig. Durch die mit der Berufsausübung verbundenen Anstrengungen wurde eine Reise nach Ägypten mit seinem trockenen und warmen Klima nötig, von der er im Jahre 31 n.Chr. nach Rom zurückkehrte. Dann war er als Quästor sowie als Senator tätig. Im Jahre 41 geriet Seneca in eine Intrige am Kaiserhof und wurde infolgedessen auf die Insel Korsika verbannt. Diese – für einen gebildeten Stadtrömer qualvoll empfundene – Zeit füllte er mit Lesen, Schreiben und Philosophie. Im Jahre 48 wurde er von Agrippina nach Rom zurückberufen. Dort wurde er der Erzieher des zwölfjährigen Nero, des Adoptivsohns von Kaiser Claudius. Seneca sollte Nero in der Rhetorik unterrichten und ihn als Erzieher und Berater auf sein Amt als künftiger Herrscher vorbereiten. Im Jahre 54 starb Kaiser Claudius, von seiner eigenen Frau vergiftet. Der 17-jährige Nero wurde sein Nachfolger und Seneca zu dessen engstem Vertrauten. Die ersten fünf Jahre der Herrschaft Neros gelten als goldene Zeit der inneren Entspannung und der äußeren Erfolge des Römischen Reiches, weil diese doch wesentlich durch die Politik von Seneca und den mit ihm befreundeten Präterianerpräfekt Burrus bestimmt wurden. Nach dem Tode von Burrus im Jahre 62 versiegte Senecas schon geschwundener Einfluss und er bat Nero, sich aus der Politik zurückziehen zu dürfen. Er folgte damit einer seiner entscheidenden philosophischen Maximen, nämlich sich als Philosoph in das Privatleben zurückzuziehen, wenn ihn ein schlechter Gesundheitszustand am Staatsdienst hindern sollte, wenn er als Philosoph zu wenig Einfluss nehmen kann und wenn der Staat – hier verkörpert durch Nero – zu korrupt ist. In den folgenden Jahren hielt sich Seneca vorwiegend auf seinen Besitzungen in Rom und Kampanien auf, um sich dort der Philosophie und der Literatur zu widmen. Nach der Verschwörung gegen Nero im Jahre 65 wird Seneca als angeblicher Mitwisser gezwungen, Selbstmord zu begehen. Mit stoischer Gelassenheit, so vermerken die Biografen, schied er wie Sokrates aus dem Leben.

*Das Leiden an der Emotionalität*

Besteht für Sokrates und Platon das Grundproblem einer Lebenskunst in der mangelnden Reflexivität bzw. Erinnerungsfähigkeit, so leiden die Stoiker bzw. Seneca an einer kaum kontrollierbaren Emotionalität. In der Stoa werden vier hauptsächliche Affekte *(pathe)* diskutiert: die Furcht *(phobos)*, die Trauer *(penthos)*, die Begierde *(epithymia)* und die Lust *(hedone)* bzw. die Unlust *(lype)*. Sind für die beiden ersteren Affekte sowie für die Unlust falsche Vorstellungen darüber ausschlaggebend, was ein gegenwärtiges oder zukünftiges Übel ist, so sind für die Lust und die Begierde falsche Vorstellungen über ein gegenwärtiges oder zukünftiges Gut maßgeblich (vgl. Weinkauf, 2012, S. 195). Affekte sind für die Stoa Störungen des inneren seelischen Gleichgewichts und insofern gleichzusetzen mit Beeinträchtigungen der Vernunft. Die Stoiker verlangen allerdings keine Emotionslosigkeit, sondern die Befreiung von (übermäßiger) Lust und Unlust, Begierde und Furcht, um so Freude *(chara)*, vernünftiges Streben *(boulesis)* und Achtsamkeit zu ermöglichen (vgl. Horn, 1998, S. 88ff.).

Es geht daher dem stoischen Lebenskünstler um eine rationale Arbeit *(askesis)* an den Affekten. Denn der Grund dafür, warum die Menschen keine konsequente Lebenskunst betreiben, beruht nicht auf einer den Neigungen und Begierden unterlegenen Rationalität, sondern auf einem Fehlurteil der Vernunft selbst. Fehlurteile sind somit Auslöser von unangemessenen Affekten oder gar mit affektgetränkten Meinungen gleichzusetzen. Affekte lassen sich so wiederum mit falschen Meinungen identifizieren, die auf falschen Werturteilen beruhen. Sie werden durch unzuverlässige oder unvollständige Eindrücke *(phantasiai)* hervorgerufen und sind erstens aktuelle Meinungen, die lebendig und präsent die Seele erfüllen; sie sind darüber hinaus i.d.R. Zustimmungen zu falschen Aussagen und schließlich auch oftmals mit einem exzessiven Handlungsimpuls verbunden (Guckes, 2004, S. 25). Falsche, weil affektgesteuerte Meinungen und Urteile verursachen aufgrund ihrer unangemessenen Einschätzung von Lebensverhältnissen wiederum problematische und falsche Lebenshaltungen. Denn vielfach verwickeln sie die Menschen in die *adiaphora*, in die indifferenten oder unwichtigen Sachverhalte, die für diese dann einen zu großen Stellenwert gewinnen. Da die Affekte ihre Wirkungen auf einer nicht reflektierten Bewusstseinsstufe entfalten, finden emotionale Reaktionen ohne die Zustimmung des Handelnden und somit unkontrolliert statt. Man stimmt einer Sache ohne Vorbehalte zu, obwohl gerade diese angemessen wären. Insofern ist der stoische Lebenskünstler derjenige, der aufgrund einer sachangemessenen Einschätzung und Bewertung eine entsprechende gemäßigte Affektivität entwickelt, die ihn in einer maßvollen Art und Weise in die Lebensumstände verwickelt.

Die Stoa glaubt an die Selbstheilungskräfte der Seele und die Selbsttherapeutik der Philosophie. Und diese Kräfte besitzen – das unterscheidet sie vom Platonismus – prinzipiell alle Menschen. Hat der Mensch die Muße, »in sich zu gehen«, um die falschen Vorstellungen aufzulösen, kann sich die Seele erholen und es stellt sich eine beruhigende Lebenshaltung ein. Man hat sich und die Welt unter Kontrolle und ist insofern frei. Und wer sich praktisch vollkommen vernünftig verhält, dem kann im Leben auch kein Übel widerfahren, dessen unerschütterliche Lebenshaltung wird jedem Schicksalsschlag begegnen können. Wir können hierbei von einer Immunisierungsstrategie der Stoa sprechen. Doch lässt diese durchaus gute und freundliche Leidenschaften *(eupatheiai)* zu, wie etwa »Wohlwollen *(eunoia)*, Freundlichkeit *(eumeneia)*, Respekt *(aspas-*

*mos)*, Freude *(chara)*, Heiterkeit *(euthymia)*, die dadurch gekennzeichnet sind, dass sie von einer reflektierten und kontextsensitiven Haltung hervorgerufen werden, die ein geprüftes, kohärentes und allgemeingültiges Handeln ermöglicht« (Oksenberg Rorty, 2004, S. 166, 168). Insofern verweist die Stoa auf die Differenz zwischen der Fehleranfälligkeit einer durch (affektive) Voreingenommenheiten gekennzeichneten beschränkten Perspektive und einer heiteren und gelassenen Einstellung, die die Beschränkung durch ein Durchdenken aller relevanten Gesichtspunkte aufhebt (ebd., S. 179).

### Die Weisheit der Muße

Ziel der stoischen Lebenskunst ist vor diesem Hintergrund ein kontrollierter Umgang mit den Affekten. Erreicht werden sollen: die *ataraxia*, die Unerschütterlichkeit in allen Lebenssituationen; die *apatheia*, die Befreiung von übergroßen Leidenschaften; die *alypia*, die Freiheit vom Schmerz; und die *aphobia*, die Furchtlosigkeit. Positiv geht es in der stoischen Lebenskunst um die Freiheit *(eleutheria)* von emotionalen Ansprüchen und Widerfahrnissen, um eine Idee des Glücks als Zufriedenheit mit dem Gegebenen und um die Konzentration auf die wichtigen Dinge des Lebens.

Die Lebenskunst ist nach Einsichten der Stoa eine Philosophie des Weisen, der in seinen Einschätzungen und Urteilen unzweifelhaft sicher ist. Der Weise muss keinen Kampf mit einem Teil seiner Persönlichkeit mehr führen. Er hat sich auf die Suche nach Natürlichkeit, Unerschütterlichkeit, Autarkie, innerer Ausgeglichenheit, Sorglosigkeit, Gelassenheit, Befreiung von Existenzangst und Sinn für Freude begeben und einen Selbstfindungsprozess abgeschlossen. Ihn kennzeichnet die Unabhängigkeit von Zufall und Kontingenz *(fortuna)*, wunschloses Glücklichsein als das Glück, das Glück nicht zu suchen (Seneca, 1984, S. 64ff.). Wer sich selbst gehört, ist weder von (den Meinungen der) anderen noch vom Schicksal, von der Zeit oder auch dem Tod abhängig.

Erzielt werden soll eine Übereinstimmung mit sich selbst, eine Selbstharmonie, die mit Selbstachtung und Selbstvertrauen einhergeht (Ep. 29.11; 31.3). »Das ist die wichtigste Aufgabe der Weisheit und ihr sicherstes Merkmal, dass Handlungen mit Worten harmonieren, dass jeder sich selbst treu und immer derselbe bleibe« (Ep. 20.2; vgl. 31.8). Bei Seneca erscheinen Identität, Selbstrealisierung und Konvergenz als zentrale Ziele einer Lebenskunst der Weisheit. Damit aber immer ein kontinuierlicher Wille wirkt, Wollen und Handeln übereinstimmen und der Mensch in allem mit sich selbst harmoniert, braucht es *scientia*, Einsicht in die Welt als Voraussetzung für Sittlichkeit, und *ars*, die Fähigkeit der konkreten Anwendung im Einzelfall (Ep. 31.8). Mit *concordia* und *consonantia* als formale Kriterien einer weisheitsbezogenen Lebensführung sind ästhetische Ordnungsvorstellungen impliziert, die der Lebenskunst einen künstlerisch-technischen Anstrich verleihen. Es geht dabei um eine Harmonie von Theorie und Praxis, von Erkenntnis und Handeln sowie um innere Kohärenz und Konstanz. Und dementsprechend sieht die Stoa eine große Problematik in der inneren Zerrissenheit, im Fehlen von Zufriedenheit und einer inkonsequenten Lebenshaltung.

Die Weisheit impliziert zudem eine Kunst, die bestimmte Menschen zur eigenen Vervollkommnung befähigt und sie selbst bei hoffnungslosen Fällen die »allerletzten Heilmittel« durchprobieren lässt (Ep. 29.3). Dabei ist zu beachten, dass die Antike unter dem Begriff »Kunst« nicht – wie seit der Neuzeit – die »schönen Künste« versteht, sondern auch die »nützlichen«, wie etwa die Kunst des Mediziners, des Steuermanns oder des Pädagogen. Und unter Kunst wurde nicht die originelle, individuelle, expressive oder geniale Kunst, sondern viel schlichter die Regelkunst verstanden, d. h. Techniken, die man sinnvollerweise anwandte, um einen spezifischen Zweck, etwa Gesundheit, sichere Fahrten, gute Bildung oder eben auch Schönheit, zu erreichen. Das heißt auch, dass die Kunst nicht den Nimbus eines selbstzweckhaften Geschehens, sondern vielmehr den einer utilitaristischen Tätigkeit hatte. Auch die Lebenskunst ist mithin eine Regelkunst, die ganz spezifische Ziele, kurzfristige, mittelfristige oder auch langfristige verfolgt.

Schauen wir uns einige praktische Folgerungen dieser Lebenskunst an: Da findet sich zunächst der Hinweis, sich mehr und intensiver der *Muße* hinzugeben. Mit einem Abstandnehmen von den Sorgen des Alltags, mit einem kontemplativen Versenken in die Gegenstände, mit einem interesselosen Wohlgefallen, das uns die Welt und uns selbst im neuen Licht erscheinen lässt, erscheint die Muße vor allem als ein ästhetischer Zustand.

»Wie Künstler bei einer feineren Arbeit, die durch die Anspannung der Augen ermüdet, wenn sie nur spärliches und unbeständiges Licht haben, ins Freie treten und an einen Platz, der für die Erholung des Volks bestimmt ist, ihre Augen am vollen Licht erfreuen, so strebt die Seele, weil sie in dieser traurigen und finsteren Behausung eingeschlossen ist, sooft sie kann, ins Offene und ruht sich bei der Betrachtung des Kosmos aus« (Ep. 65.17).

Der Muße geht es nicht um die Wahrheit, den Nutzen und das Gute, sondern um die Gelassenheit, das Glück und die Schönheit des Lebens, um das »Schauen«

und Verstehen des Kosmos. Erst in und durch die Muße gelingt nach Seneca dem Menschen eine Schätzung und Neugestaltung der Zeit, die ihm in der ökonomischen und politischen Nutzung des Alltags nicht möglich erscheint. Erst in der Muße kann er sich auf die Gegenwart konzentrieren, die Erinnerung vergegenwärtigen und die Zukunft antizipieren, und somit Zeit entfalten und gestalten, anstatt von ihr gelebt zu werden. Die Muße ist nach Seneca nicht mit der Freizeit oder dem Nichtstun, sondern mit dem tätigen Untätigsein zu identifizieren. Er spricht in diesem Zusammenhang von »tätiger Muße« (ebd., 18.2): »Ich fordere nicht zu einer säumigen oder trägen Ruhe auf [...]. [D]u wirst größere Aufgaben als alle bisher mit Eifer erfüllten Leistungen finden.« Erst die Kunst der Muße entdeckt und erschließt die Lebenskünste: »Dich erwarten in dieser Lebensweise viele edle Künste, die Liebe zu den Tugenden und ihre Anwendung, das Vergessen der Lüste, das Wissen um Leben und Tod, die tiefe Ruhe in allem« (ebd., 19.2).

Die Mußekonzeption verfolgt dementsprechend eine *Lebenskunst der Unsterblichkeit*, gilt es ihr doch als höchstes Ziel, dem sterblichen Leben Unsterblichkeit abzuringen (Seneca, Ep. 15.3). Die Haltung der kontemplativ-tätigen Muße geht über die befristete Zeit des endlichen Daseins hinaus, weil im gelebten Leben der Philosophen die unsterblichen, naturgemäßen Strukturen sichtbar werden. »Allein von allen sind der Muße hingegeben, die für Philosophie Zeit haben: sie allein leben. Denn sie behüten nicht nur ihr eigenes Lebens; sie fügen ihrer eigenen Zeit alle Zeit hinzu« (Ep. 14.1). Lebenskunst bedeutet nach Seneca, die Zeiten in einem Leben voller Weisheit so zu »verdichten«, dass in ihm »alle Jahrhunderte« zum Ausdruck kommen: »Ist eine Zeit vergangen? Er umgreift sie mit seiner Erinnerung. Ist sie da, nutzt er sie. Wird sie kommen? Er wird sie vorwegnehmen« (Ep. 15.5). Der stoische Lebenskünstler ist der Zeitenkünstler, da er Erinnerung, Wahrnehmung und Antizipation in der Muße als multitemporalen Zustand vergegenwärtigen kann. Die Muße, die *vita contemplativa*, kommt damit einem göttlichen Zustand schon sehr nahe. Dieses Leben wird über den Tod hinaus für die nachfolgenden Generationen ewige Bedeutung haben. Die Kunst des Lebens besteht mithin darin, eine individuelle Miniatur des kosmologischen Universums zu realisieren, d. h., die Kunst Gottes nachzuahmen (Ep. 53.11; 71.14) oder auch Gott gleich zu werden (Ep. 48.11).

Neben der Muße ist auch der Umgang mit der eigenen *Sterblichkeit* ein wichtiges Erfordernis der stoischen Lebenskunst. Die Sterblichkeit fordert die Menschen einerseits dazu auf, die Lebenszeit sinnvoll zu gestalten. So hebt Seneca in seiner Schrift von der *Kürze des Lebens* ganz besonders auf den Sachverhalt ab, dass Menschen zunächst und zumeist ihre Zeit, die Zeit ihres Lebens nicht sinnvoll gestalten, dass sie, von den Tätigkeiten des Lebens eingenommen, keine bewusste zeitliche Gestaltung ihres Alltags und ihres Lebens vornehmen. Und anderseits geht es auch darum, die verbleibende Lebensfrist zur Erkenntnis der unsterblichen Kriterien für das endliche Leben zu nutzen. Es gilt, das Sterben zu lernen, sein Leben unter den Blick der *aeternitas* zu stellen, um die unsterbliche Seele aus dem Gefängnis des vergänglichen Körpers zu befreien. Seneca schreibt dementsprechend: »[Z]u leben aber muss man das ganze Leben lernen und, worüber du dich vielleicht noch mehr wunderst, man muss das ganze Leben lang lernen zu sterben« (Seneca, 1983, 7.3). Sterben lernen heißt, den Wert der Zeitlichkeit als Vergänglichkeit zu begreifen und sein Leben gegenwärtig, intensiv und systematisch zu leben. Sterben zu lernen zielt nicht auf eine rastlose, lediglich effizienzorientierte und auf Zukunft bezogene Zerstreuung, sondern auf die bewusste Zeitigung der Zeit in Gegenwart, Vergangenheit und Zukunft und damit auf eine Gestaltung des Lebens. Sterben zu lernen im Müßigsein impliziert die Kontemplation, die ruhende Betrachtung, die Freude am Leben, die Befreiung von zeitlichen Zwängen, die Möglichkeit, etwas *anderes* zu tun, die Gelassenheit. Kurz: Wer sich in die ehernen Abläufe des Lebens und Sterbens in der Muße vertieft, dem kann der Tod keinen Schrecken einjagen (vgl. Zirfas, 2008).

Zum Ziel dieser Lebenskunst gehört auch ein – durch Aristoteles inspiriertes – Weisheitsmodell, das die Selbstbezüglichkeit und die Theorie mit der *Freundschaft* und dem *Gespräch* und die Muße und das Denken mit der sozialen und der politischen Tätigkeit konvergieren lässt (vgl. Hadot, 1981). Die Bildung zur Muße geschieht nach Seneca in Geselligkeit und Freundschaft, die mimetischen Prozessen Raum geben. So wird der philosophische Lebenskünstler »Menschen um sich haben, mit denen er über die geringsten und bedeutendsten Dinge nachdenken, die er täglich über sich zu Rate ziehen, von denen er die Wahrheit ohne Beschämung hören, ohne Schmeichelei gelobt werden, nach deren Vorbild er sich bilden kann« (Ep. 15.2). Die Philosophie gilt deshalb als vollkommene Tätigkeit, weil sie Wissenschaft und Lebenspraxis, Spekulation und Handlung zu integrieren in der Lage ist (Ep. 95.11).

*Schluss: Korrektur und Abstand*

Folgen wir dem bekannten und von Seneca auch zitierten Diktum des Hippokrates von der Kürze des Lebens und der Länge der Kunst (Seneca, 1983, 1.1), so hat die Lebenskunst die Aufgabe, das kurze Leben an der unsterblichen Kunst zu orientieren. Eine Kunst des Lebens *(ars vivendi)* hat vor dem Hintergrund dieser Sentenz zweifach zu verfahren: Als *genitivus obiectivus* wird das Leben durch die Kunst geformt, soll das Leben durch spezifische artifizielle, d. h. handwerkliche und technische Regeln gebildet werden. Als *genitivus subiectivus* ist es das Leben selbst, das sich eine ihm gemäße Kunst »gibt«, das Kunst als Technik benutzt, um sich ein möglichst intensives, gegenwärtiges und bewusstes Leben zu verschaffen.

Die Lebenskunst wird notwendig, weil Menschen ihren Leidenschaften folgen, weil sie ihre Zeit missbrauchen und weil sie die falschen Ziele in ihrem Leben verfolgen. Stoische Lebenskunst ist daher eine Kunst der *Korrektur*, die die Leidenschaften maßvoll begrenzt, die Bedeutung der Lebenszeit verdeutlicht und die richtigen Ziele vorgibt. Hierbei scheint vor allem der Umgang mit den Leidenschaften bedeutsam zu sein. Denn die Leidenschaften sind für ein unmäßiges, wankelmütiges und krankhaftes Verhalten verantwortlich. Von Leidenschaften getrieben, schätzen die Menschen Sachverhalte falsch ein und fällen die falschen Entscheidungen. Die stoische Lebenskunst fordert daher Kohärenz, Konstanz, Konsequenz und Konzentration in Lebenshaltungen und Lebenshandlungen. Sie holt quasi die Stabilität der metaphysischen Ideenwelt Platons auf die Erde und garantiert insofern Sicherheit in allen Lebenslagen. Wenn sie auch gelegentlich in ihrer Fokussierung auf innere und äußere Kontrolle fast zwangsneurotische Züge aufzuweisen scheint, so macht sie doch darauf aufmerksam, dass ein zufriedenes Leben auch mit einer gewissen Beherrschung innerer und äußerer Sachverhalte zu tun hat.

Die stoische Lebenskunst ist aber auch eine Kunst des *Abstands*, die in der Mußekonzeption zum Ausdruck kommt. Der Lebenskünstler kann sich immer wieder von den Banalitäten und Funktionalitäten des Alltags frei machen, um sich so der wichtigen und richtigen theoretischen wie praktischen Perspektiven zu versichern. Es braucht einen Raum des individuellen Rückzuges oder auch der gemeinsamen Beratung, in dem die alltäglichen Fragen zugunsten der zentralen Lebensperspektiven suspendiert werden können. Dieser Raum hat neben seiner philosophischen Grundierung einer ästhetisch-reflexiven Haltung auch einen therapeutischen Effekt, der den Betrachter auf die existenziellen Problematiken (Tugend, Tod, Glück usw.) fokussiert. Der damit verbundene kontemplative Gestus braucht allerdings – wie bei Platon – einen Maßstab, an dem er sich versichern kann, dass man »richtig liegt«. Dieser Maßstab ist für die Stoa die Natur. »Die« Natur bzw. die metaphysische Idee der Natur bildet einen zuverlässigen, gleichförmigen und authentischen Lehrmeister, während die menschliche Lehre geprägt ist durch Zeitlichkeit, Mittelbarkeit, Vielgestaltigkeit, Ungleichförmigkeit und Unzuverlässigkeit (Ep. 120.20, 23).

Die buchstäbliche stoische Gelassenheit und Unerschütterlichkeit, die Ziel dieser Lebenskunst ist, resultiert insofern aus einer Lebenspraxis der permanenten Selbstkontrolle und Selbstreflexion, die sich theoretisch in der Muße immer wieder der natürlichen Grundlagen des Lebens versichert und die diese dann – so weit wie praktisch möglich – in entsprechende Haltungen (Tugenden) und Handlungen umsetzt. Wir können hier von einer sehr *systematischen* Lebenskunst sprechen, da sie sowohl den Selbstbezug (in dem es um Beherrschung der Begierden geht), den Bezug zu den Mitmenschen (der sich durch Wohlwollen und Gerechtigkeit auszeichnen soll) und den Bezug zum Ganzen oder zum Kosmos (der sich durch Muße und objektive Urteile charakterisieren lässt) betrifft. Wir können aber auch von einer sehr *maßvollen* Lebenskunst sprechen – und diese hilft auch in den unsichersten Zeiten. Denn demjenigen, der sich mit der Natur und ihren Zielen identifiziert, wird alles vertraut sein: »Er ist kein Fremder im Universum mehr« (Hadot, 1981, S. 81). Insofern ist die stoische Lebenskunst auch eine Kunst der Vertrauensbildung – zu sich, zu anderen und zur Welt.

### Die Epikureer: Die Orientierung an der Lebenslust als Vermeidung von Unlust

Zwischen der philosophischen Schule der Stoa und der sich zeitlich parallel zu ihr entwickelnden epikureischen Schule gibt es, was die Auffassung eines durch die Lebenskunst umzusetzenden glücklichen Lebens betrifft, eine ganze Reihe von grundsätzlichen Parallelen: Glück stellt das höchste Gut des Menschen dar und ist durch eine asketische Lebenspraxis zu verwirklichen. Neben einer teleologischen Auffassung des Glücks und seiner durch Übungen zu realisierenden Verwirklichung lässt sich als dritte und vierte Gemeinsamkeit sowohl ein Subjekt- als auch ein Vernunftbezug festhalten, d. h., das Glück des Menschen hängt zum einen von ihm selbst ab, und es liegt an der Vernunft, das Unglück des Lebens durch Erkenntnis und Praxis in ein glückliches Leben zu verwandeln. Fünftens gibt es zwischen der *apatheia*-Auffassung (Leidenschaftslosigkeit) der Stoa und der *ataraxia*-Vorstellung (Unaufgeregtheit) der Epikureer eine große inhaltliche Nähe. Und schließlich lassen sich auch einige Parallelen zwischen ihren therapeutischen Praktiken festhalten, in denen es darum geht, falsche Einstellungen, unsinnige Begierden oder fehlgeleitete Affekte durch Diagnosen und normative Berichtigungen des Logos zu überwinden.

Doch anders als die Stoa, die ihren Schwerpunkt in der Beherrschung der Begierden hat, fokussieren die Epikureer die Vermeidung von Unlust und somit die Verwirklichung eines möglichst lustvollen Lebens *(hedone)*. Mit dieser Fokussierung ergeben sich auch Verschiebungen in den Fragen nach dem Glück und dem Unglück des Lebens, aber auch in den Fragen nach der praktischen Lebensgestaltung, die nunmehr der Idee eines hedonistischen Lebens folgen soll. Dass mit dem epikureischen Hedonismus nicht die schrankenlose Lusterfüllung gemeint sein kann, hält schon Cicero (1996, I.57) fest: »Betont doch Epikur, von dem ihr sagt, er widme sich zu sehr der Lust, ausdrücklich, daß man weder ein angenehmes Leben führen könne, ohne weise, anständig und gerecht zu leben, noch ein weises, anständiges, gerechtes, ohne angenehm zu leben« (vgl. Epikur, 1973, S. 46). Dabei sollte vorab betont werden, dass der griechische Begriff »hedone« im Sinne Epikurs nicht an jeder Stelle »Lust« oder »Begierde« meint, sondern auch Lebensfreude, Wohlbefinden oder Glück bedeuten kann. Insofern kann man die Lust in Bewegung, die kinetische oder dynamische Lust, von der ruhigen oder statischen Lust unterscheiden. Es ist die letztere, auf die Epikur zielt – auf die Lebenslust. Und diese ergibt sich vor allem durch die Vermeidung von Unlust.

*Zur Biografie Epikurs*

Epikur wurde um 341 v.Chr. auf der ägäischen Insel Samos als Sohn eines Landwirtes geboren. Schon mit 14 Jahren beschäftigte er sich mit der Philosophie von Platon und Demokrit. Ausgangpunkt seines Philosophierens war wohl der Umstand, dass man ihm die Chaostheorie von Hesiod nicht erklären konnte. Mit 18 Jahren kam Epikur nach Athen, wo er als Ephebe im Gymnasium eine zweijährige vormilitärische Ausbildung absolvierte. Über die nachfolgenden Jahre fehlt jegliche Kunde von Epikur. Vielleicht war er 311 bis 306 v.Chr. Lehrer der Philosophie zuerst in Mytilene auf Lesbos, später in Lampsakos am Hellespont. Im Jahre 306 v.Chr. zog Epikur nach Athen; dort erwarb er jenen Garten *(Kepos)*, in dem er seine Schule gründete. Er lebte dort mit seinen Schülern (anfänglich sollen es 200 gewesen sein), die teilweise weite Wege zu seiner Schule in Kauf nahmen, nach Art einer »Kommune« oder eines weltlichen Klosters zusammen. Am Eingangstor zu seinem philosophischen Garten wurde man von der Inschrift begrüßt, dass hier ein freundlicher Gastgeber mit Wasser und Brot im Überfluss auf einen warte, um seine Begierden nicht zu reizen, sondern zu stillen. In seine Schule nahm er – entgegen den historischen Üblichkeiten – auch Ehepaare, Frauen und Sklaven als Schüler auf. Epikur lebte wohl recht bescheiden; das individuelle Eigentum der Mitglieder seiner Schule wurde gemeinsam verwaltet. Ihm wird von seinem Biografen Diogenes Laertios eine sehr humanistische Haltung attestiert, die sich in Dankbarkeit gegenüber den Eltern, Wohltaten für die Brüder, einem freundlichen Umgang mit Sklaven, Vaterlandsliebe und Respekt für die mit ihm Philosophierenden ausdrückte. Etwa 40 Jahre lang, bis zu seinem Tod im Jahr 271 oder 270 v.Chr., blieb Epikur der geistige Mittelpunkt seines philosophischen Gartens. Obgleich Epikur über 40 Abhandlungen geschrieben haben soll, ist seine Lehre nur noch in wenigen Fragmenten erhalten, die die drei klassischen Felder der antiken Philosophie, d. h. die Naturlehre (Physik), die Erkenntnislehre (Logik) und die Verhaltenslehre (Ethik), umfassen. Für die Lebenskunst sind vor allem seine *Briefe an Menoikeus* und seine *40 Hauptlehrsätze* von Bedeutung (vgl. Diogenes Laertios, 1998, S. 456ff., 498ff.).

*Die vierfache Sorge*

Den Ausgangspunkt der epikureischen Lebenskunst bilden einerseits – ganz schlicht – die körperlichen Bedürfnisse. Hunger, Durst, Wärme: »Die Stimme des Fleisches spricht: Nicht hungern, nicht dürsten, nicht frieren! Wem aber dies alles zuteil wird oder wer gewiß darauf hoffen darf, der kann sich an Glückseligkeit selbst mit Zeus messen« (Epikur, 1973, S. 68f.). Andererseits geht es um die seelischen Nöte und Ängste. Vor diesem Hintergrund liegt es nahe, die Lust am Leben sowohl mit der Befriedigung elementarer körperlicher Bedürfnisse als auch mit der Beruhigung der Seele in Verbindung zu bringen. Insofern zielen Epikurs Strategien auf *aponia* (Schmerzlosigkeit) und sodann auf *ataraxia* (Sorglosigkeit). »Gesundheit des Leibes« und »Wahrung der Seelenruhe« machen zusammen das »glückliche Leben« aus (ebd., S. 43). Hierbei wird die negativistische Fassung des epikureischen Hedonismus schon deutlich, der als direkte Vermeidung von Sorgen und insofern als indirekte Erlangung von Lust beschrieben werden kann.

Epikur hat dabei vier seelische Sorgen im Blick, die überwunden werden müssen: »Wenn die Furcht vor den Naturerscheinungen, die Besorgnis, der Tod habe für uns vielleicht doch etwas zu bedeuten, und die Unkenntnis über die Grenzen der Schmerzen und Begierden uns nicht beunruhigen, dann brauchten wir keine Naturerkenntnis« (ebd., S. 54, Lehrsatz 11; vgl. Horn, 1998, S. 92ff.).

1. Zunächst zu der Furcht vor den Erscheinungen des Himmels und den Naturphänomenen. Für Epikur sind die für die Menschen schädlichen Naturerscheinungen nicht mit göttlichen Strafen oder schicksalhaften Zusammenhängen, d. h. mit metaphysischen Modellen, sondern einfacher und kausaler mit physischen Modellen zu erklären. Dementsprechend fällt das lebenskunstphilosophische Leitbild wesentlich bescheidener aus als bei der Stoa, bei der der

## 2 Philosophien der Lebenskunst

Philosoph sich souverän gegenüber dem schicksalhaften Verhängnis zu verhalten hatte.

»Man wird die Furcht, die uns beim Fragen nach den letzten Dingen beschleicht, unmöglich los, wenn man über die Beschaffenheit des Alls nicht unterrichtet ist und daher argwöhnen muss, es könne an dem, was die Göttermythen darüber berichten, doch etwas Wahres sein. Ohne Naturerkenntnis kann man also keine Freude vollkommen genießen« (Epikur, 1973, S. 54, Lehrsatz 12).

Der Lebenskünstler muss sich demensprechend auch mit den physikalischen – oder weiter gefasst: den natürlich-empirischen – Gegebenheiten auseinandersetzen, um ein möglichst sorgenfreies Leben verwirklichen zu können.

2. Des Weiteren geht es um die Verringerung der Angst vor dem Tod. Die Todesfurcht verfehlt das Glück, da sie wegen ihres unbegrenzten Sicherheits- und Vorurteilsdenkens zu falschen Götervorstellungen führt. In diesen Kontext fällt ein bis heute heftig diskutierter Satz Epikurs, der den Menschen die Angst vor dem Tod (auf kognitive Art und Weise) nehmen soll: »So ist also der Tod, das schrecklichste der Übel, für uns ein Nichts: Solange wir da sind, ist er nicht da, und wenn er da ist, sind wir nicht mehr. Folglich betrifft er weder die Lebenden noch die Gestorbenen, denn wo jene sind, ist er nicht, und diese sind ja überhaupt nicht mehr da« (ebd., S. 41). Wobei Epikur insofern Recht hat, als es keine Erfahrung des eigenen Todes gibt; zugleich aber Unrecht hat, da Menschen erstens den Tod ihrer Mitmenschen erleben und zweitens auch ein Bewusstsein der eigenen Sterblichkeit haben, das den Tod für sie im Leben präsent hält.

3. Es liegt nahe, dass sich eine Philosophie, die Lust als Lebensweisheit propagiert, mit der Maßlosigkeit und Unstillbarkeit der Begierden auseinandersetzen muss. Die Grenzenlosigkeit der Begierden *(pleonexia)* verhindert einen souveränen Umgang mit sich selbst. Anders formuliert: Epikur muss die Lüste mit einem Maß versehen; er behauptet demgemäß, dass es ein Höchstmaß an Lust geben muss, das einem maximalen Sättigungszustand *(pleroma)* entspricht. Lust bezieht sich also nicht auf die Lust einer Begierde, die einen Zustand der Bedürfnislosigkeit aufheben möchte, sondern auf die Lust der Befriedigung, eine gleichförmige ruhige Lust, die nach dem Verschwinden der Unlust eintritt. Der Hedonist ist hier nicht der schrankenlose Libertin, sondern der reflektierte Selbstgenügsame *(autarkeia)*. Er ist nicht derjenige, der der Lust an der Begierde hinterherjagt oder derjenige, der in Saus und Braus lebt (Hochkeppel, 1984, S. 145ff.). Der epikureische Hedonist ist derjenige, der in Lust lebt, und das nimmt sich asketischer aus, als es auf den ersten Blick aussieht, da er sich an einfachen Gütern wie Brot und

Wasser und nicht an Luxusgütern wie Fisch und Wein erfreut. Vielleicht trifft der Begriff eines »freudigen Lebens« besser dasjenige, was sich Epikur unter einer hedonistischen Existenz vorstellt, nämlich ein Leben, das intensive und positive Empfindungen im Umgang mit den einfachen Dingen des Lebens kultiviert. »Die Stimme des Fleisches spricht: Nicht hungern, nicht dürsten, nicht frieren! Wem aber dies alles zuteil wird oder wer gewiss darauf hoffen kann, der kann sich an Glückseligkeit mit Zeus messen« (Epikur, 1973, S. 68f.).

4. Wie die Stoa so diskutiert auch Epikur das Glück des Lebens unter der Perspektive (maßlos) großer Schmerzen. Doch wie lassen sich Lustempfindungen in Situationen aufrechterhalten, die ein Maximum an physischen und psychischen Unlustempfindungen bereithalten? Wie lässt sich im Umgang mit chronischen Schmerzen ein Übergewicht an Lust erzielen? Epikur geht hierbei davon aus, dass der Schmerz lediglich eine irrige Vorstellung sei:

> »Der Schmerz sitzt nicht unaufhörlich im Fleische. Je heftiger er ist, desto kürzer währt er. Ist er aber neben der Lust vorhanden, diese im Fleisch nur übersteigend, so bleibt er nicht viele Tage. Bei längeren Leiden aber ist die Freude noch immer etwas größer als der Schmerz im Fleische« (ebd., S. 52, Lehrsatz 4).

Heftiger Schmerz ist also von kurzer Dauer – und geht dann in Lust über; oder er führt unmittelbar in den Tod, d. h. zur Empfindungslosigkeit. Epikur gibt damit zu, dass die Lustbilanz in einzelnen Phasen des Lebens nicht positiv gehalten werden kann. Doch mutet seine These angesichts (nicht therapierbarer) chronischer Schmerzen, bei denen auch etwa die moderne Palliativmedizin kapitulieren muss, fast zynisch an. Es gibt wohl Schmerzen, die sich, ob kurz- oder mittelfristig, nicht mit Lust oder Vergnügen kompensieren lassen. Und es kann durchaus sein, dass die hedonistische Bilanz eines Lebens, die ja aus einer aktuellen Situation heraus vorgenommen wird, durchaus negativ ausfallen kann.

## Das Glück des Lebens

Die epikureische Lebenskunst ist zwar – wie alle Philosophien der Antike und des Mittelalters – letztlich eine Eudämonologie, d. h. eine Glückslehre, doch weniger, als es auf den ersten Blick erscheinen mag, ist diese auf die Erreichung positiver Lustgefühle, sondern viel eher auf die Reduzierung und Verhinderung von Sorgen und Ängsten bezogen. Denn das Höchstmaß an Freude ist schon erreicht, wenn »alle Schmerzen beseitigt sind« (Epikur, 1973, S. 51, Lehrsatz 3). Paradox formuliert könnte man sagen, dass Epikur die Lebenskunst eines Anti-Antihedo-

nismus propagiert. Insofern wird der Weise – in der Sicht von Cicero (1996, I.62)
– als vollkommen glücklicher Mensch so vorgestellt:

> »Er hält seine Begierden in Grenzen, schätzt den Tod gering, hat vor den unsterblichen Göttern ohne jede Furcht eine zutreffende Auffassung und scheidet, wenn es so besser ist, ohne zu zögern aus dem Leben. So gerüstet befindet er sich immer im Zustand der Lust *(voluptas)*; denn es gibt keinen Zeitpunkt, an dem er nicht mehr Lust als Schmerz empfindet.«

Drei Momente dieses Zitates verdienen noch eine nähere Betrachtung: die Idee des Glücks, der Umgang mit den Begierden und die Gegenwartsbezogenheit.

Sieht man sich den Begriff des Glücks genauer an, dann ergeben sich Differenzen etwa zur stoischen Philosophie dadurch, dass die Stoa Zufriedenheit, Epikur aber Lust als Glück des Lebens propagiert. Lust meint aber nicht Zügellosigkeit und Libertinage, sondern regelgeleitete Begierden, vernünftige Genussfähigkeit sowie souveräne Weltorientierung. Das Glück des Lebens ist die statische Lebenslust. Der epikureische Lebenskünstler ist derjenige, der souverän mit seinen Lüsten, aber auch mit den Ängsten und Sorgen des Alltags umgehen kann, um so zu einer Lust ohne Risiken und Nebenwirkungen zu gelangen. Dazu bedarf es mitunter sehr sorgfältiger Abwägungen:

> »Ich habe vernommen, dass dich der Kitzel in deinem Fleische übermäßig zum Geschlechtsverkehrt treibt. Folge ihm, wie du magst, aber sorge dafür, dass du dabei die Gesetze nicht übertrittst, nicht den Anstand verletzt, keinen dir nahe stehenden Menschen kränkst, deine Gesundheit nicht zerrüttest und dein Vermögen nicht vergeudest. Es ist jedoch schwer, sich nicht wenigstens in eine der genannten Schwierigkeiten zu verstricken. Denn der Liebesgenuss bringt keinen Nutzen, man kann sogar froh sein, wenn er nicht schadet« (Epikur, 1973, S. 70).

Epikur fordert mithin einen kalkulierenden Umgang mit den Lüsten und Begierden. Dieser Umgang dürfte wohl im Alltag ein immer wiederkehrendes Übungsfeld für ihn gewesen sein. Er unterscheidet in diesem Kontext drei Kategorien: »Von unseren Begierden sind die einen naturbedingt und notwendig, andere naturbedingt und doch nicht notwendig, und wieder andere sind weder naturbedingt noch notwendig, sondern einfach leerem Wahn entsprungen« (ebd., S. 59f., Lehrsatz 29).

Lebenskunst heißt nach Epikur also ganz praktisch, die Lüste einzuteilen, zu bewerten und deren Effekte zu kalkulieren, um aufgrund dessen zu einer klugen

Wahl zu kommen. Wer ein glückliches Leben realisieren will, darf Lust nicht mit einer aktuellen Bedürfnisbefriedigung gleichsetzen. Denn Epikur hat nicht jedwede Lust, sondern nur die, wenn man so will, »kultivierte Lust« bzw. die »kultivierte Daseinslust« vor Augen. »Unsere Aufgabe ist es, durch Abwägen und Unterscheiden des Zuträglichen und Abträglichen immer alles richtig zu bewerten, denn manchmal bedienen wir uns des Guten gleich wie eines Übels und umgekehrt« (ebd., S. 44).

Lebt der Mensch in der Daseinslust, so hat er ein harmonisches Verhältnis von Einstellungen, Körper- und Umweltfaktoren. Der Mensch befindet sich in einer guten, weil maßvollen Verfassung. Lust signalisiert bzw. besteht in einer Form der souveränen Ausgeglichenheit, die eine gelassene Haltung gegenüber sich selbst und der Welt impliziert. »Für uns bedeutet Freude: keine Schmerzen haben im körperlichen Bereich und im seelischen Bereich keine Unruhe verspüren« (ebd., S. 46).

Gelingt es, die körperlichen Bedürfnisse zu befriedigen und die ausgewogene seelische Balance zu aktualisieren, so lebt der Lebenskünstler permanent in einer lustbetonten, d.h. freudevollen, Gegenwart. Epikur verweist darauf, dass für ein solches Leben relativ wenig erforderlich ist (vgl. ebd., S. 71). Die leiblichen Bedürfnisse lassen sich durch einfache Nahrungsmittel zufriedenstellen, sodass es vor allem um die Ängste und Sorgen geht, denen man schon früh, am besten beginnend in der Jugend, durch Reflexionen begegnen muss (ebd., S. 39). Ziel ist es, in jeder Lebenssituation, und damit in jedem Augenblick, auch angesichts von Tod, Schmerz und Leid, Freude empfinden zu können (Epikur, 2000, S. 53, 91). Gelingt das, so bildet sich ein *Habitus des Wohlbefindens* aus, der den Menschen durch das Leben trägt: »Wenn alle Freude sich allmählich verdichtete und die ganze Masse dauernd im ganzen menschlichen Körper oder wenigstens in seinen wichtigsten Teilen herrschte, dann würde man gar keine einzelnen Freuden mehr unterscheiden können« (ebd., S. 53, Lehrsatz 9).

### Schluss: Therapeutische Einsichten und Ratschläge

Ein didaktisches, aber auch ein therapeutisches Hilfsmittel für die Lebenskunst sind die sogenannten *Hauptlehrsätze*. Diese aphoristischen Lebensweisheiten dienen der Versicherung der wichtigsten Erkenntnisse Epikurs. Wie Platons Ideenwelt bilden sie eine fundamentale Gedächtnisstütze für das wahre, gute und schöne Leben, haben aber anders als diese einen direkten Bezug zur Lebenskunst. Diese Lehrsätze sind erstens Ausdruck der Autorität Epikurs und der Orthodoxie seiner Lehre, zweitens können sie auswendig gelernt und insofern habitualisiert werden und schließlich drittens dienen sie als Korrektiv eines fehlerhaften Lebenswandels und insofern als Medium der »Zerknirschung« *(syntribē)*, die wiederum Anlässe dafür bietet, den Weg zum glücklichen Leben doch noch einzuschlagen.

In diesem Sinne ist Epikur derjenige Philosoph der Antike, der dem Gedanken des Unbewussten von Sigmund Freud wohl am nächsten kam (vgl. Nussbaum, 1994, S. 133ff.). In seinen praktischen Hinweisen und Hauptlehrsätzen zu seiner Philosophie der Lebenskunst hält Epikur seine Schüler dazu an, ihre Schwächen und Fehler (auch im Sinne von Fehlleistungen) rückhaltlos aufzuklären. Dabei rekurriert Epikur bei den Diagnosen von seelischen Zuständen und Schwächen vor allem auf indirekte Indizien, an denen diese abgelesen werden können. Hierbei kommt er einer psychoanalytischen Hermeneutik recht nahe. So klingt das Diktum, dass »das klare Denken, das allem Verlangen und Meiden auf den Grund geht und den Wahn vertreibt, der wie ein Wirbelsturm die Seele erschüttert« (Epikur, 1973, S. 46), schon sehr nach Freuds Einsicht, dass das Es soweit wie möglich zum Ich werden soll. Und wie Freud, der darauf verweist, dass diese Aufgabe eine unendliche ist, ist auch Epikur der Ansicht, dass man die Übungen der Lebenskunst »Tag und Nacht, allein und mit einem Gesinnungsgenossen« (ebd., S. 48) durchführen soll, um Klarheit und Sicherheit der Lebensführung zu erlangen (ebd., S. 57, Lehrsatz 25). Für diese therapeutische Richtung gibt Epikur zwei Hinweise, einen erkenntnistheoretischen und einen praktischen:

Zunächst verweist Epikur auf die vorbehaltlose und kritische Auseinandersetzung mit der Wirklichkeit sowie auf den Sachverhalt, dass man aufgrund von Hoffnungen und Mutmaßungen sowie von emotionalen Voreingenommenheiten oftmals die Realität verleugnet.

> »Verwirfst du irgendeine Sinneswahrnehmung und unterscheidest dabei nicht zwischen dem auf Grund bloßer Erwartung und Angenommenen und dem, was du tatsächlich wahrnehmen konntest, sowie zwischen Empfindung und Vorstellung, dann wirst du mit deiner verkehrten Meinung auch alle übrigen Sinneswahrnehmungen verwerfen und damit jedes Kriterium verlieren« (ebd., S. 58, Lehrsatz 26).

Diese Sentenz verweist darauf, dass die Wahrheit bzw. Realität nur durch die Sinnlichkeiten erkannt werden kann und dass somit auch Sachverhalte, die sich der Wahrnehmung nicht darbieten, letztlich nur über diese erschlossen werden können. Diese Überlegungen verweisen auf eine phänomenale Lebenskunst (und Lebenstherapie), die am Augenscheinlichen das »Dahinterliegende« abliest. Als

Imperativ formuliert könnte man sagen: Verlasse dich nicht auf Vermutungen und Gefühle, sondern sieh der Realität und ihren Hintergründen ins Auge!

Insofern macht die Lebenskunst von Epikur auf die Bedeutung der realistischen Vorstellung, der *phantasia* aufmerksam. Der griechische Begriff *phantasia* geht zurück auf *phaino*, »erscheinen«, bzw. auf *phainomenon*, »das Erscheinende«. Die Phantasie bringt »Bilder« bzw. »Abbilder«, gr. *eikasia* hervor; dieser Begriff ist wiederum vom Verb *eiko*, »ähnlich sein«, »scheinen« abgeleitet. Die Phantasie verdichtet die durch die Sinne vermittelten Eindrücke des Erscheinenden, indem sie mittels Ähnlichkeits- und Vergleichsrelationen Bilder kreiert. Durch die *phantasia* wird nicht eine Vorstellung des Irrealen, sondern ein Bild des Realen bewirkt, d. h. *phantasia* hat eine ontologische Funktion, die die Wirklichkeit zu erfassen in der Lage ist (vgl. Grassi, 1984, S. 184). Sie produziert somit nicht irreale, sondern höchst realistische Perspektiven für die Lebenskunst.

Der zweite Hinweis von Epikur bezieht sich auf die praktische Umsetzung der Lebenskunst, die, wie in der Stoa, eine Regelmäßigkeit und Struktur aufweisen soll: »Wenn du deine Handlungen nicht jederzeit nach dem von der Natur gesteckten Ziel ausrichtest, sondern ihnen, mag es sich um Meiden oder Streben handeln, vorab irgendeine andere Richtung gibst, dann werden deine Taten nicht mit deinem vernünftigen Denken übereinstimmen« (ebd., S. 58f., Lehrsatz 27). Anders formuliert geht es hier darum, keinen Bruch zwischen den theoretischen Einsichten und ihrer praktischen Umsetzung zu erzeugen. Dieser Bruch wiederum, so kann unterstellt werden, erzeugt Unzufriedenheit, Scham und Zerrissenheit. Wer stetig erfährt, dass er anders handelt, als er denkt, kann nicht glücklich werden. Insofern gibt es auch hier einen unzweifelhaften Maßstab, die Natur, die als genuiner Orientierungsrahmen den Umgang mit den Schmerzen, den Begierden und den Ängsten ordnet.

## Zusammenfassung der antiken Positionen

Gehen wir zunächst von dem schon bei Sokrates und Platon deutlich werdenden Menschenbild aus. Dieses Menschenbild – das bis in die Moderne überdauert hat – umfasst drei Seelenteile, nämlich die Vernunft, die Emotionen und die Handlungen (Freud machte daraus die Trias Über-Ich, Es und Ich). Man kann die Geschichte der Lebenskunst auch unter dem Aspekt betrachten, welchem dieser Seelenteile die größte Aufmerksamkeit zukam. Denn Lebenskunstphilosophien gehen oftmals implizit (oder auch explizit) von Menschenbildern aus und verwenden diese Bilder als Legitimation, Deutung und Orientierung für die eigenen Theorien und Modelle. So haben wir bei Sokrates und Platon gesehen, dass Verstand, Vernunft, Intellekt und Rationalität vorrangig in den Blick rücken. Hiermit wird die Weichenstellung eines logoszentrierten Denkens mit seiner Vormachtstellung des Geistes über den Körper vorgezeichnet, dessen Auswirkungen wir heute noch spüren. Die Stoa setzt einen Schwerpunkt im Handeln und es ist daher kein Zufall, dass ihre Praxisbezogenheit und ihre Konkretheit für eine Philosophie der Lebenskunst über die Jahrhunderte hinweg so attraktiv geblieben ist. Die Epikureer hingegen fokussieren die Emotionalität und die Möglichkeiten, diese in Einklang mit rationalen Erfordernissen auf der einen und mit Handlungsmodellen auf der anderen Seite in Verbindung zu bringen. Damit keine Missverständnisse aufkommen, sei noch einmal betont, dass die anthropologische Trias in allen drei hier dargestellten Lebenskunstmodellen eine Rolle spielt, nur eben in unterschiedlichen Fokussierungen.

Dementsprechend können hier auch unterschiedliche implizite Konzepte im weitesten Sinn psychischer Problematiken identifiziert werden, auf die dann die Lebenskunst eine Antwort finden will. So leiden Sokrates und Platon unter der Vergänglichkeit der Dinge, aber vor allem an der mangelnden Bereitschaft der Menschen zur Selbstreflexivität und ihrer großen Bereitschaft, vorgefertigte Meinungen einfach zu übernehmen; die Stoa und namentlich Seneca kritisieren die Schwäche der Menschen im Umgang mit ihren Affekten, ihre Verschleuderung zeitlicher Ressourcen und die Konzentration auf Unwesentliches und Nichtbeherrschbares, und die Epikureer schließlich problematisieren die übertriebenen Ängste und Hoffnungen der Menschen und ihren unklugen Umgang mit den Begierden.

Insofern werden in allen Lebenskunstphilosophien zentrale psychische Problematiken angesprochen und es werden dementsprechend therapeutische Mittel vorgeschlagen, um diesen Problematiken – die einem glücklichen Leben im Wege stehen – zu begegnen. Dazu zählen vor allem die Introspektion, die Selbstreflexion, die Kontemplation und die gemeinsame Beratung, mit deren Hilfe man eine kunstvolle, d.h. regelgeleitete, systematische Ordnung in das Denken, Fühlen und Handeln der Menschen bringen möchte. Die antiken Lebenskünste zielen insofern auf einen glücksermöglichenden Habitus des Menschen und sie arbeiten hierbei auch dezidiert mit therapeutischen Mitteln und Einsichten.

Vor diesem Hintergrund wird aber – vor allem in den Philosophien der Stoa und der Epikureer – deutlich, dass die Lebenskunst eine Kunst der Relationen und Relativierungen ist. Es geht hier nicht – wie noch bei Platon – um eindeutige und klare Grenzziehungen zwischen dem Richtigen und dem Falschen (Denken, Handeln, Fühlen), sondern um Maßverhältnisse, um ein Mehr oder Weniger, um ein Zuviel oder Zuwenig. Stoa und Epikureer entwerfen (ökonomische) Kalkulationsmodelle eines geglückten Lebens, die die anthropologischen Gegebenheiten und die – wie auch immer gearteten – Umweltbedingungen in eine Balance bringen möchten, während vor allem Platon auf ein (ontologisches) Konstitutionsmodell eines glücklichen Lebens abhebt, in dem die Kriterien für ein schönes und gelungenes Leben immer schon feststehen. Hierbei gibt es nichts mehr zu kalkulieren, sondern nur noch hinzunehmen.

Wichtig aber ist, dass alle Lebenskunstmodelle in einem metaphysischen Rahmen verortet sind. Das heißt, dass es in den antiken Positionen noch einen eindeutigen Orientierungsrahmen gibt, wie er mit dem Kosmos, der Ideenwelt oder der Natur vorgegeben ist. Lebenskunst hat hier ein metaphysisches Fundament. Dieses ist zwar interpretationsbedürftig, und insofern ist es nicht immer einfach zu entscheiden, was genau der Kosmos vorschreibt, was im Einzelnen die Ideenwelt zu erkennen gibt und welche Strategien die Natur verfolgt, doch *dass* es eine unveränderliche und konstitutive Ordnung der Lebenskunst gibt, die einen normativen Rahmen für das menschliche Leben bildet, ist nicht zweifelhaft. Das ändert sich auch nicht mit dem sich dann etablierenden Christentum, in dem Gott die Kontingenzformel – d.h. die Absorption der Idee, dass alles anders sein könnte – innehat. Erst mit der Frühen Neuzeit, namentlich mit Montaigne, wird die Lebenskunst auf den schleichenden Verlust eines absoluten Grundes der Lebenskunst eine Antwort finden müssen.

## Ausgewählte Literatur

Diogenes Laertios (1998). *Leben und Lehre der Philosophen*. Stuttgart: Reclam.
Hadot, P. (1981). *Philosophie als Lebensform. Geistige Übungen in der Antike*. Berlin: Gatza 2002.
Hadot, P. (1995). *Wege zur Weisheit oder Was lehrt uns die antike Philosophie*. Berlin: Eichborn.
Hochkeppel, W. (1984). *War Epikur ein Epikureer? Aktuelle Weisheitslehren der Antike*. München: dtv.
Horn, Ch. (1998). *Antike Lebenskunst. Glück und Moral von Sokrates bis zu den Neuplatonikern*. München: Beck.
Hossenfelder, M. (1985). *Die Philosophie der Antike 3. Stoa, Epikureismus und Skepsis*. München: C.H. Beck.
Nehamas, A. (2000). *Die Kunst zu leben. Sokratische Reflexionen von Platon bis Foucault*. Frankfurt/M.: Europäische Verlagsanstalt.
Sellars, J. (2003). *The Art of Living. The Stoics on the Nature and Function of Philosophy*. Aldershot: Ashgate 2003.
Werle, J.M. (Hrsg.). (2000). *Klassiker der philosophischen Lebenskunst. Von der Antike bis zur Gegenwart*. München: Goldmann.
Zirfas, J., Klepacki, L., Bilstein, J. & Liebau, E. (2009). *Geschichte der Ästhetischen Bildung, Band 1: Antike und Mittealter*. Paderborn: Schöningh.

## Renaissance, Aufklärung und Romantik

In der mittelalterlichen, ganz auf den christlichen Glauben ausgerichteten Scholastik verlor die antike Lebenskunstlehre zunehmend an Bedeutung. »Der Mensch als mit der Erbsünde beladene Kreatur kann aus sich heraus kein Heil erlangen. Die diesseitige Welt als Jammertal gibt dem Menschen keinen dauerhaften Halt, und die Lebensführung wird bestimmt durch die Angst vor dem unvorbereiteten Sterben, so dass im Spätmittelalter eine eigene Gattung, die *ars moriendi*, als Vorbereitung auf das ewige Leben entstanden ist« (Fellmann, 2009, S. 60). So transformierte sich die Lebenskunst zunehmend in eine Frömmigkeitspraxis, deren Maximen mit der Trias »ora« (bete), »labora« (arbeite) und »lege« (lese) umrissen werden können. Die radikale christliche Orientierung am Jenseits mit dem Versprechen des ewigen Lebens und des Heils ließ eine diesseitige Lebenskunst verblassen, die – wenn überhaupt – nur eine sehr begrenzte Form menschlichen Glücks gewährleisten konnte.

Erst als sich die Humanisten im 14. Jahrhundert vom Denksystem und Menschenbild der christlichen Scholastik lösten und wieder verstärkt den antiken Texten und Vorbildern zuwandten, erhielt die Philosophie der Lebenskunst wieder wichtige Impulse. Zwischen der Perspektive der Antike und der der Renaissance besteht allerdings ein Unterschied in der Grundstimmung: »Im Hellenismus dominiert das Gefühl einer untergehenden Epoche, das die Lebenskunst auf Strategien des Rückzugs verpflichtet, in der Renaissance hingegen eine Aufbruchsstimmung, die in der Lebenskunst ein Mittel sieht, dem gesellschaftlichen Leben eine neue Form zu geben« (ebd., S. 64).

Die Aufbruchsstimmung lässt sich in der italienischen Renaissance vor allem an den Höfen in Florenz (unter den Medici) und Urbino (unter den Montefeltri) nachzeichnen. Im Unterschied zum Lebensstil eines Klerikers, der durch die soziale Rolle definiert war, die er in der Kirchenhierarchie einnahm, etablierte sich der Adel als eine Klasse der Muße *(leisure class)*, die sich durch ein gemeinsames Wertesystem der Ehre und eine gepflegte *vita contemplativa* charakterisieren lässt. Das Konzept der Lebenskunst ist hier eng verbunden mit Muße, geistiger und kultureller Arbeit, einer dafür notwendigen Bildung und einem rationalistischen, kalkulatorischen Lebensstil, der sich vor allem im Bereich des Sozialen und Politischen zum Ausdruck brachte. Mehr und mehr setzte sich die Idee einer Ästhetisierung des Lebens durch. Die Kunst sollte dem schönen Leben als Orientierung dienen, das schöne Leben wiederum in der Kunst seine angemessene Darstellung finden. Die Kunst wurde zur Lehrmeisterin des Lebens: *ars magistra vitae*.

Im Zusammenhang mit dem sich entwickelnden anthropologischen Denken etwa eines Pico della Mirandola (1463–1494) oder eines Michel de Montaigne (1533–1592) erbte die Renaissance einen radikalen Selbstbezug des Menschen auf sich selbst. Denn wer über *den* Menschen und *das* Menschliche nachdenkt, denkt immer auch über sich selbst nach. Und wer in diesem Studium die wandelbare Natur des Menschen erkennt, wird fast zwangsläufig dazu geführt, seine Selbstbestimmungsfähigkeit selbstgestaltend zu verwenden. Es kommt nunmehr auf die eigene Fähigkeit an, die Welt und sich selbst verbessern und etwas vollbringen zu können. In diesem Kontext beginnt sich der Mensch immer mehr auf sein göttliches Wesen zu besinnen, das in seiner unendlichen Vervollkommnungsfähigkeit besteht.

In der italienischen Renaissance wurde ein neuer Menschentypus propagiert, der in vielfältiger Hinsicht sein Glück in die Hand nimmt und sich etwa im kulturellen oder öffentlichen Leben engagiert. Man könnte, etwa mit Blick auf Macchiavellis programmatischen Text *Der Fürst* (1513), von einer politischen oder auch agonistischen Lebenskunst sprechen. *Der Fürst* enthält eine politische Klugheitslehre, die als pragmatische Theorie der Selbstbehauptung später auch auf den Bereich der individuellen Lebensführung übertragen wurde. Als Leitbegriff fungiert die römische »virtus«, die es dem Menschen ermöglicht, die sich ihm in konkreten Lebenssituationen bietenden Handlungsmöglichkeiten zu ergreifen, ohne sich unnötig von moralischen Skrupeln hemmen zu lassen. Insofern findet man bei ihm die Maxime: Man müsse Fuchs sein, um die Schlingen zu kennen, und Löwe, um die Wölfe zu schrecken.

Eine weitere Variante der Lebenskunst finden wir in Castigliones *Hofmann* (1528). Hier wird eine soziokulturelle Lebenskunst propagiert, die dem Ideal des *uomo universale* bzw. des *gentile homme*, dem allseitig kultivierten Lebenskünstler, nahezukommen sucht. Der soziale Lebenskünstler repräsentiert den Typus des weltgewandten, vielseitig gebildeten und im Umkreis der Macht sich pragmatisch klug behauptenden Menschen. Schlüsselbegriffe sind hier »grazia« (Anmut) und »sprezzatura« (diskrete Lässigkeit, Leichtigkeit) im Gegensatz zur »affettazione« (gezierte Affektiertheit). John Locke wird dann in der Aufklärung dieses Modell aufgreifen und zum Idealbild des *Gentleman* ausarbeiten; in Deutschland ist es der Freiherr von Knigge, der die Lebenskunst im Umgang mit den Menschen in strategisch-kluge Bahnen lenken wird; man findet bei ihm kaum das, was man mittlerweile mit seinem Namen verbindet, nämlich Benimmregeln und Manierenvorschriften, sondern viele Überlegungen darüber, wie man als Bürger geschickt und mit Anstand durchs Leben kommt.

## 2 Philosophien der Lebenskunst

Als eines der wichtigsten Bindeglieder zwischen der Antike und der neuzeitlichen Moralistik kann das Werk des Humanisten Erasmus von Rotterdam (1469–1536) betrachtet werden. Vor allem der Umgang mit der gebildeten Literatur antiker, aber auch zeitgenössischer Autoren etwa des italienischen Humanismus soll Menschen eine reflektierte und weise Lebensführung ermöglichen. Im Umgang mit der guten Literatur kommt der Mensch zu sich selbst. Diese dient Erasmus einerseits als religiöses Instrument der Reinigung des Glaubens und seiner Formen hin zu größerer Einfachheit und Klarheit und andererseits als therapeutisches Instrument der Reinigung der Leidenschaften und Sitten hin zu einem zivilisierten Benehmen. Lebenskunst ist im Kern immer noch christliche Lebenskunst, mithin dem Zweck einer christlichen Bildung zur Frömmigkeit untergeordnet. Lebenskunst hat es vor allem mit der Habitualisierung von religiösen, zivilisierten und literaturaffinen Einstellungen zu tun.

Michel de Montaigne (1533–1592) lässt sich, was seine Hochschätzung der Philosophie und Literatur, aber auch was seinen essayistischen Stil angeht, als »größter Schüler« (v. Stackelberg) des Erasmus bezeichnen. Er bewegt sich auf der Linie des selbstbewussten Individualismus der Renaissance und tritt in seinen *Essais* (1580) für eine Rehabilitierung des Lebenswissens und des ethisch-asketischen Aspekts ein. »Aber im Unterschied zur machtorientierten Selbsterhaltung des Renaissancemenschen, der sich als Herrscher vom Volk abhebt, präsentiert Montaigne sich selbst als Beispiel des gewöhnlichen Menschen. [...] Das zum Egoismus neigende überhöhte Selbstwertgefühl des Renaissancemenschen weicht einer skeptischen bis ironischen Selbstdarstellung« (Fellmann, 2009, S. 71).

In der Geschichte der Moralistik nimmt Montaigne eine ähnlich gewichtige Stellung ein wie Platon, Aristoteles und Kant in der Geschichte der Metaphysik. Charakteristisch für den Moralisten ist, dass er »sich ohne Anspruch auf systematische Kohärenz und mit ausdrücklichem Bezug zur eigenen Lebenserfahrung, der verschiedensten Formen reflektierender Prosa bedient, um sich über die Natur des Menschen und die Regeln der Lebenskunst zu äußern« (Zimmer, 1999, S. 12). Er nimmt zwar an allen Wissenschaften und Künsten aktiv teil und setzt sich mit ihren Erfahrungen und Erkenntnissen intensiv auseinander, ohne aber Wissenschaftler oder Philosoph im engeren Sinne zu sein. Aufgrund seines Bestrebens, moralische Einstellungen und Haltungen zu hinterfragen, um eine vernünftige, an der Erfahrung orientierte Lebenspraxis zu ermöglichen, steht er der praktischen Philosophie und der Ethik nahe.

Montaigne hat maßgebliche Impulse für die Entfaltung der Moralistik im 17. und 18. Jahrhundert gegeben. Zu seinen Nachfolgern gehören in Frankreich

u. a. La Rochefoucauld, La Bruyère, Montesquieu, Vauvenargues und Chamfort. Auch England hat eine Reihe bedeutender Moralisten wie Francis Bacon, Thomas Browne und später Shaftesbury hervorgebracht. Die spanischen Moralisten, die im Schatten der Inquisition wirkten, werden in erster Linie von Francisco de Quevedo und Balthasar Gracián repräsentiert. In Graciáns berühmtem *Handorakel* (1647), das von Schopenhauer ins Deutsche übersetzt wurde, werden Grundregeln formuliert, an die sich der desillusionierte Weltmann halten kann, wie z. B.: sich äußerlich an die Gesellschaft anzupassen, aber innere Distanz zu bewahren und sich nicht vereinnahmen zu lassen; soziales Networking zu betreiben, um nicht Opfer von Intrigen zu werden; und sich wichtige Informationen zu beschaffen, ohne sich selbst in die Karten schauen zu lassen (vgl. Zimmer, 1999).

Auf das »individuelle Erfahrungssubjekt« bei Montaigne folgt im 17. Jahrhundert das »allgemeine Wissenssubjekt bei Descartes« (Schmid, 1998, S. 306). Damit ist eine einschneidende Zäsur verbunden. Bei Descartes werden die Weichen gestellt für die Wissenschaftsgläubigkeit der Moderne. Er war es, der den »Übergang vom Individuum, auf das sich die Selbstsorge richtete, zum reinen epistemischen Subjekt exemplarisch vollzogen« hat (Horn, 1998, S. 240). Wenn nun überhaupt noch an einer Ethik gearbeitet wird, wird sie mit dem Attribut der Wissenschaftlichkeit ausgestattet, wie im Falle von Spinozas *Ethik, nach der geometrischen Methode dargestellt* (1677). In der französischen Moralistik der Aufklärung gibt es zwar Elemente einer Ethik der Selbstsorge, und auch bei den deutschen Moralisten der Aufklärung wie z. B. Johann Caspar Lavater und Georg Friedrich Lichtenberg werden Brücken zur philosophischen Lebenskunst geschlagen. Aber es handelt sich doch eher um Außenseiter, wenn man die wissenschafts- und vernunftorientierte Haupttendenz der Aufklärung betrachtet.

Einen Sonderstatus nimmt in diesen Auseinandersetzungen Immanuel Kant (1724–1804) ein. Ihm war, wie Wilhelm Schmid (1998, S. 34) ausführt, »unwohl angesichts des Durcheinanders verschiedenster Lebenskunstlehren mit ihren jeweiligen Maximen der Klugheit, die alle Geltung beanspruchen«. Daher traf er eine Unterscheidung zwischen der *Moral*, die die Metaebene der Moralgrundlegung und Prinzipienethik repräsentiert, und der *pragmatischen Anthropologie*, die sich auf die Ebene der Lebenskunstphilosophie und Klugheitsethik bezieht. Auffallend ist, dass Kant in diesem Kontext sehr einseitig rezipiert worden ist: Der Kant der Selbstsorge und Lebenskunstphilosophie verschwand völlig hinter dem Kant der kategorischen Pflichten. Seine *Anthropologie in pragmatischer Hinsicht* (1798) wurde von der Romantik nicht zur Kenntnis genommen, da sie ihrer eigenen, wenig pragmatischen Lebenskunst nicht entsprach; und auch der wissenschaftlich-technischen Pragmatik blieb sie unbekannt, »da in der Rationalität der technischen Praxis, der Moralität der auf Pflichterfüllung gegründeten Gesellschaft eine als Klugheit verstandene Pragmatik der Lebenskunst keinen Platz hatte« (ebd., S. 37).

In der weiteren Entwicklung der Philosophie und Medizin der Romantik unterscheidet Schmid einen Diskurs über Diätetik im Anschluss an Hufeland und einen Diskurs über Ästhetik im Anschluss an Schleiermacher, Schiller, Friedrich Schlegel und Novalis. Die ganze romantische Bewegung sei von Bemühungen um eine Lebenskunstlehre durchzogen. »Der Begriff der Romantik selbst birgt in sich die Vorstellungen von romantischer Lebenskunst: Das romanhafte Leben, die ästhetische Existenz, das Einssein mit allem, die Aufhebung der Zeit in einem intensiven Augenblick und in diesem Sinne das wahre Leben« (ebd., S. 36f.).

In diesem Teil der Arbeit gehen wir auf Montaigne und Kant detailliert ein und widmen uns am Ende der Dialektik von Aufklärung und Romantik, die für die Konzeption des Unbewussten, aber auch für die Lebenskunstthematik bis zum heutigen Tag von nachhaltiger Wirkung war und ist.

## Michel de Montaigne: Die Essayistik des Selbst

Als Montaigne sich mit 38 Jahren dafür entschied, den größten Teil seines weiteren Lebens in der Bibliothek zuzubringen, ging es ihm vor allem darum, im Studium der Lehren der Antike und des Humanismus seine eigene, humanistische Bildung zu überprüfen und dabei das Bücherwissen durch seine eigenen Erfahrungen mit Blick auf eine gelingende Lebenspraxis zu relativieren. Was Montaigne dabei unter der neuen Gattung »Essay« entwickelte, ist eine synkretistische Prosa »zwischen skeptischer Selbstanalyse, episodischer Erzählung und axiomatischer Formulierung von Lebenshilfen« (Engler, 2000, S. 108), die zwischen den Paradoxien und Widersprüchen von Heteronomie und Autonomie verortet ist. Die Form dieser Prosa zeigt auf, dass der Mensch weder theoretisch auf einen systematischen Begriff noch praktisch auf einen universellen und stabilen Regelkanon des Lebens gebracht werden kann. Nicht umsonst hat Montaigne 1576 ein Medaillon mit der Aussage »Que sçay-je?«, »Was weiß ich?« prägen lassen. Der Begriff »Essay« meint, aus Sicht von Therapeutik und Lebenskunst betrachtet, die stetige Reflexion und Arbeit an sich selbst, die Permanenz der Selbstvervollkommnung, aber auch das Eingestehen von Grenzen der Erkennbarkeit und der Veränderlichkeit.

## Zur Biografie

Michel Eyquem de Montaigne wurde als das älteste von sieben Kindern einer gaskonischen Kaufmannsfamilie am 28. Februar 1533 auf Schloss Montaigne in der Dordogne geboren; und er starb ebendort am 13. September 1592. Seine Erziehung wurde streng nach den humanistischen Prinzipien des Erasmus von Rotterdam organisiert, wozu auch Latein als Umgangssprache gehörte. Montaigne folgte der Tradition seiner dem Amtsadel entstammenden Familie und wurde 1557, nach dem Studium der Rechtswissenschaften in Toulouse und Bordeaux, Parlamentsrat und später Bürgermeister von Bordeaux. Aus der 1565 geschlossenen Heirat mit Françoise de la Chassaigne gingen sechs Töchter hervor, von denen fünf im Säuglingsalter verstarben. 1570, nach dem Tod seines Vaters, gab er alle Ämter auf und zog sich 1571 auf Schloss Montaigne zurück. In der Folgezeit reiste er durch Frankreich, Deutschland, die Schweiz und Italien und widmete sich anschließend der Herausgabe der postumen Schriften seines Freundes Etienne de la Boétie – dessen frühen Tod 1563 er nie überwand; er las klassische Autoren und begann mit der Niederschrift seines Hauptwerks, der *Essais*, von denen er 1580 die ersten beiden Bände veröffentlichte. 1587 gelang ihm die Fertigstellung des dritten Bandes, womit er insgesamt 107 Essays vorlegte. Montaigne hat diese bis zuletzt immer wieder überarbeitet und annotiert. 1588 lernte er Marie de Gournay kennen, die zu seiner »fille d'alliance« und zur Hüterin seines Werkes wurde.

## Konfrontation mit dem Sterben-Müssen

Im Mittelpunkt der Theorie der Lebenskunst von Montaigne steht die Idee einer vernünftigen individuellen Lebensführung, das *savoir vivre*, das auch noch, wie bei Seneca, die Kunst zu sterben umfasst: »Leben, das ist mein Handwerk und meine Kunst«, so Montaigne (1989, II.6). In dieser Lebenskunst ist es einerseits wichtig, sich seinem großen Gegenspieler, dem Tod, zu stellen und damit – durchaus in den Spuren von Epikur – dem Menschen die Todesangst zu nehmen und andererseits – soweit als möglich – Ordnung in das Unbewusste durch die Reflexion und durch das Schreiben zu bringen. Beginnen wir mit dem Tod.

Der wichtigste Gesichtspunkt für eine Philosophie der Lebenskunst besteht in einem Bewussthalten des Todes im menschlichen Leben. Dabei geißelt Montaigne gegenüber seinen Zeitgenossen die Verdrängung des Todes: »Man kommt, man geht, man springt, man tanzt, vom Tode hört man kein Wort«, während auf der anderen Seite etwa die »alten Ägypter« gepriesen werden, die während ihrer Gastmähler ein Knochengerippe hereinzutragen pflegten (ebd., I.19). Aus dem Sachverhalt, dass man das menschliche Glück nur nach dem Tode beurteilen kann (ebd., I.18), gilt Montaigne ein Leben ohne Tod als unvollständig; und es erscheint insofern nur konsequent, dass die Lebenskunst den Tod im Leben ständig bewusst halten soll. Philosophieren bedeutet dementsprechend nichts anderes als »Sterben lernen«, immer in der Atmosphäre der Abschiedlichkeit zu leben (ebd., I.19). Den Ausgangspunkt dieses Aspektes der Lebenskunst bildet die Frage, wie der Mensch so auf den Tod vorbereitet werden kann, dass der durch das Leben intendierte Zweck, nämlich die Lust, nicht abhanden kommt. Die Antwort lautet: Durch Studieren und tiefere Betrachtungen.

Doch erscheint Montaignes Maxime auf den ersten Blick in einem lebenspraktischen Sinne als paradox: Wie kann man das Leben genießen, wenn man ständig an den Tod denkt? Der Tod, so Montaigne, verliert nur dann den Schrecken für das Leben, wenn es gelingt, den Skandal des Todes im Leben selbst festzuhalten: Wenn wir uns den Tod »alle Augenblicke unserer Einbildung« vorhalten, so »vergeht« der Tod, weil der Mensch immer schon beides ist, lebendig und tot: »Euer ganzes Leben baut ihr am Tode. Ihr seid schon im Tode, wenn ihr lebt; [...] während der ganzen Lebenszeit seid ihr schon beim Sterben« (ebd.). Ist der Tod im Leben ständig präsent, verliert er seinen unbegreiflichen Charakter und er verwandelt sich von der Unmöglichkeit des Lebens zur lebendigen Möglichkeit. Es gilt das Sterben zu denken, um des Lebens willen (Bittner, 1995). Für Montaigne ist das Leben tödlicher Ernst, selbst dort, wo der Gedanke an die Sterblichkeit keine Rolle zu spielen scheint, im Fest, im Spiel oder in der Liebe. Gerade dann gewinnt die – schon zur Spruchweisheit gewordene – Maxime, dass Philosophieren Sterben lernen heißt, ihre Bedeutung darin, den Menschen vor Augen zu führen, dass ihnen in solchen Augenblicken die Zeit fehlt, um die geforderten Anstrengungen einer Todesvergegenwärtigung noch zu leisten. Nun weiß auch Montaigne, dass man dem Tod immer wie ein Lehrling gegenübertritt, doch erhält die permanente Gegenwärtigkeit des Todes eine mortale Bereitschaft und Kompetenz, die wiederum die Bedingung der Möglichkeit für eine geistige Freiheit gegenüber dem Tod bedeutet. Die Didaktik des Todes zugunsten des Lebens anerkennt die Frist, die einem bleibt, um sein Leben sinnvoll zu gestalten.

Man kann diese Todesmaxime so interpretieren, dass man in jedem Augenblick seines Lebens bereit sein muss, Abschied zu nehmen. Es geht im Sinne der Lebenskunst darum, sein Leben so zu gestalten, dass es nicht erst in der Zukunft, sondern in jedem gelebten Augenblick als sinnvoll erfahren wird. Sein Leben angesichts der Endlichkeit zu leben heißt dann, es nicht der Sinnlosigkeit preisgeben zu wollen. Dadurch entsteht der Versuch, das Leben jeglicher zeitlicher Dauer zu entreißen, um eine Präsenz zu leben, die es dem Menschen ermöglicht, in jedem Augenblick vollkommen »aufzugehen«. Erst so lässt sich ein sinnvolles Leben gewährleisten.

Das Sterben-Lernen wird zum Leben-Lernen, das *memento mori* schlägt um in ein *memento vivere*, es geht nunmehr nicht darum, dass man lebt, um zu sterben, sondern dass man sich dem Tod widmen soll, um zu leben. Die *ars moriendi* wird durch eine *ars vivendi* ersetzt. Montaigne entwickelt die Haltung des Loslassenkönnens, des Abschied-nehmen-Könnens von der Welt, den anderen und von sich selbst. Wer sich tatsächlich vom Leben verabschiedet hat, wer sozusagen in der Abschiedlichkeit lebt, gewinnt eine Dauerhaftigkeit, die über die zeitliche Dimensionierung menschlichen Lebens als Frist dominiert: Nur diese Form des Lebens angesichts des Todes garantiert ein schönes Leben. Es gilt, sein Leben zu bemeistern, sich korrekt gegenüber den Mitmenschen und bewusst gegenüber dem Tod zu verhalten. Das Selbst ist damit dem Tod abgerungen, es verhält sich diszipliniert, anständig und zurückhaltend.

## *Das Anliegen unaufhörlicher Selbsterkenntnis und Selbsttherapie*

Montaigne geht es um eine schonungslose Selbstaufklärung. In diesem Sinne lässt sich seine Theorie der Lebenskunst als eine solche verstehen, die die Grenzen von Bewusstsein und Unbewusstem thematisiert. Denn wie der Tod als großer Gegenspieler des Lebens immer wieder unbewusst zu werden droht, so erscheinen auch die *Essais* selbst als Versuch der Bewusstmachung eines sich der Selbsterkenntnis und dem Selbstbewusstsein immer wieder entziehenden unbewussten Ichs: Selbstbewusst ist derjenige, der um die Grenzen des Bewusstseins weiß. »Es ist schwieriger, als es zunächst scheint, den schweifenden Verlauf der geistigen Erlebnisse zu verfolgen, in die dunklen Tiefen der inneren Seelenfalten einzudringen, die vielen kleinen Nuancen dieser inneren Unruhe zu fassen und festzuhalten« (ebd., II.6).

So zielt der Schreibprozess Montaignes darauf, Selbstforschung in und durch Literatur, Anekdoten, Berichte, (antike) Philosophien und Zitate sowie biografische Erlebnisse zu betreiben, um so dem Facettenreichtum des bewussten wie unbewussten menschlichen Lebens gerecht zu werden. Deutlich wird, dass das Leben selbst essayistisch ist, ein Versuch, der auf keine endgültige Aussage begrenzt und der in kein System eingeordnet werden kann. Denn (theoretische) Authentizität ist ebenso wenig möglich wie (praktische) Einheitlichkeit der Lebensführung.

»Meine Auffassung und mein Urteil bilden sich nur mühsam; ich taste, ich schwanke, ich stoße mich und ich strauchle fortgesetzt; und wenn ich so weit gekommen bin, wie es mir möglich ist, dann bin ich mit mir keineswegs zufrieden; ich sehe dahinter noch Land, das es zu entdecken gälte, aber undeutlich und in einem Nebel, den ich nicht durchdringen kann. [...] [I]ch habe hier kein anderes Ziel, als mein Inneres aufzudecken; vielleicht bin ich morgen schon wieder anders, wenn eine neue Lebenserfahrung auf mich eingewirkt hat« (ebd., I.25).

Montaigne kann durchaus als (skripturaler) Verfasser seiner selbst betrachtet werden, der den Versuch eines schöpferischen Selbstentwurfs unternimmt. Er selbst bildet schließlich den einzigen Gegenstand seiner *Essais*. »Gewöhnlich sehen die Menschen auf ihr Gegenüber, ich richte meinen Blick nach innen; dort bohrt er sich ein; dort hat er seine Freude. [...] Ich wälze mich sozusagen in mir selbst« (ebd., II.17; vgl. Nehamas, 2000, S. 163ff.). Montaigne entwirft somit kein authentisches Selbst, das über das Schreiben hinausgehend angezielt wird. Es geht ihm nicht darum, derjenige zu sein, der er wirklich ist, sondern darum, sich durch Reflexionen und ihre Verschriftlichungen ein Selbst zu erarbeiten. Doch auch der Versuch, sich selbst in seinen *Essais* zu entwerfen, wird letztlich fragmentarisch bleiben, und auch die damit verbundenen Versuche der Selbsterkenntnis und des aufklärenden Bewusstseins der eigenen Möglichkeiten bleiben letztlich bruchstückhaft. Ohne davon auszugehen, dass das Erkennen des Selbst letztlich mit dessen Sein in Deckung zu bringen ist, formuliert Montaigne ein asymptotisches Modell der Selbstannäherung, ein Konzept des Etwas-über-sich-selbst-in-Erfahrung-Bringens, eine schonungslose Selbstanalyse. Die damit verknüpfte Lebenskunst weiß um ihren fragmentarischen und endlichen Charakter in Selbsterkenntnis, Selbstpraktik und Selbstwerdung. Dennoch gilt: »Wer sein Leben im Ganzen nicht auf ein bestimmtes Ziel eingerichtet hat, kann in die Einzelhandlungen keine Ordnung bringen: die Teile kann man unmöglich richtig unterbringen, wenn man das Bild im Ganzen nicht im Kopfe hat« (II.1). Insofern zielt die Lebenskunst zum einen (theoretisch) auf Authentizität und zum anderen (praktisch) auf die Einheitlichkeit der Lebensführung. Das für Montaigne leitende Ziel ist die Harmonisierung der inneren und äußeren Fragmente zu einer individuellen Leitidee und Leitpraxis des Lebens.

Weil das Ich durch Vielfältigkeit, durch Spannungen und Widersprüche gekennzeichnet und zudem auch in stetiger Veränderung begriffen ist, werden die selbsterkennenden und selbstformenden Maßnahmen der Lebenskunst zu einem permanenten Selbsterkenntnis- und Selbsttherapieprogramm.

»Die anderen formen den Menschen, wie die bildenden Künstler, den Menschen als Einheit; ich erzähle nach, wie er ist. Und zwar stelle ich ein schlecht geglücktes Einzelexemplar dar; hätte ich dieses neu zu gestalten, so würde ich es ganz anders machen, als es ist. Aber jetzt ist es zu spät dazu. [...] Ich kann meinen Darstellungsgegenstand nicht fixieren; er ist unsicher und schwankt wie in einem naturbedingten Rausch: ich nehme ihn so, wie er in dem Augenblick ist, wo es mir Spaß macht, mich mit ihm zu beschäftigen: ich male nicht das Wesen, sondern die vorübergehende Erscheinung. [...] Wenn seelische Stabilität für mich erreichbar wäre, würde ich nicht nur tastende Versuche der Selbsterkenntnis mit mir anstellen, sondern ich könnte die Aufgabe, die ich mir damit stellte, *lösen*: so bleibe ich in der Seelenerkenntnis immer beim Lernen und Probieren« (III.2).

Ziel der Seelenerkenntnis und -behandlung soll eine Fokussierung auf die für den Einzelnen wichtigen Interessen und zentralen Lebenspraktiken sein; Fokussierung meint hierbei die Differenzierung von Wichtigem und Unwichtigem und die Konzentration auf die Gegenwart (I.1). Dann sind die seelischen Zustände erreichbar, die wir auch bei den Stoikern und Epikureern ausmachen konnten: Ruhe und Zufriedenheit, Kontinuität und Sicherheit. Daher gilt es die Affekte und die Phantasie zu zügeln und die Begierden einem geregelten Maß zu unterwerfen (I.I, I.29). Hierbei geht es durchaus auch um »körperliche Annehmlichkeiten«, die es, gemäß dem jeweiligen Lebensalter, anzupassen gilt (I.38).

Montaigne weist darauf hin, dass das Ziel der Selbstgenügsamkeit notwendigerweise mit der »wahren Einsamkeit« verknüpft ist (ebd.), was er sehr wörtlich versteht: »[W]ir sollten uns irgendwo ein Kämmerlein reservieren, wo wir ganz zu Haus und ganz echt sein dürfen und worin wir dann die Stätte unserer wahren Freiheit, unserer eigentlichen Zurückgezogenheit und Einsamkeit aufbauen« (ebd.). Man kann diese Stelle so interpretieren, dass im sozialen Leben eine konsequente Introspektion nicht möglich ist, dass Authentizität und Stabilität eines Rückzugs- und Schonraums bedürfen: »Köstlich ist das Leben, das bis in das geheime Innere seine Ordnung bewahrt. An der Gaukelei teilnehmen und auf der Bühne eine anständige Rolle spielen, das kann jeder; aber im Inneren und seiner Brust, wo alles für uns erlaubt ist, wo alles verborgen bleibt, dort mit sich im reinen zu sein, das ist der springende Punkt« (III.2).

Montaigne merkt aber auch an, dass man mit zunehmendem Alter weniger Rücksicht auf sich und andere nimmt und dementsprechend schonungsloser »wahr spricht« (ebd.), zwar immer noch nicht vollständig, und immer noch in gewissen Grenzen (»so weit ich es wagen kann«, ebd.), die ihm einerseits von der Kultur, doch in hohem Maße auch von ihm selbst bzw. seinem Gewissen vorgegeben werden.

In diesem Einsamkeitsraum erscheint eine Praktik zentral, nämlich das *Schreiben*. Schreiben ist eine Form des Selbstexperiments, der Erfahrung, Erprobung,

Überprüfung seiner selbst, ja auch der Übung und Anstrengung, die mit dem Wahrschreiben und der Erlangung der seelischen Ruhe verbunden sind. Dabei bezeichnet der Begriff »Selbst« in der Renaissance einen Untersuchungsgegenstand der Selbstreflexion und Selbsterkenntnis, aus dem heraus sich ein individuell differenziertes Individuum bildet. Der implizite Bildungsprozess des Schreibens zielt darauf, Selbsterforschung durch Anekdoten, Berichte, (antike) Philosophien, Erzählungen, Zitate sowie biografische Erlebnisse zu betreiben, um so dem Facettenreichtum des bewussten wie unbewussten menschlichen Lebens gerecht zu werden. Ausgehend von der Idee, dass der Sinn des Lebens in seiner Erkenntnis und Gestaltung liegt, kann man nicht nur das Schreiben seiner *Essais* als Projekt einer vernünftigen Lebensgestaltung durch Selbstbeschreibung und Selbsterkenntnis betrachten, sondern auch als skripturales Kultivierungsprogramm, in dem der Schreiber anhand von Texten eine Auseinandersetzung seiner Selbst- und Weltbeziehung bewerkstelligt.

Man kann diese Theorie einer Lebenskunst des Schreibens zunächst als eine solche verstehen, welche in der Perspektive einer Selbstverständigung und -vergewisserung die Grenzen von Bewusstsein und Unbewusstem thematisiert. Denn wie der Tod als großer Gegenspieler des Lebens immer wieder unbewusst zu werden droht (s. u.), so erscheinen auch die *Essais* selbst als Versuch der Bewusstmachung eines sich der Selbsterkenntnis und dem Selbstbewusstsein immer wieder entziehenden unbewussten Selbst: Selbstbewusst ist derjenige, der um die Grenzen des Bewusstseins weiß. »Es ist schwieriger, als es zunächst scheint, den schweifenden Verlauf der geistigen Erlebnisse zu verfolgen, in die dunklen Tiefen der inneren Seelenfalten einzudringen, die vielen kleinen Nuancen dieser inneren Unruhe zu fassen und festzuhalten« (II.6).

Montaigne sieht dabei sehr wohl, dass der Schreiber seiner selbst auch ein Geschriebener ist, d. h., dass seine Selbstbestimmungsmöglichkeiten und Wahlfreiheiten durchaus begrenzt sind. Geschichte, Herkunft und Beziehungen weben unbewusst mit am Text des (geschriebenen) Lebens. Insofern ist jeder Versuch, sein Leben zu (be)schreiben, zu beschriften oder zu autobiografisieren, ein begrenzter. *Fabricando fabricamur*, schreibend gestaltet das Subjekt ein Selbst, das allerdings selbst schon gestaltete Züge trägt. Die Kunst des Schreibens ist aber nicht nur dem Schreibtisch, sondern auch der Realität verpflichtet, insofern die geschriebenen Entwürfe seiner selbst dort auf die Erprobung durch sich selbst und die Überprüfung durch die Mitmenschen angewiesen sind.

Die Kunst des Schreibens ist aber nicht nur eine Praktik der Systematisierung der Interessen, sondern auch eine Praktik der Phantasie zur Erschließung neuer Möglichkeitsräume der Lebenskunst. Entgeht man der Gefahr der Täuschung durch die Phantasie, eröffnet diese potenziell realisierbare Möglichkeiten des Seins. Und wie das Schreiben so eröffnen auch das Denken, der Traum, die Emotionen – »Raserei und Schlaf sind die beiden Tore, durch die man Eintritt zum Rat der Götter erhält, wo man die Zukunft voraussehen kann« (II.12) – und das Reisen Zugänge zu anderen Existenzformen: Die Kultivierung seiner selbst besteht in einem permanenten Sich-Transzendieren, in einem Sich-Eröffnen neuer Lebensformen, die dennoch mit einem individuellen Lebensplan in Verbindung gebracht werden sollen (vgl. Rieger-Ladich, 1997).

## Schluss: Individualität und Kontingenz

Lebenskunst selbst ist essayistisch, ein Versuch, der auf keine endgültige Aussage begrenzt und der in kein System eingeordnet werden kann. Im Prozess der Lebenskunst sind alle Möglichkeiten gleichberechtigt, sodass sich, obwohl von Montaigne eine authentische und kohärente Gestalt der Lebenskunst gefordert wird, letztlich eine eklektische ergibt. Lebenskunst ist ein unabschließbarer, kontingenter, unbestimmbarer und radikal individueller Prozess. Man könnte in diesem Sinne die These vertreten, dass Montaigne die Ideen der Individualität und des Kontingenten in die Geschichte der Lebenskunst einführt: Lebenskunst besteht in der Kunst zu erfahren, was man aus sich selbst machen kann, und sie besteht aus der Kunst, angesichts des Anderen, Fremden und Zufälligen systematische Selbsterfahrungen zu betreiben – die wiederum durch Alterität und Kontingenz unterlaufen werden.

Montaigne führt insofern die Idee des *Kontingenten* ein, weil er in der Form seines Werkes schon deutlich macht, dass eine systematische und umfassende Lebenskunst unmöglich geworden ist und diese stattdessen in der ständigen biografischen Arbeit am Zufälligen besteht. Lebenskunst wird zur Kontingenzbewältigung und -formung, wofür die Künste (vor allem das Schreiben) und auch das Reisen die entsprechenden Modelle abgeben. Sich selbst erkennen und gestalten wollen, trotz und wegen der oder durch die Zufälle des Lebens hindurch, ist das Ziel dieser Lebenskunst. Die Kunst des Lebens bzw. die Kultivierung des Ichs besteht insofern nicht in der ästhetischen Stilisierung eines lebendigen Rohmaterials zu einer projektierten Gestalt, sondern darin, das Seine zu tun und sich zu erkennen (I.3); sie besteht darin, einen bestimmten, individuellen Typ von Lebensformen zu etablieren. Das Leben selbst wird zu einem Essay, zu einem Versuch, zwischen der philosophischen Tradition und der eigenen Erfahrung zu vermitteln, die Kultur am eigenen Denken zu überprüfen und eigene Vorstellungen mit der Kultur zu verknüpfen. Der Lebenskünstler muss mit dem Zufall rechnen und sich mit den Zufällen des Lebens arrangieren (II.17). Der essayistische Entwurf seiner selbst ist der Aufgabe geschuldet, sich in einer Welt ohne feste Stützpunkte eine Orientierung zu verschaffen, aus dem beliebigen eigenen Leben eine hinreichend-gelungene Figur zu machen.

Und Montaigne führt die Idee der *Individualität* ein, weil Lebenskunst als stetige Verbesserung der Selbsterkenntnis und als gesteigerte vernünftige Lebensformung auf Selbstvervollkommnung als Entwicklung der individuellen Möglichkeiten zielt. Diese radikale Wendung zum Individuum ist einem stoischen und epikureischen Bildungskonzept geschuldet, das die Unveränderlichkeit der Welt und die Fragilität des Körpers zugunsten der Entwicklung der individuellen seelischen Fähigkeiten anerkennt. Der Lebenskünstler Montaigne ist sich allerdings darüber bewusst, dass jegliche Vermittlungsleistung letztlich individuell und relational ist und insofern nur sehr begrenzt als Beispiel für andere Menschen dienen kann. Denn sowohl die Erkenntnisse der antiken Philosophien und die Beschreibungen der »neuen« Welt als auch die Konzeptionen des Humanismus und das Renaissance-Modell des *uomo universale* können nicht darüber hinwegtäuschen, dass Biografien prekär und Lebensgestaltungen problematisch geworden sind.

Montaignes Werk, die *Essais*, kann in diesem Sinne auch als ein Versuch gelesen werden, in seinem fragmentarischen und prekären Leben einer individuellen Form näherzukommen, die sich, wie eine ständig sich verändernde Komposition, aus einem richtigen Spannungsverhältnis von Selbsterkenntnis und Selbstveränderung, von Leichtsinnigkeit und Gleichmäßigkeit ergibt. Ein gelungenes Leben ist das Resultat eines kaum intendier- und herbeiführbaren Gleichgewichts von Freiheiten der Absichten und Zufälle. Wem es also gelingt, die Harmonien und Disharmonien des Lebens in einem Prozess zwischen Leben und Tod auszubalancieren, der lebt ein schönes und glückliches Leben, da er eine Vielzahl seiner Interessen harmonisch entfalten kann. Das Gelingen eines Lebens als Kultivierung und Zivilisierung seiner selbst steht allerdings unter Vorbehalt: Man kann zwar wollen, schön und harmonisch zu werden, doch ob diese Möglichkeiten zu Wahrscheinlichkeiten oder Realitäten werden, ist der eigenen Intention sowie ihrer Praxis prinzipiell und weitgehend entzogen.

Verbunden mit diesem individualistischen und patchworkartigen Ausgangspunkt der Lebenskunst ist eine Absage an die bis dahin Sicherheit gewährenden Instanzen der Religion, Politik, Geschichte oder Philosophie. Denn nur über deren radikale Zurückweisung kann der einzelne Mensch in das metaphysische Zentrum der Welt einrücken. Mit diesem Schritt löst Montaigne die »Metaphysik der Stabilität« durch eine »Metaphysik der Instabilität« ab (Schultz, 1996,

S. 40). Die errungene Stabilität des Menschen besteht somit, paradoxerweise, in seiner permanenten Unbeständigkeit und in einer Freiheit, die aus der Distanz der Infragestellung der einstigen Sicherheiten erwächst.

**Immanuel Kant: Das Programm einer vernünftigen Lebensführung**

Immanuel Kant fehlt wohl in keinem der neueren Werke über Philosophie und er ist auch in puncto Lebenskunst ein durchaus beachteter Autor. Für viele Interpreten gelten seine Überlegungen über Erkenntnis, Moral, Religion, Geschichte und Ästhetik als für die Neuzeit bahnbrechend und revolutionär. Folgt man Kants metaphysischen Schriften zur Moral, dann hat die Lebenskunst, die auf ein glückliches Leben zielt, nichts mit der Moral, die auf pflichtgemäßes Leben zielt, zu tun. Verfolgt man das Glück statt der Autonomie, so stirbt die Moral – wäre diese doch letztlich auf Selbstliebe gegründet und könnte daher nach Lust und Laune angepasst werden. Wer allerdings pflichtgemäß handelt, so Kant in der *Metaphysik der Sitten*, kann durchaus hoffen, sowohl sich in der Gegenwart in einem »Zustande der Seelenruhe und Zufriedenheit« wiederzufinden, den man wohl »Glückseligkeit nennen kann« (A VII); und was die Zukunft angeht, so kann nach einem moralisch geführten Leben die Religion die Hoffnung nähren, dass man sich der (ewigen) Glückseligkeit würdig erwiesen hat (Kant, 1788, A 234). Wenn wir im Folgenden Kants Pflichtlehre in den Rahmen der Lebenskunst mit aufnehmen, so deshalb, weil es uns nicht um die Begründungslogik der Moral, sondern um die praktische Lebensführung der Lebenskunst geht, und dabei spielen Pflichten seit der Zeit der Stoa eine durchaus gewichtige Rolle.

Weniger bekannt als seine großen *Kritiken* sind seine anthropologischen Schriften, vor allem die *Anthropologie in pragmatischer Hinsicht abgefaßt* (1798, 2. Aufl. 1800), die erst in jüngster Zeit eine umfassendere Beachtung erfahren hat. Doch sind es gerade diese Schriften, die die Frage nach der Beziehung von Lebenskunst und Therapeutik noch einmal anders zentrieren und wesentliche Gesichtspunkte derselben thematisieren. Hier erleben wir Kant nicht als den »alleszermalmenden« Aufklärer der Vernunft und des Glaubens, oder als den pflichtzentrierten Moralisten des Kategorischen Imperativs, und auch nicht als idealistischen Geschmacksästhetiker des Schönen und Erhabenen, sondern lernen ihn als den Pragmatiker einer – allerdings durchaus vernünftigen, moralischen und ästhetischen Form der – Lebenskunst kennen. Hier belehren uns Kant und seine anthropologischen Theorien zur Erkenntnis, zu Lust und Unlust und zum Begehren darüber, wie wir vernünftig mit uns und unseren Schwächen, aber auch mit dem anderen Menschen und seinen Schwächen umgehen können. Im Kern ist die Lebenskunst nach Kant also vor allem ein hypothetisches Geschäft. Sie umreißt ebenso die Pflichtenlehre wie die Pragmatik technischer Geschicklichkeit, praktischer Klugheit und moralischer Weisheit und vermittelt damit dem einzelnen Orientierungs-, Handlungs- und Hintergrundwissen. Seine anthropologische Philosophie ist weniger Schulweisheit denn Lebenskunst, weniger partikular denn kosmopolitisch orientiert. Die Lebenskunst wird durch das Telos des Weltbürgertums bestimmt, dessen Sinn Kant darin sieht, dass sich die Menschen wechselseitig als Selbstzweck anerkennen. Kurz: Die Lebenskunst von Kant zielt auf den Kosmopoliten. Das macht sie so modern.

## Zur Biografie

Äußerlich betrachtet lässt sich Immanuel Kants Biografie in einem kurzen Satz zusammenfassen: Er wurde am 22. April 1724 in Königsberg geboren und er starb ebendort am 12. Februar 1804. Sein Leben selbst verlief einförmig und in überschaubaren Zusammenhängen. Als viertes von neun Kindern eines einfachen Riemenmeisters geboren, besuchte er von 1730 bis 1732 die Vorstädter Hospitalschule und von acht Jahren an das Friedrichkollegium (1732–1740). Hier, in der sogenannten »Pietisten-Herberge«, hat Kant sich vor allem mit den Sprachen Hebräisch, Griechisch und Latein sowie mit der Religion beschäftigt. Mit 16 Jahren schrieb er sich an der Albertina, der Königsberger Universität, ein und studierte von 1740 bis 1746 Mathematik, Naturwissenschaften, Theologie, Philosophie und klassische lateinische Literatur. Nach verschiedenen Hauslehrertätigkeiten promovierte er 1755 und habilitierte sich im selben Jahr an der Universität Königsberg mit Arbeiten über das Feuer *(Meditationum quarundum de igne succincta delineatio)* und über die Erkenntnis *(Principiorum primorum cognitionis metaphysicae nova dilucidatio)* und wurde damit »magister legens«, eine Art Privatdozent, der ohne staatliches Gehalt vor allem von den Gebühren der öffentlichen Vorlesungen und privaten Betreuungen lebte. Er war damit nach Christian Wolff (1697–1754) einer der ersten, der seinen Lebensunterhalt durch das Philosophieren verdienen konnte.

In älteren Biografien wird Kant oft als pedantischer, pflichtvergessener und in seiner Arbeit aufgehender Mensch dargestellt. Neuere Forschungen haben dieses Bild korrigiert und hervorgehoben, dass er als Student nicht nur gut und gerne Karten oder Billard spielte, sondern auch für die Mode und die galanten Gesellschaften durchaus aufgeschlossen war. Und auch seine legendäre Pünktlichkeit ist wohl nicht nur seinem Charakter, sondern auch seinem Freund Joseph Green geschuldet, der seine Lebensweise einem rigorosen Zeitmanagement unterworfen hatte, dem Kant sich dann solidarisch mit unterwarf. In seinem Werk *Der Streit der Fakultäten* (1798) macht Kant selbst darauf aufmerksam, dass er schon älter als 40 Jahre war, als er sich aus gesundheitlichen Gründen und um mit seinen Kräften hauszuhalten, einen regelmäßigen Tagesablauf verordnete.

Kant denkt sich »den« Menschen als eine »Dublette« (Foucault), als transzendentalen und empirischen Menschen, als Vernunft- und Naturwesen. Der eigene natürliche Körper ist für Kant nicht nur Gegenstand der Erkenntnis und Werkzeug der Vernunft, sondern aufgrund seiner schwachen Konstitution – Kant litt an einer »engen Brust«, Herzklopfen und lebenslangen Verdauungsbeschwerden – auch ein Mittel, die wohltätige Wirkung seiner Lebenskunst und einer vernünftigen Lebensweise zu erproben. Kant war sich dessen bewusst, dass er ein Hypochonder war; er spricht auch über sich selbst, wenn er im frühen *Versuch über die Krankheiten des Kopfes* (1765) den »Hypochondristen« beschreibt, der durch »einen melancholischen Dunst der Seele«, die das Nervengewebe des ganzen Körpers durchwandert, »das Blendwerk fast aller Krankheiten, von denen er nur höret, an sich selber fühlt« (A 25). Dem sei jedoch durch entschlossenen Gebrauch der Verstandeskräfte beizukommen, die es ihm ermöglichen, den »hypochondrischen Winden, die in den Eingeweiden toben« (1766, A 72f.), die richtige Richtung zu geben.

Erst im Alter von 46 Jahren erhielt Kant 1770 die Professur für Logik und Metaphysik. Er hatte bis dahin eine Professur für Dichtkunst in Königsberg und Professuren für Philosophie in Erlangen und Jena abgelehnt. Kant war mehrmals Dekan seiner Fakultät und in den Jahren 1786 und 1788 auch Rektor der Universität. Er dozierte nicht nur über Logik und Metaphysik, sondern auch über Mathematik, Physik und Geografie, über Anthropologie, Pädagogik und philosophische Enzyklopädie, über Moral, Naturrecht, Politik und Religion, und auch über Festungsbau und Feuerwerkerei. Seine großen Schriften sind Alterswerke über die Erkenntnistheorie, *Kritik der reinen Vernunft* (1781), die Moralphilosophie, *Kritik der praktischen Vernunft* (1788), und die Ästhetik, *Kritik der Urteilskraft* (1790). Seine letzte Vorlesung hielt er 1796 im Alter von 73 Jahren. Kants Biografie ist, so könnte man zusammenfassend sagen, nicht die Geschichte seines Lebens, sondern die Geschichte seines Philosophierens. Und aus seiner Biografie kann man drei Momente benennen, die für den Zusammenhang von Philosophie und Therapeutik von Belang sind: die Moral eines guten Lebens, die Anthropologie des Unbewussten und ein kosmopolitischer Lebensstil.

## Die Pflicht, ein gutes Leben zu führen

Vor dem Hintergrund der anthropologischen Doppelstruktur von Natur und Vernunft wird der Mensch in den drei berühmten Kritiken von seiner Vernunft her betrachtet: Die Bestimmung des Menschen liegt darin, frei zu sein, sich selbst Gesetze geben zu können. Auch diese Perspektive gehört zur pragmatischen Lebenskunst. Sie bildet deren rigideren, pflichtbezogenen Teil und kommt vor allem in den moralischen Schriften Kants zum Ausdruck.

Wir gehen in diesem Zusammenhang auf die *Metaphysik der Sitten* ein. Auch diese Schrift ist ein Alterswerk (1797/98), das ebenso wie die *Anthropologie* Fragen der Lebenskunst aufgreift; doch erscheint hier der Aspekt des Sollens stark herausgearbeitet, wenn Kant von den »Pflichten gegen sich selbst« und den »Pflichten gegenüber anderen Menschen« spricht (ebd., A 59). In den Selbstverpflichtungen als *natürlichem* Wesen verweist er darauf, dass der Selbstzweckcharakter des Menschen es verbiete bzw. als widersprüchlich erscheinen lasse, wenn man den Freitod wählen würde (weil man sich dann selbst als Mittel zu einem Zweck »disponiere«), wenn man sich der Onanie hingäbe (weil diese eine »Schändung der Menschheit in seiner eigenen Person« sei) und wenn man sich hemmungslos Genuss- und Rauschmitteln zuführte (weil man dann unter die Stufe des Tieres fiele) (ebd., A 70–82). Und in den Pflichten gegenüber sich selbst als *moralischem* Wesen stellt er fest, dass die Lüge eine Verletzung der Menschenwürde sei, dass der Geiz als »Verengung seines *eigenen* Genusses der Mittel zum Wohlleben unter das Maß des wahren eigenen Bedürfnisses« verstanden werden müsse und dass die »Kriecherei« die Selbstachtung des Menschen als »vernünftiges Weltwesen« infrage stelle (ebd., A 83–99).

Als positive Pflichten gegenüber sich selbst hebt er die Selbsterkenntnis, die Aufrichtigkeit und die moralische Vollkommenheit hervor (ebd., A 104–113). Die daraus resultierenden Gebote sind weitgehend, denn sie lauten schlicht: »Seid weise«, d.h., analysiert eure moralische Motivationsstruktur grundlegend, »seid heilig«, d.h., tut die Pflicht um ihrer selbst willen, und »seid vollkommen«, d.h., übt alle Pflichten allumfassend aus (ebd.). Und er vergisst auch nicht zu erwähnen, dass wir uns in unseren Pflichten gegenüber uns selbst nie sicher sein können, die Pflichten wirklich um der Pflichten willen ausgeübt zu haben, denn: »Die Tiefen des menschlichen Herzens sind unergründlich. Wer kennt sich gnugsam [sic!], wenn die Triebfeder zur Pflichtbeobachtung von ihm gefühlt wird, ob sie gänzlich aus der Vorstellung des Gesetzes hervorgehe, oder ob sie nicht manche andere, sinnliche Antriebe mitwirke« (ebd., A 114).

Neben der hier deutlich werdenden Sorge um sich findet man bei Kant auch die Sorge um den Anderen in dem entsprechenden Pflichtenkatalog (ebd., A 116–160). Er fordert hier die Menschen zur Liebe, d. h. zum Wohlwollen, auf, worunter er versteht, die Zwecke des Anderen zu den eigenen zu machen. In diesem Sinne sind wir zur Wohltätigkeit, zur Dankbarkeit und zur Teilnahme (als Mitfreude und Mitleid) verpflichtet (ebd., A 123–133); und wir sollten uns – das liegt *ex negativo* auf der Hand – des Neides, der Undankbarkeit und der Schadenfreude enthalten (ebd., A 134–139). Neben dem Wohlwollen verdienen andere Menschen aber auch Achtung, worin die Bestätigung der Würde, d. h. des Selbstzweckcharakters des Menschen zu sehen ist. Da diese Haltung selbst unteilbar ist, insofern sie den Grund jeglichen Selbst- und Anderenverhältnisses ausmacht, kann sie nicht mehr ausdifferenziert, sondern nur negativ ausgedrückt werden. Andere Menschen zu achten, heißt dann konkret, den »Lastern« des Hochmutes, der Verleumdung und der Verhöhnung zu entsagen und Menschen immer und überall die ihnen angemessene Anerkennung zukommen zu lassen (ebd., A 144–149). Kant beendet diesen Teil der Pflichtenlehre durch den Hinweis auf die Freundschaft als Apotheose der Pflichten, insofern in der Freundschaft Selbst- und Anderensorge in Wohlwollen und Achtung wechselseitig verschränkt sind. Freundschaft erscheint somit nicht nur als ein persönliches, sondern als ein kosmologisches und durchaus sehr idealistisches Ideal: Es gilt das Ziel zu verfolgen, dass sich alle Menschen in gegenseitiger Achtung und gegenseitigem Wohlwollen begegnen. Der Philanthrop verkörpert mithin die Idee einer universellen Brüderlichkeit (und Schwesterlichkeit): »Denn in jenem ist auch die Vorstellung und Beherzigung der Gleichheit unter Menschen, mithin die Idee, dadurch selbst verpflichtet zu werden, indem man andere durch Wohltun verpflichtet […]: gleichsam als Brüder unter einem allgemeinen Vater, der aller Glückseligkeit will« (ebd., A 158).

Auch der sich an die Pflichtenlehre anschließende Teil zur »ethischen Methodenlehre« ist für die kantische Lebenskunst höchst aufschlussreich (ebd., A 163–178). Hier wird der stoische und epikureische Einfluss nicht nur strukturell deutlich, sondern von Kant auch namentlich kenntlich gemacht (ebd., A 176). Kant verweist hier auf die Bedeutung einer ethischen Didaktik in Form eines moralischen Katechismus und moralischer Vorbilder sowie auf die ethische Asketik in Form der stoischen Maximen des Ertragens der Lebenswidrigkeiten und der Entbehrung von Überflüssigem; diese Maximen müssen allerdings, um einen »angenehmen Lebensgenuß« zu gewährleisten, ergänzt werden durch das »fröhliche Herz« Epikurs: »Die Zucht (Disziplin), die der Mensch an sich selbst verübt, kann daher nur durch den Frohsinn, der sie begleitet, verdienstlich und exemplarisch werden« (ebd., A 178). Nur dann, wenn man die Askese als »Bekämpfung der Naturtriebe« (ebd.) auch genießen kann, ist das methodische Ziel der Lebenskunst erreicht.

## Zur Anthropologie des Unbewussten

Autonome Subjektivität kommt nach Kant vor allem im moralischen Denken und Handeln zum Ausdruck. Wirklich frei ist der Mensch nach Kant dann, wenn er sich dem Kategorischen Imperativ verschrieben hat und jederzeit so handelt, dass seine Maximen immer und überall der grundsätzlichen und generalisierten moralischen Gesetzgebung entsprechen. Der wirklich Autonome ist mithin derjenige, der die Notwendigkeit und Allgemeingültigkeit moralischer Prinzipien erkennt und sich jederzeit nach ihnen richtet. Die Lebenskunst einer pragmatischen Anthropologie ist, moralisch betrachtet, so etwas wie der *second best way* – hier kommt das »Naturwesen« Mensch zu seiner Geltung: Im Wissen um die und in der Aufklärung der umfangreichen intellektuellen, emotionalen und volitionalen Schwächen des Menschen, oder kurz: im Wissen darum, dass der Mensch nicht immer moralisch handelt, kann er sich zumindest zivilisiert und kultiviert um sich und andere kümmern. Anders formuliert: Moralische Lebenskunst ist vernünftige Lebensführung angesichts des vernünftigen Menschen, anthropologische Lebenskunst vernünftige Lebensführung in Anbetracht des unvernünftigen Menschen.

Die *Anthropologie* hat nach Kant insgesamt die Fragen zu klären, was der Mensch aus sich macht und was er aus sich machen kann und soll (BA IV). Dabei geht Kant auch und sehr dezidiert auf die Fragestellungen des »Unbewussten« ein. Es lässt sich zeigen, dass er die Fragen über die Krankheiten des Gemüts und der Anfälligkeiten und Widerspenstigkeiten des Leibes, das der Vernunft und dem Verstand zuweilen entgegenstehende – und ihn andererseits beflügelnde – Wirken der Einbildungskraft, die Tätigkeit der Seele im Körper, die Herrschaft der Triebe, Leidenschaften und des Begehrungsvermögens, die er schon in seinen frühesten Schriften aufwarf, nach dem Triumph der Kritiken keinesfalls »verdrängte«, sondern im Gegenteil zeit seines Lebens, und gerade in der Anthropologie, immer wieder aufgegriffen hat (vgl. Althans & Zirfas, 2005).

Es erstaunt daher nicht, dass die Reflexionen über die menschlichen »Fehlleistungen« das Zentrum der *Anthropologie* bilden: Im Teil über das Erkenntnisvermögen ist die Rede vom Egoismus, von undeutlichen Vorstellungen, von Unbewusstheit, von Scheinhaftigkeit sowie von Hemmung, Schwächung und Verlust der Sinnesvermögen; im Kontext der Einbildungskraft werden Unwillkürlichkeit, Traum und dann vor allem Schwächen und Krankheiten der Seele diskutiert; oder im Bereich der Gefühle von Lust und Unlust finden Langeweile, Modegeschmack, Ehrsucht, Habsucht und Herrschsucht größte Beachtung. Die *Anthropologie* entwirft in einer negativistischen Manier diejenigen Möglichkeiten des menschlichen Gemüts, die dessen humanes *Können* unterbieten und dadurch das intendierte *Sollen* des zivilisierten Weltbürgers gefährden. Die Anthropologie ist eine Psychologik der prinzipiellen Gefahren, die das Selbst- und Weltverhältnis des Menschen einschränken und die intendierte kosmopolitische Lebenskunst infrage stellen. Die Psychologie Kants ist somit angewandte kosmopolitische Philosophie, ist Philosophie, die das denkende Selbst im Leben bedenkt. Die empirischen Erfahrungen des Menschen mit sich selbst sind nun für Kant in hohem Maße psychologische Erfahrungen. Folgt man hier den Überlegungen von Jochen Fahrenberg, so kann Kant – »der bedeutendste Psychologe in der Zeit nach John Locke und vor Wilhelm Wundt« – daher neben Wolff und Herbart als einer der Gründungsväter der Psychologie als eigenständiger Disziplin gelten (Fahrenberg, 2008; vgl. Fahrenberg, 2004).

In diesem Sinne macht Kant vor allem auf die Gefahren der Leidenschaften für die Lebenskunst aufmerksam. Diese lassen sich, anders als die stürmischen, schnell vorübergehenden Affekte – Kant unterteilt diese in *unangenehme*: Traurigkeit, Schmerz, Gram, Scham, Zorn, und *angenehme* Affekte: Freude, Hoffnung, Glück, in *sthenische* Affekte, die aus Stärke (Lachen), und *asthenische*, die aus Schwäche (Weinen) geboren werden und gibt ihnen dabei nebenbei noch eine geschlechtsspezifische Konnotierung –, als ein reaktives Verhältnis des Leibes zu einer äußeren Situation mit »der ruhigsten Überlegung zusammenpaaren«. Leidenschaften wurzeln sich ein und »können selbst mit dem Vernünfteln zusammen bestehen« – und eben darin liegt ihre besondere Perfidie. Denn eben in ihrem Zusammengehen mit der Vernunft können sie der Freiheit – die ja der Zweck der reinen praktischen Vernunft ist – den größten Abbruch tun:

> »Der Affekt tut einen augenblicklichen Abbruch an der Freiheit und der Herrschaft über sich selbst. Die Leidenschaft gibt sie auf und findet Lust und Befriedigung am Sklavensinn. Weil indessen die Vernunft mit ihrem Aufruf zur inneren Freiheit doch nicht nachläßt, so seufzt der Unglückliche unter seinen Ketten, von denen er sich gleichwohl nicht losreißen kann: weil sie gleichsam schon mit seinen Gliedmassen verwachsen sind« (A 229).

Somit umreißt Kant Grundlinien einer empirischen psychologischen Anthropologie, die nicht nur Menschen als ein psychisch strukturiertes Wesen, sondern auch seine psychische Entwicklung, seine psychosozialen und psychokulturellen Bedingungen, seine psychologischen »Fehlleistungen« und die psychologischen Implikationen eines praktischen Umgangs mit sich selbst, mit anderen und der Welt in den Blick nimmt. Die empirische Psychologie wird zu einer eigenständigen Fachdisziplin, die als besonders einfach, weil metaphysikfrei, gilt und deshalb am Anfang der Lebenskunst stehen kann (vgl. Zirfas, 2012). Als solche lässt sie sich auch in einem therapeutischem Sinne für die Lebenskunst nutzen: Es geht hierbei um eine schonungslose Selbst- und Fremdaufklärung.

Diese betrifft auch die Thematik des Unbewussten in Kants Philosophie, die sehr weitreichend ist und sich nicht auf ein kognitives, sinnliches, motivationales, imaginäres oder pragmatisches Unbewusstes reduzieren lässt. Das Unbewusste ist nach Kant ein Grenzphänomen, das die Grenzen des Wissens, des Handelns, der Hoffnung und des Menschen benennt. Der Grenzbegriff des Unbewussten macht aber auch deutlich, dass die von Kant diskutierten Phänomene des Unbewussten wie dunkle Vorstellungen, Unwillkürlichkeiten, Träume, Lebenskraft etc. uns keine Auskunft über das Wesen des Unbewussten selbst geben. Das Unbewusste ist bei Kant dasjenige Moment im Vollzug und in der Erfahrung des Lebens, das auf die Bedingungen der Unmöglichkeit eines gelungenen reflexiven und autonomen Lebens verweist. Hierbei geht es um ein »Etwas«, das man als Mensch »nicht im Griff« hat und bei dem man sich letztlich nicht auskennen kann. Mit dem Unbewussten kommt der Raum einer anthropologischen Unergründlichkeit zum Ausdruck, der die Einheit des Menschen durch und in der Erfahrung einer Differenz immer wieder infrage stellt.

In diesem Sinne formuliert er in der *Anthropologie*:

> »Daß das Feld unserer Sinnenanschauungen und Empfindungen, deren wir uns nicht bewusst sind, ob wir gleich unbezweifelt schließen können, dass wir sie haben, d. i. *dunkeler* Vorstellungen im Menschen (und so auch in Tieren), unermesslich sei, die klaren dagegen nur unendlich wenige Punkte derselben enthalten, die dem Bewusstsein offen liegen; dass gleichsam auf der großen *Karte* unseres Gemüts nur wenig Stellen *illuminiert* sind, kann uns Bewunderung über unser eigenes Wesen einflößen: denn eine höhere Macht dürfte nur rufen: es werde Licht! So würde auch ohne unser Zutun des Mindesten [...] gleichsam eine halbe Welt vor Augen liegen« (BA 16, 17).

Kant untersucht die Kehrseite des Wissens, die als nicht aufgeklärtes Wissen, als Gegenstände des inneren Sinns, als leibseelische Zusammenhänge, als geschichtsphilosophische Spekulationen oder als ästhetische Produktivität zum Ausdruck kommt. Die dunklen Vorstellungen stehen auch in Zusammenhang mit der artistischen Intuition und mit der künstlerischen Produktion, da sie z. B. unbewusst musikalische Harmonien erzeugen können (ebd., BA 17). Das Bewusstsein macht nur einen kleinen Teil des Seelenlebens aus und wird vom weit größeren Terrain des Unbewussten umschlossen.

Als These der Lebenskunst formuliert: Es ist das Unbewusste, das dem bewussten Denken immer wieder verdeutlicht, dass der Mensch an sich arbeiten, dass er sich um sich selbst sorgen muss, um Sitten und Moral zu verwirklichen, um vernünftig leben zu können. Hierzu heißt es in der *Metaphysik der Sitten*: »So muß selbst die Unbegreiflichkeit in diesem Selbsterkenntnisse der Seele eine Erhebung geben, die zum Heilighalten ihrer Pflicht nur desto stärker belebt, je mehr sie angefochten wird« (ebd., A 174).

Neben der Analytik der dunklen Vorstellungen und den Träumen findet auch die Bestimmung des Wahnsinns in der Philosophie Kants ihre Berücksichtigung. Ohne die anthropologischen Erörterungen Kants, die für eine Psychologik des Unbewussten äußerst fruchtbar sind, hier im Einzelnen nachzeichnen zu können, soll an dieser Stelle erstens festgehalten werden, dass Kant glaubt, auch in die unvernünftigen und unordentlichen Gemütskräfte noch Ordnung bringen zu können; dass er zweitens eine Systematik der Gemütsschwächen und vor allem der Gemütskrankheiten bzw. Verrückungen vorlegt, die er in die tumultuarische Unsinnigkeit, in den methodischen Wahnsinn, den fragmentarisch-methodischen Wahnwitz und den systematischen Aberwitz ausdifferenziert; dass er drittens die Unvernunft als etwas »Positives«, nicht als bloßen »Vernunftmangel« versteht; und viertens das allgemeine Merkmal der Gemütskrankheiten als sozialen und moralischen Verlust bestimmt: als Verlust der Öffentlichkeit, der Universalisierbarkeit, der Korrekturmöglichkeiten, des *sensus communis*, und damit als Verlust von Autonomie und Freiheit (ebd., BA 144–152). Die mit den Gemütskrankheiten verbundenen unbewussten Erkenntnisprozesse verhindern mithin zu sehen, dass das Subjekt lediglich einem Gesetz folgt, dessen Regeln es selbst aufgestellt hat. Die unbewusste Subjektivierung des Objektiven führt nach Kant in den Widerspruch, sich als Vernunftwesen nicht gerecht werden zu können. Für Kant gibt es also kein radikal Anderes der Vernunft, da die Vernunft immer schon mit ihrem Anderen vermittelt ist: »Es ist aber verwunderungswürdig, daß die Kräfte des zerrütteten Gemüts sich doch in einem System zusammenordnen, und die Natur sogar in der Unvernunft ein Prinzip der Verbindung derselben zu bringen strebt« (S. 532, BA 147; vgl. H. Böhme & G. Böhme, 1985).

Zur Veranschaulichung einer *pragmatischen* anthropologischen Vervollkommnung entwirft die *Anthropologie* die Idee des Weisen, die Kant mit den

Kompetenzen »Selbstdenken«, »sich als anderer denken« und »einstimmig denken« umreißt (BA 123). Wie wir weise werden können, verrät uns Kant leider nicht, doch glaubt er, dass man die Geschicklichkeit mit dem 20., die Klugheit mit dem 40., die Weisheit aber erst ab dem 60. Lebensjahr erlangen wird (ebd.). Diese Vermutungen geben uns genügend Anlässe dazu, die Hoffnung auf eine gelungene Lebenskunst nicht allzu schnell aufzugeben.

## Schluss: Pragmatisch-kosmopolitische Lebenskunst

Kant bleibt also bei seinen negativistischen Überlegungen des Abirren-Könnens und der Passivität nicht stehen, sondern er verweist zudem darauf, diese in Richtung auf das *Menschenmögliche* zu überschreiten, ist doch der Mensch letztlich verpflichtet, das Menschenmögliche, im Sinne des Guten, Wahren und Schönen, auch realisieren zu wollen. Kants Überlegungen zur Lebenskunst folgen somit einem Dreischritt, der von dem ausgeht, was der Mensch *kann*, d. h., was virtuell an Möglichkeiten in seinem Dasein vorhanden ist; der dann über das Sein verläuft, d. h. darüber, was er *ist*, mit allen seinen positiven und negativen Erscheinungsformen; bis er schließlich sein Ziel erreicht, d. h. den Zustand, in dem der Mensch derjenige geworden ist, der er werden *soll*. Kant erinnert die Menschen an eine Vernunftwahrheit, an die sie gebunden und zu der sie verpflichtet sind: Nach dem Egoismus wird das wirkliche Bewusstsein verhandelt, nach den Leidenschaften die Bindung an das höchste Gut. Lässt sich der moralische Aspekt der Lebenskunst unter den Titel »Du kannst, weil du sollst« bringen, so folgt der anthropologische Teil der Maxime »Du sollst, weil du kannst«, während das Ziel der Lebenskunst in dem »Du sollst Können und Sollen in Übereinstimmung bringen« besteht. »Die *Summe*«, so heißt es daher im Abschnitt über den »Charakter der Gattung« in der »Charakteristik«,

> »der pragmatischen Anthropologie in Ansehung des Menschen und die Charakteristik seiner Ausbildung ist folgende. Der Mensch ist durch seine Vernunft bestimmt, in einer Gesellschaft mit Menschen zu sein, und ihr sich durch Kunst und Wissenschaft zu kultivieren, zu zivilisieren und zu moralisieren« (S. 678, B 318f./A 320f.).

Im Mittelpunkt seiner Überlegungen zur Lebenskunst steht nach Kant also die Frage einer vernünftigen Organisation, Gestaltung und Orientierung des Lebens; hierzu braucht es theoretische Kenntnisse und praktische Geschicklichkeiten. Die Lebenskunst stellt den Menschen in den Raum des konkreten Allgemeinen einer Menschen- und Weltkenntnis, die einen nützlichen Umgang mit dem Gebrauch der humanen Natur nahelegt. Hierin hat sie eine große Nähe zu Adolph Freiherr von Knigges *Über den Umgang mit Menschen* (1788). Und weil Kant zugleich die grundsätzliche Gleichheit aller Menschen und die Vorstellung einer Einheit des Menschengeschlechts postuliert, sind diese Fähigkeiten kosmologische Weltkenntnis und Weltpraxis in einem.

Die Bestimmung des Weltbürgertums am Ende der *Anthropologie* kann mit einer dreifachen Funktion in Verbindung gebracht werden (Brandt, 1999, S. 11f.): Zum Ersten bündelt das Ziel des Weltbürgers die verschiedenen Handlungsmotive in einem umfassenden, integrativen Ziel und schafft somit auch eine motivationale Einheit jeglichen Denkens und Handelns. Zum Zweiten lässt sich das »Sollen« zum einen soziomoralisch als Anforderung verstehen, sich selbst – etwa auch charakterlich – zu einem Weltbürger zu bilden, und zum andern gibt es normativ-historisch ein »Ende aller Geschichte« vor, das in einem weltweiten Friedenszustand zwischen Republiken besteht. Und zum Dritten lassen sich auch die Übel und Sinnlosigkeiten des Ganzen noch als vernünftig begreifen. Aus diesen Überlegungen Kants spricht ein grundlegender Optimismus, der jegliche Aufopferung und auch jegliche scheinbare Effektlosigkeit der menschlichen Anstrengungen als gerechtfertigt und sinnvoll erscheinen lässt.

Das Erreichen des humanen Zwecks, so Kant in der *Anthropologie*, ist nicht durch die freie allgemeine Assoziation aller Menschen, »sondern nur durch die fortschreitende Organisation der Erdbürger in und zu der Gattung als einem System, d.i. kosmopolitisch verbunden«, zu erwarten (B 332, A 334). Diese regulative Idee korrespondiert mit dem Vorschein des Weltbürgertums im Hier und Jetzt der Tischgesellschaft. Kant schreibt: »Das Wohlleben [...] ist eine *gute Mahlzeit in guter* (und wenn es sein kann auch abwechselnder) *Gesellschaft*« (ebd., B 245, A 246). Denn Mahlzeiten fördern eine sinnliche und eine diskursive Vergemeinschaftung. So hat die Konnektivität des Geschmacks als übereinstimmendes Geschmacksurteil eine moralische Funktion, die, wie Kant formuliert, »ein Wohlgefallen an der Übereinstimmung der Lust des Subjekts mit dem Gefühl jedes anderen, nach einem allgemeinen Gesetz (ist), welches aus der allgemeinen Gesetzgebung des Fühlenden, mithin aus der Vernunft entspringen muß« (ebd., BA 191). Auch die Geselligkeit und der mit dem Essen verbundene gemeinsame sinnliche Geschmack befördert die angestrebte weltweite Moralität, wenn auch verglichen mit den »reinmoralischen« Gesetzen (ebd., B 250, A 252), nur in einer unzureichenden Art und Weise. Der Weltbürger der Gegenwart ist also jemand, der seine Zivilisiertheit und Kultiviertheit im geselligen Beisammensein zu einem gemeinsamen Ausdruck bringen kann. Etwas anders formuliert:

Neben einer bewussten Lebenskunst, die an den moralischen Pflichten gegenüber sich selbst und anderen orientiert ist und in diesem Sinne eine radikale Selbstaufklärung und eine weitgehende Disziplinierung seiner Triebe und Leidenschaften betreibt, lässt sich auch unbewusst – und das meint mithilfe von dunklen Vorstellungen, von Gefühlen für das Angenehme und Schöne und von sinnlichen Begierden – eine Lebenskunst vorantreiben, die auf das Ganze der Vernunft zielt. Können wir hier nicht von einem pragmatisch-anthropologischen Unbewussten sprechen?

### Zur Dialektik von Aufklärung und Romantik

Wenn wir davon ausgehen, dass Aufklärung und Romantik in einem dialektischen Verhältnis zueinander stehen, denken wir zuallererst an die Kontroversen zwischen der Philosophie des Bewusstseins und der des Unbewussten.

*Bewusstsein versus Unbewusstes – die Ursprünge der Kontroverse in der Aufklärung*

Bemerkenswert ist, dass der Begriff des »Bewusstseins« von dem Aufklärungsphilosophen Christian Wolff (1679–1754) stammt. Er hat das Wort erstmals 1720 als Übersetzung des Descartes'schen Begriffs der »cogitatio« verwendet und damit das vernünftige, ich-bezogene, klare und deutliche Erkennen bezeichnet.

Als Begründer der Bewusstseinsphilosophie gilt René Descartes (1596–1650), der in seinem *Discours de la méthode* (1637) alle seelischen Vorgänge dem Bewusstsein untergeordnet hat. Auf der Suche nach einem sicheren erkenntnistheoretischen Fundament orientierte er sich am Prinzip des methodischen Zweifels. Was allein seinem Zweifel standhielt, fasste er in die berühmte Formel des »Cogito ergo sum«. Indem ich denke, habe ich die unmittelbare Gewissheit, dass ich existiere. Mit Denken war die gesamte Tätigkeit der Seele *(res cogitans)* gemeint. Wenn Descartes von der »anima semper cogitans« sprach, so bedeutete das die Gleichsetzung von Seele und Bewusstsein. Das existierende Ich sei eine Substanz, deren Wesen darin besteht, Bewusstsein zu haben. Daraus ergab sich als erste Gleichung: Denken = Bewusstsein = Seele = Ich = Substanz = *res cogitans* (Pongratz, 1984, S. 31). So sicher sich Descartes seiner Existenz als Bewusstseinswesen war, blieben ihm doch Zweifel an der Existenz seines Leibes. Daraus folgerte er, dass Seele und Leib nicht identisch sein können, sondern strikt getrennt werden müssen. Der Leib gehöre zur Materie als einer zweiten Substanz zeitlicher und räumlicher Ausdehnung *(res extensa)*. Für diesen zweiten Seinsbereich kann man die Gleichung aufstellen: Leib = Materie = Ausdehnung = Substanz = *res extensa* (ebd.).

Mit seinem betonten Eintreten für die denkende und vom Leib strikt getrennte Seele hat Descartes die Weichen für die Gleichsetzung des Psychischen mit dem Bewussten und damit für den Siegeszug der Bewusstseinsphilosophie gestellt. In diesem rationalen Seelenmodell war kein Platz für eine unbewusste Vorstellungs- und Denktätigkeit. Kein Wunder, dass Descartes' Leib-Seele-Dualismus in mechanistische und »seelenlose« Anthropologien – wie z. B. La Mettries berühmtes Werk *L'homme machine* (1747) – einmündete. Zugleich wurde mit seiner bewusstseinstheoretischen Weichenstellung die lange Geschichte der philosophischen Lebenskunst zugunsten einer erkenntnistheoretischen Haltung relativiert: Nunmehr stand nicht mehr das Subjekt der Selbstsorge im Mittelpunkt, sondern die Bedingungen eines *(clara et distincta)* Erkennens, die Grundlagen einer vernünftigen *(ordo geometrico)* Wissenschaft sein können.

Man muss Descartes allerdings zugute halten, dass er sich durch die Behauptung des Leib-Seele-Dualismus nicht davon abhalten ließ, der Frage nach den Wechselwirkungen zwischen Leib und Seele nachzugehen. Als Beleg sei nur eine Textstelle aus den *Meditationen über die Grundlagen der Philosophie* (Descartes, 1641, S. 72) angeführt:

»Die Natur lehrt mich durch jene Schmerz-, Hunger-, Durstempfindungen usw., daß ich meinem Körper nicht nur wie ein Schiffer seinem Fahrzeug gegenwärtig bin, sondern daß ich ganz eng mit ihm verbunden und gleichsam vermischt bin, so daß ich mit ihm eine Einheit bilde. Sonst würde ich nämlich [...], nicht, wenn mein Körper verletzt wird, Schmerz empfinden [...].«

Bemerkenswert ist, dass Descartes hier nicht nur von Einheit, sondern sogar von Vermischung spricht. Die Frage der psychophysischen Wechselwirkungen wird auch und gerade in Descartes' Spätwerk *Die Leidenschaften der Seele* (1649), in dem er seine Lehre von den Emotionen und Affekten darlegt, berührt.

Wirkungsgeschichtlich bedeutsam aber wurde die kartesianische Annahme eines strikten Leib-Seele-Dualismus. Die Auffassung der Binnenhaftigkeit des Seelischen entwickelte sich zu einer Art Dogma mit Langzeitwirkung: Das Bewusstsein wurde »nicht nur auf die rationalen Erkenntnisfunktionen reduziert [...], sondern es wurden auch die Emotionalität und Leiblichkeit des Menschen aus der Betrachtung weitgehend ausgeschlossen« (Mertens, 2004, S. 194).

Zudem verführte die von Descartes eingenommene Innenperspektive der ersten Person (Ich) dazu, eine Selbsttransparenz des Bewusstseins anzunehmen, die erst später durch die aus der Außenperspektive (dritte Person) operierenden Wissenschaften nachhaltig infrage gestellt wurde.

Bereits innerhalb der Aufklärung hatten sich einige Philosophen gegen die Überschätzung des dem Bewusstsein Zugänglichen gewandt und nachdrücklich darauf hingewiesen, dass es auch »dunkle« und »unklare« Vorstellungen gebe, die mehr oder weniger unbewusst seien. In diesem Kontext war es vor allem Gottfried Wilhelm Leibniz (1646–1716), der der kartesianischen These von der »anima semper cogitans« widersprach. Das »semper« konnte er durchaus bejahen, nicht aber das »cogitans«, das bedeuten sollte, die Seele befinde sich immer im Zustande der Bewusstheit.

In seinen *Neuen Abhandlungen über den menschlichen Verstand* (1704) trat Leibniz in offenen Widerspruch zu der von Descartes postulierten Gleichsetzung von Bewusstem und Psychischem. Der Mensch besitze vielmehr in jedem Augenblick unendlich viele »unmerkliche Vorstellungen«, die ihm nicht bewusst werden, weil sie »entweder zu schwach und zu zahlreich oder zu gleichförmig« seien. »Aber mit anderen verbunden, verfehlen sie ihre Wirkung nicht und lassen sich in der Anhäufung wenigstens verworren empfinden« (ebd., S. 24). Nach dieser berühmten Lehre von den »pétites perceptions« hat jede auch noch so unklare und dunkle Kognition vielfältige Wirkungen etwa auf die Wahrnehmung, das Denken, den Geschmack und die Gewohnheiten. Dies lässt sich z. B. am Meeresbrausen und am Volksgemurmel veranschaulichen. Unmerkliche Vorstellungen können auch im Gedächtnis Spuren vergangener Seelenzustände hinterlassen, sich in diffuser Unentschlossenheit und Zweifeln äußern oder den Willen aufstacheln, um seelischen Verstimmungen entgegenzuwirken.

Wie Leibniz schreibt, »haben die Kartesianer einen großen Fehler gemacht, insofern sie diejenigen Perzeptionen, deren man sich nicht bewusst ist, ganz außer Acht gelassen haben« (1720, Nr. 14, S. 17). Leibniz hat allerdings noch kein vom Bewusstsein gesondertes Unbewusstes angenommen. Er vertrat vielmehr ein Gesetz der Kontinuität, wonach es Abstufungen der Klarheit und Intensität des Bewusstseins gebe. Dennoch hat er mit seiner Lehre von den *pétites perceptions* eine erste Traditionslinie des Unbewussten angebahnt, die man als die des »kognitiven Unbewussten« bezeichnen kann (Gödde, 1999, S. 29ff.). Dem Bereich des kognitiven Unbewussten lassen sich Empfindungen, Wahrnehmungen, Vorstellungen, Gedächtnis, Denken und Lernen zuordnen, die nicht registriert, bemerkt, gewusst und infolgedessen auch nicht verbal mitgeteilt werden können. Entscheidend für diese Denktradition ist die Basisannahme, dass mehr oder weniger unbewusste psychische Prozesse existieren und eine hochgradige Wirksamkeit entfalten können.

Kant griff in seiner *Anthropologie in pragmatischer Hinsicht* (1798) die Thematik der von Leibniz thematisierten »Vorstellungen, die wir haben, ohne ihrer bewußt zu sein«, auf (vgl. Althans & Zirfas, 2005). Einerseits unterzog er Leibniz einer Kritik, weil er beim Vergleich des sinnlichen (unteren) und des intellektuellen (oberen) Erkenntnisvermögens nur auf die Undeutlichkeit bzw. Deutlichkeit abgestellt habe, also auf den »formalen (logischen) Unterschied des Bewußtseins, statt des realen (psychologischen), der nicht bloß die Form, sondern auch den Inhalt des Denkens betrifft«. Andererseits betonte er, dass der Mensch oft mit dunklen Vorstellungen spiele und ein Interesse daran habe, »beliebte oder unbeliebte Gegenstände von der Einbildungskraft in Schatten zu stellen«. So sei es vor allem hinsichtlich der Geschlechtsliebe:

> »Wie viel Witz ist nicht von jeher verschwendet worden, einen dünnen Flor über das zu werfen, was zwar beliebt ist, aber doch den Menschen mit der gemeinen Tiergattung in so naher Verwandtschaft sehen läßt, daß die Schamhaftigkeit dadurch aufgefordert wird« (Kant, 1798, S. 420f., 425).

Die Liste der Aufklärer, die sich der Thematisierung des Unbewussten annahmen, lässt sich verlängern: So könnte man auch Nicolas Malebranche und seine *liaison des traces*, d. h. Gedächtnisspuren, die vom Bewusstsein nicht kontrollierte Imaginationen hervorrufen, in diesem Kontext diskutieren. Auch Alexander Gottlieb Baumgarten, der sogenannte Begründer der modernen Ästhetik als Wissenschaft, der vermittelt durch die Wolff'sche Philosophie die Ästhetik als Wissenschaft der sinnlichen Erkenntnis explizit auch auf das Reich der dunklen Vorstellungen bezieht, ist hier zu nennen. Zudem soll auch Johann Georg Sulzer nicht unerwähnt bleiben, der neben den Vorstellungen auch noch die Emotionen und Urteile diskutiert und den dunklen Regungen vielfache, nicht kontrollierbare und verstehbare Wirkungen zuschreibt. Und schließlich kann pauschal auch noch an die englischen Empiristen (Locke, Shaftesbury, Hutcheson, Burke) oder auch die französischen Sensualisten (La Mettrie, Condillac, Helvétius, d'Holbach) erinnert werden, die die erkenntnistheoretische Thematik der dunklen Vorstellungen und Emotionen ebenso aufgreifen. Dabei haben diese Ansätze – aufgrund ihres Zusammenhangs mit einem materialistischen Denken, das bis in die Antike zurückreicht – auch einen Blick für Fragen der Lebenskunst, wenn etwa Locke den zivilisierten Gentleman als Ideal für den niedrigen englischen Adel propagiert, der sich im 17. Jahrhundert von einer rein adligen Schicht auf die entstehende bürgerliche Schicht ausdehnt; oder wenn sich Helvétius Gedanken über das Verlangen nach Glück und seiner individuellen wie kollektiven Realisierung macht.

Deutlich wird an dieser Reihe markanter Theoretiker der Aufklärung ihr intensiver Rekurs auf die wissenschaftliche Erkenntnis – und somit auch ihr Kampf gegen Vorurteile, Aberglauben, die Tyrannei der Leidenschaften und die Verirrungen der Phantasie. Damit geraten die traditionellen Anliegen der Lebenskunst auf den ersten Blick in den Hintergrund. Fokussiert man aber nicht die wissenschaftlich-philosophischen, sondern die popular-philosophischen Debatten, die Fragen des Fortschritts, der sozialen Reformen, der Mündigkeit oder des kollektiven Glücks, kann man zu einer anderen Einschätzung kommen. Hier findet man dann z. B. einen Autor wie Christian Garve, der Verständnis für die Launen der Menschen entwickelt, die »alle Sachen von einer etwas sonderbaren Seite« angehen, worin sich dann das Tor zur »geheimen Philosophie des Menschen« einen Spalt weit zu öffnen beginnt (Garve, 1799, S. 209ff.). Oder man stößt auf Autoren, die für politische, administrative, ökonomische oder soziale Verbesserungen eintreten und dabei nicht weniger im Blick haben als die Vervollkommnung des Einzelnen, der Gesellschaft und gelegentlich auch der Menschheit (vgl. Im Hof, 1993, S. 139f.). Und schließlich kann man hier auch noch einmal an Kant erinnern, der mit seinen äußerst populären Vorlesungen zur Anthropologie den Versuch unternahm, die Menschen für das Weltbürgertum zu begeistern.

Die Aufklärung zielt auf eine (universelle) Wirksamkeit auf allen Gebieten menschlicher Praxis, wobei die bevorzugten Arbeitsfelder der Verbesserung des Menschengeschlechtes die Politik, die Wissenschaft (die Philosophie) und die Pädagogik darstellen. Dadurch verliert die Lebenskunst ihre traditionelle Fokussierung auf die individuelle Selbstsorge und gewinnt eine soziale und politische, ja globale Dimension hinzu. In diesem Sinne hat die Aufklärung die Lebenskunst durchaus populär gemacht. Allerdings hatte diese kollektive Aufklärungskonzeption auch ihre Schattenseiten der Kontrolle, Disziplinierung, Beherrschung und Eliminierung, worauf Horkheimer und Adorno in ihrer *Dialektik der Aufklärung* (1947) hingewiesen haben: In der allgemeinen Fremd-Sorge lässt sich als kollektives Unbewusstes die Angst vor dem Anderen (Fremdes, Wildes, Emotionales usw.) ausmachen, das mit allen erdenklichen Mitteln zur Raison gebracht werden muss.

*Die Romantik als Blütezeit des Unbewussten*

Hat sich die Tradition des kognitiven Unbewussten *innerhalb* der Aufklärung entwickelt, so formierte sich gegen Ende des 18. Jahrhunderts eine zweite Traditionslinie aus einer Gegenbewegung zur Aufklärung. Diese Gegenbewegung, als »Sturm und Drang« oder »Vorromantik« bezeichnet, reagiert mit Aversion darauf, dass alles Menschliche nur noch am Maßstab des Denkens und der Vernunft gemessen und der Wert von Einsicht und Bewusstheit als rational Zugänglichem überschätzt werde. Die Gefühle, Sinne und Leidenschaften sollten im Verhältnis zu Verstand und Vernunft wieder stärker zum Zuge kommen. Damit werden Fragen nach der Lebenskraft, der unbewussten Kreativität oder auch den Sehnsüchten und (dunklen) Träumen virulent – Momente, die auch für die Lebenskunst eine wichtige Stellung einnehmen. Zugleich wird die Lebenskunstdebatte neu akzentuiert, indem sie von der Allgemeinheit auf Individualität umgestellt wird. Denn das Zeitalter der Romantik bringt auch die Figur eines singulären, völlig einzigartigen Wesens hervor, das sich zwar mit anderen Menschen vergleichen lässt, aber zugleich in radikaler Weise andersartig und unvergleichlich ist: *Individuum est ineffabile*. Und dieses Individuum bedarf einer individuellen Lebenskunst. Zu den Initiatoren dieser Gegenbewegung gehörten Johann Georg Hamann, Johann Gottfried Herder und der junge Goethe.

Im Zuge einer Aufwertung des Gefühlshaften und Irrationalen stellte Johann Georg Hamann (1730–1788) dem Bewusstsein das *Leben* als den höheren Wert gegenüber. Nach Auffassung von Isaiah Berlin hat Hamann damit der Aufklärung den entscheidenden Schlag versetzt und die ganze Romantik ins Rollen gebracht. Einen wichtigen Ausgangspunkt seines Denkens bildete ein religiöses Erlebnis bei der Lektüre des Alten Testaments; hierbei sprach Gott unmittelbar zu seiner Seele und teilte ihm mit, dass es gewisse geistige Geschehnisse gab, die im Vergleich zu dem, was sich auf der Oberfläche ereignen mochte, unermesslich bedeutsam seien. Zu Hamanns Hauptthesen gehört jene, man könne die Welt nicht verstandesmäßig, sondern nur über den Glauben erfassen. Die allgemeinen Aussagen der Wissenschaften vermögen niemals die tatsächliche und pulsierende Wirklichkeit des Lebens zu erfassen. Was Begriffe und Kategorien ihrer Allgemeinheit wegen notwendigerweise unbeachtet lassen müssen, ist das Einzigartige, das Besondere, die spezifische Eigenart dieses einen Menschen oder dieses einen Gegenstandes. Es gebe einen Lebensfluss (ähnlich wie bei Bergson), der durch den Versuch, ihn in einzelnen Segmente zu zerteilen, versiegen würde. Die Menschen wollten nicht, wie Voltaire annahm, Glück, Zufriedenheit und Frieden, sondern dass ihr gesamtes Potenzial auf vielfältigste Weise und möglichst ungehindert zur Geltung kommen könne. Sie wollen schöpferisch sein, und wenn dies zu Zusammenstößen, zu Krisen und Auseinandersetzungen führen sollte, dann gehört es eben zum menschlichen Schicksal. Was die Aufklärung lehre, töte das Lebendige in den Menschen ab und sei nur ein dürftiger Ersatz für die schöpferischen Energien des

Menschen und für die ganze reiche Welt der Sinne. Leidenschaft sei es, was die Künste ausmache: Leidenschaft, die sich weder beschreiben noch klassifizieren lässt (vgl. Berlin, 1999, S. 84ff.).

Charakteristisch für Hamanns Gefühlsphilosophie sind folgende aphoristische Äußerungen: »Das Herz schlägt früher als unser Kopf denkt.« – »Durch den Baum der Erkenntnis wird uns der Baum des Lebens entzogen.« – »Sinne und Leidenschaften reden und verstehen nichts als Bilder. In Bildern besteht der ganze Schatz menschlicher Erkenntnis und Glückseligkeit.« – »Das menschliche Leben scheint in einer Reihe symbolischer Handlungen zu bestehen, durch welche unsere Seele ihre unsichtbare Natur zu offenbaren fähig ist und eine anschauende Erkenntnis ihres wirksamen Daseins außer sich hervorbringt und mitteilt« (zit. n. Kern, 1937, S. 11f.).

Johann Gottfried Herder (1744–1803) hat wesentliche Anregungen von Hamann, aber auch von Kant erfahren, an dessen Vorlesungen er von 1762 bis 1764 teilnahm. Eine Schiffsreise nach Frankreich, zu der er 1769 fluchtartig aufbrach, um aus den beengenden und konflikthaften Verhältnissen in Riga auszubrechen, kann als Schlüsselerlebnis betrachtet werden. Rüdiger Safranski lässt sein Buch über die *Romantik* mit dieser Schiffsreise beginnen:

»In See stechen hieß für Herder: Das Lebenselement wechseln, das Feste gegen das Flüssige, das Gewisse gegen das Ungewisse einzutauschen, Abstand und Weite gewinnen. Ein Konversionserlebnis, eine innere Umkehr, ganz in der Art, wie Rousseau zwanzig Jahre vorher unter einem Baum auf der Straße nach Vincennes seine große Inspiration erlebt hatte: die Wiederentdeckung der wahren Natur unter der Kruste der Zivilisation. Noch ehe Herder neue Menschen, neue Länder und Sitten kennen lernt, macht er also eine neue Bekanntschaft mit sich selbst, mit seinem schöpferischen Selbst« (2007, S. 17).

Von den Ideen, die ihm auf dieser Reise in den Sinn kamen und die er im *Journal meiner Reise im Jahre 1769* festhielt, zehrte er ein Leben lang. Eine solche Idee ist die der »lebendigen Vernunft«, die er von der abstrakten Vernunft der Aufklärung kontrastierend abhebt. In den Worten von Safranski: »Die lebendige Vernunft ist konkret, sie taucht ein ins Element der Existenz, des Unbewußten, Irrationalen, Spontanen, also ins dunkle, schöpferische, treibend-getriebene Leben. ›Leben‹ bekommt bei Herder einen neuen enthusiastischen Klang« (ebd., S. 21). Herders Begriff der lebendigen Natur umfasst das Schöpferische, dem man sich euphorisch überlässt, aber auch das Unheimliche, das einen bedroht. Davon ausgehend, dass alles Geschichte ist, sucht er Naturgeschichte als Entwicklungsgeschichte zu verstehen, welche die Vielfalt der natürlichen Gestalten hervorbringt. Der Mensch sei dadurch ausgezeichnet, dass er die schöpferische Potenz der Natur in eigene Regie nehmen könne. In diesem Kontext legt Herder den Begriff einer *dynamischen, offenen Geschichte* zugrunde: Jeder Augenblick, jede Epoche enthalte eine eigene Herausforderung und eine Wahrheit, die es zu ergreifen und umzubilden gilt. Die Umgestaltung des Menschen durch sich selbst und die Bildung der Kultur als Lebensmilieu nennt er die »Beförderung der Humanität«.

Ein weiterer wirkungsmächtiger Gedanke ist die Entdeckung des *Individualismus (Personalismus)* und daraus folgend der *Pluralität*. Der Einzelne ist und bleibt das Sinnzentrum, auch wenn er stets einer Gemeinschaft bedarf, die so organisiert sein sollte, dass jeder seinen individuellen Lebenskeim entfalten könne. Herder sieht konzentrische Kreise, von der Familie, den Stämmen, den Völkern, Nationen bis hinauf zu der Gemeinschaft von Nationen, die auf ihrem Niveau eine geistige Synthese bilden. Sein Wunschbild ist ein Garten der Vielfalt, in dem die Volkskulturen in Abgrenzung, Austausch und wechselseitiger Befruchtung ihre jeweils besten Möglichkeiten entwickeln (ebd., S. 23ff.).

Schon als junger Mann hat sich Herder mit dem »Abgrund dunkler Gedanken« konfrontiert, aus dem sich Triebe und Affekte erheben. »Vor solchem Abgrunde dunkler Empfindungen, Kräfte und Reize«, polemisierte er mit Blick auf Leibniz, »graut nun unsrer hellen und klaren Philosophie am meisten: sie segnet sich davor, als vor der Höhle unterster Seelenkräfte und mag lieber auf dem Leibniz'schen Schachbrett mit einigen tauben Wörtern und Klassifikationen von dunklen und klaren, deutlichen und verworrenen Ideen, von Erkennen in und außer sich, mit sich und ohne sich selbst u. dgl. spielen«. Die wahre Philosophie hingegen dürfe keine Psychologie treiben, »die nicht in jedem Schritte bestimmte Physiologie sei«, und müsse sich auch mit der »verflochtensten Pathologie der Seele und der Leidenschaften« noch auseinandersetzen (Herder, 1778, S. 352ff.).

Mit seiner vorromantischen Weltanschauung hat Herder den jungen Goethe (1749–1832) inspiriert. Von Goethes Äußerungen über das Unbewusste seien zur Veranschaulichung nur zwei Zitate angeführt: »Der Mensch kann nicht lange im bewussten Zustande [...] verharren; er muss sich wieder ins Unbewusstsein flüchten; denn darin lebt seine Wurzel.« Hier erscheint das Unbewusste als Refugium, als Stätte der inneren Ruhe und des Zu-sich-selbst-Kommens. An anderer Stelle geht es, wie so oft bei Goethe, um die schöpferischen Kräfte des Unbewussten:

> »Jeder große Gedanke, der Früchte bringt [...], steht in niemandes Gewalt [...]. Desgleichen hat der Mensch als unverhoffte Geschenke [...] zu betrachten [...]. Es ist dem Dämonischen verwandt, das übermächtig mit ihm tut wie es beliebt, und

dem er sich bewusstlos hingibt, während er glaubt, er handle aus eigenem Antrieb« (zit.n. Klages, 1932, S. 41ff.).

Goethes naturphilosophisches Denken war unsystematisch und doch von der Idee bestimmt, dass die Natur ein objektives Ganzes sei und Gott in der Natur und die Natur in Gott schaffe und wirke. Dieser geheimnisvollen Ordnung suchte er sich von verschiedenen Seiten her anzunähern. Auf Schellings Schrift *Von der Weltseele* (1798), in der die auf Plotin, Giordano Bruno, Spinoza u. a. zurückgehende Idee der Allbeseelung der Natur vertreten wird, antwortete Goethe mit dem Gedicht *Weltschöpfung*, das später in *Weltseele* umbenannt wurde.

Die Philosophie von Friedrich Wilhelm Joseph Schelling (1775–1812) war gegen Descartes' Leib-Seele-Dualismus gerichtet. Es war ihm ein zentrales Anliegen, die einstmalige Einheit des Menschen mit der Natur wiederherzustellen. Angesichts der zunehmenden Machteinbuße des Ich behalf er sich mit einer Verklärung der Natur in romantischer Manier. Zunächst spielte er am Modell des ästhetischen Genies die Möglichkeiten durch, die dem Menschen offenstehen, um sich gegenüber der Natur zu behaupten. Später musste er aber nach wirksameren Strategien suchen, um die Ohnmacht des Ich im Verhältnis zu den sich seiner Kontrolle entziehenden Trieben, aber auch im Verhältnis zu der gesellschaftlichen Aufgabe der Naturbeherrschung zu bewältigen. Für Odo Marquard (1987) bedeutet dies einen Übergang von einer ästhetischen zu einer ärztlich-therapeutischen Strategie, die wesentlich zum Aufkommen der romantischen Medizin (Novalis, Reil, Hufeland u. a.) beigetragen habe.

Für die romantischen Ärzte wurde das leiblich-seelische Unbewusste zum Ansatzpunkt ihrer therapeutischen Bemühungen. Freuds Konzeption des Es als eines übermächtigen Naturfaktors, der therapeutisch durch Erinnern und Bewusstmachen unter die Kontrolle der Vernunft (Ich und Über-Ich) gebracht werden soll, verfolgt nach Marquard ein ähnliches Anliegen wie die Naturphilosophie Schellings und die romantische Medizin. Sie diene dazu, die Möglichkeiten der menschlichen Selbstbeherrschung und Vernunftorientierung abzustecken und könne als »Wiederholung einer Denkfigur« betrachtet werden, die Schelling unter dem Eindruck der Resignation geschichtlich-weltbürgerlicher Vernunft entwickelt habe (Marquard, 1973, S. 104f.).

Schellings Naturbestimmtheit des Unbewussten hat noch einen weitgehend optimistischen Akzent. Die Natur erschließt sich ihm als Quelle menschlicher Möglichkeiten. Von ihr erhofft er sich die »Erlösung« des Ich. Sein Naturbegriff lässt sich als *Romantiknatur* bestimmen: »die vornehmlich als Organismus gesehene erhabene oder schöne oder jedenfalls heile außergeschichtliche Lebendigkeit« (Marquard, 1987, S. 57). Die Romantiknatur ist demnach vorwiegend ästhetisch verklärte – »verzauberte« – Natur.

Als wesentlicher Vorläuferbegriff des romantischen Unbewussten kann das Konzept der *Lebenskraft* gelten (vgl. Goldmann, 2005). Dieser Begriff, den Friedrich Casimir Medicus 1774 einführte, wurde innerhalb von zwei Jahrzehnten zu einem zentralen Topos der medizinischen Anthropologie jener Zeit. Wie Christoph Wilhelm Hufeland (1762–1836) in seiner Autobiografie schreibt, waren er und eine Reihe anderer Ärzte damals bestrebt, »die ganze Medizin unter ein Prinzip des Lebens oder der Lebenskraft zu bringen, und so Einheit in den verschiedenen Teilen derselben zu begründen« (1937, S. 83). Ursprünglich wurde die Lebenskraft in Abgrenzung von Descartes und allen Versuchen, die inneren, weitgehend unbewusst ablaufenden Lebensbewegungen mechanistisch zu erklären, als *dritte Substanz* neben der denkenden Seele und der Materie verstanden. Für Hufeland (1797, S. 36ff.) gehört die Lebenskraft

> »unter die allgemeinsten, unbegreiflichsten und gewaltigsten Kräfte der Natur. Sie erfüllt, sie bewegt alles, sie ist höchstwahrscheinlich der Grundquell, aus dem alle übrigen Kräfte der physischen, wenigstens organischen Welt fließen. Sie ist's, die alles hervorbringt, erhält, erneuert [...]. Sie ist's, die – verfeinert und durch eine vollkommene Organisation exaltiert – sogar die Denk- und Seelenkraft entflammt und dem vernünftigen Wesen zugleich mit dem Leben auch das Gefühl und das Glück des Lebens gibt.«

Der Begriff des Unbewussten selbst taucht erstmals im Jahre 1800 in Schellings *System des transzendentalen Idealismus* auf. In der Schelling-Schule wurde Unbewusstes vor allem im Hinblick auf die Nachtseite der Natur und der Seele – Geisteskrankheiten, Wahn, Träume, Genie und parapsychologische Phänomene – gebraucht.

In seinem Werk *Psyche* (1846) konzipierte der Spätromantiker Carl Gustav Carus (1789–1869) eine erste Psychologie des Unbewussten. Er unterschied drei Regionen des Seelenlebens: Das »absolut« Unbewusste als abgegrenzter, mit dem Leiblichen aufs Engste verbundener Bereich bildete für ihn die zentrale Region; das »relativ« Unbewusste wurde als das vorübergehend unbewusst Gewordene betrachtet, das jederzeit wieder ins Bewusstsein zurückkehren kann; und das Bewusstsein war gleichbedeutend mit Gefühl, Erkenntnis und Handlung.

Carus hielt an der Konzeption der Lebenskraft noch fest, ordnete sie aber der von ihm postulierten Einheit der »Psyche« unter. Zu den wesentlichen Merkmalen rechnete er die »Unermüdlichkeit«: Im Unbewussten gebe es kein

Innehalten, keine Unterbrechung und kein Aufhören. Ein zweites Merkmal kann man als »Unmittelbarkeit« bezeichnen: Was im Unbewussten vorgeht, bedürfe »keines mühsamen Erlernens, keiner Einübung, um es zur Fertigkeit zu bringen«: »[L]eicht und unmittelbar wird hier alles geübt und vollbracht, was die Wesenheit gerade dieses bestimmten Seins fordert« (Carus, 1846, S. 54). Ein weiteres Merkmal sei die »ursprünglich unversiegbare Gesundheit« des Unbewussten. Carus spricht von der »Heilkraft der Natur« (ebd., S. 61f.). Das Unbewusste wird insofern auch als Kraft für Entwicklung, Heilung und Gestaltung verstanden, die fließend und zeitlos, göttlich und profan zugleich ist. Bei Carus kann man von einer »Wesensgegensätzlichkeit von Bewusstem und Unbewusstem« sprechen, die sich aber deutlich abhebt von jenem schroffen Dualismus, wie er sich später bei Schopenhauer, Nietzsche und Freud findet. Die zweite Traditionslinie lässt sich als die des *romantisch-vitalen* Unbewussten bezeichnen (vgl. Gödde, 1999, S. 35ff.).

Die Konzeptionen eines romantisch-vitalen Unbewussten spielen auch in die romantischen Lebenskunstmodelle hinein. Sie heben gegenüber den Modellen der Aufklärung, die die Erkenntnistheorie und die Wissenschaften fokussiert hatten, nun stärker auf die Emotionen und die Kunst ab und rücken somit die (praktische) Produktionsästhetik des Genies stärker in den Mittelpunkt. So identifiziert Jean Paul das Unbewusste mit der Lebenskraft, die das Material des Künstlers formt und strukturiert. Schelling versteht Kunstwerke als Zusammenwirken von bewussten künstlerischen Tätigkeiten und bewusstlosen natürlichen Gegebenheiten, die zu einer Perfektionierung der Natur führen. Novalis und E. T. A. Hoffmann stellen einen Zusammenhang zwischen den Träumen und den poetischen Kunstwerken her. Und bei Friedrich Daniel Ernst Schleiermacher wird unter Lebenskunst ein Kunstwerk verstanden, dass sich aus den freien Handlungen eines Individuums ergibt. Aber auch die ganze Welt lässt sich nach ihm dementsprechend als ein Kunstwerk betrachten, das gestaltet und hermeneutisch ausgelegt werden muss.

### Zwei kontrastierende Konzeptionen der Lebenskunst

Macht man die lebenskunsttheoretische Differenz von Aufklärung und Romantik holzschnittartig und überzeichnend stark, so lässt sich festhalten: Aufklärerische Lebenskunst ist Begrenzung des Bewussten, romantische Lebenskunst ist Entfaltung des Unbewussten. Geht es in der Aufklärung um eine Verwissenschaftlichung menschlichen Lebens, die alle seine Aspekte unter wissenschaftlichen, moralischen, ökonomischen oder sozialen Legitimationszwang bringt, so geht es in der

Romantik um eine Verzauberung menschlichen Lebens, die hinter dem Gewöhnlichen das Ungewöhnliche, hinter dem Nahen das Ferne – oder eben hinter dem Bewussten das Unbewusste aufspüren und gestalten will. Von Novalis stammt der häufig zitierte Satz: »Indem ich dem Gemeinen einen hohen Sinn, dem Gewöhnlichen ein geheimnisvolles Ansehen, dem Bekannten die Würde des Unbekannten, dem Endlichen einen unendlichen Schein gebe, *romantisiere* ich es.«

Lesen wir noch einmal Carus und seine Schrift *Die Lebenskunst nach den Inschriften des Tempels zu Delphi* (1863, S. 13). Hier zeigt sich die wahre Lebenskunst darin, dass Wissen und Können des Unbewussten zum Bewusstsein gekommen sind:

> »Gerade die Lenkung des Lebens, das rechte Leiten des immer fort und fort dahinziehenden [unbewussten; Anm. die Verf.] Stromes unserer Existenz, hier das Fortnehmen erschwerender Hindernisse und dort das Verhüten von Überflutungen oder Verlieren in stehende, versumpfende Wasserflächen, darin soll eine ernste und würdige Lebenskunst uns unausgesetzt unterrichten und kräftigen, und nur damit kann es gelingen, das Leben selbst im ganzen zu einem höheren und bedeutenden Kunstwerk zu gestalten.«

Die Dialektik von Aufklärung und Romantik lässt sich dementsprechend auf mehreren Ebenen festmachen: eine Dialektik der Aufklärung selbst, in der das verdrängte »Andere der Vernunft« (H. Böhme & G. Böhme, 1985) immer wieder in Form von »dunklen« Vorstellungen, von Wahnsinn und Egoismus, von Leidenschaften und Ängsten oder von Faulheit und Feigheit durchbricht und damit die schöne Ordnung der Vernunft zu stören beginnt; oder auch eine Dialektik der Romantik selbst, in der das vitalistische Unbewusste und die Kulte des Irrationalen, auch als (allgemeingültige) Grundlage für Moral, Kunst und Religion oder für Nationalismus und Historismus dienen sollen. Damit bleibt die Romantik der Paradoxie einer Lebenskunst verpflichtet, in der die Vernunft die Menschen auffordert, sich den Geheimnissen der Natur, den Untiefen der Gefühle oder den Sehnsüchten der Träume zu überantworten. Konzidiert man diese beiden Formen von Dialektik, so lassen sich in diesem Feld weitere Lebenskunstdimensionen durchdeklinieren: Subjektivität und Individualität, Gesellschaft und Volk, Universalismus und Nationalismus, Aktivität und Passivität, Zukunft und Vergangenheit, Sein und Werden usw., in denen sich dann die Dialektik eines (aufklärerisch) kognitiven und eines (romantisch) vitalistischen Unbewussten je unterschiedlich zum Ausdruck bringt. Es scheint kein Zufall zu sein, dass die moderne Therapeutik, die vor dem Hintergrund dieser Dialektik entstanden und insofern dieser

Tradition verpflichtet ist, sich ebenfalls mit diesen und anderen Dualismen, Antagonismen und Antinomien menschlicher Existenz auseinandersetzt.

### Ausgewählte Literatur

Berlin, I. (1999). *Die Wurzeln der Romantik*. Berlin: Berlin-Verlag 2004.
Böhme, H & Böhme, G. (1985). *Das Andere der Vernunft. Zur Entwicklung der Rationalitätsstrukturen am Beispiel Kants*. Frankfurt/M.: Suhrkamp.
Buchholz, M. B. & Gödde, G. (Hrsg.). (2005). *Macht und Dynamik des Unbewussten. Auseinandersetzungen in Philosophie, Medizin und Psychoanalyse. Das Unbewusste, Bd. I*. Gießen: Psychosozial-Verlag.
Fahrenberg, J. (2008). Die Wissenschaftskonzeption der Psychologie bei Kant und Wundt als Hintergrund heutiger Kontroversen. http://www.jochen-fahrenberg.de (15.01.2016)
Gödde, G. (1999). *Traditionslinien des »Unbewussten«. Schopenhauer – Nietzsche – Freud*. 2. Aufl. Gießen: Psychosozial-Verlag 2009.
Horkheimer, M. & Adorno, Th.W. (1947). *Dialektik der Aufklärung*. Frankfurt/M.: Fischer 1988.
Marquard, O. (1987). *Transzendentaler Idealismus, Romantische Naturphilosophie, Psychoanalyse*. Köln: Dinter.
Pongratz, L. (1984). *Problemgeschichte der Psychologie*. 2. Aufl. München: Francke.
Safranski, R. (2007). *Romantik. Eine deutsche Affäre*. München: Hanser.
Zimmer, R. (1999). *Die europäischen Moralisten zur Einführung*. Hamburg: Junius.
Zirfas, J. (2012). Anthropologie als Projekt der Psychologie. Immanuel Kants Anthropologie in pragmatischer Hinsicht abgefasst. In M. B. Buchholz & G. Gödde (Hrsg.), *Der Besen, mit dem die Hexe fliegt. Wissenschaft und Therapeutik des Unbewussten. Band 2* (S. 221–247). Gießen: Psychosozial-Verlag.
Zirfas, J., Klepacki, L. & Lohwasser, D. (2014). *Geschichte der Ästhetischen Bildung. Band 3: Aufklärung*. Paderborn: Schöningh.

## Wegbereiter der Lebensphilosophie im 19. Jahrhundert

Neben den beiden aus der Aufklärung und der Romantik stammenden Traditionslinien des Unbewussten kann man eine dritte Traditionslinie annehmen, die eng mit den beiden Philosophen Schopenhauer und Nietzsche verknüpft ist und in der weiteren Entwicklung zu Freud verlängert werden kann.

Diese Denktradition ist aus einer Gegenposition sowohl zur idealistischen Vernunft- als auch zur romantischen Naturphilosophie erwachsen. Schopenhauer hat die herkömmliche Rangordnung von Geist und Triebnatur geradezu auf den Kopf gestellt: Der Mensch sei seinen egoistischen Begierden, seinem »Willen zum Leben«, unterworfen und könne dem mit seinem »Intellekt« wenig entgegensetzen. Der Wille, der als triebhaft, blind und erkenntnislos charakterisiert wird, sei stets das Primäre und Fundamentale. Ihm gegenüber erweise sich der Intellekt durchweg als das Sekundäre, Untergeordnete und Bedingte. Dieser Nachweis sei umso nötiger, als alle seine philosophischen Vorläufer

> »das eigentliche Wesen oder den Kern des Menschen in das *erkennende* Bewußtsein setzen, und demnach das Ich oder bei vielen [...] die Seele als das zunächst und wesentlich *erkennend*, ja *denkend*, und erst in Folge hiervon, sekundärer und abgeleiteterweise, als *wollend* aufgefaßt und dargestellt haben« (Schopenhauer, 1844, S. 232).

Dass in Schopenhauers Metaphysik eine neuartige Psychologie des Unbewussten enthalten ist, liegt maßgeblich an seiner Lehre vom »Primat des Willens« und der untergeordneten Stellung des Intellekts. Die darin liegende Pointe brachte er auf die Formel: »Was dem Herzen widerstrebt, läßt der Kopf nicht ein« (ebd., S. 244).

Nietzsches Beziehung zu Schopenhauer lässt sich mittels zweier sich ergänzender Modelle verstehen: Einerseits bietet sich das Modell eines Schüler-Lehrer-Verhältnisses an, da der junge Nietzsche selbst durchgängig von Schopenhauer als seinem »Lehrer«, »Erzieher« oder »Vorbereiter« spricht. Andererseits verwendet Nietzsche in seiner späteren Auseinandersetzung mit Schopenhauer (und anderen Gegenspielern) das Modell eines schonungslosen »Wettkampfs« und »Antagonismus« mit dem Ziel der Wahrheits- und Wertfindung (Salaquarda, 1984, S. 19f.).

Waren in Nietzsches Frühwerk noch »romantische« Vorstellungen vom Unbewussten als dem gegenüber dem Bewusstsein Ursprünglicheren, Höheren und Echteren enthalten, so distanziert er sich in einer zweiten – »aufklärerischen« – Entwicklungsphase immer stärker von den metaphysischen Grundannahmen Schopenhauers und gelangt zur Konzeption eines Triebunbewussten:

> »Wie weit Einer seine Selbsterkenntnis auch treiben mag, Nichts kann doch unvollständiger sein, als das Bild der gesammten Triebe, die sein Wesen constituiren. Kaum, dass er die gröberen beim Namen nennen kann: ihre Zahl und Stärke, ihre Ebbe und Fluth, ihr Spiel und Widerspiel unter einander, und vor Allem die Gesetze ihrer Ernährung bleiben ihm ganz unbekannt« (Nietzsche, 1881, S. 111).

Weiter fragt sich, ob »auch unsere moralischen Urtheile und Werthschätzungen nur Bilder und Phantasien über einen uns unbekannten physiologischen Vorgang sind« und ob nicht »all unser sogenanntes Bewusstsein ein mehr oder weniger phantastischer Commentar über einen ungewussten, vielleicht unwissbaren, aber gefühlten Text ist« (ebd., S. 113). In diesem Kontext stellt Nietzsche die Vorrangstellung des Bewusstseins im Seelenleben radikal infrage und vollzieht damit eine Umwertung des von Descartes über Kant bis hin zur Psychologie des späten 19. Jahrhunderts so hoch angesetzten Wertes des Bewusstseins.

Im Spätwerk bezeichnet er es als ein »Grundmissverständnis Schopenhauers«, dass er die Begierde für das »Wesentliche« am Willen gehalten, dadurch zu einer »Werterniedrigung des Willens bis zur Verkümmerung« gelangt sei und im Nicht-mehr-Wollen »etwas Höheres, ja das Höhere« (1885–87, S. 435) gesehen habe. Er hingegen sehe im »Willen zur Macht« eine über die bloße Selbst- und Arterhaltung hinausgehende Tendenz alles Lebendigen, die eigene Machtsphäre nach allen Seiten zu erweitern.

Zusammenfassend kann man im Hinblick auf Schopenhauers und Nietzsches Philosophie von der Denktradition eines *triebhaft-irrationalen Unbewussten* sprechen (vgl. Gödde, 1999, S. 57ff.). Natürlich kann es sich bei dieser Aufteilung nur um eine Groborientierung handeln und man kann spätere Autoren, sei es aus der Schopenhauer-, der Nietzscheforschung oder der Psychoanalyse, nicht einfach der einen oder anderen Traditionslinie zuordnen. Tatsache ist aber, dass sich in den tiefenpsychologischen Richtungen sehr unterschiedliche Theorien herausgebildet haben, je nachdem, wie sich die Nachfolger Freuds im Spannungsfeld von Aufklärung, Romantik und Lebensphilosophie und hinsichtlich der Psychologien von Trieb, Ich, Objektbeziehungen, Selbst und Intersubjektivität positioniert haben.

In unserem Kontext erscheint es wesentlich, dass sich trotz gemeinsamer lebensphilosophischer Grundannahmen bei Schopenhauer und Nietzsche so unterschiedliche, ja gegensätzliche Konzeptionen der Lebenskunst herausgebildet haben.

### Arthur Schopenhauer: Erlösung von der Triebhaftigkeit

Arthur Schopenhauer ist in den modernen Diskussionen der Lebenskunst ein durchaus beachteter Autor. Allerdings macht er es seinen Lesern nicht unbedingt einfach, ist doch seine Konzeption von einem durchgängigen Pessimismus gekennzeichnet. Dieser Pessimismus drückt sich darin aus, dass er einer der wesentlichen Philosophen des Unglücks ist, dass er in seinen Schriften der Misanthropie einen starken Ausdruck verleiht und dass er schließlich den Modellen der praktischen Umsetzung eines geglückten Lebens recht skeptisch gegenübersteht.

## Zur Biografie

Arthur Schopenhauer wurde am 22. Februar 1788 in Danzig geboren und starb am 21. September 1860 in Frankfurt am Main. Sein Vater war der angesehene Kaufmann und »Königlich polnische Hofrat« Heinrich Floris Schopenhauer. Die Mutter Johanna Schopenhauer war beinahe 20 Jahre jünger und reüssierte nach dem Tod ihres Mannes als viel gelesene Reise- und Romanschriftstellerin. Nach einer Bildungsreise mit den Eltern im Alter von 15 bis 16 Jahren, die ihn von 1803 bis 1804 durch Holland, England, Frankreich, die Schweiz, Österreich, Schlesien und Preußen führte, folgte er dem Wunsch des Vaters und trat in eine Kaufmannslehre ein. Volljährig geworden bekam Schopenhauer seinen Anteil am väterlichen Erbe ausgezahlt. Durch dieses ansehnliche Erbe war er frei von finanziellen Sorgen. 1809 begann er an der Universität Göttingen ein Studium der Medizin, das er jedoch bald zugunsten der Philosophie aufgab. Auf Anraten seines Universitätslehrers Gottlob Ernst Schulze konzentrierte er sich zunächst ganz auf Platon und Kant. Eine weitere Weichenstellung für sein philosophisches Denken ergab sich aus der Beziehung zu dem Orientalisten Friedrich Majer, der ihn mit der altindischen Philosophie, dem Brahmanismus und den Upanishaden bekannt machte. Von 1814 bis 1818 widmete er sich der Ausarbeitung seines Hauptwerks *Die Welt als Wille und Vorstellung*. 1820 brachte er seine Habilitation zum Abschluss und begann an der noch jungen Berliner Universität zu lehren, wobei es zu dem berühmten Streit mit Hegel kam. Er setzte seine Vorlesungen zeitgleich mit denen Hegels an, was ihm nur wenige Zuhörer einbrachte, da die Studenten überwiegend Hegel bevorzugten. Er verließ Berlin und die Universität 1821, kehrte aber 1825 nach Berlin zurück und nahm einen neuen Anlauf zur Dozentenkarriere, erntete aber wieder einen Misserfolg. 1833 ließ er sich endgültig in Frankfurt am Main nieder. Von 1840 bis 1843 schrieb er Ergänzungen zu seinem Hauptwerk und veröffentlichte 1844 die wesentlich umfassendere zweite Auflage des Hauptwerks in vier Bänden. 1851 erschien das Spätwerk *Parerga und Paralipomena* mit dem Hauptstück *Aphorismen zur Lebensweisheit*. Erst jetzt begann Schopenhauer berühmt zu werden und so konnte er sich in den letzten Lebensjahren noch an dem erfreuen, was er die »Komödie meines Ruhms« nannte.

## Der Zirkel des Leidens bei Bejahung des Willens

Als Kind wuchs Arthur Schopenhauer zwischen einem strengen und emotional fernstehenden Vater, der an Depressionen litt und sich später das Leben nahm, und einer geselligen und lebenslustigen Mutter auf, die sich durch die ständig fordernde Gegenwart ihres Sohnes zunehmend bedrängt und in ihrer individuellen Selbstentfaltung beschnitten fühlte. An Geborgenheit und Liebe hat es Schopenhauer in seinem Elternhaus sehr gefehlt, nicht aber an Stolz und Selbstbewusstsein. Man kann annehmen, dass »von Anfang an eine Gestimmtheit in ihm ist, die ihm nicht erlaubt, Leben als Wärme zu empfinden [...]. Es ist ein Kältestrom, der durch ihn hindurchgeht und auf dem er treibt« (Safranski, 1987, S. 31). Arthur war kein Kind »zum Anfassen«. Er blieb auf Distanz zur Welt, war von Misstrauen erfüllt. Seine Stärke war das rationale Element, der Wissensdrang, das theoretische Interesse. Auf diesem Gebiet kompensierte er.

In Schopenhauers Leben hat die existenzielle Erfahrung der Zerrissenheit eine entscheidende Rolle gespielt. Je stärker er sich von der eigenen Natur, den sexuellen und narzisstischen Triebwünschen, den »affaires du coeur« überrumpelt fühlte, desto mehr suchte er seine Unabhängigkeit wiederzuerlangen. Um sich von dem als erniedrigend erlebten »empirischen Bewusstsein« zu befreien, strebte er nach einem »*besseren Bewusstsein*«, in dem er über seine Begierden erhaben sein konnte. Seine ganze philosophische Leidenschaft galt dem Projekt, zu begreifen, weshalb und inwiefern wir Menschen zwischen zwei Welten zerrissen sind: zwischen der Welt der »Vorstellung« und der Welt des »Willens«.

Schopenhauer spricht von der Macht des »*unbewussten Willens*«, der via Rationalität und Einsicht nur begrenzt erkennbar und steuerbar sei. Im Unterschied zu Kant, der von einem durch Vernunft geleiteten Willen ausging, löst Schopenhauer den Willen von der Vernünftigkeit ab, ja bringt ihn in eine Gegenstellung zur traditionellen Geistvernunft. Der Wille zum Leben sei gerade nicht vernünftig, sondern triebhaft und irrational, ja sogar blind. Er dränge zu immer neuem Wollen, das nie zur Ruhe komme und nie befriedet werde.

Schopenhauers philosophischer Grundgedanke besteht darin, dass die Welt des Willens – die ständig andrängenden Triebe, insbesondere die egoistischen Begierden, sowie die leibhaftigen Affekte, Gefühle und Leidenschaften – im Verhältnis zur Welt der Vorstellung – dem Rationalen, Geistigen, Erkenntnis- und Vernunftmäßigen – das Natürliche, Primäre und eigentlich psychisch Reale sei. Sein Leitthema ist die Unersättlichkeit des Willens, der uns unaufhörlich in Richtung Selbsterhaltung und Fortpflanzung drängt. Der Mensch sei daher gleichsam ein »Galeerensklave« des Willens. Wenn er sich mit der »Bejahung« des Willens arrangiere, dann drehe sich in seinem Leben alles um das »*Wollen*«. Wollen sei Verlangen und Verlangen sei Ausdruck mangelnder Triebbefriedigung. Werde eine Befriedigung der Triebe erreicht, trete alsbald Sättigung und Langeweile ein (vgl. Gödde, 1999).

Als Mitspieler im großen Weltendrama, das der Wille mit sich selbst aufführt, haben handelnde Wesen immer schon ein bestimmtes Rollenschema übernommen. Als häufigste, zunächst und zumeist von nahezu allen Menschen eingenommene Haltung betrachtet Schopenhauer den *Egoismus*. Der Egoist möchte existieren und glücklich sein – alles andere ist ihm nahezu gleichgültig. Es ist ihm nicht unbedingt darum zu tun, andere zu benachteiligen oder zu verletzen; aber er schreckt letztlich auch nicht davor zurück, sofern es seiner Selbstbehauptung dient.

Wenn sich der Egoismus allerdings zur Verneinung anderer Menschen bis hin zur *Bosheit* und *Grausamkeit* steigert, ist das fremde Leiden nicht mehr nur Mittel zur Erlangung der Zwecke des eigenen Willens, sondern Zweck an sich. Für diese Haltung reserviert Schopenhauer die Bewertung »böse« wegen der außergewöhnlichen Heftigkeit des Wollens, die sich darin ausdrückt, sowie wegen der gänzlichen Unempfindlichkeit für das Leiden anderer. Da sich jedes Individuum, wenn es den Willen bejaht, egoistisch verhält, kommt es unter den Menschen notwendig zu Konflikt, Kampf und Krieg, die sich zu aggressiven Taten mit unabsehbaren Leiden steigern können. Demnach münde das Wollen, egal ob es (längerfristig) unerfüllt oder (kurzfristig) erfüllt sei, geradezu zwangsläufig in einen *Zirkel des Leidens* ein. Leiden jedoch wird vom wollenden Menschen ausdrücklich abgelehnt, denn das Leben bejahen zielt auf Befriedigung, Wohlsein und Glück. Erreicht wird aber das Gegenteil (vgl. Malter, 1988).

*Auswege aus dem Zirkel des Leidens – Schopenhauers Erlösungslehre*

Auf der Suche nach Auswegen aus dem Zirkel des Leidens hat Schopenhauer drei Möglichkeiten ins Auge gefasst, die den Menschen *Erlösung* vom Leiden am Willen verschaffen können (vgl. Gödde, 2003a, S. 260ff.).

*1. Befreiung vom Wollen durch Akte des Erkennens (ästhetische Kontemplation):*
Eine richtungsweisende Erfahrung machte Schopenhauer als 16-Jähriger bei einer Besteigung des Pilatus, eines hohen Berges in der Schweiz:

> »Alle kleinen Gegenstände verschwinden, nur das große behält seine Gestalt bei [...]. Dinge, die unten so groß scheinen, die Gegenstände vieler Bemühungen und Entwürfe sind, sind, wenn man oben steht verschwunden; und die Herrn der Schöpfung, welche unten so gewaltig treiben, kann man jetzt nicht mehr entdecken [...]. Die Welt so von oben zu überschauen, ist ein eigentümlicher Anblick,

## 2 Philosophien der Lebenskunst

daß ich denke, daß er für den, der von Sorgen gedrückt ist, etwas sehr tröstliches haben muß« (Schopenhauer, 1803–1804, S. 196).

Jener Typus von Wissen, der auf erhabenen Bergeshöhen, also im Naturerleben, aber auch in der Kunstbetrachtung und -gestaltung möglich ist, ist für Schopenhauer die *Kontemplation*, das ästhetische Abstandnehmen, die Entrückung in eine höhere – geistige – Welt. In diesem Sinne schreibt er: »Sehe ich den Berg, mit blauem Himmel dahinter und Sonnenstrahlen auf dem Gipfel, so bin ich nichts als dieser Berg, dieser Himmel, diese Strahlen: und das Objekt erscheint, rein aufgefaßt, in unendlicher Schönheit« (zit.n. Safranski, 1995, S. 110f.). Das betrachtende Subjekt löst sich in der Kontemplation aus der quälenden Abhängigkeit vom Willen. Dadurch kommt es zu einer partiellen Erlösung in einem doppelten Sinne: Die Kontemplation gewährt einerseits eine intuitive ganzheitliche Erkenntnis, die das eng Rationale überschreitet, und vermittelt andererseits einen Gemütszustand, welcher der Willensqual und Bedürftigkeit des Einzelnen – wenngleich nur vorübergehend – ein Ende macht.

*2. Befreiung im moralischen Verhalten (Moral des Mitleids):*
Im Egoismus findet der unerlöste Wille für Schopenhauer seinen stärksten Ausdruck. Im *Mitleid* hingegen dokumentiert sich die Durchschauung der die Individuen trennenden Erscheinungsformen. Auch hier geht es um eine intuitive Erkenntnis, nämlich die Erfahrung, dass man den Anderen als mit sich identisch erkennt. Der stehende Ausdruck für diese Erfahrung ist im Sanskrit »tat-twam asi«, d.h. »dies bist du«. Für den, der die Erfahrung des Mitleids gemacht hat, gilt:

> »Es ist nicht mehr das wechselnde Wohl und Wehe seiner Person, was er im Auge hat [...]. Er erkennt das Ganze, faßt das Wesen derselben auf, und findet es in einem steten Vergehen, nichtigem Streben, innerm Widerstreit und beständigem Leiden begriffen, sieht, wohin er auch blickt, die leidende Menschheit und die leidende Thierheit, und eine hinschwindende Welt. Dieses Alles liegt ihm jetzt so nahe wie dem Egoisten nur seine eigene Person« (Schopenhauer, 1819, S. 469).

Durch uneigennütziges Handeln zum Wohle anderer fühle

> »sich das Herz erweitert, wie durch den Egoismus zusammengezogen [...]. Durch den also verminderten Anteil am eigenen Selbst wird die ängstliche Sorge für dasselbe in ihrer Wurzel angegriffen und beschränkt: daher die ruhige, zuversichtliche

Heiterkeit, welche tugendhafte Gesinnung und gutes Gewissen gibt, und das deutlichere Hervortreten derselben bei der guten Tat [...]. Der Gute lebt in einer Welt befreundeter Erscheinungen: das Wohl eines jeden derselben ist sein eigenes« (ebd., S. 463).

3. *Befreiung durch innere Wandlung (Verneinung des Willens durch Askese)*:
Durch den überindividuellen Blick auf die Allgemeinheit des Leidens eignet sich der gute Mensch »den Schmerz der ganzen Welt« zu. Aus diesem erkennenden Hellsichtigsein kann sich eine erlösende Wandlung vom Wollen zum Nicht-mehr-Wollen vollziehen. Dazu bedarf es nach Schopenhauer einer konsequenten *»Verneinung des Willens«*, des Übergangs von der Tugend zur *Askese*. Der Entsagende hört auf, irgendetwas zu wollen, hütet sich, an irgendetwas sein Herz zu hängen. Auf diese Weise sucht er die »größte Gleichgültigkeit gegen alle Dinge in sich zu befestigen« (Schopenhauer, 1819, S. 471). So plädiert Schopenhauer für eine Lebenseinstellung, die auf Willenlosigkeit abzielt, indem das Individuum »alle die tausend Fäden des Wollens, welche uns an die Welt gebunden halten und als Begierde, Furcht, Neid, Zorn uns hin und her reißen, unter beständigem Schmerz« abschneidet (ebd.).

Die Lebensform des radikalen Asketen entspricht Schopenhauers persönlicher Idealvorstellung, die er allerdings in seinem eigenen Leben nie anvisiert, geschweige denn erreicht hat.

## Schopenhauers Unglücksvermeidungslehre

Neben seiner zentralen Erlösungslehre hat Schopenhauer in seinem Hauptwerk (1819) eine sehr skeptische Konzeption der menschlichen Glücksmöglichkeiten entworfen, die er dann in seinem Spätwerk, insbesondere in den *Aphorismen zur Lebensweisheit* (1851b), mit weniger pessimistischem Akzent weiter ausgearbeitet hat.

In seiner Willensmetaphysik geht Schopenhauer von der *»Negativität«* des Glücks aus: »Alle Befriedigung oder was man gemeinhin Glück nennt, ist eigentlich und wesentlich immer nur negativ und durchaus nie positiv« (1819, §58, S. 376). Die Negativitätsthese bedeutet, dass *nur* Schmerz und Leiden als tatsächlich erlebte Erfahrungen anzusehen sind, während Glück und Lust im Wesentlichen nur in der Überwindung von Leiden und Unglück erlebbar sind. Im Rahmen seiner Willensmetaphysik betont Schopenhauer, der Mensch solle nicht nach Glück streben, weil das den Zirkel des Leidens nur noch schlimmer mache, sondern sich mit der Vermeidung von Unglück begnügen. In diesem Kontext wird deutlich, dass Schopenhauers pessimistische Glückslehre in der Tradition der stoizistischen Philosophie steht. Ähnlich wie den Stoikern ging es ihm in erster Linie darum, den Menschen gegen Unglück zu wappnen (vgl. Morgenstern, 2008b).

Auch das Glück der Erlösung wird nur in negativen Formulierungen wie »Willenlosigkeit«, »Ruhe« und »Entsagung« umschrieben (ebd., S. 117). Die Einübung in die *Willenlosigkeit* nötigt zum Verzicht auf das Glück, jedenfalls auf die Glückserwartungen, die an das Wollen geknüpft sind. Schopenhauer bewertet das Streben nach Glück – Lust, Genuss, sinnliche Freuden – negativ, weil es einerseits einer Schimäre nachjagt und andererseits das genaue Gegenteil zur Folge hat, nämlich Leiden und Schmerzen.

Zwar wird im Hauptwerk auch das Glück der Kontemplation und der geistigen Freuden und Genüsse ins Blickfeld gerückt, aber erst in den *Aphorismen* verwendet Schopenhauer »bei der Beschreibung geistigen Glücks auch positive Ausdrücke für Emotionen und Empfindungen [...]. So spricht er nicht nur von ›Freude‹, ›Genuss‹ und ›Wohlgefallen‹, sondern er bezeichnet die Wirkung der Kunst unter anderem als ›erquickend‹ und ›aufrichtend‹« (Morgenstern, 2008a, S. 128; s. a. Schopenhauer, 1819, S. 232).

Die *Aphorismen zur Lebensweisheit* sind die wichtigste Schrift innerhalb der Aufsatzsammlung *Parerga und Paralipomena*, die man als Schopenhauers zweites großes Hauptwerk betrachten kann (Zimmer, 2010, S. 211). Sie machten aufgrund ihrer populären Sprache Schopenhauer einer breiten Öffentlichkeit und vor allem auch in Künstlerkreisen bekannt. Dieses Werk steht »literarisch in der essayistischen Tradition Plutarchs und Montaignes und vertritt eine skeptisch-distanzierte Menschen- und Weltsicht in der Tradition der romanischen Moralistik von Gracián über La Rochefoucauld und Voltaire bis zu Chamfort« (Zimmer, 1999, S. 134; s. a. Zimmer, 2010, Kap. 6). Die *Aphorismen* haben die Absicht zu zeigen, wie »das Leben möglichst angenehm und glücklich durchzuführen [sei], die Anleitung zu welcher auch Eudämonologie genannt werden könnte« (Schopenhauer, 1851b, S. 343). Dabei geht es, und das wird dem Leser bald deutlich, nicht um die Verwirklichung eines (vollkommen) glücklichen Lebens, sondern um eine Minimierung des mit dem Leben notwendig verbundenen Leidens: Wir können hier von einer indirekten Glückslehre oder von einer »*Unglücksvermeidungslehre*« (Morgenstern, 2008a, S. 117) sprechen. Denn Schopenhauer versteht unter Leben eine Pendelbewegung, die zwischen Bedürfnis und Langeweile als »letzte Bestandtheile« aufgespannt ist und von einem blinden Urwillen immer wieder angetrieben wird (1819, S. 390). Wenn alles Leben grundsätzlich mit Leiden verknüpft ist, so muss die Lebenskunst resignierend zur Kenntnis nehmen, dass es ein vollkommen glückliches Leben nicht geben kann. Grundsätzlich ist Glück immer negativ, weil es auf einen Wunsch und einen Mangel bezogen bleibt; Glück ist weniger als Glück im Unglück, ist – wenn man so will – ein glückliches Unglück; und während wir das Bedürfnis unmittelbar spüren, ist Glück für ihn nur eine mittelbare Empfindung (ebd., S. 399ff.). Für Schopenhauer hat die grundsätzliche Versagung eines vollkommen positiven Glücks eine lebenspraktische Entsagung zur Folge, ein Sich-Abfinden mit den Geschicken des Lebens. Im Folgenden werden einige seiner pessimistischen Glückseinschätzungen aufgeführt (vgl. Zirfas, 1993, S. 49ff.):

Glück ist für ihn zunächst ein Schein: »Die allermeisten Herrlichkeiten sind bloßer Schein, wie die Theaterdekoration, und das Wesen der Sache fehlt. [...] Alles ist Aushängeschild, die Andeutung, die Hieroglyphe der *Freude*: aber die Freude ist daselbst nicht zu finden: sie allein hat beim Feste abgesagt« (Schopenhauer, 1851a, S. 447). Bei näherer Betrachtung zeigt sich also, dass jedes Glück in seinem Kern nichtig und leer ist. Das Glück (als vollkommene Befriedigung) kann als solches nur in der Vorstellung, nicht aber im gelebten Leben existieren. In diesem Sinne lässt sich Glück als ein Missverständnis auffassen. Der Mensch wird durch das erhoffte Glück erst *getäuscht* und dann durch das reale *enttäuscht*. Das Glück ist nicht so, wie man es sieht, und es ist nicht, weil es durch die Zeit das Gepräge des Nichtseins hat.

Sodann formuliert Schopenhauer die Hypothese, dass es mehr Voraussetzungen für das Unglück als für das Glück gebe, woraufhin der Mensch in der Regel gezwungen sei, unglücklich zu werden. Das über den Menschen verhängte Schicksal zeitigt mehr Unglück als Glück. Äußere Zufälle und Gefahren (Krankheit, Alter, Tod) vereiteln permanent die Quellen möglichen Glücklichseins. Da ohnehin die Gesundheit für Schopenhauer die Basis des Glücksempfindens darstellt: »Ueberhaupt aber beruhen 9/10 unseres Glücks allein auf der Gesundheit« (ebd., S. 356), kann sich der Mensch des Lebens nur erfreuen, wenn er gesund ist – was allerdings i. d. R. seinem Bewusstsein entgeht (1851b, S. 317f.).

Zu der pessimistischen Struktur unseres Lebens trägt zudem bei, dass wir uns der vorhandenen Genüsse durch die Gewohnheit schon längst nicht mehr bewusst werden, während wir noch nicht erlangte oder verlorene Genüsse schmerzlich fühlen. Der Genuss bleibt permanent auf seinen Verlust, auf den Mangel an Genuss bezogen. Und je größer die Lust, desto größer die Gefahr seines Verlusts. Jede Lust ist, da sie immer auf einen unendlichen Zustand von Lust bezogen bleibt, ständig gefährdet, als langweilig und schmerzhaft erlebt zu werden.

Der nächste Grund, den Schopenhauer angibt, ist der der zeitlichen Verfassung unseres Bewusstseins. Wir erfreuen uns an den Dingen immer nur dann, wenn wir sie erhoffen oder gerade eingebüßt haben. Wir sind gezwungen, das Glück mittelbar wahrzunehmen, der Wert der Dinge wird uns erst dann bewusst, wenn wir sie verloren haben oder aber wenn wir sie erhoffen.

Der Pessimismus Schopenhauers behauptet in einer weiteren Variante, dass das Unglück des Menschen das Glück (bei Weitem) überwiege: Es gibt für ihn mehr unglückliche als glückliche Momente. Die Vertreter dieser Ansicht könnte man die »Buchhalter des Unglücks« nennen. Sie errechnen für jedes Leben eine negative Glücksbilanz, d. h., unter dem Strich gibt es für sie keinen glücklichen Menschen. Auch Schopenhauer ist solch ein »Buchhalter des Unglücks«. Ob es nun – rein rechnerisch – tatsächlich mehr Glück als Unglück gebe, ist seiner Philosophie insofern ein zweitrangiges Problem, als ein einziges Übel

> »nie durch das daneben oder danach vorhandene Gute getilgt, mithin auch nicht ausgeglichen werden kann. [...] Denn, dass Tausende in Glück und Wonne gelebt hätten, hübe ja nie die Angst und Todesmarter eines Einzigen auf: und eben so wenig macht mein gegenwärtiges Wohlseyn meine früheren Leiden ungeschehn« (Schopenhauer, 1844, S. 674).

Die praktischen Möglichkeiten, durch Lebenskunst sein Glück zu verwirklichen, sind angesichts dieses grundlegenden Pessimismus eingeschränkt. Schopenhauer empfiehlt daher eine abgeklärte Haltung zum Leben, wie sie etwa in der theoretischen Existenz eines Philosophen, der sich eine distanzierende Haltung gegenüber der Realität bewahrt hat, oder der Existenz eines Künstlers, der sich von den Leiden der Wirklichkeit in seine ästhetische Kontemplation oder seine künstlerische Praxis zurückgezogen hat, zum Ausdruck kommt. Sie ermöglichen es (punktuell) jenem Urwillen zu entkommen, der der grundlose Grund für den tiefen Schmerz und die bodenlose Langeweile des Menschen bildet.

In den *Aphorismen* werden drei Quellen des Glücks unterschieden: Persönlichkeit und Temperament (»was einer ist«), Ansehen und Geltung (»was einer vorstellt«) sowie Besitz (»was einer hat«). Den höchsten Rang erhält das Glück der Persönlichkeit:

> »Was einer in sich ist und an sich selber hat, kurz die Persönlichkeit und deren Wert, ist das alleinige Unmittelbare zu seinem Glück und Wohlseyn. Alles andere ist mittelbar; daher auch dessen Wirkung vereitelt werden kann, aber die der Persönlichkeit nie« (Schopenhauer, 1851a, S. 343).

Die geistigen Fähigkeiten seien die Hauptquelle ihres Glücks. Dazu rechnet Schopenhauer explizit »auch Philosophie und Wissenschaft, sofern sie sich aus reinem Erkenntnisinteresse der Welt zuwenden« (Morgenstern, 2008a, S. 128).

## Schluss: Empirie und Transzendenz

Man kann annehmen, dass es in Schopenhauers philosophischer Entwicklung zwar keinen Bruch, aber doch eine behutsame Distanzierung vom radikalen Pessimismus seiner Jugend gegeben hat. Seine Ausführungen über Kunst, Persönlichkeit, Temperament und Heiterkeit zeigen, dass er in seinem Spätwerk *positive* Glückserfahrungen faktisch anerkennt, während das übergeordnete Ziel der Erlösung und der Wert des stoischen Gleichmuts eher in den Hintergrund treten.

Glücks- und Erlösungslehre lassen sich zwei verschiedenen Stufen zuordnen: die Erlösungslehre (§68–72) der Stufe der Willensverneinung, die von den allermeisten Menschen nicht erreicht wird, die Glückslehre (§56–58) hingegen der Stufe der alltäglichen Lebensbewältigung (Morgenstern, 2008a, S. 118; Zimmer, 2010). Der späte Schopenhauer hat sich aus einem harten Pessimisten in einen eher gelassenen Realisten verwandelt, der »die Menschen nicht nur vor den Illusionen und Irrwegen des Glücksstrebens bewahren will, sondern zugleich auch auf Erfahrungen aufmerksam macht, die um ihrer selbst willen erstrebens- und lebenswert sind« (Morgenstern, 2008a, S. 134).

Schopenhauer hat mit Hypothesen gearbeitet, die teilweise über den Bereich des Erfahrbaren hinausgingen, aber durch empirische Befunde so weit wie möglich bestätigt werden sollten. Damit hat er die Weichen für eine erfahrungsbasierte *»induktive«* Metaphysik gestellt und darüber hinaus eine Form *»expressiver Beschreibung«* entwickelt, die hochgradig subjektiv und individuell ist und dem Einzelnen dazu dient, sich »über seine höchstpersönliche Existenz klar zu werden, sich mit seiner individuellen Erfahrung der Welt auseinanderzusetzen und seiner ureigensten Betroffenheit von den Zielsetzungen der Welt (vor allem seiner unausweichlichen Endlichkeit) Ausdruck zu geben« (Birnbacher, 2009, S. 15). Freud steht dieser hypothetisch-induktiven und expressiv-existenziellen Metaphysik Schopenhauers nahe, auch wenn er auf der Basis umfangreicher klinischer Erfahrungen eine eigenständige und systematisierte psychologische Konzeption des Unbewussten entwickelt hat (Wucherer-Huldenfeld, 1990; Gödde, 1999). Marcel Zentner vermutet, dass das, was die Psychoanalyse am Ende des 20. Jahrhundert lieferte, zu Ende des 19. Jahrhunderts die Philosophie Schopenhauers bot, »indem sie dem herrschenden pragmatischen, äußerlich-experimentellen

Zugang zur Natur des Menschen unsere subjektive Erlebniswelt, bestehend aus Liebe, dem Bedürfnis nach Sex, Aggressionen, Wünschen, Emotionen, Phantasien und dem Bedürfnis nach Transzendenz entgegenhält« (1995, S. XI).

## Friedrich Nietzsche: Die große Loslösung

Friedrich Nietzsche gilt als einer der bedeutenden Philosophen der Moderne und als ein zentraler Autor einer zeitgenössischen Lebenskunstphilosophie. Er kam aus der Philologie zur Philosophie und hat sich später auch intensiv mit der Medizin und den modernen Naturwissenschaften auseinandergesetzt. Dennoch hat er sich der vorherrschenden »Wissenschaftsgläubigkeit« vehement entgegengestellt und als Lebensphilosoph dafür plädiert, dass »zum wissenschaftlichen Denken sich auch noch die künstlerischen Kräfte und die practische Weisheit des Lebens hinzufinden [müssen, damit] ein höheres organisches System sich bildet« (Nietzsche, 1882, S. 474). Für sein Werk ist die aphoristische Form charakteristisch, in der er zentrale abendländische Gedankengebäude der Religion, der Moral, der Erkenntnis, der Kunst und der Bildung auf ihre psychologischen und leiblichen Voraussetzungen und Konsequenzen hin durchdachte.

Auch bei Nietzsche spielt – wie in den antiken Philosophien und wie bei Montaigne, den er sehr verehrte – die »Selbstsorge« durchgängig eine zentrale Rolle. So gab er die berühmte Losung aus: »Werde, der du bist.« Das klingt wie das Delphische Orakel. Wie soll man aber das eigene Selbst finden? Das kann nach Nietzsche nicht bedeuten, sich viele Häute abzuziehen, um von der Schale zum Kern vorzudringen bzw. sich anzugraben und in den Schacht seines Wesens hinabzusteigen. Er meinte dazu: »Dein wahres Wesen liegt nicht tief verborgen in dir, sondern unermesslich hoch über dir.« Er selbst habe sich Schopenhauer als »Erzieher« ausgesucht und damit »*das freiwillige Leiden der Wahrhaftigkeit auf sich*« genommen (Nietzsche, 1874, S. 340f., 371). Sein Begriff »Übermensch« ist das Sinnbild dafür, dass das Wesen des Menschen noch vor ihm liegt, noch erreicht werden muss. Dass dieser Begriff – wie einige andere auch, die er geprägt hat – bspw. Wille zur Macht, Herrenmensch, Umwertung der Werte – im Nationalsozialismus politisch instrumentalisiert wurde, spricht nicht prinzipiell gegen eine Aufnahme seiner Überlegungen in den Kontext einer zeitgenössischen Lebenskunst. Allerdings sollten dabei Untertöne der Begriffe und Argumentationen, die eine solche Instrumentalisierung begünstigen, kritisch verhandelt werden – was zum Teil durch Nietzsches metaphorische Schreibweise gelegentlich erschwert wird.

## Zur Biografie

Friedrich Nietzsche wurde am 15. Oktober 1844 als Sohn eines protestantischen Landpfarrers und einer noch nicht 19-jährigen Mutter in Röcken (Sachsen) geboren. Sein Elternhaus kann als ein »Hort protestantischer Frömmigkeit« bezeichnet werden (Safranski, 1997, S. 52). Nietzsche war noch nicht ganz fünf Jahre alt, als sein Vater starb. Er wuchs fortan in einer weiblich dominierten Welt auf, unter der Obhut seiner Mutter, seiner zwei Jahre jüngeren Schwester Elisabeth und der beiden älteren, unverheirateten Schwestern des Vaters.

In Nietzsches Lebensrückblick ist von einem zweiten »Wendepunkt« nach dem Tod des Vaters die Rede. Als 14-Jähriger trat er in das elitäre Internat von Schulpforta nahe Naumburg ein. Hier fand er ein, wie er selbst formulierte,

»Surrogat der Väterlichen Erziehung [...], die uniformirende Disziplin einer geordneten Schule. Gerade aber dieser fast militärische Zwang, der [...] das Individuelle kühl und oberflächlich behandelt, führte mich wieder auf mich selbst zurück. Ich rettete vor dem einförmigen Gesetz meine privaten Neigungen und Bestrebungen, ich lebte einen verborgnen Kultus bestimmter Künste, ich bemühte mich in einer überreizten Sucht nach universellem Wissen und Genießen die Starrheit einer gesetzlich bestimmten Zeitordnung und Zeitbenutzung zu brechen. Es fehlte an einigen äußern Zufälligkeiten; sonst hätte ich es damals gewagt, Musiker zu werden.«

Am Ende der Gymnasialzeit habe er aber »alle künstlerischen Lebenspläne« aufgegeben und in die so entstandene Lücke sei dann die Philologie getreten:

»Ich verlangte nämlich nach einem Gegengewicht gegen die wechselvollen und unruhigen bisherigen Neigungen, nach einer Wissenschaft, die mit kühler Besonnenheit, mit logischer Kälte, mit gleichförmiger Arbeit gefördert werden könnte, ohne mit ihren Resultaten gleich ans Herz zu greifen. Dies alles aber glaubte ich damals in der Philologie zu finden« (ebd., S. 78).

Im humanistischen Geist der Antike fand Nietzsche Maßstäbe und Ideale, an denen er die Kultur seiner Zeit messen konnte; in diesem Geist begann er zu philosophieren.

1864 begann er mit dem Studium der Theologie und der klassischen Philologie an der Universität Bonn, gab aber bereits nach dem ersten Semester das Theologiestudium auf. Im Oktober 1865 siedelte er von Bonn nach Leipzig über, und entdeckte Schopenhauers Hauptwerk *Die Welt als Wille und Vorstellung*. Der

## 2 Philosophien der Lebenskunst

Pfarrerssohn Nietzsche hatte sich zwar schon in den Jugendjahren von der Religion gelöst, aber es war der aufrichtig vertretene Atheismus Schopenhauers, der ihm an diesem Denker imponierte.

Nietzsche stand schon im Rufe eines qualifizierten jungen Wissenschaftlers, als ihm – auf Betreiben seines Lehrers, des Gräzisten Friedrich Wilhelm Ritschl – noch vor Abschluss seiner Studien eine Professur in Basel angetragen wurde. Im Februar 1869 wurde er als außerordentlicher Professor der klassischen Philologie an die Universität Basel berufen.

Neben Schopenhauer galt Nietzsches Bewunderung seit ihrer ersten Begegnung im Jahre 1868 Richard Wagner. Nach seiner Berufung nach Basel fand er sich bereits im Mai 1869 zu einem ersten Besuch bei Richard und Cosima Wagner in Tribschen bei Luzern ein. Was beide zunächst aufs Innigste verband, waren die Begeisterung für die Kunst und der Wille zur Kulturerneuerung aus dem Geiste Schopenhauers. Da Wagner aber seine Kunst immer mehr zu einer Ersatzreligion ausgestaltete und nicht vor unredlichen Kompromissen mit den von Nietzsche verachteten Strömungen des Nationalismus, des Antisemitismus und des Christentums zurückscheute, reifte in Nietzsche die Einsicht, dass er unmöglich Wagner und seiner eigenen Berufung zugleich dienen konnte.

Um die Mitte der 1870er Jahre begann sich Nietzsche auch immer kritischer mit Schopenhauers Willensmetaphysik und Erlösungslehre auseinanderzusetzen. Die Loslösung von Schopenhauer und Wagner muss für ihn sehr schmerzlich gewesen sein. Man darf annehmen, dass die damals auftretenden Krankheitssymptome, vor allem seine heftigen Migräneanfälle, damit in Zusammenhang standen. 1876 wurde er für einige Monate von seiner Lehrtätigkeit freigestellt. Da sich sein Gesundheitszustand aber auch danach nicht besserte, entschloss er sich 1879, die Professur in Basel aufzugeben. Nun begannen zehn fruchtbare Jahre als »freier Philosoph«, in denen die Mehrzahl seiner Werke erschien. Beständig auf der Suche nach einem für seine Krankheiten zuträglichen Klima führte er ein Wanderleben zwischen dem Meer an Oberitaliens Küstenstädten und der steilen Gebirgslandschaft des Engadin.

Als Nietzsche 44 Jahre alt war, brach eine schwere Geisteskrankheit bei ihm aus. Die letzten 11 Jahre seines Lebens verbrachte er in der Pflege seiner Mutter und seiner Schwester. Am 25. August 1900 starb er in Weimar.

### Nietzsches Gegenentwurf zu Schopenhauers Erlösungslehre

Der junge Nietzsche war ein leidenschaftlicher Schopenhauerianer. Als er 1865 von Bonn nach Leipzig übergesiedelt war, mietete er eine Wohnung bei einem

Antiquar und in dessen Antiquariat entdeckte er eines Tages ein Exemplar von Schopenhauers Hauptwerk *Die Welt als Wille und Vorstellung*. In seinem »Rückblick auf meine zwei Leipziger Jahre« hielt er fest:

> »Ich hing damals gerade mit einigen schmerzlichen Erfahrungen und Enttäuschungen ohne Beihülfe einsam in der Luft, ohne Grundsätze, ohne Hoffnungen und ohne eine freundliche Erinnerung. [...] Nun vergegenwärtige man sich, wie in solchem Zustande die Lektüre von Schopenhauers Hauptwerk wirken mußte. Hier war jede Zeile, die Entsagung, Verneinung, Resignation schrie, hier sah ich einen Spiegel, in dem ich Welt, Leben und eigenes Gemüt in entsetzlicher Großartigkeit erblickte. Hier sah mich das volle interesselose Sonnenauge der Kunst an, hier sah ich Krankheit und Heilung, Verbannung und Zufluchtsort, Hölle und Himmel. Das Bedürfnis nach Selbsterkenntnis, ja Selbstzernagung packte mich gewaltsam« (Nietzsche, 1980, S. 231f.).

Schopenhauers Lehre konfrontierte den jungen Nietzsche mit der Überzeugung, dass es keine höheren oder absoluten Zwecke im Menschenleben und in der Welt gebe: keinen Gott, kein Jenseits, keine Aussicht auf überirdischen Trost. Durch diese pessimistische Weltsicht sah er sich in der eigenen Lebensstimmung bestätigt.

In einer zweiten – aufklärerischen – Entwicklungsphase distanziert sich Nietzsche von Schopenhauers *Metaphysik* des Lebenswillens. Sie erscheint ihm nun »romantisch«, was bedeutet: nicht aufgeklärt und wissenschaftlich genug. Den Wahrheitsgehalt, den Schopenhauer der Metaphysik, aber auch der Religion und Kunst zugebilligt hat, stellt er nunmehr prinzipiell infrage. Aus einem bewundernden Schüler wird ein vehementer Kritiker Schopenhauers. Den Übergang von einem gebundenen zu einem »freien Geist« hat er als »grosse Loslösung« bezeichnet (Nietzsche, 1878, S. 15) und später mit der Verwandlung eines Kamels in einen Löwen verglichen (Nietzsche, 1884, S. 29ff.). Das Kamel gilt als friedlicher Lastenträger, man kann ihn auch einen »Geduldsesel« nennen, der selten aufmuckt, ins Geistige übersetzt: Er ist ein tragsamer Geist, dem Ehrfurcht innewohnt. Ganz anders der *Löwe*, der einschüchternde Schreie ausstößt und Biss hat, ins Geistige übersetzt: ein kämpferischer und kriegerischer Geist, der sich die Freiheit zu neuem Schaffen nimmt.

Bereits in dieser Aufklärungsperiode stellt Nietzsche dezidiert die drei Hauptaspekte der Erlösungslehre Schopenhauers infrage (vgl. Gödde, 1999, 2003): In seiner *Kritik der ästhetischen Kontemplation* spricht er sich dagegen aus, diese Erkenntnisart »interesselos und rein kontemplativ« zu nennen. Er will keine bloße Objektivität, sondern plädiert für die Leidenschaft des Erkennens. Am Erkennen müssten Affekt und Leidenschaft beteiligt sein, denn es gehe dabei um etwas für unser eigenes Leben Bedeutsames. Diese Leidenschaft darf allerdings nicht einseitig gesehen werden. Nietzsche warnt vor der Gefahr dogmatischer Festlegungen im Sinne von »Überzeugungen«. Man erreicht vieles nur mittels Überzeugungen. Aber sie können zu »Gefängnissen« werden. »Die große Leidenschaft braucht, verbraucht Überzeugungen, sie unterwirft sich ihnen nicht« (Nietzsche, 1882, S. 550).

In seiner *Kritik des Mitleids* behauptet Nietzsche, es sei unmöglich, sich in die Haut eines anderen Menschen zu versetzen. Man müsse sich gegen den Affekt des Mitleids zur Wehr setzen, denn er stelle eine Schwäche dar, »wie jedes Sich-verlieren an einen *schädigenden* Affekt« (Nietzsche, 1881, S. 128). Angeblich bedeute Mitleid, nicht mehr an sich zu denken. In Wirklichkeit denken wir zwar »nicht mehr bewusst an uns, aber *sehr stark unbewusst*, wie wenn wir beim Ausgleiten eines Fusses, für uns jetzt unbewusst, die zweckmässigsten Gegenbewegungen machen und dabei ersichtlich allen unseren Verstand gebrauchen«. Dass wir im Mitleid ein starkes Selbstinteresse verfolgen, lasse sich auch daran erkennen, dass wir immer dann unsere Hilfe zur Verfügung stellen, wenn wir »als die Mächtigeren, Helfenden hinzukommen können, des Beifalls sicher sind, unsern Glücks-Gegensatz empfinden wollen oder auch uns durch den Anblick aus der Langenweile herauszureissen hoffen« (ebd., S. 125f.). Demnach liegen dem Mitleid auch egoistische oder narzisstische Motive wie Eitelkeit, Selbstaufwertung auf Kosten des Anderen, Macht über den Anderen u.Ä. zugrunde.

In seiner *Kritik der asketischen Ideale* greift Nietzsche den zweiten Grundpfeiler von Schopenhauers Ethik an. Wie das Mitleid lassen sich auch Askese und Heiligkeit auf »menschlich, allzumenschliche« Triebfedern zurückführen (1878, S. 130–140; 1881, S. 102ff.). Nietzsche hält die vorsätzliche Brechung des eigenen Willens für pathologisch. Der Asket sei jemand, der »seine Sinnlichkeit aushungert und dabei freilich auch seine Rüstigkeit und nicht selten seinen Verstand mit aushungert und zu Schanden macht« (Nietzsche, 1881, S. 98). Hinter dieser Art Asketismus verberge sich der Trieb nach Auszeichnung. Diesem negativen Asketismus, der dem »Schutz- und Heilinstinkte eines degenerirenden Lebens« entspringe, stellt er ein »Gegen-Ideal« in Gestalt eines positiven Asketismus gegenüber: Nicht Verdrängung des Selbst, der Sinnlichkeit, der Triebe, Begehren, Lust, sondern Einübung in sie; nicht einfach Verzicht, sondern gemäßigter Umgang; nicht Verleugnung, sondern Anerkennung und Beherrschung des Verleugneten; nicht Weltflucht, sondern sich den Verführungen des weltlichen Daseins stellen und lernen, sich maßvoll zu ihnen zu verhalten. Askese und Askese sind zweierlei, je nachdem, ob sie aus der Lebendigkeit heraus oder ob sie in diese hinein und zu deren Entfaltung führt. Askese ist somit, recht verstanden, ein Problem der Kräfte-Ökonomie, nicht der Moral (vgl. Caysa, 2000, S. 195).

Das entscheidende Ereignis, um ein freier Geist zu werden, sieht Nietzsche nunmehr »in einer *grossen Loslösung*« (1878, S. 15). In diesem Zusammenhang spricht er von einer »*antiromantischen* Selbstbehandlung«, die ihm sein »gesund gebliebener Instinkt« verordnet habe, nachdem er zuvor »unbewusst durch eine ungeheure Gefahr gelaufen« sei (ebd., S. 371f.). Was diese Wandlung von einem »gebundenen« zu einem »freien« Geist bedeutet haben mag, hat er in *Menschliches, Allzumenschliches* mit folgenden Worten ausgedrückt:

> »Die grosse Loslösung kommt für solchermaassen Gebundene plötzlich, wie ein Erdstoss: die junge Seele wird mit einem Male erschüttert, losgerissen, herausgerissen, – sie selbst versteht nicht, was sich begiebt. [...] ›Lieber sterben als *hier* leben‹ – so klingt die gebieterische Stimme und Verführung: und dies ›hier‹, dies ›zu Hause‹ ist Alles, was sie bis dahin geliebt hatte! [...] [E]in aufrührerisches, willkürliches, vulkanisch stossendes Verlangen nach Wanderschaft, Fremde, Entfremdung, Erkältung, Ernüchterung, Vereisung, ein Hass auf die Liebe, vielleicht ein tempelschänderischer Griff und Blick rückwärts, dorthin, wo sie bis dahin anbetete und liebte« (ebd., S. 16).

In dieser Ablösungsphase plädiert Nietzsche für die »Leidenschaft des Erkennens«, statt mit blasser Objektivität vorlieb zu nehmen, denn es gehe dabei um etwas für unser eigenes Leben höchst Bedeutsames (vgl. Brusotti, 1997).

Als »philosophischer Arzt« bzw. »Arzt der Kultur« hat sich Nietzsche die Aufgabe gestellt herauszufinden, was für den einzelnen Menschen und die Kultur im Gesamten förderlich oder schädlich sei. Ihm schwebte das Ziel einer »höheren Gesundheit« vor. Dabei hatte er ein starkes Eigeninteresse an solchen therapeutischen Fragen. Hin- und hergerissen zwischen seinem philologischen Beruf und seiner inneren Berufung als Philosoph litt er jahrelang unter Migräne und anderen schwerwiegenden Krankheitssymptomen. Durch seine eigenen Krankheitserfahrungen habe er eine »Gesamt-Abirrung« seines »Instinkts« erfahren, sodass es höchste Zeit gewesen sei, sich auf sich selbst zurückzubesinnen. Erst die dadurch erzwungene Selbstkonfrontation habe ihm dazu verholfen, sich aus alten Fesseln zu befreien (Nietzsche, 1888b, S. 326).

Man kann die Krankheit als Ausgangspunkt und treibende Kraft eines Wandlungsprozesses verstehen, der Nietzsches ganze Persönlichkeit tangiert. In diesem Prozess spricht er von »feineren Augen« und »Ohren hinter den Ohren«, von seinem »bösen Blick« und seinem »bösen Ohr«, von einer »Dialektikerklarheit«, zu der er in gesünderen Verhältnissen nicht raffiniert und kaltblütig genug gewesen sei (ebd., S. 265.), und von der neu gewonnenen Methode, Philosophisches vom Leibe her auszulegen. Insofern geht es Nietzsche um uneingeschränkte Bejahung aller Seiten dieser Welt und dieses Lebens, einschließlich des als ein Ingrediens wirkenden Leidens (vgl. Abel, 1998, S. 68).

Ein dynamisch-expansiver und lebensfroher »*Wille-zur-Macht*« tritt nunmehr an die Stelle des ruhelos-begehrlichen und erlösungsbedürftigen Willens zum Leben. Walter Kaufmann (1982) hat den Willen zur Macht als positiven Grundantrieb interpretiert, der den Menschen veranlasst, über sich hinauszudrängen und sich die Fülle des Lebens einzuverleiben. Daher gehören Vitalität und Leidenschaftlichkeit zu seinen Erscheinungsformen. Seine höchste Ausprägung und Erfüllung findet er aber in der Vernunft. Nur wer seine sinnlich-vitalen Kräfte beherrscht und sublimiert, kann sie in produktive Bahnen lenken. Mit Beherrschung und Sublimierung ist gemeint, dass der Mensch eine gewisse Ordnung in das durch seine Leidenschaften hervorgerufene Chaos bringt, ohne jedoch die Energie und Leidenschaft seiner Triebe zu schwächen oder gar zu unterdrücken.

Mit dieser neuen Anthropologie wird das Weltverhältnis des Menschen in jenem Erleben verankert, in dem er sich als organisches, also als leibliches Wesen stets selbst begegnet. Bei der anvisierten Selbstgestaltung geht es um einen Gegenentwurf zur normierten, moralischen Existenz. Um eine selbstbestimmte Existenz zu führen, muss sich der Einzelne von der Moral befreien und sein Selbst gegen die Übergriffe von Konventionen und Institutionen und auch gegen die Macht persönlicher Leidenschaften behaupten.

### Ästhetisierung des Lebens als Mittel und Ziel der Lebenskunst

Nietzsche im Kontext der Lebensphilosophie zu diskutieren, bedeutet vor allem, sich die von ihm anvisierte Ästhetisierung des Lebens vor Augen zu halten. Er betont die Stilisierung der eigenen Existenz im Wissen darum, dass dieses Unterfangen nicht einfach ist: »*Eins ist Noth.* – Seinem Charakter ›Stil geben‹, eine grosse und seltene Kunst!« (1882, S. 530) Wer Lebenskunst *sensu* Nietzsche betreibt, weiß, dass es auf das künstlerische Hervorbringen seiner selbst und der Welt ankommt. Lebenskünstler ist derjenige, der es schafft, sein Leben zu einem permanenten Gegenstand der Bejahung zu machen.

Nachdem Nietzsche die Hoffnung aufgegeben hatte, die Wiedergeburt des Lebens durch die Erneuerung der dionysischen Kunst von Richard Wagner zu bewerkstelligen, wird ihm das Leben selbst zum Problem und die (christliche) Moral wird als diejenige Institution erkannt, die dem Leben die nötigen Impulse abschneidet. Die Maxime aus der Schrift *Vom Nutzen und Nachtheil der Historie für das Leben,* »dass der Mensch vor allem zu leben lerne« (1874, S. 325), bedeutet dann die Umwertung aller Werte in Richtung auf eine Vitalisierung des Lebens, die Nietzsche mit Aneignung, Überwindung, Beherrschung, Unterdrückung, Kampf, Wachstum, Ungerechtsein, Produktivität, Perspektivismus und Kraft, kurz: mit dem »Willen zur Macht« in Verbindung bringt (vgl. 1888a, S. 116f.).

Die Vitalisierung des Lebens wird also als eine ästhetische vorangetrieben: Denn wenn die Welt und das Selbst nur als ästhetische Phänomene legitimierbar sind, so deswegen, weil Ästhetik der einzige Bereich ist, der es möglich macht, dass man zugleich Produzent, Darsteller und Zuschauer (seiner selbst) ist (Nietzsche, 1872, S. 47f.). Das Leben kann nur dann Geltung beanspruchen, wenn es sich selbst seine Gesetzmäßigkeiten geben kann. Denn Lebenskunst übt derjenige aus,

> »welcher Alles übersieht, was seine Natur an Kräften und Schwächen bietet, und es dann einem künstlerischen Plane einfügt, bis ein Jedes als Kunst und Vernunft erscheint und auch die Schwäche noch das Auge entzückt. [...] Zuletzt, wenn das Werk vollendet ist, offenbart sich, wie es der Zwang des selben Geschmacks war, der im Grossen und Kleinen herrschte und bildete« (Nietzsche, 1882, S. 530).

Eine Ästhetisierung des Lebens lässt sich auf verschiedene Bereiche beziehen, wobei der leibliche Bereich der für Nietzsche wohl entscheidende ist (vgl. Liebau, 2007). Im Zentrum der nietzscheanischen Entwicklung einer Lebenskunst steht nicht der Tod, die Angst oder die Sexualität, sondern der Geschmack, die Nahrung und die Verdauung. Es gilt, seinen sprachlichen Geschmack von Grund auf zu ändern, um einen Widerwillen an lebensfeindlichen Moralen wie dem Christentum zu entfalten.

> »Glaube Niemand, daß es leicht ist sein Gefühl bis zu jenem physischen Ekel auszubilden: aber hoffe auch Niemand auf einem anderen Wege zu einem ästhetischen Urtheile zu kommen als auf dem dornigen Pfade der Sprache und zwar nicht der sprachlichen Forschung, sondern der sprachlichen Selbstzucht« (1872, S. 684).

Erst eine penible sprachlich-begriffliche Ausbildung eröffnet dem Menschen die Möglichkeit, Wirklichkeiten anders erfahren und beurteilen zu können. Und sie eröffnet ihm auch die Möglichkeit, sein Leben anders stilisieren zu können, weil sie ihm die begrifflichen Fingerzeige zur Verfügung stellt, aufgrund derer dann ein anderes Leben möglich ist. Nietzsche zielt dabei auf das paradoxe Projekt einer ästhetischen Erziehung der Eingeweide, um »Flügel und quellenahnende Kräfte« (1884, S. 125) zu entfalten. Der Mensch als Lebenskünstler muss im wahrsten Sinne des Wortes einen anderen Geschmack am Leben entwickeln – Zarathustra ist sozusagen der Prototyp des autodidaktischen Geschmacksentwicklers.

*Folgerungen: Unverwechselbarkeit, Bejahung und Wiederkehr*

Die von Nietzsche propagierte Lebenskunst hat die Aufgabe, das Individuum von Grund auf zu erneuern. Und was wäre wohl grundlegender und schwerer neu zu bilden als der Geschmack? Er verlangt damit nicht weniger als eine Umschaffung bzw. Neuerschaffung seiner selbst. Die hiermit verbundene ästhetische Neujustierung des Lebens erscheint als tief reichendster Aspekt von Nietzsches vieldiskutiertem Projekt einer *Umwertung aller Werte*.

Die Lebenskunst Nietzsches zielt dabei auf drei Momente: Es gilt zunächst, der christlichen Mitleidsmoral eine Absage zu erteilen, den Prozess des Lebens um seiner selbst willen zu bejahen; ästhetisch gewendet meint dies, aus seinem Leben ein Kunstwerk zu machen, meint im Sinne des modernen Kunstbegriffs *Unverwechselbarkeit*, Originalität, Singularität und Einzigartigkeit herzustellen: »*uns selber machen*, aus allen Elementen eine Form *gestalten* – ist die Aufgabe! Immer die eines Bildhauers! Eines produktiven Menschen« (1880–82, S. 361) – was nicht nur meint, keinen Vorgänger zu haben, sondern subtiler noch: keine Nachahmer finden zu dürfen (vgl. Nehamas, 2000, S. 227). Nur derjenige, dem es gelingt, sich selbst zu einem unverwechselbaren Individuum mit vollkommen eigenem Geschmack zu stilisieren, der seinem eigenen Charakter gerecht wird, wird auch dem Lebenskunstgedanken Nietzsches gerecht.

Zweitens will Lebenskunst aus den unzähligen Zufällen des Lebens Objekte der *Bejahung* machen. Nietzsche fordert hierbei, so zu leben, als ob man sein Leben noch einmal, von Augenblick zu Augenblick, wiederholen könne. Nur dann, wenn es gelingt, jeden Augenblick lachend zur Kenntnis zu nehmen, ist ein Leben glücklich zu nennen. Weil das lachende Ja zu jedem Augenblick die Möglichkeit enthält, diesen immer wieder erfahren und erleben zu wollen, kann es im Sinne Nietzsches als Signum der Lebenskunst gelten. Lebenskunst heißt, aus den unzähligen Zufällen des Lebens Objekte der Bejahung zu machen, heißt, den Zufall zu lieben: *amor fati*.

Damit verbunden ist drittens der Gedanke, dem Leben eine *Ewigkeitsstruktur* zu verleihen, indem man es dem ewigen Vergehen entreißt und ihm den Augenblick als Abbild der Ewigkeit aufdrückt. Die *Idee der ewigen Wiederkehr des Gleichen* kann deshalb als eine »Genesung« verstanden werden, die sich im Lachen äußert. Das aber, was immer wieder erfahren und erlebt werden will, das ewige »Wiederkäuen« der Augenblicke, muss zu einer permanenten Zustimmung zu den sonst schwer verdaulichen Gegenwarten führen: Die wiedergekäuten Gegenwarten führen zu einer intimen Anverwandlung an das Subjekt, da dieses die Vorgänge als Befreiung, als Lachen erlebt. Lebenskunst heißt, jeden Augenblick in seiner Unverwechselbarkeit noch einmal leben zu wollen (vgl. Löwith, 1986).

Während Schopenhauer schon sehr früh auf eine »kohärente, in sich geschlossene systematische Theorie« hinsteuerte, an der er im Wesentlichen festhielt, verwendet Nietzsche ein »Verfahren der Einkreisung aus den verschiedensten Perspektiven« (Himmelmann, 2006, S. 21). Dementsprechend versieht er die Überwindung von Krankheit und Leiden mit aktiveren Akzenten und misst dem persönlichen und sogar individuellen Moment eine entschieden größere Bedeutung bei. Der Mensch soll Mut gewinnen, den eigenen Weg zu suchen und demgemäß individuell und unkonventionell zu leben (vgl. Carbone & Jung, 2000, S. 86ff.): »Es kommt auf dein Ziel, deinen Horizont, deine Kräfte, deine Antriebe, deine Irrthümer und namentlich auf die Ideale und Phantasmen deiner Seele an, um zu bestimmen, *was* selbst für deinen *Leib* Gesundheit zu bedeuten habe« (Nietzsche, 1882, S. 477).

Nietzsche verkörpert im Vergleich zu Schopenhauer einen gegensätzlichen Grundtyp der »Erlösung« bzw. Therapeutik. Nicht aus dem verneinten, verarmten und zerquälten, sondern aus dem gesteigerten und bereicherten Ich entspringen erst Wohlwollen, Güte und »schenkende Tugend«; denn wer nicht reich und mächtig an Seele sei, der könne auch an Güte nichts schenken (Abel, 1984, S. 68). Diese große Wendung setzt voraus, dass der Wille vom Odium der »Sündhaftigkeit« und des »Radikal-Bösen« befreit wird, aus der passiven in die aktive Rolle übertritt und aus dem Zu-Erlösenden selbst das Erlösende wird (vgl. Nietzsche, 1884, S. 111, 258).

Nietzsches Philosophie und Praxis der Lebenskunst ist eine Herausforderung für Psychoanalyse und Psychotherapie; es lohnt sich, sich von ihr inspirieren und sie in die eigene Lebens- und Therapiepraxis einfließen zu lassen.

## Schopenhauers und Nietzsches Lebenskunstkonzepte im Vergleich

Schopenhauer und Nietzsche waren existenzielle Denker, denen es um die Erfassung menschlicher Grundprobleme und darüber hinaus um die »Erlösung« (Schopenhauer) bzw. »Überwindung« (Nietzsche) von psychischen Leiden ging. Ihre unterschiedlichen Konzeptionen von Lebensbewältigung, Lebensgestaltung und Lebenskunst kann man in einer dialektischen Denkbewegung sehen: Schopenhauer hat mit seiner Konzeption des triebhaften, rast- und ruhelosen »Willens zum Leben« und seiner Idee, den Menschen durch eine »Verneinung« des Willens aus dem *circulus vitiosus* seiner Leidensexistenz zu befreien, eine *These* in die Welt gesetzt. Der junge Nietzsche war von dieser These fasziniert, hat sie aber, vor allem in seiner Spätphilosophie, einer Revision unterzogen. Seine Kritik des Mitleids und der asketischen Ideale, seine Konzeptionen des Willens zur Macht und der ewigen Wiederkehr des Gleichen sowie sein enthusiastisches Bekenntnis zum *amor fati* bilden eine *Antithese* zu Schopenhauer. Freud hat sich als wissenschaftlicher Erforscher des Unbewussten lange Zeit dagegen verwahrt, von Philosophen wie Schopenhauer oder Nietzsche abhängig zu sein. Bei genauerer Betrachtung gibt es aber gute Gründe für die Annahme, dass seine Theorie des Unbewussten und seine Lebenskunstkonzepte in wesentlichen Punkten der Denktradition Schopenhauers und Nietzsches nahestehen. Daher kann man von einer Art *Synthese* im Verhältnis zu seinen beiden Vordenkern sprechen.

Für sein Leitthema – das *Leben als Zirkel des Leidens* – hat Schopenhauer die Metapher vom Galeerensklaven des Willens gewählt, um zu verdeutlichen, dass die menschlichen Triebe, Begierden und Wünsche unersättlich sind und uns unaufhörlich in Richtung Selbsterhaltung und Fortpflanzung drängen. Das Getriebensein des Menschen vergleicht er auch mit einem Hamster im Tretrad, einem herabstürzenden Wasserfall und einem Strom, der den Damm durchbrochen hat. Eine weitere Metapher ist das Leben als Meer voller Klippen und Strudel, auf dem sich der Mensch durchzuwinden sucht, bis er letztendlich auf den unvermeidlichen Schiffbruch – den Tod – zusteuert.

Angesichts dieses Leidenszirkels setzt sich Schopenhauer mit der Frage auseinander, wie sich der Mensch zum unausweichlichen Leiden seiner Existenz einstellen kann. Er sucht nach Möglichkeiten der Erlösung vom Leiden am Willen und zieht mehrere Auswege in Betracht. Im Unterschied zu früheren Erlösungslehren hält er die Erlösung des Wollens und Begehrens aus normwidrigen Verstrickungen nicht für ausreichend, denn nunmehr kommt es auf eine Erlösung *vom* Wollen an. Seine Erlösungslehre kann man in folgenden Punkten zusammenfassen:

➤ Das menschliche Dilemma bestehe darin, sich vom Willen »gewaltsam losreißen« zu wollen und es doch nicht zu können.

➤ Im kontemplativen Natur- und Kunsterleben gelingt es punktuell, »sich aus dem endlosen Strome des Wollens herauszuheben«.

➤ Im Mitleid, in der Identifikation mit dem Anderen, gewinnt der Mensch Abstand vom Zirkel seines eigenen Leidens, aber auch das nur in zeitlich begrenzten Situationen.

➤ Zu einer dauerhaften inneren Wandlung komme es nur durch konsequentes »Nicht-mehr-Wollen«. Der Idealzustand sei die gänzliche Meeresstille des Gemüts, bei der nur die Erkenntnis geblieben, der Wille aber verschwunden ist.

Der junge Nietzsche war zunächst ein glühender Verehrer der Werke Schopenhauers, hat dann aber eine Wende zum Aufklärer und Antimetaphysiker vollzogen und sich in wenigen Jahren zu dessen Antipoden gewandelt. Für seine eigene Standortbestimmung blieb Schopenhauer jedoch gerade in der Funktion des Gegenspielers von maßgeblicher Bedeutung. Eine solche Veränderung des Lehrer-Schüler-Verhältnisses hielt er keineswegs für negativ, sondern geradezu für notwendig, um seine eigene Identität zu finden und ihr eine andere Orientierung geben zu können. Sie kommt auch in dem berühmten Satz zum Ausdruck: »Man vergilt einem Lehrer schlecht, wenn man immer nur der Schüler bleibt« (Nietzsche, 1884, S. 101). Aus dieser Maxime hat er dann für die Vermittlung von Lebenskunst abgeleitet, dass man diese nicht am Anderen lernen könne, sondern selbst – genialisch – hervorbringen müsse. Der Lebenskünstler ist derjenige, der sich die Werte und Normen seines Lebens *selbst* gibt.

In der *Geburt der Tragödie* ist Schopenhauer in der Unterscheidung zwischen dem Dionysischen und dem Apollinischen gegenwärtig: Das Dionysische als »Grund der Natur« wird uns als Schreckens-, Leidens- und Kampfcharakter des Daseins im Sinne Schopenhauers vor Augen geführt. Aus dem Dionysischen brechen aber auch die leidenschaftlichen Tendenzen des Lebens hervor, denen sich der Mensch in der Überschreitung der individuellen Grenzen überlassen soll. Als ekstatisches, rauschhaftes Erleben kommen sie im tragischen Kunstwerk zum Ausdruck und können als kraftvolles *»Ja zum Leben«* verstanden werden. Demnach kommt schon in Nietzsches Frühwerk eine Lebensbejahung zum Ausdruck, die man in deutlichem Kontrast zu Schopenhauers quietistischer Willensverneinung sehen kann.

In seiner aufklärerischen Phase betrachtet Nietzsche das Ausgeliefertsein an die Triebe als Ausgangspunkt der menschlichen Leidensexistenz. Er spricht von der Ebbe und Flut der menschlichen Triebe und davon, dass die täglichen Erlebnisse bald diesem, bald jenem Triebe eine Beute zuwerfen. Wie Schopenhauer den Willen mit dem Strome, der den Damm durchbrochen hat, verbildlicht, so warnt Nietzsche vor der Gefahr, dass die Leidenschaften zu verheerenden Wildwassern werden. Es bedürfe der Fähigkeit, jenen wilden Gewässern einen möglichst unschädlichen Abfluss geben zu können.

Askese und Askese sind für Nietzsche demnach zweierlei, je nachdem, ob sie aus der Lebendigkeit heraus oder ob sie in diese hinein und zu deren Entfaltung führt. Askese ist somit, recht verstanden, ein Problem der Kräfte-Ökonomie, nicht der Moral. Schopenhauers negativen Asketismus stellt Nietzsche ein »Gegen-Ideal« gegenüber:

➢ nicht Verdrängung des Selbst, der Sinnlichkeit, der Triebe, sondern Einübung in sie;
➢ nicht einfach Verzicht, sondern gemäßigter Umgang;
➢ nicht Verleugnung, sondern Anerkennung und Beherrschung des Verleugneten;
➢ nicht Weltflucht, sondern Lernen, sich den Verführungen des weltlichen Daseins zu stellen und sich maßvoll zu ihnen zu verhalten.

Schopenhauers Leidens-, Erlösungs- und Glückslehre zielt auf eine Lebensform ab, die der asketischen und stoischen Tradition der Lebenskunst nahesteht. Er verkörpert einen ersten Grundtyp der Erlösungslehre, bei dem die Erlösung durch *Selbstaufhebung* zustande kommt. Die von ihm empfohlene Willensverneinung berührt sich mit dem Anliegen des Buddhismus und unterscheidet sich von der Selbstaufhebung durch Willens- und Wesensvereinigung mit dem Urgrund aller Dinge, wie er für die Mystik charakteristisch ist.

Nietzsche verkörpert hingegen einen Grundtyp der Erlösungslehre, bei dem das Ziel nicht durch Triebverneinung und -abtötung, sondern durch Triebformung und -gestaltung erreicht werden soll. Nicht Selbstlosigkeit, sondern Selbstüberwindung, nicht Selbsterhaltung, sondern *Selbstgestaltung* ist für ihn das befreiende Prinzip.

### Ausgewählte Literatur

Gasser, R. (1997). *Nietzsche und Freud*. Berlin und New York: de Gruyter.
Gödde, G. (1999). *Traditionslinien des »Unbewussten«. Schopenhauer – Nietzsche – Freud*. 2. Aufl. Gießen: Psychosozial-Verlag 2009.
Gödde, G. (2003). Schopenhauer und Nietzsche – zwei gegensätzliche Entwürfe der Lebenskunst. *Journal für Psychologie, 11*(3), Themenheft: Lebenskunst, hrsg. v. M. B. Buchholz & G. Gödde, 254–271.
Gödde, G., Loukidelis, N. & Zirfas, J. (Hrsg.). (2016). *Nietzsche und die Lebenskunst. Ein philosophisch-psychologisches Kompendium*. Stuttgart: Metzler.
Morgenstern, M. (2008a). Schopenhauers Lehre vom Glück. *Aufklärung und Kritik, Sonderheft 14: Glück und Lebenskunst*, hrsg. v. R. Zimmer, 116–135.
Safranski, R. (1987). *Schopenhauer und die Die wilden Jahre der Philosophie. Eine Biographie*. München: Hanser.

Safranski, R. (2000). *Nietzsche. Eine Biographie seines Denkens*. München: Hanser.
Salaquarda, J. (1984). Zur gegenseitigen Verdrängung von Schopenhauer und Nietzsche. *Schopenhauer-Jahrbuch, 65*, 13–30.
Zentner, M. (1995). *Die Flucht ins Vergessen. Die Anfänge der Psychoanalyse Freuds bei Schopenhauer*. Darmstadt: Wissenschaftliche Buchgesellschaft.
Zimmer, R. (2009). Philosophie der Lebenskunst aus dem Geist der Moralistik. Zu Schopenhauers Aphorismen zur Lebensweisheit. *Schopenhauer-Jahrbuch, 90*, 45–64.
Zimmer, R. (2010). *Arthur Schopenhauer. Ein philosophischer Weltbürger*. München: dtv.
Zirfas, J. (1993). *Präsenz und Ewigkeit. Eine Anthropologie des Glücks*. Berlin: Dietrich Reimer.

## Wiederaufleben der Lebenskunstphilosophie im 20. Jahrhundert

Dass die Frage nach der Lebenskunst und einer Anknüpfung an die Antike gerade heute und im Zeichen der *Postmoderne* wieder Konjunktur hat, muss uns nicht verwundern. In den Zeiten der Individualisierung, der Biografisierung, der Unübersichtlichkeit, der Kontingenz, der Enttraditionalisierung sowie der Pluralität – nur um diese Schlagworte zu bemühen – gewinnen Themen der Lebensführung wiederum an Bedeutung. Als einen zentralen Auslöser für die Bedeutung der Lebenskunst kann die Entwicklung der Religionen gesehen werden. Hier stellt man fest, dass die großen Kirchen, nun endgültig entzaubert, ihre Mitglieder verlieren und nicht mehr in der Lage erscheinen, einen alles umspannenden Sinnhorizont anzubieten, der zudem noch das alltägliche Leben der Menschen zu strukturieren und dieses mit transzendenten Perspektiven zu versehen vermag. Konstatieren lässt sich ein »Abschied vom Prinzipiellen« (Marquard) und – so könnte man fortfahren – die Hinwendung zum Akzidentellen, was etwa im Kontext der religiösen Bewegungen zu einer bunten Landschaft von esoterischen Praktiken, parawissenschaftlichen Popularsynthesen und pseudowissenschaftlichen Transzendenzhandlungen führt. Statt des Unbedingten der religiösen Geltungsansprüche des einen Gottes herrscht nun wegen oder dank der globalisierten Modernisierungsprozesse der Migration, der Ökonomie, der Medien, der Kultur, der Wissenschaften und Techniken ein buntes Allerlei religiöser Synkretismen und magischer Kulte, deren Zahl an Sinnangeboten kaum noch überboten werden kann.

Anders formuliert:

> »Eine Schlüsselerfahrung der Postmoderne war, dass ein und derselbe Sachverhalt in einer anderen Sichtweise sich völlig anders darstellen kann und dass diese andere

Sichtweise doch ihrerseits keineswegs weniger ›Licht‹ besitzt als die erstere – nur ein anderes. [...] Fortan standen Wahrheit, Gerechtigkeit, Menschlichkeit im Plural« (Welsch, 1993, S. 5).

Zum Schlüsselbegriff der Postmoderne avancierte die *Pluralität*. Das Plädoyer der Postmodernen für die Vielheit heterogener Konzeptionen, Sprachspiele und Lebensformen war zunächst einer tiefen Ohnmachtserfahrung entsprungen und mit einem grundlegenden Freiheitsmotiv verbunden. Wovon wollten sie sich befreien? Davon, dass die Moderne die Diskurse der Wahrheit und der Gerechtigkeit in »großen Erzählungen« wie der Aufklärung, dem Marxismus, dem Kapitalismus und dem Christentum verankert hat und dass diese im weitesten Sinne heilsgeschichtlichen Charakter hatten, d. h. auf eine »einzulösende Zukunft«, eine »noch zu verwirklichende Idee« ausgerichtet waren, dass die heilsgeschichtlichen Versprechungen aber nicht in Erfüllung gegangen sind (Lyotard, 1979, S. 37). In ihrer Enttäuschung und Desillusionierung setzten sich die Postmodernen für die radikale Befreiung von solchen Ganzheitsmodellen ein, da diese immer eine totalitäre Schlagseite hätten und auf Unterdrückung von Vielfalt hinausliefen. Jeder Anspruch auf Einheit diene nur der illegitimen Erhebung eines in Wahrheit Partikularen zum vermeintlich Absoluten. Die Option der Postmodernen galt und gilt der Pluralität – von Lebensweisen und Handlungsformen, von Denktypen und Sozialkonzeptionen, von Orientierungssystemen und Minderheiten (ebd.).

Ein einflussreicher Denker in dieser Wendezeit ist der amerikanische Philosoph Richard Rorty. Er forderte eine Philosophie, die nicht nach Letztbegründung streben, sondern einen Beitrag zur Verständigung der Menschen und ihrem Zusammenleben leisten will. Seine philosophische Konzeption nannte er später auch »conversational philosophy«. Die Wahrheitsfrage betrachtete er aus einer »pragmatischen« Perspektive. Wichtig sei, »neue Selbstbeschreibungen zu entdecken, deren Übernahme die Veränderung des eigenen Verhaltens« bewirken und einen »Zuwachs von Freiheitsmöglichkeiten« mit sich bringen (Rorty, 1988, S. 53). Denn gelegentlich führt die Entzauberung traditioneller metaphysischer Verzauberungen nicht in einen neuen Zauber des Lebens, sondern vielmehr in die Banalität des Alltags – der man nun wiederum mithilfe von Lebenskunst Abhilfe schaffen möchte.

Die Abgrenzung der Pluralität von Relativismus und bloßer Beliebigkeit ist gerade im Bereich der Psychotherapie, wo es um existenzielle Wertungen wie Gesundheit und Krankheit oder Gerechtigkeit und Ungerechtigkeit geht, brisant. Man kann sich daher fragen, ob es nicht »einen unparteiischen Außenstandpunkt, beispielsweise zu den unterschiedlichen Therapien, geben [muss], um einen Relativismus zu vermeiden, wenn diese hinsichtlich eines gemeinsamen Gesundheits- und Krankheitsbegriffs als unterschiedliche Mittel zum selben Zweck vergleichbar bleiben sollen« (Hampe, 2004, S. 25)?

## Michel Foucault: Selbstsorge und Ästhetik der Existenz

In jüngster Zeit sind es vor allem die Arbeiten von Michel Foucault, die die Realisierung der Lebenskunst als Möglichkeit der individuellen Selbstverwirklichung unter dem Titel einer »*Ästhetik der Existenz*« thematisiert haben (Foucault, 1986, 1989a/b). Foucault hat in seiner »Ästhetik der Existenz« – durchaus in der Nachfolge Friedrich Nietzsches, Martin Heideggers und auch seines Lehrers Pierre Hadot (1981) – den Schwerpunkt der Möglichkeitsspielräume auf die Erarbeitung neuer Formen des Lebens, auf die Formung seiner selbst, auf eine Praxis der Freiheit und auf eine Intensivierung des Lebens gelegt. In den Mittelpunkt einer Theorie und Praxis der Lebenskunst rückt er, geschult durch eine sorgfältige Rekonstruktion der Antike unter dem Blickwinkel des Umgangs mit den sexuellen Lüsten, die *Selbstsorge* (gr. *epimileia heautou*), die er als Zusammenhang von Selbsterkenntnis, Selbsttransformation und Selbstfindung beschreibt (vgl. Foucault, 1984b, 1985). Im Mittelpunkt stehen dabei folgende Fragen: Welches Lebensziel will ich verfolgen? Wie stelle ich eine Beziehung zu mir her, die mich selbst zum Ziel hat? Wie kann ich mich selbst als Individuum konstituieren? Wie lässt sich ein individuelles, schönes Leben formen? Kann ich aus meinem Leben ein Kunstwerk machen?

### Zur Biografie

Michel Foucault, der am 15. Oktober 1926 in Poitiers geboren wurde und am 25. Juni 1984 in Paris starb, war als Inhaber des Lehrstuhls für die Geschichte der Denksysteme am *Collège de France* in Paris einer der einflussreichsten Philosophen, Historiker und Soziologen des 20. Jahrhunderts. Sein Studium der Philosophie und Psychologie an der elitären *École normale supérieure* in Paris bei Louis Althusser und Maurice Merleau-Ponty schloss er zunächst in der Psychologie ab. Parallel arbeitete er auch im Krankenhaus *Sainte-Anne* und im Gefängnis von Fresnes. Nachdem er 1951 auch die Zulassungsprüfung in Philosophie für Hochschulen bestanden hatte, hielt er als Nachfolger von Merleau-Ponty Vorlesungen, an denen u. a. Paul Veyne, Jacques Derrida und Gérard Genette teilnahmen. Seine ersten Veröffentlichungen im Jahr 1954 betrafen wiederum psychologische Themen: Er übersetzte Ludwig Binswangers *Traum und Existenz* und veröffentlichte seine erste eigene Schrift *Psychologie und Geisteskrankheit*. In den Kontext einer kritischen Aufarbeitung der (psychologischen) Medizin gehört ebenfalls: *Die Geburt der Klinik: Eine Archäologie des ärztlichen Blicks* (1963).

Nach verschiedenen Auslandsaufenthalten (in Schweden, Deutschland und Polen) hatte er mehrere Lehrstühle inne, bis er 1970 an das *Collège de France* berufen wurde. Foucault arbeitete als Redaktionsmitglied in der Zeitschrift *Critique*, sympathisierte mit der literaturkritischen Bewegung *Tel Quel* und engagierte sich in der Gefangenenbewegung. Seine Dissertation, die 1961 unter dem Titel *Wahnsinn und Gesellschaft* erschien und von Georges Canguilhem als Doktorvater betreut wurde, unternimmt den Versuch, die Entstehung der Differenz von geistiger Gesundheit und Krankheit aus der Perspektive des Wahnsinns zu erzählen.

Foucault setzte sich inhaltlich mit der Medizin und Psychologie, dem Gefängnis, der Ordnung des Wissens, der Politik, der Sexualität und der Lebenskunst auseinander. In diesem Zusammenhang etablierte er mehrere Untersuchungswerkzeuge wie den *Diskursbegriff*: Hierzu sind einschlägig *Die Ordnung der Dinge* (1966) und *Archäologie des Wissens* (1669); einen veränderten, die Moderne auszeichnenden *Machtbegriff*: Diesen findet man analysiert in: *Überwachen und Strafen. Die Geburt des Gefängnisses* (1975) und *Der Wille zum Wissen* (1976); und schließlich geht es ihm um ein an der Antike gewonnenes Modell einer *Ästhetik der Existenz*, das er 1984 in zwei Bänden seiner *Sexualität und Wahrheit* vorlegt: *Der Gebrauch der Lüste* und *Die Sorge um sich*. Seine Arbeiten lassen sich dementsprechend systematisch in eine Archäologie von Wissenssystemen, eine Genealogie von Machtbeziehungen und eine Ethik von Selbstpraktiken ausdifferenzieren. Vor allem die letzte Perspektive ist mit der Lebenskunstphilosophie verbunden.

### Der homo psychologicus und sein Geständniszwang

Den Ausgangspunkt der Lebenskunstphilosophie bei Foucault bildet im Grunde die Freiheit – die Freiheit von den herrschenden Diskursen und die Freiheit von Machtbeschränkungen. Die entsprechenden Fragen lauten: Durch welche Diskurse verstehen sich die Menschen in der Neuzeit und wie werden sie durch diese Diskurse bestimmt? Und durch welche Machtformation zeichnet sich die Moderne aus und welche Wirkungen hat diese wiederum auf die Menschen? Die Beantwortung dieser Fragen – so wird zu zeigen sein – ergibt nach Foucault eine durchaus kritische Diagnose, die ihn dazu veranlasst, noch eine dritte Frage zu stellen: Wie können Menschen sich – angesichts der herrschenden Diskurse und angesichts der sie bestimmenden Machtverhältnisse – so zu sich verhalten, dass sie ein Maximum an Verständnis- und Gestaltungsmöglichkeiten ihres Lebens aktualisieren können?

Eine der zentralen Frageperspektiven Foucaults besteht darin, den Willen zur anthropologischen Wahrheit näher zu untersuchen. Worin besteht die Wahrheit des modernen Menschen, wer legt sie fest und durch welche Prozeduren wird sie den Menschen vermittelt? Vor allem zwei gesellschaftliche Teilsysteme sind nach Foucault – neben den Humanwissenschaften, die ebenso an einem Verständnis des Menschen arbeiten – für die Wahrheit des modernen Menschen verantwortlich, nämlich die Justiz und die Medizin. Denn diese Teilsysteme etablieren sogenannte »Wahrheitsregime«, Diskursstrategien, Diagnosemöglichkeiten und Behandlungstechniken, innerhalb derer die Wahrheit des Menschen zutage gebracht wird. Und in der Moderne wird diese Wahrheit anhand der Differenz von Normalität und Anormalität, von Gesundheit und Krankheit ausformuliert.

Konzentrieren wir uns jetzt auf die Medizin und/resp. auf die Psychologie, so zeigt sich die Wahrheit des Menschen als psychologische Wahrheit. Diese entsteht im Laufe des 18. Jahrhunderts im Übergang zu einer Verwissenschaftlichung des Wahnsinns, der nunmehr nach Status, Struktur und Bedeutung untersucht wird. Für diese Differenzierung sind die Mediziner und/resp. die Psychologen in hohem Maße verantwortlich, sodass man weiterfragen kann:

> »Wie ist unsere Kultur dazu gekommen, der Krankheit die Bedeutung der Abweichung und dem Kranken den Status zu geben, der ihn ausschließt? Und wie drückt sich unsere Gesellschaft dennoch in diesen krankhaften Formen aus, in denen sie sich nicht erkennen will?« (Foucault, 1968, S. 98)

Foucault zeigt nun, dass die Geisteskrankheiten epistemologisch notwendig erscheinen, um die psychische Gesundheit definieren zu können, dass der Ausschluss der Kranken mit einer Grenzziehung zwischen Vernunft und Wahnsinn verbunden ist, die gleichzeitig das System von Psychologie und Psychiatrie etabliert, und dass mit der Aufklärung die Normalität als arithmetisches Mittel, als Durchschnitt oder Gleichmaß, etabliert wird. Indem man das Durchschnittliche als das von der Natur aus Intendierte auffasste, wurde die Normalität durch die anthropologischen Wissenschaften der Medizin und Psychologie zur »Gesundheit«. Gerade diese Disziplinen fördern mit ihren therapeutischen und disziplinierenden Maßnahmen Standardisierungs-, Normierungs- und Normalisierungsprozesse. Und vor diesem Hintergrund kann man in den Menschenbildern des 19. und 20. Jahrhunderts die Figuren des Nicht-Normalen etwa in Gestalt des »geborenen Verbrechers«, des »Verwahrlosten«, der »psychopathologischen Minderwertigkeit«, des »Schulversagers«, des »Überlasteten«, des »Verhaltensgestörten« oder des »Borderliners« wiederfinden.

Spezifisch modern analysiert Foucault, dass die Individuen immer minutiöser an einer Gesamtregel entlang differenziert und ausgerichtet werden, die als Mindestmaß, als Durchschnitt oder Ideal fungieren kann. Neben der stetigen Bewertung lässt sich daher ein »Zwang zur Konformität« ausmachen: Dieses Disziplinarsystem wirkt »vergleichend, differenzierend, hierarchisierend, homogenisierend, ausschließend. Es wirkt *normend, normierend, normalisierend*« (Foucault, 1977, S. 236). Die neuen Normalisierungstechniken wirken homogenisierend, da alle Menschen an gleichen Bewertungsmaßstäben gemessen werden, und zugleich individualisierend, da sich von den je verschiedenen Standards immer wieder spezifische Abstände, Niveaus oder Besonderheiten ergeben.

Die Normierungsgeschichte zeigt, wie der Körper einerseits in den Mittelpunkt der Methoden und Praktiken von Beobachtung, Kontrolle und Prüfung rückt; sie zeigt aber auch, dass die Intention der jeweiligen gesellschaftlichen Institution, seien es Gefängnisse, Justiz, Militär oder Medizin, über den Körper hinaus auf die Seelen der Betroffenen zielen. Die Disziplinargeschichte ist eine der homogenisierten und individualisierten, kurz: der normierten Seele, die dem Menschen von eben diesen Institutionen verliehen wird. Wir leben im Zeitalter des *homo psychologicus* mit seiner normierten Psyche (vgl. Illouz, 2011).

Hierbei praktiziert die moderne Gesellschaft eine »absteigende Individualisierung«, denn – wie im physikalischen Gesetz der kommunizierenden Röhren – je anonymer und funktioneller die Macht wirkt, desto eher zeitigt sie eine Individualisierung der in und mit ihr Lebenden. Und tritt die Macht weniger durch Zeremonien, denn durch Überwachungen »in Erscheinung«; nun werden statt Genealogien und Stammbäumen vergleichende Kalibrierungen vorgenommen, werden weniger »entscheidende« Taten, sondern eher die Abstände zur Norm für die Einzelnen entscheidend:

> »In einem Disziplinarsystem wird das Kind mehr individualisiert als der Erwachsene, der Kranke mehr als der Gesunde, der Wahnsinnige und der Delinquent mehr als der Normale. Es sind jedenfalls immer die ersteren, auf die unsere Zivilisation alle Individualisierungsmechanismen ansetzt; und wenn man den gesunden, normalen, gesetzestreuen Erwachsenen individualisieren will, so befragt man ihn immer danach, was er noch vom Kind in sich hat, welcher geheime Irrsinn in ihm steckt, welches tiefe Verbrechen er eigentlich begehen wollte« (ebd., S. 248f.).

Um der Wahrheit der (individuellen) Psyche auf die Spur zu kommen, greift die moderne Psychologie auf Geständnispraktiken zurück. Foucault ist nun davon überzeugt, dass der moderne Mensch ein »Geständnistier« ist, das seine Wahrheit vor allem durch die Sexualität in Erfahrung bringen will:

> »Warum hat das Abendland so unablässig nach der Wahrheit des Sexes gefragt und von jedem Einzelnen gefordert, daß er sie für sich formuliere? Warum hat es mit einer solchen Versessenheit darauf bestanden, daß unsere Beziehung zu uns selbst über diese Wahrheit zu laufen hat?« (Foucault, 1978, S. 102)

Die Antwort liegt nahe, dass es hierbei um die Macht des Wissens und die Macht des Diskurses geht.

Die Sexualität wird in dieser Perspektive keine Angelegenheit von Lust und Unlust, von Regeln und Regellosigkeit (wie in der Antike), sondern von Wahrheit und Falschheit, von Nützlichkeit und Bedrohlichkeit, von Wert und Unwert. Das Mittel zur Anregung von sexuellen Wahrheitsdiskursen war und ist immer noch das Geständnis: Zunächst im Rahmen der Beichte und der Inquisition erprobt, bleibt es dann auch im Behandlungszimmer des Arztes und der Couch des Psychoanalytikers erhalten – und es hat mittlerweile auch die medialen Welten erreicht. Das erpresste und geforderte Geständnis ist vom notwendigen und dann vom freiwilligen Geständnis abgelöst worden. Dabei liegt die Macht nicht mehr bei dem, der spricht, sondern bei dem, der zuhört und das Gesagte interpretiert. Diese Macht manifestiert sich weniger in der Aufrechterhaltung eines Regelsystems durch Verbote als in polymorphen, komplexen Strategien, die durch Normalisierung zu einer Ausweitung von Kontrollbereichen und Kontrollformen führen. Die Frage ist, wie man diesen Kontroll- und Normalisierungsprozeduren entkommen kann, wie man eine Ökonomie der Lust entwickeln kann, die die Perspektive der Lebenskunst nicht von der Sexualität aus denkt und die abrückt von einer Hermeneutik des Begehrens.

### Ethik der Optionen

In seiner Beschreibung der griechischen Antike und der griechisch-römischen Spätantike, die er in seinen Werken *Der Gebrauch der Lüste* und *Die Sorge um sich* liefert, geht es Foucault vor allem um die Beschreibung von liberalen Selbstpraktiken (die allerdings nur für eine privilegierte Männerschicht bestanden). Er rekonstruiert in diesem Kontext nicht nur die Klassiker der Philosophie wie Platon, Aristoteles u. a., sondern auch praktische Literatur, die aus dem Kontext der Diätetik, der Medizin und der Ratgeberliteratur herrührt. In diesen Texten finden sich Formen der Selbstwahrnehmung, der Selbstbefragung und Selbstgestaltung, die auf eine ästhetische Existenz des Lebens zielen.

Zentral erscheint hier die Art und Weise des Selbstbezugs, den Foucault mit einer modernen Form der Subjektivität kontrastiert: Während das moderne Subjekt ein hermeneutisches Subjekt ist, das sich einer (auch durch die Entwicklung der Psychologie wesentlich mitbestimmten) permanenten psychologischen Hermeneutik bedient, um seiner »wahren« oder »falschen Sexualität« auf die Spur zu kommen, steht das griechische (männliche) Subjekt im praktischen Spielfeld einer Diätetik, die ihm die Entscheidung über das »Was?«, »Wie?«, »Warum?« und »Wozu?« seiner Sexualität abverlangt. Der griechische Moralkodex besaß für Foucault mithin in sexuellen Beziehungen Offenheit für Stilisierungen: »in der Diätetik als Kunst des Verhältnisses zu seinem Körper; in der Ökonomik als Kunst des Verhaltens des Mannes als Oberhaupt der Familie; in der Erotik als Kunst des wechselseitigen Benehmens des Mannes und des Knaben in der Liebesbeziehung« (Foucault, 1986, S. 123). Foucault verdeutlicht, dass »die« Griechen keiner Moral einer universellen Gesetzgebung folgten, die eindeutig zwischen gut und böse unterscheidet und Denken und Handeln weitgehend normiert, sondern einer individuellen Ethik, die Fragen nach dem »Wie?«, »Wie oft?« und »Warum?« stellt und damit eine Lebenskunst möglich macht, die sich durch Techniken der Geschicklichkeit auszeichnet, eine »Kunst, die die Modalitäten des Gebrauchs in Rücksicht auf verschiedene Variablen (Bedürfnis, Augenblick, Stand) vorschrieb« (ebd., S. 121).

Während nach Foucault in früheren Jahrhunderten der Sinn der Lebenskunst in einem allgemeingültigen, religiösen, gesellschaftlichen oder philosophischen Ideal bestand, rückt nach ihm in der Moderne der einzelne Mensch mit seinen individuellen Vorstellungen und seinen individuellen selbstsorgerischen Praktiken in den Mittelpunkt und es stellt sich die Frage, warum nicht jeder Einzelne aus seinem Leben ein Kunstwerk machen kann (Foucault, 1984b, S. 80). Unter Lebenskunst versteht er konkret, eigene normative und ästhetische Gesetzmäßigkeiten auszubilden, die Richtlinien seines Handelns selbst zu erfinden, ästhetische Selbsterfindung mit spielerisch-ethischer Selbstbeherrschung konvergieren zu lassen. Es gilt, sich und sein Leben zu gestalten, die Kunst mit dem Leben zu versöhnen, ohne die Kunst in das Leben und das Leben in die Kunst aufzulösen.

Das im Mittelpunkt der Lebenskunst stehende proportionale Verhältnis als ein Verhältnis zur eigenen Existenz wird bei Foucault vor allem durch die sogenannten »Technologien des Selbst« beschrieben und bearbeitet: Techniken, die es den Menschen ermöglichten, mit

» eigenen Mitteln bestimmte Operationen mit ihren eigenen Körpern, mit ihren eigenen Seelen, mit ihrer eigenen Lebensführung zu vollziehen, und zwar so, dass sie sich selber transformieren, sich selber modifizieren und einen bestimmten Zustand der Vollkommenheit, Glück, Reinheit, übernatürlicher Kraft erlangen« (ebd., S. 35f.).

Für die praktische Frage in der Ästhetik der Existenz scheint nun ausschlaggebend, wie das Individuum eine Beziehung zu sich, zur eigenen Existenz herstellt. So ist es z. B. in der Antike nötig, um sich als gerechter Herrscher oder aber guter Ehemann moralisch zu etablieren, in einen (asketischen) Kampf mit sich selbst einzutreten, um *in sich* ein moralisches Verhältnis zu konstituieren, das zum »Typ ›Herrschaft/Gehorsam‹, ›Befehl/Unterwerfung‹, ›Meister/Gelehrigkeit‹ gehört« (Foucault, 1986, S. 94ff.).

Die drei Praktiken, die hier angewandt und eingeübt werden müssen, sind die *Parrhesia*, die Askese und die Stilisierung. Unter *Parrhesia* wird die Aufgabe verstanden, immer die Wahrheit zu sagen, auch wenn diese für den Sprechenden wie den Hörenden unangenehm ist. Wer sein Leben verändern möchte, muss sich auch mit schwierigen Wahrheiten auseinandersetzen. Wer sie ausüben möchte, braucht Mut zur Wahrheit.

*Askese* lässt sich als Durchführung einer bestimmten methodischen Lebenshaltung verstehen, wobei die Methode, auf die Foucault abhebt – dann wiederum an Nietzsche anschließend –, darin besteht, neue Formen des Lebens oder des Stils zu entwickeln. Askese als lebenslange Übung an sich selbst impliziert mithin eine Änderung von Perspektiven und Haltungen, sodass hier die Askese nicht als Instrument der Lebenskunst, sondern gleichsam als deren Bedingung erscheint (vgl. Wulf & Zirfas, 1999).

Mit *Stilisierung* als beobachtbarer individueller und sozialer, kohärenter (Selbst-)Präsentation wird hier nicht (primär) auf eine Kollektivierung, sondern vielmehr auf Distinktion abgehoben. Im Stil als ästhetischer Überhöhung des Alltäglichen soll hier die Etablierung einer spezifischen Lebensform oder auch ein besonderer Habitus zum Ausdruck kommen. Wie einst Pygmalion einer Statue seine Seele eingehaucht hat, gilt es nun, »seine eigene Statue zu meißeln« (Plotin), dem Material seines Lebens stetig neu »Stil« zu verleihen (Nietzsche).

Aus seinem Leben ein Kunstwerk zu machen, es zu stilisieren, meint im Sinne des von Foucault implizierten Kunstbegriffs: 1. eine originale, unverwechselbare, einzigartige Existenz herzustellen, die 2. ganz bewusst gegenüber einer romantisch verstandenen Natürlichkeit als Authentizität auf das Konstruierte, Performierte, die soziale Zuschreibung etc. setzt, in der 3. eine Kunstsinnigkeit in der Wahrnehmung und Umsetzung von tradierten und innovativen Kunst- und Lebensformen eine Rolle spielt und 4. eine Kunstfertigkeit (Virtuosität) anzeigt, die in der Stilisierung die Qualität und den Geschmack eines gelebten Lebens zum Ausdruck bringen will; und schließlich ist 5. auch eine Form von Vollkommenheit mit im Spiel, die mit Kennen und Können ein Maximum an dargestelltem Leben präsentieren möchte. In diesem Zusammenhang spricht Schmid (2004, S. 51f.; s. u.) – durchaus im Sinne Foucaults – von einem Dreischritt des Könnens, der vom virtuellen über das reale zum exzellenten Können verläuft.

In der Sorge um sich selbst geht es nicht um eine Selbstfindung, sondern um eine Selbsterfindung, einen kreativen Herstellungsprozess, der auf die (permanente) Improvisation seiner selbst hinausläuft. Zwar betont auch Foucault, dass eine gänzlich neue Erschaffung des Individuums unmöglich ist, insofern man mit dem vorhandenen Material (des Leibes und des Denkens) und auch mit bekannten Techniken arbeiten muss, um aus seinem Leben ein Kunstwerk zu machen, doch im künstlerischen Schaffensprozess können durchaus neue Formen des Lebens, der Selbst- und Fremdbeziehung, herausgebildet werden.

> »Um ein Selbst zu entwerfen, um ein Individuum zu werden, muss man etwas tun, das sowohl bedeutsam als auch völlig verschieden ist von dem, was man bisher getan hat. [...] Die Regeln zur Erfüllung dieser Aufgabe können erst dann formuliert werden, nachdem jedes einzelne Projekt abgeschlossen worden ist, und sie können nur einmal formuliert werden. Was bedeutet, dass die Lebenskunst keine Regeln hat, dass es so etwas wie *die* Lebenskunst nicht gibt. Es gibt nur Lebenskünste« (Nehamas, 2000, S. 290).

### Schluss: Gouvermentalismus und anders Denken

Michel Foucault liefert mit seiner Analytik moderner Diskurs- und Machtverhältnisse zunächst eine kritische Einschätzung der Möglichkeiten von Lebenskunst unter modernen Bedingungen. Und diese zielt durchaus auch auf Psychologie, Psychotherapie und Psychoanalyse. Denn diese sind nicht unwesentlich daran beteiligt, nach welchen Kriterien Menschen ihr Leben ausrichten, welche Begrifflichkeiten und Argumente sie dabei verwenden, mit welchen Bewertungen sie Lebensformen legitimieren und welche Effekte sich durch die psychischen Hermeneutiken und die Geständnispraktiken an den Menschen ablesen lassen. Dabei wird deutlich, dass das sogenannte autonome Subjekt, das frei und selbstbestimmt, vernünftig und klug sein Leben bestimmt bzw. bestimmen können soll, eine Kehrseite hat, die zeigt, dass dieses Subjekt *auch* ein *sujet*, ein unterworfenes

Individuum ist: Es muss, um sein Leben bestimmen zu können, auf verschiedene Diskurse zurückgreifen, in denen es sich interpretieren und verstehen lernt, es ist von verschiedenen Institutionen (Schule, Arbeit, Medizin etc.) abhängig, die es zu normieren suchen, und es hat diverse Praktiken habitualisiert (Selbstanalyse, Geständnis, Pünktlichkeit, Erbringung von Leistung, Vergleichen etc.), die es zu einem disziplinierten Individuum werden lassen. Moderne Lebenskunst erscheint insofern als Produkt von Macht-/Wissensverhältnissen, an die sich die Individuen lediglich anpassen.

Insofern stellt sich die Frage, ob die Aktualität der Lebenskunstdebatten nicht letztlich eine gouvermentalistische Tendenz hat. Unter *Gouvermentalismus* lassen sich mit Foucault die mit der liberalen Entwicklung moderner Staaten verbundenen Imperative und Praxen des Selbstmanagements und Selbstoptimierens verstehen, die darauf hinauslaufen, dass Menschen sich selbst (freiwillig) an Formen der organisierten Liberalität anpassen. Lebenskunst ist in diesem Sinne (staatlich oder institutionell) verordnete Lebenskunst, die nicht immer die Interessen der Individuen im Auge haben muss. Diese Frage radikalisiert sich heute, 30 Jahre nach den Forschungen von Foucault, noch einmal, wenn wir an die neoliberalen Flexibilisierungen, an das Konzept des lebenslangen Lernens, an technische, soziale und kulturelle Beschleunigungen oder auch an die Globalisierung denken. Therapeutisch gewendet und auch schon seit den Zeiten Freuds diskutiert, liegt hier die Frage nahe, ob man Menschen in einer Gesellschaft psychologisch unterstützen kann und soll, die selbst pathologische Züge aufweist.

Mit dem Gang in die Antike versucht Foucault nun zu zeigen, dass es *Spielräume* des Denkens und Verhaltens gibt, die gegenüber den aktuellen Disziplinierungs- und Normierungstendenzen andere Schwerpunkte setzen und somit Freiheitsspielräume der Lebenskunst eröffnen. Diese Rekonstruktion der antiken Lebenskunstmodelle hat einen selbsttherapeutischen Anstrich:

> »Der ›Versuch‹ – zu verstehen als eine verändernde Erprobung seiner selbst und nicht als vereinfachende Aneignung des anderen zum Zwecke der Kommunikation – ist der lebende Körper der Philosophie, sofern diese jetzt noch das ist, was sie einst war: eine Askese, eine Übung seiner selbst, im Denken. […] Es ging darum zu wissen, in welchem Maße die Arbeit, seine eigene Geschichte zu denken, das Denken von dem lösen kann, was es im Stillen denkt, und inwieweit sie es ihm ermöglichen kann, anders zu denken« (Foucault, 1986, S. 16).

Philosophieren wird hier, durchaus in Konvergenz mit antiken (vor allem stoischen) Modellen, als eine lebenspraktische Übung verstanden, die das Gedachte, den Denkenden und das Denken selbst ändert. Denn sich von einem hermeneutischen Geständniszwang zu befreien, sich nicht an Vorstellungen von Normalität zu orientieren und auch Sexualität in ihrer Wertigkeit anders zu begreifen, ist eine Anstrengung. Philosophie als Sorge um sich bedeutet dann – therapeutisch betrachtet –, sich von Vorstellungen und Diskursen zu befreien, die Lebensmöglichkeiten begrenzen, sich von Regierungstechniken zu distanzieren, die Menschen (psychologisch) identifizieren und disziplinieren, um – so weit als möglich – eine selbstgewählte Ästhetik der Existenz zu leben. Die antiken Lebenskunstmodelle können nicht einfach in die Neuzeit transportiert werden, sondern sie bieten formale Optionen eines anderen Lebensverständnisses und einer anderen Lebensgestaltung. Doch eine Gewähr dafür, dass die daraus entwickelte selbstsorgende Ästhetik der Existenz nicht letztlich doch einem gouvermentalistischen Imperativ verpflichtet ist, bieten weder die antiken Modelle noch das andere Denken. Und darüber hinaus: Auch derjenige, der sein Leben als Kunstwerk versteht, wird wohl auf Psychotherapie nicht generell verzichten können. Denn wir sollten erstens nicht vergessen, dass im Lebenskunstwerk der Mensch nicht im Artefakt aufgehen kann und dass zweitens dieser Mensch gelegentlich (therapeutische) Hilfe braucht.

## Wilhelm Schmid: Nutzen und Nachteil der Wahl

In einem ersten Zugang kann man Schmids Versuch als einen solchen verstehen, der die bisherige Linie der Lebenskunstphilosophien, in denen Beratung und Therapie stets eine wichtige Rolle einnahmen, zugunsten einer Position verabschieden möchte, in der es um die für das Selbstverständnis des Menschen wichtigen Fragen geht (Fellmann, 2009, S. 140). Dazu unternimmt er eine Art Kartografie der Lebenskunst, eine Art (mittelalterlicher) »Summa« der Lebenskunst, in der die diversen historischen und zeitgenössischen Ansätze in der (abendländischen) Philosophie und in den benachbarten Geisteswissenschaften, aber auch die lebenskunstrelevanten Felder des menschlichen Lebens in einen systematischen Zusammenhang gebracht werden.

### Zur Biografie

Wilhelm Schmid, der am 26. April 1953 in Billenhausen geboren wurde, gilt als der führende Vertreter der Lebenskunstphilosophie im deutschsprachigen Raum. 1980 begann er ein Studium der Philosophie und Geschichte an der Freien Universität Berlin, der Pariser Sorbonne und der Universität Tübingen, das er 1991 mit einer Doktorarbeit über Michel Foucault abschloss (Schmid, 1991). In Erfurt habilitierte er sich im Jahr 1997 mit seiner Arbeit *Grundlegung zu einer Philosophie der Lebenskunst*. Er lehrte als Gastdozent an der Universität Riga/Lettland (1991–2000) und an der Staatlichen Universität Tiflis/Georgien (1997–2006); zudem lehrt er Philosophie als außerplanmäßiger Professor an der Universität Erfurt. Von 1998 bis 2007 arbeitete er regelmäßig als »philosophischer Seelsorger« am Spital Affoltern am Albis (bei Zürich).

### Die zentrale Frage nach der Wahl

Das übergreifende Ziel einer modernen Lebenskunst nach Schmid ist ein schönes und glückliches Leben (vgl. Schmid, 2000). Das *glückliche* und *schöne* Leben ist das bejahenswerte Leben, ist dasjenige Leben, das man sich als ewige Wiederholung (Nietzsche) wünscht. Als das zentrale Lernziel der Lebenskunst erscheint die Selbstbestimmungsfähigkeit (Selbstverwirklichung, Selbstaktualisierung) als Möglichkeit der Beschäftigung mit wichtigen Vorhaben bzw. der Möglichkeit einer Vollendung des Lebens in selbstzweckhaften Tätigkeiten und der damit zusammenhängenden Lebensbejahung, die durch das Erreichen einer gewissen Anzahl von Zielen zu einer positiven Glücksbilanz führt. Ein schönes und glückliches Leben führt mithin derjenige, dessen selbstbestimmte Wünsche sich weitgehend und ungezwungen erfüllt haben. Anders formuliert: Ein solches Leben führt derjenige, der in seinem Leben für sich die richtigen Entscheidungen getroffen hat.

Vor diesem Hintergrund rücken die Fragen nach den Wahlen, die der Mensch hat, um sich ein solches Leben zu ermöglichen, in den Mittelpunkt der Lebenskunst (Schmid, 1998, S. 188ff.). Aus der Praxis der Lebenskunst heraus ergeben sich Fragen nach Möglichkeiten und Wirklichkeiten der Wahl, nach der Bewertung inhaltlicher Alternativen, nach der erneuten Festsetzung anderer, eigener Ziele sowie nach Möglichkeiten der Selbstvergewisserung und Selbstdarstellung. Wichtig erscheint, dass die selbstbestimmte Wahl des Glücks und des Schönen zentral die Lebens- und Bildungsformen bedingt (Zirfas, 2007b). Dabei sind übergreifende Wahlzusammenhänge, die Genealogien der Wahlen, ihre Begründungszusammenhänge und ihre Perspektiven zu berücksichtigen. Zudem hängt die Frage, welches Leben man leben will, mit der Frage zusammen, welche Person man sein möchte. Hiermit verwoben sind die Fragen nach der Freiheit und der Wahl der Kriterien, Ziele, Wertungen, Haltungen etc. Aus dem Blickwinkel der modernen Lebenskunst befindet sich das Individuum dabei in einer ständig wiederkehrenden Wahlsituation, in einem Spiel der Notwendigkeit – sich überhaupt entscheiden zu müssen, ohne an ein kategorisches Lebensmodell appellieren zu können –, und zugleich in einem Spiel der Möglichkeit – sich für eine bestimmte Lebensweise entscheiden zu können, indem man sich in den vorhandenen alternativen Positionen situiert.

### Die Frage nach dem menschlichen Glück

Das individuelle Lebensglück, die Erfahrung des eigenen Sinns und Wohlbefindens, ergibt sich laut Schmid im Wesentlichen nicht daraus, dass man vorübergehend »Glück hat«, d. h., zufällig oberflächliche Vorteile und Gewinne erlangt. Das Glück des Lebens ist nur durch das Erkennen seiner realen Möglichkeiten und durch eine selbstbestimmte und kluge Wahl möglich. Dafür entlehnt Schmid verschiedene Hinweise aus den traditionellen Ansätzen der Lebenskunst: So spricht er von der Berücksichtigung der Machtstrukturen als dem »sophistischen Element«, der dialogischen Betrachtungsweise als dem »sokratisch-platonischem Element«, der sensiblen, reflektierten Wahl als dem »aristotelischen Element« der Lebenskunst.

> »Die möglichst weit gehende Verfügung des Selbst über sich und sein Leben im Sinne der Selbstmächtigkeit (Autarkie), und die dafür erforderliche Arbeit des Selbst an sich zur Veränderung und Festigung seiner selbst (Askese) repräsentieren das *kynische* Element der reflektierten Lebenskunst und führen zum modernen Gedanken der Autonomie« (Schmied, 1998, S. 52).

Und so findet sich auch das »epikureische Element« einer Kalkulation und Wahl der Lüste, das »essayistische Element« des experimentellen Wegs bei Montaigne und das »skeptische Element« gegenüber einem unbezweifelbar richtigen Wissen und Handeln in seiner reflektierten Lebenskunst der Wahl wieder.

> »Die reflektierte Lebenskunst setzt an bei der Sorge des Selbst um sich, die zunächst ängstlicher Natur sein kann, unter philosophischer Anleitung jedoch zu einer klugen, vorausschauenden Sorge wird, die das Selbst nicht nur auf sich, sondern ebenso auf Andere und die Gesellschaft bezieht« (ebd., S. 51).

In der Tradition der Lebenskunstphilosophien stehend, ist für Schmid nur ein bewusster Umgang mit der Wahl, mit den eigenen Gefühlen und Lüsten ein Umgang, der zur Selbstmächtigkeit führt. Diese ist auf drei Ebenen anzusiedeln: auf einer körperlichen, einer geistigen und einer seelischen Ebene: »Den entscheidenden Schritt unternimmt das einzelne Selbst, wenn es die Wahl trifft, seine Selbstbestimmung zu beanspruchen und wahrzunehmen oder nicht; denn Selbstbestimmung ist keine Norm, sondern eine Option« (Schmid, 2004, S. 115). Mit dem selbstmächtigen und selbstbestimmenden Selbst ist keine Allmachtphantasie angesprochen, sondern ein »souveränes Selbst« (ebd., S. 119), das zwischen Selbstbestimmen(-Können) und Sichbestimmenlassen(-Können) zu unterscheiden weiß.

Was jemand aus seinem Leben macht, ist also nach Schmid eine Frage der Selbstaneignung und Selbstbestimmung des eigenen Lebens. Das schöne und glückliche Leben im Sinne Schmids lässt sich als Balance zwischen den eigenen Wahlen und den fremden Anforderungen und Einschränkungen bestimmen. Dazu entwirft Schmidt eine, wie man sie nennen könnte, *Hermeneutik* oder *Phänomenologie* der Lebenskunst, die den Menschen die ihnen wichtigen Perspektiven und Entscheidungen eröffnen soll. Wesentlich sind dabei neben der Selbstbefreiung von unnötigen Abhängigkeiten auch selbstgewählte Bindungen, wie z. B. Freundschaften, die den Menschen helfen, die richtige Wahl zu treffen. Denn sind die Möglichkeiten der Wahl auch oftmals durch strukturelle oder herkunftsbezogene Bedingungen begrenzt, so kann man doch immer wieder die Erfahrung machen, dass es in vielen Situationen des Lebens auf Sensibilität, Gespür und Lebensklugheit ankommt. Bei aller Skepsis scheint es im praktischen Lebensvollzug doch so etwas wie eine »kluge Wahl« zu geben, die ein schönes Leben (und Sterben) möglich macht. Verstetigt sich diese kluge Wahl zu einer klugen Lebenshaltung, so können wir von Weisheit sprechen.

## Schluss: Therapeutische Kritik der Lebenskunst

Aus Sicht der Psychotherapie fällt zunächst auf, dass Schmids Lebenskunstphilosophie sehr stark die Optionalität, die Möglichkeit des Wechsels von Lebenszielen und Lebensperspektiven betont (vgl. auch im Folgenden: Fellmann, 2009, S. 140ff.). Dass der Möglichkeitssinn dem Wirklichkeitssinn vorzuziehen sei, hat Robert Musil schon betont. Und man kann diese Denkhaltung bis in den modernen Konstruktivismus verlängern, für den die Welt auch nur eine subjektive Vorstellung ist (s. o. Schopenhauer). Zu erinnern ist aber etwa mit dem Existenzialismus und der Psychoanalyse an die Faktizität des Lebens, an die biografischen Gegebenheiten, an die sozialen oder zeithistorischen Zusammenhänge und psychischen Schicksale, die Menschen erleiden und die nicht einfach »konstruiert« oder »optional« verwendet werden. Gelegentlich ist man froh, wenn man sie als banales Unglück hinnehmen kann, ohne zu verzweifeln.

Von hier aus stellt sich schon die Frage, welche psychischen Voraussetzungen ein Mensch braucht, um die von Schmid geforderte hohe Reflexivität und hohe Selbstgestaltungsfähigkeit mitzubringen. Geht das überhaupt bzw. will man dies überhaupt: »sich allen Festlegungen zu entziehen« (Schmid, 2004, S. 241)? In diesem Sinne sollte Lebenskunst viel stärker die psychischen Grenzen und Möglichkeiten von Lebenskunst einerseits in den Blick nehmen und andererseits die Erkenntnis der Psychotherapien ernster nehmen, die sehr deutlich darauf hinweisen, dass das Verständnis unserer selbst und anderer sowie unsere Selbst- und Anderenbeziehung in hohem Maße unbewusst und daher nur begrenzt »wählbar« verläuft.

Das bringt uns zum zweiten Punkt, dem der Wahl. Schon in der Antike, beginnend mit Aristoteles, rückt die kluge, bedachte Wahl ins Zentrum der Lebenskunst. Ging es in der Antike um die Orientierung an ewigen Werten, um sich in die natürlichen Zusammenhänge einzuordnen, orientiert sich der moderne Mensch an (wechselnden?) Geschmackspräferenzen, um als selbstbestimmt und autonom gelten zu können. Hier taucht die Frage der Beliebigkeit auf. Welche Kriterien sind für eine kluge Wahl handlungsleitend? Ist alles relevant und alles zu reflektieren? Gibt es Werte und Sinndimensionen, die unhintergehbar sind – oder gilt hier *anything goes*? Können wir uns – im Sinne Foucaults – so einfach von den herrschenden Selbstverständnissen lösen und ganz anderes denken, wählen und erfinden? Inwiefern schlägt die Liberalität dieses Modells nicht schnell in Konformismus um, weil die Wahl ja auch schlicht dem Durchschnittsgeschmack folgen kann? Oder ist das Modell nicht so liberal, wie es aussieht, weil die nichtkonformistische Wahl auch mit dem Risiko des Unverständnisses und der Einsamkeit rechnen muss? Hierbei können psychologische Modelle deutlich machen, dass unsere Wahlen oft unbewusst verlaufen und insofern von »Bauchentscheidungen« (Gigerenzer, 2008) abhängig sind, die ihre *eigene* Rationalität haben – eine Rationalität, die ebenso positive wie negative Folgen haben kann. Und sie können auch zeigen, dass die Orientierung am schönen und glücklichen Leben gelegentlich eine Überforderung darstellt, der man therapeutisch entgegenarbeiten muss. Hierbei stellt sich die Frage, ob die negativistischen Lebenskunstmodelle Epikurs oder auch Schopenhauers, die vom Leiden her denken, nicht nur therapeutisch anschlussfähiger sind, sondern auch der Lebensrealität vieler, vielleicht der meisten Menschen eher entsprechen.

Diese Überlegung bringt uns zum Gesichtspunkt des »erfüllten Lebens« (Schmid, 1998, S. 94). Hierbei wird die Metaphorik eines »quantitativen Substanzialismus« (Fellmann) verwandt, der als ökonomische Summe lustbetonter Augenblicke zu verstehen ist. In den Spuren Nietzsches gedacht und überspitzt formuliert, meint das: Wem es gelingt, die Augenblicke seines Lebens zu einer permanenten Kette der Bejahung aneinanderzureihen, der führt ein erfülltes Leben. Das heißt dann aber auch, den Schmerz und das Leiden noch als gewollt anzuerkennen, denn: »Mit dem Schmerz wird das schöne Leben zum *erfüllten* Leben, das die gesamte Fülle der Existenz umfasst und nicht in der Illusion gelebt wird, es allein auf die angenehme Hälfte verkürzen zu können« (Schmid, 2004, S. 262). Das klingt doch sehr nach einer Praxis des Schönredens auch der schwierigsten Situationen und verdeutlicht noch einmal den Mangel an Kriterien dieses Lebenskunstmodells: Wenn buchstäblich alle Lebenssituationen in eine Lebenskunst integriert und als Formen schönen Lebens verstanden werden können, dann stellt sich die Frage nach seiner *differentia specifica* – etwas zur Hässlichkeit oder Ekelhaftigkeit. So wird selbst das Süchtigsein noch als eine Variante der Lebenskunst erklärt, nämlich als Kunst, »das eigene Leben ruinieren zu können« (ebd., S. 275).

Es sind diese Stellen, an denen man den Eindruck hat, dass sich letztlich alles Endliche, alles Schmerzliche, alles Faktische und alles Kontingente noch als Lebenskunst verstehen lässt, wenn es irgendwie reflektiert wird. Was den Begriff allerdings so überdehnt, dass er überflüssig wird. Denn so betrachtet löst sich alles in einer Allharmonie auf, die man in der Stimmung einer »heiteren Melancholie« (ebd., S. 303) oder »melancholischen Heiterkeit« reflektieren kann. Die Kunst der Lebenskunst hat dann eher den Charakter der Ästhetisierung des Daseins – um nicht zu sagen, seiner Verzuckerung, und nicht – wie noch bei Nietzsche oder Foucault – den Charakter eines kritischen, existenziellen Einsatzes, der versucht, mit spezifischen Gefahren des Daseins umgehen zu können. Lebenskunst ist aus therapeutischer (anthropologischer und auch historischer) Sicht nicht die Kunst der großen Harmonie, sondern die Arbeit an den Grenzerfahrungen des Lebens.

## Ausgewählte Literatur

Fellmann, F. (2009). *Philosophie der Lebenskunst zur Einführung*. Hamburg: Junius.
Foucault, M. (1985). *Freiheit und Selbstsorge*. Hrsg. v. H. Becker et al. Frankfurt/M.: Materialis.
Foucault, M. (1986). *Der Gebrauch der Lüste. Sexualität und Wahrheit 2*. Frankfurt/M.: Suhrkamp.
Foucault, M. (1989). *Die Sorge um sich. Sexualität und Wahrheit 3*. Frankfurt/M.: Suhrkamp.
Foucault, M. (2007). *Ästhetik der Existenz. Schriften zur Lebenskunst*. Frankfurt/M.: Suhrkamp.
Gödde, G. & Zirfas, J. (Hrsg.). (2014). *Lebenskunst im 20. Jahrhundert. Stimmen von Philosophen, Künstlern und Therapeuten*. Paderborn: Wilhelm Fink.
Kersting, W. & Langbehn, Ch. (Hrsg.). (2007). *Kritik der Lebenskunst*. Frankfurt/M: Suhrkamp.

Schmid, W. (1991). *Auf der Suche nach einer neuen Lebenskunst. Die Frage nach dem Grund und die Neubegründung der Ethik bei Foucault.* Frankfurt/M.: Suhrkamp.
Schmid, W. (1998). *Philosophie der Lebenskunst. Eine Grundlegung.* 3. Aufl. Frankfurt/M.: Suhrkamp.
Schmid, W. (2000). *Schönes Leben? Einführung in die Lebenskunst.* Frankfurt/M.: Suhrkamp.
Schmid, W. (2004). *Mit sich selbst befreundet sein.* Frankfurt/M.: Suhrkamp.
Werder, L. v. (2000). *Lehrbuch der Philosophischen Lebenskunst für das 21. Jahrhundert.* Berlin-Milow: Schibri.

## Zusammenfassung der Positionen von der Renaissance bis zur Postmoderne

Ohne dies im Einzelnen ausgewiesen zu haben, gibt es einen großen Umbruch in der Lebenskunstdebatte, der mit dem in der Frühen Neuzeit beginnenden Übergang von einem metaphysischen zu einem nachmetaphysischen Denken verbunden ist; und dieser Wechsel geht mit einem Wechsel von einem objektiven zu einem subjektiven Modell der Lebenskunst einher. Es war immer weniger plausibel, ein spezifisches Modell – sei es nun sokratisch, platonisch, stoisch, epikureisch (oder auch zynisch, skeptisch oder christlich) konturiert – als allgemeingültiges Vorbild aufzustellen. Durch den Verlust einer verbindlichen kosmologischen, natürlichen oder auch christlichen Weltordnung, die als fundamentale Legitimationsbasis für Lebenskunst diente, und durch den damit einhergehenden Verlust einer sozialen Ständeordnung, die die Lebenskunst auch sichtbar an spezifische Rollen und Funktionen band, und schließlich auch durch einen veränderten Kunstbegriff, der immer weniger Kunst als Regelkunst bzw. Kunst als Handwerk, sondern Kunst als Außerkraftsetzen von Regeln bzw. Kunst als Originalität meint, lässt sich von einer Neuausrichtung der Lebenskunst seit der Frühen Neuzeit sprechen. Im Zuge der neuzeitlichen Entwicklungen der Rezeptions- und Produktionsorientierung sowie der Subjektivierung und Pluralisierung im Bereich der Kunst und der Ästhetik erscheint es nunmehr fast aussichtslos, noch allgemeingültige objektive Standards einer Lebenskunst etablieren zu können.

Dieser über Jahrhunderte andauernde Prozess, den selbst noch Nietzsche mit seinen Thesen einer die Möglichkeiten des Lebens minimierenden christlichen Mitleidsethik und seiner Beobachtung, dass »Gott tot sei« (was nichts anderes meint, als dass es kein allgemeinverbindliches erkenntnistheoretisches, ethisches oder ästhetisches Fundament mehr gibt), thematisiert, modernisiert die Lebenskunst um Aspekte eines individualistischen Versuchs (Montaigne), einer kosmopolitischen Perspektive (Kant), eines radikalen Pessimismus (Schopenhauer), einer rückhaltlosen Daseinsbejahung (Nietzsche), einer kritischen

Selbststilisierung (Foucault) und einer optativen Wahlperspektive (Schmid). Damit wird – noch stärker als in Überlegungen der Antike – Lebenskunst prekär, d. h., wenn man so will, immer mehr theoretisierbar, doch immer weniger planbar. Denn sowohl die erkenntnistheoretische Sicherheit, die die Antike noch bezüglich des Wahren und Falschen, des Guten und Richtigen, aber auch des Schönen und Angenehmen zu postulieren können glaubte, aber auch die diesbezügliche praktische Sicherheit, die mit den Techniken der Meditation, Beratung und Selbstbeherrschung, die zur – maßvollen – Umsetzung der postulierten Überlegungen führen sollte, verbunden war, weicht einer radikalen Unsicherheit in Theorie und Praxis, die mit der Pluralisierung der Modelle und der Kontingenz ihrer Umsetzung verbunden sind.

Vor diesem Hintergrund erscheint es nun wieder plausibel, dass auch in modernen Lebenskunstmodellen psychotherapeutische Strukturen bedeutsam werden. Und man könnte sagen, dass diese Strukturen eine noch tiefere, existenziellere Tönung bekommen. Denn die therapeutische Lebenskunst der Moderne muss sich nun mit dem Grund des Existierens selbst auseinandersetzen. Und damit verwickelt sie sich in äußerst problematische psychische Zusammenhänge,

➤ wenn etwa Montaigne über die Selbsterfassung und Selbstschaffung durch das Schreiben reflektiert,
➤ wenn Kant die Bedeutung der »dunklen Vorstellungen« für das Leben rekonstruiert,
➤ wenn Schopenhauer sich Gedanken darüber macht, wie man die Macht des Urwillens brechen kann,
➤ wenn Nietzsche vorschlägt, sich von den alten Werten und Lebensformen loszusagen und gegen alle gängigen Konventionen neue Überzeugungen und Stile zu erschaffen,
➤ wenn Foucault gegen die Macht des Diskurses und gegen die politische Macht der Gouvermentalen neue Formen der Selbstbeziehung zu entwickeln versucht,
➤ oder wenn Schmid fordert, sich eine Fülle von hermeneutischen und handlungsbezogenen Perspektiven für sein Leben zu erschließen.

War die Lebenskunst der Antike und des Mittelalters metaphysisch, so ist die moderne Lebenskunst nachmetaphysisch und das meint: *existenziell*.

In diesem Sinne könnte man folgern, dass die Psychotherapie als Lebenskunst heute notwendiger denn je ist. Die psychischen Probleme, die mit der Suche nach einem schönen und glücklichen Leben verbunden sind, sind wohl – ohne hier eine reale Psychohistorie des Abendlandes voraussetzen zu können – im Vergleich mit früheren Jahrhunderten seit der Frühen Neuzeit eher intensiver und extensiver geworden. Der Verlust eines metaphysischen Baldachins lässt – wie Nietzsche in einer Metapher diagnostiziert – die Menschen auf dem weiten Meer auf Flößen zurück, die sie permanent umbauen müssen. Die Moderne als Ort der Pluralität, der Unübersichtlichkeit, der Kontingenz und Inkommensurabilität macht es den Menschen nicht leichter, ihr Leben »schön« zu leben. Lebenskunst ist immer weniger ein Können, sondern immer mehr ein Nichtkönnen; und es scheint, dass das Modell der stoischen Gelassenheit einem Kampfmodell gewichen ist, in dem Lebenskunst immer stärker und permanent – gegen den Willen (Schopenhauer), gegen die Unvernunft (Kant), gegen die christlichen Werte (Nietzsche), gegen hermeneutische und politische Dispositive (Foucault), gegen Einschränkungen der Wahl (Schmid) – errungen werden muss. Und dass der »pursuit of happiness« in der Neuzeit Verfassungsgut geworden ist, hat nicht nur positive politische oder soziale, sondern auch negative psychologische Konsequenzen: Denn dieser »pursuit« ist nicht nur eine Verheißung für das nunmehr endliche Leben, für eine Transzendenz in der Immanenz, sondern auch eine Verpflichtung, das »Leben als letzte Gelegenheit« (Gronemeyer) nutzen zu müssen. Und an beidem kann man scheitern.

## Die therapeutischen Einsichten der Lebenskunstphilosophen

Die hier versammelten Hinweise, die nur exemplarisch für eine intensivere Rekonstruktion einer Geschichte der Lebenskunst stehen können, zielen mit *Sokrates* und *Platon* auf eine Dialektik von Wissen und Nichtwissen im Dienste der Selbstsorge, betonen mit der *Stoa* eine Neubewertung der affektiven Befindlichkeiten und mit den *Epikureern* einen maßvollen Umgang mit den Lüsten, fokussieren mit *Montaigne* den essayistischen Versuch der Gestaltung von Lebenskontingenz, worunter auch die Philosophie als Sterbenlernen fällt, sind mit *Kant* von der Möglichkeit einer vernünftigen Lebensführung überzeugt, betreiben mit *Schopenhauer* eine Warnung vor allzu hohen Glücksansprüchen, akzentuieren mit *Nietzsche* eine Ästhetisierung des Lebens und die Bejahung des Augenblicks, versuchen mit *Foucault* die Möglichkeitsspielräume einer Ästhetik der Existenz zu umreißen, und akzentuieren schließlich mit *Schmid* eine Phänomenologie der Wahl, die ein schönes Lebens zur Folge haben soll.

Aus therapeutischer Sicht erscheinen vor dem Hintergrund dieser kurzen historischen Skizze der Lebenskunst aus den letzten beiden Jahrtausenden im Abendland vier Gesichtspunkte von übergreifendem Interesse:

1. Da ist zunächst der historisch fast durchgängige explizite systematische Zusammenhang von Lebenskunst und Therapeutik. Lebenskunst ist sowohl ein theoretisches, reflexives Vorhaben als auch ein praktisches Projekt der Sorge für sich selbst und den Anderen. Die Lebenskunst ist strukturell mit therapeutischen Perspektiven in Theorie und Praxis verschränkt.
2. Die Therapie hat dementsprechend nicht nur die Aufgabe, für die praktische Umsetzung (Askese, Bewältigung, Erlösung) der philosophischen Überlegungen zu sorgen, sondern sie geht schon in die theoretischen Überlegungen der individuellen Muße oder Meditation sowie der gemeinsamen Beratung mit ein. Und schon in der Theorie stehen praktische Fragen im Mittelpunkt: Wie gehe ich mit meinen Phantasien, mit meinen Emotionen, mit den Wechselfällen des Lebens, mit dem Tod oder meinen Wahlmöglichkeiten um?
3. Der therapeutische Prozess der Lebenskunst hat eine gleichbleibende Struktur: Diese beginnt zunächst mit der Identifikation des Problems (etwa: falsche Vorstellung, Übermaß an Emotionen, Todesangst, Verringerung an Lebensmöglichkeiten, Normalisierung etc.); sie geht dann in einem nächsten Schritt diesen Problematiken auf den Grund (fehlende Erinnerung, mangelnde Reflexivität, falsche Bewertung, christlicher Revanchismus, Disziplinargesellschaft) und versucht dann ein theoretisches wie praktisches Gegenmodell zu entwickeln (sokratisches Gespräch, quantitative und qualitative Differenzierungen, Vergegenwärtigung, lebensbejahende Stilisierungen, Genealogie der Machtpraktiken und Archäologie der Wissensformationen); um schließlich ihre Form des gelungenen Lebens umzusetzen (d. h. ein reflexives, gelassenes, autonomes, bejahendes, ästhetisches Leben).
4. Die psychotherapeutischen Überlegungen der Lebenskunst setzen dabei immer vier Sachverhalte voraus, d. h., sie unterstellen:
   - dass Menschen explizit wie implizit ein schönes und glückliches Leben leben wollen;
   - dass es in diesem Leben nicht primär um eine Anzahl angenehmer Augenblicke, sondern um eine Grundstruktur oder eine Grundbefindlichkeit des Lebens gehen soll;
   - dass es möglich ist, mithilfe philosophischer und therapeutischer Maßnahmen ein solches Leben zu ermöglichen;
   - dass diese Ermöglichung als lebenslanger Prozess gedacht werden muss.

## 3 Von der antiken Heilkunst zur modernen Psychotherapie

Die medizinischen und therapeutischen bzw. psychotherapeutischen Fragen nach Krankheit, Gesundheit und Heilung hatten bereits in den philosophischen Lebenskunstlehren der Antike einen hohen Stellenwert. Es ging dabei in erster Linie um Krankheiten des Körpers, aber auch um Krankheiten der Seele und die Möglichkeiten ihrer Heilung; zudem rückte die enge Wechselwirkung von Körper und Seele ins Blickfeld der »philosophischen Ärzte« und der »ärztlichen Philosophen«. Hinweisen aus der Philosophie der Lebenskunst selbst folgend (vgl. Hadot, 1981; Foucault, 1989b; Horn, 1998; Schmid, 1998; Wils, 2007), erscheint es naheliegend, Themenkomplexe und Problematisierungskontexte aus der Geschichte der Medizin bzw. der Psychotherapie und der Lebenskunst aufeinander zu beziehen. Denn wir finden schon in der Antike eine Analogie von philosophischer Lebenskunst und Medizin, die vor allem von den Stoikern und namentlich von Chrysipp (281/276–208/204 v.Chr.; unklare Datenlage) entwickelt worden ist. Sellars formuliert das wie folgt:

> »Nicht nur, dass der Philosoph sich um die Seele in einer Art und Weise kümmert, die analog ist zu der, in der sich der Arzt um den Körper kümmert; sondern auch die ärztliche Kunst ist eine, die sich zwar in erster Linie ein praktisches Ergebnis zum Ziel gesetzt hat, doch dazu ein substanzielles theoretisches Wissen braucht. Insofern bildet der Arzt das perfekte Modell für den stoischen Philosophen« (2003, S. 84, 64; Übers. die Verf.).

Und man muss wohl noch einen Schritt weiter gehen: Da sich der Arzt nicht nur um den Körper, sondern auch und zentral um die Seele kümmerte – wenn auch oftmals dadurch, dass er dabei den Umweg über den Körper und die Kör-

### 3 Von der antiken Heilkunst zur modernen Psychotherapie

perpraktiken nahm –, so ist der Arzt auch ein philosophischer Lebenskünstler, dem es um eine Kultivierung des Selbst ging: Medizin »as an art (τέχνη), directed to a dispositon that may be called excellence (ἀρετή) or wisdom (ἠοφία)« (ebd., S. 168). Auch ihm geht es um Charakterbildung und Verhaltensänderung. Dabei wird diese Beziehung im Folgenden lediglich an ausgewählten Entwicklungslinien exemplarisch aus dem Blickwinkel der für die Lebenskunstdiskussionen bedeutsamen Aspekte – etwa des Umgangs mit den Affekten – verfolgt werden. Wenn wir uns dabei zunächst auf die antike Medizin konzentrieren, so hat dies seinen guten Grund, bestimmt diese doch bis weit in die Neuzeit hinein die theoretischen und praktischen Grundlagen der Medizin. Zudem gehen wir noch auf die historische Vorphase der Etablierung der wissenschaftlichen Psychotherapie am Ende des 19. Jahrhunderts ein. In diese Zeit – vom 17. bis 19. Jahrhundert – erfolgt die langsame Ablösung der antiken medizinischen und mittelalterlich-seelsorgerischen Modelle durch psychologisch fokussierte Heilungspraktiken hin zu aufklärerisch-(natur)wissenschaftlichen Konzepten und zu romantisch-tiefenpsychologischen Auffassungen, die dann am Ende des Jahrhunderts in die wissenschaftlichen Therapiemodelle der Neuzeit einmündeten.

Für die Debatte um die Lebenskunst erscheint eine historische Rekonstruktion des Verhältnisses von Psyche, Therapie und Lebenskunst deshalb von Belang, weil so gezeigt werden kann, dass Fragen der Lebenskunst schon früh mit medizinischen Kontexten in Verbindung gebracht und in diesen Zusammenhängen reflektiert worden sind. Man kann hierbei natürlich darauf verweisen, dass die (wissenschaftlichen) Disziplinen nicht in dem Maße funktionsspezifisch getrennt worden sind, wie dies bei modernen Gesellschaften vor allem seit der Aufklärung zu beobachten ist. Insofern ließen sich für die antike, mittelalterliche und frühneuzeitliche Medizin wohl ohne größere Probleme auch Bezüge etwa zur Kosmologie, zur Religion, zur Pädagogik oder Politik herausarbeiten. Daher bildet die Tatsache, dass man Gedanken und Konzepte zur Lebenskunst auch im medizinisch-therapeutischen oder in aufklärerisch-naturwissenschaftlichen Kontexten findet, auch keine wirkliche Überraschung. Doch wenn der (hermeneutische) Gedanke plausibel erscheint, dass man Wesentliches über einen Sachverhalt auch aus seiner (in diesem Fall ideengeschichtlichen) Genese erfahren kann, dann erscheint der Blick auf die antike Medizin und die therapeutischen Anstrengungen der Aufklärung und Romantik für die Lebenskunst nicht als unwesentlich, kann sie doch nachzeichnen, in welch hohem Maße diese Kunst einen therapeutischen »Unterbau« hat.

Aber auch umgekehrt gilt: Es macht Sinn, Therapie in den Blickwinkel der Lebenskunst zu stellen, weil nur dann deutlich wird, dass Therapie über Jahrhunderte hinweg eine Trias von Wissen (Theorien), Praxis (sozialer Beziehung) und Poiesis (regelgeleitetem Handeln) bildete, die immer auch einen Blick auf das gute und glückliche, gemeinsame Leben implizierte. Ärzte hatten nie nur die Aufgabe, Körper und Seelen zu heilen, sondern auch die Funktion, (kranke) Menschen so zu bilden, dass diese mittels Diätetik und Asketik ein gelungenes Leben führen konnten. In diesem Sinne hat sich auch die Medizin jahrhundertelang – durchaus unterschiedlichen – Konzepten der Lebenskunst verschrieben.

## Medizinische Heilkunst und philosophische Lebenskunst in der Antike

### Medizin und Lebenskunst

Die für die säkulare Lebenskunst der Antike, des Mittelalters, ja noch für die der frühen Neuzeit bis in die Aufklärung bestimmende Maxime im Leben wie in der Medizin ist die eines angemessenen Maßes, einer Ausgewogenheit von Quantitäten und Qualitäten. Die sogenannte Mesoteslehre (gr. *mesotes* für Mitte, Maß) verweist auf das richtige Maß der Körpersäfte und -kräfte; Krankheit entsteht in diesem Sinne als ein Zuwenig oder Zuviel an diesen Säften und Kräften. Und es erscheint bemerkenswert, dass Aristoteles (384–322 v.Chr.) dieses medizinische Modell auf seine ethischen Überlegungen überträgt, in denen die Tugenden sich durch eine angemessene, maßvolle Haltung auszeichnen (vgl. für die im Folgenden verwendeten griechisch-lateinischen Begriffe der Medizin das Lexikon der antiken Medizin: Leven, 2005).

Die Kunst (gr. *techne*, lat. *ars*), worunter auch die (medizinische) Heilkunst fiel, war eine Regel- und Handwerkskunst, die nach spezifisch natürlichen Maßstäben zu operieren hatte. Zur Kunst zählen dabei praktische Künste aller Art wie die Pferdezucht, die Tischlerei etc., aber auch theoretische Disziplinen wie die Geometrie, die Astronomie oder auch die »schönen« Künste wie Malerei, Dichtkunst usw. Der technische Künstler beweist ein nicht alltägliches Können, das Bewunderung verdient. Während die Natur ein selbstständiges Tun zum Ausdruck bringt *(natura naturans)*, das im Wesentlichen keiner Verbesserung fähig ist, ist die Kunst des Künstlers als Kunstfertigkeit und praktische Intelligenz mimetisch auf die Natur als Vorbild verwiesen.

Allerdings hatte die Medizin in diesem Kontext einen prekären Status. Denn der Begriff der *techne* bezieht sich nicht auf die praktische Anwendung eines theoretischen Wissens, sondern auf ein praktisches Können, das im Dienste der

Herstellung eines Werkes steht. Die Medizin kann hier nur als Disziplin verstanden werden, die auf die Wiederherstellung eines ursprünglich von der Natur selbst geleisteten »Werkes«, nämlich das der »Gesundheit« zielt. Da Gesundheit als stillschweigende Voraussetzung menschlichen Lebens verstanden wurde und insofern nicht auffiel, finden wir in der Antike, trotz ihrer hohen Wertschätzung, auch keine strenge Definition von ihr. In der häufig zitierten Formel »mens sana in corpore sano« (Juvenal) kommen daher ebenso medizinische wie auch soziomoralische Qualitäten zur Geltung, wird doch »Gesundheit« sehr häufig mit Rechtschaffenheit, Tugendhaftigkeit oder allgemein mit einem bestimmten Maßverhältnis verschiedener Kräfte identifiziert.

In diesem Sinne sind auch Krankheiten letztlich Unmäßigkeiten, Störungen des körperlichen Gleichgewichts, Veränderungen der Verhältnisse der Körpersäfte oder auch der falschen Lokalisierungen von Stoffen im Körper. Krankheiten sind »widernatürliche Zustände« (Galen), die mit Funktionsbeeinträchtigungen einhergehen und mit sittlicher Verderbtheit gleichgesetzt werden. Obwohl die Bedeutung des Innenlebens und der mit ihm verbundenen Empfindungen von Freude, Furcht, Angst, Mut, Hoffnung, Abneigung, Zorn etc. in den diversen antiken medizinischen Handbüchern durchaus auftaucht, werden auch die Geisteskrankheiten, wenn sie nicht als übernatürliche Strafen der Götter gesehen werden, die sich z. B. in Besessenheit und Epilepsie äußern, als Effekte und Folgen von physischen Krankheiten, von moralischen Verfehlungen oder von erziehungsbedingten Charakterfehlern betrachtet. Und wenn die Krankheit letztlich eine Ursache außerhalb des Menschen bzw. auch außerhalb seiner Verfügungsgewalt hat, so orientiert sich auch die Heilung auf diesen Bereich. Gilt die Krankheit als göttliche Strafe für ein Fehlverhalten, so machen Medikamente wenig Sinn, dafür aber asketische Übungen und Bußrituale (vgl. Behne, 2010).

Hauptarbeitsfeld der antiken Ärzte, die vor dem Hintergrund von Medizin, Magie, Ethik und Religion wirkten, waren Verletzungen und äußerlich sichtbare, kurz somatische Krankheiten, deren Ursachen unmittelbar erkennbar waren. Krankheiten sind also in der Regel als physisch-biologische Zusammenhänge begriffen worden. In diesem Sinne wird etwa auch die Melancholie (aus *melaina chole*, schwarze Galle) als eine somatische Krankheit aufgefasst, die mit dem Übermaß an schwarzer Galle in Verbindung gebracht wird. Zu diesem Krankheitsbild gehören Angst, Traurigkeit, Appetit- und Schlaflosigkeit, Verwirrung, Depression, Stumpf- und Wahnsinn sowie Zorn. Aufgrund des letztlich somatisch basierten Gesundheits- bzw. Krankheitsmodells beruhten die vorgeschlagenen Therapien vor allem auf physischen Maßnahmen – etwa der Ernährung oder der körperlichen Bewegung.

Umstritten ist in der Antike auch, inwieweit die (medizinische) Kunst mehr oder weniger streng vom Wissen getrennt ist: Liefert sie nur Erfahrungswissen in dem Sinne, dass der Mediziner dank seiner *techne* weiß, dass bestimmte Arzneimittel nicht nur bestimmten Menschen, sondern allen Menschen in vergleichbaren Situationen helfen? Oder liefert sie auch Grundlagenwissen, insofern er nicht nur weiß, dass sie helfen, sondern auch, *warum* die Medikamente und die Praktiken jeweils ihre Wirkung entfalten können? Diese, je nach philosophischer Schule anders gewichtete, Relation von Kunst als Erfahrungs- oder Grundlagenwissen ist auch für die (medizinische) Lebenskunstdebatte von Belang, insofern nie eindeutig geklärt worden ist, ob und inwiefern auch die ethische Kunst prinzipielle oder eben nur therapeutische Fragen zu klären hatte. So war z. B. für die empirisch arbeitenden Ärzte der hellenistischen Schule der Schluss von einem Symptom auf das Wesen einer Krankheit nicht erlaubt, »sondern nur der (aus Erfahrung gewonnene) Schluss auf das anzuwendende therapeutische Mittel. Die Semiotik ist der Therapie untergeordnet« (Wöhrle, 1990, S. 207).

Die Hippokratischen Medizinerschulen gingen von einer noch relativistischeren und skeptischeren Einstellung aus, insofern für sie sich weder allgemeingültige Ziele noch allgemeingültige Therapien in der Medizin feststellen ließen. Der griechische Begriff Therapie *(therapeia)* hat dabei einen weiten Bedeutungsumfang, der vom Dienst und der Achtungsbezeugung gegenüber den Göttern über die Pflege und die Betreuung von Kindern und Kranken bis hin zur Sorge um Leib und Seele reicht. Therapie ist eine Form der Menschenführung, die Leibes- und Seelenpflege umfasst (vgl. Edelstein, 1967, S. 195ff., 319ff.). Der Anamnese, Diagnose und Prognose nachgeordnet, umfasst die Therapie somit eine weite Spanne an Maßnahmen, etwa die Anrufung von Göttern, die Verwendung von Zauberformeln und Amuletten, die Versorgung der Wunden, die Verabreichung von Arzneimitteln, aber auch die von Arzt und Patient gemeinsam unternommenen praktischen Anstrengungen, sich wieder der Heilkraft der Natur zu versichern. Chirurgie, Pharmazeutik und Diätetik werden als drei Bestandteile der Therapeutik genannt, wobei die Diätetik als der schwierigste Part gilt (vgl. Müri, 1986, S. 119ff.). Dabei konzentrierte sich die philosophische Therapeutik nicht nur auf Methoden einer kollektiven Bildung, auf Disziplinen und mentale Trainingsmethoden, die man kollektiv weitergab: »Die Philosophie konnte auch Methoden der Individualtherapie inspirieren, wie aus Galens Abhandlung über die Leidenschaften und Fehler der Seele hervorgeht« (Ellenberger, 1973, S. 79).

In der Regel gab es, was die Maßstäbe für die (medizinische) Lebenskunst betrifft, anders als in den religiösen Künsten und Lebenskunstlehren, keine strikten

Dichotomien von richtig und falsch, gut und böse, schön und hässlich etc., sondern graduelle Ethiken des »Mehr« oder »Weniger«, des »Sowohl-als-auch« oder der besseren und schlechteren Relationen. Die antiken (mittelalterlichen und frühneuzeitlichen) Ethiken sind, wie oben vermerkt, Ethiken des Maßes und des Gleichgewichts. Auch die Medizin operiert auf dieser Basis des Maßes. Gesundheit wird als Gleichmaß der Kräfte, als harmonische Mischung der Säfte, als mittleres Maß zwischen zwei Extremen oder als richtige, weil natürliche körperliche und seelische Ordnung bestimmt. »Wo man etwas tun muss, muss man das Mehr oder Weniger bedenken. Denn es macht einen großen Unterschied, ob man dabei nach beiden Seiten das richtige Maß trifft oder nicht« (Hippokrates, 1994, S. 112). Hierbei ist die aristotelische Teloslehre (Ziellehre) von Bedeutung, denn die »richtige Mischung« oder das »rechte Maß« ist die Voraussetzung dafür, dass der Mensch seiner wahren Bestimmung als vernünftiges Lebewesen gerecht werden kann. Die Bestimmung des Menschen *(Entelechie)* bedarf der Ordnung der Körpersäfte.

Die Medizin ist daher nicht nur eine operative Eingriffstechnik, sondern auch eine beratende und führende Disziplin, die den Menschen zu einem reflektierten Umgang mit seinem Körper, seiner Nahrung sowie seinen Umgebungen anhalten will. Aus dem Blickwinkel der Lebenskunst betrachtet, geht es der Medizin nicht in erster Linie um die Gesundheit, sondern um die Freiheiten der Klienten. Dafür bietet sie ihm im Rahmen von diätetischen Empfehlungen freiwillige und auf Selbstbeherrschung zielende Verhaltensmaßnahmen an. Der Arzt hat die Doppelrolle eines Heil- und eines Lebenskünstlers inne; er ist als Bildner und Lehrer, Anthropoplast und Lebensstilist tätig. In ihm gehen *ars vivendi* und *ratio vivendi* eine Synthese ein:

> »Mit seinem Takt – ›taxis‹ ist die Ordnung – zielt der Arzt eben auf die angemessene Mitte, auf ein Mittleres zwischen Zuviel und Zuwenig, wobei kein arithmetisches Mittel gemeint sein könne, sondern immer nur: ›das Mittlere in Beziehung auf uns‹. Als vollendet könne man das Kunstwerk des Lebens nur bezeichnen, wenn es heiße: ›hier ist nichts hinwegzunehmen und nicht hinzuzufügen‹« (Schipperges, 1962, S. 74).

Hippokrates von Kos (ca. 460–370 v.Chr.) stellt sich den idealen Arzt folgendermaßen vor:

> »Zum Arzt gehört Autorität. Im Aussehen wird er von guter Farbe und gesundem Fleischansatz sein, soweit es seine Konstitution erlaubt. Diejenigen, welche

körperlich nicht gut dran sind, gelten bei der Menge als unfähig, für andere richtig zu sorgen. In der Kleidung soll er auf Reinlichkeit und auf ein anständiges Gewand halten, auf wohlriechende Salben mit unaufdringlichem Duft. Durch all das fühlen sich die Patienten angenehm berührt; darauf muß man Wert legen. Was die innere Haltung betrifft: maßvoll, nicht allein durch Zurückhaltung im Sprechen, sondern überhaupt ausgeglichen in der Lebensführung; darin liegen nämlich die großen Vorteile für die Erwerbung von Ansehen. Im Charakter ein Edelmann, als solcher gegen alle gemessen, freundlich, billig. Denn das Überstürzte und Hastige wird nicht geschätzt, auch wenn es ganz nützlich sein sollte. Bei aller Handlungsfreiheit muß eine Regelung da sein; denn nur wenn gleiche Fälle selten vorkommen, befriedigt ein und dieselbe Behandlung. Im Ausdruck des Gesichts: nachdenklich, ohne abweisend zu sein; sonst erscheint man eigenwillig und menschenfeindlich. Wer leicht in Lachen ausbricht und zu aufgeräumt ist, wird als ordinär empfunden; davor muß man nicht am wenigsten auf der Hut sein. In allem Verkehr mit den Menschen muß der Arzt gerecht sein; denn oft muß ihm Gerechtigkeit aushelfen. [...] In der Heilkunst aber findet sich alles, was zur Weisheit gehört: Selbstlosigkeit, Rücksicht, Scham, Zurückhaltung, Ansehen, Urteil, Ruhe, Unbeirrtheit, Lauterkeit, Fähigkeit in Sentenzen zu sprechen, Kenntnis dessen, was im Leben nützlich und notwendig ist, Verweisung des Schmutzigen, Freiheit von Aberglauben, göttliche Vollkommenheit« (zit.n. Müri, 1986, S. 21ff., 27).

Hier erscheint der Arzt geradezu als Musterbeispiel eines maßvoll Denkenden und Handelnden, eines vollkommenen Menschen, der als solcher auch die maximale Lebenskunst zu entfalten in der Lage ist.

Die Mitte zu finden, Maß zu halten, ist allerdings kein einfaches Unterfangen; richtiges, gesundheitsgerechtes Verhalten eine Rarität. Dieses Maß ist nicht in der Abstraktion von mathematischen Relationen und physikalischen Quantitäten, sondern letztlich nur in der Konkretheit von leiblichen Empfindlichkeiten und konkreten situativen Anforderungen zu finden. Es gilt diesbezüglich etwa, die Elementarqualitäten des Körpers, das Trockene (Erde), das Feuchte (Wasser), das Warme (Feuer) und das Kalte (Luft), in ein ausgewogenes Verhältnis zu bringen. Die Vorstellung der Elementarqualitäten und ihrer maßvollen Verbindung findet sich auch in der sogenannten *Humoralpathologie*, der Säftelehre, wieder, die wohl erstmals im *Corpus Hippocraticum* (um 400 v.Chr.) entwickelt wurde und die grundlegend für die Gesundheits- und Krankheitsvorstellung in der Antike, aber auch im Mittelalter und der Neuzeit bis in das 19. Jahrhundert hin blieb. Dieser Schrift gemäß hängen Krankheit und Gesundheit von der körperlichen Menge, Mischung und wechselseitigen Wirkung von Blut, Schleim, gelber und schwarzer Galle ab. In diesem Sinne heißt es bei Hippokrates:

> »Und eben wegen dieses Organs [des Gehirns; Anm. die Verf.] rasen wir, sind wir verrückt, treten uns Angst- und Furchtvorstellungen an, [...] ferner Schlaflosigkeit, sinnlose Fehlhandlungen, unangebrachte Sorgen, Verkennung des Gegenwärtigen und ungewohntes Tun. All das erleiden wir vom Gehirn her, wenn es nicht gesund ist, sondern wärmer oder kälter oder feuchter oder trockener als normal, oder wenn es irgend eine andere anormale Veränderung erleidet, die es nicht gewohnt ist« (zit.n. Müri, 1986, S. 261ff.).

Mit Galen (ca. 129–201) werden dann jedem der vier Körpersäfte je zwei der Elementarqualitäten zugeordnet und so die Schwarze Galle mit dem Trockenen und Kalten, die Gelbe Galle mit dem Trockenen und Warmen, das Blut mit dem Warmen und Feuchten und der Schleim mit dem Kalten und Feuchten in Verbindung gebracht. Zudem erfolgen auch noch Zuordnungen zu den Elementarqualitäten, den Jahreszeiten, den Lebensaltern und den Temperamenten – insofern geht das Blut mit Luft, Frühling, Kindheit, Sanguiniker eine Verbindung ein. Wird der Schleim mit Wasser, Winter, Greisenalter, Phlegmatiker kombiniert, hat die gelbe Galle eine Beziehung zu Feuer, Sommer, Jüngling, Choleriker und die schwarze Galle wird mit Erde, Herbst, Mannesalter, Melancholiker identifiziert. Die Humoralpathologie knüpft ein Netz von Analogien von Anthropologie, Medizin, Klima, Ethik und Ästhetik, das auch für die Lebenskunst höchst bedeutsam war.

Vor diesem humoralpathologischen Hintergrund begreift Aretaeus (ca. 80–138) in *De causis et signis morborum chronicorum* den »Wahnsinn« als eine Verstörtheit im Handeln – »Die Wahnsinnigen sehen das Sichtbare, wie es ist, beurteilen es aber nicht, wie man es beurteilen sollte« (zit.n. Müri, 1986, S. 229) –, deren letzte Ursache das »Warme« und »Trockene« ist; dass diese Ursachen durch die Jahreszeiten, durch falsche Ernährung oder auch maßlose Affekte beeinflusst werden können und somit der Wahnsinn immer wieder ausbrechen kann, liegt sozusagen ebenso auf der Hand wie der Sachverhalt, dass vor allem Menschen mit einem unternehmungslustigen und aufbrausenden Temperament sowie Jünglinge und junge Männer eine Prävalenz für den Wahnsinn haben.

Demnach ist der Lebenskünstler derjenige, der in der Lage ist, das Angemessene und Dezente, das dem Körper und der Seele Notwendige wie Zuträgliche und das der Natur Entsprechende ausfindig zu machen und unter Berücksichtigung ethischer Maßstäbe des Guten und ästhetischer Normen des Schönen in seiner Existenz zu verwirklichen. Im Mittelpunkt der »Leiden der Seele« steht dabei nach Hippokrates die Selbstbeherrschung in Fragen der Ernährung, des Schlafens und Wachens sowie der Passionen, etwa der Spielleidenschaft oder auch der Berufsarbeit. Um diese Selbstbeherrschung zu »trainieren« *(askesis)*, bieten sich ritualisierte Tagesabläufe an: Hierzu lassen sich die seitenlangen und minutiösen Empfehlungen von Diocles Carystius (4. Jhr. v.Chr.) zur »Lebensführung des gesunden Menschen« heranziehen, die von Schlafen und Wachen, Reinigung und Bewegung, Salben und Massieren, Arbeit und Muße, Gymnastik und Baden, Ernährung und Sexualität zu unterschiedlichen Tages- und Jahreszeiten, in verschiedenen Lebensaltern und bei diversen körperlichen Konstitutionen und Jahreszeiten handeln (vgl. Müri, 1986, S. 395ff.). Dabei stellt sich der Eindruck ein, dass die vielfältigen Hinweise auf das Waschen, Baden und Salben nicht nur mit einem Wohlfühleffekt zu tun hatten, sondern dass gerade das Waschen ein Reinigungsritual darstellte, mit dem man sich buchstäblich von der Krankheit befreien konnte (vgl. Dodds, 1970, S. 35): Diese Idee einer medizinischen Katharsis lässt sich wiederum einerseits in Verbindung bringen mit einer »religiösen« Katharsis, die die Reinigung von den ererbten Verfehlungen der Vorfahren betrifft, einer »psychologischen« Katharsis, die – etwa bei Aristoteles – mit der Reinigung von falschen und überbordenden Gefühlen durch das Theater einhergeht, und einer »christlichen« Reinigung von Sünde durch das Bußetun, etwa nach der Beichte.

Es gilt für Ärzte und Patienten wie für jedermann, das dem Individuum Zuträgliche, das Passende zu finden. Der Begriff des Passenden ist einer der beherrschenden Begriffe der Ethik wie der (medizinischen) Kunstlehre. Der Begriff des Passenden *(apmotton)* hat »alle Einzelheiten des Daseins wie mit einem feinen, kaum spürbaren Netz umsponnen, dem des Taktgefühls und eines empfindlichen Sinns für das Angemessene in allen Bereichen tätigen Verhaltens« (Jaeger, 1959, S. 55). Dabei kommt es auf einen taktvollen Umgang an, der in der Lage ist, ein rationales Kriterium zu ersetzen. Denn eines der größten Probleme der Lebenskunst wie der Medizin besteht darin, »wie die Norm, die doch allgemeiner Natur ist, auf das Leben des Individuums und auf den Einzelfall angewandt werden kann, der sich zunächst jeder generellen Regelung zu entziehen scheint« (ebd., S. 36). Es sind die Wahrnehmung *(aisthesis)* und das – durch Erfahrung gewonnene – Gefühl, die die Maßstäbe für das jeweils Passende in der Kunst der Gesundheit wie des Lebens angeben (vgl. Hippokrates, 1994, S. 251).

Für die Lebenskunst sind die Maßnahmen der Diätetik (gr. *diaitetike techne*, Kunst der angemessenen Lebensweise) von großem Belang. Diese meint ja nichts anderes als eine Regelung der Lebensweise im umfassenden Sinne, um die Bewahrung oder Optimierung eines natürlich-vernünftigen Gleichgewichtszustandes zu erreichen (Wöhrle, 1990). Nicht umsonst geht die Entwicklung der antiken Diätetik von Fragen der körperlichen Ertüchtigung, der Körperpflege sowie der jahreszeitlich angepassten Ernährung aus. Gerät der Mensch aus dem Gleichgewicht, so gilt es eine neue Balance von Körper und Seele zu etablieren; und um die rechte Lebensweise zu wahren, gilt es schon frühzeitig für ein solches Gleichgewicht vorzusorgen.

Die Lehrgegenstände, die identisch sind mit den Momenten einer planbaren Lebensgestaltung, sind schon im *Corpus Hippocraticum* als System der *sex res non naturales* benannt und werden als solche bis hinein in das 19. Jahrhundert lebendig gehalten, nämlich Licht und Luft, Speise und Trank, Bewegung und Ruhe, Schlaf und Wachen, Absondern und Ausscheiden sowie seelische Affekte (Sünkel, 1972). Eine Kunst der Existenz ist ohne Wissen um Gesundheit und ohne Gesundheitspraxis nicht zu haben. Ethik ist eine Form der Diät: *ethice quam physicae*. Mit einem medizinischen Blick in die Welt wird der Mensch in einen Interferenzrahmen von gesundheitsrelevanten Beziehungen eingebunden, innerhalb dessen er sich autonom zu positionieren hat (vgl. Edelstein, 1966). Jahres- und Tageszeiten, klimatische Bedingungen, Häuser und Zimmer, Nahrungsmittel, Bewegungen und Aktivitäten etc. müssen mit Blick auf eine kunstvolle Existenz beachtet und aufmerksam analysiert werden, sodass die entsprechenden Handlungen und Aktivitäten ein selbstbestimmtes und gesundes Leben ermöglichen können: Es gilt, sich um sich selbst zu sorgen; und diese Selbstsorge betrifft eine Fülle von Details.

### Die medizinisch-seelische Sorge um sich

Schon sehr früh finden sich in der griechischen Kultur die Thematik und der Imperativ, sich um sich selbst zu sorgen *(heautu epimeleisthai)*. Eine Kunst der Existenz fordert, dass man die Beziehungen zu sich selbst intensiviert und aufwertet; die Sorge um sich ist in diesem Sinne Voraussetzung und Ziel, Form und Inhalt einer Lebenskunst. Damit ist natürlich mehr gemeint als der triviale Umstand, dass man immer in irgendeiner Form auf sich achtet oder sich um sich selbst kümmert. Die Lebenskunst ist insofern ein anspruchsvolles Programm, weil sie neben einer sehr weitgehenden *Hermeneutik* seiner selbst, die außer dem Verstehen auch die Auslegungen seiner selbst umfasst, und einer handlungsbezogenen, an spezifischen ethischen und medizinischen Kategorien orientierten *Praxis*, die durchaus mit Arbeit, Einübung und Disziplin verbunden ist, auch mit einem ästhetischen *Stil* einhergeht, der ästhetischen Kriterien entsprechen soll. Und insofern ist mit Sorge auch nicht die vorsichtige und angstvolle Besorgnis oder gar einer ihrer neurotischen Auswüchse gemeint, also nicht die ständige Angst des Menschen um seine Existenz, sondern das reflexive und pragmatische Austarieren einer Lebenskunst.

Die Sorge um sich wird zur habituellen Einstellung gegenüber sich selbst, zeigt sich somit in Praktiken und Gewohnheiten, aber auch in sozialen Ritualen, in Beziehungen, Organisationen und Kommunikationszusammenhängen und schließlich in der Gewinnung von Erkenntnissen und Wissen. Von den griechischen Philosophieschulen, den Platonikern, den Aristotelikern, den Stoikern und Epikureern bis hin zu den Neuplatonikern wird dieser Imperativ bzw. diese Praxis des Um-sich-selbst-Sorgens immer wieder betont.

Unter der Sorge um sich selbst *(epimeleia heautu)* werden verschiedene ökonomische, politische, religiöse, aber auch medizinische Tätigkeiten verstanden, wie etwa die Haushaltsführung oder die Fürsorge für einen Kranken. Die Sorge um sich betraf weiterhin Fragen der zeitlichen Nutzung des Alltags; aber sie hat auch gesellschaftliche und pädagogische Implikationen. Sich um sich sorgen meint, die Aufmerksamkeiten auf den Umgang mit sich selbst zu lenken, spezielle Techniken und Übungen auf sich selbst anzuwenden sowie einen reflektiert-praktischen und freundschaftlichen Umgang zu sich und den anderen zu pflegen (vgl. Foucault, 1985, S. 32ff.; Schmid, 2004). Dementsprechend kann der Selbstsorgegedanke eine Fülle von Aspekten umfassen: selbstreflexive, selbstproduktive, asketische, parrhesiastische, mutative, prospektive, präsentative, pädagogische, politische und eben auch *therapeutische* (Schmid, 1995, Sp. 530).

Zur therapeutischen Sorge um sich selbst zählen die Gesundheitsregeln, die Hygiene, die körperlichen (sportlichen) Übungen sowie die maßvolle Befriedigung von sexuellen und kulinarischen Bedürfnissen. Die Sorge um sich ist insofern eng mit dem medizinischen Denken und Handeln verbunden und diese Verbindung von Philosophie und Medizin gewinnt im Laufe der Jahrhunderte an Gewicht, indem sie das Pathos (lat. *affectus*) in den Mittelpunkt rückt: »Pathos bezeichnet ebensowohl die Leidenschaft wie die physische Krankheit, die Störung des Körpers wie die unfreiwillige Regung der Seele« (Foucault, 1989b, S. 75). Pathos verweist auf Passivität, auf eine Störung des Gleichgewichts von Kräften und Säften und einen Verlust der Herrschaft der Seele über sich selbst. Leidenschaftliche Menschen werden daher mit Schlafenden, Betrunkenen, Wahnsinnigen und Besessenen verglichen.

Insofern Körpermedizin und Seelentherapeutik aufgrund des analogischen Denkens eine enge Verbindung miteinander eingingen, werden nicht nur Krankheitsformen und -entwicklungen physischer wie psychischer Herkunft mit gleichlautenden Ätiologien und Nosografien versehen, sondern auch die therapeutischen Begrifflichkeiten ähneln sich, wenn etwa die Versorgung und Therapie der Seele mit körpertherapeutischen Maßnahmen wie dem Führen eines Skalpells, dem Ablassen überflüssiger Säfte und der Verordnung von Arzneien verglichen wird. Diese Analogisierung ermöglichte nicht nur: »denselben Typ theoretischer Analyse auf physische Störungen und moralische Wirrungen anzuwenden, sondern auch, denselben Weg einzuschlagen, um sie, die einen wie die anderen, zu behandeln, zu versorgen, zu pflegen und eventuell zu heilen« (ebd., S. 76). Die Philosophie ist eine »Ambulanz der Seele« (Epiktet), die Therapeutik eine philosophische Kunst. Von Demokrit (5.–4. Jh. v.Chr.) ausgehend, der wohl als Erster die Funktion der Medizin mit der der Philosophie verglichen hat, hat dann vor allem die Stoa die Philosophie als ein Therapeutikum verstanden, das die menschliche Seele kuriert, weil sie deren Vernunftkräfte aktiviert (vgl. Voelke, 1993). Gesundheit ist – berücksichtigt man die durchgängig antike Bevorzugung der seelischen vor der körperlichen Gesundheit – vor allem eine Gesundheit des Denkens. Daher muss ein Gleichgewicht der Seele, ihre *euthymia* und *eurhythmia* (wieder)hergestellt werden.

Unter dem Begriff Seele (gr. *psyche*, Atem, Hauch; lat. *anima*) versteht die antike Philosophie *grosso modo* ein Organ der Vernunft und der Emotionen, das als Träger der Persönlichkeit das eigentliche Selbst ausmacht. Folgt man dem berühmten Arzt Galen, so lassen sich sogar drei Seelenteile unterscheiden, das *pneuma psychikon*, die Gehirnseele, das *pneuma zotikon*, die Herzseele, und das *pneuma physikon*, die Leberseele. Als wertvollerer, weil unveränderlicher »Teil« des Menschen soll die Seele über die körperlichen Funktionen herrschen. Die Psyche ist gleichsam in die organischen Tiefen eingelagert; sie ist das innerliche Korrelat zum Körper *(soma)* und spricht von daher – etwas als begehrendes Ich – mit ihrem Besitzer. Aus therapeutischer Sicht steht im Mittelpunkt der Sorge um sich der Koinzidenzpunkt von körperlichem Leiden und seelischer Schwäche, der Punkt, an dem die körperlichen Gebrechen auf seelisch-moralische Schwächen und die fehlgeleiteten schlechten Praktiken der Seele auf körperliche Exzesse verweisen. Die Aufmerksamkeit für den Körper ist eine für die Seele wie *vice versa*.

Während sich die körperlichen Übungen *(askesis)* überwiegend auf die Abhärtung gegenüber Kälte und Hitze, das Ertragen von Hunger und Durst, die Vereinfachung von Ernährungsgewohnheiten, die Reduktion von Schlaf, den Verzicht auf Vergnügungen und das Ertragen von Schmerzen beziehen, sind die seelisch-geistigen Übungen mit literarischen, dialogischen, monologischen und imaginativen Übungen verknüpft, die mittels Aufmerksamkeitsschulungen für bestimmte Lehrinhalte, Lehrgesprächen zwischen Meistern und Schülern, Selbstprüfungs- und Selbstkritiktechniken sowie (kollektiven oder individuellen) Beeinflussungen von Emotionen, Einstellungen und Träumen durch Vorstellungen eine Habitualisierung vernünftigen Wissens und Handelns durch die Umformung von Begierden, Vorstellungen und Affekten erzielen wollen:

> »Die Ziele, die sich mit den ›konzentrierenden‹ Übungen verbanden, waren hauptsächlich Selbstbeherrschung, die ›Heilung der Seele von den Affekten‹, das Leben ›im gegenwärtigen Augenblick‹, die Überwindung der Todesfurcht, eine zunehmende Gleichgültigkeit gegenüber äußeren Gütern sowie das Erlangen eines wachen Geisteszustandes« (Horn, 1998, S. 40; vgl. Hadot, 1981, S. 13–47).

Anthropologisch formuliert leidet der Mensch an einer konstitutionellen Doppelnatur aus Vernunft und Geist einerseits und gefährlichen Emotionen wie Angst, Lust, Übermut und Trauer andererseits. In der Regel lässt sich diese Doppelnatur gut ausbalancieren, doch gelegentlich gerät die intendierte Harmonie in Unordnung. Der Mensch wird seelisch krank und sein Bestreben geht nun dahin, wieder Ordnung in seine Doppelnatur zu bringen. Das wiederum kann er nur erreichen, wenn er die »natürliche Ordnung« wiederherstellt, die darin besteht, dass der Geist und die Vernunft die unteren Regionen des Körpers und der Emotionen beherrschen. Vor dem Hintergrund dieser Überlegungen, eine Harmonie in die »Umlaufbahnen« der Seele zu bringen und aus der Seele eine Art schönen »Kosmos« zu machen, macht es auch Sinn, dass sich die Seele an den kosmischen Abläufen orientieren soll. Der Mensch muss insofern seine Seele »nach oben« richten, muss – wie Platon im *Timaios* (90d, vgl. 47b-c) formuliert – »durch Erforschung der Harmonien und Umläufe des Alls den Umläufen in unserem Haupte [...] ihre richtige Gestaltung verleihen und so das Betrachtende dem Betrachteten seiner ursprünglichen Natur gemäß angleichen«. Der Mensch kann, ja muss also auch Astronomie betreiben, um seine Seele in Harmonie zu bringen, denn: »Astronomie ist Psychotherapie« (Bayertz, 2014, S. 45).

In diesem Denken addieren sich Körper und Seele nicht zu einem Ganzen (Menschen), sondern sind ineinander enthalten; insofern lässt sich nicht nur von einer psychosomatischen Wechselwirkung sprechen, sondern auch von einem integrativen Dritten, das gleichsam Leib und Seele durchzieht: die *arete* – die bestmögliche Verfasstheit des Menschen, seine harmonische und symmetrische Bildung. Diese Fokussierung bedingt allerdings, dass die Sorge damit einhergeht bzw. einhergehen kann, sich als krank oder als von Krankheit bedrohtes Lebewesen zu verstehen. Gerade die seelischen Krankheiten legen diesen Verdacht nahe, denn diese zeichnen sich im Unterschied zu den manifesten Anzeichen von körperlichen Gebrechen dadurch aus, dass sie oftmals latent verlaufen oder dass man sie fälschlicherweise als Tugenden verstehen kann.

Daher braucht die Seele eine permanente Wachsamkeit, eine stetige Aufmerksamkeit verbunden mit entsprechenden (philosophischen) Praktiken der Selbstzuwendung und Techniken der Übungen. Es geht hier nicht, wie später in der christlichen Pastoral (Seelsorge) und wie in vielen psychotherapeutischen und psychoanalytischen Schulen der Gegenwart, um die Frage nach dem tieferen und tiefsten Grund der Fehlleitung der Seele, und somit um eine Hermeneutik des Selbst; und es geht auch nicht um eine Konstellation, in der die Latenz der Seele in ein Bedingungsverhältnis zu den Manifestationen des Körpers gebracht wird, sondern um die Frage, inwieweit man mithilfe von Praktiken ein Verhältnis zu seiner Seele etablieren kann, das es ermöglicht, selbstbewusst und heautokratisch, i. e. selbstbeherrscht und selbstbeherrschend, zu leben. Damit ist nicht nur ein politisches Verhältnis zu sich selbst bezeichnet, in dem Sinne, dass es dem Subjekt gelingt, seine Triebe zu kontrollieren, und auch nicht nur ein juridisch-ökonomisches Verhältnis, das auf Selbstverfügung abhebt. Die Sorge um sich selbst zielt auch auf einen Genuss seiner selbst, auf ein nicht nur durch Leidenschaften und Affekte getrübtes Verhältnis zu sich selbst, auf einen – durchaus prekären – Zustand, der weder durch physische noch durch psychische Störungen unterbrochen wird (vgl. Foucault, 1989b, S. 90f.).

Je nach Intention können die Übungen einen im engeren Sinne sensibilisierenden, moralisierenden, intellektuellen, spirituellen oder auch therapeutischen Zweck verfolgen. Therapeutische Übungen sind in diesem Kontext als Übungen zu verstehen, die auf eine Veränderung von fehlleitenden Vorstellungen, übertriebenen Affekten und unsinnigen Emotionen zielen. Sie zielen auf die Erschütterung vermeintlicher affektiver und voluntativer Selbstgewissheiten. Der hier zum Ausdruck kommende ethische Rationalismus einer Heilung der Affekte durch den *logos* lässt sich in vielen philosophischen und medizinischen Schulen der Antike nachweisen. In der Regel besteht der erste Schritt der Therapie darin, die Betroffenen auf die falsche Bewertung der Realität hinzuweisen, die aufgrund einer dynamisch und ökonomisch ungeordneten Triebstruktur entstanden ist; in einem zweiten Schritt wird dann die gestörte Begehrensstruktur durch die Erinnerung an die empfehlenswerten Güter und Normen zu berichtigen versucht (vgl. Horn, 1998, S. 40f.). Diese soll schließlich zu einer vernunftorientierten und das meint: selbstbeherrschten Organisation der Seele beitragen.

So greift etwa die Stoa auf ein (naives) Bild des intellektuellen Lebenskünstlers zurück, der keine »irrationale Seele« hat, die mit der Vernunft in Widerstreit geraten könnte. Leidenschaften und krankhafte Störungen seien letztlich Folgen von Urteilsirrtümern, die man korrigieren kann: »Man berichtige den Irrtum, und die Störungen werden automatisch verschwinden und einen Geist zurücklassen, der weder von Freude noch Sorge berührt, weder von Hoffnung noch Furcht beunruhigt wird, ›leidenschaftslos, erbarmungslos und vollkommen‹« (Dodds, 1970, S. 126).

Elemente einer (pädagogisch-)therapeutischen Veränderung lassen sich etwa in den platonisch-sokratischen Dialogen ausmachen, die am vermeintlichen Wissen als Nichtwissen und – und das wird häufig übersehen – beim vermeintlichen Nichtwissen als Wissen ansetzen und den Schüler (den Patienten) – in der Regel – in eine aporetische, ausweglose Situation führen (vgl. oben die Bemerkungen zu Platon und seiner Schrift *Alkibiades*). Therapeutische Prozesse der Lebenskunst setzen eine negative Erschütterung voraus, die es unmöglich macht, in der bisherigen Form weiterzuleben. Die aporetische Unbestimmtheit fordert eine Veränderung des Verhaltens, eine neue Gestaltung des Lebens, führt im Sinne der Sorge um sich zur Notwendigkeit einer Suche nach einer anderen Antwort. Dabei setzt Sokrates voraus, dass auch im anfänglichen Nichtwissen eine Vorstellung darüber vorkommt, wie das Ziel der Lebenskunst beschaffen sein könnte (Platon, Menon 97b). Sokrates, der Menschen in ein Gespräch verwickelt, operiert dabei als Psychagoge, der die Seelen zu anderen Lebensmöglichkeiten verführt.

> »In der griechisch-römischen Antike, in der psychagogischen Beziehung, liegt das wesentliche Gewicht der Wahrheit – die Notwendigkeit, das Wahre zu sagen, die Regeln, denen man sich, indem man das Wahre sagt, unterwerfen muss, um das Wahre zu sagen und um die Wahrheit ihre Wirkung entwickeln zu lassen, also die Seinsweisen-Veränderung des Subjekts – auf Seiten des Meisters, des Ausrichtenden, auch des Freundes, jedenfalls auf seiten dessen, der berät« (Foucault, 1985, S. 59).

Die Erschütterung der vermeintlichen Sicherheit erfordert also eine Wahl und die Fragen danach werden dringlich, welches Leben man leben will und welche Person man sein möchte. Hiermit verwoben sind Fragen nach Möglichkeiten von Freiräumen und nach der Wahl der Kriterien, Ziele, Wertungen und Haltungen für ein schönes Leben. In jüngster Zeit hat Henry Frankfurt (2007) diesen Sachverhalt unter dem Titel des »Sich-selbst-ernst-Nehmens« diskutiert. Denn wer sich selbst ernst nimmt, nimmt sich nicht so hin, wie er ist. Er will, dass seine Gefühle und seine Vorstellungen, seine Entscheidungen und sein Verhalten Sinn für ihn ergeben. Wenn man diese Intention verfolgt, ist man gezwungen, zu sich selbst auf Distanz zu gehen, um sich und seine Zwecke zu reflektieren, sich ggf. verändern und für sich selbst Verantwortung übernehmen zu können. Kann man diese Haltung nicht als die entscheidende Voraussetzung jeder Psychoanalyse und Psychotherapie verstehen?

Es gab in der Antike verschiedene therapeutische Verfahren, sich um sich selbst zu sorgen. Dazu gehören als theoretische Übungen das Meditieren, die Erinnerung an die wahren Werte, die Gewissenserforschung, der Dialog, das Lesen und Schreiben und als praktische Verfahren Maßnahmen der Selbstbeherrschung, Ausübung der Pflichten und das Praktizieren von Gleichgültigkeit (vgl. Hadot, 1981, S. 16ff.).

## Asketische versus ekstatische Konzepte der therapeutischen Lebenskunst

Seit den Zeiten der Sophisten und von Sokrates und Platon kann die Askese als ein zentraler Baustein der therapeutischen Lebenskunst gelten (vgl. für das Folgende: Hadot, 1981; Horn, 1998, S. 31–49; Schmid, 1998, S. 325ff.). Das griechische Verb *askein*, dass sinngemäß »etwas intensiv bearbeiten« meint, bezieht sich auf eine systematische und reflexive Praxis des Übens der Lebenskunst. Askese meint daher ganz wertfrei nur die intensive Arbeit an sich selbst. Und im Kontext der Lebenskunst geht es dabei um eine »Übung der Seele«. Das lateinische Pendant zur *askêsis* ist *exercitatio*, die geistige Übung, die wir vor allem aus dem Leben der Priester und Mönche kennen, die aber einen anderen Schwerpunkt besitzt: Hier geht es häufig um Verzicht, Enthaltsamkeit und Kasteiung, um die begehrlichen Leidenschaften, vor allem die sexuellen, niederzukämpfen. Der antike Begriff der Askese hat dagegen eher den Bedeutungsgehalt einer reflektierten Stilisierung, mit dem Ziel, ein gesundes, glückliches und schönes Leben führen zu können. Im Zusammenhang mit diesem Begriff steht auch die *meletê*, lat. *meditatio*, die als Begriff für die philosophischen theoretischen aber auch praktischen Übungen verbreitet war.

Das Zentrum der Übungen bildet die Idee, dass erst durch die Habitualisierungen von richtigen, vernünftigen Einsichten ein glückliches Leben möglich ist, weil durch die Umformung der Leidenschaften und Vorstellungen eine Ordnung und Stabilität des Lebens gewährleistet werden kann. Zu diesen Umformungspraktiken gehörten:

➢ literarische Übungen, die die Aufmerksamkeit auf bestimmte Lehrinhalte konzentrieren sollten; hierbei gab es auch in einigen Philoso-

phenschulen die Praxis, Sentenzen bedeutender Philosophen auswendig zu lernen;
- dialogische Übungen, in denen man sich wechselseitig (und häufig auch freundschaftlich oder über Schule verbunden) über Ziele, Inhalte und Umsetzungen eines gelungenen Lebens verständigte;
- monologische Übungen, in denen in Selbstgesprächen Selbstprüfungen und selbstkritische Stellungnahmen vorgenommen werden sollten; hierbei waren Selbstanklagen, Selbstrelativierungen und Selbstdistanzierungen wichtige Lernziele;
- imaginative Übungen spielten eine Rolle, insofern man durch gezielt hervorgerufene Vorstellungen Einstellungen, Emotionen und Träume zu beeinflussen suchte; dabei scheint die Auffassung vorgeherrscht zu haben, »man könne drohendem Übel durch eine imaginative Vorwegnahme seine Spitze nehmen. Indem man sich in der inneren Vorstellung auf die Möglichkeit widriger Ereignisse vorbereitet, mindert man, wenn das Übel tatsächlich eintritt, das Überraschungsmoment und damit auch das Gefühl der Hilflosigkeit« (Horn, 1998, S. 38). Diese Perspektive betrifft vor allem die Antizipation von Krankheiten und Todesfällen sowie die Ablösung von Ärgernissen und unangenehmen Erlebnissen.

Differenziert man die Askese in intentionaler Hinsicht, so lassen sich folgende Übungspraktiken identifizieren:
- therapeutische Übungen, die zur Überwindung von falschen Einstellungen, Vorstellungen und Affekten führen sollten; neben einer Analyse der Affekte, die die Menschen in die Irre führen, wird eine Güterlehre geboten, die die richtigen Wertungen beinhaltet, sowie eine Praxislehre, die die »Verunreinigungen der Seele« auflösen soll;
- sensibilisierende Übungen, die die Wertschätzung des einfachen Lebens gewährleisten und die Genuss- und Erlebnisfähigkeit insgesamt steigern sollen; hiermit ist auch wichtig, in der Gegenwart und nicht in der Vergangenheit oder Zukunft zu leben;
- moralische Übungen wie die schon genannten Selbstprüfungen und Gewissenserforschungen – auch und gerade durch die parrhesiastischen Techniken (der Offenheit und Freimütigkeit) – dienten der Einsicht in das eigene Ungenügen, der Verurteilung der Schwächen und der Verbesserung von Einstellungen und Verhalten;
- intellektuelle Übungen sollten die begrifflichen Möglichkeiten schärfen sowie die Wachsamkeit und das Bewusstsein erhöhen; in diesem Kontext

wird auch die Vorstellung diskutiert, man könne Philosophie in einem geordneten Curriculum lernen und etwa aus den platonischen Dialogen »politische«, »reinigende« und »theoretische Tugenden« (heute: Kompetenzen) erwerben;
➢ spirituelle Übungen dienten der Umformung der Persönlichkeit im Sinne einer »Vergöttlichung«; hiermit sind Transzendenzerfahrungen verbunden, die die Individuen mit dem »All-Einen«, dem göttlichen Urgrund oder dem Kosmos in Verbindung bringen möchten.

Liest man nun diese Liste der methodischen und die der intentionalen Zugänge zur Askese unter der Fragestellung, inwieweit und inwiefern es dort um die Veränderung des Individuums geht, so kann man im Grunde zwei zentrale »Bewegungsrichtungen« festhalten, nämlich eine *zentripetale* (im engeren Sinne asketische Richtung), die auf Konzentration und Selbstentfaltung des Subjekts setzt, und eine zentrifugale (ekstatische Richtung), die auf Selbsttranszendenz und Selbstauflösung zielt.

Während die asketische Richtung unter dem überragenden Einfluss der Stoa stand, trug die *enthusiastische Mystik* der Griechen maßgeblich zur Entwicklung einer ekstatischen Therapierichtung bei:

> »Hier hören wir von einzelnen orgiastischen Kulten – ihre Zahl muß größer gewesen sein –, welche durch kultischen Tanz und Musik, insbesondere den tiefen Klang der phrygischen Flöte, die für die Seele immer etwas eigentümlich Erregendes, Ekstatisierendes hatte, die heilige Mania zugleich aufregten und stillten« (Rabbow, 1954, S. 290).

In diesem Kontext wird Aristoteles eine besondere Bedeutung beigemessen, da er in dem Verfahren der »ekstatischen Orgien« den Vorgang der »Entladung« beobachtet habe (ebd.). Im Rahmen dieser schon in der Antike als »Katharsis« bezeichneten Seelenbehandlung sind uns einzelne orgiastische Kulte wie die des Dionysos überliefert, der an mehreren Orten Griechenlands als Dionysos Lysios, »Löser« des dionysischen Wahnsinns, gewirkt haben soll.

Im Kontrast zu der in der antiken wie modernen Therapeutik bei Weitem vorherrschenden asketischen Therapierichtung, welche die Emotionen und Affekte zu mäßigen, kontrollieren oder unterdrücken sucht, soll in der ekstatischen Therapierichtung das psychodynamisch Gehemmte, Verschlossene und Aufgestaute nach außen geöffnet, entladen und zum freien Ausdruck gebracht werden (vgl. Scheff, 1983).

Zur *ekstatischen* Therapierichtung zählen
- dionysische Praktiken, die den Rausch des Außer-sich-Seins evozieren;
- kathartische Verfahren, mittels derer die seelische Störung »durch Aufregen, Hervordrängen, Entladen des pathologischen Elements« geheilt werden soll (Rabbow, 1954, S. 289);
- spiritualistische Techniken, die Welt von ihren Anfängen oder vom Kosmos aus in den Blick zu nehmen (Versuche, die man in der platonischen und stoischen Philosophie wiederfindet);
- kontemplative Praktiken, die Welt aus der »Vogelperspektive« in den Blick zu nehmen (wie wir sie bei Ovid und später dann etwa bei Schopenhauer in seiner ästhetischen Theorie wiederfinden); und
- die Idee, mit dem All-Einen und dem Göttlichen in einen unmittelbaren Kontakt zu treten (Konzepte, die von Plotin oder Augustinus ausformuliert wurden).

Ekstasen entstehen durch Lust- und Reizsteigerungen, durch die Intensivierung von Erfahrungen wie auch umgekehrt durch die Minimierung von Intensitäten und Reizeinflüssen – wie z. B. durch Einsamkeit und Askese (im Sinne von Enthaltsamkeit). Die Ekstase ist die intellektuelle und affektive Überwältigung durch das Andere bzw. den Anderen. Insofern erscheint sie als die Transzendenzerfahrung *par excellence*. Und je kultivierter und durch Traditionen abgesicherter das Außer-sich-Sein mit einem Zu-sich-selbst-Kommen verknüpft wird, desto eindeutiger und profilierter, ja therapeutisch bedeutsamer erscheint diese Erfahrung. Die Ekstase ist im Kern eine Differenzerfahrung, die eine *andersartige* Erfahrung der Wirklichkeit ermöglicht. Als solche kann sie Teil eines asketischen Programms sein: Das heißt, man arbeitet so an sich selbst, dass man sich von Zeit zu Zeit den ekstatischen Erfahrungen seiner selbst und den für das Leben wichtigen Perspektiven wieder bewusst wird. Man kann hier von einer Dialektik der Ekstase sprechen, die es ermöglicht, im Außer-sich-Sein zu sich selbst zu kommen.

Mit ekstatischen Momenten sind mehrere Sachverhalte verbunden (vgl. Bilstein, 2004):
- eine »vor-romantische Metaphorik der Prägnanz«, die mit der imaginären Vorstellung eines dunklen Grundes einhergeht, aus dem das Neue, das Plötzliche und Überraschende hervorgehen;
- ein Moment des Ergriffenwerdens, das unausweichlich zu sein scheint, aber gleichwohl auch therapeutisch angebahnt wie verhindert werden kann;
- ein Dual von aktiver Gestaltung und quasi-religiöser *unio mystica*;

> eine freudige Lösung von Suchprozessen, Spannungen und Widerständen;
> eine echte geistige Leistung für alle Lebensbereiche und eine das Leben des Betroffenen »umformende Macht«, eine »Gewalt« und »Erschütterung«.

Die Ekstase ist ein erhabener, fast metaphysischer Augenblick, in dem der Alltag in einem anderen Licht erscheint, weil sich Wahrheit und Richtigkeit des Lebens eingestellt haben.

In der gegensätzlichen Therapeutik von Stoa und enthusiastischer Mystik kommt die Polarität von Askese und Ekstase zum Tragen. *Grosso modo* wird man in der Geschichte einer therapeutischen Lebenskunst aber weniger die zentrifugale als die zentripetale Richtung antreffen. Die Zentrifugalität der Ekstase steht oft im Dienst einer asketischen Zentripetalität. Hierbei geht es in erster Linie um die Mäßigung der Begierden, Affekte und Leidenschaften, um vernünftige, rationale Lebensformen zu ermöglichen. Angestrebt werden Ruhe und Ausgeglichenheit des Seelenlebens und das Erlangen einer dauerhaften seelischen Stabilität, die den Widerfahrnissen des Lebens mit Sicherheit und Gelassenheit begegnen kann.

## Die lebenskunstphilosophische Relevanz der Traumdeutung

Eine wichtige therapeutische Strategie betraf auch die Traumdeutung, sollte sie doch dazu dienen, über den Zustand (s)einer Seele Klarheit zu erlangen. Bei medizinischen Autoren der Antike werden die Träume oftmals als physiologische Vorgänge begriffen, die etwa über bevorstehende (physiologische) Krankheiten Auskünfte geben können. Doch andererseits werden sie auch als Botschaften der Götter oder als Orakel der Seele verstanden und somit auf das Erkennen der Zukunft bezogen. In diesem Sinne enthalten die Träume in römischer Zeit auch (göttliche) Botschaften hinsichtlich der sinnvollen Heilungsmaßnahmen. Je nach Art und Inhalt des Traums und je nach Person und Absicht des Träumenden (und des Traumdeuters) können Träume bzw. ihre Deutungen ganz unterschiedliche Funktionen erhalten: prospektive, selbstexplikative, weisungsbezogene, legitimatorische, kommunikative, propagandistische, manipulative, heilungsbezogene etc. (vgl. Giebel, 2006). Da zahlreiche Werke zur Darstellung des Traumes nur in Bruchstücken vorliegen bzw. bis auf Hinweise auf Titel und Verfasser verloren gegangen sind, liegt uns aus der Antike nur eine vollständig überlieferte Theorie der Traumdeutung vor, nämlich die *Traumkunst* von Artemidor aus dem 2. Jahrhundert unserer Zeitrechnung. Auf diese soll im Folgenden Bezug genommen werden. Die Traumkunst des Artemidor ist nicht als *via regia* zum Unbewussten, sondern als ein Medium des Alltagslebens und der mit ihm verbundenen Existenztechniken zu verstehen. Träume werden hinsichtlich ihres Wahrheitsgehaltes, ihrer Tagesreste und ihrer »Codierung« unterschieden, d. h. einer unverschlüsselten oder einer allegorischen Darstellung. Die letzteren Träume sind das Aufgabengebiet des Traumdeuters, der sich somit weder um die eindeutigen Träume noch um die unmittelbar verursachten und kaum deutbaren Tagesreseträume bemühen soll. Die Traumdeutung wird dann vor allem mittels Vergleichen und Ähnlichkeiten der Trauminhalte bewerkstelligt.

Dass die Traumdeutung keine Hermeneutik des Unbewussten darstellt, begründet sich durch die mehr oder weniger fehlende Konzeption des Unbewussten etwa im Sinne Freuds. Die irrationalen Anteile des Seelenlebens (Emotionen, Begierden, Triebe etc.) sind für die antiken Philosophen weder im strikten Sinne unbewusst, noch sind sie unzugänglich oder gar unbeeinflussbar. Die Irrationalismen der Seele können von der Vernunft gewusst, kontrolliert und verändert werden; sie sind letztlich rational transformierbar und auflösbar. Folgt man etwa Platon und seiner Dreiteilung der Seele in einen vernünftigen *(logistikon)*, einen muthaften *(thymoeides)* und einen begehrlichen *(epithymetikon)* Teil, so kann für diesen nicht Freuds Diktum gelten: »Wo Es war, soll Ich (oder auch Über-Ich) werden«; er wird vielmehr behaupten: »Wo Es (Begierde), Ich (Mut) und Über-Ich (Vernunft) auseinanderfallen, soll eine vernünftige Einheit entstehen.« Denker, die dem Gedanken eines autonomen Unbewussten wohl am nächsten kommen, sind Poseidonios, der die Ansicht vertritt, dass die Affekte allenfalls durch rationale Einwirkungen zu mäßigen, aber nicht aufzuheben seien, und vor allem Epikur, der mit seiner Technik der rückhaltlosen Offenheit gegenüber Fehlleistungen und seiner Diagnose von Schwächen der menschlichen Seele Methoden der Psychoanalyse antizipiert (vgl. Nussbaum, 1994, S. 133ff.).

Es erstaunt daher nicht, dass die Traumanalysen geradezu gegenläufig verlaufen: Während Freuds Analyse rückwärtsgewandt die Geschichte der individuellen Psyche »archäologisch« aufarbeiten will, ist die antike Traumhermeneutik antizipierend auf Entwicklungen und Maßnahmen für die Zukunft bezogen. Anders formuliert sind sich antike Mediziner und Philosophen der Macht des Unbewussten durchaus bewusst, fassten dieses aber oftmals in eine mythologische oder physiologische Sprache. Mit dem Glauben an eine letztlich physische Grundlage des Unbewussten ist auch die Annahme seiner Beherrschbarkeit und Kontrolle verbunden. Diese Annahme, die wohl in hohem Maße dem Modell des selbstbeherrschten und maßvollen Lebenskünstlers geschuldet ist, kann man aus heutiger Sicht durchaus bezweifeln. Zudem kann festgehalten werden, dass die moderne Psychoanalyse sich mit einem normativen Modell von Gesundheit eher schwertut, während die antiken Philosophen- und Medizinerschulen mit einer normativen Idee des gesunden und geglückten Lebens operierten.

Da der Antike aber das Modell eines unabhängigen anthropologischen Unbewussten nicht zur Verfügung stand, sind deren Überlegungen in der Traumdeutung stärker auf den Alltag des Träumenden und auf diesen selbst bezogen. Weniger die Vergangenheit, sondern vielmehr die Zukunft stehen in der Traumdeutung auf dem Spiel. »Denn die Bilder des Schlafes, oder zumindest einige von ihnen, galten als Realitätszeichen oder Botschaften von Künftigem; sie zu entziffern war von hohem Wert: ein verständiges Leben konnte dieser Aufgabe nicht entraten« (Foucault, 1989b, S. 11). Träume werden als Bewegungen der Seele verstanden, die kommendes Glück oder Unglück verheißen. Die Traumdeutung ist insofern auf die Gestaltung des zukünftigen Lebens, auf eine Lebenskunst des kommenden Lebens bezogen. Denn:

> »Alles Gute oder Schlechte, von dem die Seele uns anzeigen will, dass es sofort und mit großer Intensität eintrifft, das führt sie mit dem Träumenden selbst vor; was aber später und mit geringerer Intensität eintreffen wird, das zeigt die Seele dem Träumenden durch eine fremde Person« (Artemidor, 1991, S. 196).

Die Traumdeutung bezieht sich auf heuristische Techniken, die als Handwerkskunst, d. h. nach standardisierten Regeln und Praktiken ausgeübt werden. Ziel ist es, den Traum in seine Bestandteile zu zerlegen, um diesen dann besser erfassen zu können. Die Traumdeutung ist eine Art Handbuch für den Alltag. Artemidor differenziert zwischen zwei träumerischen Formen: zum einen das *enhypnion* (Traum), das die gegenwärtigen Affekte des Subjekts übersetzt, und zum anderen der *oneiros* (Traumgesicht), der etwas über die zukünftige Entwicklung voraussagt. Das *enhypnion* und der *oneiros* unterscheiden sich in allen Facetten:

> »Das erste spricht vom Individuum, der zweite von den Ereignissen der Welt; das eine erwächst aus den Zuständen des Körpers und der Seele, der andere greift voraus über den Ablauf der Zeit; das eine bekundet das Zuviel und Zuwenig im Bereich der Gelüste und Abneigungen; der andere benachrichtigt die Seele und bildet sie zugleich. Auf der einen Seite sagen die Träume des Begehrens das Wirkliche der Seele in ihrem aktuellen Zustand; auf der andern sagen die Traumgesichte des Seins die Zukunft des Geschehens in der Ordnung der Welt« (Foucault, 1989b, S. 18).

Eine zweite – bis heute zentrale – Differenzierung verläuft zwischen den manifesten und latenten Inhalten. Artemidor verwendet hierfür die Begriffe »theorematisch« und »allegorisch«. Während die theorematischen Träume einen unverschlüsselten Charakter haben, insofern in ihnen Traum und Realität zusammenfallen, sind die allegorischen, metaphorischen oder symbolischen Träume »rätselhaft«, da sie ihren eigentlichen Inhalt nur bezeichnen; und während jene sehr kurzfristig in Erfüllung gehen, verweisen diese auf eine mittel- oder längerfristige Erfüllung (Artemidor, 1991, S. 22, 222).

Die Traumdeutung arbeitet mit dem Verfahren der Analogisierung, die zwischen Bildern und Zukünften oder zwischen Wertigkeiten vermittelt. Dabei muss der Trauminterpret nicht nur die einzelnen Bestandteile der Träume, sondern auch gleichsam die Person des Träumers »genau überprüfen«, also wissen, »wer der Träumende ist«, d. h., sein Alter, seine ökonomischen und sozialen Verhältnisse, seinen Beruf kennen, ja sogar wissen, »wie er geboren wurde« (ebd., S. 33). Der Traumdeuter gewinnt seine (Er-)Kenntnisse aus den Alltagsbeobachtungen, aus den (philosophischen und medizinischen) Traditionsbeständen, vor allem aber auch den Analogieschlüssen. »Denn die Traumdeutung ist nichts anderes als ein Vergleichen von Ähnlichkeiten« (ebd., S. 138).

Hermeneutisches Herzstück der Kunst des Traumdeuters ist also die Figur der Ähnlichkeit: Diese ist für den modernen Leser, der durch die Schule des strengen Rationalismus gegangen ist, nicht immer leicht nachvollziehbar. Seit dem Barock wird nämlich die Analogie im (wissenschaftlichen) Denken sukzessive durch die Analyse ersetzt, Ähnlichkeiten werden der Vergleichbarkeit nach einer Ordnung von Gleichheit und Ungleichheit unterworfen, das einst unendliche Spiel der Ähnlichkeiten wird durch die endliche Auflistung aller relevanten Elemente und Zusammenhänge still gestellt und das Denken in Verwandtschaften, Anziehungen und Partizipationen wird zugunsten eines Denkens der Differenzierung und Graduierung verabschiedet (vgl. Foucault, 1974). Die Logik der Ähnlichkeit verdeckt aufgrund ihrer Bevorzugung von Zusammenhängen und Gemeinsamkeiten die für das rationale Denken so bedeutsamen Unterschiede und Eindeutigkeiten. Ähnlichkeiten sind für die Vernunft nichts anderes als Ungenauigkeiten, die daher auch keine Legitimationsansprüche tragen können. Ähnlichkeiten beweisen nichts, verweisen im besten Fall auf einige naheliegende Verbindungen, deren Plausibilität erst überprüft werden muss.

Für Artemidor weben Ähnlichkeiten ein Netz von Bedeutungen zwischen den zersplitterten und undurchsichtigsten Zusammenhängen, da sie im Unterschied zur apodiktischen und beweisenden Gleichheit einen hypothetischen und verweisenden Charakter haben: Die Ähnlichkeit ist deiktisch. Die mikro- wie makrologischen Strukturen des Kosmos und auch des Menschen sind durch »verwandtschaftliche Beziehungen«, so könnte man sagen, miteinander verbunden: So *gleichen* die körperlichen Krankheiten den psychischen Problemen und körperliche und seelische Symptomatiken verweisen auf *gleiche* Ursachenzusammenhänge. Die für die Traumdeutung konstitutiven Ähnlichkeitsbeziehungen bilden ein variables Potenzial, das je nach Manifestation und Latenz sowie je nach Wertigkeit interpretiert werden muss.

Das Ergebnis der Traumdeutung ist allerdings eindeutig: Denn die in der Traumdeutung sich zeigenden Ähnlichkeitsbeziehungen können nicht miteinander in Widerspruch geraten. Der Traum deutet die Zukunft mit präziser Vorhersage. Die Kunst der Deutung besteht darin, die Ähnlichkeiten der Einzelheiten zu einer verbindlichen Gesamtdeutung zu verschmelzen (Artemidor, 1991, S. 216f.). Und es scheint so, dass die Traumdeutungen unter dem medizinischen Aspekt betrachtet durchaus erfolgreich waren, traten die Heilungen doch i. d. R. augenblicklich ein, auch wenn man wenig darüber erfährt, wie lange sie anhielten oder wie häufig sie vorkamen (vgl. Dodds, 1970, S. 66).

In der Traumdeutung dominieren eher die Erfahrungen und Regeln des Lebens, die den Traum auslegen, als dass der Traum seine Erkenntnisse für das Leben entfaltet. Denn die Regeln der kriterialen Auslegung orientieren sich daran, ob es im Einklang mit »Natur, Gesetz, Sitte, Kunst, Namen oder Zeit« (Artemidor, 1991, S. 225) gesehen werden kann. Und der Traum bzw. die Traumdeutung sagt weniger etwas über die Art und Weise der Handlungen, sondern vielmehr etwas über den Handelnden als Träumenden:

> »Merke dir auch, dass Leute mit gutem und moralischem Lebenswandel keine Träume bekommen, sondern immer nur Traumgesichte [...]; denn ihre Seele wird weder durch Befürchtungen noch durch Hoffnungen verwirrt, und dann beherrschen sie auch ihre sinnlichen Leidenschaften. Kurz und gut, einem ordentlichen Menschen erscheint kein Traum oder ein anderes sinnloses Trugbild« (ebd., S. 220f.).

Träume signalisieren den ethischen Status einer Person. Man ging bei den Griechen davon aus, dass die Seele im Schlaf am ungehindertsten ihre Tätigkeit entfalten kann, ist sie doch dann gesammelt und ganz bei sich selbst. Da sie von äußeren Einflüssen befreit ist, spiegelt die Seele im Traum nicht nur die ethische, sondern auch die körperliche Verfassung des Träumenden und seine Zukunftsaussichten am reinsten wider. So gesehen ist die Psyche im Schlaf am aktivsten. Xenophon behauptet, dass die Seele im Schlaf ihre »göttliche Natur« am besten zum Ausdruck bringen könne: »[I]m Schlaf genießt sie in gewissem Maße Einblick in die Zukunft; und das geschieht offensichtlich deshalb so, weil sie im Schlaf am freiesten ist« (zit.n. Dodds, 1970, S. 72). In diesem Sinne gibt es keine richtigen oder falschen Träume (wie es auch kein isoliertes richtiges oder falsches Handeln gibt), sondern jeder Trauminhalt verweist unmittelbar auf den Charakter der Person. Die Traumdeutung sagt weniger etwas über das Verhältnis des Träumenden zu seiner Traumform und seinem Trauminhalt, sondern etwas über die seelische Verfassung des Träumenden selbst. Nach Artemidor formuliert: Nur moralisch anrüchige Menschen träumen.

## Der Umgang mit der Sexualität

Gelegentlich findet man immer noch ein pseudowissenschaftliches Bild von der griechischen Antike als einem Zeitalter, in dem man es mit der Sexualität nicht so genau nahm und erotische Beziehungen aller Art gang und gäbe waren. Dabei ist der Sachverhalt, wie eigentlich immer, bei genauer Betrachtungsweise wesentlich diffiziler. So gab es in der griechischen Antike etwa die gleichgeschlechtliche (pädagogische) Liebe als Beziehung zwischen einem älterem Mann (erastos, εραστος) und einem Jugendlichem (eromenos, ερομενος), der ca. 15 bis 18 Jahre alt war; und es gab wohl auch Formen der lesbischen (pädagogischen) Liebe, etwa im Umkreis der Dichterin Sappho. Doch hat uns z. B. Kenneth Dover darüber belehrt, dass Homosexualität alles andere als unproblematisch war, steht doch der geliebte Jüngling immer in der Gefahr, vom erfahrenen älteren Liebhaber missbraucht, d. h. auf eine Art und Weise sexuell »bedrängt« zu werden, die seinen Status als potenzieller Machthaber in der griechischen Polis dann infrage stellt, wenn er sich im sexuellen Umgang als passiver Akteur verhält (Dover, 1983). In diesem Sinne gab es einen kulturellen Code, der die homoerotische Beziehung regelte: Der Jüngere durfte dem Älteren erst nach längerem Werben – dann allerdings nicht zu oft und nur in bestimmten Hinsichten – nachgeben. Er musste frei von sexuellen Begierden sein und vom Älteren (pädagogische) Hilfe und Unterstützung bei der Entwicklung zu einem vollwertigen Mitglied der Polis erhalten.

Festzuhalten aber ist, dass neben dem Essen und Trinken wohl seit der Antike kein Bereich des menschlichen Lebens häufiger diskutiert und problematisiert worden ist als die Sexualität. Dort, wo es um die Selbst- und die Arterhaltung geht, treten Bedürfnisse auf, die impulsiv, körperlich, fordernd und wenig kontrollierbar erscheinen. Denn die Leidenschaften der Seele, vor allem Selbst- und Arterhaltungstriebe, haben eine extremistische Tendenz; sie erscheinen kaum zu befriedigen. Hier sind sowohl Lebenskunst wie Medizin gefragt. Die Philosophie erscheint gleichsam als ein Therapeutikum von existenziellen Leidenschaften. Der therapeutische Umgang mit den Leidenschaften konzentriert sich im Rahmen der Selbstsorge um das körperliche und seelische Pathos (s. o.). Im Mittelpunkt steht dabei die Angst – die Angst vor dem Leben, vor der Moral, vor dem Tod und dem Leben nach dem Tod, vor Gott, aber auch vor den unersättlichen Begierden. So unternimmt z. B. die epikureische Ethik den Versuch, durch die Differenzierungen von natürlichen, notwendigen sowie natürlichen, aber nicht notwendigen und schließlich weder natürlichen noch notwendigen Begierden eine Analytik und Diagnostik anzubieten, die letztlich auf den kompetenten Umgang mit den Leidenschaften zielt. Dieser sah in den einzelnen philosophischen Schulen recht unterschiedlich aus, denn während die Epikureer einen gelassenen und heiteren, aber nicht libertären Umgang mit den Begierden pflegten, standen bei den Stoikern die Momente des Kampfes und der Beherrschung der Begierden im Vordergrund; bei den Platonikern wiederum wird der Verzicht auf Sinnlichkeit und die geistige Konzentration empfohlen, während die Neuplatoniker (Plotin) auf eine Reinigung der Triebe und die ekstatischen Vorstellungen des All-Einen (Gottes) setzen.

Was bedeutet nun ein ernst zu nehmender, vernunftorientierter Umgang mit der Sexualität? Wie gelangt man von einer durch die (sexuellen) Leidenschaften geprägten Erkenntnis der Welt zu einer Haltung, die die Wertigkeiten unabhängig von ihnen betrachtet? Wie kann diese in eine überlegte Gestaltung von Lebenszielen so integriert werden, dass sich ein möglichst hohes Maß an persönlichem Lebensglück ergibt?

Innerhalb eines philosophisch-medizinischen Gesamtrahmens, der sich sehr stark auf die Fragen nach dem Körper, der Seele, der Umgebung und der Umstände richtete, stellt die Medizin auch die Frage nach der Sexualität: »nach ihrer Natur und ihrem Mechanismus, nach ihrem positiven und negativen Wert für den Organismus und nach dem Regime, dem man sie unterwerfen soll« (Foucault, 1989b, S. 139). Dabei gibt es innerhalb eines Themenvierecks der Sexualität, das die Felder der Diätetik, Ökonomik, Erotik und Wahrheit umfasste, verschiedene Formen, sich sexuell zu verhalten und sich somit als ethisch-ästhetisches Subjekt zu konstituieren. Eine Ästhetik der Existenz verweist in diesem Kontext nicht auf das Einhalten von und die Übereinstimmung mit spezifischen sexuellen Verhaltensnormen und auch nicht auf eine (christlich konnotierte) Reinigung seiner Leidenschaften, sondern auf den Umgang mit gewissen Prinzipien und Formen des Gebrauchs der Lüste, der erkennen lässt, dass man diese aufteilen, begrenzen, hierarchisieren und genießen kann.

Michel Foucault, der die Geschichte der Sexualität in der Antike und der Spätantike rekonstruiert hat, arbeitet zunächst das Material dieser Konstitution heraus. »Die« Sexualität im heutigen Sinne als erotische Triebkraft, so muss man feststellen, entspricht weder dem christlichen Begriff des Fleisches noch dem griechischen der Lüste, *aphrodisia*. Der griechische Begriff der Lüste umfasst eine ganze Reihe von Bedeutungen, die von Liebesdingen über Fleischeslüste bis hin zum Geschlechtsleben reichen. Die Griechen haben es nicht für nötig erachtet, diesen Begriff klar abzugrenzen, dessen Natur zu erforschen oder ihn in seine Elemente zu zerlegen. Nicht »die« Sexualität war ihnen wichtig, sondern der Umgang der Lüste mit den Menschen und der Umgang der Menschen mit ihren Lüsten. Im Mittelpunkt steht hierbei die Frage nach dem dynamischen und ökonomischen Band, das Akt, Begehren und Lust miteinander in Beziehung setzt.

Das Subjekt der Lebenskunst definiert sich nicht über seine Sexualität – die im Vergleich zur Ernährung oder der Diät einen geringeren Stellenwert im gesellschaftlichen Leben hatte – oder über sein Begehren, sondern über die Art und Weise, wie es über sich selbst herrscht. Während das moderne Subjekt als Begehrenssubjekt in einer Hermeneutik seiner selbst als Subjekt einer richtigen und falschen Sexualität auftritt, in der die Akte kodifiziert sind und das Begehren erforscht wird, ist für die Griechen nicht eine Logik, sondern eine Diätetik des Sexes maßgebend, in der es um Fragen des Mehr oder Weniger, des Gesunden und Ungesunden geht. Die Sorge um den Gebrauch der Lüste steht nicht in einem Spiel von Wahrheit, Repression und Geständniszwang und auch nicht im Kontext von Verboten, sondern im Rahmen einer ethischen Problematisierung, die vor allem Fragen nach dem »Wie?« und nach den Umständen der Ausübung des Sexuellen aufwirft. Der griechische Sittenkodex besaß insofern in sexuellen Belangen einen Raum für Stilisierungen, als in der Diätetik die Kunst des Verhältnisses zu seinem Körper, in der Ökonomik die Kunst des Umgangs mit Haushalt, Familie und Ehefrau und in der Kunst der Erotik die Liebesbeziehung zu den Knaben im Mittelpunkt stand.

Ziel der ethisch-ästhetischen Lebensführung der Griechen war es, durch die souveräne Beherrschung seiner Lüste zur Besonnenheit *(sophrosyne)* zu gelangen, sodass er sein Leben zu einer als schön zu betrachtenden Gestalt formte, die auch über sein Leben hinaus noch Bestand hatte. »Um sich im Gebrauch, den es von seinen Lüsten macht, als tugendhaftes und mäßigendes Subjekt zu konstituieren, muss also das Individuum ein Verhältnis zu sich selbst herstellen, das zum Typ ›Herrschaft/Gehorsam‹, ›Befehl/Unterwerfung‹, ›Meisterung/Gelehrigkeit‹ gehört« (Foucault, 1984a, S. 94). Die aktive Freiheit im Umgang mit der Beherrschung seiner Lüste führt zu einem schönen und glücklichen Leben. Denn dieses verdankt sich der Unabhängigkeit gegenüber den Leidenschaften resp. der Sexualität: Nicht der Mensch ist abhängig von den körperlichen Lüsten, sondern diese sind abhängig von ihm. Nur so kann der Mensch seiner eigentlichen Bestimmung, autonom zu sein, gerecht werden. Erwähnt werden sollte, dass schon Platon in den *Gesetzen* (*nomoi*) darauf hinwies, dass die meisten Menschen für die Selbstführung ungeeignet seien und daher wie eine Herde Schafe geführt werden müssten (Platon, Nomoi, 713cd). Oder es wird mit Aristoteles deutlich, dass die Menschen ein Leben in (reiner) Vernunft nur sehr begrenzt ertragen können (Aristoteles, Metaphysik, 1072b14).

Das Konzept der Selbstführung kann aber auch in medizinischen Belangen zu Paradoxien führen:

> »Ein Problem bestand darin, dass die freien Bürger und reichen Männer den Befehlen von Handwerkern folgen sollten, die oftmals Sklaven waren. Schließlich haben die Griechen und Römer auch nie aufgehört, sich Gedanken über das Paradox zu machen, dass durch Ausbrennen und Schneiden, also durch Gewaltanwendungen, Gesundheit und Wohlbefinden entstehen sollten – das heißt, dass das Gute notwendigerweise mit Schmerzen und Leiden verknüpft ist« (Edelstein, 1967, S. 363; Übers. der Verf.).

Zudem arbeitet die Lebenskunst als Therapie an dem Paradox, dass die meisten Menschen sich von den Leidenschaften, der Angst und den sexuellen Lüsten zwar befreien sollen, doch in dem Wissen darum, dass sie die vollständige Unabhängigkeit *(autarkeia)* einer wahren Seelenruhe *(ataraxia)* nicht erreichen werden. Nur zeitlich begrenzt kann man sich von der leidenschaftsbedingten Subjektivität losreißen und seiner eigentlichen (objektiven) Bestimmung eines autonomen Menschen nahekommen.

Erst allmählich, vor allem dann in den ersten Jahrhunderten nach unserer Zeitrechnung, zeigt sich eine verstärkte negative Aufmerksamkeit auf die sexuellen Lüste. Waren sie ehemals vor allem unter den Gefahren einer unwillkürlichen Gewalt und einer unbesonnenen Verausgabung betrachtet worden, so sind sie jetzt Anzeichen für die allgemeine Gebrechlichkeit des Menschen: »Beharren auf der Zweischneidigkeit der Wirkungen der sexuellen Aktivität, Ausdehnung der ihr zugeschriebenen Wechselbeziehungen über den gesamten Organismus, Verstärkung der ihr eigenen Anfälligkeit und ihrer pathogenen Macht, Aufwertung der Spielarten von Enthaltsamkeit und zwar für beide Geschlechter« (Foucault, 1989b, S. 162).

Im christlichen Mittelalter ereignete sich im Zuge dieser Entwicklung sozusagen eine theologische Pathologisierung des Sexuellen. Enthaltsamkeit und Askese, Züchtigung und Geißelung sowie die moralisch-theologische Herabsetzung der Frau waren die Folgen.

## Körper und Seele

Aufgrund der jahrhundertelangen medizinischen Orientierung am Körper, die in theoretischer Perspektive vor allem in der *Humoralpathologie* zum Ausdruck kommt, in der Krankheit und Gesundheit von der körperlichen Menge, Mischung und wechselseitigen Wirkung von Blut, Schleim, gelber und schwarzer Galle abhängen und die in praktischer Hinsicht dazu führt, die *sex res non naturales*, nämlich Licht und Luft, Speise und Trank, Bewegung und Ruhe, Schlaf und Wachen, Absondern und Ausscheiden sowie seelische Affekte in den Mittelpunkt therapeutischer Bemühungen zu rücken, wird die Frage des Umgangs mit dem Körper zum zentralen Gegenstand der therapeutischen Lebenskunst.

Dabei spielt im Allgemeinen der Körper in der Antike eine eher untergeordnete Rolle, da er im Grunde als Vehikel für die Seele fungiert:

> »Die Seele des Menschen kämpft mit ihrem Gegenpol, dem Körper, und nur die tiefere Einsicht in die Beschaffenheit der Welt verhindert, daß sie sich daran verliert und der Lust der Sinne anheim fällt. Der Verstand steuert die Wahrnehmung, und dadurch ist es dem Menschen vergönnt, objektiv gültige Erkenntnis zu erlangen« (Pochat, 1986, S. 31).

Zwar muss dieser Körper trainiert und gesund gehalten werden, aber diese Maßnahmen zielen darauf, dass der Geist nicht von einer schwachen und schmerzenden *Körper-Hülle* negativ beeinflusst wird. Es scheint um einen nicht aufdringlichen, schweigenden Körper zu gehen, der sich nicht – mittels Affekten oder Krankheiten – bemerkbar macht. Schweigen die Organe, so kann der Mensch als gesund gelten, weil seine Säfte ein ausgewogenes Maß haben. Dadurch wird der Mensch wiederum frei, sich um die bedeutsamen Dinge des Lebens zu kümmern: Politik zu betreiben, die Muße zu pflegen, Freundschaften zu bilden oder zu philosophieren. Kurz: Die körperliche Gesundheit ist Voraussetzung dafür, dass man seiner Bestimmung als Mensch nachkommen kann.

Der Körper wird insofern über Jahrhunderte – und bis heute – vor allem als Instrument der Seele (heute des Gehirns) verstanden. Und auch im Mittelalter bleibt der Körper eine Hülle, die von einem Geist erfüllt wird, bleibt es beim Superioritätsmodell von Seele und Leib. Im christlichen Glauben wird Gott im Kreuzestod seines Sohnes demonstrieren, dass es auf den Körper letztlich nicht ankommt. Zwar muss man die Seele in unzähligen Situationen vor den Versuchungen des Fleisches bewahren (s. die sieben Todsünden), doch können diese durch Übungen der Kontrolle und des Verzichts immer wieder für eine gewisse Zeit entproblematisiert werden. Der Kreuzestod Jesu kann vor diesem Hintergrund auch als Metapher für die Überbewertung des Körpers durch den Menschen verstanden werden, der nicht von der Seele bzw. dem Geist geleitet wird, sondern sich weiterhin vom Körper bestimmen lässt.

Mit der Renaissance und der Zeit des metaphysischen Umbruchs, in der die religiöse Grundierung der Welt langsam einer stärkeren anthropologischen Fokussierung weicht, wird auch dem Körper eine größere Aufmerksamkeit zuteil. Der »Prozess der Zivilisation« (Elias, 1985) betrifft auch und gerade die Zivilisierung und Disziplinierung des Körpers. Dieser Prozess ist bislang sehr stark unter dem Aspekt der Einschränkung, der Kontrolle und auch der Unterwerfung des Körpers gesehen worden. In den Sozial- und Kulturwissenschaften ist dabei immer wieder auf die – mit dem Zivilisationsprozess zusammenhängenden – Aspekte der Trennung von Körper, Geist und Seele und die hiermit verbundenen Folgen der Disziplinierung und Normierung oder der Rationalisierung und Geometrisierung des Körpers hingewiesen worden. Doch wenn die Kunst in der Frühen Neuzeit auch einen funktionalen Versuch darstellt, dem Leben einen schönen Ausdruck zu verleihen, so lässt sich mit Blick auf die Kunst- und Kulturgeschichte auch von einer ästhetischen Stilisierung des Körpers bzw. Kultivierung des Lebens sprechen. Neben der bereits im Mittelalter dominierenden Variante, die Sehnsucht nach einem schönen Leben im Jenseits zu befriedigen, und neben dem sich schon in dieser Epoche abzeichnenden Projekt, Schönheit durch die Verbesserung und Vervollkommnung des Diesseits zu erlangen, zielte die frühneuzeitliche Kunst nicht nur auf die Verwandlung schöner Formen in den Kunstwerken, sondern auch auf eine Ästhetisierung des Lebens selbst ab. Der Körper wird immer weniger in Bezug auf die religiöse Transzendenz, sondern immer stärker in seiner weltlich-stilistischen Immanenz in den Mittelpunkt gerückt. Die Kunst wurde zur Lehrmeisterin des Lebens und damit auch zur Lehrerin des Körpers: *ars magistra corporis*.

Aber auch die Körperlichkeit erfährt mit dem 18. Jahrhundert eine verstärkte und veränderte Aufmerksamkeit, d. h., Sinne, Hygiene, Sport, Handwerk und Sexualität werden konsequent in den Programmen der Politik, der Gesellschaft, der Medizin oder der Erziehung berücksichtigt. So wird der Körper einerseits immer mehr zum empfindsamen und leidenschaftlichen Körper, der eigenen »natürlichen« und kaum nachvollziehbaren, geschweige denn aufklärbaren und kontrollierbaren Impulsen folgt.

Immer mehr wird der Körper aber andererseits auch als eine Maschine begriffen, die physiologisch erkannt, statisch berechnet und medizinisch repariert werden kann – funktioniert doch der Körper nach chemischen, physikalischen, elektrischen oder neurologischen Kausalitäten, die man regulieren und beherrschen kann (Sarasin, 2001). Die Körperlichkeit – im Sinne der Leidenschaften, der Sinnlichkeit, der Gefühle und auch der Einbildungskraft – verliert zunehmend den Nimbus der Irrationalität und Amoralität und wird gegenüber einer als »kalt« verstandenen Vernunftdiktatur aufgeboten. »Der« (natürliche) Körper dient insofern als Korrektiv und Kritik gegenüber einer falsch verstandenen Aufklärung, die in bloßes Ausleuchten und Sezieren, aber auch in Normierung und Kontrolle umschlägt.

Der Blick auf den Körper veränderte sich durch die medizinischen Innovationen und die Vielzahl der neuen Arten und Weisen, diesen zu betrachten – beispielsweise durch den Röntgenapparat –, machte ihn nicht nur zu einem biologisch aufklärbaren Sachverhalt, der zu einem besseren Verständnis der somatischen und psychischen Funktionsweisen führte; er führte zudem zu Debatten darüber, ob ein Leben lebenswert oder unlebenswert sei. Darüber hinaus wurde der Körper durch diese neue – vor allem medizinisch-technisch vorangetriebene – Entwicklung nicht nur aus einer völlig anderen Perspektive sichtbar, sondern er konnte – aus medizinischer Sicht – auch anders behandelt, geheilt und verbessert werden. Doch diese Entwicklungen hatten auch ihre Kehrseite, führten sie doch dazu, dass der menschliche Körper auf Mikroebene, in seiner molekularen und atomaren Bestimmtheit, verletzlicher und zerstörbarer wurde, wie die physikalischen, biologischen und chemischen Entdeckungen des 20. Jahrhunderts nicht nur im Bereich der Medizin, sondern vor allem im Kontext der Kriegstechnologie deutlich machen.

Diese Entwicklungen innerhalb der verschiedenen wissenschaftlichen Disziplinen und auch der Kunst kulminierten in einem Kult um den Körper. Diese Tendenz des selbstbestimmten Körpers führt aber auch dazu, dass der Körper wieder zu einer Hülle wird, die – wie schon im Mittelalter – für das Wohl des Menschen nur sekundär ist; heutzutage hat der Körper einen starken Bezug zur Endlichkeit, in der der Mensch sich durch seine Lebensschöpfungen unendlich machen möchte und für die er keiner metaphysischen Macht, die das endliche Leben bestimmt, mehr bedarf. Die unterschiedlichen technischen Errungenschaften ermöglichen das Festhalten eines gewünschten körperlichen Aussehens der menschlichen Erscheinung und die Vorstellung, dass dadurch das Leben unendlich werden kann.

Geht man noch einmal auf die Analogien und Konvergenzen zwischen Philosophen und Medizinern in Antike, Mittelalter und Neuzeit ein, so lassen sich idealtypisch zwei Schwerpunktsetzungen ausmachen: Während die philosophierenden Mediziner den Körper fokussieren, um die Seele zu therapieren, konzentrieren sich die therapeutischen Philosophen auf die Seele, um den Körper zu modifizieren. Eine Heilung kann daher sowohl von argumentierenden Therapien wie von therapeutischen Argumenten ausgehen (vgl. Nussbaum, 1994, Kap. 1).

Zunächst macht dieser Sachverhalt darauf aufmerksam, dass der für die Moderne durch René Descartes (1596–1650) auf den Punkt gebrachte Dualismus von Körper *(res extensa)* und Geist *(res cogitans)* für die Antike und das Mittelalter fremd war. Körper und Seele wurden als ein Zusammenhang begriffen, sodass die Arbeit an der Seele immer auch eine am Körper war wie *vice versa*. Das bedeutet aber auch, dass das therapeutisch-philosophische Denken von Medizinern und Philosophen, gerade weil sie gleichzeitig Seelisches und Körperliches mit Blick auf die Heilung mitzubedenken hatten, schon eine komplexe theoretische wie praktische Psychologie hervorbrachte. Denn die Heilung war nicht mit einem philosophisch-therapeutischen Gespräch abgeschlossen, sondern hatte oftmals eine detaillierte praktische »Formung« zur Folge. Dass diese Formung für die Griechen anders aussah als für die Römer und diese sich wiederum von jener der frühen Christen und derjenigen der Renaissancemenschen unterschied, sei hier ebenfalls vermerkt. Auch philosophisch-therapeutische Gesetzmäßigkeiten haben natürlich ihren historisch-kulturellen Hintergrund und sind dementsprechend kontextabhängig zu verstehen.

Interessant erscheinen hierbei zwei Aspekte: Der eine Aspekt betrifft den Zusammenhang von Logik (Philosophie) und Leidenschaft (Medizin), der andere Aspekt den Zusammenhang von individuellem Leiden und sozial-kulturellem Hintergrund. Diese beiden Aspekte hängen zusammen, denn die Emotionen und Leidenschaften – wie auch das Denken und die Vernunft – werden nicht nur mit der Natur des Menschen, sondern auch mit der Gesellschaft in Verbindung gebracht, insofern unterstellt wird, dass soziale Bedingungen Gefühle und Verstand formen. So formuliert Cicero im dritten Buch der *Tusculanae disputationes* (6.3, 7.15):

> »Das aber halte fest: daß es, wenn die Seele nicht geheilt ist, was ohne die Philosophie nicht geschehen kann, kein Ende der Leiden geben wird. [...] Wir werden geheilt werden, wenn wir wollen. [...] Die Aufgabe der Seele ist es, die Vernunft richtig zu gebrauchen; und die Seele des Weisen ist immer in einem solchen Zustand, daß sie die Vernunft aufs beste gebraucht; also ist sie nie verwirrt. Der Kummer aber ist eine Verwirrung der Seele: der Weise wird also immer davon frei sein.«

Dabei macht Cicero mit Bezug auf Chrysipp – und im Unterschied zu vielen anderen Vertretern der Stoa, aber auch anderer philosophischer Richtungen –

deutlich, dass der Philosoph, der sich als Mediziner der Seele versteht, letztlich nur sich selbst behandeln kann (vgl. Sellars, 2003, S. 64ff.).

So wie der Therapeut die Seele dadurch heilt, dass er die richtigen diagnostischen Schlüsse aus den körperlichen Anzeichen und den sprachlichen Äußerungen herausliest und die entsprechenden diätetischen Maßnahmen verordnet, so therapiert der Philosoph die Seele dadurch, dass er sie von den falschen Überzeugungen und irrationalen Emotionen befreit. Die Philosophie als therapeutische Kunst unterstellt somit keine metaphorische, sondern eine ontologische: Philosophie ist nicht wie, sondern sie *ist* Therapie, weil sie Menschen von falschen Gedanken und Einstellungen und insofern auch von beunruhigenden Emotionen und Stimmungen emanzipiert. So wie die Medizin die diagnostischen und therapeutischen Kompetenzen auf den Körper konzentriert, so geht die Philosophie davon aus, dass sie für die Diagnose und Therapie von Leidenschaften deshalb geeignet sei, weil diese zwar irrational, dennoch aber rational begreifbar und intellektuell beeinflussbar sind. So setzen gerade die hellenischen Philosophenschulen ein Unbewusstes der Klienten voraus, das durch Meinungen und Überzeugungen strukturiert ist; doch diese sind wiederum durch rationale Argumentation beeinflussbar.

Man könnte kritisch behaupten, dass sie ein unbewusstes Selbst konstruieren, das der Philosophie zugänglich ist; doch zugleich entwickeln sie mit dieser Konstruktion eine komplexe Psyche mit Emotionen, Wünschen und Motivationen; sie verweisen auf den Umstand, dass diese irrationale Komplexität mit der Gesellschaft und Kultur in Verbindung gebracht werden muss; und schließlich etablieren sie Praktiken der Aufmerksamkeit, Erinnerung und Reflexion, um dieser komplexen Psyche gerecht zu werden. Und die hellenistisch-philosophischen Schulen stimmen in folgenden Grundgedanken überein:

»Was Philosophie braucht, die in einer medizinischen Weise praktiziert wird, ist ein philosophisches Verständnis komplexer menschlicher Interaktionen. Insofern muss die Philosophie sich mit Fragen der Phantasien, der Diskurse, der Gemeinschaft- und Freundschaftsvorstellungen, aber auch mit den rhetorischen und literarischen Strategien auseinandersetzen, in denen Argumente effektive Wirkungen zeitigen. [...] [Und] in dieser Auseinandersetzung wird deutlich, dass ein streng logisch-präzises Argumentieren, das nicht gut auf die Bedürfnisse der Zuhörer zugeschnitten ist, d. h. eine esoterische akademische Rede, die ihr Gegenüber nicht zum Handeln zu motivieren in der Lage ist, schlicht ein *unprofessionelles philosophisches Sprechen* darstellt« (Nussbaum, 1994, S. 36, 15; Übers. der Verf., kursiv im Original).

Umgekehrt müssen philosophisch-therapeutische Argumente, die das Unbewusste modifizieren möchten, mehreren Kriterien genügen (ebd., S. 46f.):
1. Sie müssen ein praktisches Ziel vorgeben, das den Klienten besser macht;
2. sie müssen für diesen einen unmittelbaren Wert haben, insofern sie sich auf seine Wünsche beziehen, und einen mittelbaren Wert haben, insofern sie auf die Verwirklichung dieser Wünsche zielen;
3. sie müssen individualisiert, d.h. auf das konkrete Subjekt zugeschnitten sein (woraus sich auch das umfassende Interesse an der Biografie des Patienten ergibt) und zielen insofern
4. auf die Gesundheit des Individuums (auf die individuelle Gesundheit);
5. sie sind instrumentellen Charakters, stellen also kein »Gut an sich« dar und haben daher
6. lediglich einen Wert für die Therapie; und
7. sie haben schließlich eine Rollenasymmetrie von Arzt und Patient zur Voraussetzung.

Und damit sind, um dies kurz anzudeuten, drei zentrale Probleme verbunden: Einerseits ergibt sich das Problem, dass der als autonom verstandene Patient Wünsche und Ziele seines Lebens formulieren könnte, die ggf. beim Arzt nicht unbedingt auf Wohlwollen stoßen werden. Hier können wir von der Spannung einer subjektiven Perspektive des individuellen Wohlbefindens auf der einen und einer objektiven (medizinischen) Perspektive eines allgemeingültigen Modells auf der anderen Seite sprechen. Dieser Spannung versuchte man in der Stoa durch ein hohes Maß an Selbstwahrnehmung und Selbstkritik des Philosophenarztes zu begegnen, der sein objektives medizinisches Wissen »taktvoll« mit den subjektiven Vorstellungen des Patienten zu verbinden hatte. Zielt Lebenskunst letztlich auf eine maßvolle Selbstbeherrschung, dann durfte der Arzt nicht zu fremdbeherrschend auftreten, um dieses Ziel zu erreichen. Zweitens ergibt sich das Problem, dass der philosophische Arzt im Grunde eine gewisse Leidenschaftslosigkeit erreicht haben sollte, die ihn aber dann nicht davon abhalten darf, eine durchaus therapeutisch-instrumentell zu betrachtende emotionale Bindung zu dem Patienten einzugehen. Und schließlich finden wir auch noch das Problem, dass die therapeutischen Argumente alternative Sichtweisen nicht berücksichtigen.

Einen Fingerzeig darauf, dass die Frage, wie Menschen ihr Leben verstehen und einschätzen, eine philosophische Grundierung hat, die nicht nur ästhetische Fragen nach dem Angenehmen und Schönen und nicht nur ethische Fragen nach dem Angemessenen und Guten, sondern auch epistemologische Fragen nach

Wahrheit und Richtigkeit impliziert, gibt der Hinweis darauf, dass Menschen ihr Leben als »falsch« erleben können – etwa dann, wenn ihr Leiden unerträglich, ihre Handlungsmöglichkeiten extrem begrenzt oder die existenzielle Sinnhaftigkeit kaum erkennbar ist. Philosophie hat die Aufgabe, diese Situation nicht eintreten zu lassen, sondern den Menschen zu helfen, ihre Leiden zu begrenzen, ihre Handlungsmöglichkeiten zu vergrößern und Sinnpotenziale zu entdecken. Das betrifft auch die Antworten auf die fundamentalen Fragen des Lebens etwa nach dem Tod und der Angst vor dem Sterben, nach Sicherheit und Kontingenz, nach dem Sinn des Liebens und des Leidens, nach dem Ziel des Lebens und seinen Realisierungsmöglichkeiten etc.

Im Grunde sind das auch die Aufgaben, die traditionell die Medizin resp. die Therapie verfolgt, denn auch diese ist, historisch betrachtet, eingebettet in Kosmologie, Magie und Philosophie. Nimmt man nun die beiden Disziplinen – die therapeutische Philosophie wie die philosophierende Therapeutik – im Hinblick auf die Fragen der Lebenskunst zusammen, so wird deutlich, dass diese Ziele formal durch zwei »Prinzipien« erreicht werden sollen, nämlich durch eine innere Konsistenz der Psyche und durch die Orientierung an der Natur. Das erste Ziel soll an Platons Modell der Psyche, das zweite an Senecas Modell der Natur verdeutlicht werden.

Das erste Ziel der Lebenskunst besteht in der Etablierung einer psychischen Struktur, einer inneren Konsistenz und Kohärenz, die sich am Unveränderlichen und Ewigen orientiert. Anders formuliert: Die Selbstsorge braucht ein mehr oder weniger kohärentes und kontinuierliches Selbst, um das sie sich sorgen kann. Dabei wird das Selbst (die Seele, *psyche*) in der griechischen Antike überwiegend als ein Prinzip der »vernünftigen«, d. h. nach Maßgabe von harmonisch geordneten Verhältnissen ablaufenden Bewegung verstanden. Dies trifft gleichermaßen auf die individuelle Psyche wie auf die kosmologische Vorstellung einer »Weltseele« zu, die noch bis in die Renaissance hinein ein gängiges Konzept darstellte (Stadler, 1991). Wie die Achse eines sich drehenden Rades bleibt die Seele in ihrer Bewegung zentriert und somit mit sich selbst identisch. Doch das Zentrum der Seele bleibt für welt- und sinnengebundene Wesen aus einem ganz bestimmten Grund unerkennbar, gehört dieses doch dem Unveränderlichen, Überzeitlichen, Göttlichen – und notwendigerweise Vernünftigen – an. Um das zu verstehen, muss man berücksichtigen, dass die Grenze zwischen irdisch-sinnlichem Diesseits und göttlichem Jenseits nicht zuletzt eine Grenze zwischen *verschiedenen Ordnungen der Zeit* ist: Die materielle Welt unterliegt der steten Veränderung innerhalb der verlaufenden Zeit des *chronos*. Demgegenüber ist die Zeitlichkeit der idealen Welt – *aiōn* – aus der Perspektive des *chronos* betrachtet überzeitlich und unveränderlich. Der Kern des Selbstverhältnisses verdankt sich der Teilhabe an dieser überzeitlichen Sphäre – und nicht etwa einem starren Gleichbleiben der Person oder ihrer moralischen Tugendhaftigkeit *(arete)*.

Damit ist die Selbsterkenntnis als ein prinzipiell unerfüllbares Programm umrissen, denn das wahre Seiende *(ontos on)*, an dem die Seele somit teilhat, lässt sich nicht ergründen. Wenn aber diese Teilhabe am Göttlichen, die in den platonischen Mythen als quasi verbürgter Sachverhalt festgeschrieben und als Suche nach dem wahren Selbst auch an die Neuzeit vererbt wurde, stellt sich die Frage, wie sich dann die Notwendigkeit der *Selbstsorge* überhaupt noch motivieren lässt, wenn denn die volle Selbsterkenntnis zeitlichen Wesen ohnehin grundsätzlich verwehrt bleiben muss? Die Antwort liegt einerseits in der folgerichtigen These Platons, dass mit dem Eintritt in die Zeitlichkeit die Erinnerung an das Überzeitliche notwendig verloren gehen muss (vgl. den Dialog *Phaidon*), diese unter rechter Anleitung jedoch der Wiedererinnerung *(anamnêsis)* zugänglich sei (Menon, 84cff.). Nötig ist dies, weil Sinne und Sinnlichkeit zur Erkenntnis des Höchsten untauglich sind; sie lenken in vielfacher Weise ab und führen in die Irre. Denn Begierde und Impulsivität sind, und dies ist der zweite Grund für die Notwendigkeit steter Selbstsorge, als die beiden niederen und sterblichen Seelenteile untrennbar mit dem höheren, unsterblichen Seelenteil verbunden. Platon bedient sich – ganz ähnlich wie später Sigmund Freud – des Gleichnisses von Ross und Reiter, wobei in der bildlichen Rede der »mutartige« Teil der Seele – Antrieb, Impulsivität, Motivation – wesentlich besser abschneidet als der »begehrliche«: Eine der beiden Rösser sei »gut und edel und solchen Ursprungs, das andere aber [...] plump und schlecht gebaut, [...] glasäugig und rot unterlaufen, aller Wildheit und Starrsinnigkeit Freund, rauh um die Ohren, taub, der Peitsche und dem Stachel kaum gehorchend« (Phaidros, 246b, 253e).

Die in den platonischen Schriften wie überhaupt in der griechischen Antike vorherrschende Vorstellung des *Panpsychismus* (Allbeseeltheit) vermag nicht die durchaus dezisionistische Aufspaltung der Seele bei Platon zu verhindern: Zwar sind alle drei Seelenteile letztendlich göttlicher Abstammung, doch ist der obere doch von noblerer Herkunft, denn nur dieser wurde vom Schöpfer selbst erschaffen, während die anderen Seelenteile von anderen, ebenfalls vom Demiurgen erschaffenen göttlichen Wesen erschaffen wurden, die ihrerseits dessen Schöpfungen nachahmen (Timaios, 69c–72c). Aufschlussreich ist hier eine Passage aus dem Dialog *Phaidon* (80a–80b):

> »[D]ünkt dich nicht das Göttliche so geartet zu sein, daß es herrscht und regiert, das Sterbliche aber, daß es sich beherrschen läßt und dient? – Das dünkt mich. –

> Welchem nun gleicht die Seele? – Offenbar, o Sokrates, die Seele dem Göttlichen und der Leib dem Sterblichen. – Sieh nun zu, sprach er, o Kebes, ob aus all dem Gesagten uns dieses hervorgeht, daß dem Göttlichen, Unsterblichen, Vernünftigen, Eingestaltigen, Unauflöslichen und immer einerlei und sich selbst gleich sich Verhaltenden am ähnlichsten ist die Seele, dem Menschlichen aber und Sterblichen und Unvernünftigen und Vielgestaltigen und Auflöslichen und nie einerlei und sich selbst gleich Bleibenden, diesem wiederum der Leib am ähnlichsten ist?«

Auf die unteren Seelenteile treffen eben die Eigenschaften zu, welche hier dem Körperlichen zugerechnet werden: Unvernunft, Vielgestaltigkeit, Sterblichkeit; sie sollen beherrscht werden, während der vernünftige, göttliche Teil herrschen soll. Mit dieser innerseelischen Repräsentanz des Körperlichen, Sinnlichen und Sterblichen führt Platon die ontologische Differenz des Idealen vs. Sinnlichen in die menschliche Seele selbst ein. Das Ideal des Individuums liegt in seiner Einheit, Selbstgleichheit und Vernunft – seiner inneren *Kohärenz und Konsistenz*, demgegenüber das Körperlich-Sinnliche als das nicht Identische beschrieben und daher als bedrohlich eingeschätzt wird.

Die Aufgabe der Selbsterkenntnis folgt mithin aus der Forderung nach einer ganz bestimmten Form des Selbstverhältnisses, das Identität durch die Arbeit der vernunftgeleiteten »Harmonisierung« – nicht Aufhebung, nicht Leugnung – *grundsätzlich* bestehender innerseelischer Differenzen zu erreichen versucht. Die Vernunft vermag den »begehrlichen« untersten Seelenteil, unschwer als Vorläufer des Freud'schen *Es* erkennbar, nicht allein zu beherrschen; vielmehr bedarf sie dazu des mittleren, »mutartigen« Seelenteils. Weil das Vernünftige als der Seelenteil vorgestellt wird, der gar nicht anders kann, als sich dem Idealen und Ewigen zuzuwenden, und das Begehrliche als seiner Natur nach Unvernünftiges und Ungeordnetes das absolut Andere des Vernünftigen darstellt, müssen sich die Bemühungen in erster Linie auf das »Mutartige« richten. Das Erreichen der *eunomia* durch die Einkörperung kosmischer Rhythmen und Harmonie durch Übungen und Diätetiken (Gymnastik, Ernährung, feste Tagesabläufe etc.) muss das erste Ziel eines gelingenden Selbstverhältnisses darstellen. Den verwirrenden, chaotischen Impulsen des »begehrlichen« Teils der Seele wird auf diese Weise eine harmonisch geordnete Selbstbewegung des »Mutartigen« entgegengesetzt und gesichert, dass die individuelle Seele, der Mikrokosmos, in ihren Proportionen eine gute Abbildung der Weltseele, des Makrokosmos, werden kann. Die vernünftige Seele muss sich folglich zu allererst um den Körper sorgen.

Dabei geht es nicht so sehr um pure Abrichtung und Disziplinierung, sondern vor allem auch um die *Kultivierung* des Körpers. Am deutlichsten kommt diese Einstellung in der *Politeia* (588c–588d) zum Ausdruck, wo Platon die drei Seelenteile als miteinander verwachsene Wesen charakterisiert: zuerst »eine Gestalt eines gar bunten und vielköpfigen Tieres, rundherum Köpfe von zahmen und wilden Tieren habend und imstande, dies alles abzuwerfen und aus sich hervorzubringen« (das ist der »begehrliche« Teil); sodann »auch noch eine andere Gestalt des Löwen und eine des Menschen, bei weitem das größte aber sei die erste und das nächste die zweite«. Wenn nun der als »innerer Mensch« beschriebene Teil der Seele »recht zu Kräften kommt«, so kann er sich

> »auch des vielköpfigen Geschöpfes annehmen [...], wie ein Landmann das Zahme nährend und aufziehend, dem Wilden aber, nachdem er sich die Natur des Löwen zu Hilfe genommen, wehrend, dass es nicht wachse, auf dass er so, *für alle gemeinsam sorgend, nachdem er sie untereinander und mit ihm selbst befreundet,* sie so erhalte« (Politeia, 589b; Herv. die Verf.).

Was in den platonischen Mythen im Einklang mit dem Geist ihrer Zeit als »Seele« beschrieben wird, fordert zu einem *individuellen* Selbstverhältnis auf. Zugleich aber ist die Seele in einer Weise kosmologisch eingebunden, die dieses Besondere nur als Epiphänomen oder Abbild eines überzeitlichen Allgemeinen verstehen lassen kann. Selbstsorge ist nur als eine Form der Teilhabe am Idealen denkbar. Michel Foucault (1989b, S. 61f.) zeigt in seiner Rekonstruktion antiker Selbststeigerungs- und Selbstverbesserungspraktiken auf, wie dieses »nun durch Sokrates geheiligte Thema der Sorge um sich [...] seinen anfänglichen Rahmen überschreitend und seine ersten philosophischen Bedeutungen hinter sich lassend, allmählich die Dimensionen und die Formen einer wirklichen ›Kultur seiner selber‹ angenommen« hat: Der Imperativ der Selbstsorge hat

> »Lebensweisen durchtränkt; er hat sich in Prozeduren, in Praktiken und in Rezepten entwickelt [...]; so hat er schließlich eine gesellschaftliche Praktik konstituiert, die zu zwischen-individuellen Beziehungen, Austauschprozessen und Kommunikationen, ja manchmal zur Entstehung von Institutionen Anlaß gab; endlich hat er in einer gewissen Weise des Erkennens und dem Aufbau eines Wissens stattgegeben« (ebd., S. 62).

Das zweite Prinzip der antiken therapeutischen Lebenskünste besteht in der Orientierung an der inneren und äußeren Natur. Denn wie schon bei Platon deutlich wurde, braucht man einen unzweifelhaften Orientierungsmaßstab für die Lebenskunst. Unter »Natur« *(physis)* wird hierbei kein phänomenal-deskriptiver

Sachverhalt, sondern vor allem eine evaluativ-normative Perspektive verstanden. Die Natur bildet quasi den Maßstab einer therapeutischen Lebenskunst – wie vor allem in den hellenistischen Schulen der Epikureer und der Stoa betont wurde. Der Physis-Begriff legt die Schwerpunkte zum einen auf die Wesensbeschaffenheit einer Sache und zum anderen auf die Selbstausprägungen von Formen im Rahmen einer gegebenen ontologischen Struktur. Damit wird die Natur zum Ausgangspunkt und zum Rahmen für die Lebenskunst; sie enthält darüber hinaus ein formales Wandlungsmuster, das als Übergang vom Sein zum Nichtsein wie vom Nichtsein zum Sein beschrieben werden kann. Physis wird somit nicht nur in seinen (äußeren) Erscheinungsfigurationen, sondern vor allem in den (inneren) Selbstbildungsformen des Lebendigen evident. In diesen lässt es sich als autonomes Unbewusstes verstehen, an dem sich bewusste Selbstsorgeformen und Selbstbildungsprozesse der Menschen zu orientieren haben. Im medizinischen Kontext kommt das Unbewusste der Physis darin zum Ausdruck, dass diese selbst für die eigentliche Heilung sorgt, während Ärzte und Patienten sich an den angemessenen Normen der Natur zu orientieren haben. Dass die Natur sich selbst hilft, ist das oberste Prinzip der hippokratischen Krankheitslehre.

Wie man aber der Natur helfen kann, sich selbst zu helfen, zeigen etwa Senecas Überlegungen zur Lebenskunst (vgl. Zirfas, 2009). Denn den Kern seiner Ausführungen zur schon sprichwörtlich gewordenen »stoischen Gelassenheit« *(De tranquillitate animi)*, zum Gleichmaß in der Lebensführung *(De otium)* und zur Güte gegenüber seinen Mitmenschen *(De clementia)* bildet die Orientierung an der vernünftigen Natur. Die Lebenskunst ist daher aufgefordert, im Leben die Natur nachzuahmen: *secundum naturam vivere* (Seneca, Ep. 5.4; 90.44, 46, passim). Die wahre Kunst als Nachahmung der Natur ist die Kunst des Lebens (Ep. 65.3). Denn nicht für die (schönen oder nützlichen) Künste und nicht für die Schule, sondern für das Leben und die Muße lernen wir. Und weil – wie es in dem bekannten und auch von Seneca zitierten Diktum des Hippokrates heißt – das Leben kurz und die Kunst lang ist (Seneca, 1983, 1.1), soll sich das Leben an dem orientieren, was beide übersteigt: an der Natur, die mithilfe der (langen) Kunst *(techne)* das (kurze) Leben »gesunden« lässt. Philosophie ist hier der Versuch, durch Lebenskunst die Menschen der Natur näherzubringen – ihrer inneren Natur der eigentlichen Wünsche und Strebungen und der äußeren Natur als einer Ordnung *vor* jeder gesellschaftlich deformierten Kultur. Umgekehrt macht sie darauf aufmerksam, dass aktuelle Wünsche und Leidenschaften nicht natürliche, sondern Effekte einer degenerierten Gesellschaft darstellen. Eine Kunst des Lebens *(ars vivendi)* hat vor dem Hintergrund dieser Sentenz zweifach zu verfahren: Als *genitivus obiectivus* wird das Leben durch die Kunst geformt, soll das Leben durch spezifische artifizielle, d.h. handwerkliche und technische Regeln, geformt werden. Als *genitivus subiectivus* ist es das Leben selbst, das sich eine ihm gemäße Kunst »gibt«, das Kunst benutzt, um sich ein möglichst natürliches, intensives, gegenwärtiges, bewusstes und gesundes Leben zu verschaffen.

Die Philosophie gilt deshalb als vollkommene Tätigkeit, weil sie Wissenschaft und Lebenspraxis, Spekulation und Handlung zu integrieren in der Lage ist (Ep. 95.11). Erzielt werden soll eine Übereinstimmung mit sich selbst, eine Selbstharmonie, die mit Selbstachtung und Selbstvertrauen einhergeht (Ep. 29.11; 31.3). »Das ist die wichtigste Aufgabe der Weisheit und ihr sicherstes Merkmal, dass Handlungen mit Worten harmonieren, dass jeder sich selbst treu und immer derselbe bleibe« (Ep. 20.2; vgl. 31.8). Bei Seneca erscheinen Selbstsein, Identität und Konvergenz als zentrale Ziele einer Lebenskunst. Damit aber immer ein kontinuierlicher Wille wirkt, Wollen und Handeln übereinstimmen und der Mensch in allem mit sich selbst harmoniert, braucht es *scientia*, Einsicht in die Welt als Voraussetzung für Sittlichkeit, und braucht es *ars*, die Fähigkeit der konkreten Anwendung im Einzelfall (Ep. 31.8). Mit *concordia* und *consonantia* als formale Kriterien einer *ars vivendi* sind ästhetische Ordnungsvorstellungen impliziert, die ihre Gültigkeit von der Natur erhalten haben.

Wem es möglich ist, so zu leben, wie die schöne Natur es vorschreibt, wird selbst zur schönen Natur, sodass die angestrebte Immunisierungsstrategie des stoischen Weisen, die auf den zentralen Begriff der *Ataraxia* bezogen bleibt, sich an den Kriterien der Übereinstimmung ablesen lässt. Denn durch die Momente der Ordnung, des Maßes, der Harmonie und des Anstandes zeigen sich Momente einer Lebenskunst, die als *Mimesis* der Natur die Vollkommenheit der *Ataraxia* signalisieren und gleichzeitig aufheben.

Lebenskunst bedeutet in diesem Zusammenhang, zu demjenigen zu werden, der man seiner Natur nach immer schon ist (Ep. 41.8). Die Natur bildet Maßstab und Richtschnur einer Lebenskunst, auf deren »Rücken« sich gleichsam eine ästhetische Harmonie etabliert. Orientierung für die Therapie ist nicht die schöne Kunst, sondern die Natur. Denn sich selbst gemäß der Natur zu formen bedeutet nicht nur, deren ewige Strukturen zu erkennen und deren sittliche Gebote zu beachten, sondern auch, deren Schönheit sich durch Schulung und Übung zu erarbeiten und hierin die schöne Kunst Gottes nachzuvollziehen. Die Natur bildet einen zuverlässigen, gleichförmigen und unvermittelten Lehrmeister, während die menschliche Lehre geprägt ist durch Zeitlichkeit, Mittelbarkeit, Vielgestaltigkeit, Ungleichförmigkeit und Unzuverlässigkeit (Ep. 120.20, 23). Der Lebenskünstler erscheint gottgleich, indem er sich selbst die Schönheit eines Lebens verleiht, die

Gott ehedem der Natur angedeihen ließ. Hier wirkt der alte aristotelische Gedanke nach, der die Natur nicht am Anfang, sondern am Ende eines Prozesses vollständig entwickelt sieht. »Natürlich« ist man dann, wenn man keine Mängel mehr fühlt. Doch dieses Ziel ist in einer Welt der Verletzlichkeiten nur normativ formulierbar.

### Ausgewählte Literatur

Artemidor (1991). *Traumkunst*. Leipzig: Reclam.
Dodds, E. R. (1970). *Die Griechen und das Irrationale*. Darmstadt: WBG.
Ellenberger, H. F. (1973). *Die Entdeckung des Unbewußten. Geschichte und Entwicklung der dynamischen Psychiatrie von den Anfängen bis zu Janet, Freud, Adler und Jung*. Zürich: Diogenes 2005.
Foucault, M. (1989). *Die Sorge um sich. Sexualität und Wahrheit 3*. Frankfurt/M.: Suhrkamp.
Hadot, P. (1981). *Philosophie als Lebensform. Geistige Übungen in der Antike*. Berlin: Gatza 2002.
Horn, Ch. (1998). *Antike Lebenskunst. Glück und Moral von Sokrates bis zu den Neuplatonikern*. München: Beck.
Leven, K.-H. (Hrsg.). (2005). *Antike Medizin. Ein Lexikon*. München: C. H. Beck.
Müri, W. (Hrsg.). (1986). *Der Arzt im Altertum. Griechische und lateinische Quellenstücke von Hippokrates bis Galen*. München und Zürich: Artemis.
Nussbaum, M. (1994). *The Therapy of Desire. Theory and Practice in Hellenistic Ethics*. Princeton: PUP.
Schipperges, H. (1962). *Lebendige Heilkunde. Von großen Ärzten und Philosophen aus drei Jahrtausenden*. Olten und Freiburg i.Br.: Walter Verlag.
Sellars, J. (2003). *The Art of Living. The Stoics on the Nature and Function of Philosophy*. Aldershot and Burlington: Ashgate.
Wöhrle, G. (1990). *Studien zur Theorie der antiken Gesundheitslehre*. Stuttgart: Franz Steiner Verlag.

## Historische Stationen des Lebenskunstmodells im Blick auf und im Umgang mit Sexualität

Das für die Antike skizzierte Themenfeld von »Medizin und Lebenskunst«, »medizinisch-seelischer Sorge um sich«, »asketischer versus ekstatischer Konzepte der therapeutischen Lebenskunst«, »lebenskunstphilosophischer Relevanz der Traumdeutung«, »Umgang mit der Sexualität« und »Körper und Seele« kann hier nicht im vollen Umfang über 2.000 Jahre hinweg rekonstruiert und analysiert werden. Obwohl dies ein lohnendes Projekt wäre, ist dafür an dieser Stelle weder der Raum, noch erscheint es systematisch notwendig, um die Bedeutung der Lebenskunst für die Psychoanalyse und -therapie herauszuarbeiten.

Daher soll im Folgenden nur ein Aspekt, nämlich der Umgang mit der Sexualität und die damit verbundenen psychologischen und therapeutischen Implikationen über die Jahrhunderte hinweg bis hin zu Sigmund Freud an wichtigen Autoren und Modellen nachvollzogen werden. Hierbei geht es nicht um die Vollständigkeit eines enzyklopädischen Überblicks, sondern um die Fruchtbarkeit eines Blickwinkels, der die Lebenskunst mit der Medizin und der Psychotherapie in Verbindung bringt, um deutlich zu machen, dass im Umgang mit der Sexualität immer auch Fragen des Psychischen und einer Kultivierung der Sexualität mit Blick auf je unterschiedliche Konzepte der Lebenskunst eine Rolle spielten. Da aber entsprechende Studien in diesem Kontext bislang noch nicht vorliegen und da vor allem im theologischen Kontext des Mittelalters und der Frühen Neuzeit Lebenskunstmodelle oftmals in einem religiösen Diskurs *avant la lettre* verfolgt werden, kann der folgende Abschnitt nur Umrisse einer solchen Thematisierung bieten.

## Der Diskurs über den maßvollen Umgang mit der Sexualität

Die Erkenntnis, dass den sexuellen Leidenschaften eine extremistische Tendenz innewohnt, die sich kaum befriedigen lässt und die daher zum Exzess neigt, kennen wir aus der Antike. Hier waren sowohl eine medizinisch-diätetische Lebenskunst wie eine philosophische Heilkunst gefragt, die einen maßvollen Umgang mit der Sexualität nahelegten, in dem es um Aspekte des »Mehr« oder »Weniger«, der Orte und Umstände, der Formen und Stilisierungen und des »Zuträglichen« und »Nichtzuträglichen« ging. In diesem Diskurs spielten die Einschätzungen von »gut« und »böse« oder »normal« und »nicht normal« noch keine Rolle.

Mit dem Beginn des Christentums lässt sich zunächst von einer zunehmenden Moralisierung und Pathologisierung der Sexualität sprechen, die auch auf der psychischen Ebene und der praktisch-therapeutischen Ebene ihre Effekte hatte. Nunmehr stehen nicht mehr die Gefahren einer unwillkürlichen Gewalt und einer unbesonnenen Verausgabung im Mittelpunkt der philosophisch-medizinischen Interessen, sondern eine allgemeine Gebrechlichkeit und Sündhaftigkeit des Menschen, die in der Sexualität einen starken Ausdruck findet. Im Unterschied zu der klassischen griechischen und römischen Antike wird seitens des Christentums seit dem Frühmittelalter darauf abgehoben, dass die Intentionen der sexuellen Aktivität moralisch zu bewerten sind, dass die Macht des Sexuellen vor allem körperliche und seelische Pathologien zur Folge hat, und dass die sexuellen Lüste den ganzen Menschen erfassen: Diese Entwicklungen führen zu einem für beide Geschlechter vorgesehenen Ideal der Enthaltsamkeit und Keuschheit bzw. zu einer als weniger ideal verstandenen Lebensform der Ehe, in der die Sexualität auf Fortpflanzung zugeschnitten wurde.

Und eine zweite historische Wegmarke fällt ins Auge: So scheint es – bis hin zur Aufklärung – in der Frage des Umgangs mit der Sexualität ebenso sehr, wenn nicht überwiegend, auf eine individuelle diätetische Sexualbildung angekommen zu sein, d. h. auf die Entwicklung von praktischen Selbstsorgetechniken, mit deren Hilfe die Individuen ihre Sexualität geformt, d. h. stilisiert, kultiviert und normiert haben. In diesen Bemühungen wird der Einzelne letztlich nur von Gott unterstützt. Erst im 18. Jahrhundert, dem sogenannten Jahrhundert der Pädagogik, erfährt der Umgang mit der Sexualität eine Wendung hin zu einem pädagogischen – und auch zu einem politischen Problem. Nunmehr nimmt sich die Pädagogik sehr intensiv der Sexualität in erzieherischer Hinsicht an, d. h., sie versucht mithilfe der Sexualerziehung die sexuelle Entwicklung der Menschen durch Informationen (im Sinne von Sexualaufklärung) und durch praktische (medizinische, psychologische, soziale, kulturelle etc.) Ratschläge zu kanalisieren. Bezogen auf den Umgang mit der Sexualität im Kontext von Überlegungen der Lebenskunst lässt sich hier von einer Pädagogisierung der Sexualität sprechen.

Für den gesamten, etwa 1.500 Jahre umfassenden Zeitraum gilt: Eine Lebenskunst der Sexualität, das meinte zunächst und zumeist eine Problematisierung, Reglementierung und Normierung der sexuellen Lüste und der erotischen Begierden im Hinblick auf eine sozial, moralisch und religiös akzeptable Existenz. Mit sexueller Kultivierung und Stilisierung ist i. d. R. nichts anderes gemeint als die Repression und Sublimierung der sexuellen Lüste. Dabei zielt die Lebenskunst der Sexualität bis weit in die Moderne weniger auf einen *therapeutischen* Umgang mit den sexuellen Begierden als auf einen präventiv *diätetischen*: Sie sucht zu verhindern, dass ein bestimmter Umgang mit der Sexualität die Menschen auf Abwege bringt (vgl. zur Geschichte der Sexualität insgesamt: Ariès et al., 1984; Imhof, 1985; Eder, 2002; Muchembled, 2008). Der in diesem Abschnitt in einem weiten Sinne gebrauchte Begriff der Sexualität erscheint u. E. zum ersten Mal 1820 im Titel des Buches von August Henschel *Von der Sexualität der Pflanzen*. Sexualität wird in diesem weiten Sinne im Zusammenhang mit der modernen Sexualforschung nicht als Trieb, sondern als theoretisches und praktisches Konstrukt begriffen, das Effekte auf den Ebenen des Wissens, der

Ideen, der Begierden, der Phantasien, der Ausdrucksformen und der Handlungen zeitigt.

## Die Moralisierung des Geschlechtsaktes und die Ächtung der Lust (Augustinus)

Im christlichen Mittelalter ereignete sich im Zuge dieser Entwicklung sozusagen eine theologische Pathologisierung des Sexuellen. Enthaltsamkeit und Askese, Züchtigung und Geißelung sowie die moralisch-theologische Herabsetzung der Frau waren die Folgen. Etwas überspitzt fasst Karlheinz Deschner in seiner *Sexualgeschichte des Christentums* (1974, S. 91) das offizielle, kirchlich bestimmte Verhältnis des Mittelalters zur Sexualität zusammen:

> »Noch das ganze christliche Mittelalter sieht in der leib- und triebfeindlichen Existenz hysterischer Asketen das höchste Ideal. Fast alles Sexuelle ist für sie schwer sündhaft, das pathologisch Keusche heilig. Die Lust wird verteufelt, die Kasteiung in den Himmel gehoben. Sämtliche masochistischen Exzesse der Antike kehren wieder, die Dauerdepressionen ebenso wie die Tränenbäche, die Unsauberkeit, das Fasten, der Schlafentzug, das Geißeln, und neue Monstrositäten kamen dazu.«

Die Verabscheuung der fleischlichen Lust bzw. der ungezügelten sexuellen Triebhaftigkeit führte insbesondere in klerikalen Kontexten zu einer weitverbreiteten Missachtung des eigenen Körpers, die sich sowohl in grundsätzlicher Unsauberkeit äußern konnte als auch im Tragen von Bußgürteln oder Stachelbändern sowie in der täglichen Selbstgeißelung, im Trinken von Waschwasser oder im Küssen der Wunden von Aussätzigen (vgl. ebd., S. 92ff.). Dieses Panorama körperlicher Selbstmissachtung, das in manchen Aspekten der antiken körperlichen Stilisierung in vielen Punkten entgegentrat, soll an dieser Stelle allerdings nicht weiter ausgeführt werden.

Die Schriften des Heiligen Augustinus (354–430) sind es, die einerseits den systematischen Grundstein für die Lust- und Sexualfeindlichkeit des Christentums gelegt haben und andererseits dadurch die Sexualmoral des Christentums bzw. genauer gesagt: der christlichen Kirche entscheidend geprägt haben. Für Augustinus ist das sexuelle Begehren und die Lüsternheit (*luxuria*) vor allem mit der Ausschweifung und dem Exzess verbunden. Denn die »unheilvolle und gefahrdrohende Sinnlichkeit« überwuchert wie »Dornen das Haupt« des Menschen und »der Sumpf fleischlicher Begierden« führt bei fehlender Selbstbeherrschung unmittelbar in die »Düsternis der Wollust« (Augustinus, 1988, S. 56ff., II.2–8). Wenn Menschen sich der Sexualität hingeben, blenden sie alle anderen Aktivitäten aus. Das heißt, dass der Sex nicht nur das Denken unterbindet, sondern vor allem das Beten unmöglich macht. Aufgrund des überschäumenden Charakters des Sexuellen lässt sich also eine (religiös) kontrollierte sexuelle Ekstase nicht sinnvoll denken. Um diesen Sachverhalt theologisch zu untermauern, bringt Augustinus »die Übertragung der Erbsünde, die in seinem Erlösungssystem eine so große Rolle spielt, in Zusammenhang mit der Lust beim Geschlechtsakt« (Ranke-Heinemann, 1988, S. 81). Einzig und allein der eheliche Geschlechtsakt zum Zwecke der Kindeszeugung ist in den Augen von Augustinus vertretbar, nicht jedoch die Lust, die dabei empfunden werden kann. Die Geschlechtslust ist es nämlich, die nach Augustinus die Erbsünde des Menschen weiter trägt, denn nur Jesus wurde ohne Fleischeslust gezeugt und empfangen. Diese Argumentationsfigur führt nun bei Augustinus zwangsläufig auch zur Verdammung jedweder Verhütung, da sie die sexuelle Lust am Geschlechtsakt gegenüber seiner Zeugungsfunktion betonen würde. Damit würde man jedoch den zügellosen Trieben Vorschub leisten.

In seiner Schrift *Der Gottesstaat* versucht Augustinus deshalb auch darzustellen, dass der Mensch vor dem Sündenfall seine sexuellen Begierden völlig dem Willen unterworfen hatte. Im Paradies war der Geschlechtsakt also abgekoppelt von sexueller Erregung und die Sexualorgane waren damit rational gesteuert. Wir müssen oder können uns den Geschlechtsakt somit als ein völlig normales und ganz harmloses Interaktionsritual, sagen wir als eine Begrüßung oder ein Händeschütteln, vorstellen. »Denn nicht nur solche Körperteile bewegen wir nach Belieben, die durch feste Knochen gegliedert sind, sondern auch die, welche nur mit weichen Sehnen ausgestattest und schlaff sind.« Und im Paradies wurde auch »jener Körperteil, der jetzt nur durch Begierde erregt wird, bloß durch den Willen bewegt« (Augustinus, 1985, S. 203f., 14.24). Erst als die Menschen im Paradies ungehorsam wurden und vom Baum der Erkenntnis aßen, schämten sie sich und bedeckten ihre Geschlechtsteile mit Feigenblättern. Somit war die geschlechtliche Lust als Movens der Erbsünde identifiziert (Ranke-Heinemann, 1988, S. 83).

Augustinus war sich jedoch auch darüber im Klaren, dass ein gewisses Lustempfinden unumgänglich für den Vollzug des Geschlechtsaktes ist. Deshalb unterschied er zwischen fleischlicher Empfindung und fleischlichem Verlangen. Erstere ist Teil einer rechten Absicht, nämlich des Aktes zum Zwecke der Zeugung, die zweite aber ist Sünde. Bei Augustinus führt dies allgemein dazu, den Zeugungszweck zwar anzuerkennen, die Gefahr der Lust jedoch über alles zu stellen und somit den Geschlechtsverkehr systematisch abzuwerten und einzudämmen. Einzig und allein die Kultivierung der Enthaltsamkeit kann daher den Menschen davor bewahren, der »geisttötenden Gewalt der Geschlechtslust« (ebd., S. 103) anheimzufallen. Aus diesem Grund forderte Augustinus auch strikte Enthaltsamkeit an Sonn- und Feiertagen sowie in der Fastenzeit. Das Gebet durfte nicht Gefahr laufen, in den fleischlichen Begierden unterzugehen. Anders formuliert: Wer sich der rauschhaften sexuellen Lust hingibt und bis zu den Gipfeln sexueller Ekstase aufsteigt, ist zwar gleichsam nicht mehr von dieser Welt, aber auch nicht in der richtigen. Denn er überwindet die Welt *in* einem höchst irdischen Dasein und geht nicht *über* in die Welt Gottes. Die Unsterblichkeit ist nicht auf dem sexuellen Wege, sondern nur in der Keuschheit zu erlangen: Die neue Ordnung Gottes zeigt sich darin, dass ein mächtiges Verlangen des Menschen keine Rolle mehr spielte, nämlich die Sexualität (vgl. Brown, 1994). Die Askese der Keuschheit hat dann ihren Kampf gegen die Exzesse der Lüsternheit gewonnen, wenn sie die Verwicklung des Willens mit den sexuellen Wahrnehmungen, Phantasien und Handlungen, die *Konkupiszenz*, vollständig aufgelöst hat: Man hat diesen Grad übermenschlicher Anstrengungen dann erreicht, wenn man selbst im Schlaf nicht mehr von unzüchtigen Gedanken bedroht wird (Foucault, 1984a, S. 31).

Die mit diesem religiösen Modell der Sexualität verbundenen psychologischen bzw. psychoanalytischen Implikationen bestehen zum einen in einer Gegenüberstellung von körpernahen Empfindungen *(sensus)* und Begierden *(concupiscibilitas)* auf der einen und Vorgängen der Seele und des Geistes *(anima)* auf der anderen Seite; darüber hinaus wird ein radikaler Innenbezug gefordert, der alleine den Weg zur Wahrheit, der letztlich ein Weg zu Gott ist, möglich macht; drittens etabliert Augustinus mit seinem Denken ein Bewusstseinsmodell, das das Gedächtnis, die Phantasie und die Affekte umfasst; diese Inhalte des Bewusstseins gilt es viertens hermeneutisch zu entschlüsseln, um die Bilder des Gedächtnisses, die Wünsche der Affekte und den Zusammenhang von Erinnerung und Einsicht in der Phantasie zu verstehen. Dazu muss das Subjekt mit sich selbst in ein inneres *Zwiegespräch* treten – ein Gespräch, das zwei Adressaten hat, nämlich Gott und sich selbst. In diesem Gespräch gilt es vor allem, seine *Schuld* und seinen *Glauben* zu bekennen (im doppelten Sinne von »confessiones«). Weil Augustinus seine Seelenlehre als Lehre von der eigenen, inneren Erfahrung konzipiert, lässt sich hier schließlich, siebtens, auch von einer »Individualisierung der Seele« sprechen (Galliker et al., 2007, S. 31).

Augustinus bildet insofern einen wichtigen Bezugspunkt einer psychoanalytischen Theorie der Lebenskunst, weil er die Selbsthermeneutik des Subjekts um einen entscheidenden Schritt in die Richtung der Individualität weiterentwickelt hat. Dagegen lässt sich sagen, dass die von ihm geforderte Haltung gegenüber den sexuellen Begierden, die sich in ihrer Durchleuchtung und ihren rationalistischen, sublimierenden und repressiven Formen zeigt, letztlich keine therapeutische Maßnahme des Subjekts (oder eines Arztes) darstellt, sondern von Gott selbst gegeben ist. Es ist die therapeutische Gnade Gottes, die den Menschen schlussendlich gesunden lässt, d. h., die ihm einen Umgang mit der Sexualität ermöglicht, der in einem hohen Maße als sünden- und schuldenfrei gelten kann. Es kann allerdings als durchaus plausibel gelten, dass die Rationalisierung und Verdrängung der Sexualität aus den »Gedanken, Worten und Werken« der Menschen dazu führte, dass sich die Sexualität realiter in anderen Lebensbereichen Bahn brach. So merkt z. B. Simon Blackburn (2008, S. 33f.) zu Recht an, dass gerade die christlichen Theologen im Mittelalter und insbesondere die Mystiker die ekstatische Kommunion der Menschen mit Gott nicht selten am Vorbild der sexuellen Ekstase dargestellt haben. Und Ulrich Rehm geht in seiner Interpretation von Botticellis *Verkündigung an Maria* (von 1489/90), wenn man so will, noch weiter, wenn er behauptet, dass die Intention dieses Bildes darin besteht, das absolut Außergewöhnliche darzustellen, nämlich den göttlichen Zeugungsakt selbst (Rehm, 2009, S. 159f.). Indem die Verdrängung bildlichen Ausdruck gewinnt, wird nun wiederum eine Verdrängung nötig, um den Ansprüchen der Religion Genüge zu tun.

### Zivilisierung und Selbstbeobachtung (Erasmus von Rotterdam)

Zur Zeit der Reformation und des Humanismus wird das Problem des körperlichen und auch des sexuellen Verhaltens so wichtig, dass selbst Humanisten vom Range eines Erasmus von Rotterdam (1469–1536) sich diesem Thema annehmen. Für die Geschichte der Lebenskunst wie die der Zivilisierung insgesamt bedeutsam ist seine kleine Schrift *De civilitate morum puerilium*, die 1530 erschienen ist und die in den folgenden Jahren nicht weniger als 30, im ganzen schließlich etwa 130 Neuerscheinungen erleben und Auswirkungen auf ganz Europa haben wird (vgl. Erasmi, 1721). Für Norbert Elias erhält der schon damals alt bekannte Begriff der »civilité« seine spezifische und sehr weitreichende Prägung und Funktion als anständiges (körperliches) Benehmen in der Gesellschaft eben durch diese Schrift von Erasmus (Elias, 1985, Bd. I, S. 66ff.). Denn im historischen Moment einer Verschiebung der Gesellschaftshierarchien von einer ritterlich-feudalen zu einer höfisch-absolutistischen Gesellschaftshierarchie und der damit verbundenen Etablierung einer neuen Oberschicht wird die Frage nach dem guten Benehmen im verstärkten Maße dringlich, da es nun neue Formen des Zusammenlebens braucht: So werden vom Einzelnen allmählich ein restriktiveres Verhalten und größere Rücksichtnahme gefordert (ebd., S. 89ff.).

Rekapituliert man die Reihenfolge der auf die Körperzivilisierung bezogenen Inhalte bei Erasmus, so behandelt er folgende Themen: Körper, Kleidung, Kirche, Essen, Begegnungen, Spiel und Schlafzimmer *(de gestibus, de cultu, de moribus in templo, de conviviis, de congressibus, de lusu, de cubiculo)*. Dabei beziehen sich die auf Sexualität bezogenen Kultivierungs- und Zivilisierungsempfehlungen von Erasmus nicht nur auf das Schlafzimmer, sondern auch auf den Körper, wenn er davon spricht, nicht über Zoten und Obszönitäten zu lachen, die Schamteile nicht unnötig zu entblößen und der Berührung von anderen auszusetzen. Und er vergisst auch die Kleidung nicht, die nicht zu durchsichtig oder zu kurz sein dürfe (Erasmus, 1963, S. 92, 94f.). Für das Verhalten im Schlafzimmer spricht er folgende Empfehlungen aus:

> »In seinem Gemach verhält man sich schweigsam und züchtig. [...] Verhalte dich immer anständig, sowohl beim Auskleiden wie beim Aufstehen. Stelle dich nicht anderen mit Körperteilen nackt zur Schau, die Natur und Sitte verhüllt wissen wollen. [...] Bevor du dich auf das Kopfkissen legst, machst du das Kreuzzeichen auf Stirn und Brust und empfiehlst dich Christus mit einem kurzen Gebet!« (Ebd., S. 106; vgl. auch Duerr, 1988, §11)

Um die Menschen in diesem Sinne zu motivieren, verwendet er den höchst subtilen Hinweis, dass die Engel immer alles beobachten und dass diese die Schamhaftigkeit der Kinder lieben würden. Denn Erasmus geht davon aus, dass einem selbst in Situationen, in denen man von seinen Mitmenschen nicht beobachtet werden kann, die Sichtbarkeit nicht erspart bleibt, sind doch die Engel

> »immer zugegen«; wenn man auch Gott und seine ungezählten Tausende von Engel nicht sieht, »sie sehen dich, und ihre Gegenwart ist so sicher, wie wenn du sie körperlich vor dir sehen würdest. Die Augen des Glaubens sehen nämlich schärfer als die Augen des Körpers« (Erasmus, 1963, S. 94, 96).

Sich selbst und sein sexuelles Verhalten zu beobachten und zu zivilisieren, wird demnach deshalb notwendig, weil es neue soziale Schamgrenzen gibt, die es zu beachten gilt, aber auch, weil die himmlische Super-Überwachung eine Selbstbeobachtung erfordert, die den religiösen Ansprüchen gerecht wird. Erasmus etabliert mihin ein panoptisches Über-Ich, das sexuelle Regungen schon früh erkennt, bewertet und kanalisiert und in die richtigen sozialen Bahnen lenkt.

Kurz: Man soll sich, nicht nur in sexuellen Angelegenheiten, anständig verhalten, zurückhaltend, taktvoll, selbstbeherrschend und höflich sein (Zirfas, 2010a). Mit Erasmus etablieren sich also neue sexuelle Schamgrenzen und ein Zwang zum Selbstzwang, Tendenzen zur sexuellen Triebdämpfung, Psychologisierung und Rationalisierung. Mit ihm nimmt der Hang zur Selbstbeobachtung auch im Intimen zu: Der zivilisierte Mensch fühlt sich beobachtet, nicht nur weil er weiß, dass andere auf ihn schauen, und auch nicht nur, weil er spürt, wie sein Körper für andere aussieht, sondern vor allem, weil er sich selbst aus und in der Position eines Selbstbeobachters überwacht. Der Umgang mit den sexuellen Lüsten ist davon bestimmt, dass diese primär aufdringlich sind: Daher sollte man darauf achten, dass man die Mitmenschen nicht sexuell belästigt und gelegentlich sollte man – nicht nur metaphorisch – ein Auge zudrücken, um sich nicht selbst von der Macht des Sexuellen mitreißen zu lassen und um die Mitmenschen nicht zu beschämen.

Mit Friedrich Nietzsche, Sigmund Freud und Norbert Elias aber muss auch auf die (therapeutischen) Folgen dieser Verinnerlichung hingewiesen werden. Denn der Zwang zum Selbstzwang im Dienste des (ästhetischen und moralischen) Einklanges von innerlichen Tugenden wie Selbstkontrolle, Triebunterdrückung und Langsicht und äußerlichen Haltungen wie Höflichkeit und Zurückhaltung, »damit die wohlausgeglichene Seele des Menschen sichtbar wird« (Erasmus, 1963, S. 90), führt zu enorm zwanghaften Psychologisierungs- und Rationalisierungsprozeduren, die die Gewinne einer Kultivierung des Körpers hinsichtlich Aggressivität, Hygiene und Reflexivität vielfach infrage stellen. Die leibliche Ästhetisierung hat ihre Schattenseiten: Denn nunmehr erfolgen die Forderungen, Kontrollen, Beschuldigungen und Strafen nicht mehr von außen, sondern von innen, was zu psychischen Problematiken wie Angstzuständen, Schuldgefühlen und schlechtem Gewissen führen kann. Die Benimmerziehung von Erasmus, so könnte man sagen, etabliert ein durch ein himmlisches Über-Ich mit konstituiertes körperlich-soziales Über-Ich.

Erasmus schreibt hier mit an einer Geschichte des Gewissens, in der dieses als Kern des Selbst erscheint. Dabei erfährt die Macht des Gewissens historisch betrachtet und mit unterschiedlichen Schwerpunktsetzungen eine stetige Zunahme. Die Vermutung allerdings, dass diese Vergrößerung einen rationaleren Umgang mit der Sexualität zur Folge hätte, kann spätestens mit den Überlegungen von Nietzsche und Freud als obsolet gelten, kann und hat doch ein machtvolles Gewissen oftmals sehr irrationale Folgen. Eine dieser Irrationalitäten besteht schließlich darin, dass die stetige Gewissenserforschung der Begierden die Sexualität geradezu »produziert«, auch und gerade im Sinne des lateinischen Verbs »producere«, das nicht nur »erzeugen«, sondern auch: »auftreten lassen« oder »verlocken« meint. Auf einer unbewussten Ebene können die mit einem solchen Gewissen einhergehenden Überlegenheitsgefühle durchaus als eine Art von Kompensation für die mit der gewissenhaften Überwachung und Strenge verbundenen Selbstregulierungstechniken gelten.

### Der Kampf gegen die Onanie in der Aufklärung

Mit der Aufklärung verliert die Frage des Umgangs mit der Sexualität weitgehend ihre religiösen Rahmungen und tritt dafür umso manifester im Kontext sozialer und individueller Zusammenhänge auf. Die Aufklärer dachten dabei vor allem daran, die »richtige« Form der Sexualität mittels pädagogischer Unterweisungen anzubahnen. Nunmehr gibt es eine Fülle an medizinischen und pädagogischen Reflexionen über die Voraussetzungen und Ziele, intentionalen Unterweisungspraktiken, methodischen Kontrollen und medialen Unterstützungen der sexuellen Entwicklung von Kindern und Jugendlichen sowie der Sexualpraktiken der Erwachsenen. In den Mittelpunkt rückten Selbstbeherrschung, Nüchternheit und die beharrliche Verfolgung individueller, sozialer und kosmopolitischer Ziele, die als objektive und notwendige Formen einer aufgeklärten Lebenskunst gelten können. Die hiermit verknüpften Maximen und Ratschläge zielen auf ein aufgeklärtes Bürgertum, nicht auf die Angehörigen der gehobenen Stände, die intensiver ihren Leidenschaften und Begierden folgen konnten und die sexuelle Lust eher als zivilisierende Kraft oder als legitime Genussquelle verstanden. Als absoluter, weil keiner Schranke mehr unterworfener Prototyp einer unbeschränkten sexuellen Begierde lässt sich in diesem Kontext der »göttliche« Marquis de Sade verstehen, der das »Gebiet« der Sexualität als den primären Herrschafts- und Demütigungsraum etabliert.

Von den Aufklärern wurde insgesamt keine asketische Triebverleugnung, sondern ein Zusammengehen von Selbst- und Weltbeherrschung gefordert – ein Zusammengehen, das Selbstverleugnung und Selbstverschwendung in einem ausgewogenen Sinne möglich machte. Die Energien der libidinösen Ökonomie können dabei im Sinne eines individuellen sexuellen Glückes investiert werden, sollen aber vor allem dem sozialen, politischen und ökonomischen Glück der Gesellschaft, und seinem Urbild, der Ehe und Familie, zugute kommen. Noch immer regiert in der Aufklärung die Angst vor der Verschwendung, denn: »Kein

Verlust andrer Säfte und Kräfte schwächt die Lebenskraft so schnell und so auffallend, als die Verschwendung der Zeugungskräfte« (Hufeland, 1797, S. 107). Daher gilt es, sexuellen »Ausschweifungen« nicht zu früh, nicht zu häufig, nicht durch »Wechsel der Gegenstände«, nicht durch künstliche Reize oder zu unpassenden Gelegenheiten nachzugehen (ebd., S. 136). Auch hier gibt es wiederum – wie schon im Christentum – Anklänge an eine schwarze Pädagogik und Therapeutik der Lebenskunst.

Die sexuelle Lebenskunst der Aufklärung propagiert eine goldene Mitte des Libidinösen, in der die persönliche Mäßigung eine Balance von Luststreben, Selbstbeherrschung und Schuldgefühlen herstellen sollte. Aus diesem Programm der sexuellen Mäßigung und Selbstkontrolle ergibt sich automatisch eine Lebensform des Gleichmaßes, der Zurückhaltung, der Redlichkeit und der Monogamie. Dass die Aufklärung auch das Zeitalter der »pornografischen Flut« (Muchembled) war, verwundert hier kaum, denn die mit der aufklärerischen Pornografie verbundenen (para)medizinischen, antireligiösen, antiaristokratischen, moralistischen und außerehelichen Darstellungen können nicht nur als sublimierende Ventile für sexuell Frustrierte oder Phantasiebegabte verstanden werden, sondern auch als Versuche, einen anthropologischen Markt des Begehrens zu »durchleuchten«, um diesen dann als sexuelle Sphäre des Unanständigen zu markieren.

Fünf Gesichtspunkte sind bei einer aufklärerischen Lebenskunst der Sexualität leitend (vgl. Leites, 1988, S. 16ff.):

1. eine durch die Vernunft kontrollierte Stetigkeit des Empfindens, die zu einem ausgeglichenen und verlässlichen Temperament führt, das wiederum auch die Gefühlsambivalenzen (Liebe *und* Aggressivität) zu integrieren in der Lage ist;
2. eine Zurücknahme der Selbstbezogenheit, die eine Selbstsorge mit der Sorge um den anderen Menschen verbindet;
3. eine Beschränkung offener Gefühlsäußerungen, die einen taktvollen Umgang mit dem Anderen und die Etablierung einer individuellen Gefühlswelt bedingt;
4. eine Neueinschätzung des Individuums, dem man nun moralische und emotionale Beständigkeit zutraut und pädagogisch auch zumutet;
5. und schließlich das integrative oder harmonische Ideal einer selbstbeherrschten Subjektivität, das die Lust und die Freude des Einen an die des Anderen bindet.

Diese dünne Skizze der Moralisierung und Sozialisierung der Lebenskunst kann vielleicht deutlich machen, warum die Pädagogik und die Medizin nunmehr eine bedeutende Rolle in Bezug auf die Kultivierung und Zivilisierung der Sexualität einnahmen: Denn wenn die Aufklärung die rationalistische Selbstkontrolle der Sexualität stärkte, so konnte vor allem die Anerkennung der erzieherischen Autorität dazu beitragen: So wie man dem Erzieher absoluten Gehorsam schuldete – eine Maxime, die sich sowohl in der englischen (vgl. Locke) wie in der französischen (vgl. Rousseau) und der deutschen Pädagogik der Aufklärung (vgl. Kant) wiederfinden lässt –, so soll man die Gebote der Vernunft in sich etablieren, denen ebenso mit absolutem Gehorsam nachzukommen ist. Im Unterschied zu den antiken, mittelalterlichen und frühneuzeitlichen Modellen der Selbstbeherrschung und des Gehorsams ist die Aufklärung davon überzeugt, dass sich die (sexuellen) Gefühle und Begierden in einem sehr viel umfangreicheren Sinne disziplinieren lassen, weil nunmehr dasjenige Wissen bereitsteht, das den objektiven und nachhaltigen Umgang mit der Sexualität möglich macht.

Sodann lässt sich aus medizinhistorischer Sicht festhalten, dass es bis in das 16. und 17. Jahrhundert hinein noch kein vollkommen etabliertes medizinisches Wissen gab, das die Zusammenhänge von Körper und Seele oder von Männlichkeit und Weiblichkeit in einem hinreichenden Sinne entfalten konnte. Erst im 18. Jahrhundert eroberten sich die Ärzte in Bezug auf Hygiene, Impotenz, Unfruchtbarkeit und Geschlechtskrankheiten eine wichtige Rolle, insofern sie die Beunruhigung der bürgerlichen Schichten ernst nehmen und insofern sie nicht nur Ärzte sind, sondern als »Väter, Ehemänner, Söhne« ebenfalls aus der Mittelschicht stammten (Muchembled, 2008, S. 215).

Die neuen pädagogischen und medizinischen Wissensbestände und Techniken, so lautete die aufklärerische Aspiration, können verhindern, dass man den sozialen und moralischen Anforderungen des Alltags nicht gerecht wird. Während die Jahrhunderte zuvor die sexuelle Selbstbeherrschung vor allem dem Einzelnen zugute kommt, der mit ihr eine Macht über sich selbst gewinnt, wird mit der Aufklärung ein Modell der sexuellen Selbstbeherrschung virulent, das vor allem einen Selbstschutzmechanismus impliziert: Die Selbstkontrolle der Sexualität schützt den Einzelnen wie die Allgemeinheit vor den verderblichen Folgen einer ungeregelten Sexualität. Dabei wird der Einzelne nicht durch die sexuellen Übergriffe von anderen, sondern vor allem durch die selbstbezogene Sexualität bedroht.

Welches Gefahrenpotenzial den ungezügelten, unkanalisierten sexuellen Lüsten und den damit zusammenhängenden moralisch-pädagogisch unkontrollierbaren sexuellen Phantasien attestiert wurde, zeigt sich besonders drastisch im pädagogischen und medizinischen Kampf gegen die Onanie. Diese Form der Sexualität wird nun im Namen des individuellen und des kollektiven Glücks kritisch in den Blick genommen. Die Kunst besteht darin, diesem Laster zu entgehen. Insbesondere das 18. Jahrhundert, das Jahrhundert der Aufklärung, leistete hier einer beinahe hysterischen Pathologisierung der jugendlichen Selbstbefriedigung Vorschub. Dass die Onanie ein sündhaftes Laster sei, war dabei nur mehr ein Legitimationsaspekt des Kampfes. Vielmehr wurde die Onanie als krankhafte Handlung gesehen, die nicht unerhebliche schädliche Konsequenzen für Leib und Leben haben konnte: »Dörr- und Schwindsucht, Convulsionen [Krämpfe; Anm. die Verfasser] und Epilepsie sowie ›schwacher Samen‹, der die Gesundheit der Nachkommen gefährdete«, wurden als Folgen der Onanie publik gemacht (Eder, 2002, S. 97). Bis in das 19. Jahrhundert hinein wurde ein Zusammenhang von Onanie mit Rückenmarkschwund und Geisteskrankheiten aller Art hergestellt. Dieser hatte seine wissenschaftliche Erklärung darin, dass man annahm, der Mann verdanke seine Zeugungskraft seinen geistigen Fähigkeiten. Und die »reale« Grundlage dieser Erklärung bestand hier darin, dass der männliche Samenkanal nicht in den Hoden, sondern in der Wirbelsäule entsprang. Nunmehr ließ sich wunderbar erklären, warum zu viel Sex bzw. zu häufige Masturbation dem Gehirn die Lebensgeister ausblies.

Thomas Laqueur hat in seinem höchst informativen Buch über *Die einsame Lust* (2008) präzise herausgearbeitet, warum die Aufklärer die Onanie so massiv bekämpft haben. Denn es erscheint doch merkwürdig, dass die Onanie, die bis in das 18. Jahrhundert hinein pädagogisch, moralisch oder auch medizinisch eher als eine Nebensache behandelt worden war, mit einem Schlag in das Licht einer überaus kritischen Öffentlichkeit tritt. Es sind drei Aspekte, die den einsamen Sex für die Aufklärung so brisant und unnatürlich machen:

> »Erstens: Er wurde nicht durch ein reales Objekt des Begehrens, sondern durch ein Trugbild motiviert […]. Zweitens: Während alle anderen Formen des Sex sozialer Natur waren, war die Masturbation etwas Privates […]. Und drittens konnte der Drang zum Onanieren, anders als andere Begierden, weder gesättigt noch gezügelt werden« (ebd., S. 178).

Phantasie, Solipsismus und Anomie bildeten so ein »Wirtschaftssystem für sich, eine nicht regulierte Heimstatt des Begehrens« (ebd., S. 181), die nicht nur unnatürliche gesundheitliche Effekte wie Rückenmarkschwindsucht, Epilepsien, Pickel, Ehelosigkeit und Wahnsinn zur Folge hätte sondern auch gesellschaftlich und moralisch höchst bedenklich erschiene. Denn wenn der Schlaf der Vernunft schon Ungeheuer gebiert, so konnte man sich mit Grausen ausmalen, was die Phantasien des Onanisten leisteten. »Die Beobachter des achtzehnten und neunzehnten Jahrhunderts sprechen mit derselben Mischung von moralischer Abscheu und widerwilligem Mitgefühl über Masturbation, mit der wir heute Drogensüchtige betrachten« (ebd., S. 212).

Vor allem Kinder und Jugendliche, aber auch Erwachsene mussten somit darüber aufgeklärt werden, dass Onanie etwas Verabscheuungswürdiges war, damit sie nicht der Einsamkeit, dem Exzess und der Sucht verfielen. Damit wurden Eltern und Lehrer in die Pflicht genommen, um den Kampf gegen das geheime Laster auf allen Ebenen durchzusetzen. Insofern wurde die Onanie ein Zeichen der Selbstbestimmung und Selbstkontrolle und die Pädagogik versuchte, die Kontrolle über diese sexuelle Form auf einem inneren Weg zu etablieren.

Wie fanatisch die Onanie durch die Aufklärungspädagogik gebrandmarkt wurde, soll abschließend noch einmal ein Beispiel aus der Feder von Oest zeigen: Er berichtet von einem Jungen, der nach einem Gespräch über die Onanie derart über die Schändlichkeit seines Tuns erschüttert war, dass er Besserung gelobte und von diesem Zeitpunkt an sein Versprechen »mit einer solchen Aengstlichkeit und mit so vielem Mißtrauen gegen sich selbst [hielt], daß er sich kaum bei den notwendigsten Naturerleichterungen zu berühren wagte«. Oest notiert dazu: »Ich zähle diese Erfahrung zu den angenehmsten meines Lebens« (Oest, zit.n. Koch, 2000, S. 130).

Laqueur (2008, S. 254ff.) geht nun davon aus, dass der Kampf gegen die Masturbation vor allem der Tatsache geschuldet ist, dass diese strukturelle Ähnlichkeiten mit der sich etablierenden kommerziellen Kreditwirtschaft aufwies: Stellvertretend bekämpfte man am eigenen Leib die mit dem Kapitalismus verbundenen Ängste der Substanzlosigkeit, der Täuschung, der Unersättlichkeit, der falschen, phantasierten Bedürfnisse, des Fetisches etc. (Haben sich diese Ängste nicht in den Finanzkrisen alle bewahrheitet?) Die restriktive Einstellung gegenüber der Onanie hat sich im 20. Jahrhundert und vor allem seit den 1960er Jahren fast vollständig in ihr Gegenteil verkehrt. Die Selbstbefriedigung ist nun kein Akt der Unterwerfung unter die Unersättlichkeit des sexuellen Triebes, sondern eine autonome Handlung, die die Lust um ihrer selbst willen bejaht. Sie ist nicht mehr mit kapitalistischen Ängsten der Substanzlosigkeit und Täuschung, sondern mit kapitalistischen Hoffnungen auf das Geldverdienen mit Sexspielzeugen aller Art verknüpft. Sie ist nicht mehr eine imaginäre, substanzlose und fehlgeleitete Praktik, sondern eine wichtige Dimension der leiblichen Erfahrung und ästhetischen Kultivierung des Subjekts und eine Art von Gegenpolitik, die sich erfolgreich den demographischen Empfehlungen der Politiker verweigert. Sie ist auch ein bedeutsames Thema der Kultur und der Künste; und im Zeitalter des Internets hat die so einsame Masturbation durchaus auch zur virtuellen Gemeinschaft geführt (vgl. ebd., S. 349f.). Nunmehr werden Stimmen ernster genommen, die wie Oscar Wilde behaupten, der einsame Sex sei sauberer und effizienter und man bekäme es dabei mit Leuten »von einem gewissen Niveau« zu tun. Und auch Woody Allen wird durchaus zugestimmt, wenn er darauf beharrt, dass die Masturbation Sex mit jemandem sei, den man mag.

## Rückblick: Scientia Sexualis oder Ars Erotica (Thomas Hobbes und Michel Foucault)

Im ersten Band seiner Geschichte der Sexualität im Abendland hält Michel Foucault mit einem durchaus bedauernden Unterton fest, dass die abendländische Gesellschaft keine *ars erotica*, sondern »nur« eine *scientia sexualis* entwickelt habe: Während nach Foucault etwa China, Japan, Indien und die arabisch-islamischen Gesellschaften im Verlaufe ihrer theoretischen und praktischen Beschäftigung mit der Sexualität die Praxis der sexuellen Lust in den Mittelpunkt gerückt und um diese herum Techniken der Intensivierung, Qualifizierung, Dauerhaftigkeit und Ausstrahlung der sexuellen Lüste entwickelt hätten, habe sich das Abendland mit Geständnistechniken und hermeneutischen Methoden begnügt, um der Verborgenheit der sexuellen Wahrheit auf die Spur zu kommen. Und während in Asien erotische Meister-Schüler-Verhältnisse und Initiationsriten an der Tagesordnung gewesen wären, hätten in Europa Geständnisrituale dominiert, in denen man seine Sexualität dem Priester beichten, dem Wissenschaftler gestehen oder in der »freien Assoziation« (Freud) dem Psychoanalytiker mitteilen wollte. Ging es nach Foucault also, kurz gesagt, im Morgenland um ein praktisches Wissen sexueller Aktivitäten im Sinne einer anderen Ökonomie der Körper und somit um die Möglichkeiten einer lustbetonten, rauschhaften und ekstatischen Sexualität, so im Abendland um theoretisches Wissen des sexuellen Begehrens im Rahmen der Gesetzlichkeit des Erlaubten und Verbotenen. Wenn das Abendland eine Lust entwickelt habe, dann die, über die Sexualität zu sprechen. Die abendländische Erotik sei eine des Diskurses, ihre Ekstasen fänden in den Gedächtnisritualen statt (Foucault, 1989a, Kap. III).

Die sexuellen Begierden sind, und darin lässt sich Foucault zustimmen, in der Geschichte der Lebenskunst seit dem Frühmittelalter oftmals sehr argwöhnisch betrachtet worden. Nur sehr wenige Stationen lassen sich im Sinne einer *ars erotica* fruchtbar machen, wie etwa die antiken Konzepte einer Selbstkultivierung des sexuellen Handelns (vgl. Ovid, 1996) oder auch aufklärerische Modelle einer Oberschicht, in denen die Vermittlung von sexuellen Genüssen und sozialen

Zielsetzungen propagiert wurde. Wenn von einer *sexuellen Lebenskunst* die Rede sein kann, so ist unter sexueller Kultivierung und Zivilisierung i. d. R. nicht die Stilisierung ekstatischer Sexualität, sondern die Repression und Sublimierung der sexuellen Lüste gemeint. Sexualität wird in der Geschichte nicht als gefährdet, sondern als gefährlich wahrgenommen: Sie bedroht das religiöse oder autonome Subjekt. Doch hat der Kampf gegen die das Individuum gefährdende Sexualität beachtliche Folgen in Rationalisierungs- und Kontrollmechanismen, in Schuld- und Schamgefühlen und in Ängsten und Depressionen.

Im Großen und Ganzen finden wir bis in die Moderne hinein eine sexuelle Lebenskunst des Maßes, die nicht auf einen »goldenen« Ausgleich der sexuellen Triebansprüche mit den jeweiligen religiösen, moralischen oder sozialen Normen, sondern auf eine Aufhebung bzw. Disziplinierung der Sexualität im Hinblick auf diese Normen fokussiert. Die Seele sollte nicht zum Gefängnis des Körpers, sondern der Körper der Seele gefügig gemacht werden. Diese Tendenz zeigt sich bis in das 19. Jahrhundert hinein. Hierzu noch ein instruktives Beispiel:

So fasst auch Carl Gustav Carus, der erste deutsche Facharzt für Gynäkologie und Begründer einer ersten Psychologie des Unbewussten (»Psyche«, 1846), Mitte des 18. Jahrhunderts in seiner Schrift über *Die Lebenskunst nach den Inschriften des Tempels zu Delphi* (1861) unter diesem Titel diejenigen Bemühungen zusammen, die es den Menschen ermöglichen, ihr Leben zu einem »gesunden, tätigen und überaus würdigen Ganzen« zu erheben, was ihnen dann gelingt, wenn sich ihre Seelen »immer um so schöner und reicher sich entfalten werde[n], je vollkommener und ausdauernder sie sich« ihres unsterblichen Mittelpunktes bewusst werden (Carus, 1863, S. 7, 87). Zieht man den für Carus noch bedeutsamen religiösen Rahmen seiner Lebenskunst ab, in der die Mitte des Lebens einen göttlichen Kern hat, so zeigt sich seine aufklärerische Modernität in der Lebenskunstdebatte gerade darin, dass er die Lebenskunst an eine Verbindung von Unbewusstem und Bewusstsein knüpft. Die wahre Lebenskunst zeigt sich dort, wo im Wissen und Können das Unbewusste selbst zum Bewusstsein gekommen ist:

> »Gerade die Lenkung des Lebens, das rechte Leiten des immer fort und fort dahinziehenden [unbewussten; Anm. die Verf.] Stromes unserer Existenz, hier das Fortnehmen erschwerender Hindernisse und dort das Verhüten von Überflutungen oder Verlieren in stehende, versumpfende Wasserflächen, darin soll eine ernste und würdige Lebenskunst uns unausgesetzt unterrichten und kräftigen, und nur damit kann es gelingen, das Leben selbst im ganzen zu einem höheren und bedeutenden Kunstwerk zu gestalten« (ebd., S. 13).

Um dieses Ziel zu erreichen, empfiehlt Carus, ganz im Sinne der Antike, eine Ethik des Maßes und, ganz im Sinne der Aufklärung, eine pädagogische Sexualerziehung. Denn für ihn ist die Sexualität in Form von »Aufregungen und Absonderungen« eine »zerstörende« Macht, die das Ziel der Lebenskunst vereitelt, weil sie die Einzelnen immer wieder über die natürlichen Maße hinaus treibt (ebd., S. 57f.).

Sexualität ist, so lassen sich die bisherigen Überlegungen dieses Teils zusammenfassen, vor allem als maßlose Begierde der Wollust verstanden worden, die es zu zügeln, wenn nicht gar zu bekämpfen oder zu zerstören gilt. Vor allem in frühchristlichen Zeiten, aber auch in der Aufklärung, erscheint die Sexualität in einer beunruhigenden, ja albtraumartigen Form, die die Weltordnung aus den Angeln heben kann. Die Sexualität stellt eine existenzielle Bedrohung dar, die es in religiösen, sozialen, pädagogischen und medizinischen Bändigungsformen zu bewältigen gilt. Die mit diesen Formen der sexuellen Kultivierung verbundenen psychologischen Effekte sind auf einer Schuld- und einer Schamebene anzusiedeln: Während die Scham eine Reaktion auf ein Nichtgerechtwerden gegenüber einer sozialen Norm darstellt (vgl. Erasmus und die Aufklärung), ist die Schuld eher die Empfindung von moralischem Versagen im Hinblick auf bestimmte religiöse und moralische Werte (vgl. Augustinus und die Aufklärung). Doch erscheint diese Differenzierung weniger wichtig als der beiden gemeinsame Sachverhalt, dass zu ihnen Normverletzungen gehören, die für das Selbstbild bedeutsam sind, und dass die mit den Normverletzungen verbundenen Formen des Empfindens zu einem außerordentlich rigiden Über-Ich führen können. Schuld und Scham zeigen dem Menschen, dass er sich (noch) nicht korrekt verhält. Sie dienen als Falsifikationen des Verhaltens, die den Menschen *ex negativo* darüber belehren, was für ihn eigentlich bedeutsam, wichtig und wünschenswert sein sollte. Sie verweisen somit auf Prozesse der Verinnerlichung von Autorität (vgl. dazu Kittsteiner, 1995).

Wer dennoch an dem Projekt einer europäischen *ars erotica* der Lebenskunst festhalten möchte, und wer dabei nicht umstandslos die orientalischen oder asiatischen Modelle der Erotik zu europäisieren gedenkt, wird wohl nicht umhinkommen, die sexuelle Begierde, d. h. die Wollust zu rehabilitieren, die in der europäisch-pädagogischen Geschichte der Sexualität so intensiv inkriminiert wurde (vgl. Klepacki & Zirfas, 2013). In diesem Sinne wäre eine europäische *ars erotica* als eine Lebenskunst der Wollust zu entwerfen. Eine solche Lebenskunst hätte dementsprechend nicht den negativen, den bösen und bedrohlichen, sondern den positiven, lustspendenden Charakter sexueller Erfahrungen zu betonen. Das sexuelle Begehren und die sexuellen Praktiken wären dann nicht mehr mit Scham und Peinlichkeit, mit Unbeherrschtheit und animalischem Gegrunze in

Verbindung zu bringen, sondern mit einem ekstatischen Begehren, mit der Lust der Körper nach Sexualität und mit dem Genuss an den Freuden der Sexualität um ihrer selbst willen (vgl. Blackburn, 2008). Eine Lebenskunst der Wollust zielt auf den Geschmack am Sexuellen. Und man muss bis zu einer solchen Rehabilitierung nicht bis hin zu Sigmund Freud warten, der seinen Zeitgenossen vorgeworfen hatte, die Sexualität wie einen biologischen Instinkt zu behandeln, der auf Fortpflanzung zielt. Indem die Psychoanalyse die Sexualität von dem Fortpflanzungsimperativ abkoppelt, wird diese frei für vielerlei menschliche Lustaktivitäten, die man schon in frühester Kindheit beobachten kann.

Ohne an dieser Stelle skizzieren zu können oder zu wollen, wie man sich eine solche Lebenskunst der Wollust systematisch vorstellen muss, führt hier eine wichtige theoretische Spur über einen Denker, der in den Lebenskunstdebatten kaum rezipiert wurde und der in die Kulturwissenschaften insgesamt als moderner Theoretiker einer pessimistischen Anthropologie eingegangen ist, nämlich über Thomas Hobbes (1588–1679). Er schreibt:

> »Das Verlangen, das die Menschen Wollust nennen [...], ist ein sinnlicher Genuß, aber nicht allein das; es ist eine geistige Freude dabei, denn es besteht aus der Verbindung von zwei Arten von Verlangen, man will Gefallen erregen und erfreut werden; und die Freude, die die Menschen empfinden, wenn sie erfreuen, ist nicht sinnlich, sondern ein Genuß oder eine Freude des Geistes, die in der Vorstellung der Macht besteht, dass sie so viel Freude erregen können« (Hobbes, 1983, S. 72f.).

Dieses Zitat macht deutlich, warum die sexuelle Begegnung noch zu biblischen Zeiten und darüber hinaus eng mit dem »Erkennen« identifiziert worden ist. Denn hier wird von einer Wechselseitigkeit des Begehrens von Freude gesprochen. Gelingende Sexualität bildet die Folie einer wechselseitigen und symmetrischen Perspektivenübernahme an der Lust des Anderen, die ihresgleichen suchen dürfte. Für den Lebenskunstkontext erscheinen vor allem folgende Aspekte bedeutsam: Sex ist in diesem Sinne nicht dumpfes, triebgesteuertes Verlangen, sondern auch ein höchst subtiles ästhetisches Geschehen, welches das Bewusstwerden des Anderen und seiner selbst an das leibliche Begehren und die körperlichen Reaktionen bindet. Gerade in der sexuellen Lust und Ekstase gehen Menschen bewusst über Grenzen hinaus und in einen Bereich des Anderen hinein. Diese Erfahrungen sind deshalb für eine Konzeption der Lebenskunst bedeutsam, weil man in ihnen höchst intensive Erfahrungen *mit* Erfahrungen machen kann: mit den eigenen Erfahrungen, die an die des Anderen gebunden sind, und mit den Erfahrungen des Anderen, die an die eigenen adressiert sind. Man könnte hier von einer gemeinsamen Sorge um die Begierde des Anderen sprechen oder von einer Form der sexuellen Reziprozität, die ihr eigenes individuelles Maß an ebendieser Reziprozität gewinnt. Hierbei spielen nicht Religion und Moral oder Schuld und Scham die leitenden Autoritäten, sondern ein interindividuelles Maß an Begehren und Freuden, dem es gerecht zu werden gilt.

Allerdings hat dieses Konzept von Thomas Hobbes im Zeitalter des Puritanismus keine (große) Rolle gespielt. Das Zeitalter der Aufklärung hat zwar die Freiheiten erfunden, aber auch die sexuellen Disziplinierungen propagiert. Doch erscheint es nicht einfach, permanent ein Leben voller sexueller Selbstbeherrschung und Repression zu führen:

»Die starke Zunahme von Delikten und Perversionen Ende des 19. Jahrhunderts, vor allem von Sadismus und Masochismus, zeugt davon, und viele Menschen entwickelten auch einfach Neurosen. Es ist nicht verwunderlich, dass das Zeitalter der Psychoanalyse genau zu diesem Zeitpunkt anbricht. Ihm gingen zwei Generationen rigoroser moralischer Überwachung voraus, in denen Selbstkontrolle bereits von Kindesbeinen an eingeübt wurde« (Muchembled, 2008, S. 227).

Mit Sigmund Freud ist nunmehr eine neue Form einer psychoanalytischen Lebenskunst der Sexualität gefragt.

## Ausgewählte Literatur

Ariès, Ph. et al. (1984). *Die Masken des Begehrens und die Metamorphosen der Sinnlichkeit. Zur Geschichte der Sexualität im Abendland*. 3. Aufl. Frankfurt/M.: Fischer.
Duerr, H. P. (1988). *Nacktheit und Scham. Der Mythos vom Zivilisationsprozess*. 2. Aufl. Frankfurt/M.: Suhrkamp.
Eder, F. X. (2002). *Kultur der Begierde. Eine Geschichte der Sexualität*. München: C. H. Beck.
Elias, N. (1985). *Über den Prozess der Zivilisation. Soziogenetische und psychogenetische Untersuchungen*. 2 Bände. 10. Aufl. Frankfurt/M.: Suhrkamp.
Foucault, M. (1989a). *Sexualität und Wahrheit. Der Wille zum Wissen*. Frankfurt/M.: Suhrkamp.
Klepacki, L. & Zirfas, J. (2013). *Ars Erotica?* Zur pädagogischen Kultivierung der sexuellen Lüste im Abendland. In E. Liebau & J. Zirfas (Hrsg.), *Lust, Rausch und Ekstase. Grenzgänge der Ästhetischen Bildung* (S. 31–59). Bielefeld: transcript.
Koch, F. (2000). *Sexualität, Erziehung und Gesellschaft. Von der geschlechtlichen Unterweisung zur emanzipatorischen Sexualpädagogik*. Frankfurt/M.: Peter Lang.
Laqueur, Th. (2008). *Die einsame Lust. Eine Kulturgeschichte der Selbstbefriedigung*. Berlin: Osburg Verlag.
Muchembled, R. (2005). *Die Verwandlung der Lust. Eine Geschichte der abendländischen Sexualität*. München: DVA.

## Von geistlichen über philosophische zu psychologischen Seelenkuren

Von Psychotherapie im wissenschaftlichen Sinne kann man erst gegen Ende des 19. Jahrhunderts sprechen. Dementsprechend bezieht sich die »Geschichte der Psychotherapie« in diesem engeren Sinne nur auf den Zeitraum von etwa 1880 bis heute. Die Entwicklung in den davor liegenden Jahrhunderten lässt sich als »Vorgeschichte« bezeichnen. Nichtsdestoweniger wurden in dieser Zeit wichtige Entwicklungsschritte und Weichenstellungen vollzogen.

Es wäre allerdings irreführend, sich diese Vorgeschichte als lineare Entwicklung oder nach einem sich evolutionär entfaltenden Fortschrittsmodell vorzustellen. Man kann sie eher mit einem »polyphonen (und nicht selten dissonanten) Musikstück [vergleichen], in dem die einzelnen Stimmen nacheinander einsetzen, schweigen und wieder anheben« (Schmidbauer, 1971, S. 121). Einerseits hatte die antike Heilkunst mit den Lehren und Praktiken von Hippokrates und Galen noch eine starke Nachwirkung im christlichen Mittelalter und in der (frühen) Neuzeit. Andererseits gab es spezifische religiöse Einflussnahmen von Priestern – insbesondere mittels der Beichte im Katholizismus und der Seelsorge im Protestantismus –, denen man eine »therapeutische« Funktion zuschreiben kann. Beichte und Seelsorge bezogen die gesamte Lebensführung und damit auch die seelischen Erkrankungen der Ratsuchenden mit ein. Zu den diesbezüglichen Auseinandersetzungen auf religiösem und theologischem Gebiet kamen philosophisch-anthropologische Neukonzeptionen, aber auch medizinische und psychologische Erkenntnisse hinzu, woraus sich ein komplexes Gesamtbild ergibt.

Die Zwischen- und Brückenglieder in dieser Vorgeschichte der wissenschaftlichen Psychotherapie bedürfen noch eingehender Erforschung. Eine bisher wenig beachtete Entwicklungslinie führt von der »geistlichen Seelenkur«, wie sie bis etwa 1740 vorherrschend war (Rothe, 1617; Francke, 1699), über eine »philosophische« Zwischenphase (Thomasius, 1691–1696) zu »psychologischen Kuren« (Bolten, 1751; Reil, 1803; Heinroth, 1818; Ideler, 1835/38). Diese Entwicklungslinie hat André Knote in einer 2015 veröffentlichten Arbeit näher untersucht und ist dabei zu folgender These gelangt:

> »Die traditionell geistliche Seelenkur erfährt durch neue, vorrangig philosophische Einflüsse, ab dem späten 17. Jahrhundert eine zunehmende Bedeutungsverschiebung. Innerhalb dieses Veränderungsprozesses wird die Zuständigkeit für das Seelenheil den christlichen Theologen vermehrt streitig gemacht. Vor allem Philo-

sophen und philosophische Ärzte stellen die Deutungshoheit der Theologen über das Seelenheil infrage. Spätestens ab der Mitte des 18. Jahrhunderts wird der zuvor nur im christlichen Kontext verwendete Begriff der *Seelenkur* dann auch innerhalb des medizinischen Systems, aber mit deutlich veränderter Semantik, verwendet« (Knote, 2015, S. 20).

## »Geistliche« Seelenkuren als Reaktion auf die Frömmigkeitskrise im 17. Jahrhundert

Oblag die therapeutische Lebenskunst in der Antike vornehmlich philosophischen Ärzten oder ärztlichen Philosophen, so ging die Zuständigkeit für das Seelenheil im Christentum auf die »Seelenärzte« über, die sich primär an der Theologie orientierten. Es gab eine klare Aufgabenteilung zwischen den Körperärzten, die sich um die Heilung körperlicher Erkrankungen bemühten, und den Geistlichen, die jede seelische Erkrankung als Indikator für die Sündhaftigkeit des betreffenden Menschen und die gerechte Strafe Gottes verstanden.

Nach der Reformation, die 1517 mit Luthers Thesen begonnen hatte, kristallisierte sich die seelsorgerische Begleitung kranker Menschen als Aufgabe für jeden Christen und insbesondere für die Priester heraus. Von besonderer Bedeutung für die Seelsorge waren der Umgang mit der Melancholie und mit Trauerfällen sowie die Sterbebegleitung. In dieser Hinsicht wurde die Theologie als praktische Heilswissenschaft, die dem kranken Sünder als Anleitung zur Buße und Einübung der Buße dienen sollte, verstanden und sogar als »therapeutische Theologie« bezeichnet (ebd., S. 59).

Das Wort *Cur* (von lat. cura: Sorge, Fürsorge, Pflege) wurde gegen Ende des 15. Jahrhunderts in die deutsche Sprache übernommen und auf ein Verfahren angewandt, das für die Zwecke der prophylaktischen Gesunderhaltung, der intensiven Heilbehandlung und Rehabilitation vorgesehen war. Bemerkenswert ist, dass sich im 17. Jahrhundert eine ganze Reihe von Theologen in Predigten und Büchern dem Thema einer »*geistlichen Seelenkur*« widmeten, die sich direkt an die Einzelseele richtete. Dabei hat sich modellhaft eine Form der Seelenbehandlung herausgebildet, die auf der Festigung bzw. Wiederherstellung des Vertrauens zu Jesus Christus als Heilsbringer und Erlöser beruhte. Die früheste diesbezügliche Quelle im deutschsprachigen Raum ist eine schriftliche Ausarbeitung von M. Caspar Rothe aus dem Jahre 1617, die neben einer Vorrede zwei Predigten von jeweils 30 Seiten enthält. Als protestantischer Diakon war Rothe für die Einzelseelsorge zuständig. Seine Konzeption einer geistlichen Seelenkur, wie er sie in der ersten Predigt darlegt, setzt sich aus fünf Bausteinen zusammen (vgl. ebd., S. 63–68):

- Zuallererst müsse die *Krankheit*, die stets eine »Sündenkrankheit« sei, vom Patienten erkannt, betrauert und beklagt werden. Die Konfrontation mit der eigenen Schuld sei der erste Schritt auf dem Wege der Gesundung.
- In einem zweiten Schritt bedürfe es eines Bekenntnisses der Sünde vor dem dafür zuständigen *Seelenarzt*. Als solcher komme allein Jesus Christus in Betracht. Nur diejenigen, die sich ihm als Seelenarzt anvertrauen, können von ihren Sünden erlöst und damit von ihren Krankheitssymptomen kuriert werden.
- Als wirksame *Arznei* wird das Blut von Jesus Christus empfohlen und dessen Kostbarkeit ausführlich beschrieben.
- Es genüge allerdings nicht, die Arznei des Blutes einzunehmen. Es komme auch auf den *Glauben* an, dass durch das Blutvergießen von Jesus Christus die Sünden des einzelnen Menschen abgewaschen werden.
- Als letzter Baustein wird die *Wirkung* der Arznei betrachtet: Sie bestehe in der Reinigung von den Sünden.

Hat Rothe für den Heilungsvorgang medizinische Metaphern verwandt, so zog der Gießener Pfarrer Ernst Müller 1665 die Schifffahrt zum Vergleich heran: Die zu leistende Seelenarbeit finde auf einem weiten und tiefen Meer statt: »Mit dem Kompass des göttlichen Wortes, dem Mast des Glaubens und mit dem Anker der Hoffnung lasse man sich den guten Wind des heiligen Geistes in die Andachtssegel des Schiffes der Christlichen Kirche blasen« (Knote, 2015, S. 78).

Die auffällige Verbreitung geistlicher Seelenkuren im 17. Jahrhundert war eine Reaktion auf die damalige Frömmigkeitskrise und stand in engem Zusammenhang mit der Erneuerungsbewegung des *Pietismus*. Der lutheranische Theologe Philipp Jacob Spener (1635–1705) spielte in dieser Reformbewegung eine zentrale Rolle. In seiner programmatischen Schrift *Pia Desideria* (1676) stellte er die Forderung nach einer inneren Gottseligkeit *(pietas)* auf und verband damit die Abkehr von den weltlichen Dingen. Speners bekanntester Schüler war August Hermann Francke (1663–1737). Er erhielt 1691 eine Professur in Halle und gründete dort eine Armenschule und das berühmte Waisenhaus. In den folgenden Jahren entwickelte sich Halle zu einem Zentrum des Pietismus. Im Rahmen der praktischen Umsetzung des pietistischen Programms widmete Francke 1698 der geistlichen Seelenkur eine ganze Predigt. Darin stimmte er in den Hauptpunkten mit den älteren Seelenkuren überein. Größeren Wert legte er vornehmlich auf die christliche Selbsterkenntnis und die Eigenverantwortung des Einzelnen. Die Pietisten hatten schon seit Längerem erkannt, dass sie in ihrer Seelsorge individueller auf die Kranken eingehen müssten, um ihre Eigenmotivation für die Kur zu stärken.

## Entwurf einer »philosophischen« Seelenkur in der Frühaufklärung

An der Universität Halle lehrte neben dem Pietisten Francke zur gleichen Zeit auch der Jurist und Philosoph Christian Thomasius (1655–1728), ein exponierter Vertreter der Frühaufklärung. 1690 war er in Leipzig als Verteidiger der Pietisten und namentlich Franckes aufgetreten. Seine Intervention blieb allerdings ohne Erfolg, sodass beide Leipzig verlassen mussten und 1691 einen Lehrstuhl in Halle übernahmen. Dort zeigte sich schon bald, dass sie in ihrer Weltsicht stark divergierten. Im Jahre 1699 kam es zum offenen Streit zwischen Francke und Thomasius, der zum Bruch führte. 1716 schlossen sie dann nach außen hin wieder Frieden.

Der Streit zwischen Francke und Thomasius ist im Hinblick auf das dauerhaft problematische Verhältnis zwischen Pietismus und Aufklärung aufschlussreich. Von besonderem Interesse ist, dass Thomasius Denkanstöße zu einer veränderten Sicht der Seelenkuren gab, die für die weitere Entwicklung hin zu psychologischen Seelenkuren und zur professionellen Psychotherapie bedeutsam erscheinen.

Seine philosophische Position hat Thomasius zwischen 1691 und 1696 in vier philosophischen Schriften zur Vernunft- und Sittenlehre veröffentlicht (Knote, 2015, S. 144ff.). In seiner Vernunftlehre postuliert er eine gesunde Vernunft. Da es aber im menschlichen Leben immer wieder zu »Verdunkelungen des natürlichen Lichts« komme, gab er Unterweisungen, wie man sich von solchen Verdunkelungen befreien könne, und stellte Regeln auf, um sich mit ihrer Hilfe der Erkenntnis der Wahrheit anzunähern. Das Hauptprinzip lautete: Was mit der Vernunft übereinstimmt, ist wahr, und was der Vernunft widerspricht, ist falsch.

Hinsichtlich der Ausübung der Vernunft wird betont, dass man die Wahrheit nicht außer sich, sondern in sich selbst suchen müsse: »Lerne dich selbst kennen [...] und lerne wie du die Gesundheit deines Leibes erhalten / deine Affecte dämpfen / und dich in eine rechte Gemüts-Ruhe setzen mögest« (ebd., S. 66). Eine wesentliche Voraussetzung für die Unterscheidung zwischen »wahr« und »falsch« sei ein hohes Maß an Aufmerksamkeit und kritischer

Auseinandersetzung mit Vorurteilen und Autoritäten. Das Eintreten für eine »Kur des Verstandes« kann als implizite Kritik geistlicher Seelenkuren verstanden werden:

> »Ist es in der geistlichen Seelenkur vor allem die Sünde, die als schädliches Gift und eigentliches Übel bezeichnet wird, nimmt in der Kur des Verstandes nun plötzlich der Irrtum die Funktion eines heimlichen Giftes ein. Hier ist es die Wahrheit, der die heilende Fähigkeit zugeschrieben wird, den Irrtum zu vertreiben« (ebd., S. 148).

In seiner Sittenlehre geht Thomasius zu der Frage über, wie man mithilfe der gesunden Vernunft zwischen dem Guten und dem Bösen unterscheiden könne. Entscheidend sei, ob der Einzelne in seinem Handeln durch vernünftige oder unvernünftige Liebe motiviert ist. Nur derjenige, der zu vernünftiger Liebe fähig sei, könne seine Gemütsruhe bewahren. Wer hingegen von einem der drei Hauptaffekte der unvernünftigen Liebe – Geldgeiz, Ehrgeiz oder Wollust – in seinem Denken und Handeln erfasst werde, verliere seine Gemütsruhe, die Fähigkeit zu selbstbestimmtem Handeln und die gute Beziehung zu seinen Mitmenschen. Daher kommt es nach Thomasius darauf an, wie die schädlichen Affektneigungen zu zügeln sind und wie die vernünftige Liebe zu sich und anderen zur Entfaltung kommen kann. In diesem Kontext weist er mit aller Deutlichkeit darauf hin, dass es wesentlich leichter sei, unvernünftige Affekte bei anderen als bei sich selbst zu erkennen. »*Die herrschende Passion* bei sich ausfindig zu machen, bringe schwer zu überwindende Hindernisse mit sich« (ebd., S. 152).

Läuft die Vernunftlehre *in praxi* auf eine Kur des Verstandes hinaus, so die Sittenlehre auf eine ergänzende »Kur der Affekte«. Auch hierin kann man eine implizite Abgrenzung von den geistlichen Seelenkuren mit ihren vielfachen Bezugnahmen auf die Heilige Schrift und ihrer Ausrichtung an einem göttlichen Seelenarzt als Erlöser sehen.

Im Streit zwischen dem strengen Pietisten Francke und dem Frühaufklärer Thomasius ging es um die Definitionsmacht der Theologie, die ihr von der Philosophie zunehmend streitig gemacht wurde. Während der Pietismus leidenschaftlich für den »wahren Glauben« und die Hingabe an die Führung Gottes eintrat, proklamierte die Aufklärung immer kraftvoller das Ideal der Selbstbestimmung mithilfe der eigenen Vernunft. Hielt Francke in seiner Predigt von 1698 unbeirrt an der geistlichen Seelenkur fest, indem er weiterhin von einer Krankheit des Geistes infolge der Erbsünde ausging, so unterminierte Thomasius dieses Modell mit seinen Ideen zur Kur des Verstandes und der Affekte. In Fragen der Selbstprüfung ging er »weit über die puritanisch pietistischen Vorstellungen hinaus. Selbstprüfung durch den eigenen Verstand, praktische Vernunft als Werkzeug, Beurteilung nach Wahr und Falsch etc. werden als Elemente eingeführt, die in dieser Form konträr der geistlichen Seelenkur gegenüberstehen und deren Geltungsanspruch relativieren« (ebd., S. 164).

Der vom frühen Aufklärungsdenken geprägte Entwurf von Thomasius bedeutete eine Kritik und Erneuerung der pietistischen Seelenkuren. Man kann ihn als erste Konzeption einer »*philosophischen Seelenkur*« (ebd., S. 144) bezeichnen und in etwas anderer Terminologie von einer »moralischen Kur« (ebd., S. 152) oder einer »Art weltlicher Seelsorge« (ebd., S. 160) sprechen.

## Etablierung der Psychologie und Ästhetik als Teildisziplinen der Philosophie

Nach Thomasius wurde 1706 mit Christian Wolff (1679–1754) ein weiterer Aufklärungsphilosoph nach Halle berufen. Sein Denken war stark von Leibniz geprägt, mit dem er auch in persönlicher Verbindung stand. Die Welt war für ihn ein geordnetes, von Gott geschaffenes Ganzes, das sich von seinen Grundelementen her erfassen lasse. Der Mensch sei von Gott mit Vernunft ausgestattet worden, damit er sich ihrer bediene, ohne damit in einen Gegensatz zur alles umgreifenden und durchdringenden göttlichen Vernunft zu geraten. Die immer stärker betonte Ausrichtung an der Vernunft sowohl in der Religion als auch in der Philosophie und Wissenschaft führte unweigerlich zu einer Abwendung von der Autorität der Theologie und dem Vorrang von Offenbarung und Glauben vor Forschung und Wissenschaft.

Wolffs klassisch-rationalistische Lehren waren mit denen Franckes unvereinbar. Daher war er in Halle von Anfang an pietistischen Anfeindungen ausgesetzt. Als er in einer »Rede über die praktische Philosophie der Chinesen« betonte, dass die konfuzianische Denktradition unabhängig vom christlichen Glauben eine bewundernswerte Hochkultur hervorgebracht habe, beschuldigten ihn die Pietisten des Atheismus und setzten sogar durch, dass er 1723 seine Professur aufgeben und die Stadt Halle verlassen musste. Dass er 1740 von Friedrich II. von Preußen wieder nach Halle berufen und drei Jahre später sogar zum Kanzler der Universität ernannt wurde, kam einer glorreichen Rehabilitierung gleich.

Ein besonderes Verdienst von Wolff besteht darin, dass er die *Psychologie* als einen eigenständigen Bereich innerhalb der Metaphysik etablierte (und damit die Voraussetzung dafür schuf, dass sich die Psychologie am Ende des 19. Jahrhunderts von der Philosophie loslösen und zu einer eigenständigen Wissenschaft entwickeln konnte). Innerhalb der Psychologie unterschied er zwei Bereiche: die *empirische* Psychologie oder Seelengeschichte und die *rationale* Psychologie oder Seelenwissenschaft. Die erstere beruht auf Erfahrung, bedient sich der Methoden der Beobachtung und Beschreibung und mündet in eine Sammlung von psychischen Phänomenen; sie wird in der weiteren Entwicklung als »Erfahrungsseelenkunde« bezeichnet. Demgegenüber bleibt die rationale Psychologie nicht bei der Erfahrung stehen, sondern sucht zu Aussagen über die Seele zu gelangen und sie in ein metaphysisches System einzuordnen.

Da sich die neu zu konstituierende rationale Psychologie wie die Moralphilosophie dem Erkennen des Guten und des rechten Handelns widmete, gab es von vornherein enge Berührungspunkte zwischen beiden. Aus der Ordnung der Welt und der Natur der Seele sollten Regeln zur Erreichung des Guten und zur Meidung des Bösen ermittelt werden. Für Wolff ergaben sich daraus moralische Verpflichtungen gegenüber

- dem Verstand: die Aufforderung, nach Wissen, Gründlichkeit, Scharfsinn, Erinnerung u. a. zu streben;
- dem Willen: Gutes zu wollen, Liebe gegen Hass, Neid, Missgunst zu setzen, den Zorn und andere Affekte zu mäßigen;
- dem Leib: sich nicht in Lebensgefahr zu begeben, auf die Gesundheit zu achten, richtig zu essen und zu trinken, wärmende und schamhafte Kleidung anzulegen, Sehkraft und Hörvermögen zu erhalten;
- dem äußerlichen Zustand: durch Fleiß und Sparsamkeit die materielle Basis zu sichern, bei der Arbeit nicht nur auf Gewinn zu achten, Zügellosigkeit und Ehrgeiz zu vermeiden;
- Gott: Ehrerbietung und Dankbarkeit zu zeigen, das Vertrauen zu Gott zu bewahren, am Gottesdienst teilzunehmen;
- Freunden: hilfreich zur Seite zu stehen, loyal zu sein, nicht zu beleidigen, nicht negativ zu beeinflussen oder zu Lastern zu verführen u. a. (vgl. Schönpflug, 2000, S. 152).

Zur Aufwertung der Psychologie trug maßgeblich bei, dass Wolff die Affektenlehre mehr und mehr von der Moralphilosophie zur Psychologie hin verlagerte. Nach einer detaillierten Aufschlüsselung der einzelnen Affekte entsprechend der mit ihnen verbundenen Lust, ihrer Auswirkungen, physischen Anzeichen, Herkunft u. a. widmete er sich der in therapeutischer Hinsicht zentralen Frage, wie man sich der Herrschaft der Affekte entziehen könne. Sein Vorschlag ging dahin, über den Verstand zu einer Mäßigung der Affekte zu gelangen. In seinen Worten:

»Die größte Sklaverei kommt von den Affecten her [...] und deswegen wird nicht undienlich sein, wenn ich insbesondere zeige, wie man eine jede Art der Affecte mäßigen kann« (Wolff, 1736, zit.n. Knote, 2015, S. 184).

Im Anschluss an Wolff leistete Alexander Gottfried Baumgarten (1714–1762) einen zweiten maßgeblichen Beitrag zur Etablierung der Psychologie. In seinem Hauptwerk *Metaphysica* (1739) rechnete er Wolff und Leibniz zu seinen wichtigsten Lehrern und Ideengebern. Wie Wolff widmete er der Psychologie im Rahmen seiner Metaphysik einen eigenständigen Teil und führte zusätzlich zu der von Wolff betonten Logik die *Ästhetik* als Teilgebiet der Psychologie ein: »Da die Psychologie die ersten Grundsätze der Theologien, der Ästhetik, der Logik und der praktischen Wissenschaften enthält, wird sie mit Grund zu der Metaphysik gerechnet« (Baumgarten, 1983, S. 3).

In Abgrenzung von Thomasius und Wolff, die in erster Linie die oberen Erkenntniskräfte – die Verstandes- und Vernunfterkenntnis – zu verbessern suchten, richtete Baumgarten seine Aufmerksamkeit vornehmlich auf die unteren Erkenntniskräfte – die sinnliche Erkenntnis – und suchte sie aus ihrem bisherigen Schattendasein zu befreien. Seine Konzeption erstreckte sich nicht nur auf die fünf Sinne und insbesondere auf Auge und Ohr, sondern auch auf die Phantasie, das Gedächtnis, den Traum u.a. Die dunklen Vorstellungen – als Vorläuferbegriff der »unbewussten« Vorstellungen – wurden nun nicht mehr negativ konnotiert, sondern sogar als der »Grund der Seele« betrachtet (ebd., S. 5ff.).

Hatte schon Wolff die Affektenlehre in die Psychologie verlagert, so knüpfte Baumgarten daran an und differenzierte zwischen theoretischer, verändernder und praktischer Pathologie. Der Bereich der »Veränderung«, d. h. der Kur, wurde der Ästhetik zugeordnet und in Baumgartens Werk *Ästhetik* (1750) ausführlich behandelt. Ästhetik wird als »Wissenschaft der sinnlichen Erkenntnis« definiert und »als Theorie der freien Künste, als untere Erkenntnislehre, als Kunst des schönen Denkens und als Kunst des der Vernunft analogen Denkens« aufgefasst (ebd., S. 2f.). Dabei wird zwischen natürlicher Ästhetik, zu der der Mensch veranlagt sei, und künstlerischer Ästhetik, zu der eine methodische Ausbildung erforderlich sei, unterschieden. In der Auseinandersetzung mit der Kunst lernt der Mensch vor allem die eigene Empfindlichkeit kennen und entwickeln; er macht also in einem prägnanten Sinne Erfahrungen mit sich selbst – mit seiner Seele, wie Baumgarten (1983, S. 17, §535) schreibt –, die ihn wiederum befähigen, auch die Welt sensibel wahrnehmen und darstellen zu können. Der Weg zur Ästhetik führt über die Innerlichkeit des Subjekts, die nun in der Lage erscheint, eine Welt »gleichsam« zu erschaffen (§34).

## 3 Von der antiken Heilkunst zur modernen Psychotherapie

Blieb Baumgartens Ästhetik noch ein theoretischer Entwurf, so hat sich sein Schüler Georg Friedrich Meier (1718–1777) um die praxisnahe Behandlung einer ästhetischen Erfahrungskunst verdient gemacht. Obwohl Meier als Pfarrerssohn von Kindesbeinen an mit dem Denken der Pietisten vertraut war, verinnerlichte er deren strenge und asketische Praxis nicht, sondern distanzierte sich davon: »Meinetwegen mögen sie sich mit ihren düstern Vorstellungen martern, so viel und so lange sie wollen. Nur müssen sie uns andern, zum Vergnügen geborenen Leuten, erlauben, der Stimme der Menschheit auf eine wohlgeordnete Art zu folgen« (Meier, 1748, S. 35ff.).

In Anknüpfung an Wolff und Baumgarten entwarf er eine *Theoretische Lehre von den Gemütsbewegungen* (1744) als eine eigenständige Wissenschaft, deren Hauptgegenstand die menschlichen Leidenschaften sein sollte. Seine Theorie ist aufgeteilt in eine »Psychologische Lehre« über das Wesen und die Eigenschaften der Leidenschaften und eine »Ästhetische Lehre«, in der die Hervorbringung, Unterdrückung und Charakteristik der Leidenschaften behandelt wird. Der Seele wird

> »eine unmittelbare Herrschaft über die vernünftigen, jedoch nur eine mittelbare über die übrigen Begierden und Verabscheuungen zugeschrieben. Da die Leidenschaften in erster Linie aus den unteren Begehrungskräften entstehen, könne auch die Herrschaft der Seele über die Leidenschaften nur eine mittelbare sein« (Knote, 2015, S. 201).

Eine wesentliche Neuerung gegenüber älteren Affektlehren besteht darin, dass die Leidenschaften nicht *per se* als böse oder sündhaft beurteilt werden. »Ein gesundes Maß an Leidenschaften wird als wünschenswert angesehen. Daraus folgend wird von Meier nicht nur allein die Dämpfung, sondern auch die Erregung der Leidenschaften in Betracht gezogen« (ebd., S. 204).

Die von den Philosophen Wolff, Baumgarten und Meier angebahnte Hinwendung zur Psychologie und Ästhetik fand, wie im Folgenden zu zeigen sein wird, auch Eingang in die Medizin.

### Übergang zum Projekt »psychologischer« Seelenkuren

Wie in der Philosophie kam es auch in der Medizin des 18. Jahrhunderts zu einer Loslösung von alten Denktraditionen (Hippokrates, Galen, Aristoteles u. a.) und einer stärkeren Hinwendung zur naturwissenschaftlichen Forschung. Dabei spielten die Auseinandersetzungen zwischen einem »mechanomorphen« und einem »psychomorphen« Modell eine maßgebliche Rolle (Eckart, 2008). Beim mechanomorphen Modell werden Lebenserscheinungen kausal aus den Gesetzlichkeiten der Natur zu erklären versucht. Ein Beispiel dafür ist Descartes' strikter Dualismus von Körper und Seele. Dem Körper als Materie schrieb er räumliche Ausdehnung und Bewegung zu, während er die Seele durch das Kriterium des Denkens bestimmte. In diesem rationalen Seelenmodell blieb für die niedrigeren Stufen einer vegetativen und sensitiven Seele und erst recht für die Annahme einer teleologischen Entwicklung kein Raum.

Im Gegensatz zu Descartes entwickelte Georg Ernst Stahl (1659–1734) ein psychomorphes Modell. Er ging von der Annahme aus, dass die Lebensbewegungen des Organismus von der »empfindenden Seele«, auch als psychodynamische Seele bezeichnet, gesteuert werden. Im Rahmen dieser animistischen oder psychodynamischen Konzeptualisierung wird der Wirkung der Affekte auf den Körper und seine Funktionsfähigkeit große Bedeutung beigemessen. »Populär und richtungsweisend waren Stahls seelenbeeinflussende Therapievorschläge, die auf *Gemütsberuhigung* zielten und als frühe Bemühungen um eine Psychotherapie gedeutet werden« können (Eckart, 2008, S. 218).

Stahl übernahm 1694 einen medizinischen Lehrstuhl in Halle. Bemerkenswert ist, dass einer seiner ersten Promovenden mit betonter Zustimmung auf die Vernunft- und Sittenlehre von Thomasius Bezug nahm:

> »Zur Bewahrung vor den schädlichen Leidenschaften des Gemütes samt den daraus entspringenden Krankheiten gibt es keine bessere Regel als die, sich nach Kräften um ein ausgeglichenes Wesen zu bemühen, wie auch die Moral es lehrt. Bei dieser Bemühung leistet uns ein Mann von wirklich gründlicher Bildung vorzügliche Dienste, Herr THOMASIUS. Vor allem durch Nüchternheit, Gelassenheit und Zuversicht müssen wir das Gemütsleben stärken, durch Tugenden also, die die besten Schutzdienste leisten gegenüber den schlechten Leidenschaften und den von ihnen erzeugten Krankheiten. Und da nun gewisse Leidenschaften der Seele oft eine Verschlimmerung der Krankheiten mit sich bringen, so etwa Zorn, Furcht, Schreck, und da sie andererseits aber auch, wie schon betont, viel zur Genesung beitragen können, wie Hoffnung, Zuversicht, darum soll der Arzt nach Kräften letztere in seinen Patienten wachzurufen suchen« (Johann Jacob Reich, zit.n. Knote, 2015. S. 233).

Ein anderer Indikator für die geistige Nähe von Thomasius und Stahl ist, dass sie in der Zeit von 1700 bis 1705 gemeinsam die Zeitschrift *Observationes und*

*Selectae* herausgaben. Wichtige Übereinstimmungen zwischen beiden kann man darin sehen, dass sie – der eine aus philosophischer, der andere aus medizinischer Sicht – für die Annahme einer vernünftigen Seele eintraten und sich intensiv mit den Affekten und ihrem Einfluss auf Gemüt und Körper beschäftigten, aber kaum noch auf die theologischen Begriffe von Sünde, Buße und Vergebung rekurrierten.

Während einige Schüler Stahls noch dem Pietismus verhaftet blieben, löste sich die nachfolgende Mediziner-Generation mit Johann Gottlob Krüger (1715–1759) als Vorreiter vollends von der geistlichen Seelenkur. Sie orientierten sich an der von den Pietisten verschmähten Vernunftphilosophie von Thomasius und Wolff, an der Ästhetik von Baumgarten und Meier und an einer stärker naturwissenschaftlich orientierten Medizin. »Die Philosophie und die Medizin werden hier ganz unmissverständlich zu Verbündeten gegenüber den *schönen Geistern* des Pietismus gemacht« (Knote, 2015, S. 260).

Zur Mitte des 18. Jahrhunderts laufen die drei aufgezeigten Stränge des theologischen, philosophisch-psychologischen und medizinischen Diskurses zusammen. 1751 veröffentlicht der junge Arzt Johann Christian Bolten (1727–1757) die 96 Seiten umfassende Schrift *Gedanken von psychologischen Curen*. Bolten war Sohn eines protestantischen Pfarrers, studierte Medizin in Halle und promovierte bei einem Arzt aus dem Kreis um Krüger. Er orientierte sich aber auch an der Philosophie und vor allem an Georg Friedrich Meier.

Bolten hält eine Seele für gesund, wenn sie mit den Gesetzen der Natur übereinstimmt, für krank, wenn die Natur der Seele in ihrer Entfaltung behindert wird. Für die Heilung einer seelischen Erkrankung sei es erforderlich, die Seelenkräfte wieder zu ihrer richtigen Anwendung zu führen, schwache Kräfte zu stärken, zu starke Kräfte abzuschwächen und ganz allgemein die Vorstellungskräfte zu verbessern. Wenn eine Gemütskrankheit ihren Ursprung im Seelischen hat, bedürfe es einer »psychologischen Cur« (Bolten, 1751, S. 26).

Wer eine solche »Cur« leitet, müsse die Gesetze der Natur der Seele studieren, wie sie in der *Psychologie* erforscht und durch die Metaphysik fundiert werden. Bolten bezieht sich hier implizit auf die Psychologie und Metaphysik von Wolff, Baumgarten und Meier. Danach ist die Behandlung der seelischen Erkrankungen entweder im Hinblick auf die oberen oder die unteren Erkenntniskräfte vorzunehmen. Im Hinblick auf die unteren oder sinnlichen Erkenntniskräfte wird ausdrücklich auf die Ästhetik von Baumgarten und Meier verwiesen: »Man muss also die Aesthetik inne haben, um psychologische Curen verrichten zu lernen. Die sinnlichen Kräfte der Seele machen uns in der Cur der Krankheiten am meisten zu schaffen« (ebd., S. 60). Mithilfe der Ästhetik sollen insbesondere die

Aufmerksamkeit und Konzentrationsfähigkeit verbessert werden. Auch die Verbesserung der Sinne, der Scharfsinnigkeit und des Gedächtnisses, deren Regeln sich ebenfalls in der Ästhetik finden, werden als Ziele angegeben.

Zur Verdeutlichung schildert Bolten den Fall eines depressiven Vaters, dem weder ein herkömmlicher Arzt noch ein Geistlicher dabei helfen konnte, den Tod seines Kindes zu überwinden:

> »Die Pillen machen hier nichts aus. Der Schlendrian der Geistlichen ist kein sattsam kräftiges Gegenmittel, denn die meisten Väter wissen ohnedem schon die Sprüche von der Auferstehung der Toten. Man lasse aber einen Aestheticus seine Kunst probieren. [...] Tausend listige Kunstgriffe wird er anwenden, um es dahin zu bringen, daß der ganze Gedancke des Vaters von seinem Kinde und dessen Tode in seiner Seele ausgelöscht werde« (ebd., S. 73f.).

Im Besonderen sollen die ästhetischen Regeln des Geschmacks dazu beitragen, in dem Patienten angenehme Gemütsbewegungen zu erwecken und sich die Dinge nicht mehr nur von der schlimmen, sondern auch wieder von der schönen Seite vorzustellen.

Demgegenüber seien die entsprechenden Regeln zu den oberen Erkenntniskräften in der Logik aufzufinden. Falsche Vernunftschlüsse, die auf Irrtümern beruhen, würden oft zu falschen Maximen und schließlich zu unrechtmäßigen Handlungen führen. In solchen Fällen soll dem Patienten dabei geholfen werden, sich »eine richtige Art zu schließen« (ebd., S. 85) anzugewöhnen.

Ästhetik, Logik, philosophische Pathologie und die Moral bilden nach Bolten die medizinische und philosophisch-psychologische Basis für eine erfolgreiche Ausführung psychologischer Kuren. Zum Ende seiner Ausführungen spricht er explizit von einer »Therapie für alle Seelenkrankheiten« (ebd., S. 93).

Beziehen sich die bisherigen Ausführungen auf die besondere Situation in Halle, so reichen ihre Folgerungen hinsichtlich der Entwicklung von geistlichen über philosophische zu psychologischen Kuren aber weit über Halle hinaus. Zusammenfassend schreibt Knote (2015, S. 305) über diesen Entwicklungsprozess:

> »Die Entstehung der psychologischen Kuren als wesentlicher Schritt hin zur späteren Entwicklung psychotherapeutischer Ansätze vollzog sich demnach in einem wechselseitigen Zusammenspiel sowohl philosophischer und medizinischer als auch christlicher Einflüsse und ist nur aus diesem Zusammenspiel vollständig verstehbar. Die psychologische Kur steht weder allein in der Tradition der Priesterheilkunde, noch kann sie trotz zunehmender Wissenschaftlichkeit als ein rein rationaler An-

satz angesehen werden. Durch die Abwendung von der Theologie eröffnete sich ein neues Feld für die Entwicklung psychologischer Ansätze, trotz der relativen Unbekanntheit der Schrift von Bolten war der Einfluss auf nachfolgende Autoren wie Johann Christoph Reil nachhaltig.«

## Anwendung der psychischen Kur auf die Geisteskranken

Wie angesprochen, hat sich in der Epoche der Aufklärung eine markante Veränderung im Hinblick auf die Deutung psychischer Störungen vollzogen. Religiöse Deutungselemente im Sinne von Versündigung, Teufelsbesessenheit und Gottesstêrafe traten zunehmend zugunsten einer Säkularisierung von Wahn und abweichendem Verhalten in den Hintergrund. Jede seelische Erkrankung wurde nunmehr als Störung der Vernunft betrachtet. Zu den Unvernünftigen rechnete man in der zweiten Hälfte des 19. Jahrhunderts auch und gerade die »Irren« bzw. »Irrenden« (Reil). In der Etablierung einer »Irrenheilkunde« nahm Frankreich – insbesondere durch Pinel und seinen Schüler Esquirol – eine Vorreiterrolle ein. Als Philippe Pinel (1745–1826) im Jahre 1793 die Leitung der Anstalt Bicêtre übernahm, befreite er – in einem symbolischen Akt – die dortigen Insassen von ihren Ketten und leitete damit ein Zeitalter humanerer Behandlung der Irren ein, die nunmehr als psychisch krank und behandlungsbedürftig eingestuft wurden. 1795 wurde Pinel Leiter der Salpêtrière und nahm diese Aufgabe dann über 30 Jahre lang wahr. Von den Zielen der Aufklärung und der Französischen Revolution inspiriert, setzte er sich für eine Umwandlung der menschenunwürdigen Internierungslager in Krankenasyle ein. Er gab aber auch wichtige Impulse für medizinische Forschungsprojekte und psychologische Behandlungsversuche, die von seinem Nachfolger Esquirol weitergeführt wurden.

Jean Etienne Esquirol (1772–1840) schuf die Grundlagen für eine *traitement moral*, die in England als »moral management« (Willis) bzw. »moral treatment« (Tuke) schon eine längere Tradition hatte. Eine solche moralische Behandlung sollte die Kranken zur Versöhnung mit den herrschenden Moralvorstellungen und zur Erfüllung ihrer gesellschaftlichen Aufgaben motivieren und ihrer Ausgrenzung aus der Gesellschaft der vernunftfähigen Bürger entgegenwirken. Der Arzt übernahm hierbei die Rolle des Heilers und Erziehers im Namen der Vernunft und Moral. Die damit verbundene Aufwertung des Arzt-Status hatte aber auch eine Kehrseite: Von den staatlichen Organen mit einem großen Teil der realen Verfügungsmacht über die Kranken ausgestattet, konnte der Arzt seine erzieherische und moralische Autorität gegen sie ausspielen, während diesen oft nur die Möglichkeit blieb, sich mit der Rolle von Zöglingen, wenn nicht sogar von Untertanen zu arrangieren (vgl. Foucault, 1961; Dörner, 1969).

Die Programmatik und die klinische Praxis der *traitement moral* wurde beispielgebend für die Entwicklung der Psychiatrie in ganz Europa. In Deutschland gehörte Johann Christian Reil (1759–1813) zu den Hauptinitiatoren der moralischen Behandlung der Geisteskranken. Reil erhielt 1787 in Halle eine außerordentliche Professur für Medizin und wurde nach dem überraschenden Tod seines Lehrers und Förderers Goldhagen schon 1788 ordentlicher Professor und Direktor des Klinikums. In Halle wirkte er 22 Jahre lang, bis er 1810 den Ruf nach Berlin an die neu gegründete Universität annahm. Er galt als einer der bedeutendsten Ärzte seiner Zeit und – mehr aufgrund seiner theoretischen Ideen und seines unermüdlichen Enthusiasmus als seiner Leistungen in der praktischen und organisatorischen Umsetzung – als »deutscher Pinel«. Als Erster verwandte er den Begriff »Psychiaterie« für die Methode, Krankheiten mithilfe psychischer Methoden zu heilen. Ohne Psychologie sei die Psychiatrie undenkbar, denn sie mache den Arzt »mit sich selbst und den Kräften bekannt, durch deren Gebrauch er als Künstler tätig seyn muss. [...] Aus ihr muss endlich die Psychiaterie, als Inbegriff von Regeln, psychische Mittel auf den bestimmten Zweck des Heilgeschäfts anzuwenden, entlehnt werden« (Reil, 1808, S. 242f.). Der Begriff »Psychiatrie« setzte sich nach und nach gegenüber den Begriffen »psychische Heilkunde«, »psychische Medizin« und »Seelenheilkunde« durch (vgl. Marneros & Pillmann, 2005).

Um sich zu vergegenwärtigen, wie unmenschlich die psychisch Kranken bis in die Ära der Aufklärung hinein behandelt wurden, kann man drei wichtige Faktoren heranziehen: »das fast vollständige Unwissen über das Wesen der psychischen Erkrankungen, das tiefsitzende Gefühl des Fürchtens vor dem psychisch Kranken und den Glauben an die Untherapierbarkeit psychischer Erkrankungen« (Alexander & Selesnick, 1966, S. 115). Erst mit der sich gegen Ende des 18. Jahrhunderts konstituierenden Irrenheilkunde konnten psychische und insbesondere psychotische Störungen in ihrer psychischen Dynamik untersucht und – in noch bescheidenem Umfang – mit psychischen Mitteln behandelt werden. Reil gab wichtige Impulse für die psychiatrische Forschung; die Berührungsängste gegenüber den Geisteskranken suchte er durch den nachdrücklichen Hinweis zu lockern, dass die menschliche Natur »Keime zur Narrheit« enthalte, die uns zur »Milde gegen Irrende« veranlassen sollen (1803, S. 12, 14); und in therapeutischer Hinsicht erklärte er, dass *»überhaupt genommen alle Geisteszerrüttete, die noch als heilbar anerkannt werden, für die psychische Kurmethode geeignet sind«* (ebd., S. 144). Trotz dieser optimistischen Prognose wies er wiederholt darauf hin, dass es vielen Patienten an der Motivation fehlt, an sich zu arbeiten und in der psychischen Kur mit dem therapeutischen Personal zu kooperieren.

Von nachhaltiger Wirkung war Reils Hauptwerk *Rhapsodien über die Anwendung der psychischen Kurmethode auf Geisteszerrüttungen* (1803). Zwei Jahre später gab er mit dem Naturphilosophen Kaissler das *Magazin für die psychische Heilkunde* (1805–1806) heraus und weitere zwei Jahre später gründete er mit dem Kantianer Hoffbauer die Zeitschrift *Beyträge zur Beförderung einer Kurmethode auf psychischem Wege* (1808–1812). Während Kant betont hat, unsere Erkenntnisse dürften »keine Rhapsodie«, sondern müssten ein »System« ausmachen, will Reil in den *Rhapsodien* trotz ihres stattlichen Umfangs von über 500 Seiten gerade keinen Anspruch auf Systematik erheben, sondern verschiedene Themen zusammenknüpfen. Von der unwürdigen Situation in den Irrenanstalten ergriffen und abgestoßen, appelliert er an die Mitbürger und politisch Verantwortlichen, sich für eine grundlegende Erneuerung der Heilanstalten einzusetzen. Auf seine Initiative hin wird der Name »Tollhaus« durch »Krankenhaus für psychische Cur-Methoden« ersetzt, wie z. B. in Bayreuth (1805), Pirna-Sonnenstein (1811) und Zwiefalten (1812). Jede Irrenanstalt solle aus zwei getrennten Einrichtungen bestehen: einer Aufbewahrungsanstalt für die »Unheilbaren« und einer Anstalt für die psychische Kur von Geisteskrankheiten und Neurosen. Für die Anstaltsleitung wird die Aufteilung in einen Verwalter, einen Arzt und einen Psychologen unter Verzicht auf eine äußere Rangordnung vorgeschlagen. Arzt und Psychologe seien beide »Heilkünstler«, nur dass sie unterschiedliche Heilmittel anwenden. Der Arzt müsse die Pharmazeutik kennen, »die Krankheiten der Seele aus der Pathologie zu seinem Hauptfache gemacht haben, und dabei in der Psychologie nicht unerfahren sein«. Demgegenüber soll der Psychologe »in der Philosophie überhaupt zuhause sein, die praktische Seelenlehre, auf Arzneikunde angewandt, das Studium der Seelenkrankheiten, die psychische Kurmethode zum Hauptgegenstand seines Wissens gemacht, und von der Medicin überhaupt wenigstens eine allgemeine Ansicht haben«. Arzt und Psychologe müssen gemeinsam beobachten und untersuchen, »dieser die Ursprünge aus der Seele, jener die Ursachen im Körper, den Plan zur Kur gemeinschaftlich entwerfen, und der Arzt dann die Heilung der körperlichen Gebrechen, der Psychologe die Pädagogik der Seele übernehmen« (Reil, 1803, S. 476f.).

Die praktische Erfahrungsseelenkunde – als Basis der psychischen Kuren – teilt Reil in die Gebiete der Physiologie und Pathologie der Seele, der psychischen Heilmittellehre und der Therapeutik auf (vgl. Engel, 1996, S. 116ff.). Die Physiologie widmet sich der »Gesundheit« der Seele und misst sie an normativen Vorstellungen von Selbstbewusstsein, Besonnenheit und Aufmerksamkeit sowie von Vorstellungs-, Gefühls- und Willenskraft. Demgegenüber betrachtet Reil »Krankheit« als Störung der geordneten Abläufe im Organismus, wobei das Verhältnis der Teile zueinander gestört sei.

> »Indem er Geisteskrankheit als Resultat einer seelischen Dynamik darstellt, enthält seine Theorie Ansatzpunkte einer Konflikttheorie psychischer Erkrankung. Die seelische Dynamik wird als innerer Prozess vorgestellt, der noch zu wenig bekannt sei. Heilung besteht darin, durch spezifische Mittel eine Eigenaktivität des Organismus Seele anzuregen, die das gesunde Verhältnis der Teile zueinander wieder herstellt« (ebd., S. 118).

In der klinischen Praxis unterscheidet Reil drei Arten der Behandlung: Neben den chemischen (z. B. Diätanwendungen und medikamentöse Behandlung) und physisch-mechanischen (z. B. Chirurgie und Orthopädie) betrachtet er die *psychischen* Kurmethoden als selbstständigen Zweig der Therapie. Die Heilmethode müsse den besonderen Bedürfnissen jedes Patienten angepasst werden. Dabei lassen sich mehrere Klassen psychischer Heilmittel unterscheiden:

➤ Ermahnungen und Belehrungen, die auf das »Gemeingefühl« wirken sollen;
➤ Körperreize, die auf eine Veränderung des allgemeinen Körpergefühls abzielen, wobei je nach Art des Falles angenehme Mittel (etwa Massagen, Wein, Sexualität u. Ä.) oder unangenehme Mittel (Hunger, Durst, Verbrennungen, Peitschen mit Brennnesseln u. Ä.) angewandt werden;
➤ Sinnesreize, die sich auf Tastsinn, Seh- und Hörvermögen u. a. beziehen und zu einer Erregung der Imagination, der Leidenschaften und Begehrungsvermögens führen können;
➤ »Zeichen und Symbole« als einer Art Schule, die auf die höheren Seelenkräfte gerichtet ist und verschiedene Arten der Beschäftigung wie körperliche Arbeit, Leibesübungen, Musik und »Kunst-Therapie« umfasst (vgl. Ellenberger, 1973, S. 299f.; Brückner, 2007, Bd. II, S. 34ff.).

Die Heilmittel werden in einer Stufenfolge konzipiert und entsprechend therapeutisch eingesetzt:

> »So schreiten wir durch diese Klassen psychischer Mittel, von den äußersten und rohesten Außenwerken des Nervensystems im Gemeingefühl, zu den mehr veredelten Nerven in den Sinnesorganen und von da zur Kultur des Seelenorgans selbst im Gehirn, als dem Brennpunkt des ganzen Systems, fort« (Reil, 1803, S. 181).

Das Ziel der Therapeutik ist die Anwendung der psychischen Kurmethode auf die verschiedenen Krankheitsformen, wie z. B. den fixen Wahn, die Melancholie, die Hypochondrie, die Wut (Manie), die Narrheit und den Blödsinn und deren individuelle Ausprägungen.

In der praktischen Umsetzung seiner therapeutischen Überlegungen kann Reil seine humanistisch und liberal erscheinende Grundeinstellung nicht immer durchhalten. Das beginnt schon damit, dass er eine Vorbereitungsphase der moralischen Behandlung für notwendig hält, die »die Besonnenheit des Kranken wecken« und ihn vom Beginn seines Aufenthalts an durch starke und schmerzhafte Eindrücke »an unbedingten Gehorsam« gewöhnen soll. Erst durch »zweckmäßige Züchtigung« würden bestimmte Kranke – besonders die Ungehorsamen, Widerspenstigen, Boshaften – »empfänglich für alle künftige Operationen« (ebd., S. 196, 223). In dieser Hinsicht ist eine Kontinuität mit den bisherigen Erziehungsmethoden im Zucht- und Arbeitshaus kaum zu leugnen:

> »Sowohl die Erziehungsziele – Zucht, Ordnung, Arbeitsamkeit – wie auch die Zuchtmittel – im wesentlichen Strafen – bleiben erhalten. Sie werden allerdings in drei Punkten eingegrenzt: Erstens sollen sie in der Vorbereitungsphase zur ›Unterjochung‹ der Kranken angewendet werden, zweitens bei bestimmten, nämlich den bösartigen Kranken, und drittes gelten sie für die Masse der ›Unheilbaren‹, die in die Aufbewahrungsanstalten abgeschoben werden. Genau in diesen drei Punkten bleibt die Psychiatrie bei Reil angewiesen auf die Pädagogik, als deren Überwindung sie sich gleichzeitig anpreist« (Engel, 1996, S. 165f.).

In der eigentlichen Behandlungsphase soll dann der erzwungene Gehorsam zurücktreten. »Man gehe jetzt allmälig zu dem entgegengesetzten Betragen über, handelt offen und freundschaftlich, und belohnt das Wohlverhalten des Kranken durch Dinge, die ihm angenehm sind« (Reil, 1803, S. 232). Der Arzt kann sich nicht mehr an unbedingte Regeln halten, sondern muss mithilfe seiner praktischen Fertigkeiten individualisierend auf den Einzelnen eingehen, denn jeder Kranke sei »ein Subject eigener Art, das, wie jedes Kind, nach seiner Weise gezogen seyn will« (ebd., S. 224). Bemerkenswert an diesem Zitat ist, dass hier das Heilen fast unmerklich ins Erziehen übergegangen ist. An anderer Stelle bezeichnet Reil die psychische Kur als »Erziehungskunde für Irrende« (ebd., S. 214) und weist dem Psychologen die Aufgabe zu, »die Pädagogik der Seele« zu übernehmen (ebd., S. 477).

War Reil mit seinen Reformvorschlägen in den *Rhapsodien* teils noch in den autoritären Denkstrukturen seiner Zeit befangen, so lassen sich darin aber auch progressive Vorstellungen finden, die keineswegs überholt sind. Im Hinblick auf diesen progressiven Teil muss man bedauernd konstatieren: »Die Zeit war einfach nicht reif, um dieses Programm in die Praxis umzusetzen« (Alexander & Selesnick, 1966, S. 137; s. a. Marneros & Pillmann, 2005, S. 65).

## Zur psychischen Kur in den Anfängen der Psychiatrie

Im Jahre 1811, zwei Jahre vor Reils frühzeitigem Tod, wurde in Leipzig die weltweit erste Professur für »*Psychische Therapie*« geschaffen, die der Mediziner und Philosoph Johann Christian August Heinroth (1773–1843) erhielt, zunächst als außerordentlicher und von 1819 bis 1843 als ordentlicher Professor. Ab 1814 praktizierte er zugleich als Arzt am Zucht-, Waisen- und Versorgungshaus zu St. Georgen in Leipzig.

Heinroths Hauptwerk ist das zweibändige *Lehrbuch der Störungen des Seelenlebens oder der Seelenstörungen und ihrer Behandlung* (1818). Den Leitbegriff der Seelenstörung definiert er als Krankheit der gesamten Person im Sinne einer dauernden Unfreiheit oder Vernunftlosigkeit und rechnet dazu »Gemütskrankheiten« (z. B. Melancholie), »Verrücktheit« (Verstandesstörungen), »Willenskrankheiten« (z. B. Manie) und »Blödsinn« (geistige Behinderung). Als entscheidenden Gesundheitsfaktor erachtet er die besonnene Lebensführung der Person, ihre religiöse Einstellung und Widerstandsfähigkeit gegen »das Böse«. Den Ausschlag für eine krankhafte Entwicklung gäben selbstverantwortete und sündhafte Leidenschaften, »sinnliche Begierden oder selbstische Bestrebungen« (vgl. Brückner, 2010, S. 86).

Der zweite Band des Lehrbuchs enthält eine systematische Darstellung von Heinroths klinischer Behandlungskonzeption:
➢ Im ersten Schritt geht es um die Frage der Indikation, ob und in welchem Maß ein gegebener Krankheitszustand therapeutischer Hilfe bedarf.
➢ Danach wird ein spezifischer Behandlungsplan entwickelt, der nicht nur die Symptome, sondern auch Geschlecht, Alter, Beruf, Persönlichkeit, wirtschaftliche und soziale Umstände des Patienten berücksichtigt.
➢ Der Behandlungsplan bezieht auch Familie und Umwelt mit ein.
➢ Ein wichtiges Anliegen ist die Vermeidung jeder unnötigen oder gefährlichen Therapie.
➢ Schließlich werden in allen Einzelheiten und auf sehr praxisnahe Weise die verschiedenen Behandlungsmethoden für erregte, depressive und viele andere Arten von Patienten beschrieben (vgl. Ellenberger, 1973, S. 301).

Als Anhang zu seinem Lehrbuch veröffentlicht Heinroth einige Jahre später eine *Anweisung für angehende Irrenärzte zu richtiger Behandlung ihrer Kranken* (1825). Darin steht der programmatische Satz:

> »Bis nicht Aerzte und Psychologen in allen unfreien Zuständen keine organischen Krankheiten mehr, sondern Krankheiten der Person sehen, welche sich freilich im Organismus kund tun müssen, wie alle psychische[n] Zustände, z. B. Affecte und Leidenschaften, werden auch diese Zustände nicht richtig erkannt und nicht gründlich und vollständig behandelt werden« (ebd., S. 37).

In den von Reil und Heinroth vorgebahnten Spuren bewegte sich Karl Wilhelm Ideler (1795–1860). 1828 wurde er mit der ärztlichen Leitung der Irrenabteilung der Charité in Berlin betraut, 1830 zum außerordentlichen und 1840 zum ordentlichen Professor und Direktor der Psychiatrischen Klinik ernannt, deren Leitung er bis zu seinem Todesjahr 1860 innehatte.

In seinem Hauptwerk *Grundriß der Seelenkunde* (1835/38) widmet sich Ideler der Pathogenese von Geisteskrankheiten und misst den Leidenschaften und ihrem Kampf miteinander, der Einsamkeit, dem unbefriedigten Tätigkeitsdrang und der unerfüllten Geschlechtsliebe große Bedeutung bei (vgl. Ellenberger, 1973, S. 301; Brückner, 2007, Bd. II, S. 67ff.). Sein Forschungsinteresse gilt in besonderem Maße der biografischen Entwicklung seiner Patienten. Als er 1832 zwei *Autobiographien geheilter Geisteskranker* publiziert, eröffnet er seinen Text mit der Aussage:

> »Die höchste Aufgabe der Seelenheilkunde hat zum Zweck, die Geisteskranken zur deutlichen Selbsterkenntniss, nämlich zur richtigen Einsicht des Ursprungs ihrer Seelenstörung aus früheren fehlerhaften Richtungen ihrer Gemütstätigkeit, also insbesondere aus Leidenschaften zu führen, und deren Erkenntnis gemäss an Selbstbeherrschung durch Gehorsam gegen die ihnen erteilten Vorschriften zu gewöhnen« (Ideler, 1832, S. 447f.).

In dieser Äußerung klingt ein paternalistischer Zug an, der für die damaligen psychischen Kuren von Geisteskranken charakteristisch ist. Ideler geht wie Reil und Heinroth von der Voraussetzung aus, dass die Patienten zur Vernunft zu bringen sind und betont demgemäß, man lasse

> »die Ausflüchte ihrer verletzten Eigenliebe nicht gelten, rüge ihre absichtlichen Entstellungen der Wahrheit, kläre ihre verworrenen Ansichten auf, berichtige ih-

re falschen Begriffe. Lob und Tadel, Belohnung und Strafe, Hoffnung und Furcht, Milde und Strenge wäge man nach Verdienst ab, damit sie das rechte Maß in allem zu erkennen lernen« (ebd., S. 453).

## Therapeutische Grenzen der Seelenkuren

Wenn wir die dargestellte Geschichte der Seelenkuren im Überblick betrachten, so können wir von sich berührenden und gegenseitig beeinflussenden Prozessen der *Säkularisierung* (Abwendung von den geistlichen Seelenkuren), *Medizinalisierung* (Übergang zu psychologisch und medizinisch orientierten Seelenkuren) und *Verwissenschaftlichung* (in der zweiten Hälfte des 19. Jahrhunderts rasant zunehmend) sprechen. Damit verbunden ist ein Wechsel der Pathologiekonzepte: von der christlichen Seelenstörung als Indikator für Sündhaftigkeit über das philosophische Paradigma einer Störung der Vernunft und der Affekte bis zum vitalistischen Krankheitskonzept der gestörten inneren Abläufe im Organismus. Von den divergierenden Anthropologien zwischen den Pietisten und den Aufklärern, den Vernunft- und Naturphilosophen – oder interpersonell gesehen zwischen Hobbes und Rousseau oder Kant und Schelling – lassen sich Brücken zu den damit verflochtenen Lebenskunstkonzepten schlagen.

Kann man die Entwicklung von geistlichen über philosophische zu psychologischen und psychiatrischen Seelenkuren als Fortschritt in der Geschichte der Therapeutik betrachten? Diese Frage lässt sich sicherlich im Hinblick auf die Ablösung vom pietistischen Innerlichkeitskult und die theoretische Entwicklung im Rahmen der sich innerhalb der Philosophie etablierenden Psychologie und Ästhetik bejahen. Auch die Abwendung von den Tollhäusern und die Gründung psychiatrischer Anstalten bedeutete einen Fortschritt, auch wenn das Festhalten an den Therapie- oder besser Zuchtmitteln von Unterwerfung, Zwang und Strafe dem philanthropischen Anliegen der Aufklärer und Romantiker entgegenstand.

Es bleiben aber offene Fragen wie die nach dem therapeutischen Fortschritt der mit Heilungsanspruch auftretenden Psychiater Reil, Heinroth und Ideler, überhaupt nach dem Therapiebegriff und dessen Abgrenzung von der Pädagogik. In dieser Hinsicht gibt es seit der zweiten Hälfte des 18. Jahrhunderts noch eine andere in therapeutischer Hinsicht wichtige Traditionslinie, die der heutigen wissenschaftlichen Psychotherapie noch näher zu stehen scheint: die der Magnetiseure und Hypnotiseure.

## Ausgewählte Literatur

Baumgarten, A.G. (1983). *Texte zur Grundlegung der Ästhetik*. Hrsg. v. H.R. Schweizer. Hamburg: Felix Meiner.
Bolten, J.C. (1751). *Gedancken von Psychologischen Curen*. Halle: Hemmerde.
Brückner, B. (2007). *Delirium und Wahn. Geschichte, Selbstzeugnisse und Theorien von der Antike bis 1900. Band I und II*. Hürtgenwald: Guido Pressler.
Ellenberger, H.F. (1973). *Die Entdeckung des Unbewußten. Geschichte und Entwicklung der dynamischen Psychiatrie von den Anfängen bis zu Janet, Freud, Adler und Jung*. Zürich: Diogenes 2005.
Engel, U. (1996). *Zum Verhältnis von Psychiatrie und Pädagogik. Aspekte einer vernunftkritischen Psychiatriegeschichte*. Frankfurt/M.: Mabuse Verlag.
Knote, A. (2015). *Von der geistlichen Seelenkur zur psychologischen Kur. Zur Geschichte der Psychotherapie vor Freud*. Hrsg. v. W. Frindte & M. John. Paderborn: Wilhelm Fink.
Leibbrand, W. & Wettley, A. (1961). *Der Wahnsinn. Geschichte der abendländischen Psychopathologie*. Erftstadt: area Verlag 2005.
Reil, J.C. (1803). *Rhapsodien über die Anwendung der psychischen Kurmethode auf Geisteszerrüttungen*. 2. Aufl. Halle: Curtsche Buchhandlung 1818. Nabu-Press 2012.
Schott, H. & Tölle, R. (2006). *Geschichte der Psychiatrie. Krankheitslehren, Irrwege, Behandlungsformen*. München: C.H. Beck.

# Zwischenstufen auf dem Weg zu einer psychodynamischen Therapeutik

»Die wichtigste Quelle der europäischen Medizin, aus der psychotherapeutische Erfahrungen implizit geschöpft werden konnten, stellte der animalische oder ›thierische‹ Magnetismus dar, gegründet und praktiziert von dem Wiener Arzt Franz Anton Mesmer, einem Zeitgenossen der ›psychischen Ärzte‹.« Diese Auffassung vertritt Christina Schröder in ihrer Arbeit *Der Fachstreit um das Seelenheil* (1995, S. 14), die für die Gründungsphase der modernen Psychotherapie zentral ist. Ähnlich sieht es Henri F. Ellenberger in seinem Werk *Die Entdeckung des Unbewussten*. Er hält es für eine offene Frage, ob Mesmer nur als »Vorläufer« oder als »Gründer« der dynamischen Psychiatrie zu betrachten sei; es sei aber nicht daran zu zweifeln, dass deren Entwicklung sich bis zum Mesmerismus zurückverfolgen lasse und dass die Nachwelt sich ihm gegenüber bemerkenswert undankbar gezeigt habe (Ellenberger, 1973, S. 113). Auch Heinz Schott und Rainer Tölle betonen in ihrer *Geschichte der Psychiatrie*, in Freuds Werk hätten sich die wissenschaftlichen und geistigen Strömungen des 19. Jahrhunderts kristallisiert und dabei habe »der Mesmerismus zwischen Aufklärung und Romantik und das von ihm angestoßene Konzept des Hypnotismus« besondere Bedeutung (2006, S. 455).

Die Frage nach der Relevanz, die der Mesmerismus (Mesmer, Puységur, Ennemoser) und Hypnotismus (Braid, Charcot, Janet) sowie die darin enthaltene und erst Jahrzehnte später explizierte Suggestionslehre (Liébault, Bernheim) für die Entwicklung der Psychoanalyse und die heutige psychodynamische Therapeutik gehabt hat, bildet den Fokus dieses Kapitels.

## Mesmers Konzeption des Heilmagnetismus

Der Magnetismus ist zunächst ein physikalisches Phänomen, das sich bei der Anziehung von Metallen eindrücklich beobachten lässt. Die Vermittlung der magnetischen Anziehungskraft erfolgt über ein Magnetfeld, das durch Magnete oder elektrische Ströme hergestellt werden kann. In diesem Zusammenhang spricht man von »elektromagnetischer Wechselwirkung«. Angeregt durch vielfältige naturwissenschaftliche Experimente zur Erforschung des Elektromagnetismus spielten magnetische und elektrische Kuren bereits im 18. und erst recht im 19. Jahrhundert eine erstaunlich große Rolle.

Der Wiener Arzt Franz Anton Mesmer (1734–1815) war schon während seines Medizinstudiums an dieser naturwissenschaftlichen Forschungsrichtung lebhaft interessiert und widmete seine Dissertation, die mit einem aufklärerisch-wissenschaftlichen Anspruch auftrat, aber implizit auch einen romantisch-mystischen Einschlag hatte, dem Thema *Über den Einfluss der Planeten* (*De planetarum influxu*, 1766). Darin behauptete er, dass sich die Himmelskörper, die Erde und die Lebewesen auf der Erde durch ein geheimnisvolles, physikalisches Fluidum – ähnlich den Wirkungen eines metallischen Magneten – wechselseitig beeinflussen, weshalb er diesen Zusammenhang als »*animalischen*« bzw. »*tierischen Magnetismus*« bezeichnete. Dieses Fluidum sei in der Lage, »in den kleinsten Teilchen der festen und flüssigen Bestandteile unserer Maschine die Kohäsion, Beweglichkeit, Reizbarkeit, den Magnetismus und die Elektrizität« zu steigern, zu vermindern oder zu stören (zit.n. Reicheneder, 2005, S. 263).

Die erste Patientin, die Mesmer zwischen 1773 und 1774 behandelte, war die 29-jährige Frau Österlin. Sie litt seit Jahren an schweren Anfällen, bei denen das Blut ungestüm in ihren Kopf drang und fürchterliche Zahn- und Ohrenschmerzen verursachte, die mit Wut, Erbrechen und Ohnmachten verbunden waren (vgl. Schott, 1998, S. 233). Mesmer ließ die Patientin ein eisenhaltiges Präparat einnehmen und befestigte drei eigens entworfene Magnete an ihrem Körper. Dies bewirkte nach seiner Darstellung das schmerzhafte Strömen einer sehr feinen Materie, die sich über ihren ganzen Körper verteilt und dazu geführt habe, dass sie sechs Stunden lang von ihren Beschwerden befreit war (ebd.). Dieser erste Heilerfolg gelang am 28. Juli 1774 und blieb für Mesmer ein historisches Datum. Als er den Versuch am nächsten Tag wiederholte, trat dieselbe heilsame Wirkung ein. Sie war nach Mesmers Überzeugung darauf zurückführbar, dass sich das Fluidum in seiner eigenen Person akkumuliert und auf die Patientin übertragen habe. Dank dieser neuen Methode besserte sich deren Zustand innerhalb von drei Wochen und blieb stabil, sodass sie später heiraten konnte und eine gesunde Mutter wurde (vgl. Ellenberger, 1973, S. 97). Auch bei weiteren magnetischen Behandlungen erzielte Mesmer beeindruckende Heilerfolge.

1775 formulierte Mesmer seine Theorie des tierischen Magnetismus in 27 Lehrsätzen und versandte sie, getragen von einem missionarischen Geist, an die wissenschaftlichen Akademien in Europa. Er war davon überzeugt, mit seiner Entdeckung die Wissenschaft um eine grundlegende Erkenntnis und eine in vielen Fällen wirksame Therapie bereichert zu haben. Seiner Auffassung nach liegt einer magnetischen Krankheit ein »Widerstand« in Nervensystem und Muskulatur zugrunde, wodurch der gesunde Kreislauf des physikalischen Fluidums im Organismus blockiert würde. Als notwendigen Heilfaktor betrachtete er das Manifestwerden der latent vorhandenen Krankheit, das Hervorbrechen der zurückgehaltenen Affekte. Die Aufgabe des Magnetiseurs bestehe darin, mittels des in ihm selbst virulenten und spürbaren »Lebensfeuers« (im Sinne einer physikalischen Kraft) den Patienten zu »entflammen« und dadurch eine *»Krise«* auszulösen. Eine solche Krise gehe in der Regel mit Verzückungen, Konvulsionen, Schreien und ähnlichen Gefühlsausbrüchen einher. Sie könne eine Art reinigender Ekstase ermöglichen und die blockierten Kräfte wieder in Fluss bringen. Zur Auslösung der Krise bediente sich Mesmer anfänglich bestimmter Magnete oder magnetisierter Gegenstände und ging dann zu bestimmten Ritualen wie dem Streichen mit den Händen über den Körper des Patienten (ohne direkte Berührung) über, so als ob er damit die Ströme des Fluidums in eine gesunde Richtung lenken könnte. Magnet und Fluidum lassen sich als Symbole für die verborgenen Heilkräfte der Natur verstehen.

Von der Wiener Medizinischen Fakultät wurde Mesmers Annahme eines physikalischen Fluidums, die vom Magnetiseur auf den Kranken übertragen werde, als »Einbildung« bzw. unhaltbare Spekulation zurückgewiesen, und auch eine von der Kaiserin Maria Theresia einberufene Expertenkommission hielt sie für unwissenschaftlich. Hinzu kam ein therapeutischer Misserfolg in der Behandlung einer 18-jährigen Patientin, der sich zu einem öffentlichen Skandal auswuchs. Aus diesen Gründen entschied sich Mesmer dazu, Wien zu verlassen.

Im Jahre 1778 siedelte er nach Paris über, wo er mit seinen magnetischen Kuren wieder auf große Resonanz stieß. Bei einem Ritual, das der gleichzeitigen Behandlung mehrerer Patienten diente, übertrug er sein Fluidum auf ein sogenanntes »baquet«, einen mit magnetisierten Materialien gefüllten Holzzuber, von dem es über eiserne Stäbe zu den Patienten geleitet wurde. Durch die Berührung sollten heilende Kräfte übertragen werden. Ellenberger hat darauf aufmerksam gemacht, dass die – zumeist weiblichen – Patienten, die sich eine seelische Transfusion von Mesmers *baquet* erhofften, aus der Aristokratie stammten, und dass ihre Krisen typischen »vapeurs« – Anfällen von Ohnmacht und Nervosität – ähnelten, wie die Gesellschaftsneurose hochgeborener Damen damals genannt wurde: »Wir könnten also sagen, diese Krisen seien eine Abreaktion der zeitgemäßen Neurose gewesen, ausgelöst durch eine suggestive Therapie, die ihr Urheber für eine rationale Anwendung der jüngsten physikalischen Forschungsergebnisse hielt« (1973, S. 264).

Obwohl Mesmer die wissenschaftliche Anerkennung für seine Konzeption des tierischen Magnetismus auch in Frankreich versagt wurde, scharte sich in den Jahren bis 1785, in denen er in Paris praktizierte und lehrte, eine zunehmende Zahl von Anhängern um ihn. Einige von ihnen hatten den Wunsch, sich von ihm ausbilden zu lassen, um selbst als Magnetiseure praktizieren zu können. Als es in dieser Gruppierung zu Autoritätskonflikten und rivalisierenden Auseinandersetzungen kam, entschloss sich Mesmer 1782 mit einigen seiner treuesten Anhänger dazu, die *Société de l'Harmonie* zu gründen. Diese Gesellschaft – »eine seltsame Mischung aus Geschäftsunternehmung, privater Schule und Freimaurerloge« – brachte Mesmer ein großes Vermögen ein und »verwandelte das, was das Geheimnis eines Mannes gewesen war, in das gemeinsame Wissen einer begeisterten Gruppe« (ebd., S. 106). Obwohl diese Gesellschaft weit über Paris hinaus ständigen Zulauf hatte, sodass nach und nach Zweigstellen in mehreren französischen Städten eröffnet wurden, wurde sie von verschiedenen Seiten immer wieder heftig angefeindet und in Misskredit gebracht. Zudem kam es zu inneren Spaltungstendenzen, die für Mesmer offenbar so kränkend und belastend waren, dass er 1785 Paris verließ und sich aus dem öffentlichen Leben zurückzog. Seither übte er das Magnetisieren nur noch im kleinen Kreise aus.

Nach seinem Selbstverständnis war Mesmer ein von der Wissenschaftlichkeit seiner Thesen zum animalischen Magnetismus tief durchdrungener Aufklärer. Fallen seine aktiven Jahre von 1774 bis 1785 in die Zeit der Spätaufklärung, so fühlte er sich in Übereinstimmung mit den naturwissenschaftlichen Theoremen seiner Zeit und sah sich durch die in seiner Praxis erzielten Heilerfolge in seiner Sicht immer wieder bestätigt. Dabei berief er sich darauf, dass »die Realität des animalischen Magnetismus gefühlt werden muss und dass man sich von der

Wahrheit seiner Theorie nur durch Partizipation überzeugen könne« (Tripold, 2012, S. 160).

Wenn man sich fragt, was ihn so von seiner »Wahrheit« hat überzeugen sein lassen, so liegt es nahe, auch sein naturphilosophisches Fundament heranzuziehen. Dabei stößt man auf eine romantisch-spekulative Tendenz seines Denkens. Die Annahme, dass ein magnetisches Fluidum die gesamte Natur durchströme, war hochspekulativ und kann als Versuch betrachtet werden, nach einer langen Phase der Entfremdung die verloren gegangene Einheit des Menschen mit der Natur wiederherzustellen. Es handelt sich dabei um eine monistische Konzeption, die einer romantischen Sehnsucht nach Ganzheit entsprang und im entschiedenem Gegensatz zu Descartes' Trennung von Leib und Seele stand. Man kann annehmen, dass »ihn ausgerechnet seine Solidarität mit zentralen Ambitionen der Neuzeit (Naturalismus, Monismus, Rationalismus) nachhaltig daran gehindert hat, den ›richtigen‹ Kern (Hypnose und Suggestion) vom falschen Zauber der ›magnetischen‹ Kurmethode zu befreien« (Blankenburg, 1986, S. 204).

Im Grunde seines Herzens war Mesmer viel mehr ein *Romantiker* als ein Aufklärer. Daher kommt es nicht von ungefähr, dass der Mesmerismus als die »romantischste aller Wissenschaften« (Saul, 1921, zit.n. Tripold, 2012, S. 16) bezeichnet wurde. Wie die Mesmeristen suchten nahezu alle Protagonisten der Romantik »dem Bedauern über eine verloren gegangene Ganzheit im Bewußtsein des Menschen Ausdruck zu verleihen, sowie diesen Bruch und die Leiden, die daraus folgen, zu heilen« (ebd., S. 16). Es mutet tragisch an, dass Mesmer in seinem heiligen Eifer die eigenen Spekulationen und die ihnen zugrunde liegenden romantisch-spekulativen Vorannahmen nicht hinterfragen und relativieren konnte und daher seine Erfahrungen als Magnetiseur mit einer pseudowissenschaftlichen Theorie verband. Dementsprechend verstand er sein Heilungskonzept als rein physikalisches und keineswegs als psychologisches. Er hatte offenbar noch keine Vorstellung von psychodynamischen Vorgängen wie Suggestion, Projektion oder Übertragung.

### Entdeckung des Somnambulismus

Ungewollt trug auch der Graf Marquis de Puységur (1751–1825), einer der profiliertesten Anhänger und Mitarbeiter Mesmers, zu dessen Machtverlust bei. Er entstammte einer alten französischen Aristokratenfamilie und hatte eine erfolgreiche Offizierslaufbahn eingeschlagen. In seiner freien Zeit stellte er Versuche mit Elektrizität an und widmete sich magnetischen Behandlungen à la Mesmer.

Einer seiner ersten Patienten war der Bauer Victor Race, der auf seinem Schloss in Buzancy beschäftigt war. In der Behandlung dieses an Lungenentzündung leidenden Patienten im Jahre 1785 wurde Puységur auf eine Besonderheit aufmerksam, die von dem regelmäßigen Verlauf des Mesmer'schen Verfahrens in auffälliger Weise abwich. Statt in die übliche »Krise« mit affektiver Aufruhr und ekstatischen Begleiterscheinungen zu geraten, verfiel der Patient in einen merkwürdigen schlafähnlichen Zustand, in dem er jedoch laut sprach, Fragen beantwortete und überhaupt lebendiger und ansprechbarer wirkte als im Wachzustand. Die Wiederholung dieses Versuchs führte zu demselben Phänomen eines »magnetischen Schlafs«, und auch bei mehreren anderen Patienten ließ sich diese Art von Wachschlaf beobachten.

Aufgrund der Ähnlichkeit mit dem Schlafwandeln, dem sogenannten natürlichen Somnambulismus, wurde der magnetische Schlaf als *»künstlicher Somnambulismus«* bezeichnet. In diesem Kontext berichteten die Magnetiseure von einer Reihe aufschlussreicher Erfahrungen: Vielfältige Beobachtungen zeigten, dass Patienten im somnambulen Zustand in einer besonders engen – sympathetischen – Verbindung zum Magnetiseur stehen und sich von ihm leicht beeinflussen lassen. Puységur machte darüber hinaus die Erfahrung, dass Victor Race sich ihm in diesem Zustand mit persönlichen Problemen – konkret: Konflikten mit seiner Schwester – anvertraute, für seine Lösungsvorschläge empfänglich war und sie nach dem Erwachen schrittweise umzusetzen suchte (Ellenberger, 1973, S. 16). Bemerkenswert war die Luzidität, mit der Patienten im somnambulen Zustand ihre Krankheiten diagnostizierten, deren Verlauf voraussagten und Behandlungsmaßnahmen für sich und auch für andere, mit denen sie in Berührung kamen, vorschlugen. Überhaupt wurde eine gesteigerte Schärfe der Wahrnehmung beobachtet. So war Puységur überrascht, als er Victor Race Lieder singen hörte, die er selbst tonlos und unhörbar vor sich hingesungen hatte. Anscheinend hatte der Patient sie an den Lippenbewegungen des Marquis abgelesen (ebd., S. 169). Schließlich fiel das gesteigerte Erinnerungsvermögen auf. Die Somnambulen konnten sich an weit zurückliegende Vorfälle aus der Kindheit erinnern und von Erlebnissen im spontanen Somnambulismus oder im Rausch erzählen.

Warum reagierten Mesmers und Puységurs Patienten so unterschiedlich auf die magnetische Behandlung? Die von Mesmer hervorgerufenen Krisen bei gesellschaftlich hochstehenden Frauen lassen sich, wie schon angesprochen, als Wiederaufleben eines früheren Beziehungs- und Verhaltensmusters, der Gefühlsausbrüche von »vapeurs« verstehen. Der von Puységur ausgelöste Somnambulismus trat bei seiner Klientel von Bauern und Dienstboten sehr häufig auf und kann ebenfalls mit deren sozialer Herkunft verknüpft werden. Seinen Aufzeichnungen lässt sich entnehmen, dass ihm Victor Race mit einer eigenartigen Mischung von Vertraulichkeit und Respekt begegnete, wobei er sich im magnetischen Schlaf intelligenter und lebendiger, aber auch vertrauensvoller und kritischer zeigte als im Wachzustand. Einerseits kann man dies auf eine vertrauensvolle Beziehung des Patienten zu einer wohlwollenden Autoritätsperson zurückführen, die ihm ein Einlassen – eine Art Regression – auf eine tiefere Stufe erlaubte. Andererseits kann man annehmen, dass die Bediensteten ihrem Dienstherrn gefallen wollten, wenn sie im somnambulen Zustand ihre Intelligenz und ihren Witz mobilisierten. Es handelte sich vermutlich um einen Anerkennungswunsch, der eine Identifikation mit einem Repräsentanten der höheren Gesellschaftsschicht zugrunde lag (vgl. Ellenberger, 1973, S. 268).

Mit der Entdeckung und therapeutischen Nutzung des künstlichen Somnambulismus hat Puységur Zugänge zu einem bisher weitgehend im Dunkeln liegenden seelischen Bereich eröffnet, der besonders für die Romantiker zur Herausforderung und Attraktion wurde. Die Tiefenerlebnisse, authentischen Schilderungen und persönlichen Wandlungen der Somnambulen wurden nunmehr von einer Vielzahl von Magnetiseuren, Dichtern und Denkern erforscht und kommuniziert. Kein Wunder, dass Puységur und seine Anhänger ihr Interesse den psychischen Phänomenen und therapeutischen Erfahrungen im somnambulen Zustand zuwandten. Daher entfernten sie sich von den orthodoxen Vertretern des Mesmerismus, die sich an die Konzepte des übertragbaren »Fluidums« und der für den Heilungsprozess notwendigen »Krise« klammerten. »Nicht die Wirkung des Fluidums, sondern der Wille des Magnetiseurs – sehr zum Missfallen Mesmers – war das wirksame Agens der Heilung« (Oberlechner, 2008, S. 46).

Puységur war davon überzeugt, mit seiner persönlichen Einwirkungskraft, die man heute als Aura, Charisma oder Suggestivkraft bezeichnen würde, große Heileffekte bei seinen Patienten herbeiführen zu können:

> »Ich glaube an die Existenz einer Kraft in mir. Aus diesem Glauben leitet sich mein Wille ab, sie wirksam werden zu lassen. Die ganze Lehre vom tierischen Magnetismus ist in den zwei Worten enthalten: *Glauben* und *Wollen*. Ich *glaube*, daß ich die Kraft habe, das vitale Prinzip meiner Mitmenschen in Gang zu setzen; ich *will* diese Kraft gebrauchen; dies ist alles, was ich weiß, und dies sind alle meine Mittel« (zit.n. Ellenberger, 1973, S. 117).

In den folgenden Jahren baute Puységur in Straßburg ein Therapie- und Ausbildungszentrum für die magnetische Behandlung auf, das sich durch eine sorgfältige Dokumentation der behandelten Fälle mit kurzen Verlaufsdarstellungen, den

Namen der Magnetiseure und Patienten sowie der Diagnose der Krankheiten auszeichnete. Aber als 1789 die Französische Revolution hereinbrach, machte sie die wissenschaftlichen Bestrebungen der Magnetiseure zunichte. Die *Société de l'Harmonie* verschwand von der Bildfläche und Puységur als Vertreter des Adels musste zwei Jahre ins Gefängnis. Erst 1805 konnte er seine Forschungsarbeit und die Behandlung von Patienten wieder aufnehmen. Er veröffentliche mehrere Werke, die zusammen mit denen Mesmers mindestens eine Generation lang als die großen Klassiker auf diesem Gebiet galten.

Mit seiner Entdeckung des künstlichen Somnambulismus brachte Puységur im Rahmen des Mesmerismus eine zweite Lawine ins Rollen. Bei ihm kam eine andere Facette der Aufklärung als bei Mesmer zum Tragen: »die philantropische Neigung, die Entdeckungen der Wissenschaft der ganzen Menschheit zur Verfügung zu stellen und sie nicht jenen vorzubehalten, die sie sich leisten konnten« (ebd., S. 281). Man kann ihn dem fortschrittlichen Flügel der französischen Aristokratie zurechnen. Für seinesgleichen war es nur konsequent, die aus einfachen Verhältnissen stammenden Patienten bzw. eigenen Bediensteten unentgeltlich zu behandeln.

Nach der Französischen Revolution und erst recht nach der napoleonischen Ära ergriffen immer mehr Bürgerliche den Beruf des Magnetiseurs und kamen nun nicht mehr darum herum, Honorare zu verlangen. Die Zeit der unentgeltlichen Behandlung war vorbei.

### Der Magnetiseur als neuer Typus des Heilers

Die Ära der wirkmächtigen und im Blickpunkt der Öffentlichkeit stehenden Magnetiseure und Hypnotiseure scheint der fernen Vergangenheit anzugehören. Sie haben etwas Fremdartiges und Exotisches an sich und lassen an exaltierte Sonderlinge, Hochstapler oder Scharlatane denken. Für heutige Betrachter liegt die Folgerung nahe, dass der Niedergang der Magnetiseure und Hypnotiseure und ihre jetzige Nischenexistenz in der professionellen Psychotherapie dem Siegeszug der Wissenschaften im 19. Jahrhundert zu verdanken ist und dass diese Entwicklung sinnvoll sei. Von diesen weitverbreiteten Klischees sollten wir uns aber nicht beirren lassen und stattdessen die therapeutischen Intentionen der Magnetiseure und den damaligen gesellschaftlichen Kontext unvoreingenommen auf uns wirken lassen.

Bei näherer Betrachtung zeigen sich durchaus Parallelen zwischen der Praxis der Magnetiseure und jener der heutigen Psychotherapeuten. Schon damals wurden intensive Überlegungen darüber angestellt, wie man therapeutisch vorgehen solle, was man dabei alles beachten müsse, was in den magnetischen Behandlungen eigentlich passiere, wie sie wirken etc. Um einen Einblick in diese Reflexionen zu geben, wird hier auf zwei Autoren eingegangen.

Die erste Quelle stammt von dem französischen Autor Aubin Gauthier. Er hat 1845 ein Lehrbuch mit dem Titel *Traité pratique du Magnétisme et du Somnambulisme* veröffentlicht, in dem er Spielregeln für die Regulierung der therapeutischen Beziehung aufstellt, die der Selbstsorge des Magnetiseurs und zugleich dem Selbstschutz des Patienten dienen (vgl. Ellenberger, 1973, S. 228f.):

➢ Der Magnetiseur müsse auf seine Gesundheit achten, damit er nicht eigene Krankheiten auf die Patienten übertrage.
➢ Wenn er sich eine Krankheit zuzieht, müsse er sich »reinigen«, ehe er an seine Arbeit zurückkehrt.
➢ Er müsse ein »kluges und wohlgeordnetes« Leben führen, nüchtern, ruhig, zurückhaltend, freundlich und würdevoll sein und dürfe nicht zu viel reden.
➢ Unabdingbar seien strengste Ehrlichkeit und Gewissenhaftigkeit.
➢ Um Magnetiseur zu werden, müsse man eine Ausbildung durchmachen und die Werke Mesmers, Puységurs und alle klassischen Werke über Magnetismus lesen.
➢ Der Magnetiseur übermittle nicht nur sein ärztliches Wissen, sondern übertrage auch seine vitalen Kräfte auf seine Patienten.
➢ Für den Patienten sei die Wahl des richtigen Magnetiseurs von höchster Wichtigkeit; denn manche Magnetiseure haben bei bestimmten Patienten mehr Erfolg als bei anderen.
➢ Ein Magnetiseur dürfe niemals einen Patienten annehmen, wenn er nicht bereit sei, die Behandlung bis zum Ende durchzuführen, denn die Unterbrechung einer Behandlung könne gefährlich sein.
➢ Der Patient dürfe dem Magnetiseur in Bezug auf seine Krankheit und auf alles, was zu ihrer Erklärung beitragen könnte, nichts verheimlichen.
➢ Während der Behandlung müsse sich der Patient jeglicher »Exzesse« enthalten, müsse eine gemäßigte Diät einhalten und dürfe nicht rauchen (!).
➢ Der Magnetiseur solle über jeden Patienten ein Tagebuch führen, in dem jede Sitzung aufgezeichnet wird.

Der andere Autor, der sich in einer Reihe von Büchern über den Magnetismus und die Geschichte der Magie geäußert hat, ist Joseph Ennemoser (1787–1854), ein aus Südtirol stammender Arzt und Repräsentant des Mesmerismus. Er lehrte von 1820 bis 1837 als Medizinprofessor in Bonn, ließ sich dann pensionieren und praktizierte als magnetischer Arzt zuerst in Innsbruck und ab 1841 in München. In seinem Buch *Der Magnetismus im Verhältnisse zur Natur und Religion* (1842) widmete er sich der Aufgabe, die Behandlungspraktiken der Magnetiseure zu systematisieren. Nach Reicheneder kann dieses Werk den Anspruch erheben, »diejenigen Elemente aus dem Mesmerschen Behandlungskanon herausgehoben zu haben, die für jeden psychotherapeutischen Prozeß von besonderer Bedeutung sind« (2005, S. 267). Einige dieser Elemente weisen auf Probleme voraus, die sich auch auf die professionelle Psychotherapie von heute beziehen lassen (ebd., S. 267ff.):

- Eine magnetische Behandlung soll niemals ohne Einwilligung des Patienten oder gegen den Widerstand der Angehörigen begonnen werden.
- Ein Magnetiseur soll einen neuen Fall nur übernehmen, wenn er eine regelmäßige therapeutische Arbeit über einen längeren Zeitraum hinweg gewährleisten kann.
- Zu bedenken ist, dass die Beschwerden sehr hartnäckig sein können und dann nur durch kontinuierliche geduldige Arbeit zu heilen sind.
- Durch rasche Anfangserfolge sollte man sich nicht täuschen und zu einer vorzeitigen Beendigung verführen lassen.
- Bei manchen Behandlungen stellen sich erste therapeutische Erfolge erst nach ein bis zwei Jahren ein.
- Gegen Ende einer Behandlung können die Beschwerden, auch solche, die bereits überwunden waren, nochmals in alter Stärke und Lebendigkeit auftreten.
- Der Gebrauch von Medikamenten wird nur in den Fällen empfohlen, in denen zwingende Indikationen für somatische Beschwerden vorliegen.
- Magnetische Mittel sollen nicht angewandt werden, da es kaum möglich sei, den Grad und die Art ihrer Wirksamkeit zu bestimmen.
- Eine unmittelbare körperliche Berührung oder Untersuchung durch den Magnetiseur sei nicht erforderlich, »in der Regel sogar *unzulässig*«.
- Die Wirkung des Magnetiseurs wird darin gesehen, dass er die im Patienten schlummernden Kräfte – das »Lebensfeuer« – durch verschiedene Interventionen aktiviert oder, sofern sie durch eine zu starke Erregung schädlich wirken, sie in ihrer Intensität durch Ableitung mildert.
- Die »persönliche Einwirkung« auf den Patienten könne auf vier verschiedene Arten erfolgen: durch Annäherung, den Blick, die Sprache und die Hände. Dabei wird dem Gebrauch der Hände eine zentrale Bedeutung beigemessen.
- Die Entwicklung der Symptome müsse aufmerksam beobachtet und bei einer krisenhaften Entwicklung beruhigend eingewirkt werden.

## 3 Von der antiken Heilkunst zur modernen Psychotherapie

Zusammenfassend schreibt Reicheneder: »Die Ausführungen Ennemosers als eines späten Vertreters der Mesmerschen Schule zeigen bereits die weitreichende praktische Weiterentwicklung, die das Verfahren seit seiner Begründung erfahren hat.« Die Magnetiseure seien aber noch nicht in der Lage gewesen,

> »ihre teilweise erstaunlichen Behandlungserfolge als Ergebnisse ihrer *psychischen Einwirkung* auf ihre Patienten zu begreifen. Ihr Bestehen auf der materiellen Natur der Kräfte, durch die sie ihre Heilungen bewirken, diente vermutlich auch als Schutz vor einer entwertenden Kritik ihres therapeutischen Handelns, die zu erwarten gewesen wäre, wenn sie den primär psychischen Charakter ihres therapeutischen Handelns deutlicher in den Vordergrund gerückt hätten« (ebd., S. 270).

Neben Lehrbüchern wie denen von Gauthier und Ennemoser gab es auch eine Reihe von Autobiografien, die nicht selten aufreißerisch geschrieben waren. Solche Magnetiseure, die ihre Behandlungen auf offener Bühne inszenierten und auf spektakuläre Effekte setzten, repräsentierten aber nur einen bestimmten Typus von Heiler. Ellenberger nimmt an, dass die Mehrzahl der Magnetiseure »ruhige, zurückhaltende Männer« gewesen seien, »die neben ihrem ärztlichen oder anderen Beruf ein paar Patienten magnetisierten, wobei sie ihre Beobachtungen sorgfältig aufzeichneten und in kleinen lokalen Vereinigungen diskutierten« (1973, S. 231f.). Darin kann man eine gewisse Parallele zu den heutigen Psychotherapeuten sehen, nur dass inzwischen die Professionalisierung der Therapeuten weit fortgeschritten ist (Therapeutenausbildung, Approbation, KV-Anerkennung, Praxissitz u.Ä.) und die Männer im Therapeutenberuf deutlich in der Minderzahl sind.

### Übergänge zum Hypnotismus und zur Suggestionstherapie

Etwa zur selben Zeit, als Ennemoser und Gauthier die genannten Schriften veröffentlichten, machte der englische Chirurg James Braid (1795–1860) eine Entdeckung, die maßgeblich dazu beitrug, den Mesmerismus »von dessen Mystifikationen zu befreien und ihn somit als wissenschaftlich akzeptables Konzept auszuweisen« (Schott, 1989, S. 86).

Während einer abendlichen Demonstration des französischen Magnetiseurs Charles Fontaine, an der er 1841 teilnahm, war ihm aufgefallen, dass die Patienten ihre Augen nicht offen halten konnten. Daraufhin experimentierte er zwei Tage später in Gegenwart einiger Freunde, um ihnen die Richtigkeit seiner Hypothese zu beweisen, dass es sich hier um eine Ermüdung der Augenmuskeln gehandelt habe, wodurch die Erregbarkeit der Sehnerven herabgesetzt worden sei:

»Ein junger Mann in sitzender Stellung in Braids Zimmer wurde ersucht, starr die Mündung einer Weinflasche zu fixieren, welche so hoch und so nahe gestellt war, daß es eine beträchtliche Anstrengung der inneren geraden Augenmuskeln und Augenlidheber erforderte, sie stetig anzusehen. Nach drei Minuten senkten sich die Lider, ein Tränenstrom lief über die Wangen, sein Kopf neigte sich, sein Gesicht verzerrte sich etwas, er stöhnte und verfiel sogleich in einen tiefen Schlaf, wobei die Atmung sich verlangsamte, vertiefte und pfeifend wurde, während rechts Arm und Hand leichte krampfhafte Bewegungen machten« (Preyer, 1881, S. 6f.).

Als die erstaunte Ehefrau des Probanden daraufhin äußerte, *sie* lasse sich nicht so leicht einschläfern, forderte Braid sie auf, sich eine Porzellanschale anzuschauen, und prompt schloss auch sie nach wenigen Minuten die Augen.

Durch weitere Experimente gelangte Braid zu der noch heute eingesetzten Methode der Augenfixierung, mittels derer er bei den meisten Probanden den »nervösen Schlaf« künstlich herbeiführen konnte. Als sich nachweisen ließ, dass dieser besondere Zustand auf eine neurophysiologische Veränderung innerhalb des individuellen Nervensystems zurückführbar war, trat eine befreiende Desillusionierung ein. Damit schienen die bisherigen Erklärungen Mesmers und Puységurs aus der Übertragung eines physikalischen Fluidums oder einer persönlichen Fremdeinwirkung hinfällig zu sein. Aufgrund Braids neuer Erkenntnisse wurde der Begriff des tierischen Magnetismus durch den des »Neuro-Hypnotismus« und später durch den vereinfachten Ausdruck *»Hypnose«* ersetzt. Im hypnotischen Zustand, zu dem der Somnambulismus als Unterform gerechnet wird, sind die Patienten im Allgemeinen deutlich empfänglicher für die heilsamen Botschaften des Arztes als im Wachzustand.

In Braids Lehre vom Hypnotismus steht der individuelle Organismus des Hypnotisierten im Zentrum der Betrachtung, während die Bedeutung des Hypnotiseurs relativiert wird. »Braid ist nicht mehr der mächtige Heiler wie Mesmer, sondern der operierende Techniker.« Ihm kommt das Verdienst zu, »im Ansatz die *Subjektivität des Patienten* zu erkennen« (Schott, 1989, S. 98). Dabei hat er die psychologische Dimension explizit berücksichtigt, auch und gerade dadurch, dass er die Patienten dazu anhielt, während des hypnotischen Zustands auf die Wahrnehmung ihrer inneren Vorgänge zu achten. Auf diese Weise führte er, wenn auch noch peripher, ein Element der Selbsterfahrung ein, wie es im Rahmen des Mesmerismus noch nicht vorhanden war.

Am Ende des 19. Jahrhunderts wurde der Hypnotismus zu einer medizingeschichtlich bedeutsamen Bewegung. Der Zeitraum von 1880 bis 1890 wurde als »Jahrzehnt des Hypnotismus« bezeichnet: 1888 kam eine Bibliografie mit 812 Titeln zu dieser Thematik heraus (Dessoir, 1888); ein Jahr später fand in Paris ein I. Internationaler Kongress für Hypnotismus statt und 1892 erschien die *Zeitschrift für Hypnotismus, Suggestionstherapie, Suggestionslehre und verwandte Erscheinungen* als erste deutschsprachige psychotherapeutische Zeitschrift (vgl. Schröder, 1991, S. 140f.).

Jean-Martin Charcot (1825–1893), der berühmte Neurologe der Pariser Klinik Salpêtrière, hatte an dem Aufschwung dieser Bewegung großen Anteil, weil er maßgeblich dazu beigetragen hat, die Hypnose vom Makel der Unwissenschaftlichkeit zu befreien. Beim Studium von hysterieähnlichen Lähmungen, wie sie nach Unfällen zu beobachten waren, kam er auf den Einfall, sie durch Hypnose künstlich hervorzurufen. Diese methodische Neuerung ermutigte ihn zu weiteren Experimenten und mündete in die Annahme, dass es in der Hypnose drei aufeinander folgende Stadien gebe: die Lethargie, die Katalepsie und den Somnambulismus. Als er 1882 diese Gesetzmäßigkeit an der »Académie des Sciences« vortrug, erreichte er, dass die Hypnose, die schon drei Mal – 1784, 1831 und 1840 – von derselben Akademie als unwissenschaftlich beurteilt worden war und noch immer als unseriös galt, rehabilitiert wurde. Eine immense Forschungstätigkeit kam nun auf diesem Gebiet in Gang.

Charcots Versuche wurden hauptsächlich an hysterischen Patienten durchgeführt und ergaben, dass hysterische Symptome der Suggestibilität unterliegen. Bei ihnen gelang der Nachweis, dass sie auf mehr oder weniger unbewussten Vorstellungen beruhten. Für Charcot hätte es eigentlich nahe gelegen, diese Vorstellungsdynamik mit psychologischen Mitteln zu ergründen. Auf ein solches psychologisches Terrain ließ er sich aber nicht ein, da er die Hysterie neben hereditären Ursachen auf einen *neurologischen* Erklärungsansatz zurückführte und die psychische Dynamik nur im Sinne von »Gelegenheitsursachen« berücksichtigte. Daher verzichtete er darauf, die Hypnose als psychotherapeutische Methode heranzuziehen. Er setzte auf physische Methoden wie Elektro- und Hydrotherapie und andere Verfahren mit speziellen Apparaten. Die »psychische Komponente« beschränkte sich auf den »Wechsel des sozialen Milieus, Entfernung von zu schwachen oder gefälligen Verwandten, Isolieren von anderen Hysterischen, moralische und geistige Hygiene« (Charcot, zit.n. Mayer, 2002, S. 66f.).

Einen anderen Weg schlug hier sein großer Gegenspieler, der Neurologe Hippolyte Bernheim (1837–1919) aus Nancy ein, indem er die Hypnose aus ihrer allzu engen Verflechtung mit der Hysterie löste. Im Unterschied zu Charcots neurologischer vertrat Bernheim eine rein *psychologische* Theorie. Der Hysterie und ähnlichen funktionellen Störungen lägen krankhafte Vorstellungen zugrunde. Da sie die psychischen und körperlichen Funktionen aus dem Gleichgewicht bringen, komme es in der Therapie darauf an, den Einfluss dieser krankhaften Störungen so weit wie möglich abzuschwächen.

Bernheim hat allerdings nie den Rahmen einer Bewusstseinspsychologie überschritten und sich explizit gegen die Annahme unbewusster Vorstellungen gewandt. Es gebe allenfalls »latente« im Sinne bewusstseinsfähiger, in Freuds Terminologie »vorbewusster« Vorstellungen. Demnach hat sich Bernheim mit seiner Hypnotismuspsychologie in den Bahnen der klassischen Vorstellungspsychologie bewegt und sich nicht auf eine subtilere und theoretisch differenziertere Erfassung der unbewussten Dynamik des Hypnotismus eingelassen (vgl. Reicheneder, 1990, S. 222ff.).

Als Bernheims zentrales Anliegen kann man die Verknüpfung der Hypnose mit der *Suggestion* betrachten. Für die Psychologie bedeutete dies »die systematische und bewußte Anwendung der Suggestion zur Behandlung von Krankheiten, sodann die Verbindung mit dem Hypnotismus als nützlichem, oft notwendigem Begleiter der Suggestion: mit einem Worte, die Anwendung der hypnotischen Suggestion als Psychotherapie« (Bernheim, 1892, S. 16). Begründet wurde die auf hypnotischer Suggestion beruhende Psychotherapie allerdings schon von Bernheims Kooperationspartner Ambroise Augustin Liébault (1823–1904), dessen Hypnosetechnik er übernahm und mit dem er in der »Schule von Nancy« eng zusammenarbeitete. Bei Liébault war es die »mitteilsame Wärme« seiner Stimme, die »ansteckende Überredung«, die der Suggestion zum Erfolg verhelfen sollte. Nach Bernheims Auffassung war es hingegen die Idee, die in das Gehirn des Patienten eingeführt und von diesem übernommen werden musste, um eine Heilung zu ermöglichen. Die Interaktion zwischen Therapeut und Patient wurde als »Kampf der Gehirne« gesehen, bei dem der Patient mit einer »Gegensuggestion« auf die Suggestion des Therapeuten antworten kann (vgl. Mayer, 2002, S. 70f.). Damit die Suggestion ihre Wirkung entfalten kann, muss sie auf die Individualität des Patienten abgestimmt sein: »Die Barschheit taugt für die meisten Hysterischen nicht, die sanfte eindringliche Überredung ist gewöhnlich das Richtigere. Die Furcht, die Einschüchterung, die starken Erregungen können als Gegensuggestionen wirken und Krämpfe oder andere nervöse Erscheinungen erregen« (Bernheim, 1892, S. 146).

In einer medizinhistorisch ausgreifenden Replik äußerte Bernheim, die Suggestivtherapie sei seit Menschengedenken ausgeübt worden, aber »versteckt wie eingesprengtes Gold mitten in einer dicken Schicht von taubem Gestein«. Sie liege der alten Magie und auch den gegenwärtigen magischen Künsten wilder Völker ebenso zugrunde wie der priesterlichen Medizin und der vielfältigen religiösen Gebräuche, dem Spuk des Hexenwesens und dem Exorzismus, den Prozeduren des tierischen Magnetismus wie dem Hypnotismus:

> »Dies Alles war nichts; der Glaube ist Alles, und dieser Glaube oder diese Gläubigkeit ist dem menschlichen Geiste eingeboren. Alle Wunder rühren von der menschlichen Phantasie her. Unserem Zeitalter blieb es vorbehalten, das volle Licht über diesen Gegenstand zu verbreiten, einen klaren Begriff der wissenschaftlichen Lehre von der Suggestion zu bilden, vor dem alle Verirrungen der Phantasie und alle Ausschweifungen des Aberglaubens, welche die arme Menschheit so lange verhindert haben, schwinden müssen« (ebd., S. 15).

Wenn man die Geschichte der Magnetiseure und Hypnotiseure mit ihren Höhen und Tiefen betrachtet, lässt sich sicherlich vieles mit dem psychodynamischen Konzept der Suggestion interpretieren. Suggestives Intervenieren spielt in jeder ärztlichen oder psychotherapeutischen Tätigkeit eine eminent wichtige Rolle. Selbst der Nicht-Hypnotiseur sei, wie Freud schon 1889 schrieb, »nie befriedigter, als wenn er durch die Macht seiner Persönlichkeit, den Einfluß seiner Rede und seiner – Autorität, eine Krankheitserscheinung aus der Aufmerksamkeit des Kranken verdrängt« (Freud, 1889, S. 129).

Bernheim stellte der heilsamen Suggestion des Arztes die pathogenen Autosuggestionen des Patienten gegenüber. Wenn die Autosuggestionen überhand nähmen, verhinderten sie den für eine Heilung notwendigen Rapport mit dem Therapeuten. Zu den unheilbaren Patienten rechnete er vor allem diejenigen Geisteskranken, die »nur noch mit sich selbst in Rapport« stünden (Bernheim, 1888, S. 196). Ganz ähnlich sprach Freud später von der mangelnden Übertragungsfähigkeit psychotischer Menschen.

Freud scheint die Begrenztheit von Bernheims Bewusstseinspsychologie gesehen zu haben, schon bevor er seine Psychologie des Unbewussten, ausarbeitete. In einer Besprechung von Auguste Forels Buch *Der Hypnotismus* (1889) griff er die These des Autors, »der bisher so verschwommene Begriff des Hypnotismus hat in den der Suggestion aufzugehen«, auf und stellte sie unverblümt infrage: »Ob der Begriff der Suggestion wirklich minder verschwommen ist als der des Hypnotismus, muß einer eingehenderen Kritik zur Entscheidung vorbehalten werden« (ebd., S. 134).

Solche Einwände sollen aber die historischen Verdienste von Charcots Schule der Salpêtrière und Bernheims Schule von Nancy nicht schmälern. Freuds

»Kurzer Abriß der Psychoanalyse« enthält einen historischen Rückblick, in dem es heißt: »Das ›Unbewußte‹ sei in den Erscheinungen des Hypnotismus »zuerst leibhaft, handgreiflich und Gegenstand des Experiments« geworden; und mit noch deutlicherer Pointierung fügt er hinzu: »Man kann die Bedeutung des Hypnotismus für die Entstehungsgeschichte der Psychoanalyse nicht leicht überschätzen. In theoretischer wie therapeutischer Hinsicht verwaltet die Psychoanalyse ein Erbe, das sie vom Hypnotismus übernommen hat« (Freud, 1924, S. 407). Auf Freuds kritische Auseinandersetzung mit dem Hypnotismus und der Suggestion werden wir später noch eingehend zu sprechen kommen.

### Erfahrungen mit dem »Rapport«

Der Begriff des *Rapports* (frz. Beziehung, Verbindung) war für die Praxis der Magnetiseure und Hypnotiseure von herausragender Bedeutung, weil sie die Erfahrung machten, dass die Beziehung zu den Magnetisierten bzw. Hypnotisierten mit hoher Gefühlsintensität aufgeladen ist und dass das Gelingen oder Misslingen ihrer therapeutischen Bemühungen in hohem Maße von der Regulierung der wechselseitigen Gefühle, Affekte und Leidenschaften abhängt. »Dieser Begriff wurde von Anfang an von Mesmer selbst verwendet; er wurde von Generationen von Magnetiseuren und Hypnotiseuren bis zum Beginn des 20. Jahrhunderts weitergegeben, während die Bedeutung allmählich ausgearbeitet und vervollkommnet wurde« (Ellenberger, 1973, S. 222).

Mesmer scheint den Begriff des Rapports aus der Physik seiner Zeit übernommen zu haben. Der Kranke sollte ja wieder an den Kreislauf der Natur angeschlossen werden, und dazu bedurfte es des Magnetiseurs als Mittlers, der durch sein Seelenfeuer das des Patienten entzünden und damit den unterbrochenen Energiefluss zwischen innerer und äußerer Natur wieder herstellen sollte. Zeitweise nahm Mesmer mehrere Patienten in sein eigenes Haus auf, so auch die 18-jährige Maria Theresia Paradis, die seit ihrem vierten Lebensjahr blind war und dennoch – mit Unterstützung ihrer vermögenden und einflussreichen Eltern – eine erstaunliche Karriere als Pianistin eingeschlagen hatte. In der Behandlung dieser Patientin, die an Krampfanfällen litt, trat eines Tages etwas Erstaunliches ein. Sie behauptete, wieder sehen zu können, und auch Mesmer war von diesem Heilerfolg überzeugt. Aber eine Ärztekommission bestritt diese Behauptung – die Sehfähigkeit sei nur in Gegenwart Mesmers vorhanden! – und es kam zu einem Rückfall, der für ihre Eltern sehr irritierend war. Dabei hatte die Patientin, folgt man der Schilderung ihres Vaters, offenbar Angst vor

Veränderung: »Alles, was ich sehe«, soll sie gesagt haben, »verursacht mir eine unangenehme Bewegung. Ach in meiner Blindheit bin ich weit ruhiger gewesen!« (Zweig, 1931, S. 57) Schwer zu sagen, ob der Rückfall an der eigenen Abwehr oder am Einfluss der Ärztekommission gelegen hat, auf jeden Fall machte Mesmer die schmerzliche Erfahrung, dass die Vertrauensbeziehung zu seiner Patientin kippte und der Rückfall als Beweismittel gegen ihn und seine Therapie verwendet wurde.

Auch in den Gruppenbehandlungen kam der Rapport zum Tragen, wenn die Patienten gemeinsam mit dem *baquet* verbunden waren oder mit den Händen eine magnetische Kette bildeten, die dazu dienen sollte, die Beteiligten mit neuem Lebensfeuer zu versorgen. Eine solche mesmeristische Szenerie wurde, wie Augenzeugen berichteten, von den »Priestern des Magnetismus« in großem Stil inszeniert: »Eine Menge Spiegel schmückten den Saal und vervielfältigten die Scenen. Ein ausgesuchtes Orchester führte während der Behandlung die schönsten Symphonien auf, begleitet von dem himmlischen Tone der Harmonica, welche Mesmer selbst meisterhaft spielte« (zit.n. Tripold, 2012, S. 157). Bei den Teilnehmern waren heftige Gefühlsausbrüche zu beobachten, die nicht selten in Umarmungen einmündeten: »Unter manchen entstehen geheime Sympathien; sie suchen sich auf, werfen sich einander in die Arme, bezeugen sich die lebhafteste Zuneigung, und suchen sich gegenseitig ihren Zustand zu versüßen« (ebd.). Man kann sich schwer vorstellen, dass Mesmer die psychische Dynamik des Rapports ganz verborgen geblieben ist; aber er scheint sie nicht explizit thematisiert zu haben.

Dass auch im somnambulen Zustand ein intensiver Rapport zwischen Patient und Magnetiseur zustande kam, war besonders an der wechselseitigen Sensitivität erkennbar, die als »magnetische Reziprozität« bezeichnet wurde. Als das Mysterium der therapeutischen Beziehung mehr und mehr ins Blickfeld rückte, sprach man von tiefen Einheitserfahrungen durch die Überwindung der Subjekt-Objekt-Spannung, von sympathetischer Vereinigung, ja von »Nervenvermählung« und zog einen Vergleich zu den Erfahrungen der »unio mystica«. Neben heilsamen Begegnungen erlebten die Therapeuten aber auch, dass auf der Beziehungsebene oft mehr geschah, als ihnen lieb war, dass gefühlsmäßige Verstrickungen sie belasteten, erotische Momente und Verführungen ins Spiel kamen und Kränkungen verarbeitet werden mussten.

Die Asymmetrie in der Beziehung zwischen Hypnotiseur und Hypnotisiertem verstärkte sich, als der animalische Magnetismus um die Jahrhundertmitte in den Hypnotismus überging. »Der bürgerliche Charakter, den die Hypnose nun annahm, erklärt vielleicht auch, warum man sich nun mit den theoretischen und didaktischen Aspekten des Hypnotismus rationaler und systematischer beschäftigte« (ebd., S. 270).

In der weiteren Entwicklung wurde das Konzept des Rapports von Mesmers Nachfolgern psychologisch ausgebaut, bevor Pierre Janet (1897) eine neue Theorie aufstellte, bei der er zwei Phasen unterschied. In der ersten Phase des »Einflusses« erlebe der Patient eine erhebliche Besserung der Beschwerden, oft ohne viel an den Therapeuten zu denken. In der zweiten Phase der »somnambulen Leidenschaft« verspüre er ein verstärktes Bedürfnis, den Hypnotiseur aufzusuchen und mit ihm im Kontakt zu sein. Die dabei auftretenden Gefühle seien, je nach Art des Patienten, »ein Gemisch aus erotischer Leidenschaft, kindlicher oder mütterlicher Liebe und aus anderen Gefühlen, und immer sei eine bestimmte Art von Liebe in ihnen enthalten« (Ellenberger, 1973, S. 227). Es liegt sehr nahe, das Konzept der somnambulen Leidenschaft als Vorwegnahme der Freud'schen Theorie der Übertragung zu betrachten.

Freud hat den Begriff des Rapports bereits in der voranalytischen Schaffensperiode erstmals verwandt, als er auf das auffällige Verhalten des Hypnotisierten gegenüber dem Hypnotiseur einging:

> »Während der Hypnotisierte sich gegen die Außenwelt sonst verhält wie ein Schlafender, also sich mit all seinen Sinnen von ihm abgewendet hat, ist er *wach* für die Person, die ihn in Hypnose versetzt hat, hört und sieht nur diese, versteht sie und gibt ihr Antwort. Diese Erscheinung, die man den *Rapport* in der Hypnose heißt, findet ein Gegenstück in der Art, wie manche Menschen, z. B. die Mutter, die ihr Kind nährt, schlafen. Sie ist so auffällig, dass sie uns das Verständnis des Verhältnisses zwischen Hypnotisiertem und Hypnotiseur vermitteln sollte« (1890, S. 305f.).

25 Jahre später betont er in seiner *Selbstdarstellung*, dass die intensive Gefühlsbeziehung des Patienten zur Person des Analytikers »von leidenschaftlicher, vollsinnlicher Verliebtheit bis zum extremen Ausdruck von Auflehnung, Erbitterung und Haß« variiert, und bringt sie dann explizit mit der *»Übertragung«* in Verbindung. In der Übertragung erkenne man »denselben dynamischen Faktor, den die Hypnotiker Suggerierbarkeit genannt haben, der der Träger des hypnotischen Rapports ist« (Freud, 1925a, S. 67f.).

Um der Komplexität des intersubjektiven Geschehens gerecht zu werden, hat man in der neueren Psychoanalyse einen Perspektivwechsel vollzogen: von der Übertragung als einseitig projektivem Vorgang zu einer wechselseitigen Übertragungs-/Gegenübertragungsdynamik.

Daniel Stern hat das Konzept des »*Attunements*« entwickelt, um das subtile Zusammenspiel in der frühen Eltern-Kind-Beziehung, die Feinabstimmung ihrer Rhythmen, Gefühle und Affekte genauer zu bestimmen, und hat es im Weiteren auch auf die therapeutische Beziehung angewandt. In jüngster Zeit wird das Konzept der »*Empathie*« gründlich erforscht, um das, was in Therapien wirklich geschieht, transparent zu machen.

### Das Aufdecken krankmachender Geheimnisse

Geistliche Seelenkuren im Protestantismus, die vor allem im 17. und 18. Jahrhundert weit verbreitet waren, bildeten den Ausgangspunkt des vorausgegangenen Kapitels. Im Rahmen der katholischen Beichte und der evangelischen Seelsorge spielten minutiöse Gewissenserforschung mit dem Aufdecken von Geheimnissen und Sündenbekenntnisse mit nachfolgenden Bußpraktiken eine zentrale Rolle.

Wenn man sich die Frage nach der Bedeutung von »Geheimnissen« stellt, sieht man sich alsbald hin- und hergerissen zwischen gegensätzlichen Perspektiven. So können Geheimnisse von Verschlossenheit und Misstrauen, ja von Unwahrhaftigkeit und Lüge zeugen, mit Verdrängung und Abwehr einhergehen und krankmachende Wirkungen entfalten. Sie können aber auch sehr sinnvoll, moralisch einwandfrei und »gesund« sein, wenn sie dem Schutz der Intimsphäre und der eigenen Autonomiebestrebungen dienen. Der Sinn und die Berechtigung von Geheimnissen bewegt sich zwischen den Polen von Offenheit und Selbstbewahrung, Vertrauen und Rückzug, Selbst- und Fremdbestimmung, Privatheit und Öffentlichkeit, Wahrheit und Lüge.

Im Fokus der Betrachtung stehen zumeist Geheimnisse, die man *vor anderen* hat, die man nicht preisgeben kann oder will. In solchen Fällen ist es einem mehr oder weniger bewusst, dass man etwas geheim hält, dass man sich nicht in die Karten schauen lassen will, dass der Andere etwas Bestimmtes nicht wissen soll. Das gilt z. B. für einen Jugendlichen, der seine Intimsphäre vor dem Zugriff anderer, insbesondere der Eltern zu schützen sucht. Seine Geheimnisse, die mit Enttäuschungen im Liebesbereich, eigener Unsicherheit und Verletzlichkeit, aber auch mit Kritik, Aggressionen und Empörung gegenüber Autoritäten zu tun haben können, offenbart er nur wenigen Vertrauenspersonen, am ehesten dem Liebespartner, dem besten Freund oder einem Mentor. Schon hier zeigt sich, dass man grundsätzlich Geheimnisse haben darf und wie problematisch es sein kann, Menschen unter Druck zu setzen, um ihnen ihre Geheimnisse zu entlocken oder gar zu entreißen.

Es gibt aber auch Geheimnisse, die man *vor sich selbst* hat, die einem als Geheimnis oft gar nicht bewusst sind, mit denen man aber so umgeht, als wolle man sie nicht wahrhaben. Man spürt sie diffus und oft mit starken Gefühlen – z. B. eine schwer zu verkraftende Kränkung –, und lässt sie dennoch nicht näher an sich heran oder sucht sie sich aus dem Kopf zu schlagen. Solche Geheimhaltungsversuche können mit unbewussten Konflikten zu tun haben, auf die der Betroffene mit Verdrängung und anderen Abwehrmechanismen reagiert, und dienen dem Einzelnen dazu, sein psychisches Gleichgewicht auszubalancieren.

Gerade solche belastenden Geheimnisse, mit denen sich die Betroffenen selbst nicht offen auseinandersetzen konnten, wurden in den Zeiten, in denen es noch keine Psychiatrie und professionelle Psychotherapie gab, Seelsorgern – und in ähnlicher Weise Landärzten – als Vertrauenspersonen offenbart. »Von manchen protestantischen Pastoren nahm man an, sie hätten eine besondere Geistesgabe, die sie befähigte, von bekümmerten Seelen das Bekenntnis eines krankmachenden Geheimnisses zu erlangen und diesen Menschen aus ihren Schwierigkeiten herauszuhelfen« (Ellenberger, 1973, S. 81).

Ein Fallbeispiel für die Heilung einer depressiven Erkrankung, die auf einem pathogenen Geheimnis beruht, findet sich in dem 1785 veröffentlichten Roman *Theobald oder die Schwärmer* des pietistischen Schriftstellers Heinrich Jung-Stilling und wurde von ihm selbst als »wahre Geschichte« bezeichnet. Nachdem die Patientin – eine junge, unverheiratete Frau – mit verschiedenen Medikamenten erfolglos behandelt worden ist, wird ein Pfarrer hinzugezogen, der sich als Seelenheiler einen guten Ruf erworben hat. In einem langen freundlichen Gespräch gewinnt er das Vertrauen der Patientin, die ihm dann ihre heimliche und vergebliche Liebe zu Theobald offenbart. Er tröstet sie nicht nur, sondern klärt auch die Eltern über das Geheimnis ihrer Tochter auf und am Ende gelingt es ihm, Theobald für eine Hochzeit zu gewinnen, wodurch das Geheimnis seine krankmachende Wirkung verliert (vgl. ebd., S. 82).

Auch Schopenhauer war es nicht verborgen geblieben, dass die sexuelle Thematik, obwohl sie »der unsichtbare Mittelpunkt allen Thuns und Treibens« ist, meist nur indirekt und andeutungsweise angesprochen wird. Die Geschlechtsliebe sei

> »der Sinn aller geheimen Winke, aller unausgesprochenen Anträge und aller verstohlenen Blicke, das tägliche Dichten und Trachten der Jungen und oft auch der Alten, der stündliche Gedanke der Unkeuschen und die gegen seinen Willen stets wiederkehrende Träumerei des Keuschen [...]. Das aber ist das Pikante und der Spaß

der Welt, daß die Hauptangelegenheit aller Menschen heimlich betrieben und ostensibel möglichst ignoriert wird« (Schopenhauer, 1844, S. 601).

In den Behandlungen der Magnetiseure und Hypnotiseure wurden Geheimnisse und ihre pathogene Wirkung zu einem wichtigen Thema. Der Wiener Arzt Moritz Benedikt (1835–1920) hat dann in einer Reihe von Veröffentlichungen im Zeitraum zwischen 1864 und 1895 gezeigt, dass die Ursache vieler Neurosen in einem schmerzlichen Geheimnis liegt, das meistens mit sexuellen Wünschen zu tun hat, und dass viele Patienten dadurch geheilt werden können, dass sie ihre krankmachenden Geheimnisse einem Therapeuten anvertrauen und die damit zusammenhängenden Probleme lösen (vgl. Ellenberger, 1973, S. 85).

## Die Bedeutung der Magnetiseure und Hypnotiseure für die moderne Psychotherapie

Ellenberger (1973, S. 9f.) hat angenommen, dass im Zeitraum von 1780 bis 1900 ein »erstes System dynamischer Psychiatrie« existiert und für die Entstehung der modernen Psychotherapie (Freud, Adler, Jung, Janet u. a.) grundlegende Bedeutung gehabt hat. Auch wenn man sich dieser Definition nicht anschließt, kann man doch eine Kontinuität vom Magnetismus über den Hypnotismus zur Suggestionstherapie erkennen. Zu den Essentials dieses Traditionsstrangs gehören:

- ➢ das Interesse an besonderen Zuständen: den »magnetischen Krankheiten«,
- ➢ der Glaube an die Psychogenese vieler Krankheitsphänomene,
- ➢ die Grundannahme einer Dualität von Bewusstem und Unbewussten,
- ➢ die Anwendung des Somnambulismus als Forschungs- und Therapiemethode,
- ➢ der Magnetiseur als neuer Typus des Heilers,
- ➢ der Übergang vom Mesmerismus zum Hypnotismus,
- ➢ die Verknüpfung der Hypnose mit der Suggestion zu einem neuen Heilverfahren und
- ➢ der »Rapport« als therapeutischer Übermittlungsweg u. a.

Wie wir im letzten Kapitel gesehen haben, waren die Entwicklung der »psychischen Kuren« im 18. Jahrhundert und der Beginn der Psychiatrie vom Geist der *Aufklärung* getragen. Daraus erwuchsen soziale, anthropologische und pädagogisch-therapeutische Leitlinien wie die Orientierung an Vernunft und Selbstbestimmung, die Ausrichtung an der Wissenschaft, der Glaube an den gesellschaftlichen Fortschritt sowie ein sozialreformerischer Eifer mit den Ideen der Erziehung und Korrektur. In therapeutischer Hinsicht fand die »psychische Kur« bzw. »moralische Behandlung« besondere Beachtung, womit in erster Linie diätetische Maßnahmen, erzieherische Interventionen und medizinische Eingriffe gemeint waren. Kamen bei den »Psychikern« Reil, Heinroth und Ideler philanthropische Ideen ins Spiel, die der romantischen Medizin bzw. Psychiatrie zugerechnet wurden, so bezogen sich diese in erster Linie auf eine Reform der Anstaltspsychiatrie. Schott und Tölle (2006, S. 433) haben darauf hingewiesen, dass »gerade die psychologischen bzw. psychotherapeutischen Ansätze in unserem heutigen Verständnis aus der ›psychischen Kur‹ ausgeklammert« wurden. Dabei beziehen sich die beiden Autoren explizit auf die Entdeckungen über die »Nachtseite« des menschlichen Seelenlebens, die wundersamen Visionen und magischen Heilkräfte der Somnambulen sowie die empirischen Studien zur tiefenpsychologischen Seelenforschung, die aus der Praxis der Magnetiseure stammten. Und sie gehen noch einen Schritt weiter zu der These: »Nicht die Irrenbehandlung in den Anstalten, sondern die magnetische Kur der Somnambulen sollte zur ›dynamischen Psychiatrie‹, nämlich zur Entstehung der ›medizinischen Psychologie‹ von der Hypnose bis hin zur Psychoanalyse, führen« (ebd., S. 433f.).

Wesentlich erscheint, dass Mesmerismus, Hypnotismus und Suggestionstherapie Außenseiterbewegungen waren. Durch sie kamen in der aufkommenden Romantik Tendenzen ins Spiel, die einen Gegenpol zur Aufklärung bildeten: ein tiefes Gefühl für die Natur und deren Geheimnisse, ein Kult des Irrationalen, mystische Tendenzen, das Interesse an allen Manifestationen des Unbewussten u. a. (Ellenberger, 1973, S. 273ff.; Schott & Tölle, 2006, S. 48ff.). Dass Mesmer der Frühromantik nahestand, zeigte sich in seinem Enthusiasmus, mit dem er der inneren, dynamisch belebten Natur – den Seelenvorgängen, Träumen, Stimmungen, Ahnungen, Erinnerungen – nachspürte. Auch bei Puységur ist die für die Romantik charakteristische Suchbewegung spürbar, die durch die Säkularisierung und den Rationalismus der Aufklärung hinterlassenen Sinndefizite auszugleichen und der »entzauberten« Welt etwas entgegenzusetzen.

Zieht man eine Entwicklungslinie von Mesmer über Puységur, Braid und Charcot zu Bernheim und Freud, so kann man fast bei jedem neuen Entwicklungsschritt eine Antithese zum Vorausgegangenen erkennen, die mit der übergeordneten Dialektik von Aufklärung und Romantik verwoben ist. Im Rahmen dieser dialektischen Entwicklung kommt es zu einer Loslösung von der physikalischen Denktradition des animalischen Magnetismus und der Ausarbeitung eines psychologischen Denkmodells. In den Worten von Heinz Schott: »Der Hypnotismus wurde von Bernheim rein psychologisch gefasst, wobei seine neurologischen Erklärungsmodelle lediglich als Metaphern zu verstehen sind, als wissenschaftliche Hilfskonstruktion, obwohl sie Bernheim sicherlich nicht als solche begriffen hat« (1989, S. 92).

Damit ging eine bedeutsame Wende von der äußeren zur inneren Welt des Menschen einher, die gleichsam die Weichen für die Herausbildung der Psychotherapie im 19. Jahrhundert gestellt hat.

> »Der Hypnotismus will nicht mehr eine sympathetische Harmonie zwischen den Menschen herstellen und dadurch eine Gemeinschaft stiften wie der Mesmerismus, sondern vielmehr den gestörten Funktionsablauf des einzelnen Organismus korrigieren. Der Arzt wird vom Magnetiseur als charismatischem Heiler zum kompetenten psychotherapeutischen bzw. psychoanalytischen ›Techniker‹. Der Patient wird durch die Behandlung nicht mehr in seiner Person affiziert, sondern in seiner spezifischen Störung korrigiert« (Schott & Tölle, 2006, S. 464).

## Ausgewählte Literatur

Ellenberger, H. F. (1973). *Die Entdeckung des Unbewußten. Geschichte und Entwicklung der dynamischen Psychiatrie von den Anfängen bis zu Janet, Freud, Adler und Jung*. Zürich: Diogenes 2005.

Mayer, A. (2002). *Mikroskopie der Psyche. Die Anfänge der Psychoanalyse im Hypnose-Labor*. Göttingen: Wallstein.

Oberlechner, G. (2008). Die Hysterie und ihre Heiler im Europa des 19. Jahrhunderts. In C. Diercks & S. Schlüter (Hrsg.), *Sigmund-Freud-Vorlesungen 2006: Die großen Krankengeschichten* (S. 42–50). Wien: Mandelbaum.

Reicheneder, J. G. (2005). Vom Magnetismus und Hypnotismus zur Psychoanalyse. In M. B. Buchholz & G. Gödde (Hrsg.), *Macht und Dynamik des Unbewussten. Das Unbewusste, Bd. I* (S. 262–295). Gießen: Psychosozial-Verlag.

Schmidbauer, W. (1971). *Psychotherapie. Ihr Weg von der Magie zur Wissenschaft*. München: Nymphenburger.

Schott, H. (1989). Fluidum – Suggestion – Übertragung. Zum Verhältnis von Mesmerismus, Hypnose und Psychoanalyse. In J. Clair, C. Pichler & W. Pircher (Hrsg.), *Wunderblock. Eine Geschichte der modernen Seele* (S. 85–96). Wien: Löcker.

Schott, H. & Tölle, R. (2006). *Geschichte der Psychiatrie. Krankheitslehren, Irrwege, Behandlungsformen*. München: C. H. Beck.

Schröder, C. (1995). *Der Fachstreit um das Seelenheil. Psychotherapiegeschichte zwischen 1880 und 1932*. Frankfurt/M.: Peter Lang.

Sloterdijk, P. (1987). *Der Zauberbaum. Die Entstehung der Psychoanalyse im Jahr 1785. Ein epischer Versuch zur Psychologie der Philosophie*. Frankfurt/M.: Suhrkamp.

Tripold, T. (2012). *Die Kontinuität romantischer Ideen. Zu den Überzeugungen gegenkultureller Bewegungen. Eine Ideengeschichte*. Bielefeld: transcript Verlag.

Zweig, S. (1931). *Die Heilung durch den Geist. Mesmer. Mary Baker-Eddy. Freud*. Frankfurt/M.: Fischer 1952.

## Zusammenfassung: Lebenskunstkonzepte und therapeutische Strategien

Im rekonstruktiven Rückblick zeigt sich die hohe Bedeutung von Fragen der Lebenskunst für die Therapeutik. Versteht man Therapie in einem sehr weiten Sinne, so werden schon in der therapeutischen Anamnese, der Diagnose und auch der Prognose Lebenskunstaspekte relevant, da sie Fragen nach den Lebensumständen, den Lebenszielen, der Lebensführung oder auch konkreten Lebenspraktiken umfassen. Im engeren Sinne lässt sich die Therapie als Maßnahmenkatalog verstehen, der nach der Anamnese, Diagnose und Prognose erfolgt und der von religiös-magischen Praktiken über die Verarztung von Verletzungen und die Verabreichung von Medikamenten bis hin zu lebenspraktischen Überlegungen reicht. Im Mittelpunkt der Lebenskunstanstrengungen stehen dabei nicht die Chirurgie und die Pharmazeutik, sondern die Diätetik, in der es um das Finden eines rechten Maßes bzw. um eine angemessene Lebensweise geht.

In der Diätetik geht es um eine umfassende Regelung der Lebensweise, um die Bewahrung oder Optimierung eines natürlich-vernünftigen Gleichgewichtszustandes. Hierbei sind eine Fülle von Aspekten zu beachten, etwa die Biografie, das Lebensalter und der Status des Kranken, seine Lebensgewohnheiten und Lebensinhalte, die Beziehungen zu seinen Mitmenschen, moralische, politische und ästhetische Maßstäbe, aber auch die Jahreszeiten und die Wohnorte. *Grosso modo* lässt sich festhalten, dass die therapeutische Lebenskunst vor allem den Umgang mit den Leidenschaften in den Mittelpunkt rückt. Das scheint naheliegend, geht man doch einerseits von einer *dualistischen* Anthropologie aus, die die Vernunft bzw. den Verstand als das zentrale ordnende Organ versteht, das die (körperlichen) Leidenschaften zu »zügeln« habe. Und verbleibt man in der Metaphorik von Ross und Reiter, dann gilt es, gelegentlich auch einmal die Zügel fahren zu lassen, aber ansonsten dafür zu sorgen, dass man die Zügel fest in der Hand hat. Gewinnt das Ross der Leidenschaften die Führung, dann drohen dem vernünftigen Reiter nicht nur körperliche, sondern vor allem seelische Problematiken. Auch in der Praxis des Um-sich-selbst-Sorgens geht es um einen maßvollen Umgang, nicht um eine rigide Disziplinierung.

Und andererseits geht man davon aus, dass dort, wo die Emotionen und Leidenschaften besonders »drängend« sind, auch besondere Vorsicht geboten ist – etwa bei Fragen der Ernährung und der Angst vor dem Tod (Fragen der Selbsterhaltung) und bei Fragen der Sexualität (Fragen der Arterhaltung). An diesen zentralen Leidenschaften setzt auch eine therapeutische Lebenskunst an. Gerät der »Reiter« in diesen existenziell-gefährlichen Kontexten aus dem Gleichgewicht, so ist die Therapie gefordert, mit deren Hilfe eine neue Balance von Ross und Reiter wiedererlangt werden soll.

Therapeutische Lebenskunst zielt mithin darauf, bei Störungen einer natürlich verstandenen Ordnung den Kranken eine spezifische Haltung zu sich selbst zu vermitteln: einen Habitus der *Selbstsorge*, der das dem Körper und der Seele Notwendige wie Zuträgliche ausfindig macht und unter Berücksichtigung ethischer Maßstäbe des Guten und ästhetischer Normen des Schönen im Leben verwirklichen kann. Insofern ist die therapeutische Lebenskunst für Lebenskunstfragen besonders instruktiv, da sie über Jahrhunderte hinweg an der *Schnittstelle* von Natur (im Sinne der menschlichen Körper, aber auch im kosmologischen Sinne überzeitlicher Naturgesetzlichkeiten) und Kultur (im Sinne der praktischen Gewohnheiten und der diskursiven Theorien und Modelle) situiert war. In diesem Sinne lässt sich auch behaupten, dass das zentrale Thema einer therapeutischen Lebenskunst das Ausbalancieren von Natur und Kultur darstellte. Der Therapeut hatte die Doppelrolle eines Heil- und eines Lebenskünstlers inne; er wurde überwiegend nie nur als Arzt, sondern immer auch als praktischer Philosoph verstanden.

Vor diesem Hintergrund lässt sich eine große Entwicklungslinie psychotherapeutischer Praktiken darstellen, die von den »diätetischen Maßnahmen« der Antike über die »geistlichen Seelenkuren« des Mittelalters, die dann durch eine »philosophische« Zwischenphase in der Aufklärung »abgelöst« wurden, bis hin zu den »psychologischen Kuren« im 19. Jahrhundert reichen. Hierbei sind die zentralen Bezugspunkte der Maßnahmen jeweils andere: die Natur (Antike), die gottgewollte Ordnung (Mittelalter), die Vernunft (Aufklärung) und schließlich die »Psyche« selbst (Moderne). Die Moderne wird dann beherrscht durch eine Dialektik von aufklärerischem und romantischem Denken. Im Rahmen dieser dialektischen Entwicklung kommt es zu einer Loslösung von den naturwissenschaftlich-medizinischen Denktraditionen und zur Ausarbeitung eines psychologischen Denkmodells.

Das zentrale Ziel einer therapeutischen Lebenskunst – von der Antike bis in die Neuzeit hinein – besteht darin, über diätetische, seelsorgerische und psychologische Empfehlungen auf Selbstbeherrschung zielende Verhaltensmaßnahmen zu vermitteln. Das Ziel einer therapeutischen Lebenskunst – von der Antike bis in die Moderne – besteht mithin darin, über diätetische Empfehlungen auf Selbstbeherrschung zielende Verhaltensmaßnahmen zu vermitteln. Diese Verhaltensmaßnahmen liegen auf verschiedenen Ebenen. Ganz besonders relevant scheinen hierbei drei Formen gewesen zu sein: eine hermeneutisch-reflexive Form der Selbstsorge, die eine verstehende und selbstkritische Haltung zu sich, zu anderen, aber auch zur (etwa politischen, oder im Christentum: zur weltlichen) Welt zur Folge haben sollte; sodann konkrete Übungen und Tätigkeiten im Umgang mit den »Lüsten« und Leidenschaften; und schließlich die Gestaltung eines schönen, maßvollen Lebens, das auch den Nachkommen noch als nachahmenswertes Beispiel dienen kann.

Es ist kein Zufall, dass in diesen drei Formen einer therapeutischen Lebenskunst die drei anthropologisch zentralen Verhaltens- und Aktivitätsweisen zum Ausdruck kommen: Die Griechen bezeichneten sie mit *Theoria*, *Praxis* und *Poiesis*.

# 4 Freuds Therapeutik – ein Brückenschlag zur philosophischen Lebenskunst

Bei Freud lassen sich zwei Genealogien des Unbewussten unterscheiden. Einerseits hat er mithilfe eines substantivischen Begriffs eine neue Anthropologie anvisiert. Dabei kamen mehrere Vorläuferbegriffe aus der Aufklärung, Romantik und Lebensphilosophie in Betracht, an die er anknüpfen konnte:
➢ die Grundannahme der »pétites perceptions« (unmerkliche, aber hochwirksame Vorstellungen am Rande des Bewusstseins) aus der Philosophie des Aufklärers Leibniz, aus der sich in der weiteren Denkentwicklung (Herbart, Fechner, Lipps) eine Konzeption des kognitiven Unbewussten entfaltete;
➢ die »Lebenskraft« im Sinne des romantisch-vitalen Unbewussten von Medicus, Hufeland, Reil u. a.;
➢ der »Wille« als Wille zum Leben oder Wille zur Macht im Sinne eines triebhaft-irrationalen Unbewussten bei Schelling, Schopenhauer und Nietzsche; und
➢ das »Unbewusste« im teils biologischen, teils psychologischen und teils metaphysisch-teleologischen Sinne von Carl Gustav Carus oder Eduard von Hartmann (vgl. Ellenberger, 1973; Pongratz, 1984; Gödde, 1999).

Diese Vorläuferkonzepte weisen mehr oder weniger große Überschneidungen mit dem »Unbewussten« bzw. dem »Es« im Sinne Freuds auf, sind aber keineswegs mit ihm identisch. Freud hat diese übergeordnete theoretische Ebene als *Metapsychologie* des Unbewussten bezeichnet und dabei zwei topische Modelle unterschieden: das Modell vom Bewussten, Vorbewussten und Unbewussten, das er in der *Traumdeutung* (1900) eingeführt, und das spätere Modell von Es, Ich und Über-Ich, das er in der Schrift *Das Ich und das Es* (1923) präsentiert hat. Obwohl die Metapsychologie als wissenschaftliche Theorie gerade zur Überwindung der Metaphysik dienen sollte, lässt sich zeigen, dass sie in der philosophischen Tradition verwurzelt ist, genauer gesagt: in der Dialektik von Aufklärung und Romantik, Idealismus und Materialismus, Vitalismus und Mechanizismus sowie vor allem in der Philosophie des triebhaft-irrationalen Willens im Sinne Schopenhauers und Nietzsches (vgl. Buchholz & Gödde, 2005).

Eine zweite Genealogie des Unbewussten bei Freud bezieht sich auf die *Klinische Psychologie*. Sprachlich gesehen wird hier das Adjektiv »unbewusst« in Zusammensetzungen wie unbewusste Vorstellungen, Phantasien, Erinnerungen, Gefühle, Absichten, Motive, Konflikte, Handlungen, Prozesse u. a. verwandt. Auch hier gibt es eine weitläufige Tradition, die Henry Ellenberger in seinem Werk *Die Entdeckung des Unbewussten* unter dem Oberbegriff der »Dynamischen Psychiatrie« integriert hat. Auf diesen Traditionsstrang sind wir im dritten Teil ausführlich eingegangen.

Ellenberger wandte sich dagegen, dass die Dynamische Psychiatrie vor Freud nur »vorwissenschaftlich«, nur ein »Vorspiel« zur Entdeckung des Unbewussten in der eigentlich psychoanalytischen Phase gewesen sei. Statt eines epistemologischen »Bruchs«, den man als alleiniges Verdienst Freud zugeschrieben hat, geht er von einer »evolutionären Entwicklung« aus, die ihre Wurzeln in der antiken Heilkunst hat und dann im 18. und 19. Jahrhundert vom Mesmerismus über den Hypnotismus Charcots und Bernheims zu den Systemen von Janet, Freud, Adler, Jung und ihren Nachfolgern geführt habe. Mit dieser Sicht nimmt er eine Gegenposition zur Freud-Hagiografik ein, die in erster Linie mit dem Namen Ernest Jones verbunden ist. Man kann ihm allerdings entgegenhalten, dass er seinerseits in einem wissenschaftshistorischen Muster befangen blieb, indem er den »kollektiven und teleologischen Prozess einer schrittweisen Evolution« unterstellte (Mayer, 2002, S. 11). Sowohl Ellenbergers als auch Jones' Freud-Deutungen enthalten also historische Konstruktionen, sind »große Erzählungen« im Sinne Lyotards, und deshalb bewegt man sich hier in einem emotional hochbesetzten Spannungsfeld pro und contra Freud.

Im Folgenden wollen wir uns auf Sigmund Freud als einen der Gründerväter der modernen Psychotherapie konzentrieren, der – wie zu zeigen sein wird – auch in seiner Behandlungspraxis in der Tradition philosophischer Lebenskunstlehrer stand. In den Anfängen der Psychoanalyse hatte er keine Scheu, eine explizite Verbindung zwischen der modernen Psychotherapie und der Heil- und Lebenskunst der Antike herzustellen. So betonte er in einem vor dem Wiener medizinischen Doktorenkollegium gehaltenen Vortrag, dass die Psychotherapie »kein modernes Heilverfahren« sei. »Im Gegenteil, sie ist die älteste Therapie, deren sich die Medizin bedient hat« (Freud, 1905a, S. 14f.).

Um die therapeutische Lebenskunst Freuds zu rekonstruieren, werden wir zunächst auf wichtige »Vorläufer« wie Charcot und Janet sowie Breuer und Bernays rekurrieren, die für Freuds Therapeutik und Lebenskunstkonzeption wichtige Anregungen lieferten, auch wenn er in zentralen Punkten wiederum von ihren Modellen abwich. Diese Einbettung dient der historischen Positionierung und der systematischen Herausarbeitung von Freuds Position in der Geschichte der modernen Psychologie. Deutlich wird, dass Freuds Denken einerseits – vermittelt über seine Vorläufer – als Anschluss an die oben skizzierte Dialektik von Aufklärung und Romantik verstanden werden kann, insofern seine Modelle etwa des Unbewussten und des Bewusstmachens, der Therapie, des Individuums, der Bedeutung der Geschichte usw. implizit wie explizit an diese Traditionen anknüpfen; andererseits geht er über diese Dialektik in die Geschichte zurück, indem er vor allem die Katharsis-, Askese- und Mußeüberlegungen der stoischen Philosophie in eine therapeutische Lebenskunst integriert; und er geht auch über diese Dialektik hinaus, insofern er auf die Bedeutung von Versagungen und Verdrängungen und auf die Möglichkeiten eines neuen Verständnisses im Umgang mit Lebensproblemen aufmerksam macht.

## Zur unmittelbaren Vorgeschichte der psychoanalytischen Behandlungskonzeption

Für Freud war die Hysterie eine erste große Herausforderung auf seinem Weg von der Neuropathologie zur Psychoanalyse. Ausgangspunkt war sein viermonatiger Studienaufenthalt bei dem französischen Neurologen Jean-Martin Charcot an der Pariser Salpêtrière (1885/86); von großem Einfluss waren aber auch der Suggestionstherapeut Bernheim, den er 1889 in Nancy aufsuchte, um sich mit der Methodik der hypnotischen Suggestion vertraut zu machen; eine Reihe weiterer Hypnosetherapeuten, von denen Pierre Janet hervorzuheben ist, obwohl es in späteren Jahren zwischen beiden zu einem erbitterten Prioritätsstreit kam; sowie Josef Breuer, sein langjähriger Mentor und Freud, der ihm schon 1882 Einblick in den Fall Anna O. gegeben hat. An der Therapie hysterischer Phänomene lässt sich zeigen, wie Freud, von Charcots »*neurologischem*« Paradigma ausgehend, eine in entscheidenden Punkten über die klinischen Ansätze seiner Vorgänger Charcot, Bernheim, Janet und Breuer hinausführende »*psychodynamische*« Therapiekonzeption aufbaute (vgl. Gödde, 1994, 2006a, 2006b).

## Drei Hauptströmungen in den Anfängen der modernen Psychotherapie

Blickt man auf die Anfänge der modernen Psychotherapie seit den 1880er Jahren zurück, so kann man drei Hauptrichtungen unterscheiden:
- die ärztliche Hypnosebewegung,
- die psychagogisch-rationale Therapie und
- die Psychokatharsis und frühe Psychoanalyse (vgl. Schröder, 1995).

Als Erstes stößt man auf die *ärztliche Hypnosebewegung*. Die Zeit von 1880 bis 1890 gilt als das Jahrzehnt des Hypnotismus, der sich als Gesamtheit der mit der bewussten und unbewussten Suggestion zusammenhängenden Erscheinungen definieren lässt. Jean-Martin Charcot (1825–1893), dem berühmten Neurologen der Pariser Salpêtrière, war es in erster Linie zu verdanken, dass der Hypnose wieder der Rang eines ernst zu nehmenden, exakt handhabbaren Forschungsinstruments zugestanden wurde. In seinen Hypnose-Experimenten führte er vor, dass hysterische Anfälle und Lähmungen künstlich hervorgerufen und wieder rückgängig gemacht werden können. Da er die Symptome der Hysterie stets auf physiologische Veränderungen des Nervensystems zurückführte, kam es für ihn nicht in Betracht, die Hypnose als psychotherapeutische Methode zur Erforschung unbewusster Vorstellungen zu nutzen.

Einen anderen Weg schlug hier sein Gegenspieler, der Neurologe Hippolyte Bernheim (1837–1919) aus Nancy ein. Bernheim hatte in Straßburg Medizin studiert und sich dort als Psychiater niedergelassen. Nach dem Deutsch-Französischen Krieg fiel Straßburg jedoch an Deutschland, sodass Bernheim 1871 nach Nancy übersiedelte und dort Professor wurde. Als 1880 das Fach Hypnose an der medizinischen Fakultät aufgenommen wurde, engagierte er sich auf diesem Gebiet, nahm Kontakt zu dem schon seit 20 Jahren mit Hypnose therapierenden Arzt Auguste Ambroise Liébault (1823–1904) auf und führte dessen Methoden an seiner Universitätsklinik ein. Seiner Auffassung nach beruhen hypnotische Erscheinungen auf der Wirkung suggerierter Vorstellungen. Den hysterischen (und ähnlichen funktionellen) Störungen lägen krankhafte Vorstellungen zugrunde, die die psychischen und körperlichen Funktionen aus dem Lot bringen würden. Um den Einfluss dieser krankhaften Vorstellungen bzw. der Erinnerung an ein erschütterndes Erlebnis zu beseitigen, entwickelte Bernheim eine *Suggestionstherapie*: Zunächst wird der Patient in künstlichen Schlaf versetzt, um bei ihm die kritischen Funktionen des Bewusstseins und des Willens auszuschalten und ihn für die suggestive Beeinflussung empfänglich zu machen. In der Hypnose wird dann eine bestimmte suggestive Anweisung erteilt, die dazu dient, krankhafte Vorstellungen durch angemessenere und vernünftigere zu ersetzen.

Eine zweite Richtung der modernen Psychotherapie wird als *psychagogisch-rational* bezeichnet. Sie nahm ihren Ausgangspunkt vom Krankheitsbild der Nervosität. Der amerikanische Neurologe George Beard (1839–1883), der 1881 den Symptomkomplex der »Nervenschwäche« bzw. Neurasthenie als die am häufigsten vermutete Folge der Nervosität beschrieb, löste damit im deutschsprachigen Raum eine allgemeine »Nervositätsmanie« aus: Nervöse Symptome wie Erschöpfung, Antriebsmangel und »Willensschwäche« wurden nunmehr als Nährboden für »das Abgleiten in sexuelle Ausschweifung und Perversion mit irreversiblen Folgen« betrachtet (Schröder, 1995, S. 51, 53). Aufgrund der geradezu epidemischen Ängste vor der weiteren Ausbreitung der Nervosität sahen sich viele Ärzte zu einer therapeutischen Neuorientierung veranlasst. Als Prototyp solcher psychagogisch-rationalen Therapieprogramme gilt die von Paul Dubois (1848–1918) eingeführte Methode der *Persuasion*. Dubois (1904) ging bei den Psychoneurosen von einem Mangel an Werturteilen aus, der durch Vernunft und Überzeugungsfähigkeit des Arztes ausgeglichen werden müsse. Eine Nähe zu den späteren kognitiven Therapien, insbesondere zur rational-emotiven Therapie von Albert Ellis und zur kognitiven Depressionstherapie von Aaron Beck, ist unverkennbar.

Die »*Psychokatharsis*« kann als dritte große Therapierichtung in der Anfangszeit der modernen Psychotherapie erachtet werden (ebd., S. 99–162). Sie bedeutete eine Weiterentwicklung der Suggestionstherapie, wobei sie zugleich Elemente der rationalen Therapie in sich aufnahm. Wurde die rationale Therapieform in erster Linie zur Behandlung der Neurasthenie, so die kathartische zur Hysterietherapie herangezogen. Freud nahm an, dass die kathartische Methode prinzipiell imstande sei, »jedes beliebige hysterische Symptom zu beseitigen, während sie, wie leicht ersichtlich, völlig machtlos ist gegen Phänomene der Neurasthenie und nur selten und nur auf Umwegen die psychischen Folgen der Angstneurose beeinflußt« (1895, S. 259).

## Im Banne des Hypnotismus – Charcots neurologisches Paradigma der Hysterie

Charcot übernahm 1862 die Position eines Chefarztes an der Salpêtrière. 1870 wurde er Leiter der »Abteilung für Krampfkranke« und stand nun vor dem Problem, hysterische von epileptischen Krämpfen zu unterscheiden. Zu dieser Zeit begann er mit der minutiösen neurologischen Untersuchung zahlreicher Fälle von Hysterie. 1878 kam er auf den Einfall, hysterieähnliche Lähmungen, wie sie nach Unfalltraumen zu beobachten waren, durch Anwendung der *Hypnose* künstlich hervorzurufen, was ihm auch gelang und ihn zu weiteren Hypnose-Experimenten ermutigte.

Aber noch stand die Hypnose in zweifelhaftem Ruf. Wie erwähnt, führte erst ein 1882 gehaltener Vortrag Charcots an der »Académie des Sciences« zur wissenschaftlichen Rehabilitation der Hypnose und damit auch der gesamten Hysterieforschung. »Die Arbeit Charcots«, schrieb Freud in seinem Nachruf,

> »gab dem Thema zunächst die Würde wieder; man gewöhnte sich allmählich das höhnische Lächeln ab, auf das die Kranke sicher rechnen konnte; sie mußte nicht mehr eine Simulantin sein, da Charcot mit seiner vollen Autorität für die Echtheit und Objektivität der hysterischen Phänomene eintrat« (1893, S. 30).

In seiner detaillierten neurologischen Erforschung der Hysterie gelangte Charcot zu der Grundannahme, dass es sich bei dieser Neurose um eine *funktionelle Nervenkrankheit* handle, die insbesondere an den hysterischen Anfällen, aber auch an den eigentümlichen Hemianästhesien, hysterogenen Zonen, Seh- und Bewegungsstörungen des Normalzustandes erkennbar sei. Einen wesentlichen Beleg für deren Gesetzmäßigkeiten sah er in den verschiedenen Zyklen und Stellungen des großen hysterischen Anfalls, für den er einen vierphasigen Ablauf postulierte. Man kann von einem *neurologischen Paradigma* der Hysterie (Gödde, 1994) sprechen, von dessen universeller Gültigkeit der Empiriker Charcot zutiefst überzeugt war.

In ätiologischer Hinsicht ging Charcot davon aus, dass die Grundsymptomatik der Hysterie erblichen Ursprungs sei. In den Worten Freuds: »Als einzige Ursache hat die Heredität zu gelten, die Hysterie ist demnach eine Form der Entartung, ein Mitglied der famille nevropathique; alle anderen ätiologischen Momente spielen die Rolle von Gelegenheitsursachen, von agents provocateurs« (1893, S. 33).

In Freuds Behandlungszimmer hing später eine Reproduktion des Ölgemäldes von André Brouillet, das Charcot bei einer seiner Falldemonstrationen vor einem großen Auditorium zeigt. Dargestellt ist ein hypnotisches Experiment mit einer hysterischen Patientin. Das Medium der Hypnose war *Blanche Wittmann*. Auf dem Gemälde sieht man, wie sie in einen somnambulen Zustand, das Endstadium des »grand hypnotisme«, versetzt wird. In einem Ohnmachtsanfall nach hinten sinkend, wird sie von einem Oberarzt Charcots und zwei Krankenschwestern aufgefangen.

Blanche Wittmann (1859–1913), die aus einer psychisch schwer belasteten Unterschichtsfamilie stammte, hatte im Alter von 12 Jahren erstmals Ohnmachtsanfälle erlitten. Drei Jahre später begann sie als Näherin zu arbeiten und machte zu dieser Zeit ihre ersten sexuellen Erfahrungen. Nachdem sie wegen ihrer Anfälle ihre Arbeit verloren hatte, kam sie mit 15 Jahren in die Salpêtrière. Bei den hypnotischen Experimenten Charcots avancierte sie bald zu einer berühmten Versuchsperson und wurde sogar als »Königin der Hysterikerinnen« tituliert. Blanche wurde häufig vorgeführt, gezeichnet und fotografiert und ist – ähnlich wie Augustine, eine andere Lieblingspatientin Charcots und spätere Kultfigur der Surrealisten – auch auf vielen Bildern in der »Iconographie photographique de la Salpêtrière« zu sehen (vgl. Didi-Huberman, 1997).

Der Fall der Blanche Wittmann wurde in der Salpêtrière als gewöhnlicher Fall einer neurologischen und hereditären Erkrankung betrachtet und keineswegs als psychologischer Fall erschlossen. Dennoch wirft er ein Licht auf Charcots Annäherung an das Unbewusste.

Bei seinen Experimenten gelangte Charcot zu der Annahme, dass es in der Hypnose drei aufeinander folgende Stadien gebe: die Lethargie (Schlaffheit), die Katalepsie (Gliederstarre) und den Somnambulismus (Schlafzustand). Blanche Wittmann war es, die diese drei Stadien der Hypnose und insbesondere den Somnambulismus formvollendet demonstrieren konnte. Wenn hysterische Symptome in der Hypnose künstlich hervorgerufen und wieder rückgängig gemacht werden konnten, musste man annehmen, dass sie der Suggestibilität unterliegen. Bei ihnen gelang der Nachweis, dass sie – in den Worten Freuds – »Erfolge von Vorstellungen seien, die in Momenten besonderer Disposition das Gehirn des Kranken beherrscht haben« (1893, S. 34). Für Charcot hätte es eigentlich nahegelegen, diese Vorstellungsdynamik als psychische zu verstehen und dementsprechend weiter nachzuforschen, wie die der Hysterie zugrunde liegenden Vorstellungen beschaffen sind und wie sie entstanden waren. Woran mag es gelegen haben, dass er sich auf ein solches psychologisches Terrain nicht einließ?

Ein maßgeblicher Grund war, dass Charcot zutiefst davon überzeugt war, dass es sich bei der Hysterie um eine *funktionelle Nervenkrankheit* handle, die hereditären Ursprungs sei – damals spielte auch das Konzept der Degeneration noch eine große Rolle. Es gebe zwar »Gelegenheitsursachen« – auch psychologische; sie seien aber allenfalls »agents provocateurs«, die eine erblich bedingte Disposition zur Auslösung bringen konnten, mehr nicht.

Charcot war, wie Freud schrieb, »ein *visuel*, ein Seher. [...] Er pflegte sich die Dinge, die er nicht kannte, immer von neuem anzusehen, Tag für Tag den Eindruck zu verstärken, bis ihm dann plötzlich das Verständnis derselben aufging« (ebd., S. 22f.). Dabei orientierte er sich an einem *semiologischen* Beschreibungsschema, das den Bestand einer Krankheitseinheit mit spezifischer Ätiologie sowie

## 4 Freuds Therapeutik – ein Brückenschlag zur philosophischen Lebenskunst

spezifischem Verlauf und Ergebnis voraussetzt. Der Lebensgeschichte maß er dagegen nur geringe Bedeutung bei. Es gibt Belege dafür, dass die von den Patientinnen erzählten Geschichten in der Salpêtrière kaum Gehör fanden. So wurden bei einer 1992 veröffentlichten Recherche »lange wortgetreue Transkriptionen der Äußerungen von Patientinnen während hysterischen Anfällen« entdeckt, die »äußerst genaue und oft schreckliche Anspielungen auf frühere Träume« enthielten, aber weder diagnostisch noch therapeutisch verwertet worden waren (de Marneffe, 1992, S. 71). Allem Anschein nach billigte man den Narrationen der überwiegend aus der Unterschicht stammenden Klinikpatienten fast keinen, den an ihren Körpern sichtbaren Krankheitssymptomen aber einen umso größeren Wahrheitsgehalt zu. In den Worten von Elisabeth Bronfen: »Charcot ging es nicht um die intime Geschichte, die dem pathologischen Fall zugrunde lag, sondern vielmehr um die Oberflächenform, die figurative Möglichkeit, einen spezifischen Fall zu einem klinischen Tableau zu verallgemeinern« (Bronfen, 1998, S. 284).

Dies galt auch und insbesondere für die Wahrnehmung sexueller Phänomene. So charakterisierte Charcot das erotische Moment in den hysterischen Anfällen als »attitudes passionelles«, als »amouröses Flehen«, »Verzückung« und »Ekstase«, betonte aber, dass es sich dabei nur um psychische Wunschvorstellungen, nicht aber um geschlechtliche Begierden handle. Eine sexuelle Pathogenese der Hysterie lehnte er konsequent ab, um sie gleichsam unter vorgehaltener Hand dann doch einzuräumen. So erzählte Freud, wie Charcot einmal in einem Gespräch über eine Patientin plötzlich äußerte: »*Mais dans des cas pareils c'est toujours la chose génitale, toujours ... toujours ... toujours.* Und dabei kreuzte er die Hände vor dem Schoß und hüpfte mit der ihm eigenen Lebhaftigkeit mehrmals auf und nieder« (1914c, S. 51).

Ein anderer Widerspruch ergab sich daraus, dass Charcot von einer hereditären Grundursache der Hysterie ausging, die bei Männern und Frauen gleich sei. Bei genauerer Betrachtung zeigte sich aber, dass sich in seinen Schriften implizite Vorstellungen von männlicher und weiblicher Natur mit seinen vermeintlich objektiven Beobachtungen der Patienten vermischten:

> »Im Klartext erkrankten Frauen seinen Schriften zufolge aufgrund ihres verletzlichen emotionalen Wesens und ihrer Unfähigkeit, ihre Gefühle zu kontrollieren, während Männer erkrankten, weil sie zu viel arbeiteten, tranken oder kopulierten. Hysterische Frauen litten unter einem Überschuss an ›weiblichen‹ Verhaltensweisen, hysterische Männer an einem Überschuss ›männlicher‹ Verhaltensweisen« (Micale, zit.n. Bronfen, 1998, S. 277).

Festhalten lässt sich, dass Charcots Forschungsprojekt durchaus Ansatzpunkte für ein Vordringen zu unbewussten psychischen Prozessen geboten hätte, wenn ihm nicht ein medizinisches Denkmodell mit einer hereditären Ätiologie, ein semiologisches Beschreibungsschema und implizite geschlechtsspezifische Vorstellungen den Blick verstellt hätten, wenn er nicht an dem positivistischen Traum festgehalten hätte, dass mit seinen empirischen Methoden eine endgültige Aufklärung des Rätsels Hysterie möglich sei, und wenn der suggestive Einfluss des »ärztlichen Blicks« auf die zum Objekt degradierten Patientinnen, ja auf die Produktion der Krankheitssymptome, seiner Selbstreflexion zugänglich gewesen wäre.

## Pierre Janets Prioritätsanspruch hinsichtlich der Erkenntnis des Unbewussten

Trotz seiner Orientierung an einem neurologischen Paradigma hielt es Charcot für notwendig, eine Brücke zwischen Neurologie und Psychologie zu schlagen. Er setzte sich für eine »Erneuerung der Psychologie« ein, die aus der Verbindung einer physiologischen und einer pathologischen Psychologie hervorgehen sollte, und gründete 1885 mit Théodule Ribot und Paul Janet die »Société de psychologie physiologique«, die 1889 den ersten Internationalen Kongress für Psychologie in Paris organisierte (vgl. Janet, 1895, S. 593ff.): »Man muss eine andere Psychologie schaffen«, sagte er,

> »eine Psychologie, die durch von uns erarbeitete Ergebnisse der Pathologie unterstützt wird. Wir sind dabei, sie unter Mitwirkung der Psychologen zu schaffen, die fortan nicht nur die bisher allein geübte Introspektion berücksichtigen sollten. Der Psychologe schloss sich früher in sein Arbeitszimmer ein und stellte Betrachtungen über sein Inneres an, er war sein eigenes Beobachtungsobjekt. Diese Methode kann zwar gut sein, sie ist aber völlig unzureichend. Um diese Introspektion zu kontrollieren, müssen wir den Spiegel umkehren, indem wir die Neuropathologie zu Rate ziehen« (Charcot, zit.n. Delay, 1963, S. 77).

Im Sinne dieses Programms beauftragte er Pierre Janet 1890 damit, anhand sorgfältiger psychologischer Fallstudien die für die Hysterie maßgeblichen psychischen Symptome zu untersuchen.

Pierre Janet (1859–1947) hatte 1882 seine Studien an der »Ecole Normale Supérieure« mit der »Agrégation de Philosophie« abgeschlossen und war danach sechs Jahre als Gymnasiallehrer in Le Havre tätig. Im Rahmen eines philosophisch-psychologischen Promotionsvorhabens begann er im September 1885 mit Hypnoseexperimenten. Über seine ersten Erfahrungen mit einer Hysterikerin namens Léonie schrieb er eine Abhandlung, die sein Onkel Paul Janet am 30. November 1885 in der »Société de psychologie physiologique« vortrug, wobei Charcot den Vorsitz führte.

Bereits diese Experimente erregten Aufsehen in der Fachwelt. In den folgenden Jahren wurde Janet im Krankenhaus von Le Havre ein Raum zur Verfügung gestellt, in dem er hysterische Patientinnen untersuchen konnte. Er soll diesen Raum scherzhaft »Salle Saint-Charcot« genannt haben (Ellenberger, 1973, S. 459). Die ersten Ergebnisse seiner Untersuchungen wurden von 1886 bis 1889 in Fortsetzungen in der *Revue Philosophique* veröffentlicht. Sie bildeten die Grundlage für seine philosophische Doktorarbeit *L'automatisme psychologique* von 1889, in der er sich v. a. mit der Dynamik der Hysterie und auch bereits mit dem später zentralen Aspekt der »Einengung des Bewusstseinsfeldes« befasste. Im Anschluss daran begann er in Paris mit dem Zweitstudium der Medizin und widmete sich alsbald einem medizinischen Promotionsvorhaben, das von Charcot betreut wurde.

In diesem Rahmen erhielt er an der Salpêtrière die Möglichkeit, Hysterie-Patienten auf ihre psychischen Symptome hin zu untersuchen. Die psychologischen Fallstudien bildeten die Grundlage für Janets medizinische Dissertation *Der Geisteszustand der Hysterischen* von 1893. Im selben Jahr übernahm Janet auf Betreiben Charcots die Leitung eines eigens für ihn eingerichteten »Laboratoriums für Psychologie«. Nur drei Wochen nachdem er seine medizinische Promotion abgeschlossen hatte, am 17. August 1893, starb Charcot. Bis 1910 konnte Janet noch an der Salpêtrière arbeiten. Dann löste Déjerine, der neue Leiter der Klinik, das »psychologische Laboratorium« auf und Janet musste gehen.

Schon mehrere Jahre vor Breuer und Freud hat Pierre Janet die hysterischen Symptome auf die Macht unbewusster Gedanken zurückgeführt. Von ihm stammt der oft zitierte Satz: »Man sollte das ganze Gebiet der Geisteskrankheiten und einen Teil der physischen Erkrankungen durchgehen, um zu zeigen, welche geistig-seelischen und körperlichen Störungen daraus resultieren, dass ein Gedanke aus dem persönlichen Bewußtsein verbannt wird« (zit.n. Ellenberger, 1973, S. 491). Dies kann man als Anspielung auf seine frühen Konzepte der »Dissoziation« bzw. »Spaltung des Bewusstseins« und der von ihm erstmals nachgewiesenen Wirksamkeit »unbewusster fixer Ideen« verstehen.

In einer frühen Veröffentlichung von 1886 berichtete Janet über den Fall *Lucie* (vgl. Janet, 1886/87; s. a. Ellenberger, 1973, S. 487ff.). Diese 19-jährige Patientin hatte ohne ersichtlichen Grund Anfälle von Erschrecken und pflegte zu sagen: »Ich fürchte mich und weiß nicht warum.« Mithilfe des automatischen

Schreibens gelang es Janet, den traumatischen Ursprung dieser Symptomatik zu erkunden. Lucie war im Alter von sieben Jahren von zwei Männern, die sich hinter einem Vorhang versteckt hatten, aus Spaß erschreckt worden. Dieses »Trauma« soll in ihr eine »zweite Persönlichkeit« – Adrienne – hervorgerufen haben, die sich bei jedem aktuellen Schreckensanfall in die traumatische Situation zurückversetzte. Janet beschreibt, wie er den hypnotischen »Rapport« dazu benutzte, die Patientin von ihren Symptomen zu befreien, und wie das zweite Selbst schließlich zum Verschwinden gebracht wurde. Lucie habe zwar noch einen Rückfall erlebt, aber schließlich sei es ihm gelungen, ihr durch ständiges Suggerieren das Identitätsgefühl für eine einzige Person unter Ausschluss Adriennes zu verschaffen.

Ein zweites Fallbeispiel stammt aus Janets erster Doktorarbeit über den psychischen Automatismus (vgl. Janet, 1889, S. 436–540; Ellenberger, 1973, S. 492ff.; Freud, 1895, S. 86, Fn.). Die Patientin *Marie* war ebenfalls 19 Jahre alt, als sie vom Lande ins Krankenhaus nach Le Havre gebracht wurde. Man hielt sie für wahnsinnig und hatte die Hoffnung auf eine Heilung fast schon aufgegeben, bis Janet einen Zusammenhang zwischen ihren Krampfanfällen und ihrem Menstruationszyklus vermutete. Es war ihm aufgefallen, dass die Anfälle dieser Patientin regelmäßig etwa 20 Stunden nach der Menstruation auftraten, angefangen von Zittern und Schmerzen über ein Delirium und Halluzinationen bis zum mehrmaligen Erbrechen von Blut. Auf Janets Nachfragen, wie ihre Periode ursprünglich begonnen und welche Erfahrungen sie damit gemacht hatte, konnte Marie keine klare Auskunft geben. Erst im somnambulen Zustand erinnerte sie sich an ihre erste Menstruation im Alter von 13 Jahren:

> »[W]egen einer kindlichen Vorstellung oder wegen etwas, das sie gehört und missverstanden hatte, meinte sie, es sei etwas Schändliches; und sie dachte sich ein Mittel aus, die Blutung so schnell wie möglich zum Stillstand zu bringen. Etwa 20 Stunden nach Beginn ihrer ersten Menstruation ging sie heimlich hinaus und setzte sich in einen großen Eimer mit kaltem Wasser. Der Erfolg war vollkommen; die Menstruation hörte plötzlich auf, und obwohl sie heftigen Schüttelfrost bekam, konnte sie den Heimweg gerade noch bewältigen. Sie war ziemlich lange krank und mehrere Tage lang im Delirium. Aber alles kam wieder ins Lot und die Menstruation kam erst fünf Jahre später wieder« (Ellenberger, 1973, S. 494).

Als die Menstruation wieder eintrat, brachte sie die beschriebenen Anfälle mit sich. Janet stellte eine Verbindung zwischen dem damaligen Trauma und dem jetzigen Menstruationserleben im Sinne einer Wiederholung her, als ob die Menstruation bei jedem Auftreten durch ein kaltes Bad zum Stillstand gebracht würde.

## 4 Freuds Therapeutik – ein Brückenschlag zur philosophischen Lebenskunst

Da die Patientin nichts davon wisse, nahm er weiter an, dass sich dieses Erleben unterhalb des Bewusstseins abspiele. Von dieser Annahme ausgehend versuchte er die fixierte Vorstellung aus dem somnambulen Bewusstsein zu entfernen. Dazu war es

> »notwendig, Marie durch Suggestion wieder in das Alter von 13 Jahren zu versetzen, sie in die Anfangsumstände des Deliriums zurückzubringen, sie zu überzeugen, dass die Menstruation schon drei Tage gedauert habe und nicht durch irgendein bedauerliches Ereignis unterbrochen worden sei. Sobald dies geschehen war, trat die folgende Menstruation zum richtigen Termin ein und dauerte drei Tage lang, ohne irgendwelche Schmerzen, Krämpfe oder Delirien« (ebd., S. 495).

In diesem Fall kam Janet zu dem Schluss, dass das ursprüngliche Trauma zu einer »fixierten unbewußten Idee« geführt habe. Solche Ideen seien unterdrückt und konstellierten die Region eines »Unterbewusstseins« *(le subconscient)*, das sich als »séconde condition« mehr und mehr vom Normalbewusstsein abspalte. Deshalb müsse die unbewusste Idee bewusst gemacht und eliminiert werden.

Ein drittes Fallbeispiel bezieht sich auf eine Patientin aus der Salpêtrière, die 20-jährige *Marcelle* (vgl. Janet, 1891, S. 403ff.; Ellenberger, 1973, S. 497f.). Zu ihren Hauptsymptomen gehörten Bewegungs-, Denk- und Gedächtnisstörungen. Sie hatte eigentümliche Schwierigkeiten, ihre Beine zu bewegen. Es stellte sich heraus, dass automatische habituelle Bewegungen ihr leicht fielen, während Bewegungen, zu denen eine Willensentscheidung notwendig war, behindert waren. Für bestimmte Lebensphasen hatte sie ein normales Gedächtnis, für andere eine partielle oder gar eine totale Amnesie. Der Gedankenfluss wurde häufig unterbrochen durch etwas, das die Patientin »Wolken« nannte – einen Geisteszustand, in dem sie von wirren Ideen und Halluzinationen überwältigt wurde. Von ätiologischer Bedeutung war eine schwere Typhus-Erkrankung im Alter von 14 Jahren. In der Folgezeit hatte sich Marcelle in Tagträume geflüchtet. Später litt sie stark unter der zwei Jahre dauernden Krankheit und dem Tod des Vaters und schließlich unter einer unglücklichen Liebesaffäre. In der Hypnose kamen bei Marcelle immer neue fixe Ideen zum Vorschein, die aus immer früheren Lebensphasen stammten, sodass Janet sich veranlasst sah, bei ihr in immer tiefere Schichten der lebensgeschichtlichen Erfahrung vorzudringen. Im Auffinden und in der Auflösung der »unterbewussten« Ideen, die als »Krankheitsherd« betrachtet wurden, sah er die beiden wesentlichen Heilfaktoren seiner Therapie.

Durch diese Falldarstellungen wurde der Zusammenhang zwischen bestimmten lebensgeschichtlichen Traumen, der Wirksamkeit unterbewusster Vorstellungen und der daraus resultierenden Bewusstseinsspaltung eindrücklich erhellt. Janet gehört zu den Ersten, die die dissoziativen Phänomene des Identitätsverlustes, wie sie bei der multiplen Persönlichkeit zu beobachten sind, und des spontan aussetzenden Erinnerungsvermögens untersucht haben. Die entstehende »Dissoziation« trage zu einer grundlegenden Schwächung der geistigen und seelischen Kräfte der Hysterischen bei.

In seinem Werk *Der Geisteszustand der Hysterischen* (1894) betrachtete Janet allerdings jene Symptome, die vom Vorhandensein unbewusster Ideen abhängig sind, lediglich als »Zufallssymptome«. Hinsichtlich der eigentlichen Symptome, der »Stigmata«, hielt er an einer hereditären Prädisposition im Sinne Charcots und der französischen Degenerationslehre fest. Zu den Stigmata, die Ausdruck der »Einengung des Bewusstseinsfeldes« seien, rechnete er vor allem die Empfindungs-(Anästhesien), Gedächtnis-(Amnesien), Willens-(Abulien), Bewegungs-(Dyskinesien) und Charakterstörungen.

Ein Stigma wie die hysterische Anästhesie sei auf einen hoch entwickelten und dauernden Zustand psychischer »Zertreutheit« zurückzuführen, der den Betroffenen unfähig mache, gewisse Empfindungen dem Ich-Bewusstsein einzuverleiben (Janet, 1894, S. 36). Es gebe auch eine Zerstreutheit des Gedächtnisses, die zu den verschiedenen Phänomenen von Amnesie führe. Auffällig sei, dass die Erinnerungstätigkeit der Hysterischen wieder gelockert und freigesetzt werden könne, wenn das klare Ich-Bewusstsein zurücktrete, wie z. B. im Traum oder in der Hypnose (ebd., S. 89ff.). Ein wesentliches Charakteristikum sei schließlich die bewusst erlebte Willenslähmung. Die Hysterische leide aber nicht nur dadurch, sondern auch

> »durch das Hereinstürmen aller jener automatischen Vorgänge, denen sie nicht Halt gebieten kann. Man könnte sie mit einem kraftlosen König vergleichen, dessen meiste Untertanen sich in fortwährendem Aufruhr befinden [...]. Die Abulischen fühlen es, dass sie nicht mehr Herrinnen ihrer selbst sind und wollen, dass man ihnen befehle: sie begeben sich freiwillig in die Sclaverei« (ebd., S. 136).

Angesichts der von Janet angenommenen Stigmata wird deutlich, dass hier das Syndrom einer typischen Ich-Schwäche beschrieben wird, deren Hauptmerkmal in der verminderten Fähigkeit zur Ich-Synthese besteht.

In einem eingehenden Nachruf hat sich Janet 1895 mit seinem Lehrer Charcot kritisch auseinandergesetzt: Jener habe im Bemühen um eine klare Abgrenzung bestimmter Krankheitsbilder oft ungewöhnliche und seltene Fälle als Typen ausgewählt, die verallgemeinerbar sein sollten. Auch und gerade dem großen hysterischen Anfall, der von allen neurologischen Typenbildungen Charcots am meisten Aufsehen erregt hat, würden aber keineswegs alle Fälle von hysterischem Anfall entsprechen. Ja er sei sogar »sehr selten«! Es sei überhaupt fragwürdig, einen Fall, der möglichst zahlreiche Symptome aufweise, als typisch und die dem nicht entsprechenden Fälle als unvollständige Formen anzusehen (Janet, 1895, S. 575f., 602f.). Damit hat Janet maßgeblich dazu beigetragen, den strengen Determinismus der hysterischen und hypnotischen Phänomene, der eine Grundannahme der neurologischen Hysterietheorie Charcots war, zu revidieren.

Freud ging noch einen Schritt weiter: In seinem Nachruf auf Charcot stellte er auch dessen Hereditätskonzept grundlegend infrage. Erst Pierre Janet habe »ein tieferes Eindringen in die besonderen psychischen Vorgänge bei der Hysterie« versucht. Bei genauerer Betrachtung habe sich allerdings gezeigt, dass Janet die von ihm erkannte Abfolge von Trauma, »unbewussten fixen Ideen« und »Bewusstseinsspaltung« nur auf die Entstehung der »Zufallssymptome« bezog. Die eigentlichen Symptome der Hysterie habe auch er als Ausdruck einer konstitutionell bedingten »Einengung des Bewusstseinsfeldes« betrachtet. Dagegen wandten Freud und Breuer ein, dass sich Janets Auffassung »wesentlich in dem eingehenden Studium jener schwachsinnigen Hysterischen gebildet hat, die im Spitale oder Versorgungshause sind, weil sie ihrer Krankheit und ihrer dadurch bedingten geistigen Schwäche halber sich im Leben nicht halten können«. Unter den von ihnen in der Privatpraxis behandelten Frauen hätten sich dagegen »die geistig klarsten, willensstärksten, charaktervollsten und kritischsten Menschen gefunden« (Breuer & Freud, 1893, S. 92).

Man kann sich fragen, ob die von Janet und Freud behandelten Patienten nicht unterschiedlichen diagnostischen Gruppen angehören. Möglicherweise lassen sich Janets Patienten überwiegend den dissoziativen Störungen zuordnen, während Freuds Patienten überwiegend Konversions- und Somatisierungsstörungen aufwiesen. Bei den dissoziativen Störungen könnte es sich um schwerere Fälle im Sinne struktureller Störungen handeln, während die Konversionsstörungen möglicherweise auf einem höheren – neurotischen – Strukturniveau angesiedelt sind. Allerdings wurden einige der berühmten Hysteriefälle Freuds (z. B. Emmy v. N.) mittlerweile unter verschiedenen Kriterien wie Schizophrenie, Borderline-Störung, Gilles-de-la-Tourette-Syndrom, psychosomatischen oder rein neurologischen Störungen neu diagnostiziert und interpretiert (vgl. Micale, 1989, S. 249ff.).

Die Priorität hinsichtlich der klinischen Entdeckung der Verdrängung hat Freud für sich beansprucht. Dem hielt Janet auf dem XVII. Internationalen Kongress der Medizin in London (1913/14) entgegen, was er als »Einengung des

Bewusstseinsfeldes« bezeichnet habe, habe Freud wesentlich später als eigene Theorie der Verdrängung ausgegeben (vgl. Ellenberger, 1973, S. 748ff.; s. a. Jones, 1914/15). Auf einen wesentlichen Unterschied zwischen beiden Konzepten hat Thomas Köhler aufmerksam gemacht: Bei der Einengung des Bewusstseinsfeldes handle es sich um einen Zustand andauernder psychischer Ablenkbarkeit oder Zerstreuung, während die Verdrängung eine selektive Aufmerksamkeitsstörung sei, die aus einem speziellen Konflikt resultiere und gegen eine bestimmte mit dem Ich unverträgliche Vorstellung gerichtet sei (vgl. Köhler, 1987, S. 180ff.). Im Gegensatz zu Janet führte Freud die Bewusstseinsspaltung und die Einengung des Bewusstseinsfeldes bei den Hysterischen nicht auf eine im Wesentlichen konstitutionelle Ich-Schwäche zurück:

> »Nach den Ergebnissen der psychoanalytischen Untersuchungen waren diese Phänomene aber Erfolg dynamischer Faktoren, des seelischen Konflikts und der vollzogenen Verdrängung. Ich meine, dieser Unterschied ist weittragend genug und sollte dem immer wiederholten Gerede ein Ende machen, was an der Psychoanalyse wertvoll sei, schränke sich auf eine Entlehnung Janetscher Gedanken ein« (1925a, S. 56).

Hinzu kommt, dass es Freud nicht nur um eine andere Erklärung der *formalen Vorgänge* der hysterischen Symptombildung ging, sondern auch und vor allem um den *Erlebnisinhalt*, d. h. den Konflikt zwischen bestimmten Vorstellungen und deren Abwehr, Hemmung, Verdrängung. Diesen Unterschied zwischen den Konzeptionen Janets und Freuds hat besonders Alfred Lorenzer für maßgeblich gehalten:

> »Der Begriff ›unbewusst‹ oder ›unterbewusst‹ bezeichnet hier lediglich die traumatisch bewirkte Absplitterung eines Ideenkomplexes, eines psychophysischen Handlungskomplexes, der aus dem Gedächtnis getilgt ist, der aber, abgesehen von dieser formalen Eigenschaft, nichts Auffälliges an sich hat. Diese unbewussten Komplexe bilden in keiner Weise eine eigene Sinnstruktur« (Lorenzer, 1984, S. 164).

Freud sei hingegen zu einem anderen Begriff des Unbewussten gelangt, als er sich dem Erlebnisinhalt der Konflikte – Liebe, Eifersucht, Neid, gekränkter Stolz, Machtkampf, Hass u. a. – zuwandte und eine Verbindung zu bestimmten Ereignissen der Lebensgeschichte herstellte. Dabei lassen sich drei Merkmale angeben:

> »*Erstens*: Das Unbewusste, von dem hier die Rede ist, meint ein lebenspraktisches Verhalten, das, weil es in Reaktion auf Einwirkungen von außen entstanden ist, auch

wieder nach außen abgeleitet werden muss. Die Reaktion auf den Eindruck und das Abreagieren gehören zusammen. Wird die Wendung nach draußen verhindert, so sinken die Erlebnisse als Verhaltensimpulse ins Unbewusste und werden von dort aus wirksam [...]. *Zweitens*: Bei den ›Inhalten‹ des unbewussten Handelns, die aus Realszenen hervorgingen und ihre Abfuhr in realen oder erzählten Szenen verlangen, handelt es sich um Figuren *sozialen Zusammenspiels*, um Formeln sozialen Verhaltens. Die ins Unbewusste abgesunkenen ›Szenen‹ sind ja eben dadurch ›wirksam‹, dass sie ›Lebensentwürfe‹, ›Verhaltensentwürfe‹ sind, die den Umgang des Menschen mit der Realität ›bestimmen‹. Den Therapeuten interessieren diese Szenen vordringlich deshalb, weil sie das Verhalten des Patienten aus dem Unbewussten regulieren. *Drittens*: Das Unbewusste ist sprachlos. Die ins Unbewusste abgesunkenen Erlebniskomplexe haben den Zusammenhang mit Sprache verloren – jenen Zusammenhang von Lebensentwürfen und Selbstbestimmung, Erinnerungsvermögen, Bewusstsein, der unser Verhalten für das Nachdenken zugänglich macht. [...] Erst dann, wenn die Sprachfiguren wieder mit den unbewussten Erlebniskomplexen, den Lebensentwürfen also, verbunden sind, kann der Mensch wieder über seine Erinnerung und Praxis verfügen« (ebd., S. 172ff.).

Bemerkenswert ist auch Lorenzers Stellungnahme zur Thematik der Prioritätsstreitigkeiten:

»Dass in jenen Kulturwissenschaften, die wir heute als hermeneutische bestimmen, nicht Entdeckungen, sondern Neuinterpretationen die Erkenntnis vorantreiben, entschärft unsere Einschätzung der Prioritätsfrage, zumal es in diesen Bereichen nicht auf den Einzelbefund ankommt, sondern auf dessen ›Bedeutung‹ im dazugehörigen wissenschaftlichen Gesamtsystem« (ebd., S. 103).

Insgesamt betrachtet haben die Prioritätsstreitigkeiten zwischen Janet und Freud einen konstruktiven Vergleich beider Konzeptionen sehr erschwert und sind in unfruchtbaren Klischees erstarrt, sodass man sich heute eine unbefangenere Rezeption und Diskussion wünschen würde (vgl. Bühler & Heim, 2005; Gödde, 2006a).

Janet therapierte Hysteriefälle noch bis in die 1930er Jahre hinein mit Hypnose. Zur Beseitigung der pathogenen Vorstellungen wandte er eine aktiv-suggestive Methode an. Zu den hauptsächlichen Mitteln seines Therapiekonzepts gehörten:
➤ Erinnerungsarbeit mit und ohne Hypnose,
➤ die Erkennung und Auflösung bzw. Umwandlung unterbewusster fixer Ideen,

- die »synthetisierende« Behandlung in Form von geistiger Anregung und Umerziehung sowie
- die Handhabung des »Rapports«,
- der in vielen Details dem Umgang mit der Übertragung vergleichbar ist.

Ellenberger betrachtete Janets dynamische Psychotherapie als »eine flexible und umfassende Methode, die sich jeder Krankheit und jedem Patienten anpassen lässt«. Sie sei »mehr als eine spezifische Psychotherapie«, sie sei »ein allgemeines System psychotherapeutischer Ökonomie« (Ellenberger, 1973, S. 527). Diese Formulierung weckt Neugier und deshalb würden wir es begrüßen, wenn Janet als Psychotherapeut noch wesentlich genauer als bisher erforscht würde. Vielleicht stehen uns da noch einige »Entdeckungen« bevor (vgl. Heim, 2013).

## Ausgewählte Literatur

Bühler, K.-E. & Heim, G. (2005). Die Konzeption des »Unterbewussten« und des psychischen Automatismus bei Pierre Janet. In M. B. Buchholz & G. Gödde (Hrsg.), *Macht und Dynamik des Unbewußten – Auseinandersetzungen in Philosophie, Medizin und Psychoanalyse. Das Unbewusste, Bd. II* (S. 296–320). Gießen: Psychosozial-Verlag.

Gilles de la Tourette, G. (1891). *Die Hysterie nach den Lehren der Salpêtrière*. Leipzig und Wien: Deuticke 1894.

Gödde, G. (1994). Charcots neurologische Hysterietheorie – Vom Aufstieg und Niedergang eines wissenschaftlichen Paradigmas. *Luzifer-Amor. Zeitschrift zur Geschichte der Psychoanalyse*, 7(14), 7–53.

Gödde, G. (2006a). Janets und Freuds Konzeptionen der Hysterie. In P. Fiedler (Hrsg.). (2006), *Trauma, Dissoziation, Persönlichkeit. Pierre Janets Beiträge zur modernen Psychiatrie, Psychologie und Psychotherapie* (S. 57–81). Lengerich: Pabst.

Heim, G. (2013). Nachwort. In P. Janet, *Die Psychologie des Glaubens und die Mystik* (S. 359–389). Hrsg. v. G. Heim. Berlin: Matthes & Seitz.

Hirschmüller, A. (1978). *Physiologie und Psychoanalyse im Leben und Werk Josef Breuers*. Bern: Huber.

Janet, P. (2013). *Die Psychologie des Glaubens und die Mystik*. Hrsg. v. G. Heim. Berlin: Matthes & Seitz.

Lorenzer, A. (1984). *Intimität und soziales Leid. Archäologie der Psychoanalyse*. Frankfurt/M.: Fischer.

Reicheneder, J. G. (1990). *Zum Konstitutionsprozeß der Psychoanalyse*. Stuttgart-Bad Cannstatt: frommann-holzboog.

Schröder, C. (1991). Bausteine einer alternativen Psychotherapiegeschichtsschreibung: Suggestionstherapie, rationale Wachpsychotherapie, Psychokatharsis. *Psychologie und Geschichte*, 2, 138–149.

Schröder, C. (1995). *Der Fachstreit um das Seelenheil. Psychotherapiegeschichte zwischen 1880 und 1932*. Frankfurt/M.: Peter Lang.

## Breuers und Freuds Therapiemodell der *Psychokatharsis* – in den Spuren von Jacob Bernays

Der Studienaufenthalt bei Charcot von Oktober 1885 bis März 1886 erwies sich für Freud als Ausgangspunkt für seine Wende von der Organmedizin zur Psychologie des Unbewussten und zur Psychotherapie. Nach seiner Rückkehr aus Paris eröffnete er eine neurologische Privatpraxis und sah sich nun täglich vor die Aufgabe gestellt, psychische Erkrankungen zu therapieren.

Bereits mehrere Jahre vorher war er mit der Behandlung eines Therapiefalls in Berührung gekommen. Sein 14 Jahre älterer Freund Josef Breuer hatte ihn in seine Erfahrungen mit der Patientin *Anna O.*, die er in den Jahren 1880 bis 1882 behandelt hatte, eingeweiht. Breuer, ein renommierter Hausarzt in Wien, verstand sehr viel von der damaligen hausärztlichen Heilkunst, die differenzierte psychologische Kenntnisse umfasste. Mit Psychotherapie hatte das aber noch wenig zu tun. Und wenn man im Jahre 1880 überhaupt schon von Psychotherapie im modernen Sinne sprechen kann, dann war sie allenfalls in zarten Anfängen vorhanden. Man experimentierte zwar mit Hypnose, wie Charcot an der Salpêtrière oder der dänische Magnetiseur Carl Hansen, der auf seinen Reisen durch ganz Europa auch in Wien auftrat. Von einer therapeutischen Verwendung der Hypnose schien man aber noch weit entfernt zu sein.

### Der Fall Anna O.

Die Patientin Anna O. war zu Beginn der Therapie 21 Jahre alt und wurde Jahrzehnte nach Breuers Behandlung als Bertha Pappenheim (1859–1936) identifiziert. Die Pappenheims waren eine Familie aus der reichen und gebildeten Wiener Oberschicht, die zu Breuers weitläufigem jüdischem Freundeskreis gehörte. Die Patientin bot zu Beginn der Therapie zwei gänzlich verschiedene Bewusstseinszustände, wobei sie sich im einen traurig und ängstlich, aber geistig klar und »relativ normal«, im anderen jedoch halluzinierend, verworren und »ungezogen« zeigte (Breuer, 1895a, S. 223). Die Kranke sei gleichsam in zwei Persönlichkeiten »zerfallen«. Rätselhaft wie die Bewusstseinsspaltung war die Buntheit und Mannigfaltigkeit der Symptome, die bei Anna O. auftraten. Als sie mit der Behandlung bei Breuer begann, litt sie an einem höchst intensiven Husten. Bald folgten noch schwerere Symptome: Sprechhemmungen bis hin zum Mutismus, Sehstörungen sowie eine Kontraktur und Anästhesie des rechten Armes, die sich auf das rechte und linke Bein und schließlich auch auf den linken

Arm ausdehnte, u. a. m. Die meisten der psychischen Symptome, an denen Anna O. litt, lassen sich aus heutiger Sicht als »dissoziative Störungen« einordnen.

Wie Breuer annahm, lag die Disposition für die spätere Bewusstseinsspaltung in Annas ausgeprägter Neigung zu Tagträumen, die seit den Jugendjahren bestand. Als sie von ihren Tagträumen in der Art von Andersens *Bilderbuch ohne Bilder* erzählte, wurde deutlich, dass sie sich frühzeitig in eine Phantasiewelt geflüchtet hatte, um einen Ersatz für ihr sonst so monotones Leben zu finden. Lebte die Patientin ein ganz auf die Familie beschränktes Leben, so habe sie einen Ersatz »in leidenschaftlicher Liebe zu dem sie verhätschelnden Vater und im Schwelgen in der sehr entwickelten poetisch-phantastischen Begabung« gesucht (ebd., S. 349). Als ihr Vater plötzlich und unerwartet schwer erkrankte, widmete sie sich ganz seiner Pflege am Krankenbett, wobei sie sich kräftemäßig verausgabte. Zur Aufnahme der Therapie bei Breuer führte eine Angsthalluzination, die im Sommer 1880 erstmals zum Durchbruch kam. Die folgenden Monate verstand Breuer als Inkubationszeit, in der sich die wahnhafte Privatwelt weiter ausbreitete und in der fast alle späteren Symptome schon keimhaft vorhanden waren.

Nach dem Tode des Vaters im April 1881 wirkte Anna suizidal, sodass Breuer sie in einem Sanatorium unterbrachte. Eher zufällig traf er sie bei seinen ärztlichen Besuchen tagsüber mehrfach in einer Art Autohypnose an, wobei er erkannte, dass sie sich in diesen »Absencen« jeweils intensiv mit bestimmten, offenbar sehr privaten Themen beschäftigte. Dies machte er sich therapeutisch zunutze, indem er ihr bei seinen abendlichen Besuchen gezielt Stichworte gab, die sie zur Offenlegung ihrer geheimen Gedanken veranlassten:

> »Man bemerkte z. B., daß am Tage von ihr gelegentlich das Wort Sandwüste und dergleichen gesprochen wurden; so wie ich dann Abends das Stichwort ›Wüste‹ gab, begann sie eine Geschichte von dem in der Wüste Verirrten und so weiter. Die Geschichten waren alle tragisch, teilweise sehr hübsch, meistens drehten sie sich um die Situation eines bei einem Kranken in Angst sitzenden Mädchens, doch auch ganz andere« (ebd., S. 354).

## Breuers Entdeckung der Katharsis als Heilfaktor

Um die Weihnachtszeit 1881 geschah etwas Bemerkenswertes. Die Patientin begann sich an jene Phantasmen zu erinnern, die sie ein Jahr zuvor in starken Angstzuständen erlebt hatte, und versetzte sich dann derart intensiv in jene Zeit zurück, dass sie Tag für Tag den Winter 1880/81 durchlebte (was durch das geheime Tagebuch ihrer Mutter bestätigt wurde). Immer wenn sie im zweiten alienierten Zustand war, tauchte sie völlig in jene bereits vergangene Zeitphase ein.

In ihren Erinnerungen stieß die Patientin auf Erlebnisse, bei denen einzelne Symptome erstmals aufgetreten waren. Einmal erzählte sie voller Ekel, dass ihre Schwierigkeiten beim Hinunterschlucken von Wasser begonnen hatten, als sie sah, wie der kleine Hund ihrer Gouvernante Wasser aus einem Glas trank: »Nachdem sie ihrem stecken gebliebenen Ärger noch energischen Ausdruck gegeben, verlangte sie zu trinken, trank ohne Hemmung eine große Menge Wasser und erwachte aus der Hypnose mit dem Glas an den Lippen. Die Störung war damit für immer verschwunden« (Breuer, 1895a, S. 233).

So öffnete sich unter der Decke der äußerlich sichtbaren Symptome ein intimer Bereich von Kränkungen, Ängsten und Liebessehnsüchten. Sein eigenes Verdienst sah Breuer darin, dass er »in aufmerksamer treuer Beobachtung ausdauerte und nicht durch vorgefasste Meinungen die einfache Auffassung des wichtigen Geschehens störte« (1882, S. 349). Tatsächlich zeigt sein ursprünglicher Krankenbericht, wie er sich in einer Art »phänomenologischer« Haltung – d. h. relativ frei von theoretischen Vormeinungen, die den Blick auf »die Sache selbst« verstellt hätten – dem Mitteilungsstrom der Patientin überließ, ohne ihn in vorgegebene Bahnen zu lenken.

Breuers Zugang zum Unbewussten kontrastiert stark mit demjenigen Charcots: Breuer war nicht semiologisch, sondern *narratologisch*, nicht am Sichtbaren und Räumlichen, sondern am Sagbaren und Zeitlichen orientiert. Er interessierte sich wesentlich mehr für die Lebensgeschichte, die Erzählungen und Phantasien der Patientin als für ihr Krankheitsbild und verteidigte sie gegen den Verdacht, ihre Erzählungen seien lediglich eine »willkürliche Construction«. Im Unterschied zu Charcots Patientinnen musste sie sich nicht den ärztlichen Anweisungen und dem vorab festgelegten medizinisch-diagnostischen Schema fügen, sondern konnte sich im Schonraum einer »medizinalisierten Intimität« mit ihrer Subjektivität in Szene setzen und erhielt das Recht, in freier Themenwahl ihr Leiden selbst darzustellen (Lorenzer, 1984, S. 118).

Die geistreiche Patientin bezeichnete die quälenden Gedanken, von denen sie befreit werden wollte, als »*clouds*« und die therapeutische Prozedur als »*talking cure*« oder mit einer humoristischen Wendung als »*chimney sweeping*«, da das Aussprechen ihrer belastenden Erlebnisse in den Therapiegesprächen mit Breuer stets mit einer spürbaren Erleichterung und Beruhigung verbunden war (Breuer, 1882, S. 355, 359f.). Über die Wirkung des *chimney sweeping* auf den Gemütszustand der Patientin schrieb Breuer: »[P]räsent geworden, war sie ruhig, heiter, setzte sich zur Arbeit, zeichnete oder schrieb die Nacht durch, völlig vernünftig«, und an einer anderen Stelle: »Dann war sie ganz plötzlich wach, fügsam, heiter, liebenswürdig, auch wenn sie sonst Tag über launisch und ›zuwider‹ gewesen und alle unangenehmen Seiten ihres Charakters vorgekehrt hatte« (ebd., S. 357, 359).

Breuer hat selbst nur den einen Fall von Hysterie behandelt. Als er die Behandlung der Anna O. 1882 beendete, war von therapeutisch wirksamer »Katharsis« oder gar von »kathartischer Therapie« noch keine Rede. Erst als Freud 1887 mit der Behandlung hysterischer Patienten begann, rückte der Fall Anna O. und die in diesem Fall mehr oder weniger zufällig praktizierte Therapiemethode wieder ins Blickfeld.

## Die Ausarbeitung der »kathartischen Methode« durch Breuer und Freud

Bemerkenswert ist, dass Freud die Therapiemethode Breuers erstmals in einem Hysterie-Artikel von 1888 erwähnte und sie von dem Verfahren Hippolyte Bernheims abhob (vgl. Reicheneder, 2005). Im Vergleich zu diesem auf die Symptombeseitigung abzielenden Verfahren sei es »noch wirksamer«, wenn man

> »nach einer Methode, welche Josef Breuer in Wien zuerst geübt hat, den Kranken in der Hypnose auf die psychische Vorgeschichte des Leidens zurückführt, ihn zum Bekennen nötigt, bei welchem Anlaß die entsprechende Störung entstanden ist. Diese Methode der Behandlung ist […] die der Hysterie adäquateste, weil sie genau den Mechanismus des Entstehens und Vergehens solcher hysterischen Störungen nachahmt. Viele hysterische Symptome, die jeder Behandlung widerstanden haben, schwinden nämlich spontan unter dem Einfluß eines genügenden psychischen Motivs, z. B. eine Lähmung der rechten Hand, wenn der Kranke in einem Streit den Impuls fühlt, seinem Gegner eine Ohrfeige zu geben« (Freud, 1888, S. 89).

Genauere Ausführungen zur »kathartischen Wirkung« dieser Methode finden sich erst fünf Jahre später in der *Vorläufigen Mitteilung* Breuers und Freuds. Ihre damalige Grundannahme war, dass die meisten Symptome von Hysterie traumatisch bedingt seien. Unter einem »psychischen Trauma« sei ein Erlebnis zu verstehen, das peinliche Affekte wie Angst, Scham, Ekel, Trauer usw. hervorrufe. Zweite Voraussetzung sei die mangelnde »Abreaktion« der traumatisch bedingten Affekte. Deshalb leide der Hysterische »größtenteils an Reminiszenzen«, die seinem normalen Gedächtnis nicht zugänglich seien (Breuer & Freud, 1893, S. 86). Wichtig sei in diesem Zusammenhang,

»*ob auf das affizierende Ereignis energisch reagiert wurde oder nicht.* Wir verstehen hier unter Reaktion die ganze Reihe willkürlicher oder unwillkürlicher Reflexe, in denen sich erfahrungsgemäß die Affekte entladen: vom Weinen bis zum Racheakt. Erfolgt diese Reaktion in genügendem Ausmaße, so schwindet dadurch ein großer Teil des Affektes; unsere Sprache bezeugt diese Tatsache der täglichen Beobachtung durch die Ausdrücke ›sich austoben, ausweinen‹ u. dgl. Wird die Reaktion unterdrückt, so bleibt der Affekt mit der Erinnerung verbunden. Eine Beleidigung, die vergolten ist, wird anders erinnert, als eine, die hingenommen werden mußte. [...] Die Reaktion des Geschädigten auf das Trauma hat nur dann eine völlig ›*kathartische*‹ Wirkung, wenn sie eine adäquate Reaktion ist: wie die Rache. Aber in der Sprache findet der Mensch ein Surrogat für die Tat, mit dessen Hilfe der Affekt nahezu ebenso ›*abreagiert*‹ werden kann« (ebd., S. 87).

Ein Jahr später sprach Freud erstmals von »der Wirkung der kathartischen Methode Breuers« und nahm Bezug auf den Fall der Anna O.:

»Aus diesen Erfahrungen [...] entwickelte sich eine therapeutisch-technische Prozedur, die an logischer Konsequenz und systematischer Durchführung nichts zu wünschen ließ. Jedes einzelne Symptom dieses verwickelten Krankheitsbildes wurde für sich vorgenommen; die sämtlichen Anlässe, bei denen es aufgetreten war, in umgekehrter Reihenfolge erzählt, beginnend mit den Tagen, bevor Patientin bettlägerig geworden war, nach rückwärts bis zu der Veranlassung des erstmaligen Auftretens. War dieses erzählt, so war das Symptom behoben« (Freud, 1894, S. 64).

Vergleicht man diese Sätze mit dem ursprünglichen Krankenbericht Breuers, so ist unschwer zu erkennen, dass die kathartische Methode hier wesentlich zielorientierter und systematischer dargestellt wird als im ursprünglichen Kreuzlinger Behandlungsbericht. Hier zeigt sich, dass die Veränderungen in der Behandlungstechnik mit dem Fortschreiten der Theoriebildung eng verknüpft waren. Freud und Breuer arbeiteten an Hypothesen darüber, wie es zur Unterdrückung pathogener Affekte kommt und wie die Wirksamkeit der nicht mitgeteilten, nicht abreagierten Geheimnisse aufgehoben werden kann. Die befreiende Wirkung der Katharsis ergab sich für sie aus dem nach und nach klarer erfassten Zusammenhang zwischen Trauma, Affekt, Abwehr und Symptombildung (vgl. Gödde, 1999, S. 135ff.).

Im Fall der Patientin Emmy v. N., die Freud im Mai/Juni 1989 sieben Wochen lang und ein Jahr später nochmals einige Wochen behandelte, wandte Freud erstmals das kathartische Verfahren, verknüpft mit Elementen der Bernheim'schen

Suggestionsmethode, an (1895, S. 99–162). Da sich diese Patientin leicht hypnotisieren ließ, schläferte er sie fast täglich zweimal ein. Die Hypnose benutzte er einerseits, um im Stile Breuers die Entstehungsgeschichte der Symptome zu erforschen, anderseits um im Stile Bernheims suggestive Anweisungen zu erteilen. Zu Beginn dieser Falldarstellung schreibt er:

> »Sie war Hysterika, mit größter Leichtigkeit in Somnambulismus zu versetzen, und als ich dies merkte, entschloß ich mich, das Breuersche Verfahren der Ausforschung in der Hypnose bei ihr anzuwenden, das ich aus den Mitteilungen Breuers über die Heilungsgeschichte seiner ersten Patientin kannte. Es war mein erster Versuch in der Handhabung dieser therapeutischen Methode« (ebd., S. 99).

In Freuds Psychotherapieteil der *Studien über Hysterie* finden sich dann erstmals genauere Ausführungen zur »kathartische Psychotherapie«. Ihr therapeutischer Wert dürfe nicht deshalb infrage gestellt werden, »weil sie eine *symptomatische* und keine *kausale* ist« (ebd., S. 260). Im Weiteren kam Freud nochmals auf den Fall Emmy v.N. zu sprechen und hier klingen bereits deutliche Zweifel an der angewandten Methode an:

> »In der Geschichte der Frau Emmy v.N. [...] habe ich allerdings ein Beispiel einer im tiefen Somnambulismus ausgeführten kathartischen Kur geschildert, in welcher der Widerstand fast keine Rolle spielte. Allein von dieser Frau habe ich auch nichts erfahren, zu dessen Mitteilung es einer besonderen Überwindung bedurft hätte, nichts, was sie mir nicht bei längerer Bekanntschaft und einiger Schätzung auch im Wachen hätte erzählen können. Auf die eigentlichen Ursachen ihrer Erkrankung, sicherlich identisch mit den Ursachen ihrer Rezidiven nach meiner Behandlung, bin ich gar nicht gekommen« (ebd., S. 287).

## Zurückstufung der Katharsis von einer Behandlungsmethode zu einem Heilfaktor

In der Therapie der beiden Patientinnen Lucy R. und Elisabeth v.R. löste sich Freud dann schrittweise von der in Hypnose durchgeführten kathartischen Behandlungsmethode, und ab 1896 verzichtete er ganz auf die Hypnose. Rückblickend wies er darauf hin, dass die Psychoanalyse »aus dem sogenannten kathartischen Verfahren hervorgegangen« sei (1904, S. 3). Einen »völlig ausreichenden Ersatz« für die Hypnose habe er »in den Einfällen der Kranken, das heißt in den ungewollten, meist als störend empfundenen und darum unter gewöhnlichen Verhältnissen beseitigten Gedanken« gefunden (ebd., S. 4ff.). Mit der sich nach und nach herauskristallisierenden Methode der *freien Assoziation* trat die Analyse unbewusster Konflikte im Spannungsfeld von Wunsch und Abwehr in den Brennpunkt der Therapie.

Bei Breuer und Freud lässt sich eine Auseinandersetzung mit den Grenzen der Psychokatharsis beobachten. Hat Breuer das »Wegerzählen« seiner Patientin als wirksamen *Heilfaktor* erkannt, so fällt auf, dass er selbst den Begriff der kathartischen Methode in seinen Beiträgen zu den *Studien über Hysterie* an keiner Stelle verwendet hat. Freud war es, der diese Methode erstmals 1888 genauer umrissen und publik gemacht hat; zudem war er es, der von 1889 bis 1896 explizit mit dieser Methode arbeitete, und die richtungsweisenden Ausführungen zur kathartischen Therapiemethode finden sich in dem von ihm verfassten Psychotherapieteil der *Studien*.

Im Rahmen der Psychoanalyse hat Freud dann den umgekehrten Weg eingeschlagen und die Psychokatharsis von einer eigenständigen *Therapiemethode* zu einem Therapiefaktor zurückgestuft, wenn er auch weiterhin ihren »bleibenden Wert« anerkannte: »Die kathartische Methode ist der unmittelbare Vorläufer der Psychoanalyse und trotz aller Erweiterungen der Erfahrung und aller Modifikationen der Theorie immer noch als Kern in ihr enthalten« (1924, S. 409).

### Bernays' »pathologische« und »therapeutische« Katharsis-Konzeption

Die Katharsis berührt einen wichtigen Aspekt der antiken Heil- und Lebenskunst, nämlich die Frage nach dem rechten Umgang mit den Affekten. Dabei lassen sich, vereinfacht gesagt, zwei Hauptrichtungen unterscheiden. Die eine eher rationale Richtung, die unter dem überragenden Einfluss der Stoa stand, suchte das Heil in der Mäßigung, Hemmung oder Brechung der für krankmachend gehaltenen Affekte – seien es depressive Affekte wie Angst, Scham, Kränkung, Sorge und Trauer oder aggressive Affekte wie Ärger, Wut, Jähzorn, Neid und Eifersucht. Demgegenüber tendierte die andere Richtung, die als *»enthusiastische Mystik«* (Rabbow, 1954, S. 290) bezeichnet werden kann, zu einer konträren Vorgehensweise: Die Affekte sollten gerade nicht im Seeleninnern eingeschlossen und niedergehalten, sondern nach außen geöffnet und entladen werden. Die Heilung wurde auf dem Wege »stürmischer Aufregung der Krankheit durch ekstatisierende Musik und rasenden Tanz« gesucht. Im Rahmen dieser Seelenbehandlung sind einzelne orgiastische Kulte wie der des Dionysos überliefert, der an mehreren Orten Griechenlands als »Löser« des dionysischen Wahnsinns gewirkt hat (ebd., S. 292f.).

Pointiert gesagt kann man die therapeutischen Bemühungen um eine Mäßigung, Hemmung oder Brechung der Affekte einem Therapiemodell der *»Askese«* zurechnen, während sich die Versuche, gehemmte und unterdrückte Affekte nach außen zu öffnen, zu lösen, zu entladen und zu reinigen, mit einem dazu in Kontrast stehenden Therapiemodell der *»Ekstase«* verbinden lassen. Auf diese bereits in der antiken Lebens- und Heilkunst zum Tragen kommende Polarität, die in der modernen Psychotherapie wieder auflebte, werden wir in späteren Kapiteln genauer eingehen.

Als Juan Dalma der Frage nachging, wie Breuer und Freud auf die Spur der Katharsis-Frage gelangt sein können, entdeckte er den Aristoteles-Interpreten Jacob Bernays (1824–1881) als zentralen wissenschaftshistorischen Bezugspunkt (Dalma, 1963; s. a. Ellenberger, 1973, S. 664f.; Hirschmüller, 1978, S. 206ff.; Gödde, 2009). Bernays hatte 1857 den legendär gewordenen Aufsatz »Grundzüge der verlorenen Abhandlung des Aristoteles über Wirkung der Tragödie« veröffentlicht. Dieser Titel verweist auf jenes rätselhafte und immer wieder von Neuem ausgelegte Fragment über die Katharsis als Ziel und Wirkung der Tragödie, das Aristoteles in seiner *Poetik* hinterlassen hat. Bernays kommt das Verdienst zu, Verbindungen zwischen der Katharsis in der Tragödie (tragische oder Theaterkatharsis), in der Musik und Musiktherapie (ekstatische oder Therapiekatharsis) sowie in der Medizin (medizinische oder somatische Katharsis) hergestellt und damit zwei neue Perspektiven in der Katharsis-Frage, eine pathologische und eine therapeutische, eröffnet zu haben. Mit dieser Lesart trat er in einen Gegensatz sowohl zu der damals vorherrschenden »moralischen« Katharsis-Deutung von Lessing als auch zu der »ästhetischen« von Goethe (Bernays, 1857, S. 141).

Den Ausgangspunkt für den Streit um den Katharsis-Begriff von Aristoteles bildet jene berühmte Stelle im sechsten Kapitel der *Poetik* (1449b, 24–28), die auf den vier Grundbegriffen *phóbos* (übersetzt als Furcht, Schrecken oder Schaudern), *éleos* (übersetzt als Mitleid, Rührung oder Jammer), *kátharsis* (übersetzt als Reinigung, Purgation oder Entladung) und *páthema* (übersetzt als Affekte, Leidenschaften oder Gemütsaffektionen) aufbaut und eine sehr unklare Genitiv-Konstruktion »kátharsis ton toioúton pathematon« (genitivus objectivus: »dieser Affekte«, oder genitivus separativus: »*von* diesen Affekten«) enthält.

Zunächst setzt sich Bernays in seiner Abhandlung mit Lessings Deutung dieser Katharsis-Stelle in der *Hamburgischen Dramaturgie* (1768) auseinander. Lessing hatte den aristotelischen Ausdruck als »Reinigung« übersetzt und ihn auf »Furcht« und Mitleid« (und »dergleichen Leidenschaften«) bezogen; für ihn war maßgeblich, dass die Tragödie beim Zuschauer eine moralische Läuterung bewirke. Damit wäre aber die Tragödie eine »moralische Veranstaltung«, ja ein »moralisches Correctionshaus«, wendet Bernays ein. Eine solch moralisierende Verkürzung werde dem Anliegen des Aristoteles keineswegs gerecht. Das habe auch Goethe erkannt; dessen eigene Übersetzung, dass die Tragödie »nach einem Verlauf von Mitleid und Furcht mit Ausgleichung solcher Leidenschaften ihr Geschäft abschließt«, sei aber seinerseits unhaltbar. Es gelte daher, den »Nebel, welcher jene Reinigungsphrase in dem landesüblichen Kunstrichterjargon umgiebt«, zu lichten (Bernays, 1857, S. 38).

In diesem Kontext rekurriert Bernays auf eine damals noch kaum beachtete Ergänzungsstelle aus dem achten Kapitel der *Politik* (1341b, 32), in der Aristoteles Katharsis mit dem Phänomen der »Verzückung« und der Wirkung der heiligen, phrygischen Lieder in Verbindung brachte: Verzückte würden sich beruhigen, wenn sie

> »Lieder, die eben das Gemüth berauschen, auf sich wirken lassen, [...] gleichsam als hätten sie ärztliche Cur und Katharsis erfahren«. Ähnliches gelte für diejenigen, die zu Mitleid und Furcht oder zu einem anderen bestimmten Affekt disponiert seien, und darüber hinaus müsse es für alle »irgend eine Katharsis geben und sie unter Lustgefühl erleichtert werden« (Bernays, 1857, S. 139f.).

Im Weiteren spricht Bernays von einem »pathologischen« Gesichtspunkt bei Aristoteles. Dies zeige schon das Beispiel der von Verzückung »Besessenen« (ebd., S. 141), die man aus heutiger Sicht in erster Linie den manischen und den histrionischen Charakteren zuordnen kann. Im vierten Teil seiner Abhandlung kommt Bernays etwas ausführlicher auf die ekstatische Pathologie und deren Therapie zurück. Bei diesem »Verfahren, welches Bewegung durch Bewegung, das lärmende Gemüth durch ein lärmendes Lied dämpft, [...] wirken die rauschenden Olymposweisen sollicitirend auf das ekstatische Element«. Dieses finde

> »einen Beistand an der Gewalt des Gesanges, von dessen Zuge hingerissen es nun hervorrast, sich der Lust hingiebt, aller Fugen und Bande des Selbst ledig zu sein, um dann jedoch, nachdem diese Lust gebüßt worden, wieder in die Ruhe und Fassung des geregelten Gemüthszustandes sich einzuordnen« (ebd., S. 175f.).

Bernays vergleicht die heilsame Wirkung der Musik ausdrücklich mit einer »ärztlichen Cur und Katharsis« und verwendet in diesem Zusammenhang das Wort »Erleichterung«, das als »eine Versinnlichung des Vorgangs im Gemüth durch

Hindeutung auf analoge körperliche Erscheinungen« verstanden wird (ebd., S. 143). Die Analogie zur medizinischen Katharsis-Therapie, die traditionell als »Purgierung« bezeichnet wird und das »Ausscheiden, Beseitigen, Fortschaffen von störenden und beschwerlichen Stoffen (und Erregungen) aus dem Organismus« bedeutet, enthält eine Bezugnahme auf die hippokratische Medizin (vgl. Gödde, 2009, S. 82).

Das an der ekstatischen Katharsis beobachtete Phänomen lasse sich verallgemeinern, da alle Arten von Gemütspathos wesentlich ekstatisch seien und den Menschen »außer sich setzen« würden. Diese Deutung entspreche den »psychologischen und ethischen Hauptsätzen« des Aristoteles, der dagegen war, »den Seelentheil, in welchem die Affecte heimisch sind [...], gänzlich zu ersticken«. Je weniger er »von abtödtenden Radicalcuren der Affecte Heil erwartete, desto grösseres Zutrauen musste er, eben ihrer palliativen Zeitweiligkeit wegen, zu der ableitenden pathologischen Katharsis fassen« (ebd., S. 177).

In diesem Kontext sieht sich Bernays zu dem Hinweis veranlasst, man möge sich vor Augen führen, dass Aristoteles selbst aus ärztlichem Milieu stammte und »eine stets wache Rücksicht und Achtung für das Körperliche« besaß (ebd., S. 144). Terminologisch kommt er bei seiner Auslegung der *Politik*-Stelle zu dem Ergebnis, Katharsis sei »eine vom Körperlichen auf Gemüthliches [d.h. aufs Gemütsleben und die Affekte; Anm. die Verf.] übertragene Bezeichnung für solche Behandlung eines Beklommenen, welche das ihn *beklemmende Element* nicht zu verwandeln oder zurückzudrängen sucht, sondern es aufregen, hervortreiben und dadurch Erleichterung des Beklommenen bewirken will« (ebd.).

Aufgrund der Auslegung der *Politik*-Stelle übersetzt Bernays im Weiteren den Tragödiensatz in der *Poetik* neu: »Die Tragödie bewirkt durch [Erregung von] Mitleid und Furcht die erleichternde *Entladung* solcher [mitleidigen und furchtsamen] Gemüthsaffectionen« (ebd., S. 154). Das hervorstechende Novum ist, dass der Begriff Reinigung durch »*Entladung*« ersetzt und mit dem Adjektiv »erleichternd« verknüpft wird.

Zur Stützung seiner pathologischen Interpretation hat Bernays neben der *Politik*-Stelle auch einige neuplatonische Quellen und speziell eine Passage aus den Mysterien des Jamblichos herangezogen:

»Die Kräfte der in uns vorhandenen allgemein menschlichen Affectionen werden, wenn man sie gänzlich zurückdrängen will, nur um so heftiger. Lockt man sie dagegen zu kurzer Aeusserung in richtigem Maasse hervor, so wird ihnen eine maasshaltende Freude, sie sind gestillt und entladen und beruhigen sich dann auf gutwilligem Wege ohne Gewalt. Deshalb pflegen wir bei Komödie sowohl wie

Tragödie durch Anschauen fremder Affecte unsre eigenen Affectionen zu stillen, mässiger zu machen und zu entladen« (ebd., S. 160).

Die Verwendung solcher Termini wie »zurückdrängen«, »hervorlocken«, »beruhigen« und »entladen« erinnert an die *Politik*-Stelle.

Zusammenfassend kann man festhalten, dass sich Bernays' Auslegung der tragischen Katharsis bei Aristoteles im Wesentlichen auf zwei Deutungs- und Therapiemodelle aus der antiken Heil- und Lebenskunst zurückführen lässt:
➤ auf die *ekstatische* Katharsis, die mit den Mitteln der Musik und des Tanzes die Entladung aufgestauter pathogener Affekte zu erreichen sucht, und auf
➤ die *medizinische* Katharsis, die den Heilungsvorgang als Purgation oder Ausscheidung krankhafter Körperstoffe erklärt oder im metaphorischen Sinne betrachtet.

## Die Katharsis-Konzeptionen von Freud, Bernays und Nietzsche im Vergleich

Die beiden Hauptkanäle, durch die Breuer und Freud mit dem Katharsis-Problem in Berührung gekommen sein können, der Aristotelisch-Bernays'sche und der Hippokratische, dürften den gebildeten Kreisen in Deutschland und speziell in Wien damals vertraut gewesen sein.

Bereits in Breuers ursprünglichem Behandlungsbericht zeigen sich Verbindungen der Therapie mit der »Theaterkatharsis«. So sprach die Patientin von ihrem »Privattheater« (Breuer, 1882, S. 349), und an anderer Stelle heißt es, dass sie »die Dinge durchlebend sie theilweise tragirte« (ebd., S. 357), wobei »Tragiren« als Tragödie agieren übersetzt werden kann. Gründet die Katharsis-Konzeption von Bernays auf dem Prinzip der Affektentladung, so ist bemerkenswert, dass Freud und Breuer an maßgebender Stelle davon sprechen, dass sich die Affekte »*entladen*: vom Weinen bis zum Racheakt« (Breuer & Freud, 1893, S. 87). Hier handelt es sich um die – keineswegs nur zufällige – Übernahme eines Schlüsselbegriffs.

Eine zweite aufschlussreiche Übereinstimmung ergibt sich, wenn man die von Bernays übersetzte *Politik*-Stelle heranzieht, wonach die Behandlung des Beklommenen »das ihn *beklemmende Element* nicht zu verwandeln oder zurückzudrängen sucht, sondern es aufregen, hervortreiben und dadurch Erleichterung des Beklommenen bewirken will« (ebd., S. 144). Ganz ähnlich formulieren Breuer und Freud, die kathartische Methode hebe »die Wirksamkeit der ursprünglich nicht abreagierten Vorstellung dadurch auf, daß sie *dem eingeklemmten Affekte* derselben den Ablauf durch die Rede gestattet« (Breuer & Freud, 1893, S. 97). An anderer Stelle spricht Freud (1904, S. 4) davon, dass die therapeutische Wirksamkeit dieses Verfahrens auf »der Abfuhr des bis dahin *gleichsam >eingeklemmten< Affektes*« beruhe.

Demnach kann man davon ausgehen, dass die kathartische Therapie von Breuer und Freud in der Tradition sowohl der ekstatischen als auch der medizinischen Katharsis-Therapie steht. Sie hat allerdings auf den Einsatz musikalischer Mittel verzichtet und den Hauptakzent auf Sprache bzw. auf das Sprechen gelegt. Das Sprechen wird – performativ verstanden – zu einem kathartischen Instrument. Hinzu kamen die biografische Erkenntnis der Krankheitsursachen und die Auflösung der im Unbewussten noch wirksamen Erinnerungen. Die Entladung bezog sich im Unterschied zu Aristoteles und Bernays weniger auf Furcht und nicht auf Mitleid, sondern auf die peinlichen Affekte des Schreckens, der Angst, der Scham und des psychischen Schmerzes. Trotz solcher Abweichungen im Detail spricht viel für die Auffassung, dass das Breuer-Freud'sche Verständnis von Katharsis »in direkter Anlehnung an die Bernays'sche Aristoteles-Interpretation entstanden [ist], und zwar nicht nur als Aufgreifen eines Modeausdrucks, sondern mit vollinhaltlicher bewußter Analogiebildung« (Hirschmüller, 1978, S. 211f.). Heute stimmen die meisten Autoren darin überein, dass Bernays mit seiner pathologischen und therapeutischen Neuinterpretation die Weichen für die Therapeutik von Breuer und Freud gestellt hat.

Von Bernays lässt sich auch eine Verbindung zu Nietzsche herstellen, denn beide hatten denselben Lehrer, den Philologen Friedrich Ritschl, und beide sollen zu dessen Lieblingsschülern gehört haben. Bernays war allerdings 20 Jahre älter als Nietzsche.

Obwohl sich Nietzsche in der *Geburt der Tragödie* der umstrittenen Frage nach Wesen und Wirkung der tragischen Katharsis intensiv widmet, verwendet er den Begriff selbst nur an einer einzigen Stelle:

> »Jene pathologische Entladung, die Katharsis des Aristoteles, von der die Philologen nicht recht wissen, ob sie unter die medicinischen oder die moralischen Phänomene zu rechnen sei, erinnert an eine merkwürdige Ahnung Goethe's. ›Ohne ein lebhaftes pathologisches Interesse‹, sagt er, ›ist es auch mir niemals gelungen, irgend eine tragische Situation zu bearbeiten, und ich habe sie daher lieber vermieden als aufgesucht‹« (Nietzsche, 1872, S. 142).

Wenn Nietzsche hier von »Entladung« spricht, so liegt die Annahme nahe, dass er hier implizit auf Bernays Bezug nimmt. Der Begriff der Entladung als

## 4 Freuds Therapeutik – ein Brückenschlag zur philosophischen Lebenskunst

Alternative zur »Reinigung« diente insbesondere als Gegenentwurf zu Lessings *moralischer* Deutung, dass sich durch das Miterleben der Tragödie die Leidenschaften der Zuschauer in Tugenden verwandeln sollen. Dennoch blieb Nietzsche auch zu Bernays' *medizinischer* Deutung in kritischer Distanz und signalisierte zudem eine Sympathie, wenn auch nicht volle Zustimmung zu Goethes *ästhetischer* Deutung, die Bernays ausdrücklich verworfen hatte. Auch er suchte die dem tragischen Mythus »eigenthümliche Lust in der rein aesthetischen Sphäre« (Nietzsche, 1887, S. 152) und wollte offenbar mit einer eigenen Deutung aus dem großen Schatten des Aristoteles heraustreten (ebd., S. 173).

Maßgeblich für Nietzsche ist, dass die Tragödie nicht als Purgativ von deprimierenden und lebensverneinenden Affekten, sondern als Bejahung und Steigerung des Lebendigen, als dionysisches »tonicum« wirke (1887–89, S. 410). So ist er in *Menschliches, Allzumenschliches* auf die pathogene Wirkung der Affektunterdrückung und die heilende Wirkung kathartischer Affektüberwindung zurückgekommen: »Einen Rachegedanken haben und ausführen heißt einen heftigen Fieberanfall bekommen, der aber vorübergeht: einen Rachegedanken aber haben, ohne Kraft und Muth, ihn auszuführen, heißt ein chronisches Leiden, eine Vergiftung an Leib und Seele mit sich herumtragen« (1878, S. 77). Während bei Ressentiment-Charakteren, schreibt Nietzsche an anderer Stelle, »die *eigentliche Reaktion, die der That*«, unterblieben sei, erschöpfe sich bei vornehmen Menschen ein aufkommendes Ressentiment »in einer *sofortigen Reaktion*, es vergiftet darum nicht« (1887, S. 273). Ähnlich heißt es bei Freud: »Die *Reaktion* des Geschädigten auf das Trauma hat nur dann eine völlig ›kathartische‹ Wirkung, wenn sie eine *adäquate Reaktion* ist: wie die Rache« (1895, S. 87). Nietzsche orientiert sich in diesem Zusammenhang auch an Robert Mayers (1818–1878) Konzept der »*Auslösung*«, wonach sich im kleinsten Organismus fortwährend Kraft bilde und sich dann entweder von sich aus oder durch einen Reiz von außen auslösen müsse. Als Beispiele nannte Mayer den Ungeduldigen, der seinen Zorn an einem Scheite Brennholz auslässt, oder den Rosselenker beim Fahren. Wie Mayer spricht Nietzsche explizit von der psychischen Dynamik »verhinderter Auslösung«: »Grundsatz: nicht die Auslösungen, so gewaltsam sie auch sein mochten, gaben der Menschheit den meisten Schaden, sondern die Verhinderung derselben. Verstimmung, krankhafte Mißgefühle haben wir zu beseitigen – aber dazu gehört der Muth, das Schreckliche der Auslösungen anders und günstiger zu beurtheilen« (Nietzsche, 1880–82, S. 452f.).

Aus dem Vergleich dieser Textstellen kann man den Schluss ziehen, dass es in der zweiten Hälfte des 19. Jahrhunderts mit Bernays, Nietzsche und Freud zu einem »Traditionsbruch in der Geschichte der Katharsis« kam, der zur »Neubestimmung und Entgrenzung des Begriffs« über die klassischen Felder der Poetik, Ethik, Religion und Politik hinausführte und neue Diskurse in der Medizin, Psychologie, Ästhetik und Kulturtheorie anbahnte (Vöhler & Linck, 2009, S. XIII).

### Ausgewählte Literatur

Bernays, J. (1857). *Grundzüge der verlorenen Abhandlung des Aristoteles über Wirkung der Tragödie.* Hildesheim und New York: Olms 1970.
Dalma, J. (1963). Die Katharsis bei Aristoteles, Bernays und Freud [übers. u. eingel. von F. P. Gil & G. Kraft]. *Psychoneuro, 30, 2004,* 112–115, 169–173.
Düe, M. (1993). Askese und Ekstase bei Freud. *Psyche – Z Psychoanal, 47,* 407–424.
Gödde, G. (2009). Therapeutik und Ästhetik – Verbindungen zwischen Freuds und Breuers kathartischer Therapie und der Katharsis-Konzeption von Jacob Bernays. In M. Vöhler & D. Linck (Hrsg.), *Grenzen der Katharsis in den modernen Künsten. Zur Rezeption des Katharsis-Theorems seit Jacob Bernays* (S. 63–91). Berlin und New York: de Gruyter.
Hirschmüller, A. (1978). *Physiologie und Psychoanalyse in Leben und Werk Josef Breuers.* Bern: Huber.
Rabbow, P. (1954). *Seelenführung. Methodik der Exerzitien in der Antike.* München: Kösel.
Reicheneder, J. G. (1983). Sigmund Freud und die kathartische Methode Josef Breuers. *Jahrbuch der Psychoanalyse, 15,* 229–250.
Schröder, C. (1995). *Der Fachstreit um das Seelenheil. Psychotherapiegeschichte zwischen 1880 und 1932.* Frankfurt/M.: Peter Lang.
Vöhler, M. & Linck, D. (Hrsg.). (2009). *Grenzen der Katharsis in den modernen Künsten. Zur Rezeption des Katharsis-Theorems seit Jacob Bernays.* Berlin und New York: de Gruyter.
Warstat, M. (2011). *Krise und Heilung. Wirkungsästhetiken des Theaters.* München: Wilhelm Fink.

## Der Übergang von der Ekstase zur *Askese* als Weichenstellung für die Psychoanalyse

Kehren wir zurück zu Freuds Loslösung von der kathartischen Therapie, die mit einem Verzicht auf die Hypnose einherging, und der allmählichen Herausbildung der Methode der »freien Assoziation«. Den damit verbundenen Entwicklungsprozess zur Psychoanalyse, der sich sowohl auf der theoretischen als auch auf der therapeutischen Ebene vollzog, kann man als Übergang von einem Therapiemodell der »Ekstase« zu einem der »Askese« betrachten.

Wesentliche Schritte auf diesem Wege seien im Folgenden skizziert. Dazu gehören:

➢ die Erkenntnis der Verdrängung und damit des dynamisch Unbewussten,
➢ die Kunst des Erinnerns und Vergessens,
➢ die Entdeckung der Sexualität als Krankheitsfaktor und Anthropologikum,

- die lebensgeschichtliche Erforschung der Symptome sowie
- die neue Ausrichtung an einem Therapiemodell der Askese.

### Die Erkenntnis der »Verdrängung«

Im Kontext der Hysterie-Studien war Breuers und Freuds Grundannahme, dass die meisten Symptome dieser Neurose durch ein »psychisches Trauma« und das Ausbleiben einer adäquaten affektiven Reaktion auf das Trauma bedingt seien. Der dritte und maßgebliche Faktor der »Verdrängung« sei anhand eines Initialfalls verdeutlicht. Am Hysterie-Fall *Elisabeth v.R.* suchte Freud die Wirksamkeit des dynamischen Unbewussten zu demonstrieren (1895, S. 196–251). Diese Patientin litt seit zwei Jahren an starken Schmerzen in den Beinen und war dadurch im Gehen und Stehen behindert. Als jüngste von drei Schwestern hatte sie sich sehr zum Vater hingezogen gefühlt, dem sie »einen Sohn und Freund« ersetzte. Der Vater prophezeite ihr schon früh, dass sie es wegen ihres kecken und rechthaberischen Wesens nicht leicht haben werde, einen Mann zu gewinnen. Auch sie selbst verspürte den starken Wunsch, sich ihre Freiheit nicht durch eine Ehe beschneiden zu lassen. Andererseits war sie von großem Stolz auf ihren Vater erfüllt und in ihrer Familienloyalität stets bereit, ihre eigenen Wünsche zugunsten der Familieninteressen zurückzustellen. Aufgrund dieser starken Bindung an den Vater war sie in der Adoleszenz sehr erschüttert, als er plötzlich schwer erkrankte und nach zweijähriger intensiver Pflege starb. Während eines anschließenden Sommeraufenthalts der Familie traten plötzlich Elisabeths Beinschmerzen und ihre Gehschwäche auf. Von jetzt ab war sie die »Kranke« in der Familie.

Aus dieser Lebensschilderung ergab sich noch kein hinreichender Aufschluss darüber, warum Elisabeth eine schmerzhafte Abasie und Astasie entwickelt hatte. Es handelte sich um eine »aus banalen seelischen Erschütterungen bestehende Krankengeschichte«, die für Freud enttäuschend war, da sie wenig erklärte. Um in »tiefere Schichten der Erinnerung« vorzudringen, drückte er suggestiv mit der Hand an ihre Stirn und forderte sie auf, ihm zu sagen, welche Bilder und Erinnerungen in ihr auftauchten. Die Patientin erinnerte sich jetzt an einen Tanzabend, an dem ein junger Mann sie aus einer Gesellschaft nach Hause begleitete, an die Gespräche mit ihm und an die Empfindungen, mit denen sie dann nach Hause zurückkehrte. Sie hatte sich spontan verliebt und Phantasien von einer glücklichen Ehe hingegeben. Diesen Wünschen nachzugehen, hätte jedoch bedeutet, ihren geliebten Vater mit seiner Krankheit im Stich zu lassen. Auf diesen

Konflikt reagierte sie mit starken Selbstvorwürfen. Am nächsten Tag traten die Gehstörungen (als Ablehnung des Wunsches zu tanzen) zum ersten Mal auf, hielten allerdings nicht lange an, vermutlich weil sie sich bald dazu durchgerungen hatte, auf ihre Neigungen zu verzichten.

Nach dem Tode ihres Vaters verbrachte Elisabeth mit ihrer Familie einen gemeinsamen Urlaub. Einmal unternahm sie mit dem Ehemann der Schwester einen längeren Spaziergang, auf dem sie sich mit allem, was er sagte, im Einklang fand. Nach der Rückkehr traten wieder heftige Schmerzen in den Beinen auf. Wenige Tage später machte sie allein einen Spaziergang zu einer herrlichen Aussichtsstelle. Ihre Einsamkeit war ihr schmerzlich bewusst, und sie sehnte sich nach einer ähnlichen Verbindung wie zwischen Schwester und Schwager. Die nach diesem Ausflug auftretenden Schmerzen verstärkten sich am Abend desselben Tages und blieben seither chronisch.

In der weiteren therapeutischen Arbeit gelang es Freud, eine wichtige Erinnerung freizulegen: Die Schwester war kurze Zeit später unerwartet gestorben. Am Totenbett der Schwester war bei Elisabeth plötzlich der Gedanke aufgetaucht, dass der Schwager jetzt frei sei und sie seine Frau werden könne. Für einen Augenblick war ihr die eigene Verliebtheit bewusst geworden, aber sie hatte die aufkommenden Liebeswünsche sogleich wieder beiseite geschoben.

Auf diesem Weg erkannte Freud einen Zusammenhang zwischen Elisabeths unerfülltem Liebesleben und dem Auftreten der Schmerzen in den Beinen. Dem ersten Auftreten der Symptomatik lag ein Konflikt zwischen erotischen Wünschen und Loyalität gegenüber dem Vater zugrunde, und auch dem späteren Auftreten der Schmerzen ging ein ähnlich gelagerter Liebes- und Loyalitätskonflikt voraus. Dass so intensive erotische Vorstellungen, wie sie die Patientin erlebt hatte, vom Bewusstwerden ausgeschlossen werden konnten, ließ sich auf das Motiv der »Verdrängung« zurückführen. Der ganze Mensch sträube sich dagegen, sich offen mit den unverträglichen erotischen Vorstellungen zu konfrontieren. Die »Konversion« seelischer Schmerzen in körperliche diene der Patientin dazu, sich aus dem quälenden Konflikt zwischen Wunsch und moralischer Verpflichtung zu befreien. Anhand dieses Initialbeispiels einer Abwehrhysterie ließen sich die ätiologischen Faktoren in einen theoretischen Zusammenhang bringen, wobei sich die *Verdrängung* mit dem Ich unvereinbarer Vorstellungen für Freud als maßgeblicher Krankheitsfaktor erwies.

Bemerkenswert ist, dass die Falldarstellung eine dreiteilige Struktur besitzt, wobei dieselbe Geschichte in drei Anläufen mit immer neuen Einzelheiten und unter Überwindung von Widerständen erzählt wird, bis es am Ende zur Aufklärung der psychodynamischen Zusammenhänge kommt. Wie Freud später betonte, habe ihn das Studium der pathogenen Verdrängungen gezwungen, den Begriff des Unbewussten ernst zu nehmen. Das Verdrängte wurde in der Folge als *dynamisch Unbewusstes* bezeichnet.

Nach Lorenzer (1984, S. 132) bedurfte es einer Situation »medizinalisierter Intimität«, in der dem Patienten Freiraum für subjektive Selbstdarstellung ermöglicht wird, um die geheim gehaltenen Seelennöte offen bekennen zu können. So entlastend emotionale Bekenntnisse als eine Art »Beichte« sind, so erwiesen sie sich jedoch für Freud als unzureichend, um an die Wurzel des Übels heranzukommen, da sich der analytischen Aufklärung schwer durchschaubare »Widerstände« entgegenstellen. Solche Widerstände lassen sich erst nach mühsamer Analyse auf die Ebene sprachlicher Ausdrucksfähigkeit heben, weil es um

> »ein subversives und schmerzhaftes Geheimnis [geht], das sich der Patient selbst nicht eingestehen will, [...] weshalb er Gelegenheit bekommen muß, es beiläufig zu verraten. Deshalb das methodische Junktim von ›freiem Assoziieren‹ (des Patienten) und ›gleich-schwebender Aufmerksamkeit‹ (des Arztes) – diesen Kernmerkmalen des neuen Verstehens [...]. Es ist ein schmerzhaftes Geheimnis und es geht um unterdrückte, sozial nicht zugelassene Verhaltensentwürfe, die sich nur im Leiden, als Leiden, als leidvoller Widerspruch gegen die gesellschaftlichen und kulturellen Verhältnisse äußern können« (Lorenzer, 1988, S. 431).

## Kunst des Erinnerns und Vergessens

Schon im Rahmen der hypnotischen Suggestion und der kathartischen Therapie war das *Erinnern* der traumatisierenden Erlebnisse ein wesentlicher Faktor. Dadurch sollte das *Vergessen* der traumatisierenden Erlebnisse ermöglicht werden, sodass es dann nicht mehr zwangsläufig in Form von Verdrängungen zu Einschränkungen des Lebens führt. Bei der Erinnerungsarbeit mit hysterischen Patientinnen machte Freud nun die überraschende Erfahrung, dass

> »jene Erinnerungen, welche zu Veranlassungen hysterischer Phänomene geworden sind, sich in wunderbarer Frische und mit ihrer vollen Affektbetonung durch lange Zeit erhalten haben. Wir müssen aber als eine weitere auffällige und späterhin verwertbare Tatsache erwähnen, daß die Kranken *nicht* etwa über diese Erinnerungen wie über andere ihres Lebens *verfügen*. Im Gegenteil, diese Erlebnisse *fehlen dem Gedächtnisse* der Kranken in ihrem gewöhnlichen Zustand völlig oder sind nur höchst summarisch vorhanden. Erst wenn man die Kranken in der Hypnose

befragt, stellen sich diese Erinnerungen mit der unverminderten Lebhaftigkeit frischer Geschehnisse ein« (1895, S. 88).

Nach Freud kann man sich an bestimmte Vorstellungen nicht mehr erinnern, weil es sich um »mit dem Ich Unvereinbares« gehandelt hat, das man aus Selbstschutz »verdrängt« hat. Ähnlich sahen es vor ihm schon Schopenhauer und Nietzsche. Im Kontext seiner Theorie der *Verdrängung* hat Freud mehrmals den berühmten Aphorismus Nietzsches zitiert: »›Das habe ich getan‹, sagt mein Gedächtnis. ›Das kann ich nicht getan haben‹ – sagt mein Stolz und bleibt unerbittlich. Endlich – gibt das Gedächtnis nach« (Nietzsche, 1886, S. 86; Freud, 1901, S. 162, Fn. 2).

Schon diese wenigen Äußerungen verweisen wiederum auf die Antike, insbesondere auf die damals gepflegte *Kunst der Erinnerung*, die durch *Mnemosyne* (als Göttin des Gedächtnisses), und die *Kunst des Vergessens*, die durch *Lethe* (als Göttin des Vergessens) repräsentiert wurde. Dabei geht es um die Frage nach dem rechten Umgang mit der Vergangenheit. Therapeutisch gesehen gibt es eine alte Tradition von Mnemo- und Lethetechniken (vgl. Weinrich, 2000, S. 18). Freuds Bezug zur antiken Erinnerungs- und Vergessenskunst lässt sich beispielsweise aus der Verwendung zweier Metaphern erschließen: Die Metaphern von der »Wachstafel« und vom »Magazin« des Gedächtnisses waren beide schon seit der Antike im Umlauf und haben seitdem um sich herum ganze Bildfelder versammelt (ebd., S. 169). Durch die minutiöse Analyse der Verdrängung und der Abwehrmechanismen des Ich hat das Vergessen gewissermaßen seine Unschuld verloren. Nichts wird einfach so vergessen; selbst kleine Vergesslichkeiten und sonstige Fehlleistungen deuten auf unbewusste Motive und Konflikte hin. Anders gewendet: Weil nichts vergessen wird, ist aktuell alle Vergangenheit für die Therapie von Bedeutung; und weil für die Therapie alles von Bedeutung ist, darf im Grunde auch in ihr nichts vergessen werden. Freuds psychotherapeutische Lebenskunst verweist somit sowohl für den Patienten als auch für den Therapeuten auf die enorme Bedeutung der Erinnerung und der Vergangenheit für die Gegenwart und die Zukunft und sie verweist zudem darauf, wie zentral das Verstehen und Gestalten des Lebens von der Erinnerung und der Vergangenheit abhängen.

In der frühen Therapeutik Freuds bedarf es zur Wiederherstellung des Erinnerungsvermögens und damit der Integration in das Ich einer Trias von Faktoren:
- ➢ der Aufhebung von Erinnerungswiderständen,
- ➢ des Zulassens der Erinnerung an das traumatisch Erlebte und
- ➢ schließlich der Fähigkeit, sich durch adäquate Reaktion von der traumatisch behafteten Erinnerung affektiv zu befreien.

Erst wenn diese drei Bedingungen erfüllt sind, winkt das Glück gelingender Erlebnisverarbeitung, das ein Vergessen-Können ermöglicht. In seiner Schrift *Vom Nutzen und Nachtheil der Historie für das Leben* hat Nietzsche den hohen Stellenwert der Erinnerungsarbeit thematisiert: der »Kraft, das Vergangene zum Leben zu gebrauchen und aus dem Geschehenen wieder Geschichte zu machen« (1874a, S. 253). Auch er hält ein positives Vergessen nur für möglich, wenn das vergangene Negativum »bewältigt« worden ist.

Im Vergleich zu Freud hat Nietzsche aber stärker auf die Dialektik von Erinnern und Vergessen für das menschliche Leben hingewiesen:

> »Die Heiterkeit, das gute Gewissen, die frohe That, das Vertrauen auf das Kommende – alles das hängt […] davon ab, dass […] man eben so gut zur rechten Zeit zu vergessen weiss, als man sich zur rechten Zeit erinnert, davon dass man mit kräftigem Instincte herausfühlt, wann es nöthig ist, historisch, wann unhistorisch zu empfinden« (ebd., S. 251f.).

Demgegenüber hat sich Freud vorwiegend am »historischen« Pol aufgehalten und sich auf die Aufhebung der Erinnerungswiderstände konzentriert. Man darf annehmen, dass ihm »alles daran lag, die pathogenen Gedächtnislücken, auf die er in seiner Patientenumgebung gestoßen war, als wissenschaftlich begründbar und therapeutisch behebbar zu erweisen« (Gasser, 1997, S. 380). Dementsprechend wurde der Pol des Vergessen-Könnens eher vernachlässigt.

Nietzsche betonte hingegen den Wert »aktiver Vergeßlichkeit« als »ein im strengsten Sinne positives Hemmungsvermögen«: »Die Thüren und Fenster zeitweilig schliessen […]; ein wenig Stille, ein wenig tabula rasa des Bewusstseins, damit wieder Platz wird für Neues, vor Allem für die vornehmeren Funktionen […] – das ist der Nutzen der aktiven Vergesslichkeit« (1887, S. 291f.). Der vornehme Mensch besitze die Fähigkeit zum Vergessen. Er schüttle »eben viel Gewürm mit einem Ruck von sich, das sich bei Anderen eingräbt« (ebd., S. 273). Das Pendant des Nicht-vergessen-Könnens erhält daher einen pathologischen Akzent. Bei Nietzsche ist explizit von »historischer Krankheit« die Rede. Durch übermäßige Konzentration auf die Historizität, sei es die eigene Lebensgeschichte oder seien es frühere kulturgeschichtliche Epochen, werde »die plastische Kraft des Lebens angegriffen« und verstehe es nicht mehr, »sich der Vergangenheit wie einer kräftigen Nahrung zu bedienen« (Nietzsche, 1874a, S. 329).

Im Spätwerk greift Nietzsche diese Thematik wieder auf und betrachtet es als eine Art Untugend, mit »nichts fertig zu werden«. Um sich ihrer angestauten Affekte entledigen zu können, würden die Leidenden »das Grübeln über Schlechtigkeiten und scheinbare Beeinträchtigungen« genießen, »die Eingeweide ihrer Vergangenheit und Gegenwart nach dunklen fragwürdigen Geschichten« durchwühlen und immer wieder die »ältesten Wunden« aufreißen (Nietzsche, 1887, S. 374f.).

Die in der Dialektik von Erinnern und Vergessen zutage tretende Differenz berührt nicht nur das Verhältnis zu Vergangenheit, Gegenwart oder Zukunft, sondern zentraler noch den Wertkonflikt zwischen Erkennen und Leben. Nietzsche fragt sich: »Soll nun das Leben über das Erkennen, über die Wissenschaft, soll das Erkennen über das Leben herrschen? Welche von beiden Gewalten ist die höhere und entscheidende?« Seine Antwort lautet: »[D]as Leben ist die höhere, die herrschende Gewalt.« Die Wissenschaft bedürfe »einer höheren Aufsicht und Überwachung«, einer »Gesundheitslehre des Lebens« (Nietzsche, 1874a, S. 330f.).

So gibt es auch im Rahmen der Erinnerungs- und Vergessenskunst gemeinsame Ausgangspunkte und einen gewissen Grundkonsens zwischen Freud und Nietzsche. Allerdings sind beide Denker letztlich eigene Wege gegangen, und man kann erkennen, dass sich Nietzsche mit einiger Berechtigung gegen den in der Moderne vorherrschenden »Imperativ des Sich-erinnern-Müssens und Nichtvergessen-Dürfens« gewandt hat (Brenner & Zirfas, 2002, S. 87).

## Die Entdeckung der Sexualität als Krankheitsfaktor und Anthropologikum

Wenn Verdrängung und Abwehr für die psychische Dynamik im Unbewussten eine maßgebliche Rolle spielen, so lag es nahe, die Frage aufzuwerfen, was denn abgewehrt und verdrängt wird, und aus welchen Motiven dies geschieht. Es waren unmittelbare klinische Erfahrungen, die Freud zu der Annahme führten, dass regelmäßig sexuelle Affekterregungen hinter den Erscheinungen der verschiedenen Neurosen wirksam seien. Obwohl er »vollkommen arglos« an die Untersuchung seiner hysterischen Patienten herangegangen und darum »auf dieses Ergebnis nicht vorbereitet« gewesen sei, habe ihn dies keineswegs davon abgehalten, auf der einmal gefundenen Spur konsequent weiterzuforschen und der Frage nach der sexuellen Grundlage der Neurosen auf breiter Basis nachzugehen (Freud, 1925a, S. 48f.).

Bereits in ihrer »Vorläufigen Mitteilung« von 1893 betonen Breuer und Freud, »die Sexualität spiele als Quelle psychischer Traumen und als Motiv der ›Abwehr‹, der Verdrängung von Vorstellungen aus dem Bewußtsein, eine Hauptrolle in der Pathogenese der Hysterie« (1893 S. 77). Nach den Beobachtungen

Breuers neigten zur Sexualverdrängung vor allem die heranwachsenden Mädchen und besonders jene »feinorganisierten Naturen von großer moralischer Reinheit, welche das Sexuale als unvereinbar mit ihrem sittlichen Inhalt empfinden, als Beschmutzung und Befleckung«. Die Neigung zur Sexualverdrängung könne noch verstärkt werden, wenn die sinnliche Erregung eine »Beimischung von Angst« habe. »Das Mädchen ahnt im Eros die furchtbare Macht, die ihr Schicksal beherrscht und entscheidet, und wird durch sie geängstigt. Um so größer ist die Neigung, wegzublicken und das Ängstigende aus dem Bewußtsein zu verdrängen« (Breuer, 1895b, S. 304f.).

In seiner mehrere Jahre später erscheinenden Schrift »Die kulturelle Sexualmoral und die moderne Nervosität« wandte sich Freud dann den pathogenen Auswirkungen der von der christlichen Moral verlangten Triebbeherrschung zu, wonach sexuelle Befriedigung nur im Rahmen der Ehe zum Zwecke der Zeugung zulässig sei: »Ein gewisses Maß sexueller Befriedigung scheint für die allermeisten Organisationen unerläßlich, und die Versagung dieses individuell variablen Maßes straft sich durch Erscheinungen, die wir infolge ihrer Funktionsschädlichkeit und ihres subjektiven Unlustcharakters zum Kranksein rechnen müssen« (1908a, S. 151). Bei schwächeren Menschen wirke die Unterwerfung unter die Sexualmoral hemmend auf die gesamte Entwicklung; sie absorbiere wertvolle Kräfte der Heranwachsenden, schwäche die Willenskraft und beeinträchtige die Genussfähigkeit.

In der weiteren Erforschung der sexuellen Ätiologie der Neurosen gelangte Freud zu der Auffassung, dass die Sexualität »notwendige Bedingung« jeder Neurose sei, und 1896 glaubte er mit der sogenannten *Verführungshypothese* die »spezifische Ursache« der Hysterie erkannt zu haben: Es handle sich dabei stets um ein frühes Kindheitstrauma, dessen Inhalt in wirklicher Irritation der Genitalien bestehe. Traumatisch wirke jedoch nicht die frühkindliche Erfahrung als solche, sondern ihre Wiederbelebung als unbewusste Erinnerung, nachdem die Betroffene die sexuelle Reife erlangt habe. Die spezifische Ursache der Hysterie sei in einer aktuell wirksamen, aber unbewussten Vorstellung passiv erlebter Verführung zu sehen. Freud erklärte, in sämtlichen 18 Fällen von Hysterie, die er behandelt habe, sei er zur Kenntnis solcher Erlebnisse im Kindesalter gelangt (1896, S. 444).

Hier war der positivistische Traum Charcots, das Rätsel der Hysterie ein für alle Mal gelöst zu haben, wieder zum Leben erwacht. Im Vorgefühl des sicheren Sieges schrieb Freud:

>»Wenn wir die Ausdauer haben, mit der Analyse bis in die frühe Kindheit vorzudringen, so weit zurück nur das Erinnerungsvermögen eines Menschen reichen kann, so veranlassen wir in allen Fällen den Kranken zur Reproduktion von Erleb-

nissen, die infolge ihrer Besonderheiten sowie ihrer Beziehungen zu den späteren Krankheitssymptomen als die gesuchte Ätiologie der Neurose betrachtet werden müssen« (ebd., S. 438).

Bereits ein Jahr später gab er allerdings die Verführungshypothese auf. Als Hauptgründe führte er an: das Ausbleiben der vollen Erfolge in der Therapie, die Überraschung, dass in sämtlichen Fällen der Vater als pervers beschuldigt werden musste, die Einsicht in die nicht erwartete Häufigkeit der Hysterie und vor allem das Zugeständnis, dass es »im Unbewussten ein Realitätszeichen nicht mehr gibt, so dass man die Wahrheit und die mit Affekt besetzte Fiktion nicht unterscheiden kann«. Kurzum: »Ich glaube an meine Neurotica nicht mehr« (1986, S. 293f.; Brief vom 21.09.1897).

Was hat die Aufgabe der Verführungshypothese für die Entwicklung der Psychoanalyse bedeutet? Die Kontroverse *Trauma- versus Triebtheorie* hat in den 1980er und 1990er Jahren im Rahmen der Auseinandersetzungen über sexuellen Missbrauch eine Hochkonjunktur erlebt, bei der sich allerdings aufgrund der dramatisch inszenierten Enttabuisierung der Missbrauchsthematik durch Autoren wie Jeffrey M. Masson und Alice Miller tief sitzende Klischees über Freud und die Psychoanalyse festgesetzt haben, die nicht leicht zu korrigieren sind. Nach Masson (1984) hat Freud die Verführungstheorie aufgegeben, weil er nicht den Mut gehabt habe, die Ablehnung dieser Theorie seitens seiner Kollegen zu ertragen. Lorenzer (1984, S. 212) nimmt dagegen eine Wende von der Diagnose der traumatisierenden Ereignisse zur Erkundung der Phantasie – von der »Ereignisdiagnose zur Erlebnisanalyse« – an, die eine zweite Geburtsstunde der Psychoanalyse markiert habe (ebd., S. 199ff.). Fortan hätten sich neue Perspektiven für die Weiterentwicklung der Psychoanalyse, vor allem die Konzeptionen des Triebes und der psychosexuellen Entwicklung eröffnet: Im Rahmen der Ausarbeitung der Triebtheorie erwiesen sich insbesondere die Konzeptionen der »infantilen Sexualität« und der »psychosexuellen Entwicklungsphasen« als bedeutsam.

## Die lebensgeschichtliche Erforschung der Symptome

Eine wesentliche Beobachtung, die Freud zu der Annahme infantiler Sexualität bewog, war das lustvolle Saugen an der Mutterbrust, das dem Kleinkind eine orgasmusähnliche Entspannung verschafft: Werden orale und anale Trieblust, die schon das Kind erleben kann, als Ausdrucksformen der Sexualität verstanden, so wird ein erweiterter Sexualitätsbegriff zugrunde gelegt, der alle mit Entspannung und Lust verbundenen Bedürfnisbefriedigungen einbezieht. Demnach ist die Sexualität »eine Form des Wunsches [...], die in jeder der menschlichen Tätigkeiten mitwirkt und die seine ganze Entwicklung durchzieht. Sexualität wird durch Freud gewissermaßen zum Anthropologikum« (Schöpf, 1982, S. 123).

Vom Blickwinkel der neu konzipierten Triebtheorie aus erscheint die Verführungshypothese in einem anderen Licht: Wenn die Kinder schon in den ersten Lebensjahren von sexuellen Wünschen erfüllt und getrieben sind, so muss es auch Konstellationen geben, in denen sie eine Verführung allein in der Phantasie inszenieren. Ein sexueller Missbrauch in der frühen Kindheit wird demnach nur als mögliche und häufig vorkommende, nicht aber als notwendige und spezifische Ursache der Hysterie betrachtet.

In den *Drei Abhandlungen zur Sexualtheorie* wird dann genauer ausgeführt, dass bei den späteren Neurotikern eine erhöhte Fixierbarkeit der frühkindlichen Erfahrungen bestehe, die »zwangsartig auf Wiederholung hinwirken und dem Sexualtrieb für alle Lebenszeit seine Wege vorzuschreiben vermögen« (Freud, 1905c, S. 144). Genetisch gesehen handelt es sich bei der Fixierung um eine Entwicklungshemmung, die mit fehlgeleiteter Befriedigung oder übermäßigen Versagungen und damit dem gesamten Verdrängungsprozess in der kindlichen Entwicklung in Verbindung steht. Da Befriedigung, Versagung und Verdrängung an den jeweils phasenspezifisch vorherrschenden Partialtrieben ansetzen, kann man die Fixierung bzw. Regression auf die orale, anale oder phallisch-ödipale Phase und die jeweils zugehörigen Triebregungen und Objektbeziehungen beziehen.

Daher legte Freud zunehmend größeren Wert auf die Erinnerung und Rekonstruktion der frühen Kindheitsgeschichte. Bereits in den *Studien über Hysterie* sah er das Befreiende der therapeutischen Arbeit darin, dass man konsequent den Weg in die Tiefe einschlägt:

> »Gewöhnlich wird die Arbeit zunächst um so dunkler und schwieriger, je tiefer man in das vorhin beschriebene, geschichtete psychische Gebilde eindringt. Hat man sich aber einmal bis zum Kerne durchgearbeitet, so wird es Licht, und das Allgemeinbefinden des Kranken hat keine starke Verdüsterung mehr zu befürchten. Den Lohn der Arbeit aber, das Aufhören der Krankheitssymptome darf man erst erwarten, wenn man für jedes einzelne Symptom die volle Analyse geleistet hat« (Freud, 1895, S. 304).

Diesem Anspruch auf »*volle Analyse*« hat Freud mit seiner Lieblingsmetapher vom Therapeuten als *Archäologen* besonderen Ausdruck verliehen. Auch wenn er die psychischen Erkrankungen nicht nur »als eine historische Angelegenheit, sondern als eine aktuelle Macht« betrachtete, insistierte er darauf, dass die therapeutische Aufgabe »zum guten Teile in der Zurückführung auf die Vergangenheit« bestehe. Für den Therapeuten bleibt »das Erinnern nach alter Manier, das Reproduzieren auf psychischem Gebiete, das Ziel, an welchem er festhält«, und er feiert es als einen »Triumph der Kur«, »wenn es gelingt, etwas durch die Erinnerungsarbeit zu erledigen, was der Patient durch eine Aktion abführen möchte« (Freud, 1914b, S. 131, 133).

## Die neue Ausrichtung an einem Therapiemodell der Askese

Ist es angebracht, Freuds Therapieversuche in eine Polarität zwischen einem Therapiemodell der Ekstase und einem gegenläufigen Therapiemodell der Askese einzuordnen?

Zum Pol der *Ekstase* tendiert auf jeden Fall die kathartische Methode. Michael Düe hat darüber hinaus »von einem ekstatischen Abschnitt im Leben des Kleinkindes« gesprochen. Ekstase wird hier im Sinne sexueller Befriedigung und Lust verstanden. »Die bedingungslose Erfüllung der frühkindlichen Wünsche in der Realität ist für Freud ja ein Vorbild allen späteren Glücks. [...] Auch für den weiteren Verlauf der menschlichen Entwicklung bleibt die Sexualität nach Freuds Ansicht der Bereich des ekstatischen Erlebens schlechthin« (Düe, 1993, S. 415). Wesentlich sei hierbei der Unterschied zwischen bloß phantasierter Wunscherfüllung und realer Befriedigung. Ekstase setze die »reale« Erfüllung des Wunsches voraus. Weiche die Wunscherfüllung hingegen in den Bereich der Phantasie zurück, so komme es zu einer »Inversion« der Ekstase, die sich in einer Verdrängung des Wunsches ins Unbewusste und in seiner Wiederkehr im neurotischen Symptom oder im Traum vollziehe (ebd., S. 416). Auch Freuds spätere Konzeption des Narzissmus hält Düe für eine Theorie der Ekstase, da sie mit ekstatischen Phänomenen wie der Verliebtheit, den psychotischen Symptomen und der Melancholie arbeite, und auch die Theorieform selbst richte sich »am Paradigma der Ekstase aus, denn Freud deutet alle in Frage stehenden Phänomene mit Hilfe eines Modells von Verausgabung und Rückholung der Libido ins Ich« (ebd., S. 418).

Freuds Hinwendung zum Therapiemodell der Askese lässt sich zunächst mit Freuds Traumforschung in Verbindung bringen, die sich in zwei Hauptpunkten von der seiner zahlreichen Vorgänger abhob: einmal durch das systematische und induktive Vorgehen, mit dem er diesem verwirrenden und irritierenden Bilderrätsel zu Leibe rückte; zum andern durch eine groß angelegte Theorie, in der die »unbewusste Wunscherfüllung« und die »Traumstellung« durch die

Zensur als wesentliche Verbindungsglieder fungieren, um die ins Bewusstsein tretenden Traumbilder aus hinter ihnen stehenden »unbewussten Traumgedanken« zu erklären. Als Freud das Motiv der Wunscherfüllung in den Brennpunkt der Traumdeutung rückte, sah er sich dazu veranlasst, einen paradigmatischen Wandel vom Konzept der Traumphantasie zu dem mechanistischen Vorstellungen nahestehenden Konzept der »*Traumarbeit*« (W. Robert) zu vollziehen: »Gegenüber der mit leichter Hand hinmalenden, unvermittelt nachbildenden, symbolisierenden und verdichtenden Traumphantasie betont Freud die mühevolle, auf Widerstand stoßende, kraftaufwendige Arbeit, die Triebnatur in Kultur verwandelt« (Goldmann, 2003, S. 202).

Düe (1993, S. 413) verwendet in diesem Kontext den Topos vom Labyrinth:

> »Der Traum ist das psychische Labyrinth schlechthin; der Ariadnefaden besteht in der Analyse der Traumarbeit, mit deren Kenntnis man sicher durch die Dunkelheit des Traumes hindurchfindet; und das Zentrum des Traumes ist der unbewußte Wunsch. Dieser Wunsch gibt allerdings die größte Schwierigkeit auf. Man kann ihn nicht dingfest machen, er entzieht sich [...]. Der Weg hin zur verborgenen Mitte der Erkrankung wird nun ebenso wichtig wie das Auffinden oder besser: das *Konstruieren* des unbewußten Wunsches. [...] Der Begriff ›Arbeit‹ ist hier das entscheidende Stichwort.«

Als Freud von der kathartischen zur psychoanalytischen Methode der freien Assoziation überging, habe er eine Wandlung »von einer kathartischen Wuncherfüllung zu einer Unternehmung [vollzogen], bei der der Ariadnefaden im Labyrinth der Neurose wieder aufzuwickeln ist«. Die Ekstase weicht »der Askese einer therapeutischen Aufgabe, in die Arzt und Patient gleichermaßen verwoben sind« (ebd., S. 413).

Hervorzuheben ist hier die Verwendung des Begriffs »*Askese*«. Das griechische Verb »askein« bedeutet »etwas intensiv bearbeiten«; es bringt also den Aspekt einer regelmäßigen und überlegten Praxis zum Ausdruck. Im Freud'schen Praxismodell werden sowohl die Erinnerungen und Phantasien als auch die Übertragungen und Widerstände in einem kontinuierlichen und sorgfältigen Prozess bearbeitet.

Askese bedeutet auch »geistige Übung«. Die antike Philosophie der Lebenskunst hat ein großes Repertoire an solchen asketischen Übungen entwickelt, wie Lehrgespräche zwischen Meistern und Schülern, philosophische Selbstgespräche, imaginative Übungen (z. B. die Technik der Antizipation künftigen Übels), moralische Übungen wie die Gewissenserforschung und im engeren Sinne »therapeutische Übungen«, deren Ziel in der Überwindung von falschen

Einstellungen, unsinnigen Begierden und fehlgeleiteten Affekten besteht (vgl. Horn, 1998, S. 34ff.; Schmid, 1998, S. 325ff.; s. o. Kapitel »Asketische versus ekstatische Konzepte der therapeutischen Lebenskunst«).

Der Begriff der Askese hat darüber hinaus noch die Bedeutung von »Enthaltsamkeit« und »Selbstüberwindung«. Düe macht darauf aufmerksam, dass der Aspekt der Enthaltsamkeit im psychoanalytischen Begriff der »*Versagung*« enthalten sei:

> »Ich halte die ›Versagung‹ für einen Schlüsselbegriff in Freuds Denken. Versagung wird von der Realität ausgeübt, wenn sie dem Kleinkind die ersehnte Befriedigung verweigert. Übermäßige Versagung legt den Grund für spätere neurotische Erkrankungen. Man sieht, die Versagung ist ein unausweichliches Schicksal; aber das Maß derselben entscheidet über das Lebensglück des von ihr betroffenen Menschen« (Düe, 1993, S. 416).

Wenn Freud den Leitsatz aufstellt: »Die analytische Kur soll, soweit es möglich ist, in der Entbehrung – Abstinenz – durchgeführt werden« (1919, S. 187), dann kommen zwei Bedeutungen der Askese zum Tragen: »Das Aufwickeln des Ariadnefadens vollzieht sich als fortgesetzte Übung der analytischen Therapie; und diese Übung ist ihrerseits nur möglich durch zu übende Enthaltsamkeit – nämlich als Enthaltung von der neurotischen Weise der Wunscherfüllung« (Düe, 1993, S. 417).

Das »*Abstinenzprinzip*« hat Freud aus der konkreten Erfahrung mit der »Übertragungsliebe« des Patienten zum Analytiker abgeleitet, wobei er in erster Linie an die Liebe der Analysandin zu ihrem männlichen Analytiker dachte. In diesem Hin- und Hergerissensein zwischen Versuchung und Versagung, das möglicherweise für beide Beteiligten bestehen kann, tritt Freud für freiwillige Abstinenz ein, weil es darum gehe, für die Analysandin die Überwindung des Lustprinzips zugunsten des Realitätsprinzips erfahrbar zu machen.

Im Weiteren entwickelte sich daraus eine generelle Regel, die den Therapeuten zu einer triebversagenden Haltung gegenüber dem Analysanden verpflichtet. Auffällig an Freuds veränderter Behandlungskonzeption ist, dass nunmehr Begriffe wie »Versagung«, »Abstinenz«, »Entbehrung«, »Anonymität« und »Neutralität« eingeführt werden. Der Therapeut solle nicht zu viel von der eigenen Individualität einsetzen, nicht den Patienten mit sich fortreißen und ihn im Schwung über die Grenzen seiner engen Persönlichkeit erheben, sondern »undurchsichtig für den Analysierten sein und wie eine Spiegelplatte nichts anderes zeigen, als was ihm gezeigt wird« (Freud, 1912b, S. 380f., 384). Gewiss hat sich Freud, wie die Berichte von 20 Patienten und Lehranalysanden über ihre Analyse bei Freud zeigen, in der Therapie durchaus nicht nur abstinent und versagend gezeigt (vgl. Cremerius, 1984; Roazen, 1999). Die Handhabung des Abstinenzprinzips verweist aber auf ein theoretisches Hintergrundmodell, in dem der Therapeut dem Patienten bestimmte Formen der »*Askese*« abverlangt.

Unter Abstinenz versteht Freud allerdings nicht die Entbehrung einer jeglichen Befriedigung, sondern etwas, was »mit der Dynamik der Erkrankung und der Herstellung weit mehr zu tun hat«. Die Symptombildung resultiere aus einer »*Versagung*« und stehe im Dienste von »*Ersatzbefriedigungen*«. Im therapeutischen Prozess drohe stets die Gefahr, dass der gesundende Patient neue Ersatzbefriedigungen sucht, um den noch vorhandenen Leidensdruck loszuwerden.

> »Er findet immer wieder neue solche Ablenkungen, durch welche die zum Betrieb der Kur erforderte Energie versickert, und weiß sie eine Zeitlang geheim zu halten. Man hat die Aufgabe, alle diese Abwege aufzuspüren und jedes Mal von ihm den Verzicht zu verlangen, so harmlos die zur Befriedigung führende Tätigkeit auch erscheinen mag. [...] Die Aktivität des Arztes muß sich in all solchen Situationen als energisches Einschreiten gegen die voreiligen Ersatzbefriedigungen äußern« (Freud, 1919, S. 187f.).

Den Sinn des von Freud initiierten Zusammenspiels kann man darin sehen, den Patienten aus der Herrschaft des »Lustprinzips« zu befreien. Die Askese erweist sich damit als »ein therapeutisches Mittel, um das menschliche Verhältnis zur Realität zu gestalten, wobei der Zweck in der Erreichung der größtmöglichen Lust unter den Bedingungen der Realität besteht« (Düe, 1993, S. 418). Freuds Begrifflichkeit verweist mithin auf ein Hintergrundmodell, in dem der Therapeut dem Patienten bestimmte Formen der Askese abverlangt: An die Stelle der bloßen »Wunscherfüllung« und der »Abwehr« soll der »Triebverzicht« treten. In diesem Kontext hat sich Freud in den Bahnen der asketisch orientierten *Stoa* bewegt, die das Heil in der Mäßigung, Hemmung oder Brechung der für krankmachend gehaltenen Triebe und Affekte suchte.

### Ausgewählte Literatur

Cremerius, J. (1984). Die psychoanalytische Abstinenzregel. Vom regelhaften zum operationalen Gebrauch. *Psyche – Z Psychoanal*, 38, 769–800.

Düe, M. (1993). Askese und Ekstase bei Freud. *Psyche – Z Psychoanal*, 47, 407–424.

Freud, S. (1915a). Bemerkungen über die Übertragungsliebe (Weitere Ratschläge zur Technik der Psychoanalyse III). *G.W., Bd. X*, S. 306–321.
Gödde, G. (2003b). Die antike Therapeutik als gemeinsamer Bezugspunkt für Nietzsche und Freud. *Nietzsche-Studien*, 32, 206–225.
Goldmann, St. (2003). *Via regia zum Unbewußten. Freud und die Traumforschung des 19. Jahrhunderts*. Gießen: Psychosozial-Verlag.
Schmid, W. (1998). *Philosophie der Lebenskunst. Eine Grundlegung*. 3. Aufl. Frankfurt/M.: Suhrkamp.
Schröder, C. (1995). *Der Fachstreit um das Seelenheil. Psychotherapiegeschichte zwischen 1880 und 1932*. Frankfurt/M.: Peter Lang.
Weinrich, H. (2000). *Lethe – Kunst und Kritik des Vergessens*. München: Beck.
Wulf, Ch. & Zirfas, J. (Hrsg.). (1999). Themenheft: Askese. *Paragrana. Internationale Zeitschrift für Historische Anthropologie*, 8(1).

# Mut zur Wahrheit – von der psychoanalytischen Grundregel zurück zur antiken »*Parrhesia*«

An Freuds Falldarstellungen aus den 1890er Jahren lässt sich eine sukzessiv voranschreitende Veränderung der Therapiemethode bis zum psychoanalytischen Standardverfahren erkennen, bei dem eine neue Anforderung an den Patienten gestellt wird: Er soll »alles sagen«, was ihm in den Sinn kommt, gleichgültig, ob es ihm »beziehungsvoll« erscheint oder nicht, ob es ihm »angenehm zu sagen ist oder nicht, also ohne Auswahl, ohne Beeinflussung, ohne Kritik oder Affekt« (1895, S. 280f.). An dieser Textstelle in den *Studien über Hysterie* wird die »psychoanalytische Grundregel« erstmals ins Spiel gebracht. Offen zutage liegt, dass die psychoanalytische Grundregel »das Auftauchen eines Kommunikationstypus [begünstigt], bei dem der unbewusste Determinismus durch das Erhellen neuer Verknüpfungen oder bedeutsamer Lücken in der Rede besser zugänglich ist« (Laplanche & Pontalis, 1967, S. 173).

## Die psychoanalytische Grundregel

An einer anderen Stelle fordert Freud vom Patienten, »mit seinem Analytiker ganz aufrichtig« zu sein, wobei er den Schwierigkeitsgrad dieser Aufgabe keineswegs außer Acht lässt. Es seien nämlich die eigenen »Intimitäten«, »die man sich selbst nicht eingestehen möchte, die man gerne vor sich selbst verbirgt, die man darum kurz abbricht und aus seinem Denken verjagt, wenn sie doch auftauchen« (Freud, 1926, S. 215). Im Weiteren bezieht Freud die »volle Aufrichtigkeit« auch auf die Beziehungen des Patienten zu anderen: Es sei »natürlich unmöglich, eine analytische Behandlung durchzuführen, bei der die Beziehungen des Patienten zu anderen Personen und seine Gedanken über sie von der Mitteilung ausgenommen sind. Pour faire une omelette il faut casser des oeufs« (Freud, 1913, S. 460, Fn. 1). Und an einer vierten Stelle wird explizit gesagt, in der psychoanalytischen Behandlung liege »ein gutes Stück ihrer erziehlichen Wirkung und ihres ethischen Wertes«. Da man vom Patienten »strengste Wahrhaftigkeit« fordere, setze man »seine ganze Autorität aufs Spiel, wenn man sich selbst von ihm bei einer Abweichung von der Wahrheit ertappen« lasse (Freud, 1915a, S. 312). »Volle Aufrichtigkeit gegen strenge Diskretion«, so formuliert Freud die vertraglichen Bedingungen, wobei er ausdrücklich nicht die Stellung eines »weltlichen Beichtvaters« einnehmen wolle, denn es gehe in der Therapie nicht nur darum, was der Patient »weiß und vor anderen verbirgt, sondern er soll uns auch erzählen, was er nicht weiß« (1940, S. 99).

Auffällig an diesen mehrmaligen Erläuterungen ist, dass Freud die freie Assoziation über den Sinn einer spezifischen Kommunikationsmethode hinaus mit einem Wahrheitsethos und einer Art Ethik verbunden hat. In der geschützten Atmosphäre des therapeutischen Raumes sollen »die im Alltagsleben ansonsten verbindlichen Kritik- und Zensurschranken der seelischen Organisation durch unzensurierte Rede gleichsam überlistet und die Tore zum Unbewussten geöffnet werden« (Gasser, 1997, S. 532).

Wenn man angesichts dieser ethischen Forderung nach voller Wahrhaftigkeit Verbindungen zur antiken Therapeutik herstellen will, so kann man, wie es Foucault in seinen 1983 in Berkeley gehaltenen Vorlesungen getan hat, auf das Modell der *parrhesia* zurückgreifen.

### Rückblende in die Antike

*Parrhesia* wird im Englischen gewöhnlich mit »*free speech*« und im Französischen mit »*franc-parler*« übersetzt. Im Deutschen lässt sie sich als »Freimütigkeit im Sprechen der Wahrheit« übersetzen. Der *Parrhesiastes*, derjenige, der die Wahrheit spricht,

> »verbirgt nichts, sondern öffnet den anderen Menschen durch seine Rede vollständig sein Herz und seinen Sinn. Bei *parrhesia* erwartet man vom Sprecher die genaue und vollständige Darstellung dessen, was er im Sinn hat, so dass die Zuhörer in der Lage sind, genau zu verstehen, was der Sprecher denkt« (Foucault, 1996, S. 10).

## Mut zur Wahrheit – von der psychoanalytischen Grundregel zurück zur antiken »*Parrhesia*«

Das Gemeinsame der parrhesiastischen Praktiken besteht darin, »ohne Rücksicht auf Tabus, Zensuren, Konsequenzen, ›Korrektheiten‹, Konventionen, Argumentationsregeln« alle relevanten und irrelevanten Gesichtspunkte offenzulegen, mit dem Anspruch, »›die Wahrheit‹ darüber zu sagen, wie etwas sich wirklich verhält, und dabei möglichst keinen Aspekt außer Acht zu lassen« (Schmid, 1998, S. 202). Wenn man es so formuliert, erkennt man ohne Weiteres, dass hier die uns viel vertrautere psychoanalytische Grundregel durchscheint.

In diesem »Wahrheitsspiel« gab es in der Antike eine bemerkenswerte Entwicklung. Über einige Jahrhunderte hinweg war der *parrhesiastes* einer, der den Mut aufbrachte, *anderen* die Wahrheit zu sagen, sei es als Kritiker und Ankläger der politischen Verhältnisse oder als philosophischer Seelenführer. Dann gab es eine Verschiebung zu einem anderen Wahrheitsspiel, das nun darin bestand, mutig genug zu sein, die Wahrheit über *sich selbst* zu enthüllen. Das hieß allerdings nicht, sein eigener Wahrheitssprecher zu sein, weil der Faktor Eigenliebe in Rechnung zu stellen war, der zu vielfältigen Selbsttäuschungsmanövern verleitet. Im Klartext bedeutete das, um es mit einem griffigen Buchtitel zu sagen: *Die Wahrheit beginnt zu zweit* (Michael Lukas Möller im Anschluss an Nietzsche). Zu ihrer Erkenntnis bedurfte es des Mediums einer persönlichen Beziehung, wobei zunächst ausschließlich die *Freundschaft* in Betracht gezogen wurde. In der Freundschaft scheint es am leichtesten, sich dem Anderen zu zeigen, wie man sich fühlt, aber auch sich dessen Blick zu eigen zu machen (Schmid, 1991, S. 350). Jahrhunderte später, wohl erstmals bei Galen im 2. Jahrhundert n. Chr. musste der *parrhesiastes* dann nicht unbedingt ein Freund sein, ja es seien sogar günstige Voraussetzungen für die Wahrheitssuche, wenn noch keine persönliche Beziehung, sondern eher emotionale Distanz und Neutralität bestehe (Foucault, 1996, S. 147f.).

Man kann aus dieser Rückblende ersehen, dass Freuds Grundregel der freien Assoziation nicht ein Geistesblitz aus freiem Himmel, sondern eine Modifizierung und besondere Ausgestaltung der antiken *parrhesia* war. Dem Patienten geht es in erster Linie darum, im Therapeuten einen versierten und ethisch hochstehenden Kooperationspartner zu finden, der ihm dazu verhilft, der Wahrheit über sich selbst näher zu kommen. In Freuds Therapeutik soll weitgehend auf pädagogische Einflussnahme verzichtet werden.

> »Wenn also Pädagogik die Beziehung genannt wird, die darin besteht, einem beliebigen Individuum eine Reihe von vornherein bestimmter Haltungen zu verschaffen, dann kann man glaube ich Psychagogik die Übermittlung einer Wahrheit nennen, deren Funktion nicht in der Ausstattung eines Subjekts mit Haltungen etc. besteht, sondern darin, die Seinsweise dieses Subjekts zu verändern« (Foucault, 1985, S. 59).

Der Patient ist selbst derjenige, der in asketischer Manier an sich arbeitet und zunehmend an Mut zur Selbstkonfrontation gewinnt. Es geht darum, dass man sich um sich selbst kümmert, indem man sich der eigenen Wahrheit stellt. Zu diesem Kümmern gehört eine spezifische Haltung, sich (psychologisch) zu verstehen und sich mit sich und dem Anderen über Fragen des Bewussten und Unbewussten auszutauschen; dazu gehört auch eine spezifische Aufmerksamkeit auf sich selbst, auf seine Fehlleistungen, seine Träume oder auf das, was sich unbewusst im Denken abspielt. Sodann impliziert dieser Mut auch Handlungsformen, etwa des Erinnerns, der Meditation, der Gewissensprüfung, des Aufschreibens etc. Und schließlich braucht es auch den Mut des Ausprobierens und Experimentierens mit anderen bzw. neuen Verstehens-, Lebens- und Ausdrucksformen.

## Selbstanalyse mittels Traumdeutung

Freud hat das Modell der *parrhesia* nicht nur im Rahmen der therapeutischen Behandlung von Patienten, sondern auch in der Selbsttherapie zugrunde gelegt, jedenfalls implizit. Wie die Briefe an seinen Berliner Freund Wilhelm Fließ zeigen, setzte bei ihm seit Herbst 1897 eine immer dichter werdende »Traumarbeit« und eine immer stärkere Konfrontation mit dem eigenen Unbewussten ein. Anhand der eigenen Träume vollzog er in dieser Zeit eine minutiöse, geradezu systematische Selbstanalyse (vgl. Anzieu, 1990). Neben dem Tod des Vaters erwähnt er rückblickend »zwei starke Eindrücke«, die

> »bei mir zur gleichen Wirkung zusammentrafen. Einerseits hatte ich die ersten Einblicke in die Tiefe des menschlichen Trieblebens gewonnen, manches gesehen, was ernüchtern, zunächst sogar erschrecken konnte, andererseits hatte die Mitteilung meiner unliebsamen Funde den Erfolg, daß ich den größten Teil meiner damaligen menschlichen Beziehungen einbüßte; ich kam mir vor wie geächtet, von allen gemieden« (Freud, 1926, S. 51).

Mario Erdheim spricht in diesem Zusammenhang von einer »Identitätskrise«. Je mehr ein Einzelner in die Machthierarchie integriert sei und mit hohem Sozialprestige besetzte Rollen übernehme, desto schwieriger werde es für ihn, Unbewusstes, das eng mit den eigenen Größen- und Allmachtphantasien verknüpft ist, zu erkennen (1981, S. 858). Umgekehrt könne gerade die Auflösung prestigebesetzter Rollen den vorher versperrten Zugang zum eigenen Unbewussten allmählich lockern und schließlich frei machen. Man kann in diesem Zusammenhang von »*sozialem Sterben*« sprechen. Der Verlust an gesellschaftlicher Anerkennung habe Freud einen inneren Freiraum jenseits der vergesellschafteten Rollenzwänge eröffnet. Durch die Analyse eigener Träume habe er bei sich unbewusste Motivationen erkennen können, die vorher durch die Befriedigung kompensatorischer Größen- und Machtphantasien blockiert gewesen seien.

Deutet man Freuds »Onkeltraum« aus dieser Perspektive, so kann man darin seine Erfahrung des sozialen Sterbens und die Bedrohung des Selbstgefühls durch einen schweren narzisstischen Konflikt thematisiert finden, aber auch, dass die Selbstanalyse ihm zu einer kreativen Lösung dieses Konflikts verholfen hat: »Er holte die Größen- und Machtphantasien herauf, die seine Wünsche unbewußt bestimmten, und entschärfte sie dadurch. Sein Ehrgeiz mußte sich nun tatsächlich nicht darauf richten, Professor extraordinarius zu werden, sondern konnte sich andere, selbst gesetzte Ziele wählen« (ebd., S. 869).

In ähnlicher Weise kann der »revolutionäre Traum« Freuds als Auflehnung gegen den Vater und andere Autoritäten gedeutet werden. Letztlich mündete aber auch er in einen offenbar produktiven Individuationsschub ein:

> »Der Ehrgeiz, der einst gegen den Vater gerichtet war und von diesem verboten wurde, wurde nun frei von der familiären Umklammerung und konnte sich eigene Ziele setzen. Gleichzeitig kam es zum Abbau der Schuldgefühle, die der imaginäre Kampf mit dem Vater provoziert hatte« (ebd.).

Auf den ersten Blick erscheinen viele Träume als ein unzusammenhängendes und verwirrendes Bilderrätsel, das kaum mehr als Produkt des Träumers zu erkennen ist und »eine höchst auffällige Analogie zu den wildesten Erzeugnissen des Wahnsinns bietet« (Freud, 1912c, S. 437). Entgegen diesem Anschein des Irrationalen und Unerklärlichen suchte Freud die manifesten Traumbilder aus den hinter ihnen stehenden »latenten Gedanken« minutiös zu erklären. Wesentlich war, dass er eine eigenständige Methode zur Analyse des Traummaterials entwickelte und sie von den bereits bekannten abgrenzte: insbesondere von der »symbolischen« Traumdeutung, die intuitiv den Traum als Ganzes zu erfassen sucht, z. B. die sieben mageren Kühe als Hungerjahre versteht; und von der »Chiffriermethode«, bei der jedes Zeichen nach einem feststehenden Schlüssel in ein anderes Zeichen von bekannter Bedeutung übersetzt wird.

Freuds »Assoziationsmethode« beruht auf der Annahme, dass die frei auftauchenden Einfälle von affektmächtigen Gedanken- und Interessenkreisen abhängig sind. Daher teilte er den manifesten Traum in einzelne Elemente auf und ließ den

Träumer zu jedem Element des Traumes frei assoziieren, um die ganz individuelle Bedeutung des jeweiligen Traummotivs erfassen zu können.

Wer sich mit der Traumdeutung in der Antike befasst, wird auf Artemidor von Daldis stoßen, der im 2. Jahrhundert n.Chr. lebte und eine biografische Methode entwickelte, mittels derer nicht nur der Trauminhalt, sondern auch die Person und die Lebensumstände des Träumers in die Auslegung einbezogen wurden (s. o.). Wie Freud betont, habe uns Artemidor »die vollständigste und sorgfältigste Bearbeitung der Traumdeutung in der griechisch-römischen Welt überliefert« (1900, S. 102, Fn. 2). Die Assoziationsmethode weiche von der Technik Artemidors »in dem einen wesentlichen Punkte ab, dass sie dem Träumer selbst die Deutungsarbeit auferlegt. Sie will nicht berücksichtigen, was dem Traumdeuter, sondern was dem Träumer zu dem betreffenden Element des Traums einfällt« (ebd.).

Der erste mittels der Assoziationsmethode gedeutete Traum war der Traum von »*Irmas Injektion*«, den Freud in der Nacht vom 23. zum 24. Juli 1895 träumte. Anhand dieses Traums und der dazugehörigen Assoziationen (ebd., S. 110ff.) wird deutlich, dass er sich zunächst von dem Vorwurf seines Freundes Otto, er sei an dem immer noch vorhandenen Leiden seiner Patientin Irma schuld, befreien will. Deshalb sucht er die Schuld auf seinen Kritiker abzuwälzen und sich dadurch an ihm zu rächen: »Ich bin nicht schuld, sondern Otto.« Da Freud den Vorwurf seines Freundes erlebt hat, als ob er seine ärztlichen Pflichten generell nicht ernst genug genommen habe, enthält der Traum Erinnerungsspuren an eine ganze Reihe von Situationen, in denen er möglicherweise nicht gewissenhaft genug vorgegangen ist. Dies deutet auf seinen intensiven Wunsch hin, sich Entlastung von Schuldgefühlen zu verschaffen.

Darüber hinaus ging es im Irma-Traum um die für Freud existenziell bedeutsame Frage nach der »Wahrheit« der – damals noch in den Anfängen stehenden – Psychoanalyse, speziell um das für ihn virulente Problem der sexuellen Ätiologie der Neurosen, der Breuer (Dr. M. im Traum) kritisch gegenüberstand, während Fließ ihm in dieser Frage Rückendeckung gab. Anhand dieses »Traummusters« glaubte Freud den Nachweis erbracht zu haben, dass »Wunscherfüllung« der Sinn eines jeden Traumes sei, dass es keine anderen als Wunschträume gebe.

An einem zweiten Traummuster – dem Onkel-Traum (ebd., S. 142ff.) – konnte Freud zeigen, dass der manifeste Traum, in dem er ein großes Zärtlichkeitsgefühl für seinen Rivalen R. empfindet, eine »Entstellung« des latenten Traums enthält, in dem R. als Schwachkopf dargestellt wird. Diese Entstellung sei ein Mittel der Verstellung: »Meine Traumgedanken enthalten eine Schmähung für R.; damit ich diese nicht merke, gelangt in den Traum das Gegenteil, ein zärtliches Empfinden für ihn.« Die Traumentstellung wird auf die Wirksamkeit einer »Zensur« zurückgeführt, die das Bewusstwerden bestimmter Wünsche verbiete und deren Manifestation nur in verhüllter Form zulasse. Aufgrund dieses Konflikts zwischen Wunsch und Zensur erweise sich der Traum als »die (verkleidete) Erfüllung eines (unterdrückten, verdrängten) Wunsches« (ebd., S. 166).

Nach Hans-Martin Lohmann beruht die kultur- und geistesgeschichtliche Wirkung der *Traumdeutung* in erster Linie darauf, dass sie

> »einen Raum eröffne, in dem sich bisher Ungesagtes zu entfalten vermochte. […] Statt das Universum der Gefühle/des Unbewußten gemäß einer älteren Tradition dem Bereich des Irrationalen zuzuschlagen, schreibt ihm Freud eine eigene Logizität zu, die ihrerseits den Verstand nötigt, seinen Allmachtanspruch zu mäßigen. […] Das vermeintlich Irrationale und scheinbar Sinnlose psychischer Produktionen erweist sich nicht länger als Privileg des kranken Menschen, vielmehr als berechtigter Teil der *conditio humana*« (Lohmann, 2006, S. 58f.).

## Differenzen hinsichtlich des Anspruchs auf Erkennbarkeit der Wahrheit

Schon in den Anfängen der Psychoanalyse sah Freud einen engen Zusammenhang zwischen psychischer Gesundheit und einem Leben in Wahrheit: Selbsttäuschungen und insbesondere Verdrängungen würden krank machend wirken, während die Überwindung der Selbsttäuschungen, also das Mittel der Wahrheitsfindung, befreiend und heilend wirke.

Freud orientierte sich allerdings zunehmend an der Metapher vom Therapeuten als Archäologen. Ihr liegt die Vorstellung einer historisch rekonstruierbaren Wahrheit zugrunde. Die Archäologen-Metapher suggeriert, dass das pathogene Material gleichsam im Unbewussten des Patienten abgelagert ist und ausgegraben werden kann (Freud, 1895, S. 201). Zudem verführt sie dazu, »eine sinnstiftende und alles erklärende Gesetzmäßigkeit tief unten im Unbewußten anzunehmen, deren Kenntnis zu einer wundersamen Ordnung der rätselhaften Oberflächenphänomene führen wird« (Mertens & Haubl, 1996, S. 65).

In Freuds Verständnis von Wahrheit steht ein erkennendes Subjekt einer als prinzipiell feststehend konzipierten Außenwelt gegenüber, der es sich durch rationales Erkennen annähern kann. In diesem Erkenntnisprozess fungiere die psychoanalytische Methode als »parteiloses Instrument« (Freud, 1927, S. 360). Um »objektiv« sein zu können, müsse der Therapeut die »blinden Flecken« in seiner Wahrnehmung, die »Gegenübertragung« erkennen und überwinden

(Freud, 1912b, S. 382). Spence (1982) spricht in diesem Zusammenhang vom »Mythos des unschuldigen Analytikers«, der so lange hätte überleben können, weil die Einflüsse der Therapeutenpersönlichkeit und damit die *suggestiven* Komponenten der therapeutischen Arbeit verleugnet worden seien.

Wenn wir uns Nietzsche als Gegenspieler von Freud zuwenden, so können wir schon in der *Geburt der Tragödie* eine eindeutige Botschaft vernehmen. Er hielt es für eine »tiefsinnige *Wahnvorstellung*, welche zuerst in der Person des Sokrates zur Welt kam, jener unerschütterliche Glaube, dass das Denken, an dem Leitfaden der Causalität, bis in die tiefsten Abgründe des Seins reiche, und dass das Denken das Sein nicht nur zu erkennen, sondern sogar zu *corrigiren* im Stande sei«. Dieser erhabene metaphysische Wahn sei zu einem »Instinct der Wissenschaft« geworden und habe nach dem Tode des Sokrates eine erstaunliche »Universalität der Wissensgier« in der gebildeten Welt entfacht (Nietzsche, 1871, S. 99).

In seiner erst aus dem Nachlass veröffentlichten Schrift »Über Wahrheit und Lüge im aussermoralischen Sinne« betont Nietzsche dann, die Wahrheit sei »ein bewegliches Heer von Metaphern, Metonymien, Anthropomorphismen, kurz eine Summe von menschlichen Relationen, die, poetisch und rhetorisch gesteigert, übertragen, geschmückt wurden« (1873, S. 880f.). Ebenso wenig wie ein reines Streben um der Erkenntnis selbst willen gebe es eine Wahrheit an sich. Letztlich werde in gesellschaftlichen Einigungsprozessen »fixirt, was von nun an ›Wahrheit‹ sein soll«, und damit »eine gleichmässig gültige und verbindliche Bezeichnung der Dinge erfunden« (ebd., S. 877).

Wahrheit sei »nicht etwas, was da wäre und was aufzufinden, zu entdecken wäre, – sondern etwas, das zu schaffen ist« (Nietzsche, 1885–87, S. 385). Ist die Wahrheit keine Eigenschaft der Realität, dann können die Beurteilungskriterien »wahr« oder »falsch« allenfalls für Interpretationen der Realität gelten: Für Nietzsche kann es keine Erkenntnis geben, die vom Beobachter und Interpreten losgelöst ist. Es komme gerade darauf an, dass man sich

> »die Verschiedenheit der Perspektiven und Affekt-Interpretationen für die Erkenntnis nutzbar zu machen weiss [...]. Es giebt nur ein perspektivisches Sehen, nur ein perspektivisches ›Erkennen‹; und je mehr Affekte wir über eine Sache zu Wort kommen lassen, [...] um so vollständiger wird unser ›Begriff‹ dieser Sache, unsre ›Objektivität‹ sein« (1887, S. 365).

Nietzsche behauptet, dass der modernen Wissenschaft ein »Glaube an die Wahrheit« zugrunde liege (1882, S. 542f.). Es gebe keine voraussetzungslose Wissenschaft: »Ein ›Glaube‹ muss immer erst da sein, damit aus ihm die Wissenschaft eine Richtung, einen Sinn, eine Grenze, eine Methode, ein Recht auf Dasein gewinnt« (Nietzsche, 1887, S. 400).

Wenn Wahrheit und Wissenschaft als haltgebende Fixpunkte wegfallen, braucht man Mut, um diesen Verlust zu ertragen (Nietzsche, 1882, S. 581ff.). Die Frage nach der Wahrheit stellt sich für Nietzsche nicht allein auf der erkenntnistheoretischen Ebene: »Der eigentliche Werthmesser« sei der Mut zur Wahrheit. »›Wie viel Wahrheit *erträgt*, wie viel Wahrheit *wagt* ein Geist?‹« (1887–89, S. 492)

Freud selbst scheint Nietzsches wissenschaftskritische Denkweise ganz fremd geblieben zu sein. So wandte er sich explizit gegen jene »intellektuellen Nihilisten«, die zwar von der Wissenschaft ausgingen, sie aber zur »Selbstaufhebung« drängten (Freud, 1933, S. 190). Er betrachtete die Wissenschaft als »einzige Garantin der Wahrheit«. Es sei nun einmal so, dass »die Wahrheit nicht tolerant sein kann, keine Kompromisse und Einschränkungen zulässt, dass die Forschung alle Gebiete menschlicher Tätigkeit als ihr eigen betrachtet und unerbittlich kritisch werden muss, wenn eine andere Macht ein Stück davon für sich beschlagnahmen will« (ebd., S. 173).

In der neueren Psychoanalyse hingegen hat Nietzsches Wahrheitskritik im Rahmen der Auseinandersetzung mit dem Konstruktivismus zunehmend Zustimmung gefunden. An die Stelle einer exakten lebensgeschichtlichen Rekonstruktion von »Urszenen«, »Urerinnerungen« oder »Urphantasien«, die als solche gar nicht möglich sei, trat der bescheidenere Versuch, die notwendigerweise subjektive Erzählung des Patienten von Selbsttäuschungen zu befreien. Die Suchbewegung richtete sich demnach weniger auf die »historische« als auf die »narrative Wahrheit« (Spence, 1982, 1993).

Die Vorstellung einer vom Therapeuten objektiv erkennbaren »Wahrheit«, die als »Deutung« dem Patienten nahegebracht werden sollte, ist weithin durch eine konstruktivistische Sicht der Wahrheit ersetzt worden, die durch Therapeut und Patient gemeinsam hergestellt wird. Was für den Wahrheitsbegriff gilt, gilt gleichermaßen für den Begriff der Realität. Die zu untersuchende Realität wird vom jeweiligen Wissenschaftler vor dem Hintergrund historischer, kultureller und sprachlicher Gegebenheiten konstruiert. Das Festhalten an Maßstäben der Objektivität, Notwendigkeit und allgemeingültigen Gesetzen kann hinderlich, das Zulassen von Pluralität, Kontingenz, Vieldeutigkeit, Ambivalenz und Unsicherheit dagegen befreiend sein. Aus heutiger Sicht erscheint der Konstruktivismus geradezu unumgänglich: Man kann nicht nicht konstruieren. An diesem Punkt der Auseinandersetzung wird oft der Einwand der Beliebigkeit gebracht. Es wäre in der Tat fatal, alles Erkennen der Beliebigkeit anheimfallen zu lassen oder gar den Anspruch auf wissenschaftliche Orientierung aufzugeben. Die Abgrenzung des Perspektivismus vom Relativismus ist gerade im Bereich der Psychotherapie, wo es um existenzielle Wertungen wie Gesundheit und Krankheit oder Gerechtigkeit und Ungerechtigkeit geht, brisant (Hampe, 2004, S. 24).

Zwischen dem Streben nach Wahrhaftigkeit und der Skepsis gegenüber den Möglichkeiten, der Wahrheit nahe zu kommen, besteht ein nicht aufzulösendes Spannungsverhältnis. Damit berühren wir ein philosophisches Problem von großer Tragweite. Wie können »unser Verständnis der objektiven Wahrheit und unsere Aussichten, sie zu erreichen, in Einklang gebracht werden [...] mit unserem Bedürfnis nach Wahrhaftigkeit und – allgemeiner unseren Anforderungen an die Tugenden der Wahrheit?« Bernard Williams (1998, S. 13), der diese Frage aufgeworfen hat, sieht die Tugenden der Wahrheit in Ehrlichkeit und Genauigkeit, die »dem individuellen und kollektiven menschlichen Interesse am Sammeln und Austauschen wahrer Informationen« entspringen (ebd., S. 35), deren Realisierung aber auf große äußere und innere Widerstände stößt. Die Annahme, dass es äußere Hindernisse gebe, die die Erkenntnissuche beeinträchtigen, sei »Grundlage unseres Objektivitätsideals«; die Tugenden der Wahrheit beziehen sich dagegen »eher auf die inneren Hürden der Wahrheit und Entdeckung«, den Widerstand »gegen so etwas wie Selbsttäuschung und Wunschdenken« (ebd., S. 30). Bei aller berechtigten Skepsis muss die Absage an allgemeingültige Wahrheiten im Sinne von Naturgesetzen letztlich aber nicht bedeuten, dass wir einen »starken« Wahrheitsbegriff bei partikularen Aussagen und Tatsachen aufzugeben hätten. Das Dilemma bleibt: Wie kann man als Therapeut einerseits nach Wahrheit streben und das einem selbst Mögliche tun, um günstige Bedingungen für einen auf den Anderen und auch auf sich selbst gerichteten – intersubjektiven – Erkenntnisprozess zu schaffen, und sich andererseits dennoch am »Prinzip der Unsicherheit« (Carveth, 1984, S. 32) orientierend die Fähigkeit zur Relativierung des eigenen Standpunkts bewahren?

## Wahrheitssuche als Spiel des Aushandelns

Unter dem Begriff der *Parrhesia* wurde herausgearbeitet, dass es sich hierbei um Praktiken der Wahrheitssuche handelt. Auch die freie Assoziation ist diesem Ziel verpflichtet, wenn auch die Frage danach, was denn »die« therapeutische Wahrheit sei, letztlich nicht geklärt erscheint. Und vielleicht ist es geradezu Bedingung eines therapeutischen Gesprächs, dass die Wahrheit nicht als *adaequatio rei et intellectus*, und damit als feststehende Verbindung von Sprache und Realität, sondern als Wahrheitsspiel des Aushandelns dieser Verbindung verstanden wird. Wichtig erscheint es, therapeutische Situationen zu etablieren, in denen man nicht nur »frei« wahrnehmen, sondern auch »frei« sprechen und damit Gesichtspunkte offenlegen kann, die man bislang – aus welchen Gründen auch immer – nicht zur Sprache bringen konnte, und dass man dabei möglichst keinen Aspekt außer Acht lassen sollte.

Betrachtet man diese Techniken der *Parrhesia* aus einem ästhetischen Blickwinkel, so geht es hierbei um die Perspektive von unbewussten Sinnzuschreibungen und Bewertungen. Denn sowohl das Unbewusste als auch die Ästhetik sind Titel für den Sachverhalt, dass Sinnloses sinnvoll und Sinnvolles sinnlos sein kann, und sie sind Titel für den Umstand, dass sich die Wahrheit des Menschen vor allem in seinen Ästhetisierungsprozessen erschließt. Etwas holzschnittartig formuliert: Das Unbewusste wie das Ästhetische sind Sachverhalte, die *anders erscheinen*, in denen daher immer etwas anderes (noch mit) zum Ausdruck kommt. Und während es in der Kunst darum geht, »Dinge zu machen, von denen wir nicht wissen, was sie sind« (Adorno, 1985, S. 174), so besteht die Kunst der Psychoanalyse nach Freud darin, den Analysanden nicht nur das erzählen zu lassen, was er weiß, sondern ihn auch dazu zu bewegen, »das zu erzählen, was er nicht weiß« (Freud, 1940, S. 99). In beiden Fällen geht es also um das Rekurrieren auf anderen und um das (Er-)Finden von neuem Sinn, um sich selbst anders verstehen und sich dann ggf. ändern zu können.

Zusammenfassend kann man sagen, dass die drei therapeutischen Konzeptionen der Katharsis, der Askese und der *parrhesia* wichtige Verbindungen zwischen der antiken Lebenskunst und der modernen Therapeutik darstellen.

## Ausgewählte Literatur

Bruder, K.-J. (2005). Das Unbewusste, der Diskurs der Macht. In M. B. Buchholz & G. Gödde (Hrsg.), *Macht und Dynamik des Unbewußten – Auseinandersetzungen in Philosophie, Medizin und Psychoanalyse. Das Unbewusste, Bd. II* (S. 635–668). Gießen: Psychosozial-Verlag.

Foucault, M. (1996). *Diskurs und Wahrheit. Berkeley-Vorlesungen 1983*. Hrsg. v. J. Pearson. Berlin: Merve.

Freud, S. (1912a). Ratschläge für den Arzt bei der psychoanalytischen Behandlung. *G.W., Bd. VIII*, S. 376–387.

Gehring, P. & Gelhard, A. (Hrsg.). (2012). *Parrhesia. Foucault und der Mut zur Wahrheit: philosophisch, philologisch, politisch*. Zürich und Berlin: diaphanes 2012.

Gödde, G. & Zirfas, J. (2006). Das Unbewusste in Psychotherapie und Lebenskunst – ein Brückenschlag. In M. B. Buchholz & G. Gödde (Hrsg.), *Das Unbewusste in der Praxis. Erfahrungen verschiedener Professionen. Das Unbewusste, Bd. III* (S. 746–782). Gießen: Psychosozial-Verlag.
Hell, D. (2004). *Die Sprache der Seele verstehen. Die Wüstenväter als Therapeuten*. Freiburg, Basel und Wien: Herder.
Kronberg-Gödde, H. (2006). Möglichkeiten und Grenzen der Selbstanalyse von Psychotherapeuten. In M. B. Buchholz & G. Gödde (Hrsg.), *Das Unbewusste in der Praxis. Erfahrungen verschiedener Professionen. Das Unbewusste, Bd. III* (S. 397–431). Gießen: Psychosozial-Verlag.
Nietzsche, F. (1873). Ueber Wahrheit und Lüge im aussermoralischen Sinne. *KSA 1*, S. 873–890.
Safranski, R. (1990). *Wieviel Wahrheit braucht der Mensch?* München und Wien: Hanser.
Schmid, W. (1998). *Philosophie der Lebenskunst. Eine Grundlegung*. 3. Aufl. Frankfurt/M.: Suhrkamp.

## *Gleichschwebende Aufmerksamkeit* im Vergleich zu Muße und Kontemplation

Freud hat dem Therapeuten eine Haltung der »*gleichschwebenden Aufmerksamkeit*« empfohlen und sie als Gegenstück zu der dem Patienten vorgeschlagenen Regel der »freien Assoziation« betrachtet. Unsere Ausführungen zur gleichschwebenden Aufmerksamkeit bewegen sich in einem Schnittfeld von Philosophie, Ästhetik und Psychoanalyse und fokussieren dabei auf eine spezifische Form der »ästhetischen Erfahrung« und ihren Zusammenhang mit der therapeutischen Praxis. Sie liegen damit auf der Argumentationslinie von Arbeiten, deren Fruchtbarkeit in den wechselseitigen Bezugnahmen von Modellen der Kunst und der klinischen Praxis, der Ästhetik und der Therapeutik besteht und die den Stellenwert der ästhetischen Dimensionen in historischer wie systemischer Hinsicht für die psychoanalytische Theorie und Praxis zu klären beabsichtigen (vgl. Marquard, 1987; Gamm, 1990). Im Mittelpunkt der Überlegungen steht hier das Verhältnis von *Muße* und gleichschwebender Aufmerksamkeit; hierin soll Folgendes plausibel werden:
1. Das ästhetische Haltungs- und Erfahrungsmodell der Muße bietet wichtige strukturelle Bausteine für eine Konzeption der gleichschwebenden Aufmerksamkeit.
2. Die gleichschwebende Aufmerksamkeit ist – ebenso wie die Muße – ein Modell, das sich einer Dialektik von Distanz und Engagement verdankt.
3. In Muße wie gleichschwebender Aufmerksamkeit ist die ästhetische Erfahrung eine Erfahrung des »Möglichkeitssinnes« (Musil). Das heißt, zwischen freier Assoziation und gleichschwebender Aufmerksamkeit ent-

faltet sich ein Spiel von Selbstbespiegelungen und imaginären Entwürfen des Unbewussten.
4. Die gleichschwebende Aufmerksamkeit gleicht einer zweckhaften Haltung ohne Zweck, in der das Unbewusste des Patienten mit dem des Therapeuten in Beziehung kommen soll.
5. Nur als ästhetische Erfahrung gelingt eine Synthese von Emotion und Theorie, von Wahrnehmung und Antizipation, von Selbst- und Fremdbezüglichkeit.

Bei einer historischen und strukturellen Rekonstruktion des Modells der gleichschwebenden Aufmerksamkeit lassen sich Aspekte aus der Geschichte der Mußekonzeption, namentlich von Aristoteles, Schopenhauer und Nietzsche, für ästhetische Erfahrungen in der therapeutischen Praxis fruchtbar machen. Im Weiteren werden dann neuere Konzepte aus der Psychoanalyse einbezogen, um zur Klärung der aktuellen Auseinandersetzungen über Bedeutung und Sinn, Ideal und Wirklichkeit der gleichschwebenden Aufmerksamkeit in der therapeutischen Praxis beizutragen.

## Gleichschwebende Aufmerksamkeit als therapeutische Grundhaltung

Als historisches Vorbild stieß Freud auf Börnes Schrift *Die Kunst, in drei Tagen ein Original-Schriftsteller zu werden* (1823), in der die Empfehlung ausgesprochen wird, alles niederzuschreiben, was einem durch den Kopf geht, um so auf »neue, unerhörte Gedanken zu kommen« (Freud, 1920a, S. 311f.). Von einer durchgehenden Determinierung alles psychischen Geschehens überzeugt, nahm Freud an, »daß mit dem Aufgeben der bewußten Zielvorstellungen die Herrschaft über den Vorstellungsablauf an verborgene Zielvorstellungen übergeht, und daß oberflächliche Assoziationen nur ein Verschiebungsersatz sind für unterdrückte tiefer gehende« (1900, S. 536f.).

Dass es sich dabei von vornherein um ein interaktionelles Geschehen handelt, hat Albert Görres (1965, S. 36) treffend umschrieben:

»Daß da einer nicht gleich empört, gekränkt oder moralisierend zurechtweist, sondern sein Wohlwollen durchhalten kann, auch wenn er Ungutes hört, daß er aber auch nicht beschwichtigt, bagatellisiert und entschuldigt, sondern die dunklen Dinge der Vergangenheit so klar stehen läßt und anschaut, wie der Patient selbst sie zu sehen wagt, das schafft eine Atmosphäre, in der ein Mensch den Mut fassen kann, sich selbst schlicht und wahrhaftig auszusagen.«

## 4 Freuds Therapeutik – ein Brückenschlag zur philosophischen Lebenskunst

In einer prozessual und konstruktivistisch orientierten Lesart kann die freie Assoziation als eine gemeinsame Schöpfung der beiden Beteiligten gesehen werden, die sich in einem intersubjektiven Prozess entfaltet.

Hinsichtlich der beim Zuhören und Rezipieren einzunehmenden Haltung des Therapeuten hatte Freud schon in der *Traumdeutung* die »mimische Ruhe des Selbstbeobachters« mit dem an der gespannten Miene erkennbaren »Nachdenken« konfrontiert. Der Nachdenkende übe eine Kritik aus und verwerfe daher einen Teil der in ihm aufsteigenden Einfälle, breche andere kurz ab, sodass er den Gedankenwegen nicht folge, die sie eröffnen würden, und noch andere Gedanken unterdrücke er, bevor sie überhaupt bewusst werden. Der Selbstbeobachter hingegen sucht gerade diese Kritik auszuschalten und dadurch »kommt ihm eine Unzahl von Einfällen zum Bewußtsein, die sonst unfaßbar geblieben wären« (ebd., S. 106). Freud zitiert in diesem Zusammenhang aus einem Brief Schillers an Körner vom 1. Dezember 1788:

> »Es scheint nicht gut und dem Schöpfungswerke der Seele nachteilig zu sein, wenn der Verstand die zuströmenden Ideen, gleichsam an den Toren schon, zu scharf mustert. Eine Idee kann, isoliert betrachtet, sehr unbeträchtlich und sehr abenteuerlich sein, aber vielleicht wird sie durch eine, die nach ihr kommt, wichtig, vielleicht kann sie in einer gewissen Verbindung mit anderen, die vielleicht ebenso abgeschmackt scheinen, ein sehr zweckmäßiges Glied abgeben: – Alles das kann der Verstand nicht beurteilen, wenn er sie nicht so lange festhält, bis er sie in Verbindung mit diesen anderen angeschaut hat. Bei einem schöpferischen Kopfe hingegen, deucht mir, hat der Verstand seine Wache von den Toren zurückgezogen, die Ideen stürzen *pêle-mêle* herein, und alsdann erst übersieht und mustert er den großen Haufen« (zit.n. Freud, 1900, S. 107).

Erinnern diese Bilder an die Ästhetik der Romantik, so knüpft Freud gleichzeitig an die naturwissenschaftliche Epistemologie an, wenn er von durch Suspendieren der kritischen Funktion »ersparter psychischer Energie« spricht, die »zur aufmerksamen Verfolgung der jetzt auftauchenden ungewollten Gedanken« verwendet werde (König, 1996, S. 254).

Als grundsätzliche Empfehlung für den Therapeuten spricht Freud die gleichschwebende Aufmerksamkeit erstmals in »Ratschläge für den Arzt bei der psychoanalytischen Behandlung« explizit an:

> »Wie der Analysierte alles mitteilen soll, was er in seiner Selbstbeobachtung erhascht, mit Hintanhaltung aller logischen und affektiven Einwendungen, die ihn

bewegen wollen, eine Auswahl zu treffen, so soll sich der Arzt in den Stand setzen, alles ihm Mitgeteilte für die Zwecke der Deutung, der Erkennung des verborgenen Unbewußten zu verwerten, ohne die vom Kranken gegebene Auswahl durch eine eigene Zensur zu ersetzen« (1912b, S. 381).

Freud wendet sich damit dezidiert gegen jede absichtliche und darum selektive Aufmerksamkeit seitens des Therapeuten, weil der dann unwillkürlich seinen Erwartungen oder Neigungen folge. »Gerade dies darf man aber nicht; folgt man bei der Auswahl seinen Erwartungen, so ist man in Gefahr, niemals etwas anderes zu finden, als was man bereits weiß; folgt man seinen Neigungen, so wird man sicherlich die mögliche Wahrnehmung fälschen.« Daher kümmere man sich beim Zuhören nicht, ob man sich etwas merke, oder anders ausgedrückt: man überlasse sich seinem »unbewußten Gedächtnisse« (ebd., S. 377f.).

Mit der Charakteristik der gleichschwebenden Aufmerksamkeit durch Freud sind spezifische strukturelle Momente einer Haltung des Analytikers angesprochen, die in der philosophischen Tradition in erster Linie als *Muße* thematisiert wurden: Die Muße ist ein Zustand zwischen Aktivität und Passivität (Wulf & Zirfas, 2007). Sie geht einher mit einer Distanz zum gelebten Leben, einem Abstandnehmen von den Sorgen des Alltags, einem kontemplativen Versenken in die Gegenstände, einem »interesselosen Wohlgefallen« (Kant), einer Entspannung, die uns neu auf uns selbst und die Welt hin gespannt macht. Muße ist Auszeit, ohne dass die Zeit in ihr zum Stillstand käme, ist Nichttun, ohne dass das Unterlassen jegliche Aktivität aufhöbe. Die Muße kann man als Abwesenheit von Arbeit, aber nicht als Abwesenheit von Tätigkeit, sondern als tätige Untätigkeit, als ästhetisch-kreativen Zustand bezeichnen. Die Muße ist vor allem ein ästhetischer Zustand, ohne dass sie in Ästhetik aufginge (Mattenklott, 1996). Der Muße geht es nicht um Wahrheit, Nutzen und das Gute, sondern um spielerische Gelassenheit, Glück und Schönheit (vgl. Martin, 1984; Tewes, 1989; Schürmann, 2003).

Wie zu zeigen sein wird, stellen in den Mußetheorien das (unbewusste) Geschehenlassen, die Wahrnehmung des Sich-Ereignenden in einer entspannten Anspannung (Aristoteles), die distanzierte Kontemplation (Schopenhauer) sowie die leidenschaftliche Erkenntnis (Nietzsche) wichtige Aspekte dar.

## Philosophische Wurzeln

Im Zentrum der aristotelischen Mußekonzeption steht die Idee der Muße als selbstzweckhafte Tätigkeit, da das auf ein spezifisches Ziel gerichtete Handeln –

sei es *poiesis* oder *praxis* – auf einen Zweck zielt und damit des letzten Glücks entbehrt: »Denn man muß arbeiten und Krieg führen können, aber noch eher Frieden halten und Muße üben, und das Notwendige und Nützliche tun, aber noch eher das Edle« (Aristoteles, 1986, 1332b 40ff.). Muße dient der Friedenssicherung ebenso wie einer inneren Ausgeglichenheit von Körper und Seele. Muße selbst ist aber von Aristoteles primär nicht als Zustand, sondern als Tätigkeit verstanden worden, verwendet dieser doch entgegen dem meist als Substantiv σχολη »Muße«, übersetzten Begriff vor allem das Verb σχολαζειν »*scholazein*«, das sich wohl am besten mit dem Neologismus »mußen« wiedergeben lässt (Göhlich, 2007). Übergeht man die hier nicht unmittelbar interessanten aristotelischen Darstellungen der pädagogischen, sozialen und politischen Grundvoraussetzungen der Muße, so zeigt sich, dass diese von Aristoteles als eine ideale Lebens- und Tätigkeitsform verstanden wird.

Aristoteles hat die Muße in zweierlei Formen ausdifferenziert, als eine eher praktisch-ästhetische und als eine eher theoretische Lebensform. In der *Politik* wird im achten Buch das Genießen und Ausüben musischer Kunst mit Freunden als Tätigkeit der Muße geschildert. Die freie Zeit der Muße wird gefüllt mit kulturellen Praktiken, in denen ästhetische und ethische Momente mit einfließen, bildet doch der friedfertige musische Umgang miteinander den Charakter und die Lebensart sowie das Geschmacksurteil, reinigt von Leidenschaften und dient dem geistigen Leben als »Lockerung« (Aristoteles, 1986, 1341b 37ff.). Das »Mußen« in und mit Kultur – nach Aristoteles vor allem mit guter Musik und guten Musikinstrumenten – hat eine seelische Harmonie, eine proportionale, tugendhafte Haltung und damit letztlich Glückseligkeit *(eudaimonia)* zur Folge.

Steht in der *Politik* das ästhetische Mußemodell im Vordergrund, so in der *Nikomachischen Ethik* das theoretische und kontemplative Modell. Die Muße ist hier gekennzeichnet durch eine theoretisch-betrachtende, lustvoll-genusshafte sowie dauerhafte und autarke Struktur (Aristoteles, 1984, 1176a–1177b). In die Muße geht ein transzendentes Moment mit ein, das die Menschen mit dem Ewigen und Göttlichen in Beziehung setzt. Mußen meint hier das Ausfüllen der Zeit mit einem kontemplativen Denken, das als ein Sich-Überlassen, als theoretische Hingabe bestimmt wird. Zu erinnern ist daran, dass die *Theoria* (Betrachtung) vom Betrachter herrührt, der als Gast den religiösen Festen eines Gottes *(theos)* beiwohnt: *Theoria* ist die Schau beim göttlichen Fest des Lebens und gewinnt so den Charakter einer festlichen Besinnung. In der Muße geht es mithin um die theoretische Besinnung auf die ewigen Formen des Lebens.

Muße ist für Aristoteles immer mehr als Entlastung von Lebensnotwendigkeiten und individueller Gelassenheit und bleibt auf die (kreativen) Einsichten im Betrachten und Vernehmen des Gegebenen gespannt. Den mit der Muße verbundenen Abstand vom Alltäglichen darf man nicht mit Gleichgültigkeit oder Desinteresse verwechseln, vielmehr generiert die Muße aus der Distanz eine realistische Hinwendung, eine die Formen der Welt tatsächlich erfassende philosophische Befähigung, zu welcher die übliche Betriebsamkeit und pausenlose Geschäftigkeit keine Zeit lassen. Die Muße ist Hingabe und Zustimmung zur Welt, die den Menschen in einen nicht still zu stellenden betrachtenden und vernehmenden Austausch mit ihr einspannt.

Auch die Theorie der »*ästhetischen Kontemplation*« von Arthur Schopenhauer lässt sich mit der gleichschwebenden Aufmerksamkeit in Verbindung bringen (vgl. Zirfas, 1993, S. 78ff.; Gödde, 2003a, S. 260f.). In seinen philosophischen Manuskriptbüchern hat er die für seine Frühphilosophie wichtige Unterscheidung zwischen »empirischem« und »besserem Bewußtsein« getroffen. Das empirische Bewusstsein repräsentiert das Leben in seiner ganzen zeitlichen Hinfälligkeit, die Welt der egoistischen Begierden, den Standpunkt der Nützlichkeit. Es hat mit der quälenden Erfahrung zu tun, dass der Mensch durch seine Triebe, Begierden und Wünsche in zwei Hauptrichtungen, in die der Selbsterhaltung und jene der Fortpflanzung, gedrängt wird. Man kann auch sagen: in Richtung Sexualität und Narzissmus bzw. Aggression – ähnlich wie später bei Freud.

Bereits in einer frühen Aufzeichnung wird ein Ausweg aus dem grundlegenden existenziellen Dilemma des Menschen zwischen triebhaftem »Wollen« und affektfreiem »Erkennen« anvisiert (Schopenhauer, 1985, S. 137). Bei jenem Erkennen, das sich im unmittelbaren Naturerleben einstellt, löst sich das betrachtende Subjekt aus der quälenden Abhängigkeit von seinen Trieben, Affekten und Leidenschaften. Das ganze Bewusstsein wird ausgefüllt »durch die ruhige Kontemplation des gerade gegenwärtigen natürlichen Gegenstandes, es sei eine Landschaft, ein Baum, ein Fels, ein Gebäude oder was auch immer«, und bleibt nur als »klarer Spiegel des Objekts« bestehen, und was erkannt wird, ist nicht mehr das einzelne Ding als solches, sondern die Idee. Dabei kommt es zu einer Veränderung im erkennenden Subjekt. Das anschauende Individuum wird zum »*reinen Subjekt des Erkennens*« (Schopenhauer, 1844, S. 232f.). Schopenhauer bleibt ein Leben lang auf der Suche nach solchen erhebenden Augenblicken. Man könnte sein Hauptwerk deshalb »Auf der Suche nach dem verlorenen Bergerlebnis« und die darin enthaltene Ethik »Das wiedergefundene Bergerlebnis« nennen (Safranski, 1995, S. 32ff.).

Die ästhetische Kontemplation ist für Schopenhauer somit eine doppelte Bewegung. Das Objekt wird einerseits herausgerissen aus allen Relationen, die sich insgesamt zurückführen lassen auf den eigenen »Willen«; es wird herausgerissen aus dem Wo, dem Wann, dem Warum und dem Wozu, das heißt es wird losgelöst aus Raum, Zeit und Kausalität. Andererseits wird das Subjekt »gereinigt« von allen Beziehungen zum Willen; das Subjekt wird »*reines*, willenloses, schmerzloses, zeitloses *Subjekt der Erkenntniß*« (Schopenhauer, 1844, S. 232). Die Welt als Vorstellung tritt in der Kontemplation rein und vollkommen hervor, da das Subjekt von ihr ganz durchdrungen erscheint.

Schopenhauers ästhetische Theorie der Kontemplation enthält in ihrem Kern die Indifferenz von Subjekt und Objekt, von Bewusstsein und Gegenstand. Das Subjekt wird in der Kontemplation zum Mittelpunkt der Welt. In ihm verschwindet jede Relation und Perspektivität. Das Subjekt ist vollkommen erfüllt und durchdrungen von Welt; ebenso geht die Welt im Subjekt auf. Die Befreiung vom Schmerz des Wollens und der Langeweile der Befriedigung machen frei für ein Erscheinen-Lassen von Welt, in der das Rad der Zeit angehalten wird. Die Stimmung des interesselosen Anschauens, jene »Meeresstille des Gemüths«, die sich vor allem in der Anschauung von Kunst einstellt, bedeutet Freisein von Zeit (vgl. Pieper, 1957).

In seine Ästhetik bezieht Schopenhauer den Aspekt der »Leidenschaftlichkeit« des Künstlers zwar mit ein. Leidenschaftlich sei der Künstler aber nur außerhalb der ästhetischen Kontemplation im alltäglichen Leben, nicht in der Ideenschau selbst, die den alltäglichen Erfahrungszusammenhang unterbricht. Bei dieser Trennung von ästhetischer Erfahrung und Leidenschaft kommt der Einfluss Kants zum Tragen, der das ästhetische Gefühl als »interesseloses Wohlgefallen« der Leidenschaft gegenüberstellt (vgl. Koßler, 2005, S. 191ff.).

Wie Schopenhauer maß Nietzsche der ästhetischen Kontemplation große Bedeutung bei, aber er wehrte sich dagegen, diese Erkenntnisart »interesselos und rein kontemplativ« zu nennen. Schopenhauer sei noch im Banne der Kantischen Ästhetik geblieben und habe über wenig Dinge

> »so sicher geredet wie über die Wirkung der ästhetischen Kontemplation: er sagt ihr nach, daß sie gerade der *geschlechtlichen* ›Interessiertheit‹ entgegenwirke, [...] er ist nie müde geworden, *dieses* Loskommen vom ›Willen‹ als den grossen Vorzug und Nutzen des ästhetischen Zustandes zu verherrlichen. [...] – Aber gesetzt, daß Schopenhauer hundert Mal für seine Person Recht hätte, was wäre damit für die Einsicht in's Wesen des Schönen gethan? Schopenhauer hat Eine Wirkung des Schönen beschrieben, die willen-calmirende, – ist sie auch nur eine regelmässige?« (Nietzsche, 1887, S. 346ff.)

Im Kontrast dazu plädierte Nietzsche für die »*Leidenschaft des Erkennens*« statt bloßer und blasser »Objektivität«: Am Erkennen müssen Affekt und Leidenschaft beteiligt sein, allerdings sei die Gefahr dogmatischer Festlegungen im Sinne von »Überzeugungen« nicht zu unterschätzen, denn sie können zu »Gefängnissen« werden. »Die große Leidenschaft braucht, verbraucht Überzeugungen, sie unterwirft sich ihnen nicht« (Nietzsche, 1882, S. 550). Nietzsche verweist in seinen ästhetischen Theorien wie auch in seiner Kritik an der bürgerlichen Arbeitsmoral immer wieder darauf, dass die Muße eine besondere Form der Tätigkeit darstellt, die mit der individuellen Selbstbildung und Selbstbestimmung, mit dem Ernstnehmen leiblicher Regungen und Gefühle, mit der Bejahung des gelebten Augenblicks und einer leidenschaftlichen Erkenntnis einhergeht.

### Der Blickwinkel der ästhetischen Erfahrung

Vergleicht man die Konzepte der Muße und der gleichschwebenden Aufmerksamkeit aus dem Blickwinkel der ästhetischen Erfahrung, so ergeben sich unter strukturellen Gesichtspunkten wichtige Gemeinsamkeiten und Differenzen.

Die Muße ist wie die gleichschwebende Aufmerksamkeit durch eine *Selbstbezüglichkeit* gekennzeichnet. Die Mußekonzeption ist inhaltlich umfassender, denn sie bezieht sich sowohl auf das eigene wie fremde Unbewusste, auf Inneres und Äußeres wie auf Momente der Vergangenheit, Gegenwart und Zukunft. Und doch finden sich auch Momente in der gleichschwebenden Aufmerksamkeit, die mit der Muße als ästhetisches Konzept einhergehen. Betrachtet man die Muße als ästhetische Erfahrung, so fällt zunächst ihr sinnlicher Charakter ins Auge. Ausgangspunkt der Muße ist die *aisthesis*, die genaue Sinneswahrnehmung. Die Muße kennzeichnet, dass sie beides sein kann: Distanzierung von den sinnlich erfahrbaren Gegenständen und kontemplatives Aufgehen in ihnen. Genauer: Muße und gleichschwebende Aufmerksamkeit kennzeichnet, dass sie sich im Abstand von alltäglichen Haltungen den Sachverhalten nähern, indem sie eine gewisse Distanz zu ihnen aufbauen.

Man kann die treibenden unbewussten Kräfte der freien Assoziation nur wissenschaftlich erforschen, wenn man sie gleichschwebend, d.h. nicht fokussiert und nicht unaufmerksam wahrnimmt. Der freilassende Abstand vom alltäglich gelebten Leben mit seiner teils fokussierten, teils weitschweifigen Wahrnehmung ermöglicht in der ästhetischen Erfahrung Distanz, aber auch Affirmation und Engagement oder Kritik und Phantasie, d. h. eine mehr oder weniger leidenschaftliche Stellungnahme zu dem Gegenstand, mit dem ich mich auseinandersetze. Im Gegensatz zum pragmatischen Lebensalltag mit seiner theoretischen oder utilitaristischen Haltung gewährt die ästhetische Erfahrung einen Freiheitsspielraum von Wahrnehmungsmöglichkeiten. Erst die Distanzierung gewährleistet die Intensivierung. Darauf zielt die Verzichttrias von Bion (1962) für die gleichschwebende Aufmerksamkeit: »no memory, no understanding, no desire«.

*Ästhetische Wahrnehmung* meint hier die Wahrnehmung einer sinnlichen Komplexität, die in gleichschwebender Aufmerksamkeit gewonnen wird und einen individuell-performativen Charakter hat. In ihr steht der Vollzug der Wahrnehmung mit seinem durch »sinnlich-selbstbezügliche Leistungen konstituierten Spielraum wahrnehmenden Tätigseins« (Seel, 1996, S. 30) im Mittelpunkt. Der ästhetischen Wahrnehmung geht es nicht, wie dem ästhetischen Werturteil, um das Begründen oder die Begründbarkeit als »Geltendmachen eines sich ausdruckhaft Zeigenden« (Seel, 1997, S. 214), sondern um die Selbstbezüglichkeit der Wahrnehmung. Im Vorherrschen der Vollzugsorientierung in der ästhetischen Wahrnehmung wird einerseits die Wahrnehmungstätigkeit selbst zum Zweck der Wahrnehmung; andererseits rückt im Verweilen der Wahrnehmung auch ihr Objekt stärker in den Fokus und drittens sind mit der sinnlichen Wahrnehmung auch emotionale Wahrnehmungsprozesse und leiblich propriozeptive Spürens- und Ahnensqualitäten verknüpft. Mit dem Verweilen in der Gegenwärtigkeit der Wahrnehmung ist primär kein Theoretisieren der Leistungen, Bedingungen und Implikationen dieser Wahrnehmung, sondern ein anderer Erfahrungshorizont von Welt, Anderem und Ich verbunden. Genau das ist in der Muße wie in der gleichschwebenden Aufmerksamkeit Programm.

Wenn wir nun als *ästhetische Erfahrungen* vor allem solche Erfahrungen gelten lassen, die einen Bruch mit den üblichen Sinneswahrnehmungen markieren, so wird ein wichtiges strukturelles Moment der Muße deutlich: Ästhetische Erfahrungen bedeuten eine sinnengeleitete Intensivierung, eine anschauungsbezogene Distanzierung und eine erfahrungsrelative Dekonstruktion von Wahrnehmungen. Ästhetische Erfahrungen haben einen kontemplativen, selbstbezüglichen Charakter, der das bislang Ungehörte, Ungesehene, Unerahnte hören, sehen und ahnen lässt. Die Grundsituation der ästhetischen Erfahrung ist somit die Erfahrung eines Anderen, auf die das Subjekt eine Antwort finden muss. Das Andere wird in der ästhetischen Erfahrung zum Ausdruck einer möglichen Welt (Musil); vermeintlich natürliche Gegebenheiten, Traditionen, Sinnansprüche und Perspektiven der Wirklichkeit werden infrage gestellt: Ästhetisch sind Erfahrungen also dann, wenn sie uns die mit den Erfahrungen verbundenen weiteren Möglichkeiten von Erfahrungen erfahrbar werden lassen. Muße wie gleichschwebende Aufmerksamkeit sind kreative Haltungen, die sich einer dauerhaften Aufrechterhaltung entziehen.

Muße wie gleichschwebende Aufmerksamkeit sind durch ein Paradox gekennzeichnet, einerseits in der bewussten Suspension des Bewussten das Unbewusste zum Sprechen zu bringen und andererseits in der bewussten Hinwendung des Bewusstendie unbewussten Wahrnehmungs-, Denk- und Handlungsmuster zum Bewusstsein zu bringen und zu klären.

## Der intersubjektive Blickwinkel

Betrachtet man die gleichschwebende Aufmerksamkeit vor dem Hintergrund der Mußekonzeption, so lässt sich als ein erstes Ergebnis für die therapeutische Praxis festhalten, dass Wahrnehmungsprozesse, Erfahrungen und Beurteilungen nicht still gestellt werden können, sondern in Bewegung und Spannung, einer Balance zwischen Empathie und Theorie, von äußerer und innerer Wahrnehmung einerseits sowie von Hypothesenbildung und praktischen Vorschlägen andererseits verbleiben. Da unbewusste wie vorbewusste Selektionen der Wahrnehmungen ebenso wenig komplett auszuschließen sind wie ein interpretationsfreies Wahrnehmen selbst, beschreibt die gleichschwebende Aufmerksamkeit im günstigsten Falle ein Ernstnehmen aller vom Klienten geäußerten Details (Thomä & Kächele, 1985, S. 243ff.).

In dieser ästhetischen Haltung konstituiert sich damit – zweitens – eine Intersubjektivität, die einen spielerisch-hypothetischen Charakter hat. Denn dadurch, dass der Analytiker sich vorab von der »bewußten Steigerung gewisser Erwartungen« an den Klienten frei hält – so jedenfalls klärt Freud die Einstellung der gleichschwebenden Aufmerksamkeit im Brief vom 15. Februar 1925 an Binswanger (Freud, 1992, S. 202; s.a. König, 1996, S. 371) –, verbleibt die Beziehung selbst in einem liminalen Übergangsraum, der durch Abduktionen und Modelle charakterisiert ist. Die Dialektik von Wahrnehmungen, Fühlen und Intuition – diese Seite macht Reik (1948) stark – und Denken, Interpretieren und Systematisieren – diese Seite betont Fenichel (1938) – eröffnet einen konjunktiven und optativen Deutungsraum der Hypothesenbildung mit vorübergehenden Wahrheitsgehalten, in dem sich die Beteiligten einstimmen können. Hierzu dient die freie Assoziation auf der einen und die gleichschwebende Aufmerksamkeit oder auch die *rêverie* als phantasievolle Aufmerksamkeit – trotz der unterschiedlichen Akzentuierungen (– auf der anderen Seite. Sie machen es im Zusammenspiel möglich, in den zusammenhanglosen Elementen, den verstreuten Eindrücken »Kohärenz zu entdecken« (Bion, 1962, S. 126). Diese Kohärenz kann nicht nur für die intersubjektive, sondern auch für die *intrasubjektive* Ebene Geltung beanspruchen. Freie Assoziation und gleichschwebende Aufmerksamkeit erscheinen wie zwei komplementäre Seiten eines realen wie illusorischen mimetischen Spiels, das für Spannungen, Trennungen und Annäherungen der Subjekte genutzt werden kann (vgl. Holm-Hadulla, 1994, S. 122ff.).

Drittens konstituieren sich die für Intersubjektivität bedeutsamen Symbolisierungsprozesse im Hinblick auf szenische Vorstellungsbilder und Phantasien in der gleichschwebenden Aufmerksamkeit gleichsam *ab ovo*:

> »Die ästhetische Einstellung gleichschwebender Aufmerksamkeit steht nicht nur für die Voraussetzung, ein Verständnis unbewußter Prozesse in der Kommunikation zwischen ego und alter ego zu entwickeln, sie ist vielmehr auch die Basis dafür, *die Fülle sinnlicher Regungen in Gedanken oder diskursive Rede zu transformieren*« (Gamm, 1990, S. 106).

Die gleichschwebende Aufmerksamkeit macht somit einen grundlegenden ästhetischen Prozess deutlich, der darin besteht, dass unsere über die Sinne vermittelte Beziehung zur Welt von Anfang an einen metaphorisch-ästhetischen Charakter hat: Konkrete Sinnesdaten müssen in zeichenhafte und darüber hinaus in intersubjektiv nachvollziehbare Strukturen übersetzt werden. Das psychoanalytische Setting inszeniert diese ästhetische Übersetzung zwischen den Dingen und Sachverhalten und ihren Formen, Begriffen und Sprachspielen, zwischen Primär- und Sekundärprozessen, indem sie die Transformationsprozesse selbst noch einmal zum Gegenstand der Analyse macht.

In diesem Zusammenhang hat Baranger (1993) – viertens – von einem *»intersubjektiven Feld«* gesprochen, das im Unterschied zur bewussten, dialogischen Intersubjektivität auf einem Feld des Ungesagten und Unsagbaren angesiedelt ist. Diese Feldstruktur entwickelt sich aufgrund einer reziproken dynamischen Beziehung zwischen den Beteiligten und generiert unbewusste Phantasien und die damit verbundenen Verbalisierungen der Phantasien, für die bislang keine Sprache gefunden werden konnte. Freie Assoziation wie gleichschwebende Aufmerksamkeit geben Raum für das Äußern und Wahrnehmen von Empfindungen, die als unbewusste, leibliche, nicht programmierte Zustände erst eine Verbindung zur Sprache schaffen müssen, um einer subjektiven bzw. intersubjektiven Bearbeitung zugänglich zu werden. Die gemeinsame Sprache der Behandlung resultiert dabei aus Übertragungs- und Gegenübertragungsprozessen, deren strukturelle wie biografische Komplexität mit der von Freud gewählten Spiegel-Metapher nicht zureichend erfasst wird. Gleichwohl sollte das gemeinsam gefundene Vokabular der Behandlung den Analytiker nicht dazu verleiten, die Haltung der gleichschwebenden Aufmerksamkeit aufzugeben, um die Kommunikationswege und die Dynamik der Beziehung beibehalten zu können und gemeinsam gefundene Sprachspiele nicht in steriler Wiederholung enden zu lassen.

## Gleichschwebende Aufmerksamkeit als »Mythos« – Ideal und Wirklichkeit

Im Lichte der Muße und ästhetischen Erfahrung erscheint die gleichschwebende Aufmerksamkeit als Ideal, das nur angestrebt, aber nie erreicht werden kann. Wenden wir uns nunmehr den Niederungen und Höhen der psychotherapeutischen Praxis zu. Wie sieht die Wirklichkeit im Therapiealltag aus?

Es liegt auf der Hand, dass kein Therapeut der Welt alles, was in einer Therapiesitzung auf ihn einstürmt, »gleichmäßig in der Schwebe« halten kann. Zu den vielfältigen äußeren Eindrücken kommen die im Inneren oft nur diffus und wechselhaft auftauchenden Erinnerungen, Gedanken, Gefühle und Phantasien hinzu. Hat der Therapeut

> »eben noch den gegenwärtigen Konflikt seines Patienten imaginiert, so kehrt er im nächsten Augenblick schon zu den Räumen der Kindheit zurück, empfindet die eigenen Gefühle, die durch die Schilderung in ihm ausgelöst werden, denkt daran, was der Patient ihm wohl sagen will, fühlt sich in das Selbstverständnis seines Patienten ein, fügt verschiedene Aspekte dieses Selbstverständnisses zu einem ganzheitlicheren Bild zusammen, denkt in diesem Moment an etwas, was er am Abend zuvor bei einem psychoanalytischen Autor gelesen hat, vergegenwärtigt sich das Gegenüber im eigenen Erleben, kehrt wiederum in die Vergangenheit des Patienten zurück usf.« (Mertens, 1992, S. 57).

Die Aufmerksamkeit des Therapeuten schwebt eine Zeit lang, muss sich dann aber irgendwo niederlassen, wobei sie entsprechend der Individualität des Therapeuten »ihre bevorzugten Einflugschneisen und gemiedenen Fluggebiete« hat (König, 1996, S. 349). Im Verlauf einer Therapiesitzung lässt sich oft nach etwa 20 bis 30 Minuten beobachten, wie das Offenhalten und Schweben einer Fokussierung der Aufmerksamkeit und Ausrichtung an bestimmten Hypothesen und Denkmodellen weicht, bis sich klärt, was das heiße Thema der Sitzung – *the point of urgency* – ist und was den Fokus des Deutens und Durcharbeitens bilden soll (Will, 2006, S. 34ff.).

Darüber hinaus gibt es im Verlauf beinahe jeder Therapie gewisse Schwankungen, wenn nicht Störungen der gleichschwebenden Aufmerksamkeit, wie es persönliche Eigenheiten und Einseitigkeiten der jeweiligen Persönlichkeit eben mit sich bringen. Solche Störungen müssen uns nicht nachhaltig irritieren und entmutigen, denn sie lassen sich – prinzipiell – durch Analyse der eigenen Gegenübertragung in der Selbstanalyse oder Supervision entschärfen, ja sie können zu einem wertvollen Erkenntnisinstrument werden.

Als Freud die technische Regel der gleichschwebenden Aufmerksamkeit einführte, hat er sich nicht mit dem Ideal eines ästhetischen Wahrnehmungsmodus begnügt, sondern darüber hinaus das Ideal einer *unbewussten Kommunikation* zwischen den beiden Beteiligten formuliert: Wenn der Therapeut »dem gebenden Unbewußten des Kranken sein eigenes Unbewußtes als empfangendes Organ« zuwende, sich auf ihn einstelle wie der Receiver des Telefons, der die von Schallwellen angeregten elektrischen Schwankungen der Leitung wieder in Schallwellen verwandelt, dann sei »das Unbewußte des Arztes befähigt, aus den ihm mitgeteilten Abkömmlingen des Unbewußten dieses Unbewußte, welches die Einfälle des Kranken determiniert hat, wiederherzustellen« (Freud, 1912b, S. 381f.).

Die von Freud angesprochene Kommunikation zwischen zwei Unbewussten hat Theodor Reik aufgegriffen. Es komme darauf an, dass der Therapeut die Mitteilungen des Patienten mit dem »dritten Ohr« hört und sich der Führung seiner »Intuition« anvertraut. Erst wenn sich bestimmte Hypothesen und Denkmodelle immer klarer herauskristallisiert haben, komme es auf den kritisch prüfenden Intellekt an. Die Annahme eines Nacheinanders von ästhetischer Wahrnehmung und kognitiver Denk- und Deutungsarbeit ist allerdings zweifelhaft. Eher kann man annehmen, dass gleichschwebende Aufmerksamkeit mit »gleichschwebender Theoretisierung« (König, 1996, S. 352) Hand in Hand geht.

Christopher Bollas (2006) hat das Zusammenspiel zwischen dem frei assoziierenden Patienten und dem gleichschwebenden Therapeuten, bei dem unbewusste Bedeutungen »übertragen« werden, ohne dass je alle Inhalte ins Bewusstsein treten, als »Freudsches Paar« bezeichnet. Klärungsbedürftig ist das Verhältnis der Freien Assoziation zu nahestehenden Methoden, die die Regelhaftigkeit lockern und das Dialogische zugunsten der Beziehungsqualität und Wechselseitigkeit der therapeutischen Dyade betonen. In diesem Kontext haben sich in den letzten Jahren eine Reihe von kritischen Fragen ergeben: Inwieweit weicht der analytische Dialog von den Gesprächsregeln alltäglicher Kommunikation ab? – Hat die Grundregel etwas Über-Ichhaftes an sich, die den Patienten, der doch Über-Ich-Inhalte integrieren und Autoritätshaltungen überwinden soll, auf etwas verpflichtet (»alles auszusprechen«), was ihm Angst und Unbehagen bereitet? – Besteht die hauptsächliche Funktion der freien Assoziation immer noch darin, verdrängten Erinnerungen zum Bewusstsein zu verhelfen und damit auch die Lebensgeschichte eines Patienten rekonstruieren zu können? Oder dient das freie

Erzählen eher dem Zulassenkönnen bislang unterdrückter Beziehungsdefinitionen? (vgl. Mertens, 1990, S. 11f.)

Eine von Bollas angesprochene Gefahr besteht darin, dass man den Prozess des Assoziierens und Zuhörens nicht genügend zur Entfaltung kommen lässt. Das sei insbesondere dann der Fall, wenn dem Therapeuten nahegelegt wird, »er solle das Material im Sinne der vermuteten unbewußten Bezüge auf den Analytiker hören«. Solche frühzeitigen Deutungen der Übertragung im Hier und Jetzt erwiesen sich oft als »sehr voreingenommen«, da sie unterstellen, »dass die Rede des Analysanden sich *immer* auf den Analytiker oder die Analytikerin bezieht« (Bollas, 2006, S. 942). Das Fokussieren auf die Deutung der aktuellen Übertragungsbeziehung kann dazu führen, dass es »das Freudsche Paar vernachlässigt, die Wahrnehmungsfähigkeit einengt, den analytischen Raum zu strangulieren droht und von der Kreativität wegführt, die aus dem Unbewussten aufzutauchen vermag« (Will, 2006, S. 36).

Reik hat mit seiner Konzeption des »Hörens mit dem dritten Ohr« Wesentliches von dem vorweggenommen, was später zum Thema Gegenübertragung (Heimann), Empathie (Kohut) und *rêverie* (Bion) geschrieben wurde, wobei er in mancher Hinsicht auch dem Zusammenspiel der beiden Beteiligten – der »Intersubjektivität« bzw. »Relationalität« (vgl. Altmeyer & Thomä, 2006) – Rechnung getragen hat. Allerdings besteht auch hier die Gefahr einer Mystifizierung, die dazu führen kann, Voreingenommenheiten unbewusst zu verankern.

Die Muße als eine zentrale Dimension der gleichschwebenden Aufmerksamkeit zu verstehen, bedeutet, sie als eine ästhetische Haltung zu begreifen, die sich durch die fundamentale Dialektik von Gelassenheit und Engagement auszeichnet. Wir wollen aber keineswegs behaupten, dass das Modell der gleichschwebenden Aufmerksamkeit ausschließlich aus der Tradition der Mußekonzeptionen zu verstehen sei. Neben der Muße gehen auch Elemente aus der Geschichte der Wahrnehmung von Erzählen und Hören, der Beichte, der medizinischen Praxis und der technischen Metaphorik in die gleichschwebende Aufmerksamkeit mit ein.

### Ausgewählte Literatur

Bion, W. R. (1962). *Lernen durch Erfahrung*. Frankfurt/M.: Suhrkamp 1990.
Bollas, C. (2011). *Die unendliche Frage: Zur Bedeutung des freies Assoziierens*. Frankfurt/M.: Brandes & Apsel.
Gamm, G. (1990). In der Lehre der verschwundenen Metaphysik. Das Ästhetische in der psychoanalytischen Therapeutik. In G. Gamm & G. Kimmerle (Hrsg.), *Ethik und Ästhetik. Nachmetaphysische Perspektiven* (S. 94–130). Tübingen: edition diskord.

Gödde, G. (1989). »Das beschauliche Moment in großem Maße verstärken«. Zu einer Theorie der Muße bei Friedrich Nietzsche. In J. Tewes (Hrsg.), *Nichts Besseres zu tun – über Muße und Müßiggang* (S. 77–95). Oelde: Verlagsbuchhandlung Tewes.
Gödde, G. & Zirfas, J. (2007). Von der Muße zur »gleichschwebenden Aufmerksamkeit« – Therapeutische Erfahrungen zwischen Gelassenheit und Engagement. *psycho-logik. Jahrbuch für Psychotherapie, Philosophie und Kultur, 2*, 135–153.
König, H. (1996). Gleichschwebende Aufmerksamkeit. Modelle und Theorien im Erkenntnisprozeß des Psychoanalytikers. *Psyche – Z Psychoanal, 50*, 337–375.
Reik, T. (1948). *Hören mit dem dritten Ohr.* Hamburg: Hoffmann & Campe 1976.
Wulf, Ch. & Zirfas, J. (Hrsg.). (2007). *Paragrana. Internationale Zeitschrift für Historische Anthropologie, 16*(1), Themenheft: Muße.
Zirfas, J. (2003). Zeit und Lebenskunst. *Journal für Psychologie, 11*(3), Themenheft: Lebenskunst, hrsg. v. M. B. Buchholz & G. Gödde, 272–287.

## Sigmund Freuds implizite Lebensphilosophie – Askese als Axiom der Lebenskunst

Freud hat einerseits zur Verleugnung der Tradition der Lebenskunst beigetragen, da er die Psychotherapie als Wissenschaft strikt von der Philosophie und Kunst abgrenzte und demgemäß die philosophische Lebensorientierung und die damit eng zusammenhängende Thematik der praktischen Lebenskunst zumeist nur noch implizit behandelte. Andererseits kann man von einer eigenen Lebensphilosophie Freuds ausgehen, die sein ganzes Werk durchzieht und vor allem in drei Bereichen sichtbar wird: im Spannungsfeld von Romantik und Aufklärung, in religiöser und weltanschaulicher Hinsicht und im Hinblick auf therapeutische Hintergrundannahmen.

Die folgenden Überlegungen gehen von Freuds therapeutischem Leitsatz aus: »Die analytische Kur soll, soweit es möglich ist, in der Entbehrung – der Abstinenz – durchgeführt werden.« Aus diesem Therapieprinzip ergab sich eine Grundregel, die dem Therapeuten generell eine triebversagende Haltung und gefühlsmäßige Neutralität nahelegte. Die Begrifflichkeit von »Versagung«, »Abstinenz«, »Anonymität« und »Neutralität« lässt sich auf ein Hintergrundmodell zurückführen, in dem der Therapeut dem Patienten, aber auch sich selbst bestimmte Formen der »Askese« abverlangt.

Ausgehend von Freuds Lebensentwurf lässt sich an seiner Einstellung zur Askese zeigen, dass seine am Abstinenz- und Versagungsprinzip orientierte Therapeutik der antiken Lebens- und Heilkunst – insbesondere der Stoa – nahesteht und dass er sich mit seiner Skepsis gegenüber den menschlichen Glücksmöglichkeiten in den Bahnen der Lebenskunstlehren Schopenhauers und Nietzsches bewegt hat.

## Freuds asketische Lebensform als biografischer Hintergrund

Sigmund Freud wurde am 6. Mai 1856 im mährischen Freiberg geboren. Als Erstgeborener einer 21-jährigen Mutter nahm er eine bevorzugte Stellung unter den acht Geschwistern ein. Das bei sich selbst konstatierte »Eroberergefühl, eine Zuversicht des Erfolges, welche nicht selten den Erfolg nach sich zieht«, führte er darauf zurück, dass er »der unbestrittene Liebling der Mutter« gewesen sei (Freud, 1917, S. 26).

Sigmunds Vater Jakob war bei der Eheschließung 40 Jahre alt. Bis 1855 scheint er ein erfolgreicher Kaufmann gewesen zu sein. In den folgenden Jahren bis 1859 blieb ihm aber der geschäftliche Erfolg versagt, sodass er sich zu einem Umzug zunächst nach Leipzig, dann nach Wien veranlasst sah. Auch in Wien gelang es ihm offenbar nicht, an seine früheren beruflichen Erfolge anzuknüpfen. Sigmund Freuds Familie lebte daher in bedrängten finanziellen Verhältnissen. Gerade deshalb ist seine Einstellung zum *Geld* aufschlussreich. Als 15-Jähriger veröffentlichte er in der Schülerzeitschrift *Musarion* einige »Zerstreute Gedanken« und darunter einen bezeichnenden Aphorismus – übrigens sein frühestes literarisches Zeugnis: »Gold bläht den Menschen auf, wie Luft eine Schweinsblase.« Ein zweiter Aphorismus lautet: »Der ist der schlimmste Egoist, dem es nie eingefallen, sich für einen zu halten« (Freud, 1871, S. 101). Von dieser sittlichen Verwerfung des Geldes kann man eine Linie zu jener Negation des Geldes als Glücksquelle ziehen, die Freud in einem Jahrzehnte später geschriebenen Brief an Wilhelm Fließ äußerte: »Glück ist die nachträgliche Erfüllung eines prähistorischen Wunsches. Darum macht Reichtum so wenig glücklich; Geld ist kein Kinderwunsch gewesen« (Freud, 1986, S. 320; Brief vom 16.01.1898).

Freud rang sein Leben lang damit, den ehrgeizig-kompensatorischen Erwartungen, die an ihn als Familiendelegierten herangetragen wurden, zu genügen. Auf dem Leopoldstädter Realgymnasium, in das er im Herbst 1865 eingeschult wurde, war er ein sehr guter Schüler. »Man würde es mir kaum ansehen«, schrieb er rückblickend, »und doch war ich schon in der Schule immer ein kühner Oppositionsmann, war immer dort, wo es ein Extrem zu bekennen und in der Regel dafür zu büßen galt« (1988, S. 136; Brief vom 02.02.1886).

Aufschlussreich sind Briefe, in denen Freud seinem Jugendfreund Eduard Silberstein die Beziehung zu einem 16-jährigen Mädchen auszureden sucht. Als Mann sei er fähig, »in wilde Gefühle zu versinken« und dennoch die Zügel der Moral nicht zu verlieren. Anders sei es bei der Frau und erst recht bei einem kaum den Kinderschuhen entwachsenen Mädchen, das

> »zum ersten Male das – berechtigte – Gebot der Sitte übertritt, Zusammenkünfte gegen den Willen ihrer Eltern und Briefwechsel mit einem Fremden hat. [...] Ich wäre hoch erfreut, wenn Du anstatt über meinen Predigerton – den ich leider nicht vermeiden kann – zu lachen, mir folgtest und weder Rendezvous noch heimlichen Briefwechsel führen würdest« (Freud, 1989, S. 107; Brief vom 27.02.1875).

In einem weiteren Brief ermahnt er Silberstein, die Freiheit, die ihm das Studentenleben biete, für sich selbst und seine Bildung ernst zu nehmen:

> »Ich begreife die fieberhafte Hast nicht, mit der Du der Jugend entfliehen willst. Bedenke, daß Du, wenn einmal erwachsen und ausgebildet, den tausend Anforderungen unterworfen sein wirst, die Deine eigene und die noch zu erwerbende Familie, das bürgerliche und das öffentliche Leben, vielleicht auch noch die wissenschaftliche Arbeit an Dich stellen werden. Findest Du Vergnügen daran, im Stilleben der eigenen Gedanken und Gefühle für Deine Ausbildung zu sorgen und an Dir selbst die ungestörte Freude zu haben, die die Verteilung des Interesses und die Vermehrung der Sorgen im späten Alter Dir nie mehr gönnen werden, so benütze die Zeit dazu, die von Deinen Eltern und allen andern dazu bestimmt ist; denn ist die Jugend vorbei, so kann man Dir jeden Moment übelnehmen, in dem Du bloß Dich im Auge hast. [...] die Jugend ist nur die Schonzeit, die das Schicksal unserer Kräftigung gönnt« (ebd., S. 72; Brief vom 18.09.1874).

Hinsichtlich seiner eigenen *Erotik* hat Freud strenge Diskretion gewahrt. Es dauerte bis 1946, als einer seiner Biografen erkannte, dass es sich bei dem Fallbeispiel in Freuds Aufsatz »Über Deckerinnerungen« um eine versteckte Selbstdarstellung handelte (Bernfeld, 1946, S. 104ff.). Was Freud den Patienten sagen ließ, hatte er selbst bei einem Ferienaufenthalt in seiner mährischen Heimat erlebt:

> »Ich war siebzehn Jahre alt, und in der gastlichen Familie war eine fünfzehnjährige Tochter, in die ich mich sofort verliebte. Es war meine erste Schwärmerei, intensiv genug, aber vollkommen geheim gehalten. Das Mädchen reiste nach wenigen Tagen ab [...] und diese Trennung nach so kurzer Bekanntschaft brachte die Sehnsucht erst recht in die Höhe. Ich erging mich viele Stunden lang in einsamen Spaziergängen durch die wiedergefundenen herrlichen Wälder mit dem Aufbau von Luftschlössern beschäftigt [und] zweifelte natürlich keinen Augenblick, dass ich sie unter den Umständen, welche meine Phantasie schuf, ebenso heiß geliebt hätte, wie ich es damals wirklich empfand« (1899, S. 543).

Was die Biografen aufhorchen ließ, war das Geheimnis, das Freud zeitlebens aus dieser Romanze machte. So suchte er eine weitere Veröffentlichung seines Aufsatzes lange hinauszuschieben und nahm eine Korrektur vor, um nicht mit dem »Patienten« identifiziert zu werden (Gödde, 1990, S. 10f.).

Dieser erste Ausbruch von Verliebtheitsgefühlen hat den jungen Freud zu einem erotischen Rückzug veranlasst, der immerhin zehn Jahre dauerte. Der Freud-Biograf Kurt R. Eissler betrachtet das Gisela-Erlebnis als

»das tragende Trauma«, das Freud in der Pubertätszeit erlebt hat. Ein Brief an seine Verlobte Martha Bernays gebe »die Stimmung jener Jahre wieder, die in strengster geistiger Askese unter der Aufsicht des strengsten Lehrers [Ernst Brücke; Anm. die Verf.] mit der Anwendung der ›tatsächlichsten‹ Methode, nämlich der mikroskopischen, verbracht werden« (Eissler, 1974, S. 81, 89).

In dem hier angesprochenen Brief heißt es:

»Denke ich mir aber, wie ich jetzt gewesen wäre, wenn ich Dich nicht gefunden hätte, ohne Ehrgeiz, ohne viel Freude an den leichteren Genüssen der Welt, ohne im Banne des Goldzaubers zu stehen und dabei mit ganz mäßigen geistigen und ganz ohne materielle Mittel, ich wäre so elend umhergeirrt und verfallen. Du gibst mir jetzt nicht nur Ziel und Richtung, auch soviel Glück, dass ich mit der sonst armseligen Gegenwart nicht unzufrieden bin« (Freud, 1988, S. 48; Brief vom 09.09.1883).

In Freuds Brautbriefen enthüllt sich wieder jene Leidenschaftlichkeit, wie er sie in seiner Verliebtheit in Gisela Fluß erstmals erfahren hat. Er zeigt sich darin als eifersüchtiger Liebhaber, der geradezu von Hass auf zwei vermeintliche Rivalen erfüllt ist (ebd., S. 24f., 39f., 163).

Wie in den Jugendbriefen kommt Freud auch in den Brautbriefen auf seine *Askese* zu sprechen: »Das Gesindel lebt sich aus und wir entbehren. Wir entbehren, um unsere Integrität zu erhalten, wir sparen mit unserer Gesundheit, unserer Genußfähigkeit, unseren Erregungen, wir heben uns für etwas auf, wissen selbst nicht für was – und diese Gewohnheit der beständigen Unterdrückung natürlicher Triebe gibt uns den Charakter der Verfeinerung« (ebd., S. 142; Brief vom 29.08.1883).

1876 trat er als 20-Jähriger in das physiologisches Labor von Ernst Brücke ein, wo er sich histologischen Forschungen an niedrigsten Fischen und Flusskrebsen widmete und »endlich Ruhe und volle Befriedigung« fand (Freud, 1925a, S. 35). Am liebsten wäre er am physiologischen Institut geblieben, um dort eine Universitätskarriere zu machen. Erst nach der Verlobung mit Martha Bernays und einer ernsten Unterredung mit Brücke vollzog er einen Sinneswandel. Er sprach von einer »Wendung«, als »mein über alles verehrter Lehrer [...] mich mit Rücksicht auf meine schlechte materielle Lage dringend mahnte, die theoretische Laufbahn aufzugeben. Ich folgte seinem Rate, verließ das physiologische Laboratorium und trat als Aspirant in das Allgemeine Krankenhaus ein« (ebd.). In den folgenden drei Jahren unterzog er sich einer praktischen Ausbildung in verschiedenen Abteilungen des Wiener Allgemeinen Krankenhauses, um die nötige Fachkompetenz zur Eröffnung einer Privatpraxis und damit die materiellen Voraussetzungen für eine Familiengründung zu schaffen.

An Freuds beruflichem Werdegang springt ins Auge, dass er alles andere als ein zielstrebiger Karrierist war. Den »Schlüssel« zu seinem Leben sah er selbst in einem visionärem Drang:

> »Du kennst doch den Schlüssel zu meinem Leben«, schrieb er an seine Braut, »daß ich nur von großen Hoffnungen gestachelt für Dinge, die mich ganz erfüllen, arbeiten kann. [...] Ich bin sehr trotzig und sehr waghalsig und brauche große Anreizungen, habe eine Menge von Dingen getan, die alle besonnenen Menschen für sehr unvernünftig halten müssen. Zum Beispiel als ein ganz armer Mensch Wissenschaft zu treiben, dann als ein ganz armer Mann ein armes Mädchen einzufangen, ich muß in dem Stil weiterleben, viel zu wagen, viel zu hoffen, viel zu arbeiten. Für die gewöhnliche bürgerliche Besonnenheit bin ich lang verloren« (Freud, 1988, S. 84; Brief vom 19.06.1884).

In einem späteren Brief an seine Braut nimmt Freud diesen Faden wieder auf:

> »Weißt Du, was mir Breuer eines Abends gesagt hat? [...] Er sagte, er hätte herausgefunden, daß in mir unter der Hülle der Schüchternheit ein maßlos kühner und furchtloser Mensch stecke. Ich habe es immer geglaubt, und mich nur nie getraut, es wem zu sagen. Mir war so, als hätte ich den ganzen Trotz und die ganze Leidenschaft unserer Ahnen, als sie ihren Tempel verteidigten, geerbt« (ebd., S. 136f.; Brief vom 02.02.1886).

Von dieser biografischen Skizze gehen wir weiter zu Freuds Lebensphilosophie, die erst in seinem Spätwerk voll zum Tragen kommt.

### Der Dualismus von Eros und Todestrieb im Spätwerk

In der Entstehungsphase der Psychoanalyse war Freuds Aufmerksamkeit auf die Aspekte der Wirksamkeit, Erkennbarkeit und wissenschaftlichen Begründbarkeit des psychisch Unbewussten zentriert. Sein Hauptaugenmerk galt der Verdrängung und dem dynamisch Unbewussten. In seiner mittleren Schaffensperiode führte er den Trieb als Grenzbegriff zwischen dem Somatischen und dem Psychischen ein und sah die Macht des Unbewussten – im Anschluss an Darwin – in den grundlegenden Trieben der Selbst- und Arterhaltung, die der Mensch mit dem Tier gemeinsam hat, und nicht in den spezifisch menschlichen Gefühlen und Strebungen repräsentiert. Dadurch wurde der »Kern des Unbewussten« nunmehr über das Verdrängte hinaus als triebhaft und genetisch bestimmt. Andererseits kam eine vitalistische Sichtweise zum Tragen, wie die folgende Textstelle aus der Abhandlung *Das Unbewußte* erkennen lässt:

>»Es wäre doch unrecht, sich vorzustellen, daß das Ubw in Ruhe verbleibt, während die ganze psychische Arbeit vom Vbw geleistet wird, daß das Ubw etwas Abgetanes, ein rudimentäres Organ, ein Residuum der Entwicklung sei. [...] Das Ubw ist vielmehr lebend, entwicklungsfähig und unterhält eine Anzahl von anderen Beziehungen zum Vbw [...], es ist den Einwirkungen des Lebens zugänglich, beeinflußt beständig das Vbw und ist seinerseits sogar Beeinflussungen von seiten des Vbw unterworfen« (Freud, 1915c S. 288f.).

An einer späteren Stelle wird die Möglichkeit »besonders vollkommener Leistungen«, d.h. eigenständiger schöpferischer Fähigkeiten aus einem Zusammenspiel zwischen Vorbewusstem und Unbewusstem erklärt (ebd., S. 293).

Wenn man sich vergegenwärtigt, dass »Leben«, »Entwicklung« und »Schöpferkraft« ähnlich wie »Trieb«, »Natur« und »Leib« zu den Hauptbegriffen vitalistischen Denkens gehören, so ließe sich hier an eine Annäherung an die Konzeption des romantisch-vitalen Unbewussten denken. Man könnte auch von einem *triebhaft-vitalen* Unbewussten sprechen, wenn man die von Freud genannten Qualitäten wie »lebendig«, »unruhig«, »drängend«, »affektiv« und »entwicklungsfördernd« berücksichtigt.

Nach dem Ersten Weltkrieg konzentrierte sich Freud auf eine tief greifende Umarbeitung seiner Metapsychologie, indem er die Todestriebhypothese aufstellte (in *Jenseits des Lustprinzips*) und vom topografischen zum Strukturmodell des Unbewussten überging (in *Das Ich und das Es*), um sich dann verstärkt der Religionskritik (in *Die Zukunft einer Illusion*) und der Kulturkritik (in *Das Unbehagen in der Kultur*) zuzuwenden.

Mit der Konzeption von Eros und Todestrieb, 1920 in seiner dritten und abschließenden Triebtheorie eingeführt, schien Freud den empirisch abgesicherten Boden der Biologie und klinischen Psychologie zugunsten metapsychologischer

Spekulationen verlassen zu haben. Dass er gar zur Hypothese eines unausweichlichen Triebes zum Tode gelangte, ließ sich nach Meinung seiner Kritiker letztlich nur aus den persönlichen Erfahrungen eines alternden Mannes – dem Tod seiner Lieblingstochter Sophie, den Greueltaten des Ersten Weltkrieges, der Konfrontation mit den massiven Widerständen gegen die psychoanalytische Bewegung und möglicherweise der Vorausahnung seiner langwierigen Krebserkrankung – erklären.

Jenen Kritikern scheint allerdings verborgen geblieben zu sein, dass der Dualismus von Liebe und Hass, von Entstehen und Vergehen eine philosophische Problemstellung war, die aus der Denktradition der griechischen Antike stammt. Ulrich Irion (1992) hat aufgezeigt, dass der von Freud thematisierte Antagonismus von Eros und Todestrieb seine Wurzeln im radikal diesseitig orientierten Denken der Vorsokratiker hat. Er war aber in der langen Vorherrschaft der Vernunftmetaphysik, angefangen bei Anaxagoras, Platon und Aristoteles, erst recht in der christlichen Ära mit ihrer Aufwertung des Todes und Entwertung des Lebens (Sexual- und Leibfeindlichkeit) und auch noch in den Systemen des deutschen Idealismus in den Hintergrund getreten, bis er in den anti-idealistischen Willensmetaphysiken Schopenhauers und Nietzsches wiederkehrte. Vor dem Hintergrund dieser Denktradition lässt sich die dritte Triebtheorie Freuds als eine *philosophische* Reflexion des Verhältnisses von Mensch und Natur deuten, »die den Zwang natürlicher und gesellschaftlicher Determinanten menschlicher Existenz gleichermaßen bloßstellt« (ebd., S. 11). Sie könne ohne den Resonanzboden im Denken Nietzsches (und Schopenhauers), in dem die Kategorien von Eros und Thanatos zwar nicht expressis verbis, aber prinzipiell vorgebildet seien, nicht hinreichend verstanden werden.

Freud hatte zwar schon in seiner klinischen Forschung erkannt, dass sich die Libido unter günstigen Umständen in Richtung auf Lebenssteigerung und kulturfördernder Sublimierung entwickeln kann; aber erst mit der Hypothese eines Eros als Grundtrieb, das Leben zu erhalten und durch Bindung zu immer größeren Einheiten zusammenzufassen, betrat er den Boden einer neuen *Anthropologie*, die im Grenzbereich von Biologie und Philosophie angesiedelt ist. Auch die Thematisierung lebens- und kulturfeindlicher Tendenzen – unbewusster Todeswünsche, der Aggressivität und Kriegszerstörung sowie der unbewussten Verleugnung des Todes – hatte in Freuds Werk eine lange Vorgeschichte. Die Hypothese eines gegen den Lebenstrieb gerichteten Todes- und Destruktionstriebes, der entstandene Bindungen wieder auflöse und Lebendes in den ursprünglichen anorganischen Zustand zurückversetze, habe dann seinen letzten Anstoß durch die schmerzliche und bittere Erfahrung erhalten, dass »die Errungenschaften humaner Gesittung und vernunftsteigernder Aufklärung zu jedem historischen Zeitpunkt revozierbar sind, daß die Kultur jederzeit umschlagen kann in ungehemmte Barbarei« (ebd., S. 170).

Mit der Intention, die Abhängigkeit des Menschen von der Natur und die daraus resultierende Selbstentfremdung zu ergründen, reihte sich Freud nicht nur den großen Anthropologen des 19. Jahrhunderts wie etwa Schopenhauer, Feuerbach, Marx, Darwin und Nietzsche ein. Indem er die Eros-Todestrieb-Hypothese über den Menschen hinaus auf die Natur im Allgemeinen ausweitete, entwarf er zugleich eine *Kosmologie*, in welcher das Anorganisch-Leblose als die ältere Naturordnung erscheint, zu der das Organisch-Lebende mit dem Tode wieder zurückkehrt. Gerade auch in seinen weit ausholenden kosmologischen Gedankenflügen erweist sich Freud als Nachfolger antiker und moderner Naturphilosophen.

Vergleicht man Freuds Auffassungen mit denen Nietzsches, so kann man eine wesentliche Gemeinsamkeit ihrer Werke darin sehen, die leib- und lebensfeindlichen Wurzeln der christlichen Anthropologie, Kosmologie, Moral-, Kultur- und Geschichtsauffassung systematisch aufzudecken und zu bekämpfen. Nicht zufällig griffen sie deshalb auf dieselben Denktraditionen zurück: auf die vorchristliche Naturphilosophie – Freud auf den von Empedokles herrührenden Dualismus von Liebe *(Philia)* und Streit *(Neikos)*, Nietzsche auf Heraklits monistische Sicht der »Welt des Werdens« – und auf das moderne biologische und evolutionistische Entwicklungsdenken, das die christliche Schöpfungsgeschichte radikal infrage stellte.

Hinsichtlich des Eros-Problems waren sich Nietzsche und Freud zwar über die kulturpathologische Tragweite der christlichen Sexualunterdrückung und der Ersatzbefriedigung in Nächsten- und Gottesliebe einig, tendierten aber zu sehr verschiedenartigen Problemlösungsstrategien: Während Nietzsche Auswege vornehmlich in künstlerischer und philosophischer Neuorientierung anhand der Mythen von Dionysos und Zarathustra suchte, setzte Freud seine Hoffnung auf die wissenschaftliche und therapeutische Analyse unbewusster Motivationen unter Heranziehung der Mythen von Ödipus und Narziss.

Hinsichtlich des Todesproblems lehnten beide Denker sowohl den christlichen Unsterblichkeitsgedanken als auch die an den Tod geknüpften Erlösungshoffnungen und Strafandrohungen mit großer Entschiedenheit ab, nicht zuletzt weil sie der Einschüchterung und Beherrschung des Menschen seitens der kirchlichen und staatlichen Institutionen dienen. Eine wesentliche Differenz sieht Irion darin, dass Nietzsche den Tod meist nur metaphorisch umschrieben und so vergeblich versucht habe, ihm den Stachel zu nehmen. Umso imponierender sei seine schonungslose Diagnose des europäischen Nihilismus (vgl. Brock, 2015).

Hinsichtlich des Verhältnisses von Eros und Todestrieb kommt bei beiden Denkern eine Dialektik der *Wiederholung* zum Tragen. Konträr zu Schopenhauers pessimistischer Willensmetaphysik, in welcher der Wille als qualvoller Kreislauf individuierten Lebens beschrieben wird, war Nietzsche mit seiner Idee einer ewigen Wiederkehr des Gleichen für eine Bejahung des Lebens (»amor fati«) eingetreten. Hatte er damit den Pol des Eros stärker akzentuiert, so tendierte Freud mit seiner Annahme eines Wiederholungszwangs eher zum Gegenpol des Todestriebes. Nach Irion sind beide Konzeptionen ideengeschichtlich aus der Philosophie Schopenhauers hervorgegangen. Nietzsche habe »mehr deren humanistisch-idealistische, Freud mehr deren pessimistisch-materialistische Tendenz« beerbt (ebd., S. 266).

Man mag der Weltdeutung eines durchgängigen Antagonismus von Eros und Todestrieb zustimmen oder nicht. Wesentlich bleibt, sich ihrer philosophischen Dimension nicht zu verschließen. Freud selbst räumte ein, dass

> »man leider selten unparteiisch ist, wo es sich um die letzten Dinge, die großen Probleme der Wissenschaft und des Lebens handelt. Ich glaube, ein jeder wird da von innerlich tief begründeten Vorlieben beherrscht [...]. Bei so guten Gründen zum Mißtrauen bleibt wohl nichts anderes als ein kühles Wohlwollen für die Ergebnisse der eigenen Denkbemühungen möglich« (1920, S. 64f.).

### Askese als Axiom der Lebenskunst

Freuds Eintreten für den Wert der Askese als Triebverzicht bzw. Sublimierung hat als implizite Philosophie auch seine Theoriebildung beeinflusst. Wie bereits erwähnt hat uns Schopenhauer das menschliche Leben als Zirkel des Leidens vor Augen geführt, aber auch unermüdlich nach Auswegen gesucht, die er in der Überwindung des Egoismus durch Mitleid und in der Lehre von der »Verneinung« des Willens – Kontemplation und Kunst als Vorstufen, *Askese* bis hin zur Heiligkeit als konsequente Durchführung – gefunden hat. Schopenhauers Erlösungs- und Glückslehre zielt auf eine Lebensform ab, die der asketischen und stoischen Tradition der Lebenskunst nahesteht.

Demgegenüber gab Nietzsche der vergeistigten Sichtweise Schopenhauers eine Wendung zum Leiblich-Vitalen und zum »Willen zur Macht«. Nicht Verneinung eines Teiles der Menschennatur oder gar des Ganzen, nicht Triebabtötung, sondern Triebgestaltung ist seine Vision der Befreiung. Das ihm für die menschliche Entwicklung vorschwebende Ziel kann nur durch ein hohes Maß an Selbstbejahung (»amor fati«) und Selbstgestaltung erreicht werden.

Lassen sich Schopenhauer und Nietzsche zwei entgegengesetzten Strategien im Umgang mit der Askese zuordnen, so kann man sich fragen, wie Freuds Ausführungen in *Das Unbehagen in der Kultur* einzuordnen sind. In dieser kulturtheoretischen Abhandlung von 1930 gibt es im zweiten Kapitel deutliche Anklänge an Schopenhauers Betonung des menschlichen Leidens: »Das Leben, wie es uns auferlegt ist, ist zu schwer für uns, es bringt uns zuviel Schmerzen, Enttäuschungen, unlösbare Aufgaben« (ebd., S. 432). Das Glück, wonach die Menschen streben, habe zwei Seiten: Einerseits gehe es um die »Abwesenheit von Schmerz und Unlust« (der Ansatzpunkt Schopenhauers), andererseits um das »Erleben starker Lustgefühle« (der Ansatzpunkt Nietzsches). Das Programm des Lustprinzips setze den Lebenszweck, sei aber letztlich überhaupt nicht durchführbar: »Man möchte sagen, die Absicht, dass der Mensch ›glücklich‹ sei, ist im Plan der ›Schöpfung‹ nicht enthalten« (ebd., S. 434).

Für Freud sind die menschlichen Glücksmöglichkeiten schon durch die »Konstitution« beschränkt. Vorrangige Quellen des Unglücks seien der eigene Körper, die Außenwelt und die sozialen Beziehungen, unter deren Druck die Menschen ihren Glücksanspruch zu ermäßigen pflegen, sodass »die Aufgabe der Leidvermeidung die der Lustgewinnung in den Hintergrund drängt« (ebd., S. 434f.). Auch Schopenhauer ist auf diese drei Quellen des Unglücks eingegangen. Der Mensch sei »schon der ganzen Anlage nach, keiner wahren Glücksäligkeit fähig« (Schopenhauer, 1819, §55, S. 359). Hinzu kämen ungünstige Einflüsse aus der Außenwelt wie Unfälle, Naturkatastrophen und widrige Umstände. Besonderes Gewicht wird den sozialen Beziehungen beigemessen: »Dabei ist die Hauptquelle der ernstlichen Uebel, die den Menschen treffen, der Mensch selbst: *homo homini lupus*« (Schopenhauer, 1844, Kap. 44, S. 663).

Explizit spricht Freud die Möglichkeit an, das Lebensglück vorwiegend im Genuss der *Schönheit* zu suchen, wo immer sie sich unseren Sinnen und unserem Urteil zeige. Diese *ästhetische* Strategie biete jedoch wenig Schutz gegen drohende Leiden, auch wenn sie für vieles zu entschädigen vermöge: »Der Genuß an der Schönheit hat einen besonderen, milde berauschenden Empfindungscharakter« – mehr aber auch nicht. Hier zeigt sich eine deutliche Diskrepanz zu Schopenhauers Enthusiasmus für die Ästhetik, insbesondere die Musik. Die Kunst versetze uns zwar in eine »milde Narkose«, vermöge aber nicht mehr als eine flüchtige Entrückung aus den Nöten des Lebens herbeizuführen und sei nicht stark genug, um reales Elend vergessen zu machen (Freud, 1930, S. 439).

*Mitleid* und Altruismus, auf deren Wirkung Schopenhauer große Hoffnungen gesetzt hat, finden in Freuds Überlegungen kaum Berücksichtigung. Der Liebe als Technik der Lebenskunst steht er – ähnlich wie Schopenhauer – mit einigen Vorbehalten gegenüber: Die geschlechtliche Liebe habe uns die Erfahrung einer überwältigenden Lustempfindung vermittelt und sich so als Vorbild für unser Glücksstreben angeboten. Die schwache Seite dieser Lebenstechnik liege aber klar zutage: »Niemals sind wir ungeschützter gegen das Leiden, als wenn wir lieben, niemals hilfloser unglücklich, als wenn wir das geliebte Objekt oder seine Liebe verloren haben« (ebd., S. 440).

Besondere Aufmerksamkeit widmet Freud der Triebunterdrückung, -beherrschung und -sublimierung: Die erste Möglichkeit bestehe darin, dass man »die Triebe ertötet, wie die orientalische Lebensweisheit lehrt und die Yogapraxis ausführt« (ebd., S. 437). Freud hätte hier auch auf Schopenhauers Plädoyer für eine konsequente Triebentsagung Bezug nehmen können. Der Entsagende höre auf, irgendetwas zu wollen, hüte sich, an irgendetwas sein Herz zu hängen. Auf diese Weise suche er die »größte Gleichgültigkeit gegen alle Dinge in sich zu befestigen« (Schopenhauer, 1819, §68, S. 455).

Auch andere Äußerungen Freuds kommen Schopenhauers quietistischer Erlösungslehre nahe. »Gewollte Vereinsamung, Fernhaltung von den anderen« (Freud, 1930, S. 435) diene dem Schutz gegen das Leid, das einem aus menschlichen Beziehungen erwachsen kann. Gegen die gefürchtete Außenwelt könne man sich nicht anders als durch »irgendeine Art der Abwendung« verteidigen, wenn man diese Aufgabe für sich allein lösen wolle. Der Eremit kehre der Welt den Rücken, er wolle nichts mit ihr zu schaffen haben (ebd., S. 439). Diese Äußerungen lassen eine elitäre Rückzugsstrategie erkennen, die für Schopenhauers betont individualistische Einstellung charakteristisch ist. Freud gibt diese Strategie der Leidvermeidung allerdings nur wieder, ohne zu erkennen zu geben, wie weit er sich damit identifiziere.

Setzt man sich die »*Beherrschung des Trieblebens*« zum Ziel, dann wird, so Freud, »die Unbefriedigung der in Abhängigkeit gehaltenen Triebe nicht so schmerzlich empfunden wie die der ungehemmten« (1930, S. 437). Dem steht aber eine unleugbare Herabsetzung der Genussmöglichkeiten gegenüber: »Das Glücksgefühl bei Befriedigung einer wilden, vom Ich ungebändigten Triebregung ist unvergleichlich intensiver als das bei Sättigung eines gezähmten Triebes« (ebd.). Eine andere Technik der Leidabwehr sei die »*Sublimierung*« der Triebe. Freud denkt hier in erster Linie an die Freude des Künstlers am Schaffen, an der Verkörperung seiner Phantasiegebilde und die des Forschers an der Lösung von Problemen und am Erkennen der Wahrheit. Allerdings sei diese Methode nur den Gebildeten zugänglich. Der von Schopenhauer betonten *Triebabtötung* hält Freud kritisch entgegen, dass man damit »auch alle andere Tätigkeit aufgegeben (das Leben geopfert)« habe (ebd.).

Trotz dieser Differenz stimmen Freuds Ausführungen zu den menschlichen Glücksmöglichkeiten mit Schopenhauers diesbezüglichen Gedankengängen in einigen Punkten überein. Diese Übereinstimmung tritt erst recht zutage, wenn man nicht bei Schopenhauers Erlösungslehre stehen bleibt, sondern seine Glückslehre in den *Aphorismen zur Lebensweisheit* einbezieht. Glücks- und Erlösungslehre lassen sich, wie schon angesprochen, zwei verschiedenen Stufen zuordnen: die Erlösungslehre der Stufe der Willensverneinung, die von den meisten Menschen nicht erreicht wird, die Glückslehre hingegen der Stufe der alltäglichen Lebensbewältigung. In *Unbehagen in der Kultur* hat sich Freud auch mit den *positiven* Glücksquellen auseinandergesetzt. Besonders aussichtsreich sei es, »wenn man den Lustgewinn aus den Quellen psychischer und intellektueller Arbeit genügend zu erhöhen versteht« (ebd., S. 438). Als Vorbilder werden der Künstler und der Forscher hervorgehoben. Überhaupt sei es die »Arbeit«, die dem Einzelnen die Möglichkeit verschafft, »ein starkes Ausmaß libidinöser Komponenten, narzisstische, aggressive und selbst erotische, auf die Berufsarbeit und die mit ihr verknüpften menschlichen Beziehungen zu verschieben«. Sie »leiht ihr einen Wert, der hinter ihrer Unerlässlichkeit zur Behauptung und Rechtfertigung der Existenz in der Gesellschaft nicht zurücksteht« (ebd., S. 438, Fn. 1).

In seinen Kulturschriften betont Freud immer wieder, dass Kultur zu ihrem Aufbau und ihrer Aufrechterhaltung auf die Askese angewiesen sei:

> »Kultur ist durch Verzicht auf Triebbefriedigung gewonnen worden und fordert von jedem neu Ankommenden, daß er denselben Triebverzicht leiste. Während des individuellen Lebens findet eine beständige Umsetzung von äußerem Zwange in inneren Zwang statt. Die Kultureinflüsse leiten dazu an, daß immer mehr von den eigensüchtigen Strebungen durch erotische Zusätze in altruistische, soziale verwandelt werden« (1915b, S. 333).

Die Forderung nach möglichst weitgehender Triebbeherrschung wird als Mittel der Selbsterziehung legitimiert. Wenn dem Einzelnen zu viel Verzicht auf Triebbefriedigung zugemutet werde – wie in der christlichen Moral und auch in Schopenhauers Ethik –, so komme es zu psychischen »Erscheinungen, die wir infolge ihrer Funktionsschädlichkeit und ihres subjektiven Unlustcharakters zum Kranksein rechnen müssen« (Freud, 1908a, S. 151). Auch wenn man nicht hoffen dürfe, den Antagonismus zwischen Individuum und Kultur, triebhafter

Natur und verdrängender Moral, Egoismus und Altruismus je zu überwinden, so sei es doch eine wesentliche Aufgabe, »einen zweckmäßigen, d. h. beglückenden Ausgleich zwischen diesen individuellen und den kulturellen Massenansprüchen zu finden, es ist eines ihrer Schicksalsprobleme, ob dieser Ausgleich durch eine bestimmte Gestaltung der Kultur erreichbar oder ob der Konflikt unversöhnlich ist« (Freud, 1930, S. 456).

Damit dürfte deutlich geworden sein, welchen Stellenwert die Askese in Freuds Leben und Werk gehabt hat. Schon lange vor der Abfassung seines Essays über das *Unbehagen in der Kultur* hat er eine implizite Lebenskunstlehre vertreten, die aus seiner persönlichen Entwicklung und der von ihm gewählten Lebensform gespeist wurde, von seiner Behandlungstechnik und -kunst geprägt war und die Vorannahmen seiner Anthropologie und seiner Kulturtheorie durchdrungen hat.

### Ausgewählte Literatur

Freud, S. (1930). Das Unbehagen in der Kultur. *G.W., Bd. XIV*, S. 419–506.
Gödde, G. (2008). Askese als Lebensform, therapeutisches Prinzip und Axiom der Lebenskunst bei Freud. *Aufklärung und Kritik, Sonderheft 14: Glück und Lebenskunst*, hrsg. v. R. Zimmer, 163–187.
Gödde, G. & Zirfas, J. (2010). Psychoanalyse der Werte. In A. Schäfer & Ch. Thompson (Hrsg.), *Werte* (S. 77–108). Paderborn u. a.: Schöningh.
Goldmann, St. (2003). *Via regia zum Unbewußten. Freud und die Traumforschung des 19. Jahrhunderts*. Gießen: Psychosozial-Verlag.
Irion, U. (1992). *Eros und Thanatos in der Moderne. Nietzsche und Freud als Vollender eines antichristlichen Grundzugs im europäischen Denken*. Würzburg: Königshausen & Neumann.
Wulf, Ch. & Zirfas, J. (Hrsg.). (1999). Themenheft: Askese. *Paragrana. Internationale Zeitschrift für Historische Anthropologie, 8*(1).
Zimmer, R. (Hrsg.). (2008). *Aufklärung und Kritik, Sonderheft 14: Glück und Lebenskunst*.
Zirfas, J. (1993). *Präsenz und Ewigkeit. Eine Anthropologie des Glücks*. Berlin: Dietrich Reimer.
Zirfas, J. (2012a). Sigmund Freuds Grenzgänge zwischen Wissenschaft und Ästhetik. In G. Gödde & M. B. Buchholz (Hrsg.). (2012), *Der Besen, mit dem die Hexe fliegt. Wissenschaft und Therapeutik des Unbewussten. Band 1: Psychologie als Wissenschaft der Komplementarität* (S. 573–597). Gießen: Psychosozial-Verlag.

# 5 Ausgewählte psychodynamische Therapierichtungen und ihre impliziten Lebenskunstkonzepte

Freud hat zeit seines Lebens mit aller Leidenschaftlichkeit darum gerungen, die Einheit und Geschlossenheit der Psychoanalyse zu bewahren. Bereits in den 1950er und zunehmend seit den 1970er Jahren haben sich in der Psychoanalyse dann aber so viele unterschiedliche Strömungen gebildet und als Schulen etabliert, dass heute von einem »Common ground« – einer Einheit und Geschlossenheit der psychoanalytischen Theorie und Therapie – keine Rede mehr sein kann.

Die Vielfalt unterschiedlicher Perspektiven ist – je nachdem, welches theoretische Grundkonzept favorisiert wird, sei es der Trieb, das Ich, die Objektbeziehungen, das Selbst oder die Intersubjektivität – selbst für Experten ziemlich verwirrend (vgl. Pine, 1990; Giesers & Pohlmann, 2010; Mertens, 2010–12). Im Rahmen der *Triebpsychologie* geht es in erster Linie um die Erforschung der Konflikte zwischen Triebwünschen und Abwehrtendenzen sowie zwischen gegensätzlichen Triebtendenzen und den sich daraus ergebenden Triebschicksalen. Demgegenüber stehen in der *Ich-Psychologie* die Ich-Funktionen der Anpassung, Realitätsprüfung und Abwehr und die darauf fußende Diagnostik der Abwehrmechanismen und der Ich-Struktur im Brennpunkt. In den *Objektbeziehungstheorien* hat sich der Hauptakzent auf den Einfluss der Beziehungserfahrungen verschoben, die von Anfang an die Entwicklung bestimmen, internalisiert werden und ihren Niederschlag in inneren Objekten finden. In der *Selbstpsychologie* wird das Unbewusste nicht mehr in erster Linie als Ort der Triebwünsche und -konflikte, sondern als Ort unerfüllt und defizitär gebliebener »Selbstobjektbedürfnisse« betrachtet. Demgegenüber bedeutet die *»intersubjektive Wende«* in der Psychoanalyse eine neuartige Synthese von Psychischem und Sozialem, von Selbst und Anderem (vgl. Altmeyer & Thomä, 2006).

# 5 Ausgewählte psychodynamische Therapierichtungen und ihre impliziten Lebenskunstkonzepte

Zu den heutigen psychodynamischen Therapierichtungen gehören neben Freuds Psychoanalyse
- die Analytische Psychologie (C. G. Jung),
- die Individualpsychologie (A. Adler),
- die psychoanalytische Ich-Psychologie (A. Freud, Hartmann, Kris, Loewenstein) und ihre Nachfolger (Arlow, Brenner, Gray, Busch),
- die »Therapie der emotionalen Erfahrung« (Ferenczi, Balint, Winnicott),
- die Neopsychoanalyse (Schultz-Hencke, Horney, Fromm, Reik),
- die objektbeziehungstheoretische Richtung (M. Klein, Bion, Sandler, Kernberg),
- die Selbstpsychologie Kohuts und seiner Nachfolger (Lichtenberg, Mentzos),
- die interpersonellen, relationalen und intersubjektivistischen Ansätze (Sullivan, Mitchell, J. Benjamin, Stolorow),
- die kritisch-sozialwissenschaftliche oder tiefenhermeneutische Richtung (Lorenzer),
- die existenziell orientierte Psychotherapie (May, Yalom),
- die an der Kleinkindforschung, Bindungs- und Mentalisierungstheorie orientierte Richtung (Bowlby, D. Stern, Beebe/Lachmann, Fonagy/Target) u. a.

In der Therapeutik kommt es darauf an, theoretisches Wissen mit in der Lebenspraxis erworbenem Erfahrungswissen zu verbinden und kritisch zu reflektieren. Sobald sich Therapeuten fragen, was für einen Patienten in einer aktuellen Lebenssituation »gut« oder »richtig« sein könnte, spielen *Wertungen* als Hintergrundannahmen – oft unreflektiert oder sogar betont verleugnet – eine Rolle und wirken in die Beziehungsgestaltung zwischen Therapeut und Patient hinein. Dabei kommen, so unsere These, philosophisch-psychologische Konzepte der Lebenskunst – weit mehr implizit (unbewusst) als explizit – zum Tragen.

Joseph Sandler (1983) hat schon vor drei Jahrzehnten die Aufmerksamkeit darauf gelenkt, dass die vom einzelnen Therapeuten in der Praxis verwandten *»impliziten Konzepte«* von den in Lehre und Lehrbüchern vertretenen wissenschaftlichen Theorien mehr oder weniger abweichen. Ihre Erforschung könne einen sehr wichtigen neuen Weg eröffnen, auch weil viele Therapeuten ihre impliziten Konzepte für nicht »koscher« halten und nur in aller Heimlichkeit damit operieren, um ja nicht von ihren Kollegen dabei ertappt zu werden.

Im Rahmen der Therapeutik blieb Sandlers Vorstoß zunächst weitgehend unbeachtet. Erst seit wenigen Jahren ist die Untersuchung »impliziter Konzepte« in der Therapeutik kein Tabuthema mehr (vgl. Canestri et al., 2006; Bohleber, 2007a, 2007b; Canestri, 2012). Der Begriff des Impliziten hat auch im Rahmen der Gedächtnisforschung als »implizites Gedächtnis« und im Rahmen der Säuglingsforschung als »implizites Beziehungswissen« weithin Beachtung gefunden (vgl. Buchholz, 2013; Geißler & Sassenfeld, 2013; Junker, 2013).

Werner Bohleber misst impliziten Konzepten eine »höchst wichtige Funktion für kreative Innovationen« bei, da sie Aufschluss über das geben, was in der therapeutischen Praxis wirklich geschieht, und es ermöglichen, wichtige Teilelemente des inneren Theorie- und Arbeitsmodells des jeweiligen Therapeuten »durch Rückschlüsse aus dem Verlauf konkreter analytischer Interaktionen« zu erschließen (Bohleber, 2007a, S. 835). Für das Selbstverständnis der Therapeuten erscheint es aus heutiger Sicht wesentlich, sich die Assimilierung und Verwendung von Theorien als eine Art »Amalgam aus offiziellen Theorieelementen und Schwerpunkten eigener klinischer Erfahrung sowie aus persönlicher Lebenserfahrung, individuellen Wertsetzungen und privaten Philosophien oder Ideologien« vorzustellen, wobei die impliziten Teiltheorien in der klinischen Arbeit »oft nützlicher und passender« sind als die offiziellen (Bohleber, 2007b, S. 1003).

Die Therapeutik bedarf auch und insbesondere *philosophischer Fluglotsen*, die als heimliche Begleiter – mit »blinden Passagieren« vergleichbar – sowieso an Bord sind, aber zumeist nicht offiziell vorgestellt werden (Gödde & Buchholz, 2012, Bd. 2, S. 47ff.). Jochen Fahrenberg (2011) hat mit Nachdruck darauf hingewiesen, dass die individuellen philosophischen und religiösen Auffassungen und insbesondere die persönlichen Transzendenzerfahrungen von Psychotherapeuten wie von Patienten »zugunsten einer neutralisierenden, professionellen, ›wissenschaftlichen‹ Haltung weitgehend ausgeklammert« würden. Zu erforschen wäre insbesondere, wie sich deren philosophische und religiöse Überzeugungen auf die Behandlungen auswirken, ob es zu einem Prozess wechselseitiger Beeinflussung kommt und welche Konsequenzen sich daraus für die Aus- und Weiterbildung von Psychotherapeuten und für die Berufspraxis ergeben.

In Teil 5 haben wir neben Sigmund Freud vier Therapeuten ausgewählt, von denen jeder ein beeindruckendes schriftstellerisches Werk mit dem Schwerpunkt Therapeutik aufzuweisen hat. Einerseits suchen wir ihre psychodynamischen Konzeptionen und deren implizite Lebenskunstkonzepte herauszuarbeiten und miteinander zu vergleichen; andererseits berücksichtigen wir neuere Entwicklungen in der Therapeutik, wobei uns deutlich bewusst ist, dass angesichts der Reichhaltigkeit und Unübersichtlichkeit der psychodynamischen Therapeutik nur ein selektives Vorgehen möglich ist:

➢ Die *»klassische Einsichtstherapie«* bildet den Ausgangspunkt. Mit diesem Begriff wird die psychoanalytische Behandlungskonzeption *Sigmund*

*Freuds* charakterisiert. Nach einer Klärung des »Technik«-Begriffs bei Freud, Bezugnahmen auf seine »Technischen Schriften« und einer Fokussierung auf die von ihm verwandten Therapiemetaphern wird am Ende deutlich, dass es bei ihm noch eine zweite – implizite – Technik und damit von Anfang an eine schwer zu überbrückende Kluft zwischen Theorie und Praxis gegeben hat.

➢ *Sándor Ferenczi* war lange Zeit einer der engsten Mitarbeiter Freuds. Aus seinen behandlungstechnischen »Experimenten« erwuchs jedoch eine – unaufgelöste – Kontroverse mit Freud über den Stellenwert von *Erkennen versus Erleben* in der therapeutischen Beziehung, die nach dem Zweiten Weltkrieg in der Gegenüberstellung von »klassischer Einsichtstherapie« und »*Therapie der emotionalen Erfahrung*« wieder auflebte. War Ferenczi in den späten 1920er Jahren in die Position eines Dissidenten der psychoanalytischen Bewegung geraten, so kam es nach dem Zweiten Weltkrieg dann aber zu seiner Rehabilitierung. Namhafte Psychoanalytiker wie Michael Balint, Franz Alexander, Donald W. Winnicott u. a. bauten seine Position zu einer Therapierichtung aus, die in der aktuellen Psychoanalyse großes Gewicht hat.

➢ *Theodor Reik* schloss sich als 22-Jähriger eng an Freud als Mentor und Vaterfigur an. Als Psychologe und Geisteswissenschaftler gehörte er zu den wenigen »Laienanalytikern«, die Patienten psychoanalytisch behandelten. Als es in den 1930er Jahren zu einer bis heute anhaltenden Kontroverse über *Behandlungstechnik versus Behandlungskunst* kam, hat Reik an Freuds Konzept der gleichschwebenden Aufmerksamkeit angeknüpft und die Bedeutung der »unbewussten Intuition« im therapeutischen Prozess betont. Nach seiner Emigration in die USA (1938) hat er sein intuitionistisches Vorgehen mit der viel zitierten Metapher vom *Hören mit dem dritten Ohr* (1948) publik gemacht. In der neueren Psychoanalyse gibt es eine Reihe von Autoren, die sich in den Bahnen von Reiks ästhetisch orientierter Therapeutik bewegen. Es bedarf aber einer Ausbalancierung der therapeutischen Haltung zwischen dem persönlichen und dem technischen Pol.

➢ *Stavros Mentzos* hat sich seit den 1960er Jahren mit der deskriptiv-nosologischen und der biologischen Psychiatrie sowie der psychoanalytischen Trieb- und Ichpsychologie kritisch auseinandergesetzt, um seine eigene an der Selbstpsychologie und den Objektbeziehungstheorien orientierte Position davon abzugrenzen. In diesem Kontext misst er der anthropologischen Annahme einer Bipolarität von selbst- und objektbezogenen Tendenzen zentrale Bedeutung bei. Seine Beiträge zu einer »psychodyna-

misch« orientierten Diagnostik und zur Psychosentherapie sind für die heutige Therapeutik sehr wertvoll.
➢ *Irvin Yalom* hat wie Mentzos zunächst eine psychiatrische Ausbildung und eine klassisch psychoanalytische Therapie absolviert, bevor er eine explizit philosophisch orientierte Therapiekonzeption entwickelt hat. Seine *»Existenzielle Psychotherapie«*, in der es um die Auseinandersetzung mit den anthropologischen Themen von Tod, Freiheit, Isolation, Sinn(losigkeit) geht, versteht er als psychodynamisches Verfahren, aber nicht als eigene Therapieschule. Mit seinen Therapeutik und Belletristik vereinenden Publikationen ist er zu einem anerkannten und viel gelesenen Autor geworden.

Im Weiteren widmen wir uns den von den unterschiedlichen Richtungen favorisierten Therapiemetaphern, therapeutischen Grundhaltungen, anthropologischen und weltanschaulichen Hintergrundannahmen, die in engem Zusammenhang mit den impliziten Konzepten der Lebenskunst stehen, und gehen der Frage nach dem Umgang mit der Pluralität der psychodynamischen Konzeptionen in der therapeutischen Praxis nach.

## Die »klassische Einsichtstherapie« als Ausgangsposition

Den Ausgangspunkt für die Entwicklung der psychodynamischen Psychotherapien bildete die von Freud entwickelte Behandlungskonzeption. An seinen Falldarstellungen aus den 1890er Jahren lässt sich, wie in Teil 4 dargestellt, eine sukzessiv voranschreitende Veränderung der Therapiemethode erkennen: von der hypnotischen Suggestion Bernheims über die kathartische Methode Breuers zur »Druck«-Technik und schließlich zur »psychoanalytischen Methode« der freien Assoziation des Patienten, die ihr Gegenstück in der gleichschwebenden Aufmerksamkeit des Therapeuten hat. Wesentliche Schritte auf diesem Wege waren die Hinwendung zur lebensgeschichtlichen Erforschung der Symptome, das Sprechen-Lassen außerhalb der Hypnose, die dadurch angebahnte Entfaltung der psychischen Innenwelt mit ihren unbewussten Konflikten sowie im Weiteren der Verzicht auf die Hypnose.

Nach seinem Psychotherapie-Beitrag in den *Studien über Hysterie* veröffentlichte Freud über mehr als 15 Jahre keine allgemeine Beschreibung seiner »Technik«. 1910 kündigte er an, die behandlungstechnischen Probleme in einer *Allgemeinen Methodik der Psychoanalyse* systematisch zu behandeln (Freud,

1910b); dieses Vorhaben hat er aber nicht realisiert. Stattdessen veröffentlichte er in den Jahren 1911 bis 1915 sechs einzelne behandlungstechnische Schriften, von denen vier den bezeichnenden Obertitel »Ratschläge für den Arzt bei der psychoanalytischen Behandlung« (1912a, 1913, 1914b, 1915a) tragen. In ihnen wollte er zeigen, dass »eine bestimmte Anthropologie, therapeutisch angewendet, therapeutisch wirkt. Er tat dies in einer Weise, daß er aus dieser Anthropologie heraus eine Theorie der Technik entwickelte« (Cremerius, 1986, S. 221). Seine anthropologische Grundannahme war, dass psychische Krankheiten aus Triebkonflikten in den ersten fünf Lebensjahren resultieren, die durch Abwehrprozesse unbewusst gemacht worden sind. In der Therapie kommt es auf eine Aufhebung der Abwehr und die Bewusstmachung der unbewussten Konflikte an. Als Hauptmittel betrachtete Freud nunmehr das »Erinnern« an unbewusste Konflikte, das »Wiederholen« als Übertragung der vergessenen Vergangenheit und das »Durcharbeiten« der Widerstände (1914b). Dabei legte er immer größeren Wert auf die Rekonstruktion der frühen Kindheitsgeschichte.

### Zwei unterschiedliche Begriffe der Behandlungs-»Technik«

In seinen Behandlungsschriften behandelt Freud die analytische »Technik« als notwendige Voraussetzung, um das, was im Patienten vorgeht und unbewusst wirksam ist, anhand von Assoziationen, Träumen, Fehlleistungen und anderen Erkenntnisquellen wahrzunehmen und zu erschließen. Der Therapeut habe »das Vergessene aus den Anzeichen, die es hinterlassen, zu erraten oder, richtiger ausgedrückt, zu konstruieren« (Freud, 1937a, S. 45).

In diesem Kontext kommen wir nicht umhin, uns mit der Diskrepanz von Theorie und Praxis auseinanderzusetzen. Freud hat zweifellos den Wahrheitsanspruch der Wissenschaft ernst genommen, sich durchgängig am korrespondenztheoretischen Begriff der Wahrheit als Übereinstimmung mit der realen Außenwelt orientiert und die Wissenschaft als einzige Garantin der Wahrheit betrachtet. Es sei nun einmal so, dass »die Wahrheit nicht tolerant sein kann, keine Kompromisse und Einschränkungen zuläßt, daß die Forschung alle Gebiete menschlicher Tätigkeit als ihr eigen betrachtet und unerbittlich kritisch werden muß, wenn eine andere Macht ein Stück davon für sich beschlagnahmen will« (Freud, 1933, S. 173).

Im Hinblick auf die Erkenntnismöglichkeiten in der therapeutischen Praxis schlug Freud jedoch einen wesentlich skeptischeren und vorsichtigeren Ton an. So heißt es in seiner Spätschrift »Konstruktionen in der Analyse«:

> »Wenn man in den Darstellungen der analytischen Technik so wenig von ›Konstruktionen‹ hört, so hat dies seinen Grund darin, dass man anstatt dessen von ›Deutungen‹ und deren Wirkung spricht. Aber ich meine, Konstruktion ist die weitaus angemessenere Bezeichnung. [...] Wir geben die einzelne Konstruktion für nichts anderes aus als für eine Vermutung, die auf Prüfung, Bestätigung oder Verwerfung wartet. Wir beanspruchen keine Autorität für sie, fordern vom Patienten keine unmittelbare Zustimmung, diskutieren nicht mit ihm, wenn er zunächst widerspricht. Kurz, wir benehmen uns nach dem Vorbild einer bekannten Nestroyschen Figur, des Hausknechts, der für alle Fragen und Einwendungen die einzige Antwort bereit hat: *Im Laufe der Begebenheiten wird alles klar werden*« (Freud, 1937a, S. 52).

Demnach dient die analytische Technik dazu, einen Erkenntnisprozess, der über Vermuten, Erraten und Konstruieren führt, in Gang zu bringen und nach und nach aus den gefundenen Bruchstücken bzw. ermittelten Indizien das »Unbewusste« zu (re)konstruieren. Ob die Konstruktion zutreffend ist, erweist sich nach Freud daran, dass sich noch vorhandene Widerstände überwinden lassen und den Weg für die Heilung der Symptome freigeben.

Angesichts dieser Kluft zwischen Technik und Wissenschaft hat Giovanni Vasalli (2005) die Frage aufgeworfen, ob Freuds Technik-Begriff in der antiken »Techne«-Tradition wurzelt. Mit *techne* hat Aristoteles ein handwerkliches Tun im Sinne der *poiesis* bezeichnet, das sein Ziel in der Herstellung eines Werkes findet. Von Wissenschaft *(episteme)* unterscheidet sich *techne* dadurch, dass ihr Gegenstand nicht der Natur entnommen, sondern durch Kunstfertigkeit geschaffen ist und dass die Theorie beim künstlerischen Schaffen erst allmählich im Vollzug entsteht und nicht schon vorgegeben ist und nur noch der Anwendung bedarf.

> »Diese techne des Aristoteles, auch wenn sie von einer Vorstellung (eidos) geleitet ist, verfügt nicht mit Sicherheit über das Gelingen seines Werks. Dennoch hat der Künstler bei seinen Werken den Eindruck, daß er etwas nicht nur bloß gesucht, sondern es auch gefunden hat. So bleibt auch der Analytiker nicht bei einer vagen Vermutung stehen, sondern er stößt durch das Freudsche Erraten auf den Sinn des Symptoms, das vorher seine Bedeutung verborgen gehalten hat« (Vasalli, 2005, S. 562).

Wenn Freud für die therapeutische Praxis das Erraten und Konstruieren als die maßgebliche Form der Erkenntnis betrachtet, dann hebt sich sein Technik-Begriff von dem auf Anwendbarkeit und Verwertbarkeit ausgerichteten Technik-Begriff der neuzeitlichen Wissenschaft ab. Jener »instrumentelle« Technik-Begriff, der bekanntlich in die Verhaltenstherapie Einzug gehalten hat, wird zumeist auch von denen adaptiert, welche die Psychoanalyse als Naturwissenschaft verstehen und sich empirischer Forschungsmethoden (im reduktionistischen Sinne) bedienen. Demgegenüber werden die von Vasalli herausgearbeiteten Bezüge zur antiken *techne*-Tradition nur noch selten wahrgenommen und angesprochen.

Freuds Technik-Begriff erscheint uns im Rahmen der psychoanalytischen Praxeologie weiter klärungsbedürftig, zumal wenn er naturwissenschaftlich-objektivierend verwendet und mit entsprechenden therapiebezogenen Metaphern verknüpft wird.

### Freuds Modell einer »Einsichtstherapie«

Zunächst seien einige Aspekte von Freuds Behandlungstechnik mit Ausrichtung auf den analytischen Prozess skizziert. In der Anfangsphase einer Psychotherapie kommt es darauf an, im Patienten die Bereitschaft zu emotionaler Öffnung und vertrauensvoller Zusammenarbeit zu wecken. Freud hat dies treffend formuliert:

> »Das erste Ziel der Behandlung bleibt, ihn an die Kur und an die Person des Arztes zu attachieren. Man braucht nichts anderes dazu zu tun, als ihm Zeit zu lassen. Wenn man ihm ernstes Interesse bezeugt, die anfangs auftauchenden Widerstände sorgfältig beseitigt und gewisse Mißgriffe vermeidet, stellt der Patient ein solches Attachement von selber her und reiht den Arzt an eine der Imagines jener Personen an, von denen er Liebe zu empfangen gewohnt war. Man kann sich diesen ersten Erfolg allerdings verscherzen, wenn man von Anfang an einen anderen Standpunkt einnimmt als den der Einfühlung, etwa einen moralisierenden, oder wenn man sich als Vertreter oder Mandatar einer Partei gebärdet, des anderen Eheteiles etwa usw.« (1913, S. 473f.).

Die Bereitschaft des Patienten, sich dem Therapeuten anzuvertrauen, behandelt Freud unter dem Aspekt der *positiven Übertragung*. Dabei grenzt er zwei Komponenten voneinander ab: eine problematische Komponente erotischer Art, die bereits erwähnte Übertragungsliebe, die aus Triebwünschen und ihrer Verdrängung erwächst und sich der therapeutischen Arbeit als Widerstand entgegenstellt, und eine »bewusstseinsfähige, unanstößige Komponente«, die sich in Gefühlen des Vertrauens, des Gernhabens, des Respekts und der Anteilnahme gegenüber dem Therapeuten ausdrückt. Die letztere hielt Freud für die »Trägerin des Erfolges« in der Therapie (1912b, S. 371). Er hat seine therapeutische Haltung offenbar sehr danach ausgerichtet, ob er sich auf dem festen Boden der »realen Beziehung« oder dem morschen Untergrund einer allzu positiven oder negativen Übertragungsbeziehung bewegte. Im Bereich der realen Beziehung war er eher warmherzig, freundlich und offen, während er sich in Phasen der Übertragungs- und Widerstandsanalyse eher vorsichtig abwartend bis kühl-reserviert verhielt. In manchen Therapien pendelte er ständig zwischen Zugewandtheit und Distanziertheit, emotionaler Wärme und Kälte, Bestätigung und Versagung hin und her (vgl. Cremerius, 1981, S. 351ff.).

Der Therapeut darf allerdings nicht einseitig auf die Faktoren Attachement und positive Übertragung setzen. Bei allzu großer Identifikation mit den Patienten und entsprechend positiven Gefühlsäußerungen begibt er sich in Gefahr, sie zu idealisieren und ihnen mit kritiklosem Wohlwollen zu begegnen. Bei zu viel Sympathie oder gar Verliebtheit gerät das therapeutische Verhältnis zu früh in die Nähe einer freundschaftsähnlichen Beziehung, die günstigenfalls erst am Ende einer längeren therapeutischen Kooperation entsteht.

In diesem Kontext geht Freud auch auf Phänomene *negativer Übertragung* wie Enttäuschung und Feindseligkeit des Patienten ein: »Hier kann man die schwersten Fehler begehen oder sich der größten Erfolge versichern«; um adäquate Auswege aus der Situation der Übertragung zu führen, ohne sich deren Schwierigkeiten zu entziehen, brauche der Therapeut »viel Geschick, Geduld, Ruhe und Selbstverleugnung« (1926, S. 258f.; s. a. 1940, S. 102).

Als Freud erstmals von *Handhabung der Übertragung* sprach, war es seine erklärte Absicht, dem »Wiederholungszwang« als einem Tummelplatz der Übertragung weitgehende Freiheiten einzuräumen. Von den Wiederholungsreaktionen, die sich in der Übertragung zeigen, würden dann die bekannten Wege zur Erweckung der Erinnerungen führen, die sich nach Überwindung der Widerstände einstellen (Freud, 1914b, S. 134f.). In der weiteren Verwendung dieses Terminus waren es zunächst die mit der Übertragungsliebe verbundenen Probleme, die nach einer gekonnten Handhabung verlangten. Die Frage war, wie sich der Therapeut »benehmen« müsse, »um nicht an dieser Situation zu scheitern, wenn es für ihn feststeht, daß die Kur trotz dieser Liebesübertragung und durch dieselbe hindurch fortzusetzen ist« (Freud, 1915a, S. 311).

Betont Freud, dass die Handhabung der Übertragung »das schwierigste wie das wichtigste Stück der analytischen Technik« ist (1925a, S. 68f.), so stellt er sie ausdrücklich neben die »Deutungskunst« und die »Bekämpfung der Widerstände« (1926, S. 260) und grenzt sie damit von der Analyse der Übertragung ab.

Obwohl die *nicht-deutenden* Aktivitäten des Therapeuten von großer Relevanz sind, hat Freud sie kaum konzeptionell ausgearbeitet. Dennoch lassen sich seinen Behandlungsschriften wichtige Aspekte entnehmen, wie z. B.:
- Versagung von Übertragungsbefriedigungen,
- energische Bekämpfung aller Versuche der agierenden Befriedigung innerhalb und außerhalb der Beziehung,
- »Ruhe und Geduld« angesichts der Manifestationen der Übertragung,
- Beherrschung der eigenen Gegenübertragung,
- Mut, sich den intensiven Übertragungen dennoch auszusetzen und ihnen nicht auszuweichen,
- »Geschicklichkeit« in der analytischen Untersuchung und im Deuten der Übertragungssituationen (»Takt«) sowie
- Geben von Aufklärungen und Erläuterungen gegenüber dem Patienten, um ihm die wahre Natur der Übertragungssituationen nahezubringen (vgl. Will, 2003, S. 91).

Den Ausdruck »Handhabung der Übertragung« hat Freud in erster Linie angesichts der Zuspitzung von *Widerständen* verwendet. Darüber hinaus hat er ihn auch »für die Handhabung der kleinen Übertragungskomplikationen und -widerstände in der alltäglichen analytischen Arbeit« (ebd., S. 96f.) geöffnet. Je mehr er sich mit der Dynamik von Übertragung und Widerstand konfrontierte, desto deutlicher wurde ihm, dass der Therapeut die in seiner Person liegenden Störfaktoren erkennen und beseitigen müsse.

Was vonseiten des Therapeuten eine ungestörte Analyse behindert, wird als *Gegenübertragung* bezeichnet. »Wir haben [...] bemerkt, daß jeder Psychoanalytiker nur so weit kommt, als seine eigenen Komplexe und inneren Widerstände es gestatten« (Freud, 1910b, S. 108). In der Handhabung der Gegenübertragung geht es um den Umgang mit Emotionen und Affekten, die es dem Therapeuten schwer machen, die Grundregel der gleichschwebenden Aufmerksamkeit einzuhalten. Wenn Freud in diesem Kontext darauf hinweist, dass der Therapeut lernen solle, seine Affekte zweckmäßig zu plazieren, dann ist das sicher nicht nur auf die Übertragungs-/Gegenübertragungssituation bezogen, sondern der Hinweis gilt einer Lebensführung, die dem Therapeuten die Plazierung seiner Befriedigungen und Interessen gestattet.

Freuds Therapiemodell wird als »Heilung durch Einsicht« charakterisiert, weil es darauf abzielt, Unbewusstes mithilfe von Deutungen bewusst zu machen und dadurch eine Befreiung von Symptomen oder eine Charakteränderung zu erreichen. Freud selbst hat aber den Begriff *»Einsicht«* noch nicht als terminus technicus eingeführt, sondern die Leistung, die der Patient im therapeutischen Prozess vollbringt, auf die drei Wirkfaktoren von Erinnern, Wiederholen und Durcharbeiten zurückgeführt. Beim Erinnern bezieht sich die Einsicht vorwiegend auf die Vergangenheit, beim Wiederholen auf die Reaktualisierung konflikthaften und traumatischen Erlebens in der Übertragung auf den Therapeuten und beim Durcharbeiten auf die Überwindung der Widerstände. Erst die ichpsychologische Richtung hat den Einsichtsbegriff weiterentwickelt und zu einem Hauptterminus der Psychoanalyse ausgestaltet (vgl. Schöpf, 2014b).

## Zur Bedeutung der Metaphern des therapeutischen Erkennens

Freuds Therapeutik lässt sich an den von ihm verwendeten Therapeutenmetaphern transparent machen. Metaphern eignen sich dazu, Bedeutungen von einem vertrauten auf einen fremden Gegenstand »hinüberzutragen« und durch ihre Anschaulichkeit die Vermittlung und den Austausch wissenschaftlicher Ideen zu ermöglichen (vgl. Wurmser, 1983; Buchholz, 1996). In Freuds Werk spielt die Verwendung von Metaphern eine eminent wichtige Rolle. So finden sich im Registerband der *Gesammelten Werke* ein eigenes Register für »Gleichnisse, Metaphern und Vergleiche«, das immerhin 25 Seiten umfasst (G.W., Bd. XVIII, S. 909–933), und im Nachtragsband eine weitere Auflistung von Gleichnissen (G.W., Nachtragsbd., S. 861–862).

Freud war sich der Bedeutung des Metapherngebrauchs für die Vorgänge in der psychotherapeutischen Behandlung sehr deutlich bewusst. Bereits in den *Studien über Hysterie* sieht er das Befreiende der therapeutischen Arbeit darin, dass man konsequent den Weg in die Tiefe einschlägt. Wird die Metaphorik einer quasi-räumlichen Tiefe des Seelenlebens mit dem Anspruch auf »*volle Analyse*« verknüpft, dann ist es nur folgerichtig, wenn die Ursachen der Erkrankung bis zum Ursprung zurückverfolgt und dadurch rückgängig gemacht werden sollen. Es sei sehr wohl möglich, schreibt Freud noch Jahrzehnte später in der Fallgeschichte des *Wolfsmanns*, zu frühinfantilen Erfahrungen des Patienten vorzustoßen, wenn man sich daran hält, »die Analyse mittels der vorgezeichneten Technik in solche Tiefen zu treiben«. Wer es hingegen »unterläßt und in irgendeiner höheren Schicht der Analyse unterbricht, hat sich des Urteils darüber begeben«. Für jeden Therapeuten bestehe die Versuchung, sich damit zu begnügen, dass er »bei einer Anzahl von Personen die psychische Oberfläche ›ankratzt‹, und das Unterlassene dann durch Spekulation ersetzt, die man unter die Patronanz irgend einer philosophischen Richtung stellt« (Freud, 1918, S. 77, 140).

## 5 Ausgewählte psychodynamische Therapierichtungen und ihre impliziten Lebenskunstkonzepte

Wird an dieser Stelle – metaphorisch – ein Schichtenmodell des Unbewussten zugrunde gelegt, so hat Freud im Rahmen seiner Schriften zur Behandlungstechnik eine Vielfalt auf die Therapie bezogener Metaphern verwandt, die sich teils ergänzen, teils aber auch im Widerspruch zueinander stehen. Breiten Raum nehmen diejenigen ein, die sich auf die Haltung des Therapeuten, seine Vorgehensweise in der Therapie und den therapeutischen Erkenntnisprozess beziehen. Ausgehend von dem erwähnten Register der Gleichnisse, Metaphern und Vergleiche kann man dazu u. a. folgende Metaphern vom Therapeuten rechnen:

➢ als Archäologe und Historiker,
➢ als Chirurg,
➢ als Aufklärer, Beichthörer und Lehrer,
➢ als Bildhauer und Künstler,
➢ als Erzieher,
➢ als Spiegelplatte,
➢ als Chemiker,
➢ als Receiver des Telefons,
➢ als Schachspieler,
➢ als Untersuchungsrichter,
➢ als Detektiv,
➢ als Reisender,
➢ als Dämonenbekämpfer,
➢ als weltlicher Seelsorger,
➢ als Helfer, Berater und Bergführer auf einer schwierigen Gebirgstour.

Die Auswahl von Metaphern für das therapeutische Fühlen, Denken und Handeln steht, so unsere These, mit impliziten Lebenskunstkonzepten in enger Beziehung. Diese Implizität bezieht sich, so könnte man mit Freud folgern, auf mehrere Ebenen: So präsentiert und repräsentiert jede Metapher unterschiedliche Lebensformen, Haltungen, Wertungen und Ziele, und je nach Lebenssituation und psychischer Problematik des Patienten erscheinen daher auch unterschiedliche Metaphoriken in der Behandlung opportun; denn diese Metaphoriken mit ihren Lebenskunstaspekten gehen in die Behandlung(stechniken) mit ein und »grundieren« sie in Bezug zu den oben genannten Dimensionen des Erinnerns, Wiederholens und Durcharbeitens bzw. von Übertragung, Widerstand und Gegenübertragung.

Um die Therapiemetaphern in Freuds Werk systematisch behandeln zu können, werden sie zunächst im Kontext jener Schriften untersucht, in denen sie besonders häufig und konturiert verwendet wurden: in seinen Frühschriften zur

Hysterie und seinen Schriften zur Behandlungstechnik. Danach werden noch einige andere Metaphern einbezogen, die im therapeutischen Kontext weniger in den Vordergrund gestellt wurden und aus verschiedenen kulturellen Sphären wie dem Rechtswesen, dem Reisen und der Seelsorge stammen.

## Therapiemetaphern in Freuds Frühschriften zur Hysterie

Im Fall der *Elisabeth v.R.* in den *Studien über Hysterie* kann Freuds therapeutisches Vorgehen, wie schon erwähnt, in mehrere Phasen aufgeteilt werden. Am Anfang steht ein neurologisch geführtes Erstgespräch, das dazu dient, die körperlichen Symptome einer Abasie und Astasie – zunächst mit aller Vorsicht – diagnostisch als hysterische Konversionssymptomatik einzuordnen. Die daran anschließende Erzählung der Lebens- und Leidensgeschichte seitens der Patientin wird mit einer »*Beichte*« verglichen, die allerdings noch nicht den erwünschten Aufschluss erbringt. Daher macht Freud von einer Art Experimentalanordnung Gebrauch, indem er mit der Hand einen Druck auf Elisabeths Kopf ausübt und sie auffordert, »vollkommen objektiv zu bleiben und zu sagen, was ihr in den Sinn gekommen sei, es möge passen oder nicht« (1895, S. 219). Mittels dieser Drucktechnik kommt es zu einer ersten »Tieferforschung« der Psychodynamik. Von der »oberflächlichste[n]) Schichte« der Erinnerungen eröffnet sich »ein neuer Schacht«, dessen Inhalt – die geheim gehaltenen Gefühle für einen jungen Mann – sich allmählich herausbefördern lässt (ebd., S. 209). In einer zweiten Tieferforschung anhand szenischer Erinnerungen und aktueller Beobachtungen gelingt es Freud, die entscheidende pathogene Verdrängung aufzudecken und damit zum »Kern« der unbewussten Psychodynamik vorzustoßen. Das gesuchte traumatische Moment ist im Falle der Elisabeth v.R. die verdrängte Liebe zu ihrem Schwager. Nachdem Freud diesen für ihn entscheidenden Aktualkonflikt erraten und die Patientin darüber aufgeklärt hat, ist die Therapie aber noch nicht beendet. Da Elisabeth auf die »Aufklärung« mit heftiger Abwehr und verstärktem Leiden reagiert, bedarf es weiteren »Durcharbeitens« der noch vorhandenen Widerstände.

In therapeutischer Hinsicht erinnert diese Falldarstellung an ein archäologisches Vorgehen oder an eine Detektivgeschichte; in theoretischer Hinsicht greift Freud auf ein *historisches* Modell mit medizinischen Anspielungen und Einsprengseln zurück, indem er die Hysterie mit einem pathogenen Kern vergleicht, um den verschiedene Schichten konzentrisch gelagert sind. Dementsprechend liegt es nahe, mit der therapeutischen Arbeit an der Peripherie anzufangen, denn es handelt sich, um in Freuds Bildersprache zu bleiben, um

> »Schichten gleichen, gegen den Kern hin wachsenden Widerstandes [...]. Die periphersten Schichten enthalten von verschiedenen Themen jene Erinnerungen (oder Faszikel), die leicht erinnert werden und immer klar bewußt waren; je tiefer man geht, desto schwieriger werden die auftauchenden Erinnerungen erkannt, bis man nahe am Kern auf solche stößt, die der Patient noch bei der Reproduktion verleugnet« (ebd., S. 292f.).

Damit der Therapeut von Schicht zu Schicht vordringen kann, bedürfe er eines »logischen Fadens«, einer Leitvorstellung, wie die Neurose aufgebaut sein könnte. Zeigt sich, dass die Darstellung des Patienten Widersprüche in sich birgt oder nicht ausreichend motiviert erscheint, dann müsse man die Existenz verborgener, unbewusster Motive annehmen und diese zu ergründen suchen. Eine solche Analyse, die sich »auf den verschlungensten Wegen« bewege, sei vergleichbar mit dem »Zickzack der Lösung einer Rösselsprungsaufgabe«. Gelingt die Analyse, so kann der Therapeut unter beständiger Überwindung von Widerstand in immer tiefere Schichten vorstoßen, bis er endlich »auf einem Hauptwege direkt zum Kerne der pathogenen Organisation« gelangt. An dieser Stelle vergleicht Freud die Wirkung der Therapie mit der »Entfernung eines Fremdkörpers aus dem lebenden Gewebe« (ebd., S. 293f.). Hierbei wird dann die Chirurgiemetaphorik bemüht.

Verbinden sich in diesem Kontext historische mit medizinischen Therapiemetaphern, so kommt noch hinzu, dass im Fall der Elisabeth v.R. erstmals die ebenfalls an wissenschaftlicher Objektivität orientierte Metapher vom Therapeuten als *Archäologen* verwendet wird. Er sei bei dieser ersten vollständigen Analyse einer Hysterie, schreibt Freud,

> »zu einem Verfahren der schichtweisen Ausräumung des pathogenen psychischen Materials [gelangt], welches wir gerne mit der Technik der Ausgrabung einer verschütteten Stadt zu vergleichen pflegten. Ich ließ mir zunächst erzählen, was der Kranken bekannt war, achtete sorgfältig darauf, wo ein Zusammenhang rätselhaft blieb, wo ein Glied in der Kette der Verursachungen zu fehlen schien, und drang dann später in tiefere Schichten der Erinnerung ein, indem ich an jenen Stellen die hypnotische Erforschung oder eine ihr ähnliche Technik wirken ließ« (ebd., S. 201).

In der ein Jahr später veröffentlichten Arbeit »Zur Ätiologie der Hysterie« greift Freud die Archäologie-Metapher erneut und diesmal mit konkreteren Details auf, um sie mit der anamnestischen Erhebung in der Psychotherapie zu vergleichen:

»Nehmen Sie an, ein reisender Forscher käme in eine wenig bekannte Gegend, in welcher ein Trümmerfeld mit Mauerresten, Bruchstücken von Säulen, von Tafeln mit verwischten und unlesbaren Schriftzeichen sein Interesse erweckte. Er kann sich damit begnügen zu beschauen, was frei zutage liegt, dann die in der Nähe hausenden, etwa halbbarbarischen Einwohner ausfragen, was ihnen die Tradition über die Geschichte und Bedeutung jener monumentalen Reste kundgegeben hat, ihre Auskünfte aufzeichnen und – weiterreisen. Er kann aber auch anders vorgehen; er kann Hacken, Schaufeln und Spaten mitgebracht haben, die Anwohner für die Arbeit mit diesen Werkzeugen bestimmen, mit ihnen das Trümmerfeld in Anspruch nehmen, den Schutt wegschaffen und von den sichtbaren Resten aus das Vergrabene aufdecken. Lohnt der Erfolg seiner Arbeit, so erläutern die Funde sich selbst; die Mauerreste gehören zur Umwallung eines Platzes oder Schatzhauses, aus den Säulentrümmern ergänzt sich ein Tempel, die zahlreich gefundenen, im glücklichen Falle bilinguen Inschriften enthüllen ein Alphabet und eine Sprache, und deren Entzifferung und Übersetzung ergibt ungeahnte Aufschlüsse über die Ereignisse der Vorzeit, zu deren Gedächtnis jene Monumente erbaut worden sind. *Saxa loquuntur*!« (1896, S. 426f.)

Die Archäologie-Metapher hat Freud am häufigsten von allen Therapeutenmetaphern verwandt (u. a. 1905b, S. 169f.; 1930, S. 426ff.; 1937a, S. 45ff.), wobei der Zeitraum von ihrer ersten bis zu ihrer letzten Verwendung mehrere Jahrzehnte umfasste. Die Grundidee eines solchen Vergleichs war, dass Psychoanalytiker wie Archäologen unsichtbares, weil verschüttetes Material zutage fördern. »Freuds Risiko und Raffinesse bestand darin«, so Knut Ebeling (2012, S. 60), »auch die persönliche Erinnerung als so entstellt und beschädigt zu beschreiben, wie die Fundstücke, die die klassische Archäologie nicht zu finden aufhörte«. Dem liegt die Annahme einer historisch rekonstruierbaren Wahrheit zugrunde, wobei suggeriert wird, dass das pathogene Material, das im Unbewussten des Patienten gleichsam »abgelagert« ist, ausgegraben werden kann. Tief unten im Unbewussten gebe es »eine alles erklärende Gesetzmäßigkeit [...], deren Kenntnis zu einer wundersamen Ordnung der rätselhaften Oberflächenphänomene führen wird« (Mertens & Haubl, 1996, S. 65).

Um an dieser Stelle die therapeutischen Hinweise zur Archäologie einmal lebenskunstphilosophisch zu wenden, so legen sie nicht nur nahe, den Spuren des Unbewussten im Alltag mehr Beachtung zu schenken; sie insistieren auch auf die grundsätzliche Abhängigkeit der Oberfläche der Gegenwart von der Tiefe der Vergangenheit; sie betonen zudem die (asketische) Arbeit, die mit dem oft mühsamen Prozess der Erinnerung und Wiederholung sowie des Durcharbeitens – für Patient wie Therapeut – verbunden ist; und schließlich verweisen sie auch noch auf ein kreatives Gespür des Therapeuten wie des Patienten, »an der richtigen Stelle zu graben«.

An diesem Punkt lässt sich ein erster kritischer Einwand formulieren: In der therapeutischen Arbeit »alle Erinnerungslücken des Kranken auszufüllen, seine Amnesien aufzuheben« (Freud, 1916–17, S. 292), würde voraussetzen, dass Erfahrungen als Gedächtnisspuren im Akt der Erinnerung bloß abgerufen werden. Demgegenüber betrachtet die heutige Gedächtnispsychologie den Akt der Erinnerung als neue aktive Bedeutungsgebung. Eine weitere Fragwürdigkeit hinsichtlich der Archäologie-Metapher ist, dass die moderne Wissenschaft »eine überprüfbare Wirklichkeitserkenntnis unabhängig von allen menschlichen Wünschen und Fürwahrhaltungen ermöglicht« habe (Kimmerle, 1998, S. 81). Nach Freuds Verständnis fungiert die psychoanalytische Methode als »*parteiloses Instrument*« (1927, S. 360). Um »objektiv« sein zu können, müsse der Therapeut allerdings die »blinden Flecken« in seiner Wahrnehmung erkennen und überwinden (Freud, 1912a, S. 382).

In den *Studien über Hysterie* taucht erstmals auch der Vergleich mit dem *Chirurgen* als zweithäufigste Therapeutenmetapher auf (u. a. 1910a, S. 56f.; 1912a, S. 380f.; 1916–17, S. 477f.; 1919, S. 186):

> »Ich habe bei mir häufig die kathartische Psychotherapie mit chirurgischen Eingriffen verglichen, meine Kuren als *psychotherapeutische Operationen* bezeichnet, die Analogien mit Eröffnung einer eitergefüllten Höhle, der Auskratzung einer kariös erkrankten Stelle u. dgl. verfolgt. Eine solche Analogie findet ihre Berechtigung nicht so sehr in der Entfernung des Krankhaften als in der Herstellung besserer Heilungsbedingungen für den Ablauf des Prozesses« (Freud, 1895, S. 511).

Überhaupt gibt es in den Hysterie-Schriften oftmals Bezüge zur *medizinischen* Praxis: Es wäre wünschenswert, schreibt Freud, wenn es einen zweiten Weg zur Ätiologie der Hysterie gäbe,

> »auf welchem man sich unabhängiger von den Angaben des Kranken wüsste. Der Dermatologe z. B. weiß ein Geschwür als luetisch zu erkennen nach der Beschaffenheit der Ränder, des Belags, des Umrisses, ohne dass ihn der Einspruch des Patienten, der eine Infektionsquelle leugnet, daran irre machte. Der Gerichtsarzt versteht es, die Verursachung einer Verletzung aufzuklären, selbst wenn er auf die Mitteilungen des Verletzten verzichten muß. Es besteht nun eine solche Möglichkeit, von den Symptomen aus zur Kenntnis der Ursachen vorzudringen, auch für die Hysterie« (1896, S. 426).

## Die »klassische Einsichtstherapie« als Ausgangsposition

Um das Wirken des Therapeuten zusammenfassend zu charakterisieren, greift Freud gegen Ende der *Studien über Hysterie* noch auf eher allgemein gehaltene Therapeutenmetaphern wie die des *Aufklärers*, *Lehrers* und *Beichthörers* zurück:

> »Man wirkt so gut man kann, als Aufklärer, wo die Ignoranz eine Scheu erzeugt hat, als Lehrer, als Vertreter einer freieren oder überlegenen Weltanschauung, als Beichthörer, der durch die Fortdauer seiner Teilnahme und seiner Achtung nach abgelegtem Geständnisse gleichsam Absolution erteilt; man sucht dem Kranken menschlich etwas zu leisten, soweit der Umfang der eigenen Persönlichkeit und das Maß von Sympathie, das man für den betreffenden Fall aufbringen kann, dies gestatten« (1895, S. 285).

Diese Bemerkungen mit ihren expliziten Hinweisen auf Teilnahme, Achtung und Sympathie legen nun wiederum aus Sicht der Lebenskunst nahe, den Beziehungsaspekt und damit die Sorge um den Anderen in der Therapie zu betonen. Dabei wird diese Sorge um den Anderen in einem asymmetrischen Verhältnis formuliert, kommt doch dem Therapeuten ein höheres Maß an Aufklärung und Rationalität sowie eine moralische Absolutionsfunktion zu. Diese Perspektive könnte durchaus in das Anerkennungsdilemma führen, dass der Therapeut sich von einem Patienten anerkannt sieht, den er selbst nur bedingt anerkennen kann (s. u. Kapitel »Der Andere in der Lebenskunst«).

### Therapiemetaphern in Freuds Schriften zur Behandlungstechnik

In dem Aufsatz »Über Psychotherapie« grenzt Freud die analytische Behandlungstechnik von der Suggestionsbehandlung ab und bedient sich dazu des – Leonardo da Vinci zugeschriebenen, aber tatsächlich von Michelangelo stammenden – Vergleichs zwischen der Kunst des Bildhauers und derjenigen des Malers:

> »Die Malerei, sagt Leonardo, arbeitet *per via di porre*; sie setzt nämlich Farbenhäufchen hin, wo sie früher nicht waren, auf die nichtfarbige Leinwand; die Skulptur dagegen geht *per via di levare* vor, sie nimmt nämlich vom Stein so viel weg, als die Oberfläche der in ihm enthaltenen Statue noch bedeckt. Ganz ähnlich, meine Herren, sucht die Suggestivtechnik *per via di porre* zu wirken, sie kümmert sich nicht um Herkunft, Kraft und Bedeutung der Krankheitssymptome, sondern legt etwas auf, die Suggestion nämlich, wovon sie erwartet, dass es stark genug sein wird, die pathogene Idee an der Äußerung zu hindern. Die analytische Therapie dagegen will

nicht auflegen, nichts Neues einführen, sondern wegnehmen, herausschaffen, und zu diesem Zwecke bekümmert sie sich um die Genese der krankhaften Symptome und den psychischen Zusammenhang der pathogenen Idee, deren Wegschaffung ihr Ziel ist« (1905a, S. 17).

Mit dem Vergleich zum *Bildhauer* wird der Therapeut explizit als *Künstler* angesprochen. Bemerkenswert ist, dass Freud seine analytische Behandlungstechnik in dieser Zeit erstmals unter dem Aspekt der »Deutungskunst« betrachtet hat. Ihr falle die – wiederum mit den metaphorischen Mitteln der Bildhauerkunst umschriebene – Aufgabe zu, »gleichsam aus den Erzen der unbeabsichtigten Einfälle den Metallgehalt an verdrängten Gedanken« (Freud, 1904, S. 7) herauszulösen und darzustellen. 15 Jahre später spricht Freud vom »Gold der Analyse« im Unterschied zum »Kupfer der direkten Suggestion«, wobei er, um den schroffen Gegensatz im Hinblick auf die therapeutische Praxis zu mildern, »in der Massenanwendung unserer Therapie« dafür eintritt, beides »reichlich« miteinander zu »legieren« (1919, S. 193).

Es mag dahingestellt bleiben, ob die Metapher vom Therapeuten als Bildhauer und der hier heraufbeschworene Kontrast zum Maler wirklich überzeugend ist (vgl. Buchholz, 2003). Worauf es Freud bei diesem Vergleich ankam, war der Gegensatz zwischen einer mit analytischen Mitteln »auflösenden« und einer bloß suggestiv »zudeckenden« Therapie (vgl. Schmidbauer, 1999, S. 126ff.). In diesem Sinne einer artistischen Analytik und Synthetik ist Psychotherapie Beziehungs-, Wahrnehmungs-, Deutungs-, Gestaltungs- und Lebenskunst, die – gelegentlich mit Bezug zu künstlerischen Aktivitäten und konkreten Kunstwerken – eine Kommunikation des Unbewussten von Patient und Therapeut ermöglicht (vgl. Gödde, Pohlmann & Zirfas, 2015).

In den *Vorlesungen zur Einführung in die Psychoanalyse* hat Freud diesem Gegensatz dann klare Konturen gegeben, ohne nochmals auf die Bildhauer-Metapher zu rekurrieren:

> »Die hypnotische Therapie sucht etwas im Seelenleben zu verdecken und zu übertünchen, die analytische etwas freizulegen und zu entfernen. Die erstere arbeitet wie eine Kosmetik, die letztere wie eine Chirurgie. Die erstere benützt die Suggestion, um die Symptome zu verbieten, sie verstärkt die Verdrängungen, läßt aber sonst alle Vorgänge, die zur Symptombildung geführt haben, ungeändert. Die analytische Therapie greift weiter wurzelwärts an, bei den Konflikten, aus denen die Symptome hervorgegangen sind, und bedient sich der Suggestion, um den Ausgang dieser Konflikte abzuändern. [Sie] legt dem Arzt wie dem Kranken schwere Arbeitsleistung auf, die zur Aufhebung

innerer Widerstände verbraucht wird. Durch die Überwindung dieser Widerstände wird das Seelenleben des Kranken dauernd verändert, auf eine höhere Stufe der Entwicklung gehoben und bleibt gegen neue Erkrankungsmöglichkeiten geschützt. Diese Überwindungsarbeit ist die wesentliche Leistung der analytischen Kur, der Kranke hat sie zu vollziehen, und der Arzt ermöglicht sie ihm durch die Beihilfe der im Sinne einer *Erziehung* wirkenden Suggestion. Man hat darum auch mit Recht gesagt, die psychoanalytische Behandlung sei eine Art von *Nacherziehung*« (1916–17, S. 468f.).

Anstelle der Metapher des Bildhauers kommen hier die des Chirurgen und des Erziehers ins Spiel. Hat Freud die Chirurgen-Metapher schon 1895 verwandt, so zieht er in dem erwähnten Vortrag »Über Psychotherapie« erstmals den Vergleich zum *Erzieher*, einer ebenfalls mehrfach verwendeten Therapeutenmetapher, und spricht ausdrücklich von »*Nacherziehung zur Überwindung innerer Widerstände*« (1905a, S. 25). Die beiden Metaphern hebt er dann auch in dem Aufsatz »Ratschläge für den Arzt bei der psychoanalytischen Behandlung« hervor. Einerseits solle der Therapeut der »Versuchung«, wie ein *Erzieher* auf den Patienten einzuwirken, widerstehen: »Der erzieherische Ehrgeiz ist so wenig zweckmäßig wie der therapeutische« (Freud, 1912b, S. 385). Andererseits wird dem Therapeuten dringend empfohlen,

> »sich während der psychoanalytischen Behandlung den Chirurgen zum Vorbild zu nehmen, der alle seine Affekte und selbst sein menschliches Mitleid beiseite drängt und seinen geistigen Kräften ein einziges Ziel setzt: die Operation so kunstgerecht als möglich zu vollziehen. [...] Die Rechtfertigung dieser vom Analytiker zu fordernden Gefühlskälte liegt darin, daß sie für beide Teile die vorteilhaftesten Bedingungen schafft, für den Arzt die wünschenswerte Schonung seines eigenen Affektlebens, für den Kranken das größte Ausmaß an Hilfeleistung, das uns heute möglich ist« (ebd., S. 381).

Noch eine weitere an objektiver Erkenntnis orientierte Metapher bringt Freud ins Spiel, als er sich dezidiert von suggestiven Einflüssen des Therapeuten im Sinne vertraulicher Mitteilungen und einer »intimen Einstellung« distanziert:

> »Der Arzt soll undurchsichtig für den Analysierten sein und wie eine Spiegelplatte nichts anderes zeigen, als was ihm gezeigt wird. Es ist allerdings praktisch nichts dagegen zu sagen, wenn ein Psychotherapeut ein Stück Analyse mit einer Portion Suggestivbeeinflussung vermengt, [...] aber man darf verlangen, daß er selbst nicht im Zweifel darüber sei, was er vornehme« (ebd., S. 384).

Die nur ein einziges Mal verwandte Metapher des *Spiegels* lässt an eine Experimentalanordnung denken, bei der der Patient zu emotionaler Aktivität motiviert wird, während der Therapeut wie ein neutraler wissenschaftlicher Forscher bewusst passiv bleibt und sich in seiner Einflussnahme auf den Patienten zurückhält.

Im Widerspruch zu diesen am Objektivitätsideal ausgerichteten Metaphern steht eine andere, die Subjektivität des therapeutischen Erkenntnisprozesses betonende Metapher: Der Therapeut

> »soll dem gebenden Unbewußten des Kranken sein eigenes Unbewußtes als empfangendes Organ zuwenden, sich auf den Analysierten einstellen wie der Receiver des Telephons zum Teller eingestellt ist. Wie der Receiver die von Schallwellen angeregten elektrischen Schwankungen der Leitung wieder in Schallwellen verwandelt, so ist das Unbewußte des Arztes befähigt, aus den ihm mitgeteilten Abkömmlingen des Unbewußten dieses Unbewußte, welches die Einfälle des Kranken determiniert hat, wiederherzustellen« (ebd., S. 381f.).

Wie der Therapeut als Empfangsorgan mit einem *Receiver* verglichen wird, so wird der, sowohl aus der philosophischen als auch musikalischen Tradition bekannten, Haltung *gleichschwebender Aufmerksamkeit* (ebd., S. 377) große Relevanz für das Zuhören und Rezipieren des Therapeuten beigemessen (Gödde & Zirfas, 2007).

Eine gewisse Nähe zum schöpferischen bzw. künstlerischen Erkennen und Gestalten zeigt sich auch, wenn Freud von *Spielregeln* spricht und den Therapeuten mit einem *Schachspieler* vergleicht:

> »Wer das edle Schachspiel aus Büchern erlernen will, der wird bald erfahren, dass nur die Eröffnungen und Endspiele eine erschöpfende systematische Darstellung gestatten, während die unübersehbare Mannigfaltigkeit der nach der Eröffnung beginnenden Spiele sich einer solchen versagt. [...] Es sind Bestimmungen [unter den Regeln für die Einleitung der Kur; Anm. die Verf.], die kleinlich erscheinen mögen und es wohl auch sind. Zu ihrer Entschuldigung diene, dass es eben Spielregeln sind, die ihre Bedeutung aus dem Zusammenhange des Spielplanes schöpfen müssen« (1913, S. 454).

In dem Aufsatz »Bemerkungen über die Übertragungsliebe« wird eine Beziehung zum *Theaterspiel* hergestellt. Wenn sich eine Patientin/ein Patient in den Therapeuten/die Therapeutin verliebt, gibt es »einen völligen Wechsel der Szene, wie wenn ein Spiel durch eine plötzlich hereinbrechende Wirklichkeit abgelöst würde, etwa wie wenn sich während einer Theatervorstellung Feuerlärm erhebt«

(Freud, 1915a, S. 310). In Anbetracht der Brisanz der damit verbundenen Emotionen muss sich der Therapeut darauf einstellen – und damit führt Freud eine weitere Metapher ein –, dass er

> »mit den intensivsten Kräften arbeitet und derselben Vorsicht und Gewissenhaftigkeit bedarf wie der Chemiker. Aber wann ist dem Chemiker je die Beschäftigung mit den ob ihrer Wirkung unentbehrlichen Explosivstoffen wegen deren Gefährlichkeit untersagt worden? [...] [E]s heißt die Psychoneurosen nach ihrer Herkunft und ihrer praktischen Bedeutung arg unterschätzen, wenn man glaubt, diese Affektionen müssten durch Operationen mit harmlosen Mittelchen zu besiegen sein. Nein, im ärztlichen Handeln wird neben der *medicina* immer ein Raum bleiben für das *ferrum* und für das *ignis*, und so wird auch die kunstgerechte, unabgeschwächte Psychoanalyse nicht zu entbehren sein, die sich nicht scheut, die gefährlichsten seelischen Regungen zu handhaben und zum Wohle des Kranken zu meistern« (ebd., S. 320f.).

Auch die Metapher des *Chemikers* wird in späteren Abhandlungen mehrmals wiederverwendet. Die »Analyse« im Sinne einer Zerlegung oder Zersetzung lädt geradezu dazu ein, eine Analogie mit der Arbeit des Chemikers vorzunehmen:

> »Die Symptome und krankhaften Äußerungen des Patienten sind wie alle seine seelischen Tätigkeiten hochzusammengesetzter Natur; die Elemente dieser Zusammensetzung sind im letzten Grunde Motive und Triebregungen. Aber der Kranke weiß von diesen elementaren Motiven nichts oder nur sehr Ungenügendes. Wir lehren ihn nun die Zusammensetzung dieser hochkomplizierten seelischen Bildungen verstehen, führen die Symptome auf die sie motivierenden Triebregungen zurück, weisen diese dem Kranken bisher unbekannten Triebmotive in den Symptomen nach, wie der Chemiker den Grundstoff, das chemische Element aus dem Salz ausscheidet, in dem es in Verbindung mit anderen Elementen unkenntlich geworden ist« (Freud, 1919, S. 184).

Die bisher berücksichtigten Metaphern hat Freud dem Therapeuten explizit nach dem Schema »der Therapeut als ...« zugeschrieben. Es gibt aber auch metaphorische Berührungspunkte zwischen der Therapeutik und kulturellen Sphären wie Recht, Reisen, Seelsorge und Erziehung, die in bestimmten Textstellen eher implizit verwendet werden, aber dennoch Beachtung verdienen.

Das gilt zunächst für die Sphäre des Rechts. In einem Vortrag über psychologische Tatbestandsdiagnostik vergleicht Freud die Aufgabe des Therapeuten mit der eines *Untersuchungsrichters*: »[W]ir sollen das verborgene Psychische aufdecken und haben zu diesem Zwecke eine Reihe von Detektivkünsten erfunden« (1906, S. 9). Als *Detektiv* hat es der Therapeut mit einer Vielzahl von schwer zu beurteilenden Indizien, mit Entstellung und Verstellung zu tun (vgl. Lorenzer, 1985; Haubl & Mertens, 1996). Die damit verbundene Spurensuche lässt sich mit einer Sherlock-Holmes-Tradition in der Psychoanalyse in Verbindung bringen, in der wir versucht sind, »bruchstückhafte Daten und partielles Verständnis zu einer fortlaufenden Geschichte auszuspinnen, die ausgewogen, strukturiert und wohldosiert mit Handlung versehen ist« (Spence, 1993, S. 77). Kritisch lässt sich einwenden, dass die detektivische Spurensicherung à la Sherlock Homes auf »die einzig mögliche Lösung« (ebd., S. 74) abzielt, anstatt sich für alternative Erklärungsmöglichkeiten offenzuhalten.

Das archäologische Interesse verband sich bei Freud mit der Leidenschaft für *Reisen*, vor allem für Kultur- und Bildungsreisen (vgl. Freud, 2002). Es wundert daher nicht, dass die Bilderwelt des Reisens auch in Freuds Therapeutik ihren Platz gefunden hat. Als er den Sinn der Grundregel der psychoanalytischen Technik, offen und wahrhaftig zu sein, klarzumachen versucht, stellt er sich den Patienten auf einer Zugfahrt vor: »Benehmen Sie sich so wie ein Reisender, der am Fensterplatze des Eisenbahnwagens sitzt und dem im Inneren Untergebrachten beschreibt, wie sich vor seinen Blicken die Ansicht verändert« (Freud, 1913, S. 468). Der Therapeut hat dann die Funktion eines *Reisebegleiters*.

Hatte Freud schon in den *Studien über Hysterie* eine Analogie zwischen Therapie und Beichte hergestellt und für den Therapeuten die Metapher des *Beichthörers* verwandt, so schrieb er 1928 in einem Brief an den befreundeten Pfarrer Oskar Pfister, er möchte die Analyse »einem Stand übergeben, der noch nicht existiert, einem Stand von weltlichen Seelsorgern, die Ärzte nicht zu sein brauchen und Priester nicht sein dürfen« (Freud & Pfister, 1963; Brief vom 25.11.1928). Die Metapher des Therapeuten als *weltlichen Seelsorgers* lenkt den Blick über die Behandlungstechnik hinaus auf emotionale Betreuung und Pflege und die geistige Auseinandersetzung mit impliziten Konzepten der *Lebenskunst* (vgl. Buchholz, 2003).

Sogar in einer seiner letzten Publikationen erwähnt Freud das therapeutische Ziel der »Nacherziehung« des Patienten und stellt wiederum eine Reihe von Metaphern zusammen, um die therapeutische Haltung des Analytikers zu charakterisieren:

> »Das Merkwürdigste ist, daß der Patient nicht dabei bleibt, den Analytiker im Lichte der Realität zu betrachten als den Helfer und Berater, den man überdies für seine Mühewaltung entlohnt und der sich selbst gern etwa mit der Rolle eines

Bergführers auf einer schwierigen Gebirgstour begnügen würde [...]. So sehr es den Analytiker verlocken mag, Lehrer, Vorbild und Ideal für andere zu werden, Menschen nach seinem Vorbild zu schaffen, er darf nicht vergessen, dass dies nicht seine Aufgabe im analytischen Verhältnis ist, ja, dass er seiner Aufgabe untreu wird, wenn er sich von seiner Neigung fortreißen lässt« (1940, S. 100f.).

## Widersprüche zwischen Freuds expliziter und impliziter Behandlungstechnik

Freuds Verwendung unterschiedlicher, zum Teil widersprüchlicher Therapiemetaphern ist mit einer Perspektivierung der Therapeutik verbunden und konfrontiert uns dadurch mit einer Pluralität von Sichtweisen: Die Metaphern des Archäologen, Historikers, Chirurgen, Chemikers oder Spiegels repräsentieren eher die objektivierend-naturwissenschaftliche, überwiegend genetisch und kognitiv orientierte Forscherhaltung eines distanzierten Beobachters. Wird der Therapeut hingegen mit einem Erzieher, Künstler, Telefonreceiver, weltlichen Seelsorger oder Bergführer verglichen, so wird der Subjektivität, Kreativität, emotionalen Beteiligung und Empathie des Therapeuten, dem Einfluss seiner Persönlichkeit und der Interaktion in der therapeutischen Beziehung mehr Gewicht beigemessen.

Aus dem Überblick über Freuds Frühschriften zur Hysterie ergibt sich ein eindeutiger *Vorrang der an objektiver Erkenntnis orientierten Therapeutenmetaphern* des historischen Forschers, des Archäologen, des Chirurgen bzw. naturwissenschaftlich versierten Mediziners. Auch in den Schriften zur Behandlungstechnik stehen Metaphern des Erkennens im Vordergrund. Zum archäologischen Ausgraben und zum chirurgischen Eingriff kommen die chemische Analyse und das möglichst objektive Spiegeln der unbewussten Botschaften des Patienten hinzu. Sie stammen alle aus der positivistischen Ära und dem Vertrauen auf den wissenschaftlichen Fortschritt der exakten Wissenschaften, deren Objektivitätsanspruch sich nach Freuds Überzeugung auf die Psychoanalyse übertragen lasse.

Zur Abgrenzung von der Suggestivbehandlung bringt Freud aber auch den Bildhauer und den Erzieher ins Spiel, der bei der Überwindung von Widerständen hilfreich zur Seite steht. Bemerkenswert ist zudem, dass er scheinbar gegensätzliche Therapeutenmetaphern wie die des Chirurgen und Erziehers, des Chemikers und des Theaterspielers nebeneinanderstellt und dadurch die strikt naturwissenschaftliche Optik auflockert.

Auf der anderen Seite steht vornehmlich die Metapher des Telefonreceivers, eines spezifischen Empfangsorgans, das auf die unbewusste Kommunikation zwischen Sprecher und Empfänger eingestellt ist und die Prozesse von Übertragung und Gegenübertragung zu erfassen sucht. Hier wird eine Brücke zu den subjektiven Komponenten des Wahrnehmungs- und Interpretationsprozesses geschlagen. Allerdings steht die Receiver-Metapher eher vereinzelt da und scheint wenig mit den anderen Therapiemetaphern verbunden zu sein.

In den nicht-therapeutischen Abhandlungen werden das minutiöse Spuren-Verfolgen von Detektiv und Untersuchungsrichter, aber auch das entspanntere, möglicherweise von Neugieraktivität und Bildungshunger geprägte Reisen sowie die priesterliche Seelsorge zum Vergleich herangezogen. Die detektivische Spurensuche à la Sherlock Holmes passt ins Bild des wahrheitssuchenden und -erkennenden Therapeuten (vgl. Carveth, 1984; Spence, 1993).

Angesichts der Pluralität und Widersprüchlichkeit der impliziten Lebenskunstkonzepte, wie sie in Freuds Verwendung unterschiedlicher Therapiemetaphern zum Ausdruck kommen, verwundert es nicht, dass es in der psychoanalytischen Therapeutik heftige Kontroversen gegeben hat, die bis heute andauern. Dies gilt insbesondere im Hinblick auf Freuds naturwissenschaftlich-objektivierende Hauptmetaphern des Psychotherapeuten. Was bei den Rezipienten der Technischen Schriften Freuds hängenblieb, war das zentrale Moment der Freilegung morphologischer Schichtungen im Stile eines Archäologen und eine strikt asymmetrische Beziehungsform, bei der der Therapeut für den Patienten undurchsichtig wie ein Spiegel sein und gefühlskalt wie ein Chirurg operieren sollte.

Die Technik, die Freud mit der Spiegel-Chirurgen-Metapher umschrieb, entstammt

> »der Idealwelt naturwissenschaftlicher Forschung mit einer nachprüfbaren Versuchsanordnung, einer konstanten Beobachtungssituation, in der der Patient unter stets gleichen Bedingungen frei assoziiert und der Analytiker zurückspiegelt. Der Analytiker will hier ein neutraler Beobachter außerhalb des Feldes sein, der alles tut, damit die Vorgänge im Feld von ihm nicht gestört werden« (Cremerius, 1982, S. 385f.).

Vielleicht hätte man Freuds Behandlungsregeln weniger strikt aufgefasst, wenn man gewusst hätte, dass er selbst sie in einem am 4. Januar 1928 an Sándor Ferenczi geschriebenen Brief stark relativiert hat:

> »[M]eine seinerzeit gegebenen Ratschläge zur Technik waren wesentlich negativ. Ich hielt es für das Richtigste herauszuheben, was man nicht tun soll, die der Analyse widerstrebenden Versuchungen aufzuzeigen. [...] Dabei erzielte ich aber, daß die Ge-

horsamen die Elastizität dieser Abmachungen nicht bemerkten und sich ihnen, als ob es Tabuverordnungen wären, unterwarfen. Das müßte einmal revidiert werden, allerdings ohne die Verpflichtungen aufzuheben« (Freud & Ferenczi, 2003, S. 170).

Neben der oft als »*klassische Einsichtstherapie*« bezeichneten Technik hat Freud in seinen Fallbehandlungen aber auch eine zweite – implizite – Technik verwandt, in der er nach dem Muster von »Versuch und Irrtum« experimentierte:

»Der Analytiker, forderte er, habe die optimale Intensität der Übertragungsliebe, die optimale Intensität von Widerstandsdeutungen, den günstigsten Zeitpunkt für gewisse Interventionen, das beste Verhältnis von Versagen und Gewähren herauszufinden, den Angstpegel und den Spannungsgrad auf günstigem Niveau zu halten und seine Technik ganz generell nach dem Krankheitsfall und den vorhandenen Trieben zu modifizieren« (Cremerius, 1982, S. 383).

Zu dieser zweiten Technik lassen sich therapeutische Maßnahmen wie symbolische Wunscherfüllung und Reparationsleistung, die Zuhilfenahme von Suggestion, Erziehung, Ratschlägen und Tröstungen sowie der Einsatz der eigenen Persönlichkeit und subjektiven Wertvorstellungen des Therapeuten rechnen (ebd., S. 381).

Dass Freud selbst kein unpersönlicher und unnahbarer Analytiker war, kann man den Berichten von 20 Patienten und Lehranalysanden über ihre Analyse bei Freud entnehmen, die Johannes Cremerius in seinem Artikel »Freud bei der Arbeit über die Schulter geschaut. Seine Technik im Spiegel von Schülern und Patienten« (1981) ausgewertet hat. Hilda Doolittle schilderte z. B., Freud habe ihr in einer Sitzung einen Goldorangenzweig überreicht, um symbolisch wieder gutzumachen, was ihr in der Kindheit an Unrecht widerfahren war.

Was Cremerius am stärksten verwundert hat, ist die enorme Diskrepanz zwischen seiner Theorie zur Technik und seiner tatsächlich praktizierten Technik. Herbert Will (2003) hat es sehr begrüßt, dass Cremerius der Frage nach Freuds tatsächlicher Praxis nachgegangen ist, denn dessen Behandlungsschriften hätten schwer auf jedem gelastet, der versuchte, ein guter Analytiker zu werden. Diese Last hing sicherlich mit dem Objektivitätsideal und Wahrheitsanspruch zusammen, den Freud zeitlebens vertrat, aber mehr noch mit der zeitweisen Etablierung einer ganz auf die Deutung ausgerichteten, angeblich »klassischen Behandlungstechnik« in den USA (Eissler u. a.), wie es sie in Freuds Ära aber faktisch wohl gar nicht gegeben hat.

Fazit: Es macht einen Unterschied – und gelegentlich einen Unterschied ums Ganze –, wie der Therapeut sich in seinem therapiebezogenen Denken,

Fühlen und Handeln versteht und welche Metaphern er dafür verwendet. Hierbei sind die Möglichkeiten des therapeutischen Selbstverständnisses, wie Freud andeutet, sehr differenziert. Fest steht, dass der Therapeut sich in irgendeiner Form metaphorisch verstehen *muss*, dass dieses Selbstverständnis Dimensionen der Lebenskunst enthält und dass dieses Selbstverständnis in die Behandlung mit eingeht.

### Ausgewählte Literatur

Buchholz, M. B. (1996). Metaphern der »Kur«. Eine qualitative Studie zum psychotherapeutischen Prozess. 2. Aufl. Gießen: Psychosozial-Verlag 2003.
Buchholz, M. B. & Gödde, G. (2005). Das Unbewusste und seine Metaphern. In Dies. (Hrsg.), *Macht und Dynamik des Unbewussten. Auseinandersetzungen in Philosophie, Medizin und Psychoanalyse. Das Unbewusste, Bd. I* (S. 671–712). Gießen: Psychosozial-Verlag.
Carveth, D. L. (1984). Die Metaphern des Analytikers. Eine dekonstruktionistische Perspektive. In M. B. Buchholz (Hrsg.), *Metaphernanalyse* (S. 15–71). Göttingen: Vandenhoeck & Ruprecht 1993.
Cremerius, J. (1979). Gibt es zwei analytische Techniken? In Ders., *Vom Handwerk des Psychoanalytikers: Das Werkzeug der psychoanalytischen Technik, Bd. 1* (S. 187–209). Stuttgart-Bad Cannstatt: frommann-holzboog 1984.
Cremerius, J. (1981). Freud bei der Arbeit über die Schulter geschaut. – Seine Technik im Spiegel von Schülern und Patienten. In Ders., *Vom Handwerk des Psychoanalytikers: Das Werkzeug der psychoanalytischen Technik, Bd. 2* (S. 326–363). Stuttgart-Bad Cannstatt: frommann-holzboog 1984.
Haubl, R. & Mertens, W. (1996). *Der Psychoanalytiker als Detektiv*. Stuttgart: Kohlhammer.
Junker, H. (2005). *Beziehungsweisen. Die tiefenpsychologische Praxis zwischen Technik und Begegnung*. Tübingen: edition diskord.
Mertens, W. & Haubl, R. (1996). *Der Psychoanalytiker als Archäologe*. Stuttgart: Kohlhammer.
Spence, D. P. (1993). Die Sherlock-Holmes-Tradition: Die narrative Metapher. In M. B. Buchholz (Hrsg.), *Metaphernanalyse* (S. 72–120). Göttingen: Vandenhoeck & Ruprecht.
Vasalli, G. (2005). »Wir sind genötigt, ins Dunkle hinaus zu bauen« (S. Freud). Skizze einer Epistemologie der Psychoanalyse aus der Technik. *Psyche – Z Psychoanal, 59*(6), 534–572.

## Sándor Ferenczis Weichenstellung zur »Therapie der emotionalen Erfahrung«

Sándor Ferenczi (1873–1933), der langjährige Weggefährte Freuds, erkannte in den 1920er Jahren zunehmend die Gefahr der Intellektualisierung der psychoanalytischen Behandlungen. Um dem gegenzusteuern, wandte er sich ab 1918 eigenen therapeutischen »Experimenten« zu. Zunächst suchte er stagnierende

Analysen mit einer »aktiven Technik«, die das Erleben stärker ansprechen sollte, wieder in Bewegung zu bringen. In dem gemeinsam mit Otto Rank veröffentlichten Buch *Entwicklungsziele der Psychoanalyse* (1924) postulierte er dann einen (bevorstehenden) historischen Übergang in der psychoanalytischen Technik von einer »Erkenntnisphase« zu einer »Erlebnisphase« (ebd., S. 67f.). Gegen Ende der 1920er Jahre wandte er sich der »Neokatharsis« zu und therapierte mit einer »Relaxationstechnik«. So stellte er der »klassischen Einsichtstherapie« Freuds eine »*Therapie der emotionalen Erfahrung*« gegenüber.

Auf dieser Linie liegen auch die Modifikationen der Behandlungstechnik durch Michael Balint und Donald W. Winnicott, die sie im Umgang mit der Regression ich-schwacher Patienten entwickelten und die zu einer erheblichen Ausweitung des Indikationsbereiches psychodynamischer Therapien führten. In Balints Konzept des »*Neubeginns*« (1968) werden starre, eingeschliffene Beziehungsschemata vorübergehend in primitive Formen aufgelöst, um neue flexible und schöpferische Selbst- und Objektbeziehungen zur Entfaltung kommen zu lassen. In Winnicotts Therapiekonzept (1965) darf der Patient in der Regression seine Gefühle und Wünsche ähnlich unbefangen und unmittelbar wie ein Kind ausdrücken. Der Therapeut gibt dazu die nötige Ich-Unterstützung im Sinne »mütterlichen Besorgtseins« und »Haltens« (holding).

## Zur Biografie

Sándor Ferenczi wurde 1873 in der nordungarischen Stadt Miscolc geboren. Er war das achte von zwölf Kindern eines jüdischen Druckers und Buchhändlers, der früh starb, sodass die Mutter die Verantwortung für die Geschäfte übernehmen musste. Ferenczi, der sehr am Vater hing und ein problematisches Verhältnis zur Mutter hatte, war damals 15 Jahre alt. »Angeregt vom Leben in einem an Büchern und Musik reichen Zuhause, schrieb er bereits zu jener Zeit Gedichte im Stil Heines« (Haynal, 1989, S. 47). Als 17-Jähriger absolvierte er das Abitur am protestantischen Gymnasium in Miscolc, ging anschließend zum Medizinstudium nach Wien und kehrte 1897 nach Budapest zurück. Dort arbeitete er zunächst als Assistenzarzt in einer Abteilung für Prostituierte, ab 1900 in einer Abteilung für Neurologie und Psychiatrie und ab 1904 in einer Poliklinik. Danach eröffnete er eine eigene Praxis als Allgemeinarzt und Neuropsychiater und wurde psychiatrischer Gerichtsgutachter.

Schon als Gymnasiast hatte er Erfahrungen mit Hypnose gesammelt. Durch die Lektüre der *Traumdeutung* und der *Psychopathologie des Alltagslebens* wurde er auf Freud aufmerksam und besuchte ihn erstmals im Frühjahr 1908. Freud war von ihm so beeindruckt, dass er ihn unumwunden einlud, im April 1908 auf dem ersten Psychoanalyse-Kongress in Salzburg einen Vortrag zu halten und ihn anschließend in Berchtesgaden zu treffen, wo er mit seiner Familie die Sommerferien verbrachte. Im darauffolgenden Jahr begleitete Ferenczi Freud auf seiner Vortragsreise in die USA. Aus diesen Begegnungen entwickelte sich eine langjährige Freundschaft und enge Zusammenarbeit. Die Korrespondenz zwischen beiden umfasst mehr als 1.200 Briefe.

1910 beendete Ferenczi seine allgemeinmedizinische Praxis, um sich ganz seiner psychoanalytischen Tätigkeit widmen zu können. Im selben Jahr gab er – in Abstimmung mit Freud – den Anstoß zur Gründung der Internationalen Psychoanalytischen Vereinigung und 1913 beteiligte er sich in führender Position an der Gründung der ungarischen Psychoanalytischen Gesellschaft. Im Ersten Weltkrieg war er Militärarzt. In dieser Zeit gab es zwei mehrwöchige Perioden, in denen er sich von Freud analysieren ließ; er fand die damalige Analyse aber nicht ausreichend.

Während der ungarischen Räterepublik unter Béla Kun hatte Ferenczi 1919 kurzfristig einen neu geschaffenen Lehrstuhl für Psychoanalyse an der Universität Budapest inne, den er aber sofort wieder verlor, als das reaktionäre Horthy-Regime an die Macht kam. Mehr noch, er war nunmehr dem »weißen Terror« dieses Regimes ausgesetzt, weil seine politischen Vorstellungen mit denen der militärisch-klerikalen Machthaber unvereinbar waren und weil er jüdischer Herkunft war. Damals »machte er sehr schwierige Jahre durch: Vor allem wurde er aus dem ungarischen Ärzteverband ausgeschlossen. In den zehn folgenden Jahren zog er sich mehr und mehr in sein Arbeitszimmer zurück und widmete sich seinen psychoanalytischen Forschungen, vor allem über technische Probleme« (Haynal, 1989, S. 55).

In seinem Privatleben hatte er eine schwierige Dreiecksbeziehung mit Gizella Palos, die er 1919 heiratete, und deren Tochter Elma, die er eigentlich heiraten wollte, es aber auf Anraten Freuds nicht tat.

1921 freundete sich Ferenczi mit dem sieben Jahre älteren Georg Groddeck an. An Weihnachten 1921 schrieb er ihm:

> »Nie noch habe ich mich einem Manne gegenüber so freimütig geäußert, auch dem ›Siegmund‹ (Freud) gegenüber nicht ... Zeitweise ließ ich mich durch ihn analysieren (einmal 3, einmal 4–5 Wochen lang), jahrelang reisten wir jeden Sommer zusammen: Ich konnte mich ihm nicht ganz frei eröffnen ... er war mir zu groß, zu viel vom Vater« (Ferenczi & Groddeck, 1986, S. 36f.).

In den folgenden Jahren verbrachte Ferenczi mehrere Kuraufenthalte in Groddecks Sanatorium in Baden-Baden. »Ferenczis Annäherung an Groddeck ging Hand in Hand mit seiner Entfernung von Freud«, schreibt Herbert Will und fährt fort: »Insofern dürfte Freuds zunehmende Skepsis gegenüber Groddeck und Ferenczi auch eine persönliche Komponente gehabt haben« (2003, S. 149).

Durch die gemeinsame Veröffentlichung der *Entwicklungsziele der Psychoanalyse* mit Rank und seine weiteren therapeutischen Experimente manövrierte sich Ferenczi in eine sehr schwierige Außenseiterposition in der Wiener Psychoanalytischen Vereinigung, aus der er bis zu seinem Tode im Jahre 1933 nicht mehr herausfand.

## Therapie der emotionalen Erfahrung versus klassische Einsichtstherapie

Auch wenn Freud die psychischen Erkrankungen nicht nur »als eine historische Angelegenheit, sondern als eine aktuelle Macht« betrachtete, insistierte er in seinen Technischen Schriften darauf, dass die therapeutische Aufgabe »zum guten Teile in der Zurückführung auf die Vergangenheit« bestehe. Für den Therapeuten bleibt »das Erinnern nach alter Manier, das Reproduzieren auf psychischem Gebiete, das Ziel, an welchem er festhält«, und er feiert es als einen »Triumph der Kur«, »wenn es gelingt, etwas durch die Erinnerungsarbeit zu erledigen, was der Patient durch eine Aktion abführen möchte« (Freud, 1914b, S. 131, 133). Die starke Akzentuierung der in der Therapie auszufüllenden Erinnerungslücken wurde zum Stein des Anstoßes in den Technikdebatten der 1920er Jahre, die in der Polarisierung von Einsichts- versus Erlebnistherapie bis heute nachwirken.

Im »Wiederholen« als Übertragung der vergessenen Vergangenheit und im »Durcharbeiten« der Widerstände sah Ferenczi ein Übergewicht kognitiver und genetischer Deutungen. In seinen Experimenten mit einer »*aktiven Technik*« forderte er z. B. phobische Patienten auf, gerade das zu versuchen, wovor sie am meisten Angst hatten, und zwanghaften Patienten legte er nahe, auf ihre – häufig sexuellen – Rituale zu verzichten. Dem lag die Vorstellung zugrunde, »dass jeder solche Versuch frisches, noch unberührtes psychoanalytisches Material zum Vorschein bringt, das ohne diese Aufrüttelung nur viel später oder überhaupt nicht zu erlangen gewesen wäre« (Ferenczi, 1919, S. 60). Von einer aktiveren und stärker das Erleben ansprechenden Behandlungstechnik versprach sich Ferenczi, allzu lange dauernde Analysen, die zu versanden drohten, wieder in Bewegung zu bringen und zu verkürzen.

Auf dem Internationalen Psychoanalytischen Kongress in Budapest von 1918 hat Freud in programmatischer Form darauf hingewiesen, dass »die verschiedenen Krankheitsformen, die wir behandeln, nicht durch die nämliche Technik erledigt werden können«, und in diesem Kontext Ferenczis Experimente mit der »aktiven Technik« ausdrücklich begrüßt (1919, S. 186, 191). Zudem fasste er die damals utopisch erscheinende Möglichkeit ins Auge, eines Tages die Zahl der Analytiker so erhöhen zu können, dass sie zur Behandlung vieler Menschen ausreiche. In diesem Falle würde sich die Aufgabe ergeben, »unsere Technik den neuen Bedingungen anzupassen« und »in der Massenanwendung unserer Therapie das reine Gold der Analyse reichlich mit dem Kupfer der direkten Suggestion zu legieren«. Aus welchen Elementen auch immer sich eine solche »Psychotherapie fürs Volk« zusammensetze, »ihre wirksamsten und wichtigsten Bestandteile werden gewiß die bleiben, die von der strengen, der tendenzlosen Psychoanalyse entlehnt worden sind« (ebd., S. 183, 192f.).

Diese Ausführungen konnten im liberalen Sinne interpretiert, aber auch normativ verstanden werden, denn hier wurde die analytische Behandlung erstmals als »streng« und »tendenzlos« bezeichnet. Auf dieser Linie lag auch Freuds späterer Einwand gegen Ferenczis und Ranks Werk *Entwicklungsziele der Psychoanalyse*. In seinem Brief vom 4. Februar 1924 an Ferenczi warnte er davor, dass man »auf dem dort eingeschlagenen Wege aus der Analyse herauskommen könne«, dass dies »ein Weg für Handlungsreisende« zu werden verspreche (Freud & Ferenczi, 2003, S. 184). Wenige Wochen später erwiderte Ferenczi, dass Rank und er »von der Tendenz getrieben wurden, den Ablauf der Analyse zu beschleunigen«. Sehr viele Analytiker hätten sich »Verlängerungen zuschulden kommen lassen, die *keinen* wissenschaftlichen Ertrag bringen und nur auf die Verkennung der analytischen Situation zurückgeführt werden müssen« (ebd., S. 188; Brief vom 14.02.1924).

Ferenczi und Rank setzten den Hauptakzent auf das *affektive Erleben* in der aktuellen Therapiesituation. Entscheidend sei, dass Affekte erst »aufgefrischt« werden müssen, um überhaupt wirksam zu werden. Den in der psychoanalytischen Situation »stückweise« – und nicht »stürmisch« wie bei der kathartischen Abreaktion – vor sich gehenden Affektablauf bezeichnete er als »*fraktionierte Katharsis*« (Ferenczi & Rank, 1924, S. 235). Die Losung der Autoren hieß: »[W]as uns nicht unmittelbar in der Gegenwart, also real affiziert, muß psychisch unwirksam bleiben.« Im Weiteren proklamierten sie sogar einen historischen Übergang zu einer »*Erlebnisphase*« der analytischen Technik, bei der sie »die entsprechenden Erlebnisse in direkterer Weise *provozieren* und dem Patienten nur dieses ihm natürlich auch unmittelbar evidente Erlebnis *erklären*« (ebd., S. 235, 243).

Ab 1926 stellte Ferenczi der »alten« Katharsis aus den Anfängen der Psychoanalyse eine »*Neokatharsis*« gegenüber und verband sie mit einer neuen Technik. Er hoffte, größere Heilungserfolge zu erzielen, wenn er die einseitige Ausrichtung am Freud'schen »Versagungsprinzip« aufgebe und mehr Nähe, Fürsorglichkeit und Entgegenkommen zeige (1929, S. 476). Viele – vor allem zwangsneurotische – Patienten hätten es als »schier unerschöpfliche Fundgrube von Widerstandssituationen« benützt, bis er sich dazu entschlossen habe, den Patienten diese Waffe »durch Nachgiebigkeit« aus der Hand zu schlagen. Aufgrund solcher gehäuft auftretender Fälle statuierte er neben dem Prinzip der Versagung ein »*Prinzip der Gewährung*«, das er auch »*Relaxation*« nannte. Maßgeblich dafür sei die Erfahrung gewesen, dass in bestimmten Fällen »die strenge und kühle Abgeschlossenheit des Analytikers vom Patienten als die Fortsetzung des infantilen Kampfes mit der Autorität der Erwachsenen erlebt wird« und dass »verdrängter Hass ein stärkeres Fixierungs- und Klebemittel ist als die offen einbekannte Zärtlichkeit«. Beeindruckt war Ferenczi von der Äußerung einer Patientin,

> »deren Vertrauen zu gewinnen mir nach fast zweijährigem hartem Widerstandskampfe mit Hilfe der Nachgiebigkeit gelang. [...] Solange sie mich mit ihren hartherzigen Eltern identifizierte, wiederholte sie in einem fort ihre Trotzreaktionen; nachdem ich ihr aber hierzu jede Gelegenheit entzog, begann sie die Gegenwart von der Vergangenheit zu sondern und nach einigen hysterischen Emotionsausbrüchen sich der Erschütterungen, die sie als Kind durchmachen musste, zu erinnern« (ebd., S. 476ff.).

Bei Mitverwendung der Relaxationstherapie sei es in einer ganzen Reihe von Fällen zu äußerst überraschenden Besserungen gekommen: Sowohl setzten sich die üblichen Rekonstruktionsversuche der Vergangenheit wie gewöhnlich fort. Nachdem es gelungen war, zwischen Arzt und Patient »die Atmosphäre des Vertrauens und das Gefühl vollkommener Freiheit zu schaffen«, meldeten sich bei hysterischen, aber auch bei zwangsneurotischen und nervösen Charakteren

> »plötzlich, und zwar oft erstmalig in einer seit Jahren laufenden Analyse, *hysterische Körpersymptome* [...]. Es war dann nicht schwer, diese Symptome als körperliche Erinnerungssymbole zu verwerten, jedoch mit dem Unterschied, dass diesmal die rekonstruierte Vergangenheit [...] sich der Natur einer wirklichen *Erinnerung* viel mehr näherte, während der Patient nur von Möglichkeiten, höchstens von Graden der Wahrscheinlichkeit sprach und vergeblich nach Erinnerungen lechzte. In einzelnen Fällen steigerten sich nun diese hysterischen Anwandlungen zu einem

förmlichen *Trancezustand*, in dem Stücke der Vergangenheit wiedererlebt wurden [...]. Ohne meine Absicht und ohne die geringste diesbezügliche Massnahme meinerseits kam es also zu beinahe autohypnotisch zu nennenden Ausnahmezuständen, die man nolens-volens mit den Äußerungsformen der *Breuer-Freud*schen *Katharsis* vergleichen musste« (ebd., S. 481f.).

Es bestehe allerdings ein »himmelweiter Unterschied« zwischen dem »kathartischen Abschluss einer langwierigen Psychoanalyse und jenen nur *passager* wirksamen, fragmentarischen Emotions- und Erinnerungsdurchbrüchen« der alten Katharsis. Mit dieser Paläokatharsis habe die Neokatharsis nur weniges gemeinsam. »Das plötzliche Auftreten von Stücken einer alten Technik und Theorie in der modernen Psychoanalyse sollte uns aber nicht erschrecken.« Wir müssten vielmehr immer wieder darauf gefasst sein, »neue Goldadern in den vorläufig verlassenen Stollen zu finden.« Das Erinnerungsmaterial, das durch Ferenczis Neokatharsis zutage gefördert wurde, deutete auf ursprünglich Traumatisches hin (ebd., S. 482f.).

Im Mainstream der postfreudianischen Behandlungstechnik und -kunst war nur noch selten von Katharsis die Rede. Je mehr aber die Handhabung und Analyse der Übertragungs- und Gegenübertragungsdynamik als zentrale Dimension der psychodynamischen Therapieverfahren erkannt wurde, desto stärker trat das affektive Erleben des Patienten und dann zunehmend auch das des Therapeuten bis hin zur wechselseitigen Resonanz ins Blickfeld. Ferenczi leistete damit einer Emotionalisierung psychotherapeutischer Verfahren Vorschub, indem er die therapeutische Arbeit stärker auf Gefühle, Wahrnehmungen und Erfahrungen unbewusster Prozesse fokussierte. Für eine therapeutische Lebenskunst erscheint bedeutsam, dass psychische bzw. existenzielle Problematiken damit affektiv stärker aufgeladen werden; sie rücken dem Individuum gleichsam »näher«, weil die Patienten von Ferenczi stärker über ihre Psyche denn über ihren Verstand bzw. über ihre Vernunft definiert werden.

## Beziehungskunst und therapeutischer Takt

Etwa seit Mitte der 1920er Jahre wendet sich Ferenczi verstärkt der Dynamik der therapeutischen Beziehung zu. Man kann annehmen, dass der enge fachliche Austausch mit Groddeck dabei eine maßgebliche Rolle gespielt hat. Während Freuds Konzepte weitgehend in intrapsychischen Begriffen formuliert sind, entwickeln Ferenczi und Groddeck eine sich für die Erfassung einer Zwei-Personen-

Situation wesentlich besser eignende Sprache, die »tastender, weniger ordnend, alltagssprachlicher und persönlicher auftritt« als diejenige Freuds (Will, 2003, S. 137). Ferenczi distanziert sich nunmehr von dem ich-psychologischen Prinzip, die Patienten erziehen oder nacherziehen zu wollen, das er selbst noch im Rahmen seiner aktiven Technik vertreten hat, und schließt sich Groddecks Plädoyer an, die Patienten nicht bessern zu wollen, sondern sie zur Entfaltung kommen zu lassen (ebd., S. 144). In den therapeutischen Experimenten Ferenczis rückt nunmehr die Bedeutung der »Natürlichkeit« des Therapeuten und seines »*Takts*« ins Blickfeld.

In seinen Überlegungen zur »Deutungskunst« kam Freud 1923 auf den Takt zu sprechen. Wenn man die Einfälle des Patienten in einer Haltung gleichschwebender Aufmerksamkeit auf sich wirken lasse, könne man die Erfahrung machen, dass die Einfälle des Patienten

> »sich gewissermaßen wie Anspielungen an ein bestimmtes Thema herantasteten, und brauchte selbst nur einen Schritt weiter zu wagen, um das ihm selbst Verborgene zu erraten und ihm mitteilen zu können. Gewiß war diese Deutungsarbeit nicht streng in Regeln zu fassen und ließ dem Takt und der Geschicklichkeit des Arztes einen großen Spielraum, allein wenn man Unparteilichkeit mit Übung verband, gelangte man in der Regel zu verläßlichen Resultaten« (1923a, S. 215).

Dabei geht es nicht nur um die Vermeidung von Taktlosigkeiten, sondern darum, mithilfe von Takt und Geschicklichkeit einen »Spielraum« für Verstehen und Deuten zu eröffnen. Takt war für Freud »kein ›unfaßbarer‹ Begriff« und auch »nicht Ersatz für die Begabung des Künstlers, sondern Ergebnis der Anwendung technischer und theoretischer Kenntnisse. Inhaltlich meint Takt die Fähigkeit des Analytikers, für eine richtige Deutung den rechten Zeitpunkt zu wählen« (Gattig, 1996, S. 76).

Im Anschluss an Freud betont auch Ferenczi (1928, S. 381ff.), dass dank der Psychoanalyse »eine Umwandlung der Kunst der Menschenkenntnis in eine Art Handwerk« möglich geworden sei. Zugleich wies er aber der »*persönlichen Gleichung*« des Therapeuten »eine viel größere Bedeutung« als sonst in der Wissenschaft bei. Auch wenn man sich einer gründlichen Analyse der eigenen Person unterzogen habe, gebe es einen »noch immer ungelösten Rest dieser persönlichen Gleichung«, und deshalb sei es

> »vor allem eine Frage des psychologischen Taktes [...], wann und wie man einem Analysierten etwas mitzuteilen [hat], wann man das Material, das einem geliefert

wird, für zureichend erklären darf, um aus ihm eine Konsequenz zu ziehen; in welche Form die Mitteilung gekleidet werden muss; wie man auf eine unerwartete oder verblüffende Reaktion des Patienten reagieren darf; wann man schweigen und weitere Assoziationen abwarten soll; wann das Schweigen ein unnützes Quälen des Patienten ist usw.«.

Wesentlich ist an dieser Stelle, dass der »Spielraum«, der dem Takt des Therapeuten überlassen wird, deutlich erweitert und konkreter als bei Freud beschrieben wird – bis hin zum Schweigen als bewusstem Verzicht auf Deutungen. Hier geht explizite Deutungsarbeit in implizite Beziehungsarbeit über, wobei der Bereich des Gefühlsmäßigen, Nonverbalen und Interaktionellen erheblich erweitert wird. Im Kontrast dazu hat Freud die psychoanalytische Situation nach Analogie eines naturwissenschaftlichen Experiments konstruiert, wobei die »persönliche Gleichung« des Therapeuten zwar nicht gänzlich ausgeschaltet werden kann, aber zu den besonderen Erschwernissen psychoanalytischer Forschung zählt, »die zu eliminieren wir uns bemühen müssen« (1926, S. 249f.).

Im Weiteren bestimmt Ferenczi den Takt als »Einfühlungsvermögen«. Mithilfe des Wissens aus der therapeutischen Erfahrung und der Selbstanalyse werde uns diese Einfühlung davor hüten, »den Widerstand des Patienten unnötig oder unzeitgemäß zu reizen«. Solche Vorsichtsmaßnahmen würden auf die Analysierten den Eindruck der »Güte« machen, auch wenn die Motive der Feinfühligkeit auf intellektueller Einsicht des Therapeuten beruhten. Im Wesentlichen bestehe »kein Unterschied zwischen dem von uns geforderten Takt und der moralischen Forderung, daß man keinem was antun soll, was man unter den gleichen Verhältnissen selber nicht von anderen erfahren möchte« (ebd., S. 383f.).

In einer brieflichen Antwort auf Ferenczis Text äußert Freud, seine bisherigen Ratschläge zur Technik seien »wesentlich negativ« gewesen. Er habe hauptsächlich darauf abgestellt, was man »nicht tun soll«. Dagegen habe er fast alles, was man »positiv tun soll, [...] dem von Ihnen eingeführten ›Takt‹ überlassen« (Freud & Ferenczi, 2003, S. 170; Brief vom 04.01.1928 an Ferenczi). Er lässt aber auch eine gewisse Skepsis anklingen: »So wahr das ist, was Sie über den ›Takt‹ sagen, so bedenklich erscheint mir das Zugeständnis in dieser Form. Alle, die keinen Takt haben, werden darin eine Rechtfertigung der Willkür, d. h. des subjektiven Faktors, d. h. des Einflusses der unbezwungenen Eigenkomplexe sehen« (ebd.). Dieser Einwand hat Ferenczi aber nicht davon abgehalten, dem Takt eine geradezu programmatische Bedeutung für die Regulierung der therapeutischen Beziehung beizumessen (s. u. Kapitel »Der Takt als intersubjektiver Beziehungsregulator«).

## Die Gefahr der Retraumatisierung in der Therapie

Freud hat sich nicht selten skeptisch über die Dynamik in der therapeutischen Beziehung geäußert. Auch wenn der Patient ein Stück Vertrauen mitbringe, können aufgrund

> »der Unlustregungen, die durch das neuerliche Abspielen der Abwehrkonflikte verspürt werden, [...] negative Übertragungen die Oberhand gewinnen und die analytische Situation völlig aufheben. Der Analytiker ist jetzt für den Patienten nur ein fremder Mensch, der unangenehme Zumutungen an ihn stellt, und er benimmt sich gegen ihn ganz wie das Kind, das den Fremden nicht mag und ihm nichts glaubt« (Freud, 1937b, S. 84f.).

Diese Äußerung ist sicher nicht patientenfeindlich zu verstehen, lenkt aber den Blick einseitig auf den *Anteil des Patienten* und betont die Schwierigkeit, »dem Patienten eine der in der Abwehr vorgenommenen Entstellungen aufzuzeigen und sie zu korrigieren«, da dieser (allzu oft) »verständnislos und unzugänglich für gute Argumente« sei (ebd., S. 85).

Stärker als Freud selbst brachten Ferenczi und sein Kollege Otto Fenichel sowie Analytiker aus den nachfolgenden Generationen wie Michael Balint, Leo Stone, Donald W. Winnicott, Heinz Kohut, Christopher Bollas u. a. Phänomene von Empathie- und Taktmängeln aufseiten der Therapeuten zur Sprache und suchten deren Hintergründe aufzudecken (vgl. Junker, 2005; Gödde, 2009). Dabei rückten nicht nur individuelle »Aussetzer« oder Gegenübertragungsreaktionen, sondern die gesamte Therapeut-Patient-Beziehung und ein bestimmtes Verständnis der psychoanalytischen Situation ins Blickfeld.

In seinem *Klinischen Tagebuch* aus dem Jahre 1932, das er wenige Monate vor seinem Tode geschrieben hat, hielt Ferenczi fest, dass sich das vom Therapeuten streng gehandhabte Versagungsprinzip *traumatisierend* auf die Patienten auswirken könne, insbesondere wenn frühere auf Kindheitserfahrungen zurückzuführende Traumata erneuert und verstärkt würden:

> »In den meisten Fällen infantiler Traumata haben die Eltern kein Interesse daran, dem Kind die Vorfälle einzuschärfen, im Gegenteil, fast allgemein wird Verdrängungstherapie geübt: ›Es ist gar nichts‹, ›nichts geschehen‹, ›denk nicht mehr daran‹, ›katonadolog‹ (›Ein Soldat schafft es schon‹), doch nicht einmal geredet wird über Vorfälle von irgend wie hässlicher z. B. sexueller Natur. Solche werden einfach totgeschwiegen, leise Andeutungen des Kindes nicht zur Kenntnis genom-

men oder gar als unbillig abgelehnt, u. zw. mit voller Einmütigkeit der Umgebung, und mit solcher Konsequenz, der gegenüber die Selbstbehauptung des Urteils bald nachgibt« (1932, S. 66).

Für die Therapie sei es hoch problematisch, wenn sich die Therapeuten ähnlich abwehrend wie die Eltern zeigen bzw. kühl und affektlos bleiben, anstatt eigene »Gefühle und Reaktionen der Revolte [...], der Angst, des Schrecks, der Rache, der Trauer und Intentionen zum raschen Hilfebringen, zur Beseitigung und Vernichtung der Ursache [...] und Gefühle des liebevollen Beruhigenwollens« zuzulassen (ebd., S. 65).

In seinem *Klinischen Tagebuch* kommt Ferenczi immer wieder auf Empathie- und Taktmängel von Therapeuten zu sprechen. So konstatiert er die »Gefahr des latenten Sadismus und der Erotomanie« und »ein unberechtigtes Gefühl der Überlegenheit im Analytiker, mit einer gewissen Verachtung des Patienten«, »das Hypokritische in dem Benehmen des Analytikers«, Verletzungen, ohne dem Patienten »eine Chance zu geben zu protestieren oder wegzugehen«, eine »sadistische Prozedur« (ebd., S. 257, 264, 275f.).

Im Rahmen dieser kritischen Auseinandersetzungen hat Freud die Analytiker mit dem Hinweis, sie seien »Personen, die eine bestimmte Kunst auszuüben gelernt haben und daneben Menschen sein dürfen«, in Schutz genommen. Er enthielt sich aber nicht des kritischen Kommentars, dass sie »in ihrer eigenen Persönlichkeit nicht durchwegs das Maß von psychischer Normalität erreicht haben, zu dem sie ihre Patienten erziehen wollen« (Freud, 1937b, S. 93). Diese Einschätzung trug dem *Anteil der Therapeuten* an den in den Therapien zutage tretenden Empathie- und Taktmängeln Rechnung, blieb aber auf der Ebene individueller Unzulänglichkeiten. Erst in den Auseinandersetzungen nach dem Zweiten Weltkrieg wurden die in der therapeutischen Beziehung auftretenden Probleme nicht nur individualisierend einem »schwierigen« Patienten oder einem »unempathischen« Therapeuten angelastet, sondern mit dem sich zwischen den beiden Beteiligten entwickelnden »intersubjektiven Feld« in Verbindung gebracht.

## Die intersubjektive Dimension der therapeutischen Beziehung

Im Anschluss an die technischen Experimente Ferenczis rückte sein ehemaliger Mitarbeiter Michael Balint (1896–1970) den Beitrag des Therapeuten an der Gestaltung und am Gelingen einer Therapie verstärkt ins Blickfeld und betonte, dass nicht nur die Beziehung des Patienten zum Therapeuten, sondern auch die des Therapeuten zu seinem Patienten »libidinös« sei. Kein Mensch könne auf die Dauer eine Beziehung ertragen, die nur auf Versagung beruhe. Daraus ergebe sich zwangsläufig eine dauernd wachsende Spannung, die früher oder später zur Entladung kommen müsse. Entscheidend sei, »wie viel und welche Befriedigung einerseits vom Patienten, andererseits vom Analytiker benötigt wird, um die Spannung in der psychoanalytischen Situation so optimal wie möglich zu halten« (Balint, 1949, S. 266f.). Der Therapeut müsse »eine geeignete Atmosphäre« schaffen, die dem Patienten dazu verhilft, »sich zu eröffnen«, oder negativ formuliert: die Schaffung einer Atmosphäre vermeiden, die den Patienten veranlasst, »sich zu verschließen« (ebd., S. 269f.).

In seinem Buch *Therapeutische Aspekte der Regression* (1968), das eine kritische Auseinandersetzung mit Ferenczis Relaxationstechnik und zugleich eine Weiterführung aufgrund eigener Erfahrungen darstellt, spricht Balint von der »Heilkraft des Objekts« (ebd., S. 193), an dem der Patient neue emotionale Erfahrungen machen könne. Balints spezielles Interesse gilt schwer zu behandelnden Patienten mit präödipalen oder strukturellen Störungen, die sich mit der klassischen Technik nur sehr schwer behandeln lassen. In der analytischen Arbeit unterscheidet er zwei Ebenen: Auf der ödipalen Ebene vollziehe sich alles Geschehen in einer Dreierbeziehung, auf der Ebene der »Grundstörung« hingegen in einer ausschließlichen Zwei-Personen-Beziehung mit der besonderen Gefahr einer »malignen Regression« (ebd., S. 25ff.). Beide Ebenen unterscheiden sich insbesondere durch die Art und den Grad der Regression. Bei der Regression auf die ödipale Stufe gehe es um die Befriedigung versus Versagung von Triebverlangen. Bei der Regression auf die Ebene der Grundstörung fühlt sich der Patient hingegen darauf angewiesen, vom Therapeuten in seiner Existenz »erkannt« und in seiner Individualität angenommen zu werden. Bei dieser Art Regression kommt es weniger auf verbale Prozesse und die »richtige Deutung« als auf die Regulierung der emotionalen Beziehung an:

> »Im Gegensatz zur ›Einsicht‹ als dem Ergebnis einer korrekten Deutung, führt die Schaffung einer richtigen Objektbeziehung zu einem ›Gefühl‹; während ›Einsicht‹ mit ›sehen‹ korreliert ist, hat ›Gefühl‹ mit dem Berühren oder Befühlen zu tun, und das ist [...] die primäre Mutter-Kind-Beziehung« (ebd., S. 195).

Balint nimmt weiter an, dass eine Regression auf die ödipale Ebene in erster Linie vom Charakter des Patienten, seiner Entwicklung in der Kindheit und der Schwere seiner Krankheit abhängt. Die Regression auf die Ebene der Grundstörung sei hingegen »das Ergebnis einer Interaktion zwischen diesem einen Patienten und diesem einen Analytiker«, sodass sie auch »von der Art und Weise abhängt, wie die Regression erkannt, angenommen und vom Analytiker beantwortet wird« (ebd., S. 196). Der Therapeut muss einerseits bereit sein, den Patienten »zu stützen und zu tragen, wie die Erde oder das Wasser einen Menschen trägt«, und auf diese Weise »die Entwicklung einer Art von Vermischung zwischen ihm und dem Patienten zulassen« (ebd., S. 177). Andererseits macht es die »Handhabung der Regression« erforderlich, immer wieder den richtigen emotionalen Abstand herzustellen, um die augenblicklichen Bedürfnisse des Patienten zu erspüren (ebd., S. 217). Bei diesem Ausbalancieren handle es sich um ein »heikles Stück analytischer Arbeit, das aus Nähren, Beschützen, Vermitteln, Betreuen usw. besteht« (ebd., S. 134) und dem nahekommt, was Bion später als »containing« und Winnicott als »holding« bezeichnet hat.

In diesem Kontext berichtet Balint, dass er eines der therapeutischen Experimente Ferenczis, bei dem sich dieser einer Patientin als »primäres Objekt« zu Verfügung gestellt habe, miterleben konnte. Er war mehrere Stunden am Tag und falls nötig auch in der Nacht für die Patientin da und nahm sie auch in seine Ferien mit. Im Ergebnis war die Patientin zwar gebessert, blieb aber abhängig von der therapeutischen Beziehung. Auch bei »großen Experimenten« anderer Therapeuten erkannte Balint ein ähnliches Grundmuster:

> »Die Berichte lesen sich immer ebenso anregend wie betrübend. Es eröffnen sich große Perspektiven: man dringt in unbekannte Tiefen der menschlichen Seele vor und gewährt ungeahnte Möglichkeiten und Kräfte mit menschlicher Beziehung, und doch entgleitet uns endlich das Ganze, und wir bleiben unbefriedigt und enttäuscht zurück« (ebd., S. 138).

Balint selbst scheint einen adäquaten Stil in der Handhabung der Regression entwickelt zu haben. Um eine heilsame Beziehungsqualität zu erreichen, hielt er es für wichtig, dass der Therapeut auf alle nicht unbedingt notwendigen Eingriffe verzichtet und Deutungen möglichst nur dann gibt, wenn er ganz sicher ist, dass der ichschwache Patient sie aushalten kann und »*braucht*« (ebd., S. 219). Problematisch sei die Technik, »alles als Übertragung zu deuten«, da sie eine Versuchung darstellt, sich für die Patienten »zu mächtigen, kenntnisreichen Objekten zu verwandeln« und sie dadurch von sich abhängig zu machen. Statt alles gleich verstehen und deuten zu müssen, sei das Handeln des Therapeuten umso besser, je mehr er »die Ungleichheit zwischen seinem Patienten und sich selbst verringern kann, je weniger er sich dem Patienten aufdrängt und je einfacher er sich gibt« (ebd., S. 210).

Die Erfahrungen mit der von Ferenczi, Balint und Winnicott entwickelten »Regressionstechnik« bei schwer gestörten Patienten führten bei den Selbstpsychologen, den relationalen Analytikern und den Intersubjektivisten zu einer stärkeren Akzentuierung der »*Empathie*« des Therapeuten und einer stärkeren Beachtung der Subtilitäten der therapeutischen Interaktion.

## Unmittelbare Beziehungsregulierung auf der Ebene emotionaler Regeln

Franz Alexander (1891–1964), der in den 1920er Jahren zu den Kritikern Ferenczis und Ranks gehört hatte, näherte sich in den 1940er Jahren an deren »Erlebnistherapie« an. Die Wiederholung der ursprünglichen Konflikte in der Übertragung zum Therapeuten sei nur der erste Schritt in der Therapie; wesentlich sei, dass der Therapeut eine Wiederholung elterlicher Haltungen vermeide. Wenn der Patient an entscheidenden Kreuzwegen seiner Behandlung erfahren kann, dass der Therapeut auf ihn verständnisvoller und toleranter reagiere als seine einschüchternd, emotional abweisend oder hoch ambivalent erlebten Eltern, so kann er in der Übertragung eine »emotional-korrigierenden Erfahrung« machen und dadurch den Mut zu einer inneren Umstellung und Neuorientierung gewinnen (Alexander, 1950, S. 415).

In der Säuglingsforschung hat sich das Konzept eines sehr früh und noch vor der Sprachentwicklung erworbenen »*impliziten Beziehungswissens*« mit begleitenden Gefühlen und Körpersensationen als bedeutsam erwiesen. Während das später entstehende reifere Gedächtnis einem explizit-deklarativen Modus unterliege, bewahre das implizit-prozedurale Gedächtnis Erinnerungen v. a. der ersten zwei Lebensjahre auf, die niemals sprachlich erinnert und mitgeteilt werden können. Die beiden Gedächtnissysteme operieren nebeneinander und ergänzen sich, sind aber höchst unterschiedlich, was zu einem Umdenken in der Therapeutik beigetragen hat. In der Therapie spielen explizite Inhalte der Rede und prozedurale Modi des Sprechens zusammen. Verschiebt sich der Behandlungsfokus bei zunehmendem Grad an strukturellen Defiziten auf die Seite des Prozeduralen, dann kann man von einer »*impliziten Behandlungstechnik*« sprechen, die sich am Prinzip eines entwicklungsfördernden Umgangs mit der therapeutischen Beziehung orientiert (Ermann, 2005).

In diesem Kontext spricht Mertens (2009, S. 46) von einer »*unmittelbaren Beziehungsregulierung auf der Ebene emotionaler Regeln*«. Es komme zu einem Mikroaustausch von Informationen, die

»in Form von Affektäußerungen mimischer, stimmlicher, gestischer und haltungsmäßiger Art erfolgen, die wiederum zu subsymbolischen affektiven Reaktionen führen. Dabei finden Vorgänge des Aushandelns und Einigens, der wechselseitigen Verstärkung und Dämpfung, aber auch des Einanderverfehlens, der Unterbrechung und Wiederherstellung des Rückzugs und der Rückkehr zu einem früheren affektiven Gleichgewicht statt« (ebd.).

Bemerkenswert sind in diesem Zusammenhang die aus der Theaterwelt stammenden Metaphern der »Rollenübernahme« (Sandler, 1976), des Agierens und Mitagierens, des In-Szene-Setzens oder Inszenierens:

> »Der psychoanalytische Raum wird als Bühne aufgefasst, auf der sich nach der unbewussten Regie des Patienten und mit den Antworten des Analytikers Modellsituationen des Patienten und oft natürlich auch des Analytikers inszenieren bzw. reinszenieren. Und das, was sie als ›Spieler‹ ins Bild gesetzt haben, können sie *anschließend* als ›Zuschauer‹ analysieren« (Heisterkamp, 2002, S. 21).

Diese Theatermetaphorik hat im Abendland eine lange Tradition, die immer wieder aufgegriffen wird, um auf Erkenntnis- und Handlungsmöglichkeiten gleichermaßen hinzuweisen. Versteht man die »Welt als Bühne«, dann eröffnen sich nicht nur Distanzierungs-, sondern auch Wahl- und Verbesserungsmöglichkeiten, die man in einer veränderten »Spielpraxis« zum Ausdruck bringen kann.

Die Bostoner Arbeitsgruppe um Daniel Stern ging dann in der Relativierung verbaler, deutender und einsichtsorientierter Wirkfaktoren der Therapie noch einen Schritt weiter und betonte, dass psychische Veränderungsprozesse entscheidend auf gegenwärtig und emotional erlebten Erfahrungen beruhen. Dabei lassen sich drei Gruppen von therapeutisch relevanten »Gegenwartsmomenten« unterscheiden: In einem ganz allgemeinen Sinne ist der Gegenwartsmoment als gefühlte Erfahrung dessen zu verstehen, was in einer kurzen Zeitspanne zwischen einer und zehn Sekunden geschieht. Der »*now moment*« ist ein bedeutsamer, plötzlich wie ein *Kairos* auftauchender Augenblick, der durch Gegenwärtigkeit und durch die Notwendigkeit zu handeln »aufgeladen« ist. Der »*moment of meeting*« folgt gewöhnlich unmittelbar auf einen *now moment*, der ihm gleichsam die Bühne bereitet. Das Besondere an einem solchen Begegnungsmoment ist, dass es zu einem authentischen intersubjektiven Kontakt zwischen Therapeut und Patient und dadurch zu einer starken Veränderung in der »gemeinsamen impliziten Beziehung« kommt (vgl. Stern, 2005, S. 159; Stern et al., 2012).

Dazu ein Beispiel: Ein 20-jähriger Mann war durch die Teilnahme an einer mit Gewalttätigkeiten verbundenen Demonstration in einen panikartigen Schock versetzt worden, der eine Sprechstörung und im Weiteren eine Stimmbandlähmung auslöste. Nach mehreren Wochen äußerte sich die Therapeutin über ihr Erleben in dieser »stumm-sprechenden, notdürftig interagierenden Therapie«:

> »Ich glaube, Sie haben mich in den letzten Stunden etwas fühlen lassen, was kaum auszuhalten, geschweige denn in Worte zu fassen ist. In ihnen ist so viel Verzweiflung, so viel unterdrückte Wut und so viel Resignation, daß Sie von der Vorstellung blockiert sind, selbst ein lautes Schreien könnte Ihnen nicht helfen, sich von dem Furchtbaren zu befreien, das Sie fast ersticken läßt. Alles ist sinnlos, schreien, strampeln, sich wehren. Und ich glaube, Sie haben große Angst, dass Sie einem anderen etwas Schlimmes antun könnten, wenn Sie etwas aus sich herauslassen« (Junker, 2005, S. 192f.).

Die einzelnen Passagen dieser Äußerung lassen sich daraufhin untersuchen, inwieweit sie einen Begegnungsmoment zum Ausdruck bringen. Was mag dazu beigetragen haben, dass die Sprechfähigkeit des Patienten nach dieser Intervention wiederhergestellt war?

> »Mag sich der Patient an seine erstickende Kindheitssituation erinnert haben, an die Hilflosigkeit während der Demonstration, seine die Kehle zuschnürende Sprechunfähigkeit und an die Deutung der Therapeutin – in einer bewußten, ahnenden oder auch sprachlos inneren Weise –, jedenfalls ist die Therapeutin in jeder dieser Situationen bei ihm geblieben.«

Sie hatte die drei Bedrohungen des Patienten ausgehalten und aufgrund ihrer emotionalen Präsenz mit ihm »eine verdichtete psychische Situation der Teilhabe« erleben können, die sich als heilsam erwies (ebd., S. 195).

Mit der stärkeren Ausrichtung der Psychoanalyse an implizitem Beziehungswissen und nonverbaler Kommunikation, Begegnungsmomenten und Enactments hat Freuds Statement, dass die Katharsis »immer noch als Kern in ihr enthalten« sei (1924, S. 409), wieder an Gewicht gewonnen. Zugleich wird mit der Fokussierung auf die Gegenwärtigkeit auch auf einen Aspekt der (nietzscheanischen) Lebenskunst abgehoben, der auf die Bedeutung des gelebten Augenblicks und auf die Form dieser Präsenz hinweist. In psychotherapeutischen Prozessen gibt es erkennbare Momente, in denen sich, hoch verdichtet, entscheidende Entwicklungen anbahnen. Es gibt hier Momente der Präsenz, in denen man

Unterbrechungserfahrungen, Kipperfahrungen und Prozesserfahrungen machen kann. Diese Erfahrungen sind insofern bedeutsam, als sie »Katharsis«, d. h. Veränderungen in den affektiven Stimmungen, den Einsichten und den Handlungsoptionen ermöglichen.

### Ferenczis Rehabilitierung und Nachwirkung

Den Hauptgrund für den tragischen Konflikt zwischen Freud und Ferenczi sah Balint in dem technischen Problem, wie man mit regredierten Patienten umgehen solle, die eine starke Übertragung entwickeln. »Der Eindruck dieses Zwiespalts war so schmerzlich, daß die analytische Bewegung zunächst mit Verleugnung und Stillschweigen reagierte, einem Schweigen, das erst in den letzten Jahren gebrochen worden ist« (Balint, 1968, S. 182).

Was zur Entfremdung zwischen Freud und Ferenczi beitrug, war die polarisierende Zuspitzung des Gegensatzes von *Erkennen versus Erleben*:

> »Der Patient wird in Ferenczis und Ranks Lehre nicht unmittelbar der Deutung ausgesetzt, sondern er möge sich einem erlebensbezogenen, kathartischen Vorgang in der Analyse hingeben. Der Sinn sei, daß der Analytiker das Material des Patienten nicht sofort deutet, es ›wiederholen‹ und dann ›durcharbeiten‹ läßt, sondern dem Sprechen des Patienten einen weiteren Wert zubilligt, nämlich im Sprechen das Noch-nicht-Erinnerte affektiv auszudrücken« (Junker, 2005, S. 39f.).

Als Therapeut hat Ferenczi im Unterschied zu Freud mehr die mütterliche Beziehungswelt exploriert und daher eine im Verhältnis zur klassischen Technik veränderte Grundhaltung eingenommen: eher die einer »zärtlichen Mutter« als die eines strengen Vaters. Auch der therapeutische Umgang mit der Deutung ist bei ihm stark verändert: Die therapeutische Beziehung hat Priorität. Freud hat mit Blick auf Ferenczi ironisch von einer »Technik der Mutterzärtlichkeit« gesprochen. Die nachfolgende Analytiker-Generation orientierte sich wieder verstärkt am Abstinenzprinzip und hielt Ferenczi für obsolet, bis der Anteil des Analytikers am Gelingen der therapeutischen Beziehung ins Blickfeld gerückt und erkennbar wurde, dass Ferenczi in seiner Person eine Haltung der »Natürlichkeit«, der Aufrichtigkeit und des Respekts für die Patienten verkörperte, die nunmehr als vorbildlich erschien. Man kann von einer Rehabilitierung Ferenczis sprechen, die wesentlich dazu beitrug, dass die Weichen für die »Therapie der emotionalen Erfahrung« gestellt wurden.

Heute gilt Ferenczi als Gallionsfigur der experimentellen Therapeutik in der Psychoanalyse. Balint, Winnicott, Cremerius u. a. haben allerdings gewisse Übersteigerungen und Entgrenzungen in Ferenczis Therapeutik korrigiert. In der weiteren Entwicklung haben sich eine ganze Reihe vom psychoanalytischen Standardverfahren abweichender Therapieformen etabliert, welche die Annahme, dass der Behandlungserfolg in erster Linie von der »richtigen« technischen Anwendung der »richtigen« Theorie abhängen soll, infrage stellen; sie halten eine größere Aktivität und Flexibilität des Therapeuten für sinnvoll und akzentuieren das affektive Erleben des Patienten als Therapiefaktor wesentlich stärker als die Gewinnung von Einsichten und die Rekonstruktion der Kindheitsgeschichte.

Wird die »Klassische Einsichtstherapie« durch die Parameter »Übertragung – Wiederholung (als Widerstand) – reine (Übertragungs-)Deutung« bestimmt, so lässt sich die »Therapie der emotionalen Erfahrung« mit den Stichworten »Beziehung – Innovation – Hier und Jetzt – best mothering possible« charakterisieren (vgl. Thomae, 1983, S. 31).

Die polarisierende Gegenüberstellung von »paternistischer Vernunfttherapie« und »maternaler Liebestherapie« erscheint allerdings fraglich, allein schon wenn man sich die Anforderungen der täglichen Therapiepraxis vor Augen hält: »Niemand kann 8 Stunden am Tage von Gefühlen unbewegt ein Spiegel sein, der bloß reflektiert – und niemand kann 8 Stunden am Tage seine Patienten lieben wie eine Mutter« (Cremerius, 1979, S. 208). Zudem weisen neuere Forschungen zu kognitiven und emotionalen Leistungen darauf hin, dass eine schlichte Dichotomie der Rationalität auf der einen und der Emotionalität auf der anderen Seite der komplexeren menschlichen Wirklichkeit nicht gerecht wird: Denn jede Art der Rationalität ist schon emotional und jede Emotion hat ihre eigene Form der Rationalität. Eine therapeutische Lebenskunst rückt genau diese rationalen und emotionalen Mischungen und Legierungen in den Blick, um somit jeglichen Rationalismus oder Emotionalismus zu unterlaufen.

## Ausgewählte Literatur

Balint, M. (1968). *Therapeutische Aspekte der Regression*. Reinbek: Rowohlt 1973.
Bittner, G. (1998). *Metaphern des Unbewussten. Eine kritische Einführung in die Psychoanalyse*. Stuttgart: Kohlhammer.
Cremerius, J. (1979). Gibt es *zwei* analytische Techniken? In Ders., *Vom Handwerk des Psychoanalytikers: Das Werkzeug der psychoanalytischen Technik*, Bd. 1 (S. 187–209). Stuttgart-Bad Cannstatt: frommann-holzboog 1984.

Ferenczi, S. (1930). *Relaxationsprinzip und Neokatharsis*. In Ders., *Bausteine zur Psychoanalyse*, Bd. III (S. 468–489). 3. Aufl. Frankfurt, Berlin und Wien: Ullstein 1984.
Ferenczi, S. (1932). *Ohne Sympathie keine Heilung. Das klinische Tagebuch von 1932*. Frankfurt/M.: Fischer 1999.
Ferenczi, S. & Rank, O. (1924). *Entwicklungsziele der Psychoanalyse*. Leipzig, Wien und Zürich: Internationaler Psychoanalytischer Verlag.
Haynal, A. (1989). *Die Technik-Debatte in der Psychoanalyse. Freud, Ferenczi, Balint*. Frankfurt/M.: Fischer.
Junker, H. (2005). *Beziehungsweisen. Die tiefenpsychologische Praxis zwischen Technik und Begegnung*. Tübingen: edition diskord.
Thomä, H. (1983). Erleben und Einsicht im Stammbaum psychoanalytischer Techniken und der »Neubeginn« als Synthese im »Hier und Jetzt«. In S.O. Hoffmann (Hrsg.), *Deutung und Beziehung* (S. 17–43). Frankfurt/M.: Fischer.
Winnicott, D.W. (1965). *Reifungsprozesse und fördernde Umwelt*. München: Kindler 1974.

## Theodor Reiks intuitionistische Therapiekonzeption und ihre Weiterentwicklung

Theodor Reik (1888–1969) gehört zu den produktivsten und meistgelesenen Schriftstellern in der psychoanalytischen Bewegung. Sein Gesamtwerk umfasst mehr als 50 Bücher und eine Fülle von Aufsätzen und Rezensionen. Nach dem Abitur begann er 1907 mit dem Studium an der Universität Wien, wo er im Hauptfach Psychologie, in den Nebenfächern Deutsche und Französische Literatur belegte. Auch Philosophie und Religionswissenschaften, Kunst und Musik gehörten zu seinen Interessengebieten. Schon als Student nahm er 1910 Kontakt zu Freud auf, nachdem er dessen *Traumdeutung* mit Begeisterung gelesen hatte. 1911 schloss er sich der Wiener Psychoanalytischen Vereinigung an und besuchte deren wöchentlich stattfindende Sitzungen. 1912 brachte er sein Studium mit der Promotionsarbeit *Die Psychogenese von Flauberts »Versuchung des hl. Antonius«* zum Abschluss; sie gilt als erste psychoanalytische Doktorarbeit.

Freud hat schon frühzeitig das geistige und schriftstellerische Potenzial Reiks erkannt. Nach dessen Promotion riet er ihm von einem Medizinstudium ab und legte ihm nahe, sich auf die Psychoanalyse zu konzentrieren – als Interpretationswissenschaft, aber auch als therapeutische Praxis. Daher entschloss sich Reik 1914/15, bei Karl Abraham in Berlin eine Lehranalyse zu absolvieren. Im Ersten Weltkrieg war er Offizier der österreichischen Kavallerie und wurde wegen Tapferkeit ausgezeichnet. Nach Kriegsende lebte er wieder in Wien und praktizierte – neben seiner Tätigkeit als Sekretär der Wiener Psychoanalytischen Vereinigung und schriftstellerischen Arbeiten – als »Laienanalytiker«. Da ihm als Nicht-

Mediziner keine Heilbehandlungen erlaubt waren, reichte die Anzeige eines unzufriedenen Patienten aus, um 1925 einen Prozess wegen Kurpfuscherei in Gang zu bringen. Das aufwendige Verfahren wurde schließlich mangels Beweises eingestellt. 1928 siedelte Reik mit seiner Familie nach Berlin über, baute dort eine erfolgreiche psychoanalytische Praxis auf und wurde Dozent und Lehranalytiker am Berliner Psychoanalytischen Institut. Nach der »Machtergreifung« der Nationalsozialisten emigrierte er 1933 nach Den Haag und 1938 in die USA, wo er sich in New York niederließ.

Reik war mit Freud bis zu dessen Tode im Jahre 1939 freundschaftlich verbunden. In den USA stellte er jedoch Freuds triebtheoretische Konzeption zunehmend infrage. Er glaubte nicht mehr an die alles entscheidende Bedeutung der frühkindlichen Sexualität und die Formel von der Neurose als Triebschicksal und näherte sich ich-psychologischen und neopsychoanalytischen Positionen an.

In New York hatte er als Laienanalytiker wiederum große Schwierigkeiten, aber diesmal mit seinen medizinischen Fachkollegen innerhalb der Psychoanalyse. Daher gründete er 1948 mit einer Gruppe von Anhängern eine eigene Fachgesellschaft, die »National Psychological Association for Psychoanalysis« (NPAP), die auch Nicht-Mediziner aufnahm. Ihr war auch eine Klinik (»Theodor Reik Clinic«) angeschlossen.

In unserem Kontext ist von Interesse, dass Reik zu den Psychoanalytikern der ersten Generation gehört, die sich intensiv und profiliert mit den subtilen Fragen der psychoanalytischen Behandlungsführung und insbesondere mit dem Anteil des Therapeuten am therapeutischen Prozess auseinandergesetzt haben. Es waren mehrere Konzepte Freuds, die für Reiks Behandlungstheorie und -praxis maßgeblich waren und blieben:
➢ die gleichschwebende Aufmerksamkeit,
➢ der therapeutische Rapport zwischen dem Unbewussten des Patienten und dem des Therapeuten,
➢ die damit verbundene Telefonreceiver-Metapher und
➢ die für notwendig gehaltene Selbsterfahrung und Selbstanalyse des Therapeuten.

Seit den 1930er Jahren wandte sich Reik in polemischer Form gegen die von Wilhelm Reich und Otto Fenichel forcierte Entwicklung einer psychoanalytischen Behandlungs-»Technik«. Er war nicht generell gegen die Verfeinerung der therapeutischen Methoden und damit verbundene strategische Überlegungen, räumte aber der ästhetischen Erfahrung, den künstlerischen Aspekten der Behandlung, den geistigen Voraussetzungen und der Persönlichkeit des Therapeuten eine Vorrangstellung ein. Eine erste Synthese seiner Überlegungen stellt sein Werk *Der überraschte Psychologe* mit dem Untertitel *Über Erraten und Verstehen unbewusster Vorgänge* (1935) dar. In seinem Hauptwerk *Hören mit dem dritten Ohr* (1948) entfaltet er eine Konzeption der Behandlungs-»Kunst«, in der er der unbewussten Intuition des Therapeuten besondere Bedeutung beimisst.

Freuds Modell der »gleichschwebenden Aufmerksamkeit« und Reiks Konzeption des »Hörens mit dem dritten Ohr« finden aktuell wieder mehr Beachtung (Bozetti et al., 2014). Von ihnen lässt sich eine Brücke zu Bions analytischer Grundhaltung schlagen, die er als »rêverie« im Sinne von träumerischem Einfühlungsvermögen bezeichnet hat (Bion, 1970). Zu denen, die sich in den Bahnen von Reiks und Bions Überlegungen zur therapeutischen Haltung bewegen, gehört auch Ralf Zwiebel (2013). Er hat verschiedene therapeutische Grundhaltungen herausgearbeitet, von denen die des »präsenten« Analytikers den therapeutischen Konzeptualisierungen Reiks nahekommt. Nach Mertens (2015) gibt es aber neben dem Hören mit dem dritten Ohr, das Anklänge an Mystifizierung hat, auch andere Modi des (Zu-)Hörens, deren Vor- und Nachteile einer genaueren Untersuchung bedürfen.

### Zur Biografie

Reik wurde 1888 in Wien geboren und wuchs in einer jüdischen Familie auf. Der Vater arbeitete bei der Bahn. Sein Gehalt reichte kaum aus, um die kinderreiche Familie über Wasser zu halten. Die Familie war nicht nur von Enge und Armut, sondern auch von Disharmonie und Streit geprägt. Es gab heftige Auseinandersetzungen zwischen seinem Vater und seinem Großvater mütterlicherseits. Während der fromme Großvater sich streng nach den Regeln und Ritualen der jüdischen Religion richtete, hatte der Vater sich von ihnen abgewandt. Der junge Reik fühlte sich lange Zeit zwischen beiden Standpunkten hin- und hergerissen. Schließlich entschied er sich für die atheistische Position seines Vaters, bewahrte sich aber eine tiefe Verbundenheit mit dem Judentum. In seinem antisemitischen Umfeld sah sich der junge Reik mit vielfältigen Kränkungen und Demütigungen konfrontiert.

War der Vater ein fröhlicher und geselliger Mensch, so neigte die Mutter zu depressiven Verstimmungen und zog sich oft in ein dunkles Zimmer zurück. Sie hatte vor Theodors Geburt vier Kinder durch den Tod verloren. Ihr blieben zwei Söhne, die 14 und 15 Jahre älter waren als ihr jüngster Sohn, und eine Tochter, die zwei Jahre jünger war. Reik hing sehr an seiner Mutter und war von ihrer depressiv-masochistischen Lebenseinstellung stark beeinflusst. Er erinnert sich, sein Vater habe ihm schon im Alter von neun Jahren – als *self-fulfilling prophecy* – zugetraut, dass aus ihm ein Schriftsteller werden könne. Seit der Pubertät widmete er sich immer mehr seinen Büchern, und nachdem sein Vater gegen Ende seiner Schulzeit gestorben war, entwickelte er die Zwangsidee, jede Zeile von Goethe, seinem literarischen Vorbild und imaginären Vaterersatz, lesen zu müssen. Dies zeigt, dass er sein Leben frühzeitig »im alten Sinne des europäischen Bildungsideals mit humanistischer Gelehrsamkeit ausfüllte« (Cremerius, 1976, S. 7).

Von früh an suchte er die Anlehnung an starke Vaterfiguren, insbesondere an die Schriftsteller Arthur Schnitzler und Richard Beer-Hofmann, bis Freud 1910 in sein Leben trat und dann Jahrzehnte lang sein wichtigster Mentor war.

In seinen ersten Büchern und Aufsätzen wie z. B. *Schnitzler als Psycholog* (1913) wandte er die psychoanalytische Methode innerhalb der Literaturwissenschaft an. Nachdem Freuds Abhandlung *Totem und Tabu* (1913) erschienen war, galt sein besonderes Interesse religionspsychologischen Fragen. In *Die Pubertätsriten der Wilden* (1915) und *Der eigene und der fremde Gott* (1923) kam er immer wieder auf die Ermordung des Urvaters, die er quasi als Erbsünde der Menschheit verstand, und auf den Ödipuskomplex als umfassendes Erklärungsprinzip zu sprechen. Darüber hinaus leistete er wichtige Beiträge zur psychoanalytischen Kriminologie wie *Geständniszwang und Strafbedürfnis* (1925) und *Der unbekannte Mörder* (1932). Die Beschäftigung mit Phänomenen der Zwangsneurose, des unbewussten Schuldgefühls und Strafbedürfnisses ziehen sich wie ein roter Faden durch sein Werk.

Nach dem Ersten Weltkrieg gehörte Reik als Sekretär der Wiener Psychoanalytischen Vereinigung zu Freuds engsten Mitarbeitern. Mit Hanns Sachs und Otto Rank machte er sich um die Anwendung der Psychoanalyse auf die Geisteswissenschaften verdient, sodass man von der »psychoanalytischen Triade« sprach. Anlässlich der »Affäre Reik« setzte sich Freud öffentlich für ihn ein und vertrat in seiner Streitschrift »Die Frage der Laienanalyse« den Standpunkt, dass die Psychoanalyse in erster Linie eine *psychologische* Behandlung sei. Die medizinische Ausbildung sei hingegen »ungefähr das Gegenteil« von dem, was ein Arzt als Vorbereitung zur Psychoanalyse brauche (Freud, 1926, S. 262).

> »Die Ärzte, deren Interesse für die psychischen Faktoren des Lebens nicht geweckt worden ist, sind nun allzu bereit, dieselben gering zu schätzen und als unwissenschaftlich zu bespötteln. […] Darum verfallen sie der laienhaften Respektlosigkeit vor der psychologischen Forschung und machen sich ihre Aufgabe leicht« (ebd., S. 264).

Entscheidende Voraussetzung für die therapeutische Tätigkeit sei eine qualifizierte Ausbildung. Ob der Ausgebildete Arzt sei oder nicht, sei für den Patienten »gleichgültig«. Ungleich wichtiger sei es für ihn, dass der Therapeut »über die persönlichen Eigenschaften verfügt, die ihn vertrauenswürdig machen, und dass er jene Kenntnisse und Einsichten sowie jene Erfahrungen erworben hat, die ihn allein zur Erfüllung seiner Aufgabe befähigen« (ebd., S. 279). Neben den medizinischen Grundlagen müsse eine psychoanalytische Ausbildung auch Fächer wie »Kulturgeschichte, Mythologie, Religionspsychologie und Literaturwissenschaft [umfassen]. Ohne eine gute Orientierung auf diesen Gebieten steht der Analytiker einem großen Teil seines Materials verständnislos gegenüber« (ebd., S. 281). Freuds dezidiertes Eintreten für die Laienanalytiker führte zu anhaltenden Kontroversen in der psychoanalytischen Bewegung. In den USA hat man sich jahrzehntelang dagegen gewehrt, Psychologen zur psychoanalytischen Ausbildung zuzulassen.

Im Jahre 1930 nahm Freud seinen Schüler einige Monate in Analyse. Reik war in eine seelische Krise geraten, nachdem er sich jahrelang für seine schwerkranke und anspruchsvolle Frau aufgeopfert hatte. Vor seiner Abreise in die USA flog er noch einmal nach Wien, um sich von Freud zu verabschieden. Über diese letzte Begegnung schrieb er:

> »Wir wußten beide, daß wir uns nicht wiedersehen würden. [...] Er legte seinen Arm auf meine Schultern und sagte: ›Ich habe Sie immer gemocht.‹ (Er hatte nie zuvor etwas Ähnliches gesagt.) Als ich wortlos den Kopf neigte, sprach er mit leiser, aber fester Stimme, wie um mich zu trösten: ›*Menschen, die zusammengehören, muß man nicht zusammenschmieden.*‹ Ich habe mir diesen trostreichen Satz seither viele Male gesagt, wenn ich in den folgenden Jahren an ihn dachte [...]. Ich sagte ihn wieder, als einige Analytiker meinten, ich sei von Freud abgefallen, weil ich entdeckt hatte, daß einige seiner theoretischen Konzepte im Lichte neuerer Forschung verändert werden mußten. Diese Ansicht, ich sei ein Abtrünniger geworden, ist so dumm, daß sie keine Widerlegung verdient« (Reik, 1948, S. 523).

Nach seiner Emigration stieß er bei den New Yorker Psychoanalytikern auf Reserviertheit: »Die meisten Mitglieder der New York Psychoanalytic Society behandelten mich sehr von oben herab. Man ersuchte mich ernsthaft, nicht psychoanalytisch tätig zu werden, was einem Praxisverbot gleichkam« (Reik, 1956, S. 119). Da er sich weigerte, eine Erklärung abzugeben, dass er als Nichtarzt Psychoanalyse nur lehre, nicht aber praktiziere, verweigerte ihm die New Yorker Psychoanalytische Vereinigung die volle Mitgliedschaft. Die Nichtanerkennung entmutigte ihn aber nicht, sondern löste geradezu eine Trotzreaktion aus. In den folgenden Jahrzehnten entfaltete er eine erstaunliche Schaffenskraft. Er gab die Zeitschrift *The Psychoanalytik Review* heraus und publizierte eine Vielzahl von Artikeln und Büchern, unter denen die beiden Werke *Aus Leiden Freuden – Masochismus und Gesellschaft* (1940) und *Hören mit dem dritten Ohr* (1948) herausragen. Des Weiteren widmete er sich der Frage, welche unbewussten Motive der Kreativität von Schriftstellern wie Goethe, Shakespeare, Dostojewski u. a. zugrunde liegen. In der Spätphase seines Schaffens schrieb er mehrere Bücher über die Thematik von Liebe und Sexualität. Seine Schriften enthalten viele autobiografische Mitteilungen über seine Familie, seine Eheprobleme und seine eigenen Gedanken, Phantasien und Träume und dienten ihm dazu, sein individuelles Schicksal als Psychoanalytiker und Jude für andere transparent zu machen. Oft lockerte er seine theoretischen Ausführungen durch Anekdoten und Fallbeispiele aus seiner therapeutischen Praxis auf.

Theodor Reik starb 1969 im Alter von 81 Jahren in New York.

## »Hören mit dem dritten Ohr«

Seit den Berliner Jahren (1928–1933) hatte die Thematik der psychoanalytischen Behandlung für Reik einen hohen Stellenwert. Dies lag an den durch Ferenczi und Sachs (1925) ausgelösten Kontroversen, an den Lehrveranstaltungen, die Reik am Berliner Psychoanalytischen Institut durchführte, und nicht zuletzt an den von den Kollegen Wilhelm Reich und Otto Fenichel vertretenen Positionen, die ihn zu kritischen Stellungnahmen herausforderten. Zum ersten Mal nahm er dazu 1932 in einem Vortrag auf dem 12. Internationalen Psychoanalytischen Kongress in Berlin Stellung. Bereits in diesem Vortrag und dem darauf aufbauenden Artikel »New Ways in Psychoanalytic Technique« (1933) maß er der aus dem Unbewussten stammenden »Intuition« des Analytikers vorrangige Bedeutung im therapeutischen Prozess bei. In den beiden Werken *Der überraschte Psychologe* (1935) und *Hören mit dem dritten Ohr* (1948) führte er seine Überlegungen zur unbewussten Intuition detailreich aus und ließ sie in eine beeindruckende Gesamtdarstellung einmünden.

Eine maßgebliche Anregung zu seiner Auffassung von der unbewussten Intuition verdankte er der von Freud empfohlenen Haltung, der Therapeut möge den Assoziationen des Patienten mit gleichschwebender Aufmerksamkeit folgen und sich seinem »unbewussten Gedächtnis« überlassen. Die unwillentliche Aufmerksamkeit ermögliche ihm am ehesten,

»alles ihm Mitgeteilte für die Zwecke der Deutung, der Erkennung des verborgenen Unbewußten zu verwerten, ohne die vom Kranken aufgegebene Auswahl durch eine eigene Zensur zu ersetzen, in eine Formel gefaßt: er soll dem gebenden Unbewußten des Kranken sein eigenes Unbewußtes als empfangendes Organ zuwenden« (Freud, 1912b, S. 381).

Die Eindrücke, die auf den Therapeuten einstürmen, seien in aller Regel zu stark und vielfältig, als dass er sie sofort in ihrer tieferen Bedeutung verstehen könnte. Daher komme es im analytischen Prozess darauf an, die Mitteilungen des Patienten in seinem Inneren nachwirken zu lassen und in sich hineinzuhören, wie seine eigene innere Stimme auf diese Botschaft reagiert. In dieser Phase würden in seinem Gefühls- und Phantasieleben mancherlei Vermutungen und Spekulationen auftauchen, aber er müsse sich Zeit lassen, bis eine Idee über die zentralen Verdrängungen des Patienten in ihm gereift sei. Nur wenn er sich dabei der »Führung« seiner Intuition überlasse, könne er zu wesentlichen Einsichten gelangen.

In diesem Erkenntnisprozess unterscheidet Reik (1948, S. 149) drei Schritte:
➤ Der erste Schritt beginnt mit der bewussten oder potenziell bewussten Wahrnehmung mittels unserer Sinnesorgane und führt bis zu einem Punkt, wo eine »*unbewusste Wahrnehmung*« ins Spiel kommt, wobei man dann »eher von Instinktlesen als von Gedankenlesen sprechen kann« (ebd., S. 159).
➤ Der zweite Schritt besteht in der Verarbeitung (»Einverleibung«) des unbewusst Wahrgenommenen, und
➤ der dritte Schritt im Wiederauftauchen der vorübergehend in der Latenz gehaltenen Eindrücke, die jetzt neu erlebt und artikuliert werden können. Von besonderem Interesse sind dabei psychologische »*Schlüsselgedanken*«, die sich auf Intuitionen beziehen und uns helfen, Dinge zu entdecken, die immer da waren, aber die wir nicht gleich sahen (ebd., S. 232).

Die therapeutische Kommunikation, die von unbewussten Wahrnehmungen ausgeht, ist nach Reik »nicht so sehr ein Herz-zu-Herz-Gespräch wie ein Trieb-zu-Trieb-Gespräch« (ebd., S. 165). Wenn er betont, die »Instinkte« seien manchmal klüger als unsere bewusste »Intelligenz«, fühlt man sich an Schopenhauers Primat des Willens vor dem Intellekt und Nietzsches Konzeption der Vernunft des Leibes erinnert (vgl. Gödde, 1999).

In diesem Kontext hat Reik seine Metapher vom »*Hören mit dem dritten Ohr*« eingeführt. Das dritte Ohr könne gleichsam auf zwei Kanälen hören: »Es kann erfassen, was andere Leute nicht sagen, sondern nur fühlen und denken; es kann aber auch nach innen gerichtet werden. Es kann Stimmen aus dem Innern hören, die sonst nicht hörbar sind, weil sie vom Lärm unserer bewußten Gedankenprozesse übertönt werden« (Reik, 1948, S. 169).

Der Ausdruck drittes Ohr stammt von Nietzsche (1886, Aph. 246, S. 189). Man brauche ein »feines geduldiges Ohr« für subtile Wahrnehmungen, das aber vielen fehle: »Man hat zuletzt eben ›das Ohr nicht dafür‹: und so werden die Gegensätze des Stils nicht gehört, und die feinste Künstlerschaft ist wie vor Tauben *verschwendet*« (ebd.). An anderer Stelle heißt es bei Nietzsche:

> »Es giebt mehr Götzen als Realitäten in der Welt: das ist *mein* ›böser Blick‹ für diese Welt, das ist auch mein ›böses *Ohr*‹. […] Hier einmal mit dem *Hammer* Fragen stellen und, vielleicht, als Antwort jenen berühmten hohlen Ton hören, der von geblähten Eingeweiden redet — welches Entzücken für Einen, der Ohren noch hinter den Ohren hat, — für mich alten Psychologen und Rattenfänger, vor dem gerade Das, was still bleiben möchte, *laut werden muss*« (1888a, S. 57f.).

Bei der Einführung der Metapher vom »*dritten Ohr*« als Wahrnehmungsorgan für das Unbewusste hat Reik betont, dass das Verdrängte nichts Mystisches, sondern das Produkt emotionaler und geistiger Bildungsprozesse sei. Voraussetzung dafür ist, dass der Analytiker nicht nur auf willentliche – zielgerichtete – Aufmerksamkeit setzt, die von vornherein um ihren Gegenstand weiß, eine bestimmte Richtung einschlägt und im Erkenntnisprozess weitgehend berechenbar ist. Bei der ungesteuerten Aufmerksamkeit kommt es hingegen zu einem Zurückziehen der Besetzung, die mit einer Offenheit für die Aufnahme vielfältiger Reize, auch und gerade aus dem Unbewussten, einhergeht. Dadurch wird das Auftauchen plötzlicher Ideen erleichtert und es kann zu Überraschungseffekten kommen, mit denen man vorher nicht gerechnet hat.

Was Reik selbst dabei erlebt hat, ist von anderen Analytikern wie z. B. von Ralf Zwiebel (2013) bestätigt worden:

> »Bei mir geht dem Auftauchen einer Vorstellung aus den tieferen oder entlegeneren Ebenen des Denkens den Bruchteil einer Sekunde lang ein Entfremdungsgefühl voraus, ein schnell vorübergehendes Gefühl von Geistesabwesenheit, sogar von Umnebelung. Es ist, als werde eine analytische Wahrnehmung dieser Art durch einen Moment der Verfinsterung angekündigt. Vielleicht ist diese momentane ›Abwesenheit‹ nur ein Zeichen des unbewußten Widerstandes gegen die Wahrnehmung, die ins Bewußtsein drängt, sozusagen das Signal ihres unmittelbar bevorstehenden Auftauchens« (ebd., S. 224).

Daher muss der Therapeut warten können, bis eine Erkenntnis in ihm soweit gereift ist, dass sie von selbst kommt. Es bedarf eines Aha-Erlebnisses, das sich nach einem mehr oder weniger langen Schwebezustand einstellt.

In diesem Kontext schildert Reik folgenden Fall aus seiner Praxis: Ein 35-jähriger Architekt wandte sich an ihn, weil er unter einer schweren Depression litt. Er hatte gerade den Bau eines großen Gebäudes mit vielen Wohnungen zum Abschluss gebracht. Im Nachhinein hatten ihn aber gravierende Zweifel hinsichtlich der Sicherheit des Gebäudes erfasst.

> »Zuerst glaubte er, diese Zweifel wie andere zufällige Gedanken abschütteln zu können, aber sie seien immer wieder gekommen und immer intensiver geworden. Schließlich führten sie so weit, daß sich in ihm die schreckliche Überzeugung festsetzte, das Grundwasser würde seinen Weg finden, die Fundamente des Gebäudes unterspülen und es eines Tages zum Einsturz bringen. Eine kaum vorstellbare Katastrophe würde das Leben Hunderter auslöschen« (ebd., S. 226).

Eine Expertenkommission hatte die Befürchtung des Patienten zwar nicht bestätigt; dies änderte aber nichts an seinen Befürchtungen. In seinen Assoziationen äußerte er sich einmal über die Paradoxie, dass er für andere Häuser baue, aber selbst kein Haus besitze, sondern mit seiner Mutter eine gemeinsame Wohnung habe. Ein anderes Mal erzählte er, dass er seit einigen Jahren ein Verhältnis zu einer verheirateten Frau habe, das aber kompliziert sei, weil er sie mit Rücksicht auf die Mutter nicht zu Hause empfangen konnte.

Reik zweifelte mehr und mehr daran, dass die Befürchtungen des Patienten realistisch seien, und fragte sich, ob eine Verbindung zwischen der Grundwassergefahr und der heimlichen Liebesbeziehung bestehen könnte. In dieser Zeit kam noch ein weiteres Glied in der Indizienkette hinzu: Der Patient berichtete, dass seine Mutter möglicherweise Gebärmutterkrebs habe und sterben müsse: »Wenn meine Mutter an Krebs stirbt, wird diese Wohnung nur mir gehören. Meine Freundin kann immer zu mir kommen, und es wird für unser gemeinsames Glück keine Hindernisse mehr geben« (ebd., S. 231). Über den Wunsch nach dem Tod seiner Mutter war der Patient sehr erschrocken, aber darin, so Reiks Vermutung, habe der wirkliche Grund seiner Depression gelegen: »Es ist nicht überraschend, daß in der neuen Anordnung des Materials die unterirdische Macht des Wassers für die verborgene Kraft der destruktiven Krankheit steht« (ebd., S. 231f.).

Aus diesem Fall zog Reik die Lehre, dass man zwischen psychologischen Fakten und Schlüsselgedanken unterscheiden müsse: Fakten liegen offen zutage, Schlüsselgedanken müssen erst gefunden werden. Fakten appellieren an unsere Vernunft, Schlüsselgedanken stimulieren unsere Phantasie. Fakten sind festes Wissen, Schlüsselgedanken beziehen sich auf Intuitionen. Fakten geben uns intellektuelle Sicherheit, Schlüsselgedanken rufen Unsicherheit im kognitiven Bereich hervor (ebd., S. 232).

Der Prozess psychologischen Verständnisses wird nach Reiks Auffassung mit Begriffen wie »Einfühlung« oder »Identifikation« nicht genau genug beschrieben. Maßgebliche Voraussetzung für ein intuitives Verstehen sei, dass die unbewussten Gefühle, die der Patient durch Worte oder Gesten offenbart, im Therapeuten selbst unbewusste Impulse und Ideen auslösen. Es sei nur möglich, eine andere Person und ihre Erfahrungen zu verstehen, wenn wir selbst unser Ich zumindest für kurze Zeit verändern und mit den Augen des Andern sehen, mit den Ohren des Andern hören und mit seinen Gefühlen empfinden. Jede tiefe Einsicht löse selbst bei einem erfahrenen Therapeuten »*Überraschung*« aus. Überraschung bedeutet in diesem Zusammenhang, dass etwas Erlebtes aus unserem Bewusstsein verschwunden war und zu einer unerwarteten Zeit oder unter unerwarteten Umständen wieder auftaucht. Ein Hauptbeispiel dafür ist das Erahnen bzw. Erraten verdrängter Impulse. Wenn der Therapeut sein Erstaunen zu einer Deutung verwerte, die den Patienten zu einer direkten Konfrontation mit dessen verdrängten Kräften führt, komme ein für den therapeutischen Prozess bedeutsamer Überraschungseffekt zustande. Werden einem Patienten z. B. verdrängte Hassimpulse bewusst, so erlebe er einen psychischen »Schock«. Das Wesentliche des analytischen Prozesses bestehe aus einer Reihe solcher psychischer Schocks.

## Behandlungskunst versus Behandlungstechnik

Vier Schriften, die Freud im Zeitraum von 1912 bis 1915 unter dem Obertitel »Ratschläge für den Arzt bei der psychoanalytischen Behandlung« veröffentlicht hat, bildeten die Grundlage für weitläufige Diskussionen in der Professionalisierungsphase der Psychoanalyse. Seit den späten 1920er Jahren entwickelte sich dann unter Analytikern eine zunehmend heftiger werdende Auseinandersetzung über Behandlungstechnik versus Behandlungskunst. Nach Sándor Ferenczi und Otto Rank, die wir bereits im letzten Kapitel behandelt haben, waren es Wilhelm Reich und Otto Fenichel, die den Hauptanstoß dazu gaben. Beide gehörten zu den Hauptexperten auf dem Gebiet der psychoanalytischen Behandlungstechnik: Reich war von 1924 bis 1930 Leiter des Technisch-therapeutischen Seminars am Wiener Psychoanalytischen Institut, Fenichel war an der Gründung und Leitung des sogenannten »Kinderseminars«, eines Diskussionsforums für junge Analytiker und Ausbildungskandidaten, beteiligt. Sie wollten die Theorie der analytischen Technik systematisieren, um allgemeine, aber auch auf den individuellen Fall zu beziehende Gesichtspunkte für die »gesetzmäßige Anwendung« des analytischen Materials zu ermitteln und den therapeutischen Prozess zu beschleunigen. In seinem Buch *Charakteranalyse* (1933) plädierte Reich dafür, mit einer aktiveren analytischen Technik auf das Unbewusste einzuwirken, insbesondere durch Konfrontation mit den »Charakterwiderständen« des Patienten. Das geduldige Warten auf intuitive Einfälle sei zu langwierig und nicht ausreichend, um den unflexiblen und erstarrten »Charakterpanzer« des neurotischen Menschen »aufzubrechen«.

Gegen den Anspruch der »neuen Widerstandstechnik« zog Theodor Reik erstmals in dem erwähnten Vortrag von 1932 zu Felde, und in seinen weiteren Veröffentlichungen zu diesem Thema beharrte er konsequent auf der Ansicht, dass das Unbewusste des Analytikers das entscheidende Instrument der Psychoanalyse sei. Da er die Kommunikation zwischen den beiden Unbewussten von Patient und Therapeut als entscheidenden Therapiefaktor betrachtete, hielt er generell nicht viel von methodischen Regeln in der Psychotherapie. Die Psychoanalyse könne nicht gesetzmäßig angewandt werden, da es keinen »Königsweg durch das Unbewusste« gebe. Das sei aber nicht gleichbedeutend mit der Leugnung jedes leitenden Prinzips. Er wolle lediglich den »totalitären Anspruch« zurückweisen, der mit »der konsequenten und systematischen Disziplin im analytischen Prozeß« verbunden sei.

>»Im Gegensatz zur systematischen und kämpferischen Vorgehensweise der Analyse, die uns empfohlen wird, lobe ich den prinzipiellen Ausschluß von Ordnung und Zwang in der Technik, das Fehlen jedes bewußten und starren Arrangements. Ich bekenne mich als Gegner jeder Art von bewußter Mechanisierung der analytischen Technik« (Reik, 1948, S. 496f.).

Auch mit Otto Fenichel trat Reik in eine heftige Kontroverse ein. Fenichel hatte die Auffassung vertreten, dass das rein intuitive Erfassen des Unbewussten nicht genüge, denn analysieren heiße, das Irrationale des Menschen der Ratio unterwerfen. Die Psychoanalyse müsse sich rationaler Kategorien und Methoden bedienen, um nicht den Charakter einer Wissenschaft der menschlichen Seele zu verlieren und zur reinen Kunst zu werden (Fenichel, 1935, S. 78ff.). Reik stimmte Fenichel darin zu, dass bewusste und unbewusste Kräfte in der Erforschung des Unbewussten zusammenwirken müssten.

> »Wir sind uns nur uneinig, in welchem Verhältnis sie zueinander stehen, wo die Arbeit des Unbewußten anfängt und wo die Arbeit der kritischen, differenzierten und logischen bewussten Überlegung beginnen solle. Ich bleibe dabei, daß bewußte Kenntnis und Vernunft nicht das erste, sondern das letzte Wort im analytischen Prozeß haben sollten. [...] Eine zu frühe Anwendung bewussten logischen Denkens zum Zweck der Forschung verwischt den besonderen Charakter unserer psychologischen Bemühungen, hemmt das freie Spiel der Assoziationen und blockiert fruchtbare Gedanken, die der Bewußtwerdung des Unbewußten dienen« (1948, S. 461).

Reik warf Fenichel vor, dass dieser sich hinter komplizierten Begriffen – der »psychoanalesischen« Sprache – verschanze und damit Barrieren zu den psychologischen Laien aufbaue, anstatt seine eigenen Erfahrungen lebensnah und verständlich mitzuteilen. Seine Kritik galt aber nicht nur psychoanalytischen Kollegen aus der eigenen Generation, sondern auch der großen Zahl junger Praktiker, die ihre unbewusste Intuition im analytischen Prozess vernachlässigten und sich ganz auf ihre angelernten Techniken verließen:

> »Analytiker, wie sie oft in psychoanalytischen Instituten ausgebildet werden, sind Deutungsautomaten, ungebundene analytische Intelligenzen [...]. Ruhe und kontrolliertes Beobachten gilt ihnen mehr als Einfühlungsvermögen, Objektivität bei der Beurteilung mehr als Empfindung und Gefühl. Wenn sie hinter dem Patienten sitzen, versuchen sie alles zu sein außer sie selbst. Doch wird nur derjenige, der ganz in sich hineinhört, ein guter Psychoanalytiker« (ebd., S. 328).

Ausgefeilte Interventionstechniken dürfen nach Reik nicht überbewertet werden. Die angewandte Psychoanalyse ist für ihn weniger eine bloß rational handhabbare Methode als eine künstlerische Betätigung, an der der Therapeut als ganzer Mensch beteiligt ist. Um fähig zu sein, auf die eigene innere Stimme zu hören und über die aus dem eigenen Unbewussten auftauchenden Einfälle überrascht zu sein, bedürfe es nicht nur intellektueller Fähigkeiten, sondern vor allem innerer Aufrichtigkeit und moralischen Mutes.

Wie Reik selbst zu intuitiven Einsichten gelangte, sei an einem Beispiel verdeutlicht (1948, S. 394ff.). Ein Patient erzählte ihm in einer Sitzung, dass er während einer Aufführung des *Parsifal* in der Wiener Staatsoper den starken Impuls hatte, laut in das Publikum hineinzurufen: »Matzenknödel!« Diesem Zwangsimpuls konnte er sich nur durch schnelles Verlassen der Oper entziehen. Während der Patient sein Erlebnis mit klagender Stimme erzählte, registrierte Reik bei sich, dass ihm zum Lachen zumute war, als ob er einen Witz hören würde. Diese Empfindung erschien ihm zunächst merkwürdig und unverständlich. Bei vordergründiger Betrachtung schien der Gedanke an die Matzenknödel auf orale Bedürfnisse hinzudeuten. Bei genauerem Nachfragen erfuhr er, dass der Patient vor Beginn der Aufführung seine Eltern in der Loge gesehen hatte. Diese hatten vor Kurzem beschlossen, sich taufen zu lassen, weil sie nur als Christen in den Adelsstand aufgenommen würden. Durch die *Parsifal*-Aufführung wurde der Patient an eine frühe Kindheitssituation erinnert, als er gemeinsam mit den Eltern Matzenknödel gegessen hatte.

Was hatte diese plötzliche Kindheitserinnerung mitten in einer feierlichen Szene des Stückes zu bedeuten? Reik überließ sich eigenen Assoziationen, zog Querverbindungen zwischen der *Parsifal*-Aufführung und der Familiensituation des Patienten und gelangte schließlich, auch aufgrund seines eigenen jüdischen Familienhintergrundes, zu einer Deutung des Zwangsimpulses, die ihn selbst überraschte. Die Kindheitsszene symbolisierte, dass der Patient damals in Übereinstimmung mit seiner armen, aber dem Judentum gegenüber loyalen Familie lebte. Der jetzige Impuls, »Matzenknödel!« zu rufen, war offenbar ein von Enttäuschung und Wut getragener Appell an die Eltern, sich ihrer Herkunft zu besinnen. Darin drückte sich die verdrängte Empörung über den Loyalitätsverrat der Eltern aus, denen der soziale Aufstieg wichtiger war als das Festhalten an der jüdischen Tradition. Die heftige Anwandlung des Therapeuten, lachen zu müssen, ließ sich auf den spürbaren Sarkasmus des Patienten zurückführen: »sein Motiv, diese vornehm tuenden Juden lächerlich zu machen, seine Eltern eingeschlossen, die vorgeben, von den Geheimnissen des Heiligen Grals tief berührt zu sein (ebd., S. 398).

## Vor- und Nachteile verschiedener Modi des (Zu-)Hörens

Reiks Hauptanliegen kann man in drei Punkten sehen, nämlich dass er der gleichschwebenden Aufmerksamkeit und insbesondere dem *Hören mit dem dritten Ohr* zentrale Bedeutung im Rahmen der unbewussten Wahrnehmung des Therapeuten beimisst, in der geistigen Verarbeitung des Wahrgenommenen auf die unbewussten Erkenntnisprozessen entspringende *Intuition* setzt und einer der Persönlichkeit und Subjektivität des Therapeuten entsprechenden *Grundhaltung* einen höheren Anteil am Gelingen einer Therapie zuerkennt als bestimmten Methoden oder Techniken.

Reik verstand das »Hören mit dem dritten Ohr« als Weiterführung und Ausdifferenzierung der gleichschwebenden Aufmerksamkeit, die ihren Ausdruck

in einem spezifischen Modus des Hörens findet. Folgende Punkte sind dafür charakteristisch (Mertens, 2015, S. 64):
Freuds Modell der gleichschwebenden Aufmerksamkeit und entsprechende Hörmodi:
➢ keine Konzentration auf den Inhalt des Mitgeteilten, keine Fokussierung auf Details, so gut wie kein Nachfragen,
➢ sich in einen entspannten Bewusstseinszustand versetzen,
➢ Hören auf die eigenen Gefühle, Bilder und Phantasien,
➢ regressive Erlebnismodi zulassen,
➢ verkörperte Erfahrungen spüren können,
➢ Hören auf feine Zwischentöne, auch auf das Nichtgesagte, sowie
➢ sich in jeder Stunde ohne Erinnerung an die vorangegangenen Stunden unvoreingenommen auf feine Gefühlswahrnehmungen einstellen.

Es besteht ein weitgehender Konsens darüber, dass sich Therapeuten in ihrem professionellen Handeln zwischen zwei Polen bewegen: zwischen schwebender und fokussierter Aufmerksamkeit, Assoziationen und Konkretisierungen, emotionaler Teilnahme und kognitiven Überlegungen, Nähe und Distanz. Das Oszillieren zwischen den Polen bestimmt den gesamten therapeutischen Prozess. Das jeweilige Ausbalancieren ist von der Individualität des Patienten, der therapeutischen Beziehung, der Therapiephase, der aktuellen Situation und ähnlichen Bedingungen abhängig.

Auch wenn die verschiedenen psychodynamischen Richtungen für eine Grundhaltung gleichschwebender Aufmerksamkeit eintreten, praktizieren sie doch aufgrund ihrer jeweils bevorzugten theoretischen Perspektive einen speziellen Modus des Zuhörens. So kann man bei Freud von einem »archäologischen« Hören sprechen, während etwa bei Ferenczi ein Hören auf die Anzeichen einer Traumatisierung, bei Winnicott ein Hören auf Mängel in der Bemutterung und bei Kohut ein Hören auf Hinweise für elterliche Empathiemängel vorrangig ist. Mertens (2010–12, Bd. 2) sieht eine enge Wechselbeziehung zwischen dem Zuhören des jeweiligen Therapeuten und seiner theoretischen Grundorientierung und unterscheidet insgesamt zwölf Modi des (Zu-)Hörens (zit.n. Zwiebel, 2013, S. 60ff.). Reik kam es in seiner Behandlungskonzeption darauf an, sich von solchen theoretisch eingeengten und spezialisierten Hörmodi nicht gefangen nehmen zu lassen, um zu einem Hören mit dem dritten Ohr fähig zu sein.

Im Folgenden wollen wir zunächst auf Konzepte der gleichschwebenden Aufmerksamkeit und damit verbundene Hörmodi eingehen, die Reik nahestehen,

## 5 Ausgewählte psychodynamische Therapierichtungen und ihre impliziten Lebenskunstkonzepte

um dann einen Vergleich mit drei andersgearteten Modi des (Zu-)Hörens zu ziehen (vgl. Mertens, 2015, S. 64ff.).

Von einigen Autoren wird Reiks Hinwendung zu unbewussten Wahrnehmungs- und Erkenntnisprozessen im Analytiker mit unverhohlener Skepsis betrachtet: »Seine zunächst so plausible Kritik am theoretischen Vorwissen des Analytikers mündet in die Annahme einer quasi-religiösen, für das Denken transzendenten Seinserfahrung des Unbewussten, die sich dann allem technischen Umgang und aller rationalen Lernerfahrung entzöge« (Warsitz & Küchenhoff, 2015, S. 90). Erst recht findet sich ein Anklang an Mystizismus in Bions Konzeption der »rêverie«, bei der Wünsche, Erinnerungen und Verstehen zugunsten eines träumerischen Erfahrungsmodus im Hier und Jetzt ausgeschaltet werden (ebd., S. 91f.).

Von anderen Autoren werden die von Reik und Bion anvisierten Erfahrungsmodi hingegen mit dem Mystischen (Witte, 2010) oder einer meditativen Erfahrung (Zwiebel, 2013) in Verbindung gebracht und durchaus positiv bewertet. So plädiert Zwiebel im Anschluss an zen-buddhistisches Denken für einen »Anfängergeist« vor allen konzeptualisierenden Erwartungen, Bewertungen und Vergleichen im Unterschied zum »Expertengeist«, der sich mit allen möglichen rationalen Methoden abzusichern sucht (ebd., S. 97).

Eine Gemeinsamkeit der verschiedenen Konzepte der gleichschwebenden Aufmerksamkeit wird darin gesehen, dass sie eine größere Offenheit für noch nicht symbolisierte Erfahrungen sowohl hinsichtlich des eigenen Selbst als auch der Patienten ermöglichen können. Mit diesem Erfahrungsmodus kann aber auch ein schwer aushaltbarer Verlust an Sicherheit und Kontrolle verbunden sein. »Ein starkes Identitätserleben ist deshalb die Voraussetzung dafür, mit bislang überhaupt noch nicht symbolisierten und deshalb unbekannten Erfahrungen in Kontakt zu kommen« (Mertens, 2015, S. 57).

Der Ich-Psychologe Paul Gray favorisiert einen Modus des Hörens, der nicht auf den Therapeuten, sondern auf den Patienten bezogen ist: Anstatt als Therapeut in sich hineinzuhorchen, um die im eigenen Inneren auftauchenden Gefühle, Bilder und Phantasien hören (und sehen) zu können, wird der Patient aktiviert, eigene Abwehrvorgänge und Widerstände genauer wahrzunehmen und zu reflektieren. Für das Erkennen von neurotischen Konflikten bei höher strukturierten Patienten seien andere Kompetenzen erforderlich als für das Erkennen unbewusster Phantasien und der ihnen zugrunde liegenden Wünsche.

»Während für letztere die Receiver-Metapher Freuds oder das Reik'sche Hören mit dem dritten Ohr eher geeignet zu sein scheinen und damit die Fähigkeit, sich den aus dem Vorbewussten aufsteigenden Gefühlen und Gedanken zu überlassen, benötigt man für das Wahrnehmen von Abwehrvorgängen in der dichten Prozessanalyse von Gray eher eine wache Aufmerksamkeitseinstellung« (ebd., S. 58f.).

Grays *ich-psychologisches* Modell des Zuhörens:
➢ Der Aufmerksamkeitsfokus wird auf die Oberfläche des Mitgeteilten gelegt;
➢ es erfolgt eine wache Aufmerksamkeitseinstellung auf die Unterbrechungen des freien Assoziierens, der verschiedenen Niveaus der Selbstbeobachtung, auf thematische Lücken, spezifische Themenabfolgen, aber auch für non- und paraverbale Phänomene wie Veränderungen der Körperhaltung, Mimik und Prosodie, Stimmungsumschwünge und Wechsel von affektiven Zuständen;
➢ Identifizieren der Abwehrmaßnahmen des Patienten;
➢ Aufzeigen und Bewusstmachen der Manifestationsformen der Abwehr sowie der zugrunde liegenden Angst.

Ist das ich-psychologische Hören auf das in der analytischen Situation beobachtbare Verhalten ausgerichtet, so strebt die Selbstpsychologie ein »empathisches« Hören an. Heinz Kohut hat dafür plädiert, sich per »stellvertretender Introspektion« in die innere Erlebniswelt des Patienten hineinzuversetzen. Noch nachdrücklicher betont Evelyn Schwaber, dass es darauf ankomme, die Mitteilungen des Patienten wirklich zu hören:

»Die große Schwierigkeit liegt im Verzicht auf eine Position, in der wir diejenigen sind, die wissen können, wann ein Patient verkehrt wahrnimmt, die beurteilen können, ob etwas real oder ›nur‹ Verzerrung ist. Es ist sehr schwer, die Innenwelt eines anderen Menschen zu erkennen, zu akzeptieren, dass die einzige Wahrheit, nach der wir suchen können, die psychische Wahrheit des Patienten ist« (1988, S. 227).

Kohuts *selbstpsychologisches* Modell des Zuhörens lässt sich folgendermaßen zusammenfassen:
➢ sich in die Erzählungen des Patienten in einer Haltung der stellvertretenden Introspektion einfühlen und seine innere psychische Realität so genau wie nur möglich erfassen;
➢ auf alle Annahmen hinsichtlich eines »Dahinters«, unbewusster Absichten oder triebhafter Wünsche verzichten;

## 5 Ausgewählte psychodynamische Therapierichtungen und ihre impliziten Lebenskunstkonzepte

➤ alle Überlegungen darüber unterlassen, was ein Patient »eigentlich sagen will«, welche unbewussten Rollenerwartungen er an seinen Analytiker stellt;
➤ die eigenen gefühlshaften Erinnerungen, die einen von der stellvertretenden Introspektion in seinen Patienten wegführen könnten, immer wieder zurückdrängen;
➤ im Unterschied zur Erkenntnishaltung der gleichschwebenden Aufmerksamkeit sich sehr genau in Erzählungen des Patienten einfühlen; dabei alle gelernten Konzepte, die sich einem immer wieder aufdrängen, zurückstellen.

Wie beim Hören mit dem dritten Ohr kann es allerdings auch bei der Empathie zu einer Mystifizierung kommen, weil es zu einer (einseitigen) Identifikation mit dem bewussten Erleben des Patienten kommt und daher die Gefahr eines »pathetischen Trugschlusses« (Spence) besteht.

Beim Zuhören aus der intersubjektiven Perspektive wie etwa bei Robert Stolorow ist es nahezu umgekehrt; hier tritt die innere Erlebniswelt zugunsten der wechselseitigen interpersonellen Vorgänge zurück.

Stolorows *intersubjektives* Modell des Zuhörens gliedert sich in folgende Aspekte:
➤ Die Erzählinhalte des Patienten und das »Wie« seines Erzählens können nicht unabhängig vom Analytiker betrachtet werden.
➤ Der Zuhörer ist daher immer kontextuell.
➤ Das »Was« und das »Wie« entstehen intersubjektiv.
➤ Die Erzählung in Inhalt und Form wird von beiden Beteiligten generiert.
➤ Das Hören richtet sich deshalb auf dieses »gemeinsame Dritte«.
➤ Es ist wichtig, den eigenen Beitrag zu der gemeinsam gestalteten Erzählung zu reflektieren.
➤ Intersubjektives Zuhören ist immer »embodied«, geschieht auf einer Ebene der Zwischenleiblichkeit und ist – neurobiologisch betrachtet – rechtshemisphärisch angesiedelt, gegenüber dem mehr linkshemisphärischen Modus der Methode der dichten Prozessanalyse.

Die Gegenüberstellung dieser vier Modi des (Zu-)Hörens lässt unterschiedliche Perspektiven erkennen, je nachdem ob das Hören auf das beobachtbare Abwehrverhalten oder das innere Erleben des Patienten, auf die intersubjektiven Vorgänge in der Therapeut-Patient-Beziehung oder auf das in einem besonderen – als kontemplativ, meditativ oder mystisch bezeichneten – Erfahrungsmodus gründende Selbst- und Fremderleben des Therapeuten ausgerichtet ist.

## Der Stellenwert der unbewussten Intuition und ihr Kontext

Wenn Reik die Bedeutung der »*unbewussten Intuition*« im Erkenntnisprozess des Therapeuten unterstreicht, stellt sich die Frage, welche therapeutischen »Kompetenzen« dabei eine Rolle spielen. Bezieht sich die Fähigkeit zur gleichschwebenden Aufmerksamkeit in erster Linie auf bewusste und unbewusste Wahrnehmungsprozesse, so kann man der Fähigkeit des Therapeuten, *mit der Gegenübertragung zu arbeiten*, einen emotionalen und intuitiven Anteil zuschreiben. Diese Fähigkeit lässt sich durch folgende Punkte charakterisieren (Will, 2010, S. 33):

➢ einen beweglichen emotionalen Spürsinn entwickeln, Kontakt zum Erleben des Patienten finden, die Fähigkeit zur Empathie und stellvertretenden Introspektion entfalten, zwischen eigenen Gefühlen und den Gefühlen des Patienten unterscheiden lernen, Identifizierung und Desidentifizierung erleben können, innere Anteilnahme einerseits und Beobachtungsfähigkeit andererseits und den Wechsel zwischen beiden Haltungen einnehmen können;

➢ die eigenen Emotionen und Körperreaktionen differenziert wahrnehmen und reflektieren, Ideen über ihre Bedeutung im Zusammenhang der Übertragungsbeziehung entwickeln, bei Bedarf in Deutungen umsetzen; wenn nötig, etwas von der Gegenübertragung zeigen und den Patienten zur Verfügung stellen im Sinne einer emotionalen Responsivität;

➢ intensive Gegenübertragungen (z. B. sexuelle und aggressive) aushalten und verstehen können, um sie nicht agieren zu müssen; unverdautes Erleben der Patienten aufnehmen und verarbeiten können (Fähigkeit zum *containment*); der Erfahrung der Übertragung standhalten.

Berührungspunkte mit der Intuition hat auch die therapeutische Fähigkeit zur *Interaktion und Intersubjektivität* (ebd., S. 35f.):

➢ unbewusste Rollenangebote der Patienten übernehmen, bei Inszenierungen mitspielen, projektive Identifizierungen geschehen und sich davon anstecken lassen, d.h., gemeinsames Handeln von Patient und Therapeut im Dienste einer unbewussten Kommunikation zulassen; die Möglichkeit, im zweiten Schritt wahrzunehmen, was da geschieht, es analytisch einzuholen und mit den Patienten zu bearbeiten;

➢ die Involviertheit der eigenen Person in die Übertragungsbeziehung wahrnehmen, den eigenen Beitrag zur gemeinsamen Szene registrieren, den möglichen Einfluss auf die Patienten, das bipersonale Feld der Beziehung berücksichtigen; herausarbeiten, wie die Patienten sich selbst und den Therapeuten erleben.

Man kann die hier beschriebenen Fähigkeiten als emotionale Basis für die Freilegung und Entfaltung intuitiver und kreativer Prozesse im Therapeuten betrachten. Zum weiteren Verständnis dient die Unterscheidung zwischen theoretischem Wissen, Erfahrungswissen und Können (vgl. Huppertz, 2006): *Theoretisches (epistemisches) Wissen* strebt nach Objektivität, bestmöglicher Begründung und möglichst hoher Systematisierung und wird nach bestimmten Regeln, Techniken und Ritualen erworben, diskutiert und explizit weitergegeben. Im Unterschied dazu beruht *Erfahrungswissen* auf Typisierungen, ist perspektivisch und kontextuell organisiert, konkret, praxisnah und vor allem sehr flexibel. Es kann schnell neue Elemente aufgrund von Ähnlichkeit integrieren und muss dafür nicht erst Kriterien überprüfen, Begriffe oder Zusammenhänge infrage stellen. Diese Unterscheidung spricht für eine größere Nähe der Intuition zum Erfahrungswissen.

Was mit Erfahrungswissen gemeint ist, sei an einem ersten Beispiel veranschaulicht, bei dem eine antizipative Intuition eine entscheidende Rolle spielt:

»Georgios Dontas, Chef der Archäologischen Gesellschaft in Athen, hatte ein mulmiges Gefühl. Er wusste nicht so recht, irgend etwas stimmte nicht. Das Getty Museum in Los Angeles hatte die angeblich antike Statue 14 Monate lang akribisch geprüft, hatte sie durchleuchtet mit einem Elektronenmiskroskop, war ihr mit High-Tech-Geräten auf den Marmorleib gerückt. Eindeutiger Schluss: Das Kunstwerk ist echt. Und doch, als der erfahrene Archäologe Dontas die über zwei Meter große Plastik das erste Mal sah, überfiel ihn auf Anhieb ›das Gefühl, als sei eine Glasscheibe zwischen mir und dem Werk‹. Andere Kunstexperten meldeten ebenfalls spontan Zweifel an. Einer meinte, die Fingernägel seien seltsam, ein anderer – der ehemalige Direktor des Metropolitan Museum of Art in New York – empfand die griechische Statue als ›frisch‹. Nicht, dass er sein Unbehagen genau begründen konnte. Er fühlte nur, dass etwas faul war. Und hatte Recht. Als man der Statue noch einmal auf den Grund ging, stellte sich die Statue, für die der Kunsthändler knapp zehn Millionen Dollar verlangte, als Fälschung heraus. Die monatelangen Untersuchungen erwiesen sich als wertlos – richtig dagegen lag eine Hand voll Kunstkenner, die in Sekundenschnelle zu einem treffsicheren Urteil gekommen war. Und womit? Mit ihrem Bauchgefühl, ihrem Gespür, ihrer Intuition« (Klappacher, 2006, S. 50f.).

Mit ähnlichen Phänomenen hat sich der Mathematiker Henri Poincaré beschäftigt. Er suchte nach einem Erklärungsmodell für die Entstehung von Erfindungen und fand es schließlich darin, dass neue Erfindungen auf einer speziellen Auswahl und Verbindung bereits bestehender »Tatsachen« beruhen.

> »Diese Verbindung offenbare sich nicht mittels eines forcierten Nachdenkens, sondern anhand eines intuitiven Aktes. [...] Im Vorbewussten und Unbewussten, in denen ständig Denk- und Entscheidungsprozesse ablaufen, die sich an Knotenpunkten oder Landkarten orientieren, entstehen Wertigkeiten, die sich als ein plötzlicher Einfall manifestieren und mit einem untrüglichen Gefühl der Gewissheit einhergehen« (Mertens, 2015, S. 139).

Intuitiver Akt – plötzlicher Einfall – Gefühl der Gewissheit sind Momente, die dem von Reik beschriebenen Überraschungseffekt entsprechen. Bemerkenswert ist, dass der große Mystiker Bion (1962) an Poincarés Theorem angeknüpft und als Konzept der »ausgewählten Tatsache« *(selected fact)* weiter ausgearbeitet hat. Auch in diesem Kontext stellt sich die Frage, ob es sich dabei nicht um eine Mystifizierung handelt. Statt anzunehmen, dass sich in unserer Intuition eine ausgewählte Tatsache aufdrängt, könnte es auch so sein, dass »sich gleichsam unsere Lieblingskonzepte immer wieder in unserem vorbewussten Arbeitsgedächtnis Einfluss verschaffen« (Bion, 1962, S. 140).

Auch *Können* hat viel mit intuitiv-improvisierendem Handeln zu tun (vgl. Huppertz, 2006). Es bezieht sich in erster Linie auf Ziele, wobei die Bestimmung der Ziele häufig über ihre Realisierung erfolgt, ohne dass es dazu notwendig wäre, die einzelnen Schritte auf dem Weg selbst zu betrachten. Auf Fragen wie z. B. »Was machst Du genau beim Schwimmen?« oder »Wie hältst Du beim Fahrradfahren das Gleichgewicht?« fällt es schwer zu antworten.

Der Könner nimmt eine Situation oder ein Objekt anders wahr als ein Anfänger, und seine Könnerschaft zeigt sich oft gerade in dieser Fähigkeit zu einer Wahrnehmung, die ohne zeitraubende Analyse und Synthese der Einzelheiten auskommt.

> »Der erfahrene Autofahrer verschmilzt mit seinem Wagen zu einer Einheit; wenn er eilig ist, nimmt er die Geschwindigkeit intuitiv vor der regennassen Kurve zurück, ohne jemals bewusst zu erfahren, was er getan hat. Der Schachspieler sieht auf der Grundlage tausender Stunden Spielerfahrung in der Figurenstellung schon den Zug, ohne ihn bewusst zu entscheiden« (Neuweg, 1999, S. 311).

Es macht keinen Sinn, die eine Wissensform gegen die andere oder das Können gegen das Wissen auszuspielen. Man kann Reik zugutehalten, dass er ein feines Gespür für die wechselseitige Durchdringung von theoretischem Wissen, Erfahrungswissen und Können in der Therapeutik entwickelt hat. Alle Psychotherapeuten müssen viel können: sich einfühlen, Nähe und Distanz regulieren, Differenzen herausarbeiten, humorvoll sein, beruhigen, eine gemeinsame Sprache und verschiedene Szenen entwickeln. Solche Fähigkeiten sind eng an die Persönlichkeit des Therapeuten, an seine Lebens- und Beziehungserfahrungen gebunden (vgl. Buchholz, 2008, 2012b).

### Das Arbeitsmodell des »präsenten« Analytikers

Ralf Zwiebel (2013) verfolgt prinzipiell ein ähnliches Anliegen wie Theodor Reik, indem er nach den persönlichen Voraussetzungen des Therapeuten fragt, die für eine professionelle Zusammenarbeit mit dem Patienten grundlegend sind. Dabei geht er von einem Wechselspiel von drei Elementen aus:
➤ der Präsenz als spezifischer Unmittelbarkeit der Wahrnehmung und des Erlebens,
➤ der Gegenübertragung als emotionaler Resonanz auf die gesamte therapeutische Situation und
➤ der Einsicht als denkender und konzeptualisierender Tätigkeit (ebd., S. 22).

Dieses Wechselspiel lässt sich als eine oszillierende Bewegung von An- und Abwesenheit beschreiben. Die Anwesenheit des Therapeuten bezieht sich darauf, dass er als Person Anteil am Erleben des Patienten und seinem eigenen Erleben nimmt, aber auch darauf, dass er das Erlebte psychodynamisch einzuordnen vermag. Da seine Präsenz immer wieder phasenweise durch Gefühle der Gegenübertragung wie z. B. eigene Wünsche und Affekte eingeschränkt wird, kommt es darauf an, die Einschränkung durch Reflexion der Gegenübertragung und die daraus zu gewinnende Einsicht aufzuheben und die Präsenz wiederherzustellen.

Um von einer Alltagssituation zu einer therapeutischen Situation übergehen und die therapeutische Beziehung gestalten zu können, braucht der Therapeut ein »Arbeitsmodell«, wobei Zwiebel zwischen einem langfristigen, einem spezifischen bei jedem einzelnen Patienten und einem Ad-hoc-Modell in der jeweiligen konkreten Stunde mit einem Patienten unterscheidet (ebd., S. 33).

In der therapeutischen Haltung lässt sich ein »Persönlicher Pol« (PP) und ein »Technischer Pol« (TP) unterscheiden:

»Der ›Persönliche Pol‹ steht für die Wünsche, Gefühle, Vorstellungen und Gedanken des Therapeuten – also für seine Personalität oder seine Subjektivität –, die Ausdruck seiner persönlichen Geschichte sind; der ›Technische Pol‹ für seine theoretischen und technischen Grundannahmen und Konzeptualisierungen, die insgesamt Ausdruck seines Arbeitsmodells sind« (ebd., S. 250).

Wird der TP einseitig betont, so ist der Therapeut in erster Linie als Denkender anwesend und als Erlebender eher abwesend. Wird hingegen der PP einseitig betont, so ist der Therapeut vornehmlich als Erlebender anwesend und als Denkender eher abwesend.

Die basale Dynamik von An- und Abwesenheit stellt sich unterschiedlich dar, je nachdem welches Arbeitsmodell bzw. welche therapeutische Grundhaltung gewählt und praktiziert wird, sei es die des präsenten, wünschenden, träumenden, bezogenen oder sprechenden Analytikers.

Wir wollen uns auf das Arbeitsmodell des »präsenten« Analytikers konzentrieren, da es der therapeutischen Grundhaltung Reiks nahekommt. Präsenz ist mit Phänomenen wie Aufmerksamkeit, Wachheit und Bewusstheit verbunden und hat Ähnlichkeit mit dem, was in der zen-buddhistischen Praxis als »*Achtsamkeit*« oder »reine Beobachtung« bezeichnet wird.

Der japanische Zen-Meister Dogen (1200–1253) hat die *Metapher einer Bootsfahrt* verwandt, um den Zusammenhang von Ich und Leben aufzuzeigen:

»Leben ist, wie wenn jemand in einem Boot dahin gleitet. Auf diesem Boot gebrauche ich ein Segel und lenke mit einem Ruder. Auch wenn ich mich mit einem Stab fortstoße, so trägt mich das Boot und ich bin nichts außer dem Boot, indem ich in dem Boot dahingleite, lasse ich dieses Boot Boot sein. Diese richtige und treffende Zeit ist bemüht auszuprobieren und inständig zu lernen. [...] Beim Bootfahren sind Leib und Herz, Umgebung und ich selbst, beide das in sich bewegte Gefüge der Momente des Bootes« (zit.n. Elberfeld, 2007, S. 201).

Überträgt man diese Metapher auf die therapeutische Zusammenarbeit, so unternehmen Patient und Therapeut gleichsam eine Bootsfahrt auf dem »Ozean des Unbewussten«: vom Ufer der neurotischen Erkrankung hinüber zum Ufer der Gesundung, die mit einer tiefen Einsicht bzw. Erleuchtung einhergeht. Was dabei geschieht, hat Zwiebel mit der Unterscheidung zwischen dem »kleinen Selbst« und dem »großen Selbst« des Therapeuten veranschaulicht. Das kleine Selbst bedient sich vorgefertigter Konzepte und Techniken und setzt ganz auf Sicherheit, um das therapeutische Boot gut durch die Wellen zu steuern. Demgegenüber ist das große Selbst freier und hingabefähiger; es ist »auch das nichtwissende Selbst, das die Ungewissheit des nächsten Momentes und die Unvollkommenheit des Gewussten spürt« (Zwiebel, 2013, S. 104).

In diesem Kontext lässt sich auch zwischen zwei Arten der Selbstzurücknahme des Therapeuten unterscheiden: einer »*asketischen*«, die die emotionalen und leiblichen Bedürfnisse, Wünsche und Affekte überwindet, damit der Wahrnehmungs- und Erkenntnisprozess möglichst ungestört verläuft, und einer »*meditativen*«, die Erinnerungen, Gefühle und Absichten zulassen und sie aus einem ausreichenden Abstand betrachten kann, ohne sich verstricken zu lassen. Im letzteren Fall muss der Therapeut gleichsam seine narzisstische Position transformieren bzw. sein kleines Selbst vergessen, um sich für sein großes Selbst öffnen zu können. Beim Arbeitsmodell des präsenten Analytikers kommt somit eine Bipolarität der Wahrnehmungs-, Beobachtungs- und Beziehungseinstellung zum Tragen, wobei »eine ›meditative Phase‹ (das Zulassen und Loslassen aller im Bewusstsein auftauchenden Inhalte) und eine ›fokussierende Phase‹ (das Auswählen und Sprechen und damit die Entwicklung neuer kreativer Gedanken) in einem engen komplexen Wechselverhältnis stehen« (ebd., S. 123).

### Reiks Vorliebe für den »persönlichen Pol« der therapeutischen Haltung

Ein kürzlich erschienener Tagungsband, der die Vorträge einer DPG-Tagung von 2013 enthält, trägt den Titel *Unerhört – Vom Hören und Verstehen* und den Untertitel *Die Wiederentdeckung der grundlegenden Methode der Psychoanalyse* (Bozetti et al., 2014). In pointierter Form macht Klaus Grabska darauf aufmerksam, dass die gleichschwebende Aufmerksamkeit »bisher kaum eine bedeutende Rolle im analytischen Denken gespielt« habe und derzeit das Dasein eines »Stiefkindes« friste. Theodor Reik wird als rühmliche Ausnahme bezeichnet, und dann heißt es mit verhaltenem Optimismus, dass »das Thema des analytischen Hörens mehr Raum im analytischen Diskurs einzunehmen« beginnt (Grabska, 2014, S. 99). Auffällig ist, dass Reiks Werk *Hören mit dem dritten Ohr* in einer Reihe von Beiträgen dieses Tagungsbandes ausführlich zitiert wird.

Reik hat sich dem »Persönlichen Pol« der therapeutischen Haltung gewidmet und den »Technischen Pol« für nachrangig gehalten. Sein Arbeitsmodell ist mit dem des präsenten Analytikers vergleichbar. Vom »abwartenden Zuhören« (Heenen-Wolff) ging er weiter zur Verarbeitung des in der therapeutischen Situation Erlebten und maß dabei unbewussten intuitiven Erkenntnisprozessen entscheidende Bedeutung bei. In dieser Hinsicht steht er der *romantischen* Tradition, insbesondere Goethe nahe, auf den er immer wieder Bezug nahm, wenn er das Unbewusste als Erkenntnisorgan betrachtete und dem Emotionalen und Ästhetischen eine Vorrangstellung vor dem Rationalen und Kognitiven einräumte. Große Verdienste bei der Aufdeckung verborgener und tabuisierter Tendenzen schrieb er Dichtern und Schriftstellern wie Shakespeare, Dostojewski, Tolstoi, Ibsen, Strindberg, Flaubert, Stendhal und Schnitzler zu (Reik, 1948, S. 110). Er berücksichtigte aber auch den großen Einfluss von Lebenskunstphilosophen wie Montaigne, den Moralisten, Schopenhauer, Kierkegaard, Nietzsche u. v. a. (ebd., S. 37, 107) und zeigte sich damit als ein gleichermaßen literarisch wie philosophisch inspirierter Therapeut.

Charakteristisch für seine wissenschaftliche und therapeutische Arbeit sind seine akribische Beobachtung und Interpretation kleinster Details, seien es Fehlleistungen, Assoziationen, Träume, Witze etc. Er war »phänomenologisch« im Sinne einer empirisch-deskriptiven Psychologie und »hermeneutisch« im Sinne einer fein ziselierten Deutungskunst orientiert. Um nicht den unmittelbaren Kontakt zu den eigenen Erfahrungen zu verlieren, verzichtete er auf weitläufige metapsychologische Ausführungen. Er hatte den Mut, sich mit selbstanalytischen Beobachtungen und Reflexionen einzubringen und seine theoretischen Erwägungen in anekdotischer Form darzustellen. Vor autobiografischen Mitteilungen eigener Unzulänglichkeiten scheute er nicht zurück. Dabei konzentrierte er sich auf knapp gehaltene Fallvignetten aus seiner langjährigen analytischen Praxis. Soweit ersichtlich fehlen jedoch ausführliche Falldarstellungen, die sich auf einen längeren oder den gesamten Therapieprozess beziehen. »So richtig das alles ist«, wendet Cremerius ein,

> »so konsequent wohl auch auf der persönlichen Linie seiner Entwicklung, die dem Künstlerischen näher stand als dem Wissenschaftlichen, so verkehrt es sich doch in Orthodoxie, Unvernunft und Irrationalismus, wenn er theoretische Konzepte, wie das von der unbewußten Abwehrorganisation des Ich [...], vernachlässigt und so tut, als ob psychoanalytische Technik keine Systematik haben könnte und dürfte« (1976, S. 12).

Ursprünglich ein strenger Freudianer, hat Reik die Libidotheorie in *Geschlecht und Liebe* (1945) einer fundamentalen Kritik unterzogen. Einerseits hätten die »Ichtriebe« (Aggression, Herrschsucht, Bedürfnis nach sozialer Anerkennung u. a.) eine viel größere Bedeutung für die menschliche Entwicklung als die Sexualtriebe; die von Freud beschriebenen Phasen der Libidoentwicklung seien in Wirklichkeit Phasen der Ich-Entwicklung. Andererseits bestehe ein grundlegender Unterschied zwischen Sexualität und Liebe. Die Liebe sei von der Entfaltung der Ichtriebe abhängig. Sie sei eine aktive Leistung des ganzen Menschen und setze die Fähigkeit zu seelischer Verbundenheit, Zärtlichkeit und Zuneigung voraus. Reik sprach ähnlich wie Fromm von der »Kunst des Liebens«. Wie in der Psychotherapie vertraute er auch in der Liebe nicht auf die Anwendung bestimmter Techniken und Trainings:

> »Jeder, der das Ziel auf diese rein mechanische Weise zu erreichen sucht, kann bestenfalls ein guter Handwerker, aber nie ein Künstler der Liebe werden. Er muß emotional auf den Partner eingestellt sein, sonst sind alle Bemühungen sinnlos. Der Geschlechtstrieb meint es ernst und schätzt Tricks und Listen nicht. Im Bereich der Sexualität wie in so vielen anderen auch gilt der Satz: es gibt keine Technik, es gibt nur Aufrichtigkeit« (Reik, 1945, S. 217).

Zu den wesentlichen Verdiensten Reiks gehört, dass er in seiner Therapeutik als einer der Ersten auch ästhetische Konzepte wie die psychologische *Atmosphäre* im therapeutischen Raum (ebd., S. 119ff.), die unartikulierten Laute, Mimik und Gestik, die Bedeutung der *Stimme*, ihrer Modulierungen und Tonalitäten (ebd., S. 154ff.) und insbesondere des intersubjektiven *Takts* (ebd., S. 385ff.) berücksichtigt hat. Mit seiner Metapher des »dritten Ohrs« hat er die heute zentralen Konzeptionen von »Gegenübertragung«, »Empathie« und »Authentizität« des Analytikers vorweggenommen und auch bereits dem Zusammenspiel der beiden Beteiligten bzw. der »Intersubjektivität« Rechnung getragen.

Für eine Theorie und Praxis der Lebenskunst ist neben den Hinweisen zur Bedeutung der Sinnlichkeiten und Ästhetik wohl vor allem der Umgang mit Unsicherheit von Belang. Der Entwicklung einer psychoanalytischen Therapeutik als Deutungs-, Beziehung- und Kontextualisierungskunst lässt sich in diesem Sinne die Maxime entnehmen, dass keine noch so umfassende Kasuistik, keine noch so ausgefeilte Technik und keine noch so differenzierte psychologische Hermeneutik die Unsicherheiten im Umgang mit dem fremden und dem eigenen Unbewussten aufzuheben in der Lage ist. Die von Reik vorgeschlagenen Methoden im Umgang mit den unbewussten Unsicherheiten und den Unsicherheiten des Unbewussten setzen nicht auf rationales Durchkalkulieren und technische Aktivitäten, sondern auf emotionales Sich-Einlassen und eher passives Aufnehmen. Man kann das als Esoterik und Mystizismus abtun oder aber der Erfahrung folgen, dass auch die umfänglichste und differenzierteste, theoretisch wie praktisch plausibelste Therapeutik immer mit einem Rest von Unsicherheit zu tun hat. In Situationen jedenfalls, die zu komplex sind, als dass sie in irgendeiner Form rational und reflexiv völlig verstanden und erklärt werden können, und in denen es, wegen der Komplexität, keine eindeutigen Lösungen gibt – und wer wollte sagen, dass Situationen der Therapeutik oder der Lebenskunst triviale Situationen sind –, spielen wissenschaftlich kaum exakt zu erfassende Maßnahmen eine große Rolle. Sie lassen sich als Intuition, Bauchgefühl, Vertrauen, Glauben oder Hoffnung, die richtige Entscheidung getroffen zu haben, charakterisieren.»Das Hören mit dem dritten Ohr« erscheint demnach nicht nur als therapeutische Kunst, sondern auch als eine Form der Lebensweisheit, Komplexitätsreduktion durch Intuition zu gewährleisten.

Menschen sind wohl weder in der Lage, die zurückliegenden Verursachungen von psychischen Problematiken noch ihre aktuellen Konstellationen oder die zukünftigen Folgen einer psychischen Entwicklung mit allen ihren Nebenwirkungen zu überblicken. Jede Entscheidung und jede Wahl enthält ein Restrisiko, das in der Maxime, »nach bestem Wissen und Gewissen« gedacht und gehandelt zu haben, implizit immer mitberücksichtigt wird. Dies ist nun kein Plädoyer für eine theoriefreie Therapeutik und Lebenskunst und auch keine Aufforderung zum Laisser-faire im Umgang mit praktischen Handlungsanforderungen, aber ein Eingeständnis dahingehend, dass es nicht nur im Leben oftmals auf ein Spüren und (Er-)Ahnen des Richtigen ankommt – das ggf. von etablierten theoretischen Wissensbeständen und habitualisierten Handlungsroutinen abweichen kann.

Die Perspektive der Unsicherheit lässt sich auch noch einmal auf die therapeutische Situation selbst beziehen. Hierbei kann man aus interaktiver Sicht von einer doppelten Kontingenz (Luhmann) ausgehen. Therapeuten können zwar Verstehens- und Entwicklungsziele antizipieren, aber nicht kausal mit ihrem eigenen Handeln und dem ihrer Klientel so verschränken, dass diese auch erreicht werden. Die Kontingenz der Emergenz des therapeutischen Handelns trifft auf die Kontingenz der Emergenz des Klientenhandelns. Insofern ist eine Übereinstimmung im Verstehen im Grunde eine höchst prekäre Angelegenheit. Daher dient das »Hören mit dem dritten Ohr« auch immer wieder dazu, selektive Anschlüsse an die kommunikativen Äußerungen des Gegenübers zu ermöglichen.

Als Aufmerken auf die Resonanzen des Unbewussten vergrößert es die Selektions- und Anschlussmöglichkeiten und erhöht damit die Komplexität der Situation – indem jetzt nicht nur die »Töne«, sondern auch die »Zwischentöne« bedeutsam werden. Wir können daher von einer Dialektik des »Hörens mit dem dritten Ohr« sprechen: Während es in einem ersten Schritt die Komplexität der therapeutischen Situation erhöht, indem es in einer ohnehin hochkomplexen Situation eine größere Anzahl von kommunikativen Anschlussmöglichkeiten bereitstellt, reduziert es in einem zweiten Schritt diese Komplexität, da sich im unbewussten Erfassen und bewussten Durcharbeiten eine Intuition herausbildet, die die Komplexität handhabbar macht. Paradox formuliert: Das »Hören mit dem dritten Ohr« macht Komplexitätsreduktion durch Komplexitätssteigerung oder auch: Sicherheit durch Unsicherheit möglich. Auch diese Erkenntnis ist für die Lebenskunst höchst bedeutsam: Nur durch die »Ent-Sicherung« des theoretischen oder praktischen Wissens ist Sicherheit möglich. Und diese Sicherheit erscheint – verglichen mit den historischen Modellen der Lebenskunst – mehr denn je als eine emotionale, intuitive Sicherheit.

### Ausgewählte Literatur

Bion, W. R. (1970). *Aufmerksamkeit und Deutung.* Tübingen: edition diskord 2006.
Bozetti, I., Focke, I. & Hahn, I. (Hrsg.). (2014). *Unerhört – Vom Hören und Verstehen. Die Wiederentdeckung der grundlegenden Methode der Psychoanalyse.* Stuttgart: Klett-Cotta.
Buchholz, M. B. (2012a). Formen des Wissens und ihre Entwicklung bei Therapeuten. In G. Gödde & M. B. Buchholz (Hrsg.). (2012), *Der Besen, mit dem die Hexe fliegt. Wissenschaft und Therapeutik des Unbewussten, Bd. 1* (S. 409–446). Gießen: Psychosozial-Verlag.
Gödde, G. & Zirfas, J. (2007). Von der Muße zur »gleichschwebenden Aufmerksamkeit« – Therapeutische Erfahrungen zwischen Gelassenheit und Engagement. *psycho-logik. Jahrbuch für Psychotherapie, Philosophie und Kultur, 2,* 135–153.
Mertens, W. (2015). *Psychoanalytische Behandlungstechnik. Konzepte und Themen psychoanalytisch begründeter Behandlungsverfahren.* Stuttgart: Kohlhammer.
Reik, Th. (1935). *Der überraschte Psychologe. Über Erraten und Verstehen unbewußter Vorgänge.* Leiden: Sijthoff.
Reik, Th. (1948). *Hören mit dem dritten Ohr.* Hamburg: Hoffmann & Campe 1976.
Warsitz, R.-P. & Küchenhoff, J. (2015). *Psychoanalyse als Erkenntnistheorie – psychoanalytische Erkenntnisverfahren.* Stuttgart: Kohlhammer.
Will, H. (2010). *Psychoanalytische Kompetenzen. Standards und Ziele für die psychotherapeutische Ausbildung und Praxis.* 2. Aufl. Stuttgart: Kohlhammer.
Zwiebel, R. (2013). *Was macht einen guten Psychoanalytiker aus? Grundelemente professioneller Psychotherapie.* Stuttgart: Klett-Cotta.

## Stavros Mentzos als Selbst- und Beziehungspsychologe – der anthropologische Grundkonflikt zwischen Selbst- und Objektbezogensein

Die Texte des Psychiaters und Psychoanalytikers *Stavros Mentzos* geben subtile Einblicke in den Denk- und Therapiestil eines im Umgang mit psychiatrischen

Fällen und insbesondere mit psychotischen Patienten sehr erfahrenen Therapeuten. Eines seiner zentralen Anliegen war von Anfang an, eine »*psychodynamisch*« orientierte Diagnostik und Therapie zu entwickeln, die den zu behandelnden Menschen mit der nötigen Empathie und Wertschätzung begegnet. Seine Grundeinstellung kommt in der Formulierung zum Ausdruck, die Patienten seien »nicht an erster Stelle gehandicapte, schwache, geschädigte oder an psychischer ›Avitaminose‹ leidende Personen, sondern Menschen, die gerade durch ihre defensiven Schutzmuster in komplexen, verzwickten, widersprüchlichen Konstellationen verfangen sind« (Mentzos, 2009, S. 265).

Im Rahmen seiner psychodynamischen Neuorientierung setzte er sich dafür ein, die in der Psychopathologie oft aufgerissene Kluft zwischen Neurose und Normalität zu überbrücken: Das Neurotische sei »nur ein (unter ungünstigen Bedingungen fast zwangsläufig) abgewandeltes ›Normales‹« (Mentzos, 1982, S. 19). Hier deutet sich eine ethisch-humanistische Einstellung an, die Mentzos mit dem für die psychoanalytische Selbstpsychologie charakteristischen Anliegen verbindet, psychische Störungen innerhalb des übergreifenden Rahmens der ungestörten Entwicklung, Struktur und Motivation zu verstehen, um zu vermeiden, dass diese Phänomene »als fremdartig, unverständlich und uns sehr entfernt erscheinend hingestellt werden« (ebd.).

Mentzos hat schon früh in seiner theoretischen Entwicklung den *Konflikt* als zentrale Achse der Psychodynamik betrachtet, um dann eine dreidimensionale Diagnostik zu entwickeln. In ihr werden die virulenten Konflikte, die Kohärenz des Selbst und der jeweilige Modus der Konfliktverarbeitung berücksichtigt und auf alle psychischen Störungen angewandt. Zunächst hielt er den Konflikt zwischen Abhängigkeit und Autonomie für grundlegend. Dann nahm er Anleihen bei der Philosophie und orientierte sich am Konzept der *Bipolarität* zwischen Selbst- und Objektbezogensein, das in seinem Werk die Bedeutung eines grundlegenden Anthropologikums hat. Unter günstigen Bedingungen könne sich der Mensch in diesem Spannungsfeld entfalten und die inneren Gegensätzlichkeiten ausbalancieren. Unter ungünstigen Bedingungen komme es aber »zu einer Versteifung, zu einem rigiden Festfahren, wodurch das Erreichen der Balance zwischen Selbst und Objekt sehr schwer oder unmöglich wird« (Mentzos, 2014a, S. 26). Der Therapeut müsse sich bei jedem Patienten fragen: »Auf welche Weise hat eigentlich dieser konkrete Mensch versucht, unter den gegebenen ungünstigen Bedingungen (Trauma, Mängel, Kränkungen oder auch ungünstige körperliche Voraussetzungen) die große Aufgabe der dialektischen Integrierung und der Balancierung der selbst- und objektbezogenen Tendenzen und Bedürfnisse – sei es auch kompromisshaft – zu lösen?« (Mentzos, 2009, S. 266)

An instruktiven Fallbeispielen zeigt Mentzos, dass selbst das akute Auftreten psychotischer Symptome dem Selbstschutz dient und eine »expressive« Funktion hat. Daher spricht er von der »Funktion der Dysfunktionalität« (ebd.). Ihm ist auch aufgefallen, dass die Lockerung der Realitätsprüfung nicht selten zu »schöpferischen« Ausgestaltungen der Symptomatik führt, sodass er den Zusammenhang zwischen »Psychose und Kreativität« thematisiert (Mentzos, 2006, 2012).

Aufgrund seiner intensiven Erfahrungen in der Psychosentherapie hat Mentzos mit Nachdruck darauf hingewiesen, dass es auch und gerade in diesem Kontext auf die Persönlichkeit des Therapeuten, die therapeutische Haltung, den Umgang mit der Gegenübertragung und nicht zuletzt auf die teils expliziten, teils impliziten Konzepte der Lebenskunst ankommt: »Je umfassender psychisch Kranke gestört bzw. je tiefer sie regrediert sind, desto bedeutsamer werden Fragen des förderlichen Milieus, der hilfreichen Beziehung, der angemessenen Atmosphäre, d.h. des Sicherheit und Halt gebenden Klimas gegenüber anderen Dimensionen traditionell psychoanalytischer Einflußnahme« (Heltzel, 1995, S. 30f.).

## Zur Biografie

Stavros Mentzos wurde 1930 in Athen geboren. Angeregt durch eine intellektuelle Peergroup habe er sich schon als Jugendlicher für Philosophie interessiert, insbesondere für den deutschen Idealismus und den amerikanischen Pragmatismus (William James). In die Jugendzeit fällt auch seine erste Lektüre von Freud-Texten (Mentzos, 2010a, S. 96). Nach Abitur und Medizinstudium leistete er als Sanitätsoffizier einen dreijährigen Militärdienst (1953–1957) in der griechischen Armee ab. Er sammelte damals »sehr wichtige Erfahrungen mit Menschen aus anderen sozialen Klassen und entdeckte, dass die Welt eben ganz anders ist als man oft glaubt. Ich habe eindrucksvolle ›Seelenbilder‹ in Erinnerung behalten« (ebd.). Bereits während der Militärzeit setzte er sich mit der deutschen Psychiatrie, vor allem mit Karl Jaspers auseinander. Kaum aus dem Militär entlassen, ging er 1957 auf Anregung eines Freundes nach Hamburg, wo er ein oder zwei Jahre bleiben wollte. Er blieb dann aber etwa zehn Jahre und siedelte 1967 nach Frankfurt über, wo er noch heute lebt. Mittlerweile dauert sein Aufenthalt in Deutschland 58 Jahre. Zunächst war er als Assistent von Prof. Bürger-Prinz in der Psychiatrischen Universitätsklinik Hamburg tätig. Da sein Chef, den er für einen »alten Patriarchen« hielt, eindeutig gegen die Psychoanalyse eingestellt war, machte Mentzos seine psychoanalytische Weiterbildung heimlich und kam erst Jahre später scheinheilig darauf zu sprechen: »Was meinen Sie Herr Professor, wäre es vielleicht nützlich, wenn ich mich etwas mit der Psychoanalyse beschäftige?« Bürger-Prinz gab ihm sein Placet mit der Begründung: »Wer bei Bürger-Prinz fünf Jahre gewesen ist, dem kann nichts passieren« (ebd.).

In der Orientierungsphase seiner Tätigkeit in der klinischen Psychiatrie habe das Bedürfnis nach Ordnung und Systematisierung seiner Erfahrungen eine große Rolle gespielt. Er habe in dicken Ordnern empirisches Material gesammelt, neue deskriptiv-diagnostische Kategorien ausprobiert und sich auf diesem Wege »ein privates DSM« zugelegt. »Dadurch wurden meine Diagnosen, wenigstens nach den damaligen Kriterien und Beschreibungen der Psychiatrie, präziser und meine Überlegungen auch von rein deskriptiv denkenden psychiatrischen Kollegen akzeptiert und als lobenswert betrachtet« (Mentzos, 2014a, S. 15). Aber bereits Mitte der 1960er Jahre habe ihm sein Doktorvater, Prof. Bochnik, eine Veränderung seiner diagnostischen Einstellung gespiegelt:

> »Ich habe Sie früher sehr für Ihre präzisen diagnostischen und differentialdiagnostischen Erwägungen und Feststellungen geschätzt, aber in der letzten Zeit, seitdem Sie sich mehr mit der Psychoanalyse beschäftigen, sind Ihre Diagnosen unsicher und Ihre Überlegungen zu konkreten Fällen ungenauer und diffuser geworden« (ebd., S. 16).

Mentzos ließ sich nicht anmerken, dass er sich über diese kritische Bemerkung freute, da sie ihm zeigte, dass er auf dem Wege war, sich »vom sterilen, rigiden Schema der nosologischen Psychiatrie zu befreien« (ebd.). Dass er sich dann einer psychodynamischen Fundierung der Diagnostik zuwandte, bedeutete aber nicht, dass er seither die empirische Forschung geringgeschätzt oder sich von ihr zurückgezogen habe. Im psychoanalytischen Kontext betonte er frühzeitig, dass die These einer prinzipiellen Unvereinbarkeit zwischen empathisch-intuitivem Verfahren einerseits und erfahrungswissenschaftlichem Denken »nicht nur falsch, sondern auch für die Zukunft psychoanalytischer Forschung gefährlich ist« (Mentzos, 1973, S. 849).

1960 promovierte Mentzos mit einer elektrophysiologischen Arbeit über *Fotostimulation im EEG*, und 1967 beendete er seine auf psychopharmakologischen und klinisch-psychiatrischen Untersuchungen beruhende Habilitationsschrift *Mischzustände und mischbildhafte phasische Psychosen*. Im Rückblick auf die Art seiner damaligen wissenschaftlichen Arbeit schreibt er: »Empirisch-statistische Forschung habe ich lange Zeit meines Lebens betrieben. Bei meiner Dissertation beispielsweise mußte ich 4.500 Elektroenzephalogramme auswerten, bei der Habilitation verglich ich 100 psychopathologische Querschnittsbilder untereinander und prüfte über 100.000 statistische Zusammenhänge« (Mentzos, 1993, S. 28).

Neben seiner klinischen und forscherischen Tätigkeit absolvierte Mentzos eine Ausbildung als Facharzt für Neurologie und Psychiatrie, die er 1964 abschloss. 1967 übernahm er eine Oberarztstelle bei seinem Doktorvater am Lehrstuhl für Psychiatrie in Frankfurt. Zwei Jahre später schloss er seine psychoanalytische Ausbildung am Sigmund-Freud-Institut und seine Lehranalyse bei Margarete Mitscherlich ab. 1971 wurde er Leiter der neu eingerichteten Abteilung für Psychotherapie und Psychosomatik der Frankfurter Universitätsklinik, die sich speziell der Auswirkung von Konflikten auf psychische Krankheiten widmete, und zugleich Inhaber des gleichnamigen Lehrstuhls. Verfügte seine Abteilung anfänglich über drei Assistentenstellen, so war sie auf 16 Assistentenstellen angewachsen, als er 1995 in den Ruhestand ging. Heinz Böker schreibt über seine Erfahrungen in dieser Abteilung:

> »Ich hatte damals in der Zeit von 1988 bis 1996 selbst das Glück und die Gelegenheit, die offene inspirierende Atmosphäre in dieser Abteilung, nicht zuletzt in der Psychosenkonferenz, kennenzulernen. Diese in viele Richtungen hin offene, neugierig-suchende Grundhaltung – fern jedem Dogmatismus – ist mir nachhaltig in Erinnerung geblieben« (Böker, 2011, S. 13).

Nach seiner Emeritierung ist Mentzos im Rahmen des von ihm gegründeten »Frankfurter Psychoseprojekts« (seit 1985) insbesondere als Supervisor von Psychosetherapeuten aktiv, betätigt sich als Mitherausgeber der Schriftenreihe *Forum der psychoanalytischen Psychosentherapie* (seit 1997) und nicht zuletzt als Autor klinisch orientierter Fachbücher, die eine hohe Überzeugungskraft ausstrahlen und gleichermaßen bei Studierenden, Ausbildungskandidaten und professionellen Psychotherapeuten beliebt sind.

Mentzos starb im Mai 2015 im Alter von 85 Jahren.

### Der unbewusste Konfliktverarbeitungsmodus

Ein erster Anwendungsfall, an dem Mentzos die Problematik der deskriptiven Psychiatrie, aber auch der orthodoxen Psychoanalyse aufzuzeigen suchte, war die Psychodynamik der Hysterie. 1980 veröffentlichte er das Buch *Hysterie. Zur Psychodynamik unbewusster Inszenierungen*, das 2004 überarbeitet und erweitert wurde.

Hatte Charcot die Hysterie als eine nosologische Krankheitseinheit betrachtet, die an allen Orten und zu allen Zeiten dieselbe sei, so wurde die klassische Symptomsprache der Lähmungen und Anfälle nach dessen Tod gleichsam ihrer Unschuld beraubt. Nach Freuds Paradigmenwechsel von einer »neurologischen« zu einer »psychodynamischen« Theorie der Hysterie erschienen die psychischen Mechanismen der Verdrängung und der Konversion sowie psychosexuelle Konflikte und speziell eine ödipale Problematik als maßgebliche Krankheitsfaktoren. Dem hält Mentzos entgegen, dass die Konversion zwar historisch im Kontext der Hysterie entdeckt wurde, aber auch bei anderen psychischen Störungen zu beobachten und daher nicht hysterie-spezifisch sei. Auch der Zusammenhang zwischen dem Hysterischen und dem Ödipalen sei nicht zwingend, weil die auffälligen Abhängigkeits- und Anklammerungsbedürfnisse hysterischer Menschen nicht in dieses Schema hineinpassten. Wie auch schon anderen Autoren fiel ihm auf, dass orale Fixierungen und ein oraler Beziehungsmodus und darüber hinaus auffällige narzisstische Konflikte an der Entstehung dieser Neurose beteiligt sind.

Wenn aber die beiden Säulen Konversion und Ödipalität relativiert werden müssen, sollte man dann nicht auf die Begriffe »Hysterie« und »hysterisch« ganz verzichten? Seit den 1970er Jahren wurde der Hysteriebegriff zunehmend als diskriminierend empfunden und mit der Forderung verknüpft, präzisere diagnostische Kategorien zu entwickeln. Die Einführung der beiden maßgeblichen Klassifikationssysteme, des ICD-10 und des DSM-III, in den 1980er Jahren wurde dann zum Anlass genommen, die diagnostischen Kategorien »Hysterie« und »hysterisch« abzuschaffen und sie durch drei »Post-Hysterie-Diagnosen« zu ersetzen:

➢ F 44 *Dissoziative und Konversionsstörungen* = Hysterie, dissoziativer und Konversionstyp,
➢ F 45 *Somatisierungsstörung* = Hysterie, polysymptomatischer Typ und
➢ F 60.4 *Histrionische Persönlichkeitsstörung* = Hysterische Persönlichkeit.

Mentzos steht dieser Entwicklung ambivalent gegenüber. Einerseits begrüßt er es, der Mehrdeutigkeit und Heterogenität der diagnostischen Begriffsbildung entgegenzuwirken und zumindest auf der deskriptiven Ebene eine bessere Kommunikation unter den Klinikern zu erreichen. Andererseits sieht er das Problem, dass durch die Operationalisierung Wesentliches von den in der psychoanalytischen Tradition erzielten Erkenntnissen zur Psychodynamik der Hysterie vernachlässigt wird und dadurch verloren gehen könnte. Zu seinen Hauptanliegen gehört es, die Operationalisierung der »hysterischen« Symptomatik durch eine adäquate »Psychodynamisierung« zu ergänzen.

Um am Essenziellen der Psychodynamik der Hysterie, wenn auch nicht unbedingt am Terminus, festhalten zu können, schlägt Mentzos vor, ihn nicht als nosologische Einheit, sondern als *»Modus der Konfliktverarbeitung«* zu verwenden. Das für den hysterischen Modus Spezifische sieht er in einer Inszenierung. Der Betreffende versetzt sich mehr oder weniger unbewusst in einen Zustand, in dem er sich selbst und den ihn umgebenden Personen in gewissen Aspekten seines Selbst anders erscheint, als er in Wirklichkeit ist. Ein Beispiel ist eine Patientin, die aus einem hysterischen Ausnahmezustand erwacht und erstaunt um sich schaut

> »wie ein schuldloses, zum ersten Mal vor dem Rätsel des Lebens stehendes, naives Kleinkind. Ihre weit aufgerissenen Augen sagen: Ich verstehe nicht, wie es gekommen ist, ich war es nicht, es war eben die Veränderung in mir, die so etwas zustande gebracht hat. [...] In ihrer Selbstrepräsentanz bleibt diese junge Frau eine Jungfrau, auch nachdem sie Mutter geworden ist, weil ihr selbst ja nichts Gegenteiliges bekannt geworden sei!« (Mentzos, 2004, S. 98)

Mentzos unterscheidet zwischen einer »pseudo-regressiven« und einer »pseudo-progressiven« Inszenierung. Im ersteren Fall zeigt sich die Hysterische von ihrer schwachen, kranken und ohnmächtigen Seite und rekurriert darum auf Lähmungen, Sprachstörungen, Ohnmachtsanfälle und ähnliche Konversionen. Im anderen Fall bringt sie ihre stärkere, gesündere und mächtigere Seite ins Spiel und neigt deshalb zu Don-Juanismus oder phallisch-narzisstischen Charakterzügen. Charakteristisch für den hysterischen Modus ist es, sich unbewusst einer Strategie der Ablenkung vom Eigentlichen und Wesentlichen zu bedienen und dadurch Gegenübertragungsreaktionen hervorzurufen. Die Geduld des Therapeuten wird durch »die für den *hysterischen neurotischen* Stil typische Vernachlässigung der Realität, die Verachtung der Logik, die Gleichgültigkeit eklatanten Widersprüchen gegenüber« auf eine harte Probe gestellt (ebd., S. 136f.).

Mentzos plädiert dafür, den substantivischen Hysterie-Begriff aufzugeben, den adjektivischen Begriff »hysterisch« hingegen als wertvollen Oberbegriff für eine sehr verbreitete Art der Konfliktverarbeitung mithilfe einer unbewussten Inszenierung beizubehalten. Es gehe dabei

> »um den Versuch einer Kommunikation, einer Mitteilung der echten Not, sei es auch in dieser verkappten Form, die oft die Umgebung und den Therapeuten wegen der Unechtheit der Mittel sehr irritiert. Das therapeutische Ziel besteht in dem Versuch, die darin versteckt enthaltene Mitteilung zu verstehen und zu be-

antworten. Die therapeutisch-technisch schwierige Aufgabe ist es, nicht auf die unechte Dramatisierung, sondern auf die dahinter stehende Not zu reagieren« (ebd., S. 100).

In seinem nächsten Buch, *Neurotische Konfliktverarbeitung* (1982), bringt Mentzos bereits im Vorwort ein erstes – und in seinem gesamten Werk durchgängig spürbares – Anliegen pointiert zum Ausdruck. Es gehe ihm in besonderer Weise darum, in der Diagnostik und Therapie den Menschen, die Person und nicht nur den Symptomträger, den pathologischen Fall zu sehen.

War die Grundannahme der Hysterie-Studie von 1980, dass die Hysterie keine nosologische Einheit, sondern nur ein möglicher *Modus* neurotischer Konfliktverarbeitung sei, so erwies sich diese Konzeption für Mentzos als so nützlich, dass er sie auf alle psychischen Störungen anzuwenden suchte. Dementsprechend unterschied er

➢ psychoneurotische Modi: hysterisch, zwangsneurotisch, phobisch, angstneurotisch;
➢ narzisstische Modi: depressiv, hypochondrisch, paranoid, hyperthym, schizoid;
➢ psychotische Modi: Melancholie, Manie, manisch-depressive »Mischbilder« u. a.;
➢ den psychosomatischen Modus und
➢ den Modus psychosozialer Abwehr.

Dem Konzept des Konfliktverarbeitungsmodus hat Mentzos im Rahmen seiner dreidimensionalen Diagnostik schon frühzeitig eine Vorzugsstellung im Verhältnis zum unbewussten Konflikt und zum Strukturniveau eingeräumt und diese in seinem *Lehrbuch der Psychodynamik* (2009, S. 87) noch unterstrichen. Das Erscheinungsbild und die Symptomatik einer psychischen Störung hingen vorwiegend mit dem jeweiligen Modus zusammen. Zudem komme im jeweiligen Modus sowohl die intrapsychische Abwehrkonstellation als auch die charakteristische Art der Beziehung des Einzelnen zu sich und zu anderen zum Ausdruck. Schließlich gebe es empirische Anhaltspunkte für eine Zusammengehörigkeit zwischen Konfliktverarbeitungsmodus und Strukturniveau.

Den in der Monografie *Neurotische Konfliktverarbeitung* entwickelten Entwurf, mit dem er die starre und erzwungene Einordnung in typische »Neurosestrukturen« durch eine flexible psychodynamischen Diagnostik zu ersetzen suchte, hat Mentzos bis heute beibehalten und dafür große Zustimmung erhalten. Wolfgang Mertens (2014, S. 764) hält die »Auflösung klassischer nosologischer Entitäten wie Depression, Hysterie, Zwang und ihre Neukonzeptualisierung als psychodynamische Modalitäten, denen ganz unterschiedliche psychogenetische Konfliktkonstellationen zugrunde liegen können, [für] eine der wichtigsten Neuerungen auf dem Gebiet der psychodynamischen Krankheitslehre«.

## Konfliktdynamik in der Psychose

Stavros Mentzos hat sich seit Jahrzehnten mit der unbewussten Dynamik der Psychosen auseinandergesetzt. Schon 1967 konnte er bei der Untersuchung von 300 akut psychotischen Patienten zeigen, dass die diffuse psychotische Angst in dem Maße nachließ, in dem die Patienten »in der Lage waren«, Wahnideen oder sogar ein paranoides System zu entwickeln. Dieser Befund unterstützte die Grundannahme, dass Wahnbildungen – wie überhaupt projektive Mechanismen – als Abwehr und Schutz gegen die Angst vor psychischer Desintegration und Kontrollverlust mobilisiert und eingesetzt werden.

In seinem Buch *Psychodynamische Modelle in der Psychiatrie* schildert Mentzos eine Szene, die ihn nachhaltig beschäftigt hat:

> »Als junger Stationsarzt pflegte ich mir jeden Morgen in der unruhigen geschlossenen Abteilung vor der Hauptvisite die in der Nacht eventuell neuangekommenen Patienten anzusehen. Eines Tages ging ich allein in das Zimmer einer Patientin, die in der Nacht in einem sehr unruhigen, akut psychotischen Zustand aufgenommen worden war, um mir einen ersten Eindruck zu verschaffen. Die Patientin [...] saß hocherregt in ihrem Bett und redete verworren. Als sie mich sah, fing sie an, laut die Schwestern zu rufen, sie sollten schnell kommen, weil der Arzt (also ich) verrückt geworden sei und man ihm schnell helfen müsse« (1991, S. 9).

Mentzos spürte sofort intuitiv, dass die Patientin in dieser Situation hochgradig affektiv belastet war und sich mittels einer Externalisierung zu entlasten suchte. Er wusste aber zunächst nicht, wie er die Hypothese eines projektiven, die Patientin entlastenden Abwehr- und Kompensationsversuchs für andere überzeugend begründen sollte. Daher erlebte er die geschilderte Szene als »eine der ersten Gelegenheiten, in denen ich spontan anfing, ›psychodynamisch‹ zu denken« (ebd.). Wäre die absurde Behauptung der Patientin nur als »Ausfallserscheinung« zu betrachten, die sich sozusagen aggressiv entladen und »zufällig« den Arzt getroffen hatte, dann wäre ein psychodynamischer Zusammenhang auszuschließen und die »Wahrnehmungsstörung« im Wesentlichen als eine *direkte Folge* biologischer Defekte zu betrachten. Dagegen sprach, dass die Patientin mit ihrem Verhalten etwas intendierte, eine Veränderung ihres affektiven Zustands und Leidensdrucks zu erreichen suchte. Mit der Person des Arztes, den sie noch gar nicht kannte, hatte ihr Angriff offenbar nichts zu tun, wohl aber mit seiner Funktion und Macht, über sie bestimmen zu können. Indem sie ihn für verrückt erklärte, sprach sie ihm die Kompetenz und das Recht ab, über sie zu urteilen und zu verfügen. Man kann darin die Antizipation einer befürchteten Intervention seitens des Arztes sehen, der sie zuvorkommen wollte. Aus dieser Sicht erschien das Verhalten der Patientin als eine psychisch nachvollziehbare »Reaktion«, die auf eine komplexe intrapsychische Dynamik hindeutete.

In einem anderen Fall erklärte eine 40-jährige Akademikerin bei Therapiebeginn, sie leide an einer »schizoaffektiven Psychose«. Eine erste psychotische Episode war durch die Beendigung einer langjährigen, aber recht unglücklichen Beziehung zu einem Mann ausgelöst worden. »Ihre große Abhängigkeit von diesem Partner verstanden wir im Laufe der Behandlung als eine verzweifelte Wiederholung der in gewisser Hinsicht ähnlich strukturierten Beziehung zu ihrer Mutter, welche ebenfalls der Patientin gegenüber kühl, reserviert, gleichgültig, kränkend, verächtlich und feindlich war« (Mentzos, 1999, S. 26).

Die Patientin war offensichtlich durch die spezifischen Belastungen aufgrund der Loslösung aus einer Abhängigkeitsbeziehung und der drohend bevorstehenden Lebensform als Single überfordert. Während der Behandlung hatte sie folgenden Traum:

»In einem größeren Raum, wahrscheinlich in einem Konferenzraum, befanden sich mehrere Ärzte, Psychiater, die sich schon mit ihrem Behandlungsfall beschäftigt hatten und nun lebhaft und strittig über die Diagnose diskutierten. Die Diskussion entwickelte sich zu einem regelrechten Disput, in dessen Verlauf diese Fachleute heftig gestikulierend stritten. Weil keine Lösung abzusehen war, entschloss man sich dann, vor Gericht zu gehen! Es wurde ein Termin anberaumt, bei dem jedoch diese Experten von neuem, jetzt im Gerichtssaal, während der Sitzung und in Anwesenheit des Richters, heftig anfingen zu streiten. Nach einer gewissen Zeit sah der Richter sich gezwungen, dieses ›Palaver‹ der Fachleute mit entschiedener Stimme zu verbieten. Als es ruhig im Saal wurde, wandte er sich der Patientin zu: ›Sagen Sie, Frau X., Sie wissen doch sehr gut, daß es bei Ihnen nicht um eine Schizophrenie, nicht um eine schizoaffektive Psychose geht, sondern darum, dass sie ...‹. Hier, an dieser Stelle der Erzählung, konnte die Patientin plötzlich nicht weitersprechen und brach in Tränen aus. Nachdem sie sich bald etwas erholt hatte, fuhr sie fort: ›Der Richter sagte also: Es geht nicht darum, dass Sie an einer solchen Psychose leiden, sondern darum, dass Sie einfach zu viel geliebt haben!‹« (ebd., S. 26f.)

Der Richter in diesem Traum übermittelt gleichsam eine Botschaft des Therapeuten, dass ihre verstörende Symptomatik auf einen inneren Konflikt zurückzuführen sei, dass dieser Konflikt mit ihrem starken Wunsch nach Zuwendung und Liebe zu tun habe und – implizit – dass sich dieser Konflikt bearbeiten lasse. Der Traum deutet darauf hin, dass diese Botschaft bei der Patientin angekommen ist. Man kann darin ein Beispiel für eine kreative Traumarbeit sehen, die ein Ausfluss der in der Behandlung bereits gewonnenen Erfahrungen ist. Der Traum scheint der Patientin (und dem Therapeuten) Mut gemacht zu haben, konsequent auf der psychodynamischen Linie zu bleiben, sodass die Therapie nach zwei Jahren abgeschlossen werden konnte. In der Katamnese nach etwa drei Jahren war sie weiterhin emotional stabil, arbeitsfähig und »durch diese Überwindung der Krise irgendwie bereichert« (ebd., S. 28).

Zwar erschien es nicht zwingend, dass der bearbeitete Aktualkonflikt mit dem Partner, der einen ähnlich gelagerten Grundkonflikt mit der Mutter wieder aufleben ließ, in eine Psychose hätte einmünden müssen; auch eine Neurose oder eine Persönlichkeitsstörung wäre denkbar gewesen. Wesentlich war aber die Folgerung, dass die psychotischen Vorgänge in hohem Maße einer Konfliktdynamik – und nicht einfach einem biologischen oder persönlichkeitsstrukturellen »Defekt« –- unterliegen und dass sich bei ihnen »eine gleichsam ›sinnvolle‹ psychodynamische Funktion aufdecken« lasse (Mentzos, 1991, S. 19).

Mentzos gibt zwei Hauptgründe an, weshalb der unbewusste Konflikt als »die zentrale Achse der Psychodynamik« (2009, S. 29ff.) bezeichnet werden kann. Zum einen stellt man in der Praxis immer wieder fest, dass es nicht irgendwelche Belastungen wie z. B. Stress, sondern der »Bürgerkrieg«, die intrapsychischen Gegensätzlichkeiten sind, die sich besonders pathogen auswirken. Zum andern geht er von der anthropologischen Annahme aus, dass der Mensch »bipolar« aufgebaut sei. Die Entwicklung des Einzelnen lasse sich als ein dialektischer Prozess verstehen, innerhalb dessen es vorgegebene und evolutionstheoretisch erklärbare »Bipolaritäten« gebe, die immer wieder ausbalanciert werden müssten.

Zieht man einen Vergleich zwischen neurotischem und psychotischem Konflikt, so besteht ein gravierender Unterschied:

> »Geht es bei der Neurose um intrapsychisch repräsentierbare Konflikte, so liegt die psychotische Problematik auf einer präsymbolischen Ebene. Die polaren Tendenzen sind nicht präsentierbar, was durch den Begriff Dilemma, der auf die von vielen Analytikern dargestellte Symbolisierungsstörung bei Psychosen hinweist, ohne damit einen Ich-Defekt zu behaupten, besser ausgedrückt werden kann« (Lempa, 2001, S. 54).

Auch in der Rekonstruktion der Philosophien der Lebenskunst (s. o. Kapitel »Philosophische Schulen der Lebenskunst«) lässt sich häufig ein Grundkonflikt als Ausgangspunkt für die Frage nach einem gelungenen Leben festhalten. Der für die abendländische Geschichte bedeutsamste und sozusagen integrative Meta-Grundkonflikt ist der zwischen Körperlichkeit (Emotionalität) und Verstand (Rationalität); dieser hält sich, beginnend in der Antike, bis in die heutige Zeit durch. Von diesem Grundkonflikt ausgehend, finden wir historisch gesehen auf einer mittleren Abstraktionsebene alltägliche, aber auch therapeutisch bedeutsame Konflikte, wenn es etwa um die Beherrschung der Leidenschaften, die Aufklärung des vermeintlichen Wissens und der Todesangst oder die Pflicht, ein gutes Leben zu führen, geht. Während die letztgenannten Perspektiven für die Dominanz der Ratio über die Emotio stehen, lassen sich – vor allem seit der Romantik – auch Modelle in der Lebenskunst finden, die der Körperlichkeit und dem Unbewussten gegenüber der Vernunft und dem Bewusstsein eine wichtiger werdende Stellung einräumen: Die Aufwertung der Träume, Sehnsüchte, Phantasien und Gefühle in der Lebenskunst führen zwar nicht zur Dominanz des Leiblichen und Affektiven in der Lebenskunst, relativieren aber die Macht der Rationalität in einem hohen Maße.

Implizit kommt hierbei eine dualistische Anthropologie zum Ausdruck, die ein Bild vom Menschen durch eine Reihe von hierarchischen Oppositionen erzeugt, die im Grunde die ganze abendländische Metaphysik ausmachen: Kultur/Natur, Geist/Körper, Vernunft/Trieb, Bewusstes/Unbewusstes, Selbst/Anderer, Mann/Frau, Freiheit/Zwang, Sprache/Stummheit, Gesellschaft/Privation, Perfektion/Defekt, Erziehung/Verwilderung etc. Könnte es also sein, dass wir nicht nur den Menschen, sondern auch die ihn betreffenden Sachverhalte gar nicht anders denken können als in Oppositionen und damit tendenziell auch in Kategorien des Konflikts?

## Die anthropologische Grundannahme der Bipolarität

Seine reichhaltigen klinischen Erfahrungen brachten Mentzos zu der Annahme, dass psychotische Symptome vor dem Hintergrund elementarer innerer Konflikte zu sehen sind und der Abschwächung der konfliktbedingten Ängste, Affekte und Leiden dienen. In einem nächsten Schritt ging er der Frage nach, um welche Konflikte es sich dabei handelt und wie sie genauer bestimmt werden können. In diesem Kontext begnügte er sich nicht mit bloßer Empirie, sondern machte explizit Anleihen bei der Anthropologie:

> »Eine tiefer gehende Analyse der psychotischen Dynamik wirft nun viele, allgemeinere, im eigentlichen Sinne philosophische Fragen auf. Denn die hier angesprochene Bipolarität stellt eigentlich nur einen speziellen Fall eines weit verbreiteten ›normalen‹ Phänomens dar: Gegensätzlichkeit und Bipolarität resultieren aus einem universellen Prinzip, sowohl in der organischen als auch in vielen Bereichen des Psychischen und Psychosozialen« (Mentzos, 2010a, S. 11f.).

Unter Bipolarität sind jeweils Paare von entgegengesetzten Tendenzen zu verstehen, die aber in gewisser Hinsicht gerade durch diese Gegensätzlichkeiten zusammengehören. Solche Bipolaritäten gibt es in der Biologie, Psychologie und Philosophie – z. B. zwischen Extraversion und Introversion, Aktivität und Passivität, Freiheit und Bindung, Eros und Todestrieb u. a.

Für Mentzos rückte zunächst die Polarität zwischen »Autonomie« und »Abhängigkeit« ins Blickfeld. Mangels präziser begrifflicher Abgrenzung dieser beiden Begriffe zieht er es aber heute vor, von einem zentralen Konflikt zwischen den *selbstbezogenen* und den *objektbezogenen* Tendenzen des Menschen auszugehen: zwischen der Tendenz zu Individuation, Autonomie, Autarkie, Selbstständigkeit, Getrenntsein vom Anderen und der dazu entgegengesetzten Tendenz zu Abhängigkeit, Bindung, Kommunikation, Solidarität, Vereinigung mit dem Anderen. Unter günstigen Bedingungen wird das Spannungsfeld zwischen dem Selbst- und dem Objektpol immer wieder so ausbalanciert, dass sich der Einzelne sowohl in der Beziehung zu sich selbst als auch in der Beziehung zu anderen entfalten kann. Unter ungünstigen Bedingungen kommt es hingegen zu einem starren Entweder-oder von Selbstbezogen- versus Objektbezogensein und dementsprechend zu festgefahrenen Erlebnis- und Verhaltensmustern.

Die Zuspitzung dieses Entweder-oder in der psychotischen Dynamik bezeichnet Mentzos als *Dilemma*. Auf die Frage, welche Patienten einen selbstbezogenen und welche eine objektbezogenen Ausweg aus dem Dilemma suchen, antwortet er:

> »Ich glaube, dass die Patienten, die eine dominante, besitzergreifend ›liebende‹ Mutter hatten, die alles bestimmt hat, selbstbezogene Abwehrmechanismen entwickeln, um sich zu schützen; sie entwickeln Mechanismen bis zum Verfolgungswahn, um die Distanz zu sichern. Diejenigen aber, die eine indifferente oder schwache oder sogar feindliche Mutter hatten, sind so ›verhungert‹, sie haben einen Mangel und deswegen kleben sie an dem Therapeuten« (ebd., S. 115).

Akzeptiert man das anthropologische Modell der Bipolarität, so bietet es sich an, die in der gestörten Entwicklung auftauchenden Konflikte als Varianten

dieses Dilemmas zu betrachten. Zu diesen Varianten gehören, wobei es sich jeweils um eine neue Version – auf einer höheren Ebene – desselben Dilemmas handelt:
➢ autistischer Rückzug versus Fusion mit dem Objekt,
➢ autonome Selbstwertigkeit versus vom Objekt abhängige Selbstwertigkeit,
➢ Separation und Individuation versus Bindung und Abhängigkeit,
➢ Autonomie/Autarkie versus Unselbstständigkeit (Mentzos, 2009, S. 30f.).

Eine Gruppierung von Therapeuten, die sich eher am Struktur- und Traumaals am Konfliktmodell orientieren, verzichtet auf die Berücksichtigung solcher zentraler Polaritäten und legt den Schwerpunkt ihrer Erklärungen auf biologisch vorgegebene oder durch Traumata erzeugte strukturelle Veränderungen mit daraus folgenden Ich-Funktionsstörungen. Eine andere Gruppierung, die sich in erster Linie an der Verhaltenstherapie orientiert, erachtet die Hypothese von vorgegebenen Bipolaritäten für überflüssig und führt psychische Störungen in erster Linie auf gestörte Lernprozesse zurück. Mentzos hält dem entgegen, dass der Verzicht auf die Annahme vorgegebener Polaritäten dazu führe, dass viele normale und insbesondere gestörte Erlebens- und Verhaltensweisen nicht adäquat und nicht vollständig verstanden werden können (2010b, S. 14).

Das Bipolaritätsmodell eignet sich nach Mentzos besonders zur Erfassung der psychotischen Dynamik, wobei er eine *Selbstidentitätsproblematik* bei den schizophrenen Psychosen von einer *Selbstwertproblematik* bei den affektiven Psychosen (Depression und Manie) unterscheidet (s. u. Kapitel »Das Selbst der Selbstsorge«). In ähnlicher Weise ließen sich in ihrer defensiven Struktur selbstbezogene Persönlichkeitsstörungen (wie die schizoide, die narzisstische, die dissoziale) von objektbezogenen (wie die selbstunsichere, die depressive, die histrionische) unterscheiden. Auf diese Weise entsteht ein zweidimensionales diagnostisches System (Selbstpol versus Objektpol und Selbstidentitätsproblematik versus Selbstwertgefühlsproblematik) (vgl. Mentzos, 2009, S. 254).

## Interpersonale Abwehr und psychosoziale Arrangements

In den 1970er Jahren wendet sich Mentzos der Bedeutung des sozialen Feldes für die Entstehung und Aufrechterhaltung psychischer Störungen zu und veröffentlicht das Buch *Interpersonale und institutionalisierte Abwehr* (1976). In diesem Kontext schildert er zwei instruktive Fallbeispiele für die interpersonale Abwehrkonstellation bei psychotischen Patienten.

Eine 27-jährige Patientin, die vor fünf Jahren eine zwei Monate dauernde psychotische Episode mit depressiver und paranoider Symptomatik durchmachte, war in den Jahren danach unauffällig und arbeitsfähig. Dabei erwies sich die Beziehung zu einem 10 Jahre älteren Mann als stabilisierender Faktor. Er gab ihr offenbar durch sein Vertrauen und seine konstante Zuwendung bei gleichzeitiger Aufrechterhaltung einer gewissen Distanz das Gefühl von Sicherheit. Schon bald nach Beginn dieser Beziehung war die Patientin jedoch nicht mehr in der Lage, mit diesem Mann sexuell zu verkehren. Sie suchte das Problem der Nähe-Distanz-Regulierung dadurch zu lösen, dass sie eine sexuelle Beziehung zu einem acht Jahre jüngeren Mann aufnahm. Der ältere Freund konnte sich mit dieser Lösung jedoch nicht arrangieren und legte ihr eine psychoanalytische Behandlung nahe, »damit sie sich von ihren Hemmungen und ihrer offensichtlichen Vaterbindung befreie« (Mentzos, 1976, S. 74f.). Dieses Dilemma setzte die Patientin so unter Druck, dass sie wieder akut psychotisch wurde und mehrere Wochen stationär behandelt werden musste. In der Folgezeit stabilisierte sie sich mithilfe des jüngeren Mannes, »dem sie intellektuell eindeutig überlegen war, zu dem sie aber ein offenes, freundschaftliches, herzliches Verhältnis hatte« (ebd., S. 75).

Mentzos zog aus dieser Fallbehandlung die Folgerung, dass psychoseanfällige Patienten dann am längsten stabil bleiben,

> »wenn es ihnen gelingt, Beziehungen aufzubauen, bei denen sie aufgrund des äußeren Arrangements eine mittlere Funktion zwischen Nähe und Distanz einnehmen können oder wenn sie durch ein ›reales Splitting‹ entgegengesetzte Strebungen bei verschiedenen Partnern konfliktfrei befriedigen können. Ein interpersonales Arrangement garantiert hier eine kompromißhaft dosierte Teilbefriedigung, ohne Desintegrations- und Grenzenverlustängste (durch zu große Nähe) zu mobilisieren« (ebd.).

In einem anderen Fall hatte eine 36-jährige verheiratete Frau 15 Jahre lang mit ihrem Mann relativ glücklich und ausgeglichen gelebt. Ihr Ehemann, der als differenziert, gutmütig und ruhig charakterisiert wird, war durchgängig sehr um seine Frau besorgt gewesen. Umso schlimmer war es für die Patientin, als sie eines Tages von ihm erfuhr, dass er für eine gewisse Zeit ein Verhältnis zu einer jüngeren Frau gehabt hatte. Sie war wie vor den Kopf gestoßen und »fühlte sich von dem Menschen, dem sie absolut vertraut hatte, verraten« (ebd., S. 77). In den folgenden Monaten wurde sie von erschreckenden Träumen heimgesucht, in denen sie sich völlig verloren vorkam und das Gefühl hatte, dass sie sich als Person auflöse.

Es handelte sich um eine bedrohliche Labilisierung, die sich aber nicht allein aus dem Aktualkonflikt erklären ließ, sondern auch mit dem Grundkonflikt in der Beziehung zu ihrer Mutter zu tun hatte.

Die Patientin hatte bis zum 20. Lebensjahr in einer fast symbiotischen Beziehung mit ihrer Mutter gelebt. Obwohl sie sich in Kindheit und Jugend bei ihr geborgen gefühlt hatte, erfasste sie beim Kennenlernen ihres späteren Ehemannes intuitiv, dass »dieser Mann mit den Sicherheit bietenden und mütterlichen Aspekten« eine Chance sei, sich aus der jetzigen altersinadäquaten Mutter-Tochter-Symbiose zu befreien. Das problematische Ausmaß der symbiotischen Bindung zeigte sich kurz vor der Heirat der Patientin, als die Mutter die Tochter nicht gehen lassen wollte, von ihrem »blutenden Herzen« sprach und die Tochter verwünschte. Auf diesem Hintergrund versteht man, »welche Bedeutung das interpersonale Arrangement der Eheschließung für die Ablösung von einer pathologischen Symbiose hatte und wie gut dieses Arrangement geeignet war, die Patientin für die Zeit von fast fünfzehn Jahren zu stabilisieren« (ebd., S. 79). Nach dem »Verrat« des Ehemanns wurde jedoch die zentrale Problematik der Patientin wieder aktuell. Weder konnte sie zur Mutter zurückgehen, noch stand ihr jetzt der Mann als Mutterersatz zur Verfügung.

An anderer Stelle weist Mentzos darauf hin, dass äußere Bedrohungen bis hin zu extremen »Grenzsituationen« wie einem schweren Unfall, einer Naturkatastrophe oder einem Krieg paradoxerweise eine antipsychotische Wirkung haben können. Gerade solche Herausforderungen können entlastend wirken, weil »Selbst und Objekt im Erleben des Patienten besser konturiert und gleichzeitig in Beziehung zueinander gesetzt werden« (2000, S. 23).

In seinem Buch *Der Krieg und seine psychosozialen Funktionen* (1993) wendet sich Mentzos sowohl gegen Freuds Hypothese eines menschlichen Aggressionstriebs als auch die von der Aggressionsbedingtheit des Krieges. Stattdessen postuliert er einen eigenen *narzisstischen Trieb*, der den Bedürfnissen nach Selbstbehauptung und Exploration im motivational-funktionalen System des Selbstpsychologen Joseph Lichtenberg (Mentzos, 1991, S. 85ff.) nahekommt. Auch in diesem Zusammenhang rekurriert er auf die Bipolarität zwischen selbst- und objektbezogenen Tendenzen. Es gebe lediglich ein angeborenes aggressives Verhaltensmuster, eine angeborene aggressive Kompetenz oder Fähigkeit (analog etwas dem Reaktionsmuster der Angst), die reaktiv auf einen gegebenen Anlass hin ausspielbar sei, und zwar zur Durchsetzung narzisstischer und objektbezogener libidinöser Ziele, sofern deren Befriedigung auf Hindernisse stößt. Insoweit sei reaktiv mobilisierte Aggression »funktional«. Sie könne sich aber unter ungünstigen Bedingungen verselbstständigen und dysfunktional werden.

Erwähnt sei, dass Mentzos auch auf die »*Ästhetik des Krieges*« und seine Funktion als »*Therapeutikum*« zu sprechen kommt (ebd., S. 178). Besonders in der Anfangsphase von Kriegen spielen Abenteuer- und Erlebensdurst bei den unerfahrenen Kriegsteilnehmern eine große Rolle; sie sind oft mit einer »hypomanischen« Depressionsabwehr verbunden. Die oft beschriebenen Erfahrungen von Beglückung und Euphorie in der »Grenzsituation« des Krieges sind nach Mentzos nicht zu leugnen, aber »nicht *wegen*, sondern *trotz*« der damit verbundenen Grausamkeit möglich geworden.

Oftmals weniger dramatisch, aber dennoch bedeutsam, spielt auch in der Lebenskunst die Thematik der Grenzsituation eine wichtige Rolle. Diese beginnt schon mit einem »Sich-nicht-mehr-Auskennen« oder einem »Nicht-mehr-Weiterwissen oder -können« am Beginn einer philosophischen Beratung (oder einer psychologischen Therapie, s. u. Kapitel »Seelische Erschütterung und Leiden als Ausgangspunkt für die Therapie«) und führt über die Wahrnehmung neuer Lebensperspektiven und die Auswahl spezifischer Lebensformen bis hin zu ihrer praktischen Umsetzung und Stilisierung. In diesen Prozessen sind nicht nur Grenzen des Unbewussten, sondern auch solche der Wahrnehmung, der Wahlmöglichkeiten, der Entscheidungen oder auch der Praxis involviert. Und es scheint so, dass in der Moderne als dem Zeitalter, in dem »alles möglich« ist, (nicht selbst herbeigeführte) Grenzerfahrungen noch einmal an Brisanz für die Menschen gewonnen haben. Weisen sie doch darauf hin, dass das vermeintlich souveräne Subjekt kein »Herr im eigenen Haus« (Freud) ist, weil weder die »Herrschaft« noch das »Haus« (als innere und äußere Bedingungen) in seiner Verfügung stehen. Man kann die anhaltende Debatte um Lebenskunst auch als einen Versuch verstehen, den mit der Moderne verbundenen Grenzerfahrungen neue Formen der Selbstsorge entgegenzuhalten, die die damit verbundenen Zumutungen zu bewältigen, zu kompensieren oder auch zu gestalten in der Lage sind.

## Neue Beziehungserfahrungen in der Psychosentherapie

In den 1980er Jahren begannen Mentzos und seine Mitarbeiter in der Psychotherapeutischen Abteilung der Frankfurter Universitätsklinik mit ihrem Forschungsprojekt der Psychosentherapie. An jedem Dienstag fanden Konferenzen statt, an denen die Therapeuten ihre Erfahrungen austauschten. Die Vorgehensweise war zunächst eher unsicher, intuitiv und pragmatisch. Das vorherrschende Gefühl war: »[W]ir tun alle etwas, was verständlicherweise auch Erfolg hat, aber keiner weiß, was er eigentlich macht!« (Mentzos, 2010a, S. 105)

Bereits in dem 1982 erschienenen Buch *Neurotische Konfliktverarbeitung* ist ein Therapiekapitel enthalten, in dem Mentzos die Bedeutung der therapeutischen Beziehung – sicherlich mit Blick auf die Psychosen – unterstreicht: »Psychische Störungen oder Defizite, die durch mißglückte oder fehlende Beziehungen entstanden sind, können nur innerhalb einer Beziehung wiederhergestellt oder nachgeholt werden« (ebd., S. 267). Dabei gehe es nicht nur um das Aufdecken und Durcharbeiten der virulenten Konflikte, sondern auch und insbesondere um die Aufhebung der pathologischen »Versteifung« der Konflikte. Der Patient müsse »bei diesem vielleicht schwierigsten Teil der Arbeit Erfahrungen innerhalb der therapeutischen Beziehung machen, die einer praktikablen Lösung der ›Versteifung‹ [...] gleichzusetzen sind«. Während dieses Prozesses müsse er den Patienten

»halten, tragen, unterstützen und sich ihm zur Verfügung stellen. [...] Der Patient muß spüren, daß der Therapeut nachempfindet, daß er ›weiß‹, was für ein Schmerz das ist. Aber noch wichtiger ist, daß der Patient weiß: Sein Therapeut ist trotzdem zuversichtlich und der festen Überzeugung, daß man durchkommen kann und wird« (ebd., S. 276).

Um diese Festigkeit und Zuversicht zu haben, braucht er eine therapeutische Haltung, die sich »mehr im Atmosphärischen, mehr im Nonverbalen und im scheinbar Nebensächlichen bemerkbar« macht. Die therapeutische Kunst besteht darin, »die erforderliche Distanz und Abstinenzhaltung mit einer den Patienten tragenden, ihn ermutigenden und ihm das Gefühl des Verstandenwerdens gebenden Haltung und Atmosphäre zu kombinieren« (ebd., S. 277).

Mentzos unterscheidet zwischen dem »Dasein« des Therapeuten als eines potenziellen Beziehungsobjekts, durch das bestimmte Übertragungen ausgelöst werden, und dessen »So-sein«, das die Beziehungsmuster des Patienten im ungünstigen Fall intensivieren und verfestigen, im günstigen Fall aber schwächen und lockern kann. Therapeutisch adäquat sei eine Haltung, wenn sie der Übertragung und Gegenübertragung in der Therapie psychotischer Patienten Rechnung trägt (Mentzos, 1995, S. 147). Unter »psychotischer Übertragung« sind Beziehungsmuster zu verstehen, die der Patient »in seiner frühesten Entwicklung leider als die einzig möglichen, ja sogar als eine ›notdürftige‹ Rettung erlernen mußte«. Da er selbst nicht die Erfahrung machen konnte, als selbstständige Person im eigenen Recht gesehen und respektiert zu werden, erlebt er die Differenz zwischen Selbst und Objekt als sehr gefährlich und sucht sie in der therapeutischen Beziehung möglichst zu vermeiden. Bei der Handhabung seiner

Gegenübertragungsgefühle ist der Therapeut besonders gefordert. Er muss eine »Alternativ-Haltung« entwickeln, um dem Patienten eine »neue Erfahrung« zu ermöglichen, die, »wenn alles gut läuft, langsam auch zu einer Veränderung der festgefahrenen Muster führen kann« (ebd., S. 148).

Das hauptsächliche Beziehungsproblem psychotischer Menschen kann man darin sehen, dass sie unangenehme, ängstigende, beschämende, Schuldgefühle erzeugende Erlebnisformen systematisch zu vermeiden suchen. Sie nehmen Möglichkeiten, im Rahmen unbelasteter Beziehungen neue Erfahrungen zu machen und so die festgefahrenen Wahrnehmungs- und Erlebnismuster zu lockern und zu verändern, selten wahr. Bei einer gut auf einander abgestimmten Kommunikation zwischen Therapeut und Patient besteht jedoch die Chance, »zunächst innerhalb der therapeutischen Beziehung, dann aber auch außerhalb der Therapie solche neuen Beziehungen zu wagen« (Mentzos, 2011, S. 49).

Ein 20-jähriger Patient von Mentzos hatte vor einem Jahr sein Abitur mit sehr guten Noten absolviert, sich im Anschluss daran aber in sein Bett zurückgezogen, nur noch sehr wenig gesprochen, seine Nahrungsaufnahme reduziert und alle seine sozialen Beziehungen unterbrochen.

> »Er weigerte sich konstant, sein eigenes Verhalten als krankhaft zu erkennen, geschweige einen Psychiater oder Psychologen zu konsultieren. Erst mit viel Mühe und Überredungskunst gelang es den Eltern, ihn für einen Versuch, für ein Gespräch zu mir zu bringen. Der Patient verhielt sich auch bei mir in ähnlicher Weise negativistisch, aber immerhin war er bereit, wenigstens für einige Male wieder zu mir zu kommen« (2014a, S. 31).

Der Therapeut ließ sich durch die Negativismen des Patienten, vor allem sein hartnäckiges Schweigen, nicht irritieren. Nur gelegentlich gab er ihm zu verstehen, dass er einen Grund haben müsse, warum er sich so verhalte. Eines Tages teilte er ihm mit, dass er auf der Suche nach einem Studenten oder anderen jungen Mann sei, der ihm vorlesen könne, weil er aufgrund seiner fortgeschrittenen Seherkrankung nicht mehr lesen könne. Der Patient ließ sich zunächst keine emotionale Reaktion anmerken, sagte aber beim Hinausgehen in einem leisen Ton und fast wie in Trance: »Ich könnte auch vorlesen.« Als er zur nächsten Sitzung kam, bat ihn der Therapeut,

> »einen relativ schwierigen Artikel aus einer Zeitschrift vorzulesen, was er auch zu meinem Erstaunen in ausgezeichneter Weise machte. [...] Das nächste Mal habe ich ihm einen zweiten Artikel vorgeschlagen, den er auch vorgelesen hat, das dritte

Mal sagte er aber schon am Anfang: ›Heute brauche ich nicht vorzulesen.‹ Von da an fing er an über sich zu reden. Das war der Wendepunkt in dieser Behandlung, offensichtlich unter anderem deswegen, weil meine Angabe einer Schwäche [...] und die Bitte um Hilfe zu einem für den Patienten überzeugenden Ausgleich, zu einer Balancierung der Machtverhältnisse und zur Möglichkeit eines Austausches auf derselben Augenhöhe geführt hatten. Nun veränderte sich auch sein Verhalten außerhalb der Stunde, was er mir aber nicht berichtete. Ich erfuhr durch ein Telefonat des Vaters, dass er den Führerschein gemacht habe, dass er vorhabe zu studieren und dass er sich immatrikuliert habe« (ebd., S. 32).

Diese Thematik des »Austausches auf derselben Augenhöhe« werden wir unten im Kapitel über den »Anderen in der Lebenskunst« wieder aufgreifen. Man kann an dieser Stelle mit Mentzos schon darauf hinweisen, dass es nicht nur eine anerkennende Wechselseitigkeit und Symmetrie der Stärke, sondern auch eine solche der Schwäche gibt und dass insofern Fragen der (therapeutischen) Sympathie und des Takts auch im mimetischen (unbewussten) Nachvollzug der Vulnerabilitäten des Anderen bestehen (vgl. die folgenden Ausführungen als auch das Kapitel »Der Takt als intersubjektiver Beziehungsregulator«).

## Mentzos' Position zwischen »harter« und »weicher« Objektbeziehungstheorie

Stavros Mentzos steht in der Tradition der psychoanalytischen *Selbstpsychologie*, die sich in den 1970er Jahren in einer Gegenbewegung zur allzu rational und naturwissenschaftlich orientierten Ich-Psychologie (Hartmann, Kris, Loewenstein) entwickelte. Ausgehend von der narzisstischen Bedürftigkeit des Menschen und seiner Anfälligkeit für narzisstische Kränkungen konzipierte Heinz Kohut ein erlebnismäßig und ganzheitlich zu verstehendes »Selbst« als Alternative zum Konzept des »psychischen Apparats« und zur Instanzentheorie von Es, Ich und Über-Ich. Der Mensch sei von Kindheit an auf die Präsenz und Verfügbarkeit von Bezugspersonen angewiesen, die ihn sowohl anerkennen und bewundern als auch sich von ihm idealisieren und bewundern lassen. Diese Bezugspersonen verwende er als »Selbstobjekte« dazu, die Kohäsion des eigenen Selbst zu fördern. In diesem Prozess wird der »Empathie« und der Feinabstimmung in den zwischenmenschlichen Interaktionen besondere Bedeutung beigemessen. Störungen in der Selbstentwicklung lassen sich in erster Linie auf ungenügend anerkennendes Spiegeln und mangelnde affektive Resonanz zurückführen.

## 5 Ausgewählte psychodynamische Therapierichtungen und ihre impliziten Lebenskunstkonzepte

Hat die psychoanalytische Ich-Psychologie an die Tradition der Aufklärung angeknüpft, so fühlt man sich durch Kohuts Ausrichtung an der Selbstkohäsion, den Selbstobjekten und der Empathie in eine der *Romantik* nahestehende Geisteswelt versetzt. Auch bei anderen Psychoanalytikern, die dem Denken von Mentzos nahestehen, lässt sich eine romantische Denkweise erkennen. Das gilt vor allem für Sándor Ferenczi (mit seiner neokathartischen Relaxations- und Regressionstechnik), Michael Balint (mit seiner Annahme einer »primären Objektliebe«) und Donald W. Winnicott (mit seiner Annahme eines »wahren Selbst«).

Sah Kohut die Entwicklung des Selbst im Rahmen empathischer Bezogenheit, so wählten dessen Nachfolger zunehmend die *Objektbeziehungen* als Bezugsrahmen. Von den Postkohutianern wurde seine Orientierung an defizitären Entwicklungsprozessen durch die verstärkte Beachtung von Konflikten zwischen den fünf von Joseph Lichtenberg (1991) beschriebenen Motivationssystemen, insbesondere zwischen dem Bindungs- und dem Selbstbehauptungs- und Explorationssystem korrigiert. Auf diese Weise kam es zu einer deutlichen Abwandlung und Erweiterung der ursprünglichen Konzeption der Selbstpsychologie, auch und insbesondere durch die Einbeziehung neuerer wissenschaftlicher Erkenntnisse aus der Säuglings- und Bindungsforschung, der Neurobiologie und Systemtheorie (vgl. Mertens, 2010–12).

Um seine eigene Position zu konturieren, greift Mentzos die Unterscheidung zwischen »harten« und »weichen« Objektbeziehungstheorien auf: Harte Objektbeziehungstheorien wie die von Melanie Klein, Fairbairn und Kernberg gehen von einem hohen Potenzial an Hass, Wut und Aggression im Menschen aus, während weiche wie die von Balint, Winnicott und Kohut auf Liebe, Entwicklungsbedürfnisse, Befriedigung und progressive Entfaltung ausgerichtet sind (vgl. Fonagy & Target, 2006, S. 155f.). Mentzos selbst rechnet sich weder zu den weichen Objektbeziehungstheoretikern, die die zentrale Rolle vom Konflikt vernachlässigen, noch zu den harten Objektbeziehungstheoretikern, die zwar dem Konflikt die ihm gebührende Position einräumen, aber vom Gegensatz zwischen Eros und Thanatos ausgehen, während er den Gegensatz zwischen den selbst- und den objektbezogenen Tendenzen als den maßgebenden Konflikt betrachtet. Die Entscheidung für eine dieser Alternativen sei auf jeden Fall von sehr großer praktischer und therapeutischer Bedeutung:

> »Übertragung und Gegenübertragung, therapeutische Haltung und auch viele technische Einzelheiten der Therapie gestalten sich anders, je nachdem ob man den Säugling, das kleine Kind und den Erwachsenen als Träger eines primären de-

struktiven, ›bösen‹ Triebes ansieht oder ob man die sicher immense Verbreitung aggressiver Phänomene als Reaktion auf massive Traumatisierungen, Kränkungen etc. oder ob man sie – auch und insbesondere – als Resultat pathologischer Pseudolösungen begreift« (Mentzos, 2009, S. 55).

In Mentzos' Gesamtkonzeption lassen sich dezidierte Verneinungen und Bejahungen unterscheiden, die zum Verständnis seiner explizit vertretenen, aber auch seiner impliziten Konzepte von Therapeutik und Lebenskunst bedeutsam sind.
Die *Verneinungen* gelten vornehmlich
➢ der einseitig deskriptiven Nosologie, die auf die Berücksichtigung psychodynamischer Kriterien weitgehend verzichtet; daraus ergibt sich bei allen psychischen Störungen und insbesondere bei den Psychosen und den Persönlichkeitsstörungen ein Stigmatisierungsproblem, da sich die diagnostizierte Persönlichkeitsabweichung immer auf die Person als Ganzes bezieht und leicht zu einer Pathologisierung führen kann, die der Betroffene als narzisstische Kränkung erlebt (vgl. Fiedler, 2000, S. 11ff.);
➢ der biologisch orientierten Psychiatrie, soweit sie die Erkrankung einseitig Vorgängen im Gehirn des jeweiligen Individuums zuschreibt und die Verbindung zu mitmenschlichen und soziokulturell verantwortbaren Bezügen für gering erachtet oder gar abstreitet; dadurch werde eine Behandlung der psychischen Störung legitimiert, die »an den Betroffenen vorbei« stattfindet (vgl. Müller & Lempa, 1998, S. 255f.);
➢ der Grundannahme, dass Psychosen nur Ausfallserscheinungen oder Defekterkrankungen seien, die nicht mit einer psychodynamisch aufdeckenden, sondern allenfalls mit einer stützenden Therapie behandelt werden können; Mentzos widerspricht der Annahme, dass psychotische Patienten über keine therapeutische »Ich-Spaltung« verfügen und »nicht ausreichend selbstreflexiv« sind, und der daraus gezogenen Folgerung, man solle diese Patienten in Ruhe lassen und sie »nicht aufstöbern« (ebd., S. 258);
➢ der Auffassung, dass das Konfliktmodell aufgrund des zunehmend stärker beachteten Traumamodells an Erklärungskraft verliert; dem hält Mentzos entgegen, dass »für die aktuelle, klinisch relevante und für die Psychotherapie wichtige Psychodynamik der Konflikt, selbst bei traumatisch entstandenen Störungen, das Wichtigere ist« (2010a, S. 111);
➢ der anthropologisch bedeutsamen Hypothese eines menschlichen Aggressionstriebs, wonach Aggressionen aufgrund einer inneren Aggressionsquelle spontan und grundlos entstehen können.

## 5 Ausgewählte psychodynamische Therapierichtungen und ihre impliziten Lebenskunstkonzepte

Zu den *Bejahungen* gehören:
➤ Zur Erfassung der Psychodynamik wird eine dreidimensionale Diagnostik herangezogen, welche die Hauptkonflikte, das Strukturniveau und den Modus der Konfliktverarbeitung berücksichtigt und sich auf alle psychischen Störungen anwenden lässt.
➤ Psychische Störungen, auch die schwersten unter ihnen, sind aktiv, wenn auch unbewusst motivierte Vorgänge mit eigenen, defensiven und/oder kompensatorischen Funktionen; deshalb spricht Mentzos von der »Funktion der Dysfunktionalität«.
➤ Mentzos postuliert eine vorgegebene, universelle, »normale« evolutionstheoretisch erklärbare »Bipolarität«; unter den zahlreichen biologischen und psychischen Bipolaritäten hält er diejenige zwischen den selbstbezogenen und den objektbezogenen Tendenzen für besonders bedeutsam.
➤ Intrapsychische und interpersonelle Konflikte bzw. Dilemmata stehen im Zentrum der Psychodynamik, auch dort, wo strukturelle Störungen oder gravierende Traumata nachweisbar sind.
➤ Die Ausrichtung auf die Funktion der Dysfunktionalität, der Bipolarität und der Ähnlichkeiten zwischen dem »Pathologischen« mit dem »Normalen« ermögliche dem Therapeuten, so Mentzos, »eine sowohl intensiv einfühlsame, aber gleichzeitig auch respektvolle, achtsame Mitmenschlichkeit, welche eine der besten Voraussetzungen für eine erfolgversprechende Behandlung ist« (2009, S. 282).

Jeder Therapeut braucht ein weites Spektrum an Sympathiefähigkeit, um die Brücke zu den von ihrer Persönlichkeit her sehr unterschiedlichen Patienten zu schlagen. Mit Sympathie sind Interesse, Aufmerksamkeit, Mentalisierung, Mitgefühl und Achtung verbunden. Um die Bereitschaft des Patienten zu emotionaler Annäherung und Öffnung hin zu vertrauensvoller Zusammenarbeit zu wecken, muss der Therapeut ihm einen Kredit an Wohlwollen und Verständnis einräumen. Jeder Sympathieakt enthält ein ethisches Moment. In der therapeutischen Beziehung ermöglicht er eine Orientierung an Werten, die dazu beitragen kann, die individuelle Entfaltung und soziale Bezogenheit des Patienten zu fördern. Nicolai Hartmann sprach vom »liebenden Blick«, der das Trennende überschreitet, ohne die Realität des Anderen mit ihren Engen und Einseitigkeiten zu verkennen, und der auch die in der Zukunft liegenden Werdensmöglichkeiten eines Menschen wahrzunehmen vermag.

Stavros Mentzos verkörpert einen solchen von Sympathie für seine Patienten und von mitmenschlicher Solidarität erfüllten Therapeuten. Sein ethischhumanistisches Anliegen, Menschen, die in Konflikte und Dilemmata verstrickt sind, zur Befreiung zu verhelfen, und aus der Realität Ausgestiegene wieder in sie zurückzuholen, ist in seinen Texten durchgängig spürbar. Er hat aber auch immer wieder betont, dass das Vertrauen auf Sympathie, Lebensbejahung und Liebe nur den einen Pol der Therapeutik bildet und dass auch die Fähigkeiten zur Distanzierung, Kritik und Verneinung als Gegenpole zu ihrem Recht kommen müssen.

## Ausgewählte Literatur

Böker, H. (2011). Zur Funktionalität der Dysfunktionalität – Die Dilemmata des an Psychose erkrankten Menschen. Laudatio zu Ehren von Stavros Mentzos. In D. v. Haebler, S. Mentzos & G. Lempa (Hrsg.), *Psychosenpsychotherapie im Dialog. Zur Gründung des DDPP (= Forum der psychoanalytischen Psychosentherapie*, Band 26, S. 11–22). Göttingen: Vandenhoeck & Ruprecht.
Mentzos, S. (1982). *Neurotische Konfliktverarbeitung. Einführung in die psychoanalytische Neurosenlehre unter Berücksichtigung neuer Perspektiven.* Frankfurt/M.: Fischer 1986.
Mentzos, S. (1991). *Psychodynamische Modelle in der Psychiatrie.* Göttingen: Vandenhoeck & Ruprecht.
Mentzos, S. (1993). *Der Krieg und seine psychosozialen Funktionen.* Göttingen: Vandenhoeck & Ruprecht 2002.
Mentzos, S. (1995). Selbstpsychologische Aspekte der Behandlung von Psychosen innerhalb eines konfliktorientierten Modells. In P. Kutter, Ch. Schöttler, H. Hartmann & W. Milch (Hrsg.), *Der therapeutische Prozeß* (S. 133–155). Frankfurt/M.: Suhrkamp.
Mentzos, S. (2004). *Hysterie. Zur Psychodynamik unbewusster Inszenierungen* [1980]. 8. erweiterte Aufl. Göttingen: Vandenhoeck & Ruprecht.
Mentzos, S. (2009). *Lehrbuch der Psychodynamik. Die Funktion der Dysfunktionalität psychischer Störungen.* 2. Aufl. Göttingen: Vandenhoeck & Ruprecht.
Mentzos, S. (2010). Stavros Mentzos im Interview mit Alois Münch zum 80. Geburtstag: Wissenschaftlicher Werdegang. In S. Mentzos & A. Münch (Hrsg.), *Reflexionen zu Aspekten einer Theorie der Psychosen* (= Forum der psychoanalytischen Psychosentherapie, Band 24, S. 95–120). Göttingen: Vandenhoeck & Ruprecht.
Mentzos, S. (2014). Interview mit Heinz Böker. *Zeitschrift für Psychiatrie, Psychologie und Psychotherapie, 62*(3), 219–224.
Müller, T. & Lempa, G. (1998). Die psychoanalytische Haltung in der Behandlung von Psychosen. In P. Kutter, R. Páramo-Ortega & T. Müller (Hrsg.), *Weltanschauung und Menschenbild* (S. 255–281). Göttingen: Vandenhoeck & Ruprecht.
Wolf, M. (Hrsg.). (2001). *Selbst, Objekt und der Grundkonflikt. Psychoanalytische Beiträge zur Psychosentherapie, institutionalisierten Abwehr und Aggression. Stavros Mentzos zu Ehren.* Frankfurt/M.: Brandes & Apsel.

## Irvin Yalom als philosophischer Therapeut – Fokussierung auf existenzielle Fragen

Yalom gehört zu den wenigen Therapeuten, die sich explizit in die weitläufige Tradition der philosophischen Lebenskunst gestellt haben, die seines Erachtens

> »nicht nur bis zu unseren unmittelbaren Vorfahren, angefangen mit Freud und Jung und all ihren Vorgängern, Nietzsche, Schopenhauer, Kierkegaard, zurückreicht, sondern bis zu Jesus, Buddha, Plato, Sokrates, Galen, Hippokrates und all den anderen großen Religionsstiftern, Philosophen und Ärzten, die sich seit Anbeginn der Zeit menschlichen Elends angenommen haben« (2002, S. 280).

Einen Grundpfeiler seiner therapeutischen und wissenschaftlichen Arbeit bildeten seine Erfahrungen in der Gruppentherapie, die 1970 in sein erstes Hauptwerk *Theorie und Praxis der Gruppenpsychotherapie* einmündeten. Einer seiner Mentoren auf diesem Gebiet war Jerome Frank, der seine Studenten an der John Hopkins Universität in Baltimore nicht nur ermutigte, Gruppen zu leiten, sondern ihnen auch erlaubte, seine Therapiegruppen per Einwegspiegel zu beobachten. Yalom konnte schon damals mit einer großen Bandbreite von therapeutischen Gruppen experimentieren, aber auch Forschungsprojekte initiieren. Ein wichtiger Forschungsbeitrag bezog sich auf die spezifischen Wirkfaktoren der Gruppentherapie, wie z. B. Universalität des Leidens, Interpersonales Lernen, Feedback, Gruppenkohäsion, Katharsis und existenzielle Erfahrungen, die in der empirischen Forschung weithin Bestätigung fanden.

Hatte Yalom seine therapeutischen Erfahrungen als Arzt in der Psychiatrie gesammelt, so setzte er sich 1980 in seinem zweiten Hauptwerk *Existenzielle Psychotherapie* mit Philosophen wie Kierkegaard, Heidegger, Jaspers, Buber, Tillich, Sartre und Camus auseinander und nahm Bezug auf psychoanalytisch und humanistisch orientierte Therapeuten wie Binswanger, May, Rank, Fromm, Horney, Rogers und Frankl. Dieses Buch, schreibt er im Rückblick,

> »war ein Wendepunkt in meiner Laufbahn als Autor. […] Was ich dort geschrieben und skizziert habe, bildet den *Fokus* aller weiteren Bücher, aber die *Form* hat sich verändert. Nachdem *Existenzielle Psychotherapie* erschienen war, wurde mir klar, dass sich die subjektiven Reaktionen auf die Wechselfälle des Lebens in fachlicher Prosa nur unzureichend beschreiben lassen, und ich habe mich wie viele existenzielle Denker vor mir entschieden, die Konfrontation mit den existenziellen Fakten des Lebens in einer anschaulicheren literarischen Form zu beschreiben« (Yalom, 2010, S. 11).

Dementsprechend widmete er sich etwa ab 1990 dem Schreiben therapeutischer Romane und Fachbücher mit philosophischem Hintergrund (Epikur, Spinoza, Schopenhauer, Nietzsche u. a.). Heute gilt er als einer der Hauptvertreter der Existenziellen Psychotherapie (vgl. Schneider & Krug, 2012; v. Werder, 2012; Vogel, 2013).

## Zur Biografie

Irvin Yalom wurde 1931 als Sohn russisch-jüdischer Emigranten in den Vereinigten Staaten geboren. Seine Eltern waren nach dem Ersten Weltkrieg aus einem kleinen Dorf namens Celtz, nahe der polnischen Grenze, ausgewandert. Sie betrieben einen Gemüseladen in einem gefährlichen Viertel Washingtons, das durch die Nähe zum Ghetto der Schwarzen und Armen geprägt war. Sicherster Ort für den Jugendlichen war eine nahe gelegene Bibliothek, in der er seine Leidenschaft zum Lesen entdeckte. Seine Lieblingsschriftsteller waren Dostojewski und Tolstoi. Schon damals erwachte sein Interesse am Geschichtenerzählen und Schreiben (siehe den Dokumentarfilm *Anleitung zum Glücklichsein* von Sabine Gisiger, 2014).

Als Kind und Jugendlicher war er viel auf sich allein gestellt, da seine Eltern mit ihrem Geschäft sehr eingespannt waren. Er litt unter vielfältigen Ängsten, fühlte sich lange als sozialer Außenseiter und sehnte sich nach einem Orientierung gebenden Mentor. Halt gab ihm die Beziehung zu seiner jetzigen Ehefrau, die er bereits mit 14 Jahren kennenlernte. Aus der späteren Ehe mit ihr gingen vier Kinder hervor.

Nach dem Abschluss der Highschool gelang es ihm, einen Studienplatz in Medizin zu bekommen. 1956 promovierte er an der Universität Boston. Von 1960 bis 1963 absolvierte er eine Fachausbildung zum Psychiater an der John Hopkins Universität. Als er 1963 als Assistenzprofessor in eine neu errichtete psychiatrische Abteilung an der Stanford Universität in Kalifornien eintrat, hatte er einen großen Freiraum für die Erforschung und Therapie psychiatrischer Patienten zur Verfügung. In den folgenden Jahren widmete er sich seinem grundlegenden Werk *Existenzielle Psychotherapie*.

Im beruflichen Kontext absolvierte er mehrere Therapien, beginnend mit einer 750-stündigen, fünfmal pro Woche stattfindenden klassisch Freud'schen Psychoanalyse als Psychiatrieassistent, die ihm aber nichts gegeben habe, da die Analytikerin sehr fern und unsichtbar geblieben sei. Er habe dadurch gelernt, wie eine Psychotherapie nicht sein solle. Der Therapeut müsse sich auf mehr emotionale Nähe und eine intensivere Beziehung zum Patienten einlassen, um auf der Ebene der therapeutischen Beziehung einen Lerntransfer zu ermöglichen. In dieser Hinsicht fand Yalom in einer dreijährigen Psychotherapie bei Rollo May, einem interpersonell und existenziell orientierten Analytiker am William Alanson White Psychoanalytic Institute, ein wesentlich besseres Therapiemodell. Zudem machte er wichtige Erfahrungen in der Teilnahme an Gruppentherapien, zunächst in der Rolle des Gruppenteilnehmers, später in der des Gruppenleiters (Yalom, 2002, S. 56ff.).

In der Zeit von 1973 bis 1994 war er Professor für Psychiatrie an der Stanford Universität und in dieser Zeit 15 Jahre lang Co-Direktor der dortigen psychiatrischen Klinik. Aus Enttäuschung über die einseitige psychopharmakologische Ausrichtung der Psychiatriestudenten ließ er sich mit 63 Jahren vorzeitig pensionieren, blieb aber weiterhin bis heute intensiv psychotherapeutisch tätig, auch und gerade in der Gruppentherapie. Heute lebt er in Palo Alto, Kalifornien.

Traditionellen psychoanalytischen Ausbildungsinstituten stand er anfänglich skeptisch gegenüber.

> »Deshalb beschloss ich, kein analytisches Institut zu besuchen, und im Rückblick auf meine Karriere halte ich das für eine der besten Entscheidungen meines Lebens. Obgleich ich große berufliche Isolation und Unsicherheit erlebte, hatte ich die Freiheit, meine eigenen Interessen zu verfolgen und auf unvoreingenommene Weise zu denken« (Yalom, 2002, S. 237).

Später habe sich aber seine Einstellung zur traditionellen Psychoanalyse »beträchtlich gewandelt« (ebd.). Er konstatiert »eine heilsame Entwicklung in der analytischen Theorie und Praxis, das heißt ein rapide wachsendes Interesse an Intersubjektivität und Zwei-Personen-Psychologie mit entsprechender Literatur, die ein neues Bewusstsein für die entscheidende Rolle der elementaren menschlichen Begegnung beim Prozess der Veränderung widerspiegelt« (ebd., S. 238).

Hatte Yalom mit seinen psychotherapeutischen Standardwerken *Theorie und Praxis der Gruppenpsychotherapie* und *Existenzielle Psychotherapie* wissenschaftliche Beachtung gefunden, so hat er sich nach seiner Emeritierung verstärkt der philosophischen Lebenskunst zugewandt und sie nicht nur mit der Therapeutik, sondern auch mit dem literarischen Diskurs in Verbindung gebracht. Mit seinen späteren Werken *Und Nietzsche weinte* (1994), *Die Liebe und ihr Henker* (1990), *Die Reise mit Paula* (2000), *Der Panama-Hut* (2002), *Was Hemingway von Freud hätte lernen können* (2003), *Die Schopenhauer-Kur* (2005), *Das Spinoza-Problem* (2012) u. a. hat er ein großes Publikum erreicht.

## Existenzielle Psychotherapie

Yalom rechnet die Existenzielle Psychotherapie zu den *psychodynamischen* Therapieverfahren. Charakteristisch für sie sei »ein dynamischer Zugang zur Psychotherapie, der sich auf die Gegebenheiten konzentriert, welche in der Existenz des Individuums verwurzelt sind«. Im Unterschied zur Psychodynamischen Therapie im engeren Sinne gründe sie aber auf »einer radikal abweichenden Sichtweise« der Psychodynamik (Yalom, 2010, S. 18).

In thematischer Hinsicht setzt sie sich mit vier existenziellen Grundfragen auseinander:
1. mit der Angst vor dem Tode,
2. der Schwierigkeit, ein freiheitliches Leben zu führen,
3. der Erfahrung »existenzieller Isolation« und
4. dem Problem der Sinnlosigkeit.

Die von Yalom herausgearbeiteten Grundfragen menschlicher Existenz sind – das machen die Hinweise auf die antiken Mythen schon deutlich – Fragen, die Philosophie und Lebenskunst über Jahrhunderte hinweg beschäftigt haben. Diese Fragen scheinen aber in der Moderne, d.h. mit dem Beginn der Aufklärung, zusätzliche Brisanz zu gewinnen; denn im modernen nachmetaphysischen Zeitalter, in dem die existenziellen Fragen nicht mehr durch den Rekurs auf kosmologische Gesetzmäßigkeiten, natürliche Ordnungen und göttliche Gebote, sondern nur noch mit Blick auf menschliche Gegebenheiten beantwortet werden (können), rückt der Mensch in eine Situation, in der er auch für sein Leiden mehr und mehr verantwortlich ist. Aus diesem Blickwinkel ist die Entwicklung der Psychoanalyse und der Psychotherapie im Übrigen ein interessantes Unterfangen; denn diese Disziplinen verweisen gerade mit dem Rekurs auf das Unbewusste darauf, dass die Tragik des modernen Menschen darin liegt, für sein Leben und Leiden verantwortlich zu sein, ohne es im Grunde verantworten zu können, ist doch der Mensch nur sehr bedingt in der Lage, seine existenziellen (unbewussten) Grundbedingungen zu verstehen und zu verändern: Psychoanalyse und Psychotherapie lassen sich als existenzielle Entlastungsverfahren verstehen, die mit den modernen Verantwortlichkeiten zusammenhängen.

Insofern verweisen die von Yalom aufgeworfenen existenziellen Momente Tod, Sinnlosigkeit, Einsamkeit und Freiheit auf Bedingungen der menschlichen Existenz, die zugleich auch Grenzphänomene sind und von daher Menschen an ihre Grenzen bringen. Ohne nun die Überlegungen der Lebenskünste zu diesen Phänomenen auch nur aus den letzten drei Jahrhunderten hier präsentieren zu können, soll zunächst holzschnittartig postuliert werden, dass der Tod eine Form der Außerordentlichkeit darstellt, die kaum in das menschliche Leben integrierbar erscheint, und dass der eigene Tod eine menschliche Undenkbarkeit darstellt, die darauf verweist, dass ein Verstehen des Todes uns nur durch den Tod des Anderen gegeben ist. Wie kaum eine andere Philosophie hat – neben der Psychoanalyse – die sogenannte Existenzphilosophie über die Gegenwart des Todes im Leben und das Todesbewusstsein reflektiert, nämlich das Erleben der Vergänglichkeit der Dinge und das Miterleben der eigenen Vergänglichkeit, das Leben als Alterungs- und Sterbeprozess, das Leben, das wir vom Tod her leben, und Phänomene wie Angst, Einsamkeit, Krankheit, Melancholie, Nacht, Schlaf, Übergangsrituale, Verlust, Abschied, ja selbst die Liebe oder die Erotik lassen sich als negative Vorspiele des Todes im Leben verstehen.

Auch Sinnlosigkeit ist, und darauf haben im 19. und 20. Jahrhundert vor allem auch die Existenzialisten hingewiesen, ein Grenzphänomen. Denn mit der Ontologisierung der Kontingenz in der Moderne (auch und gerade in den Naturwissenschaften), wird die »Welt« zu einem Ort beliebiger Sinnmuster, die immer auch anders sein könnten; hier liegt der Schritt nahe zu vermuten, dass es letztlich nicht nur keinen plausiblen, sondern überhaupt keinen Sinn gibt, für den es sich zu leben lohnt. Sinn ist kontingent und flüchtig und muss der Absurdität des Daseins immer wieder abgerungen werden, ohne dass man sicher sein könnte, der »richtigen« Sinnperspektive zu folgen. Und dieser Verdacht kann durchaus zu depressiven Stimmungen führen.

Die Moderne erscheint gerade mit dem Blick auf Kontingenz, Möglichkeit, Entwicklung und Bildung als der Zeitraum menschlicher Freiheit, als Ermöglichung emphatischer Selbstverwirklichung; sie ist aber auch von Anfang an die Zeit der prinzipiellen Orientierungslosigkeit und der bodenlosen Unsicherheit. Die Moderne ist nicht nur der Zeitraum, in dem alles möglich wird, sondern oft auch derjenige, in dem »nichts mehr geht«. Erscheint als eine psychische Antwort auf die Bodenlosigkeit der Freiheit der Zwang, der dem Möglichen die Notwendigkeit einer Ordnung entgegenhält, so kann die schicksalhafte Verkettung von Umständen (oder Sachzwängen) nicht nur zu einer resignativen (stoischen) Haltung des Hinnehmens führen, sondern ebenso zu verstärkten Anstrengungen, noch mehr an sich zu arbeiten, um die angestrebten Ziele trotz der Widrigkeiten – in der Arbeit oder der Liebe – zu verwirklichen. Die Freiheit führt dann nicht zur Selbstverwirklichung, sondern vielmehr zur Selbstaufopferung – und insofern wieder in selbstgewählte Zwänge.

Und schließlich haben auch die Einsamkeit bzw. die Isolation in der Moderne eine existenzielle Grundierung. Denn wenn das Selbstbewusstsein heute zentral von der Anerkennung der Mitmenschen abhängig ist (s. u. Kapitel »Der Andere in der Lebenskunst«), so stellen fehlende Beziehungen auch fehlende Möglichkeiten dar, sich seiner selbst zu vergewissern. Zwar sprechen auch einige Lebenskunstphilosophen (prominent bei Schopenhauer und Nietzsche) von einem heroischen Individuum, das gegenüber der »Masse« und dem »Volk« das richtige Leben zu leben weiß; diese elitären Entwürfe, die sich einreihen lassen in einen Subjektivismus der Moderne, der gelegentlich mit einer Selbstüberschätzung des Individuums einhergeht, verkennen allerdings die fundamentale Angewiesenheit der Menschen aufeinander. Nicht zuletzt hat die intersubjektive Wende in Psychoanalyse und Psychotherapie in den letzten Jahren deutlich gemacht, wie bedeutsam der Andere für die kognitive, emotionale und praktische Entwicklung ist. Gerade narzisstische Störungen kann man insofern als mangelnde soziale (Anerkennungs-)Beziehungen verstehen, die eine gelingende Selbstachtung verhindern.

Die existenziellen Grundfragen und Bipolaritäten werden von Yalom in der therapeutischen Situation angesprochen, mit Bezug auf den jeweiligen Patienten zu klären versucht und bearbeitet. Es wäre aber ein Missverständnis, würde man das Thematische oder Inhaltliche in der existenziellen Therapie für das Wesentliche halten: »Würde man meine Therapiesitzungen beobachten, dann suchte man wohl oft vergeblich nach ausführlichen expliziten Diskussionen über Tod, Freiheit, Sinn des Lebens oder existenzielle Einsamkeit.« Und weiter: »*Die Therapie sollte sich nie an der Theorie, sondern an der Beziehung ausrichten*« (Yalom, 2002, S. 10). Auch wenn es nur in bestimmten Phasen der Therapie zu Auseinandersetzungen um den existenziellen *Inhalt* kommt, wirke sich »erhöhte Sensibilität für existenzielle Fragen« auf den *Prozess* der therapeutischen Beziehung aus. Da Therapeut und Patient mit denselben Lebenstatsachen konfrontiert sind und prinzipiell dieselben Ängste zu bewältigen haben, seien sie am therapeutischen Prozess als »Reisegefährten« beteiligt (Yalom, 2010, S. 14).

Bei der Ausrichtung auf möglichst exakte Diagnostik, strategisches Vorgehen und optimale technische Interventionen bleibe etwas Wesentliches auf der Strecke. Yalom ist davon überzeugt, dass »der Therapeut das ›Eigentliche‹ hineinwirft, wenn niemand zuschaut. Aber welches sind diese ›Zugaben‹, diese flüchtigen, außerplanmäßigen Extras? Sie existieren außerhalb der formalen Theorie, über sie wird nicht geschrieben, sie werden nicht ausdrücklich gelehrt« (ebd., S. 15). Was dabei auf der Ebene der therapeutischen Beziehung tatsächlich geschehe, sei schwer zu definieren. Die Berufung auf existenzielle Begriffe wie Mitgefühl, Präsenz, Empathie, Begegnung u.Ä. reiche nicht aus. Eine »sanfte, irrationale und romantische Orientierung« mit einem »Freibrief für Improvisation« sei jedenfalls nicht gemeint. Die existenzielle Therapie sei mehr als »ein subtiler Akzent oder eine implizite Perspektive, die die Therapeuten unwissentlich verwenden«. Es gehe um »eine theoretische Struktur und eine Reihe von Techniken, die aus dieser Struktur hervorgehen«, und damit um »einen Rahmen für viele der Extras in der Therapie« (ebd., S. 16f.). Es komme darauf an, »sich sorgfältig diesen vitalen Dingen und den therapeutischen Transaktionen, die an der Peripherie formaler Therapie stattfinden, zuzuwenden und sie dorthin zu stellen, wo sie hingehören – ins Zentrum der therapeutischen Arbeit« (ebd., S. 25).

### »Chronik einer Therapie« – eine frühe Falldokumentation

Im Jahre 1974 veröffentlichte Yalom gemeinsam mit seiner Patientin Ginny Elkin (Pseudonym) das Buch *Chronik einer Therapie. Die Geschichte einer Heilung*. Jahrzehnte später wurde es unter dem Titel *Jeden Tag ein bißchen näher* (2001) erneut aufgelegt. Es beruht auf Protokollen der Einzeltherapiesitzungen, die sowohl von der Patientin als auch vom Therapeuten angefertigt worden waren. Angesichts der chronologischen Anordnung im Buch kann man von einer Art »Briefroman« sprechen, obwohl jeder der beiden Beteiligten seine Protokolle führte, ohne die Protokolle des Anderen zu kennen und darauf Bezug nehmen zu können. Erst in größeren Zeitabständen wurden ihnen die Protokolle des Anderen zugänglich gemacht.

Die 23-jährige Patientin war eine angehende Schriftstellerin, die man aufgrund einiger Kurzgeschichten für begabt hielt und daher einlud, an einem einjährigen Autorenkurs in einem College teilzunehmen. Da das College in der Nähe der Stanford Universität lag, an der Yalom damals beschäftigt war, und er der Patientin von ihrer früheren Therapeutin empfohlen worden war, begann sie bei ihm eine Therapie. Sie litt akut an einer ernsten Schreibhemmung, aber mehr noch an gravierenden Selbstwertproblemen und sozialen Ängsten. So äußerte sie im Erstgespräch:

> »Ich muß mich auf das Zusammentreffen mit anderen Leuten vorbereiten. [...] Ich präge mir ein, was ich sagen werde. Ich habe keine spontanen Empfindungen, das heißt, ich habe schon welche, aber nur in einem kleinen Käfig. Immer wenn ich herausgehe, habe ich Angst und muß mich vorbereiten« (Yalom & Elkin, 2001, S. 13).

Sie gestand sich auch ein, dass sie nie irgendwelche Entscheidungen in ihrem Leben getroffen hätte, sondern »sich vom Augenblick und Freunden bestimmen ließ«. Sie konnte einfach »den Kopf nicht über Wasser halten« (ebd., S. 28).

Der Therapeut registrierte bei ihr »einen weichen Charme, Empfindsamkeit, Witz, einen hoch entwickelten Sinn für Komik und eine Begabung für verbale Metaphern«. Diesen Stärken stehe eine merkwürdige Zerstreutheit, ein Verschwimmen der »Ich-Grenzen« gegenüber. »Ich erlebte sie als gefangen zwischen den Schrecken kindlicher Abhängigkeit [von ihrer Mutter; Anm. die Verf.], die eine ständige Selbstentäußerung (d. h. dauernde Stagnation) verlangte, und einer vergeblichen Unabhängigkeit, die ihr aus Mangel an tieferem Selbstgefühl als starr und unerträglich einsam erschien« (ebd., S. 15).

Yalom nahm die Patientin zunächst in eine Therapiegruppe auf, aber sie blieb dort verkrampft, konnte nur wenig aus sich herausgehen und ihre Gefühle den anderen Gruppenteilnehmern gegenüber nicht offenlegen. Wie er im Rückblick konstatiert, habe sie an der Gruppe teilgenommen, »nicht um zu wachsen, sondern um in meiner Nähe zu sein, nicht um an ihren Problemen zu arbeiten, sondern um meine Anerkennung zu gewinnen« (ebd., S. 298).

Nach 18 Monaten konnte Ginny die Teilnahme an der Gruppentherapie aus terminlichen und finanziellen Gründen nicht mehr fortsetzen; aber auch der mangelnde Therapieerfolg sprach für eine Veränderung des Settings. In dieser Situation kam Yalom auf die Idee, sie in Einzeltherapie zu nehmen, weil er spürte, dass sie großes Vertrauen zu ihm hatte, und er sich für sie verantwortlich fühlte, ja von einer Retterphantasie erfüllt war. Da sie sich aber eine private Einzeltherapie nicht hätte leisten können, schlug er ihr ein speziell auf sie zugeschnittenes Arrangement vor. »Ich bat Ginny, anstelle finanzieller Bezahlung nach jeder Sitzung eine aufrichtige Zusammenfassung zu schreiben, die nicht nur ihre Reaktionen auf das Besprochene, sondern auch eine Beschreibung der unterirdischen Vorgänge während der Stunde enthalten sollte« (ebd., S. 21). Er selbst machte es sich in ähnlicher Weise zur Aufgabe, seine Gefühle und Gedanken nach jeder Sitzung zu protokollieren.

In den ersten Einzelsitzungen erlebt Yalom seine Patientin als einen Menschen ohne Antrieb und Richtung. Die Leere ziehe sie magnetisch an. In der Gegenübertragung nimmt er wahr, dass er ihre Leere am liebsten mit eigenen Pygmalion-Erwartungen ausfüllen würde; er verbietet sich aber diese Wunschregung (ebd., S. 35, 47). Zudem fragt er sich, ob er sie beeindrucken und in sich verliebt machen wolle, und gesteht sich ein, dass er seine kleinen Eitelkeiten im Auge behalten und »das dritte Auge und das dritte Ohr« zu Hilfe nehmen müsse. Er fühlt sich hin- und hergerissen zwischen Gefühlen der Nähe und Distanz:

»Je mehr sie mir so gefällt, wie sie ist, um so schwerer wird es für sie, sich zu ändern; damit aber überhaupt ein Wechsel eintritt, muß ich ihr zeigen, daß ich sie mag, und gleichzeitig doch auch klarmachen, daß ich möchte, daß sie sich ändert« (ebd., S. 44, 47).

Die Patientin bewegt sich offenbar auf einer anderen Gefühlsebene. Sie erlebt einzelne Hinweise des Therapeuten wie eine Gefühlstransfusion: »Die Idee einer munteren, robusten Ginny, die Sie ins Spiel gebracht haben und verlangen«, schreibt sie in ihrem Protokoll, »hat mich sehr ermutigt« (ebd., S. 47). – »Es war so nett, daß Sie sagten, ich sprühte vor Empfindungen, sei ganz überflutet von ihnen« (ebd., S. 72).

Nach und nach wird Ginnys Beziehung zu ihrem Partner Karl zu einem Hauptfokus in der Therapie. Yalom problematisiert ihr Abhängigkeitsgefühl und ihre Anpassung an die Erwartungen ihres Partners. Er will ihr Respekt vor den eigenen Rechten und Wahlmöglichkeiten einflößen und ihre unterdrückten Aggressionen bearbeiten. Warum lasse sie sich von Karl definieren? Warum habe sie Angst, dass er sich gegen sie entscheiden könnte? Könne sie sich nicht auch gegen ihn entscheiden und ihn verlassen? Offenbar sei das Bedürfnis, sich selbst erniedrigen zu müssen, tief in ihr verwurzelt. »Ich versuchte, ihr verständlich zu machen, daß sie selbst es ist, die sich erniedrigt, und daß sie Dinge tun müsse, auf die sie stolz sein könne, wenn sie stolz auf sich sein wolle« (ebd., S. 125). Sie könne doch auch ihrerseits Wünsche anmelden und Forderungen stellen: »Wollen Sie mit so jemandem Ihr ganzes Leben verbringen? Und wenn nicht, wie lange wollen Sie ihm noch Zeit lassen, sich zu ändern?« (ebd., S. 139)

Auch die schriftstellerische Begabung der Patientin wird mehrmals thematisiert. Einerseits steht die Frage im Raum, ob die Patientin »mehr für mich als für sich selbst eine Schriftstellerin sein« müsse; tatsächlich hat der Therapeut den ehrgeizigen Wunsch, dass aus seiner Patientin eine erfolgreiche Schriftstellerin wird (ebd., S. 81). Andererseits wehrt er sich vehement dagegen, dass sie mit dem Schreiben immer erst am Tag vor der Therapiesitzung in Gang kommt. Das von Objektabhängigkeit zeugende »ihm zuliebe« scheint eine große Rolle zu spielen. Durch die Fixierung auf ihn könne sich die eigene Motivation nicht genügend entfalten. Einmal bringt sie einen eigenen Text mit in die Therapiesitzung und liest ihm – mit einigem Stolz auf sich selbst – eine rührende kleine Vignette voller glänzender Metaphern vor, die ihn anrührt (ebd., S. 227).

Trotz der Interventionen des Therapeuten drehen sich Ginnys Bemühungen um Selbstständigkeit und Eigenaktivität über weite Strecken des therapeutischen Prozesses im Kreise. Sie fühlt sich aber durch das konfrontative Vorgehen des Therapeuten verlebendigt und begreift, dass die ständige Vermeidung von Konflikten, die Angst vor Auseinandersetzungen sie gelähmt und geschwächt hat. Sie spürt zunehmend, dass sie noch nicht im Leben angekommen, noch kein ausreichendes Präsenzgefühl erlangt hat. »Am meisten profitiere ich in den Sitzungen immer davon, wenn ich Ihnen etwas Konkretes erzähle, was ich getan habe, und Sie mir dann sagen, welche Alternativen ich in der betreffenden Situation gehabt hätte. Damit werden neue Verhaltensweisen verstärkt« (ebd., S. 168).

In der Spätphase der Therapie nimmt Karl an mehreren gemeinsamen Sitzungen bei Yalom teil. Karl wünscht sich von ihr, dass sie ihr eigenes Leben führe, Probleme in der Außenwelt mehr anpacke und überhaupt weniger fügsam und passiv sei. Sie hält in ihrem Therapieprotokoll fest, dass seine gesamten Bestrebungen »auf ihn selbst gerichtet«, während ihre »auf uns gerichtet« waren (ebd., S. 251). In einer weiteren Sitzung bringt sie ihre sexuellen Probleme zur Sprache und dass ihre mangelnde Orgasmusfähigkeit sie in vielen Nächten belastet und um den Schlaf gebracht habe.

Am Ende der gemeinsamen Sitzungen konstatiert Yalom, dass

> »diese Begegnungen zur Verbesserung der Beziehung zwischen den beiden beigetragen haben: Sie werden sich in Zukunft nicht mehr so fremd und verschlossen gegenüberstehen und auch nicht mehr in so hohem Maße darauf angewiesen sein, sich auf Gedankenlesen und Herumraten zu verlassen« (ebd., S. 258).

Ginny bleibt hingegen mit zwiespältigen Gefühlen zurück: Durch die Therapiegespräche habe Karl eine emotionale Öffnung der Partnerschaft erlebt, dadurch seien aber Erwartungen und Ansprüche an sie geweckt worden, »als ob es geliefert werden könnte wie Milch. Vor allem beim Sex; er möchte, dass ich mir all die negativen Häute der Angst und des ›ich-kann-nicht‹ einfach herunterreiße« (ebd., S. 273).

Vier Monate nach Beendigung der Therapie kommt es dann doch zur Trennung, aber Ginny ist durch die Therapie so gestärkt, dass sie damit umgehen kann. Yalom beurteilt diese Partnerschaft »nach allem, was wir heute in der Retrospektive wissen, für beide Seiten [als] wachstumshemmend« (ebd., S. 323). Aus seiner Sicht habe sie sich verändert, sei vielleicht über ihn hinausgewachsen oder habe erkannt, dass die Partnerschaft lähmend auf sie gewirkt hat. Jedenfalls kann sie nach der Trennung relativ frei expandieren, sucht sich Freunde, eine Stelle als Autorin bei einer literarischen Stiftung und einen neuen Partner, mit dem sie eine liebevolle Beziehung eingehen kann (ebd., S. 296).

Das in der Therapie bearbeitete Hauptproblem der Patientin sieht Yalom in ihrer »Selbstverleugnung«. Ginny wollte unbedingt bei den anderen ankommen, ihnen gefallen, von ihnen »geliebt« werden. Immer setzte sie sich unter

Druck, noch besser, selbstloser und gefälliger zu sein. Freude oder Genugtuung, wenn sie etwas Gutes geschrieben oder sexuelle Befriedigung erlebt hatte, ließ sie kaum aufkommen. Alsbald setzten Selbstzweifel oder Schuldgefühle ein und machten ihre gute Stimmung zunichte.

War die therapeutische Beziehung von starken Gefühlen bestimmt, von denen sich Yalom immer wieder »freikämpfen« musste, so hielt er es für unerlässlich, dass Ginny die unrealistische Überbewertung seiner Person auf das rechte Maß zurückschraubte. Er arbeitete darauf hin, dass sie

> »zunehmend unzufriedener mit ihrer gegenwärtigen Werthierarchie werden würde, dergestalt, daß sie eine Veränderung nicht mehr nur sehnsuchtsvoll herbeiwünschte, sondern sie als echte Möglichkeit wahrnahm. Es gab dazu viele taktische Varianten, aber meine grundlegende Strategie sollte darin bestehen, daß ich so gut wie möglich all jene Kräfte bekämpfte, die ihren Willen unterdrückten« (ebd., S. 305).

Zwei Lehren konnte Yalom aus der Protokollierung der Therapiesitzungen ziehen. Zum einen wurden ihm die Differenz ihrer beiden Perspektiven und die Selektivität ihrer Wahrnehmungen eindrücklich vor Augen geführt. »Patient und Therapeut leben in verschiedenen inneren Welten, und es ist möglich, daß sie die Therapiesitzungen jeweils völlig anders an sich heranlassen« (ebd., S. 344). Zum andern verhalfen ihm seine Aufzeichnungen dazu, seine »eigene literarische Stimme« zu finden. Vor dieser Dokumentation, die für ihn eine erste Erfahrung im Sinne einer persönlichen Selbstenthüllung bedeutete, hatte er nur Lehrbücher und wissenschaftliche Artikel für psychiatrische Zeitschriften verfasst. Das Experiment mit einer neuen Form habe es ihm ermöglicht, eine andere Art des Schreibens zu wagen, und habe ihn ermutigt, sich als Autor auch Romane und Erzählungen zuzutrauen.

### Therapeutische Konzepte von Heilungsprozess und Ziel

Am Ende des Briefromans betont Yalom, dass »der gesamte Ablauf der Therapie sich im Rahmen eines großzügigen, aber dennoch strengen theoretischen Konzepts« bewegt habe (ebd., S. 296f.). Nach seinen Vorstellungen lassen sich die Störungen am besten in der »unmittelbarsten und gegenwärtigsten Beziehung« zwischen Patient und Therapeut korrigieren. Vorausgesetzt, die Atmosphäre ist vertrauensvoll und unstrukturiert, wird der Patient unwillkürlich seine interpersonellen Probleme offenbaren. Die Ausrichtung am »Hier und Jetzt« der therapeutischen Beziehung ermögliche zuerst ein emotionales Drama und dann eine Reflexion über dieses Drama. Danach kommt es auf eine Umsetzung des Erkannten in die eigene Lebenspraxis an, wobei sich der Patient für eine Veränderung seines Lebensplans entscheiden muss, um dann mithilfe des Therapeuten an der Stärkung des dazu nötigen Willens zu arbeiten.

Yalom hält sein Vorgehen in Ginnys Behandlung nicht für technikorientiert. Dennoch habe er in ihrem Fall drei Gruppen von »Techniken«, nämlich deutende, existenzielle und aktivierende verwandt. Deutungen dienen der Aufklärung, dem Bewusstmachen der Kräfte, die uns unbewusst lenken. So wurde die Patientin »vom System der Wertvorstellungen, das bestimmte, welche Aspekte ihrer Persönlichkeit sie fördern und welche sie unterdrücken sollte, von ihrem irrationalen Bedürfnis nach Liebe und von der Überzeugung geleitet, daß Selbstbewußtsein schlecht oder gefährlich sei« (ebd., S. 310). Ein weiterer Fokus war eine spezifische Übertragung auf den Therapeuten. Ihre fehlende Bereitschaft, um ihre Rechte zu kämpfen oder ihre aggressiven Gefühle zum Ausdruck zu bringen, analysierte er in den Szenen, in denen sie ihm gegenüber erkennbar wurden.

Die existenziellen Methoden seien vitalistisch und per definitionem unmethodisch. Yalom erinnerte seine Patientin daran, dass sie eine »Stimme« habe und für sich selbst verantwortlich sei. Selbst wenn man sich von anderen bestimmen lasse, sei das eine eigene Entscheidung. Sie könne bei der Betrachtung ihrer gegenwärtigen Probleme durchaus den Standpunkt wechseln und die Weichen für die Zukunft neu stellen. Wollte sie in zehn Jahren immer noch in einer unbefriedigenden Beziehung feststecken, nur weil sie nicht wagte, mit eigener Stimme zu sprechen und im Handeln neue Akzente zu setzen?

Im Hinblick auf die aktivierenden Techniken betrachtete Yalom die therapeutische Beziehung als Testlabor. »Durch die Sicherheit meines Sprechzimmers wurden alle Handlungen ›sicher‹ gemacht, die bisher ungeheuer gefährlich schienen. Dann der große Schritt nach draußen: unsere Sitzungen gemeinsam mit Karl« (ebd., S. 316).

Auch wenn diese Techniken hilfreich sind, so weist Yalom doch auf den maßgeblichen Anteil der Persönlichkeit am Gelingen des therapeutischen Prozesses hin. Er hält es für irreführend, das wissenschaftliche Objektivitätsideal der personenunabhängigen Objektivität auch auf die psychotherapeutische Tätigkeit zu beziehen. Es gebe in vielen Therapiesitzungen wesentliche Momente, oft sogar Wendepunkte, in denen gerade *nicht die Technik, sondern die Person* gefragt sei:

»Meine Interventionen repräsentieren meine persönliche Perspektive und meine Versuche, in meinem Innern meinen eigenen Stil und meine eigene Stimme zu finden. Meine therapeutischen Ziele sind ehrgeizig. Außer Symptombeseitigung und Schmerzerleichterung strebe ich es an, ein Wachstum der Persönlichkeit und eine grundlegende charakterliche Veränderung zu ermöglichen« (Yalom, 2002, S. 14).

Als therapeutischen Erfolg im Fall Ginny konstatiert Yalom, dass sie »aufgetaut ist und gegenüber neuen Erfahrungen eine aufgeschlossene Haltung einnehmen kann. Ich habe Vertrauen zu ihrer Fähigkeit, sich weiterhin zu verändern« (Yalom & Elkin, 2001, S. 323). Psychotherapie ist für Yalom eine »Kunst« in dem Sinne, dass sie zu ihrer Ausübung auf intuitive Fähigkeiten angewiesen ist, und im Sinne von Keats, dass sie eine eigene Wahrheit schafft, die über eine objektive Analyse hinausgehe (ebd., S. 223f.).

### Therapiebeispiele für Lebenskunstaspekte

Unter dem Titel »Das falsche Kind ist gestorben« veröffentlicht Yalom (1990, S. 167ff.) den Fall einer schuldgeplagten Frau, Penny, die den Krebstod ihrer zwölfjährigen Tochter nicht verkraftet hat. Zudem fühlte sie sich als alleinerziehende Mutter mit zwei Söhnen, die auf die schiefe Bahn gekommen sind, überfordert. Diese Frau ist auf der *Suche nach Sinn*, der ihr Leben wieder verstehbar und beherrschbar machen soll, indem sie für ihre Fragen nach dem »Warum?«, »Wozu?«, »Wie?« und »Für was?« in der Therapie Antworten findet:

> »Also verlagerten wir den Schwerpunkt. Nicht mehr Pennys Beziehungen zu ihren Söhnen und zu ihrem Exmann standen im Vordergrund, sondern die Frage nach dem Sinn des Lebens, die sich nach dem Verlust eines Kindes in verschärfter Form stellt. [...] Doch wer ein Kind verliert, verliert die Zukunft: Man verliert sein ganzes Lebensprojekt – alles, wofür man lebt, die eigene Projektion in die Zukunft, die Hoffnung, über den Tod hinauszuwachsen [...]. Daher bezeichnet man den Verlust eines Angehörigen oft als ›Objektverlust‹ [...], den Verlust eines Kindes dagegen als ›Projektverlust‹ (dieser Verlust beraubt uns unseres zentralen Lebensprinzips, unserer Antwort auf das *Warum* und das *Wie*). Doch waren wir mit unserer Frage nach dem Sinn des Lebens noch nicht sehr weit gekommen (Fortschritte waren eigentlich auch nicht zu erwarten: das Fehlen eines Sinns ist ein generelles Problem des Lebens und nicht das Problem *eines* Lebens)« (ebd., S. 186f.).

Der Sinn der Therapie ist aber – weder beim klassischen neurotischen Konfliktmodell, noch beim modernen depressiven Defizitmodell – die Heilung. Das

Konfliktmodell zielt darauf ab, das Leiden in das eigene Leben zu integrieren, und »opfert« insofern die Freiheit über sich selbst und die Möglichkeit der Entscheidung über das eigene Leben dem Glücklichsein und Wohlbefinden, die mit einer Symptomheilung verbunden sind. Demgegenüber geht das Defizitmodell *ab ovo* von einer anthropologischen Unzulänglichkeit aus, die die Menschen zwischen Krankheit und Gesundheit verortet und sie von daher an diverse Selbstoptimierungstechniken anschließt. Im Defizitmodell sind die Fähigkeiten, sein Leben sinnvoll zu gestalten, immer noch optimierbar. Das Leben bietet immer mehr Möglichkeiten, die man nicht verwirklichen *kann*. Lebenskunst sollte, wie lebenskunstorientierte Ansätze in der Psychotherapie, nicht in diese Falle eines lebenskunstphilosophischen *Enhancements* gehen. Der mögliche Sinn des Lebens hat wohl gerade damit zu tun, die sinnvollen Grenzen zwischen dem Wünschenswerten (Lustprinzip) und dem Realistischen (Realitätsprinzip) zu ziehen.

Neben der Sinnsuche kommen in therapeutischen Situationen *Geschmacksfragen* immer wieder zum Tragen. In einer Falldarstellung mit dem Titel »Dicke Dame« schildert Yalom die Erstbegegnung mit einer Patientin:

> »In dem Augenblick, als Betty meine Praxis betrat, und ich sah, wie sie mit ihren auf ein Meter siebenundfünfzig komprimierten zweihundertfünfzig Pfund auf meinen schmucken High-Tech-Sessel zusteuerte, wußte ich, welche Gefahren hinsichtlich einer Gegenübertragung hier auf mich lauerten. Dicke Frauen haben mich immer abgestoßen. Ich finde sie widerlich: ihren grotesken Watschelgang, das Fehlen jeglicher Körperformen – Brüste, Schoß, Gesäß, Schultern, Kinn, Backenknochen, *alles*, was ich an Frauen liebe, begraben unter einer Lawine von Fleisch. Und ich hasse diese Kleidung – diese unförmigen Sackkleider, oder schlimmer noch, die Elefantenjeans mit Beinen wie Fässer. Wie können sie es wagen, dem Rest der Menschheit einen solchen Körper zuzumuten?« (Yalom, 1990, S. 124f.)

Unbestreitbar geht es hier um Geschmackspräferenzen.

Eine ästhetische Dimension eröffnet sich auch in einer Fallstudie über den krebskranken, völlig isolierten Patienten Carlos, der unter starken Depressionen leidet und mit seinen Mitmenschen einen, gelinde gesagt, instrumentellen Umfang pflegt (Yalom, 1990, S. 98ff.). Diese Praxis, die aus einer misanthropischen Haltung eines Patienten hervorgeht, führt u. a. dazu, dass er hypothetisch den Gedanken durchspielt, dass Vergewaltigung legal wäre (ebd., S. 109). Dieses Gedankenspiel greift Yalom auf und erweitert es – relativ direkt und insofern durchschaubar – um eine zentrale »Spielfigur«:

»Also gut, Carlos, nehmen wir mal an, es gäbe diese ideale Gesellschaft, die Sie sich vorstellen und die Sie propagieren – eine Gesellschaft, in der Vergewaltigung legal ist. Und jetzt denken Sie mal einen Augenblick an Ihre Tochter. Wie würde es ihr in dieser Gemeinschaft ergehen – als potenzielles Opfer legaler Vergewaltigung, als irgendein Stück Hintern, an dem sich jeder vergehen darf, der gerade scharf ist und Lust hat, siebzehnjährige Mädchen zu schänden« (ebd., S. 113).

Der Therapeut weist hier den Patienten auf einen Widerspruch der Verallgemeinerung hin, mit der er selbst vom Täter (als Mann) zum Opfer (als Vater) wird. Damit taucht die Frage auf, was er wirklich will: das Glück seiner Kinder oder das Ausleben seiner sexuellen Machtphantasien. Mit dieser Frage ist nicht nur gemeint, dass sich Carlos entscheiden muss, ob der Andere für ihn »Helfer und Sexualobjekt« ist, oder »seine Versuchung, seine Aggression an ihm zu befriedigen, seine Arbeitskraft ohne Entschädigung auszunutzen, ihn ohne seine Einwilligung sexuell zu gebrauchen, sich in den Besitz seiner Habe zu setzen, ihn zu demütigen, ihm Schmerzen zu bereiten, zu martern und zu töten« (Freud, 1930, S. 240), sondern auch, ob er an seinen irrealen und größenwahnsinnigen Phantasien festhalten oder ob er sich auf die Realität der Beziehungen zu anderen Menschen einlassen will.

Die Geschichte von Carlos verweist darauf, dass auf den ersten Blick sinnvolle, wenn auch in diesem Falle egomanische Vorstellungen sich unter bestimmten Bedingungen als unsinnig herausstellen können und bislang unsinnige Haltungen höchst beglückend sein können – so erfährt Carlos im weiteren Verlauf der Therapie den Wert der Nähe, der Kommunikation und der Solidarität mit anderen Menschen. Der Sinn ist also nicht, wie Wilhelm Busch meinte, stets der Unsinn, den man lässt, sondern kann auch der Sinn sein, den man mit dem und gegen den Unsinn gewinnen kann – der Sinn ist dann ein dem Unsinn abgerungener Sinn (der natürlich nie davor gefeit ist, auch wieder zum Unsinn zu werden).

Wie man eine ästhetische Erfahrung in der Therapie verstehen kann, schildert Yalom (2011, S. 221ff.) anhand der Therapie mit Naomi, einer pensionierten Englischlehrerin mit starker Todesfurcht und vielen somatischen Problemen, die sich nach dem Betreten der Praxis überaus kritisch zur letzten Sitzung äußert. Der irritierte Therapeut reagiert darauf mit den Worten:

»›Naomi, ich bin überrascht und durcheinander von Ihren Bemerkungen. Sie sagen diese Dinge ... so ... nun ja ... so gebieterisch. Ich dachte, ich hätte letzte Woche hart daran gearbeitet, Ihnen alles, was ich kann, zu geben. Darüber hinaus ist es nicht das erste Mal, dass Sie die Sitzung in dieser höchst kritischen Manier beginnen. Und um die Sache noch verwirrender zu machen, viele andere Sitzungen haben Sie genau in entgegengesetzter Art eröffnet. Ich meine damit, dass sie Dankbarkeit für eine erstaunliche Sitzung ausgedrückt haben, was mich manchmal verwirrt hat, da ich die Sitzung nicht als so außergewöhnlich in Erinnerung hatte.‹ Naomi sah alarmiert aus. Ihre Pupillen wurden riesig. ›Wollen Sie damit sagen, ich soll Ihnen meine Gefühle nicht erzählen?‹ ›Nein, auf keinen Fall. Keiner von uns sollte sich zensieren. Wir sollten beide unsere Gefühle mitteilen und sie dann analysieren. Ich bin allerdings besonders getroffen von Ihrer Art. Es gibt verschiedene Formen, wie Sie es sagen können. Sie hätten zum Beispiel sagen können, dass wir letzte Woche nicht gut zusammengearbeitet haben oder dass Sie sich distanziert fühlten oder ...‹« (ebd., S. 223f.).

Was der Therapeut hier äußert, ist im Kern eine ästhetische Kritik, geht es doch um die rhetorische Performanz der Patientin, die ihn betroffen macht. Und die ästhetische Erfahrung einer Form – hier einer gebieterischen Rhetorik – verweist auf einen Inhalt: hier starke Gefühle von Wut und Angst, die sich in einer spezifischen Art und Weise Bahn brechen. Und natürlich sind es nicht immer Worte, oder genauer: ist es nicht immer die Art und Weise, wie Worte geäußert werden, die eine ästhetische Erfahrung in Gang bringen. Es sind auch Performanzen von Gestiken und Mimiken sowie Veränderungen von Haltungen und Atmosphären, die ästhetische Erfahrungen in der Therapie bedingen bzw. durch sie erst wahrnehmbar und verstehbar werden. Denn ästhetische Erfahrungen kann man nicht nur an Kunstwerken, sondern auch an Alltagsgegenständen oder in alltäglichen Situationen machen.

Mit einer radikalen Blickwende hat Yalom (1990, S. 255) auch in einem anderen Therapiefall interveniert:

»Ich arbeitete einmal in einer Gruppe mit einem Patienten, der mich während der zweijährigen Therapie fast nie direkt ansprach. Eines Tages überraschte mich Jay mit dem ›Geständnis‹, wie er es nannte, daß alles, was er jemals in der Gruppe gesagt hatte – seine Reaktionen auf andere, seine Selbstenthüllungen, all seine zornigen wie teilnahmsvollen Worte –, eigentlich an meine Adresse gerichtet war. [...] Bei diesem Geständnis brach mein ganzes Bild zusammen. Vor einer Woche, vor einem Monat, vor sechs Monaten hatte ich geglaubt, ihn gut zu kennen. Aber ich hatte nie den wirklichen, den verborgenen Jay gekannt; und nun, nach seinem Geständnis, mußte ich mir ein neues Bild von ihm machen und frühere Erfahrungen neu interpretieren.«

Schließlich sei der Fall der 80-jährigen Alice erwähnt, die ihr Haus verlässt und in ein Seniorenheim einzieht – woraufhin der Therapeut befürchtet, dass sie in eine tiefe Depression fallen könnte. Doch es kommt anders:

»›Ich bin glücklich!‹, sagte sie. [...] Ihr Glück hatte seinen Ursprung in ihrer fernen Vergangenheit. Sie war bei Pflegefamilien aufgewachsen, hatte immer mit anderen Kindern das Zimmer geteilt, hatte jung geheiratet, war in das Haus ihres Mannes gezogen und hatte sich ihr ganzes Leben lang nach einem eigenen Zimmer gesehnt. [...] Was sie nun beglückte, so erzählte sie mir, war, dass sie endlich, mit achtzig in einem Seniorenheim, ihr eigenes Zimmer hatte. Darüber hinaus hatte sie das Gefühl, dass sie eine Gelegenheit hatte, einen bestimmten Teil ihres früheren Lebens zu wiederholen – ungebunden, alleine für sich zu sein – und es diesmal richtig zu machen: Sie konnte sich endlich erlauben, frei und autonom zu sein« (Yalom, 2011, S. 50f.).

Der neue Lebensstil passt zu Alice, was sie geahnt zu haben scheint, denn in der Therapie hatte sie die Gelegenheit, sich mit der »Unsicherheit ihrer eigenen Existenz« (ebd., S. 50), mit ihrer Todesfurcht und bedeutsameren Veränderungen auseinanderzusetzen.

### »Und Nietzsche weinte« – ein fiktives Fallbeispiel

In seiner Therapeutik hat sich Nietzsche als »Arzt und Kranker in einer Person« bezeichnet. Dabei hat er sehr deutlich die »Widerstände« gespürt, die sich dem »Bewusstwerden des Unbewussten« entgegenstellen, wie er schon lange vor Freud formulierte. Diese Widerstände sah er im größeren Kontext der noch unterentwickelten Psychologie seiner Zeit. Die gesamte Psychologie sei »bisher an moralischen Vorurteilen und Befürchtungen hängen geblieben«, an Vorurteilen, die »tief in die geistigste, in die anscheinend kälteste und voraussetzungsloseste Welt gedrungen – und, wie es sich von selbst versteht, schädigend, hemmend, blendend, verdrehend« gewirkt hätten. »Eine eigentliche Physio-Psychologie hat mit unbewussten Widerständen im Herzen des Forschers zu kämpfen, sie hat ›das Herz‹ gegen sich« (Nietzsche, 1886, S. 38).

Weiterhin erkannte Nietzsche, dass jeder *Eigenanalyse* des Menschen von vornherein deutliche Grenzen gesetzt sind. Da sich der Mensch ausgesprochen gut »gegen Auskundschaftung und Belagerung durch sich selber« verteidigt, bleibe ihm auch »die eigentliche Festung [...] unzugänglich, selbst unsichtbar«, höchstens, dass »Freunde und Feinde die Verräter machen und ihn selber auf geheimem Wege hineinführen« (Nietzsche, 1878, S. 318f). Hier wird die Möglichkeit der Selbstanalyse mit einem Anderen bzw. der Fremdanalyse angesprochen und angedeutet, dass sie der Objektivität näherkommen kann als die bloße Selbsterforschung.

Anknüpfend an die antike Philosophie der Freundschaft war Nietzsche davon überzeugt, dass sich ein selbstbestimmtes Leben einzig im Umgang mit »guten Freunden« verwirklichen lasse. Der Gedanke, sich einem Therapeuten voll anzuvertrauen, war ihm dagegen sehr fern, wie man auch der fiktiven Handlung in Irvin Yaloms Roman *Und Nietzsche weinte* (1994) entnehmen kann. In diesem Roman konsultiert Nietzsche als Patient den angesehenen Wiener Arzt Josef Breuer, um seine schrecklichen Migräneanfälle behandeln zu lassen, aber er sträubt sich dagegen, sich diesem mit seinen psychischen Problemen – z. B. der ihn schwer belastenden Beziehung zu Lou Salomé – anzuvertrauen. Was an der Romanfigur Nietzsche glaubhaft erscheint, ist die Abwehrhaltung gegen jede Form von Abhängigkeit. Hingabe würde für ihn Hergabe bedeuten und wäre mit seinem Anspruch auf Selbstbestimmung und seinem Stolz unvereinbar.

Breuer, der beabsichtigt hatte, Nietzsche mit seiner »talking cure« zu behandeln, möchte seinen schwer leidenden Patienten nicht unverrichteter Dinge ziehen lassen. Nach einem schweren Migräneanfall Nietzsches überzeugt er ihn davon, sich in eine Klinik einweisen zu lassen, in der er die akute Symptomatik behandelt. Um ihn zu binden, offenbart sich Breuer als ein Mann mit einer Midlife-Crisis, der einer philosophischen Therapie bedarf, wie sie nur Nietzsche bieten könne. Wenn Nietzsche ihm als Psychotherapeut zur Verfügung stehe, sei er seinerseits bereit, ihn mit seinen medizinischen Methoden zu behandeln. So kommt es zu einem wechselseitigen Behandlungspakt.

War Breuer zunächst aus strategischen Gründen in die Patientenrolle geschlüpft, so lässt er sich im Verlauf der täglichen Gespräche zunehmend und mit dankbaren Gefühlen darauf ein, denn er leidet tatsächlich an Eheproblemen und darüber hinaus an Sinnlosigkeitsgefühlen. Er konfrontiert sich damit, dass er sich in die junge Patientin Bertha Pappenheim, die er »Anna O.« nennt, verliebt hat und sich von seiner Frau Mathilde entfremdet fühlt, ohne sagen zu können, woran es liege. Weil seine Ehe »zu gut« ist und zu wenig Abenteuer bietet? Weil er in einem Leben gefangen ist, das er so nicht gewählt hat? Haben seine Sinnlosigkeitsgefühle zu bedeuten, dass er schon alles im Leben erreicht hat und sich keine »Höhepunkte« mehr vorstellen kann? Er weiß nicht mehr, *wozu* er lebt, und hat Angst vor dem Altern und dem Tod.

In der Rolle des Therapeuten zeigt sich Nietzsche wie erwartet als unerbittlicher Wahrheitssucher. Mit seiner Hilfe ergründet Breuer nach und nach, was die Verliebtheit in Bertha Pappenheim für ihn bedeuten könnte:

> »Ehe ich Bertha kannte, hielt ich die Regeln ein. Unterdessen spiele ich mit dem Feuer [...]. Ich spiele mit dem Gedanken, mein Leben zu zersprengen, meine Karriere zu opfern, Ehebruch zu begehen, auf meine Familie zu verzichten, auszuwandern, ein neues Leben mit Bertha zu beginnen. [...] Wenn mich etwas lockt, dann nicht die Gefahr – eher das *Entkommen*, und zwar nicht der Gefahr, sondern der *Sicherheit*. Vielleicht habe ich zu sicher gelebt!« (ebd., S. 268)

Er bleibt nicht beim Persönlichen stehen, sondern stellt seine Selbstkonfrontation in einen größeren zeitgeschichtlichen Kontext:

> »Das Leben, welchem ich entkommen will, ist das Leben eines bürgerlichen Wiener Arztes des Jahres Achtzehnhundertzweiundachtzig. Es gibt solche, die mich um mein Leben beneiden – mir graut vor ihm. Mir graut vor seiner Gleichförmigkeit und Berechenbarkeit. Mir graut so sehr, daß ich mein Leben gelegentlich als Todesurteil empfinde« (ebd., S. 269).

Bei seiner Frau Mathilde vermisst Breuer das Mysterium, die Magie. Sie suche bei ihm Schutz und sei ihm zu sehr ergeben. »Bei ihr sehe ich zu deutlich die Frau aus Fleisch und Blut hinter der schönen Erscheinung. Hinzu kommt, daß es keine Rivalen gibt; es hat in Mathildes Leben nie einen anderen Mann gegeben. Unsere Ehe war abgesprochen, arrangiert« (ebd., S. 272). Nach Nietzsches Aufforderung, weiter zu assoziieren, äußert Breuer:

> »Ich beklage die Verwicklungen eines Doppellebens, eines geheimen Lebens. Und doch ist es mir auch teuer. Das äußere Leben des Bürgers ist tödlich – zu durchsichtig, allzu leicht erkennt man, wohin es führt, sieht das Ende und jeden einzelnen Schritt auf dem Wege. So verrückt es klingen mag, das Doppelleben ist ein zusätzliches, geschenktes Leben. Es verspricht eine Verlängerung und Erweiterung des Lebens« (ebd., S. 274).

Nachdem verschiedene Bedeutungen der emotionalen Fixierung Breuers offengelegt sind, konfrontiert ihn Nietzsche mit der Deutung, dass die Beziehung zu Bertha »*unwirklich* ist, eine Illusion, gewoben aus Bildern und Sehnsüchten, welche mit der leibhaftigen Bertha nicht das mindeste zu tun haben« (ebd., S. 288). Er ist der festen Überzeugung, dass ihn mit Bertha »*in keiner Weise eine persönliche Beziehung verbindet*« (S. 289). Es handle sich um eine bloße »Obsession«, die sich in Nichts auflösen werde.

In einem wiederkehrenden Traum Breuers gibt der Boden unter seinen Füßen nach, sodass er 40 Fuß in die Tiefe stürzt und auf einer Marmorplatte aufkommt, die nicht entzifferbare Inschriften trägt. Bemerkenswert ist, dass er den Traum zum ersten Mal um seinen 40. Geburtstag herum geträumt hat. Für Nietzsche deutet das darauf hin, dass zwischen den 40 Fuß und den 40 Jahren ein Zusammenhang besteht:

> »Wieder und wieder sind wir zu Ihrer Angst vor der Leere, der Vergessenheit, dem Tode zurückgekehrt. Sie steckt in Ihrem Alptraum, im festen Boden, welcher nachgibt, in Ihrem Sturze hinab auf die Marmorplatte [...]. Das Paradox liegt darin, daß Sie sich der Suche nach der Wahrheit verschreiben, den Anblick dessen jedoch, was Sie entdecken, nicht ertragen« (ebd., S. 297).

Mit dieser Deutung verbindet er seine Lehre vom Sterben zur rechten Zeit: »Wer nie zur rechten Zeit lebt, wird nie zur rechten Zeit sterben können. [...] Der Tod verliert seinen Schrecken, sofern man stirbt, wenn man sein Leben gelebt hat, wenn man vollbringend gelebt hat!« (ebd., S. 298) Mit diesem Gedanken konfrontiert, muss sich Breuer eingestehen, dass er nicht das Leben gelebt hat, das er hätte leben wollen: »Ich habe das Leben gelebt, das mir bestimmt wurde. Ich – mein wahres Ich – bin in meinem Leben eingeschlossen« (ebd., S. 299).

Aber welche Konsequenzen soll Breuer daraus für sein zukünftiges Leben ziehen? Nietzsche kann ihm nicht sagen, wie er sein Leben ändern soll, denn er ist davon überzeugt, dass jeder seinen eigenen Lebensplan selbst entwerfen und dann realisieren muss. Er präsentiert ihm aber seine Lehre von der »ewigen Wiederkehr« aller Dinge, vom Kreislauf der Weltzeit, in der die Beständigkeit des Seins und der Wechsel des Werdens zusammenfallen. Die in dieser Lehre enthaltene Hochschätzung des Augenblicks, des Endlichen und Individuellen erscheint ihm als wahrhaft »erlösende« Alternative zum christlichen Glauben an die Unsterblichkeit und zum wissenschaftlichen und politischen Fortschrittsglauben des 19. Jahrhunderts. »*Lassen Sie diesen Gedanken von sich Besitz ergreifen, und ich versichere Ihnen, er wird Sie von Grund auf verwandeln!*« (ebd., S. 302)

Was folgt, ist Breuers Ausbruchsversuch aus seinem bürgerlichen Leben. Er gibt seine Arztpraxis auf und nimmt Abschied von seiner Frau und seiner Familie, um sein Leben zu ändern: »Sonst gehe ich in den Tod, ohne je erfahren zu haben, was es heißt, gelebt zu haben« (ebd., S. 308). Als er die Klinik Bellevue in Kreuzlingen aufsucht, um Bertha Pappenheim wiederzusehen, beobachtet er, dass sie ihrem neuen Arzt gegenüber ein ganz ähnliches Beziehungsmuster entwickelt hat wie ihm gegenüber. Desillusioniert reist er ab und ist von seiner Obsession befreit. Auch die emotionale Bindung an seine ehemalige Assistentin, die nochmals auflebt, löst sich nach einem Besuch in Wohlgefallen auf. Nach diesen dramatischen Ablösungen dämmert ihm, dass »Mathilde weder meine Widersacherin noch meine Rettung, sondern einfach eine Weggefährtin sei, welche mit mir den Lebenskreis abschreitet. Auf unerklärliche Weise hat dieser einfache Schritt meine ganze abgedrängte Liebe zu ihr freigesetzt« (ebd., S. 339). Erst im Nachhinein wird der Leser darüber aufgeklärt, dass Breuers Ausbruchsversuch gar nicht in der Realität stattgefunden hat. Er wurde nur unter Hypnose durchgespielt, und der Hypnotiseur, der Breuer auf dieser Reise begleitete, war – ironischerweise – sein Freund und Kollege Sigmund Freud.

Das Ende des Romans stellt sich so dar, dass Breuer von seiner Lebenskrise geheilt ist und wieder ins bürgerliche Leben zurückkehren kann. Aber auch für Nietzsche war dieser therapeutische Prozess heilsam. Im letzten Kapitel des Romans öffnet er sich dem neu gewonnenen »Freund« und spricht darüber, dass er sein Herz an eine junge Russin namens Lou Salomé verloren und ganz Ähnliches wie Breuer in seiner Beziehung zu Bertha Pappenheim erlebt hatte. *»Und Nietzsche weinte«* ...

### Yaloms Balancieren zwischen existenziellen Bipolaritäten

Das Vorgehen der existenziellen Psychotherapie ist nach Yalom für die meisten Therapeuten »fremd, aber seltsam vertraut« (2010, S. 24, 253). Es stehe quer zu den üblichen klinischen Kategorien (wie z. B. Konflikt, Abwehr, Struktur, Lernen, Stress, Trauma u. v. a.) und fasse klinische Beobachtungen auch anders zusammen, sei aber erfahrenen Therapeuten vertraut, weil sie oft implizit im Rahmen eines existenziellen Rahmens arbeiten und dabei die Themen von Wahl, Verantwortung, Freiheit, Isolation, Sinn, Tod u. a. tangieren.

Statt von existenziellen Grundfragen kann man auch von Bipolaritäten ausgehen, nämlich von
➢ Leben versus Tod,
➢ Freiheit versus Unfreiheit,
➢ In-Beziehung-Sein versus Vereinsamung und
➢ Sinn versus Sinnlosigkeit.

Mit diesen Bipolaritäten lassen sich bestimmte Krankheitssymptome in Verbindung bringen: Trauerreaktionen mit der Todesangst, Zwangsstörungen mit Freiheitsverlust, soziale Ängste mit Beziehungsmangel und Depressionen mit Sinnlosigkeitsgefühlen.

In den Mythen von Orpheus und Eurydike steht das Thema des Todes, in der *Ilias* das der Freiheit, im Narziss-Mythos das hypertrophe Selbstbezogensein und im Mythos von Sisyphos der fragwürdige Lebenssinn im Blickfeld (vgl. Vogel, 2013, S. 90).

Seine Hauptaufgabe sieht Yalom darin, »den Fokus des Therapeuten zu verschieben und sich sorgfältig diesen vitalen Dingen und den therapeutischen Transaktionen, die an der Peripherie formaler Therapie stattfinden, zuzuwenden und sie dorthin zu stellen, wo sie hingehören – ins Zentrum der therapeutischen Arbeit« (ebd., S. 25).

### Ausgewählte Literatur

Gisiger, S. (2014). *Anleitung zum Glücklichsein*. Dokumentarfilm über Yalom.
Schneider, K. J. & Krug, O. T. (2012). *Humanistisch-Existentielle Therapie*. München und Basel: Reinhardt.
Vogel, R. T. (2013). *Existenzielle Themen in der Psychotherapie*. Stuttgart: Kohlhammer.
Werder, L. v. (2012). *Existentialismus jetzt! Eine neue Philosophie der Hoffnung*. Berlin, Strasburg und Milow: Schibri.
Yalom, I. D. (1990). *Die Liebe und ihr Henker & andere Geschichten aus der Psychotherapie*. München: Goldmann (btb-TB) 1999.
Yalom, I. D. (1994). *Und Nietzsche weinte*. Hamburg: Kabel Verlag.
Yalom, I. D. (2002). *Der Panama-Hut oder was einen guten Therapeuten ausmacht*. München: Goldmann (btb-TB).
Yalom, I. D. (2005). *Die Schopenhauer-Kur*. München: Goldmann (btb-TB).
Yalom, I. D. (2007). *Theorie und Praxis der Gruppenpsychotherapie. Ein Lehrbuch* [1970]. 9. Aufl. Stuttgart: Klett-Cotta.
Yalom, I. D. (2010). *Existenzielle Psychotherapie* [1980]. 5. Aufl. Bergisch Gladbach: Edition Humanistische Psychologie.
Yalom, I. D. (2012). *Das Spinoza-Problem*. München: btb.
Yalom, I. D. & Elkin, G. (2001). *Jeden Tag ein bißchen näher. Eine ungewöhnliche Geschichte* [1974]. München: Goldmann (btb-TB).

## Vergleich der impliziten Lebenskunstkonzepte und therapeutischen Strategien

Geht man von der Metapher eines Baums der psychoanalytischen Erkenntnis aus, so kann man Freuds Werk als dessen Stamm betrachten, der sich nach seinem Tod in verschiedene Richtungen mit einer Reihe von Schulengründern und Abspaltungsbewegungen verzweigt und verästelt hat (vgl. Kutter, 1989, S. 42f.). Nicht selten wird mit der Metapher des Baums die Vorstellung einer linear fortschreitenden, kumulativen Wissensentwicklung verbunden, die jedoch vom Standpunkt einer historischen Epistemologie höchst fraglich erscheint (Rheinberger, 2007, S. 133). Zu dieser Skepsis haben die beiden Wissenschaftstheoretiker Ludwig Fleck und Thomas Kuhn maßgeblich beigetragen. Fleck (1935) ist die Erkenntnis zu verdanken, dass eine »wissenschaftliche Tatsache« nicht auf schlichter Beobachtung, sondern auf der Herausbildung einer Wahrnehmungsgewohnheit beruhe. Diese Art des Gestaltsehens entwickle sich als gemeinsamer »Denkstil« im jeweiligen »Denkkollektiv«, wobei es periodisch zu einer Verschiebung der selektiven Aufmerksamkeit komme. Auch Kuhn (1962) betrachtete den wissenschaftlichen Prozess nicht als friedlich evolutionär und linear voranschreitende Fortschrittsgeschichte, sondern als unumgänglich mit Krisen und Kämpfen verbunden, die von Zeit zu Zeit in einen »revolutionären« Paradigmenwechsel einmünden. Dies gilt auch und gerade für die wissenschaftliche Psychologie, die in ihrem Selbstverständnis von Anfang an zwischen unterschiedlichen »Denkstilen« im Sinne Flecks bzw. unterschiedlichen »Wissenschaftsparadigmen« im Sinne Kuhns hin- und hergerissen war. Sie hat sich in der Polarität zwischen einer Psychologie des Bewussten und des Unbewussten sowie zwischen einer eher objektivierend-naturwissenschaftlich-erklärenden und einer eher subjektivierend-geisteswissenschaftlich-verstehenden Wissenschaftsauffassung bewegt. Sich über die unterschiedlichen Denkkollektive und Wissenskulturen Klarheit zu verschaffen, erscheint wesentlich, um im Dickicht solcher epistemologischer Fragen nicht Halt und Orientierung zu verlieren (vgl. Gödde & Buchholz, 2012).

Auf der Grundlage der fünf dargestellten Therapiekonzepte von Freud, Ferenczi, Reik, Mentzos und Yalom wollen wir im Folgenden deren implizite Lebenskunstkonzepte herausarbeiten und sie durch Einbeziehung anderer maßgeblicher Autoren wie Balint, Winnicott, Kohut, Bion, Mitchell, Stolorow, Zwiebel u. a. ergänzen. Der Vergleich bezieht sich auf vier Bereiche (die sich nicht immer ganz trennscharf voneinander abgrenzen lassen):
1. Therapiemetaphern,
2. therapeutische Grundhaltungen,
3. anthropologische Polaritäten und
4. weltanschauliche Hintergrundannahmen.

### Therapiemetaphern im Wandel – »open to revision«

Wie können wir in der Therapeutik mit der Widersprüchlichkeit der impliziten Lebenskunstkonzepte umgehen, wie sie in der Verwendung unterschiedlicher Therapiemetaphern bei Freud und seinen Nachfolgern zum Ausdruck kommen?

Nietzsche hat in seiner Abhandlung »Ueber Wahrheit und Lüge im aussermoralischen Sinne« auf die allgemeine Bedeutung der Metaphern für die Menschen hingewiesen:

>»Was also ist Wahrheit? Ein bewegliches Heer von Metaphern, Metonymien, Anthropomorphismen kurz eine Summe von menschlichen Relationen, die, poetisch und rhetorisch gesteigert, übertragen, geschmückt wurden, und die nach langem Gebrauche einem Volk fest, canonisch und verbindlich dünken: die Wahrheiten sind Illusionen, von denen man vergessen hat, dass sie welche sind, Metaphern, die abgenutzt und sinnlich kraftlos geworden sind, Münzen, die ihr Bild verloren haben und nun als Münzen in Betracht kommen« (Nietzsche, 1872, S. 880f.).

So gehören in diesen epistemologischen Kontext, unmittelbar an Nietzsche anschließend, Überlegungen einer psychotherapeutischen Metaphernanalyse, die sich des Wittgenstein'schen Modells der Metapher vom »Sehen als« bedienen. Hiermit wird eine genuin ästhetische Figur von Als-Erfahrungen angesprochen (s.u. Kapitel »Das Spiel der ästhetischen Erfahrung«). Die für Menschen anthropologisch unhintergehbare Metaphernpflichtigkeit des Denkens setzt mit den Metaphern eine eigene ästhetische Logik in Kraft, die ein Spielraum von neuen Bedeutungen, Vergleichshorizonten, Konjunktionen und Disjunktionen eröffnet. Versteht man die Psychotherapie (auch) als ein metaphorisches Unternehmen, gilt es, diese ästhetischen Spielräume zu erfassen und insofern der Metapher *als* Metapher gerecht zu werden, indem man Metaphern etwa als *Bilder* des Unbewussten versteht. Dazu gehören nicht nur Interpretationen der Metaphern des Unbewussten oder der Metaphern der Übertragung bzw. der Übertragung als Metapher, sondern auch, bezogen auf eine metatheoretisch-epistemologische Ebene, eine Interpretation der Metaphern der Psychotherapie als Disziplin.

Eine erste Antwort auf die unterschiedlichen therapeutischen Metaphern lässt sich daher aus der Auseinandersetzung mit Freuds Metaphern des Erkennens und Handelns in der Psychotherapie gewinnen. Einige der von ihm analogisierten Vorgehensweisen wie das archäologische Suchen und Ausgraben à la Schliemann, das detektivische Spuren-Verfolgen à la Sherlock Holmes, der exakte und keimfreie chirurgische Eingriff und das reine unbefleckte Spiegeln der unbewussten Botschaften des Patienten stammen aus der positivistischen Ära des 19. Jahrhunderts, in der Freud sozialisiert worden war und die sein Denken prägte – ungeachtet seiner Offenheit auch für sozial- und kulturwissenschaftliche Fragestellungen. Diese Metaphern sind von einem Objektivitätsideal bestimmt und suggerieren, dass selbst die psychoanalytische Praxis – mit den Einschränkungen, die für jede Praxis gelten – an den wissenschaftlichen Kriterien der Medizin und der exakten Naturwissenschaften gemessen werden kann. Sie haben sich jedoch, wenn man sie jeweils einzeln für sich betrachtet, als inadäquat erwiesen, um sich an das anzunähern, was psychodynamische Therapeuten in der Praxis tatsächlich tun und stehen im Widerspruch zur modernen – konstruktivistischen – Erkenntnistheorie (vgl. Rheinberger, 2007; Daston & Galison, 2007; Pörksen, 2011).

Denkbar wäre aber, dass sie sich durch ihre unterschiedlichen Perspektivierungen ergänzen, die Unterkomplexität jeder einzelnen Metapher kompensieren und auf diese Weise die immense Reichhaltigkeit psychotherapeutischer Situationen erfassen können (vgl. Buchholz & Gödde, 2005c, S. 705f.). Denkbar wäre auch, dass sie sich wechselseitig kritisieren und insofern zu Stellungnahmen zwingen, die wiederum zu einer Vereindeutigung im therapeutischen Selbstverständnis führen können. Und schließlich wäre auch denkbar, dass die Metaphern eine nicht auflösbare hermeneutische Widersprüchlichkeit erzeugen, die einerseits zur Verunsicherung des therapeutischen Denkens und Handelns, andererseits aber auch zu seinem Oszillieren und seiner Kreativität beitragen können: Metaphorische Paradoxien und Widersprüchlichkeiten können auch neue Denk- und Handlungsformen eröffnen.

In diesem Kontext sei darauf hingewiesen, dass nicht nur die »*manifesten*« Metaphern wie die des Therapeuten als Archäologe, Detektiv, Chirurg u. a., sondern auch und gerade die »*konzeptuellen* Metaphern« der Therapie als Wissenschaft, Hermeneutik, Kunst, Kommunikation, Reparatur, Wachstum, Unterricht u. a. (ebd., S. 704ff.) über das Aufschluss geben können, was in der therapeutischen Praxis wirklich geschieht. In den Worten von Michael Buchholz: »Konzeptuelle Metaphern der Therapie erzeugen eine Sichtweise; sie legen nahe, die Therapie zu sehen als ... (Austausch, Diebstahl, Beichte, Unterrichtsstunde, chirurgischer Eingriff etc.). Diese Sicht verleiht dem Geschehen in der Sitzung einen Bedeutung gebenden Rahmen [...].« Jede Sichtweise sei »unvermeidlich immer genauso einseitig, wie es einäugig wäre, die Liebe nur als Wahnsinn, nicht auch als Spiel oder Kampf aufzufassen. Jede konzeptuelle Metapher wirft ein bestimmtes Licht, und das heißt, daß anderes verdunkelt wird« (Buchholz, 1998, S. 560). Buchholz betont in diesem Kontext, dass es »keine definitiv ›richtige‹ Konzeptualisierung von Therapie oder Psychoanalyse gibt«; es komme vielmehr »auf ein Wechselspiel der Sichtweisen« an (ebd., S. 561). Auf die Vorläufigkeit und eventuelle Revisionsbedürftigkeit der verwendeten Metaphern hatte schon Freud hingewiesen: »In der Psychologie können wir nur mithilfe von Vergleichungen beschreiben. Das ist nichts Besonderes, es ist auch anderwärts so. Aber wir müssen diese Vergleiche auch immer wieder wechseln, keiner hält uns lange genug aus.« Und weiter: »*Open to revision*, kann man in solchen Fällen sagen« (Freud, 1926, S. 222).

Eine andere Möglichkeit besteht darin, einzelne Metaphern neu zu interpretieren, um dadurch einen erweiterten Bedeutungsgehalt zu erlangen. Ein Beispiel dafür ist die Spiegel-Metapher (vgl. Bohleber, 2012, S. 45f.). Sie wird von einigen Nachfolgern Freuds in anderer Bedeutung verwendet, sei es als Instrument der Reflexion, mit der sich die Erkenntnis verbindet, dass es stets eines Anderen bedarf, um sich selbst zu verstehen (Lacan, Stern, Fonagy), sei es als spiegelnder Blick der Mutter (Winnicott) oder als spiegelnde Antwort des Therapeuten auf die narzisstische Bedürftigkeit des Patienten (Kohut, Rogers).

Wenn man sich die Therapiemetaphern der behandelten Autoren vor Augen führt, kann man Rückschlüsse auf ihre expliziten und mehr noch ihre impliziten Lebenskunstkonzepte ziehen:

➢ Im Hinblick auf Freud ist kaum zu leugnen, dass er mit gegensätzlichen Metaphern wie der des *Chirurgen* und der des *Telefon-Receivers* eine »unauflösbare Paradoxie« geschaffen hat: »Arbeitet der Analytiker so affektlos und rein rational wie der Chirurg, so kann sein Receiver gerade nicht mehr zum Teller eingestellt sein und Schwankungen nicht wieder in Schallwellen umsetzen [...]. Arbeitet er aber so intuitiv und ganz offen für jegliche feinste Schwankung und Schwingung, so ist ihm – zumindest in diesem Prozeß des Datensammelns – die Ratio und die Selbstbeherrschung unweigerlich im Wege. Man kann nicht zugleich geschlossen und offen, fühlend und affektfrei sein. Das Schisma zwischen einer mehr am Erleben und Fühlen orientierten Behandlung und einer weitgehend auf dem Vernünftigen und der Einsicht gründenden Psychoanalyse läßt sich, wie man sieht, bis zu Freud zurückverfolgen. Er redete allen beiden das Wort« (Gysling, 1995, S. 49). Aus heutiger Sicht spricht viel dafür, die Chirurgen- zugunsten der Telefon-Metapher zurückzustellen, da diese die Gegenübertragung des Therapeuten mit dem Erleben und der Reflexion der eigenen emotionalen Betroffenheit zulässt und sie auch noch zur Erkenntnisgewinnung nutzt (vgl. Habermas, 2008, S. 218).

➢ Ferenczi hat im Kontrast zu Freud, der sich als »*Vater*« inszenierte und auf dem Prinzip der Versagung bestand, die Metapher der »*Mutter*« gewählt, die mit Gewährung, ja mit »Verzärtelung« arbeitet, um bei den Patienten keinen unnötigen Trotz aufkommen zu lassen und Verhärtungen in der therapeutischen Beziehung zu vermeiden. Er verkörpert den emotional bezogenen und (über)fürsorglichen Therapeuten, der zum Wohle des Patienten alles im therapeutischen Geschehen besonders gut machen will. Konträr dazu hielt es Freud für ein Handicap, dass er als Analytiker »zu sehr der Vater« und »nicht gerne die Mutter in der Übertragung« sei (zit.n. Cremerius, 1981, S. 332ff.). Diese Polarisierung hat sicherlich viel mit den Biografien Freuds und Ferenczis zu tun und scheint so prägend gewesen zu sein, dass für beide ein auf die jeweilige Übertragungs-/Gegenübertragungsdynamik abgestimmtes Oszillieren zwischen einer väterlich-strengen und einer mütterlich-tolerierenden Haltung schwer zu realisieren war.

➤ Reiks zentrale Metapher vom Hören mit dem *Dritten Ohr* deutet darauf hin, dass er sich von Nietzsches »entlarvender Psychologie« hat inspirieren lassen. So sehr er an Vater Freud loyal gebunden war, scheint er auch von Ferenczis Kritik an der Intellektualisierung der psychoanalytischen Technik beeinflusst gewesen zu sein. Das kann man daraus schließen, dass er großes Gewicht auf die »emotionale Antwort« des Analytikers auf die Mitteilungen, Gesten und Handlungen des Patienten gelegt hat. »Die Antwort ist sozusagen die innere Erfahrung dessen, was der Analytiker wahrnimmt, empfindet, fühlt, wenn er den Patienten betrachtet.« Sie sei »der dunkle Boden, in dem unser Verstehen der psychischen Vorgänge seine Wurzeln hat. Aus diesen Wurzeln, die tief in der Erde verborgen sind, taucht unser intellektuelles logisches Erfassen der Probleme auf. Aus diesen verborgenen Wurzeln wächst der Baum psychoanalytischen Wissens« (Reik, 1948, S. 326). Ist an dieser naturmetaphorischen Passage eine mystische Tendenz spürbar, so kommt ein romantisierender Zug ins Spiel, wenn er die Erforschung unbewusster Vorgänge mit einer »*Entdeckungsreise*« vergleicht, die aber, wie er ausdrücklich hinzufügt, »keine reine Piratenfahrt [...], sondern eine wissenschaftliche Expedition« und in anderen Worten: »eine Reise in ein fast unbekanntes Land, aber keine bloße Fahrt ins Blaue« sein soll (ebd., S. 499). Erinnert sei an die schon erwähnte Schiffsreise Herders, auf der er eine Reihe romantischer Motive in programmatischer Form entwickelt hat (vgl. Safranski, 2007, S. 17ff.), und die zen-buddhistische Therapiemetapher einer meditativen Bootsfahrt (vgl. Zwiebel, 2013, S. 101ff., 155f.).

➤ Anders als bei Freud, bei dem die Vergleiche der Therapie mit einem Schachspiel oder Theaterspiel eher am Rande auftauchen, haben bei Winnicott die Metaphern des *Spielens* und des *Spielraums* einen zentralen Stellenwert für die therapeutische Beziehung. Er spricht auch vom »intermediären

Raum«, in dem sich unter günstigen Spielbedingungen Psychisches, Kreativität, Religiosität und Philosophieren entfalten können: »Psychotherapie hat mit zwei Menschen zu tun, die miteinander spielen. Hieraus folgt, dass die Arbeit des Therapeuten, wo Spiel nicht möglich ist, darauf ausgerichtet ist, den Patienten aus einem Zustand, in dem er nicht spielen kann, in einen Zustand zu bringen, in dem er zu spielen imstande ist« (Winnicott, 1971, S. 49). Und an anderer Stelle: »Wenn der Therapeut nicht spielen kann, ist er für die Arbeit nicht geeignet. Wenn der Patient nicht spielen kann, muss etwas unternommen werden, um ihm diese Fähigkeit zu geben; erst danach kann die Psychotherapie beginnen. Der Grund, weshalb das Spielen so wichtig ist, liegt darin, dass der Patient gerade im Spielen schöpferisch ist« (ebd., S. 65f.).

➤ Winnicotts Buchtitel *Vom Spiel zur Kreativität* lässt sich auf die Therapeutik von Mentzos übertragen. Als Psychosetherapeut sah er sich – wie seine Vorgänger Ferenczi, Balint und Winnicott – einerseits mit Fragen der Vertrauensbildung, des förderlichen Milieus, der hilfreichen Beziehung, der angemessenen Atmosphäre und damit dem oft erforderlichen *Holding* und *Containing* konfrontiert. Andererseits betrachtete er die psychotischen Wahnbildungen nicht nur als etwas Krankhaftes, sondern auch als etwas dem Spielerischen Nahestehendes und darüber hinaus als etwas *Schöpferisches*, als Kreation einer eigenen Welt. Damit ist »sowohl die Affinität zum kindlichen, naiven Denken und Fühlen sowie zur vorübergehenden regressiven Vernachlässigung des Rationalen zugunsten des spontan Emotionalen als auch – und im Gegensatz dazu – die Fähigkeit zu der dann folgenden stringenten Neuordnung, Synthese und Integration« verbunden (Mentzos, 2004b, S. 13f.). Ein kreatives Potenzial kann sich am ehesten entfalten, wenn der Patient im Zusammenspiel mit dem Therapeuten »gute dialektische Lösungen des Grunddilemmas« (ebd., S. 20) zwischen selbst- und objektbezogenen Tendenzen entwickeln kann. Das setzt voraus, dass der Therapeut seinerseits Zugang zu seinen kreativen Kräften gewinnen und dazu auf außertherapeutische Erfahrungen mit Beziehungs-, Gestaltungs- und Lebenskunst zurückgreifen kann.

➤ Bei Yalom findet sich häufig das Bild der Therapie als Prozess oder Weg. Man kann auch die Reise als seine Leitmetapher bezeichnen; so trägt eines seiner Bücher den Titel *Die Reise mit Paula*. Yalom sucht wie Ferenczi die intensive Begegnung mit den Patienten, ohne sich dazu aber des Mittels der Regressionsförderung zu bedienen. Er scheut auch nicht davor zurück, sich als Person mit eigener Konflikthaftigkeit zu zeigen. In den Worten Günther

Bittners: »Deutungen, die beim Patienten ›ankommen‹ sollen, müssen gleichsam meiner eigenen Neurose abgerungen werden, können nur gut für ihn sein, indem sie zugleich gut für mich sind. Um beim Patienten etwas bewirken zu können, muss ich selber an irgendeiner Ecke real von seinem Problem bewegt sein, muss es mir buchstäblich zu eigen machen können, nicht nur mit identifikationsbereiter Empathie, sondern wirklich« (Bittner, 1998, S. 251).

➤ Die Vertreter der relationalen Psychoanalyse wie Stephen Mitchell (1997) und der intersubjektiven Selbstpsychologie wie Robert Stolorow (Stolorow et al., 1996) haben einen Paradigmenwechsel von der Metapher des »intrapsychischen Apparats« als weitgehend geschlossenem System zum Bild der »vernetzten Seele« (Altmeyer & Thomä, 2006) als offenem System angebahnt. Die Metapher des undurchsichtigen Spiegels wird zunehmend durch die des »intersubjektiven Feldes« (Ferro, 2003, 2005) ersetzt. Zu den neueren Kernmetaphern gehören auch das »Zusammenpassen« und das »Aushandeln«. Wenn das intersubjektive Feld, die Atmosphäre, die therapeutische Beziehung unvermeidlich nicht nur vom Patienten, sondern auch vom Therapeuten beeinflusst wird, liegt es nahe, die Telefon-Metapher stark zu machen und davon auszugehen, dass »das Telefon in beide Richtungen Kommunikation erlaubt, also auch der Analytiker unbewusst kommuniziert« (Habermasm 2008, S. 219). Für einen weiteren Metaphernwechsel vom berichtenden Reisenden zum *Träumer* wie etwa bei Bion und Zwiebel spricht, dass das Träumen »eine Offenheit nicht nur gegenüber der Wahrnehmung des Patienten, sondern auch gegenüber den eigenen Einfällen und Empfindungen« impliziert (ebd.).

Wie die zuletzt genannten Metaphern gezeigt haben, spielen in der heutigen psychodynamischen Therapeutik implizite Konzepte der emotionalen Erfahrung, der Empathie, des wechselseitig Aufeinanderbezogenseins sowie des taktvollen, spielerischen und kreativen Umgangs in der therapeutischen Beziehung eine maßgebliche Rolle. Dabei wird erkennbar, dass einige der Freud'schen Therapiemetaphern teils neu interpretiert, teils aufgrund von Veränderungen in den Wissenschaftsdiskursen und Wissenskulturen durch neuere Leitmetaphern in den Hintergrund gedrängt werden. Es erscheint uns wichtig, über solche Metaphernwechsel und was sich daraus an Folgerungen für den Umgang mit impliziten Konzepten der Therapeutik und der Lebenskunst ergibt, weiter nachzuforschen. Hier tut sich für die Therapeuten ein weites Feld auf.

## Therapeutische Grundhaltungen im Vergleich

Leitmetaphern der Therapeutik dienen nicht nur zur Beschreibung und Veranschaulichung therapeutischer Vorgehensweisen und Techniken, sondern auch therapeutischer Grundhaltungen, Einstellungen und Stile. Insofern »inszenieren« Therapeuten das therapeutische Geschehen auch nach spezifischen Stilkriterien, ebenso wie der Lebenskünstler Formen des Lebens sucht, die seinen ästhetischen Vorstellungen entsprechen. Die therapeutische Inszenierung zeigt dem Klienten, was der Therapeut im therapeutischen Prozess für »passend« erachtet, und diese Passung muss intersubjektiv in jeder sozialen Situation immer wieder ausgehandelt werden. Dabei ist – sowohl im Blickwinkel der Lebenskunst, aber auch in dem der Therapie – zu beachten, dass in der Stilisierung als In-Erscheinung-Bringen eines Selbst oder eines intersubjektiven Prozesses immer auch Momente des Nichtdarstellbaren und Unbewussten impliziert sind: Menschen inszenieren sich selbst nicht nur immer (etwas) anders, sondern sie inszenieren immer auch etwas mit, was sich im Grunde nicht inszenieren lässt; gerade in der Stilisierung und Inszenierung wird das anwesende Abwesende, das unbewusste Implizite der Haltungen zum Ausdruck gebracht (s. u. Kapitel »Die Stilisierung der Existenz«).

So deutet z. B. die Chirurgen-Metapher auf eine therapeutische Haltung hin, die als »klug und kühl, unbestechlich und wortgenau, distanziert und notwendig unpersönlich« umschrieben werden kann (Junker, 2005, S. 22). Gemeinsam mit der Spiegel-Metapher bildete sie zu Freuds Zeiten und auch noch längere Zeit nach dem Zweiten Weltkrieg ein erkenntnisleitendes Ideal für die einzunehmende analytische Haltung. Zugleich dienen diese beiden Metaphern neueren Autoren als Kontrast, an dem sie sich abarbeiten, um dann mit gegensätzlichen Metaphern wie z. B. dem des Mitspielers hervorzutreten (vgl. Bohleber, 2012, S. 50ff.).

Unter »*therapeutischer Haltung*« sind alle Gefühle, Denk- und Verhaltensweisen des Therapeuten gegenüber dem Patienten zu verstehen, die er in die therapeutische Beziehung einbringt und die sich auf den Patienten und den therapeutischen Prozess auswirken. Nunmehr werden die therapeutischen Haltungen der behandelten Autoren verglichen und auf die darin erkennbaren Lebenskunstkonzepte hin untersucht:

Im Rahmen der klassischen Behandlungstechnik haben zwei Haltungen besondere Aufmerksamkeit erlangt: die der Abstinenz und die der gleichschwebenden Aufmerksamkeit. Was die Abstinenzhaltung anlangt, kann man bezogen auf die Analyse von Trieb und Abwehr einen beobachtenden Anteil und bezogen auf die Analyse der Objektbeziehungen einen teilnehmenden Anteil unterscheiden (Dantlgraber, 2014, S. 345). Freud hat den beobachtenden Anteil an der therapeutischen Haltung herausgestellt, obwohl er *in praxi* durchaus ein teilnehmender Analytiker war. In den Worten Walter Bräutigams: »Das therapeutische Über-Ich Freuds und der nächsten Analytiker-Generation hat sich an den von ihm vertretenen ›negativen‹ Anweisungen zur Behandlungs-Technik orientiert und nicht an seinem persönlichen Vorbild und seinem tatsächlichen therapeutischen Verhalten« (Bräutigam, 1983, S. 126).

Ferenczis Therapie der emotionalen Erfahrung, für die eine sehr zugewandte und empathisch-verstehende Haltung charakteristisch ist, entwickelte sich aus einer Gegenidentifizierung zu Freuds Abstinenzhaltung. Damit hat er die Weichen für eine zunächst kaum für möglich gehaltene Erweiterung des Indikationsbereichs für psychodynamische Therapien gestellt. Als er mit seinen Experimenten von einer relaxierenden und neokathartischen Therapie in eine »mutuelle Analyse« überging, hat er aber den Bogen überspannt und eine Art »Helfersyndrom« (Schmidbauer) produziert, das letztlich ähnlich einseitig war wie Freuds »paternalistische Vernunfttherapie«: »[E]r war zu sehr die Mutter, er hüllte die Patienten zu sehr in seine verwöhnende Liebe ein, das Ausmaß von Zärtlichkeit, das er spendete, war zu groß« (Gysling, 1995, S. 74).

Balint nahm eine mittlere Position zwischen Freuds und Ferenczis Haltung ein, obwohl er Ferenczi persönlich und fachlich weitaus näherstand. Gut strukturierte Patienten behandelte er mit Freuds übertragungs- und deutungszentrierter Behandlungstechnik, Patienten mit eher gering integrierter Persönlichkeit mit Ferenczis Halt gebender und ich-stabilisierender Therapiemethode. In solchen Fällen nahm er die Position eines »unaufdringlichen« Analytikers ein und orientierte sich an dem Leitprinzip, »alle nicht unbedingt notwendigen Eingriffe zu unterlassen [...], da sie fast immer als unbegründete Forderung, als Angriff, Kritik, Verführung oder Stimulierung empfunden werden« (Balint, 1968, S. 218f.). Bei ihm und Winnicott kann man mit guten Gründen von einer gelungenen Synthese im Anschluss an Freuds These und Ferenczis Antithese sprechen.

Reik hat sich weniger mit dem Thema der Abstinenzhaltung als dem der Haltung gleichschwebender Aufmerksamkeit beschäftigt. Er gehört zu den ersten Analytikern, die den Einfluss der Therapeutenpersönlichkeit auf den therapeutischen Prozess nachdrücklich unterstrichen haben. Sein Fokus war einerseits auf Empathie und Intuition als Basiskompetenzen gerichtet, andererseits betonte er immer wieder, wie wichtig eine kontinuierliche Selbstanalyse des Therapeuten sei, und ging – wie Freud bei der Offenlegung seiner Träume in der *Traumdeutung* – mit gutem Beispiel voran. Bei ihm werden Fragen der Lebensführung und Lebenskunst sowohl des Patienten als auch des Therapeuten in aller Offenheit angesprochen und zur Diskussion gestellt. Trotz seines wichtigen Beitrags zur Konzeption der »Gegenübertragung« (vgl. Gysling, 1995, S. 171ff.) besteht heute weithin Einigkeit darüber, dass er den persönlichen Pol der therapeutischen Haltung zu Lasten des technischen und wissenschaftlichen Pols überbewertet hat.

Nach Zwiebel muss das Spannungsfeld zwischen persönlichem und technischem Pol in einer oszillierenden Spannung gehalten werden, um dem Verstehen der unbewussten Dynamik des Patienten gerecht zu werden: Einerseits sucht der Therapeut in asketischer Manier die libidinösen, aggressiven und narzisstischen Wünsche zu überwinden, damit sein Erkenntnisprozess möglichst ungestört verläuft; andererseits soll er seine Wünsche, Absichten und Erinnerungen nicht kontrollieren, sondern zulassen, um sich offen und reflexiv mit ihnen auseinandersetzen zu können. Zwiebel plädiert dafür, »eine ich-zentrierte Haltung aufzugeben, also das Heilen-Wollen, Verstehen-Wollen oder den Wunsch, ein besonders guter Analytiker zu sein, immer wieder zu suspendieren, um für den Patienten und für sich selbst einen kreativen Spielraum zu eröffnen, in dem eine wirklich neue, verändernde und befreiende Erfahrung gemacht werden kann« (2013, S. 89).

Mentzos verkörpert eine empathische Therapiehaltung, die von ihrer Ausrichtung und ihrem Stil her stark an Balints und Kohuts Therapeutik denken lässt. Schon in einer frühen Phase seiner therapeutischen Arbeit hat er als Leitmotiv formuliert: »Psychische Störungen oder Defizite, die durch mißglückte oder fehlende Beziehungen entstanden sind, können nur innerhalb einer Beziehung wiederhergestellt oder nachgeholt werden« (Mentzos, 1982, S. 267). Die große Schwierigkeit bestehe »in der Kunst, die erforderliche Distanz und Abstinenzhaltung mit einer den Patienten tragenden, ihn ermutigenden und ihm das Gefühl des Verstandenwerdens gebenden Haltung und Atmosphäre zu kombinieren« (ebd., S. 277).

Auch Yalom betont den Vorrang der therapeutischen Beziehung, von ihm »Prozess« genannt, vor der inhaltlichen Auseinandersetzung mit bestimmten Konflikten. Seine Leitidee lautet: »*Die Therapie sollte sich nie an der Theorie, sondern an der Beziehung ausrichten*« (Yalom, 2002, S. 10). Für ihn sei »nichts wichtiger als die ständige Pflege meiner Beziehung zu dem Patienten, und ich achte sorgfältig auf jede Nuance bei unseren Begegnungen« (ebd., S. 26). Im Hinblick auf seine eigene therapeutische Haltung schreibt er: »Meine Interventionen repräsentieren meine persönliche Perspektive und meine Versuche, in meinem Innern meinen eigenen Stil und meine eigene Stimme zu finden« (ebd., S. 14).

Aus diesem Vergleich kann man den Schluss ziehen, dass in die therapeutischen Arbeitsmodelle und Grundhaltungen wie z. B. die des präsenten, des wünschenden, des träumenden und des bezogenen Analytikers (Zwiebel, 2013) stets implizite Konzepte der Lebenskunst wie die der besonnenen Selbstzurücknahme, der emotionalen Offenheit und Aufrichtigkeit, der wohlwollenden Empathie, der Natürlichkeit oder der Leidenschaft der Erkenntnis eingehen.

## Anthropologische Polarisierungen und Polaritäten

Das *Menschenbild* als subjektive Alltagstheorie über den einzelnen Menschen – seine »implizite Anthropologie« – ist von der Persönlichkeitstheorie als einer empirischen Psychologie von Menschenbildern zu unterscheiden (Fahrenberg, 2004, 2012). Menschenbilder können auf bestimmten Grundüberzeugungen beruhen, die wichtige Implikationen für die Krankheitslehre, für die Eigenverantwortlichkeit und Selbstkontrolle und auch für die Religiosität und Spiritualität haben; sie können wertende Vorstellungen davon enthalten, welche psychischen und sozialen Zustände als erstrebenswert anzusehen sind und welche nicht; sie können aber auch wie Vorurteile wirken und die Wahrnehmung und das Denken erheblich einengen. Im letzteren Falle sind unbewusste Abwehrmechanismen virulent, die z. B. dazu führen, entweder aus einseitiger Sicht die aggressive Potenz eines Patienten zu übersehen oder aber das Leid eines von den Eltern traumatisierten Kindes nicht einfühlsam wahrzunehmen und zu verstehen.

Jürgen Körner hat darauf hingewiesen, dass wir uns als Therapeuten von Menschenbildern und impliziten Theorien leiten lassen, »die gleichsam unterhalb der Theorie der Technik liegen und die uns häufig nicht bewusst sind« (2015, S. 137). Ausgehend von der Annahme einer »latenten Anthropologie« (Wirth, 2001, 2012) kann man die »Prozessphantasien« von Patienten und die »Prozessmodelle« von Therapeuten minutiös untersuchen (Buchholz, 1995). Dabei wird deutlich, wie stark biografische, theoriegeschichtliche und soziokulturelle Faktoren die grundlegende Ausrichtung von Therapie- und Lebenskunstkonzepten beeinflussen.

Wie Menschenbildern in der Lebenskunst, so kommen auch psychologischen Menschenbildern im komplexen therapeutischen Geschehen verschiedene Funktionen zu. Sie haben einen Deutungscharakter, weil sie Zuschreibungen ermöglichen; sie erfüllen eine Orientierungsfunktion, insofern sie Erwartungen strukturieren; und sie besitzen eine Legitimationsfunktion, da sie therapeutische Maßnahmen rechtfertigen. Denn psychologische Menschenbilder sind mit Vorstellungen von wahr und falsch, gesund und krank, gut und böse, schön und hässlich etc. untrennbar verknüpft. Psychologische Menschenbilder sind einerseits zu der Tiefenstruktur psychologischen Denkens und Handelns zu rechnen und andererseits von historisch-kulturellen Lebenslagen abhängig. Sie sind einerseits unhintergehbar und sie haben sich andererseits in der Moderne pluralisiert, sodass man nicht mehr von dem einen, unbezweifelbaren, axiomatischen Menschenbild ausgehen kann. Die moderne Betonung der »Vielgestaltigkeit« des Menschen nicht nur in der Lebenskunst – als individuelles, soziales, kulturelles, zeitliches etc. Wesen – und auch das Eingeständnis einer Inkommensurabilität unterschiedlicher anthropologischer Modelle, wie sie von der Psychologie über die Geschichtswissenschaft bis hin zur Biologie vorgelegt werden, verweist auf die Vermeidung eines allgemeingültigen, abgeschlossenen anthropologischen Modells – das immer in der Gefahr einer anthropologischen Reduktion steht: Wer den Menschen als Kulturwesen versteht, blendet die Zeitlichkeit aus, wer den Menschen als Vernunftwesen begreift, verliert seine biologischen Grundlagen aus dem Blick usw. (vgl. Schöpf, 2014a; Rudolf, 2015). Da in Europa das Bild vom Menschen durch eine Reihe von hierarchischen Oppositionen erzeugt wird, die im Grunde die ganze abendländische Metaphysik ausmachen – Kultur/Natur, Geist/Körper, Vernunft/Trieb, Bewusstes/Unbewusstes, Freiheit/Zwang, Sprache/Stummheit, Gesellschaft/Privation, Perfektion/Defekt, Erziehung/Verwilderung etc. –, lässt sich als plausibler anthropologischer »Trend« ein Offenhalten des anthropologischen Denkens im Denken dieser Polaritäten festhalten. Das gilt auch und gerade für die neuzeitliche Psychotherapie. Auf einige anthropologische Divergenzen und Polaritäten wird im Folgenden eingegangen:

Eine erste Polarisierung bezieht sich auf Freuds Annahme eines zur primären Ausstattung des Menschen gehörenden Aggressions- und Destruktionstriebes. An dieser anthropologischen Grundannahme schieden sich die Geister. Die einen wie Melanie Klein und später Jacques Lacan traten entschieden für die Todestrieb-Hypothese ein. Klein und ihre Anhänger glauben dessen klinisch beobachtbare Manifestationen in einer primären Destruktivität zu erkennen, aus der Gier und Neid als elementare Affekte stammen. Andere wie Michael Balint (1937), der die Annahme eines »primären Narzissmus« durch die einer »primären Objektliebe« zu ersetzen suchte, und später dann Heinz Kohut nahmen hingegen an, dass der Säugling ursprünglich »gut« sei und destruktive Tendenzen aus Frustrationen elementarer Bedürfnisse herrühren. Eine dritte Position nahmen linksorientierte Analytiker wie Wilhelm Reich und Otto Fenichel ein: Sie suchten Freuds Biologismus durch eine gesellschaftskritische Theorie zu überwinden.

Die Frage, ob die Annahme eines Triebdualismus zwischen Eros und Todestrieb aufrechtzuerhalten ist oder ob es sich dabei um eine unhaltbare »Wirklichkeitskonstruktion« handelt, hat nicht nur theoretische, sondern auch praktische und therapeutische Bedeutung. In den Worten von Mentzos: »Übertragung und Gegenübertragung, therapeutische Haltung und auch viele technische Einzelheiten der Therapie gestalten sich anders, je nachdem ob man den Säugling, das kleine Kind und den Erwachsenen als Träger eines primären destruktiven, ›bösen‹ Triebes ansieht oder ob man die sicher immense Verbreitung aggressiver Phänomene als Reaktion auf massive Traumatisierungen, Kränkungen etc. oder ob man sie – auch und insbesondere – als Resultat pathologischer Pseudolösungen begreift« (2009, S. 55).

Eine wichtige Polarität ergibt sich aus der von Kohut (1979) getroffenen Unterscheidung zwischen der Anthropologie des »*schuldigen*« Menschen im Rahmen der Triebpsychologie und der des »*tragischen*« Menschen im Rahmen der Selbstpsychologie. Das hier angesprochene Schulderleben erwächst aus Triebwünschen, die den Menschen unvermeidlich in Konflikte mit seinem eigenen Über-Ich, aber auch mit seiner Umwelt stürzen. Demgegenüber resultiert tragisches Erleben daraus, dass die nicht erreichbaren Ideale des eigenen Lebensentwurfs in ein Scheitern einmünden (vgl. Körner, 2015, S. 142).

Mentzos (2009) geht von der anthropologischen Grundannahme aus, dass der Mensch *bipolar* aufgebaut sei. Die Entwicklung des Einzelnen stelle einen dialektischen Prozess dar, innerhalb dessen potenziell unvereinbar erscheinende Gegensätzlichkeiten immer wieder ausbalanciert werden müssen, wodurch dann Erneuerung, Dynamik, Fortschritt und Differenzierung gewährleistet sind. Unter den verschiedenen Bipolaritäten in der Biologie, Psychologie und Philosophie hält Mentzos diejenige zwischen den *selbstbezogenen* und den *objektbezogenen Tendenzen* für zentral. Dabei geht es um die Gegenüberstellung der auf das eigene Selbst und der auf das Objekt ausgerichteten Motivationen. Unter günstigen Bedingungen wird das Spannungsfeld zwischen dem Selbst- und dem Objektpol immer wieder so ausbalanciert, dass sich der Einzelne sowohl in der Beziehung zu sich selbst als auch in der Beziehung zu anderen entfalten kann. Unter ungünstigen Bedingungen kommt es hingegen zu einem mehr oder minder starren Entweder-oder von Selbstbezogen- versus Objektbezogensein.

Die Bipolarität selbst- und objektbezogener Tendenzen liegt auch Balints Unterscheidung der gegensätzlichen Objektbeziehungen bei »*Oknophilie*« und »*Philobatismus*« zugrunde: Der Oknophile hat Angst vor »leeren Räumen« und klammert sich permanent an die Objekte an, weil er Getrenntsein und Distanz schwer ertragen kann. Der Philobat zieht sich hingegen von den bedrängend und bedrohlich erlebten Objekten in eine sichere Distanz zurück; als Einzelgänger genießt er es besonders, sich in objektlosen weiten Räumen wie z. B. beim

Fliegen, in der Wüste oder in menschenleeren Gegenden aufzuhalten (vgl. Balint, 1959).
Erwähnt sei schließlich das dialektische Beziehungsmodell von Helm Stierlin, das er in seinem Buch *Das Tun des Einen ist das Tun des Anderen* (1971) entwickelt hat. Danach wird das Gleichgewicht in jeder zwischenmenschlichen Beziehung durch fünf Polaritäten bestimmt:
1. Augenblick und Dauer,
2. Gleichheit und Verschiedenheit,
3. Befriedigung und Versagung,
4. Stimulierung und Stabilisierung sowie
5. Nähe und Distanz.

Stierlin erläutert die Ausbalancierung dieser Polaritäten am Beispiel der Therapie mit schizophrenen Patienten: Im Unterschied zur klassischen Einsichtstherapie muss in der Schizophreniebehandlung ein höheres Maß an Befriedigung und Nähe gewährt werden. Eine unumgängliche Voraussetzung für die Ichstärkung besteht darin, dass der Patient zunächst seine symbiotischen Bedürfnisse befriedigen kann, bis er in einem längeren Prozess lernt, wachstumsbegünstigende Frustrationen zu verarbeiten. Im Spannungsfeld von Gleichheit und Verschiedenheit muss das Verbindende zwischen Therapeut und Patient, ihre Gemeinsamkeit in allen menschlichen Erlebnisweisen hervorgehoben werden, ohne die vom Patienten tief empfundene Andersartigkeit zu ignorieren. Der Therapeut muss so viel Vertrauenswürdigkeit und stabile Zuwendung vermitteln können, dass sich der Patient geborgen fühlt. Gleichzeitig benötigt er eine hochgradige Sensibilität, um dem Patienten immer wieder neue Impulse zu geben und dadurch Lernprozesse in Gang zu setzen.

## Weltanschauliche Hintergrundannahmen

Ähnlich wie Menschenbilder sind auch Weltanschauungen tief verinnerlichte, latente Ideen, die sich als mentale Strukturen infolge unserer Sozialisation niedergeschlagen haben und unsere Denk- und Wahrnehmungsschemata sowie Handlungspositionen nachhaltig bestimmen. Die Persönlichkeitsinstanz, die damit ins Blickfeld rückt, ist das *Über-Ich*, das sich in Ich-Ideal, Gewissen und Selbstbeobachtung aufgliedern lässt. Neben dem individuellen ist auch das übergreifende kulturelle Über-Ich in Betracht zu ziehen. In der Therapeutik und in der Lebenskunst geht es immer auch explizit oder implizit um eine Auseinandersetzung mit den Anforderungen, ja Ansprüchen, die das eigene Über-Ich oder das anderer an uns stellen. »Wir sind in therapeutischer Absicht, sehr oft genötigt«, schreibt Freud, »das Über-Ich zu bekämpfen, und bemühen uns, seine Ansprüche zu erniedrigen. Ganz ähnliche Einwendungen können wir gegen die ethischen Forderungen des Kultur-Über-Ichs erheben« (1930, S. 503).

Die impliziten *weltanschaulichen* Konzepte von Therapeuten divergieren stark, je nachdem wie sie sich zur Dialektik von Aufklärung und Romantik eingestellt haben (vgl. Strenger 1989, 1997). Sowohl für die Aufklärung als auch für die Romantik wird die »Kunst« – bei aller Unterschiedlichkeit der Grundannahmen, Vorstellungen und Ziele – zu einem zentralen Medium der Verbesserung bzw. Entwicklung (Aufklärung) oder auch Heilung (Romantik) menschlicher Existenz und somit zu einem konstitutiven Moment der Weltanschauung. Es ist daher kein Zufall, dass die moderne Psychotherapie nicht nur über den (theoretischen) Wissenschaftsbezug, sondern auch über den (praktischen) Kunstbezug auf Aufklärung und Romantik zurückgreift. Die mit diesem Rückgriff der modernen Psychotherapien verbundenen weltanschaulichen Bewegungen einer Rationalisierung von Emotionalität (Aufklärung) sowie einer Emotionalisierung des Verhaltens (Romantik) greifen nicht nur den für das Abendland konstitutiven metaphysischen Dualismus von Geist und Körper auf, sondern fokussieren diesen in einem therapeutischen Setting, dass durch ein Dual von Technik und Intervention auf der einen und Kommunikation und Intimität auf der anderen Seite strukturiert wird. Darin soll das Leiden an der Welt und an sich selbst zur Sprache und Aushandlung kommen. Auf diesen weltanschaulichen Hauptaspekt von Aufklärung und Romantik wollen wir uns im Folgenden konzentrieren.

Zunächst sei nochmals auf den Gegensatz von Aufklärung und Romantik eingegangen. Mit *Aufklärung* verbinden wir den Kult der Vernunft im Sinne des Kampfes gegen die Tyrannei der Leidenschaften und die Verirrungen der Phantasie, das Ideal der Selbstbestimmung, das Ideal, im Einklang mit den Forderungen der Vernunft zu leben, die Ausrichtung an der Wissenschaft, eine optimistische Weltanschauung u. a. Demgegenüber steht die *Romantik* für den Kult des Irrationalen und des Individuellen, die Freisetzung mystischer Tendenzen, ein tiefes Gefühl für die Natur und deren Geheimnisse, die Hochschätzung des Emotionalen und Gemüthaften, das Interesse an allen Manifestationen des Unbewussten: an Träumen, am Genie, an Geisteskrankheiten, ein Gefühl für das »Werden« und für »Metamorphosen« u. a.

Eine explizite Unterscheidung zwischen einem *klassisch-aufklärerischen* und einem *romantischen* Menschenbild stammt von Carlo Strenger (1989, 1997). Charakteristisch für das erstere sei »das verantwortungsvolle und tapfere Umgehen mit der eigenen Triebhaftigkeit, den nie zur Ruhe kommenden Wünschen, der Selbsttäuschung und dem allgegenwärtigen Verlangen, den eigenen Vorurteilen und Größenphantasien gegen die Stimme der Vernunft nachzugeben«. Das romantische Menschenbild ziele hingegen »auf die Entwicklung und Einzigartigkeit des Individuums, auf dessen Spontaneität und die Reichhaltigkeit seiner Erfahrungen in der Beziehung zu anderen Menschen« (Mertens, 2009, S. 99).

Wie weit war Freud Aufklärer und wie weit Romantiker? Er hat sich zwar – ähnlich wie die Romantiker – auf die Nachtseite der Natur und der Seele als Gegenstand seiner Forschung konzentriert, die Macht des Unbewussten aber – im Geiste des Darwinismus – in den grundlegenden Trieben der Selbst- und Arterhaltung gesehen, die der Mensch mit dem Tier gemeinsam hat. Wenn man sich neben seiner Ausrichtung am animalischen Menschen seine Betonung des Dämonischen in der menschlichen Natur (mit der Todestrieb-Hypothese) vor Augen führt, erweist er sich weit eher als Repräsentant einer *zweiten Aufklärung* in der Denktradition Schopenhauers und Nietzsches denn als romantischer Naturphilosoph (Gödde, 1999, S. 582ff.). Man kann Freud der Tradition der »dunklen Aufklärung«, die von Macchiavelli, Hobbes, Spinoza, Marx, Nietzsche u. a. repräsentiert wird, zurechnen. Von diesen Denkern wurde ein Prozess in Gang gesetzt, der »ein unsanftes Erwachen aus religiösen und metaphysischen Illusionen« mit sich brachte, denn er stellte »gewohnte Selbstbilder und geheiligte kulturelle Identitäten in Frage [...]. Doch gerade aus diesen Gründen war dieser Prozeß auch eine Emanzipationsbewegung, die dazu diente, im Menschen eine intensivere und klarere Selbsterkenntnis zu evozieren, selbst um den Preis wenig schmeichelhafter Folgen, die oftmals schockieren und erschrecken ...« (Yovel, 1989, S. 421).

Hat Freud darauf hingewiesen, die Erklärung des Krieges mit dem Aggressionstrieb könne ersetzt werden, wenn wir eine bessere Theorie hätten, so reagierte Mentzos (1993) darauf mit den Worten: »Wir haben eine bessere Theorie als die triebtheoretische Erklärung.« Aggression beruhe nicht auf einem endogenen, energetisch konzipierten Trieb, sondern gehe aus äußeren und inneren Konflikten hervor. Mentzos postuliert einen eigenen narzisstischen Trieb. Es gebe nur eine angeborene aggressive Disposition, die reaktiv auf einen gegebenen Anlass hin ins Spiel komme und zur Durchsetzung narzisstischer und objektbezogener libidinöser Ziele diene. Nur unter ungünstigen Bedingungen erfahre die reaktive Aggression einen pathologischen Funktionswandel in Richtung auf Destruktion und Gewalt. In der heutigen Psychoanalyse haben die Forschungsergebnisse über den »kompetenten Säugling« (Dornes, 1993) und dessen soziale Bezogenheit auf seine primären Betreuungspersonen zu dem Grundkonsens geführt, dass dysfunktionale und insbesondere destruktive Aggression als Reaktion auf die mangelhafte Befriedigung kommunikativer und selbstbehauptender Impulse zu betrachten seien.

Eine tendenziell *romantische* Denkweise lässt sich bei Ferenczi mit seiner neokathartischen Relaxations- und Regressionstechnik, bei Groddeck mit seiner Psychologie des »Es«, bei Balint mit seiner Annahme einer »primären Objektliebe« im Kontrast zu Freuds Annahme eines »primären Narzissmus« und bei Winnicott mit seiner Annahme eines »wahren Selbst« erkennen. Alle vier waren – zumindest phasenweise – Außenseiter im psychoanalytischen Main-stream und daher tendenziell in einer unangepassten und rebellischen Position, in der man eher zum Romantisieren neigt, als wenn man eine gefestigte Machtposition innehat.

Auch wenn man die Konzeptionen der Selbstpsychologen Kohut und Mentzos auf sich wirken lässt, fühlt man sich in eine der Romantik nahe stehende Geisteswelt und in eine »Wissenskultur« hineinversetzt, die sich von dem eher skeptisch-pessimistischen Weltbild der trieb- und ich-psychologischen Richtung der Psychoanalyse kontrastierend abhebt. Von den grundlegenden Selbstobjektbedürfnissen nach Spiegelung, nach Idealisierung sowie nach Gleichheit und Zugehörigkeit, wie sie in der *Selbstpsychologie* unterschieden werden, lassen sich Rückschlüsse auf eine romantische Wunschwelt ziehen (Hartmann, 2005, 2014). Die emotionale Öffnung zum inneren Erleben des Anderen wird als entscheidender Zugang zum Unbewussten erachtet, weil dadurch das Erleben als anerkennens- und liebenswertes Selbst gestärkt werde, wodurch dann sekundär auch ein empathisches Verstehen der unbewussten Bedürfnisse möglich sei.

Die viel beachteten Objektbeziehungstheorien von Melanie Klein, Bion und Kernberg können als »harte Theorien« bezeichnet werden, da sie von einem hohen Potenzial an Hass, Wut und Aggression in der menschlichen Triebnatur ausgehen. Demgegenüber waren Balint, Winnicott und Kohut in ihren »weichen Objektbeziehungstheorien« auf andere Phänomene, nämlich auf Bindungs-, Entwicklungs- und Liebesbedürfnisse, auf Befriedigung und progressive Entfaltung ausgerichtet (Mentzos, 2009, S. 55).

Rohde-Dachser hat die Frage aufgeworfen, ob »jede dieser Theorien einen Mythos enthält, in dem die stärksten menschlichen Sehnsüchte und die tiefsten menschlichen Ängste ihren Niederschlag gefunden haben« (2008, S. 60f.). Bei Freud könnte es »die Sehnsucht nach dem verlorenen Paradies« sein, bei Melanie Klein »die Angst vor der Macht der Hölle im eigenen Innern«, bei Bion »der Hinweis auf ein göttliches O, das unter anderem als Wahrheit in der psychoanalytischen Situation erfahrbar werden kann«, und bei den Relationalisten »die

Vorstellung der Präsenz des Anderen in einer zeitlosen Gegenwart, der gemeinsamen Rêverie von Mutter und Kind vergleichbar« (ebd.).

## Folgerungen

Welche Folgerungen können wir aus dem Vergleich der Therapeutenmetaphern, der therapeutischen Grundhaltungen, der anthropologischen Polaritätsmodelle und der weltanschaulichen Hintergrundannahmen ziehen?

Als erster Punkt kann namhaft gemacht werden, dass die individuellen Unterschiede zwischen Freud, Ferenczi, Reik, Mentzos, Yalom u. a. im Hinblick auf Persönlichkeit und Mentalität eine große Rolle spielen. Prinzipiell sollte der *biografische* Entstehungskontext für die jeweils vertretenen Lebenskunstmodelle immer berücksichtigt werden. Eine biografisch orientierte Lebenskunst ermöglicht einen durchgängig perspektivischen Blick der Individuen auf die Wandlungen und Strukturen ihrer Theorien und Praktiken eines gelungenen Lebens, auf die Erzeugung von Sinn und Glück, den Aufbau von Identität und den Umgang mit den anderen und der Welt. Jeder Therapeut mischt

> »gleichsam die idealtypischen Formeln der gegenwärtigen Richtungen mit seinem persönlichen Herzblut, mit seiner Lebenserfahrung, mit seinen Auffassungen über Lebenskunst, mit seinen Identifizierungen mit dem Lehranalytiker, seinen Supervisoren und den bevorzugten Theorien einer Institution und nicht zuletzt auch mit seinem Temperament.«

Wir müssten alles, was »angeblich unsere Identität im behandlungstechnischen Sinn, aber auch in der Theorie verbürgt, von Zeit zu Zeit immer wieder auf den Prüfstand stellen« (Mertens, 2010–12, Bd. 1, S. 70f.).

Zu berücksichtigen ist auch die dialektische Verschränkung von individuellen biografischen Erfahrungen und historisch-kulturellen Gegebenheiten, die unter dem sozialen Gesichtspunkt betrachtet werden können, ob, wie und inwiefern kulturelle Lebenswelten und weltgeschichtliche Gesamtlagen Erfahrungen der Lebenskunst fördern oder behindern und, unter dem individuellen Gesichtspunkt, ob, wie und inwiefern Menschen ihr Leben an ästhetisch-ethischen Kriterien der Lebenskunst entlang entwerfen können (vgl. Gödde & Zirfas, 2014).

Mertens widerspricht der Ansicht, dass heutige Psychoanalytiker »ohnehin bereits plural und intuitiv vorgehen würden, so dass sich die Zuordnung der verschiedenen Behandlungstechniken zu bestimmten Richtungen bereits überlebt habe«. Bei einem solchen pluralen Vorgehen sei nicht wirklich klar, »welche Konsequenzen die methodischen Schritte für den psychoanalytischen Umgang und den Behandlungsprozess aufweisen«. Man dürfe nicht übersehen, dass

> »bereits das Zuhören von methodischen und theoretischen sowie selbstverständlich auch von alltagspsychologischen Annahmen über die ›Kunst des richtigen Lebens‹ geleitet ist [...]. Eine Explikation der impliziten Theoriefragmente, der subjektiven Wertvorstellungen und Überzeugungen, soweit diese bewusst zugänglich sind, erscheint aber nicht nur sinnvoll, sondern vor allem auch notwendig, um Klarheit für eine zukünftige Theorie der Behandlungstechnik zu bekommen« (Mertens, 2010-12, Bd. 3, S. 11f.).

Die Unterschiede der Sichtweisen resultieren schließlich aus den jeweiligen wissenschaftlichen und philosophischen Denkvoraussetzungen. Der empirische Forscher selbst muss sich klar machen, wie es der Phänomenologe Stephan Strasser pointiert formuliert hat, dass er oft »de facto bereits Partei ergriffen« und sich für eine bestimmte philosophische Sicht entschieden hat, auch wenn er es selbst nicht so nennen würde (Strasser, 1964, S. 215).

### Ausgewählte Literatur

Bittner, G. (1998). *Metaphern des Unbewussten. Eine kritische Einführung in die Psychoanalyse*. Stuttgart: Kohlhammer.
Bohleber, W. (2012). Vom Chirurgen zum Mitspieler. Über die Veränderung leitender Metaphern in der klinischen Theorie. In Ders., *Was Psychoanalyse heute leistet. Identität und Intersubjektivität, Trauma und Therapie, Gewalt und Gesellschaft* (S. 41–59). Stuttgart: Klett-Cotta.
Buchholz, M. B. & Gödde, G. (2005c). Das Unbewusste und seine Metaphern. In Dies. (Hrsg.), *Macht und Dynamik des Unbewussten. Auseinandersetzungen in Philosophie, Medizin und Psychoanalyse. Das Unbewusste*, Bd. I (S. 671–712). Gießen: Psychosozial-Verlag.
Fahrenberg, J. (2004). *Annahmen über den Menschen. Menschenbilder aus psychologischer, biologischer, religiöser und interkultureller Sicht*. 2. Aufl. Heidelberg und Kröning: Asanger 2008.
Gysling, A. (1995). *Die analytische Antwort. Eine Geschichte der Gegenübertragung in Form von Autorenportraits*. Tübingen: edition diskord.
Habermas, T. (2008). Freuds Ratschläge zur Einleitung der Behandlung. Eine narratologische Interpretation der Wirkweise der psychoanalytischen Situation. In R. Haubl & T. Habermas (Hrsg.), *Freud neu entdecken. Ausgewählte Lektüren* (S. 204–229). Göttingen: Vandenhoeck & Ruprecht.
Körner, J. (2015). *Die Deutung in der Psychoanalyse*. Stuttgart: Kohlhammer.
Kutter, P., Páramo-Ortega, R. & Müller, Th. (Hrsg.). (1998). *Weltanschauung und Menschenbild. Einflüsse auf die psychoanalytische Praxis* Göttingen: Vandenhoeck & Ruprecht.

Mertens, W. (2010–12). *Psychoanalytische Schulen im Gespräch*. 3 Bände. Bern: Huber.
Wirth, H.-J. (2012). Zur ›latenten Anthropologie‹ der Therapeuten im Kontext unterschiedlicher psychoanalytischer Therapierichtungen. In M. B. Buchholz & G. Gödde (Hrsg.), *Der Besen, mit dem die Hexe fliegt. Wissenschaft und Therapeutik des Unbewussten*. Band 2: *Konversation und Resonanz in der Psychotherapie* (S. 279–315). Gießen: Psychosozial-Verlag.
Wulf, Ch. & Zirfas, J. (Hrsg.). (2014). *Handbuch Pädagogische Anthropologie*. Wiesbaden: Springer VS.
Zwiebel, R. (2013). *Was macht einen guten Psychoanalytiker aus? Grundelemente professioneller Psychotherapie*. Stuttgart: Klett-Cotta.

# 6 Dimensionen einer philosophischen und sozialwissenschaftlichen Lebenskunstkonzeption

Im Folgenden wollen wir die Überlegungen zu den Psychotherapien noch einmal lebenskunstphilosophisch wenden, indem wir die hiermit verbundenen ästhetischen und soziomoralischen Fragestellungen aufgreifen. Die ästhetische Fokussierung erscheint deshalb besonders gewinnbringend, weil die Lebenskunst – wie schon bei Montaigne angedeutet und dann über die Romantik (Herder, Schelling, Carus) sowie Schopenhauer und Nietzsche weiterentwickelt in der Moderne bei Foucault und Schmid – einen ausgesprochen ästhetischen Charakter bekommen hat, während der moralische oder auch metaphysische Charakter an Bedeutung verloren hat. Mittlerweile wird konstatiert, dass der ästhetische Imperativ in allen gesellschaftlichen Teilsystemen eine Rolle spielt, sodass nicht mehr nur gilt, ein schönes Leben zu *wollen*, sondern ein solches auch zu *sollen* (vgl. Reckwitz, 2012).

Dass damit, vielfach missverstanden, auch eine Überforderung und eine Zumutung verbunden ist, soll an dieser Stelle schon konstatiert werden. Und diese universelle Maxime der ästhetischen Kreativität wirft schon die seit Freuds Tagen virulente Problematik auf, ob nicht die Therapeutik auch dazu imstande ist, ein reibungsloses Individuum zu formieren, das sich mithilfe der Lebenskunst überall einfügen und zurechtkommen kann, sogar dort, wo es Missachtungen und Demütigungen erfährt. Denn auch mit fehlender Anerkennung kann man »kreativ« umgehen. Führt eine therapeutische Lebenskunst nicht auch zu einer Anpassung an die von der Ökonomie oder der Politik geforderten Anpassungen? Gerade der Rekurs auf ein lebenskunstkompetentes Individuum, das sich durch emotionale Selbstkontrolle, asketische Lebensformen und kreative Gestaltungsmöglichkeiten auszeichnet, läuft doch Gefahr, auf ein diszipliniertes Individuum zu zielen, das sich durch Rationalität, Berechenbarkeit und Widerspruchsfreiheit, wenn auch in schöner Gestalt, auszeichnet. Und zudem scheint die Therapie auch zu einer Pathologisierung der modernen Individuen zu führen, indem der Zuständigkeitsbereich der Psychologen mit dem Rekurs auf kreative Selbstverwirklichung enorm ausgeweitet wird:

> »Nicht nur verlegten sie sich von den psychischen Störungen auf das wesentlich größere Feld des neurotischen Unglücks, sondern nun auch noch vom neurotischen Unglück auf die Vorstellung, Gesundheit und Selbstverwirklichung seien *Synonyme*. Selbstverwirklichung in den Mittelpunkt von Modellen des Selbst zu stellen, hatte zur Folge, daß die meisten Leben auf einmal ›nicht selbstverwirklicht‹ waren« (Illouz, 2011, S. 270f.).

Schafft so die Psychotherapie nicht nur psychische Leidensformen ab, sondern generiert wiederum andere? Und wie kann sie verhindern, dass sie in die kreative Falle der Anpassung läuft? Wir kommen am Ende dieses Kapitels darauf zurück.

Auch wenn die Lebenskunst historisch wie strukturell einen starken individualistischen Einschlag hat, ist in ihr nicht nur die Frage virulent gewesen, wie man mit sich selbst umgeht bzw. umgehen kann und wie man sich selbst verändern und stilisieren kann; sondern Lebenskunst hatte immer auch einen Bezug zum Anderen sowie zur Frage, welche Bedeutung dem Anderen in einem schönen Leben zukommen sollte. So wie über Jahrhunderte hinweg eine politische Homologie zwischen der Selbstbeziehung und der Beziehung zum Anderen in Anschlag gebracht worden ist – nur derjenige, der sich selbst beherrschen kann, kann auch andere beherrschen –, wird in der Moderne die Perspektive einer gelungenen Beziehung oftmals in den Begriffen der Anerkennung des Anderen gedacht – nur derjenige, der den Anderen anerkennen kann, kann sich selbst ebenso anerkennen. Die soziale Lebenskunst fokussiert die Beziehungsebene und die damit verbundenen angemessenen soziomoralischen Einstellungs- und Handlungsmuster. Und hierbei gilt, dass eine Theorie der Anerkennung keine konkreten Praxisvorschläge macht, sondern vielmehr als praktisches Regulativ dienen kann, das auf der Beziehungsebene etwa in Formen des Takts ausbuchstabiert werden kann. Auch Anerkennung ist eine Kunst.

Vor dem Hintergrund dieser ästhetischen und sozialen Problemstellungen lohnt eine diesbezügliche philosophische und sozialwissenschaftliche Strukturierung für die therapeutische Lebenskunst. Diese liefert ihr eine systematische Skizze der begrifflichen Anschlüsse für ihre Praxisüberlegungen (s. u.). Zunächst ist dabei zu klären, welche Konzepte von Selbst, Identität und Selbstbeziehung für die Lebenskunst bedeutsam sind; darin schließen Überlegungen zum Anderen, zur sozialen Beziehung und zur Anerkennung des Anderen an. Die Begriffe

»Identität« und »Anerkennung« stehen wiederum in einem engen Zusammenhang mit der Frage nach dem Sinn und dem Wert (des Lebens), die vor dem Hintergrund von existenziellen Polaritäten diskutiert wird. Ästhetisch ist eine Lebenskunst insofern, als in ihr den Begriffen des Geschmacks, der ästhetischen Erfahrung und der Stilisierung zentrale Bedeutung zukommt. Während diese Begriffe einen starken Fokus auf der Selbstbeziehung haben und deutlich machen, was dem Individuum gefällt, wie es neue Lebensperspektiven wahrnehmen sowie entwickeln und diese Perspektiven dann ästhetisch zum Ausdruck bringen kann, macht der Begriff des Takts darauf aufmerksam, wie in der Moderne über eine angemessene Beziehung zum Anderen nachgedacht worden ist.

## Das Selbst der Selbstsorge

Mit dem in den Mittelpunkt der Lebenskunstphilosophien gerückten Begriff der Selbstsorge wird auch die Frage nach dem *Selbst* bzw. dem Konzept der *Identität* der Lebenskunst virulent. (Die Begriffe Selbst und Identität werden im Folgenden synonym verwendet.) Gibt es demnach einen spezifischen Begriff des Selbst bzw. welche Aspekte der Identität greift die Lebenskunst auf? Gehen wir zunächst vom Begriff der Identität aus, so leitet sich dieser vom Lateinischen »idem« ab und bedeutet dementsprechend nichts anders als Selbstgleichheit. Betont man allerdings die etymologische Bedeutung der Selbstgleichheit, so stellt man fest, dass es keine logisch stringente Fassung des Begriffs des Selbst gibt, da er entweder tautologisch oder aber paradoxal verstanden werden kann: Was wäre auch mit dem Satz »Ich bin Ich« gesagt? Wenn Ich in diesem Sinne ganz Ich ist, und das Ich immer genau das ist, dass es Ich ist, so wäre es in allen Punkten mit sich selbst gleich und es wäre wenig, wenn nicht nichts ausgesagt. Das Ich wäre eine Enttäuschung. Behauptet man aber, dass das Ich Nicht-Ich ist, so landet man in der Paradoxie, dass das Ich etwas anderes als es selbst ist, dass das, was das Ich ist, nicht alles Ich sein kann, und dass das, worauf sich das Ich öffnet, dieses Ich unterbietet oder über es hinausgeht. Das Ich wäre das Andere. Und nun wäre wiederum das Andere bzw. die Identität des Anderen zu klären, was, wie zu sehen war, auch kein leichtes Unterfangen darstellt (vgl. Zirfas & Jörissen, 2007). Zudem steht das Diktum von Arthur Rimbaud »Das Ich ist ein Anderer« stets in der Gefahr, das Ich dem Anderen – als Staat, Ethnie, Religion, Mitmensch etc. – aufzuopfern.

Blickt man nicht etymologisch oder logisch, sondern anthropologisch, sozialwissenschaftlich oder psychologisch auf den Begriff des Selbst, so geht es, wann immer vom Selbst die Rede ist, um eine verlorene, bedrohte oder wiederzugewinnende Identität. Die Rede vom Selbst hat symptomatischen Charakter. Sie gibt einen Problemzustand wieder. Das gilt auch für das Selbst der Lebenskunst. Nicht nur scheint es in der Moderne schwieriger geworden zu sein, eine konsistente Antwort zu finden auf das, was ich bin und auf das, was der Andere ist; es scheint auch schwieriger geworden zu sein anzugeben, welches Selbstverhältnis man für ein gutes und gelingendes Leben benötigt. Identitätsfragen lassen sich daher als Begleiterscheinungen des kulturellen und sozialen Wandels oder auch als Folgen einer Flexibilisierung von Lebensformen bzw. als Reaktionen auf politische und mediale Umbrüche verstehen. Identität erscheint zwar gerade dort als besonders differenzierte, reflexive und individuelle Identität, wo die Möglichkeiten von divergierenden Normen- und Wertesystemen, von unterschiedlichen Formen der Zugehörigkeit und Verbindlichkeit und von Inkonsistenzen in Rollenmustern und Interaktionsformen etc. vorhanden sind. Sie erscheint aber auch gerade in diesen Lebenskontexten besonders prekär zu sein, denn unterschiedliche Formen der Selbstverständnisse, divergierende Weisen des Sich-zu-sich-Verhaltens und plurale Formen der Zugehörigkeit lassen eine Fassung dessen, was man als seine Identität bezeichnet, zunehmend schwieriger werden. Kurz: Die moderne Identität lässt sich nur noch als fragmentarisiert, prekär, riskant, spielerisch, entgrenzt, dezentriert, hybrid, plural etc. beschreiben – und das wird durchaus für das Selbst des Menschen als bedrohlich eingestuft. Diese Einschätzung gilt auch für die moderne Lebenskunst, die in der *Sorge* um das Selbst ihren Ausgangspunkt hat. Doch zunächst soll geklärt werden, wie dieses Selbst in der Moderne verstanden werden kann.

### Identität im Übergang

In einem durchaus modernen Sinne hat Wolfgang Welsch (1994) Identität nicht als letzten unhintergehbaren, substanziellen Kern des Subjekts, sondern als einen Relationsbegriff verstanden: als »Identität im Übergang«. Damit betont er weniger die Kohärenzidee, sondern die mit den Übergängen zwischen den verschiedenen Lebensformen verbundene Komplexität von Identitätsfragmenten, zwischen denen ständig vermittelt werden muss. Lebenskunst bedeutet hier, sich zu den pluralen Möglichkeiten des modernen Lebens adäquat verhalten zu können, und adäquates Verhalten bedeutet Übergänge zwischen den einzelnen Lebensbereichen und den verschiedenen Lebensaltern gestalten zu können. Aus der Überzeugung, dass die moderne soziale und subjektive Welt sich selbst in

Übergängen befindet, leitet Welsch dann den Imperativ ab, sich selbst so zu vervollkommnen, dass man diesen Übergängen gewachsen sei – wobei als Leitdisziplinen für diese Selbstbildungsprozesse hier einerseits die Kunst und andererseits die Psychiatrie stehen, die als Generatoren und Vorbilder neuer Übergangsformen gelten sollen. Mit diesen Hinweisen verabschiedet Welsch Identitätskonzepte philosophischer, psychologischer und soziologischer Provenienz, die unter Identität immer ein Minimum an Kohärenz und Kontinuität, d. h. einen Restbestand an konsistentem Zusammenhang unterstellt haben. Die Identität läuft gleichsam leer, da sie stetig in Veränderung begriffen ist und keinen Bezugspunkt mehr kennt, dem diese Veränderungen zugeschrieben werden können. Man muss sich vergegenwärtigen, was mit dieser Verabschiedung auf dem Spiel steht.

Diskutieren wie zunächst die Kunst. Von Welsch in seiner Diskussion der modernen Kunst als Vorbilder für eine transversale Identität nicht berücksichtigt, in seiner Radikalität aber unübertroffen, hat als einer der ersten modernen Künstler Andy Warhol die moderne Entkernung von Identität begriffen. Denn Warhol versucht, auf jeden inhaltlichen Sinn im Dasein zu verzichten. Er beharrt kompromisslos auf der Bedeutungslosigkeit der Existenz. Es gibt nach ihm keine Expressivität, weil es nichts Expressives gibt.

»Ich glaube, wenn ich in den Spiegel sehe, werde ich NICHTS sehen. Man nennt mich immer einen Spiegel, und wenn ein Spiegel in einen Spiegel sieht, was ist dann zu sehen? [...] Ein Kritiker hat mich mal das ›personifizierte NICHTS‹ genannt, und das hat meiner Definition von ›Existenz‹ nicht gerade weitergeholfen. Dann habe ich festgestellt, dass Existenz selbst nichts ist, und da ging es mir gleich besser« (Warhol, 1991, S. 14).

Warhol kann daher auch nicht viel mit dem Sachverhalt der Entfremdung anfangen, glaubt doch die Entfremdung an eine Authentizität, deren Romantizismus er wiederum längst überwunden zu haben glaubt. Sein Credo sind flache Identitäten in einer flachen Welt, sind glitzernde, berühmte und reiche Oberflächen ohne jeglichen Tiefgang: Sein Identitätstelos ist ein gleißendes Nichts mit viel Geld. Einer Philosophie, die die Nostalgie des Ich abschaffen will und die Idee einer sinnvollen Identität aufgegeben hat, liegt es nahe, auch keinen Nachruf zu erheischen: Warhol verfügte, dass sein Grabstein leer bleiben sollte, doch wie schon zu Lebzeiten gelang es ihm nun nicht bzw. gerade durch diesen Wunsch nicht, seine Identität einzubüßen. Anscheinend braucht die Gesellschaft immer noch Identitätsanker, die Menschen in irgendeiner Form identifizierbar machen – selbst, wenn diese schon gestorben sind (oder gerade dann?).

Neben der Kunst verweist Welsch auch auf den Ort der Psychiatrie als modernen Raum der Identitätsgestaltung. Und hier wird seine These, Identität nur als stetigen Übergang zu verstehen, äußerst problematisch. Wenn Identität aufgeht in der Überschreitung von Standards bzw. in der Abweichung vom Normalen, dann scheint »Gesundheit heute eigentlich nur noch in Form der Schizophrenie möglich« zu sein (Welsch, 1994, S. 171). Die Labilität von psychischen Kranken wird deshalb zu einem Lebenskunstmodell, weil Leben als ein Leben im Plural verstanden werden müsse, das zu immer wieder neuen Identitäts(er)findungen nötige. Doch Welsch begeht hier den epistemologischen Fehler, Kunst und (krankes) Leben miteinander zu identifizieren: Kurz gefasst lautet der Sachverhalt, der die Differenz von Leben und Kunst markiert: Kunst stellt eine Einheit dar, zu der sie sich als Kunst nicht in einem existenziellen Sinne verhält; menschliches Leben ist bezogen auf eine Einheit, die es selbst nicht hat, zu der es sich aber existenziell verhalten muss. Das Imitieren der Kunst durch das Leben führt nicht unmittelbar zu einem Kunstleben, allenfalls zu einem Kunstwerk des Lebens. Anders formuliert: Cindy Sherman oder Madonna bleiben Cindy Sherman und Madonna, auch wenn sie uns noch so viele multiple Identitäten, Rollen und Typen vorstellen; psychisch kranke Menschen mit Identitätsproblemen (Schizophrenie, Borderline, Amnesie etc.) sind deshalb keine »lebensermöglichenden« Modelle für Identität, weil sie sich zu sich selbst *nicht* frei verhalten können (ebd., S. 199). Sie haben *nicht* die Wahl, *nicht* Madonna zu sein. Sie kommen als Orientierungsmodelle für die Lebenskunst nicht infrage, weil es kein Selbst gibt, für das sie Sorge tragen könnten.

### Sich-nicht-um-sich-selbst-sorgen-Können

Die mangelnde Wahlfreiheit, die fehlende Sorgefähigkeit, aber auch die Frage danach, wie viele Übergänge die Identität verträgt, wollen wir an einer von Oliver Sacks geschilderten Geschichte, die den Titel »Eine Frage der Identität« trägt und die von Mr. Thompson handelt, kurz erläutern (Sacks, 2002). Mr. Thompson leidet unter Amnesie, unter Gedächtnisverlust; er ist nicht in der Lage, sich länger als ein paar Sekunden an Dinge und Menschen zu erinnern, und er wirkt dementsprechend ständig desorientiert. So redet er z. B. seinen Therapeuten, Oliver Sacks, hintereinander als Kunde eines Feinkostgeschäftes, als alten Sportsfreund, als jüdischen Metzger und als Automechaniker einer Tankstelle an, bestellt in einer anderen Situation als Pastor ein Taxi, um dem verblüfften Taxifahrer tausendundeine Geschichte zu erzählen; dann wiederum erkennt er in »einem an

Wahnsinn grenzenden konfabulatorischen Delir« kein Mitglied seiner Familie und phantasiert endlos vor sich hin.» Seine Improvisationen waren immer blitzschnell, oft witzig, manchmal geradezu brillant, und im Grunde tragisch« (ebd., S. 152).

Mr. Thompson lebt in einer Welt der Vermutungen, von Annahmen und Hypothesen, deren Gültigkeitsdauer sich in Sekunden berechnen lässt. Nichtsdestotrotz wirkte er dadurch nicht irritiert oder verletzt, wenn er auch ständig bestrebt war, die sich in den Situationen abzeichnenden Widersprüche zwischen seinen Wahrnehmungen und den Aussagen seiner Gesprächspartner zu harmonisieren. Mr. Thompson gewinnt so seine Identität in permanenten Improvisationen, rasanten Interpretationen und ständig fluktuierenden Wahrnehmungen; er schafft sich somit eine »Quasi-Identität«, deren Scheinbarkeit sich einem je nach Situation unterschiedlichen Rahmen von Vorstellungen, Erfindungen und Vermutungen verdankt, der für ihn selbst eben kein Wahngebilde oder eine verrückte Phantasmagorie darstellte, sondern eine kohärente, zuverlässige und stabile Wirklichkeit verkörperte. In der Regel hatten nur seine Gesprächspartner Probleme damit, dass er ständig ein anderer war bzw. dass sie ständig für ihn andere waren.

Man könnte hier die These aufstellen, dass gerade der Selbstverlust als Verlust einer unantastbaren und unauflöslichen Identität eine Fülle von Identitäten freisetzt, die allesamt nicht den Status einer ontologischen Vorgängigkeit besitzen, die nur noch evoziert zu werden braucht, sondern die kreativen, performativen Akten von Imaginationen und Äußerungen geschuldet sind, die ständig neu Identitäten erfinden, erproben und ausleben. Menschen »ohne Identität«, Menschen mit einer schweren Amnesie (Korsakow-Syndrom) sind somit in der Lage bzw. gezwungen, permanent einen neuen Kosmos um sich herum zu entwerfen, weil dieser im Augenblick des Erschaffens schon zu verblassen beginnt. Diese Menschen »besitzen« eine *imaginäre präsentische Identität*, die aus ihrem schöpferischen Erzählgestus erwächst. Sie erzählen sich und uns immer eine neue Geschichte über sich selbst; sie verstricken sich und uns stetig in eine neue Biografie. Insofern haben auch ihre Selbstsorgepraxen nur ein (ultra)kurzes Haltbarkeitsdatum – wenn man überhaupt von ihnen sprechen kann.

Mr. Thompson ist nicht in der Lage, eine stabile, kontinuierliche und authentische Identität aufzubauen; er konstituiert sich buchstäblich selbst in einem Diskursuniversum, das immer nur kurzfristig die Abgründe des Seins, des Sinns, der Bedeutungslosigkeit der eigenen Biografie und des Weltbezugs zu überbrücken vermag. »Seine unablässigen Konfabulationen, die wie ein Sturzbach aus ihm herausbrechen, haben letztlich etwas sonderbar Indifferentes [...] als sei es im Grunde unwichtig, was er sagt oder was irgend jemand sonst sagt oder tut, als sei irgendwie alles unwichtig geworden« (ebd., S. 157). Diese imaginäre präsentische Identität kann man (zusätzlich) als *nivellierte* bestimmen; nivelliert deshalb, weil mit dem Verlust von Vergangenheit und Realität der Verlust der Bedeutungsdimensionen des Selbst einhergeht: Gefühle des Wichtigen und Unwichtigen, Einstellungen zu Werten und Normen, Geschichten des Eigenen und des Fremden etc. Diese Identität hängt am seidenen Faden der performativ-diskursiven Selbsterzeugungen, die sich auf kein – wie auch immer geartetes solides Bündel – an identitätskonstitutiven Elementen stützen können.

Wenn auch dieses Modell einer modernen Lebenskunst nicht gerecht werden kann, dann deshalb, weil psychisch kranken Menschen (oftmals) die Fähigkeit fehlt, ihr Leben eigenständig durch kluge Wahlen und Entscheidungen beeinflussen und gestalten zu können: Sie können sich (oftmals) nicht um sich selbst sorgen. Daher erscheint ein völliges Absehen von einer wie auch immer gearteten konsistenten Identität im Sinne der Lebenskunst nicht sinnvoll. Und dieses Modell einer Konsistenzidentität braucht man, um sich selbst für die Wahl und Gestaltung seines Lebens verantwortlich machen zu können. Und man braucht es zudem, um einen Adressaten, einen »Gegenstand« der Lebenskunst zu haben. Deshalb sei hier, ohne die Modelle im Einzelnen zu rekonstruieren und zu diskutieren, paradigmatisch an die Quintessenz der Entwürfe von Sigmund Freud, Erik Erikson oder auch Ervin Goffman erinnert: Menschen erleben *sich* einerseits in verschiedenen Rollen und verschiedenen Handlungszusammenhängen und Situationen als *kohärente* Persönlichkeit und sie erleben *sich*, biografisch betrachtet, als eine mehr oder weniger *kontinuierliche* Person, die mehrere Lebensabschnitte erlebt hat und noch erleben wird. Und zudem: Sie werden auch von anderen Menschen als dieselben in Raum und Zeit erlebt – was wiederum ihre Selbstidentifizierung möglich macht.

### Kohärenz und Kontinuität

Identität ist, jedenfalls für den überwiegenden Teil der Identitätstheoretiker der Neuzeit, ein Relationsbegriff, der das Sich-zu-sich-Verhalten als kohärenz- und kontinuitätsstiftende Beziehung, als Einheit aller Selbstbezüge umfasst. Identität ist hier das Band, das über die Zeiten hinweg den Zusammenhang und die Kontinuität der diversen Subjektivitäten des Menschen bezeichnet (vgl. Jörissen & Zirfas, 2010). Insofern wird das Selbst bzw. die Identität oftmals auch als Zusammenhang von Ich und Sich, oder das *Self* als Beziehung von *I* und *Me* (z. B. bei G. H. Mead), gefasst. Dabei können aus Sicht der Lebenskunst verschiedene Konsistenzfassungen für jeweils verschiedene Personen als sinnvoll angesehen werden: Mehr oder weniger kristalline Strukturen von Identität sind ebenso denkbar wie multiple, patchworkartige oder fluktuative Identitäten. Allerdings sollte ein Minimum an *Konsistenz* nicht unterschritten werden, sodass sich das Subjekt immer noch als mit sich ähnlich empfinden und einschätzen kann.

Phänomenologisch betrachtet erscheint es ohnehin sinnvoll, den Identitätsbegriff stärker auf den Begriff der Ähnlichkeit zu beziehen, da Ähnlichkeitskonzepte jene Erfahrungsmöglichkeiten des Selbst offenhalten, die mit der Identität als Gleichheit verschlossen wären (vgl. Zirfas & Jörissen, 2007, Kap. VII). Der Begriff der Ähnlichkeit favorisiert mithin ein Minimalmodell des konsistenten Selbst. Nun gibt es, anthropologisch betrachtet, eine ganze Reihe von Ähnlichkeiten: treffende und abwegige, konsistente und vage, präzise und weit hergeholte etc., einmal sieht man jemandem zum Verwechseln ähnlich, dann wiederum ist kaum Ähnlichkeit vorhanden. Sie alle haben im – begriffslogisch paradoxen – Verständnis einer Identität als Ähnlichkeit Platz. Ob jemand sich selbst als hochkohärent oder fragmentiert, als kontinuierlich, alternierend oder punktuell, als intensiv oder oberflächlich erfährt, lässt sich in komparativen Ähnlichkeitsrelationen besser erfassen als in kategorischen Gleichheitsbeziehungen. Ähnlichkeiten weben ein Netz von Bedeutungen zwischen den zersplittertsten und undurchsichtigsten Zusammenhängen des Selbst, da sie im Unterschied zur apodiktischen und beweisenden Gleichheit einen hypothetischen und verweisenden Charakter haben: Gleichheit ist kategorisch, Ähnlichkeit deiktisch. Während Identität als Gleichheit einen Wesenskern des Menschen fixiert, spannt Identität als Ähnlichkeit ein Netz von Verweisungszusammenhängen auf, die das Subjekt stets neu, mittels Reflexionen, Narrationen, Imageveränderungen, Selbstpraktiken etc. webt.

Im Folgenden haben wir daher als Selbst der Lebenskunst eine Identität im Blick, die sich durch Ähnlichkeiten strukturiert. Man kann dabei auf eine Differenzierung von Paul Ricœur (2006, S. 134ff.) zurückgreifen, der die *Selbigkeit* als eine numerische Identität, die etwa den genetischen Code, biologische Merkmale, z. B. Stimme und Physiognomie, aber auch unveränderliche charakterliche Eigenschaften umfasst, von der *Selbstheit* unterscheidet, d. h. einer reflexiven Selbstbeziehung, die immer wieder neue Gestalten des Ich hervorbringt, aber auch für die moralischen Belange zuständig ist, wovon das Versprechenkönnen im Sinne eines Sichverpflichtens zentral zu sein scheint. Im Alltag pendeln Menschen wohl zwischen Selbigkeit und Selbstheit, sie stellen Bezüge, Zusammenhänge und Ähnlichkeiten zwischen der unwandelbaren Identität des *idem* und der wandelbaren Identität des *ipse* fest. Und wenn der Alltag nicht mehr funktioniert oder sogar zerbricht – weil man die Selbigkeit etwa mit Mitteln der ästhetischen Chirurgie zu optimieren sucht oder die numerische Identität etwa aus pathologischen Gründen nicht mehr gewährleistet ist (s. o.) –, kann die Balance zwischen Selbigkeit und Selbstheit prekär werden.

Eine (vereinfachende) Einheitsstiftung von Identität wird, zumal in der Moderne, immer auch durch Lebens- und Bildungsprozesse infrage gestellt, da diese verschiedene Formen der biografischen Dynamik in Gang setzen. Identität ist ein durch Komplexitätsreduktion entstandenes Selbstbild; und diese Reduktion wird notwendig, weil der Mensch in seinen Lebens- und Bildungsprozessen wesentlichen Veränderungs- und Stabilitätszumutungen ausgesetzt ist. So erscheint es folgerichtig, Identität als »Fiktion« (Mollenhauer) zu verstehen – d. h. als nicht empirisch ausweisbaren Zusammenhang, da vor allem das zukünftige Bild des Selbst immer schon über das gegenwärtige Ich hinauszielt. Identität ist hier mithin vor allem durch den prekären Entwurfscharakter des Selbstverhältnisses bestimmt. Dabei kann tendenziell mit zunehmendem Alter vermutet werden, dass die Möglichkeiten des Entwerfens sich minimieren, bis kurz vor dem Tod die Möglichkeiten nur noch vergangene sind. In diesem Sinne lässt sich menschliches Leben als stetige Fixierung von Identität als Selbstverhältnisbeziehung verstehen: »Das Leben ist für jedermann die zunehmende Festlegung eines bestimmten *Individuums* – des Selbst« (Valéry, 1987, S. 73). Identität ist in diesem Sinne eine unendliche Aufgabe. Unendlich ist sie deshalb, weil sie stetig neu errungen werden muss. Und eine Aufgabe ist sie in doppelter Hinsicht, nämlich im Sinne des Aufgefordertseins, an sich zu arbeiten, und der Unmöglichkeit, diese Arbeit abschließend und umfassend zu beenden. »Personale Identität liefert daher keinen Hinweis auf eine psychische Essenz oder eine träge Form, sie zeigt vielmehr die tätige Überwindung einer Zerfallswahrscheinlichkeit an« (Sloterdijk, 2009, S. 645). Wer mit sich selbst identisch oder sich selbst ähnlich bleibt, kann eine mehr oder weniger dauerhafte und umfassende Form einer produktiven Selbstwiederherstellung gewährleisten. Und er ist dabei nicht davor gefeit, dass sich die Version seiner Identität als Täuschung herausstellt. Und in einem noch kritischeren Sinne sprach Adorno davon, dass es bei vielen Menschen bereits eine »Unverschämtheit« darstelle, »wenn sie Ich sagen«, womit er unterstellt, dass die Individuen nicht so unverwechselbar sind, wie sie glauben (1951, S. 57). Aber auch wenn Identität letztlich eine Fiktion darstellt, so doch eine notwendige; und ein Minimum an Kontinuität des Selbst- und Fremdbezugs hält sich auch durch Psychotherapien durch.

Für die Lebenskunst impliziert diese identitätslogische und -praktische Dynamik einen Prozess der Be- und Entfremdung und den Rückweg zu einem veränderten Selbst. Aus pädagogischer wie psychoanalytischer Sicht ist das keine ganz neue Erkenntnis, gilt es doch in diesen Disziplinen, sich in Bildungsbewegungen mit Fremdheit und Andersheit auseinanderzusetzen oder auch sich mit dem »inneren Ausland« des Verdrängten, mit der Fremdheit des Unbewussten oder der Heimlichkeit des Unheimlichen in ein neues, aufgeklärteres Verhältnis zu setzen. Die Grundsituation der Identitätsdynamik ist die Erfahrung eines (inneren oder äußeren) Fremden, auf die das Subjekt eine Antwort finden muss. Das Fremde wird in dieser Erfahrung zum Ausdruck einer möglichen Welt (Musil); die Fremdheitserfahrung dekonstruiert die bisherige Normalität, weil mit ihr Möglichkeitsspielräume des Selbst verknüpft sind. Mit der Fremdheitserfahrung kommt es also zu einem Thematisch-Werden der unhinterfragten Selbstbeziehung, und es kommt zu einer Dezentrierung der bislang gültigen Selbst- und Welterfahrung. Grund für diese Dezentrierung ist die reflexive Verfasstheit des Menschen, der zu sich, zur Welt und zu anderen Menschen ein Verhältnis entwickelt und entwickeln muss. In der sprachlichen Fassung des »Sich-zu-sich-Verhaltens« wird dieser Selbstbezug deutlich. Der Mensch ist als derjenige, der er ist, zugleich derjenige, der sich *nicht* hat, der sich sich selbst stetig *ent*zieht, indem er sich auf sich *be*zieht. In jedem Selbstbezug gibt es dunkle Flecken, Formen einer nicht auflösbaren Selbstfremdheit.

In der Moderne ist es Martin Heidegger, der die formale Struktur des Sich-zu-sich-Verhaltens und den Zusammenhang von Selbst und Sorge wohl am pointiertesten ausformuliert hat: Das menschliche Dasein ist »dadurch ausgezeichnet, dass es diesem Seienden in seinem Sein um dieses Sein selbst geht« (Heidegger, 1927, S. 12). Hierbei muss vor allem der praktische und teleologische Aspekt des Sich-zu-sich-Verhaltens hervorgehoben werden: Dieses meint, sich praktisch zur eigenen Existenz zu verhalten. Solange wir existieren, verhalten wir uns zu uns selbst und zu unserer Form der Existenz. Anders formuliert: Wir sorgen uns um uns selbst. Damit ist zunächst keine ängstliche Sorge, sondern lediglich ein Zukunftsbezug gemeint. So ist für Heidegger Selbstsorge ein tautologischer Begriff, da das Selbst ohnehin »schon durch das Sich-vorweg-Sein charakterisiert ist« (ebd., S. 318). Wir verhalten uns im Augenblick zu uns selbst, und wir verhalten uns zu unserer vergangenen Existenz. Aber entscheidend erscheint, dass wir uns zu unserer künftigen Existenz ebenso verhalten können, ja verhalten müssen. Der gegenwärtige Augenblick ist ebenso zu vollziehen wie die gesamte zukünftige Existenz. In der Sorge, d. h. im reflexiven Zukunftsbezug auf sich selbst, ist das Selbst immer schon impliziert. Die Frage ist: *Wie* sorge ich mich praktisch um mich selbst?

Die Lebenskunst weist darauf hin, dass das Subjekt sich in einer permanenten Wahlsituation, in einem Spiel von Notwendigkeiten befindet – sich entscheiden zu müssen, sich aber auch entscheiden zu können, und damit immer auch Entscheidungen über sich selbst und seine Existenz zu fällen. Zu der unausweichlichen Faktizität menschlichen Seins gehört es, sich jeweils in einer bestimmten Handlungssituation zu finden; und wenn von einer solchen die Rede ist, impliziert diese immer auch Handlungsspielräume. Und diese Handlungsspielräume gelten auch für die Grundsituation aller Handlungssituationen, nämlich das Sich-Verhalten zu seiner eigenen Existenz (vgl. Tugendhat, 1979, S. 179).

Nun ist die moderne Lebenskunstdebatte insgesamt weniger eine Debatte um die richtige Form von Identität, sondern eher eine der richtigen Formen der Selbstsorge. Denn schon mit dem Begriff der Selbstsorge ist eine Differenz impliziert, die sich sprachlich insofern ausdrückt, als das Ich sich um sich selbst sorgen soll. Die Lebenskunst etabliert mithin eine Differenz zwischen Ich (Selbigkeit) und sich (Selbstheit), und mit dieser Differenz ist das Bestreben verbunden, sein bisheriges Leben theoretisch wie praktisch zu verändern. Der Lebenskünstler ist mithin derjenige, der zu sich selbst auf Distanz geht; der das Sich-zu-sich-Verhalten auf die agonale Spitze treibt. Er entdeckt sich selbst als einen Gegner in Form von leidenschaftlichen Affekten, die es zu meistern, von nachlässigen Gewohnheiten, die es zu modifizieren, von konfusen Vorstellungen, die es aufzuklären und von Lebens(ergänzungs- und -steigerungs)mitteln, die es auszuwählen gilt. Der Lebenskünstler ist primär derjenige, der sich versucht zu sammeln, statt sich zu verstreuen, der sich um sich kümmert, statt sich zu vernachlässigen, der sich gestaltet, statt sich zu bequemen. Insofern betreibt er Arbeit an der Kontingenz des Selbst. Doch ist Lebenskunst in der Bearbeitung selbst risikobehaftet, entfaltet doch jede Arbeit an sich selbst immer auch neue kontingente Risiken.

Im Sinne Sloterdijks (2009) lassen sich dabei drei Formen des Lebenskünstlers festhalten: den *hypothetischen*, der unter bestimmten Umständen sein Leben zu ändern bereit ist, den *kategorischen*, der gewissen Pflichten nachkommen will, und den *absoluten*, der versucht, das Unmögliche zu erreichen, indem er zum Helden, Heiligen, Märtyrer usw. wird. Die drei Fassungen der lebenskunstphilosophischen Imperative lauten analog: Du kannst, du sollst und du musst dein Leben ändern. Gerade in der letzten, aber auch in der kategorischen Form ist die Lebenskunst ein höchst anspruchsvolles Projekt, steht man in ihr doch vor der Aufgabe, die Platon in der *Politeia* (518b) mit dem Begriff der Umkehrung und Umwendung *(periagoge)* belegte. Während Platon auf die vollständige, auch leibliche, Abwendung von bloßen Meinungen und Vordergründigem und der Hinwendung zum Wahren, Schönen und Guten abhob, wäre eine solche integrale Wende im Sinne der Lebenskunst heute wohl eher auf Konversionserfahrungen und -praxen zu beziehen, in denen Wahrnehmungs-, Denk-, Urteils- und Handlungsformen vielfältige, bewusste und gestaltete große biografische Brüche erfahren. Auch Wilhelm Schmid (2004) weist darauf hin, dass die Lebenskunst letztlich ein »ganzheitliches« Projekt verfolgt, umgreift sie doch die Sorge um sich in körperlicher, seelischer, geistiger und biografischer Hinsicht. In dem skizzierten Sinne einer umfassenden Lebensänderung dürfte Lebenskunst aber relativ selten sein.

Wilhelm Schmid (1995, Sp. 529f.; vgl. 1998 S. 246ff.) listet – nicht immer trennscharf und systematisch, dafür aber höchst instruktiv – eine Fülle von Aspekten der Selbstsorge auf:

➢ die *Selbstrezeptivität* als Form der Selbstwahrnehmung und Selbsterkenntnis,
➢ die *Selbstreflexivität* als Rechenschaftsbericht und Prüfung,
➢ die *Selbstproduktivität* als Herstellung seiner selbst,
➢ die *Hermeneutik* als Verstehen seiner selbst und seiner Umwelt,
➢ die *Askese* als praktische Ein- und Ausübung,
➢ die *Parrhesia* als Freimütigkeit der Auskunft über sich selbst,
➢ die *Mutation* als Selbstveränderung und -verwandlung,
➢ die *Prospektion* und *Prävention* als Vorsorge für die Zukunft,
➢ die *Pädagogik* als Anleitung der Selbstsorge von anderen,
➢ den *Altruismus* als Sorge um den Anderen,
➢ die *Politik* als Vorbereitung und Voraussetzung der eigenen Selbstsorge und schließlich auch
➢ die *Therapeutik* als Pflege und Heilung seiner selbst.

Identität wird im Sinne der Lebenskunst im Grunde neu gefasst: Es geht ihr (primär) nicht um die Identität als dasjenige, was man *ist*, und auch nicht (primär) um Identität als dasjenige, was man *hat*, sondern um Identität als dasjenige, was man *tut*. Die Identität der Lebenskunst kennzeichnet nicht das »Recht auf Faulheit« (Sloterdijk), sondern stetige Arbeit an sich selbst – die man in der Antike *Askese* nannte, ein Begriff, der sich von ἀσκεῖν, üben, trainieren, an sich arbeiten herleitet. Identität ist kein biografisches Readymade und auch kein träges habituelles Integral von ökonomischem, sozialem und kulturellem Kapital (Bourdieu). Identität ist eine Veränderung-, Steigerungs- und Produktionsform. Und insofern ist die Lebenskunst auch mit Opfern verbunden. Wer sich selbst ernst nimmt, erhebt Anspruch auf die – mehr oder weniger – eigenmächtige Sinnstiftung und Formung seines Lebens. »Sich selbst ernst nehmen bedeutet, sich nicht einfach so hinzunehmen, wie man eben ist. Wir wollen, dass unsere Gedanken, unsere Gefühle, unsere Entscheidungen und unser Verhalten Sinn ergeben« (Frankfurt, 2007, S. 16). Und diese Eigenmächtigkeit muss errungen werden, etwa durch die Überprüfung und ggf. Änderung lebensleitender Maximen und Praktiken, durch das Hinterfragen und ggf. Ändern von Sinnzusammenhängen, durch die Organisation und Reorganisation von Lebensperspektiven usw.

Eine ganze Reihe von antiken, frühneuzeitlichen und modernen Lebenskunstphilosophien geht nun vor allem davon aus, dass das Selbst keine gegebene, sondern eine zu stilisierende, wenn nicht gar zu konstruierende Einheit darstellt. Wer sich ein Selbst schafft, erzeugt einen Charakter mit unverwechselbaren und ungewöhnlichen Eigenschaften, eben ein Individuum. Er wird zu einem Menschen mit für ihn typischen Eigenschaften und einer unverwechselbaren Lebensform, die ihn von anderen abhebt und die »ihn nicht nur durch das, was er sagt oder tut, sondern auch durch das, war er ist, in die Erinnerung eingehen lässt« (Nehamas, 2000, S. 18). Man kann hier eine stärkere von einer schwächeren Position der Selbstsorge unterscheiden: Während die letztere davon ausgeht, dass jeder Mensch sich (unbewusst) ein Selbst schafft und zu einem Individuum wird, geht die stärkere davon aus, dass diese (bewusste) Gestaltung eines Selbst nur wenigen Menschen (für eine gewisse Zeit) gelingt. Eine bewusst gestaltete Lebenskunst macht die Theorie und Praxis der Philosophie wiederum selbst zu einem Bestandteil des Selbst, indem die Philosophie nicht nur theoretisch betrieben, sondern auch praktisch in den Alltag integriert wird. Wer sich mit Lebenskunst auseinandersetzt, hat den Anspruch, nicht nur die Beziehungen zu anderen Menschen oder zur Umwelt, sondern auch zu sich selbst neu und anders zu gestalten. Aus sich selbst ein Projekt – oder modernistisch-neoliberal gesprochen: eine Ich-AG – zu machen, bedeutet aber auch, das Risiko der Selbstinsolvenz und des Selbstkonkurses einzugehen.

Die Selbstbezüglichkeit der Lebenskunst wird in Theorie und Praxis vielleicht am sinnfälligsten, wenn man bedenkt, dass der philosophische Lebenskünstler oftmals an der Praxis des Schreibens erkennbar ist: Der Lebenskünstler denkt über Lebenskunst (theoretisch) nach, *indem* er über Lebenskunst (praktisch) schreibt. Diejenigen, die Lebenskunst betreiben, schreiben oftmals über sie, veröffentlichen ihre Gedanken und Modelle zur Lebenskunst. Anders formuliert: Durch das Nachdenken und Schreiben über Lebenskunst performiert man ein Selbst der Lebenskunst. Man schafft ein schriftliches Lebenskunstwerk, in dem das Selbst des Autors mit dem beschriebenen Modell eine Verbindung eingeht, das prinzipiell die Zeiten überdauern kann. Man verleiht seinem Selbst in seinem Lebenskunstkonzept Ausdruck.

Doch woran ist diese Selbstkonstituierung und Selbststilisierung im Schreiben orientiert? Soll sich Lebenskunst an allen anderen Lebenskünstlern orientieren oder nur an sich selbst? Soll der Lebenskünstler so werden wie alle anderen oder wie kein anderer? An was soll sich eine Selbstgestaltung orientieren – an der

Übereinstimmung von spezifischen, von anderen vorgeprägten Lebensformen oder an der Differenz zu ihnen? Hierbei berühren Fragen der Selbstgestaltung wiederum Fragen der Identität, allerdings in dieser Form in einem sozialen Sinne. Und wie schwer gerade Menschen in der Moderne die Antwort auf die Frage nach einem individuellen Selbst fällt, kann man sich an dem paradoxen Dilemma verdeutlichen, das in Monty Pythons Film *Life of Brian* thematisiert wird: Als nämlich dort Brian von einer großen Volksmenge als Prophet ausgesucht wird, diese Rolle aber nicht unbedingt spielen möchte, ruft er der Masse zu: »You are all individuals!«, worauf diese dann choral antwortet: »We are all individuals!« Nur ein Mann bildet hier die – rühmliche? – Ausnahme: »I'm not!« Im Zeitalter der Individualisten, in dem sich alle bis zur Verwechselbarkeit unähnlich sein wollen, besteht die einzige Chance für den Nonkonformismus der Individualität im Eingeständnis, dass man weniger Individuum und umso mehr Dividuum und umso weniger Original denn eher Kopie ist. Wenn schon jeder in der Masse Individualität verkörpert, ist die einzige Möglichkeit, sich von ihr zu unterscheiden, die, nicht individuell zu sein – was dann allerdings nicht mehr möglich ist. Denn dann wäre keiner er selbst, sondern jeder der Andere.

Wenn aber alle so sind wie ich, dann ist die einzig verbleibende Differenz, die noch bleibt, die zwischen mir und mir selbst, diejenige *in* den Individuen. Die bewusst gestaltete Lebenskunst macht die Philosophie zu einem Bestandteil des Selbst, indem es in dieser nicht nur um Theorie, sondern um eine bestimmte Lebenspraxis geht. So muss der Einzelne für sich die Entscheidung treffen, ob er bestimmte Lebensformen in sein Leben integrieren möchte, ob er bestimmte Beziehungen zu seinem Selbst aufbauen will oder ob er bestimmte Selbstsorgetechniken in Anwendung bringt. Zusätzlich muss er in der Moderne die Frage für sich beantworten, wie er ein Selbst entwickeln kann, das unvergleichlich und originell ist. Wer dem Imperativ eines originellen Selbst folgt, kann sich nur insofern an Vorbildern der Lebenskunst orientieren, als er an ihnen lernt, sich im Unterschied zu diesen einen eigenen Lebensstil zu kreieren.

### Ausgewählte Literatur

Heidegger, M. (1927). *Sein und Zeit*. 15. Aufl. Tübingen: Max Niemeyer 1979.
Illouz, E. (2011). *Die Errettung der modernen Seele. Therapien, Gefühle und die Kultur der Selbsthilfe.* Frankfurt/M.: Suhrkamp.
Jörissen, B. & Zirfas, J. (Hrsg.). (2010). *Schlüsselwerke der Identitätsforschung.* Wiesbaden: VS Verlag.
Reckwitz, A. (2012). *Die Erfindung der Kreativität. Zum Prozess gesellschaftlicher Ästhetisierung.* Frankfurt/M.: Suhrkamp.

Ricœur, P. (2006). *Wege der Anerkennung*. Frankfurt/M.: Suhrkamp.
Sloterdijk, P. (2009). *Du mußt dein Leben ändern. Über Anthropotechnik*. Frankfurt/M.: Suhrkamp.
Sacks, O. (2002). *Der Mann, der seine Frau mit einem Hut verwechselte*. 20. Aufl. Reinbek bei Hamburg: Rowohlt.
Strenger, C. (2005). *The Designed Self. Psychoanalysis and Contemporary Identities*. Hillsdale, NJ and London: The Analytic Press.
Welsch, W. (1994). Identität im Übergang. In Ders., *Ästhetisches Denken* (S. 168–200). 4. Aufl. Stuttgart: Reclam.
Zirfas, J. & Jörissen, B. (2007). *Phänomenologien der Identität. Human-, sozial- und kulturwissenschaftliche Analysen*. Wiesbaden: VS Verlag.

## Der Andere in der Lebenskunst

Die Bedeutung der Selbstsorge für die Lebenskunst hat vor allem Michel Foucault herausgearbeitet. In seiner Rekonstruktion der antiken Lebenskünste im Zusammenhang mit dem Gebrauch der Lüste zeigt er, dass die Antike keine Moral – im Sinne eines unbedingten kategorischen Kanons von Werten und Normen – kannte. Für Foucault war die antike Moral nicht morallos, sondern nur weniger uniformierend, kohärent und autoritär. Foucault möchte damit deutlich machen, dass für die Antike der moralische Akzent ein anderer war: Dieser wurde nicht auf die strikte Einhaltung moralischer Pflichten, sondern auf das Verhältnis des Menschen zu sich selbst gelegt. Damit war es den Individuen möglich, einen größeren moralischen Spielraum in Anspruch zu nehmen. Jeder Einzelne war aufgefordert, die für ihn verbindlichen Maximen selbst für sich zu begründen – im Gegensatz zu einem universellen moralischen Gesetz, das allen Menschen mit Unbedingtheit und Notwendigkeit gleichermaßen auferlegt wird. Ziel ist eine »Ästhetik der Existenz« (vgl. Foucault, 2007).

### Das Selbst und der Andere

In einer Ästhetik der Existenz in der Perspektive von Foucault liegt der Schwerpunkt auf dem Individuum und seinen Möglichkeitsspielräumen, auf der Formung und Transformation seiner selbst. Betont man den transformatorischen Charakter der Ästhetik der Existenz, so lässt sich hier von einer »Ethik der Transformation« sprechen, die es dem Menschen möglich macht, sein Leben neu, anders und originell zu gestalten (Foucault, 1984b, S. 22). Asketische Arbeit an sich selbst erscheint in diesem Sinne nicht als Einschränkung oder Kasteiung, als Aufopferung oder Bescheidenheit, sondern als Eröffnung eigener selbstbestimmter moralischer Lebens- und Werthorizonte. Askese meint Arbeit an sich selbst, meint durchaus lustbetonte Exerzitien und Übungen mit dem Ziel eines individuell schönen Lebens, das sich durch Kreativität, Andersdenken und das Ausprobieren neuer Lebensformen auszeichnet.

In diesem Sinne stellt sich die Frage, ob die Lebenskunst nicht einen radikal individualistischen, gegebenenfalls sogar narzisstischen Kern hat, auch wenn Foucault (u. a.) immer wieder darauf hinweist, dass die Selbstsorge sich nur am Anderen erlernen ließe:

> »Der Andere ist in der Praxis des Selbst unerlässlich, damit die Form, die diese Praxis definiert, tatsächlich ihr Objekt erreicht, sich mit dem Objekt füllt, d. h. mit dem Selbst. Der Andere ist unerlässlich, damit die Praxis des Selbst zu dem von ihr anvisierten Selbst gelangt« (Foucault, 1985, S. 40).

Letztlich verortet sich eine Ästhetik der Existenz aber *ästhetisch* und nicht ethisch. Und während Fragen der Ethik sich immer auf allgemeine Standards beziehen, in denen die Perspektiven aller Berücksichtigung finden sollten, sind Fragen der Ästhetik anders gelagert; denn ästhetische Argumente beantworten nicht die Frage danach, was gut für andere bzw. alle, sondern was gut für den Einzelnen ist (vgl. Seel, 1996, S. 29).

Nun stellt sich die Frage, ob der starke Rekurs auf das Selbst und die Selbstsorge den Anderen aus- oder doch einschließt, wie Wilhelm Schmidt behauptet: »Das Subjekt der Lebenskunst, so wird nun deutlich, ist nicht wirklich nur das Selbst, sondern das Selbst in seiner Wechselwirkung mit Anderen« (Schmid, 1999, S. 260). Wer den Schwerpunkt auf die Selbstsorge legt, scheint auf den ersten Blick die Welt und die Mitmenschen weniger in den Blick zu nehmen, um so ein Höchstmaß an theoretischen wie praktischen Selbstbezüglichkeitsformen und -prozessen erzeugen zu können.

Doch wohl nur für die Figur eines solitären und autarken Selbst wäre die Mitwelt ohne Belang. Da aber, nach allem, was wir aus den Human- und Sozialwissenschaften wissen, das Selbst eine Figur ist, die ab ovo sozial vermittelt ist – sage ich doch zu mir »Ich« nur im Kontext auf ein anderes Ich –, so verfängt wohl der Vorwurf, Selbstsorge bedeute Asozialität, nicht. So lässt sich etwa die Philosophie Heideggers in dieser Hinsicht als eine solche verstehen, die Selbstsorge erörtert, weil sie um die Verflechtung des Selbst mit dem »Man« (dem uneigentlich Sozialen) informiert ist; die sozialbehaviouristischen Einsichten von Mead verdeutlichen, dass das *Self* immer eine Kombination von *Me* im Sinne von sozialen Rollenanforderungen und *I* im Sinne einer spontanen, unwillkürlichen Reaktion darstellt; und schließlich stellt ja auch Freuds Topologie von Ich, Es und Über-Ich einen Zusammenhang von Ich und Sozialität her. Allerdings gibt es in der Lebenskunstdebatte eine eindeutige Asymmetrie, insofern der Selbstbezug zwar nur im Mit- und Nachvollzug des Anderen gewonnen werden kann, aber der Schwerpunkt der Sorge nicht auf den Anderen, sondern auf das Selbst fällt.

Diese Asymmetrie bleibt auch dann erhalten, wenn man die Selbstsorge als Zusammenspiel von Selbstbeherrschung und Beherrschtwerden (Foucault), im Konnex der Selbstgestaltung und der Gestaltung durch den anderen (Schmid) oder im Verhältnis von Sich-Operieren und Sich-Operieren-Lassen (Sloterdijk) versteht. Die Selbstsorge umfasst die freie Kultivierung der aktiven und der passiven Momente im Selbstbezug des Einzelnen. Selbst die gelegentliche Selbstaufgabe bzw. die Selbstvergessenheit und der Selbstverzicht lassen sich dann noch in den Dienst der Selbstsorge stellen. Vor allem Nietzsche hatte ja darauf hingewiesen, wie viel an Egoismus im Altruismus verborgen sein kann. Dient also der Andere dem Lebenskünstler nur als Mittel zum Zweck? Braucht der Lebenskünstler den Anderen, ja auch den Verlust, der mit der Hingabe an den Anderen bzw. an das Andere verbunden ist, um sich dann als verändertes Selbst wiederzuerhalten oder sich gar neu zu gestalten?

Die Frage nach dem Anderen in der Lebenskunst ist im Grunde noch nicht umfassend bearbeitet worden (vgl. Bedorf, 2011). Nachzugehen hätte man insbesondere den Traditionen der Freundschaft *(philia)*, der Liebe *(eros)* und des Mitleids *(agape)*. Wir wollen uns in diesem Kontext lediglich auf die aktuellen Debatten um Achtung und Anerkennung beziehen. Denn im Erproben und Gestalten von und im Experimentieren mit Lebensformen wird der Andere durchaus beachtet – und er sollte auch Beachtung finden. Inwiefern kann also eine Ästhetik der Existenz auf eine Lebenskunst zielen, die als Kunst des *geteilten* Lebens individuell wie gemeinsam entwickelt werden *sollte* (Marten, 1993)? Dient eine Ethik der Anerkennung lediglich dazu, der Lebenskunst moralische Grenzen zu setzen? Oder plädiert die Lebenskunst selbst für ein moralisches Verhältnis zum Anderen? Abstrakter formuliert: Wie lässt sich in der Lebenskunst das Verhältnis von individueller (ästhetischer) Selbstsorge und allgemeiner Ethik bestimmen?

## Das Modell der Anerkennung

Die Grundidee, die wir im Folgenden explizieren wollen, lautet, dass auch die individuelle ästhetisch orientierte Selbstsorge und die daraus resultierenden Formen eines individuell gelungenen Lebens auf die Anerkennung von Anderen angewiesen sind. Diese Angewiesenheit begründet sich anthropologisch damit, dass Menschen ohne Anerkennung ihre Selbstachtung verlieren; und ohne Selbstachtung machen Projekte der Selbstsorge keinen Sinn.

Es scheint kein Zufall zu sein, dass mit der Theorie der Anerkennung von Hegel (1770–1831) in seiner *Phänomenologie des Geistes* (1807) ein Modell der Moderne vorliegt, das einen Zusammenhang zwischen dem individuellen Gut der Selbstachtung und dem sozialen Gut des wechselseitigen Geschätzt-werden-Wollens herstellt. Denn Hegel, der Denker der etatistisch-bürgerlichen Gesellschaft, entwirft seine Anerkennungstheorie vor dem Hintergrund eines politischen und sozialen Wandelns im 18. Jahrhundert: In vormodernen Feudal- und Ständegesellschaften werden soziale Positionen großenteils in einer *vertikalen* Orientierung auf entsprechende (zumeist lokale) Autoritäten verteilt (mittelalterlich: Klerus, Adel, Bürgertum/Bauernstand); in bürgerlichen Gesellschaftsformen, wie auch immer sie hierarchisch organisiert sind, herrscht dagegen eine *horizontale* Orientierung, in der die Stellung des Einzelnen nicht mehr von Obrigkeiten und Autoritäten nach ihrem Belieben zugewiesen (oder aberkannt) wird. Vielmehr verdankt sich die Bedeutung des Einzelnen dem gesellschaftlichen Kooperationszusammenhang selbst, oder anders formuliert, stellen bürgerliche Gesellschaften vom Prinzip der Gnade auf das der *Anerkennung* um. Mit dieser Umstellung können die Individuen konkret erfahren, dass ihre Stellung in der Gesellschaft alleine von (unterschiedlichen) Bedeutungen oder Wertschätzungen, die *andere* ihnen zuweisen, abhängig ist.

Warum aber sollen wir den Anderen anerkennen, nicht nur seine Existenz zur Kenntnis nehmen, sondern ihn vielleicht sogar wertschätzen? Warum – um die extreme Gegenposition zu beziehen – soll man den Anderen nicht verwerfen, entwerten, diskriminieren, verachten? Warum also an der »Solidarität der menschlichen wissenden Bedürftigkeit« (Kamlah) teilnehmen und nicht das moralische Trittbrettfahren riskieren? Auch wenn aus Sicht einer Anthropologie alle Menschen als bedürftige Mängelwesen erscheinen und somit auf das Zusammenwirken mit anderen angewiesen sind, so folgt doch nicht logisch daraus zu sagen: »Beachte, daß die Anderen bedürftige Menschen sind wie du selbst, und handle demgemäß!« (Kamlah, 1973, S. 95) Auch wer in der Lage ist einzusehen, dass nicht nur er selbst bedürftig ist und somit auf die anderen angewiesen bleibt, sondern ebenso, dass die anderen bedürftig und damit auf ihn angewiesen sind, kann daraus folgern, dass dies lediglich ein erfahrungstheoretischer Zusammenhang sei, aus dem praktisch keine Schlüsse zu ziehen sind. Er kann daraus auch folgern, dass diese Maxime keine unmittelbare Handlungsanweisung darüber ausstelle, wie weit seine moralische Verantwortung zu reichen hat, und wie sie sich inhaltlich bestimmen ließe. Er könnte auch argumentieren, dass nicht jede Bedürftigkeit eine solche sei, die seinen praktischen Einsatz nötig macht bzw. dass es durchaus Bedürftigkeiten gibt, die es moralisch bedenklich erscheinen lassen, wenn man ihnen Vorschub leistet. Und er könnte auch ins Feld führen, dass er selbst der bedürftigste aller Menschen sei und dass somit die anderen zuerst und zumeist in die Pflicht zu nehmen sind.

Dass es trotz dieser Bedenken Sinn macht, an einer Theorie der Anerkennung festzuhalten, lässt sich nun mit Hegel zeigen. Denn er verdeutlicht, dass das Hobbes'sche Modell eines (egoistischen) Kampfes aller gegen alle – im Streben nach Gütern, Sicherheit und Ehre – vor allem in Bezug auf die Ehre und das Ansehen letztlich kontraproduktiv ist. Ansehen und Anerkennung lässt sich nur in einer Gemeinschaft der Gleichen erzielen. Eben diesen Gedanken verdeutlicht die in der *Phänomenologie des Geistes* entwickelte Dialektik von Herr und Knecht, die sich im Kern um die Frage des Selbstbewusstseins dreht. Die Anerkennung des Selbst resultiert dabei nicht aus der physischen Selbsterhaltung eines unbegrenzt aggressiv handelnden Individuums, sondern vielmehr aus der dem Sozialen grundsätzlich eingeschriebenen Tendenz, Konflikte hervorzurufen, die der Aushandlung bedürfen (Honneth, 1994, S. 31).

Hegel geht dabei von der Frage aus, was den Menschen überhaupt dazu befähigt, ein adäquates Selbstbewusstsein zu entwickeln. Ohne die im Einzelnen sehr subtilen Argumentationen hier nachzeichnen zu können, kommt er dabei zu dem Ergebnis, dass das individuelle Selbstbewusstsein von der Wechselseitigkeit der Anerkennung selbstbewusster Individuen abhängig ist. Selbstbewusstsein ist nur dann möglich, wenn das Individuum ein anderes Individuum anerkennt, von dem es selbst wiederum Anerkennung erfährt. Die einsame Reflexion des geschlossenen Selbstbewusstseins weicht bei Hegel dem Modell eines symmetrisch-reziproken Verhältnisses sich anerkennender Individuen; das Ich ist nicht als Punkt oder Singularität zu begreifen, sondern nur in der Vermittlung von Einzelnem und Allgemeinem. Im Anschluss daran kann auch Individualität nicht (mehr) als Gegenprinzip zur Gesellschaft verstanden werden; sie stellt sich vielmehr erst in der aktiven und kommunizierenden, Konflikt lösenden Teilnahme an Gesellschaft her, ist wesentlich *Intersubjektivität*. Grundlage des Selbstbewusstseins ist also nicht das Bewusstsein, die Reflexivität oder das Gefühl, sondern die Sozialität, die Beziehung zum Anderen. In diesem Sinne bestimmt sich dann Lebenskunst wesentlich nicht mehr individuell, sondern allgemein, besteht sie doch darin, gerade die individuellen Maßstäbe des Denkens und Handelns auf einen intersubjektiven, überpersönlichen oder einfach: vernünftigen Orientierungsrahmen zu beziehen, der sich – im Idealfall – wechselseitiger und symmetrischer Anerkennung unter den Individuen erfreut.

In diesem Sinne erscheint es nicht nur vor dem Hintergrund eines rationalen Eigeninteresses klug, sein Leben so zu gestalten, dass es andere und ihre Interessen mitberücksichtigt, und es erscheint auch nicht nur eine Pflicht (Kant) zu sein, andere und ihre Interessen – bzw. ihre Fähigkeit, Interessen zu entwickeln und zu verfolgen – zu achten, sondern es ist geradezu ein existenzieller Akt der Selbstsorge: Nur dann, wenn ich in der Lage bin, andere so anzuerkennen, wie ich selbst anerkannt werden will, d. h. nur im Falle einer symmetrischen Anerkennung, ist so etwas wie ein gelungenes Selbstbewusstsein möglich. Die soziale Verfasstheit von Menschen verweist darauf, dass der Status und die Selbstachtung von Personen in der Moderne zentral von Anerkennungspraktiken abhängig sind, und das bedeutet auch, dass das Selbstbewusstsein von Personen enorm verletzbar ist, wenn ihnen die »adäquate« Anerkennung vorenthalten wird, ist doch das Selbstbild von der Versicherung durch den Anderen abhängig bzw. ist die Selbstanerkennung auf die Fremdanerkennung angewiesen: Das Selbstbewusstsein erreicht »*seine Befriedigung nur in einem anderen Selbstbewußtsein*« und kann somit »an und für sich« nur werden bzw. sein, »indem und dadurch, daß es für ein Anderes an und für sich ist; d. h. es ist nur als ein Anerkanntes« (Hegel, 1807, S. 144f.).

Aus dem Blickwinkel dieser Theorie erscheint es auch für eine Theorie der Lebenskunst (normativ) sinnvoll, von einem reziproken und symmetrischen Anerkennungsverhältnis der Menschen untereinander auszugehen, denn die Asymmetrie der Anerkennung führt – gerade für den »Herrn«, wie Hegel zeigt – zu einer negativen Selbsteinschätzung in der nicht ausreichenden Anerkennung durch den »Knecht«. Die Anerkennung (durch einen anderen und durch sich selbst) ist prinzipiell darauf angewiesen, dass Ego durch ein Alter anerkannt wird, das selbst uneingeschränkt als anerkennungswürdig gelten kann.

Zugrunde liegt jeglicher Form von Anerkennung als einem kommunikativethischen Grundbegriff die Alltäglichkeit von reziproken Situationen, die darin besteht, dass sich die Handelnden faktisch in umfassenden Handlungszusammenhängen befinden und wechselweise aufeinander angewiesen sind, sich zu diesem und jenem auffordern, um etwas bitten, Dankbarkeit bezeugen, Rücksicht nehmen etc. Davon wäre die moralische Anerkennungsstruktur zu differenzieren, die darauf abhebt, dass der Anerkennende ein gewisses Maß an selbstständiger Anerkennungsfähigkeit aufseiten des Adressaten im eigenen wie im Interesse des Anderen voraussetzen muss; und diese Voraussetzung bedeutet zudem, den Anderen als jemanden anzuerkennen, der sich selbst anerkennen kann; d. h., soziale

Situationen fordern (bzw. zwingen) den Anderen, sich als Anerkannten und Anerkennenden selbst anzuerkennen.

In dieser Diskussion um Anerkennung lässt sich nun zunächst konstatieren, dass wir es mit einem Gemengegelage aus deskriptiven und normativen Positionen zu tun haben. Einerseits lässt sich Anerkennung als Akt der Wahrnehmung, als moralische Haltung, als soziale Praxis oder als politische Partizipationsmöglichkeit (deskriptiv) bestimmen; und hierbei sind die Unterschiede dann schon recht groß, wenn man bedenkt, was es heißt, Menschen als etwas zu verstehen, eine achtungsvolle Einstellung ihnen gegenüber einzunehmen, sie – im Sprechen und Handeln – performativ als Anzuerkennende zu adressieren oder sie ausreichend und angemessen an politischen Prozessen zu beteiligen. Und auch in normativer Hinsicht wird die Unübersichtlichkeit der Anerkennung nicht geringer, wenn man etwa an die Debatten um eine Ethik der Differenz denkt, die auf die singuläre, differenzierte Anerkennung des Einzelnen und seiner Besonderheiten (oder politisch: von Minderheiten) oder auf die Ethik des Allgemeinen, die auf die egalitäre, gleiche Anerkennung für alle abzielt, erinnert (Taylor, 1993). In diesem Sinne lässt sich Gerechtigkeit als (Ziel von) Anerkennung eben zweifach ausbuchstabieren: indem man die Ungleichen ungleich und die Gleichen gleich behandelt. Doch wer wird nun wie von wem anerkannt – und was folgt daraus? Auch eine normative Theorie der Anerkennung regelt nicht die Bedingungen ihrer eigenen Anwendung. Das heißt, dass jeder Einzelne aufgefordert bleibt, die Anerkennung gegenüber dem individuellen Anderen oder auch gegenüber einer kollektiven Gruppe individuell bzw. kollektiv zum Ausdruck zu bringen. Das könnte man eine performative Lebenskunst der Anerkennung nennen.

Zudem besteht eine wesentliche Problematik der Anerkennung darin, dass das Modell von Hegel eine symmetrische Form von Anerkennung vorschlägt, das realiter kaum Bestand haben dürfte (vgl. Herrmann, 2013). Denn mit realen Anerkennungsverhältnissen und -situationen gehen immer kommunikative, institutionelle, macht- und statusbezogene Asymmetrien einher, die die intendierte Form einer symmetrischen Gegenseitigkeit problematisch machen. Zudem sollte man konstatieren, dass mit den deskriptiven wie normativen Konzepten von Anerkennung auch aisthetische und hermeneutische Verkennungs- und Täuschungsmöglichkeiten, praktische Negationen, Einschränkungen und Versagungen, ja selbst Abwertungen und Unterdrückungen, aber auch Überschreitungs- und Entwicklungsmöglichkeiten einhergehen können. So sind auch der therapeutischen Situation solche Asymmetrien, Verkennungen und Negationen inhärent, wozu wohl auch noch – als spezielle Form der therapeutischen Anerkennung –

ihre transformatorische Anerkennung hinzukommt, die auf die Veränderung des Klienten zielt.

Doch wenn man konstatieren kann, dass der Mangel an Anerkennung dem menschlichen Wesen konstitutiv ist, d. h., dass unsere Begierde nach Anerkennung unstillbar und unheilbar ist, so lässt sich ermessen, was es für einen Menschen bedeutet, nicht anerkannt zu werden, was es für diejenigen, »die im Dunkeln sitzen«, bedeuten muss, nicht gesehen zu werden – wie Brecht es einmal formuliert hat. Nicht-angeschaut-Werden, Nicht-anerkannt-Werden lässt sich demgemäß als Form der Grausamkeit bestimmen. Argumentiert man hier soziomoralisch, so folgt aus dem Mangel an Anerkennung das moralische Postulat der Aufmerksamkeit auf die Existenz des Anderen, die Verantwortung für die Neugier am Anderen, die erst die Voraussetzung schafft, um den Anderen in seiner Existenz anzuerkennen. So ließe sich etwa der moralische Fortschritt daran bemessen, inwieweit sich eine auf wohlwollender Anerkennung aufbauende Solidarität unter den Menschen ausbreitet – Solidarität aber nicht verstanden im Hinblick auf ein Wiedererkennen des eigenen Selbst, wie in der Aristotelischen Idee der Freundschaft –, sondern Solidarität als Blick auf das Andere und zugleich als »Fähigkeit, immer mehr zu sehen, daß traditionelle Unterschiede [...] vernachlässigbar sind im Vergleich zu den Ähnlichkeiten im Hinblick auf Schmerz und Demütigung« (Rorty, 1992, S. 310). Solidarität erscheint so als Erkennen des Humanen vor dem Hintergrund himmelweiter Unterschiede zwischen den je Einzelnen.

### Formen der Anerkennung

Lebenskunst lässt sich auch in diesem Sinne als Gestaltung eines anerkennenden Zugangs zum Anderen verstehen. In diesem Zugang spielen die Wechselseitigkeit, aber auch die Selbstachtung und die gemeinsam geteilten Werte eine wichtige Rolle. Da ein Anerkennungsverhältnis einen reziproken (symmetrischen) Anspruch an die Interaktionspartner stellt, besteht ein Zwang zur Reziprozität, der sich die Subjekte nicht entziehen können; wollen sie sich als Subjekte anerkennen, bleiben sie kognitiv und emotional aufeinander verwiesen (Honneth, 1994, S. 34, 45, 64). Entscheidend ist hier, wie auch Honneth betont, dass nur solche Anerkennungsverhältnisse für ein ungebrochenes Selbstverhältnis (Hegel: Selbstbewusstsein) bedeutsam sind, die getragen werden von Wechselseitigkeit: sei es nun die der affektiven Zuwendung, die für *Selbstvertrauen* sorgt, die der rechtlichen Anerkennung, die für die *Selbstachtung* zuständig ist, oder der hier vor allem interessierenden konkreten moralisch-sozialen intersubjektiven Wertschätzung, von Hegel »Sittlichkeit« genannt, die wiederum die *Selbstschätzung* hervorbringt.

Dieser Zwang zur Reziprozität enthält wiederum eine anthropologische Basis in dem in ihr *unterstellten* Interesse an Selbstachtung. Todorov hat dieses Bedürfnis in zwei Stufen beschrieben: »Von den anderen verlangen wir erstens, unsere Existenz anzuerkennen (die *Anerkennung* im engeren Sinn), und zweitens, unseren Wert zu bestätigen (diesen Teil des Prozesses bezeichnen wir als *Bestätigung*)« (Todorov, 1996, S. 100). Dementsprechend gibt es zwei Formen der Nicht-Anerkennung: die versagte Anerkennung (Entwertung) und die verweigerte Bestätigung (Verwerfung). Anthropologisch wird hier vorausgesetzt, dass Menschen erstens anerkannt werden wollen, dass sie zweitens auch geschätzt sein wollen und dass drittens das anthropologisch-ethische Paar des »Geschätzt-werden-Wollens« und »Schätzenswert-sein-Wollens« sich auf die gesamte Person bezieht und diese in einer besonderer Weise betrifft. Dieser Konnex ist nun auch für Fragen der Lebenskunst bedeutsam, die klären wollen, wie das persönliche Eigeninteresse mit einem allgemeinen moralischen Interesse in Verbindung steht.

Der anthropologisch-ethische Zusammenhang von »Geschätzt-werden-Wollen« und »Schätzenswert-sein-Wollen« lässt sich über Todorov hinausgehend anhand von fünf Anerkennungsverhältnissen darstellen: Auf der Seite der positiven Anerkennung kann man zwischen Toleranz, Wertschätzung, Respekt, Solidarität und Gerechtigkeit, auf der negativen Seite zwischen Gleichgültigkeit, Missachtung, Verachtung, Demütigung und Ungerechtigkeit unterscheiden. Zur Klärung der Fragen nach den (moralischen) Motivationsstrukturen, nach moralischem Verhalten, Handeln und Urteilen, bedarf es zunächst einer Systematik der subjektiven Anerkennung, die deutlich macht, wie die sich *in praxi* wohl oft schwer unterscheidbaren phänomenologischen Modelle von (moralischen) Anerkennungsverhältnissen begrifflich und konzeptionell voneinander abheben, denn es erscheint auf den ersten Blick einleuchtend, dass zwischen passiver Toleranz und Solidarität ein ebenso großer Unterschied besteht wie zwischen Gleichgültigkeit und Entwertung des Anderen.

Dazu folgen einige kurze Hinweise. Während der Begriff der *Toleranz* als das Gelten- und Gewährenlassen (der Freiheit) anderer zwar eine Wahrnehmung des Anderen impliziert, bedeutet sie letztlich nicht mehr als das erhabene Desinteresse am Anderen. Dieses Desinteresse hat dann einen kurzen Weg zur repressiven Toleranz. Als allgemeingültige zivilisierte Haltung – entwickelt im Zuge der Religionskriege – bedeutet sie die bloße Duldung des Anderen, ein resigniertes Sich-mit-dem-Anderen-Abfinden, das sich in einem bestimmten Sinn sogar als eine subtilere Art der Diskriminierung entlarven lässt. Toleranz kann implizieren, dass der tolerierte Andere zwar eine gewisse Geltung beanspruchen kann, im Grunde aber moralisch tadelnswert bleibt und daher geändert werden sollte. So kann die Rede von der Toleranz gegenüber einem Anderen zeigen, dass es durchaus Gründe gibt, die gegen seine moralische Existenz sprechen, da er jene Eigenschaft nicht zu ändern bereit ist, die den Gegenstand der Toleranz bildet.

Von diesem Anerkennungsmodell zu unterscheiden ist der *Respekt*, die Achtung im engeren Sinne, die über die Wahrnehmung des Anderen hinaus auch seine Achtung mit einschließt. Wenn ich jemanden respektiere, so achte ich ihn als »Zweck an sich selbst« (Kant), als jemanden, der mit mir ein gemeinsames Schicksal (als Vernunftwesen, als Leidensgenosse, als Zeitgenosse etc.) teilt. Das heißt, im Respekt für den Anderen kommt zum Ausdruck, dass ich mich so zu verhalten gedenke, dass ich die Belange des Anderen in meine Überlegungen zu integrieren beabsichtige bis hin zu jener Goldenen Regel der Moral, die meinen Willen an den Standpunkt des Betroffenen bindet und somit die reziproke Respektierung der Menschen untereinander vorschreibt.

Eine weitere Form der Achtung ist die *Wertschätzung* (oder die aktive Toleranz), die auf bestimmte Werteigenschaften von Personen bezogen ist, die wir selbst voneinander moralisch fordern. Diese Form lässt Grade der Anerkennung zu bzw. Skalen von Mehr oder Weniger, Besser oder Schlechter, da eine Person die geschätzten Eigenschaften mehr oder weniger, besser oder schlechter verkörpern kann. Wenn ich jemanden wertschätze, so bestätige ich nicht nur das bloße Sein einer Person, sondern ich anerkenne sie in ihren (moralischen) Werten, die von einer bestimmten (Moral-)Gemeinschaft getragen werden. Das heißt, ich nehme den Anderen nicht nur wahr und verstehe ihn, sondern ich bewerte seine Eigenschaften zudem als positiv, weil ich mich selbst auf diese Werte positiv beziehe.

Als nächste Form einer vollkommeneren Reziprozität und Symmetrie menschlicher Beziehungen bzw. als – wenn man so will – regulative Idee der sozialen Wertschätzung könnte man *Solidarität* bestimmen. Solidarität bezeichnet dann jene Form der Anerkennung, die die Menschen symmetrisch miteinander verbindet, weil sie sich wechselseitig im Lichte von Werten betrachten, die sie als gemeinsame Praxis für wichtig erachten – wobei Symmetrie hier nur unterstellt, dass jedes Subjekt die gleichen bzw. ähnliche Möglichkeiten erhält, sich im Lichte der gemeinsam geteilten Werte als wertvoll für die Gesellschaft zu erfahren. In diesem Sinne bleibt das Ziel sozialer Verhältnisse die Aufhebung jeglicher

Asymmetrie von direkter und indirekter Anerkennung hin zu jenem von Hegel vorgeschlagenen Modell der wechselseitigen Anerkennung des Anerkennens und Anerkennenkönnens. In diesem Sinne meint Solidarität die affektive Anteilnahme an einem geteilten Geschick – nicht die Ergebung ins Schicksal –, die eine Bereitschaft für das militante Eintreten für den Anderen mit einschließt.

Und schließlich lässt sich auch von einer Anerkennung als *Gerechtigkeit* sprechen, womit gemeint ist, der individuellen Selbstachtung des Anderen angemessen (therapeutisch) zu begegnen. Diese Form scheint die einzige zu sein, die mit einer Ethik der Differenz ernst macht, sind doch alle anderen Formen von Anerkennung (von der Toleranz bis hin zur Solidarität) letztlich auf symmetrische Verhältnisse bezogen.

In diesem Sinne wäre jeder Mensch zuerst anzuerkennen als individuelles, einzigartiges Ganzes, d.h. als anderer Mensch, um ihn daraufhin in seiner Andersheit zu verstehen. Die abgrenzende, differenzierende Anerkennung ist ebenso notwendig wie die sympathetische Anerkennung. Und hier lautet die entscheidende Frage einer Lebenskunst: Kann man anderen Menschen mehr als Respekt und Toleranz, nämlich Solidarität und Gerechtigkeit entgegenbringen, in der Erfahrung, dass die eigenen Lebensziele durch die Fähigkeiten von Anderen ermöglicht oder bereichert werden? Denn wenn sich die *gemeinsamen* Ziele nur durch die Entfaltung der humanen Möglichkeiten der anderen verwirklichen lassen – und somit die eigenen Fähigkeiten an die der anderen verwiesen bleiben –, können die Anderen überhaupt als Subjekte einer reziproken und symmetrischen Anerkennungsstruktur in den Blick kommen. Bestätigt nicht die Anerkennung des Anderen meine eigene Existenz und führt darüber hinaus zu meiner eigenen Wertschätzung? Liegt also in der Theorie der Anerkennung die grundsätzliche Struktur des wechselseitigen Sich-Anerkennens, wie Hegel sie schon verstand? Ist es nicht der Andere, der mich in meiner Existenz bestätigt und wertschätzt? Führt der Weg über den Anderen zu einer Lebenskunst des Selbstvertrauens, der Selbstachtung und Selbstwertschätzung?

Für Michael Walzer (1983, S. 372, 388ff.) bilden die reflexiven Formen der Anerkennung, nämlich Selbstschätzung und Selbstachtung, die für die Menschen bedeutsamsten Güter – und zwar gerade wegen ihrer Reflexivität, die ein direktes und nicht leicht veränderbares Selbstverhältnis impliziert. Während sich die Selbstschätzung *(self-esteem)* als relationaler Begriff auf die positiven oder negativen Einschätzungen oder Meinungen anderer bezieht, betrifft der Begriff der Selbstachtung *(self-respect)* nicht das Sich-Messen an anderen, sondern das Sich-Messen an einer allgemeinen Norm, die auf dem moralischen Verständnis von Personen und Positionen basiert. Diese allgemeine Norm von Moralität lässt nun Schlüsse darüber zu, ob die jeweilige Selbstachtung auch gerechtfertigt ist. Die Selbstachtung ist für Walzer ein egalitäres Gut, das im Gegensatz zur Selbstschätzung – die bei Aristokraten, Edelleuten und Eliten wesentlich größer sein dürfte als bei Handwerkern, Dienstboten und Leibeigenen – auf allen gesellschaftlichen Ebenen und sozialen Stufen potenziell gleich sein dürfte, da es sich auf einen intersubjektiv geteilten Maßstab von moralischem Verhalten und ethischem Sein bezieht. Selbstachtung kann mithin für Walzer keine »Idiosynkrasie«, keine Frage des Willens sein; auch er betont, dass sie in konkreten Fällen immer eine, wenn auch komplizierte, Funktion von Mitgliedschaft und Zugehörigkeit zu einer bestimmten Gruppe ausdrückt und zwar so, dass sie sich auf die Basis einer allen Mitgliedern zuteil werdenden gleichen Achtung beziehen lässt.

> »Selbstachtung setzt so gesehen eine substanzielle Bindung an die Gruppe voraus, der man angehört, an die Gruppierung oder Bewegung, die die Idee der Berufsehre, der Klassensolidarität oder der Bürgerrechte hochhält, oder an die größere Gemeinschaft, innerhalb deren diese Ideen mehr oder weniger fest verankert sind« (Walzer, 1983, S. 395).

Allerdings ist die Selbstachtung nicht ohne Voraussetzungen: Indem wir uns selbst achten, setzen wir nämlich Selbstbeherrschung und Selbstsorge voraus, als die Fähigkeiten, sich selbst im Hinblick auf die geteilten Moralvorstellungen zu führen und zu leiten, sich selbst zu regieren und zu formen und zu verändern. Und wir setzen zugleich voraus, dass wir von unseren Mitmenschen als eigenverantwortliche Wesen anerkannt werden (wollen): Die individuelle Anerkennung und die kollektive Anerkennung der Selbstbeherrschung und Selbstsorge sind für die Selbstachtung in gleichem Maß komplementäre Bedingungen. Zudem impliziert die Selbstachtung die Praxis einer bestimmten Form von Gleichheit (im Sinne von Gerechtigkeit) und es lässt sich durchaus vermuten, dass gerechte soziale Verhältnisse Selbstachtung hervorrufen, wenn auch nicht garantieren können; und sie impliziert zudem eine spezifische Form der Ungleichheit im Sinne der Gerechtigkeit, gehört doch zur Selbstachtung auch, dem Einzelnen in seiner Besonderheit gerecht zu werden. Und wenn zur Selbstachtung die Freiwilligkeit gehört, mit der Menschen an sozialen Auszeichnungen und an moralischem Geschätzt-werden-Wollen interessiert sind, so bleibt zu vermuten, dass sie nur in solchen sozialen Zusammenhängen Anerkennung finden wollen, die ihnen wiederum aus freien Stücken und auf der Basis von Aufrichtigkeit und Fairness von der eigenen Gruppe zuteil wird.

Menschen beziehen ihre (soziomoralische) Selbstachtung daraus, dass sie von (moralisch) geachteten Personen in ihrem (moralischen) »Sein« bestätigt werden, was eine für alle verbindliche Objektivität (von Moral) voraussetzt, in deren Lichte sich das Schätzenswertsein widerspiegeln kann. Oder anders: Unterstellt man, dass Menschen nicht nur bloß aufgrund von akzidentellen Merkmalen und zugleich von gegebenenfalls unmoralischen oder asozialen Personen geachtet werden wollen – eine Achtung, die die Hegel'sche Dialektik des Selbstbewusstseins in ihren Widerspruch geführt hat –, so folgt daraus die Idee einer ideellen symmetrischen Ethik der Anerkennung und der Selbstachtung.

Diese lässt sich dann analytisch so verstehen, dass 1. Menschen (moralische) Wertungen auf ihre Person als Ganze beziehen, 2. die über andere vermittelte (moralische) Selbstachtung eine symmetrische sein sollte und 3. dass sich diese Symmetrie auf objektive (moralische) Werte bezieht, aufgrund derer sich Menschen wechselseitig zu schätzen in der Lage sind. Anerkennung zielt mithin auf dreierlei, auf die Selbstachtung, den Anderen und die gemeinsam geteilten Normen und Werte. Und wenn die Anerkennungsdebatte oftmals nur in einem soziomoralischen Kontext geführt wurde, so gilt die Anerkennung auch und gerade auf dem ästhetischen Gebiet. Selbst wer sich »nur« ästhetisch um sein Leben kümmern will, ist auf die Anerkennung und die Achtung von anderen angewiesen. In einem Wort von Joel Feinberg, das Honneth (1994, S. 194) zitiert, kommt diese Trias von Selbstachtung, Anderen und Werten gut zum Ausdruck: »What is called ›human dignity‹ may simply be the recognizable capacity to assert claims.«

### Ausgewählte Literatur

Bedorf, Th. (2011). *Andere. Eine Einführung in die Sozialphilosophie*. Bielefeld: transcript.
Hegel, G. W. F. (1807). *Phänomenologie des Geistes*. Frankfurt/M.: Suhrkamp 1981.
Herrmann, S. (2013). *Symbolische Verletzbarkeit. Die doppelte Asymmetrie des Sozialen nach Hegel und Levinas*. Bielefeld: transcript.
Honneth, A. (1994). *Kampf um Anerkennung. Zur moralischen Grammatik sozialer Konflikte*. Frankfurt/M.: Suhrkamp.
Marten, R. (1993). *Lebenskunst*. München: Fink.
Ricœur, P. (2006). *Wege der Anerkennung*. Frankfurt/M.: Suhrkamp.
Rorty, R. (1992). *Kontingenz, Ironie und Solidarität*. Frankfurt/M.: Suhrkamp.
Todorov, T. (1996). *Abenteuer des Zusammenlebens. Versuch einer allgemeinen Anthropologie*. Berlin: Berlin Verlag.
Walzer, M. (1983). *Sphären der Gerechtigkeit. Ein Plädoyer für Pluralität und Gleichheit*. Frankfurt/M. und New York: Campus.

## Der Sinn des Lebens

Vor dem Hintergrund der Rekonstruktionen der Identitäts- und Anerkennungskonzepte kommt als eine weitere wesentliche Frage einer psychotherapeutischen Lebenskunst die Frage nach dem Sinn als der Frage nach dem (geteilten) Wert oder der Bedeutung einer Handlung, einer Sache oder eines Erlebens für einen Menschen in Betracht. Hierbei könnte man unterschiedliche (moralische, soziale, politische, ästhetische etc.) Werte und Normen in den Blick nehmen. Wir beschränken uns im Folgenden auf den Meta-Sinn, den Sinn des Lebens in der Moderne, der wiederum sehr stark mit Selbstbestimmung und Kreativität in Verbindung steht. Die Grundidee, die in diesem Teil verfolgt wird, ist zu zeigen, dass eine moderne psychotherapeutische Lebenskunst vor allem mit dem Umgang mit den nicht auflösbaren Widersprüchen menschlicher Existenz zu tun hat.

### Die Begriffe Sinn und Wert

Oftmals wird der Sinn als etwas verstanden, das den Dingen oder Erlebnissen nicht inhärent ist, weil es diesen subjektiv verliehen wird, sodass das, was für den einen sinnvoll, für den anderen sinnlos ist, und was für den einen heute sinnvoll ist, morgen schon sinnlos sein kann. Doch natürlich ist Sinn nie völlig subjektiv, da er in der Abhängigkeit von der Kultur und den Mitmenschen gewonnen wird – was gerade die Psychoanalyse immer wieder herausgestellt hat. Daher kann man sich die Frage stellen, inwieweit wir in der Wahl von Sinn- und Werteperspektiven wirklich frei sind. Doch umgekehrt lässt sich der Sinn auch als etwas verstehen, das den Ereignissen oder dem Leben insgesamt objektiv gegeben ist und etwa als Struktur und Funktion derselben oder desselben erscheint. Diese Perspektive vertritt etwa Freud mit seiner Behauptung, dass der Sinn des Lebens der Tod sei, d. h. ein völlig spannungsfreier und damit auch leidensfreier Zustand (1933, S. 115); zugleich weist er aber auch darauf hin, dass es das »Programm des Lustprinzips« sei, »das den Lebenszweck setzt« (1930, S. 434), das vor allem in der »Befriedigung aus dem Lieben und Geliebtwerden« besteht (ebd., S. 441). Bedeutet dies, dass der Meta-Sinn des Lebens für Freud ein widersprüchlicher Sinn ist, da er in der Dualität von Tod und Begehren besteht?

Die Frage nach dem Sinn lässt sich auf verschiedenen Ebenen beantworten, denn es macht einen Unterschied, ob man vom Sinn eines spezifischen Gegenstandes, vom Sinn einer Depression, vom sozialen Sinn oder vom Sinn des Lebens spricht. Und wenn auch einzelne Episoden oder Erfahrungen in einem Leben einen Sinn ergeben, so muss sich daraus noch lange nicht ein übergreifender sozialer oder lebensbezogener Sinn ergeben. Fragen wir nach dem Sinn des Lebens, dann meinen wir ein letztes integratives Ziel, auf das die einzelnen Situationen und Erlebnisse letztlich hinauslaufen. Falls es diesen Gesamtsinn nicht geben sollte, so erscheint vieles, wenn nicht alles, sinnlos. Doch wenn es einen solchen Gesamtsinn überhaupt geben sollte, so scheint er doch vorauszusetzen, dass man einen Gesamtüberblick über sein Leben hat, was nur möglich ist, wenn man es von außen und vom Ende her betrachten (kann). Schon Montaigne hatte bemerkt, dass das Glück des Lebens (das ja oft synonym mit seinem Sinn gebraucht wird), sich nur nach dem Tode beurteilen lässt (Montaigne, 1989, S. 50ff.).

Folgen wir Freud, so verweist die umfassende Frage nach dem Wert des Lebens selbst allerdings auf ein neurotisches Symptom:

> »Im Moment, da man nach Sinn und Wert des Lebens fragt, ist man krank, denn beides gibt es ja in objektiver Weise nicht; man hat nur eingestanden, dass man einen Vorrat von unbefriedigter Libido hat, und irgend etwas anderes muss damit vorgefallen sein, eine Art Gärung, die zur Trauer und Depression führt« (1980, S. 452; Brief an Marie Bonaparte vom 13.08.1937).

So findet man auch heute noch die Vorstellung, dass die Psychotherapie der Ort ist, an dem Sinnverlust so bearbeitet werden kann, dass man seinem Leben (wieder) einen neuen Sinn geben kann (vgl. Stroeken, 1998; Frankl, 2013).

Wer den Wert des Lebens selbst in Zweifel zieht, bewegt sich nicht mehr auf einer alltäglichen, sondern auf einer *existenziellen* Ebene, auf der ein Verlust der (psychischen) Motivation, der Substanz, der Richtung und des Ziels menschlichen Lebens beklagt wird. In diesem Sinn ist der Lebenssinn, analog zum Lebensglück, zu verstehen als der letzte und umfassende Horizont für alle konkreten Wünsche und Hoffnungen des Menschen, als Ziel, über das hinaus der Mensch sich nichts mehr wünschen kann und will. Insofern ist der Lebenssinn eine Vorstellung, die die Existenz von Menschen wesentlich – wenn auch oft unbewusst – bestimmt. Wer nach dem Lebenssinn fragt, fragt nach dem, was ihn in seinem Grunde ausmacht und was ihn wirklich bewegt. Der Sinn des Lebens ist ein Totalitätsbegriff, denn er betrifft den ganzen Menschen.

> »Wir Menschen scheinen sinnsuchende Kreaturen zu sein, die das Pech haben, in eine Welt geboren zu werden, der eigentlich von sich aus kein Sinn innewohnt. Eine unserer Hauptaufgaben ist es, einen Sinn zu erfinden, der stabil genug ist, um einem Leben als Fundament zu dienen, und dann anschließend das knifflige Manöver zu

vollziehen, unsere eigene Urheberschaft an diesem Sinn zu leugnen. So wird der von uns erfundene Sinn zu etwas, das ›da draußen‹ auf uns gewartet hat. Unsere anhaltende Suche nach substanziellen Sinnsystemen stürzt uns oft in Krisen« (Yalom, 2002, S. 146).

Auch Konzepte der therapeutischen Lebenskunst kommen nicht umhin, Fragen nach dem Sinn und Wert des Lebens zu beantworten. Überblicken wir die Geschichte der therapeutischen Lebenskunst, so wurde der Sinn des Lebens oftmals als eine Form des Glücks verstanden, die vor allem im Umgang mit den Leidenschaften, den Träumen oder der Angst vor dem Sterben und dem Tod erarbeitet werden konnte. In der Moderne, und das überrascht nicht, werden für die therapeutische Lebenskunst Fragen von Freiheit und Abhängigkeit, von Entscheidungen und Alternativen, von Einsamkeit und Gesellschaftlichkeit bedeutsamer.

Um diese Perspektive des Lebenssinnes stärker zu verfolgen, wäre es natürlich notwendig, die Begriffe *bios*, *vita* oder auch »Leben« genauer nachzuzeichnen. Wir möchten hier an dieser Stelle lediglich an eine Definition der Brüder Grimm (2006) aus ihrem berühmten *Deutschen Wörterbuch* erinnern. Leben, heißt es da, »steht zunächst im gewöhnlichen und allgemeinen sinne, entgegengesetzt dem todtsein, von allem was auf der erde *aus innerer kraft sich regt*, namentlich menschen und thieren«. Leben, so heißt es weitergehend, wird »vorwiegend von dem menschlichen dasein gesagt. Hier tritt zunächst, nach der doppelnatur des menschen, der *gegensatz dieses und jenes*, des jetzigen und des künftigen, des zeitlichen und des ewigen, des irdischen und des himmlischen lebens« auf. Und schließlich weisen die Grimms darauf hin: »[I]n den meisten verbindungen aber wird auf ein *ende des lebens* gedeutet« (Herv. die Verf.). Menschliches Leben, so lässt sich aufgrund der deutschen Etymologie zusammenfassen, ist selbstbestimmtes, gegensätzliches und befristetes Leben. Dementsprechend wäre der Sinn des Lebens im Umgang mit der Freiheit, den Gegensätzen und dem Tod zu gewinnen. Durch Erfahrungen, die die menschliche Selbstbestimmung, die Widersprüchlichkeit und Endlichkeit menschlichen Lebens betreffen, werden mithin Prozesse der Lebenskunst eröffnet.

In dieser Perspektive ist die immer noch anhaltende (kollektive) Debatte um Lebenskunst, ja der Bedarf nach Lebenskunst, der gerade im 20. Jahrhundert verstärkt beobachtet werden kann, ganz sicher ein Krisenphänomen der Moderne, das auch der Frage nach dem Sinn des Lebens gewidmet ist (vgl. Gödde & Zirfas, 2014). Und hierbei stehen die Fragen nach dem Umgang mit den eigenen Freiheitsmöglichkeiten, aber auch Begrenzungen, mit den Dilemmata menschlicher Existenz sowie Fragen nach Endlichkeit und Sterblichkeit im Mittelpunkt.

In der Moderne geht es um Sinnperspektiven in unterschiedlichster Form: in der zuvor dargestellten Form einer existenziellen Perspektive, aber auch im Hinblick auf Deutungs-, Orientierungs-, Motivations- und Legitimierungshorizonte in individueller und in kollektiver Hinsicht. Und je schwerwiegender die Krisenphänomene sind – ob es sich dabei um kriegerische Auseinandersetzungen, politische Totalitarismen, technologische Entwicklungen, ökologische Perspektiven, Kontingenzerfahrungen oder private Katastrophen u. v. a. m. handelt –, desto schwieriger wird es mit den Antworten.

Und dass ein »Zuviel an Sinn« die Menschen in der Moderne geradezu überfordern und in die Erschöpfung treiben kann, hat nicht zuletzt Alain Ehrenberg (1998) gezeigt. Einerseits scheint es aufgrund der Pluralität und der Flexibilität der Wertehorizonte immer schwieriger zu werden, gemeinsam geteilte Sinnhorizonte auszumachen, vor denen die eigenen Selbstsorgeprojekte Bestand haben können; andererseits scheint ein »Zuviel« an Sinn durch psychologische Einsichten erzeugt zu werden, die in jeder Form von Äußerung, in jeder trivialen Aktion, in jedem Bild und jeder Geschichte verschiedene Sinnschichten verdichtet sehen, die alle ihre Berechtigung für die Selbstsorge haben? Führt die psychotherapeutische Hermeneutik – darin der philosophischen nicht unähnlich – nicht zu einer Überforderung, diese Sinnschichten alle entziffern und verstehen zu wollen?

Und neu ist auch, dass mit dem modernen Bewusstsein ein Kontingenzbewusstsein des Sinns verbunden ist. Der Sinn (der Ereignisse, des Lebens) steht im nachmetaphysischen Zeitalter ständig infrage und kann daher keiner endgültigen Lösung mehr zugeführt werden. Der Sinn (des Lebens) könnte *prinzipiell* immer ein anderer sein. Daher ist es folgerichtig, dass auch die Psychoanalyse versucht nachzuvollziehen, dass und wie (moderne) Menschen ihre sogenannten Wertprüfungen vornehmen: »Das Individuum prüft moralische Werte auf dem psychologischen Hintergrund seiner Akte moralischer Wertung« (Hartmann, 1992, S. 39). Und es prüft ästhetische Werte vor dem psychologischen Hintergrund seiner Akte ästhetischer Wertung usw. Sodann gilt grundsätzlich auch, dass es dem Menschen leichter fällt, Werte zu leben, wenn sie auch in der ihn umgebenden Gesellschaft praktiziert werden; umgekehrt kann der Einzelne kontrafaktisch die Werte gegen die Üblichkeiten durchsetzen – und muss dann ggf. mit der Konsequenz der Nichtanerkennung leben. Dennoch werden sowohl Wertprüfungen als auch Wertehandeln nicht ausschließlich von rationalen Überlegungen geleitet, sondern vor allem durch unbewusste und eventuell widersprüchliche und illusionäre Strebungen bestimmt.

Nach psychologischen und psychotherapeutischen Einsichten sind Sinn- und Wertzuschreibungen immer davon geprägt, dass sie spezifische Bedürfnisse befriedigen oder dem Menschen einen bestimmten Genuss bereiten. Sinnzuschreibungen lassen sich somit auf bestimmte psychische Zwecke zurückführen. Werte sind nach Freud immer funktional und instrumentell; und das gilt für alle Arten von Werten, seien es nun ästhetische, moralische, religiöse, ökonomische usw.

Sinnvorstellungen und Werte integrieren nicht nur individuelle Persönlichkeiten, sondern auch Gesellschaften und Kulturen. Ihr Fehlen führt zu ernsten Konflikten und Gefahren. Denn den Menschen fehlt das *Inter-Esse*, das Dabei-Sein, die Teilnahme an einem Sachverhalt, der das Denken, Fühlen und Handeln in Anspruch nimmt. Gleichzeitig lässt sich feststellen, wie oft Menschen nicht den hehren Werten, sondern nur den niederen sozialen Zwängen folgten. Oder auch, dass spezifische Werte die Menschen zu überfordern scheinen und als enorme Zwangsmittel auftreten können (vgl. Hartmann, 1992, S. 10ff.). Für Freud resultierten die moralischen Werte, wie auch andere als wertvoll erachtete Errungenschaften der menschlichen Kultur – seien es theoretische wie Literatur und Musik oder praktische wie Politik und Technik –, aus den *gleichen* psychologischen Ursprüngen wie die niedrigsten Errungenschaften, seien es narzisstische Phantasien, neurotische Vorstellungen, sadomasochistische Zwangshandlungen oder martialische Kriege. Kurz: Die Psychoanalyse der Sinnvorstellungen versucht zu klären, »dass der normale Mensch nicht nur viel unmoralischer ist, als er glaubt, sondern auch viel moralischer, als er weiß« (Freud, 1923b, S. 282), d. h. zu klären, inwiefern Sinn und Werte über das Bewusstsein hinausgehen und inwiefern sie mit dem Unbewussten zusammenhängen.

## Zur Genealogie des Sinns

Während in der Regel die Philosophen die Frage danach stellen, wie sich Werte begründen lassen und in welchem Zusammenhang die Werte untereinander stehen, stellt die Psychoanalyse die Frage danach, welche emotionalen und triebbedingten Gründe Menschen haben, um sich zu bestimmten Sinnvorstellungen und Werten zu bekennen bzw. sich ihnen (freiwillig) zu unterwerfen. In diesem Sinne könnte man etwa weiter fragen, welche Art von Lust zur Unterwerfung unter bestimmte Werte führt bzw. welche Lust aus dieser Unterwerfung resultiert. Freuds Überlegungen aber scheinen noch weiter zu gehen bis hin zu einem Agnostizismus oder Amoralismus, der behauptet, dass es keine absoluten Werte gibt, da die Verbindlichkeit der Werte und die (absoluten) Unterscheidungen von Sinn und Nichtsinn letztlich in einem Widerstreben gegen den Schmerz bzw. im

Verlangen nach Lust gründen. Hiermit wird der Anspruch einer objektiv gültigen Werteethik bestritten. So wird etwa die Ethik zu einem »therapeutischen Versuch« der Gesellschaft, ihre Normen durch die Gebote des Über-Ich zu rationalisieren und zu verinnerlichen, d. h., den Ödipuskomplex, das Drama des Menschen, zu bewältigen (Freud, 1930, S. 503).

Aus diesem psychoanalytischen Blickwinkel lassen sich keine objektiven Werte angeben, denn es gibt keinen objektiven psychologischen Maßstab, der Anspruch auf Allgemeingültigkeit erheben kann. Eher liegt eine therapeutische Lebenskunst der Differenz nahe. Diese Lebenskunst ist keine normative, sondern eine deskriptive und genealogische Ethik, kann sie doch weder ein allgemeingültiges Sollen formulieren, noch normative Grundsätze aufstellen, die für alle Menschen die Bedingungen des Umgangs mit Es, Ich, Über-Ich und Realität vorgeben können. Die Psychoanalyse fordert insofern keine spezifischen normativen Werte, sondern – wenn man so will – einen eher medizinischen Wert, den der Gesundheit. Natürlich lässt sich auch Gesundheit als Bedingung der Möglichkeit gelungenen Verhaltens oder auch selbst mit gelungenem Verhalten identifizieren. Gesundheit kann sich zur Lebenskunst funktional verhalten – wie im Übrigen auch Lebenskunst zur Gesundheit.

In diesem Sinne lässt sich als *impliziter* Wert der Psychoanalyse eine erfolgreiche, flexible und homöostatische Synthese ansehen, die es möglich macht, die widerstreitenden Kräfte von Es, Ich und Über-Ich auszubalancieren, bei einem Maximum an Triebbefriedigung und einem Maximum der Berechenbarkeit, Stabilität und Konstanz gegenüber der Außenwelt und bei einem Minimum an Unterdrückung bzw. Zwang durch das Über-Ich (vgl. Gödde & Zirfas, 2010). Anders formuliert liegt der Sinn der Psychoanalyse hier in der Integration des Ich, einem psychologischen Gleichgewicht; Schwankungen der Einstellungen des Individuums müssen immer wieder austariert werden. Insgesamt bleibt diese psychologische Balance eine prekäre Angelegenheit, insofern einfache Kompromisse schwer zu finden, Einbrüche der Triebe und damit das Einreißen der soziomoralischen Dämme ebenso zu befürchten sind wie auch restriktive Zwangsmaßnahmen durch das eigene Über-Ich oder auch durch äußere kulturelle Maßnahmen. Die Psychoanalyse zielt auf eine kohärente, flexible Einheit des Individuums, im Wissen darum, dass dies letztlich eine heilsame Illusion ist. Wie prekär diese Balance ist, lässt sich etwa an immer wiederkehrenden, massiven Aggressionsentladungen ablesen, wie sie z. B. im Krieg zum Ausdruck kommen. Auf der anderen Seite führt eine Integration des psychischen Systems im Sinne von Gesundheit nicht unbedingt zu einem wertadäquateren Verhalten, ein Sachverhalt, der sich auch bei sogenannten Gesunden beobachten lässt.

Und auch wenn die modernen Subjekte weniger unter den Neurosen und den mit ihnen verbundenen Konflikten, sondern eher an einer mit der sozial geforderten Maxime der Initiative zusammenhängenden Unzulänglichkeit leiden, wenn also der Niedergang der Neurosen mit dem Aufstieg der Depression verknüpft erscheint und die moderne Problematik weniger die Schuld und den Konflikt als das Versagen und den Defekt betrifft (vgl. Ehrenberg, 1998, Kap. II), so bleibt dennoch das Unbehagen an der Kultur und am Selbst erhalten. Denn ob nun die (neurotische) Angst, ein Verbot zu überschreiten und sich damit in eine Konfliktkrankheit der Schuld zu stürzen, im Mittelpunkt der Psychotherapie steht oder ob es die (depressive) Erfahrung der Erschöpfung ist, die Handlungsunfähigkeit und Verantwortungslosigkeit nach sich zieht, es bleibt die Arbeit an den mit diesen pathologischen Modellen verknüpften Theorien des Normativen und an der Normalität, in der man ein sinnvolles Leben gestalten will.

Dabei geht es in der heutigen Zeit wohl mehr um Fragen des Selbst, der Identität bzw. Identifizierung, des Narzissmus, des Persönlichen und Authentischen als in früheren Zeiten; und umgekehrt werden Glück, Wohlbefinden, Flow und Zufriedenheit immer stärker als normative Erwartungen und Anforderungen an das eigene Leben formuliert. Die Psychotherapie lässt sich als ein Diskurs und eine Praxis verstehen, die das Verhältnis zu sich selbst und zu anderen im Horizont der Selbsterkenntnis und Autonomie neu interpretiert und gebildet, die mithin neue Sinndimensionen der Selbstverständigung und -formierung erschlossen hat. »Der therapeutische Diskurs hat die scheinbar undurchlässigen Sphären der Moderne durchdrungen, ihre Grenzen verwischt und ist auf diesem Wege zu einem der wichtigsten Kodes geworden, um das Selbst auszudrücken, zu gestalten und anzuleiten« (Illouz, 2011, S. 17). Gerade im scheinbar banalen Raum des Alltags, in gewöhnlichen Situationen, in den unbedeutenden Details der Biografien und den trivialen familiären Geschichten, wird ein Sinn- und Kräftepotenzial deutlich, das wesentlich an der Formung des Selbst beteiligt ist. Und diese Banalitäten und Gewöhnlichkeiten – in der Familie, in Liebes- und Freundesbeziehungen oder am Arbeitsplatz – sind auch die Situationen, in denen sich die eine therapeutische Lebenskunst zu bewähren hat.

### Arbeit an der Widersprüchlichkeit

Das moderne Selbst versteht sich immer weniger als ein Selbstfindungs-, sondern vielmehr als ein Selbst*er*findungsselbst. Diese Konjunktur der Idee eines wechselhaften, ständig sich neu konstruierenden Individuums können wir seit

Montaigne etwa bei Nietzsche und Foucault und in jüngerer Zeit auch bei Sloterdijk oder Strenger beobachten. Folgt man Strenger (2005, Kap. 1), so lässt sich seit den 1960er Jahren bis in die Gegenwart noch einmal ein kräftiger Schub in Richtung der Selbsterschaffung beobachten. In dieser Zeit wird, wenn man so will, die Selbsterschaffung »leichter«, weil sie sich an den Paradigmen der Konstruktion und des Performativen orientiert. Jeder kann nun Autor seines Lebens sein, indem er sich immer anders verstehen und immer wieder neu inszenieren kann. Vorbilder wie Michael Jackson, Madonna und Cindy Sherman führen vor, dass sich das Leben als eine Collage verstehen lässt, die man permanent gestalten und umbauen kann. Die entsprechenden Schlagworte sind hier: Bastelexistenz, Bricolage, Patchworkidentität oder transitorische Identität. Man kann hier, über die genannten Autoren hinausgehend, die These vertreten, dass das moderne Subjekt ein mehr oder weniger autopoietisches Individuum ist, das sich vor allem sich selbst verdankt – wobei oftmals der vor allem von Nietzsche hergeleitete »existenzexperimentalistische Aristokratismus auf ein bastelbiographisches Sperrholzniveau« abgesenkt wird und daher reichlich oberflächlich wirkt (Kersting, 2007, S. 18).

Gegen die These eines autopoietischen Selbst lassen sich aus psychotherapeutischer Sicht allerdings mehrere kritische Aspekte geltend machen (vgl. Dornes, 2012, S. 69ff.): Zunächst erscheint es problematisch, das Selbsterschaffungsbedürfnis als eine universelle, anthropologische Konstante zu verstehen. In Kulturen, in denen die westliche Vorstellung eines Selbst, das es zu entfalten, mit dem es zu experimentieren und das es zu bejahen gilt, nicht existiert (wie etwa in fernöstlichen Kulturen), wird man schwerlich die Idee einer permanenten Autorenschaft des Lebens finden. Zweitens erscheint diese Idee motiviert durch die Erfahrung einer beschädigten oder gefährdeten Identität oder auch der Spannung zwischen einem realen und idealen Selbst und den daraus resultierenden Entfremdungserscheinungen. Diese sollen zu Selbstformungsanstrengungen führen, um die Widerfahrnisse des Lebens nicht nur anzunehmen (Nietzsche: *amor fati*), sondern mit dem Ziel einer Selbstbejahung zu transformieren. Psychoanalytisch formuliert: Es, Über-Ich und Unbewusstes sollen so sublimiert werden, dass es nicht zu einer ewigen Wiederholung des Gleichen, sondern zu einer kreativen Veränderung kommt, die der Einzelne bejahen kann. Selbsterschaffung ist kreative Selbstbearbeitung als Selbstbejahung.

Demgegenüber kann man geltend machen, dass die Selbstfindung weniger emphatisch wirkt, wenn man auf die Kontingenzen des Biografischen hinweist und Identität als wesentlich unverfügbar versteht. »Identität als Einzigartigkeit eines Menschen ist also konstituiert durch das Ensemble aller nicht von einem

Lebensplan entworfenen Zufälligkeiten, all der quer zum Wollen des Subjekts eintretenden Widerfahrnisse« (Buck, 1981, S. 134). Zu diesen Widerfahrnissen lassen sich die genetische Ausstattung, die biografischen Prägungen, die historischen Zufälle und die nicht intendierten Nebenwirkungen vielfältiger Interaktionen und Kommunikationen zählen. Identität ist hier nicht eine Option der Wahl, sondern eine lebensgeschichtliche Determinante. Mit dieser Form einer kontingenten Identität erübrigt sich auch die Suche nach einer solchen:

> »Identität kann allenfalls entdeckt und festgehalten, aber vermutlich nicht verloren werden. Als etwas Faktisches stellt sie sich ein und kann insofern nur registriert, erinnernd und erzählend zur Kenntnis genommen und zur Kenntnis gebracht werden. Sie kann *vergessen* werden; aber gerade in der Vergessenheit wirkt sie am aufdringlichsten« (ebd., S. 137).

Autor seines Lebens zu sein, bestünde dementsprechend in der Erinnerung an das, was den Menschen unbewusst ausmacht. Und nur dann, wenn die Widerfahrnisse des Lebens zu traumatisch sind, als dass sie noch in das aktuelle Leben integrierbar sind, wird eine Umarbeitung erforderlich. In der Regel dürfte aber die »Integration und Aneignung solch fremder Persönlichkeitsanteile unausweichlich begrenzt« sein, sodass man mit »unassimilierten und unassimilierbaren Erbschaften« der Vergangenheit leben muss: In vielen Fällen wird »kaum etwas gewählt und vieles verbleibt als Fremdkörper, den man ertragen muss, in der Seele. [...] Am Grund einer jeden Identität liegt also ein ›Kern‹, der sich der individuellen Verfügbarkeit und Aneignung (ein Stück weit) entzieht« (Dornes, 2012, S. 171, 184). Zu beachten wäre dabei, dass man hier unterscheiden muss zwischen wechselnden Identitätspräsentationen einerseits und Identitäts*re*präsentationen andererseits. Salopp formuliert: Wer das Design ändert, ändert noch lange nicht das Sein.

Und schließlich drittens lässt sich festhalten, dass der Gestaltungsimperativ der Moderne sich natürlich nicht nur pathologischen Motiven verdankt, sondern auch eine experimentelle, spielerische Seite hat, die mit dem Versuch einhergeht, realistische oder vermutete Möglichkeiten des Menschen in Wirklichkeiten zu verwandeln. Auch hierbei sollte man daran erinnern, dass diese Möglichkeiten nicht in einem »luftleeren Raum« ansetzen, sondern von vorfindlichen Interessen, Wünschen und Ideen ausgehen, von denen das Individuum glaubt, sie umsetzen zu können oder zu sollen. Dabei wird ebenfalls den inneren und äußeren, nicht oder kaum veränderbaren Gegebenheiten zu wenig Rechnung getragen. In diesem Sinne wird es wohl weniger wichtig sein, große, lebensbejahende Experimente mit seinem Leben anzustellen, sondern vielmehr die (stoischen) »Widerfahrnisbewältigungskompetenzen« (Höffe, 2007a, S. 351; vgl. auch Höffe, 2007b) wie Standhaftigkeit, Gleichmut, Seelenruhe und Gelassenheit auszubilden. Denn vieles, was uns widerfährt, können wir nicht wählen oder konstruieren – wir können es aber wahrnehmen und zu gestalten versuchen.

Psychotherapien können daher immer stärker als Lebenshilfen verstanden werden, die an den Pathologien des inneren Glücks, an Unsicherheiten, Labilitäten und Abhängigkeiten (Süchte) arbeiten. Auch hiermit ist ein Konflikt angezeigt, nämlich derjenige, man selbst sein zu wollen, ohne es zu können – was durchaus in die Erschöpfung führen kann; oder man findet den Konflikt, nicht man selbst sein zu wollen, ohne es zu können – was ebenfalls Depressionen auslösen kann. Je stärker die westlichen Kulturen den Sinn des Lebens auf Freude und Glück kaprizieren, desto höher die Depressionsrate und desto größer erscheint der Bedarf an Süchten – und an Therapien und Medikamenten.

Die modernen Erschöpfungssyndrome, Ängste, Schuld- und Schamgefühle verweisen darauf, dass sowohl in der Psychotherapie als auch in der Lebenskunst eine Frage zentral erscheint, nämlich das Erlernen des Umgangs mit existenziellen Problematiken, Dialektiken, Konflikten, Widersprüchen, Krisen, Antinomien, Defiziten und Paradoxien. Während man es in der Therapie sozusagen »von Hause aus« mit unbewussten Konflikten zu tun hat, etwa mit dem Individuations-Abhängigkeits-, dem Unterwerfungs-Kontrolle-, dem Autarkie-Versorgungs-, dem Selbstwert-, dem Schuld-, dem ödipalen und dem Identitätskonflikt (vgl. Arbeitskreis OPD, 2006), hat man es in der Lebenskunst mit bewussten, aber auch mit unbewussten Konflikten zu tun, die sich aus dem Zusammenhang von Freiheit und Abhängigkeit, Entscheidung und Alternativen, Einsamkeit und Gesellschaftlichkeit, Zeitlichkeit und Unveränderlichkeit, Verantwortung und Kontingenz ergeben können. Insofern ist nicht derjenige ein Lebenskünstler, der sich sporadisch Gedanken über sein Leben macht oder derjenige, der gelegentlich veränderte Haltungen und Verhaltensweisen ausprobiert, sondern derjenige, der sich mit den Widersprüchen menschlicher Existenz konsequent und systematisch auseinandersetzt. Vielleicht lässt sich die Psychotherapie der Lebenskunst auf diesen Nenner bringen: *Arbeit an den Widersprüchen menschlicher Existenz.*

Es ließen sich an dieser Stelle unzählige Fälle aus der Psychotherapie heranziehen, in denen Menschen existenzielle Entscheidungen treffen müssen, d.h. Situationen, in denen man zwischen *wirklich* gleichwertigen Alternativen zu wählen hat und die daher immer in Dilemmata führen. Hier kann man noch einmal an Freuds implizite Theorie erinnern, dass der Meta-Sinn des Lebens ein widersprüchlicher Sinn ist, der in der Dualität von Tod und Begehren, von Entbindung und Bindung gründet. Mag es auch in vielen Fällen kluge Entscheidungen geben, die für eine Handlungs- oder Lebensperspektive sprechen, so entscheiden doch letztlich weniger die rationalen, sondern die emotional-intuitiven Gründe eine Wahl. Der Sinn des Lebens erscheint weniger kognitiv zugänglich als unbewusst zu sein, denn was wir als Sinn des Lebens wählen, wird vor allem durch unbewusste Motive bestimmt.

Vielleicht besteht die größte Paradoxie der psychotherapeutischen Lebenskunst darin zu vermuten, dass es Antworten auf die Frage nach dem Sinn des Lebens gibt, ohne Angaben darüber machen zu können, wie Menschen diesen konkret erfahren können. Psychoanalytisch liegt auch der Verdacht nahe, dass die Frage nach dem Wert letztlich im Unbewussten entschieden wird. Und sie scheint damit eine Frage zu sein, deren Antwort zwischen den Widersprüchlichkeiten menschlicher Existenz immer wieder gesucht werden muss. Man könnte natürlich auch die Frage stellen, ob es wirklich Sinn macht, diesen Sinn auch kennen zu müssen oder zu wollen. Doch vielleicht kennt man den Sinn auch, ohne sich dessen bewusst zu sein; etwa, weil dieser nicht verborgen, sondern vollkommen offensichtlich ist (Eagleton, 2008, S. 74f.). Wenn man *den* Sinn des Lebens nicht kennt und vielleicht auch nicht kennen kann, so kann man immerhin versuchen, nach (s)einem Sinn des Lebens zu leben:

> »Der Sinn des Lebens ist nicht die Lösung eines Problems, sondern eine bestimmte Art zu leben. Er ist nicht metaphysisch, sondern ethisch. Er ist nichts vom Leben Losgelöstes, sondern das, was das Leben lebenswert macht – das heißt eine Qualität, Tiefe, Fülle und Intensität des Lebens. In diesem Sinne ist der Sinn des Lebens das Leben selbst, auf eine bestimmte Weise betrachtet« (ebd., S. 136).

Insofern kann das Unbewusste sowohl – durch Ängste, Schuld- und Schamgefühle – signalisieren, dass dieses lebenswerte Leben noch nicht realisiert wurde; es kann aber auch durch Gefühle der Zufriedenheit, des Wohlbefindens oder des Glücks die Einsicht vermitteln, dass ein spezifischer Sinn verwirklicht wurde.

### Ausgewählte Literatur

Dornes, M. (2012). *Die Modernisierung der modernen Seele. Kind – Familie – Gesellschaft.* Frankfurt/M.: Fischer.
Eagleton, T. (2008). *Der Sinn des Lebens.* Berlin: Ullstein.

Ehrenberg, A. (1998). *Das erschöpfte Selbst. Depression und Gesellschaft in der Gegenwart.* Frankfurt/M.: Suhrkamp 2012.
Freud, S. (1930). Das Unbehagen in der Kultur. *G.W., Bd. XIV,* S. 419–506.
Gödde, G. & Zirfas, J. (2010). Psychoanalyse der Werte. In A. Schäfer & Ch. Thompson (Hrsg.), *Werte* (S. 77–108). Paderborn u. a.: Schöningh.
Strenger, C. (2005). *The Designed Self. Psychoanalysis and Contemporary Identities.* Hillsdale, NJ and London: The Analytic Press.
Stroeken, H. (1998). *Psychotherapie und der Sinn des Lebens.* Göttingen: Vandenhoeck & Ruprecht.

## Die Sublimierung des Geschmacks

Die Frage nach dem Sinn des Lebens hat verdeutlicht, wie stark (solche) Fragen von unbewussten Strebungen, von Wünschen und Gefühlen abhängig sind. Und oftmals sind Lebensfragen – Fragen nach dem Sinn, aber auch der Gestaltung des Lebens – nicht letztlich rational aufklärbar und kalkulierbar. Macht man für eine therapeutische Lebenskunst die Perspektive kaum auflösbarer Konflikte und Dilemmata stark, so scheint es, dass Entscheidungen und Wahlen im Leben stärker von dem abhängen, was Menschen unbewusst antreibt als von bewussten Kosten-Nutzen-Analysen, die Gewinne und Verluste solcher Entscheidungen zu bilanzieren in der Lage sind. Es bleibt dann ein unerklärlicher »Rest« an nicht kalkulierbaren Einstellungen, es bleiben auch für die Betroffenen selbst kaum nachvollziehbare Handlungen, die man letztlich nicht aufklären kann. Macht man also nicht – mit der Tradition der Aufklärung – die Frage nach dem Sinn des Lebens, nach verständlichen Entscheidungen und vernünftigen Wahlen, sondern – mit der Romantik – die Frage nach den Beweggründen und Sehnsüchten, nach den Interessen und Präferenzen stark, so wird man mit der Perspektive des Geschmacks konfrontiert. Der Geschmack bildet, wenn man so will, die leibliche und emotionale Kehrseite des Lebenssinns, der sich vielmehr einer Wahl- und Urteilskraft verdankt. Natürlich ist diese Differenzierung künstlich, denn im Alltag lassen sich weder Rationalität und Emotionalität, noch Geist und Körper, noch Sinn und Geschmack in dem Maße auseinanderhalten, wie wir dies hier zur analytischen und heuristischen Aufarbeitung vornehmen. Mit der Frage nach dem Geschmack lässt sich auf die Spur dessen kommen, was oben der »Rest« genannt worden ist: ästhetische und soziale Grundlagen, die sich dem Bewusstsein entziehen und die dennoch für das Leben enorm bedeutsam sind.

Auf den ersten Blick erscheint es erstaunlich, dass die Thematik des Geschmacks, wenn überhaupt, in den Lebenskunstdebatten eher implizit verhandelt wird und dass sie kaum als ein genuin psychotherapeutisches Thema gelten kann. Diese theoretische Zurückhaltung erstaunt deshalb, weil man unterstellen kann, dass Lebenskunst auch die Frage danach stellt bzw. stellen sollte, inwiefern man Geschmack am und im Leben gewinnt und wie dieser Geschmack ein- und auch umgesetzt werden kann. Denn die Bejahung des Lebens oder auch die Idee des schönen Lebens setzen ja voraus, dass Menschen Geschmack an und in ihrem Leben finden, sie setzen mithin voraus, dass sich Menschen auch leiblich und emotional mit ihrem Leben oder auch spezifischen Lebenssituationen als einverstanden erklären und dies auch nachempfinden können.

Insofern erscheint es als eine Verkürzung, Psychotherapien etwa nur unter den Aspekten (der Gefühle) von Übertragung und Gegenübertragung zu thematisieren. Dass diese Aspekte in ihnen eine Rolle spielen, steht außer Frage, doch der Geschmack geht nicht in ihnen auf, da er nicht nur mit irrationalen Gefühlen des Therapeuten zu tun hat, die dieser aufgrund von früheren Beziehungen auf sein Gegenüber überträgt. Denn in den Geschmack gehen auch ästhetische Erfahrungen, körperliche Vorstellungen, soziale und kulturelle Normen sowie individuelle Beurteilungsmaßstäbe mit ein. In diesem Sinne sind Geschmacksfragen unbewusst immer in therapeutischen Situationen im Spiel und wahrscheinlich dann besonders virulent, wenn es keine geschmacklichen Homologien zwischen Patient und Therapeut gibt. Und insofern werden in Therapien in sinnlichen Wahrnehmungen, in der sprachlichen und körperlichen Interaktion auch Geschmacksfragen thematisiert und verhandelt. Und man kann sich fragen, ob nicht ein (lebenskunstbezogenes) Ziel der Therapie darin besteht, einen Geschmackssinn für sich und für andere zu entwickeln. Deutlich soll also im Folgenden werden, welche Bedeutungsebenen dem Geschmack zukommen, wie dieser – gerade aus psychoanalytischer Sicht – immer noch mit Fragen des Körpers und der Leiblichkeit verknüpft ist und inwiefern er daher auch für lebenskunstbezogene Perspektiven fruchtbar gemacht werden kann.

### Der Geschmack als ästhetisches Vermögen

In den einschlägigen kulturhistorischen Studien wird immer wieder das 17. Jahrhundert für die moderne Begriffsentwicklung hin zum Geschmack als einem ästhetischen Vermögen verantwortlich gemacht (vgl. u. a. Schümmer, 1955; Brückner, 2003). Diese Entwicklung wurde wohl seit Mitte jenes Jahrhunderts vollzogen, und Geschmack wurde so zu einem Leitbegriff persönlicher Lebens- und Umweltgestaltung. Geschmack wurde als durch Erfahrung und Reflexion erworbene (rationale) Kunstfertigkeit verstanden, die in allen Lebenslagen die richtigen Entscheidungen, frei von Vorurteilen, zu treffen in der Lage ist; er wurde als durch unreflektierte Spontaneität befähigte Urteilskraft definiert, die Besonderheiten und Einmaligkeiten von Menschen, Dingen und Kunstwerken festhalten kann; er wurde als Gefühl für die Schönheiten und für die Mängel in den Künsten verantwortlich gemacht; und der Geschmack wurde in den Kunstgeschmack und den Sinnengeschmack unterschieden. Sodann findet man die Idee, dass das Geschmacksurteil zwar individuell sei, sich aber als allgemeingültig ausgebe (was zumindest erklärt, warum man über Geschmack nicht streiten kann, es aber beständig tut). So ist nach Kant das individuelle Urteil, etwas sei schön, ein Urteil, das zwar vor dem Hintergrund eines fehlenden allgemeinen Begriffs für Schönheit gefällt wird, das aber dennoch den Anspruch erhebt, allgemeingültig zu sein.

Im *Deutschen Wörterbuch* der Brüder Grimm von 1854, das die historische Entwicklung vom Schmecken zum Geschmack zusammenfasst, kann man dann unter dem Lemma *Geschmack* lesen: »Das wort hat zwei ganz verschiedene bedeutungen, die doch sachlich nahe verwandt sind und jede selbst wieder in zwei seiten entwickelt: der geschmack der nase und der geschmack des mundes (subjectiv und objectiv). [...] 3) innerlich, übertragen vom körperlichen geschmack auf den geschmack der seele. [...] 4) in anwendung auf das schöne, der geschmack oder vollständig der gute geschmack. Um 1700 übertragen aus dem franz. bon goût (das seinerseits wahrscheinlich dem spanischen buen gusto entnommen ist). a) in ursprünglicher bedeutung, die vom zeitalter Ludwigs XIV. ausgehende und den Franzosen nachgeahmte geistes- und geschmacksrichtung in kunst und poesie. [...] z) die art, wie man fühlt und denkt, die denk- und anschauungsweise« (2006, Bd. 5, Sp. 3925ff.).

Und im 20. Jahrhundert werden – etwas holzschnittartig und insofern nicht immer auf die Realität zutreffend – in der Sozioanalyse von Pierre Bourdieu (1982) drei Geschmackshaltungen differenziert:
1. der Notwendigkeitsgeschmack der sozialen Unterschichten, der sich am Üblichen, an der Hausmannskost und an der kulturellen Unterhaltungsindustrie orientiert;
2. der ambitionierte Geschmack der Mittelschichten, der im Versuch, die Oberschicht nachzuahmen, vor allem über Bildung und Kultur soziale Distinktionserfolge erringen will; sowie
3. der Luxusgeschmack, »conspicuous consumption«, der sich auf das demonstrative Zurschaustellen (als auch auf die Verschwendung) von ökonomischem, sozialem und kulturellem Kapital bezieht.

Dabei zeigt sich der Geschmack im Banalen oder Alltäglichen: im Essen, in der Kleidung, im Kunst- und Sportgeschmack, in den Vorlieben oder im Benehmen. Es sind die »feinen Unterschiede« (Bourdieu) im Aussehen, in den Vorlieben für Reisen, im Interesse an Politik oder auch den liebgewonnenen Gegenständen. Analog zur Psychoanalyse, die im Banalen Auskunft darüber erhoffte, was Menschen »bewegt«, möchte die Sozioanalyse an den Gewöhnlichkeiten herausarbeiten, wessen geschmackliches Kind man ist. Etwas karikiert: Schon ein Blick in der U-Bahn genügt, um den Mitreisenden in schwarzer Kleidung mit *FAZ* und Apfel als Intellektuellen zu identifizieren.

Dass der Geschmack auch (und vor allem) sozialer Natur ist, kann man sich z. B. an den bürgerlichen Debatten um das stumpfsinnige Sich-Vollfressen des niederen Pöbels und um die überkandidelte *nouvelle cuisine* der oberen Zehntausend verdeutlichen. Man erkennt hier auf der einen Seite den Geschmack als Bestätigung von Askese und Hygiene und auf der anderen Seite den Abscheu vor der Herrschaft des Körpers und der Völlerei bzw. den Abscheu vor einem zu hohen finanziellen und zeitlichen Aufwand für die Nahrungsaufnahme und einem als unpassend empfundenen Preis-Leistungs-Verhältnis – der Luxus der Spitzenküche ist dann nicht nur unangemessen, sondern auch unmoralisch. Das gilt auch für das andere Extrem – auch die Billig-Küche in der Fast-Food-Version wird hier als verderbliches unmoralisches Angebot angesehen und nicht nur verachtet, sondern auch als ekelhaft empfunden. Im Mittelpunkt dieser Diskussionen steht zunächst und zumeist die Frage nach der Tugend der Mäßigung, die hier zwischen Askese und Körperbeherrschung auf der einen und der Völlerei und der Herrschaft des Körpers auf der anderen Seite vermitteln soll (vgl. Kleinspehn, 1987). Diese ästhetisch-moralische Norm muss so verinnerlicht werden, dass man sie nicht jedes Mal neu diskutieren muss. Essen und Trinken, so die kleinbürgerliche Idealnorm, dient lediglich dazu, den Bedarf an lebenswichtigen Kalorien zu decken und die Nahrung optimal zu verwerten. Es darf schon gut schmecken, aber der verfeinerte – oder auch der grobschlächtige – Genuss darf nicht das Ziel sein. Daran hat man Geschmack gefunden. »Der Geschmack bewirkt, dass man hat, was man mag, weil man mag, was man hat« – so hat es Pierre Bourdieu formuliert (1982, S. 285f.).

Seit dem Zweiten Weltkrieg verliert, so könnte man sagen, der Geschmack seine Eindeutigkeit. Der »gute Geschmack« verliert seinen Namen nicht nur in der Kunstszene. Er steht dort nur noch für das Gefällige, die Mode oder die Dekoration. Dies ist mit der Abkehr von normativen Modellen des Geschmacks in der Kunst erklärbar. Während man dort immer weniger sagen konnte, was denn im Einzelnen guter Geschmack war, wird dieser zu einem der zentralen

Begriffe in den Sozial- und Kulturwissenschaften. Forschungen zu Lebensstilen, Zeitgeist, Massengeschmack und Geschmacksbildung und -diktatur nehmen in den letzten Jahren einen breiten Raum ein. Diese Forschungen konstatieren einen gewandelten Stellenwert des guten Geschmacks aufgrund gesellschaftlicher Umwälzungen: Streng hierarchische Gesellschaften stellten ihren guten Geschmack sichtbar in leicht erkennbaren Attributen aus, die zugleich den sozialen Rang wie den dazu gehörenden Lebensstil signalisierten. Liberale, egalitäre und funktionale (Massen-)Gesellschaften bedürfen der »feinen Unterschiede« (Bourdieu) in der Mode, im Verhalten, in speziellen Vorlieben, um die Distinktionen zwischen den sozialen Gruppierungen noch sichtbarer zu machen. Geschmack lässt sich somit weniger allein an Äußerlichkeiten des Gegenübers gleichsam ablesen, sondern muss aus seinem gesamten habituellen Umgang mit Natur und Kultur erschlossen werden. Werden die Geschmäcker diffiziler, erfordert das von den Einzelnen ein höheres Maß an Geschmacksdarstellung wie auch ein höheres Maß an Geschmacksreflexion. Geschmack, so könnte man sagen, wird in der Moderne individueller, differenzierter und reflexiver zugleich. Nach wie vor signalisiert Geschmack gesellschaftliche Verortung und Status: Man mag, was man hat, und man hat, was man mag. Doch es scheint immer schwieriger zu werden, diese Verortung auch genau bestimmen bzw. auch darstellen zu können.

## Zur Psychoanalyse der Ästhetik

Nun lässt sich gerade mit psychoanalytischen Überlegungen verdeutlichen, warum einerseits der Geschmack so bedeutsam für Menschen ist; und es lässt sich andererseits zeigen, warum der Begriff des Geschmacks, der ja im »Konzert« der Sinnlichkeiten in der abendländischen Kulturgeschichte eine eher untergeordnete Rolle gespielt hat, nun für die zentrale ästhetische Kompetenz in Anschlag gebracht worden ist (vgl. Zirfas, 2011).

Mit Sigmund Freud kann man zeigen, dass die ästhetischen Urteile und Einstellungen letztlich auf den oralen (essthetischen) Urteilen aufbauen. Er erinnert daran, dass dem sozialen oder auch dem Kunstgeschmack letztlich der Sinnengeschmack zugrunde liegt. Er formuliert:

> »Die Urteilsfunktion hat im wesentlichen zwei Entscheidungen zu treffen. Sie soll einem Ding eine Eigenschaft zu- oder absprechen, und sie soll einer Vorstellung die Existenz in der Realität zugestehen oder bestreiten. [...] In der Sprache der älteren, oralen Triebregungen ausgedrückt: das will ich essen oder will es ausspucken, und

in weiterführender Übertragung: das will ich in mich einführen und das aus mir ausschließen« (Freud, 1925b, S. 13).

Bildet sich der Geschmack also nicht wesentlich über die Thematiken der (oralen) Einverleibung und Ausstoßung? Heißt, etwas allgemeiner formuliert, einen Sinn für Geschmack zu haben nicht, entscheiden zu können, was zu einem passt und was nicht zu einem passt (vgl. Brenner & Zirfas, 2002, S. 281ff.)? Und wird diese Passung nicht vor allem oral ausgedrückt?

Die hohe Bedeutung des Oralen für die Bildung des Geschmacks wird auch noch in einem anderen Zitat Freuds deutlich: »Das Saugen an der Mutterbrust wird der Ausgangspunkt des ganzen Sexuallebens, das unerreichte Vorbild jeder späteren Sexualbefriedigung, zu dem die Phantasie in Zeiten der Not oft genug zurückkehrt« (1916–17, S. 325). Diese Bedeutung rekurriert auf mehrere Voraussetzungen: Wenn die Oralität eine dermaßen beherrschende Rolle im Leben der Menschen spielt, wenn sich diese bereits in einer frühen ontogenetischen Phase auszubilden beginnt, wenn diese den Kern der Beziehungen zu sich, zu anderen, zur Welt bildet und wenn schließlich diese Beziehungen auch die Grundlagen für die Menschen schafft, »eigene Grenzen wahrzunehmen und zu akzeptieren« (Kleinspehn, 1987, S. 404) – so liegt es nahe, dass der Geschmack als Vermögen der Entscheidung, was zu einem passt und was nicht zu einem passt, eine enorme existenzielle Bedeutung für den Menschen hat. Der Geschmack – im aisthetischen wie ästhetischen Sinn – ist dann Ausdruck für Wünsche und Befriedigungen sowie für Identifikationen und Grenzziehungen. Er bestimmt damit wesentlich die Beziehungen zu sich selbst und die Beziehungen zu anderen und der Welt mit und ist daher für Fragen der Lebenskunst in hohem Maße relevant.

Vor diesem psychoanalytischen Hintergrund lässt sich die These aufstellen, dass der Geschmack deshalb zu einem universellen ästhetischen und kulturellen Generator geworden ist, weil er als *der* Schnittpunkt von individueller Leiblichkeit und sozialer bzw. kultureller Allgemeingültigkeit gelten kann. Die kulturellen und sozialen Anforderungen schreiben sich gleichsam in die Intimität des Körpers ein und umgekehrt finden die individuellen körperlichen Präferenzen in kulturellen Symboliken und Praktiken ihren Ausdruck. Der physiologische und der ästhetische Geschmack setzen gleichermaßen die leibliche und sinnliche Teilnahme an materiellen, kulturellen oder sozialen Sachverhalten voraus: Ich habe mir Gegenstände einverleibt, zu Gemüte geführt und/oder ihre soziale Bedeutungs- und Verwendungsweise kennengelernt. In diesem Sinne ist die Mahlzeit der Ort, an dem Sinnliches und Ästhetisches konvergieren. In diesem Sinne lässt sich sagen, »dass die Geburt des Geschmacks als Organ sozialer und kultureller Orientierung in jenem Augenblick erfolgt, wo die gemeinsame Mahlzeit – über ihren religiösen oder philosophischen Stellenwert hinaus – auch zu einer Bühne lebensweltlicher Orientierung und kultureller Ausdifferenzierung wird« (Neumann, 2005, S. 207). Man könnte eine Geschichte der Lebenskunst auch als Geschichte des Essens, seiner Kultivierung und sozialen Rahmung, entwerfen und würde dabei viel über Selbst-, Sozial- und Weltverhältnisse lernen.

Im Geschmack verständigt man sich zugleich über soziale wie individuelle Werte und Bedeutungen, über Sinnlichkeiten und Ästhetik, über Natürliches und Kulturelles. Geschmack ist *die* leiblich-kulturelle Schlüsselstelle für Differenz und Identität. Mit ihm lässt sich festhalten, wer man ist – indem man sich z. B. bewusst oder unbewusst (oder unbewusst bewusst) darum kümmert, was und wie man isst – und inwiefern man sich von anderen – und deren Nahrungsmitteln und Essverhalten – unterscheidet. Der Geschmack spürt das Gleiche im Gleichen auf und er identifiziert das Ungleiche im (vermeintlich) Gleichen. Er generiert Echtheit und Wirklichkeit; er drückt sich elementar in der Gegenwart aus, verweist über seine Erinnerungsträchtigkeit auf Vergangenheit und entwirft über die mit einer leiblichen Gebundenheit versehene Kontinuität Zukunft. Daher sind die Kehrseiten des Geschmacks – etwa Ekelerfahrungen – für die Menschen so belangvoll, denn diese Erfahrungen stellen die Welt und das Selbst gleichermaßen infrage. Nicht umsonst werden sie häufig als »geschmacklos« erlebt (Zirfas, 2004a).

Der Geschmack als physiologisches Geschehen ist ein multisensorisches Geschehen: Geschmack ist über den Geruch und das Aroma mit der Nase verknüpft, über Temperatur und Konsistenz mit der Hand und dem Haptischen, über Form und Farbe mit dem Auge (das ja bekanntlich mitisst) und über Essgeräusche auch mit dem Hören. Insofern ist er auch ein komplexes anthropologisches Geschehen. Denn im Geschmack spielen Gefühle eine wichtige Rolle, angenehme oder auch unangenehme Erfahrungen, in ihn gehen Wünsche und Phantasien ein und in ihm gibt es einen ganzen kulturellen Überbau an Normen, Werten und Praktiken – konkrete und weniger konkrete Anforderungen bezüglich des Kauens, des Essverhaltens, des Empfindens und Bewertens.

Geschmack ist somit eingelagert in ein spezifisches Ambiente von Räumlichkeit und Zeitlichkeit, Sozialität und Kulturalität, Körperlichkeit und Individualität. Der physiologische Geschmack ist kulturell codiert. Was uns schmeckt und was wir als ekelhaft empfinden, bekommen wir durch Erziehung und Sozialisation auf ganz unterschiedliche Weise beigebracht. Geschmack zu haben, bedeutet somit zu signalisieren, dass man zu einer bestimmten sozialen Schicht, Kultur oder Zivilisation gehört. Gleichzeitig verweist der Geschmack auf ein bestimmtes Körperschema, insofern er ausdrückt, was als lieblich und hässlich, schön und aufregend empfunden und aufgenommen oder was als ekelhaft und abstoßend nicht verdaut und assimiliert werden kann. Der Geschmack verweist darauf, welchen Körper man als gesund, schön und bedeutend erlebt. Er drückt somit ein symbolisches Verhältnis zu sich, den Mitmenschen und der Welt körperlich aus. Als solcher ist er eine bestimmte Reaktion, die mit einer Einstellung verknüpft ist, die wiederum ganz spezifische Kontakte und Handlungen ausklammert.

## Geschmacksbildungen

Betrachtet man den Geschmack als ein allgemeines ästhetisches Vermögen, so erscheint er als Kompetenz, Ähnlichkeiten und Unterschiede wahrzunehmen, Gleiches vom Ungleichen zu unterscheiden, ästhetische Identitäten und Differenzen benennen und bewerten zu können. Das setzt voraus, dass das Individuum in Geschmacksbelange involviert ist. Geschmack setzt die leibliche und sinnliche Teilnahme an materiellen, kulturellen oder sozialen Sachverhalten voraus: Ich habe mir Gegenstände einverleibt, zu Gemüte geführt oder ihre soziale Bedeutungs- und Verwendungsweise kennengelernt. Geschmack ist ästhetische Kompetenz – das Feststellen und Reflektieren einer schmeckenden Unterscheidung. Der Geschmack hat seine eigene Moral, seine eigene Ethik der Ästhetik. Er teilt die Welt in gut und schlecht ein, verweist auf das, was aus aisthetischen, ästhetischen, moralischen, sozialen oder politischen Gründen nicht sein sollte. Diesen diktatorischen Zug des Geschmackssinns konstituiert in der Abgrenzung zum Nicht-Kulturellen und zum Wider-Natürlichen eine kollektive Identität des »Gesunden«. Insofern ist der Geschmack in hohem Maß sozial, verweisen Geschmacksobjekte ebenso in hohem Maße auf spezifische Gesellschafts- und Kulturformen und sind somit weitgehend durch soziale Tabus bestimmt. Der Geschmack klassifiziert in einem doppelten Sinne: Er teilt die Welt in angenehm und unangenehm ein; und er teilt die Menschen einer bestimmten Geschmacksgruppe zu. Dazu noch einmal Pierre Bourdieu (1982, S. 25):

»Geschmack klassifiziert – nicht zuletzt den, der die Klassifikationen vornimmt. Die sozialen Subjekte, Klassifizierende, die sich durch ihre Klassifikationen selbst klassifizieren, unterscheiden sich voneinander durch die Unterschiede, die sie zwischen schön und hässlich, fein und vulgär machen und in denen sich ihre Position in den objektiven Klassifizierungen ausdrückt oder verrät.«

Die Geschmacksbildung beginnt immer mit Kleinigkeiten, die mit Wohlgefallen, Interesse und Zuneigung aufgegriffen werden. Man muss den Geschmack erfahren lernen. Hierbei lassen sich idealtypisch und etwas holzschnittartig fünf Modelle der Geschmacksbildung unterscheiden:

➢ Das *objektive* Modell definiert Geschmack durch feststehende Kategorien und Vorstellungen von Harmonie, Symmetrie etc. Was als geschmackvoll gelten muss, liegt *außerhalb* der Sinne des Subjekts. Geschmack bedeutet hier das Erfassen eines Schönheitskanons. Orientiert an den Fernsinnen Auge und Ohr gilt den klassischen Schönheitstheorien seit der Antike nur dasjenige als schön, was man in Zahlenverhältnissen ausdrücken, d. h. was man wie in Malerei und Musik messen kann: Etwas *ist* schön oder nicht – und daher *per se* geschmackvoll oder geschmacklos.

➢ Das *subjektive* Modell definiert Geschmack über individuelle Präferenzen. Hier liegt Geschmack *innerhalb* der subjektiven Sinnlichkeit, in der Originalität der subjektiven Einbildungskraft: Über Geschmack lässt sich nicht streiten.

➢ Im *subjektiv-objektiven* Modell basiert Geschmack auf einem *interesselosen Wohlgefallen* (Kant), d. h. auf einer subjektiven Einschätzung, die für alle Menschen Geltung beansprucht. Geschmack ist der Versuch, ein individuelles Urteil als allgemeingültiges zu begründen: Alle sollen das Gleiche schön finden können, es soll also als schön und geschmackvoll *gelten*.

➢ Im *sozialen* Modell wird Geschmack definiert über die unterschiedliche Geltung von ästhetischen Inhalten und Formen im sozialen Raum, Geschmack liegt im Geschmacksempfinden einer *Gruppe*, etwa des Bildungsbürgertums. Geschmack ist ein soziales Konstrukt im Herrschaftszusammenhang: Der Geschmack der Herrschenden gibt das Vorbild bzw. den Bezugspunkt für den Geschmack der Beherrschten: Das ist nur etwas für die oberen Zehntausend, das ist nichts für uns.

➢ Das *phänomenale* Modell definiert Geschmack über die Fülle und die Vielfalt von Erscheinungs- und Erlebnisformen. Schönheit liegt hier im quantitativen und qualitativen *Schnittfeld* von subjektiven Begegnungsformen und objektiven Gegebenheiten. Geschmack wird verstanden als Sich-Einlassen und Reflektieren der Art und Weise der Begegnung mit dem Gegenstand. Geschmack wird also gebildet: Die Welt wird umso reicher, je mehr ich sie aufnehmen und differenzieren kann, und vice versa.

Abstrahiert man diese fünf Modelle, so zeigt sich, dass es im objektiven, im subjektiven, im subjektiv-objektiven, im sozialen und schließlich im phänomenalen

Modell von Geschmack immer um die Wahrnehmung und Einschätzung von Zusammenhängen und Differenz geht.

»Geschmack wie Urteilskraft sind Beurteilungen des Einzelnen im Hinblick auf ein Ganzes, ob es mit allem anderen zusammenpaßt, ob es also ›passend‹ ist. Man muss dafür ›Sinn‹ haben – demonstrierbar ist es nicht. Eines solchen Sinnes bedarf es offenbar überall dort, wo ein Ganzes gemeint, aber nicht als ein Ganzes gegeben bzw. in Zweckbegriffen gedacht ist. So beschränkt sich der Geschmack keineswegs auf das Schöne in Natur und Kunst, es auf seine dekorative Qualität beurteilend, sondern umfaßt den ganzen Bereich von Sitte und Anstand« (Gadamer, 1990, S. 44).

Geschmack betrifft insofern auch den Bereich der *Lebenskunst*, die als solche auch nicht als Ganzes gegeben ist und insofern eine (ästhetische) Urteilskraft erfordert, die immer wieder die richtige Wahl von Lebenszielen, das Bestimmen richtiger Nuancen im Verhalten und Handeln und den taktvollen Umgang mit anderen und anderem vornehmen muss. Der Geschmack erkennt und fühlt etwas, was auf den ersten Blick nicht zu erkennen ist; doch ist dieses geschmackliche Erkennen selbst wiederum von Regelhaftigkeiten und Maximen geleitet. Er ist ein ästhetischer Sinn, der ästhetische Differenzen und Zusammenhänge wahrnimmt und zum Ausdruck bringt. Der Geschmack legt fest, inwieweit man der Allgemeinheit folgt (etwa in Fragen der Nahrung oder der Mode) und inwieweit man von einem allgemeinen Geschmack auch abweicht. Der Geschmack verfolgt einen Stil des individuellen Allgemeinen, indem er differenziert zwischen dem, was für das Individuum angemessen, und dem, was für es unangemessen ist. Der Geschmack meidet daher das Geschmackswidrige und macht insofern auf die Grenzen seiner selbst aufmerksam. Er macht empfindlich für den schlechten Geschmack bzw. dafür, keinen Geschmack zu haben.

Schließlich wird im Kontext dieser Debatten nicht nur der Geschmack, sondern auch der Genuss diskutiert. Der Genuss ist ein verzögertes Geschmackserlebnis, das etwas Gegessenes oder Getrunkenes oder etwas Gesehenes und Gehörtes auskostet. Im Genuss hat der Geschmack Zeit, seine Qualitäten hinsichtlich von Anziehung und Abstoßung zu entfalten; der Genuss gibt den Speisen und Getränken oder auch den Bildern und Musikstücken die Gegenwart, Geschmackserlebnisse sinnlich-intensiv zur Kenntnis zu nehmen, seine Geschmackslust auszukosten. Sogenannte Genießer, Menschen mit ausgeprägter Genussfähigkeit, ziehen positive Bilanzen aus ihrem Genusserleben, ihrem Genussstil und ihren Genusserfahrungen; für Nichtgenießer bedeutet Genießen ein Stresserlebnis, das mit Gesundheitsbeeinträchtigungen auf psychischer und physischer Ebene einhergeht. Es liegt auf der Hand, dass die Lebenskunst für eine Kultivierung des Genießens plädiert.

Fassen wir die letzten beiden Momente einer modernen psychotherapeutischen Lebenskunst zusammen – den Sinn des Lebens, der vor allem auf den Umgang mit den nicht auflösbaren Widersprüchen menschlicher Existenz zielt, und den Geschmack bzw. den Genuss, die auf die bedeutsamen ästhetischen Differenzierungen rekurrieren –, so erscheint es für den Einzelnen im Sinne seiner durch die Therapie bedingten Neuorientierung wichtig, andere und neue Möglichkeiten eines Umgangs mit Problemen und Geschmackspräferenzen in den Blick zu nehmen. Denn es gilt, neue (ästhetische) Passungen für sein Leben zu finden. Dafür steht der Begriff der »ästhetischen Erfahrung«.

### Ausgewählte Literatur

Bourdieu, P. (1982). *Die feinen Unterschiede. Kritik der gesellschaftlichen Urteilskraft.* Frankfurt/M.: Suhrkamp.
Brückner, D. (2003). *Geschmack. Untersuchungen zu Wortsemantik und Begriff im 18. und 19. Jahrhundert.* Berlin: de Gruyter.
Gadamer, H.-G. (1990). *Wahrheit und Methode. Grundzüge einer philosophischen Hermeneutik.* 6. Aufl. Tübingen: Mohr.
Kleinspehn, Th. (1987). *Warum sind wir so unersättlich? Über den Bedeutungswandel des Essens.* Frankfurt/.M.: Suhrkamp.
Zirfas, J. (2011). Die Tischgemeinschaft als ästhetisch-moralische Anstalt. Über Bildung, Geschmack und Essthetik. In E. Liebau & J. Zirfas (Hrsg.), *Die Bildung des Geschmacks. Über die Kunst der sinnlichen Unterscheidung* (S. 17–44). Bielefeld: transcript.

## Das Spiel der ästhetischen Erfahrung

Wenn wir als weiteres Moment des Zusammenhangs von Therapeutik und Lebenskunst die ästhetische Erfahrung angeben, so hat das einen schlichten Grund, der im Folgenden noch genauer expliziert wird: Es geht nämlich in der ästhetischen Erfahrung darum, Sachverhalte anders wahrzunehmen, zu fühlen, zu reflektieren und einzuschätzen (vgl. Gödde, Pohlmann & Zirfas, 2015). Dies ist eine unabdingbare Voraussetzung des therapeutischen Prozesses selbst – man erinnere sich an das in den Abschnitten zur »freien Assoziation« und zur »gleichschwebenden Aufmerksamkeit« Gesagte – und gilt daher auf den ersten Blick für den Therapeuten, auf den zweiten aber auch für den Patienten. Denn auch er ist in der Therapie aufgefordert, andere Wahrnehmungen und Gefühle zu entwickeln, die es ihm ermöglichen, sich selbst und andere anders zu erleben. Man muss hier nicht betonen, dass die ästhetische Erfahrung in diesem Sinne nicht ohne Risiko ist. Seine Wahrnehmungs- und Anschauungsweisen zu verändern, bedeutet auch häufig einen Bruch mit den traditionellen und vertrauten Seh-, Hör- und Denkgewohnheiten und ist daher wohl häufig zunächst einmal mit Unsicherheit und Ambivalenz verbunden – und das gilt sowohl für den Patienten wie für den Therapeuten (wenn auch wahrscheinlich in der Regel nicht mit der gleichen Intensität). Denn wahrscheinlich trennt man sich gerade von liebgewordenen Illusionen sehr ungern. Doch ohne Wagnis geht es in der ästhetischen Erfahrung nicht.

Für die Lebenskunst wird hier die Frage spannend, wie viel anschauungsbezogene Flexibilität ihrer Erfahrungsmuster Menschen »aushalten« können, ohne wiederum psychische Problematiken zu entwickeln. Das wird – je nach Patient, je nach therapeutischer Situation und auch je nach explizitem wie implizitem theoretischem Hintergrund des Therapeuten und dessen professionellen Erfahrungen – ganz unterschiedlich einzuschätzen sein. Doch ist die ästhetische Erfahrung nicht nur schon in den therapeutischen Prozess integriert, sondern zudem ein Transferziel, das über ihn hinaus in das alltägliche Leben zielt. Als ein zentrales Ziel einer Lebenskunst ist die ästhetische Erfahrung nicht nur eine Kompetenz, die sich aus den psychischen Problematiken ergibt, die gar nicht anders gelöst werden können als dadurch, dass die Patienten zu veränderten Einstellungen zu sich selbst, zu anderen und zur Welt kommen, sondern eine Kompetenz, die das Leben enorm bereichern kann, da man sich in ihr in ein – durchaus ernst gemeintes – *spielerisches* Verhältnis zur Welt setzen kann. Was aber hat es genau mit diesem Konzept ästhetischer Erfahrung auf sich?

## Metawahrnehmungen

Wer an ästhetische Erfahrung denkt, mag zunächst davon ausgehen, dass wir es dabei mit der Erfahrung von Kunst zu tun haben. Doch das muss nicht so sein. Denn der Begriff der *Ästhetik* ist in der Moderne durchaus mehrdeutig und kann mit einer ganzen Reihe von Aspekten in Verbindung gebracht werden, z.B. mit Aisthesis, Elevatorik, Proportionalität, Subjektivität, Kallistik, Kosmetik, Artistik, Sensibilität, Ästhetizismus, Utopie und Virtualität (Welsch, 1996, S. 24ff.). Während sich begrifflich vor diesem Hintergrund kaum eine Eindeutigkeit herstellen lässt, kann man programmatisch festhalten, dass »die« Ästhetik generell im aktuellen Diskurs für eine Erkenntnisform steht, die in einer

Differenz zu wissenschaftlichen Erkenntnissen und/oder ethischen, aber auch praktischen Handlungsanforderungen situiert wird. Die Ästhetik ist so gesehen eine Entlastung von Wahrheitsansprüchen auf der einen und/oder sittlichen und praktischen Anforderungen auf der anderen Seite; und hierbei hebt sie vor allem auf die Reflexivität und Prozessualität von Wahrnehmungs- und Gestaltungsprozessen ab (vgl. Küpper & Menke, 2003; Mattenklott & Vöhler, 2006). Wer sich also ästhetisch zur Welt verhält, verhält sich in epistemologischer und praktischer Differenz, in ästhetischer Aufgehobenheit, zu ihr. Er nimmt das Leben und die Wirklichkeit aus »Als-Perspektiven« wahr und kann sich somit einen Spielraum von Sinnlichkeiten, Wahrnehmungen und Erfahrungen verschaffen (vgl. Zirfas, 2015a).

Ästhetische Wahrnehmung, Erfahrung und Praxis stellen Weltzugänge *sui generis* dar, die sich von naturwissenschaftlich-technischen, hermeneutisch-geschichtlichen, politisch-strategischen und diskursiv-normativen Weltzugängen unterscheiden. Ihre Schwerpunkte sind Sinnlichkeit und Vorstellungskraft, Phänomene von Lust und Unlust, reflektierter und habitualisierter Geschmack sowie die Lebenskunst.

Versteht man nun unter einer *ästhetischen Erfahrung* keine Kunsterfahrung, sondern eine *Metawahrnehmung*, d. h. eine Wahrnehmung der eigenen Wahrnehmungen bzw. der eigenen Wahrnehmungsmuster (Seel, 2004), so wird deren Relevanz für die Lebenskunst und für die Therapeutik deutlich. In Metawahrnehmungen steht der Vollzug der Wahrnehmung mit seinem Spielraum an sinnlich-selbstbezüglichen Leistungen im Mittelpunkt (Seel, 1996, S. 23, 30). Der ästhetischen Erfahrung geht es nicht, wie dem ästhetischen Werturteil, um das Begründen oder die Begründbarkeit künstlerischer Gestaltungen, sondern um die Selbstbezüglichkeit der Wahrnehmung. Im Vorherrschen der Vollzugsorientierung in der Metawahrnehmung wird erstens die Wahrnehmungstätigkeit selbst zum Zweck der Wahrnehmung, zweitens rückt im Verweilen der Wahrnehmung auch ihr Objekt stärker in den Fokus und drittens sind mit der sinnlichen Wahrnehmung auch leibliche Wahrnehmungsprozesse, propriozeptive Spürensqualitäten verknüpft. Mit dem Verweilen in der Gegenwärtigkeit der Wahrnehmung ist primär keine Theoretisierung der Leistungen, Bedingungen und Implikationen dieser Wahrnehmung verbunden, sondern ein anderer Erfahrungshorizont von Welt, Anderer und Ich. So heißt es etwa bei Martin Seel (2000, S. 47): »Ästhetisch sind Objekte, die sich in ihrem Erscheinen von ihrem *begrifflich fixierbaren* Aussehen, Sichanhören oder Sichanfühlen mehr oder weniger radikal abheben.« Damit kennzeichnet die ästhetische Erfahrung ein synästhetisches Vernehmen der Erscheinungsqualitäten von Gegenständen, das sich durch die Momente der

Offenheit und Pluralität, durch Unmittelbarkeit, Prägnanz und Gegenwärtigkeit auszeichnet. Die mit der Metawahrnehmung verknüpfte Selbstzweckhaftigkeit verweist darauf, dass es in ihr nicht um genuin theoretisch-explikative Versuche (zu wissen, was etwas ist) noch um genuin pragmatisch-poietische Anstrengungen (eines praktischen Könnens), sondern um eine in einer gleichschwebenden Aufmerksamkeit gewonnene sinnliche Konstellation von sich wechselseitig ins Spiel bringenden Erscheinungsqualitäten von Ich, Welt und Wahrnehmung geht (vgl. Gödde & Zirfas, 2007): Die Metawahrnehmung der ästhetischen Erfahrung ist die Entlastung vom Sinn der Sinne, denn sie spielt mit ihm. Dieses ästhetische Spiel mit Erscheinungsqualitäten, mit Wahrnehmungsprozessen und mit Gegenständlichem aller Art ist in hohem Maße unbewusst, lässt sich aber gerade im therapeutischen Prozess bewusst machen.

In den ästhetischen Erfahrungen ist man in einem intensiveren Austausch mit sich und der Welt. Mit der ästhetischen Erfahrung ist mithin ein bestimmter Ereignischarakter verknüpft, da sich in ihr neue Bedeutsamkeiten bilden. Hierbei geht es nicht um Gewohnheitserfahrungen, sondern um Erfahrungen einer Andersartigkeit bzw. um ein *Anderswerden* der Erfahrung: Man sieht plötzlich mit anderen Augen, hört mit anderen Ohren (vgl. Küpper & Menke, 2003). Martin Seel (2004, S. 75) fasst die Leistungen der ästhetischen Erfahrungen wie folgt zusammen: »Sie lassen bis dahin Unmögliches möglich und bis dahin Mögliches unmöglich werden. Zugleich aber machen sie spürbar, dass in den bekannten Möglichkeiten Unmöglichkeiten und in den bekannten Unmöglichkeiten Möglichkeiten lauern – und dass dieser Latenzzustand die Gegenwart ist.«

Man könnte auch psychoanalytisch so formulieren: Die ästhetische Erfahrung lässt am Bewussten das Unbewusste erahnen, am Begreiflichen das Unbegreifliche aufscheinen oder am Manifesten das Latente spürbar werden. In ihnen wird das Unbewusste zum Sehen, zum Hören, zum Spüren und zum Fühlen gebracht. Ästhetische Erfahrungen sind in ausgezeichneter Weise Verfahren, mit denen man sich über sich selbst aufklären kann. Sie können als Leitmedien ganzheitlicher Selbsterfahrung verstanden werden, denn die Begegnung mit dem Fremden, Unsinnigen und Andersartigen zwingt zur ästhetischen Positionierung. Die hierbei sich im Spiel befindlichen unbewussten Aktionen und Reaktionen von Übertragung und Gegenübertragung eröffnen und begrenzen die ästhetischen Spielräume der Wahrnehmung und Erfahrung – wie auch umgekehrt spezifische ästhetische Wahrnehmungen und Erfahrungen die Wege zum Unbewussten begrenzen oder eröffnen. »Im Spiel der *Kräfte* sind wir vor- und übersubjektiv – Agenten, die keine Subjekte sind; aktiv, ohne Selbstbewusstsein; erfinderisch, ohne Zweck. [...]

Als freies Spiel der Einbildungskraft ist die ästhetische Erfahrung unbewusst« (Menke, 2013, S. 13, 87).

## Spiele mit dem Unbewussten

Die ästhetische Erfahrung ist somit im Grunde eine liminale Erfahrung, eine Grenz-, Übergangs- oder auch Unterbrechungserfahrung. Man löst sich von gängigen Wahrnehmungsformen und Geschmacksurteilen, von bedeutsamen Phantasien und etablierten Ausdrucksweisen. Daher können ästhetische Erfahrungen Transformationen und Bildungsprozesse des ästhetischen Subjekts bedingen. Denn in ihnen lässt man sich auf ein Spiel mit dem Unbewussten ein, mit dem eigenen (diachronen) Unbewussten, aber auch mit dem kommunikativ zwischen Therapeut und Patient erzeugten (synchronen) Unbewussten. So finden wir in der ästhetischen Erfahrung die Grenzziehungen zwischen Bewusstheit und Unbewusstheit, Manifestem und Latentem, Alltagserfahrungen und Kunsterfahrungen, zwischen selbstzweckhaften und selbstbezogenen Erfahrungen, die zwischen Selbstbezug, Weltbezug und Sozialbezug, Eigenzeiten und Fremdzeiten, Eigenräumlichkeit und Fremdräumlichkeit, zwischen Materialität und Bedeutung, Affirmation und Negation, Unaussprechlichkeit und Sprachfindung, zwischen kunstbezogenen und kunsttranszendierenden Bezügen, Ein- und Vieldeutigkeit, Können und Unbeherrschbarkeit, Realität und Schein hin- und herpendeln (vgl. Brandstetter, 2012).

Mit diesem Einlassen auf das Spiel des eigenen und des kommunikativen Unbewussten liefert man sich einem Programm aus, das Regel und Zufall aufeinander bezieht, um

> »in den geregelten Ablauf die Dimension der unendlichen Verweisung aufzunehmen, an der jede eindeutige Referenz scheitern muss. [...] Das ist es, was das Spiel zu denken gibt, als Möglichkeit, aber auch als Erfahrung, als ästhetische Erfahrung, wenn man sich auf das Spiel einlässt« (Wetzel, 2005, S. 251).

Denn beim Spiel des Unbewussten stehen – pointiert formuliert – das Spiel und nicht die Spieler im Mittelpunkt des Geschehens. Diese sind interessant, insoweit sie sich auf das Spiel des Unbewussten einlassen. Das Spiel wird zum Subjekt, das Individuum und Unbewusstes so miteinander in Beziehung setzt, dass nicht nur das Individuum, sondern auch die unbewusste Welt als veränderte erscheint. Ästhetisches Spielen ist in einem Zwischenraum zu situieren, der sich einerseits einer strikten Intentionalität der Spielenden verschließt und ihnen andererseits Handlungs- und Ausdrucksmöglichkeiten bietet. Somit erscheint das Spiel nur begrenzt intentional therapeutisch instrumentalisierbar, entzieht es sich doch aufgrund seiner spezifischen nicht-funktionalen Funktionalität einer eindeutigen medizinischen Programmatik. Spielen ist durch Unberechenbarkeit, Kontingenz, Offenheit, Ambivalenz und Prozessualität zu kennzeichnen. »Der ursprüngliche Sinn von Spielen ist der mediale Sinn« (Gadamer, 1990, S. 109): Denn Spielen ist weder aktiv noch passiv, d. h., es geschieht in einem Zwischen, in dem es durch die Spielenden erscheint: Die Spieler sind zugleich die Gespielten. Das Spielgeschehen selbst ist ein Zwischen, in dem der Spielende und der Mitspielende bzw. die beteiligten unbewussten Dimensionen miteinander eine Bewegung vollziehen. Diese Bewegung kann durchaus zu radikalen Veränderungen der Beteiligten führen.

Ästhetische Erfahrungen ermöglichen andere Bilder der Welt, weil das Wahrnehmen selbst anders wird. Sie eröffnen Perspektiven der Selbst- und Weltbetrachtung, die dann wiederum auch andere Handlungslogiken möglich machen. Denn ästhetische Erfahrungen bringen eine sinnliche Intensivierung, eine anschauungsbezogene Distanzierung und eine erfahrungsrelative Dekonstruierung von Wahrnehmungen mit sich. Mit anderen Worten: In der ästhetischen Wahrnehmung wird die Selbstwahrnehmung zur Fremdwahrnehmung. Die Grundsituation der ästhetischen Erfahrung ist die Erfahrung eines Anderen, auf die das Subjekt eine Antwort finden muss: Es fällt uns etwas auf, das wir bislang noch nicht wahrgenommen haben. Das Andere wird in der ästhetischen Erfahrung zum Ausdruck einer möglichen Welt (Musil); die ästhetische Erfahrung dekonstruiert die ontologische Statik, weil mit ihr andere aisthetische, aber auch theoretische und praktische Möglichkeitsspielräume aufscheinen.

In der ästhetischen Erfahrung macht der Mensch Erfahrungen mit *seinen* Wahrnehmungs-, Beurteilungs- und Geschmacksmöglichkeiten und -grenzen. Ästhetische Erfahrungen haben eine eigenwillige psychische Dialektik: Sie verwickeln die Menschen in sinnlich-emotionale Sachverhalte und distanzieren sie gleichermaßen von ihnen. Das kann, muss aber nicht in der Auseinandersetzung mit Kunstwerken geschehen. Folgen wir dem Philosophen Dieter Henrich (2001, S. 132), so vergegenwärtigt uns die Kunst

> »Prozesse des bewußten Lebens in einem wirklichen Vollzug und zugleich doch so, daß sie nicht auch schon wirklich von uns vollzogen sind. Die Distanz in der Betrachtung wird also nicht aufgehoben. Aber sie wirkt nunmehr dahin, daß deren Gehalte uns ergreifen können.«

Ästhetische Erfahrungen kann ich mit vielerlei machen, mit einer Szenerie (Sonnenuntergang), mit Kunst (Bild), mit einem Menschen, einer Interaktion oder einem banalen Gegenstand (Tisch). Insofern gibt es keine Situation, in der man keine ästhetischen Erfahrungen machen kann, wenn man auch sagen muss, dass kunstbezogene Erfahrungen i. d. R. ästhetische Erfahrungen begünstigen. Ästhetische Erfahrungen kann ich aber auch mit Phantasien und Träumen oder eben in der Therapie machen. Und neben der sinnverdichtenden Kunst ist es wohl die sinnferne Natur, die Menschen in besonderer Weise herausfordert, ihr eine Bedeutung zu verleihen. Denn sie präsentiert sich den Menschen als kontingentes Form- und Prozessgebilde und bewahrt so eine Pluralität an Spielräumen gegenüber ästhetischen Entwürfen und Perspektiven. Doch die Kunst scheint in besonderer Weise für ästhetische Erfahrungen prädestiniert. Denn Kunstwerke und kunstspezifische Handlungsformen bringen uns in einer spezifischen Weise vor uns selbst, sodass in ihrer Erfahrung der alltägliche Weltbezug in der Wahrnehmung des Kunstwerks aufgehoben ist. In diesem Sinne sind Kunstwerke ein besonderer Ausdruck der ästhetischen Erfahrungsfähigkeit des Menschen, die mit ihrer modellhaften Intensität eine besondere Relevanz, nämlich Infragestellungen, Bestätigungen oder auch Veränderungen von Selbst- und Weltverständnissen für das Subjekt zeitigen können. Insofern sind sie gerade für therapeutische Prozesse so gut geeignet (Dannecker, 2010).

### Die therapeutische Situation

Vor diesem Hintergrund lassen sich die skizzierten Dimensionen ästhetischer Erfahrung auf psychoanalytische Sachverhalte, resp. auf die therapeutische Situation, beziehen (vgl. Gamm, 1990; Holm-Hadulla, 1994, 1997; Soldt, 2007; Zirfas, 2012a). Eine wesentliche Voraussetzung für die Möglichkeit »ästhetischer Erfahrungen« in der Psychotherapie wird darin gesehen, »eine von Alltagszwängen und moralischen Redenormen *entlastete* Situation« zu schaffen, die einen offenen und spielerischen Zugang zu unbewussten Prozessen eröffnet (Gamm, 1990, S. 98f.). Der Prototyp einer solchen therapeutischen Situation ist das Zusammenspiel von »freier Assoziation« aufseiten des Patienten und »gleichschwebender Aufmerksamkeit« aufseiten des Therapeuten (vgl. Gödde & Zirfas, 2007).

In psychotherapeutischer Hinsicht erscheinen die freie Assoziation und die gleichschwebende Aufmerksamkeit als Bedingungen der Möglichkeit einer ästhetischen Erfahrung: Sie gleichen einer zweckhaften Haltung ohne Zweck, in der das Unbewusste des Patienten mit dem des Therapeuten in Beziehung kommen soll. Denn nur als ästhetische Erfahrung gelingt eine Synthese von Emotion und Theorie, von Wahrnehmung und Antizipation, von Selbst- und Fremdbezüglichkeit. Wahrnehmungsprozesse, Erfahrungen und Beurteilungen können im therapeutischen Prozess nicht still gestellt werden, sondern bleiben in Bewegung und Spannung, einer Balance zwischen Distanz und Empathie, von äußerer und innerer Wahrnehmung einerseits, von Hypothesenbildung und praktischen Vorschlägen andererseits.

> »Ästhetische Erfahrung ist eine Erfahrung, deren Kern eine in der ästhetischen Aufmerksamkeit gegenüber einem Gegenstand gegründete ästhetische Wahrnehmung dieses Gegenstandes bildet und die eine positive lustvolle, affektive oder evaluative Reaktion auf diese Wahrnehmung selbst oder den Gehalt dieser Wahrnehmung enthält« (Levinson, 2013, S. 56).

Insofern kann die ästhetische Aufmerksamkeit als eine Form der Wahrnehmung bestimmt werden, die sich auf die Eigenschaften und die Formen der Gegenstände um ihrer selbst willen bezieht (ebd., S. 55).

Damit es zu ästhetischen Erfahrungen kommen kann, ist zunächst das Zulassen und die Offenheit für spielerische Wahrnehmungen und Erfahrungen, das Sich-Öffnen gegenüber Gefühlen und Gedanken (vgl. Kühn, 2007, S. 47), das Sich-Eingestehen von »andersartigen« Empfindungs- und Verstehensmodalitäten in Übertragungen und Gegenübertragungen zu nennen. »Die Übertragung des Analysanden, das, was an seinen Vorstellungen von seiner Analytikerin höchst subjektiv ist und seine Beziehung zu ihr bestimmt, ist zugleich ihre ästhetische Beschaffenheit und *seine* ästhetische Erfahrung« (Pflichthofer, 2013, S. 153). Hierzu lassen sich auch die Vergrößerung der Sensibilität und die Schulung der Sinnlichkeiten gerade in Bezug auf Fragen der Atmosphäre, der Faszination, des Rhythmus oder der Idiosynkrasie zählen. Zentral geht es hierbei um die Wahrnehmung und die Erfahrung der psychischen Wirklichkeit. Man kann daher von einer ästhetischen Erfahrungsdisposition sprechen, oder von einem spezifischen Habitus für die Aufmerksamkeit, die Wahrnehmung, das Spüren und die Erfahrung von ästhetischen Sachverhalten.

Zur ästhetischen Erfahrung gehört auch die Hervorhebung von kleinen unscheinbaren Details. In seiner Studie über den »Moses des Michelangelo« verweist Freud auf einen russischen Kunstkenner namens Ivan Lermolieff, der eine ästhetische Revolution in der ästhetischen Hermeneutik hervorgerufen habe:

»Er brachte dies zustande, indem er vom Gesamteindruck und von den großen Zügen eines Gemäldes absehen hieß und die charakteristische Bedeutung von untergeordneten Details hervorhob, von solchen Kleinigkeiten wie die Bildung der Fingernägel, der Ohrläppchen, des Heiligenscheins und anderer unbeachteter Dinge [...]. Ich glaube, sein Verfahren ist mit der Technik der ärztlichen Psychoanalyse nahe verwandt. Auch diese ist gewöhnt, aus gering geschätzten und nicht beachteten Zügen, aus dem Abhub – dem ›refuse‹ der Beobachtung – Geheimes und Verborgenes zu erraten« (Freud, 1914a, S. 185).

Eine ästhetische Hermeneutik könnte hierbei auf den bekannten hermeneutischen Zirkel verweisen, der das Verstehen eines Sachverhaltes durch das Ineinander zweier Prozesse beschreibt, die vom Ganzen zum Detail und vom Detail zum Ganzen verlaufen. Hier kommt also die metaphorische, symbolische, ikonische und indexikale Interpretation nach psychoanalytischen Prinzipien oder auch die Differenzierung von manifester und latenter Form, die Unterscheidung von Repräsentation und Nicht-Repräsentiertem ins Spiel. Zugleich sollte aber festgehalten werden, dass mit der Beschreibung und Thematisierung der Wahrnehmungs- und Erfahrungsformen eine Selbstreflexivität des Forschenden einhergeht, eine Relationierung der sinnlichen Relationen, eine Genealogie der Entstehung von Erfahrungsformen, eine Perspektive auf die übersehenen Aspekte eines Gegenstandes oder auch eine Kritik der Wahrnehmung und unberechtigter Generalisierungen.

Ästhetische Erfahrungen verändern also nicht nur die Welt, sondern primär den Menschen. Außenwahrnehmungen gehen mit Innenwahrnehmungen einher. Doch es sind primär Selbsterfahrungen, Auseinandersetzungen mit seinen eigenen Wahrnehmungs- und Interpretationsmustern. »Im Dienst der Entmythologisierung von Ich und Welt ist die permissive Technik freier Assoziation ein ideales Instrument zu rückhaltloser ästhetischer Selbstbespiegelung« (Gamm, 1990, S. 100). Diese Perspektive fasst Freud unter den Begriff der *Entfremdung*: »Entweder erscheint uns ein Stück der Realität als fremd oder ein Stück des eigenen Ichs. In letzterem Fall spricht man von ›Depersonalisation‹; Entfremdungen und Depersonalisation gehören innig zusammen« (Freud, 1936, S. 255). Ästhetische Erfahrungen ermöglichen es in dieser Hinsicht, sich einerseits mit den eigenen Abwehr- und Verleugnungsdispositionen und andererseits mit der eigenen Vergangenheit, mit dem »Erinnerungsschatz des Ichs und früheren peinlichen Erlebnissen« (ebd.) auseinandersetzen zu können. Insofern können Depersonalisationserfahrungen, indem sie eine (grundlegende) Veränderung der psychischen Strukturen in Bezug auf den Zusammenhang von Wahrnehmungsobjekt und subjektiver Bedeutungszuschreibung vornehmen (vgl. Leikert, 2012, S. 81), zu Bildungs- oder Transzendenzerfahrungen werden.

Psychoanalytisch betrachtet, lässt sich die ästhetische Erfahrung als eine Erfahrung der Regression beschreiben, als eine Erfahrung, die vor alle Erkenntnis zurückführt, um diese wiederum neu und anders möglich zu machen. In diesem Sinne ist die ästhetische Erfahrung – pathetisch formuliert – ein *Reset-Programm*, das beim Menschen ästhetisch alles wieder auf Anfang stellt und somit eine grundlegende Erneuerung der Empfindung und des Denkens ermöglicht. Damit also der Mensch die Welt und sich selbst neu erfahren kann, muss er, wie Schiller formuliert:

> »augenblicklich von *aller Bestimmbarkeit frei* sein und einen Zustand der bloßen Bestimmbarkeit durchlaufen. Mithin muß er auf gewisse Weise zu jenem negativen Zustand der bloßen Bestimmungslosigkeit zurückkehren, in welchem er sich befand, ehe noch irgend etwas auf seinen Sinn einen Eindruck machte« (Schiller, 1984, 20. Brief).

Dieses Versprechen des Neubeginnen-Könnens konvergiert mit der Idee, dass die ästhetische Bestimmungsfähigkeit mit einer »*erfüllten Unendlichkeit*« (21. Brief) einhergeht. So gleicht der Mensch im ästhetischen Zustand einerseits einer »Null« (ebd.), die sich durch einen Selbst- und Weltverlust auszeichnet, und andererseits der »höchsten Realität« (22. Brief), da sich ihm die Möglichkeit einer vollumfänglichen freien Selbst- und Weltbestimmung eröffnet. Im ästhetischen Zustand wird der Mensch bestimmt und er bestimmt sich zugleich selbst und erreicht dadurch einen Zugang zu einer transzendenten, schöpferisch entdeckten Realität (vgl. Zirfas, 2015a).

Und schließlich: Die ästhetische Erfahrung ist eine Einübung in die Präsenz und in die Vergänglichkeit. Denn eine besondere Bedeutsamkeit von ästhetischen Erfahrungen liegt in der Vergegenwärtigung des Selbstvollziehens von sinnstiftenden Wahrnehmungen und ästhetischen Prozessen, in der die Zeit in einer besonderen Form von Gegenwärtigkeit entfaltet wird. Sie versetzt Menschen in die Lage, »die eigene Passivität nicht nur zu ertragen, sondern auch kreativ zu genießen« (Pflichthofer, 2013, S. 150). Sie macht auf die Unverfügbarkeiten, Kontingenzen, auf Grenzen und Brüche, aber auch auf Perspektiven, Möglichkeitsräume, Veränderungshinsichten und Mehrdeutigkeiten aufmerksam. »Im ästhetischen Erleben lassen wir uns verführen, körperlich mit der Einmaligkeit des sinnlichen Augenblicks in Verbindung zu treten und erleben eine Vitalität, die ihre Aura sowohl aus dem Zugang zur Präsenz des Einmaligen der Gegenwart wie auch aus dessen Verbindung zu unserer vital-kinetischen Erfahrung erhält« (Leikert, 2012, S. 157). Ästhetische Erfahrungen sind insofern Präsenzerfahrungen, sind Erfahrungen der Präsenzgewinnung und Präsenzerzeugung – die natürlich im Zusammenhang mit der Involviertheit in biografische oder auch historisch-kulturelle Zeiten stehen (vgl. Seel, 2000, S. 220f.; Zirfas, 2010b).

Hierzu heißt es bei Yalom (2010, S. 61, 63):

> »Das Hier und Jetzt ist die Hauptquelle der therapeutischen Wirkung [...]. Es bezeichnet die unmittelbaren Vorgänge in der Therapiestunde [...]. Zusammengefasst liegt der Grund für die Nutzung des Hier und Jetzt darin, dass menschliche Probleme überwiegend beziehungsgebunden sind, und dass die interpersonalen Probleme sich irgendwann im Hier und Jetzt seiner Begegnung mit dem Therapeuten manifestieren werden.«

Dazu gilt es, das Hier und Jetzt in seinen phänomenalen Erscheinungen und seinen hermeneutischen Möglichkeiten bewusst, aber auch unbewusst wahrzunehmen und zu verstehen. Erst dann erscheint es sinnvoll, sein Leben anders als bislang auch zu ästhetisieren und zu stilisieren.

## Ausgewählte Literatur

Dannecker, K. (2010). *Psyche und Ästhetik. Die Transformationen der Kunsttherapie*. Berlin: Medizinisch Wissenschaftliche Verlagsgesellschaft.
Gamm, G. (1990). In der Lehre der verschwundenen Metaphysik. Das Ästhetische in der psychoanalytischen Therapeutik. In G. Gamm & G. Kimmerle (Hrsg.), *Ethik und Ästhetik. Nachmetaphysische Perspektiven* (S. 94–130). Tübingen: edition diskord.
Gödde, G., Pohlmann, W. & Zirfas, J. (Hrsg.). (2015). *Ästhetik der Behandlung. Beziehungs-, Gestaltungs- und Lebenskunst im psychotherapeutischen Prozess*. Gießen: Psychosozial-Verlag.
Gödde, G. & Zirfas, J. (2007). Von der Muße zur »gleichschwebenden Aufmerksamkeit« – Therapeutische Erfahrungen zwischen Gelassenheit und Engagement. *psycho-logik. Jahrbuch für Psychotherapie, Philosophie und Kultur, 2*, 135–153.
Holm-Hadulla, R. (1997). *Die psychotherapeutische Kunst. Hermeneutik als Basis therapeutischen Handelns*. Göttingen: Vandenhoeck & Ruprecht.
Pflichthofer, D. (2008). *Spielräume des Erlebens. Performanz und Verwandlung in der Psychoanalyse*. Gießen: Psychosozial-Verlag.
Pflichthofer, D. (2013). Ästhetische Erfahrungen in der Psychoanalyse. Zeit und Raum für sinnliche Erkenntnis. *Imago. Interdisziplinäres Jahrbuch für Psychoanalyse und Ästhetik, 1*, 139–158.
Seel, M. (2004). Über die Reichweite ästhetischer Erfahrung – Fünf Thesen. In G. Mattenklott (Hrsg.), *Ästhetische Erfahrung im Zeichen der Entgrenzung der Künste* (S. 73–82). Hamburg: Felix Meiner.

Soldt, Ph. (Hrsg.). (2007). *Ästhetische Erfahrungen. Neue Wege zur Psychoanalyse künstlerischer Prozesse*. Gießen: Psychosozial-Verlag.
Zirfas, J. (2015a). Grenzen und Reichweite der ästhetischen Erfahrung. Perspektiven für Psychoanalyse und Psychotherapie. In G. Gödde, W. Pohlmann & J. Zirfas (Hrsg.). (2015), *Ästhetik der Behandlung. Beziehungs-, Gestaltungs- und Lebenskunst im psychotherapeutischen Prozess* (S. 55–73). Gießen: Psychosozial-Verlag.

## Das Glück der Phantasie

Imaginationen sind ästhetische Modulations- und Modifikationsräume. Hinter diesem Gedanken steht die anthropologische These, dass wir Lebewesen sind, die sich, andere und die Welt nur in Bildern zugänglich machen können. Imaginationen stehen für die Fähigkeit und die Kraft, Bilder in sich aufzunehmen, sie sich »einzubilden«. So betrachtet, verinnerlicht die Imagination die äußeren Bilder, transformiert die Außenwelt in die Innenwelt. Aber sie verleiht auch der Innenwelt Ausdruck, indem sie die inneren Bilder »veräußert«, die Realität mit imaginären Strukturen versieht. Insofern gehen in Fragen der Lebenskunst neben Erfahrungen, Sinneswahrnehmungen, leiblichen Befindlichkeiten sowie Beurteilungen, Reflexionen und kritischen Einschätzungen und Verhaltens- und Handlungsmustern immer auch *imaginäre* Vorstellungen des Möglichen – und des Unmöglichen – mit ein (vgl. Wulf, 2014; Zirfas, 2014).

Im Griechischen bedeutet *Phantasie* nicht primär Einbildungskraft (pure Träumerei), sondern die Vorstellung eines Sachverhaltes.

> »Der griechische Terminus ›phantasia‹ stammt vom Verbum ›phaino‹, ›erscheinen‹, ›ins Licht treten‹. [...] Einmal kann sie [die phantasia] als ursprüngliche Tätigkeit verstanden werden, die auf Grund der Sicht von Ähnlichkeiten Beziehungen aufdeckt, um dadurch ›Neues‹ erscheinen zu lassen: Phantasia in ihrer ontologischen Funktion. Die zweite Deutungsmöglichkeit besteht darin, die Phantasie als eine Tätigkeit zu verstehen, die auf bewahrte Eindrücke zurückgreift und sie dann als ›Scheinbilder‹ reproduziert. Phantasie als Vorstellungsgabe für ›Irreales‹« (Grassi, 1984, S. 184; vgl. Kamper, 1995).

Die Welt erscheint den Menschen in der Art und Weise ihrer Vorstellung; und sie erscheint ihnen in der Art und Weise ihrer Entwürfe.

Im Folgenden werden Imagination, Einbildungskraft und Phantasie synonym gebraucht, obgleich man durchaus Differenzen festhalten kann. Während die »Einbildung« die Möglichkeit meint, sich ein Bild hereinzuholen, vor das innere Auge zu stellen, bezeichnet die »Imagination« die Fähigkeit, sich ein Bild zu machen, während die »Phantasie« häufig dafür steht, etwas wirklich Neues darzustellen. In diesem Sinne würde sich die Einbildung stärker auf die Vergangenheit, die Imagination auf die Gegenwart und die Phantasie auf die Zukunft beziehen.

Christoph Wulf (2014, S. 57) fasst die wichtigsten Aspekte der (projektiven) Phantasie wie folgt zusammen:

»1. Auf Zukünftiges projizierte Bilder sind Möglichkeitsbilder vor einem Horizont der Ungewissheit und Unschärfe.
2. Ob und wie sich diese Projektionen realisieren lassen, ist prinzipiell offen.
3. Projektionsbilder versuchen, die Zukunft einzuholen und vorzubereiten.
4. Sie sind notwendig unscharf und harren der Konkretisierung.
5. Projektionsbilder sind Bilder der Sehnsucht, des Begehrens, der Antizipation, bedroht vom Fehlschlag.«

Übersetzt man diese Charakteristika in den Kontext einer therapeutischen Lebenskunst, so lässt sich analog dieser Gesichtspunkte festhalten:
1. In der Therapie geht es (auch) um die Entwicklung neuer Lebens-, Handlungs- und Sinnperspektiven, und um das Aushalten der mit ihnen verbundenen Unsicherheit (Kontingenzkompetenz eines Lebensentwurfes).
2. Hierbei geht es zentral darum, das bloße »wishfull thinking« zugunsten von realistischeren Zukunftsperspektiven zu suspendieren. Es geht um die Entwicklung einer »exakten Phantasie« (Goethe), um die Herausarbeitung realitätsnaher Entwicklungen auf dem Weg in ein gelungeneres Leben (Realitätskompetenz).
3. Im therapeutischen Prozess ändern sich die Zukunftsentwürfe und gewinnen sowohl an Konkretisierung, aber auch an Abstraktion. Beide Tendenzen – geschlossenere und offenere Entwicklungen – kennzeichnen gleichermaßen den Weg zu einem stabileren imaginären Entwurf (Konkretisierungs- und Abstraktionskompetenz).
4. Die Funktion des Therapeuten kann dementsprechend als Wahrnehmung und Entwicklung von Konkretisierungs- wie Abstrahierungsmöglichkeiten gesehen werden. Es geht – allgemein gesprochen – darum, dem Patienten Entwicklungsmöglichkeiten zu eröffnen, ohne diesen auf konkrete Entwicklungen festlegen zu wollen. Am Therapeuten kann der Patient das aktive Imaginieren lernen und somit eigenständige Zukunftsentwürfe entwickeln (Imaginationskompetenz).

5. Ausgangspunkt der Phantasien sind Wünsche, Begehrens- und Angststrukturen, die den Menschen weniger über die Zukunft, sondern sehr viel mehr über sich selbst belehren (Reflexionskompetenz der Wünsche; Entwicklung eines persönlichen Mythos). In diesem Kontext kann man etwa mit Callendar (2005) daran erinnern, dass Selbsturteile in Psychotherapien in hohem Maße ästhetische Urteile sind.

Zusammenfassend: Ziel der therapeutischen Lebenskunst sind Imaginations- und Realitäts-, Konkretisierungs- und Abstraktions- sowie Kontingenz- und Reflexionskompetenz eines imaginierten gelungenen Lebens. Diese Aspekte werden wir im Folgenden darstellen und diskutieren.

### Nur der Unglückliche phantasiert – Möglichkeitsräume

Imaginationen scheinen nun für die Thematik der therapeutischen Lebenskunst zentral, denn sie eröffnen Möglichkeitsräume (Hüppauf & Wulf, 2006, S. 29) – auch und gerade für Bilder des idealen menschlichen Glücks. Insofern bilden Imaginationen Operatoren und Modelle für die Konstruktionen der jeweils historisch, kulturell und sozial verschieden ausgeprägten Bildvorstellungen des Glücks. Und auch das Glück scheint wie gemacht für die Imagination, lässt sich doch das Glück der Imagination in einem ersten Zugang als Glück der prinzipiell unendlichen Möglichkeiten der Verknüpfungen von Lustmöglichkeiten verstehen. Walter Benjamin schreibt in seiner Schrift »Einbahnstraße« von der Kraft der Phantasie:

> »Das Vermögen der Phantasie ist die Gabe, im unendlich Kleinen zu interpolieren, jeder Intensität als Extensivem ihre neue gedrängte Fülle zu erfinden, kurz, jedes Bild zu nehmen, als sei es das des zusammengelegten Fächers, das erst in der Entfaltung Atem holt und mit der neuen Breite die Züge des geliebten Menschen – [wir ergänzen: und die Züge des gelungenen Lebens] – in seinem Innern aufführt« (1984, S. 37).

Imaginationen eines idealen Lebens sind transzendente Wunschentwürfe, die über die Wirklichkeit hinausführen und allgemein und individuell Wünschenswertes einbeziehen. Glücksideale und Glücksutopien stehen für die Zuversicht, dass eine Entwicklung zu besserem Fühlen, Denken und Handeln und somit auch die Realisierung einer besseren Welt möglich ist. Die idealen Lebensmodelle konkretisieren und realisieren das Glück des Menschen nur in der Imagination. Sie sind Wegweiser. Glück als reale Erfahrung erscheint dagegen oftmals als ein defizienter Modus des idealen Glücks. Fasst man das imaginäre Glück vieler abendländischer Modelle auf einer abstrakten Ebene zusammen, so zielt dieses auf zweierlei: Es zielt 1. nicht auf das Glückhaben, sondern vor allem auf das Glücklichsein, und es zielt 2. auf die Positivität, Vollständigkeit, Dauerhaftigkeit, Intensität und objektive Begründungsfähigkeit eines befriedigenden Zustandes.

Phantasien liegen an der Schnittstelle von Subjektivität und Kulturalität und von Onto- und Phylogenese sowie von Kontrollierbarkeit und Unverfügbarkeit und sie kommen sowohl als bewusste wie als unbewusste Phänomene vor. So kann man zwischen den bewussten Phantasien, etwa den Dichtungen, und den unbewussten Imaginationen, etwa den Träumen, unterscheiden. Phantasien, so heißt es auch bei C.G. Jung (2010, S. 128), sind die »natürlichen Lebensäußerungen des Unbewussten« (und mit den psychoanalytischen Überlegungen von Jung müsste man zwischen den »gefühlsbetonten Komplexen« des individuellen Unbewussten und den Inhalten des kollektiven Unbewussten, den Archetypen, unterscheiden, ebd., S. 7f.). Phantasien kommen eine Beurteilungs- und Bewertungsdimension sowie eine Erregungs- und Motivkomponente zu und sie lassen sich daher auch mit einer gewissen Intentionalität und Attraktivität in Verbindung bringen. Ludger Schwarte differenziert hier zwischen Intuition und Imagination:

> »Die Imagination fabriziert die Parameter der Wirklichkeit. Im Gegensatz dazu situiert die Intuition überhaupt erst die Bandbreite des Möglichen. [...] Die Imagination folgt der Spur, die die Intuition herausschält. Die Intuition macht das Einräumen des Unvorhersehbaren und die Wahrnehmung von heterogenen Qualitäten ebenso möglich, wie die Existenz des bloß Erscheinenden« (2006, S. 102f.).

Schließlich sind Phantasien eng mit einem Selbstverständnis und einem Selbstentwurf des Menschen verbunden. Der Mensch erzeugt seine Bilderwelten, doch diese sind auch an seiner Erzeugung beteiligt. Kurzum, Phantasien ermöglichen die Erfahrung einer lebendigen Wirklichkeit, durch sie erfahren wir, was für uns wirklich wichtig und bedeutsam ist. »Das Imaginäre ist einer Karte vergleichbar, mit deren Hilfe wir die Welt in dem Bewusstsein lesen, dass sie uns als reale nicht zugänglich ist« (Wulf, 2014, S. 89).

Am Nikolaustag im Jahr 1907 hält Sigmund Freud in der Verlagsbuchhandlung Hugo Heller vor etwa 90 Zuhörern einen Vortrag mit dem Titel »Der Dichter und das Phantasieren«, der bald darauf zu einem der Grundtexte der psychoanalytischen Kunst- und Kulturinterpretation wird. Freud zielt mit seinem Vortrag auf die Frage, was Menschen dazu bewegt, Zeit und Energie für eine Tätigkeit aufzuwenden, bei der auf den ersten Blick eine unmittelbare Befriedigung, sei es in Form des Essens und Trinkens oder auch der Sexualität, nicht erkennbar ist, nämlich das Dichten. Da das Dichten sich einer direkten Beobachtung entzieht und die Ausführungen der Dichter oftmals wissenschaftlich nicht sehr ergiebig sind, erläutert Freud das Dichten anhand einer Analogie mit dem kindlichen Spielen. Diese Analogiebildung führt ihn dann zu Hypothesen der motivationalen Phantasietätigkeit und zu den Grundlagen dessen, was als Sublimation den kulturellen Höchstleistungen zugrunde liegen soll. Diese Überlegungen bringen Freud zu einem für die Kulturpsychologie insgesamt bedeutsamen Ansatz: »Man darf sagen«, so heißt es ganz lapidar, »der Glückliche phantasiert nie, nur der Unbefriedigte. Unbefriedigte Wünsche sind die Triebkräfte der Phantasien, und jede einzelne Phantasie ist eine Wunscherfüllung, eine Korrektur der unbefriedigenden Wirklichkeit« (Freud, 1908b, S. 216).

Der Glückliche phantasiert nicht, weil nach dem ökonomischen Modell der Psyche alle menschlichen Aktivitäten letztlich einer Reäquilibrierung körperlich determinierter Energien dienen. Und insofern sind kulturelle, d. h. auch künstlichere Tätigkeiten wie das Phantasieren, nur Umwege zum befriedigenden Gleichgewicht. Im Jahr 1907 ist die psychoanalytische Theoriebildung hinsichtlich der Differenzierung in Triebquelle, Triebobjekt und Triebziel schon hinreichend ausformuliert; und vor dem Hintergrund der These, dass der psychische Apparat, durch das Konstanzprinzip bedingt, das generelle Ziel der Abfuhr von Energie verfolgt, sind Phantasien eigentlich nur eudämonistische Lösungen zweiter Ordnung, da der Apparat zunächst und zumeist nach einer direkten Abfuhr, sprich: Befriedigung strebt. Es muss hier im Weiteren nicht interessieren, dass für Freud die Phantasien sich entweder sexuell und erotisch auf andere Menschen oder aber narzisstisch auf das eigene Ich richten, oder dass er eine Analogiereihe von Phantasie, Spiel und Traum herstellt (vgl. Zirfas, 2004b).

Infrage steht die Idee, dass Phantasien des Glücklichseins nur die Kompensation eines erlebten Mangels, nur die illusionäre Korrektur einer unbefriedigenden Wirklichkeit darstellen. Anders formuliert: Eine Welt der Glücklichen wäre eine Welt ohne Phantasie. Doch stimmt diese These: Meint die Imagination des Glücks mehr als das Befriedigen eines Wunsches und das Entstehen eines neuen? Lässt sich die Vorstellung von Glück und Befriedigung auf eine Kompensation des Mangels reduzieren? Vergegenwärtigen die Phantasien des Glücks uns unsere anthropologische Bedürftigkeit und Unvollständigkeit oder sind sie Ausdruck einer vielleicht über die Phantasien selbst hinausgehenden Vollständigkeit und Transzendenz des Menschen?

Während Freud dahingehend argumentiert, dass Menschen die bewussten Imaginationen des Glücks als Substitute der Befriedigung brauchen, um sich dennoch glücklich zu fühlen, soll hier verdeutlicht werden, dass in den unbewussten Imaginationen des Glücklichseins selbst kein ideales Bild des Glücks zum Ausdruck kommen kann. Metaphorisch formuliert: Die Imaginationen des vollkommenen Glücks sind nicht nur das Resultat der Vertreibung aus dem Paradies, sondern sie sind selbst nicht paradiesisch, weil auch in ihnen ein Mangel an Glück noch präsent ist.

Fast müßig zu erwähnen, dass über die Jahrhunderte hinweg – von der Antike bis hin zur Moderne – immer wieder vor den Illusionen des Glücks, dem bloßen *wishfull thinking* gewarnt wurde (vgl. Camassa et al., 1989). Dasjenige für Realität zu halten, von dem man wissen kann, dass es unerreichbar, unwirklich oder schädlich für den Menschen ist, erscheint nicht nur unsinnig, sondern auch unökonomisch: Pure Illusionen führen letztlich ins Unglück. So heißt es etwa bei Arthur Schopenhauer, einem der größten Philosophen des Unglücks:

> »Mit den menschlichen Glückszuständen verhält es sich meistens wie mit gewissen Baumgruppen, welche, von ferne gesehn, sich wunderschön ausnehmen: geht man aber hinan und hinein; so verschwindet diese Schönheit: man weiß nicht, wo sie geblieben ist, und steht eben zwischen den Bäumen« (1851b, S. 645, §330).

In diesem Sinne lässt sich die Vorstellung (und Realisierung) des Glücks als ein Missverständnis auffassen. Der Mensch wird durch das erhoffte Glück erst getäuscht und dann durch das reale enttäuscht.

Dabei lässt sich natürlich mit Freud argumentieren, dass das Glück nicht immer als Reaktion auf eine Befriedigung erfolgt und noch weniger als Folge eines Wunsches. Ein befriedigter Wunsch kann Quelle des Glücks sein, kann aber auch Enttäuschung zur Folge haben als Reaktion auf die Erfüllung selbst. Freud kennt ja ein »Jenseits« des Lustprinzips. Und Ernst Bloch spricht hier von der »Melancholie der Erfüllung«, das sich dem »Dunkel des gelebten Augenblicks« verdankt, denn »kein irdisches Paradies bleibt beim Eintritt ohne den Schatten, den der Eintritt noch wirft« bzw. ohne den Vorschein, den die Zukunft noch verheißt. Wenn das Dunkel des gelebten Augenblicks sich erst in dem Moment lichtet, wo das Leben nicht nur gelebt, sondern auch unmittelbar erlebt wird (Bloch, 1982, S. 334, 348), erscheint auch eine unmittelbare und vollständige Wahrnehmung von Glück möglich. Umgekehrt aber wird die Befriedigung eines Wunsches im Allgemeinen durchaus als angenehm empfunden. Und die Entstehung eines neuen Wunsches wird dagegen doch nur deswegen angenehm empfunden, weil sie mit der Imagination der Erfüllung gekoppelt ist, denn ohne diese Vorstellung wäre ein neuer Wunsch eine Tortur des Menschen, eine Quelle überflüssigen Leidens.

### Der Wunsch nach dem verlorenen Paradies

Glücksimaginationen erscheinen unvermeidlich. Denn folgt man psychoanalytischen Überlegungen, so ist der Mensch ein Wunschtier. Der Wunsch steht dabei in Abgrenzung zum Trieb einerseits, der sich an ein Objekt richtet und sich an ihm befriedigt, und in Abgrenzung zum Verlangen, das sich formulieren lässt und an einen konkreten Anderen richtet. Der Wunsch steht nicht in Beziehung zu einem realen Objekt und einem realen Gegenüber, sondern in Beziehung zu einer imaginierten Szene, einem Phantasma des Glücks. An dieser Stelle soll an Freuds Theorie der zeitlichen Kompetenz der Phantasie erinnert werden.

> »Das Verhältnis der Phantasie zur Zeit ist überhaupt sehr bedeutsam. Man darf sagen: eine Phantasie schwebt gleichsam zwischen drei Zeiten, den drei Zeitmomenten unseres Vorstellens. Die seelische Arbeit knüpft an einen aktuellen Eindruck, einen Anlaß in der Gegenwart an, der imstande war, einen der großen Wünsche der Person zu wecken, greift von da aus auf die Erinnerung eines früheren, meist infantilen, Erlebnisses zurück, in dem jener Wunsch erfüllt war, und schafft nun eine auf die Zukunft bezogene Situation, welche sich als die Erfüllung jenes Wunsches darstellt, eben den Tagtraum oder die Phantasie, die nun die Spuren ihrer Herkunft vom Anlasse und von der Erinnerung an sich trägt« (1908b, S. 217).

Im Zentrum der phantastischen Bildermaschine der Psychoanalyse steht die verloren gegangene vollkommene Lust der Vergangenheit. Die Gegenwart speist sich nach Freud überwiegend aus einer subjektiven Vergangenheit, die niemals ungültig werden kann und dennoch die Perspektive einer offenen Zukunft und der damit verbundenen Befriedigungsmöglichkeiten bieten soll. Man könnte daher folgern: Weil nur die Erinnerung eine gewisse Dauerhaftigkeit, Stabilität und Unangreifbarkeit eines lustvollen Zustandes gewährleisten kann, lässt sich ein hedonistisches Glück nur in der retrospektiven Phantasie gewährleisten. Während die Vorstellung aktuell und zukünftig dauerhaften Glücks auf Illusionen beruht, gibt das dauerhafte Präteritum ein nicht hintergehbares real-psychisches Vorbild für das Glück ab. Und diese retrospektive Perspektive des Glücks führt Freud dazu, die Imaginationen des Glücks über die Ontogenese hinaus in die vorgeburtliche Existenz zu verlängern. Jung geht noch einen Schritt weiter, wenn er die Vollkommenheit der Imagination über das Einzelindividuum hinaus mit einer überindividuellen, archaischen Schicht des Menschengeschlechts in Verbindung bringt: »Je schöner, je großartiger, je umfassender das gewordene und übermittelte Bild ist, desto weiter ist es der individuellen Erfahrung entrückt. Wir können es nur noch einfühlen und anempfinden, aber die Urerfahrung ist verloren« (Jung, 2010, S. 11).

Der für die Phantasien verantwortliche Wunsch wird also mit dem Erinnerungsbild eines vollkommenen Befriedigungserlebnisses in eine enge Verbindung gebracht. In diesem Sinne verweist Freud darauf, dass ein wesentlicher Bestandteil des (Befriedigungs-)Erlebnisses mit der erinnernden Vorstellung einer gewissen Wahrnehmung, etwa von Nahrung, in einem engen Zusammenhang steht. Dieses Erinnerungsbild bleibt mit der Gedächtnisspur der Bedürfniserregung assoziiert. Immer dann, wenn sich ein Wunsch, etwa nach Nahrung, meldet, verknüpft er sich mit der Gedächtnisspur und erzeugt so eine psychische Regung, die darauf zielt, ein Erinnerungsbild wieder hervorzurufen und somit eigentlich die Situation der ersten Befriedigung wieder herzustellen. Eine solche Regung nennt Freud Wunsch (Freud, 1900, S. 570ff.). Und es scheint fast so, als ob es – mit der Psychoanalyse betrachtet – nur zwei Wunsch- und Befriedigungskontinuitäten im Leben gibt, nämlich die Bilder des Todes und die Bilder des Glücks – die wiederum in einem engen Zusammenhang stehen.

Der Wunsch ist der Bilderproduzent der vollkommenen imaginären Befriedigung der frühen Kindheit. Das Wünschen ist also nichts anderes als »Halluzinieren«. Und zwar das »reaktionäre« Halluzinieren eines Bildes, das die vergangene Erfüllung wiederherstellt. Als Halluzinieren ist das Wünschen eine Regung, eine auf Lust zielende »Strömung« (ebd., S. 604) und als solche Ausdruck des Trägheitsprinzips, das auf völlige Spannungslosigkeit im psychischen Apparat zielt (Freud, 1950, S. 307). Hiermit wird schon angedeutet, dass dieses Glück als Glücksgefühl, als Lustempfindung, kein vollkommener Zustand sein kann, da die Vorstellung eines glücklichen Zustandes als magisch, illusionär und jenseits der Erfahrung gefasst werden muss – gemeint ist dabei »ein phantasiertes, vor jeder Unbill gesichertes Kinderglück« (vgl. Parin, 1989, S. 118). Das führt den Menschen in das anthropologische Dilemma, dass er zwar immer wieder den kindlichen Zustand des Glücks erstreben will, im Traum, im Tagtraum, im (religiösen) Paradies oder im (literarisch-utopischen) Schlaraffenland, dass aber die *conditio humana* eben dies verhindert und Glück(lichsein) nur ein Moment des Lebens sein kann.

**Realistisches Glück**

Die zentrale These der *Traumdeutung*, dass jeder Traum einen verdrängten Wunsch verkleidet darstellt (Freud, 1900, S. 166), meint genau dies: Imaginationen verweisen auf Wunscherfüllungen, zeigen Zustände des Glücks. Die Imagination dient der Wunscherfüllung, indem sie dem Individuum einen szenischen Rahmen, eine Vor- und Darstellung bietet, die es diesem ermöglicht, einen Zugang zum Objekt des Begehrens zu finden. Es ist die Imagination, die das Subjekt in (eine) Szene (ver)setzt und auf die Bahn zu einem gelungenen Leben bringt. Insofern kann der Wunsch einen Anspruch auf Glück formulieren, der sich zwar im Sinne Freuds nicht auf die noch zu erobernde Zukunft, sondern nur regressiv auf eine (mehr oder weniger glückliche) Vergangenheit richtet, der aber trotzdem in der Regression eine Progression beinhalten kann – da eine Annäherung an ein vergangenes Glück das Versprechen einer besseren Zukunft in sich birgt. Auch in der Psychoanalyse lässt sich eine kritische Funktion der Phantasie ausmachen, die mit der Weigerung verbunden ist, die vom Realitätsprinzip eingeführten Beschränkungen des Glücks endgültig hinzunehmen. Indem der Wunsch an das erinnert, was noch aussteht, weigert er sich zu vergessen, was sein könnte, allerdings, so muss mit Freud einschränkend bemerkt werden: »ohne Aussicht, den Prozess abschließen und das Ziel erreichen zu können« (1920b, S. 45).

In der produktiven Phantasie liegt der Schwachpunkt dieser ersten psychischen Tätigkeit, die den psychischen Apparat nötigt, sich vom primären und »primitiven« Lustprinzip zu einer »sekundären« Tätigkeit des Realitätsprinzips zu modifizieren. Denn »wenn es [das Ich] im Wunschzustande die Objekt-Erinnerung neu besetzt und dann Abfuhr ergehen läßt, wo dann die Befriedigung ausbleiben muß, weil das Objekt nicht real, sondern nur in Phantasie-Vorstellung vorhanden ist« (Freud, 1950, S. 332), wird es dazu gezwungen, seine Aufmerksamkeit auf die Realität zu richten. Die erwartete Befriedigung tritt nicht ein und die Spannung im psychischen Apparat dauert an, ja vergrößert sich im Falle der andauernden Nichtbefriedigung. Der Wunsch beschreibt eine irreale »Theaterszene«; er sieht von der Realität ab, indem er an einer Illusion festhält. Der Wunsch ist in Bezug auf die äußere Wahrnehmung »absolut«, er transzendiert sie. So wird der Primärvorgang vom Sekundärvorgang, oder das Lustprinzip vom

Realitätsprinzip, wie es später heißen wird, abgelöst; dieses praktiziert die richtige Verwendung der Realitätszeichen und ist nur bei Ich-Hemmung oder anders formuliert: bei Wunschhemmung möglich.

> »Die Wunschbesetzung bis zur Halluzination, die volle Unlustentwicklung, die vollen Abwehraufwand mit sich bringt, bezeichnen wir als psychische Primärvorgänge; hingegen jene Vorgänge, welche allein durch gute Besetzung des Ich ermöglicht werden und Mäßigung der obigen darstellen, als psychische Sekundärvorgänge. Die Bedingung der letzteren ist [...] eine richtige Verwertung der Realitätszeichen, die nur bei Ichhemmung möglich ist« (ebd., S. 333f.).

Wirkliches, erfahrbares Glück gibt es für Freud nur hinsichtlich der Einlösung der Phantasie in der Realität, niemals in Bezug auf eine Phantasie, die den Wunsch schon als erfüllt darstellt; Glücksgefühle stellen sich ein, wenn die psychische Spannung im Apparat fällt und die Befriedigung eintritt. Man kann hier an Goethes Modell der »exakten Phantasie« erinnern, an eine kreative und zugleich phänomen- und wirklichkeitsgenaue Urteilskraft. Doch sowohl das phantasierte als auch das wirkliche Glück sind bei Freud von einer Nachträglichkeit bestimmt, die mit den vollkommenen Befriedigungen der frühen Kindheit bzw. der intrauterinen Existenz zu tun haben. Und insofern erscheint das phantasierte Glücksgefühl wiederum als das für Freud primäre: Da ihm Glück als die nachträgliche Erfüllung eines prähistorisches Wunsches gilt (Freud, 1986, S. 322), knüpft an das Trauma der Geburt ein Trieb an, der »die frühere Existenz wieder herstellen will. Man könnte ihn den Glückstrieb heißen und verstünde dabei, daß der Begriff Glück zumeist in erotischer Bedeutung gebraucht wird« (Freud & Abraham, 1980, S. 322; Brief Freuds vom 15.02.1924). Das entscheidende Kriterium des Glücks besteht daher in einem nur noch durch die Phantasie zu erlangenden Erinnerungsbild. Wenn das Urerlebnis der Befriedigung die »intrauterine Existenz« bildet (Freud, 1916–17, S. 432), dann erscheint diese theatralische Wunschszene als das anthropologisch unhintergehbare und fundierende Bild für das Glück des Menschen.

Doch um sich mit diesem Bild bzw. diesen Bildern einer vollkommenen Befriedigung in einen dauerhaften Genuss des Glücks zu versetzen, bedürfte es einer fast übermenschlichen Einbildungskraft: Sie muss die Bilder des absoluten Glücks, aber auch diejenigen der Befreiung vom Unglück und vom Erreichen des Glücksgefühls, ständig reproduzieren oder antizipieren. Positiv formuliert: Nur eine übermenschliche Imagination leistet eine vollkommene Vorstellung beständiger Lust, die selbst noch die Erinnerung an das mögliche Unglück dauerhaft wachhalten muss. Denn nur vom Unglück des menschlichen Glücks aus lassen sich auch die vollkommenen Lustgefühle verstehen und empfinden. Das Glück als vollkommene Lust existiert als solches nur in der Imagination, nicht aber im gelebten Leben, in dem es unvorstellbar ist. Derrida spricht hier vom »Paradox der Phantasie«: »Sie allein weckt oder reizt den Wunsch, doch sie allein übersteigt oder teilt in derselben Bewegung und aus demselben Grund die Präsenz« (Derrida, 1983, S. 532).

Die Psychoanalyse stellt sich nun das Glück der unbewussten Phantasien in Formen des Umfassens, der Geborgenheit, der Ruhe und Spannungslosigkeit vor. Während so auf der einen Seite die unbewussten Phantasien das Glücklichsein mit Ruhe und Spannungslosigkeit in Beziehung setzen, betonen auf der anderen Seite die bewussten eudämonistischen Bilder oftmals Tätigkeiten und Aktivitäten (vgl. Zirfas, 1993). Im psychoanalytischen Sinne wirken die unbewussten Phantasien wie intuitive Operatoren eines regulativen eudämonistischen Horizontes, die auf einer phantasmatischen Ebene auf die unmögliche Möglichkeit eines vollkommen glücklichen Lebens der Spannungslosigkeit verweisen. Die bewussten Phantasien lassen sich dagegen als imaginäre Versuche verstehen, die diesem Glück nahekommenden konstitutiven Möglichkeitsparameter zu bestimmen.

In der Gegenwart wird die Phantasie daher eng mit der Kreativität in Verbindung gebracht. Und wie auch immer man »Innovation« oder »Kreativität« bestimmen mag – als kühnes Denken, ungefesselte Phantasie, schöpferische Tat oder Erprobung des Neuen etc. –, so erscheint diese Fähigkeit für eine geglückte Lebensgestaltung und für kulturelle Entwicklungen zunehmend wichtiger zu werden, um auf die mit der modernen Welt verbundenen Risikolagen, Kontingenzen und Veränderungen gut eingehen zu können. Kreativität lässt sich nicht didaktisieren, methodisieren oder in irgendeiner Form einüben. Man kann sie nicht hervorbringen, ohne sich in therapeutisch-logische Widersprüche zu verwickeln; insofern bleibt nur die Möglichkeit, die für kreatives Denken und Handeln wichtigen Voraussetzungen zu schaffen: die Erfahrung eines Problems, ein ermutigendes Vorbild, der Widerstand der Realität und ein ermutigendes Echo. Und dennoch sollte man hier auch an die im Umgang mit den Künsten ausgebildeten Innovationsfähigkeiten erinnern, die ggf. auch auf anderen Feldern menschlicher Praxis ein- und umgesetzt werden können. Zudem können die Künste als Externalisierung der inneren – phantasmatischen – Welt gelten (vgl. Callendar, 2005).

Unbewusste wie bewusste Imaginationen aber zeigen an, dass der Mensch schon aus dem Glück herausgetreten ist. Wer wirklich glücklich ist, weiß nichts davon, und nur der Unglückliche phantasiert. Glücksimaginationen zeugen also von einer radikalen Ambivalenz- und Mangelstruktur der menschlichen Existenz.

Den Zustand des Glücks, der Spannungslosigkeit und vollkommenen Ruhe wird der Mensch niemals im Leben, sondern nur im Tod finden. Mit der Geburt strebt demnach der Mensch unmittelbar, getrieben vom *Thanatos*, dem Todestrieb, seinem Ableben entgegen. Als eigentliches Leben erscheint der Tod, die Geburt dagegen als ein Sündenfall, der die paradiesische Existenz des Embryos mit der harten Wirklichkeit der *Ananke* vertauscht, was für die Menschen die Konsequenz mit sich bringt, ihr Lustprinzip gegen ein Realitätsprinzip eintauschen zu müssen. Der Tod ist das zweite und eigentliche Glück, das den Menschen wieder in die Seligkeit der Spannungslosigkeit eingehen lässt. Doch lässt sich dieser Zustand als wahrhaft glücklich bezeichnen?

Vielleicht wollen die Menschen im Grunde, d. h. unbewusst, etwas anderes als eine immerwährende Befriedigung oder Lust, nämlich lediglich die *Möglichkeit* zum Glücklichsein – und damit auch die *Möglichkeit* des Unglücklichseins? Und hatten wir nicht zu Beginn vermerkt, dass Imaginationen Möglichkeitsräume sind? Die vollkommen realisierte Lust ist ein Versprechen, das letztlich kein Mensch will. Das, was Menschen eigentlich wollen, sind realistische Imaginationen des Glücks. Diese herauszuarbeiten, ist eine zentrale Aufgabe der therapeutischen Lebenskunst.

### Ausgewählte Literatur

Camassa, G., Evrard, E., Benakis, L. & Pagnoni-Sturlese, M. R. (1989). Art. Phantasia. In J. Ritter et al. (Hrsg.), *Historisches Wörterbuch der Philosophie, Bd. 7* (Sp. 515–535). Darmstadt: WBG.
Callendar, J. S. (2005). The Role of aesthetic Jugdments in Psychotherapy. *PPP, 12*, 283–295.
Freud, S. (1908b). Der Dichter und das Phantasieren. *G.W., Bd. VII*, S. 211–220.
Hüppauf, B. & Wulf, Ch. (2006). Einleitung: Warum Bilder die Einbildungskraft brauchen. In Dies. (Hrsg.), *Bild und Einbildungskraft* (S. 9–44). München: Wilhelm Fink.
Grassi, E. (1984). *Die Macht der Phantasie. Zur Geschichte des abendländischen Denkens*. Frankfurt/M.: Syndikat/EVA.
Jung, C. G. (2010). *Archetypen*. 16. Aufl. München: dtv.
Kamper, D. (1995). *Unmögliche Gegenwart. Zur Theorie der Phantasie*. München: Wilhelm Fink.
Wulf, Ch. (2014). *Bilder des Menschen. Imaginäre und performative Grundlagen der Kultur*. Bielefeld: transcript.
Zirfas, J. (2004b). Kontemplation – Spiel – Phantasie. Ästhetische Erfahrungen in bildungstheoretischer Perspektive. In G. Mattenklott & C. Rora (Hrsg.), *Ästhetische Erfahrung in der Kindheit. Theoretische Grundlagen und empirische Forschung* (S. 77–97). Weinheim und München: Beltz.
Zirfas, J. (2014). Imaginação da Felicidade. In N. Baitello & Ch. Wulf (Hrsg.), *Emoção e Imaginação. Os Sentidos e as Imagens em Movimento* (S. 173–185). São Paulo: Estação das Letras e Cores.

## Die Stilisierung der Existenz

Nicht nur in den antiken Überlegungen zur Therapeutik und Lebenskunst, sondern auch in den modernen psychotherapeutischen Konzeptionen der Behandlungsmethoden taucht eine Technik immer wieder auf, die mit *Askese*, der Arbeit an sich selbst, umschrieben worden ist. Diese Technik, und darauf haben Nietzsche und Foucault wahrscheinlich am hartnäckigsten in der Neuzeit hingewiesen, zielt immer weniger auf ein moralisches, tugendhaftes Subjekt, sondern auf ein individuelles ästhetisches Subjekt, für das die Frage nach dem Stil entscheidend wird. Der moderne Lebenskünstler ist somit weniger derjenige, der sein Leben diszipliniert und selbstbeherrscht vollzieht, sondern derjenige, der es nach gewissen Stilkriterien inszeniert. Und mit einer gewissen Berechtigung lässt sich auch davon sprechen, dass Psychoanalyse und Psychotherapie eine »Ästhetik des Selbst« implizieren, insofern sie – oftmals implizit – eine Idee des guten Lebens präferieren, eine Ordnung von wichtigen Gütern herstellen und eine Betonung von Emotionalität und Affekt vornehmen: »Eine Ästhetik der Existenz akzentuiert zwei Momente: die Vorstellung eines veränderten Lebens und die Möglichkeiten der Formung und Bildung des Selbst, um diese Vorstellung in die Realität umzusetzen« (Strenger, 2005, S. 141; Übers. die Verf.).

### Die Bedeutung der Inszenierung

Die Inszenierung, so könnte man sagen, ist die performative Seite des Geschmacks. Während jener den Sinn für das Passende und Unpassende bezeichnet, ist dieser die gekonnte In-Szene-Setzung des Passenden. Die Inszenierung zeigt dem Anderen, was ich für passend halte. Und diese Passung wird intersubjektiv in jeder sozialen Situation – also auch in einer Therapie – immer wieder ausgehandelt.

Anthropologisch betrachtet kommen Menschen nicht umhin, sich und ihre Umgebung zu gestalten bzw. zu inszenieren. Diese Gestaltungsnotwendigkeit hat nun wiederum mit einem Chiasmus von Sichtbarkeit und Unsichtbarkeit, von Sehen-Können und Gesehen-werden-Können zu tun: Sehend sein bedeutet nicht nur, dass man nicht alles sehen kann; es bedeutet auch und vor allem, dass man sichtbar ist. Nur wer weiß, dass er einer passiven Optik, einem Gesehen-werden-Können ausgeliefert ist und damit nicht nur weiß, wie er für andere aussieht, sondern fundamentaler, *dass* er für andere aussieht, und wer zudem weiß, dass auch die anderen Menschen um dieses Wissen wissen usw., wird sich um eine angemessene Präsentation seiner selbst bemühen. Man kann in dieser Hinsicht an die sozialen Rollen erinnern, die Menschen einnehmen. Soziale Rollen sind mehr oder weniger vorherbestimmte Handlungsmuster, die sich in einer sozialen Situation entfalten. Das *Selbst* eines Menschen ist dabei das, was im Kontext bzw. auf Basis der rollenhaften Selbstpräsentationen im sozialen Alltag durch diesen Menschen für andere Menschen wahrnehmbar in Erscheinung tritt; dabei kann natürlich das gesamte Spiel von Täuschung, Heuchelei, Theater oder moderner: Image-Management betrieben werden. Menschliches Leben muss vor sich und anderen gespielt werden. Es entwickelt dabei immer eine spezifische Inszenierung.

Während man anthropologisch argumentieren kann, dass man nicht nicht inszenieren kann – eine Variante des bekannten Diktums von Watzlawick, dass man nicht nicht kommunizieren kann –, weil man immer irgendetwas von sich zum Ausdruck bringt, wird der Begriff der Stilisierung – wenn er nicht synonym mit Inszenierung gebraucht wird – oftmals als Ästhetisierung der Inszenierung verstanden. Wenn man sich oder anderes stilisiert, so ist dann damit gemeint, dass man einiges an Mühe darauf verwendet, dass das Stilisierte gewissen ästhetischen Kategorien – etwa Ausdrucksfähigkeit, Schönheit, Intensität, Atmosphäre etc. – genügt. Unter Stil wird im Folgenden mithin die beobachtbare individuelle und soziale, kohärente und konsequente (Selbst-)Präsentation verstanden (Gumbrecht & Pfeiffer, 1986; Soeffner, 1992). Im Stil kommt die Zugehörigkeit zu einer Gruppe, eine spezifische Lebensform oder ein besonderer Habitus zum Ausdruck. »Ein Stil ist Teil eines umfassenden Systems von Zeichen, Symbolen und Verweisungen für soziale Orientierung: Er ist Ausdruck, Instrument und Ergebnis sozialer Orientierung« (Soeffner, 1992, S. 78). In der Stilisierung geht es aber auch um eine bewusste ästhetische Überhöhung des Alltäglichen (Soeffner), die eine homogene Figuration oder Gestalt herausbildet. Mit dieser ästhetischen Homogenisierung geht der Stil als performatives und distinguierendes Medium einher: Man zeigt ganz bewusst und oftmals sehr detailliert etwa durch Mode, Gestik, Mimik, Musikgeschmack etc., wer man ist, wie man gesehen werden möchte und von wem man sich unterscheiden will. Stile sind ebenso sozial vermittelt wie individuell bzw. milieuspezifisch ausgestaltet.

Gerade die sprachlich und körperlich inkorporierten Praxen und Zeichenprozesse – die stilistischen *modi operandi* – bieten einen ersten Zugang zu anderen Menschen. Denn in modernen, ökonomisch, kulturell und ethnisch gemischten Gesellschaften nehmen Inszenierungen, Selbstdarstellungen sowie soziale und kulturelle Stilisierungen zu; und auch für die Lebenskunst wird es bedeutsamer, Ausdrucksmittel in Form von Symboliken, Emblemen, Moden und Attributen wahrnehmen, verstehen und gestalten zu können. Je unübersichtlicher moderne Gesellschaften werden, je dichter das »Zeichengestöber« (Sloterdijk) wird, in dem wir uns bewegen, desto mehr sind die Individuen darauf angewiesen, die für ihre Interaktionen und Kommunikationen zentralen Bedeutungsgehalte durch Stil-Inszenierungen zum Ausdruck zu bringen. Show-Effekte, Lifestyle-Inszenierungen und Image-Attributierungen spielen in einer zunehmend komplexer werdenden kulturellen Situation eine zentrale Rolle. Je heterogener, multi- oder transkultureller und pluralistischer Gesellschaften werden, desto wichtiger erscheint es, sich innerhalb der Situation einer »Generalisierung von Fremdheit« (Hahn, 2000, S. 54) und einem »Wettkampf der Symbole« (Soeffner, 1997, S. 335), der die einigermaßen geschlossene symbolische Ordnung traditioneller Gesellschaften abgelöst hat, verstehen zu können. Bricht die Sicherheit eines kollektiv verbindlichen Systems einer symbolischen Ordnung von Werten und Normen zusammen, so entsteht für die Individuen ganz automatisch der Zwang zur Selbststilisierung und Selbstinszenierung. Der Einzelne muss gegenüber den anderen veranschaulichen, zu welchen Gruppen, zu welchen Milieus und zu welchen sozialen Schichten er gehört bzw. gehören möchte. Dazu benötigt er eine Deutungs-, Interpretations- und Darstellungskompetenz, um sich selbst in Gestik und Mimik, in Kleidung, Accessoires und Verhalten adäquat inszenieren, um die Zugehörigkeit anderer richtig interpretieren und um die Symbolisierung der diversen territorialen und milieuspezifischen Grenzziehungen angemessen identifizieren zu können.

Wenn in (post)modernen, ökonomisch, kulturell und sozial gemischten Gesellschaften Stilisierungen, Inszenierungen und Selbstdarstellungen zunehmen, wenn Ausdrucksmittel in Form von Symboliken, Emblemen, Moden und Attributen in hohem Maße Verwendung finden – lässt sich dann auch von einem Zwang zu einer stilisierten Lebenskunst sprechen? Fördert die moderne theatrale Form von Gesellschaft einen performativen Narzissmus? Und kann sie ob ihres subtilen Ästhetisierungszwanges und der stilistischen Unübersichtlichkeiten nicht auch zu Depressionen führen – zu einer »fatigue de soi«, einer Trägheit und Müdigkeit des Selbst, das sich nicht nach vitalistischen Kunstkriterien und Stilisierungsoptionen ausrichten will, möchte oder kann (Ehrenberg, 1998)? Inwiefern muss das »Selbstbemeisterungsselbst« (Reichenbach, 2004, S. 197) sich einer dauernden stilistischen Überprüfung durch sich und andere stellen? Inwiefern ist man gezwungen, in der Gesellschaft Theater zu spielen? Und inwiefern gehen in diese Inszenierungen und Stilisierungen auch unbewusste Momente mit ein?

Nun wäre es eine Verkürzung zu sagen, dass der Mensch immer und überall ein Schauspieler sei – was z. B. die schlechte Übersetzung von Goffmans *The presentation of self in everyday life* in *Wir alle spielen Theater* (Goffman, 2000) nahelegt. Wir spielen eben im täglichen Leben nicht alle Theater, doch wir kommen nicht umhin, uns präsentieren zu müssen. Das heißt, es gibt eine Differenz zwischen dem anthropologischen Apriori, dass Menschen sichtbare, (sich) zeigende Wesen und dem theatralen Apriori, dass Menschen auf sich als andere vor anderen verweisende Wesen sind.

Während die Selbstdarstellung auf den Sachverhalt abhebt, dass Menschen gar nicht anders können, als sich selbst darzustellen – man könnte auch sagen, man kann nicht nicht darstellen –, ist *Theatralisierung* eine Sonderform des performativen bzw. inszenatorischen Charakters, nämlich diejenige, wo man sich bewusst oder unbewusst für andere in Szene setzt.»Theatralisierungen haben also immer zwei Adressaten: den Menschen gegenüber und das Publikum, das dem Geschehen beiwohnt« (Reichertz, 2002, S. 241). Während Goffman Inszenierungen des alltäglichen Lebens beschreibt, die jemand anderem ein bestimmtes Image seiner selbst nahe legen wollen, sind Theatralisierungen Inszenierungen, in denen jemand sich als anderer – und ggf. mit anderen – vor anderen und für andere darstellt. Anders formuliert: Theatralisierungen sind Inszenierungen von Inszenierungen.

Diese Differenz lässt sich an einem einfachen Beispiel verdeutlichen: Ein Arzt muss, um ein Arzt zu sein bzw. als solcher (an)erkannt zu werden, bestimmte erlernte und habitualisierte Handlungsroutinen (etwa Therapien und Operationen) in Szene setzen; ein Arzt, der den Arzt nur (theatral) spielt, inszeniert die Inszenierung von ärztlichen Handlungsroutinen vor Zuschauern; und daher würden sich wohl nur die wenigsten Zuschauer freiwillig einer theatralen Therapie oder Operation unterziehen.

Während sich Theatralität so im engeren Sinne als theaterwissenschaftliche Kategorie verstehen lässt, die sich auf die in einer Aufführung verwendeten Materialien und Zeichensysteme bezieht (Fischer-Lichte, 1998, S. 85), bezeichnet Inszenierung oder Darstellung dann in einem weiteren, anthropologischen Sinne die schöpferische Bearbeitung der wahrgenommenen Welt, etwa im Sinne einer Transformation von Wahrnehmungsprozessen, der diversen Verwendungsmodi des Körpers oder der semiotischen, d. h. bedeutungsgenerierenden Produktion von Zeichen. Anthropologisch gewendet betrifft der Begriff der Inszenierung also nicht primär die narzisstische Selbstdarstellung und auch nicht die betrügerische Verführung des Anderen, sondern die Notwendigkeit und Möglichkeit, etwas von sich zur Erscheinung zu bringen, etwas, z. B. sein Selbst- und Weltverständnis, für andere zur Schau zu stellen.

Stilisierung meint darüber hinaus ein anhand spezifisch ästhetischer Kriterien erfolgtes Sich-in-Erscheinung-Bringen für sich selbst und für die anderen. Aber sowohl beim eher unbewussten Inszenieren als auch beim eher bewussten

Stilisieren greifen Momente des Nichtdarstellbaren und Unbewussten: Menschen inszenieren sich selbst als andere, d. h., sie inszenieren etwas, was sich im Grunde nicht objektivieren lässt, das fremde Eigene und das fremde Andere, das Unsichtbare und Abwesende. Daher bleibt der Begriff der Inszenierung auf das angewiesen, was sich ihm entzieht, was per definitionem nicht in der Inszenierung aufgeht bzw. ihr vorausgeht: die Aufrichtigkeit, die Authentizität, das Natürliche oder das Unbewusste. So lässt sich mit Iser sagen,

> »dass jede Inszenierung aus dem lebt, was sie nicht ist. Denn alles, was sich in ihr materialisiert, steht im Dienste eines Abwesenden, das durch Anwesendes zwar vergegenwärtigt wird, nicht aber selbst zur Gegenwart kommen darf: Inszenierung ist dann die Form der Doppelung schlechthin, nicht zuletzt, weil in ihr die Bewusstheit herrscht, dass diese Doppelung unaufhebbar ist« (1991, S. 511).

Das heißt, der Therapeut, der authentisch und aufrichtig sein will, ist in das Spiel von Stilisierung und Natürlichkeit verstrickt: Er kommt nicht umhin, seine Aufrichtigkeit vor anderen performativ zum Ausdruck zu bringen und insofern zu inszenieren, und indem er sie inszeniert, entziehen sich ihm bewusst und unbewusst wiederum spezifische Momente dieser Inszenierung. Anders formuliert sind es gerade die Brüche mit der inszenierten Authentizität, die das Authentische ausmachen; oder es ist das Nichtinszenierbare des Unbewussten, was eine Inszenierung echt macht. Hier gilt die an Adorno geschulte Dialektik: »Weder verfälscht die Inszenierung schlichtweg das, was sie zur Erscheinung bringt, noch ist sie das alleinig Wahre, der Wahrheit des ›Wesens‹ entgegengesetzt, noch geht sie unterschiedslos in das ›Wesen‹ über, sondern sie ist sein gleichwertiger Gegenpart« (Früchtl & Zimmermann, 2001, S. 22).

In dieses inszenierte und sich selbst inszenierende Aufführen geht immer etwas mit ein, was sich der Aufführung entzieht: Indem man sich zeigt, verweist man auf etwas, das im Zeigen nicht enthalten ist. Das inszenatorische Geschehen lässt sich als eine Dialektik von Zug und Entzug, von Bestimmtheit, Sichtbarkeit und Unbestimmtheit, Unsichtbarkeit, von Intentionalität und Unbewusstem festhalten. Und selbst das Unbewusste, so könnte man sagen, ist in dieses Spiel von Zeigen und Verbergen integriert, kommt es doch – etwa in Fehlleistungen und Träumen – zum Ausdruck, allerdings so, dass es sich gleichzeitig wieder verbirgt und durch (mühsame) Interpretationsarbeit erst erschlossen werden muss. Wittgenstein schreibt: »Was *sich* in der Sprache ausdrückt, können wir nicht durch sie ausdrücken. [...] Was gezeigt werden *kann, kann* nicht gesagt werden« (1982, S. 43, 4.121, 4.1212). Wenn diese Sätze stimmen, so birgt jede Inszenierung Momente, die nicht in Sprache aufgehen, weil sie über die unmittelbare, durch Sprache abgebildete Wirklichkeit hinausgehen.

Anthropologisch grundlegend erscheint hier die mit dem menschlichen Selbstverhältnis verbundene Abständigkeit und Exzentrizität (Plessner). Der Mensch ist als derjenige, der er ist, zugleich derjenige, der sich nicht hat, der sich sich selbst stetig entzieht. Sich inszenieren heißt, sich mit dem Nichtsichtbaren in ein Experiment und eine Auseinandersetzung zu begeben. Insofern können Inszenierungen nie endgültig sein, weil es keine abschließende Form gibt, in der der Mensch sein ihm Anderes aufgehoben hätte. »Inszenierung wäre dann der unablässige Versuch des Menschen sich selbst zu stellen« (Iser, 1991, S. 515), indem sie einerseits der flüchtigen Möglichkeit eine ostentative Gestalt verleiht und indem sie anderseits ermöglicht, die stetigen Annäherungsprozesse zum Unsichtbaren wahrnehmen und erfahren zu können. Inszenierung heißt performative und wahrnehmende Selbstversetzung und Fremdsetzung des Menschen. Dass es im inszenatorischen Gelingen dabei immer auch zu Verfehlungen und Brüchen kommen kann, liegt ebenso auf der Hand wie der Sachverhalt, dass einem performativen Scheitern immer auch neue Spiel- und Handlungsräume entwachsen können.

### Stile in der Therapie

Dass Inszenierungen und Stilisierungen mir und dem Anderen das für mich Passende zeigen, gilt wohl gleichermaßen für die Therapie wie die Lebenskunst. In ihnen geht es nicht ohne die bewusste, aber auch nicht ohne die unbewusste Inszenierung. Wurde über Inszenierung und Lebensstil bislang geistes- und sozialwissenschaftlich und über den Therapiestil auch psychologisch einiges an Erkenntnissen gewonnen, so gibt eine Therapeutik der Lebenskunst zu bedenken, ob es nicht auch einen »schweigenden Stil« der Therapie und der Lebenskunst gibt, der sich nicht nur in den Freud'schen Fehlleistungen, sondern – und vielleicht – vor allem in den gelungenen und geglückten Leistungen und Verhaltensweisen ausprägt. Denn das Unbewusste zeigt sich, verkürzt formuliert, nicht nur als Generator für Unglück, sondern auch als einer des Glücks. Es treibt Menschen dazu an, bestimmte Konstellationen, die sie für schön, lebenswert und sinnvoll erachten, immer wieder zu suchen und zu verwirklichen. Und in bestimmten Situationen ist es weniger ein Wissen, sondern eher ein Ahnen und Spüren, ein Bauchgefühl oder eine Intuition (Gigerenzer, 2008), dass ein bestimmter Lebensstil oder eine bestimmte Lebensweise den Menschen guttut – oder auch nicht guttut.

Wie eine Veränderung des Lebensstils bewusst, aber auch unbewusst, positive Veränderungen und damit Lebenszufriedenheit wie auch Lebensglück zeitigen kann, lässt sich in der Therapie durch den Patienten gleichsam erproben.

»Richtiger Gebrauch vom Hier und Jetzt in der Therapie erzeugt ein sicheres Laboratorium, eine bequeme Arena, in der Patienten Risiken eingehen, ihr dunkelstes und ihr hellstes Selbst enthüllen können, Rückmeldung bekommen und akzeptieren und – am allerwichtigsten – mit persönlicher Veränderung experimentieren können« (Yalom, 2011, S. 213).

Die Therapie erscheint so nicht nur als Arena der ästhetischen Erfahrung oder des Geschmacks, sondern auch als Arena von Gefühls-, Beziehungs- und Lebensstilen. Die Metapher von der Therapie als »Generalprobe für das Leben« (Yalom, 2002, S. 196) verdeutlicht, Therapien nicht als Ersatz für das Leben, sondern als ein ernstes Experimentierfeld zu verstehen, dessen Erträge man auf das Leben außerhalb der Therapie übertragen kann. In gewisser Hinsicht ist die Therapie eine Art Proberaum, in dem man auch mit verschiedenartigen Stilen spielen kann, ohne unmittelbare »soziale« Konsequenzen fürchten zu müssen. In diesem Sinne kann man erfahren, welcher Stil zu einem passt und welche Möglichkeiten und Gefahren eine spezifische Gestaltung haben.

### Stilisierung und Sublimierung

Analog zur Lebenskunst erscheint die Therapie als ein Versuch, sich durch verschiedene Inszenierungen und Stilisierungen Wahrnehmungs-, Verstehens-, Handlungs- und Sinnperspektiven zu erschließen. Anders formuliert lassen sich Lebenskunst und Therapie auch als Arbeit am (unbewussten) Habitus verstehen. Dieser Begriff ist von Pierre Bourdieu in Bezug auf eine »Theorie des Erzeugungsmodus der Praxisformen« eingeführt worden, die den »modus operandi« (Bourdieu, 1978, S. 164) entschlüsseln soll, der den statistisch beobachtbaren Regelmäßigkeiten des praktischen Handelns zugrunde liegt. Dabei umfasst das praktische Handeln Wahrnehmungs-, Denk-, Beurteilungs- und Handlungsprozesse. Der Habitus ist ein abstrahierender Begriff, da er keine unmittelbare Erscheinungsform hat; er ist nicht im direkten Zugriff empirisch erhebbar, sondern kann nur mit wissenschaftlichen Mitteln theoretisch (re)konstruiert werden. Der Habitus bzw. der *modus operandi* wirkt wie eine Grammatik, ein generatives Prinzip des Handelns. Er »verkörpert« die Bedingungen und die Möglichkeiten des

Handelns selbst. Er bezeichnet daher die Ebene der Kompetenzen des Subjekts, soweit diese als sozial vermittelt aufgefasst werden können. Diese Kompetenzen sind nicht angeboren und universell gültig, sondern sie werden lebensgeschichtlich erworben. Sie beziehen sich auf die Erzeugung sowohl praktisch-körperlicher als auch symbolischer Handlungen, bleiben aber nach ihrem Erwerb unbewusst; die Geschichte ihres Erwerbs wird vergessen und sie werden somit zur zweiten Natur. Die Kompetenzen bilden ein in sich geschlossenes, gestalthaftes System, das dem Handelnden im Rahmen seiner relativen Autonomie geregelte, spontane Improvisationen ermöglicht, die sich *grosso modo* durch einen weitgehend kohärenten Stil auszeichnen. Soziale Akteure in objektiv vergleichbarer sozialer Lage verfügen über einen gemeinsamen Habitus mit je besonderen Stilvarianten im Individualhabitus; der kollektive Habitus enthält die lagespezifischen Normalitätsprinzipien (vgl. Liebau, 2014). In diesem Sinne lassen sich Lebenskunst und Therapie als Versuche verstehen, den Habitus zu modifizieren, d. h. – in bestimmten Bereichen – zu erweitern, zu verdichten oder zu verschieben, sich andere Wahrnehmungs-, Handlungs- und Interessemuster zu erarbeiten.

Die lagespezifischen Kompetenzen des Habitus bestimmen nicht nur die mentalen Dispositionen, sondern auch die körperliche *Hexis*, die Körpergestalt und die an sie gebundene Haltung. Sie betreffen somit den gesamten Stil. Die Kompetenzen tendieren zur Reproduktion ihrer Entstehungsbedingungen, zur Fortsetzung der Vergangenheit nach dem Muster der *self-fulfilling prophecy*. Als Produkt der Existenzbedingungen sind sie auf eben diese Bedingungen abgestimmt; sie werden weniger durch eine explizite Pädagogik als vielmehr durch praktische, alltägliche Eingewöhnung gelernt und bleiben stabil, solange keine Krisen auftreten. Schließlich tendieren die Kompetenzen zur Erzeugung von Strategien, die den Interessen des jeweiligen sozialen Akteurs nützlich zu sein scheinen.

Folgt man den Überlegungen von Bourdieu, so ist es kein leichtes Unterfangen, den Habitus als »Prinzip der objektiven Regelmäßigkeiten wie [als] Vermögen des Handelnden als System verinnerlichter Modelle« (Bourdieu, 1974, S. 41, Anm. 23) zu verändern. Denn der lebensgeschichtlich, in der und durch die Praxis erworbene Habitus des sozialen Akteurs, den er wiederum einsetzt, um seine Verhältnisse zu bilden, ist ein sehr »hartnäckiges Material«, das sich aufgrund der biografischen Bedeutsamkeit und der Inkorporierung durch unzählige Aktivitäten nur schwerlich grundlegend modifizieren lässt. In diesem Sinne lassen sich unter Lebenskunst weniger soziale und symbolische Statussignale und Distinktionssysteme verstehen, die vor allem mit einem inkorporierten, objektivierten und institutionalisierten kulturellen Habitus verbunden sind, sondern eher Reflexions- und Partizipationspotenziale, die mit der Möglichkeit *anderer*

Wahrnehmungs-, Denk- und Handlungsmuster einhergehen. Dass Soziologen wie Bourdieu stärker die Unwahrscheinlichkeit einer Veränderung des Habitus betonen, sollte hier ebenso Berücksichtigung finden wie der Sachverhalt, dass auch ein flexiblerer Habitus letztlich mit einem erworbenen kulturellen Habitus verbunden bleibt. So einfach wechselt man den Stil der Dinge nicht, und wenn man ihn häufig wechselt, so kennzeichnet dies auch wiederum einen mehr oder weniger feststehenden Habitus. Dieser geht mit der Selbstverständlichkeit einher, sich mit stetig neuen Stilen und Geschmacksrichtungen zu konfrontieren und sich in dieser Auseinandersetzung zu transformieren.

Schon Nietzsche hatte im 19. Jahrhundert darauf hingewiesen, dass die Lebenskunst mit einer Stilisierung verknüpft ist, allerdings sprach er von einer Charakterstilisierung und nicht von einer Habitusstilisierung. Dabei meint er etwas durchaus dem Habitus Ähnliches, wenn er schreibt: »Seinem Charakter ›Stil‹ geben – eine große und seltene Kunst« (Nietzsche, 1882, S. 530). Im Unterschied zum Habitus als einer sozialen Grammatik geht es Nietzsche um eine individuelle Grammatik der Lebenskunst, die allerdings ebenso Wahrnehmungs-, Denk- und Handlungskompetenzen umfasst. Hier lässt sich mit Nietzsche – und über ihn hinausgehend – an die große abendländische Tradition der Tugenden anschließen, die man durchaus als Stilisierungsstrategien eines guten Lebens verstehen kann (vgl. Crisp & Slote, 1997). Denn die Tugend, das »Gutsein« (gr. *arete*, das einen Zusammenhang mit *agathos* aufweist; lat. *virtus*, das ursprünglich: Mannhaftigkeit, Tapferkeit, Härte bedeutet und dann erst zur Tugend wird) ist vom begrifflichen Zuhause aus keine moralische Qualität. Was einen Menschen zu einem guten macht, *kann*, muss aber nicht seine Moralität sein. Und bedenkt man, dass wir noch heute von einem guten Messer sprechen, wird diese Aussage noch deutlicher. Seinem Charakter Stil geben meint ganz allgemein, Fähigkeiten und Fertigkeiten zu entwickeln, deren Zusammenspiel ein befriedigendes menschliches Leben garantiert. Die Lebenskunst zielt hier auf Verhaltensdispositionen, die die eigene Befindlichkeit, das soziale Umfeld und die unberechenbaren Zufälle so austarieren können, dass man das Leben meistern und bejahen bzw. das Menschenmögliche, das Äußerste seines Könnens realisieren kann.

Mit Nietzsche selbst gedacht wird die Charakterstilisierung aufwendiger, denn in ihr geht es im Kern nicht um verallgemeinerbare Tugenden, sondern um Exklusivität, die sich in der Originalität der Stilisierung, in der »Umwertung von Werten« (die vor allem mit dem Geschmack und der Moral zu tun haben), in der Betonung eines extrem präsentischen Lebens, im Ausleben auch egoistischer Möglichkeiten und in der – damit verbundenen – Bemächtigung anderer Menschen zeigt. Insofern ist mit Nietzsche vor allem an eine Stilisierung des Charakters zu denken, die dem Leben den Geschmack einer »ewigen Wiederkehr« verleiht. Man kann seine Stilmaxime in eine Lebensmaxime transformieren: »Lebe so, als ob Du Dein Leben nicht anders haben möchtest!«; bzw.: »Lebe so, dass Du eine ewige Wiederholung Deines Lebens wünschen kannst!« Die Individualität eines Stils zeichnet sich dadurch aus, dass er gegen die Stilisierungen anderer Menschen errungen werden muss, um nicht im alltäglichen Stilkitsch zu versinken.

Neben der moralischen oder ethischen Stilisierung findet sich auch die ästhetische Stilisierung, als Ausdruck, Instrument und Ergebnis sozialer Orientierung, sowie die – wie auch immer bewusste – ästhetische Überhöhung des Alltäglichen, die eine homogene Figuration oder Gestalt herausbildet. Im Sinne der Lebenskunst ist die ästhetische Stilbildung eine ästhetische Ethik als »Ästhetik der Existenz«, als bewusste oder gewollte Praktiken,

> »mit denen sich die Menschen nicht nur die Regeln ihres Verhaltens festlegen, sondern sich selbst transformieren, sich in ihrem besonderen Sein modifizieren und aus ihrem Leben ein Werk zu machen suchen, das gewisse ästhetische Werte trägt und gewissen Stilkriterien entspricht« (Foucault, 1984b, S. 18).

Doch kann man die von Nietzsche und auch in geringerem Umfang von Foucault intendierte Originalität der Stilisierung durchaus bezweifeln. Denn man kann eben nicht alleine, wie schon Wittgenstein wusste, einer Regel folgen, selbst wenn diese ästhetisch und auf die Selbstbeziehung bezogen ist. Auch die Praxis einer individuellen Stilisierung ist immer eine soziale, in der immer auch die Zugehörigkeit zu einer Gruppe, zu einer spezifischen Lebensform oder zu einem besonderen Habitus zum Ausdruck kommt. Stile sind als performative und distinguierende Medien ästhetische Homogenisierungen – die auch die Art und Weise betreffen, wie das Subjekt sich zu sich selbst verhält.

Verfolgen wir die Anzeichen für eine psychoanalytische Theorie der Stilisierung, in der es um die ästhetisch-modernen Formen der Selbstgestaltung, der Selbstdarstellung und des Selbstausdrucks geht, so lassen sich eine Fülle von psychoanalytischen Aspekten hierbei diskutieren, die die Regulierung der Triebbedürfnisse, den Umgang mit krankmachenden Affekten, Gewissenskonflikten und Schuldgefühlen, das kluge Sozialverhalten oder auch das Sterben-Lernen betreffen. Eine weitere Fülle von Fragen betreffen im engeren Sinne die lebenskunstphilosophischen Aspekte des Lebensverständnisses, der Lebensführung, der Wahlmöglichkeiten, der Identitätsbildung und der konkreten Handlungsmöglichkeiten. Und schließlich ist hier eine Fülle von dezidiert ästhetischen Fragen der Gestaltungen des Lebens zu erörtern, wozu die Ästhetisierung des Alltags durch Essen und Trinken, Kleidung, Kunstwerke und Medien aller Art gehören. Ästhetische Inszenierungen und Darstellungen, Ausdrücke und Kommunikationen sowie Gestaltungen und Stilisierungen sind als aktualisierte Formen der Sublimierung identifizierbar. Dabei geht Freud in seiner funktionalistischen Perspektive davon aus, dass Kunst und Ästhetik vor allem Aggregate sublimierter sexueller Energie darstellen. In der künstlerischen oder intellektuellen Arbeit finden sich seiner Meinung nach besonders signifikante Beispiele gelungener erotischer Verschiebungen. Künstler und Intellektuelle leben in ihren wirklichen Werken auch ihre sexuellen Phantasien und ihre libidinösen Wünsche aus, die ihnen durch die Wirklichkeit oder durch ihr Ich oder ihr Über-Ich versagt bleiben (Freud, 1908b).

Diese finden wir schon bei Aristoteles in einer ähnlichen Fassung, der in seiner *Nikomachischen Ethik* festgehalten hatte: »Durch seine Tätigkeit ist also der Schöpfer gewissermaßen sein Werk. Er liebt also sein Werk, weil er auch das Sein liebt. Dies ist naturgegeben: denn was er als Möglichkeit ist, zeigt das Werk als Wirklichkeit« (1984, S. 268, 1168a). Von der antiken Philosophie aus erscheint der Künstler als ein Selbstverwirklicher naturgegebener Anlagen; von der Psychoanalyse aus erscheint er als ein Introvertierter, der es nicht weit zur Neurose hat und seine Wünsche in einer Phantasiewelt auslebt. Freud geht davon aus, dass der psychischen Konstitution der Künstler eine umfassende Kompetenz der Sublimierung und eine außerordentliche Beweglichkeit der für die Triebkonflikte verantwortlichen Verdrängungen zu eigen ist. Zudem sind sie in der Lage, mit ihren Kunstwerken auch einen Bezug zu anderen Menschen und zur Öffentlichkeit herzustellen.

Und auch wenn das Feld der Sublimierung im Werk Freuds schlecht abgegrenzt wird, so erscheint Freuds späte Theorie der Sublimierung in *Das Ich und das Es* als eine ich-affine Theorie der erotischen Verbindungen für eine psychoanalytische Theorie der Ästhetisierung des Lebens durchaus von Belang:

> »Wenn diese Verschiebungsenergie desexualisierte Libido ist, so darf sie auch sublimiert heißen, denn sie würde noch immer an der Hauptabsicht des Eros, zu vereinigen und zu verbinden, festhalten, indem sie zur Herstellung jener Einheitlichkeit dient, durch die – oder durch das Streben nach welcher – sich das Ich auszeichnet« (1923b, S. 274).

Eine ästhetische Sublimierung des Lebens scheint in diesem Sinne dann gelungen, wenn bestimmte Formen der Verbindung und Kohärenz gefunden worden sind, die besonders schwierig sind und kaum möglich erscheinen, d. h. außergewöhnlich sind, wenn sie eine gewisse Perfektion widerspiegeln, und schließlich wenn sie effektiv und effizient sind (vgl. Waelder, 1973, S. 190). Die Ästhetisierungen menschlichen Lebens haben so betrachtet einiges mit ästhetischen Perspektiven und noch mehr mit ökonomischen Aspekten zu tun: Wenn kaum mit einem Gelingen gerechnet werden kann, wenn eine ungewöhnliche Harmonie im Ergebnis erkennbar ist, eine Einheit der Vielfalt, ein Rhythmus von Fülle und Komplexität, und wenn schließlich ein (vermeintlich) geringer Aufwand mit einem außerordentlichen Resultat aufwarten kann, kann eine Handlung oder ihr Ergebnis als schön gelten. Ein schön sublimiertes Leben ist ein Leben, das sich durch eine ökonomische Stabilität und Effizienz auszeichnet. Und dieses Leben kann dann als stilvoll gelten.

Man sollte aber – mit Freud – an einer zentralen Differenz zwischen Leben und Kunst, die mit der menschlichen Selbstbezüglichkeit einhergeht, festhalten (vgl. Seel, 1996, S. 20ff.). Diese Perspektive wirft noch ein kritisches Licht auf die gängige These, das Leben könne *wie* ein Kunstwerk gestaltet werden, oder psychoanalytisch: das Leben könne durchgehend sublimiert werden. Denn die Verfasstheit von Kunstwerken und unser Verhältnis zu ihnen sind von einer anderen Art als unser Selbstverhältnis. So schreibt auch Hannah Arendt: »Das Leben so zu leben, als sei es ein Kunstwerk, zu glauben, daß man aus seinem eigenen Leben durch ›Bildung‹ eine Art Kunstwerk machen könnte, ist der große Irrtum« (1959, S. 10). Denn es besteht mindestens eine dreifache Unverfügbarkeit des Lebens, die der Vorstellung, aus seinem Leben könne man ein Kunstwerk machen, widerspricht: »Niemand ist Autor seiner Lebensgeschichte, weil er sie nicht ersinnen und planmäßig ausführen kann. Niemand verfügt über die Folgen und die Enthüllung der Person in seinen Handlungen und niemand überblickt sein Leben als Ganzes und schreibt seine komplette Lebensgeschichte« (Weiß, 2014, S. 197). Nun bedeuten diese drei Unverfügbarkeiten nicht, das Projekt einer Stilisierung des Lebens gänzlich aufzugeben und sein Leben dem puren Zufall zu überlassen. Die Unverfügbarkeit, sein Leben herzustellen, wird vielmehr als Bedingung dafür gesehen, dass man es in anderer Weise kunstvoll gestalten kann, nämlich als ein Leben, das eine Geschichte hat. Es

> »kann der Handelnde so gut wie niemals die Ziele, die ihm ursprünglich vorschwebten, in Reinheit verwirklichen; aber nur weil Handeln darin besteht, den eigenen Faden in ein Gewebe zu schlagen, das man nicht selbst gemacht hat, kann es [...] Geschichten hervorbringen« (Arendt, 1958, S. 226).

Bringt man die Differenz zwischen Kunstwerken und menschlichem Leben auf einen Punkt, so wird deutlich, dass das Kunstwerk keine sich auf den eigenen

Sinnprozess beziehende Existenz besitzt, während sich Menschen zu sich selbst verhalten. Daher lautet die entscheidende Differenz von Leben und Kunst: Kunst stellt eine Einheit dar, die sich selbst nicht bewusst ist, zu der sie sich als Kunst nicht in einem existenziellen Sinne verhält; menschliches Leben ist bezogen auf eine Einheit, die es selbst nicht hat, sondern zu der es sich nur in erinnernden Rekonstruktionen, vergegenwärtigenden Wahrnehmungen oder antizipierenden Entwürfen (der Kunst) subjektiv verhalten kann. Das Leben schreibt zwar die besten Geschichten – nur, dass es nicht schreiben kann: Und dafür haben wir die Kunst resp. die Lebenskunst. Anders formuliert: Wären Kunstwerke wie Menschen, so wären sie keine abgeschlossenen Konstrukte, sondern selbstregulierende Entitäten, die sich mit sich selbst über sich selbst verständigen müssten. Wären Menschen wie Kunstwerke, so würde ihnen als Erstes die Möglichkeit abhanden kommen, sich mithilfe der Kunst ihrer selbst zu vergewissern, weil ihnen die Möglichkeit genommen worden wäre, sich in ein kompensatorisches und/oder experimentelles ästhetisches Verhältnis zu sich selbst setzen zu können.

Außer als *façon de parler*, die darauf hinweist, dass man es mit einem schönen oder lebenswerten Leben zu tun hat, kann es also nicht ernsthaft darum gehen, dass das Leben ein Kunstwerk wird. Eine Sublimierung oder Stilisierung des Lebens bedeutet daher auch, durch und in der Kunst einen Abstand zu sich selbst zu gewinnen, der eine andere Ordnung des (psychischen) Lebens zur Folge haben *kann*. Denn Sublimierung lässt sich nicht nur als rückwärtsgewandte *Wieder*holung einer infantilen Befriedigungssituation, sondern auch als zukunftsorientierte Wieder*holung* eines neuen Lebensentwurfes verstehen. Wie die Therapie so bildet auch die Kunst eine Art lebenskunstbezogenes Probierfeld, auf dem man neue Inszenierungen und Stilisierungen austesten kann, indem man sich in ein ernstes und spielerisches Verhältnis zu sich und anderen begibt.

### Ausgewählte Literatur

Foucault, M. (2007). *Ästhetik der Existenz. Schriften zur Lebenskunst*. Frankfurt/M.: Suhrkamp.
Früchtl, J. & Zimmermann, J. (2001). Ästhetik der Inszenierung. Dimensionen eines gesellschaftlichen, individuellen und kulturellen Phänomens. In Dies. (Hrsg.), *Ästhetik der Inszenierung* (S. 9–47). Frankfurt/M.: Suhrkamp.
Gigerenzer, G. (2008). *Bauchentscheidungen. Die Intelligenz des Unbewussten und die Macht der Intuition*. 4. Aufl. München: Goldmann.
Goffman, I. (2000). *Wir alle spielen Theater. Die Selbstdarstellung im Alltag*. München und Zürich: Piper.

Iser, W. (1991). *Das Fiktive und das Imaginäre. Perspektiven literarischer Anthropologie*. Frankfurt/M.: Suhrkamp.
Waelder, R. (1973). Psychoanalytische Wege zur Kunst. In H. Deutsch, Ph. Greenacre & R. Waelder, *Die Sigmund Freud Vorlesungen* (S. 161–240). Frankfurt/M.: Fischer.
Soeffner, H.-G. (1992). Stil und Stilisierung. Punk oder die Überhöhung des Alltags. In Ders., *Die Ordnung der Rituale. Die Auslegung des Alltags 2* (S. 76–101). Frankfurt/M.: Suhrkamp.

## Takt als intersubjektiver Beziehungsregulator

Psychotherapie setzt voraus, dass sich auf der Basis von emotionaler Sicherheit und wechselseitiger Anerkennung ein Modus konstruktiver Auseinandersetzung zwischen Patient und Therapeut entwickeln lässt. Nötig ist ein Zusammenspiel, bei dem sich nach einer Initialphase des »Einschwingens« aufeinander und des Aushandelns von Spielregeln ein neues Beziehungs- und Kooperationsmuster herausbildet. Für den Patienten geht es darum, seinen lebensgeschichtlich gewachsenen Lebensentwurf in der sich über Stufen der Annäherung entwickelnden Therapiebeziehung einbringen, reflektieren und verändern zu können; aber auch der Therapeut ist in die Beziehungsgestaltung emotional stark involviert.

In der Tradition der philosophischen und therapeutischen Lebenskunst gibt es eine Reihe von Konzepten, die sich zum genaueren Verständnis des komplexen Zusammenspiels in therapeutischen Beziehungen heranziehen lassen:
- ➤ Empathie, Einfühlung (Lipps, Kohut, Bolognini, Breyer);
- ➤ Sympathie, der »liebende Blick« (Scheler, Nicolai Hartmann);
- ➤ Anerkennung, Respekt, Wertschätzung (Hegel, Honneth, Ricœur);
- ➤ Begegnung, Ich-Du-Beziehung, Encounter (Buber, Rogers); und
- ➤ Intersubjektivität, Wechselseitigkeit (Stolorow, Jessica Benjamin, Daniel Stern).

Dieser Reihe kann man auch den »therapeutischen« *Takt* zuordnen. Er steht der Empathie und Sympathie, dem erkennenden und liebenden Blick, der Anerkennung und Begegnung nahe, ist von Diskretheit und Achtung getragen und impliziert einen rücksichtsvollen und schonenden Umgang mit den Gefühlen des Anderen. Damit dient er der Angst- und Schamregulierung des Patienten und darüber hinaus der Regulierung der Grenzen und des angemessenen Abstands in der therapeutischen Beziehung.

Obwohl kaum jemand bestreiten würde, dass der Takt in der Psychotherapie von Bedeutung ist und dort eine ähnliche Rolle spielen könnte wie in der Pädagogik (Herbart, 1802), ist er in der Literatur zur psychotherapeutischen

Kunst und Technik bisher nur am Rande behandelt worden (vgl. Gattig, 1996). Man kann sich fragen, woran das gelegen hat. Eine Erklärung dafür wäre, dass sich die traditionell an naturwissenschaftlichen Maßstäben orientierte Psychotherapie einem Objektivitätsideal verpflichtet hat, während der Takt sehr viel mit Subjektivität, Gefühlen und Beziehungsregulierung zu tun hat und kaum je in den Fokus der Psychotherapieforschung gelangt ist. Auch Freud hat mit seiner Betonung der Wissenschaftlichkeit sicherlich dazu beigetragen, den eher pädagogischen und intuitiven Begriff des Takts aus der strengen »Behandlungstechnik« auszuklammern.

Über den Takt als Über-Ich-Aspekt schreibt Léon Wurmser programmatisch: »Ein ganz wesentlicher Teil des analytischen Taktes scheint mir gerade darin zu liegen, wie wir das dem einzelnen gerechte und *beste Maß der Über-Ich-Einstellung* finden« (1997, S. 423). Ein Teil dieses Taktes bestehe darin, »nicht mit der Moral oder der äußeren Realität zu paktieren«. Dieses Prinzip werde jedoch viel zu häufig durchbrochen, und ein solcher Bruch erweise sich zumeist als ungünstig. »Die Wünsche, Haltungen oder Handlungen eines Patienten als unangemessen, nutzlos, gefährlich, unmoralisch oder illegal abzustempeln, widerspricht guter analytischer Arbeit« (ebd., S. 429). Vielleicht sei es das Wichtigste im Erzieherisch-Psychagogischen, »eine gute Über-Ich-Figur zu sein und in taktvoller Weise dem Patienten zu helfen, innerhalb der Grenzen der Realität zu handeln« (Wurmser, 2000, S. 107).

## Bedeutungsdimensionen

Im Allgemeinen wird *Takt* als Haltung, Entschluss und Handlungsweise verstanden, die aus einem Gefühl resultiert; Takt ist »Geschmack für den besonderen Fall« (Gadamer, 1990, S. 45) oder Gefühl für das Singuläre. Takt lässt sich als spezifische Kompetenz verstehen, die aus Selbstbeherrschung und -kontrolle, Beachtung der Individualität des Anderen, analytischen Fähigkeiten, Perspektivenübernahme, Berücksichtigung der eigenen Wirkungen auf den Anderen, Vermeidung von diskriminierendem Verhalten besteht.

Es wäre hier ein durchaus lohnenswertes Unterfangen, die theoretischen Vorläufer des Taktbegriffs zu rekonstruieren, etwa Aristoteles mit seiner *Mesotes*-Lehre (Maß, Mitte) und seinem Begriff der Billigkeit, Cicero mit seinem Begriff des *decorums* (Schicklichkeit), Locke mit dem Konzept des *good breeding* (Lebensart), Knigge mit dem Zartgefühl, Schiller mit seinen Begriffen von Anmut und Grazie und Schleiermacher mit seinem Konzept des geselligen Betragens

(Ansätze dazu finden sich unter dem Begriff »Anstand« bei Göttert, 2009; s. a. Gödde & Zirfas, 2012). Dem Takt verwandte Begriffe wie Respekt, Toleranz, Anstand, Diskretion, Teilnahme, Freundlichkeit etc. haben ihre begrifflichen »Familienähnlichkeiten« (Wittgenstein) mit dem Takt und sie gehen in realen Situationen oftmals eine Verbindung mit ihm ein.

Da der Takt oftmals mit der Höflichkeit identifiziert und insofern verwechselt wird, soll hier kurz auf die Differenz zwischen Takt und Höflichkeit eingegangen werden. Eine wichtige Differenz kann in der unterschiedlichen Relevanz von Sitte und Gebräuchen gesehen werden: Während die Höflichkeit sehr stark an konventionellen Ritualen und der sozialen Etikette orientiert ist, bleibt der Takt als interindividuelles Geschehen wesentlich weniger von den herrschenden Lebensformen abhängig und hat somit einen individuell-kontingenteren Charakter. Damit verbunden ist auch ein veränderter Zeitbezug: In der Höflichkeit spielt die Tradition und damit die Vergangenheit, im Takt der Augenblick und damit die Gegenwart eine wichtige Rolle. Und schließlich wird in der Höflichkeit ein deutlicher Bezug zu einem (zwanghaft) vorgegebenen Verhalten offensichtlich; im Takt herrschen größere Räume flexibleren Verhaltens.

Ein Versuch, den Begriff »Takt« zu definieren, führt über die Etymologie. Das lateinische *tactus*, auf den der Takt in der Regel zurückgeführt wird, bezeichnet nicht nur die »Berührung«, den »Schlag«, sondern auch die »Wirkung«, den »Einfluss« sowie den »Gefühlssinn« und das »Gefühl« (vgl. Sünkel, 1972). Von Voltaire soll der Begriff »Takt« 1776 erstmals verwendet worden sein. Im Wörterbuch der Brüder Grimm, das 1854 begonnen wurde, wird dann der Takt bei Kant, Goethe, Matthisson und Seume erwähnt (vgl. Blochmann, 1950). Dort wird unter dem Lemma *Takt* festgehalten: »1) die berührung, der thätige gefühls- und tastsinn: tact, berürung. [...] 2) danach das innerliche feine gefühl für das rechte und schickliche, ein feines und richtiges urtheil [...]. 3) das nach bestimmten verhältnissen abgemessene zeitmasz einer rhythmischen bewegung« (J. Grimm & W. Grimm, 2006). Im Englischen wird der Takt mit »tact« oder auch »delicacy«, im Französischen mit »tact« oder »délicatesse« übersetzt. Es ist aber durchaus möglich, dass auch griechische Begriffe noch in den Bedeutungsumfang von »Takt« eingehen, etwa das gr. »τάξις« (taxis), das mit »(An-)Ordnung«, »Stand«, »Stellung« oder »Schlacht- und Marschordnung« übersetzt werden kann, aber auch »τάχυς« (tachus), »schnell« und »plötzlich«, oder auch »τύπός« (typos), der »Schlag« oder »Stoß«, könnten hier eine Rolle spielen. Es würde nicht einer gewissen Ironie entbehren, wenn der etymologische Ursprung des »Takts« im militärischen Umfeld zu finden wäre, als Schlachtordnung oder Marschmusik, die taktvoll ein- und durchgesetzt wurde.

Nimmt man diese etymologischen Hinweise und die vorliegenden historischen, kulturellen und sozialen Studien zum Begriff des Taktes zusammen, so scheint dieser über die Vorstellung einer (gesellschaftlichen) Ordnung, vielleicht sogar über das Militär, aber wohl vor allem über die Musik in die soziale Sphäre gekommen zu sein. Und auch heute noch übertragen wir in einem metaphorischen Sinne musikalische Bedeutungsgehalte in den körperlichen und sozialen Bereich, wenn wir vom »Takt halten« bzw. vom »aus dem Takt kommen«, »den Andern aus dem Takt bringen« sprechen, wenn wir »den Ton treffen« oder »im Rhythmus bleiben«, oder auch wenn wir »mitschwingen« oder uns »einstimmen«. Nicht zu vergessen sei hier auch die durch den Takt hervorgebrachte »Harmonie« zwischen Kommunikationspartnern.

Mit den seit der Mitte des 19. Jahrhunderts gewonnenen Bestimmungen des Takts sind allerdings Merkmale verbunden, die auch heute noch den Takt in *sozialen* Situationen auszeichnen: das Austarieren von (körperlicher) Nähe und Ferne, ein emotionales Urteil bzw. ein evaluatives Gefühl und das richtige Zeitmaß bzw. der richtige Zeitpunkt (»timing«) für das Handeln. In der Gegenwart wird der soziale Takt oftmals in Verbindung gebracht mit dem Diskreten, Behutsamen und der Distanzwahrung. Taktlosigkeit wird mit einem Zunahetreten, mit Verletzungen und Kränkungen und dementsprechend mit Unhöflichkeit identifiziert. Worte wie »tangieren« (von lat. tangere): in Berührung kommen, »taktil« (den Tastsinn betreffend) und »Kontakt« (Zusammenspiel) zeigen an, dass der Takt eine körperlich-leibliche und eine soziale Seite hat, die etwa auch bei der »Taktik«, der Kunst der Ordnung und Aufstellung eine Rolle spielt.

Die modernen Konzeptionen der Lebenskunst von Hadot (1981), Krämer (1992), Foucault (2007) u. a. haben die Bedeutung des Takts für ein gelungenes glückliches Leben – wenn überhaupt – nur am Rande berührt. Allerdings findet man bei Wilhelm Schmid zwei Begriffe, die oftmals im Zusammenhang mit dem Taktbegriff verwendet werden, auch wenn sie diesen nicht umfassend bestimmen können, nämlich: Sensibilität und Gespür. Während die *Sensibilität* stärker Fragen der Sinnlichkeiten, der Wahrnehmung, der Repräsentation und der Erfahrung berührt, ist das *Gespür* enger mit Fragen der Emotion, des Gefühls und des Bewusstseins verknüpft.

Schmid behandelt beide Begriffe vornehmlich in zwei für seine Lebenskunstphilosophie zentralen Kontexten: der Phänomenologie der Wahl (1998, S. 188ff.) und der Kunst in der Lebenskunst (2004, S. 47ff.). Ihre Bedeutsamkeit ergibt sich daraus, dass sie zur Vorbereitung einer klugen Wahl und einer kreativen Neuformierung in der Lebenskunst dienen. Sensibilität wird – allerdings im Konnex mit der Urteilskraft – als ein Aspekt einer Ästhetik der Existenz (neben Selbstmächtigkeit, Gestaltung, Wahl und Schönheit) vorgestellt. Es geht Schmid um die Ausdifferenzierung und Erweiterung der Sensibilität in einem sehr umfassenden Sinne, die das Selbst ebenso umfasst wie die politischen und gesellschaftlichen Rahmenbedingungen. Hierbei ist eine »allgemeine, unspezifische Aufmerksamkeit und Achtsamkeit« (Schmid, 1998, S. 193) auf sämtliche für das Individuum interessante Aspekte seines Lebens zu berücksichtigen.

Der Begriff des Gespürs wird wesentlich differenzieller entfaltet. Die Rede ist im Einzelnen von Spürsinn, Spüren, Erspüren und Aufspüren. Das Gespür gilt Schmid nicht nur als (mittelbare) Besorgung der Sensibilität im Hinblick auf die Wahl, sondern auch als unmittelbarer Wahlanlass: Das Gespür vermittelt über das bloße Gefühl hinaus ein »Bewusstsein von Zusammenhängen« (ebd., S. 198). »Das Gespür besteht darin, Spuren, Indizien, Hinweise, Zeichen aufzunehmen, ihren Grund auszumachen und ihren Weg zu verfolgen: *Spuren im Selbst*, seinem Fühlen und Denken, *Spuren in der Welt*, zwischen Selbst und Welt, Selbst und anderen, *Spuren in anderen*, in Wesen und Dingen« (Schmid, 2004, S. 331ff.). Voll ausgebildet wird das Gespür in der Ästhetik der Existenz zur »Kunst des mehrfachen Blicks«, der in der Lage ist, historisch und strukturell alle Belange des Individuums und seiner Sozial- und Weltbeziehungen zu umfassen, um so in jeder Situation eine lebenskunstgerechte Wahl treffen zu können.

Beide Begriffe werden (gemeinsam) gegliedert in eine virtuelle Sensibilität (bzw. ein virtuelles Gespür) als Sinn für Möglichkeiten (Achtsamkeit, Kreativität, Traum etc.), eine reale Sensibilität als Sinn für Wirklichkeiten und eine exzellente Sensibilität als Sinn für kunstvolle Gestaltung: »Auf der Grundlage von Sensibilität und Gespür erst ist die *Kunst im Sinne von Können*, Lebenskunst im Sinne von *Lebenkönnen* zu entfalten« (ebd., S. 47ff., 51).

Obgleich »Sensibilität« und »Gespür« wichtige Merkmale des Takts darstellen, geht er doch weit über diese beiden Momente hinaus und in die Performativität des Taktes hinein. Erving Goffman hat die Frage des Taktes vor allem im Kontext seiner Überlegungen zur Rollentheorie vorangetrieben (Goffman, 1973). Zu jeder Rollenausübung gehört für ihn auch ein Fingerspitzengefühl, aber auch die Art und Weise, wie die Darstellung der Rolle innerhalb einer spezifischen Situation ausgestaltet wird. Takt wird so situiert zwischen den sozialen Rollenanforderungen einerseits und den faktischen Rollenausübungen andererseits (ebd., S. 129). Da sich diese beiden Momente fast nie zur Deckung bringen lassen, ist ein Takt der Abweichung erforderlich, oder anders formuliert: ein Takt, der die Distanzierung von den Verpflichtungen der Rolle durch Rollendistanz ermöglicht. Takt ordnet somit die Beziehungen zwischen der Rolle und dem

»wirklichen Ich« (ebd., S. 133), das in sozialen Situationen und Interaktionen immer wieder durchblitzt. Ein Beispiel für diesen Sachverhalt bietet Goffman durch den Verweis auf das widerständige Verhältnis des Patienten zu seinem Therapeuten. Denn der Widerstand des Patienten macht aus Sicht einer Theorie der Rollendistanz deutlich, dass der Patient nicht gewillt ist, relevante Informationen zu liefern oder den Therapeuten als solchen überhaupt funktionieren zu lassen (ebd., S. 128f.). Der Patient weigert sich, seine Rolle anzunehmen, was er dem Therapeuten immer wieder taktvoll mitzuteilen versucht.

## Soziale Funktionen

Der Takt erfüllt im Sozialen eine ganze Reihe von Aufgaben. Er dient dazu, Selbstdarstellungen, kommunikative Beziehungen, emotionale Betroffenheiten und individuelle wie kollektive Entwicklungsmöglichkeiten zu ermöglichen. Doch es sind wohl vor allem Situationen der Unangemessenheiten oder der Peinlichkeiten, in denen der Takt erforderlich ist. So lässt sich unter dem Begriff der *Peinlichkeit* eine inkorrekte Selbstdarstellung interpretieren, die mittels des Takts aufgehoben werden kann. Der Begriff der Peinlichkeit deutet besser noch als der Begriff der Taktlosigkeit an, dass es im Takt um Fragen der Verletzlichkeit, der Integrität und Fragilität individuellen menschlichen Lebens geht. In der Regel schützt der Takt davor, dem Anderen zu nahe zu treten, ihn in seiner Integrität, vielleicht sogar in seiner Würde, zu beeinträchtigen und Gefühle der Beschämung zu erzeugen.

So sollte man sich daran erinnern, dass die Peinlichkeiten überall lauern, als tabuisierte Themen, als desavouierte Ausdrucksformen oder als unter Verbot gestellte Sachverhalte. Vor dem Hintergrund des kommunikativen Axioms, dass man nicht nicht kommunizieren kann, erscheinen kommunikative Situationen daher enorm taktbedürftig wie anfällig für Taktlosigkeiten. Der Takt greift bei Peinlichkeiten ein, wenn sich die soziale Situation aufzulösen droht oder wenn das Individuum Gefahr läuft, sich oder den Anderen bloßzustellen (vgl. Goffman, 1996). Dabei dienen taktvolle Korrekturmaßnahmen der Aufrechterhaltung der sozialen Situation, man bleibt im Gespräch, ermöglicht kommunikative Anschlüsse und emotionale Schieflagen wie Verlegenheit und Betroffenheit werden ausgeglichen. Der Takt ist somit die Handlung statt dessen, die Korrektur des Eigentlichen.

Umgekehrt zeigt sich, dass die Notwendigkeit des Taktes dort besonders deutlich wird, wo er gebrochen wird: Diesen Sachverhalt kann jeder mit den sogenannten »Krisenexperimenten« von Harold Garfinkel (1963) auch im Alltag nachvollziehen. Zur Erinnerung: Garfinkel wollte mithilfe der Krisenexperimente herausfinden, welche Strukturierungen und Generationsprinzipien sozialen Ordnungen zugrunde liegen. Dabei ging er davon aus, dass diese Ordnungen interaktiv durch tagtägliche Aktivitäten der Abstimmung mit anderen, in denen jeweils kulturelle Werte und Normen in die Situationen hinein vermittelt werden, hergestellt werden. Ruft man bewusst durch sprachliche Äußerungen (indem man z. B. penetrant darauf beharrt, jemanden nicht zu verstehen) oder Handlungspraktiken (indem man z. B. jemandem die Tür ostentativ vor der Nase zuschlägt) anomische Situationen und Desorganisation im Alltäglichen hervor, so kann man aus den Reaktionen der Beteiligten sozusagen *ex negativo* erschließen, was diese eigentlich als Verhalten in dieser Situation erwartet haben. In diesem Sinne kann man durch Verfremdungen von Situationen zeigen, wie prekär soziale Interaktionen und Kommunikationen strukturiert sind. Bezogen auf den Takt: Wenn man durch Krisenexperimente den erforderlichen Takt bewusst aus dem sozialen Spiel lässt, wird deutlich, wie nötig er für dieses Spiel als ungeschriebene Regel ist.

Takt und Taktlosigkeit sind nicht vorab objektiv gegeben, sondern werden in der Situation als solcher von den Beteiligten wahrgenommen; ggf. auch von einem dritten, der wahrnimmt, dass diese die Situation überhaupt nicht als taktlos empfinden. Taktvolles Verhalten ist ein Verhalten, als ob man selbst und der Andere eine gemeinsame Basis des Schonenswerten *hätten*. Der Takt als taktvolles Verhalten zielt auf ein Maß des Menschlichen, für das es keine intersubjektive Verlässlichkeit gibt. Und diese maßvolle Basis kann durchaus taktlos durchbrochen werden, wenn sie von anderen Menschen verletzt wird, oder auch, wenn andere Werte wie Wahrheit, Freundschaft etc. dies erfordern. Denn es gibt – nicht nur im therapeutischen Setting – Situationen, in denen es peinlich ist, taktvoll zu sein bzw. der Takt es einem nahelegt, sich taktlos zu verhalten.

Insofern stellt sich die Frage, ob es Situationen gibt, in denen man *zu* taktvoll sein kann, oder allgemeiner betrachtet stellt sich die Frage nach einem *Maß* des Taktes. Scheint es nicht gelegentlich durchaus peinlich zu sein, jemandem mit »übertriebener« Diskretion zu begegnen, ihn »mehr« als anständig zu behandeln und »rückhaltlose« Zurückhaltung zu üben? Oder besteht die Kreativität des Taktes gerade in seinem jeweils der Situation angemessenen Maß an Einstellungen, Wahrnehmungen und Verhaltensformen? Wird der Takt somit dem Anderen immer gerecht?

Takt, so lässt sich bislang konstatieren, verknüpft unbewusst eine praktische Handlung mit einer ästhetischen Dimension und einer kreativen Schöpfung.

Wahrscheinlich würde man einer Situation im Sinne des Taktes auch nicht gerecht, wenn man jedes Mal seine Wahrnehmung und Voraussicht, sein Fingerspitzengefühl und Gespür für bestimmte Gelegenheiten sowie diverse Fertigkeiten und Erfahrungen neu reflexiv abstimmen müsste: Man handelt eben und spürt, ob es taktvoll war oder nicht.

Taktvolles Sprechen und Benehmen impliziert nicht nur eine Aufgabe der Einfühlung in den Anderen, sondern auch die Auseinandersetzung mit ethischen Maßstäben und Normen. Im Rahmen einer kleinen »Dialektik des Takts« schreibt Theodor W. Adorno: »Voraussetzung des Takts ist die in sich gebrochene und doch noch gegenwärtige Konvention«. Takt bedeute nicht einfach »die Unterordnung unter die zeremonielle Konvention«, sondern »verlange die eigentlich unmögliche Versöhnung zwischen dem unbestätigten Anspruch der Konvention und dem ungebärdigen des Individuums«. Takt sei »eine Differenzbestimmung«, die »in wissenden Abweichungen« bestehe (Adorno, 1951, S. 37f.).

Diese »wissenden Abweichungen« haben sehr viel mit der Frage zu tun, wie man allgemeine (etwa ethische, aber auch wissenschaftliche) Maßstäbe und Normen auf individuelle Einzelfälle anwendet; dann bewegt man sich auf unsicherem Terrain. Takt wird dort erforderlich, wo man selbst die Ungewissheiten des Handelns ertragen muss und dennoch Verantwortung für sein Handeln zu übernehmen hat. Auch dem therapeutischen Takt eignet eine Unbestimmtheit und Unbestimmbarkeit, da es im je konkreten Fall schwierig ist zu bestimmen, welches Verhalten angemessen und professionell richtig ist. Takt ist kein Programm, das man schlicht ausüben kann, sondern eine kreative Kunst, die sich und dem Anderen gerecht zu werden versucht.

Demnach bietet der Takt für die Lebenskunst eine Fülle von Anschlussmöglichkeiten:

- So werden mit der Frage nach dem Takt *soziale* Aspekte wie (erwartbare, typisierte) Interaktionsformen, Rollenverhalten und institutionelle Rahmungen thematisiert.
- Dabei ist der Takt nie nur einer festgelegten Choreografie geschuldet, sondern auch einer *individuellen* Ausgestaltung verpflichtet, die je nach Situation und Gegenüber je spezifische Formen und Prozesse impliziert.
- Es können *moralische* Aspekte eines gesollten, gewollten, verantworteten oder berechnenden Verhaltens oder einer motivationalen Struktur in den Blick genommen werden.
- Mit dem Takt kommen *ästhetische* bzw. kulturell-symbolische Aspekte ins Spiel, insofern mit ihm immer Fragen nach dem Maß, der Angemessenheit

oder auch dem Stil eines bestimmten Verhaltens, einer Interaktion oder einer Atmosphäre einhergehen.

➤ Aus einem *anthropologischen* Blickwinkel kann der Takt als Frage der Wahrnehmung, des Urteils, des Gefühls oder des Körpers betrachtet werden.

➤ Unter *zeitlichen* und *räumlichen* Gesichtspunkten erscheint der Takt als eine Frage des Tempos, des Zeitpunktes, der Dauer oder auch des Rhythmus einer Interaktion oder auch als durch Gesten und Rituale abgesicherte, leibliche, symbolische, performative etc. räumliche Gestaltung.

➤ Und schließlich lässt sich der Takt nicht nur als Form, sondern als ein *Medium* therapeutischer Arbeit verstehen.

Dem Takt stehen verschiedene Fehlformen bzw. Degenerationsformen des Takts gegenüber: Takt kann zur Oberflächlichkeit, zum reibungslosen Funktionieren verkommen, zur Durchsetzung egoistischer Interessen verwendet werden, sich zur Gewohnheit, zu habitualisierten Denk- und Handlungsschemata verstetigen, als Rigorismus sittlicher Forderungen benutzt werden und als nackte Verfügungsgewalt in der herrschenden Industriegesellschaft (Adorno, 1951, S. 36) auftreten. Hier gilt der Takt als Täuschungsmanöver, als Manipulation des Gegenübers oder als Mittel zum Zweck der Durchsetzung von individuellen Interessen in subtiler Form.

### Der therapeutische Prozess

Betrachtet man den therapeutischen Prozess unter Takt-Aspekten, so bekommt der *modus operandi* dieses Prozesses eine zentrale Bedeutung.

> »Das einzig wirklich nützliche Instrument des Psychotherapeuten ist die Konzentration auf den therapeutischen ›Prozeß‹. Wobei der *Prozeß* im Gegensatz zum Inhalt zu verstehen ist. In einer Unterhaltung besteht der Inhalt aus den real benutzten Worten, den real diskutierten Themen; der Prozeß hingegen bezieht sich auf die Art und Weise, *wie* der Inhalt ausgedrückt wird und darauf, was diese Ausdrucksform über die Beziehungen zwischen den teilnehmenden Personen aussagt« (Yalom, 1990, S. 135).

Wenn dem Prozess und den Beziehungen in der Psychotherapie eine, wenn nicht *die* zentrale Bedeutung zukommt, so wird die Performativität des Umgangs miteinander und die Frage danach, *wie* man sich dem Anderen gegenüber »gibt« bzw. wie man mit ihm »umgeht«, zentral.

In diesem Fragenbereich kann der orientierungssuchende Therapeut Anschlüsse an die philosophische Lebenskunst suchen. So lässt sich von Nietzsches Anliegen der »Gerechtigkeit« eine Brücke zum Takt schlagen (vgl. Stegmaier, 1992, S. 372ff.). Gerechtigkeit hat zunächst mit der Suche nach unvoreingenommener Erkenntnis zu tun: »Ihre Art ist es, mit herzlichem Unwillen Allem aus dem Wege zu gehen, was das Urtheil über die Dinge blendet und verwirrt.« Sie sei deshalb eine »*Gegnerin der Überzeugungen*«, des dogmatischen Glaubens, »in irgendeinem Puncte der Erkenntnis im Besitze der unbedingten Wahrheit zu sein«. Um jedem »das Seine geben« zu können, stellt sie »jedes Ding in das beste Licht und geht um dasselbe mit sorgsamem Auge herum. Zuletzt wird sie selbst ihrer Gegnerin, der blinden oder kurzsichtigen ›Ueberzeugung‹ [...] geben, was der Ueberzeugung ist« (Nietzsche, 1878, S. 360f.). Dass eine enge Verbindung zwischen Takt und Gerechtsein besteht, zeigt sich vor allem darin, dass »sich selbst unter dem Ansturz persönlicher Verletzung, Verhöhnung, Verdächtigung die hohe, klare, ebenso tief als mildblickende Objektivität des gerechten, des *richtenden* Auges nicht trübt« (Nietzsche, 1887, S. 310).

Für Wurmser ist therapeutischer Takt »tatsächlich von solch überwiegender Wichtigkeit, dass man, wenn man wirklich taktvoll vorgeht, gewöhnlich im Patienten mehr und mehr jenen unerlässlichen Mitarbeiter findet, den man braucht, wenn man ihm zumuten will, immer neue innere Unlusterlebnisse anzugehen« (2000, S. 69). Dennoch würden Sympathie, Toleranz, respektvolles Interesse, Sensibilität gegenüber der narzisstischen Verletzlichkeit des Patienten nicht ausreichen, um die psychotherapeutischen Aufgaben bewältigen zu können (vgl. Wurmser, 1997, S. 429). Wir brauchen neben analytischem Takt auch analytische Intelligenz und analytische Neugierde, die zusammengenommen das ermöglichen, was uns als Ideal der Empathie vorschwebt.

### Ausgewählte Literatur

Gattig, E. (1996). Zur Psychoanalyse des Taktgefühls. Ein Beitrag zur Metapsychologie der psychoanalytischen Behandlungstechnik. In H. Henseler (Hrsg.), »*... da hat mich die Psychoanalyse verschluckt*«. *In memoriam Wolfgang Loch* (S. 74–91). Tübingen: Attempto.

Gödde, G. & Zirfas, J. (Hrsg.). (2012). *Takt und Taktlosigkeit. Über Ordnungen und Unordnungen in Kunst, Kultur und Therapie*. Bielefeld: transcript.

Göttert, K.-H. (2009). *Zeichen und Sitten. Eine Geschichte des Anstands*. Stuttgart: Reclam.

Goffman, E. (1973). *Interaktion: Spaß am Spiel. Rollendistanz*. München: Piper.

Schmid, W. (2004). *Mit sich selbst befreundet sein.* Frankfurt/M.: Suhrkamp.
Wurmser, L. (1997). *Die Maske der Scham. Die Psychoanalyse von Schamaffekten und Schamkonflikten.* 3. Aufl. Berlin und Heidelberg: Springer.
Wurmser, L. (2000). *Flucht vor den Gewissen. Analyse von Über-Ich und Abwehr bei schweren Neurosen.* 3. Aufl. Göttingen: Vandenhoeck & Ruprecht.

## Zusammenfassung

Bringt man die skizzierten modernen Begrifflichkeiten »Lebenskunst«, »Selbst und Anderer«, »Werte und Geschmack«, »Stilisierung und Takt« mit ihren philosophischen und medizinischen Vorläufern – von Platon bis Nietzsche, von Hippokrates bis Freud – in einen Zusammenhang, so fällt auf, wie stark Fragen der Lebenskunst in der Moderne emotional und psychologisch aufgeladen sind. Der Innenraum des Menschen mit seinen Gefühlen, Propriozeptionen, Spürensqualitäten, Wahrnehmungen, Erfahrungen und unbewussten Prozessen wird – und diese Entwicklung ist entscheidend durch die Romantik geprägt – auch für eine therapeutische Lebenskunst zentral. Spiegeln Überlegungen einer therapeutischen Lebenskunst immer existenzielle Problematiken wider, so werden diese in der Neuzeit psychologischer und individueller; sie rücken dem Individuum gleichsam »näher«, weil sich moderne Subjekte ebenso stark, wenn nicht stärker, über ihre Psyche denn über ihren Verstand bzw. über ihre Vernunft definieren.

Um nicht missverstanden zu werden: Auch bei den alten Griechen und Römern finden wir ein »Selbst« und eine »Selbstbeziehung«, auch hier finden wir Reflexionen über die Psyche und über die Emotionen und wir finden schließlich auch Konzepte der Askese, der Katharsis und der Muße, die für eine praktische Lebenskunst etwa im Umgang mit den Leidenschaften stehen. Doch diese Überlegungen werden vor dem Hintergrund von metaphysischen Überlegungen durchgeführt, die bei aller Entscheidungsfreiheit, die auf eine kluge, weil maßorientierte Wahl zielte, dennoch ein hohes Maß an Übersichtlichkeit und Stabilität gewährleisteten. Konzepte des Glücks, der Schönheit und der Gesundheit sind *cum grano salis objektive* Konzepte, die entsprechende Kriterien einer rationalen und klugen Lebensführung ermöglichten.

Mit der Aufklärung und dann vor allem mit der Romantik wird dieser metaphysische Horizont brüchig und Lebenskunst damit individueller, kontingenter und pluralistischer. Und es ist kein Zufall, dass damit auch der Bereich der Psyche und der Emotionalität eine neue Bewertung erfährt. Während jahrhundertelang die Metaphysik eine mehr oder weniger eindeutige Überordnung der *ratio* über die *emotio*, des Verstandes über die Affekte, vorgab und aus dieser Vorgabe alle Maßverhältnisse der Lebenskunst quasi ableiten konnte, wird die Emotionalität in der Neuzeit zu einem gleichwertigen »Gegenspieler« des Verstandes, gelegentlich sogar zum eigentlichen Protagonisten in der Lebenskunst. Durch die Konzentration auf die Gefühle und die Psyche wurden andere Beurteilungs- und Bewertungsdimensionen sowie andere Erregungs- und Motivkomponenten virulent; denn diese lassen sich mit anders gelagerten Intentionalitäten und Attraktivitäten in Verbindung bringen. Diese neue Tendenz haben wir etwa an der Neubewertung der Sexualität in der Neuzeit nachgezeichnet. Gefühle sind nun eng mit dem Selbstverständnis und dem Selbstentwurf eines Menschen verbunden; und sie ermöglichen die Erfahrung einer lebendigen Wirklichkeit; durch sie sollen Menschen erfahren, was für sie *wirklich* wichtig und bedeutsam ist. Und man kann in diesem Sinne fragen, ob nicht jedes Gefühl – selbst die negativen – eine eudämonistische Valenz besitzen, insofern es in Gefühlen und Phantasien *auch* immer um das Wohlergehen und das Glück der Menschen geht. Jetzt zeigen Gefühle den Menschen an, wie es mit ihrem Geschmack am Leben und ihren Lebenswerten bestellt ist. Daher ist, und das ist seit der Antike bekannt, ein ausgewogenes Gefühlsleben für die Lebenskunst so bedeutsam. Freuds Theorie der Sublimierung lässt sich insofern auch als Versuch verstehen, den Geschmack am Leben stärker auf die Gefühle und das Unbewusste und nicht nur auf die rationale Kultivierung zu beziehen.

Konzentriert man die Lebenskunst auf die Frage nach der Wahrnehmung, der Bewertung und der Umsetzung von Wahlmöglichkeiten, so geschieht in der Moderne diese Frage in einer Kombination aus rationalen, utilitaristischen Kosten-Nutzen-Modellen, sozialen Geschmacks- und individuellen Stilpräferenzen sowie biografisch-ästhetischen Gefühls- und Erfahrungswelten. Emotionale Balancen sind hier immer schwieriger zu erzielen, und dafür gibt es eine Reihe von Gründen:

1. Die Zahl der Kriterien für die Wahl scheint gestiegen zu sein, suggeriert »man« doch in einer kapitalistischen Moderne, dass »alles möglich ist«. Die hierbei konstatierte Informationsüberflutung *(information overload)*, die mit dem Internet noch einmal entscheidend an Bedeutung gewonnen hat, wirft dann nicht nur die Frage auf, *wie* man sich am besten entscheidet – nach reiflicher Überlegung oder intuitiv –, sondern auch die Frage, ob die unendlichen Möglichkeiten nicht eine Lebenskunst des Maximierens nahelegen: Es gilt, möglichst viele Möglichkeiten zu verwirklichen, was ggf. verhindert, dass man sich festlegt, weil es immer noch eine bessere Möglichkeit zu geben scheint. Man wird wählerisch, was wiederum dazu führt, dass man verlernt, sich für das Risiko einer spontanen und

intuitiven Wahl zu entscheiden, bzw. dass man verlernt, sich hoch emotional zu engagieren.

2. Die Qualität der Entscheidungskriterien hat sich geändert, und etwa auch eingebildete und fiktive Optionen treten mehr oder weniger gleichberechtigt neben traditionelle oder realistische Optionen. Man versucht selbst in einer schon unübersichtlichen Situation an Optionen, die Möglichkeiten der Wahlen noch zu optimieren, Möglichkeiten zu durchdenken, »Opportunitätskosten« und »Kollateralschäden« rational zu taxieren und affektiv zu bewerten. Die Moderne entwickelt dabei eine Gefühlskultur der »coolen Ambivalenz« (Illouz), die mit einer geringeren affektiven Eindeutigkeit, mit einer größeren emotionalen Widersprüchlichkeit und einer Nichtpassung von Gefühlslage und angemessenem Verhalten einhergeht.

3. In der Moderne werden die eigenen Entscheidungen weniger von objektiven Vorgaben (Werten, Normen, Ritualen etc.), sondern immer stärker von Selbst- und Anderenbeziehungen abhängig; d. h., dass der Einzelne mittels (selbstbezogener) Introspektion und (objektbezogener) Kommunikation (ständig) überprüfen muss, ob seine Gefühle und seine rationalen Überlegungen die eigene Wahl bestätigen und ob die anderen diese Wahl auch goutieren können. Man kann sich nicht einfach darauf verlassen, standardisierte moralische, soziale, medizinische etc. Standards zu praktizieren, sondern steht hierbei in einem Aushandlungsverhältnis mit Bedürfnissen, Gefühlen, Lebensstilpräferenzen auf der einen und mit Wertschätzungen oder Diskriminierungen durch andere auf der anderen Seite.

4. Eine moderne Lebenskunst hat zudem mit zeitgenössischen Dialektiken, Widersprüchlichkeiten und Antinomien zu tun, die – aufgrund der Psychologisierung und Emotionalisierung – für das Individuum zu einer stärkeren Belastung werden. Es scheint schwieriger geworden zu sein, seine Selbstachtung und sein Selbstwertgefühl bzw. sein Gefühl für das richtige Leben in einer kulturellen Situation aufrechtzuerhalten, die (ohne den Anspruch auf Vollständigkeit) von ihm fordert, Emotionalität und Rationalität, Intuition und Nützlichkeit, Authentizität und Autonomie, Individualität und Sozialität, Abhängigkeit und Freiheit, Biografie und Kultur, Herkunft und Zukunft miteinander zu vermitteln.

5. Ein Widerspruch, den wir in der Einleitung zu diesem Kapitel schon angesprochen haben, soll hierbei noch deutlichere Erwähnung finden: der Widerspruch zwischen Selbstverwirklichung auf der einen und Perfektionierung auf der anderen Seite, d. h. dem Anspruch, sich selbst zu verwirklichen, und dem Anspruch, sich selbst neu zu kreieren. In den Zeiten des *Enhancements* scheint der Imperativ, sein Leben neu zu kreieren, schnell in den Imperativ der Selbstoptimierung im Dienste kultureller und ökonomischer Maximen und Illusionen

umzukippen. Und man kann sich durchaus die Frage stellen, ob die traditionellen Verfahren der Selbstoptimierung – philosophische Verfahren, die auf Muße und Selbstreflexion, psychologische Therapien, die auf Introspektion, und Psychoanalyse und praktische Prozeduren, die auf Askese, Übungen und Rituale setzen – in einer Zeit noch bedeutsam sind, in der wir unser Leben mittels neurologischer, medizinischer und nanotechnischer Entwicklungen vielleicht »besser«, weil zielführender, intensiver und umfassender neu gestalten können. Und es ist zu vermuten, dass eine therapeutische Lebenskunst sich in Zukunft vermehrt um die Hoffnungen, aber auch um die Ängste kümmern muss, die mit solchen Perfektionierungsvorstellungen verbunden sind.

# 7 Die Bedeutung von Lebenskunstkonzepten in der Therapie- und Lebenspraxis

Vergegenwärtigen wir uns noch einmal unsere wesentliche Perspektive: Die Grundidee unserer Überlegung lautet, dass eine existenzielle Lebenskunst ohne Therapeutik nicht zu haben ist. Diese These stellt sich aus dem Blickwinkel unserer bisherigen Darstellung wie folgt dar: Jedes Modell einer therapeutischen Lebenskunst setzt mit einem bestimmten Leiden an einem Nichtwissen oder Nichtkönnen ein. Wie auch immer dieses Leiden akzentuiert ist – ob es sich um ein intellektuelles oder emotionales, körperliches oder geistiges, individuelles oder soziales, religiöses oder moralisches Leiden handelt – und wie tief- und weitgehend dieses Leiden auch sein mag – von peripheren Unstimmigkeiten bis zu schweren Sinnkrisen, von gelegentlichen Schüchternheiten bis zu massiven Angstneurosen, von Identitätskrisen bis zu Borderline-Störungen –, sind doch immer auch Fragen der Lebenskunst involviert. Es geht dabei immer auch um die Frage, wie Menschen im Umgang mit diesen Leidensmöglichkeiten dennoch die Perspektive eines gelungenen und schönen Lebens durchhalten können. Therapeutisch wird die Lebenskunst dann, wenn wir es mit tiefer- und weitergehenden Schwierigkeiten zu tun haben, die die Menschen in einer für sie nicht mehr erträglichen Form am Leben hindern. Therapie wird hier im weitesten Sinne als Ermöglichung einer »Heilung« verstanden. Man kann dann auch von therapeutischen Möglichkeiten der Lebenskunst sprechen, die Menschen in die Lage versetzen, ein »besseres« Leben zu führen. Die Lebenskunst ist in dieser Hinsicht auf eine Therapeutik angewiesen, die mithilfe verschiedener Verfahren die Intention verfolgt, Menschen gesünder und glücklicher zu machen – wie auch immer hier Gesundheit und Glück definiert werden.

Und umgekehrt wurde deutlich, dass auch die Therapeutik auf die Fragen der Lebenskunst nicht verzichten kann, gehen doch in therapeutische Zusammenhänge in Theorie und Praxis explizit wie implizit Perspektiven der Lebenskunst mit ein. Hierbei ist nicht nur anthropologisch von Belang, dass Therapeuten wie Klienten immer einer spezifischen Idee von Lebenskunst folgen, sondern auch, dass psychotherapeutische Modelle und Praktiken selbst in wesentlichen strukturellen Hinsichten durch die Lebenskunst geprägt sind: So lassen sich etwa die *gleichschwebende Aufmerksamkeit* und die freie Assoziation mit den Lebenskunstüberlegungen zur Muße und zur Wahrheitssuche verbinden, und die Theorien der psychodynamischen *Katharsis* und der therapeutischen *Askese* sind in einem engen Zusammenhang mit Lebenskunstphilosophien zu sehen, die den Umgang mit den Affekten und die Arbeit an sich selbst in den Mittelpunkt gerückt haben. Und es erstaunt daher nicht, dass auch Fragen der Interaktion und Kommunikation, die man im Kontext der Fragen der Sorge um den Anderen verstehen kann, in den modernen Therapieformen unter dem Begriff des *Takts* aufgenommen worden sind, der hier als Beziehungs- und Übertragungsregulator gelten kann.

Diese strukturellen Überlegungen zum Zusammenhang von Therapeutik und Lebenskunst lassen sich mit einem historischen Index versehen. Aus diesem Blickwinkel erscheint dann eine Psychotherapie als Lebenskunst heute notwendiger denn je. Denn die Gegenwart als Ort der Pluralität, der Unübersichtlichkeit, der Kontingenz, Flexibilität und Schnelligkeit macht es den Menschen nicht leichter, ihr Leben »schön« zu leben.

Allerdings ist es umstritten, ob die psychischen Probleme, die mit der Suche nach einem schönen und glücklichen Leben verbunden sind, in jüngster Zeit – quantitativ betrachtet – eher mehr oder eher weniger geworden sind. Und hierbei sollte man nicht nur an die Konjunktur solcher Begriffe wie »Depression« oder »Burn-out« denken, sondern etwa auch an veränderte Erziehungs- und Sozialisationserfahrungen, die sich – im Gegensatz zu früheren Zeiten – durch ein größeres Maß an Wohlwollen und Anerkennung und ein geringeres Maß an Gewalt und Zwang auszeichnen.

Im siebten Teil geht es um die Frage, welche Bedeutung dem Konzept der Lebenskunst in der Therapie- und Lebenspraxis beizumessen ist:

➢ In einem ersten Schritt thematisieren wir das Theorie-Praxis-Verhältnis in der psychodynamischen Psychotherapie mit seinen Implikationen für die Lebenskunst,

➢ entwerfen dann ein Modell mit fünf Kriterien, mittels deren sich die Schnittfelder zwischen Therapeutik und Lebenskunst aufzeigen lassen, und

➢ widmen uns in einer abschließenden Betrachtung der therapeutischen Lebenskunst in der Moderne.

## Zum Theorie-Praxis-Verhältnis in der Psychotherapie

Die berufsrechtliche Anerkennung von Psychotherapieverfahren setzt ein umfassendes Theoriesystem der Krankheitsentstehung und spezifische Behandlungsmethoden, die in ihrer therapeutischen Wirksamkeit belegt sind, voraus (§13 Pt-Richtlinie). Diese Voraussetzungen erfüllen bisher die psychoanalytisch begründeten Verfahren der Tiefenpsychologisch fundierten Psychotherapie (TfP) und der Analytischen Psychotherapie (AP) sowie die Verhaltenstherapie (VT). Die beiden psychoanalytisch begründeten Verfahren werden auf Vorschlag des »Wissenschaftlichen Beirats Psychotherapie« als Verfahren der »*Psychodynamischen Psychotherapie*« bezeichnet: als »Formen einer ätiologisch orientierten Psychotherapie«, welche »die unbewusste Psychodynamik neurotischer Störungen mit psychischer oder somatischer Symptomatik zum Gegenstand der Behandlung machen« (§14 I 1 PT-Richtlinie). In diesem Kontext werden mehrere Modelle herangezogen:

➢ das auf Freud zurückgehende und in den verschiedenen psychodynamischen Richtungen ausdifferenzierte *Modell des unbewussten Konflikts* (Arbeitskreis OPD, 2006; Mentzos, 2009),

➢ das *Struktur-Modell* mit der Differenzierung verschiedener Strukturniveaus (Rudolf, 2004; Arbeitskreis OPD, 2006),

➢ das *Trauma-Modell*, über dessen Reichweite allerdings noch Klärungsbedarf besteht (Rudolf, 2010, S. 50ff.), und

➢ das *Modell der »reaktiven Pathologie«* (Aktualkonflikt und Anpassungsstörungen) (Boll-Klatt & Kohrs, 2014).

Auf der Basis dieser psychodynamischen Modelle formuliert jeder Therapeut sein Modell vom Patienten und macht es zur Grundlage der therapeutischen Kooperation. In der Operationalisierten Psychodynamischen Diagnostik (OPD) werden sieben unbewusste Konflikte unterschieden: der Individuations-Abhängigkeits-, der Unterwerfungs-Kontrolle-, der Autarkie-Versorgungs-, der Selbstwert-, der Schuld-, der ödipale und der Identitätskonflikt. Ausgehend vom aktuell wirksamen Krankheitsgeschehen sucht der Therapeut Hypothesen für die augenblickliche Konfliktdynamik – die aktuell wirksamen Konflikte – zu bilden, bevor er sich den zugrunde liegenden Kindheitskonflikten – den Grundkonflikten – zuwendet. In psychodynamischer Hinsicht kann man sich an einem siebenschrittigen Leitfaden zur Psychodynamik von Konfliktstörungen orientieren, der vom Symptom über die Dynamik des aktuell wirksamen unbewussten Konflikts, aktuelle Auslöser, die Kompensation, die Neurosenstruktur, den Grundkonflikt bis zur frühen Biografie zurückreicht. Einen analogen Leitfaden kann man für die Strukturstörungen verwenden. Hier führt der einzuschlagende Erkenntnisweg vom Symptom über die Dynamik des aktualisierten strukturellen Defizits, aktuelle Auslöser, Schutz, Kompensation und Ressourcen im bisherigen Leben, Strukturniveau und Bewältigungsmuster, das strukturelle Defizit bis zur frühen Biografie (ebd., S. 154ff.). Mittels des Strukturniveaus wird zwischen gut, mäßig, gering integriert oder desintegriert unterschieden (Arbeitskreis OPD, 2006). Die Heranziehung der diagnostischen Kriterien von Konflikt und Struktur hat auch Bedeutung für die Wahl des Behandlungsfokus; so orientiert man sich bei Annahme einer »Konfliktstörung« eher an einem Konfliktfokus, bei einer »Strukturstörung« eher an einem Strukturfokus.

Bei aller Unterschiedlichkeit – im Hinblick auf die Frequenz der Sitzungen und das daraus erwachsende Zeiterleben, die Fokussierung im therapeutischen Vorgehen, die Aktivität des Therapeuten, den Umgang mit der Abstinenz, die Gewichtung von Binnen- versus Außenübertragungen (Ermann, 2005) u. a. – besteht eine grundlegende Verwandtschaft zwischen Tiefenpsychologisch fundierter und Analytischer Psychotherapie, da beide an der unbewussten Konflikt- und Strukturdynamik, der Beziehungserfahrung im Hier und Jetzt, der Selbsterforschung im Rahmen der therapeutischen Beziehung und der aufdeckenden Vorgehensweise ausgerichtet sind.

## Die Kluft zwischen wissenschaftlicher Theorie und professioneller Praxis

Wenn wir von der Theorie zur *Praxis* der psychodynamischen Therapien übergehen, so tut sich alsbald eine Kluft auf. Selbst erfahrene Therapeuten können nicht sicher vorhersagen, welche Interaktionsprozesse in den Behandlungen therapeutische Wirkungen entfalten.

In der Professionsforschung hat man erkannt, dass sich die therapeutische Praxis in einer komplexen, unsicheren, instabilen und einzigartigen Situation abspielt (vgl. Buchholz, 2012b, S. 223ff.). Jede Form von *Komplexität* macht es erst einmal erforderlich, sie auf sich wirken zu lassen und in der Schwebe zu halten, bis gezielte Bemühungen um Orientierung, Transparenz und Vereinfachung sinnvoll werden. Der Therapeut kommt im therapeutischen Prozess nicht umhin, seine Wahrnehmung zu fokussieren, um sich je nach Situation für ein bestimmtes Vorgehen entscheiden und entsprechend handeln zu können.

Die unumgänglich auftretenden *Unsicherheiten* muss der Therapeut aushalten, bis er nach und nach im Umgang mit einem Patienten »an Boden gewinnt«.

In jeder therapeutischen Sitzung gibt es sowohl vonseiten des Patienten als auch des Therapeuten verschiedene Arten, das Gespräch zu führen und die therapeutische Beziehung zu regulieren. Dabei spielt die Theorie, die der Therapeut in der Begegnung mit dem Patienten aktualisiert, eine Rolle; aber auch persönliche Erfahrungen, die er im Leben gemacht hat, die Ausbildung, die er absolviert hat, und natürlich die jeweilige »Passung« mit dem Patienten.

Situationen in der Therapie sind *nicht stabil*, sondern erscheinen uns oft wie ein »Augenblick in einem Ereignisstrom« (ebd., S. 225). Sie fließen vorbei, und wenn man nicht aufpasst, werden sie nicht einmal bemerkt. Daniel Stern und die »Boston Change Study Group« sprechen in diesem Zusammenhang vom »now moment« im Sinne eines plötzlich wie ein *Kairos* auftauchenden Augenblicks, der durch Gegenwärtigkeit »aufgeladen« ist. Ein solcher Gegenwartsmoment wird als Vorstufe für einen »moment of meeting« betrachtet. Das Besondere an einem solchen Begegnungsmoment ist, dass es zu einem authentischen intersubjektiven Kontakt zwischen Therapeut und Patient und dadurch zu einer starken Veränderung in der »gemeinsamen impliziten Beziehung« kommen kann (Stern, 2005; Stern et al., 2012).

Schließlich sind therapeutische Situationen *einzigartig*.

> »Professionelle beschäftigen sich mit der Lösung *existenzieller* Probleme ihrer Klienten; sie sprechen mit ihren Klienten über *individuelle* Formen von Problemen von großer Bedeutung; und dies tun sie in einem formalen Rahmen, indem sie zugleich über sehr *intime* Themen auf eine äußerst individualisierte Interaktionsweise sprechen können« (Buchholz, 2012b, S. 225f.).

Noch ein anderer Punkt macht die Kluft zwischen Praxis und Theorie deutlich. Der im Kontext der Behandlungspraxis gebrauchte Begriff der »*Theorie*« lässt sich mit demjenigen der empirischen Therapieforschung nicht zur Deckung bringen. Er erscheint eher als Bündel von Fragmenten denn als kohärente Gestalt. In den Worten von Michael Buchholz:

> »In der therapeutischen Praxis [...] braucht man einerseits Theorie, um die eigene Erfahrung verstehen zu können [...], andererseits ist Theorie nichts als die Formulierung einer Sinnspur aus der kommunikativen Matrix einer gemeinsamen ›Gefühlsreise‹ und es muss deshalb verschiedene Variationen davon geben« (ebd., S. 235).

Das soll nicht heißen, dass sich Theorie als Oberbegriff für eine große Anzahl von Annahmen – z. B. darüber, woraus die freie Assoziation besteht, wie sie wirkt, wie sie sich zwischen Patient und Therapeut entfaltet, wie sie von normaler Konversation abweicht usw. – nicht explizieren ließe. Man kann die verschiedenen Auffassungen von psychodynamischer Therapiepraxis vergleichend erforschen und je genauer man wird, desto deutlicher kann man erkennen, von welchen Vorannahmen man ausgegangen ist (vgl. Tuckett et al., 2008; Canestri, 2012).

Allerdings wird oft zu wenig bedacht, dass professionelle Psychotherapie nicht einfach »Anwendung« von Theorien ist und dass der Behandlungserfolg viel weniger von der angewandten Technik als vom professionellen »Können« abhängt. Um besser zu verstehen, was in der Praxis professioneller Psychotherapeuten wirklich passiert, knüpfen wir an die Unterscheidung zwischen theoretisch-wissenschaftlichem Wissen, Erfahrungswissen und Können an (vgl. Polanyi, 1966; Neuweg, 1999; Huppertz, 2006). *Theoretisches Wissen* strebt nach Objektivität, bestmöglicher Begründung und möglichst hoher Systematisierung und wird nach bestimmten Regeln, Techniken und Ritualen erworben, diskutiert und explizit weitergegeben. *Erfahrungswissen* arbeitet hingegen mit vielen ad hoc-Annahmen, moderierenden Bedingungen, die dem einzelnen Patienten gerecht werden müssen und auf Erfahrungswerten mit ähnlichen Patienten basieren. Es ist perspektivisch und kontextuell organisiert, praxisnah und vor allem sehr flexibel. *Können* ist ein intuitiv-improvisierendes Handeln und über weite Strecken mehr als die Anwendung von Wissen. Eher als durch explizite Wissensvermittlung erweitern wir unser Können durch Versuch und Irrtum, durch mimetisches Lernen oder durch Lernen am Modell. Selbst wenn man davon ausginge, dass es in der therapeutischen Praxis in erster Linie auf intersubjektive Verständigung mittels Erfahrungswissen und Können ankommt, würde es aber keinen Sinn machen, das Erfahrungswissen gegen das theoretische Wissen und ebenso wenig das Können gegen das Wissen auszuspielen.

## Medizinisches versus sozialwissenschaftliches Therapiemodell

Bei den derzeitigen Diskussionen über Qualitätssicherung in der Psychotherapie und evidenzbasierte Medizin gibt es einen vorherrschenden Trend zur Verwissenschaftlichung und Effektsteigerung. Zu den Hauptrepräsentanten dieses Trends gehörte in Deutschland Klaus Grawe, der 1993 mit seinen Mitarbeitern die groß angelegte Untersuchung *Psychotherapie im Wandel* veröffentlichte. Darin forderte er von der gesamten Psychotherapie und insbesondere von der Psychoanalyse, dass sie sich stärker als bisher an den Ergebnissen der empirischen Therapieforschung orientieren müsse. Für eine gute Therapie komme es vor allem darauf an, dass sie »allgemeine Wirkfaktoren« wie Ressourcenaktivierung, Problemaktualisierung, Problembewältigung, (motivationale) Klärung und Therapiebeziehung patientenspezifisch verwirkliche. Einer solchen Orientierung am Maßstab der Wissenschaftlichkeit liegen bestimmte Annahmen zugrunde, die Bruce Wampold in seiner Untersuchung *The Great Psychotherapy Debate* (2001) als »medizinisches Modell« charakterisiert hat:

➤ In diesem medizinischen Modell gibt es »Zeichen« für eine Krankheit, die sich zu Syndromen gruppieren lassen; den »Zeichen« kommt eine relativ eindeutige Bedeutung zu.

➤ Krankheitsbilder sollen durch diagnostische Klassifizierungen möglichst einheitlich und trennscharf definiert werden.

➤ Für die Erklärung der Störungen wird eine Art medizinisches Ursache-Wirkungs-Modell zugrunde gelegt.

➤ Psychotherapie wird als gute »Anwendung« von empirisch abgesicherten Forschungsergebnissen auf den individuellen Patienten verstanden.

➤ Ausgehend von der Vorstellung einer spezifischen Störung wird alles daran gesetzt, sie mit spezifischen Behandlungsmethoden zu heilen.

➤ Methoden können im Wesentlichen unabhängig von der Person des Therapeuten angewendet werden, da ja eine »Störung« behandelt wird, und das schließt dieser Perspektive zufolge ein, dass sonstige Merkmale eines Patienten – wie z. B. Hautfarbe, Herkunft, Alter, Überzeugungen und Glaubenssysteme – überwiegend vernachlässigt werden können.

In kritischer Auseinandersetzung mit dem medizinischen Modell ist Buchholz aufgefallen, dass *»Profession«* oft stillschweigend mit Wissenschaft gleichgesetzt wird, während die uns in der Therapiepraxis leitenden Konzepte oft ganz anders geartet seien als die wissenschaftlichen Theorien. In seinem Buch *Psychotherapie als Profession* schreibt er:

»Das, was Psychotherapeuten tun, ist nicht weniger und nicht mehr als das, was Wissenschaftler tun – es ist etwas anderes; man bezeichnet es am besten als professionell. [...] Professionalität aber ist im psychotherapeutischen Feld nicht formuliert. Sie existiert eher als vage Vorstellung und in Fragmenten, als ungeprüfter kollektiver Besitz, als eine Art selbstverständliche, und deshalb auch nirgends vollständig niedergelegte Regie-Anweisung, weitergegeben in Lehrer-Schüler-Verhältnissen, Tür- und Angel-Gesprächen zwischen Kollegen, Mittelbaugruppen oder in Supervisionen. [...] Was professionelle Psychotherapeuten können, ist zu einem nicht unerheblichen Teil etwas anderes, als in ihren offiziellen Theorien beschrieben wird. Das liegt mit daran, dass jemand, der nur und ausschließlich von seiner Theorie geleitet Psychotherapie betreiben würde, immer nur bereits vorhandene Regeln anwenden könnte mit der Folge, dass jede Behandlung extrem normativ, extrem Über-Ich-lastig würde – und langweilig. Die guten Tore fallen auch auf dem Fußballplatz dann, wenn jemand im geeigneten Augenblick blitzschnell eine Situation erfasst – und reagiert« (Buchholz, 1999, S. 15f.).

Demnach sind professionelles und wissenschaftlich-theoretisches Wissen nicht gleichzusetzen. Man sollte ihre für die Praxis grundlegende Differenz stets im Auge behalten. Psychotherapie lässt sich als situatives Geschehen verstehen, bei dem die gegenseitige Beeinflussung genutzt und reflektiert werden kann. Wenn es bei der Theorie eines professionellen Psychotherapeuten nicht mehr um Erklärungen mit Wahrheitsanspruch, sondern um intersubjektive Verständigung geht, dann kommt es in der therapeutischen Praxis entscheidend darauf an, welche neuen Erkenntnismöglichkeiten eine solche Theorie sowohl für den Patienten als auch für den Therapeuten eröffnet. Buchholz spricht in diesem Zusammenhang von der »operativen Flexibilität« einer solchen Theorie, ihrem »*Anregungswert*« für alternative Sichtweisen. Die professionelle Theorie dient dazu, andere Perspektiven zu erproben, und als deren Folge stellen sich im günstigen Fall neue Erkenntnisse ein.

Neben diesem Anregungswert kann man von einem *Bildungswert* der professionellen Theorie sprechen, da sie beiden Beteiligten dazu verhelfen kann, ihre therapeutischen Erfahrungen mit literarischen, musikalischen, philosophischen und sonstigen Bildungserlebnissen zu verknüpfen. Zudem geht es im professionellen Kontext nicht in erster Linie um logische, sondern um narrative Denkformen.

Empirische Forschung produziert nicht besseres, sondern einfach ein *anderes Wissen*. Es kann und muss in der Praxis auf den individuellen Fall zugeschnitten werden, aber die professionelle Praxis greift auch noch auf andere Wissensbestände wie z. B. die persönliche Lebenserfahrung des Therapeuten zu. Diese Wissensbestände sind von Therapeut zu Therapeut verschieden, machen die »Würze« einer guten therapeutischen Beziehung aus. Die Würze würde fehlen, wenn ein Therapeut sich nur und ausschließlich auf empirische Befunde verlassen wollte. Das schließt aber nicht aus, solche therapeutischen Prozesse und Interventionen mit empirischen Mitteln zu erforschen.

Diese Überlegungen lassen sich mit dem sozialwissenschaftlich orientierten »*Kontextmodell*« verbinden, das Wampold (2001) als Alternative zum medizinischen Modell betrachtet:

➢ Psychotherapie ist ohne eine tiefgehende, emotional sehr besetzte, vertrauensvolle Beziehung zu einem Therapeuten nicht möglich.
➢ Entscheidend ist der dem Patienten vermittelte sinnhafte Zusammenhang zwischen einer »psychologischen« Sicht seines Problems und der Art der Behandlung, die ihm vorgeschlagen wird.
➢ Der Patient muss daran »glauben« können, dass die Beziehung zum Therapeuten und das von diesem praktizierte Behandlungsschema und Ritual hilfreich wirken wird (»healing context«). Dabei spielt die »persönliche Überzeugtheit« des Therapeuten von der von ihm angewandten Therapie eine maßgebliche Rolle.
➢ Im Rahmen des »kontextuellen Modells« geht es nicht um die »spezifische Methode« und »spezifische Störung«, sondern um die »Passung« von Therapeut und Patient auf verschiedenen personalen und interaktiven *Levels*.
➢ Die subjektiven Wertungen und Überzeugungen des Patienten, ja sein gesamter Lebensstil werden als für die Behandlung bedeutungsvoller eingestuft als die Symptomatik.

Festzuhalten bleibt: Während das Konzept »Lebenskunst« im medizinischen Modell mehr oder weniger ausgeklammert wird, hat es im kontextbezogenen Modell einen hohen Stellenwert. Gegen das »medizinische Modell« lässt sich einwenden, dass es eine Spezifitätsprogrammatik enthält, die den erprobten Verfahren in der organischen Medizin folgt und als Leitmetaphorik auch auf die Psychotherapie übertragen werden soll. Es gibt aber weder einheitliche Krankheitsbilder noch einheitliche Behandlungsmethoden, noch sind die Passungen zwischen Krankheit und Methode erwiesen. An der Wahl des jeweiligen Hintergrundmodells entscheidet sich der »Geist«, in dem eine Behandlung geführt wird.

## Die therapeutische Beziehung im Fokus

Gelingende Therapien bringen für beide Beteiligte einen Zuwachs an persönlicher Lebenskunst mit sich. Das gilt zunächst für den Patienten, der durch die Therapie seinen Spielraum für die eigene Lebensgestaltung erweitern und dadurch günstigenfalls eine neue Lebensform entwickeln kann, die ihn zufriedener, produktiver und glücklicher macht. Auch wenn der Therapeut in erster Linie die Rolle eines Mittlers innehat, der sich als Zuhörer, Gesprächspartner und Interpret auf den Patienten einstellt, ist er doch in hohem Maße existenziell beteiligt, sodass das therapeutische Zusammenspiel auch ihn in seiner persönlichen Entwicklung fördern und »heilsam« wirken kann. In der therapeutischen Situation kommt es zu einem Austausch darüber, was ein Leben einerseits belastend und krank, andererseits bejahenswert und sinnvoll macht.

Viele Patienten bringen heutzutage, so der Entwicklungs- und Selbstpsychologe Joseph Lichtenberg, einen Erfahrungshintergrund in die Therapie mit, der sich »durch unsichere Bindung, ein gefährdetes Sicherheitsgefühl und Angst vor erneuter Traumatisierung auszeichnet« (2007, S. 9). Solche Patienten können es schwer aushalten, wenn ihr bislang abgewehrtes Selbstbild allzu sehr von ihrem bewussten Selbstverständnis abweicht. Sie haben Angst davor, dass Sehnsüchte nach Liebe und Anerkennung und daraus entspringende Enttäuschungsaffekte sie überfluten und beharren darauf, dass ihre »Zurückhaltung, bestimmte Erlebnisse in der Therapiestunde zu erinnern und auszusprechen, nicht unterlaufen wird, dass der Analytiker nicht Gleiches mit Gleichem vergilt oder seine Patienten für eigene Bedürfnisse und Problemlösungen missbraucht« (Mertens, 2009, S. 202).

In der Weiterentwicklung der Freud'schen Narzissmus-Theorie wurde dem Lust-Unlust-Prinzip ein »*Sicherheitsprinzip*« affektiv-narzisstischer Art gegenübergestellt. Der Mensch habe neben seinen Triebbedürfnissen auch ein eminent starkes Bedürfnis nach innerer Sicherheit, Wohlbefinden und Selbstwertgefühl (Joffe & Sandler, 1967; Argelander, 1971).

Wichtige Anstöße für die Konzeptualisierung der narzisstischen Bedürftigkeit des Menschen und seiner Anfälligkeit für narzisstische Neurosen verdanken wir der von Heinz Kohut initiierten Selbstpsychologie. Der Mensch sei von Kindheit an auf (stützende) »Selbstobjekte« angewiesen, um die Kohäsion des eigenen Selbst zu fördern, zu erhalten oder wiederherzustellen. Für die therapeutische Praxis erwies es sich als bedeutsam, drei grundlegende »Selbstobjektbedürfnisse« zu unterscheiden:

➢ das Bedürfnis nach Spiegelung (in archaischer Form: Bedürfnis nach Verschmelzung und totalem Einssein),
➢ das Bedürfnis nach Idealisierung (in archaischer Form: Bedürfnis nach Einssein mit dem idealisierten Selbstobjekt) und
➢ das Bedürfnis nach Gleichheit und Zugehörigkeit (Bedürfnis nach Alter-Ego- oder Zwillingserfahrung).

Diese Selbstobjektbedürfnisse sind in der Kindheit oft unerfüllt und defizitär geblieben. Werden sie in der therapeutischen Situation wiederbelebt, so lassen sie sich drei Formen der »narzisstischen« oder »Selbstobjektübertragung« zuordnen: Bei der Spiegelübertragung sind es Bedürfnisse nach Anerkennung und Bewunderung, bei der idealisierenden Übertragung Bedürfnisse nach Verschmelzung mit einem starken, in sich ruhenden und weisen Selbstobjekt und bei der Alter-Ego-Übertragung Bedürfnisse nach essenzieller Ähnlichkeit mit einem Anderen, die in der Therapie virulent werden (Kohut, 1987, S. 275ff.).

In diesem Kontext hat Jobst Finke (1999) drei Beziehungsformen unterschieden, die für jede Art von Psychotherapie gelten können:

➢ In der »Alter-Ego-Beziehung« bemüht sich der Therapeut um ein empathisches Verstehen, wobei er identifikatorisch die Perspektive des Patienten einzunehmen sucht.
➢ Auf der Ebene der »Übertragungs-Beziehung« sucht er die auf ihn gerichteten Erwartungen, Wiederholungserlebnisse und subjektiven Bedeutungszuschreibungen zu verstehen und zu deuten.
➢ In der »Dialog-Beziehung« antwortet er dem Patienten als reale und authentische Person, indem er sein Erleben der therapeutischen Situation (Gegenübertragung) selektiv mitteilt.

In der Anfangsphase (oft bis zur Hälfte einer Psychotherapie) spielt die *Alter-Ego-Beziehung* eine maßgebliche Rolle. Auf dieser Ebene sucht der Therapeut

> »bis zu einem gewissen Grade in das jeweilige Erleben des Patienten einzuschwingen und insofern in eine emotionale Resonanz mit dem vorherrschenden Affekt des Patienten zu gelangen. Ziel ist es dabei, den Erlebnisraum des Patienten auch in seinen unbewußten Anteilen zu erspüren. Hierzu ist eine partielle Regression auch auf Seiten des Therapeuten nötig, so daß dieser auf der Ebene eines sehr elementaren Erlebens mit dem Patienten in Korrespondenz treten kann« (ebd., S. 26).

Diese Art der therapeutischen Beziehungsaufnahme kommt dem nahe, was wir unter taktvoll im Sinne von wohlwollend und verständnisvoll, schonend und selbstwert-stabilisierend verstehen. Sie ist besonders in der Behandlung von Patienten indiziert, die an Depressionen und Ängsten mit einer charakteristischen »Wendung gegen sich selbst« leiden. Sie kann aber auch kontraindiziert sein, wenn der Therapeut auf die Alter-Ego-Beziehung »fixiert« ist und der Patient es daher nicht wagt, aggressive Gefühle gegenüber dem Therapeuten zu äußern, um ihn nicht zu kränken oder Spannungen aufkommen zu lassen. Zudem kann der Therapeut in eine masochistische Position gegenüber dem Patienten geraten, der »in dem triumphierenden Zurückweisen des therapeutischen Beziehungsangebotes eine Möglichkeit zur Erfüllung von narzisstischen Bedürfnissen oder von infantilen Racheimpulsen erlebt« (ebd., S. 61). Deshalb ist es wichtig, die Alter-Ego-Position verlassen und flexibel zwischen den verschiedenen Beziehungsebenen oszillieren zu können.

Nicht nur die Patienten, sondern auch die Therapeuten benötigen ein »*Milieu der Sicherheit*«, um ein wirkungsvolles Arbeitsbündnis herstellen zu können: »Vorkehrungen, die für beide Teilnehmer eine sichere Atmosphäre fördern, erhöhen die Wahrscheinlichkeit, dass der Patient Zugang zu durch Scham und Angst blockierten Assoziationen findet. Der Analytiker, der in einer vertrauten Atmosphäre stabilisiert und orientiert ist, hat Zugang zu einer höchst spontanen Reagibilität« (Lichtenberg, Lachmann & Fosshage, 1996, S. 25). Wesentlich ist, dass der Therapeut das Bedürfnis des Patienten nach Selbstschutz und innerer Balance – bei strukturellen Defiziten die zur Selbststabilisierung dringend benötigte Abwehr – hinreichend wahrnimmt und respektiert, ohne aber auf entwicklungsstimulierende und -fördernde Interventionen zu verzichten.

Wenn sich eine Vertrauensbasis herausgebildet hat, wird der Therapeut nach und nach stärker auf der Ebene der *Übertragungsbeziehung* operieren. In den letzten Jahrzehnten wird in der Psychoanalyse ein Konzept favorisiert, das die eigentliche Übertragung im Sinne einer Wiederholung kindlicher Beziehungsmuster mit der aktuellen Therapeut-Patient-Beziehung verschränkt. Demnach ist die Übertragungsbeziehung nie »reine Übertragung«, sondern stets durch die Person des Therapeuten mitgestaltet (vgl. Gill, 1982).

Die Arbeit in der Übertragungsbeziehung ist wesentlich stärker auf die Konflikte des Patienten fokussiert, als es in der Alter-Ego-Beziehung der Fall ist. Werden in der Kindheit des Patienten geprägte Konfliktmuster in der therapeutischen Beziehung reaktualisiert, dann geht es darum, dass sich der Therapeut als Konfliktpartner zur Verfügung stellt: »In der Übertragungsbeziehung sollen konflikthafte Erwartungshaltungen und daraus resultierende dysfunktionale Interaktionsmuster hinsichtlich ihrer verschiedenen Aspekte verdeutlicht, hinsichtlich ihrer Ursprünge geklärt und im Hier und Jetzt der therapeutischen Beziehung durchgearbeitet werden« (Finke, 1999, S. 75).

Die Analyse und Deutung der Übertragungsbeziehung lässt sich in mehrere Stufen aufteilen: von Beziehungsanspielungen als indirekter Bezugnahme auf die Person des Therapeuten über Rückschlüsse vom Erleben der therapeutischen Situation auf die außertherapeutische Situation bis zu »Kindheitsdeutungen«, wobei es in der therapeutischen Praxis natürlich nicht zu einem klaren Nacheinander in der Stufenfolge kommt. Wesentlich ist, dass

»der Therapeut immer wieder vom aktuellen Beziehungserleben des Patienten ausgeht, um so ganz erlebnisnah, ganz im Hier und Jetzt, ganz in der ›Hitze der Übertragung‹, wie Freud sich ausdrückte, zu arbeiten. Dadurch kann er zu wirklich gefühlsverankerten Einsichten und zu einer auch erfahrungsbedingten Änderung von zentralen Erlebnismustern kommen« (ebd., S. 65).

Zu häufige Übertragungsdeutungen können problematisch sein, weil das ständige Aufspüren von Beziehungsanspielungen vom Patienten leicht als »taktlos-zudringlich« empfunden wird (ebd., S. 103).

In der Dialogbeziehung können die Mitteilungen von Person zu Person von einer durch Solidarität und Ähnlichkeit geprägten Resonanz ausgehen oder von einem Erleben der Andersartigkeit und Distanz bestimmt sein. In dieser Hinsicht besteht eine Nähe zu der von Ferenczi initiierten und von Balint, Winnicott u. a. weiterentwickelten »Therapie der emotionalen Erfahrung«.

## Orientierung an Persönlichkeit und Kompetenzen des Therapeuten

Wie die Therapieforschung nachgewiesen hat, sind erfahrene Therapeuten, unabhängig von ihrer theoretischen Orientierung, weit eher als Anfänger in der Lage, therapeutische Beziehungen herzustellen. Die »Atmosphären« in ihren Therapien weisen größere Ähnlichkeit miteinander auf. Persönliche Eigenschaften wie Reife, Wärme, Akzeptanz – man könnte auch sagen: Sicherheit und Gelassenheit – sind eine wichtige Voraussetzung, um jene Art interpersonaler Beziehung herzustellen, in der konstruktive Persönlichkeitsveränderungen zustande kommen können.

Wenn man sich fragt, wie und wodurch der Therapeut heilsam wirkt, kann man in einer ersten Annäherung sagen: durch sein professionelles Können und spezielle Fähigkeiten, die auf verschiedenen Ebenen liegen können. In diesem Zusammenhang sei nochmals auf die therapeutische *Kompetenzforschung* hingewiesen, die in den letzten Jahren viel Aufmerksamkeit auf sich gezogen hat. Kompetenzen entstehen aus der Verschränkung von Wissen mit Erfahrungen, die in subjektiv bedeutsamen Erlebensprozessen gemacht werden. Im Gegensatz zu der bisher favorisierten Suche nach Qualifikation – qualifiziert ist, wer die und die Qualifikationen hat – orientiert sich die Suche nach Kompetenz am handelnden Subjekt. Sie versucht kompetente Praxis in einzelne Fähigkeiten zu zerlegen, diese zu definieren, prüfbar und gezielt veränderbar zu machen.

Herbert Will (2010) hat unter Berücksichtigung der therapeutischen Rahmenbedingungen zehn Kompetenzen von Therapeuten herausgearbeitet:

1. Der teilnehmend-beobachtende Rahmen:
   - ➢ die Fähigkeit zur gleichschwebenden Aufmerksamkeit,
   - ➢ die Fähigkeit, mit der Gegenübertragung zu arbeiten,
   - ➢ die Fähigkeit zur psychoanalytischen Interaktion und Intersubjektivität,
   - ➢ die Fähigkeit, eine als hilfreich erlebte Beziehung herzustellen,
   - ➢ die Fähigkeit, mit Angst, Spannungen und Konflikten umzugehen, sowie
   - ➢ die Fähigkeit, den Patienten psychischen Raum und Entwicklungsfreiheit zu geben und sie nicht durch eigene Bedürfnisse oder Unzulänglichkeiten einzuschränken.
2. Der kontextuelle Rahmen:
   - ➢ die Fähigkeit, einen analytischen Prozess einzuleiten, zu gestalten und zu beenden,
   - ➢ die Fähigkeit, theoretische Konzepte heranzuziehen, und
   - ➢ die Fähigkeit zur Selbstreflexion.
3. Der Interventionsrahmen:
   - ➢ die Fähigkeit, in förderlicher Weise zu deuten.

Die Fähigkeit zur gleichschwebenden Aufmerksamkeit konstituiert den Raum des Unbewussten als einen Sprach-, Hör- und Phantasieraum (vgl. Will, 2010, S. 30). Man kann sie als »ästhetische Haltung« betrachten, die es ermöglicht, Wahrnehmungsprozesse, Erfahrungen und Beurteilungen in Bewegung und Spannung zu halten und dadurch eine Intersubjektivität zu konstituieren, die einen spielerisch-hypothetischen Charakter hat. Im Lichte ästhetischer Erfahrung erscheint die gleichschwebende Aufmerksamkeit als Ideal, das nur angestrebt, aber nie erreicht werden kann.

Die Fähigkeit, mit der Gegenübertragung zu arbeiten, ermöglicht es, die Emotionen der beiden Beteiligten und damit die affektive Dimension von Übertragung und Beziehung zu erschließen. Dazu ein Fallbeispiel (vgl. ebd., S. 33f.): In einer Therapie gibt es eine Phase des Stillstandes. Die Therapeutin entwickelt die Phantasie, ihre Patientin würde ihr eines Tages aus der Therapie weglaufen. Sie ist irritiert durch das heftige Gegenübertragungsgefühl, sie halten und sich nicht von ihr trennen zu wollen, bevor sie sich »nicht wirklich begegnet« sind. Diese Gegenübertragung leitet sie durch die nächsten Wochen. Die Patientin erzählt von der Unzufriedenheit ihres Mannes mit der langen Dauer der Therapie und seinem Verdacht, die Therapeutin würde sie in einer künstlich erzeugten Abhängigkeit halten. Die Therapeutin kann der Patientin zeigen, dass dies ihre eigene Angst ist, die sie ausspricht, indem sie ihren Mann zitiert. Hinter dieser Angst taucht nun der viel weiter reichende Wunsch der Patientin auf, eine Mutter zu finden, die sie nie verlieren müsste – der Drang festzuhalten wird nun als einer spürbar, der in der Patientin lokalisiert ist, nicht mehr in der Therapeutin. So können beide schließlich verstehen, dass die Patientin den Schmerz der Trennung gefürchtet und deshalb vermieden hat, sich auf eine wirkliche Begegnung mit der Therapeutin einzulassen.

Ein anderes Fallbeispiel (ebd., S. 42f.) zeigt die Fähigkeit, in der Therapie mit Angst, Spannungen und Konflikten umzugehen: Ein männlicher Therapeut nimmt einen ziemlich erfolgreichen und kompetitiven jungen Geschäftsmann in Therapie. Während der ersten Woche stellt er fest, dass er sehr viel mehr spricht als gewöhnlich. Er spürt, dass ihm irgendetwas in Bezug auf diesen Patienten Angst bereitet und erkennt, dass es die Angst ist, er könne die Therapie abbrechen. Dies wahrzunehmen erleichtert ihn. Nun merkt er, dass es dem Patienten mittels einer geringfügigen Veränderung seiner Stimme gelingt, jeden Satz in einer Frage ausklingen zu lassen. Dadurch verführt er den Therapeuten dazu, seinerseits viel zu sprechen und ihm gleichsam zu antworten. Aufgrund dieser Beobachtung kann er dem Patienten zeigen, wie sehr dieser die Beruhigung durch sein Sprechen braucht und auf welche Weise er den Therapeuten dazu bringt, ihm die gewünschte Resonanz zu geben. Daraufhin erinnert sich der Patient daran, welche Angst er als Kind empfunden hatte, wenn sein Vater nach Hause kam, wie er seinen Vater zwanghaft in ein Gespräch verwickelte und ihm viele Fragen stellte, um sich zu vergewissern, dass er ihm nicht böse sei. Sein Vater war Berufsboxer gewesen, äußerst gewalttätig, und der Patient hatte große Angst vor ihm.

Im Rahmen der erkenntnistheoretischen und konzeptuellen Auseinandersetzungen über die Psychotherapie hat es sich als irreführend erwiesen, das wissenschaftliche Ideal Person unabhängiger Objektivität auch auf die psychotherapeutische Tätigkeit zu beziehen. Es gibt in jeder Psychotherapie, vielleicht sogar in jeder Sitzung Momente, oft sogar entscheidende Wendepunkte, in denen gerade *nicht die Methode, sondern die Person* gefragt ist. Die psychotherapeutische Profession verarmt, wenn ihr die kreativen Möglichkeiten des Improvisierens und Experimentierens genommen werden.

Auch der amerikanische Analytiker Stephen Mitchell, der zu den leidenschaftlichen Neuerern der Psychodynamischen Psychotherapie gehörte, hat den Einfluss der Person in der Therapeutik unterstrichen und den Wert der Identifikation mit Therapie-Lehrern hervorgehoben:

»In ein und demselben Analytiker existieren viele Arten von analytischen Verständnisweisen *(minds)*. Ich zumindest versuche nicht, diese in einem Zustand ›gleichschwebender‹ Balance zu halten. Ich bewege mich zwischen verschiedenen mentalen Zuständen, verschiedenen Arten der Teilnahme, hin und her. [...]. Deshalb inspirieren mich sehr unterschiedliche analytische Autoren auf sehr unterschiedliche Weisen. Von Sullivan habe ich sehr viel über detailliertere, fokussierte Untersuchung gelernt; Ogden verdanke ich einen Einblick in das Potenzial fantasiereichen Träumens; Searles hat mir den Wert emotionaler Verbundenheit nahe gebracht; Winnicott hat mich Respekt vor der Privatsphäre des Patienten gelehrt; Phillips hat mir ein Gefühl für die Bedeutung des Spielerischen bei der analytischen Arbeit vermittelt; und durch Loewald habe ich eine psychoanalytische Form von Heiligkeit kennen gelernt. Es gibt aber noch viele andere Arten von Einflüssen, denen ich etwas verdanke. Am nützlichsten jedoch ist mir die Freiheit, in verschiedenen Situationen unterschiedlich zu reagieren und auf eine Vielzahl möglicher Antworten aus meinem Repertoire zurückgreifen zu können, wenn mir diese als erfolgversprechend erscheinen« (Mitchell, 1997, S. 250).

## Ein Phasenmodell der Therapeutenentwicklung

Die qualitativen Kriterien der therapeutischen Kompetenzen und der Therapeutenpersönlichkeit sollten nicht mystifiziert werden. Zwei herausragende Forscher auf diesem Gebiet sind David Orlinsky und Michael Helge Ronnestad (2005), die an 5.000 Therapeuten der ganzen Welt und ganz verschiedener Schulen gezeigt haben, dass es für die Entwicklung von Therapeuten Zeit braucht (s. a. Kernberg, Dulz & Eckert, 2006). Ein von ihnen entwickeltes Modell der Therapeutenentwicklung in sechs Phasen sei in knapper Form wiedergegeben:
1. *Laienhelfer* machen oft Vorerfahrungen in einer Helferrolle, sei es in der Familie oder in der näheren sozialen Umgebung.
2. *Studienanfänger* interessieren sich für theoretische Zusammenhänge, suchen nach therapeutischen Vorbildern und deren Anerkennung und greifen zu leicht erlernbaren Techniken.
3. Auf dem *basic professional level* beginnt man mit regulärer Supervision und therapiert mit großem Ernst, noch wenig Humor und wenig Neigung zum Spielerischen. Man ist ein »true believer«, der sich zeitweilig einer und nur einer Theorie mit Leib und Seele hingibt. Dieses Zwischenstadium hat aber seinen guten Sinn: Man muss gleichsam an etwas »geglaubt« haben, um diesen Glauben dann auch wieder aufgeben zu können.
4. *Novize* ist man am Ende der formellen Therapeutenausbildung. Aus Untersuchungen geht hervor, dass Novizen häufig in den ersten Jahren ihrer Berufspraxis eine Art Schock erleiden, weil sie merken, dass die erlernten

Techniken kaum halten, was ihnen versprochen wurde. Andererseits entfalten sie einen »sense of being on one's own«.
5. Der *erfahrene Professionelle* lebt seine professionelle Rolle durchaus im Gebrauch von Technik und Methode, doch werden diese nun nicht in einer theoriekonformen, rigiden oder mechanischen, sondern auf eine höchst persönliche Weise angewendet, und dies mehr und mehr zu entdecken, macht ihn stolz. Er wendet sich über den therapeutischen Bereich hinaus anderen Themen wie Romanen und Biografien, der Anthropologie, dem Spirituellen oder der Musik zu. Es geht um ein Wissen, das nur gekannt werden kann, wenn *die eigene Person sich entwickelt*.
6. In der *senior professional phase* bekommt man ein *Gefühl*, einigermaßen realistisch einschätzen zu können, was mit therapeutischen Mitteln erreicht werden kann. Der Gefahr einer möglichen intellektuellen Apathie arbeitet man aktiv entgegen, indem man sich intellektuell lernfähig zu erhalten versucht.

Dieses Phasenmodell der Therapeutenentwicklung bedarf der Ergänzung durch *systemtheoretische* Überlegungen. Die professionelle Psychotherapie kann nach Buchholz (1999) als ein eigenständiges Handlungssystem mit spezifischen gesellschaftlichen Funktionen gesehen werden, das der Wissenschaft keineswegs untergeordnet ist, sondern zu ihr wie zu Wirtschaft, Bildung, Literatur, Recht und anderen »Umwelten« in einem »gleichberechtigten« Verhältnis steht. Sie sollte sich von der empirischen Forschung anregen und »unterweisen« lassen, aber auch entschlossen aus der Umklammerung durch die empirische Kontrolle befreien, denn Psychotherapie ist etwas anderes als die Anwendung einer definierten Methode mit bestimmten Interventionen auf ein definiertes Problem. Es gibt keine einheitliche Verabreichung des »Medikaments Psychotherapie«.

## Zum Umgang mit der Pluralität in der psychotherapeutischen Praxis

In den psychodynamischen Therapierichtungen bewegen wir uns derzeit in einem unaufgelösten Spannungsfeld (Münch et al., 2010). Den einen Pol bildet eine offene, mehrperspektivische und tolerante Denkhaltung, die im ungünstigen Fall in einen diffusen, relativistischen und »undisziplinierten theoretischen Pluralismus« (Tuckett, 2000) übergehen kann. Den anderen Pol bildet eine prinzipiell an den Kriterien von Objektivität, Erkenntnis und Wahrheit festhaltende

Einstellung, die wiederum in dogmatische Positionen, elitäre Attitüden und einen Verlust an Toleranz einmünden kann. In diesem Kontext drängt sich die Frage auf, ob »wir überhaupt imstande und bereit [sind], diese Pluralität untereinander anzuerkennen, sie auszuformulieren, miteinander darüber zu sprechen und uns dennoch gegenseitig wertzuschätzen« (Will, 2010, S. 10).

Explizit im Kontext der Pluralität stehen die komparativen Untersuchungen zur divergierenden Praxis von Analytikern, die seit dem Jahre 2000 im Rahmen der Europäischen Psychoanalytischen Föderation (EPF) durchgeführt werden und an erster Stelle mit dem Namen *David Tuckett* verbunden sind. Tuckett, ein englischer Psychoanalytiker, war von 1988 bis 2001 verantwortlicher Herausgeber des *International Journal of Psychoanalysis* und von 1999 bis 2004 Präsident der EPF. Er gehört zu den Hauptinitiatoren einer Arbeitsgruppe für komparative klinische Methoden, die im Rahmen der Europäischen Psychoanalytischen Föderation gegründet wurde, um eine Reihe von Irritationen zu überwinden (vgl. Tuckett, 2007, 2012; Tuckett et al., 2008).

Eine erste Irritation erlebte Tuckett als Herausgeber des *International Journal of Psychoanalysis*, als er erkannte, dass viele der eingereichten Beiträge wesentlich mehr auf Charisma, Autorität oder Politik als auf überzeugenden Argumenten beruhten. Deshalb initiierte er eine Debatte über das, was »klinische Fakten« sind, und suchte mit Kollegen eine kritische und konstruktive »peer culture« zu entwickeln (Tuckett, 2006, S. 168).

Bereits am Beginn seiner Präsidentschaft in der EPF hielt es Tuckett für dringend erforderlich, Differenzen zwischen den Vorgehensweisen von Analytikern mikroanalytisch zu beschreiben und zu erfassen:

> »Unsere Geduld angesichts der Versuche, auf Differenzen mit der Ausübung von Autorität zu reagieren – zu denen auch geschickte charismatische Denunziationen zu zählen sind, durch die in großen Versammlungen Gruppengrundannahmen erzeugt werden – schien erschöpft. Wir mußten neue Wege suchen. Mit Unterstützung des EPF-Vorstands starteten wir die ›Neue Wissenschaftspolitik‹ und später die ›Wissenschaftliche 10-Jahres-Initiative‹« (2002, 2003).

Im Rahmen dieser Programme wurde 2003 die »EPF-Arbeitsgruppe für komparative klinische Methoden« gegründet. Sie sucht nach Möglichkeiten, sowohl die oben erwähnten Schwierigkeiten als auch die Herausforderungen zu bewältigen, die mit dem Vergleich unterschiedlicher Arbeitsweisen verbunden sind – kognitiv und emotional und auf individueller ebenso wie auf Gruppenebene (Tuckett, 2007, S. 1051). Hier handelt es sich um ein Großprojekt, das auf mehrtägigen

»working parties« in Prag, Sorrent, Helsinki, Villamoura, Athen, Barcelona u. a. mit mehreren Hundert Analytikern durchgeführt wurde, die in Diskussionsgruppen Einzelfälle bearbeiteten.

Eine zweite Irritation stammte aus Tucketts Erfahrung, dass Fallbesprechungen im Kollegenkreis oft unbefriedigend und für denjenigen, der einen Fall einbringt, frustrierend, ja kränkend verlaufen, weil sich der eine oder andere Kollege bemüßigt fühlt, dem Vortragenden korrigierend eine andere Lesart des Falles nahezulegen. Es gebe eine in der Psychoanalyse verbreitete Tradition, »das Fallmaterial von Kollegen zu diskutieren, indem man es sozusagen supervidiert« (ebd., S. 1047). Tuckett charakterisiert diese Vorgehensweise treffend als »Supervisionsmodus« und führt sie darauf zurück, dass wir einfach nicht wüssten, »wie wir die Arbeitsweise unserer Kollegen psychoanalytisch diskutieren können, ohne nach einer Fallvorstellung lediglich darzulegen, was uns selbst zu dem Material einfällt und wie wir es bearbeitet hätten« (ebd., S. 1050). Zudem wecke die Diskussion von psychoanalytischen Fallbeispielen intensive emotionale Reaktionen, weil sowohl für den Vortragenden als auch für die Diskussionsteilnehmer »tiefe Überzeugungen auf dem Spiel stehen«:

> »Häufig scheinen die Diskutierenden vom Vortragenden zu erwarten, dass er sich nach ihren Empfehlungen richtet, weil die Behandlung andernfalls womöglich scheitern könnte. Entscheidender aber ist etwas anderes: Hinter einer Supervision in diesem Kontext steht die Vorstellung des Diskutanten, nicht nur mehr zu wissen als der Vortragende, sondern darüber hinaus den Patienten vor Schaden bewahren zu müssen. Wir beobachten also nicht nur den potentiell libidinösen Aspekt, sich selbst in solchen Diskussionen zu exponieren, sondern sehen auch, dass wir uns eindeutig auf moralischem Territorium (mehr auf Über-Ich- als auf Ich-Ebene) bewegen und in fürwahr tiefen Gewässern waten« (ebd., S. 1050f.).

Mit dieser Irritation war eine weitere eng verbunden. Bei denen, die ihre Kollegen »supervidierten« und eine höhere Deutungsmacht beanspruchten, blieb zumeist unklar, welche Kriterien von Erkenntnisfähigkeit bzw. »Kompetenz« ihren Urteilen zugrunde lagen. Was befähigte und berechtigte sie dazu, in einem pluralen Feld mit sehr unterschiedlichen Therapiekonzepten und -perspektiven für sich einen Standpunkt »oberhalb« zu beanspruchen? In diesem Kontext beobachtete Tuckett auffällige Kompetenzunterschiede bei Analytikern:

> »Ich habe wiederholt erlebt, [...] dass viele Psychoanalytiker, die ich kenne, oft intuitiv spüren können, was in einer Sitzung zwischen Analytiker und Patient vor sich

geht, wenn sie eine detaillierte Beschreibung der klinischen Arbeit hören: Sie scheinen dann in der Lage zu sein, diejenigen, die ›es können‹, von denen, die ›es nicht können‹, zu unterscheiden, auch wenn die Unterschiede in der Praxis erheblich sind und sie selbst nicht so arbeiten würden. Wenn dem so ist, dann besteht die vor uns liegende Aufgabe darin, [...] das zu spezifizieren und erfassen zu lernen, worauf unsere globalen und intuitiven Urteile bereits jetzt beruhen und sie offen zu legen« (2005, S. 50f.).

Um die psychoanalytische Kompetenz eines Analytikers beurteilen zu können, schlug Tuckett (2005) vor, sie aus der Perspektive dreier Bezugsrahmen zu betrachten:
➤ Der *teilnehmend-beobachtende Rahmen* bezieht sich darauf, wie Unbewusstes vom Therapeuten wahrgenommen wird;
➤ der *konzeptuelle Rahmen* lenkt den Blick darauf, wie Unbewusstes mithilfe von impliziten oder expliziten Theorieelementen konzeptualisiert wird; und
➤ der *Interventionsrahmen* führt zur Frage, wie Unbewusstes angesprochen oder in Worte gefasst werden kann.

Im Kontext

»der real existierenden Pluralität von Positionen und Techniken lassen sich drei Aufgaben unterscheiden: die Pluralität der Positionen und Techniken anzuerkennen; sich in einem plural geprägten Feld zu bewegen, ohne einen Standpunkt außerhalb oder darüber besetzen zu können; und Maßstäbe zur Qualitätssicherung zu entwickeln« (Will, 2010, S. 9).

Im Hinblick auf diesen letztgenannten Punkt spielte eine weitere Irritation eine Rolle, nämlich die Beobachtung, dass die bisherigen Analysen von Therapiefällen einseitig auf den Patienten ausgerichtet waren. In den komparativen Untersuchungen der EPF sollte hingegen das unterschiedliche therapeutische Handeln der Analytiker minutiös betrachtet und miteinander verglichen werden, um die bestehenden Differenzen zwischen ihren impliziten und expliziten Grundüberzeugungen herausarbeiten zu können.

Bei der Realisierung des EFP-Projekts hat sich die »Methode der zwei Schritte« (»two steps«) herausgebildet (Tuckett, 2007, S. 1061 ff.): Die Vorstellung des jeweiligen Falls nimmt mehrere Sitzungen in Anspruch. Daran schließt sich eine relativ freie Diskussion von drei bis vier Stunden an, in der die in der Gruppe vertretenen unterschiedlichen Perspektiven geklärt werden sollen. Als erster Schritt wird die eigentliche Diskussion (drei bis vier Stunden) verstanden, die sich unmittelbar auf den Vortragenden und seine Arbeitsweise konzentriert. Dabei wird jede einzelne »Interaktion« eingehend auf die ihr zugrunde liegende Absicht untersucht, wobei eine Beschränkung auf sechs mögliche Funktionen empfohlen wird: Aufrechterhaltung des basalen Settings; Herstellung eines Elements, um den unbewussten Prozess zu fördern; Fragen, Klärungen, Neuformulierungen, die etwas bewusst machen sollen; Benennung der emotionalen und phantasierten Bedeutung, die der Situation mit dem Analytiker im Hier und Jetzt zukommt; Konstruktionen, die eine differenziertere Bedeutung aufzeigen sollen; sowie unvermittelte und scheinbar eklatante Reaktionen, die der normalen Methode des Analytikers nicht ohne Weiteres zu entsprechen scheinen.

Der zweite Schritt (etwa vier Stunden) bezieht sich auf das herauszuarbeitende »*Explanationsmodell*« des jeweiligen Analytikers. Um einen Kollegen verstehen zu können, muss man die komplexe Mischung aus impliziten und expliziten Überzeugungen verstehen, die sein therapeutisches Handeln fundieren. Streeck (1986) spricht in diesem Zusammenhang von »Hintergrundannahmen« als Ausdruck von besonderen Erfahrungen, persönlichen Konzepten oder spezifischen praktischen Ideen, die es dem Therapeuten erlauben, das Hin und Her zwischen Beobachtung und Theorie im Behandlungsprozess zu überbrücken.

Mittels der Zwei-Schritte-Methode ließen sich neun hauptsächliche Differenzen zwischen Analytikern herausarbeiten (Tuckett, 2012, S. 104ff.; s. a. Buchholz, 2013):

1. Konzepte neuer Erfahrung: Etwa die Hälfte aller Analytiker wollte ihrem Patienten eine neue korrigierende Erfahrung ermöglichen, um dem Wiederholungszwang Einhalt zu gebieten. Ein Hauptunterschied ergab sich daraus, ob die neue Erfahrung durch ein spezifisch analytisches Verstehen und Interpretieren, das sich dann auf die Wahrnehmung des Patienten auswirkt, erreicht werden kann oder weil sich der Analytiker tatsächlich von der Bezugsperson aus der Vergangenheit unterscheidet.
2. Konzepte darüber, was interpretiert wird und warum: Solche Interpretationen bezogen sich vornehmlich auf vier Aspekte: a) ob der Analytiker »different« (verstehender, toleranter, empathischer, weniger kritisch) sei; b) wie der Patient den Analytiker erlebt (um Reflexion zu ermöglichen und Unterschiede zu früheren Beziehungsobjekten zu erkennen); c) wie Ängste beim Gewahrwerden von Konflikten durchgearbeitet werden (»um die zugrunde liegende Struktur zu verändern«); und d) wie psychisches Ausarbeiten angeregt wird.

3. Konzepte, wie Interpretationen gegeben werden und warum: Ein hauptsächlicher Unterschied bestand zwischen mehr oder weniger gesättigten (direkten), also spezifisch formulierten oder eher diffus gehaltenen Deutungen.
4. Konzepte hinsichtlich der Ursachen: Die Pole waren hier »Konflikt« oder »Defizit«; das eine wird als zu lösen, das andere als zu überwinden angesehen. Dabei war zu beobachten, dass viele solcher Überlegungen eine sehr implizite und unklare Form hatten.
5. Konzepte des Hier und Jetzt: Hier ging es um das Ausmaß, in dem Analytiker eine Vorstellung von dem Bild haben, das sich ein Patient von ihnen macht und wie beide im Behandlungszimmer zueinander eingestellt sind. In dieser Hinsicht gab es sehr viel Inkonsistenz.
6. Konzepte der freien Assoziation: Unterschiede zeigten sich im Hinblick auf die Handhabung von freier Assoziation und gleichschwebender Aufmerksamkeit, den Status von Erinnerungen, Erzählungen über Erlebnisse und Erfahrungen, die in der therapeutischen Situation geschildert werden.
7. Konzepte hinsichtlich Reden und Handeln: Bei diesem Aspekt wird darauf fokussiert, wie die Nachwirkungen der Vergangenheit in der Gegenwart bearbeitet werden, sei es durch Aufdecken verdrängter Erinnerung, durch Enactment oder durch verdichtete Anspielungen im manifesten Material.
8. Konzepte der Gegenübertragung: Hier geht es zentral um die Frage, ob die Gegenübertragung als unmittelbare Reaktion auf die Übertragung oder eher als eine sehr direkte affektive Antwort aufgefasst wird.
9. Einstellungen zur Neutralität: Hier geht es um den Unterschied, ob der Analytiker Neutralität als etwas sieht, das immer erst errungen werden muss, oder als Vorgehensweise, die in jedem Fall durchzuhalten ist.

Diese neun Differenzen lassen sich an dem kasuistischen Material der EPF-working groups zu idealtypischen Explanationsmodellen und daraus folgenden Therapiestilen gruppieren.

## Die implizite Verwendung von Lebenskunstkonzepten

In einem parallelen Arbeitsgruppenprojekt der EPF haben Jorge Canestri, Werner Bohleber, Paul Denis und Peter Fonagy das von Sandler stammende Konzept der »privaten impliziten Konzepte« aufgegriffen (Canestri et al., 2006; Fonagy & Target, 2006; Bohleber, 2007a, 2000b; Canestri, 2007; Canestri, 2012). Sie untersuchten die »impliziten Konzepte« bzw. »privaten Theorien« von Analytikern, die ihrem Handeln in der therapeutischen Praxis zugrunde liegen. Wie schon erwähnt, hatte Sandler die Aufmerksamkeit darauf gelenkt, dass die vom einzelnen Analytiker in seiner Therapiepraxis verwandten privaten impliziten Konzepte von den in Lehre und Lehrbüchern vertretenen offiziellen und anerkannten Theorien mehr oder weniger abweichen. Mit zunehmender klinischer Erfahrung entwickle und verwende der Analytiker »eine ganze Reihe von theoretischen Teilaspekten«, die als »Produkte unbewußten Denkens, weitgehend Teiltheorien, Modelle oder Denkfiguren [...] sozusagen in Reserve zur Verfügung stehen, um nach Bedarf abgerufen zu werden« (Sandler, 1963, S. 582f.).

Sandlers Vorschlag zur Erforschung der impliziten privaten Theorien blieb allerdings lange unbeachtet. Die Situation hat sich aber in den letzten Jahren verändert, da man in der Therapieforschung genauer wissen will, was in der therapeutischen Praxis wirklich geschieht und welche inneren Explanations- und Arbeitsmodelle der jeweilige Therapeut mehr oder weniger unbewusst verwendet. Dabei darf nicht übersehen werden, dass private Theorien auch »eine stark idiosynkratische Bedeutung« haben können. Zudem können sie wissenschaftlich unhaltbare Überzeugungen ins Spiel bringen und dazu tendieren, bestimmte Konzepte übermäßig zu idealisieren oder umgekehrt abzuwerten (Bohleber, 2007b, S. 1006).

Wenn man davon ausgeht, dass der Analytiker Theorien oder Modelle konstruiert, die er für die therapeutische Arbeit mit dem jeweiligen Patienten benötigt, dann lassen sich verschiedene Elemente unterscheiden: die spezifischen Inhalte, die im Unbewussten und Vorbewussten des Analytikers vorhanden sind, seine »Weltanschauung«, die Common-Sense-Psychologie, seine Zugehörigkeit zu einer bestimmten psychoanalytischen Gruppierung oder Richtung, die spezifische Ausprägung dieser Zugehörigkeit, sein Verhältnis zu den psychoanalytischen »Autoritäten«, seine wissenschaftlichen und vorwissenschaftlichen Überzeugungen, seine individuelle Ausgestaltung psychoanalytischer Konzepte, seine Gegenübertragung u. a. (Canestri, 2007, S. 1029).

Es liegt nahe anzunehmen, dass in diesen Elementen Lebenskunstkonzepte impliziert sind. Therapeuten greifen in der Praxis häufig *explizit* auf Konzepte der Lebenskunst zurück, z. B. wenn sie die Patienten ermutigen, ihre persönlichen *Ressourcen* in der Musik, im Sport oder in sozialen Fähigkeiten wieder mehr ins Spiel zu bringen (Willutzki & Teismann, 2013). Nehmen wir schon solche expliziten Lebenskunstkonzepte als solche kaum wahr, so gilt das erst recht für implizite Lebenskunstkonzepte, die unserem Bewusstsein und unserer Selbstreflexion schwerer zugänglich sind (Gödde & Zirfas, 2006, 2014).

Auch die von Tuckett und seiner EPF-Arbeitsgruppe erforschten Explanationsmodelle sind »implizit«, weil sie »ein sich entwickelnder und routinemäßiger Bestandteil der Alltagserfahrung des Analytikers sind« (Tuckett, 2007, S. 1066). Hier werden allerdings in erster Linie die routinemäßigen Erklärungen der Kollegen, nicht aber ihre tieferen Motivationen und Konfusionen untersucht. Vorrangiges Ziel ist es nicht,

> »die Technik eines bestimmten Vortragenden oder seine Verwendung der Theorie zu verstehen und zu erklären, sondern die Bandbreite der Praxis zu erfassen, die in den verschiedenen Gruppierungen der psychoanalytischen Community ausgeübt wird, damit jeder Analytiker da ansetzen kann, wo er jeweils steht« (ebd.).

Es geht nicht darum, den Vortragenden infrage zu stellen bzw. ihn zu »supervidieren«, sondern ihm dazu zu verhelfen, »seine Methode mit seinen eigenen Worten, in seiner eigenen Terminologie, zu verstehen und zu beschreiben« (ebd.).

Im Unterschied zu Tuckett verwenden Canestri, Bohleber, Denis und Fonagy einen Begriff des Impliziten im Sinne dynamisch unbewusster Theorien. Die meisten dieser impliziten Konzepte würden durch einen Widerstand am Bewusstwerden gehindert, weil sie im Widerspruch zu den offiziellen Theorien stehen, denen sich der Analytiker verpflichtet fühlt.

Diese zweite Arbeitsgruppe hat ein Vektorenmodell impliziter Theorien in der klinischen Praxis entwickelt (Canestri et al., 2006, S. 30ff.; Canestri, 2007, S. 1031; Bohleber, 2007b, S. 1006ff.), das als Grundlage für weitere Untersuchungen impliziter Lebenskunstkonzepte in Betracht kommt:

1. Topografischer Vektor:
   a. bewusst, aber nicht der offiziellen Theorie entsprechend,
   b. Theorien und Theoriebildung im Vorbewussten und
   c. unbewusste Einflüsse auf die Verwendung von Theorien.
2. Konzeptueller Vektor:
   a. Weltsicht und Ideologien,
   b. klinische Konzepte,
   c. klinische Verallgemeinerungen,
   d. psychoanalytischer Prozess und
   e. Veränderungstheorien.
3. Handlungsvektor:
   a. Zuhören,
   b. Formulieren,

c. sprachliche Umsetzung der Deutung und
   d. Verhalten.
4. Vektor der Objektbeziehungen:
   a. Wissensgeschichte,
   b. transgenerationale Einflüsse,
   c. Wissenssoziologie,
   d. Verinnerlichung von Theorien und
   e. Attachment-Beziehung zu Theorien.
5. Vektor Kohärenz vs. Widersprüchlichkeit:
   a. Verwendung offizieller Theorien, wo Kohärenz erwartet wird,
   b. Verwendung von Metaphern oder polymorphen Konzepten sowie
   c. kreative Lösungen.
6. Entwicklungsvektor

Von diesen sechs Vektoren erscheint der *konzeptuelle Vektor* als besonders bedeutsam im Hinblick auf implizite Lebenskunstkonzepte. Er soll deshalb genauer aufgeschlüsselt werden:

a. Verschiedene Ausprägungen einer Weltsicht, Weltanschauung und Ideologie: Ein Analytiker kann z. B. »eine eher tragisch-stoische oder eine mehr romantisch ausgeprägte Sichtweise haben. Solche Weltanschauungen und ideologischen Überzeugungen sind in unserer Wahl von bestimmten Theorien viel einflussreicher, als uns bewusst ist« (Bohleber, 2007b, S. 1009).

b. Klinische Konzepte: »Dieser Vektor hat auch die von anderen psychoanalytischen Schulen entlehnten Konzepte im Blick, wobei es nicht nur um ein einzelnes Konzept gehen muss, sondern es sich auch um mehrere, aus verschiedenen Theorierichtungen stammende handeln kann. Das Ergebnis kann ein impliziter und heterogener Eklektizismus sein, aber auch eine aus der individuellen klinischen Erfahrung stammende, weitgehend kohärente Amalgamierung der Theorie« (ebd.).

c. Klinische Verallgemeinerungen: »wenn z. B. bestimmte Konzepte bevorzugt werden oder etwa Träumen ein Vorrang gegenüber anderem Material eingeräumt wird. Ein weiteres Beispiel ist die Bedeutung, die der Vergangenheit gegenüber dem Hier und Jetzt gegeben wird« (ebd.).

d. Psychoanalytischer Prozess: Der Vektor erfasst implizite Theorien darüber, was *Veränderung* ermöglicht:
   ➤ Wenn ich den Patienten darüber aufkläre, auf welche Weise unbewusste Mechanismen funktionieren, wird es ihm besser gehen.

> Den Patienten in Kontakt mit Gefühlen zu bringen, die er versucht abzuspalten, ist für ihn hilfreich.
> Der Patient sollte sich gegenüber dem Analytiker ohne Abwehr zeigen können und offen sein.

Der Vektor erfasst ebenfalls implizite Vorstellungen darüber, welche *analytischen Strategien* am ehesten Veränderungen hervorbringen können:
> Der Patient sollte sich auf seine innere Welt konzentrieren können und weniger auf die äußere Realität.
> Es gilt, multiple Selbstrepräsentanzen herauszuarbeiten mit dem Ziel, dem Patienten mehr und mehr dazu zu verhelfen, eine beobachtende Haltung sich selbst gegenüber einnehmen zu können (ebd.)

e. Veränderungstheorien: Implizit wirksame Zielvorstellungen darüber, was mit dem Patienten erreicht werden soll, beeinflussen die Art und Weise, wie der Patient behandelt wird:
> Der Patient sollte echte Bindungen eingehen können.
> Der Patient soll einen genuinen inneren Dialog mit sich selbst führen können. Ziel ist, ein authentisches Selbst zu entwickeln.
> Der Analytiker soll die Autonomie eines Anderen ertragen können (ebd., S. 1009f.).

Zusammenfassend kann man festhalten: Die implizite Anreicherung expliziter mit privaten Theorien erscheint in der therapeutischen Praxis als unumgänglich und erfüllt wichtige Funktionen. Dabei kommen auch und insbesondere implizite anthropologische und philosophische Konzepte – Menschenbilder und Weltanschauungen – zum Tragen, »die sich als mentale Strukturen infolge unserer Sozialisation niedergeschlagen haben und unsere Denk- und Wahrnehmungsschemata sowie Handlungspositionen nachhaltig bestimmen« (Müller & Kutter, 1998, S. 13; Klöpper, 2006, 2014). Sie können einen kreativen Umgang mit den Problemen des Patienten ermöglichen, aber auch wie Vorurteile wirken und die Wahrnehmung und das Denken erheblich verzerren.

### Ausgewählte Literatur

Bohleber, W. (2007). Der Gebrauch von offiziellen und privaten impliziten Theorien in der klinischen Situation. *Psyche – Z Psychoanal, 61*, 995–1016.

Buchholz, M. B. (1999). *Psychotherapie als Profession*. Gießen: Psychosozial-Verlag.

Canestri, J. (2007). Supervision in der psychoanalytischen Ausbildung. Zur Verwendung impliziter Theorien in der psychoanalytischen Praxis. *Psyche – Z Psychoanal, 61,* 1017–1041.
Finke, J. (1999). *Beziehung und Intervention. Interaktionsmuster, Behandlungskonzepte und Gesprächstechnik in der Psychotherapie.* Stuttgart und New York: Thieme.
Gödde, G. (2015). Das Konzept »Lebenskunst« in der psychodynamischen Therapie. In G. Gödde, W. Pohlmann & J. Zirfas (Hrsg.), *Ästhetik der Behandlung. Beziehungs-, Gestaltungs- und Lebenskunst im psychotherapeutischen Prozess* (S. 117–143). Gießen: Psychosozial-Verlag.
Kernberg, O. F., Dulz, B. & Eckert, J. (Hrsg.). (2006). *WIR: Psychotherapeuten über sich und ihren »unmöglichen« Beruf.* Stuttgart: Schattauer.
Klöpper, M. (2014). *Die Dynamik des Psychischen. Praxishandbuch für das Verständnis der Psychodynamik.* Stuttgart: Klett-Cotta.
Münch, K., Munz, D. & Springer, A. (Hrsg.). (2010). *Die Psychoanalyse im Pluralismus der Wissenschaften.* Gießen: Psychosozial-Verlag.
Tuckett, D. (2012). Some Reflections on Psychoanalytic Technique: In Need of Core Concepts or an Archaic Ritual? *Psychoanalytic Inquiry, 32,* 87–108.
Tuckett, D., Basile, R., Birksted-Breen, D., Böhm, T., Denis, P., Ferro, A., Hinz, H., Jernstedt, J., Mariotti, P. & Schubert, J. (Hrsg.). (2008). *Psychoanalysis Comparable & Incomparable. The Evolution of a Method to Describe and Compare Psychoanalytic Approaches.* London und New York: Routledge.
Wampold, B. E. (2001). *The Great Psychotherapy Debate. Models, Methods, and Findings.* Mahwah, NJ: Lawrence Erlbaum.
Will, H. (2010). *Psychoanalytische Kompetenzen. Standards und Ziele für die psychotherapeutische Ausbildung und Praxis.* 2. Aufl. Stuttgart: Kohlhammer.
Zirfas, J. (2007). Das Lernen der Lebenskunst. In M. Göhlich, Ch. Wulf & J. Zirfas (Hrsg.), *Pädagogische Theorien des Lernens* (S. 163–175). Weinheim und Basel: Beltz.

## Schnittfelder zwischen Therapeutik und Lebenskunst – ein Modell

Im Folgenden sollen fünf Aspekte dargestellt und diskutiert werden, die als zentrale Dimensionen einer Therapie- und Lebenspraxis gelten können:
1. Wir beginnen mit dem Leiden bzw. den Erschütterungen als Ausgangspunkt jeder Therapie. Die Erschütterung bildet somit die *causa efficiens*, die Wirkursache der therapeutischen Bemühungen; ist der Leidensdruck auf das Individuum bzw. auf das Selbst nicht hoch genug, kommt es weder zur Lebenskunst noch zur Therapie.
2. Unter formalen Gesichtspunkten *(causa formalis)* findet die Therapie einerseits in einem Raum des Abstandes, der Ruhe und Distanz statt, um den drängenden Alltag mit seinen Problematiken verlassen und um sodann neue Möglichkeitsräume erschließen zu können.

3. Andererseits ist der Raum der Therapie (formal) ein sozialer Raum, ein Beziehungsraum, der durch ein ganz besonderes Arbeitsbündnis und durch eine spezifische »*Ästhetik*« und Emotionalität gekennzeichnet ist.
4. Konzentriert man sich auf die inhaltlichen Aspekte der Praxis einer therapeutischen Lebenskunst *(causa materialis)*, dann hat man es mit den Widersprüchlichkeiten der Existenz und der Professionalität zu tun: mit den tragischen, paradoxalen und widerständigen Momenten der Existenz auf der einen und mit den Antinomien therapeutischer Praxis auf der anderen Seite.
5. Und schließlich muss auch noch das Ziel einer therapeutischen Lebenskunst in den Blick genommen werden *(causa finalis)*: Hier können wir für die Antike das »Maß« und in der Moderne die »Balance« festhalten, d. h. die Idee der seelischen Ausgeglichenheit und Ruhe.

## Erschütterung des Selbst

Wenn wir die Erschütterung als Ausgangspunkt für die Therapie in den Blick nehmen, wird deutlich, dass mit der Thematik Lebenskunst nicht jene Figur des »Lebenskünstlers« evoziert wird, der – egal, was das Leben als Überraschungen bereithält – immer eine Antwort parat hat, die ihn mit einer gewissen Gelassenheit und Abgeklärtheit durch alle seine Höhen und Tiefen bringt. Diese Erschütterung kann eine theoretische – man kennt sich nicht mehr aus – oder eine praktische – man weiß nicht mehr weiter – oder auch eine emotionale sein – man wird von Gefühlen übermannt. Sie ist auf jeden Fall intensiver als das Staunen, das am Beginn der Philosophie steht, oder eine Befremdung, die z. B. mit einer interkulturellen Begegnung einhergehen kann. Philosophiegeschichtlich ist die Erschütterung mit dem Platonischen Modell einer tief greifenden περιαγωγή (periagoge), Umlenkung und Umkehrung, in Verbindung zu bringen. Lebenskunst ist von ihrem Beginn her keine einfache, sondern eine ernste, tief greifende Angelegenheit. Lebenskunst wird notwendig, weil eine Not gewendet werden muss.

Lebenskunst setzt eine negative Erschütterung voraus, die es unmöglich macht, in der bisherigen Form weiterzuleben. Die zunächst nicht auf der Hand liegende Unbestimmtheit und Unbestimmbarkeit des Lebens fordert eine Veränderung des Verhaltens, eine neue Gestaltung des Lebens, eine andere emotionale Haltung oder neue alltagstheoretische Perspektiven, führt mithin im Sinne der Sorge um sich zur Notwendigkeit einer Suche nach einer anderen Antwort auf die Herausforderungen des Lebens.

## Konfrontation mit negativer Erfahrung

Lebenskunst beginnt mit der Konfrontation mit Fremdheit oder Andersheit, mit Negativität oder Widerständigkeit, mit Neuem und Unerwartetem, mit Unvorhergesehenem und Unerhörtem, d.h. mit Momenten, die die Transformation von grundlegenden Dispositionen der Wahrnehmung, der Beurteilung und der Handlung möglich machen. Insofern schwingt in der Lebenskunst immer auch das Pathos einer tief greifenden Veränderung mit. Zwar kann man wohl davon ausgehen, dass diese Erfahrungen phänomenal sehr unterschiedlich sein können: Sie können mit Leiden und Schmerzen, mit der Endlichkeit, dem Tod oder auch den Erfahrungen von Abhängigkeit und Unterdrückung einhergehen; sie können aber auch weniger »dramatisch« sein und dennoch eine weitreichende Erschütterung auslösen (vgl. Angehrn, 2003). Diese negativen Erfahrungen haben mit den Grenzen der Wahrnehmung (aisthesis), des Bewusstseins (theoria), der Praxis (poiesis) und der Emotionen (katharsis) zu tun, die überschritten werden, ohne dass eine neue Form der Deutung, Orientierung und Sinnstiftung an ihre Stelle getreten wäre.

Gehen wir diesen Erschütterungen phänomenologisch nach, so werden mit ihnen etablierte Grenzziehungen zwischen Selbstbezug, Weltbezug und Sozialbezug, zwischen Unbewusstem und Bewusstem, zwischen Eigenzeiten und Fremdzeiten, zwischen Eigenräumlichkeit und Fremdräumlichkeit, zwischen Affirmation und Negation, zwischen Unaussprechlichkeit und Sprachfindung, zwischen Ein- und Vieldeutigkeit, zwischen Können und Unbeherrschbarkeit, zwischen Realität und Schein, zwischen Leiden und Gesundheit neu gezogen. Von hier aus wird auch deutlich, warum man die Erschütterung nicht auf einen Begriff bringen kann, handelt es sich doch um einen durch vielfache Brüche und Grenzen gekennzeichneten Bereich, der – wenn man metaphorisch so will – offene Grenzen hat: Emotionale Bindungen scheitern, Bedeutungen verlieren ihren Sinn, Handlungsmuster wirken nicht mehr und Lebensperspektiven fehlen.

Greifen wir zur Klärung der Frage, warum eine Erschütterung Fragen der Lebenskunst auslösen kann, zunächst auf die Erkenntnis zurück, dass mit jeder negativen Erfahrung auch eine Selbsterfahrung einhergeht. Es ist das Selbst, das in der Erschütterung infrage steht und das daher gezwungen wird, sein Leben neu zu ordnen. Denn in der Erschütterung der negativen Erfahrung erfahre ich nicht nur etwas über irgendeine Situation oder irgendein Geschehen, sondern ich erfahre primär etwas über mich selbst. Ich werde mit den fremden Seiten meiner selbst konfrontiert. Die negative Erfahrung, so lässt sich weiter folgern, kann dann – wenn sie positiv weiterentwickelt wird – zu einer Selbstvergegenwärtigung und zu einem Selbstbewusstsein führen, das dadurch, dass es mit Entfremdungserscheinungen konfrontiert ist, einen Prozess in Gang setzen kann, der eine »Neujustierung« und Neugestaltung des Lebens einleitet.

Spricht man von einer negativen Selbsterfahrung, so kann auf den ersten Blick Verschiedenes damit gemeint sein:

➢ Im hermeneutischen Sinne (Wissen) kann man sich über sich selbst getäuscht haben, und diese Enttäuschung leitet dann einen Prozess der Selbstvergewisserung (diese dialektische Perspektive nehmen etwa Platon und Hegel ein) ein.

➢ Im pragmatischen Sinne (Können) kann man die Erfahrung gemacht haben, dass die eigenen Fähigkeiten und Fertigkeiten für die infrage stehenden Aufgaben nicht hinreichen; hier müssen dann neue Praktiken experimentell entwickelt werden (diese Perspektive wird im Pragmatismus etwa von Dewey verfolgt).

➢ Im soziokulturellen Sinne (Leben) kann man die Erfahrung der Nichtanerkennung, des Betrogenwordenseins und der Diskreditierung der eigenen Persönlichkeit machen, die zur Entwicklung einer negativen Identität beitragen kann (das haben der symbolische Interaktionismus eines Goffman, aber auch die Frankfurter Schule herausgearbeitet).

Geht man mit Hegel dem Begriff der Erfahrung nach, so ist jede Erfahrung letztlich eine negative Selbsterfahrung. Warum? Zunächst, weil die Erfahrung eine Erfahrung ist, die das Bewusstsein mit sich selbst macht: »Das Prinzip der Erfahrung enthält die unendlich wichtige Bestimmung, daß für das Annehmen und Für-Wahrhalten eines Inhaltes der Mensch selbst *dabei* sein müsse, bestimmter, daß er solchen Inhalt mit der *Gewißheit seiner selbst* in Einigkeit und vereint finde« (Hegel, 1817 S. 49, §7). Im Grunde finden sich hier zwei Gedanken wieder, nämlich erstens, dass der Mensch nur im Anderen zu sich selbst findet – Hegel spricht von »Inhalt« oder vom »anderen« –, und zweitens, dass in der Erfahrung eine Identität, d. h. eine wie auch immer geartete Einheit mit sich selbst erst hergestellt wird – Erfahrung ist »primär« Selbsterfahrung. Gelingt die negative Erfahrung, so kann man wiederum mit Hegel von einer Aufhebung dieser Erfahrung für das Selbst in einem dreifachen Sinne sprechen: Diese Erfahrung führt zur Auflösung einer Grenze oder eines Widerspruchs, d. h., sie befreit den Menschen; sie steht dem Individuum sodann so zur Verfügung, dass ihre zukunftsweisenden Potenziale erhalten bleiben; und schließlich hebt sie das Individuum auf eine höhere Stufe, führt also zu einer Entwicklung und Bildung von Lebensmöglichkeiten. Mit den durch die Erschütterung ausgelösten Krisenbewegungen können dann neue Lebensformen entstehen.

Fasst man die Selbsterfahrung als mit der Lebenskunst verbundene »Lebenserfahrung« und nimmt damit die Selbstbezüglichkeit bzw. Selbstreflexivität des Menschen im Hinblick auf die durch die Krise evozierten Lebensmöglichkeiten in den Blick, so wird einerseits die Unverwechselbarkeit eines individuellen Konzepts der Lebenserfahrung und Lebenskunst deutlich; jeder Mensch hat eine individuelle Lebensgeschichte mit der ihm eigenen Lebenserfahrung und der sich daran anschließenden Lebenskunst. Doch andererseits lassen sich hier auch verbindende, nämlich inhaltliche wie formale Elemente zu den negativen Erfahrungen anderer Menschen ausmachen. Vier Momente der negativen Selbsterfahrung, die mit der Lebenskunst einhergehen, sollen hier kurz umrissen werden: die Enttäuschung, die Selbstwerdungsprozesse, die sozialen Prozesse und die Endlichkeit.

*Umgang mit existenziellen Enttäuschungen*

Nun gibt es voluntative Selbsttäuschungen mindestens auf zwei Ebenen: Menschen sind enttäuscht, wenn sich ihre Erwartungen *nicht* erfüllen, und Menschen sind enttäuscht – und das ist die wahrscheinlich tiefer gehende anthropologische Erkenntnis –, wenn sich ihre Erwartungen *erfüllen*. Die romantische Literatur war hierfür besonders empfänglich: »In this world there are only two tragedies. One is not getting what one wants, and the other is getting it. The last is much the worst; the last is a real tragedy!« (Wilde, 1892, S. 69, 3. Akt) Der damit einhergehende Lern- und Bildungsprozess hat durchaus anthropologische bzw. existenzielle Dimensionen. Lebenskunst lässt sich in diesem Sinne auch verstehen als Umgang mit existenziellen Enttäuschungen.

In der insbesondere bei Arthur Schopenhauer zu findenden Theorie der pessimistischen Lebenserfahrung dominiert die Klage über die Vergänglichkeit, Vergeblichkeit und *Kontingenz* menschlichen Glücks. Der Augenblick der glücklichen Erfüllung, so Schopenhauer, ist unweigerlich auch der Augenblick der Melancholie: Man scheint etwas verloren zu haben, ohne genau bestimmen zu können, was in der Erfüllung verloren ging. Ernst Bloch hat für diese Form der Enttäuschung im Glück den Begriff der »Melancholie der Erfüllung« geprägt (1982, S. 348). In der Lebenserfahrung kommt mithin ein tiefes Dilemma der Lebenskunst zum Ausdruck: Das Streben nach Glück ist Unglück, weil der Mensch noch nicht befriedigt ist, das Befriedigtsein ist aber auch Unglück, weil das Streben verloren gegangen ist und die Langeweile eintritt. Es war Schopenhauer, der darauf hingewiesen hat, dass das menschliche Leben sich zwischen der unbefriedigenden Situation der Suche nach Befriedigung und der unbefriedigenden, weil langweiligen Situation der Erlangung der Befriedigung bewegt. Das menschliche Leben ist somit nicht nur mit einzelnen Unglücken konfrontiert, sondern wird insgesamt zu einer Enttäuschungserfahrung (vgl. Schopenhauer, 1819). Anders formuliert: Das ganze Leben ist eine einzige Krise. Diese existenzielle bzw. metaphysische Auslegung der Selbsterfahrung impliziert notwendigerweise eine Lebenskunst, die darauf abzielt, den Willen zu disziplinieren und die (ethischen und ästhetischen) Vorstellungsfähigkeiten zu kultivieren, um diese permanente Krise einigermaßen bewältigen zu können.

Begreift man mit Platon oder Hegel den Begriff der Lebenserfahrung weniger metaphysisch-pessimistisch, sondern im Sinne einer krisenhaften Selbsterfahrung, die nicht alltäglich ist und die (deshalb) in der Lage erscheint, den Menschen zu enttäuschen, d. h., ihn aus einer Befangenheit oder Verstrickung herauszureißen, so legt sie dennoch dem Menschen nahe, seine Wahrnehmungs-, Erkenntnis-, Verhaltens- und Einstellungsformen, kurz: seinen selbstverständlichen Habitus zu ändern. Lebenserfahrungen »konfrontieren uns mit uns selbst, mit unseren offenen, noch mehr mit unseren uneingestandenen Erwartungen und Wertungen. Was durch solche negativen Erwartungen eingeleitet wird, ist eine *Selbstreflexion*. Wir kommen durch sie zur Besinnung« (Buck, 1981, S. 193). »Enttäuschung charakterisiert das lebensweltliche Erfahrungsgeschehen, und besonders diejenige Erfahrung, die wir Lebenserfahrung nennen. [...] Die Enttäuschung ist ein positives Moment in der Geschichte des Erfahrenden. Nicht nur der vermeinte Gegenstand, sondern unser Erfahrenkönnen selbst wandelt sich« (Buck, 1967, S. 68).

In diesen negativen Erfahrungen kommt es zu einem konfrontativen Lernprozess, der die bisherigen Ansichten und Erfahrungsmuster im Ganzen reflektiert und zu einem neuen Wahrnehmen, Denken und Handeln auffordert, das zu einem konsistenteren, effektiveren und tragfähigeren Habitus führt.

> »Umlernen aber, das ist nicht nur die Korrektur dieser und jener Vorstellungen, die man sich über etwas gemacht hat; es bedeutet auch einen Wandel der ›Einstellung‹, d. h. des ganzen Horizontes der Erfahrung. Wer umlernt, wird mit sich selbst konfrontiert. [...] Kraft dieser prinzipiellen Negativität ist das Geschehen des Lernens die *Geschichte* des Lernenden selbst« (ebd., S. 44).

In diesem Sinne sind die negativen Selbsterfahrungen in vielfacher Hinsicht Erfahrungen der Krise oder der Widersprüchlichkeit. Auch Selbsterfahrungen sind in diesem Sinne Erfahrungen mit den *Widersprüchlichkeiten* menschlicher Existenz, mit Dimensionen der Verschränkung von Glück und Unglück, d. h. *positiv*: mit dem Glück im Unglück, dem Glück trotz oder wegen des Unglücks, oder auch *negativ*: mit dem Unglück im Glück, dem Unglück trotz oder wegen des Glücks.

Hierbei kann man auf Modelle der Erfahrung verweisen, die wie bei Waldenfels auf den Bruchliniencharakter von Erfahrungen oder – noch stärker – wie bei Derrida auf den aporetischen Charakter von Erfahrungen abheben: »Ist eine Erfahrung möglich, die nicht Erfahrung mit einer Aporie wäre?« (Derrida, 1998, S. 33; vgl. Waldenfels, 2002) Nur dann, wenn ich die Erfahrung mache, dass es »nicht mehr weiter geht«, wenn ich »blockiert bin« und sich keine Wege aus der Krise zeigen (»Aporie« im Sinne von Ausweglosigkeit), wenn es unmöglich erscheint, die richtige Entscheidung zu treffen und wenn sich keine Perspektiven mehr ergeben, dann wird man im radikalen Sinne auf sich selbst zurückgeworfen.

Negative Erfahrungen können Erfahrungen auch »still stellen«, sodass man sich ihnen verschließt. Man braucht hier nicht nur an traumatische Erfahrungen zu denken; auch alltägliche und neurotische Erfahrungen können Blockaden in emotionaler, theoretischer oder praktischer Hinsicht auslösen. Man könnte hier die These formulieren, dass sich das Selbst dort wohl am ehesten zeigt, wo man keine Erfahrungen mehr machen kann. Oder paradox formuliert: Die Selbsterfahrung beginnt dort, wo die Erfahrungen enden. Das Selbst als eine Form der faktischen Unhintergehbarkeit kann dann nur hingenommen und erzählend zum Ausdruck gebracht werden, doch es kann nicht (grundlegend) verändert werden. Dieses Selbst – und das hat die Psychoanalyse wie kaum eine andere Wissenschaft herausgearbeitet – kann verdrängt oder auch vergessen werden; aber gerade dann ist es am wirkmächtigsten. Zu diesem Selbst lassen sich die genetische Ausstattung, die biografischen Prägungen, die historischen Zufälle und die nicht intendierten Nebenwirkungen vielfältiger Interaktionen und Kommunikationen zählen. Das Selbst ist hier nicht eine Option der Wahl, sondern eine lebensgeschichtliche Determinante.

## *Identität als Aufgabe*

Unter dem »Selbst« kann im Einzelnen etwas sehr Unterschiedliches verstanden werden: eine faktische Unhintergehbarkeit, ein (kognitives) Selbstbild, eine habituelle Prägung, eine soziale Rolle oder Zuschreibung, eine performative Leistung, eine konstruierte Erzählung usw. Doch hat die Frage nach dem Selbst nicht nur etwas mit den Individuen und ihren Kompetenzen, sondern zentral auch etwas mit sozialen und kulturellen Lebenslagen zu tun. Kritisch sollte allerdings angemerkt werden, dass die gelegentlich zu bemerkende individualistische Zuspitzung des Identitätsbegriffs die gesellschaftliche und soziale Bedeutung von Identität unterschlägt, d. h. die mit ihr verbundenen (emotionalen) Zugehörigkeiten und Bindungsqualitäten, die auch in die individuelle Identität mit eingehen. Denn die faktische individualistische Identität, das zeigen vor allem die entwicklungspsychologischen und soziologischen Untersuchungen zur Identität, ist unmittelbar mit dem allgemein Sozialen verknüpft.

Und gerade die Moderne stellt Menschen vor besondere Herausforderungen. So lassen sich Identitätsfragen auch als Symptome für kulturelle Umbruchsituationen verstehen. Sie sind Begleiterscheinungen des kulturellen und sozialen Wandels, Folgen einer Flexibilisierung von Lebensformen oder Reaktionen auf politische und mediale Umbrüche. Und die moderne Identität erscheint gerade dort als besonders differenzierte, reflexive und individuelle Identität, wo die Möglichkeiten von divergierenden Norm- und Wertsystemen, von unterschiedlichen Formen der Zugehörigkeit und Verbindlichkeit und von Inkonsistenzen in Rollenmustern und Interaktionsformen etc. vorhanden sind.

Das Selbst lässt sich in der Moderne nur noch als fragmentarisiert, prekär, riskant, spielerisch, entgrenzt, dezentriert, hybrid, plural, dynamisch und prozessual beschreiben. Erfasst man den Selbstbezug nicht primär über die reflexive oder intuitive Selbstbezüglichkeit, sondern aus den Erfahrungskontexten der Menschen, so erscheint das Selbst als eine Denkfigur, die man mit dem Zusammenbasteln von Teilselbsten in Verbindung bringen kann. Der Identitätsbastler ist ein Mensch, der sich selbst als Gegenstand seiner Basteleien begreift. Er sammelt und kombiniert begrenzte und auch durchaus heterogene Teilselbste je nach Bedarf zu einem mehr oder weniger kohärenten Ganzen und gelegentlich gelingen ihm dabei auch originelle Identitätskombinationen. Jede/r wird somit zum Produzenten individueller Lebenscollagen. Der Identitätsbastler ist immer unmittelbar mit seinem Projekt verbunden; er weiß, dass er es bzw. sich niemals vollenden kann, denn die Teilselbste ergeben kaum ein systematisches und konsistentes Ganzes, noch lassen sie sich in einen kohärenten zeitlichen Zusammenhang bringen. Allerdings hat die Identitätsbastelei etwas Poetisches darin, dass ihr ein, wie auch immer geartetes, geformtes Etwas gelingt, das das »Eigene« in irgendeiner Form zum Ausdruck bringt. Mit und in ihr erarbeitet sich der Mensch ein bestimmtes *Image*, das nicht nur für die anderen, sondern auch für sich selbst von Belang ist.

Doch kann gerade das moderne Selbst als bedroht, risikoreich und prekär erfahren werden. Zugehörigkeiten müssen dann neu ausgehandelt, die Grenzziehung von Eigenheit und Fremdheit neu vorgenommen, Traditionen und Werte neu verteidigt oder verändert, Verinnerlichungs- und Aneignungsproceduren neu überdacht werden: Soll eine als stabil erscheinende Identität um jeden Preis verteidigt werden oder muss man sich mit einer frei schwebenden, flexiblen Patchwork-Identität zufrieden geben?

Nun stellen sich auch moderne Menschen natürlich nicht immer und überall die Frage, wer sie eigentlich sind; nicht jedes Malheur stürzt sie in eine Identitätskrise und sie befinden sich auch nicht permanent auf der Suche nach dem authentischen Selbst. Doch wer sich gelegentlich fragt, wer er ist, bzw. – was vermutlich häufiger vorkommt – von anderen gefragt wird, wer er denn sei, wird feststellen, dass diese Frage sich nicht so leicht beantworten lässt. Welche Kriterien sind für die Identität bedeutsam: der Beruf, das Geschlecht, die Familie, die Religion, die Sprache – oder alle zusammen? Wer bin ich in meinen Augen oder in den Augen anderer? Bin ich heute noch derjenige, der ich früher war? Oder habe ich mein eigentliches Selbst überhaupt noch nicht gefunden?

Identität ist in diesem Sinne eine unendliche Aufgabe. Unendlich ist sie deshalb, weil sie stetig neu errungen werden muss. Und eine Aufgabe ist sie in doppelter Hinsicht, nämlich im Sinne des Aufgefordertseins, an sich zu arbeiten, und der Unmöglichkeit, diese Arbeit abschließend und umfassend zu beenden. Wer mit sich selbst identisch oder sich selbst ähnlich bleibt, kann eine mehr oder weniger dauerhafte und umfassende Form einer produktiven Selbstwiederherstellung gewährleisten. Und er ist nicht davor gefeit, dass sich die Version seiner Identität als Täuschung herausstellt. Aber auch wenn Identität letztlich eine Fiktion darstellt, so doch eine notwendige.

Wer immer die Frage nach dem Selbst stellt, wird dies tun, indem er sich mit sich selbst und mit anderen vergleicht – und er wird in der Regel feststellen, dass es hier wie dort eine ganze Reihe von Unterschieden gibt. Abstrakter formuliert: Identität verweist auf die mit der Moderne unmittelbar verknüpfte Problemlage der Anerkennung von Differenz und Kontingenz. Wer sich die Frage nach der Identität stellt, wird feststellen, dass sein Selbstbild Veränderungen und Entwicklungen unterliegt, dass es immer auch anders sein könnte und dass es einen Unterschied macht, ob man sich selbst im Spiegel oder aus dem Blickwinkel der anderen betrachtet. Das Selbst ist somit ein Differenzierungs- und Vermittlungsbegriff in einem: Es signalisiert die internen Unterschiede in sich wie die externen Differenzen zwischen sich und anderen und es verweist auf die Leistungen, die zu erbringen sind, um ein gewisses Maß an internen wie externen Integrationen aufrechtzuerhalten.

Dass dieses Maß an Integrationen immer wieder – bewusst oder unbewusst – errungen werden muss, verweist auf die Begrenztheit und Vorläufigkeit von Selbstbildern und Selbstverhältnissen. Und so stellt sich die Frage: Spielen diese

Insuffizienz- und Mängelerfahrungen der Selbsterfahrung nicht letztlich auf ein anthropologisches Modell der Endlichkeit an? Heißt Lebenskunst nicht auch Akzeptanz dessen, was nicht zu ändern ist? Insofern kapituliert auch sie letztlich vor der menschlichen Endlichkeit. Erfahrung (auch im Sinne der Selbsterfahrung), so heißt es bei Hans-Georg Gadamer, »ist also Erfahrung der menschlichen Endlichkeit. Erfahren im eigentlichen Sinne ist, wer ihrer inne ist, wer weiß, dass er der Zeit und der Zukunft nicht Herr ist. Der Erfahrene kennt die Grenze alles Voraussehens und aller Pläne« (Gadamer, 1990, S. 363). In diesem Sinne zielt die Lebenskunst vor allem auf den Umgang mit den Erfahrungen der Endlichkeit, in denen aufscheint, wie wenig souverän die Menschen angesichts der Zeit sind.

### Abstand, Ruhe, Distanz – Möglichkeitsräume

Unter den Gesichtspunkten einer Tradition der Lebenskunst, die die Fragen nach dem Verstehen, der Reflexion und der Bewertung und kritischen Einschätzung von Lebensmöglichkeiten in den Mittelpunkt rückt, kann auch die Therapie als eine Möglichkeit gesehen werden, aus der Position der Distanz, der Ruhe und der Handlungsentlastung Antworten auf die Fragen nach dem »richtigen«, »glücklichen« oder »schönen« Leben zu finden. Diese Fragen werden auch in der Therapie immer wieder explizit oder implizit thematisiert. Und es macht Sinn, sich sozusagen in einem »Schonraum« diesen Fragen zu widmen, und zwar gemeinsam, d. h. zu zweit oder zu mehreren.

Es gibt wenige Entwürfe der Lebenskunst, die im Grund eine völlig individualistische Perspektive für sinnvoll erachten, in der man lediglich mit sich selbst »zu Rate geht« und einsam Bewertungen und Entscheidungen vornimmt. Ansätze finden sich hier vor allem bei Schopenhauer und Nietzsche, die insofern eine doch eher seltene und auch radikale Form einer individualistischen Lebenskunst propagieren. Unterstellt man aber, dass sich sowohl Schopenhauer als auch Nietzsche – wie schon der von ihnen so hoch gelobte Montaigne – ihre Lebenskunstmodelle in der Auseinandersetzung mit der Tradition erarbeitet haben – bei Schopenhauer sind es vor allem die Stoiker und Gracian, bei Nietzsche die Christen und die Moralisten, die hier als Anknüpfungspunkte dienen –, dann erscheinen zwar ihre Lebenskunstphilosophien im Endeffekt als individualistisch, doch methodisch sind diese auch auf die Auseinandersetzung mit »anderen« Personen oder Modellen angewiesen, von denen sie sich dann kritisch distanzieren wollen.

Derart individualistische Tendenzen sind nicht die Regel in der Geschichte der Lebenskunst. Hier steht eindeutig die gemeinsame Beratung über die wichtigen Fragen des Lebens im Mittelpunkt. Nun sind Beratung und Therapie nicht gleichzusetzen, wenn auch Therapien Elemente der Beratung und auch Beratungen Momente von therapeutischer Relevanz beinhalten können. Doch in vielerlei Hinsicht lassen sich Differenzen markieren, die sowohl strukturell (Ausbildung, Status der Beteiligten, institutionelle Rahmung etc.) als auch prozessual (Praktiken, Ablauf, Ziele etc.) bestimmt werden können. Dennoch, aus der Sicht der Lebenskunst lassen sich auch für die Therapie Elemente identifizieren, die mit der Praxis der Lebenskunst eng verbunden sind: Wir haben darauf hingewiesen, dass es hier hinsichtlich der Modelle von Muße, Kontemplation und Aufmerksamkeit, der Reflexion von Emotionen, Phantasien und Träumen sowie dem Reden, Schweigen und dem Sich-Verständigen Konvergenzen zwischen den Ansätzen in der Lebenskunst und der Therapeutik gibt.

Gemeinsam ist hier der strukturelle Umstand der Entlastung vom Alltag und das Sich-Einlassen auf Erschütterungen, auf Fragen und Problematiken, denen man nicht ausweichen kann, für die man aber noch keine Antworten gefunden hat. Man könnte mutmaßen, dass mit der physischen Distanz zum gewohnten Alltag – in Lebenskunstberatungen und therapeutischen Settings – auch eine Änderung der psychischen und kognitiven Befindlichkeiten einhergeht. Erst in einer veränderten räumlichen, zeitlichen und sozialen Umgebung ist eine Reflexion (existenzieller) Problematiken möglich. Denn die uns nahe gehenden Probleme und die daraus resultierende Erschütterung lassen eine Bearbeitung im Alltag nicht zu. Man muss den gewohnten Alltag *ver*lassen, um sich auf etwas anderes *ein*lassen zu können. Insofern gleicht die Therapie einem Ritual, genauer einem Übergangsritual (van Gennep), das aus der Ablösung vom Alltag, der Umwandlung im therapeutischen Setting und der Wiederangliederung an den Alltag besteht.

Die Schwierigkeiten des Lebens sind den Patienten buchstäblich – psychisch wie somatisch – zu nahe, als dass sie aufgeklärt und bewältigt werden können. In der Distanz der Therapie geht es darum, diese Aufklärung und Bewältigung vorzunehmen, indem man die vermeintliche Eindeutigkeit und Klarheit des Problems suspendiert, um den Vieldeutigkeiten und dem Nichterklärlichen, ja vielleicht Unerklärbaren, nachzuspüren und deren Bedeutungen und Relevanzen näher zu bestimmen – ohne sich vorab auf ein Schema von richtig und falsch oder gut und schlecht festzulegen. Erst wenn man das Unerklärbare, das Nichtverstehbare zulässt, kann auch Neues und Unerwartetes entstehen. Es geht um das »Auskosten« der Schwierigkeiten, um das kontrollierte Sich-treffen-Lassen vom Unbekannten und Rätselhaften; aber es geht auch um den »Überschuss« an Verstehensmöglichkeiten, d.h. darum, dass das Leben immer mehr an Sinn enthält, als auf den ersten Blick sichtbar ist, um das Ausloten von Möglichkeitsperspektiven, die andere Sinndimensionen entwerfen als diejenigen, die man bislang in den Blick genommen hat.

Insofern steht in einer therapeutischen Lebenskunst zunächst nicht die Problemlösung, sondern die Arbeit an der Erfahrung im Mittelpunkt. An den aktiven Erfahrungen, die der Patient gemacht hat, und an passiven Erfahrungen, die er erlitten hat. Und hierbei geht es wohl vor allem um die Arbeit an den Ungereimtheiten, an den Unbegreiflichkeiten und am Unbewussten; es geht darum, das Nichtwissen und auch das Nicht-wissenkönnen soweit als möglich freizulegen und bewusst zu machen. Aber auch darum, mit Erfahrungen des Erschüttertwerdens und Scheiterns umzugehen, die unausweichlich und auch heute noch »tragisch« sind – nicht umsonst hat Freud immer wieder die antiken Schicksalsmythen bemüht. Es geht darum, sich dem Unbekannten und Rätselhaften, dem Flüchtigen und Vieldeutigen des menschlichen Lebens auszusetzen, ohne dieses vorab durch Kategorisierungen und Einordnungen schon zu erledigen. Oder auch darum, nicht zu schnell Bescheid zu wissen, was im Leben wirklich wichtig ist; es geht um eine Kultivierung der Nachdenklichkeit, die die Spannung zwischen den wahrgenommenen Äußerungen und den sich anschließenden Interpretationen nicht vorschnell auflöst.

## Ästhetische Erfahrung als Spielraum

Diese Intention kann man eine *ästhetische* nennen, weil sie die Beteiligten in eine Aufmerksamkeit verwickelt, die sich vorschnellen Schlüssen versagt. Hierzu heißt es bei Schiller:

> »Zwar lässt die Schnelligkeit, mit welcher gewisse Charaktere von Empfindungen zu Gedanken und zu Entschließungen übergehen, die ästhetische Stimmung, welche sie in dieser Zeit notwendig durchlaufen müssen, kaum oder gar nicht bemerkbar werden. Solche Gemüter können den Zustand der Bestimmungslosigkeit nicht lange ertragen und dringen ungeduldig auf ein Resultat, welches sie im dem Zustand ästhetischer Unbegrenztheit nicht finden« (Schiller, 1984, S. 199, 21. Brief, Anm.).

Ästhetisch wird die Therapie insofern dann, wenn es ihr gelingt, ein Spiel mit Bedeutungen eine Zeit lang aufrechtzuerhalten, um die vorhandenen Deutungsmöglichkeiten soweit als möglich auszuschöpfen: Das könnte man auch als eine Maxime der Lebenskunst festhalten.

Die in der Therapie erfahrene Distanz lässt sich mit mehreren Effekten in Verbindung bringen und wohl zunächst mit der Freiheit. Das therapeutische Setting entlastet und befreit von unmittelbaren Bedürfnisbefriedigungen, von utilitaristischen Überlegungen, von wissenschaftlichen Wahrheitsansprüchen, vom Ernst des Lebens. Gerade darin gleicht es der Kunst. Der Patient, der eine Therapie durchführt, hält sich quasi in einem Schonraum auf, der Konsequenzen vermindernd und verantwortungsentlastend wirkt. In der Therapie besteht die Freiheit, dem Leben verschiedene Bedeutungen zu verleihen. Kann man hier nicht von einem spielerischen Charakter der Therapie sprechen?

Nimmt man den Spielcharakter der Therapie ernst, so ist diese ein Spiel mit Grenzen und Bedeutungen, das sich konkreten realen Lösungen zunächst einmal versagt. In der Distanz der Therapie hat der Patient die Möglichkeit, Bedeutungsverschiebungen der Realität auszuprobieren. Er kann Handlungsoptionen so vollziehen, dass sie nicht wirklich von ihm vollzogen werden. Die damit verbundene Selbstdistanz ermöglicht gleichermaßen die Reflexion wie das Ergriffenwerden durch dieses Durchprobieren. Man kann in der Therapie einen virtuellen Möglichkeitsraum eröffnen, der in seiner Uneigentlichkeit seine ihm eigenen Wirklichkeiten und Wirkungen auf die Beteiligten entfaltet.

Freiheit ist allerdings ein dialektischer Begriff, insofern man die Freiheit *von* und die Freiheit *zu* unterscheiden kann. Die Therapie entfernt zwar den Patienten zunächst von seiner Lebenswelt, aber so, dass er sich ihr im therapeutisch geschaffenen distanzierten Raum der Möglichkeiten wieder umso intensiver widmen kann.

Mit der Distanz ist auch ein unendlicher Raum des Zwischenseins eröffnet. Therapie gelingt, wenn man in ihr aufgeht. Zwar wissen Therapeut und Patient, dass die Therapie einen Anfang und ein Ende hat – und gelegentlich interessieren sie sich auch dafür, dass es mit der Therapie zu einem Ende kommt –, doch wird mit dem Gedanken der Unendlichkeit des Zwischenraums ein wichtiger struktureller Gedanke therapeutischer Lebenskunst deutlich: Die Therapie ist ein Medium, auf das sich beide einlassen müssen, ein liminaler Raum, in dem schonungslos und prinzipiell alle Fragen gestellt werden können. Nicht der Therapeut oder der Patient erscheinen als Subjekte einer therapeutischen Lebenskunst, sondern der Prozess selbst, auf den sich beide einlassen müssen. Die Therapie wird zum Subjekt, das beide Beteiligten so miteinander in Beziehung setzt, dass nicht nur der Patient »bereichert« wird, sondern auch die Realität der Lebensmöglichkeiten als reichere erscheint. Die Therapie ist in einem Zwischenraum zu situieren, der sich einerseits einer strikten Intentionalität der Beteiligten verschließt und ihnen andererseits Verstehens-, Orientierungs-, Handlungs- und

Ausdrucksmöglichkeiten bietet. Die Situation wird geklärt, Zusammenhänge konstruiert, Entwicklungen rekonstruiert und Perspektiven ermittelt.

Doch ist die Therapie nur begrenzt intentional psychologisch instrumentalisierbar, entzieht sie sich doch aufgrund ihrer sozialen Liminalität eindeutigen Lern- und Entwicklungsprozessen. Die Therapie ist durch Unberechenbarkeit, Kontingenz, Offenheit, Ambivalenz und Prozessualität gekennzeichnet; sie ist sowohl ein aktives als auch passives Geschehen; das therapeutische Geschehen ist ein Zwischen, in dem der Therapeut und der Patient miteinander eine Bewegung vollziehen, die die Fragen der Lebenskunst in der Schwebe hält. Auch hierin wird ein ästhetischer Grundzug deutlich:

> »Der fundierende Akt ästhetischer Rationalität ist die Entrückung des Einzelnen aus seiner puren ›Diesheit‹ (haecceitas). Ihr entspricht die Ablenkung der primären Antriebsrichtung unseres Verhaltens zur Welt. In der Brechung, im Aufschub, in der Spaltung des Konkreten in sich selbst konstituiert sich eine mediale Sphäre als mediale Potentialität, die einen Spielraum der unendlichen Ausschöpfung und Erschließung eröffnet. Indem unser Zugang zur Welt eine Unterbrechung erfährt, kann die Sichtbarkeit des Sichtbaren, die Hörbarkeit des Hörbaren, die Sprachlichkeit der Sprache zum Gegenstand einer nie zur Ruhe kommenden Aufmerksamkeit werden« (Stierle, 1997, S. 11f.).

Man kann diesen therapeutisch-ästhetischen Spielraum nutzen, um neue Perspektiven für eine Lebenskunst zu entwickeln. Zwar ist die Therapie in der Gegenwart situiert und geht daher von ihr aus, und sie greift auch auf die Vergangenheit zurück, um die aktuellen Erschütterungen und Problemlagen nachvollziehen zu können, doch geht es ihr zentral um den Entwurf zukünftiger Lebensmöglichkeiten, für die dann eine Wahl getroffen werden kann. Natürlich ist jeder Entwurf von Zukunft, der ja nur unter den Bedingungen der Vergangenheit bzw. Gegenwart stattfinden kann, immer ein riskanter Entwurf. Für die Zukunft gibt es keine Gewähr, schon deshalb, weil man selbst in Zukunft ein anderer geworden ist, der diese (ggf.) anders einschätzen wird als vorgesehen (vgl. Zirfas, 2015b).

*Wahl eines Lebensentwurfs*

Und dennoch braucht es einen solchen Entwurf bzw. ist Lebenssinn nur über einen solchen Entwurf zu haben. Das wird besonders deutlich in Situationen, in denen Menschen die Zukunft fehlt, etwa weil sie so stark durch die Vergangenheit definiert sind, dass sie sich etwas »Anderes« überhaupt nicht vorstellen können – z. B. bei traumatisierten Personen, die Opfer von Folter und Vernichtungssituationen geworden sind. Positiv formuliert – und darauf hat vor allem der Existenzialismus hingewiesen – ist der Mensch das Lebewesen, das Zukunft hat und Zukunft macht. Die eigentliche Existenz des Menschen besteht hier darin, dass er sich, indem er sich auf sich selbst bezieht, zu dem macht, der er ist. Damit ist der Mensch, wie z. B. Sartre sagt, zu Freiheit verurteilt, zu einem »Für-sich-Sein«, das die unveräußerliche Bestimmung seiner selbst bedeutet.

Gehen wir den Gedanken von Sartre (1943) noch ein wenig nach. Die Aufgabe des Menschen (der Therapie, der Lebenskunst) besteht nach Sartre nun darin, sich ständig von der Vergangenheit als dem An-sich zu lösen, um sich so einen Freiraum für die Zukunft zu eröffnen. Zwar ist die Gegenwart durch und durch von der Vergangenheit bestimmt, die Vergangenheit »wohnt«, wie Sartre sagt, in der Gegenwart, und der Mensch »ist« in einem bestimmten Sinn auch seine Vergangenheit, doch gibt es nach Sartre die Möglichkeit, die Vergangenheit zu transzendieren, sie zu verlassen, und zwar in dem Maße, wie es gelingt, sich zu dem, wie sie »war«, wie sie durch das *vorher* geprägt ist, anders in Beziehung zu setzen (ebd., S. 283). Somit ist das Verhältnis des Menschen durch die Vergangenheit in einer Weise festgelegt und vorherbestimmt, und zwar durch die Fakten, die als solche die unantastbare Faktizität des An-sich angenommen haben, und gleichzeitig ist das Verhältnis zur Vergangenheit offen, da das Für-sich-Sein die Möglichkeit bietet, sich zur Faktizität des An-sich in immer neuer Weise verhalten zu können.

Hier wird Sartres Idee der Verantwortung relevant, die er radikal als Verantwortung für sich selbst und die Welt in einem umfassenden Sinne gebraucht (ebd., S. 950). Dass wir verurteilt sind, frei zu sein, bedeutet, dass wir buchstäblich für alles verantwortlich sind, außer für die Verantwortlichkeit selbst (ebd., S. 953); dies bedeutet, dass ich in jedem Augenblick eine Wahl meiner selbst und meiner Welt treffe, eine Wahl, die sowohl meinen Anfang, meine Geburt wie auch mein Ende, meinen Tod umgreift. Wie ich mich also zu meiner Vergangenheit verhalte, wie mein Für-sich das An-sich wählt und welche Bedeutung und Zwecke es ihm beimisst, liegt nicht fest. Determiniert ist nur, dass ich es immer in einer gewissen Weise festlege; die Selbstbestimmung meiner Vergangenheit obliegt meiner Freiheit, meiner Wahl.

> »Diese Wahl ist ja nichts anderes als das *Sein* jeder menschlichen Realität, und es kommt auf dasselbe hinaus, ob ich sage, daß ein bestimmtes partielles Verhalten die ursprüngliche Wahl dieser menschlichen Realität *ist* oder daß sie sie ausdrückt,

denn für die menschliche Realität gibt es keinen Unterschied zwischen existieren und sich wählen« (ebd., S. 981).

In dieser Wahl nun wird die Perspektive der Zukunft entscheidend. So kann Sartre sagen, dass wir nur dann eine Vergangenheit haben, wenn wir auf die Zukunft ausgerichtet sind, denn die Bedeutung meiner Vergangenheit hängt von meiner Zukunftswahl bzw. meinem Entwurf ab:

> »Ich allein nämlich kann in jedem Moment über die *Tragweite* der Vergangenheit entscheiden: nicht indem ich in jedem Fall die Wichtigkeit dieses oder jenes früheren Ereignisses erörtere, erwäge und einschätze, sondern indem ich mich auf meine Ziele hin entwerfe, rette ich die Vergangenheit mit mir und *entscheide* durch das Handeln über ihre Bedeutung« (ebd., S. 860).

Das, was die Vergangenheit – für mich – ist, wird durch mein Verhältnis zur Zukunft festgelegt; die Ordnung und Planung meiner Zukunft konstituiert ineins die chronologische Ordnung meiner Vergangenheit. Damit ist die Vergangenheit immer unentschieden und immer neu zu interpretieren; sie liegt nicht so fest, als dass ich sie nicht im Hinblick auf eine offene Zukunft immer wieder neu zu übernehmen hätte. Nicht der Mensch wird von der Vergangenheit assimiliert, sondern er assimiliert sich die Vergangenheit. Die Vergangenheit ist damit nicht nur die fest geronnene und kondensierte Form des Seins, sondern zugleich der Bauplan für die Spielräume der Zukunft. Die Vergangenheit ist auch der Ort der Wahl, den ich in eine Kontinuität zu mir bringen kann oder den ich benutze, um mich von ihm zu distanzieren, zu bestimmen oder zu messen.

Und um den Gedankengang mit Sartre abzuschließen, sei hier noch ein schwieriges Moment wenigstens genannt, nämlich die Zeitlichkeit des Für-sich, in der das Nichts eine große Rolle spielt. Das Für-sich ist für Sartre zugleich Gegenwart, Vergangenheit und Zukunft; es ist gleichsam nie stillgestellt, immer in Bewegung, sein Sein ist immer schon ein Nicht-mehr-Sein und Noch-nicht-Sein: »Sich voraus, hinter sich zurück: niemals *Sich*. Das ist der eigentliche Sinn der beiden Ekstasen Vergangenheit und Zukunft, und deshalb ist die Welt an sich von Natur aus die Ruhe an sich, die Zeitlosigkeit!« (ebd., S. 274) Das Leben ist gleichsam ein Leben im Übergang, in dem ich ständig von mir selbst getrennt werde. Nur das An-sich hat als volle Positivität nichts von der Zeit an sich; dagegen wird das Für-sich von der Zeit verzeitlicht. Die Zeit des Für-sich ist eine negierende Zeit, die etwas Negatives und damit auch Nichtseinsollendes ausdrückt. Der Mensch leidet nach Sartre unter dem Verzeitlichtwerden, welches das

Subjekt zum temporalen Objekt degradiert, denn der Mensch erlebt und erleidet damit einen lebenslangen Selbstverlust. Das Für-sich-Sein, so die These Sartres, entsteht erst aus der Verneinung des An-sich und aus der Verneinung der Welt; der Mensch erscheint in dieser Perspektive als ein »Wesen der Ferne« (Heidegger, zit.n. ebd., S. 72), das sich in ein distanzierendes Verhältnis zu sich selbst und zur Welt setzt; in diesem Verhältnis erscheint ihm das ihm Begegnende als Vergangenheit. Der Mensch ist nicht nur, was er nicht ist, sondern er ist immer auch derjenige nicht, der er ist. Das Für-sich ist zugleich: »1. nicht das Sein, was es ist; 2. das Sein, was es nicht ist; 3. in der Einheit eines ständigen Verweisens das Sein, was es nicht ist, und nicht das zu sein, was es ist« (ebd., S. 267).

Nach Sartre ist der Mensch also in einem dreifachen Distanzverhältnis aufgespannt – 1. man ist nicht der, der man ist, weil man immer auch ein anderer ist und sich nicht vollständig einholen kann; 2. man ist der, der man nicht ist, weil man immer auch die Möglichkeit hat, sich zu verändern; und 3. bildet man die Einheit eines Nicht-man-selbst-sein-Könnens und eines Mehr-als-selbst-sein-Könnens –, das einerseits die Freiheit des Menschen möglich macht, andererseits aber auch ausgehalten werden muss.

Greift man diese Überlegungen der Existenzphilosophie Sartres für eine therapeutische Lebenskunst auf, dann erscheint die Therapie als Arbeit an den Wirklichkeiten (an sich, Vergangenheit, Gegenwart), um die Möglichkeiten (der Zukunft) freizulegen, zu denen man sich dann »frei« entscheiden kann. Anders formuliert, eine therapeutische Lebenskunst muss die Möglichkeiten erfahrbar machen, muss die Realität der Selbstveränderung und des Selbstverlusts mit den Möglichkeiten des sich immer wieder Annähern- und Gewinnenkönnens in Verbindung bringen. Insofern dient der therapeutische Dialog dem Ziel, Erfahrungen des Bezogenseins und der Distanzierung gleichermaßen in einen neuen Lebensentwurf zu integrieren. Zu dem durch das therapeutische Setting konstituierten Distanzierungs- und Klärungsgewinn muss allerdings eine emotionale Bezugnahme kommen, die die rationalen Gewinne mit affektiven Zielen versieht. Man muss Geschmack und Sinn finden an der anderen Zukunft; man muss sie für wert halten, gelebt zu werden, man muss sich dafür engagieren können. Die Zukunft darf keine bloße »Vorstellung« bleiben, sie muss – mit Schopenhauer gesprochen – auch ein »Wille« werden. Eine Entspannung der Erschütterung ist insofern mit einer Anspannung auf die noch nicht gelebten Lebensperspektiven verknüpft. Hierbei geht es nicht nur um ein Zutrauen in die Bewältigung von Lebensproblematiken (Stichwort: Selbstwirksamkeitserwartungen), sondern auch um ein Zutrauen, wenigstens die einigermaßen richtige Richtung im Hinblick auf ein schönes und glückliches Leben eingeschlagen zu haben.

Man kann diesen Umschlag von der Entspannung in die Anspannung als einen ästhetischen Umschlagpunkt verstehen, als Moment, in dem der Patient von etwas »berührt«, »ergriffen« oder »mitgerissen« wird. Die Klärung der Situation (das »Ansich« im Sinne Sartres) führt zur Erfassung der Möglichkeiten und des Könnens (im Sinne des »Für-sich«). Das wiederum bedeutet für den Therapeuten,

> »in der Therapie daran zu arbeiten, dass das Subjekt Veränderung, Öffnung, die Umsetzung dessen, was *möglich für sie* oder *ihn* ist, *erfahren* [hier: Herv. der Verf.] kann, bedeutet also eine ästhetische Haltung einzunehmen, insofern, als dass wir uns als fähig ansehen, das Eintreten von etwas zu fördern, ohne die Vermessenheit zu besitzen, zu glauben, es auslösen zu können [...]. Das bedeutet, das *Mögliche als Ressource* und die *Wiederermöglichung der dem Subjekt ›eigensten‹ Möglichkeiten* als *Therapieziel* anzuerkennen [...]« (Bernegger, 2015, S. 175).

Es geht also primär um das Erfahrenkönnen von eigenen Möglichkeiten – und dieses Ermöglichen lässt sich verstehen als Steigerung des Wohlbefindens, Verbesserung des Gesundheitszustandes durch Selbsterweiterung, als Stärkung der Handlungsfähigkeit oder auch als Intensivierung des Lebensgenusses und Erweiterung der Bejahungs- und Glücksmöglichkeiten (vgl. ebd., S. 181, 189). Die Therapie als Form der (ästhetisch-therapeutischen) Ermöglichung steht somit im genuinen Dienst der Lebenskunst.

### Beziehungen und Gefühle

Im Laufe unserer Beschäftigung mit der therapeutischen Lebenskunst sind wir immer wieder auf den Sachverhalt gestoßen, dass die Beziehung zwischen dem Patienten und Therapeuten eine besondere Beziehung unter besonderen Voraussetzungen darstellt. So müssen, damit die Therapie gelingen kann, beim Patienten Vertrauen, Offenheit, Übertragung, (eine bestimmte Form der) Hingabe und (unbedingte) Authentizität (*parrhesia* als Mut zur Wahrheit) gegeben sein; und der Therapeut benötigt die Fähigkeiten und Fertigkeiten der gleichschwebenden Aufmerksamkeit (Muße), Empathie und Distanz, Handhabung der Übertragung und Gegenübertragung sowie eine psychotherapeutische Beziehungs- und Deutungskunst.

Wir wollen in diesem Teil vor allem die emotionale Komponente der therapeutischen Beziehung im Kontext der Lebenskunst beleuchten. Dabei lässt sich als Ausgangspunkt festhalten, dass die therapeutische Situation weder einem Modell des pädagogischen Eros (Sokrates, Platon) noch einem Modell der Freundschaft (Epikur, Schmid) oder einem strikten Modell der Selbstsorge (Schopenhauer, Nietzsche) folgt. In dieser Situation kommt hier nicht nur die soziologische Perspektive der Sozialbeziehung als Rollenbeziehung, sondern vor allem die psychologische Perspektive der Sozialbeziehung als Beziehung zwischen ganzen Personen in den Blick – mit dem Fokus auf die emotionale Bindung (die neben der Körperlichkeit, der Stabilität und dem Vertrauen in diesen Beziehungen eine Rolle spielt).

### Strukturmerkmale der therapeutischen Arbeitsbeziehung

Diese professionelle therapeutische Beziehung, die zugleich diffus (ganzer Mensch) und spezifisch ist (Rolle), kann man mit Ulrich Oevermann (1996, S. 115ff.) als »Arbeitsbündnis« bezeichnen. Für dieses Bündnis gibt Oevermann sechs Strukturmerkmale an, die er mit Blick auf das Arzt-Patient-Verhältnis der psychoanalytischen Therapie gewinnt:

1. Den Ausgangspunkt bildet der Leidensdruck des Patienten (s. o. Kapitel »Erschütterung des Selbst«) sowie die Entscheidung des Patienten für eine Therapie. Mit dieser Entscheidung geht nicht nur eine Anerkennung seines Leidens, sondern auch eine Verpflichtung einher, alles zu tun, um einen Heilungsprozess in Gang zu setzen. Zudem willigt der Patient in ein Arbeitsbündnis mit dem Therapeuten ein unter der Maßgabe, es immer beenden zu können. Im Sinne der Wiederherstellung einer beschädigten Integrität oder Autonomie des Patienten muss wiederum der Therapeut warten, bis der Patient freiwillig in seine Praxis kommt, da er sonst dessen Autonomie angreifen würde.
2. Die Grundregel der »freien Assoziation« verpflichtet den Patienten alles zu thematisieren, was ihm »durch den Kopf geht«. Diese Regel entspricht der Repräsentanz der »diffusen Sozialbeziehung« aufgrund der Übertragungsgefühle des Patienten. Aufseiten des Therapeuten heißt das, durch Gegenübertragungsgefühle auf die diffuse Sozialbeziehung der Übertragung so zu antworten, dass man durch szenisches innerliches Verstehen die entsprechenden Gefühle und Empfindungen »nachvollzieht«.
3. Um professionell zu handeln, gilt für den Therapeuten die Abstinenzregel, dass die Gegenübertragungsgefühle nicht ausagiert werden dürfen. Umgekehrt muss sich auch der Patient an Regeln binden, etwa an die zeitliche Befristetheit der Sitzungen, an die ökonomischen Bedingungen oder auch an die soziale Rolle des Patienten.

4. Lässt sich unter dem Blickwinkel einer widersprüchlichen Einheit von spezifischen und diffusen Beziehungsmomenten von einer Symmetrie zwischen Arzt und Patient sprechen, so besteht eine Asymmetrie dahingehend, dass der Patient Hilfe sucht, die der Therapeut anbietet, weil dieser die entsprechenden Kompetenzen aufweist, die Grenzüberschreitung der Beziehungsmomente durch den Patienten souverän handhaben zu können.
5. Hierbei kommt das Verhältnis von Übertragung des Patienten als Reinszenierung von früheren, krankmachenden oder traumatisierenden Konfigurationen in der therapeutischen Beziehung und Gegenübertragung des Therapeuten als szenisches Verstehen der latenten Sinnstrukturen der Interaktionen mit dem Patienten zum Tragen: »Indem der Therapeut seine Gegenübertragungsgefühle souverän zulassen und sie, sich in gleichschwebender Aufmerksamkeit über sie beugend, sich bewußt machen kann, versteht er intuitiv die Sinnkonfigurationen der Traumatisierungsgeschichte des Patienten und die Sinngestalt seiner Krankheit« (ebd., S. 120). Dabei legen sich die unterschiedlichen biografischen Erfahrungen, Lebensgeschichten und Lebensentwürfe des Patienten und Therapeuten durch die Bezugnahme auf allgemeine Strukturen und Aspekte sowie auf individuelle Prozesse und Wertungen wechselseitig aus. Diese Verstrickung in eine therapeutische Hermeneutik, die hier in einem professionellen Rahmen vollzogen wird, ist selbstredend auch für eine Lebenskunst der Beziehung konstitutiv, in der es um das wechselseitige Verstehen des eigenen und des anderen Bewussten und Unbewussten geht.
6. Der Patient ist häufig nicht in der Lage, schon zu Beginn der Therapie die Regeln der freien Assoziation vollkommen zu befolgen; paradoxerweise erscheint die Therapie dann an ihrem Ziel angekommen, wenn der Patient die Grundregel einschränkungslos befolgen kann. Insofern beginnt und vollzieht sich die Therapie mit Blick auf eine kontrafaktische Unterstellung und ist gut beraten, mit der Grundregel sehr flexibel umzugehen. Hierbei sollte man nicht die Implementation feststehender Programme und standardisierter Rezepte verfolgen, sondern vielmehr den »Vollzug einer lebendigen, zukunftsoffenen Beziehung in einem Arbeitsbündnis zwischen ganzen Menschen« (ebd., S. 122) anstreben.

Nun kann man den derzeitigen Diskurs um Anerkennung, Achtung, Respekt und Wertschätzung in den therapeutischen Disziplinen durchaus als einen Folgediskurs verstehen, der die prominente Stelle der Übertragung bzw. Gegenübertragung erweitert hat und der gegenüber den häufig sehr umfassenden Forderungen sowie den kaum planbaren Haltungen – etwa der Liebe oder der Freundschaft – eine professionelle Haltung propagiert, die erlernbar erscheint, ein Interessiertsein und eine Schätzung des Anderen (des Patienten) impliziert und zudem therapeutisch und moralisch gefordert werden kann. Doch auch in den aktuellen Debatten um Anerkennung, Respekt und Empathie finden sich kaum weiter gehende Überlegungen zur Emotionalität – ob als unmittelbares Gefühl, empfindsame Einstellung oder affektive Haltung eines Therapeuten. Dennoch, und diese Gedanken entnehmen wir nicht nur der Tradition des philosophischen Emotionalitäts- und Liebesdiskurses, erscheint es sinnvoll zu sagen, dass jede Form von Therapie auch eine emotionale Grundlage hat, die – wenn man so will – dem Modell der Übertragung und Gegenübertragung vorausliegt; das meint, dass Therapie, wenn sie denn gelingen will, eine positive emotionale Grundhaltung des Therapeuten zu seinem Patienten voraussetzt, aufgrund derer dann die Gegenübertragung entwickelt werden kann.

*Beziehungsregulierung durch Sympathie, Zuneigung und Wohlwollen*

Im Folgenden wollen wir daher drei Emotionalitäten in den Blick nehmen, die man mit der Praxis einer therapeutischen Lebenskunst in Verbindung bringen kann, nämlich das Mitgefühl, das Mitleid und das Wohlwollen. Dabei interessieren uns nicht die systematisch-phänomenalen Unterscheidungen zwischen den Aktualgefühlen, die in spezifischen Situationen auftreten (können) und dann einen bestimmten Verlauf nehmen, und den emotionalen Dispositionen. Sondern wir interessieren uns ausschließlich für die Frage der Dispositionen, genauer für die professionell-therapeutischen Haltungen und Einstellungen von Takt- und Mitgefühlen.

Unter einem Gefühl lässt sich eine latente Haltung verstehen, die folgende Kriterien enthält: eine gewisse Langfristigkeit, eine Bewertungskomponente für Situationen oder Stimuli, eine körperliche Erregungskomponente (z. B. Erröten), einen motorischen Ausdruck (etwa Lächeln), ein intentionales Objekt (man freut sich über etwas), eine erkennbare Ursache (Angst vor der Prüfung), eine begrenzte Rationalisierbarkeit (es fällt gelegentlich schwer, die Angemessenheit der Disposition plausibel zu klären), die biografische Bedeutsamkeit sowie die Kultivierbarkeit (vgl. Engelen, 2007, S. 7ff.).

Gefühle helfen in Situationen schnell, intuitiv zu entscheiden, weil sie erfassen, was dringlich und wichtig ist, was beachtet werden muss und wie es bewertet werden sollte; und sie führen daher sehr schnell zu einem situationsadäquaten Verhalten.

»Durch Emotionen und Gefühle erfahren wir, was für uns wichtig ist oder was wünschenswert für uns ist. Wir denken nicht nur, dass etwas wichtig ist, weil es ein tradierter Wert ist, nach dem sich bisher viele erfolgreich gerichtet haben, sondern erfahren es, wenn wir affektiv darauf bezogen sind, als für uns bedeutsam« (ebd., S. 94).

Insofern sind Gefühle gute Indikatoren für (implizite) Einschätzungen und Bewertungen von therapeutischen Situationen und werden daher schon verstärkt als Reflexionsmedium zur Verbesserung der therapeutischen Praxis eingesetzt.

Im Spektrum der positiven Gefühle, die sich auf eine andere Person richten, kann man – neben der Liebe und der Freundschaft, die hier nicht zur Sprache kommen sollen – die Gefühle der Sympathie, des Wohlwollens und der Zuneigung unterscheiden (vgl. Demmerling & Landweer, 2007, S. 140ff.). *Sympathie* wird im alltagssprachlichen Gebrauch oftmals in Kontexten kurzfristiger oder funktionaler Bekanntschaften gebraucht, in denen man jemand »sympathisch« findet, sodass man mit dieser Bekanntschaft eine gewisse Zuneigung und positive Erwartungen verknüpft. In dem Sinne, dass man sich zu Menschen hingezogen fühlt und gerne ihre Gegenwart sucht und zudem bereit ist, mit ihnen Freuden und Leiden zu teilen, fordert auch eine therapeutische Lebenskunst eine sympathische Grundierung. Denn mit der Sympathie ist nicht nur ein gutes Gefühl für den Anderen verbunden, sondern auch ein Gefühl des Vertrauens in ihn. Wenn sich auch Vertrauen als ein eigenes Gefühl verstehen lässt, so ist doch Sympathie ohne Vertrauen kaum zu denken. Sympathie kann sich im Laufe der Zeit im Zuge positiver Erfahrungen und intensiverer Bekanntschaft »verdichten«, sodass man jemanden »immer sympathischer« findet. Sollte also nicht, wer therapeutisch taktvoll mit seinem Gegenüber umgeht, den Anderen spüren lassen, dass man ihn sympathisch findet, dass man ihm vertraut und gerne in seiner Gegenwart ist?

Problematischer für eine Theorie der therapeutischen Lebenskunst ist die *Zuneigung*. Das wird schon an dem einfachen Satz deutlich, dass ein Therapeut zu einer Patientin »Zuneigung« empfindet oder dass er sich zu ihr »hingezogen fühlt«. Man braucht bei diesem Satz nicht direkt an sexuellen Missbrauch oder an den »Klassiker« der therapeutischen Verführung zu denken; und dennoch stellt sich die Frage, ob wir es hier mit einer professionell emotionalen Haltung zu tun haben. Was auch immer dieser Satz letztlich empirisch meint – und hier können die Differenzen mit je unterschiedlichen Nuancen und Konnotationen vom bloßen »Mögen« bis hin zum leidenschaftlichen »Verfallensein« reichen –, so scheint doch diese Haltung für die therapeutische Praxis zu »weit zu gehen«.

Schon deshalb, weil Zuneigung – anders als Sympathie – eine Haltung impliziert, die Menschen aus der »Masse« der sympathischen Individuen hervorhebt und sie zu besonders »nahen« Menschen macht. Die Zuneigung richtet sich stärker auf die Besonderheiten einer Person und ist daher exklusiver als die Sympathie. Zuneigung tendiert zur Bevorzugung und konterkariert insofern eine Haltung des Therapeuten, die allen Patienten gerecht werden soll.

Während Sympathie und Zuneigung einen eindeutig emotionalen Charakter haben, ist das *Wohlwollen* in erster Linie eine Haltung, die dem Gegenüber nicht nur Gutes wünscht, sondern dieses auch für ihn zu verwirklichen sucht. Da aber mit dieser Disposition des Wohlwollendseins entsprechende Gefühle verbunden sind, wird hierbei im geisteswissenschaftlichen und auch im alltäglichen Sprachgebrauch in der Regel kein Unterschied gemacht. Man kann das Gefühl des Wohlwollens sozusagen zwischen Sympathie und Zuneigung verorten, und zwar insofern, als Sympathie weniger und Zuneigung mehr Bekanntschaft mit dem Gegenüber voraussetzt. Wohlwollen will dem Anderen etwas Gutes, das dieser nicht von sich selbst aus erreichen kann.

Man ahnt, warum Wohlwollen einerseits einem therapeutischen Gestus nahesteht und andererseits oftmals in den Verdacht des Paternalismus gerät. Denn mit dem Wohlwollen ist eine Asymmetrie bzw. Hierarchie verbunden, wie sie bei Vorgesetzten und Mitarbeitern, Älteren und Jüngeren oder auch Therapeuten und Patienten charakteristisch ist. Auch unabhängig davon, dass es noch keine Theorie der therapeutischen Wohltaten gibt, lässt sich doch *grosso modo* davon sprechen, dass Psychotherapien Veranstaltungen sind, in denen es auch um das Wohl der Patienten bzw. darum geht, diese mit dem »Guten« menschlichen Lebens bekannt zu machen. Professionell therapeutisch erscheint das Wohlwollen dann, wenn es sich nicht zu paternalistisch, zu überheblich und zu anmaßend oder auch zu stark vom Mitleid geprägt zeigt.

Zusammenfassend: Sympathie bezeichnet

> »eher ein unpersönliches Mitschwingen, ein Gefühl der Vertrauenswürdigkeit des Gegenübers, Wohlwollen ist auf das für den anderen Gute gerichtet und Zuneigung kommt dem anderen in noch deutlicherer Weise näher, kurz: ist ihm stärker ›zugeneigt‹ und mit ihm verbunden, verdichtet sich stärker in seiner Person« (Demmerling & Landweer, 2007, S. 143.).

Insofern signalisiert die Reihe »Sympathie«, »Wohlwollen« und »Zuneigung« eine zunehmende Personalisierung der positiven Gefühle, die immer intensiver mit Bekanntheit und Vertrauen aufgeladen werden. Auf die therapeutische Praxis fokussiert erscheint das Gefühl der Sympathie als ein »unpersönliches Mitschwingen« auf die Dauer zu schwach und die Zuneigung auf jeden Fall zu stark zu sein. Das Wohlwollen entspricht wohl einer therapeutischen Lebenskunst am ehesten, wenn es auch nicht mehr die Intensität, Exklusivität und Emphase des Modells des antiken Eros zu vermitteln in der Lage ist.

Ohne die aus der ethischen Haltung des Wohlwollens resultierenden therapeutischen und allgemeinen karitativen Handlungen schmälern zu wollen, lassen sich gegen Wohlwollen als exklusives emotionales Prinzip der Therapeutik kritische Einwände erheben. Denn das Wohlwollen selbst kann wiederum mit einer Fülle von Motiven und Intentionen in Verbindung stehen, die man unter therapeutischen Gesichtspunkten zumindest diskutieren kann: Ein Wohlwollen aus Eitelkeit und Berechnung ist hier ebenso möglich wie Wohlwollen im Hinblick auf utilitaristische und ökonomische Instrumentalisierung. Zudem gilt auch hier, dass die emotionale Basis des Wohlwollens keine Auskunft über ihre Realisierung gibt; auch mit Wohlwollen lassen sich u. U. Maßnahmen des Zwangs und der Gewalt legitimieren.

Wird Wohlwollen schlicht vorausgesetzt, so lässt diese Positivierung die Frage nach der möglichen und notwendigen Reichweite dieser Affekte ebenso offen wie die Frage, ob die Therapeutik sich auf diesem ggf. schwankenden Boden einer Gefühlshaltung begründen kann. Zudem wird das Wohlwollen an dem Punkt moralisch kritisch, wo es sich als Paternalismus versteht. Unter Paternalismus wird – im Gegensatz zum *informt consent* – in therapeutischen Entscheidungen dann gesprochen, wenn der Betroffene nicht aufgeklärt wird bzw. werden kann. Der Paternalismus steht, »gleichgültig wie wohlwollend, behutsam, unvoreingenommen und rational« er auch immer sein mag, in der Gefahr, die ihm anvertrauten Menschen als »Niemals-, Noch-Nicht- oder Nicht-Mehr-Personen« (Brumlik, 1992, S. 82ff., 185ff.) zu behandeln. Der Paternalismus kann ineins die Bedingungen der Freiheit gewähren und dem Einzelnen seine Selbstbestimmung vorenthalten, weil er ihm die Anerkennung der Autonomie versagt.

Etwas anders gelagert ist die Frage, ob eine therapeutische Lebenskunst auch eine Haltung des Mitfühlens, des Mitleidens, der Empathie oder auch Sympathie – im Sinne des Nachvollziehens der Wünsche und Bedürfnisse anderer – impliziert. Begreift man diese Mitgefühle als Fähigkeiten des Perspektivenwechsels, die sich oftmals mit wohlwollenden Haltungen und Verhaltensweisen verknüpfen, so scheinen sie für Therapeutik anschlussfähig zu sein. Auf der anderen Seite kann der Therapeut durchaus die Motive und Absichten des pädagogischen Gegenübers verstehen, ohne zugleich mit ihm mitfühlen zu müssen, und er kann zudem auch eine unterstützende und hilfsbereite Haltung an den Tag legen.

## Das Für und Wider des Mitleids in der Therapie

Gehen wir im Zusammenhang mit diesen Fragen nunmehr dem *Mitleid* nach. Ausgangspunkt einer Haltung des Mitleidens ist die empirische Tatsache, dass sich Menschen etwas aus dem Leiden anderer machen; und sie machen sich deshalb etwas aus den Leiden anderer, so Hume, weil sie von ihren eigenen Leiden betroffen sind und das »Sich-um-andere-Leiden-Kümmern« nur eine Erweiterung des »Sich-um-seine-eigenen-Leiden-Kümmern[s]« darstellt (vgl. Hume, 1751/77, S. 140). Hier scheint der Fall vorzuliegen, dass ein subjektives Prinzip (Leiden) Intersubjektivität »herstellt«, was Schopenhauer dazu veranlasste, diesen Vorgang als »mysteriös« zu bezeichnen. Mitleiden erfordert mithin die Anerkennung einer gemeinsamen Leidensfähigkeit und zielt auf Akte des solidarischen Handelns im Gegensatz zum bloßen Nachempfinden, das auf eine Entpersönlichung von Leidenstatbeständen abhebt.

Mitleiden hat zudem mehrere Voraussetzungen: Es sollte anschaulich und deutlich erkennbar sein; es sollte nicht oberflächlich, sondern ernst sein; es sollte nicht absichtlich verursacht worden sein; es sollte unverdient sein; es sollte nachvollziehbar sein; es sollte sich auf alle Leidenden beziehen; und es muss sozialisiert und kultiviert worden sein.

Als radikaler Analytiker und Kritiker des Mitleidens gilt Friedrich Nietzsche. Er geht von der These aus, dass das Mitleid sich nicht nur aus der Quelle des wohlwollenden Helfens – wobei es nach Nietzsche das eigene Leid (als Mitleid), das Leid des Wohlwollenden, ist, wovon er sich zu befreien versucht –, sondern auch aus dem der Lust speist.

> »Lust entsteht beim Anblick eines Gegensatzes unsrer Lage, bei der Vorstellung, helfen zu können, wenn wir nur wollten, bei dem Gedanken an Lob und Erkenntlichkeit, im Falle wir hälfen, bei der Tätigkeit der Hilfe selber, insofern der Akt gelingt und als etwas schrittweise Gelingendes dem Ausführenden an sich Ergötzen macht, namentlich aber in der Empfindung, daß unsre Handlung einer empörenden Ungerechtigkeit ein Ziel setzt (schon das Auslassen seiner Empörung erquickt)« (Nietzsche, 1881, S. 126).

Für Nietzsche ist das Mitleid wesentlich egoistischer »Selbstgenuss« als Lust der Emotion und der Befriedigung in der Ausübung der Macht; Mitleid ist Selbsterniedrigung, die auf Selbsterhöhung zielt. Insofern kann sie bedeuten, jemanden nicht ernst zu nehmen, ihn nicht als gleichwertig zu verstehen und ihn letztlich zu verachten (vgl. Demmerling & Landweer, 2007, S. 176).

Dieser Kritik am Mitleid eingedenk, lassen sich Nachfühlen Mitfühlen und Mitleiden phänomenologisch ausdifferenzieren: Während im Nachfühlen die Gefühle anderer nur wahrgenommen werden, bedeutet Mitfühlen das Betroffensein durch die Gefühle anderer (und das können durchaus auch Glücksgefühle sein), während das Mitleiden eine spezifische Reaktion, nämlich die auf das Leiden der anderen darstellt.

Interessant ist hier der von Käte Hamburger (1996, S. 106ff.) vermerkte Umstand, dass auch Mitgefühle und/resp. das Mitleid eine Distanzstruktur voraussetzen. Diese These irritiert zunächst, da Mitgefühle in der Diskussion immer mit einer gewissen Nähe in Verbindung gebracht werden; die Reichweite des Mitleids nimmt, so die gängige Argumentation, mit der Entfernung ab, und Mitleiden bezieht sich somit auf unmittelbar anwesende Personen oder auf Personen, die dem Mitleidenden in symbolischer Hinsicht verbunden sind oder nahestehen. Hamburger verweist darauf, dass Mitleiden eine gewisse Nähe voraussetzt, bei zu großer Nähe aber zur Verhinderung von Mitleid führt. Denn dann leidet man nicht mit, sondern empfindet eigenes Leid. Man leidet an den eigenen Sorgen um den Anderen: »Ich leide nicht wie er oder als er selbst, sondern trage um sein Leid ›Kummer und Sorge‹. Wobei eben Kummer und Sorge, aber nicht sein Leid, mein Leid ist« (ebd., S. 105).

Hamburgers Argumentation lässt sich so verstehen, dass bei einer zu großen Nähe zum Anderen eine unmittelbare Betroffenheit statthat, die dazu führt, dass man sich mit der nahestehenden Person so vollumfänglich identifiziert, dass ihr Leiden Auslöser für das eigene Leiden ist. Dieses Leiden könnte man »Näheleiden« nennen. Im Mitleiden ist dagegen nach Hamburger die Beziehung zum Anderen weniger persönlich; und dieser Andere kommt nicht als ganze Person, sondern »nur« in seinem Leiden in den Blick. Mitleid ist insofern unpersönlicher als »Näheleiden«; kurz und holzschnittartig formuliert: Im Mitleid reagiert man mit Gefühlen auf Gefühle und im »Näheleid« mit Gefühlen auf Personen.

> »Teile ich ein Gefühl mit jemandem, bin ich in derselben Weise wie er auf die betreffende Situation bezogen. Habe ich mit jemandem Mitgefühl, bin ich hingegen auf sein Gefühl oder seine Gefühle bezogen. Mitgefühle haben, heißt gerade nicht, in derselben Weise wie andere auf die betreffende Situation bezogen zu sein« (Demmerling & Landweer, 2007, S. 185).

Auch für eine therapeutische Lebenskunst scheint dieses distanzierte Mitfühlen bzw. Mitfühlenkönnen bedeutsam zu sein. Mitgefühl (Mitleid und Sympathie) ist eine Haltung der Fürsorglichkeit für den Anderen; und die therapeutische Haltung lässt sich in diesem Sinne als eine Gefühlsdisposition beschreiben, die emotional empfänglich ist für die Gefühle des Patienten, die mithin sich von anderen »anrühren« lassen kann, ohne in der Veränderung der eigenen Gefühlswelt »aufzugehen«. Es muss hierbei nicht besonders interessieren, wie dieses Mitgefühl zustande kommt – ob durch die gedankliche Übertragung im Sinne eines Analogieschlusses, ob durch das Sich-mit-dem-Anderen-Identifizieren im Sinne eines Sichhineinversetzens, ob durch theoretische Verallgemeinerungen von Erfahrungen mit anderen oder durch eine atmosphärische Ansteckung im Sinne eines Resonanzgeschehens –, weil für das Modell der therapeutischen Lebenskunst zwei andere Momente wichtiger erscheinen: dass mit dem Mitgefühl eine Differenz zu den Gefühlen des Anderen einhergeht und dass mit dem Mitgefühl auch eine Reflexion auf das eigene Gefühl verbunden sein sollte. Gerade weil das Mitgefühl ein sekundäres Gefühl ist, steht es im Verdacht der Inszenierung und Falschheit. Und man kann sich fragen, ob sich Mitgefühle im Sinne eines mimetischen Nachvollziehens der Gefühle des Anderen, eines authentischen leiblichen Betroffenseins und den entsprechenden pädagogischen Gesten, die adäquat auf die Gefühle von Patienten zugeschnitten sind, therapeutisch professionalisieren lassen.

Auch die sogenannten »stellvertretenden Gefühle« bieten für eine Theorie der therapeutischen Praxis wichtige Aufschlüsse (vgl. Demmerling & Landweer, 2007, S. 188ff.). Hiermit sollen im Folgenden Gefühle gemeint sein, die Therapeuten haben, ohne dass man voraussetzen kann, dass auch die Patienten entsprechende Gefühle hätten. Zwei Fälle sind hier denkbar: Man unterstellt den Patienten spezifische Gefühle, ohne dass diese vorhanden sind, und bildet dann als Therapeut ein stellvertretendes Gefühl aus. Oder aber der Therapeut geht von vorneherein davon aus, dass die Patienten keine Gefühle haben (aber haben sollten) und entwickelt für sie die adäquaten Gefühle. Während der erste Fall nahe am Mitgefühl verortet werden kann, allerdings an einem getäuschten Mitgefühl, hat der zweite Fall mit den Konventionen oder der Erwartungshaltung von Gefühlen zu tun. Man sollte sich in einer bestimmten Situation etwa schämen – tut es aber nicht; das stellvertretende Mittel wäre hier das Fremdschämen; oder man sollte sich in einer bestimmten Situation freuen – tut es aber nicht; dann kann man sich »für den Anderen freuen«. Stellvertretende Gefühle treten mithin dann auf, wenn man aufgrund bestimmter Indizien davon ausgehen kann, dass jemand bestimmte Gefühle hat (ohne sie tatsächlich zu haben), wenn man üblicherweise davon ausgehen kann, dass bestimmte Gefühle die Regel sind, und wenn man glaubt, bestimmte Gefühle seien in einer Situation angemessen.

Die kurze Darstellung der stellvertretenden Gefühle macht noch einmal auf einen Punkt aufmerksam, der für die therapeutische Praxis nicht unwesentlich ist, nämlich auf den der Angemessenheit eines Gefühls. Diese Angemessenheit ist sehr stark von den Konventionen, Regeln und Ethiken abhängig; und diese wiederum differieren mit institutionellen Rahmenbedingungen, habituellen Prägungen, biografischen Erfahrungen und situativen Erfordernissen. Die emotionale Angemessenheit wird mithin sehr stark durch kulturelle, soziale, medizinische und pädagogische Standards bestimmt. Das aber bedeutet auch, dass Therapeutik in hohem Maße auf emotionale und kulturelle Rahmenbedingungen angewiesen ist, über die sie nur bedingt verfügt und die sie oftmals nur mit hohem Aufwand verändern kann. Hierbei ist auch an ein emotionales »Betriebsklima« im therapeutischen Setting oder an die therapeutische »Arbeitsatmosphäre« zu denken.

Anders formuliert: Eine therapeutische Lebenskunst umfasst ein Emotionsvokabular, das Gefühle benennen, beschreiben und reflexiv handhabbar machen kann, ein Emotionswissen, das sich auf den angemessenen Umgang mit eigenen und fremden Gefühlen bezieht, und Emotionsvalenzen, die sich auf die Einschätzung und Bewertung von Gefühlen beziehen (vgl. Stets & Turner, 2007, S. 32f.). Therapeutische Professionalität besteht auch darin, Gefühle und Stimmungen richtig wahrzunehmen, sie adäquat zu deuten und zu bewerten und angemessen auf sie zu reagieren. Und sie umfasst auch die Fähigkeit, die Patienten taktvoll kränken zu können. Doch erst nach einer gewissen Zeit der Übung und der Reflexion entwickelt sich ein emotionaler Sinn des therapeutischen Takts. Dieser kann dann als »Beziehungsregulator« (Gödde, 2012) dienen, weil er einen emotionalen Habitus der Deutungs- und Beziehungskunst herausgebildet hat, der mit emotionalen Übertragungen der Patienten auf den Therapeuten und mit den Gegenübertragungen der Therapeuten auf die Patienten umzugehen weiß.

### Widersprüchlichkeit der Existenz und der Professionalität

Im Rahmen unserer Beschäftigung mit der therapeutischen Lebenskunst sind wir immer wieder auf den Sachverhalt gestoßen, das es in ihr um den Umgang mit Widersprüchen, Polaritäten, Dilemmata, Antinomien etc. geht. Explizit finden wir bei Mentzos etwa den Grundkonflikt zwischen Selbst- und Objektbezogensein, die er in die folgenden Richtungen ausdifferenziert hat: autistischer Rückzug versus Fusion mit dem Objekt, autonome Selbstwertigkeit versus vom Objekt abhängige Selbstwertigkeit oder auch Separation und Individuation versus Bindung und Abhängigkeit. Oder, um auch daran zu erinnern: Bei Yalom werden die Polaritäten Leben versus Tod, Freiheit versus Unfreiheit, In-Beziehung-Sein versus Vereinsamung und Sinn versus Sinnlosigkeit festgehalten. Und nicht zuletzt hat Freud selbst durch seine metapsychologische Dichotomie von Eros und Thanatos einem Verständnis der therapeutischen Lebenskunst Vorschub geleistet, das den Umgang mit den Grundpolaritäten des Lebens in den Mittelpunkt rückt. Diese Polaritäten sind im Hinterkopf zu behalten, wenn wir in diesem Teil versuchen, ihre Bedeutungen und Systematisierungen etwas genauer zu fassen.

Man kann diese psychodynamischen Polaritätsmodelle mit einem abendländischen Denken in Verbindung bringen, das seine ganze Metaphysik letztlich auf solchen Polaritäten aufbaut (Sein versus Werden, Geist versus Körper, Mann versus Frau, Natur versus Kultur etc.), wobei in der Tradition der Lebenskunst wohl die Dichotomie von Körperlichkeit (Emotionalität) und Verstand (Rationalität) über die Jahrhunderte hinweg die bestimmende Debatte bildete; konkret ging es dabei um die Beherrschung der Leidenschaften, um die Aufklärung des vermeintlichen Wissens und der Todesangst oder um die Pflicht, ein gutes Leben – trotz gegenteiliger Neigungen – zu führen. Auch die oben skizzierte (aristotelische) Mesoteslehre verweist ja im Kern auf die Polarität Zuwenig oder Zuviel; und angemessene Haltungen und Handlungen zeichnen sich dadurch aus, dass sie diese Polarität zu einem gewissen Ausgleich bringen.

*Die existenzielle Dimension des Tragischen*

Sehen wir uns nun die Frage der Widersprüchlichkeiten des menschlichen Lebens genauer an, so erkennen wir Differenzen in der Art und Weise der Widersprüche und auch in den Möglichkeiten, diese »aufzulösen« bzw. diese zu »bearbeiten«. Ein für Jahrhunderte zentraler Begriff ist in diesem Kontext die »Tragik«. Dabei ist die Tragik bzw. das Tragische (die Tragödie) lange Zeit nicht nur als ästhetisch-ethischer Grundbegriff, sondern auch als eine anthropologische Bestimmung gehandhabt worden, die einen unausweichlichen Konflikt zwischen Werten oder Gewalten betraf, in dem die beteiligten Personen sich notwendigerweise mit Leiden, Schuld und Vernichtung konfrontiert sahen – ohne dass in der Konfrontation der Konflikt selbst gelöst worden wäre. Literarische Beispiele für diesen Zusammenhang finden wir in den antiken Tragödien (z. B. im Ödipusmythos), aber auch in der modernen Literatur (z. B. bei Kafka). Die Tragik kennzeichnet den vergeblichen, in gewisser Weise sinnlosen Kampf gegen das Verhängnis und die Verhältnisse. Denn der tragische Konflikt ist der schicksalsbedingte, unausweichliche und unlösbare Kampf zwischen zwei gleichberechtigten Repräsentanten, der nichtsdestotrotz mit dem Untergang des Helden enden muss. Doch umgekehrt gilt auch, dass die Tragik notwendig, ja sinnvoll ist, denn die Konfrontation mit der Unerbittlichkeit des Geschehens entspringt nicht kontingenten Ursachen, sondern religiösen, kosmologischen, ethischen, anthropologischen etc. Notwendigkeiten.

Das antike Schicksal ist immer das grausame, feindliche, düstere und drohende »Gegenüber« des Menschen; es wird verhängt wie ein Strafrecht, wird zum »Schuldzusammenhang des Lebendigen« (Benjamin). In der Antike haben die »Menge« und die Götter kein Schicksal, d.h., dass nicht jeder Mensch Tragik erfahren kann, bildeten doch eine spezifische Haltung und ein spezifischer Charakter des Betroffenen die Voraussetzungen für einen tragischen Konflikt.

Zu Beginn des 20. Jahrhunderts scheint die Tragik allerdings aus dem modernen Leben verschwunden zu sein. So schreibt Gottfried Benn 1930:

> »Es gibt kein Schicksal mehr, die Parzen sind als Direktricen bei einer Lebensversicherung untergekommen, im Acheron legt man eine Aalzucht an, die antike Vorstellung von dem Furchtbaren des Menschen wird bei der Hygieneausstellung stehend unter allgemeiner Teilnahme, während die deutschen Ströme in verschiedenfarbigen Gewändern vorüberziehen, in großer Ergriffenheit auf ihren Normalgehalt zurückgeführt« (Benn, zit.n. Safranski, 2007, S. 341).

Demgegenüber soll hier – unter anderem mit Freud – daran festgehalten werden, dass auch die Moderne nicht ohne Tragik ist. Gelegentlich teilt auch das moderne Risiko die Härten des antiken Schicksals, wenn auch die Schuldzusammenhänge und die Adressaten andere sind. Sollte dieser Befund zutreffen, so würde die »alte« Funktion der Tragik, über die letzten Daseinsfragen der Menschheit Aufschluss zu vermitteln, noch einmal neu akzentuiert. Zwar lässt sich mit dem Anspruch auf universelle Plausibilität oder Begründbarkeit kaum mehr sagen, wie Charakter und Schicksal zusammenhängen oder wie Freiheit und Notwendigkeit miteinander verkettet sind, doch bleibt auch in der Moderne die Funktion der Tragik, Möglichkeiten von Grenzbestimmungen des Menschlichen auszuloten, erhalten. Allerdings »demokratisiert« sich sozusagen die Tragik, da sie aus dem Bereich des Heroischen ins profane Fach des Alltags wechselt. Daher ist auch aus der Moderne die Tragik nicht wegzudenken, wenn sie auch ihren Ort gewechselt hat, ist sie doch buchstäblich überall anzutreffen – in den Katastrophen, die die Menschen durch Naturgewalten und Unfälle erfahren, in den Schicksalsschlägen, die Krankheiten und Familien heimsuchen, und in den Traumata, die die Menschen durch Gewalterfahrungen erleiden. Es gibt Konflikte, die nicht auflösbar sind, in denen, wenn man so will, auch die Lebenskunst versagt, weil jede Haltung und Entscheidung unkalkulierbare Opfer mit sich bringt.

Während allerdings das Schicksal in der Antike die Sehenden wie Blinden führt – bzw. auch zu Blinden macht, siehe den *Ödipus* von Sophokles – und oftmals nur die Blinden selbst diejenigen sind, die das Schicksal richtig sehen – weil sie es verstehen –, sind in der Moderne die sehenden Blinden selbst zu Subjekten des Schicksals geworden – allerdings oftmals ohne es zu verstehen. Denn das Schicksal in der Moderne kommt nicht bloß zum Menschen, sondern auch von ihm. Auch wenn die Menschen in der Moderne oftmals in gebührender Selbstüberschätzung davon ausgehen, dass die Tragik nicht in der Natur oder der Welt, sondern nur in ihrer Konstruktion und Zuschreibung zu finden ist, wird die Sache nicht einfacher, erscheinen die Individuen doch gleichermaßen als Subjekte und Objekte des Tragischen.

Indem das Subjekt der Neuzeit Gott als Schicksalsdenker und -lenker abgelöst hat, wurde das Schicksal von ihm selbst abhängig; damit ging eine vermeintliche Depotenzierung des Schicksals zum Zufall einher, denn so könnte man sagen, man glaubt in der Moderne in vielen Fällen nicht mehr an ein (objektives) Schicksal, sondern, wenn überhaupt, an den Unfall, den Unglücksfall oder das Pech. Doch dies ist ein Irrtum: »Resultat der modernen Entmächtigung ist nicht nur der offizielle Triumph der menschlichen Freiheit, sondern auch die inoffizielle Wiederkehr des Schicksals« (Marquard, 1973, S. 75).

So wird der moderne Mensch selbst mehr und mehr zum »Täter der Teleologisierung des Unglücks«, er wird Täter und Opfer des Glücks und des Unglücks und hofft doch – wie im Märchen – darauf, dass er vom Schicksal und von seinem eigenen Handeln nicht im Stich gelassen wird (Zirfas, 1993, S. 144ff.). Man könnte auch die Renaissance der Lebenskunstphilosophien als Versuch verstehen, den anthropologischen Grundkonflikten und dem Tragischen eine irgendwie geartete Form zu geben, und noch weiter gehender: sie nicht nur als tragische Polaritäten, sondern als chanceneröffnende Optionen zu begreifen. Das ist – wie gesagt – nur bedingt möglich. Kalkulationen von Risiken, Reflexionen von Bedingungen und Möglichkeiten eines glücklichen Lebens sind – und auch diese Einsicht gehört mittlerweile zum Erfahrungs- und Reflexionsbestand der Moderne – nur unzureichende Versuche, mit der prinzipiellen Tragik und den prinzipiellen Grundkonflikten umzugehen. Dazu gehören auch die nicht hintergehbaren existenziellen Grunderfahrungen. Denn dem sich an der Lebenskunst orientierenden Menschen sind in Ausführung seiner Intention deutliche und unabänderliche Grenzen gesetzt: seien es genetische, habituelle, intentionale, soziale, kulturelle etc., und letztlich auch erkenntnistheoretische Grenzen: Denn ob ein Leben gelungen ist, lässt sich – darauf hat schon Montaigne hingewiesen – nur nach dem Tod beurteilen.

Dennoch – und da kann man zuweilen von der Vermessenheit einer philosophischen Lebenskunst sprechen, die durch eine therapeutische durchaus korrigiert werden kann – gibt es, etwas pauschal gesprochen, diesen Trend zur Machbarkeit, Steuerbarkeit, Technologisierung und zum Management und *Enhancement*. Alle Widerfahrnisse und Konfliktkonstellationen sind in diesem Blickwinkel letztlich nichts anderes als Optionen, die ergriffen werden; wobei ausgeblendet wird, dass die modernen Individuen hier oftmals weniger »Täter« denn »Opfer« sind.

Hierbei können nun zwei Optionsbegriffe unterschieden werden, nämlich Option als subjektive Kompetenz oder eigenes Können und Option als objektives Widerfahrnis oder fremdes Unverfügbares; zudem wäre auch noch ein dritter Optionsbegriff zu bedenken, der die Möglichkeiten von Unmöglichkeiten in den Blick nimmt.

## Umgang mit Kontingenz und Zufall

Ausgehend von Nietzsche lässt sich der Gedanke festhalten, dass die moderne Lebenskunst tendenziell den Versuch unternimmt, die objektiven Widerfahrnisse und die unmöglichen Möglichkeiten zu Möglichkeiten von subjektiven Intentionen zu machen. Hier zeigt sich prägnant das moderne Bedürfnis, Autor seines eigenen Lebens zu sein, zum Verwirklicher seiner selbst zu werden – ein Bedürfnis, das die inneren und äußeren Unveränderlichkeiten zu wenig in den Blick nimmt. Nietzsche hatte in diesem Zusammenhang vorgeschlagen, die Kontingenz und den Zufall anzuerkennen und wertzuschätzen, d. h., in der Kontingenz die Notwendigkeit und in der Notwendigkeit die Kontingenz zu bejahen. Man kann bezweifeln, dass diese Perspektive zu einer Maxime der therapeutischen Lebenskunst werden kann. Das würde im Kern auch auf die Bereitschaft hinauslaufen, Krankheiten und Leiden zu bejahen. Dagegen lässt sich festhalten:

> »Ein Individuum hat seine oder ihre Kontingenz in sein oder ihr Geschick verwandelt, wenn diese Person zu der Überzeugung gekommen ist, das *Beste* aus seinen oder ihren praktisch unendlichen Möglichkeiten gemacht zu haben. Eine Gesellschaft hat ihre Kontingenz in ihr Geschick verwandelt, wenn die Angehörigen dieser Gesellschaft zu der Überzeugung kommen, dass sie an keinem anderen Ort und zu

keiner anderen Zeit lieber leben würden als hier und jetzt« (Heller, zit.n. Bauman, 1996, S. 285).

Nietzsche war es allerdings auch, der auf die Kunst als denjenigen Bereich menschlichen Lebens hingewiesen hat, der den Umgang mit der Tragik und den Widersprüchen am besten einüben kann: Hier können wir große Kontingenzen *en miniature* bewältigen, kleine Unbestimmtheiten in große oder auch reale in artifizielle überführen und durchspielen; in der und durch die Kunst kann man lernen, sich inszenierten Ernstfällen auszusetzen und existenzielle Tragik zu ertragen. Dass sich, wie Nietzsche postuliert, das Leben letztlich nur ästhetisch rechtfertigen lässt, heißt auch, dass es sich gegenüber anderen Perspektiven nicht rechtfertigen muss und insofern einem individuellen Projekt verpflichtet bleiben kann. In der Kunst erlebt der Mensch Gefühle der Kraft und der Lebenssteigerung, einen Willen zur Macht, der sich die Wirklichkeit aneignet und damit (für sich) legitimiert. Das ist in der modernen Situation einer radikalen Kontingenz der Begründungs- und Darstellungsformen selbstredend hoch attraktiv, in der jeder Begründungsversuch, aber auch jede Selbststilisierung letztlich ein Versuch, d. h. eine Option unter vielen anderen, bleiben muss. Dass diese ästhetische Option dennoch eine lebenssteigernde Wirkung hat bzw. haben soll, ist wohl vor allem mit dem Autonomieversprechen verknüpft, das auch in der Lebenskunst eine bedeutsame Rolle spielt.

Kommen wir noch einmal auf die Widersprüche und Dilemmata einer therapeutischen Lebenskunst zurück – beziehen diese aber jetzt auf den Therapeuten selbst. Man kann dann neben den oben kurz genannten psychischen Polaritäten natürlich noch weitere Ebenen benennen, auf denen Widersprüche auftreten, die dann wiederum für eine therapeutische Lebenskunst von Belang sind. Hier kann man die antinomischen Spannungen des therapeutischen Handelns benennen: die konstitutiven, nur reflexiv zu handhabenden Widersprüche, die erstens um lebenspraktische Anforderungen und zweitens um die Problematik von Übertragung und Gegenübertragung aufgespannt sind, die aufhebbaren Widersprüche, die aus den Formen der gesellschaftlichen Organisation des therapeutischen Settings stammen, die Handlungsdilemmata und -ambivalenzen sowie schließlich die Modernisierungsantinomien (vgl. Helsper, 2002, S. 75ff.).

### Antinomien der therapeutischen Praxis

In diesem Sinne verweist die *lebenspraktische Problematik* der konstituven Widersprüche etwa auf die Antinomie von erhöhtem Entscheidungsdruck und gesteigerter Begründungspflichtigkeit. In den Worten von Oevermann (1996, S. 124):

> »Die in sich professionalisierte therapeutische Praxis ist als methodische Steigerung einer naturwüchsigen Praxis nicht nur durch eine Verschärfung des Entscheidungszwanges geprägt, insofern er stellvertretend für eine beschädigte Lebenspraxis, die sich der Behandlung anvertraut, übernommen werden muß, sondern vor allem *durch eine Steigerung der Begründungsverpflichtung.*«

Theoretisch abgesicherte, methodisch kontrollierte und praktisch erfolgreiche Begründungen sind aber, aufgrund der Komplexität des intersubjektiven Geschehens, kaum mehr zureichend gegeben.

Dieser Sachverhalt wirkt sich auch auf die Praxisantinomie, d. h. auf die Vermittlung von Theorie und Praxis aus. Therapeutisches Handeln braucht einerseits (zeitliche) Entlastung, um theoretisch und methodisch sauber argumentieren zu können, hat aber andererseits aufgrund des Handlungs- und Entscheidungsdrucks kaum Zeit, um theoretische Anschlüsse adäquat herzustellen zu können (ebd.). Damit zusammenhängend lässt sich die Subsumtionsantinomie als Antinomie verstehen, die die allgemein erklärende kategorisierende Zuordnung und das Eingehen auf den Einzelfall miteinander kombinieren muss: »*Erklären und Fallverstehen* sind aber als *zwei polar zueinander stehende* kognitive und methodische *Operationen* zu verstehen« (ebd., S. 126).

Praktisch wird wiederum die Ungewissheitsantinomie problematisch; insofern steht einem Vermittlungsversprechen (etwa der therapeutischen Besserung) die Riskanz professioneller Interventionen entgegen, die die Logik der »Gift-Gegengift-Intervention« (ebd., S. 132) strukturell nicht absichern kann.

Zu nennen ist hier auch die Symmetrie- bzw. Machtantinomie (Helsper, 2002, S. 81), die mit einer strukturell gegebenen Asymmetrie in Bezug auf Wissensbestände, Ressourcen und Kompetenzen und der damit einhergehenden Überlegenheit und Dominanz des Therapeuten einhergeht; auf der anderen Seite muss aber eine strukturell erforderliche Symmetrie wechselseitiger Anerkennungs- und Vertrauensverhältnisse gegeben sein, die eine Therapie erst gelingen lässt. Daran sich anschließend lässt sich die sogenannte Vertrauensantinomie benennen, die den Umgang mit Fehlern, Unwissenheit und Scheitern bei Lösungen im Therapeut-Patient-Verhältnis betrifft.

Die Antinomie von Übertragung und Gegenübertragung (oder auch *Nähe-Distanz-Problematik*) verweist darauf, dass der Therapeut emotionale und partikulare zugleich mit distanzierten und universalistischen Haltungen in Verbindung bringen muss (Näheantinomie). Zum anderen ist er mit der Sachantinomie konfrontiert, fachspezifische, wissenschaftlich ausgewiesene und methodisch abgesicherte therapeutische Inhalte mit individualitätsbezogenen Perspektiven in Verbindung bringen zu müssen. Das ist der Ort, wo Aspekte der Lebenskunst in der Moderne wohl eine besondere Bedeutung haben, da sie im Kern ein individualistisches Moment besitzen und dennoch einen verallgemeinerbaren Anspruch haben: Denn jede auch noch so individualistische Fassung der Lebenskunst ist auch auf die Anerkennung durch andere angewiesen.

Sodann, und das wurde im Kontext des therapeutischen Takts schon kurz angesprochen, lässt sich die Organisationsantinomie dadurch kennzeichnen, dass es auf der einen Seite durch die Profession selbst vorgeschriebene formale Verfahren, Ablaufmuster und Prozesse der therapeutischen Praxis gibt, die sich dann auch in Routinen und Handlungsmuster »sedimentieren«; auf der anderen Seite aber braucht es auch Offenheit, Flexibilität und Kreativität des therapeutischen Handelns, um im Sinne des Patienten erfolgreich zu sein. Und schließlich lässt sich hier (durchaus mit Bezug auf Mentzos) auch die Autonomieantinomie benennen, d. h., der Therapeut schreibt kontrafaktisch dem Patienten Autonomie zu und gewährt durch seine Maßnahmen zugleich ein Setting der entlastenden Heteronomie.

Kurz soll auch noch an die aufhebbaren Widersprüche, die aus den Formen der gesellschaftlichen Organisation des therapeutischen Settings stammen, erinnert werden. Damit ist gemeint, dass Widersprüche des therapeutischen Handelns auch damit zu tun haben, dass wir es im therapeutischen Setting mit einer »Arena« unterschiedlicher Codierungen und Anforderungen unterschiedlicher Akteure (Wissenschaft, Ärzteverband, Patientenvertretung, Versicherung etc.) zu tun haben, die den Rahmen für die konkrete Ausgestaltung des therapeutischen Handelns bilden. Dieser Rahmen kann als entlastende Entspannung, als reflexive Richtlinie oder als belastende Anspannung empfunden werden; dennoch erscheinen diese Dilemmata prinzipiell »transformierbar und auflösbar« (ebd., S. 75).

Drittens lassen sich die Handlungsdilemmata und -ambivalenzen der Therapeuten als diejenigen Schwierigkeiten verstehen, die mit der unmittelbaren Umsetzung der reflexiven und organisatorischen Antinomien zu tun haben. Diese kann man als performative Strukturvarianten in einem spezifischen institutionellen Rahmen betrachten. Diese pragmatischen Paradoxien lassen sich gelegentlich als »besonders drastische und dramatische Verwicklungen und Verstrickungen« (ebd., S. 76) beschreiben.

➢ Diese Verwicklungen haben zunächst mit der stellvertretenden (deutenden) Bearbeitung von Krisen als Krisenlösungen und dem damit zusammenhän-

genden Technologie-, Struktur- und Verstehensdefizit im therapeutischen Handeln zu tun.
➢ Der Therapeut muss mit der Unsicherheit und Kontingenz von Bildungs- und Entwicklungsprozessen umgehen können, die von individuellen, interaktiven und temporären Aspekten abhängig sind.
➢ Der Therapeut muss den Eingriff in die Integrität der Patienten, der mit der Generierung, Stärkung und Wiederherstellung von Autonomie verknüpft ist, durch die wechselseitige Zustimmung in der Professionellen-Adressaten-Beziehung auffangen.
➢ Dazu wird ein Arbeitsbündnis vorausgesetzt, das interaktiv-performativ hervorgebracht wird und immer wieder erneuert werden muss; hierbei wird der Prozess der komplexen interaktiven (unbewussten) Dynamik zum »Subjekt« der Therapie.
➢ Indem das therapeutische Handeln in die Lebenswelten und Lebenspraxen eingreift, ergeben sich Fragen der Verstehens-, Macht- und Kontrollpraktiken, die kritisch zu hinterfragen sind (ebd., S. 70ff.).

Schließen wir mit den oben zuletzt genannten Antinomien, so sind damit einerseits die Entwicklungen im Bereich der Psychologie und Psychotherapie im letzten Jahrhundert gemeint, die mit einer Expansion und Durchsetzung professioneller Praxen verbunden sind, die auch zur Steigerung im bewältigenden Umgang mit institutionellen Widersprüchen und therapeutischen Handlungsdilemmata und -ambivalenzen geführt hat. Zugleich aber, und das betrifft wiederum Therapeuten wie Patienten, ist die Moderne auch durch mehrere Antinomien gekennzeichnet, die hier ohne Anspruch auf Vollständigkeit kurz skizziert werden sollen: durch
➢ eine *Pluralitätsantinomie*: Es gibt prinzipiell unendliche Verstehens-, Orientierungs- und Handlungsmöglichkeiten, ohne dass diese theoretisch absolut begründet werden können, noch dass sie praktisch ihre Relevanz immer unter Beweis stellen;
➢ die *Individualisierungsantinomie*: Man muss individuell, originell und besonders sein und möchte doch auch den anderen gleichen, sich ähnlich machen und kein Außenseiter sein;
➢ die *Rationalisierungsantinomie*: zu wissen, dass der Verstand und die Vernunft nicht alles sind, und dennoch die Gefühle und Stimmungen immer an ihnen zu messen;
➢ die *Zivilisationsantinomie*: zu konstatieren, dass trotz aller Bildung und Kultivierung die Aggressivität und die Gewalt nicht aus der Welt verschwunden sind, sondern nur (zum Teil) andere Formen angenommen haben; oder auch

➢ die *Beschleunigungsantinomie*: Sie besteht darin, dass es dem Menschen durch technische, soziale und politische Entwicklungen immer schwerer fällt, ihre Erfahrungen auch zu verarbeiten.

Um es noch einmal zu betonen: Wir haben es im therapeutischen Handeln oftmals mit konstitutiven, nur reflexiv zu handhabenden Widersprüchen zu tun, die sich nicht in »Wohlgefallen« auflösen lassen. Selbst der professionellste, durch theoretische Orientierung und praktische Erfahrung geschulteste Psychologe ist nicht in der Lage, diese Antinomien aufzuheben. Im Unterschied allerdings zu anderen Varianten des Theorie-Praxis-Verhältnisses stellt die therapeutische Lebenskunst mit ihrer Fokussierung auf die Widersprüchlichkeit (der menschlichen Existenz) eine Erinnerung dar, diese Antinomien bewusst zu halten und immer wieder neu zu bearbeiten. Therapeutische Professionalität lässt sich insofern als subjektive Fähigkeit und Bereitschaft begreifen, die skizzierten Widersprüche (taktvoll) auszubalancieren und dabei weder die Ungewissheit des Handelns noch die stetige Reflexion der Implikationen des Handelns aus dem Blick zu verlieren, sodass auf dieser Grundlage auch die Verantwortung für das therapeutische Handeln übernommen werden kann.

Ein lediglich pragmatisches Verständnis der Therapeutik, in dem der Therapeut das macht, was er immer macht, indem er seine Handlungsmuster nicht reflektiert, geschweige denn ändert, weil sie sich anscheinend immer bewährt haben, ist ebenso fragwürdig wie ein strikt hermeneutisches Verständnis der therapeutischen Praxis, das darum weiß, wie man handelt und warum man nur spezifische Erfahrungen im therapeutischen Setting machen kann; auch diese Perspektive stellt noch keinen Durchbruch zu einer komplexeren und angemesseneren Reflexion des Theorie-Praxis-Verhältnisses dar. Allerdings kann dieser Zugang die Frage nach Gewissheit und Sicherheit im therapeutischen Handeln erzeugen, ohne sie letztlich klären zu können. Diese Sicherheit wird nun von einem dritten Theorie-Praxis-Modell versprochen, das mittels kausaler Ableitungen zu eindeutigen Ergebnissen kommen möchte. In der Anwendung von allgemeinem Gesetzeswissen auf individuelle Einzelfälle lassen sich dann prognostizierbare Ergebnisse voraussagen. Dieses technologische Verständnis ist aber aufgrund der Performativität des therapeutischen Handelns und seiner unbeabsichtigten Nebenfolgen, der Intersubjektivität des Geschehens und der selbständigen Informationsbearbeitung durch den Patienten für therapeutische Situationen gänzlich unangemessen.

Mit dem Blick auf Überlegungen zur Professionalität einer therapeutischen Lebenskunst kann man auf Momente des praktischen, hermeneutischen und technologischen Zugangs zurückkommen, um diese aber in einem neuen Kontext zu fokussieren. Was in einer therapeutischen Situation zu tun ist, lässt sich nicht mehr nur erfahrungsbezogen, nur hermeneutisch und nur technologisch entscheiden, weil die Situativität des therapeutischen Handels durch eine Antinomik geprägt ist, die man sich zwar durch hermeneutische Verfahren vor Augen führen kann, der man aber durch die gewohnte Erfahrung nicht gerecht werden und die durch Technologien nicht normiert werden kann. Therapeutische Lebenskunst ist auch ein Titel für das Aushalten von Widersprüchen im therapeutischen Alltag. Und nur dieses Aushalten führt dazu, dass die Antinomien nicht vorschnell auf eine Seite hin aufgelöst werden – was zu einer Verkürzung des therapeutischen Geschehens führen würde. Auch das könnte man als eine Maxime der Lebenskunst sehen.

### Kunst der Balance

Wenn das Zentrum der Lebenskunst die reflektierte Veränderung der Selbstsorgepraktiken darstellt, so lässt sich die Psychotherapie als ein Möglichkeitsraum verstehen, andere, nämlich realistischere, effektivere, glücklichere, gesündere etc. Formen der Selbstsorge mithilfe psychologischer Methoden und Techniken zu erlernen. Dabei tauchte von der Antike bis in die Moderne ein Gedanke immer wieder auf, der um die Aspekte der Mitte, der Vermittlung, des Ausgleichs, der Harmonie oder der Balance von sogenannten Säfteverhältnissen, gegensätzlichen psychischen Strebungen, maßvollen anthropologischen Sachverhalten und existenziellen Polaritäten zentriert ist. Allerdings setzen die verschiedenen Vermittlungsfiguren selbst unterschiedliche Akzente. Wenn man sich nun die Frage stellt, ob es einen einzigen Begriff oder eine Kategorie gibt, die als gemeinsames Orientierungskriterium von Lebenskunst und Therapeutik gelten kann, so kann man wohl für die Antike und das Mittelalter das *Maß* und für die Moderne die *Balance* ausmachen.

### *Das antike Modell von Maß und Mitte*

Hält man sich noch einmal die antike Philosophie des Maßes oder der Mitte vor Augen, dann geht es in ihr vor allem um das Vermeiden von Extremen: So finden wir etwa die Besonnenheit, die zwischen Zügellosigkeit und Gefühlsstumpfheit, die Gerechtigkeit, die zwischen Unrechttun und Unrechtleiden, oder auch die Tapferkeit, die zwischen Tollkühnheit und Feigheit verortet wird. Ausgangspunkt dieser (vor allem Aristotelischen) Betrachtungen ist ein extremes Gegensatzpaar, von dem aus dann eine Mitte bzw. ein Maß gesucht wird. Wie dieses Maß *en détail* beschaffen ist, und wie es dann lebenspraktisch umgesetzt wird, muss kasuistisch, jeweils von Fall zu Fall entschieden werden. Die Ethik des Maßes bildet nur einen allgemeinen regulativen Rahmen für eine Tugenddisposition, die im Einzelfall nach den Regeln der Erfahrung und der Klugheit verfährt. Diese Regeln werden wiederum, und das gilt für die gesamte antike Lebenskunstphilosophie, letztlich an den Kriterien des Wissens, der Vernunft und der Natur orientiert.

Dieser Vorstellung des Maßes liegt letztlich die antike medizinische Logik des Zuviel und Zuwenig zugrunde. Wie Krankheit als ein Zuwenig oder Zuviel an Säften und Kräften betrachtet wird, so wird Gesundheit als angemessenes Maß, als Ausgewogenheit von Quantitäten und Qualitäten bestimmt. Die an diesem Modell orientierte Lebenskunst kann deshalb als Richtschnur für die Praxis gelten, weil sie diese selbst ordnet und in verschiedene Maßverhältnisse einteilt. Das Maß der Lebenskunst erscheint somit als ein theoretisches Systematisierungs- und Bewertungsmedium, das die richtigen Verhältnisse einerseits zu bestimmen und andererseits einzuschätzen in der Lage ist. Es bietet somit in der Unübersichtlichkeit, Widersprüchlichkeit und Kontingenz der Praxis bewusste theoretische Orientierungsperspektiven, die dann in unterschiedliche praktische Handlungsoptionen umgesetzt werden können.

In diesem Sinne ist etwa die stoische Lebenskunst eine Kunst der Korrektur, die etwa die Leidenschaften maßvoll begrenzt, denn diese sind für ein unmäßiges, wankelmütiges und krankhaftes Verhalten verantwortlich. Von Leidenschaften getrieben, schätzen die Menschen Sachverhalte falsch ein und fällen die falschen Entscheidungen. Die stoische Lebenskunst hat daher ein sehr umfassendes Maßkonzept, das die Kohärenz, Konstanz, Konsequenz und Konzentration in Lebenshaltungen und Lebenshandlungen betrifft, um Übersicht und Sicherheit in allen Lebenslagen zu garantieren. Eine maßvolle Lebenskunst hat es hier weniger mit dem Finden einer Mitte zwischen den Extremen, sondern mehr mit der Beherrschung innerer (leidenschaftlicher) Sachverhalte zu tun.

Auch das Modell der Katharsis gehört in diesen Zusammenhang der (maßvollen) Korrektur, die die Reinigung der Seele von den Schlacken der Sinnlichkeit und Leidenschaft vornehmen soll. Und auch dann, wenn man die Katharsis zu den ekstatischen Therapien rechnet, geht es ihr – selbstredend vor dem Hintergrund eines Spielraums für unterschiedliche Akzentuierungen und Sichtweisen – oftmals um nichts anderes als um eine maßvolle Gestaltung des Seelenlebens, das sich dann durch eine gewisse Ausgeglichenheit auszeichnen soll. Die Leidenschaften sollen die Seele und den Geist nicht dominieren und müssen daher minimiert werden. So betrachtet wäre ein *anthropologisches* Ekstasemodell ein komplementäres Modell der Katharsis, da es in diesem Modell um eine Steigerung der Leidenschaften – häufig der sexuellen – geht, die die Menschen dem Maßlosen: Gott, dem Weltgrund, der vollkommenen Befriedigung etc. anheimgeben.

Dagegen verfolgt die *therapeutische* Ekstase das Ziel, das verdrängte Affektive hervorzutreiben, um es besser kontrollieren und beherrschen zu können. Zu erinnern ist daher hier an das *dialektische* Modell einer ekstatischen Katharsis, die etwa mit den Mitteln der Musik und des Tanzes die Entladung aufgestauter pathogener Affekte zu erreichen sucht. Hier dient das maßlose ekstatische »Außer-sich-Sein« letztlich dem maßvollen kathartischen »Zu-sich-selbst-Kommen«. In diesem Sinne wird dann auch deutlich, warum die abendländische Lebenskunst eher die Katharsis denn die Ekstase favorisiert hat: Die Katharsis ist dem Modell des Maßes als Vermeidung der Extreme wie als Reduktion auf ein Mittelmaß verpflichtet, während Ekstasen gelegentlich »über das Maß hinaus schießen« und daher als moralisch und sozial zweifelhaft eingestuft werden müssen. Die Ekstase ist nur dann therapeutisch sinnvoll, wenn sie therapeutischen Maßnahmen und Zielen dient. Insofern gibt es vom Zeitlichen oder von der Intensität her begrenzte, augenblickshafte oder situative, ritualisierte Ekstasen, die ein begrenztes Aussich-Herausgehen ermöglichen.

Nun ist in der Moderne die Frage nach dem Maß in der therapeutischen Lebenskunst oftmals noch präsent: Wann immer (meta)psychologisch fundierte Therapiemodelle mit energetischen und ökonomischen Aspekten arbeiten, liegt im Grunde die Frage nach einer maßvollen Gestaltung des Lebens nahe. Dann geht es um Aspekte des »Zuviel« und »Zuwenig«, des »Über- und Untertreibens«, des »Zu-sehr« und »Zu-schwach«. Diese Aspekte werden schon in den Wahrnehmungen und Deutungen, dann aber auch in den Bewertungen und schließlich auch in den Handlungspraxen virulent. Implizit scheint man eine Lebenskunst der Ausgeglichenheit zu favorisieren. Es könnte allerdings sein, dass diese selbst nur ein Effekt der abendländischen, in Polaritäten denkenden Metaphysik ist, die eine solche, auf die Mitte zielende und Extreme ausgleichende Perspektive nahelegt.

Im Umgang der Lebenskunst mit den oben skizzierten Dilemmata, Paradoxien und Polaritäten gibt es allerdings noch andere Strategien, die oftmals mit Modellen der Vermittlung, der Dialektik oder des Changierens arbeiten. Therapeutische Lebenskunst verweist darauf, dass auch die praktischen Maßnahmen einer gleichwertigen Bezugnahme, eines Nacheinander-Abarbeitens, eines zyklischen Berücksichtigens, einer kontrafaktischen Unterstellung, einer einseitigen Auflösung sowie eines Aussetzens der Vermittlung (der jeweiligen Gesichtspunkte) die Grundwidersprüche der existenziellen Polaritäten nicht aufheben, sondern in der Theorie und der Praxis aus- und durchhalten. Mit diesen Polaritäten ist zu rechnen – eine Balance ist vor diesem Hintergrund oftmals nur ein frommer Wunsch.

*Das Balancemodell und das Denken in Polaritäten*

Vom Lateinischen *bilancis* (»zwei Waagschalen habend«) kommend, steht die Balance für den Versuch, die Oppositionen und Widersprüche des menschlichen Lebens in eine »Waage«, einen »Ausgleich«, aber auch in ein dialektisches Mit- und Gegeneinander zu bringen. Ursprünglich aus dem physikalischen Bereich des Messens stammend, gewinnt dann die (seelische) »Balance« die Bedeutung von Ausgeglichenheit, Ausgewogenheit und Stabilität oder auch inneres, seelisches Gleichgewicht. Dieses Gleichgewicht lässt sich selbstredend verschieden definieren und mit unterschiedlichen Methoden erreichen. Nimmt man dagegen die Polaritäten ernst, so wären diese nicht nur gleichgewichtig in den Therapien zu beachten, sondern man müsste ihnen auch praktisch jeweils gerecht werden. Im Grunde müssten hier die einzelnen Figurationen der Vermittlung, des Ausgleichs, der Dialektik, der Harmonie, der Balance usw. einzeln einer Untersuchung unterzogen werden. Wir gehen im Folgenden nur auf das Balancemodell ein, das wir am Beispiel der Polaritäten von Autonomie und Abhängigkeit exemplifizieren wollen. Damit vermeidet man zunächst ein:

1. *Reduktionsmodell:* Hierbei wird eine Seite privilegiert und ein hierarchisches und damit auch tendenziell machtförmiges Verhältnis zwischen etwa Autonomie und Heteronomie etabliert. Diese Form der nicht ausbalancierten Oppositionierung hat mehrere Effekte: Sie privilegiert eine Seite der Opposition, sie wirkt vereinheitlichend (aus den zahlreichen autonomen Verhaltensformen wird »die« Autonomie) und zugleich diskriminierend (Abhängigkeit ist problematisch, defizitär und zu überwinden), sie konstruiert inklusive bzw. exklusive Verhältnisse (je nachdem, welche Verhaltensweisen mit Autonomie oder mit Abhängigkeit identifiziert werden) und sie hinterlässt den Eindruck des Natürlichen, dessen Konstruktivität man vergessen kann.

2. *Separierungs- oder Ablösungsmodell:* Das bedeutet, nur eine Polarität in den Blick zu nehmen und die andere mehr oder weniger auszublenden. Der Therapeut konzentriert sich dabei z.B. auf Fragen der Autonomie, ihrer Voraussetzungen und Entwicklungen und vernachlässigt dagegen die Fragen der Bindungen und Beziehungen. Dieser Separierung entgegen steht ein Modell des »Gleichklangs«, der gleichen Bedeutung und daher auch

gleichen Berücksichtigung der Polaritäten für therapeutische Prozesse und Interventionen. Insofern ist immer von einer geteilten psychischen Realität auszugehen.
3. *Transitmodell:* Der Mensch ist ein abhängiges Wesen, hat aber Anlagen der Selbstständigkeit, die durch die entsprechende Umwelt (Erziehung, Beratung, Therapie etc.) entfaltet werden können. Ziel ist die Verselbstständigung des abhängigen Menschen. Dieses Modell ist eng mit dem Fortschrittsmodell der Aufklärung verknüpft. Ist dieses Ziel aber nur approximativ erreichbar, dann ist mit ihm ein unendliches Projekt verbunden, gilt es doch den Menschen immer wieder (neu) zu disziplinieren, zivilisieren, kultivieren und moralisieren (Kant); insofern ist diese »Aufgabe« eine doppelte: nicht nur eine Pflicht, ein Projekt oder ein Programm, sondern immer auch ein Scheitern, ein Abbruch und eine Kapitulation. Der abhängige Mensch wird nie ganz autonom.

Nahegelegt wird dagegen durch das Balancemodell ein:
1. *Dualismusmodell:* Der Mensch ist sowohl souverän als auch abhängig – und insofern muss man beiden Aspekten therapeutisch gerecht werden. Konsequenterweise würde dieses Modell auch die therapeutische Unterstützung von Abhängigkeiten bedeuten. Es gelte also nicht nur die Abhängigkeiten des Menschen wahrzunehmen und anzuerkennen, sondern auch sie zu entwickeln und zu fördern. Kann das der Sinn von Psychotherapie sein?
2. *Dialektikmodell:* Der Mensch ist in seinem autonomen Verhalten zugleich abhängig wie auch seine Abhängigkeit autonome Aspekte umfasst. Abhängigkeit kann in Autonomie umschlagen, Autonomie sich in Abhängigkeiten verkehren. Therapeutische Interventionen müssen hier mit ungewollten Nebenwirkungen rechnen. Denn immer wieder zeitigen Kultivierungs- und Autonomisierungsbestrebungen ein »Unbehagen an der Kultur« (Freud), das in Selbst- und Fremdaggression und ebenso auch in Abhängigkeiten umschlagen kann; und umgekehrt kann eine Förderung von Abhängigkeiten – etwa mit Blick auf künstlerische und wissenschaftliche Leistungen – die Autonomiepotenziale aller freizusetzen.
3. *Komplementaritätsmodell:* Man kann Autonomie und Abhängigkeit weniger stark als Polaritäten, sondern eher als sich ergänzende Aspekte einer psychischen Situation und Struktur betrachten. Insofern wäre eine Therapie gut beraten, das »Sowohl-als-auch« der komplementären Aspekte von Autonomie und Abhängigkeit zu berücksichtigen. Denn Autonomie wäre ohne Abhängigkeit nicht zu haben wie *vice versa*; sie bilden – um metapho-

risch das Bild des Gleichgewichts aufzugreifen – die beiden Schalen der Waage.
4. *Reziprozitätsmodell:* Etwas anders gelagert ist ein Modell der Wechselseitigkeit, d. h. der gegenseitigen Bezug- und Einflussnahme der Polaritäten von Autonomie und Abhängigkeit. Hierbei ist therapeutisch zu beachten, dass der Bezug auf Autonomie sozusagen Abhängigkeiten provoziert wie auch die Inanspruchnahme von Bindungen Reaktionen der Autonomie fördern kann.
5. *Dekonstruktionsmodell:* Die Differenzen zwischen Autonomie und Abhängigkeit werden stetig neu gezogen; so erscheinen die Grenzen zwischen Selbstständigkeit, Selbstbewusstsein und Bindung und Abhängigkeit einerseits fest und anderseits porös. Konstatieren lässt sich eine diskursive Auseinandersetzung darüber, inwieweit die Bindung an einen Menschen, eine Tätigkeit oder einen Gegenstand auf der einen Seite von Selbstbewusstsein, dann aber auch wieder von Fixierung und Verfallensein geprägt sein kann. Hier findet ein stetiger Aushandlungsprozess zwischen den Polaritäten statt, der von kulturellen und sozialen Entwicklungen mitdefiniert wird.
6. *Polarisierungsmodell:* Dieses Modell geht davon aus, dass wir es in der Therapie mit nicht vermittelbaren und – wenn man so will – isolierten Aspekten der menschlichen Psyche zu tun haben, die auch je einzeln für sich betrachtet werden müssen. Sie bilden wie in der aristotelischen Tugendethik psychische Extreme, zwischen denen sich in der Regel das psychische Leben abspielt. So wie es keine absolute Autonomie gibt, gibt es auch absolute Abhängigkeit. Davon zu unterscheiden wären Modelle, die Autonomie und Abhängigkeit als Kehrseiten oder Gegenseiten, als zwei Seiten einer Medaille verstehen: Die Modelle heben damit wiederum auf die Dialektik, die Komplementarität oder auch die Reziprozität der psychischen Aspekte ab.

Diese Modelle sollen verdeutlichen, dass auch die therapeutische Lebenskunst durch ein Denken strukturiert ist, das ein Differenz- und Oppositionsdenken ist. Therapeutische Lebenskunst heißt Denken in Polaritäten, das gut beraten ist, wenn es versucht, therapeutische Voraussetzungen, Ziele, Praktiken und Bewertungen nicht nur von einer Seite der Korrelation der Polaritäten zu denken. Wir denken in diesen Differenzen und ihren Korrelationen und wissen zugleich, dass ihre Bedeutungen historisch kontingent und Ausdruck von Aushandlungsprozessen sind. Wir verstehen therapeutische Prozesse in diesen Korrelationen und orientieren unser Denken und Handeln an ihnen und nicht zuletzt legitimieren wir es auch durch sie. Insofern lässt sich die therapeutische Lebenskunst als ein Dispositiv von Korrelationen verstehen, d. h. von spezifischen Oppositionen, die therapeutische Strukturen und Prozesse überhaupt erst konstituieren; andererseits führen diese Oppositionen gleichzeitig zu Widersprüchlichkeiten und Paradoxien – nicht nur im Leben der Patienten, sondern auch in der therapeutischen Praxis selbst. Insofern kann eine »Balance« des Therapeuten bezüglich theoretischer Einsichten, psychischer Einstellungen und praktischer Maßnahmen eher als Regulativ denn als durchgängig reale Gegebenheit gelten. Denn die Oppositionen und Polaritäten können durch therapeutische Bemühungen im Grunde nicht überwunden, sondern immer nur festgestellt und bearbeitet werden.

Festzuhalten ist mithin, dass die menschliche Existenz (im abendländischen Denken, aber auch in der Praxis) in Grundparadoxien und Widersprüchlichkeiten verstrickt ist, die man mithilfe einer therapeutischen Lebenskunst ein Stück verstehen und ein Stück weit in ein ausgeglichenes oder ausgeglicheneres Leben integrieren kann.

Doch macht es aus Sicht einer therapeutischen Lebenskunst auch nicht immer und überall Sinn, auf einen Ausgleich oder eine Balance psychischer Gegebenheiten zu setzen – was man sich schon an dem schlichten Beispiel verdeutlichen kann, dass es wenig plausibel erscheint, ein gesundes oder glückliches Leben durch Krankheit und Unglück »auszugleichen«, um so eine Balance von positiven und negativen Erfahrungen herzustellen. Aber auch an auf den ersten Blick weniger eindeutigen Beispielen – muss man Einsamkeit immer durch Sozialität kompensieren, muss Autonomie immer durch Abhängigkeit ergänzt werden? – wird deutlich, dass die Balance als Regulativ einer Lebenskunst nicht so eindeutig ist, wie sie zunächst wirkt.

Und auch wenn man die Balance in Verbindung mit den Begriffen der Ausgeglichenheit, der Entspannung, der Harmonie und der Ruhe bringt, so lassen sich daraus keine eindeutigen Empfehlungen für die therapeutische Praxis ableiten. Denn es kann durchaus Sinn machen, (in einem gewissen Ausmaß) für Unausgeglichenheit, Anspannung, Disharmonie und Unruhe zu sorgen, um etwa bestimmte Entwicklungen und Bildungsprozesse in die Wege zu leiten. Zugleich wird deutlich, dass mit diesen Begrifflichkeiten letztlich ein bestimmtes Modell von (Lebens-)Glück favorisiert wird. Dieses Glücksmodell ist sehr stark verknüpft mit Ruhe und Zufriedenheit, mit Unveränderlichkeit und Stabilität und schließlich mit Festlegungen und Strukturen. Man findet aber auch das konträre Modell des Glücks, das mit Wagnis und Risiko, mit Veränderung und Experiment und schließlich mit Ereignissen und Prozessen verbunden ist. Auch diese Modelle spielen implizit in die Therapien immer wieder hinein. Insofern kann die Balance im Sinne einer seelischen Ausgeglichenheit ein wichtiges therapeutisches Ziel darstellen; es kann aber durchaus auch die Veränderung und insofern eine temporäre Unausgeglichenheit für den Patienten und seine Entwicklung bedeutsam sein. Es kann also Sinn machen, sich an einem Balancemodell in der Lebenskunst zu orientieren; als generelle Maxime oder Regulativ lässt sich das Festhalten an der Balance allerdings nicht begründen. Wenn Psychotherapie als ein Möglichkeitsraum verstanden werden kann, in dem andere, nämlich realistischere, effektivere, glücklichere, gesündere etc. Formen der Selbstsorge mithilfe psychologischer Methoden und Techniken erlernt werden können, dann kann und muss dies auch bedeuten, unausgewogene Problematiken, nicht hintergehbare, tragische Konstellationen und unvermeidbare Dynamiken akzeptieren zu lernen. Vermutlich macht es daher mehr Sinn, von einer balancierenden Dynamik bzw. einer dynamischen Balance als einem generellen Therapieziel auszugehen.

## Ausgewählte Literatur

Angehrn, E. (2003). Leiden und Erkenntnis. In M. Heinze, C. Kupke & C. Kurth (Hrsg.), *Das Maß des Leidens. Klinische und theoretische Aspekte seelischen Krankseins* (S. 25–43). Würzburg: Königshausen & Neumann.
Bernegger, C. (2015). Das Mögliche möglich machen. Der Therapeut als Seiltänzer. In M. Poltrum & U. Heuner (Hrsg.), *Ästhetik als Therapie. Therapie als ästhetische Erfahrung* (S. 171–192). Berlin: Parodos.
Brumlik, M. (1992). *Advokatorische Ethik. Zur Legitimation pädagogischer Eingriffe.* Bielefeld: Kt-Verlag.
Buck, G. (1981). *Hermeneutik und Bildung.* München: Fink.
Demmerling, Ch. & Landweer, H. (2007). *Philosophie der Gefühle. Von Achtung bis Zorn.* Stuttgart: Metzler.
Engelen, E.-M. (2007). *Gefühle.* Stuttgart: Reclam.
Gadamer, H.-G. (1990). *Wahrheit und Methode. Grundzüge einer philosophischen Hermeneutik.* 6. Aufl. Tübingen: Mohr.
Hamburger, K. (1996). *Das Mitleid.* 2. Aufl. Stuttgart: Klett-Cotta.
Hegel, G. W. F. (1817). *Enzyklopädie der philosophischen Wissenschaft I.* Werke 8. Frankfurt/M.: Suhrkamp 1983.
Helsper, W. (2002). Lehrerprofessionalität als antinomische Handlungsstruktur. In M. Kraul, W. Marotzki & C. Schweppe (Hrsg.), *Biographie und Profession* (S. 64–102). Bad Heilbrunn: Klinkhardt.
Oevermann, U. (1996). Theoretische Skizze einer revidierten Theorie professionalisierten Handelns. In A. Combe & W. Helsper (Hrsg.), *Pädagogische Professionalität* (S. 70–182). Frankfurt/M.: Suhrkamp.
Sartre, J.-P. (1943). *Das Sein und das Nichts. Versuch einer phänomenologischen Ontologie.* Reinbek bei Hamburg: Rowohlt 1993.

Schopenhauer, A. (1819). *Die Welt als Wille und Vorstellung I*. Zürcher Ausgabe. Werke in zehn Bänden. Band I-II. Hrsg. v. A. Hübscher. Zürich: Diogenes 1977.
Stets, J. E. & Turner, J. H. (2007). The Sociology of Emotions. In M. Lewis, J. Haviland-Jones & L. Feldman Barrett (Hrsg.), *Handbook of Emotions* (S. 32–46). 3. Aufl. New York: Guilford Press.
Stierle, K. (1997). *Ästhetische Rationalität*. München: Fink.
Waldenfels, B. (2002). *Bruchlinien der Erfahrung. Phänomenologie, Psychoanalyse, Phänomenotechnik*. Frankfurt/M.: Suhrkamp.
Zirfas, J. (2015b). Ohne Gewähr oder: Die unsichere Zukunft. *Paragrana. Internationale Zeitschrift für Historische Anthropologie, 24*(1), Themenheft: Unsicherheit, hrsg. v. Ch. Wulf & J. Zirfas), 26–38.

## Therapeutische Lebenskunst in der Moderne – ein Ausblick

Der historische und systematische Blick auf den Zusammenhang von Lebenskunst und Therapeutik hat eine ganze Reihe von Konvergenzen hervorgebracht, die anhand von einzelnen, zentralen Autoren dieses Zusammenhangs und anhand von Begriffen des psychischen Leidens, der Sorge, der Wahl, der Erfahrung, der Kunst, der Stilisierung usw. herausgearbeitet worden sind. Deutlich wurde, dass es ein über Jahrhunderte hinweg reichendes (oftmals implizites) Bewusstsein darüber gab, dass es in verschiedenen Problematiken einer Lebenskunst wichtig erscheint, auf ein therapeutisches (theoretisches und praktisches) Wissen zurückzugreifen, und dass es für den Therapeuten ebenso wichtig war, Perspektiven der Lebenskunst in biografischer, sozialer oder kultureller Hinsicht zu berücksichtigen. Und auch in den modernen therapeutischen Ansätzen wird ein solches Wissen – oftmals in direktem Bezug zu einschlägigen Autoren der Lebenskunstphilosophie – für sinnvoll und weiterhin aktuell erachtet.

»Psychotherapeutische« Ansätze aus der Antike und späteren Epochen sind ebenso wenig einfach in die Gegenwart transportierbar wie Lebenskunstmodelle; beide unterstellen oftmals

➤ eine hermeneutische und praktische Allgemeingültigkeit und Objektivität des Wissens und Handelns, die angesichts der Pluralisierungsformen des Wissens nicht aufrechtzuerhalten ist;
➤ eine normativ-teleologische metaphysische Rahmung, die ihre Plausibilität verloren hat;
➤ eine Rationalität, die in ihrer Hybris das »Andere der Vernunft« (H. Böhme & G. Böhme, 1985) zu wenig zur Geltung bringt;
➤ eine aristokratische Logik, die einen großen Teil der Menschheit vom Gedanken eines gelingenden Lebens ausschließt; sowie

➢ eine (therapeutische) Immunisierungs- und Stabilisierungsstrategie, die angesichts der modernen Debatten um Kontingenz, Flexibilität und Beschleunigung den Gedanken eines dauerhaften, ewig schönen und glücklichen Lebens als absurd erscheinen lassen.

Dennoch gibt es, auch über die für die Moderne bedeutsame »Wasserscheide« von Aufklärung und Romantik hinaus, durchaus Kontinuitäten, die es für den Zusammenhang von Lebenskunst und Therapeutik zu bedenken lohnt. Diese These gilt für die relevanten Sachverhalte von Therapeutik und Lebenskunst (Umgang mit Emotionen, Frage nach dem Tod etc.), für ihre Formen der Beratung und Reflexion (Muße, Aufmerksamkeit etc.) sowie der Intervention (Askeseübungen, Stilisierungen etc.), für ihre Ausgangssituationen in psychischen Problemlagen (depressive Stimmungen, Orientierungslosigkeit etc.) und schließlich auch für ihre Ziele (lebenswertes Leben, Glück etc.).

## Psychologisierung in der heutigen Lebenskunst

Geht man nun von den psychischen Problemlagen aus, so kann man – vor allem mit Blick auf die letzten beiden Jahrhunderte – von einer *Psychologisierung* der Lebenskunst sprechen. Menschen suchen Antworten auf psychische Schwierigkeiten nicht in erster Linie mithilfe von Philosophie oder Theologie, sondern mithilfe der Psychologie und der Psychotherapie. Dieser »Boom« lässt sich nicht nur in der Psychotherapie als praktischer Disziplin, sondern auch im Kontext der psychologischen Ratgeber oder in dem der Künste (Film, Literatur etc.) erkennen. Gerade die Lebenshilferatgeber, die in Text und Bild Lebensweisheiten und Lebensführungsmaßnahmen in immer wieder neuen Formaten präsentieren, popularisieren die Lebenskunst der Psychologie in hohem Maße.

Die »Errettung der modernen Seele« (Illouz, 2011) ist Aufgabe der Psychotherapie geworden; eine Aufgabe, die sie aus Sicht der Lebenskunst von der Philosophie geerbt hat. Das bedeutet, dass die Sorge um sich heute vor allem psychologisch ausformuliert wird; wenn auch, wie gezeigt, die modernen therapeutischen Modelle ältere Wurzeln haben und insofern auch philosophische Elemente enthalten. Eine Orientierung darüber, wie man mit psychischen Problematiken umgehen und sie bewältigen kann, was für das einzelne Leben von Belang ist, welche Möglichkeiten ihm offenstehen und wie man diese Möglichkeiten, auch und gerade angesichts der Problematiken entfalten kann, gewinnt man in der Moderne vor allem aus der Psychologie. Lebenskunstphilosophie ist insofern eine Hilfswissenschaft der Psychotherapie, als sich mit ihren Reflexions- und Kontextualisierungsmöglichkeiten für die Therapie theoretische und oft auch praktische Anschlussmöglichkeiten ergeben können. Die Sorge, mit der die Psychotherapie heute zu tun hat, gilt dabei weniger einem natürlichen oder authentischen Selbst (dem »Es«) oder der Selbstbeherrschung und Selbstkontrolle (dem »Über-Ich«) als vielmehr dem Selbst der Selbstverwirklichung (dem »Ich«) in seinen verschiedenen sozialen, ökonomischen, politischen etc. Kontexten.

Man kann sich nun die Frage stellen, warum gerade die Psychologie und die Psychotherapie zu den Orten geworden sind, an denen die Lebenskunst als Autonomieprogramm im Kern verhandelt wird. Angesichts der wachsenden Bedeutung der Ökonomie in der heutigen Gesellschaft hätte man sich auch vorstellen können, dass die Lebenskunst vor allem eine Frage ist, die Betriebs- und Volkswirte, Anlageberater und Börsenmakler zu lösen hätten. Und angesichts der zunehmenden Bedeutung der Ästhetik hätte sich ebenso angeboten, Fragen eines gelingenden Lebens auch an die Künste zu richten, die mit ihren Postulaten der Irritation und Kreativität, aber auch der Erfahrung, des Experiments und der Produktivität mögliche Kandidaten eines mehr oder weniger exklusiven Lebenskunstbezugs hätten werden können.

Stimmt die These, dass moderne Lebenskunst immer noch sehr stark um die Frage der Autonomie und Selbstermächtigung zentriert ist, so erscheint allerdings die *Psychotherapie* als der paradigmatische Ort, an dem die epistemologischen Erkenntnisse mit den pragmatischen Möglichkeiten des Subjekts im Dienste der Entfaltung von Lebensmöglichkeiten eine enge Liaison eingehen. So gibt es mehrere Gründe, warum die Psychotherapie im Grunde der Ort der Lebenskunst ist:

➤ weil wir heute das Selbst in psychologischen Begriffen und Metaphern (die einen großen Anteil an der Popularisierung der Psychologie haben) verstehen,
➤ weil wir das Selbst mit den Idealen der Autonomie verknüpfen und Autonomie in Form von Fähigkeiten, emotionalen, selbstreflexiven, sozialen, praktischen Kompetenzen verstehen,
➤ weil wir von der Psychotherapie ein Verstehen des Alltäglichen wie des Nichtalltäglichen erwarten und
➤ weil wir von ihr erhoffen, dass sie uns in der Verfolgung unseres, wie auch immer definierten, Glücks behilflich ist.

Aus all diesen Gründen wird die Psychotherapie zu dem bevorzugten Ort einer professionellen Anleitung zur Lebenskunst. Man könnte von hier aus folgern, dass die therapeutische Lebenskunst auch deshalb in den anderen Teilsystemen der Gesellschaft – wie etwa der Ökonomie und der Kunst, aber auch der Werbung, den Kommunikationsmedien, der Pädagogik oder der Politik – erfolgreich war und dass deren Erkenntnisse und Methoden dort aufgegriffen worden sind, weil man davon ausgehen konnte, dass sie ein enormes Transferpotenzial hat, d.h. an die verschiedenen Teilsysteme gut anschlussfähig ist. Denn sie etabliert eine gerade in Bezug auf diese verschiedenen Teilsysteme passende Erzählung, die auch noch die für den Menschen mit den Teilsystemen verbundenen Brüche und Widersprüche – etwa zwischen den Erfahrungen in der Ökonomie und der Familie – integriert.

Gleichzeitig aber ist der Ort der Psychotherapie aus Sicht der Lebenskunst auch ein problematischer Ort. Denn hier etabliert sich eine Erzählung des Selbst, mit der das psychische Leiden im wahrsten Sinne des Wortes kultiviert wird. Mit der Etablierung der Psychotherapie und des Diskurses eines psychischen Selbst geht auch seine *Pathologisierung* einher, ist doch das Selbst generell und nicht nur in wenigen »abnormen Fällen« nicht mehr »Herr im eigenen Haus« (Freud): weder hermeneutisch, führt doch keine Selbsterkenntnis letztlich zum Ziel des völligen Verstehens seiner selbst, noch praktisch, verweisen doch alle Wege einer Lebenskunst letztlich nicht auf Autonomie, sondern auf Heteronomie vom Unbewussten, vom Anderen, von der Realität oder vom Schicksal her. Während die psychologische Prüfung in immer tiefere Tiefen vorstößt, ohne je auf dem Boden anzukommen, werden die vermeintlich selbstständigen Entscheidungen des Subjekts durch das Unbewusste durchkreuzt, durch die signifikanten anderen nicht anerkannt und etwa von den politischen Rahmenbedingungen ignoriert. Die Psychotherapien dienen in diesem Sinne nicht der Entwicklung der Autonomie, sondern dem Umgang mit dem Unverfügbaren, den Widerfahrnissen und Widersprüchlichkeiten menschlicher Existenz. Sie formulieren – gerade auch im historischen Vergleich – ein bedeutend geringeres Lebenskunstpathos: Man kann von einer »*therapeutischen Lebenskunst*« sprechen, wenn es gelingt, das Leben einigermaßen zu bewältigen, und wäre insofern von seiner durchgängig ästhetischen Stilisierung und den traditionellen Glücksversprechen nach Ruhe und Souveränität weit entfernt. Die Bewältigung von Krisen führt dann nicht schnurgerade ins Glück, sondern eher ins nicht-neurotische Unglück (Freud). Allerdings ist darin das Risiko enthalten, dass Selbstbefreiung und Selbstverwirklichung stärker auf den Umgang mit Krankheiten und Krisen denn auf den Versuch gerichtet werden, Fragen nach dem Glück und der Gesundheit zu beantworten. Es fehlt neben dem Diagnostic and Statistical Manual of Mental *Disorders* ein Diagnostic and Statistical Manual of Mental *Orders*, um nicht zu sagen: *Wellbeing* oder *Happiness*.

So verweisen psychotherapeutische Überlegungen zur Lebenskunst auf Folgendes: Der Wille eines rationalen Subjekts allein reicht nicht mehr, um die Vorgaben eines gelungenen Lebens umzusetzen; wird dieser Wille doch stetig durch Begierden und Leidenschaften infrage gestellt. Auch die Pflichtprogramme, die von der Natur, Gott oder der Vernunft formuliert wurden und die den Menschen aufforderten, sein Können vom Sollen abhängig zu machen, erscheinen müßig, weil sie nicht erklären, wie denn der Wille zum Sollen zustande kommen soll. Und schließlich erscheint es problematisch, aus psychotherapeutischer Sicht normative Kriterien zu benennen, die ein selbstbestimmtes, relativ autonomes, gelungenes Leben in der Moderne möglich machen. Deutlich wird, dass ein solches Leben ohne die Reflexion und die praktische Einbeziehung auch heteronomer Gesichtspunkte nicht gedacht werden kann.

Therapeutische Lebenskunst verweist insofern auf die Zumutungen, die mit den modernen Forderungen nach Selbstmächtigkeit, Glück, Erfolg und Selbstverwirklichung verbunden sind. Die Menschen leiden – wenn man so will – an einem Zuviel an Autonomiezumutung. Sie müssen ihre Autonomie sich und anderen ständig beweisen, indem sie sich immer und überall gekonnt zur Schau stellen und inszenieren (Willems & Jurga, 1998), indem sie sich selbst permanent kreativ verhalten, indem sie kontinuierlich und stetig steigerbar Leistung bringen, indem sie jederzeit und situationsgerecht reflektierte Wahlen treffen, indem sie Erlebnisse permanent mit einem Glücksversprechen verknüpfen und indem sie ihr Leben und ihre Karriere erfolgreich gestalten.

Die hier die aktuelle Debatte strukturierenden Schlagworte der Inszenierungs-, Kreativitäts-, Ökonomisierungs-, Entscheidungs-, Erlebnis- und Erfolgsimperative (man könnte noch ergänzen: Wissens-, Kommunikations-, Emotionalisierungs- sowie mediale Imperative) machen aus Sicht einer therapeutischen Lebenskunst »Autonomie« nicht leichter, sondern schwieriger. Im Grunde sind der Diskurs zur Lebenskunst und seine sozialen Effekte für eine der Autonomie verpflichtete Lebenskunst selbst kontraproduktiv, werden doch mit jedem neuen Gesichtspunkt (implizit) auch wieder neue Anforderungen verknüpft, die man als Subjekt jeweils nur bedingt erfüllen kann.

### Autonomie versus Abhängigkeit

Therapeutische Lebenskunst verweist insofern auf die Grenzen der Selbstbestimmung(sfähigkeiten). Und während sich die moderne philosophische Lebenskunst durch ihren phänomenalen, optativen und hypothetischen Grundzug zu immunisieren scheint, da sie kaum noch allgemeine Kriterien einer Lebensführung angeben kann oder will, scheint sich die therapeutische Lebenskunst dadurch zu immunisieren, dass sie von vornherein ihr Scheitern mitbedenkt. Der vielleicht einschlägigste Beweis dieser selbstskeptischen Lebenskunst dürfte Freuds Text über das *Unbehagen in der Kultur* sein. Insofern wird eine solche Lebenskunst sehr genau darauf achten, inwieweit Entscheidungen vom »Ich« und dessen bedeutsamen Präferenzen zu tun haben und nicht vom »Es«, »Über-Ich« oder von der Realität hergeleitet werden können, inwieweit Entscheidungen durch (therapeutisch angeleitete) kritische Selbstreflexion und praktische Selbsttechnologien (Foucault) angebahnt und umgesetzt werden können, inwieweit Entscheidungen nicht mit Nebenfolgen verbunden sind, die zu größeren (psychischen) Beeinträchtigungen des Lebens führen können, inwieweit die Folgen von Entscheidungen für das soziale Umfeld bedacht und berücksichtigt werden müssen. Vielleicht ist diese Lebenskunst dann mehr »Handwerk« (Heidrink) als Kunstwerk bzw. mehr »Kopf- und Handwerk« als Kunstwerk, aber dennoch hilfreich, um die mit der »Verurteilung zur Freiheit« (Sartre) entstehenden existenziellen Kosten im Rahmen zu halten.

Denn Freiheit erzeugt nicht nur (künstlerische) Optionen, Spiele und Experimente, sondern auch (existenzielle) Unsicherheiten, Orientierungslosigkeiten und Risiken. In diesem Sinne ist etwa die Rede von der »Kontingenzgesellschaft« (Greven) mit ihren Ambivalenzen und Zufälligkeiten, von der »Risikogesellschaft« (Beck) mit ihren Freisetzungen und Unbestimmtheiten, vom »konjunktivischen Existenzmodus« (Gross) mit seinen Alternativen und Flexibilitäten und – daher folgerichtig – auch von der »betreuten Gesellschaft« (Brumlik) mit ihren Ängsten und Hilflosigkeiten. Die moderne Gesellschaft ist grundsätzlich durch Reflexivitäten, Paradoxien und Widersprüche gleichermaßen gekennzeichnet, denn mit den wachsenden Freiheitsspielräumen (wenn sie denn realiter wachsen und nicht nur ideologischen Versprechungen geschuldet sind, was ggf. für die Individuen einen weiteren zu bewältigenden Widerspruch darstellt) steigen auch die Orientierungsnotstände und mit der Disponibilität von Ordnungs- und Normierungsfunktionen wächst auch der Zwang zur Entscheidung und zur Wahl.

Lässt sich die Moderne im Blickwinkel der Lebenskunst als Zeitalter der Wahl verstehen und ist darüber hinaus das Wählen selbst mit extremen Ambivalenz- und Orientierungsproblemen verknüpft, so erhellt, warum sich die therapeutische Lebenskunst als Reflexion, Gestaltung und Bewältigung von Entscheidungen und Wahlen verstehen lässt. Denn das grundlos erlebte Ausgeliefertsein an anonyme sozial-funktionale Institutionen, aber auch an funktionale

Prozesse und normative, nicht hintergehbare Vorgaben sowie die unvollständige Bestimmbarkeit menschlichen Lebens eröffnen einen Raum des Potenziellen, dessen Risiken mittlerweile die Chancen zu übersteigen scheinen. Mit den erlebten Widersprüchen einer attestierten Potenzialisierung des Realen und den kaum vorhandenen Realisierungen des Potenziellen, einer ideologischen Konstruktivität des Glücks und den unvermeidlichen Zufällen und Widerfahrnissen von Unglück aller Art rückt die Suche und die Sucht nach Bearbeitungsmustern nicht nur für Unfälle, Katastrophen und Risikoszenarien, sondern auch für die Banalitäten des Alltagslebens immer stärker in den therapeutischen Blick. Weil immer alles auch nicht bzw. alles auch anders sein könnte, weil – und obwohl – alles möglich ist *(anything goes)* und trotzdem – oder deswegen – vieles nicht mehr geht *(rien ne va plus)*, wird Lebensbewältigung und -gestaltung zur zentralen Problematik der Moderne. Die Wahlen in der Lebenskunst verweisen immer auch auf ihr Anderes, nämlich dasjenige, was *sich* der Wahl und ihrer Umsetzung entzieht, das Unverfügbare und Zufällige; auf dasjenige, was *mit* der Wahl und ihrer Umsetzung sich als unverfügbar zu erkennen gibt; und schließlich auch auf dasjenige, was *durch* die Wahl und ihre Umsetzung als kontingent und unberechenbar entsteht. Der moderne Versuch, jeden als seines Glückes Schmied zu verstehen, verweist auf die Grenzen dieses Versuchs, offenbart weitere unbeherrschbare Problematiken und bringt – paradoxerweise – selbst neues Unglück hervor.

Ein spezifisches modernes Unglück besteht darin, dass die potenzielle Unendlichkeit von Wahlmöglichkeiten natürlich faktisch nicht realisiert werden kann, weil jede Wahl diese Unendlichkeit auf eine Möglichkeit reduziert. Und es ist daher zwar prinzipiell möglich, dem Leitbild einer Maximierung der Wahlverwirklichungen zu folgen, doch das setzt das skizzierte Gesetz der Reduktion von Wahlmöglichkeiten nur bedingt, wenn nicht überhaupt außer Kraft – wenn man die zeitliche Komponente hinzuzieht. Dann ergibt sich in einem Augenblick immer nur die Realisierung einer Wahlmöglichkeit und die Einklammerung von beliebig vielen anderen. Und diese Problematik ergibt sich auch für die Wahl des gesamten Lebensstils: Denn folgt man der Lebensmaxime, möglichst viele Möglichkeiten zu verwirklichen, möglichst vieles intensiv zu erleben, so kann diese Haltung dazu führen, dass man sich nicht festlegt, weil es immer noch eine bessere Möglichkeit zu geben scheint, oder dazu, dass man das Glück auch weniger intensiver Augenblicke nicht genießen kann. Man führt dann ein extrem wählerisches Leben – und kein experimentelles, pflichtbewusstes, oberflächliches etc. Je größer das Behagen an den Möglichkeiten der Wahl, desto größer auch das Unbehagen, diesen Möglichkeiten nicht gerecht werden zu können.

Da man gesamtkulturell die Empfehlung von Robert Musil mittlerweile ernst genommen hat, »das, was ebensogut sein könnte, zu denken und das, was ist, nicht wichtiger zu nehmen als das, was nicht ist«, treten – verstärkt durch Werbung und Internet – auch eingebildete und fiktive Optionen mehr oder weniger gleichberechtigt neben traditionelle oder realistische Wahloptionen. Diese Tendenz vergrößert den Markt der Möglichkeiten und erhöht die Beanspruchungen und Belastungen, die mit der reflexiven Verarbeitung und praktischen Umsetzung dieser Möglichkeiten verknüpft sind. Man kann es schon als eine kulturelle Anpassungsleistung und ggf. sogar als gelungenes Kompensationsphänomen begreifen, wenn Menschen in dieser Situation eine Gefühlskultur der »coolen Ambivalenz« (Illouz) entwickeln, die mit einer geringeren affektiven Eindeutigkeit, mit einer größeren emotionalen Widersprüchlichkeit und einer Nichtpassung von Gefühlslage und angemessenem Verhalten einhergeht.

Und wenn man diese Haltung nicht einnehmen kann? Steht man dann nicht vor den Schwierigkeiten der »Hotspots der Ambivalenz« mit ihren klassischen existenziellen Ausprägungen, wie sie Yalom aufzeigt hat: von Freiheit versus Unfreiheit, In-Beziehung-Sein versus Vereinsamung, Sinn versus Sinnlosigkeit oder Leben versus Tod; oder wie sie, etwas anders akzentuiert, von Mentzos dargestellt werden: von autistischer Rückzug versus Fusion mit dem Objekt, autonome Selbstwertigkeit versus vom Objekt abhängige Selbstwertigkeit, Separation und Individuation versus Bindung und Abhängigkeit sowie Autonomie/Autarkie versus Unselbstständigkeit?

In der Moderne wird die Lebenskunst weniger von eindeutigen und starren Normen (in diesem Sinne dann wohl stärker von einem flexiblen »Normalismus« im Sinne von Link), sondern eher von einer permanenten Entscheidungs- und Wahlsituation bedroht. Die Schwierigkeiten im Umgang mit Lebenskunst werden weniger von Zwängen denn von Freiheiten hervorgebracht. Und zwar einerseits von negativen Freiheiten, Freiheiten *von* traditionellen Wahl- und Entscheidungsnotwendigkeiten, von Freisetzungen (Beck) aus konkreten sozialen, moralischen, politischen etc. Vorgaben; und andererseits von positiven Freiheiten, Freiheiten *zu* Werten und Lebensformen, für die man dann aber die Verantwortung trägt.

Eine psychotherapeutische Lebenskunst ist somit eine, die es vor allem mit den Kosten der Lebenskunst zu tun hat, mit den theoretischen, praktischen und emotionalen Kosten, die aus dem vielleicht fundamentalsten Widerspruch der Moderne – dem von Selbst- und Fremdbestimmung – entstehen. Und es ist daher auch kein Zufall, dass in den jüngeren Diskursen der Psychoanalyse und der Psychotherapie die Fragen nach dem *Anderen* bzw. die Frage nach der *Intersub-*

*jektivität* wieder stärker aufgegriffen worden sind. Denn wenn Autonomie immer weniger bedeutet, objektive und allgemeingültige Vorgaben zu erfüllen (Werte, Normen, Rituale etc.), und immer stärker von Selbst- und Anderenbeziehungen abhängig wird, dann rückt zwangsläufig die Frage nach dem Anderen und der durch ihn bedingten Anerkennung und Wertschätzung oder der durch ihn bedingten Ablehnung und Diskriminierung in den Blick.

Man kann sich nicht einfach darauf verlassen, standardisierte moralische, soziale, medizinische etc. Standards zu praktizieren, sondern steht hierbei in einem Aushandlungsverhältnis mit Bedürfnissen, Gefühlen, Lebensstilpräferenzen auf der einen und mit Wertschätzungen und Integritätsverletzungen auf der anderen Seite.

Und daher gilt: Anerkennung kollidiert mit Autonomie. Das Begehren nach und die Gewährung von Anerkennung muss, will man die subjektive Autonomie nicht gefährden, unter Kontrolle gehalten werden – das gilt sowohl für die anerkennende als auch für die anerkannte Person. Wie viel Autonomie und Anerkennung zugestanden bzw. gefordert und wie die Spannung zwischen dem Verlangen nach Anerkennung und der Bedrohung der Autonomie bearbeitet werden kann, wird in sozialen Situationen und Beziehungen, die durch sehr unterschiedliche Begehrensstrukturen gekennzeichnet sein können, ausgehandelt. Doch damit wird die Autonomie immer wieder durchkreuzt von Heteronomie.

Diese Problematik gilt auch und gerade für emotionale Beziehungen, die in der Moderne seit der Romantik eine zunehmende Bedeutung erfahren. Die mit ihnen zusammenhängenden Widersprüchlichkeiten und Antinomien etwa der leidenschaftlichen Liebe zum Anderen – die voraussetzungslos, authentisch und um des Anderen willen zu erfolgen und dennoch auch selbstreferenziell, selbstreflexiv und autonom zu sein hat – lassen sich nicht auflösen und können daher für den Einzelnen zu einer großen Belastung werden. Es scheint schwieriger geworden zu sein, seine Selbstachtung und sein Selbstwertgefühl bzw. sein Gefühl für das richtige Leben in einer historischen Situation zu verwirklichen, die dieses Gefühl *zugleich* von sich und dem Anderen – und nicht von einem für alle gültigen objektiven Gesetz – abhängig macht. Den Anderen haben und nicht haben zu wollen, zur Selbstöffnung und Selbstbegrenzung fähig zu sein, dem Anderen zu genügen, ohne ihm etwas zu schulden, und sein Begehren zu begehren, indem man darauf hofft, dass der Andere diese Sehnsucht teilt – sind kaum miteinander vermittelbare Ansprüche.

Man kann sich an dieser Stelle die schlichte Frage stellen, was denn die Lebenskunst von der Therapeutik lernen kann. Und man wird wohl zu der Auffassung kommen können, dass die Therapeutik der Lebenskunst zunächst eine

*Relativierung der hermeneutischen Möglichkeiten* nahelegt: Sie beharrt auf den Grenzen des menschlichen Selbst- und Fremdverstehens; sie beschreibt Erkenntnisse, die mit Verkennungen, und Zugänge zum Menschen, die mit Abirrungen und Versperrungen zu tun haben. Die Therapeutik, als die wissenschaftliche und professionelle Praxis, die methodisch die Selbstreflexion in Anspruch nimmt (Habermas), nimmt zugleich auch in selbstreflexiver Einstellung die Uneindeutigkeit, Fragmentarisierung und Ideologisierung ihres eigenen Denkens und ihrer Methodik ernst. Und man kann diesen Ernst gegen eine Lebenskunsthermeneutik in Stellung bringen, die die menschlichen Motive, Ziele, Inhalte und Formen menschlichen Lebens immer schon zu gut verstanden hat, und ihn dort ins Feld führen, wo die Welt der Täuschungen, der Fehlleistungen und Verworrenheiten keine Rolle spielt. Gerade die oben genannten oppositionellen Gegebenheiten der menschlichen Psyche, die immer gleichrangig mit zu denken sind, erzeugen eine Komplexität und Dialektik, die sich gegenüber einfachen Konstruktionen und Vorstellungen – wie wir sie z. B. in den antiken Modellen wiederfinden – versperrt. Man muss sich schon sehr anstrengen, und entsprechende therapeutische Vorkehrungen treffen – etwa mit der gleichschwebenden Aufmerksamkeit (Freud) und dem Hören mit dem dritten Ohr (Reik) –, um das Unbewusste des Anderen und das eigene einigermaßen gut wahrzunehmen und zu verstehen. Anders als in vielen Lebenskünsten werden somit die Akte des Verstehens und der Sinnauslegungen selbst einer psychologischen bzw. psychoanalytischen Kritik unterzogen. Man könnte diese methodisch-hermeneutische Selbstreflexion als Metanorm einer psychotherapeutischen Lebenskunst bezeichnen. Und zu verstehen, *wie* man versteht und *wie* man nicht versteht, ist auch für die Lebenskunst eine sehr bedeutsame Angelegenheit.

Neben einer Relativierung des hermeneutischen kann eine Lebenskunst auch von einer *Relativierung des asketischen Pathos* profitieren: Das meint, dass der Rede vom gestalteten schönen Leben, von einer Ästhetik der Existenz oder einer Stilisierung des Daseins ein Pathos innewohnt, das kaum eingelöst werden kann. Hier kann man einerseits konstatieren, dass die Schönheit, oder modern: der »In-Look«, das Glück beerbt hat, das jahrhundertelang das Paradigma für ein gelungenes Leben darstellte. Oder etwas anders formuliert: In der Moderne macht die Ästhetik das Glück sichtbar. Denn die Ästhetik der Existenz hat immer auch die Implikationen eines gelungenen und gelegentlich auch vollkommenen Lebens, das den Menschen ein spezifisches Wohlbefinden und Glück vermittelt. In der Moderne verweist dann der therapeutische Pragmatismus im Kontext der Lebenskunst eher auf die *minima aesthetica*, auf die kleinen und unscheinbaren Sublimierungen des Alltags. Im Zentrum stehen dabei die Möglichkeiten, mit den Krisen- und Unglückssituationen umgehen zu können. Es ist im Grunde nicht eine einzelne Entscheidung oder Wahl, die ein Leben verändert und dann auf die Bahn zu einem schönen Leben bringt. Es ist das Leben selbst, das die Frage danach, ob etwas als gelungen gelten kann, erfahren lässt. Ein schönes Leben muss sich in der mehr oder weniger stetigen Erfahrung selbst bewähren. Und dabei erscheint wohl weniger bedeutsam, welche eigenen Wahlen man trifft, sondern viel wichtiger ist, wie man mit biografischen Brüchen und Schicksalsschlägen umgehen kann. Statt eines schönen und gelungenen Lebens rückt dann ein Leben, das man bewältigen kann und für das man einige biografische, soziale, ökonomische, moralische etc. Fähigkeiten ausgebildet hat, ins Zentrum einer therapeutischen Lebenskunst. Die »Kunst« besteht vor allem darin, am Ernst des Lebens nicht zu zerbrechen und die auftauchenden Schwierigkeiten einigermaßen zufriedenstellend, wenn nicht sogar produktiv bearbeiten zu können. Die Therapeutik plädiert also für weniger Lebenskunst und mehr *Lebensarbeit*.

Und was kann schlussendlich die Therapeutik von der Lebenskunst lernen? Da ist zum einen die theoretische *Kontextualisierung der hermeneutischen Möglichkeiten*: Unter Einbezug von Überlegungen zur Lebenskunst von verschiedenen Disziplinen wie Philosophie, Soziologie, Anthropologie etc. lassen sich die »impliziten therapeutischen Lebenskunstmodelle« besser begreifen. Lebenskunstmodelle haben i. d. R. einen weiteren Rahmen als die therapeutischen Modelle. Sie beziehen unterschiedliche Wissensbestände mit ein und versuchen – über die Praktiken des Lebens hinweg – Ästhetik, Ethik, Sozialität, Ökonomie, Ökologie, Politik usw. in den Blick zu nehmen. Einerseits bedeutet eine solche Kontextualisierung eine Komplexitätssteigerung des Wissens und natürlich auch die Notwendigkeit, die relevanten Wissensformen für die Therapeutik zu rekonstruieren und an ihre Möglichkeiten anzuschließen. Andererseits aber können diese Wissensbestände auch zur Selbstreflexion und Selbstklärung der therapeutischen Denkformen beitragen und ihre hermeneutischen Möglichkeiten insofern vergrößern und vertiefen. Insbesondere, so wurde deutlich, sind es Menschen- und Weltbilder sowie Metaphern und Symboliken, die in dieser Hinsicht für die Therapeutik in hohem Maße sinnvoll aufgegriffen werden können.

Zudem kann die Therapeutik aber auch von einer *Kontextualisierung der praktischen Möglichkeiten* durch die Lebenskunst lernen: Zur Umsetzung therapeutischer Maßnahmen erscheint etwa der Bezug auf biografische Selbsttechnologien, die im Dienst einer Lebenskunst der Patienten stehen, als unabdingbar. Oder aber für »Askese-« und »Ekstasetechniken« sind soziale und kulturelle Belange in Praxis und Symbolik von zentraler Bedeutung. Zudem werden in der Moderne Selbst- und Anderenverhältnisse zunehmend mit ökonomischen und globalen Gegebenheiten und ihren jeweiligen Praktiken und Poetiken konfrontiert. Bedeutsam erscheint hier, dass die Lebenskunst in der Moderne in hohem Maße ästhetisch aufgeladen worden ist. Unter dem Kunstbegriff wird dabei vor allem auf die Inszenierung eines gelungenen Lebens abgestellt. Weniger die asketische Arbeit an sich selbst und weniger die Etablierung von sozialen oder politischen Kontextbedingungen zur Umsetzung von Lebenskunst erscheinen hier von Belang. Wichtig werden die ästhetischen Erfahrungen und die damit verbundenen (ekstatischen) Erlebnisse und das Zurschaustellen dieser Erfahrungen und Erlebnisse. Wichtiger werden auch Stil- und Geschmacksfragen, die ostentativ für eine »Erhöhung« und Sublimierung des Alltags sorgen sollen. *Be happy and show it!* – das scheint das Schlagwort einer modernen Lebenskunst zu sein, die wiederum für Pannen der Inszenierung und für das Ausbleiben von herausragenden (ästhetischen) Erlebnissen höchst anfällig wird. Denn Stile ändern sich schnell und Erlebnisse bekommen mit zunehmendem Konsum schnell einen faden Beigeschmack. Vor diesem Hintergrund erscheint nicht nur wichtig, wie Lebenskunst gelernt und erworben werden kann – etwa theoretisch, durch die Beschäftigung mit philosophischen Modellen –, sondern wie sie auch praktisch erworben wird. Hierbei spielen mimetisch-unbewusste Prozesse eine große Rolle. Denn es liegt auf der Hand, dass die Muster der Lebensgestaltung in zentralen institutionellen Zusammenhängen erworben werden – wie der Familie, der Schule, dem Arbeitsplatz. Auch diesem mimetischen Wissenserwerb nachzugehen, würde eine therapeutische Lebenskunst bereichern, zumal – wie gesehen – die Therapeutik selbst einen bedeutsamen Ort der Vermittlung von Lebenskunst bildet.

# Literatur

Abel, G. (1998). *Nietzsche: die Dynamik der Willen zur Macht und die ewige Wiederkehr*. 2. Aufl. Berlin und New York: de Gruyter.
Achenbach, G. (1981). *Philosophische Praxis*. Köln: Verlag für Philosophie Jürgen Dinter.
Adorno, Th.W. (1951). *Minima Moralia*. Frankfurt/M.: Suhrkamp 1979.
Adorno, Th.W. (1985). *Ästhetische Theorie*. 7. Aufl. Frankfurt/M.: Suhrkamp.
Alexander, F. (1950). Analyse der therapeutischen Faktoren in der psychoanalytischen Behandlung. *Psyche – Z Psychoanal, 4*, 401–416.
Alexander, F. & Selesnick, S.T. (1966). *Geschichte der Psychiatrie*. Zürich: Diana.
Altmeyer, M. & Thomä, H. (2006). *Die vernetzte Seele. Die intersubjektive Wende in der Psychoanalyse*. Stuttgart: Klett-Cotta.
Althans, B. & Zirfas, J. (2005). Die unbewusste Karte des Gemüts – Immanuel Kants Anthropologie der Passivität. In M.B. Buchholz & G. Gödde (Hrsg.), *Macht und Dynamik des Unbewussten. Auseinandersetzungen in Philosophie, Medizin und Psychoanalyse. Das Unbewusste, Bd. I* (S. 70–94). Gießen: Psychosozial-Verlag.
Angehrn, E. (2003). Leiden und Erkenntnis. In M. Heinze, C. Kupke & C. Kurth (Hrsg.), *Das Maß des Leidens. Klinische und theoretische Aspekte seelischen Krankseins* (S. 25–43). Würzburg: Königshausen & Neumann.
Anzieu, D. (1990). *Freuds Selbstanalyse und die Entdeckung der Psychoanalyse*. 2 Bände. München und Wien: Verlag Internationale Psychoanalyse.
Arbeitskreis OPD (Hrsg.). (2006). *Operationalisierte psychodynamische Diagnostik OPD-2*. Bern: Huber.
Arendt, H. (1958). *Vita activa oder Vom tätigen Leben*. München: Piper 1999.
Arendt, H. (1959). *Rahel Varnhagen. Lebensgeschichte einer deutschen Jüdin aus der Romantik*. München: Piper 1962.
Argelander, H. (1971). Ein Versuch zur Neuformulierung des Narzißmus. *Psyche – Z Psychoanal, 25*, 358–373.
Ariès, Ph. & Béjin, A. (Hrsg.) (1984). *Die Masken des Begehrens und die Metamorphosen der Sinnlichkeit. Zur Geschichte der Sexualität im Abendland*. 3. Aufl. Frankfurt/M.: Fischer.
Aristoteles (1981). *Metaphysik. Schriften zur ersten Philosophie*. Stuttgart: Reclam.
Aristoteles (1984). *Die Nikomachische Ethik*. Hrsg. v. O. Gigon. 5. Aufl. München: dtv.

## Literatur

Aristoteles (1986). *Politik.* Hrsg. v. O. Gigon. 6. Aufl. München: dtv.
Artemidor (1991). *Traumkunst.* Leipzig: Reclam.
Augustinus (1984). *Vom Gottesstaat.* 2 Bände. 2. Aufl. München: dtv.
Augustinus (1988). *Bekenntnisse.* 5. Aufl. München: dtv.
Bächli, A. & Graeser, A. (2000). *Grundbegriffe der antiken Philosophie.* Stuttgart: Reclam.
Bahr, H.-D. (2007). Fragment über Muße. *Paragrana. Internationale Zeitschrift für Historische Anthropologie, 16*(2), Themenheft: Muße, hrsg. v. Ch. Wulf u. J. Zirfas, 26–39.
Balint, A. (1936). Handhabung der Übertragung aufgrund der Ferenczischen Versuche. *Internationale Zeitschrift für Psychoanalyse, 22,* 47–58.
Balint, M. (1937). Frühe Entwicklungsstadien des Ichs. Primäre Objektliebe. In Ders., *Die Urformen der Liebe und die Technik der Psychoanalyse* (S. 93–115). Bern und Stuttgart: Klett 1966.
Balint, M. (1949). Wandlungen der therapeutischen Ziele und Techniken in der Psychoanalyse. In Ders., *Die Urformen der Liebe und die Technik der Psychoanalyse* (S. 255–279). Bern und Stuttgart: Klett 1966.
Balint, M. (1959). *Angstlust und Regression. Beitrag zur psychologischen Typenlehre.* Reinbek bei Hamburg: Rowohlt 1972.
Balint, M. (1968). *Therapeutische Aspekte der Regression.* Reinbek bei Hamburg: Rowohlt 1973.
Baranger, M. de (1993). Die geistige Arbeit des Analytikers: vom Zuhören zur Deutung. *Jahrbuch der Psychoanalyse, 30,* 26–45.
Barth, M. (2000). *Lebe den Tag. Von der Endlichkeit und der Kunst zu leben.* Reinbek bei Hamburg: Rowohlt.
Basch, M. F. (1992). *Die Kunst der Psychotherapie. Neueste theoretische Zugänge zur psychotherapeutischen Praxis.* München: Pfeiffer.
Bauman, Z. (1996). *Moderne und Ambivalenz. Das Ende der Eindeutigkeit.* Frankfurt/M.: Fischer.
Baumgarten, A. G. (1983). *Texte zur Grundlegung der Ästhetik.* Lateinisch Deutsch [1750/58]. Hamburg: Meiner.
Bayertz, K. (2014). *Der aufrechte Gang. Eine Geschichte des anthropologischen Denkens.* München: C. H. Beck.
Bedorf, Th. (2011). *Andere. Eine Einführung in die Sozialphilosophie.* Bielefeld: transcript.
Behne, F. (2010): »Man muss es ... für das Höchste halten, den Kranken gesund zu machen« – Medizin im Alten Ägypten und in der griechisch-römischen Antike. *Geschichte für heute. Zeitschrift für historisch-politische Bildung, 3,* 15–26.
Benjamin, W. (1972). Berliner Kindheit um Neunzehnhundert. *Gesammelte Schriften. Band IV.2* (S. 235–304). Frankfurt/M.: Suhrkamp.
Benjamin, W. (1984). *Allegorien kultureller Erfahrung.* Hrsg. v. S. Kleinschmidt. Leipzig: Reclam.
Bergeler, R. (2005). Gesundheit und Genuss. In Th. Hauer (Hrsg.), *Das Geheimnis des Geschmacks* (S. 82–99). Frankfurt/M.: Anabas-Verlag.
Berlin, I. (1999). *Die Wurzeln der Romantik.* Berlin: Berlin Verlag 2004.
Bernays, J. (1857). *Grundzüge der verlorenen Abhandlung des Aristoteles über Wirkung der Tragödie.* Hildesheim und New York: Olms 1970.
Bernegger, G. (2015). Das Mögliche möglich machen. Der Therapeut als Seiltänzer. In M. Poltrum & U. Heuner (Hrsg.), *Ästhetik als Therapie. Therapie als ästhetische Erfahrung* (S. 171–192). Berlin: Parodos.
Bernfeld, S. (1946). Ein unbekanntes autobiographisches Fragment von Freud. In S. Bernfeld & S. Cassirer Bernfeld, *Bausteine der Freud-Biographik* (S. 93–111). Frankfurt/M.: Suhrkamp 1981.

Bernfeld, S. (1949). Freuds wissenschaftliche Anfänge. In S. Bernfeld & S. Cassirer Bernfeld, *Bausteine der Freud-Biographik* (S. 112–147). Frankfurt/M.: Suhrkamp.
Bernheim, H. (1888). *Die Suggestion und ihre Heilwirkung*. Übers. v. S. Freud. Tübingen: edition diskord 1985.
Bernheim, H. (1892). *Neue Studien über Hypnotismus, Suggestion und Psychotherapie*. Übers. v. S. Freud. Leipzig und Wien: Deuticke.
Bilstein, J. (2004). Der ekstatische Moment im Bildungsprozess. *Paragrana. Internationale Zeitschrift für Historische Anthropologie, 13*(2), Themenheft: Rausch – Sucht – Ekstase, hrsg. v. Ch. Wulf & J. Zirfas, 293–310.
Bion, W. R. (1962). *Lernen durch Erfahrung*. Frankfurt/M.: Suhrkamp 1990.
Bion, W. R. (1970). *Aufmerksamkeit und Deutung*. Tübingen: edition diskord 2006.
Birnbacher, D. (2009). *Schopenhauer*. Stuttgart: Reclam.
Bittner, G. (1995). *Das Sterben denken um des Lebens willen*. Frankfurt/M:. Fischer.
Bittner, G. (1998). *Metaphern des Unbewussten. Eine kritische Einführung in die Psychoanalyse*. Stuttgart: Kohlhammer.
Blackburn, S. (2008). *Wollust. Die schöne Todsünde*. 2. Aufl. Berlin: Klaus Wagenbach.
Blankenburg, M. (1986). Der »thierische Magnetismus in Deutschland. Nachrichten aus dem Zwischenreich. In R. Darnton, *Der Mesmerismus und das Ende der Aufklärung in Frankreich* (S. 191–228). Frankfurt/M. und Berlin: Ullstein.
Bloch, E. (1982). *Das Prinzip Hoffnung*. 8. Aufl. Frankfurt/M.: Suhrkamp.
Blochmann, E. (1950). Der pädagogische Takt. *Die Sammlung. Zeitung für Kultur und Erziehung 5*, 712–720.
Blumenberg, H. (1979). *Schiffbruch mit Zuschauer. Paradigma einer Daseinsmetapher*. Frankfurt/M.: Suhrkamp.
Bohleber, W. (2007a). Editorial: Psychoanalytiker bei der Arbeit – ihre Praxis, ihre Theorien. *Psyche – Z Psychoanal, 61*(9/10), 831–836.
Bohleber, W. (2007b). Der Gebrauch von offiziellen und privaten impliziten Theorien in der klinischen Situation. *Psyche – Z Psychoanal, 61*(9/10), 995–1016.
Bohleber, W. (2012). Vom Chirurgen zum Mitspieler. Über die Veränderung leitender Metaphern in der klinischen Theorie. In Ders., *Was Psychoanalyse heute leistet. Identität und Intersubjektivität, Trauma und Therapie, Gewalt und Gesellschaft* (S. 41–59). Stuttgart: Klett-Cotta.
Böhme, H & Böhme, G. (1985). *Das Andere der Vernunft. Zur Entwicklung der Rationalitätsstrukturen am Beispiel Kants*. Frankfurt/M.: Suhrkamp.
Böker, H. (2011). Zur Funktionalität der Dysfunktionalität – Die Dilemmata des an Psychose erkrankten Menschen. Laudatio zu Ehren von Stavros Mentzos. In D. v. Haebler, S. Mentzos & G. Lempa (Hrsg.), *Psychosenpsychotherapie im Dialog. Zur Gründung des DDPP (= Forum der psychoanalytischen Psychosentherapie*, Band 26, S. 11–22). Göttingen: Vandenhoeck & Ruprecht.
Bollas, C. (2006). Übertragungsdeutung als ein Widerstand gegen die freie Assoziation. *Psyche – Z Psychoanal, 60*, 932–947.
Bollas, C. (2011). *Die unendliche Frage: Zur Bedeutung des freies Assoziierens*. Frankfurt/M.: Brandes & Apsel.
Boll-Klatt, A. & Kohrs, M. (2014). *Praxis der psychodynamischen Psychotherapie. Grundlagen – Modelle – Konzepte*. Stuttgart: Schattauer.
Bolten, J. C. (1751). *Gedancken von Psychologischen Curen*. Halle: Hemmerde.
Bourdieu, P. (1974). *Zur Soziologie der symbolischen Formen*. Frankfurt/M.: Suhrkamp.

# Literatur

Bourdieu, P. (1978). *Entwurf einer Theorie der Praxis, auf der ethnologischen Grundlage der kabylischen Gesellschaft.* Frankfurt/M.: Suhrkamp.
Bourdieu, P. (1982). *Die feinen Unterschiede. Kritik der gesellschaftlichen Urteilskraft.* Frankfurt/M.: Suhrkamp.
Bozetti, I., Focke, I. & Hahn, I. (Hrsg.). (2014). *Unerhört – Vom Hören und Verstehen. Die Wiederentdeckung der grundlegenden Methode der Psychoanalyse.* Stuttgart: Klett-Cotta.
Braid, J. (1882). *Der Hypnotismus. Ausgewählte Schriften von J. Braid.* Hrsg. v. W. Preyer. Berlin: Paetel.
Brandstetter, U. (2012). Ästhetische Erfahrung. In H. Bockhorst, V. Reinwand & W. Zacharias (Hrsg.), *Handbuch Kulturelle Bildung* (S. 174–180). München: kopaed.
Brandt, R. (1999). *Kommentar zu Kants Anthropologie in pragmatischer Hinsicht [1798].* Hamburg: Meiner.
Bräutigam, W. (1983). Beziehung und Übertragung in Freuds Behandlungen und Schriften. *Psyche – Z Psychoanal, 37,* 116–129.
Brenner, A. & Zirfas, J. (2002). *Lexikon der Lebenskunst.* Leipzig: Reclam.
Breuer, J. (1882). Krankengeschichte Bertha Pappenheim (Anna O.). In A. Hirschmüller (1978), *Physiologie und Psychoanalyse in Leben und Werk Josef Breuers* (S. 348–363). Bern: Huber.
Breuer, J. (1895a). Beobachtung I. Frl. Anna O. In J. Breuer & S. Freud, Studien über Hysterie. *G.W., Nachtragsb.,* S. 221–243.
Breuer, J. (1895b). Theoretisches. In J. Breuer & S. Freud, Studien über Hysterie. *G.W., Nachtragsb.,* S. 244–310.
Breuer, J. & Freud, S. (1893). Über den psychischen Mechanismus hysterischer Phänomene. Vorläufige Mitteilung. *G.W., Bd. I,* S. 81–98.
Brock, E. (2015). *Nietzsche und der Nihilismus.* Berlin, München und Boston: de Gruyter.
Bronfen, E. (1998). *Das verknotete Subjekt. Hysterie in der Moderne.* Berlin: Verlag Volk & Welt.
Brown, P. (1994). *Die Keuschheit der Engel. Sexuelle Entsagung, Askese und Körperlichkeit im frühen Christentum.* München: dtv.
Bruder, K.-J. (2005). Das Unbewusste, der Diskurs der Macht. In M. B. Buchholz & G. Gödde (Hrsg.), *Macht und Dynamik des Unbewussten – Auseinandersetzungen in Philosophie, Medizin und Psychoanalyse. Das Unbewusste, Bd. II* (S. 635–668). Gießen: Psychosozial-Verlag.
Brückner, B. (2007). *Delirium und Wahn. Geschichte, Selbstzeugnisse und Theorien von der Antike bis 1900. Band I und II.* Hürtgenwald: Guido Pressler.
Brückner, B. (2010). *Geschichte der Psychiatrie.* Bonn: Psychiatrie-Verlag.
Brückner, D. (2003). *Geschmack. Untersuchungen zu Wortsemantik und Begriff im 18. und 19. Jahrhundert.* Berlin: de Gruyter.
Brumlik, M. (1992). *Advokatorische Ethik. Zur Legitimation pädagogischer Eingriffe.* Bielefeld: Kt-Verlag.
Brusotti, M. (1997). *Die Leidenschaft der Erkenntnis. Philosophie und ästhetische Lebensgestaltung bei Nietzsche von Morgenröthe bis Also sprach Zarathustra.* Berlin und New York: de Gruyter.
Buchholz, M. B. (Hrsg.). (1993). *Metaphernanalyse.* Göttingen: Vandenhoeck & Ruprecht.
Buchholz, M. B. (1995). Metaphernanalyse eines Therapiegesprächs. In Ders. (Hrsg.), *Psychotherapeutische Interaktion* (S. 93–125). Opladen: Westdeutscher Verlag.
Buchholz, M. B. (1996). *Metaphern der »Kur«. Eine qualitative Studie zum psychotherapeutischen Prozess.* 2. Aufl. Gießen: Psychosozial-Verlag 2003.
Buchholz, M. B. (1998). Die Metapher im psychoanalytischen Dialog. *Psyche – Z Psychoanal, 52*(6), 545–571.
Buchholz, M. B. (1999). *Psychotherapie als Profession.* Gießen: Psychosozial-Verlag.

Buchholz, M. B. (2003). Psychoanalyse als »weltliche Seelsorge«. *Journal für Psychologie, 11*(3), Themenheft: *Lebenskunst*, hrsg. v. M. B. Buchholz & G. Gödde, 231–253.
Buchholz, M. B. (2004). Für eine relationale Psychoanalyse: Stephen Mitchell. *Psychosozial 97, 27*(3), 29–41.
Buchholz, M. B. (2007). Entwicklungsdynamik psychotherapeutischer Kompetenzen. *Psychotherapeutenjournal, 6,* 373–382.
Buchholz, M. B. (2008). Worte hören, Bilder sehen – Seelische Bewegung und ihre Metaphern. *Psyche – Z Psychoanal, 62,* 552–580.
Buchholz, M. B. (2010). Über den Individualismus hinaus. Die Entwicklung des Selbstempfindens bei Daniel N. Stern und einige Befunde der Säuglingsforschung. In B. Jörissen & J. Zirfas (Hrsg.), *Schlüsselwerke der Identitätsforschung* (S. 69–86). Wiesbaden: VS Verlag.
Buchholz, M. B. (2012a). Formen des Wissens und ihre Entwicklung bei Therapeuten. In G. Gödde & M. B. Buchholz (Hrsg.). (2012), *Der Besen, mit dem die Hexe fliegt. Wissenschaft und Therapeutik des Unbewussten.* Band 1: *Psychologie als Wissenschaft der Komplementarität* (S. 409–446). Gießen: Psychosozial-Verlag.
Buchholz, M. B. (2012b). Profession und empirische Forschung – Souveränität und Integration. In A.-M. Schlösser & A. Gerlach (Hrsg.). (2012), *Grenzen überschreiten – Unterschiede integrieren. Psychoanalytische Psychotherapie im Wandel* (S. 211–239). Gießen: Psychosozial-Verlag.
Buchholz, M. B. (2013). Wie sich implizites Wissen bei Therapeuten entwickelt. In P. Geißler & A. Sassenfeld (Hrsg.), *Jenseits von Sprache und Denken. Implizite Dimensionen im psychotherapeutischen Geschehen* (S. 25–55). Gießen: Psychosozial-Verlag.
Buchholz, M. B. (Hrsg.) (2015). *Die Macht der Metapher in Psyche und Kultur. Interdisziplinäre Perspektiven.* Gießen: Psychosozial-Verlag.
Buchholz, M. B. & Gödde, G. (Hrsg.). (2005a). *Macht und Dynamik des Unbewussten. Auseinandersetzungen in Philosophie, Medizin und Psychoanalyse. Das Unbewusste, Bd. I.* Gießen: Psychosozial-Verlag.
Buchholz, M. B. & Gödde, G. (Hrsg.). (2005b). *Das Unbewusste in aktuellen Diskursen. Anschlüsse. Das Unbewusste, Bd. II.* Gießen: Psychosozial-Verlag.
Buchholz, M. B. & Gödde, G. (2005c). Das Unbewusste und seine Metaphern. In Dies. (Hrsg.), *Macht und Dynamik des Unbewussten. Auseinandersetzungen in Philosophie, Medizin und Psychoanalyse. Das Unbewusste, Bd. I* (S. 671–712). Gießen: Psychosozial-Verlag.
Buchholz, M. B. & Gödde, G. (Hrsg.). (2006). *Das Unbewusste in der Praxis. Erfahrungen verschiedener Professionen. Das Unbewusste, Bd. III.* Gießen: Psychosozial-Verlag.
Buchholz, M. B. & Gödde, G. (2014). Balance, Rhythmus, Resonanz – auf dem Wege zu einer Komplementarität zwischen »vertikaler« und »resonanter« Dimension des Unbewussten. *Psyche – Z Psychoanal, 67*(9/10), 844–880.
Buck, G. (1967). *Lernen und Erfahrung. Zum Begriff der didaktischen Induktion.* Stuttgart u. a.: Kohlhammer.
Buck, G. (1981). *Hermeneutik und Bildung.* München: Wilhelm Fink.
Bühler, K.-E. & Heim, G. (2005). Die Konzeption des Unterbewussten und des psychischen Automatismus bei Pierre Janet. In M. B. Buchholz & G. Gödde (Hrsg.), *Macht und Dynamik des Unbewussten. Auseinandersetzungen in Philosophie, Medizin und Psychoanalyse. Das Unbewusste, Bd. I* (S. 296–330). Gießen: Psychosozial-Verlag.
Callendar, J. S. (2005). The Role of aesthetic Jugdments in Psychotherapy. *PPP, 12,* 283–295.
Camassa, G., Evrard, E., Benakis, L. & Pagnoni-Sturlese, M. R. (1989). Art. Phantasia. In J. Ritter & K. Gründer (Hrsg.), *Historisches Wörterbuch der Philosophie, Bd. 7* (Sp. 515–535). Darmstadt: WBG.

Canestri, J. (Hrsg.). (2006). *Psychoanalysis. From Practice to Theory.* London: Wiley.
Canestri, J. (2007). Supervision in der psychoanalytischen Ausbildung. Zur Verwendung impliziter Theorien in der psychoanalytischen Praxis. *Psyche – Z Psychoanal, 61,* 1017–1041.
Canestri, J. (Hrsg.). (2012). *Putting Theory to Work: How are Theories Actually Used in Practice?* London: Karnac.
Canestri, J., Bohleber, W., Denis, P. & Fonagy, P. (2006). The map of private (implicit, preconscious) theories in clinical practice. In J. Canestri (Hrsg.), *Psychoanalysis. From Practice to Theory* (S. 29–43). London: Wiley.
Carbone, M. & Jung, J. (2000). *Langsame Curen. Ansichten zur Kunst der Gesundheit.* Freiburg, Basel und Wien: Herder.
Carus, C. G. (1846). *Psyche. Zur Entwicklungsgeschichte der Seele.* Ausgewählt u. eingeleitet. v. L. Klages. Jena: Diederichs 1926.
Carus, C. G. (1863). *Die Lebenskunst nach den Inschriften des Tempels zu Delphi.* Stuttgart: Verlag Freies Geistesleben 1968.
Carveth, D. L. (1984). Die Metaphern des Analytikers. Eine dekonstruktionistische Perspektive. In M. B. Buchholz (Hrsg.), *Metaphernanalyse* (S. 15–71). Göttingen: Vandenhoeck & Ruprecht 1993.
Caysa, V. (2000). Asketismus. In H. Ottmann (Hrsg.), *Nietzsche-Handbuch. Leben – Werk – Wirkung* (S.195–197). Stuttgart: Metzler.
Cicero (1996). *De finibus bonorum et malorum. Über das höchste Gute und das größte Übel.* Stuttgart: Reclam.
Cremerius, J. (1976). Einführung. In Th. Reik, *Hören mit dem dritten Ohr* (S. 7–14). Hamburg: Hoffmann & Campe.
Cremerius, J. (1979). Gibt es *zwei* analytische Techniken? In Ders., *Vom Handwerk des Psychoanalytikers: Das Werkzeug der psychoanalytischen Technik, Bd. 1* (S. 187–209). Stuttgart-Bad Cannstatt: frommann-holzboog 1984.
Cremerius, J. (1981). Freud bei der Arbeit über die Schulter geschaut. – Seine Technik im Spiegel von Schülern und Patienten. In Ders., *Vom Handwerk des Psychoanalytikers: Das Werkzeug der psychoanalytischen Technik, Bd. 2* (S. 326–363). Stuttgart-Bad Cannstatt: frommann-holzboog 1984.
Cremerius, J. (1982). Die Bedeutung des Dissidenten für die Psychoanalyse. In Ders. (1984), *Vom Handwerk des Psychoanalytikers: Das Werkzeug der psychoanalytischen Technik, Bd. 2* (S. 364–397). Stuttgart-Bad Cannstatt: frommann-holzboog.
Cremerius, J. (1984). *Vom Handwerk des Psychoanalytikers: Das Werkzeug der psychoanalytischen Technik.* 2 Bände. Stuttgart-Bad Cannstatt: frommann-holzboog.
Cremerius, J. (1986). Wodurch wirkt Psychotherapie. In Ders. (1998), *Arbeitsberichte aus der psychoanalytischen Praxis* (S. 220–232). Tübingen: edition diskord.
Crisp, R. & Slote, M. (Hrsg.). (1997). *Virtue Ethics.* Oxford: OUP.
Dalma, J. (1963). Die Katharsis bei Aristoteles, Bernays und Freud. Übers. u. eingel. v. F. P. Gil & G. Kraft. *Psychoneuro, 30, 2004,* 112–115, 169–173.
Dannecker, K. (2010). *Psyche und Ästhetik. Die Transformationen der Kunsttherapie.* Berlin: Medizinisch Wissenschaftliche Verlagsgesellschaft.
Dantlgraber, J. (2014). Psychoanalytische Haltung. In W. Mertens (Hrsg.), *Handbuch psychoanalytischer Grundbegriffe* (S. 344–348). Stuttgart: Kohlhammer.
Darnton, R. (1986). *Der Mesmerismus und das Ende der Aufklärung in Frankreich.* Frankfurt/M. und Berlin: Ullstein.
Daston, L. & Galison, P. (2007). *Objektivität.* Frankfurt/M.: Suhrkamp.

Deines, S., Liptow, J. & Seel, M. (2013). Kunst und Erfahrung. Eine theoretische Landkarte. In Dies. (Hrsg.), *Kunst und Erfahrung. Beiträge zu einer philosophischen Kontroverse* (S. 7–37). Frankfurt/M.: Suhrkamp.
Delay, J. (1963). Pierre Janet. In K. Kolle (Hrsg.), *Große Nervenärzte, Band III* (S. 77–85). Stuttgart: Thieme.
Demmerling, Ch. & Landweer, H. (2007). *Philosophie der Gefühle. Von Achtung bis Zorn*. Stuttgart: Metzler.
Derrida, J. (1983). *Grammatologie*. Frankfurt/M.: Suhrkamp.
Derrida, J. (1998). *Aporien. Sterben – Auf die »Grenzen der Wahrheit« gefaßt sein*. München: Fink.
Descartes, R. (1637). *Von der Methode des richtigen Vernunftgebrauchs und der wissenschaftlichen Forschung*. Übers. u. hrsg. v. L. Gäbe. Hamburg: Meiner 1997.
Descartes, R. (1641). *Meditationen über die Grundlagen der Philosophie* (1641). Hrsg. v. L. Gäbe. Hamburg: Meiner 1993.
Descartes, R. (1649). *Die Leidenschaften der Seele* (1649). Hrsg. v. K. Hamacher. Hamburg: Meiner 1996.
Deschner, K. (1974). *Das Kreuz mit der Kirche. Eine Sexualgeschichte des Christentums*. 2. Aufl. Düsseldorf und Wien: Econ.
Dessoir, M. (1888). *Bibliographie des modernen Hypnotismus*. Berlin: Duncker.
Detel, W. (2011). *Geist und Verstehen. Historische Grundlagen einer modernen Hermeneutik*. Frankfurt/M.: Klostermann.
Dickson, S., Goldmann, St. & Wingertszahn, C. (Hrsg.). (2011). *»Fakta und kein moralisches Geschwätz«. Zu den Fallgeschichten im »Magazin für Erfahrungsseelenkunde« (1783–1793)*. Göttingen: Wallstein.
Didi-Huberman, G. (1997). *Erfindung der Hysterie. Die photographische Klinik von Jean-Martin Charcot*. München: Wilhelm Fink.
Diogenes Laertios (1998). *Leben und Lehre der Philosophen*. Stuttgart: Reclam.
Dodds, E. R. (1970). *Die Griechen und das Irrationale*. Darmstadt: WBG.
Dörner, K. (1969). *Bürger und Irre*. Überarb. Neuauflage. Frankfurt/M.: Syndikat/EVA 1984.
Doolittle, H. (1956). *Huldigung an Freud*. Frankfurt/M., Berlin und Wien: Ullstein 1975.
Dornes, M. (1993). *Der kompetente Säugling*. Frankfurt/M.: Fischer.
Dornes, M. (2012). *Die Modernisierung der modernen Seele. Kind – Familie – Gesellschaft*. Frankfurt/M.: Fischer.
Dover, K. (1983). *Homosexualität in der griechischen Antike*. München: C. H. Beck.
Dubois, P. (1904). *Die Psychoneurosen und ihre seelische Behandlung*. 2. Aufl. Bern: Francke Verlag 1910.
Düe, M. (1993). Askese und Ekstase bei Freud. *Psyche – Z Psychoanal, 47*, 407–424.
Duerr, H. P. (1988). *Nacktheit und Scham. Der Mythos vom Zivilisationsprozess*. 2. Aufl. Frankfurt/M.: Suhrkamp.
Eagleton, T. (2008). *Der Sinn des Lebens*. Berlin: Ullstein.
Ebeling, K. (2012). Saxa Loquuntur! Freuds Archäologie der Hysterie. In C. Kirchhoff & G. Scharbert (Hrsg.), *Freuds Referenzen* (S. 53–82). Berlin: Kadmos.
Eckart, W. U. (2008). *Geschichte der Medizin: Fakten, Konzepte, Haltungen*. 6. Aufl. Heidelberg: Springer.
Edelstein, L. (1966). Antike Diätetik. *Medizinhistorisches Journal, 1*, 162–174.
Edelstein, L. (1967). *Ancient Medicine. Selected Papers*. Baltimore und London: John Hopkins University Press.
Eder, F. X. (2002). *Kultur der Begierde. Eine Geschichte der Sexualität*. München: C. H. Beck.

Ehlers, W. & Holder, A. (2009). *Psychoanalytische Verfahren*. Stuttgart: Klett-Cotta.
Ehrenberg, A. (1998). *Das erschöpfte Selbst. Depression und Gesellschaft in der Gegenwart*. Frankfurt/M.: Suhrkamp 2012.
Eissler, K. R. (1974). Über Freuds Freundschaft mit Wilhelm Fließ nebst einem Anhang über Freuds Adoleszenz und einer historischen Bemerkung über Freuds Jugendstil. In *Aus Freuds Sprachwelt und andere Beiträge* (= Jahrbuch der Psychoanalyse, Beiheft 2, S. 39–100). Bern: Huber.
Elias, N. (1985). *Über den Prozess der Zivilisation. Soziogenetische und psychogenetische Untersuchungen*. 2 Bände. 10. Aufl. Frankfurt/M.: Suhrkamp.
Elberfeld, R. (2007). Zur Handlungsform der »Muße«. Ostasiatische Perspektiven jenseits von Aktivität und Passivität. *Paragrana. Internationale Zeitschrift für Historische Anthropologie, 16*(1), Themenheft: Muße, hrsg. v. Ch. Wulf & J. Zirfas, 193–203.
Ellenberger, H. F. (1973). *Die Entdeckung des Unbewußten. Geschichte und Entwicklung der dynamischen Psychiatrie von den Anfängen bis zu Janet, Freud, Adler und Jung*. Zürich: Diogenes 2005.
Engel, U. (1996). *Zum Verhältnis von Psychiatrie und Pädagogik. Aspekte einer vernunftkritischen Psychiatriegeschichte*. Frankfurt/M.: Mabuse Verlag.
Engelen, E.-M. (2007). *Gefühle*. Stuttgart: Reclam.
Ennemoser, J. (1842). *Der Magnetismus im Verhältnisse zur Natur und Religion*. Stuttgart und Tübingen: Cotta.
Epikur (1973). *Philosophie der Freude*. Stuttgart: Kröner.
Epikur (2000). *Briefe. Sprüche. Werkfragmente*. Griechisch/Deutsch. Stuttgart: Reclam.
Erasmi Roterodami (1721). *Civilitas morum oder Anweisung zu höflichen Sitten*. Goslariae: Johann Christoph König.
Erasmus von Rotterdam (1963). Über die Umgangserziehung der Kinder. In Ders., *Ausgewählte pädagogische Schriften* (S. 89–106). Besorgt v. A. J. Gail. Paderborn: Schöningh.
Erdheim, M. (1981). Freuds Größenphantasien, sein Konzept des Unbewußten und die Wiener Décadence. *Psyche – Z Psychoanal, 35*, 857–874, 1006–1033.
Erdheim, M. (1988). Zum Problem der gleichschwebenden Aufmerksamkeit. *Psyche – Z Psychoanal, 42*, 221–224.
Ermann, M. (Hrsg.). (1996). *Die hilfreiche Beziehung in der Psychoanalyse*. Göttingen: Vandenhoeck & Ruprecht.
Ermann, M. (2004). Die tiefenpsychologisch fundierte Methodik in der Praxis. *Forum Psychoanal, 20*, 300–313.
Ermann, M. (2005). Explizite und implizite psychoanalytische Behandlungspraxis. *Forum Psychoanal, 21*, 3–13.
Ermann, M. (2010). *Psychoanalyse heute. Entwicklungen seit 1975 und aktuelle Bilanz*. Stuttgart: Kohlhammer.
Fahrenberg, J. (2004). *Annahmen über den Menschen. Menschenbilder aus psychologischer, biologischer, religiöser und interkultureller Sicht*. 2. Aufl. Heidelberg und Kröning: Asanger 2008.
Fahrenberg, J. (2008). Die Wissenschaftskonzeption der Psychologie bei Kant und Wundt als Hintergrund heutiger Kontroversen. http://www.jochen-fahrenberg.de/ (15.01.2016).
Fahrenberg, J. (2012). Plädoyer für eine interdisziplinäre Anthropologie auf empirischer Basis. In M. B. Buchholz & G. Gödde (Hrsg.), *Der Besen, mit dem die Hexe fliegt. Wissenschaft und Therapeutik des Unbewussten*. Band 2: *Konversation und Resonanz in der Psychotherapie* (S. 249–278). Gießen: Psychosozial-Verlag.
Fahrenberg, J. (2013). *Zur Kategorienlehre der Psychologie. Komplementaritätsprinzip, Perspektiven und Perspektivenwechsel*. Lengerich: Pabst.

Fellmann, F. (2000). *Die Angst des Ethiklehrers vor der Klasse. Ist Moral lehrbar?* Stuttgart: Reclam.
Fellmann, F. (2009). *Philosophie der Lebenskunst zur Einführung*. Hamburg: Junius.
Fenichel, O. (1935). Zur Theorie der psychoanalytischen Technik. *Int. Z Psychoanal, 21,* S. 78–95.
Fenichel, O. (1938). *Probleme der psychoanalytischen Technik.* Hrsg. v. M. Giefer & E. Mühlleitner. Gießen: Psychosozial-Verlag. Neudruck 2001.
Ferenczi, S. (1919). Zur psychoanalytischen Technik. In Ders. (1982), *Schriften zur Psychoanalyse, Bd. I* (S. 272–283). Frankfurt/M.: Fischer.
Ferenczi, S. (1926). Kontraindikationen der aktiven Psychoanalytischen Technik. *Int Z Psychoanal, 10,* 3–14.
Ferenczi, S. (1928). Die Elastizität der psychoanalytischen Technik. In Ders., *Bausteine zur Psychoanalyse, Bd. III* (S. 380–398). 3. Aufl. Frankfurt/M., Berlin und Wien: Ullstein 1984.
Ferenczi, S. (1929). Relaxationsprinzip und Neokatharsis. In Ders., *Bausteine zur Psychoanalyse, Bd. III* (S. 469–489). Frankfurt/M., Berlin und Wien 1984.
Ferenczi, S. (1932). *Ohne Sympathie keine Heilung. Das klinische Tagebuch von 1932.* Frankfurt/M.: Fischer 1999.
Ferenczi, S. & Groddeck, G. (1986). *Briefwechsel 1921–1933.* Frankfurt/M.: Fischer.
Ferenczi, S. & Rank, O. (1924). *Entwicklungsziele der Psychoanalyse. Zur Wechselbeziehung von Theorie und Praxis.* Wien: Turia + Kant 1996.
Ferro, A. (2003). *Das bipersonale Feld. Konstruktivismus und Feldtheorie in der Kinderanalyse.* Gießen: Psychosozial-Verlag.
Ferro, A. (2005). *Im analytischen Raum.* Gießen: Psychosozial-Verlag.
Fiedler, P. (2000). *Integrative Psychotherapie bei Persönlichkeitsstörungen.* Göttingen: Hogrefe.
Finke, J. (1999). *Beziehung und Intervention. Interaktionsmuster, Behandlungskonzepte und Gesprächstechnik in der Psychotherapie.* Stuttgart und New York: Thieme.
Fischer-Lichte, E. (1998). Inszenierung und Theatralität. In H. Willems & M. Jurga (Hrsg.), *Inszenierungsgesellschaft* (S. 81–90). Opladen und Wiesbaden: Westdeutscher Verlag.
Fleck, L. (1935). *Entstehung und Entwicklung einer wissenschaftlichen Tatsache. Einführung in die Lehre vom Denkstil und Denkkollektiv.* Frankfurt/M.: Suhrkamp 1980.
Fonagy, P., Gergely, G., Jurist, E.J. & Target, M. (2004). *Affektregulierung, Mentalisierung und die Entwicklung des Selbst.* Stuttgart: Klett-Cotta.
Fonagy, P. & Target, M. (2006). *Psychoanalyse und die Psychopathologie der Entwicklung.* Stuttgart: Klett-Cotta.
Foucault, M. (1961). *Wahnsinn und Gesellschaft.* Frankfurt/M.: Suhrkamp 1969.
Foucault, M. (1968). *Psychologie und Geisteskrankheit.* Frankfurt/M.: Suhrkamp.
Foucault, M. (1974). *Die Ordnung der Dinge. Eine Archäologie der Humanwissenschaften.* Frankfurt/M.: Suhrkamp.
Foucault, M. (1977). *Überwachen und Strafen. Die Geburt des Gefängnisses.* Frankfurt/M.: Suhrkamp.
Foucault, M. (1978). *Dispositive der Macht. Über Sexualität, Wissen und Wahrheit.* Berlin: Merve.
Foucault, M. (1984a). Der Kampf um die Keuschheit. In Ph. Ariès & A. Béjin (Hrsg.) (1984), *Die Masken des Begehrens und die Metamorphosen der Sinnlichkeit. Zur Geschichte der Sexualität im Abendland.* 3. Aufl. (S. 25–39). Frankfurt/M.: Fischer.
Foucault, M. (1984b). *Von der Freundschaft. Michel Foucault im Gespräch.* Berlin: Merve.
Foucault, M. (1985). *Freiheit und Selbstsorge.* Hrsg. v. H. Becker, L. Wolfstetter, A. Gomez-Muller & R. Fornet-Betancourt. Frankfurt/M.: Materialis.
Foucault, M. (1986). *Der Gebrauch der Lüste. Sexualität und Wahrheit 2.* Frankfurt/M.: Suhrkamp.
Foucault, M. (1989a). *Sexualität und Wahrheit. Der Wille zum Wissen.* Frankfurt/M.: Suhrkamp.
Foucault, M. (1989b). *Die Sorge um sich. Sexualität und Wahrheit 3.* Frankfurt/M.: Suhrkamp.

Foucault, M. (1996). *Diskurs und Wahrheit. Berkeley-Vorlesungen 1983.* Hrsg. v. J. Pearson. Berlin: Merve.
Foucault, M. (2007). *Ästhetik der Existenz. Schriften zur Lebenskunst.* Frankfurt/M.: Suhrkamp.
Francke, A. H. (1699). *Die geistliche Seelen-Cur: In einer Predigt über das Evangelium Matth. IX, V. 1–8, Am 19. Sonntag nach Trinitatis. Anno 1698.* Halle: Christian Henckeln, Univ. Buchdr.
Frankfurt, H. G. (2007). *Sich selbst ernst nehmen.* Frankfurt/M.: Suhrkamp.
Frankl, V. E. (2013). *Das Leiden am sinnlosen Leben. Psychotherapie für heute.* Freiburg im Breisgau: Herder.
Freese, H.-L. (1989). *Kinder sind Philosophen.* Weinheim und Berlin: Quadriga.
Freud, S. (1871). Zerstreute Gedanken. In *Aus Freuds Sprachwelt und andere Beiträge* (= *Jahrbuch der Psychoanalyse,* Beiheft 2, S. 101). Bern: Huber 1974.
Freud, S. (1888). Hysterie. *G.W., Nachtragsb.,* S. 72–90.
Freud, S. (1889). Rezension von Forel, Auguste, Der Hypnotismus. *G.W., Nachtragsb.,* S. 125–139.
Freud, S. (1890). Psychische Behandlung (Seelenbehandlung). *G.W., Bd. V,* S. 287–315.
Freud, S. (1893). »Charcot †«. *G.W., Bd. I,* S. 21–35.
Freud, S. (1894). Die Abwehr-Neuropsychosen. Versuch einer psychologischen Theorie der acquirierten Hysterie, vieler Phobien und Zwangsvorstellungen und gewisser hallucinatorischer Psychosen. *G.W. Bd. I,* S. 59–74.
Freud, S. (1895). *Studien über Hysterie [ohne Breuers Beiträge]. G. W., Bd. I,* S. 99–312.
Freud, S. (1896). Zur Ätiologie der Hysterie. *G.W., Bd. I,* S. 425–459.
Freud, S. (1899). Über Deckerinnerungen. *G.W., Bd. I,* S. 531–554.
Freud, S. (1900). *Die Traumdeutung. G.W., Bd. II-III.*
Freud, S. (1901). *Zur Psychopathologie des Alltagslebens. G.W., Bd. IV.*
Freud, S. (1904). Die Freudsche psychoanalytische Methode. *G.W., Bd. V,* S. 3–10.
Freud, S. (1905a). Über Psychotherapie. *G.W., Bd. V,* S. 13–26.
Freud, S. (1905b). Bruchstück einer Hysterie-Analyse. *G.W., Bd. V,* S. 161–286.
Freud, S. (1905c). Drei Abhandlungen zur Sexualtheorie. *G.W., Bd. V,* S. 33–145.
Freud, S. (1906). Tatbestandsdiagnostik und Psychoanalyse. *G.W., Bd. VII,* S. 3–15.
Freud, S. (1908a). Die »kulturelle« Sexualmoral und die moderne Nervosität. *G.W., Bd. VII,* S. 143–167.
Freud, S. (1908b). Der Dichter und das Phantasieren. *G.W., Bd. VII,* S. 211–220.
Freud, S. (1910a). Über Psychoanalyse. Fünf Vorlesungen, gehalten zur 20jährigen Gründungsfeier der Clark-University in Worcester, Mass., September 1909. *G.W., Bd. VIII,* S. 1–60.
Freud, S. (1910b). Die zukünftigen Chancen der psychoanalytischen Therapie. *G.W., Bd. VIII,* S. 104–115.
Freud, S. (1910c). Über »wilde« Psychoanalyse. *G.W., Bd. VIII,* S. 118–125.
Freud, S. (1911). Die Handhabung der Traumdeutung in der Psychoanalyse. *G.W., Bd. VIII,* S. 350–357.
Freud, S. (1912a). Zur Dynamik der Übertragung. *G.W., Bd. VIII,* S. 364–374.
Freud, S. (1912b). Ratschläge für den Arzt bei der psychoanalytischen Behandlung. *G.W., Bd. VIII,* S. 376–387.
Freud, S. (1912c). Einige Bemerkungen über den Begriff des Unbewußten in der Psychoanalyse. *G.W., Bd. VIII,* S. 430–439.
Freud, S. (1912–13). *Totem und Tabu. G.W., Bd. IX.*
Freud, S. (1913). Zur Einleitung der Behandlung (Weitere Ratschläge zur Technik der Psychoanalyse I). *G.W., Bd. VIII,* S. 454–478.
Freud, S. (1914a). Der Moses des Michelangelo. *G.W., Bd. X,* S. 171–201.
Freud, S. (1914b). Erinnern, Wiederholen und Durcharbeiten (Weitere Ratschläge zur Technik der Psychoanalyse II). *G.W., Bd. X,* S. 126–136.

Freud, S. (1914c). Zur Geschichte der psychoanalytischen Bewegung. *G.W., Bd. X*, S. 43–113.
Freud, S. (1915a). Bemerkungen über die Übertragungsliebe (Weitere Ratschläge zur Technik der Psychoanalyse III). *G.W., Bd. X*, S. 306–321.
Freud, S. (1915b). Zeitgemäßes über Krieg und Tod. *G.W., Bd. X*, S. 324–355.
Freud, S. (1915c). Das Unbewusste. *G.W., Bd. X*, S. 264–303.
Freud, S. (1916–17). *Vorlesungen zur Einführung in die Psychoanalyse. G.W. Bd. XI*.
Freud, S. (1917). Eine Kindheitserinnerung aus »Dichtung und Wahrheit«. *G.W., Bd. XII*, S. 15–26.
Freud, S. (1918). Aus der Geschichte einer infantilen Neurose [Der »Wolfsmann«]. *G.W., Bd. XII*, S. 27–157.
Freud, S. (1919). Wege der psychoanalytischen Therapie. *G.W., Bd. XII*, S. 183–194.
Freud, S. (1920a). Zur Vorgeschichte der analytischen Technik. *G.W., Bd. XII*, S. 309–312.
Freud, S. (1920b). Jenseits des Lustprinzips. *G.W., Bd. XIII*, S. 1–69.
Freud, S. (1921). Massenpsychologie und Ich-Analyse. *G.W., Bd. XIII*, S. 71–161.
Freud, S. (1923a).»Psychoanalyse« und »Libidotheorie«. *G.W., Bd. XIII*, S. 211–233.
Freud, S. (1923b). Das Ich und das Es. *G.W., Bd. XIII*, S. 235–289.
Freud, S. (1924). Kurzer Abriß der Psychoanalyse. *G.W., Bd. XIII*, S. 405–427.
Freud, S. (1925a).»Selbstdarstellung«. *G.W., Bd. XIV*, S. 31–96.
Freud, S. (1925b). Die Verneinung. *G.W., Bd. XIV*, S. 11–15.
Freud, S. (1926). Die Frage der Laienanalyse. *G.W., Bd. XIV*, S. 207–286.
Freud, S. (1927). Die Zukunft einer Illusion. *G.W., Bd. XIV*, S. 325–380.
Freud, S. (1930). Das Unbehagen in der Kultur. *G.W., Bd. XIV*, S. 419–506.
Freud, S. (1933). *Neue Folge der Vorlesungen zur Einführung in die Psychoanalyse*. G. W., Bd. XV.
Freud, S. (1936). Brief an Romain Rolland: Eine Erinnerungsstörung auf der Akropolis. *G.W., Bd. XVI*, S. 250–257.
Freud, S. (1937a). Konstruktionen in der Analyse. *G.W., Bd. XVI*, S. 43–56.
Freud, S. (1937b). Die endliche und die unendliche Analyse. *G.W., Bd. XVI*, S. 59–99.
Freud, S. (1940). Abriß der Psychoanalyse. *G.W., Bd. XVII*, S. 63–138.
Freud, S. (1950). Entwurf einer Psychologie [1895]. In Ders., *Aus den Anfängen der Psychoanalyse. Briefe an Wilhelm Fließ. Abhandlungen und Notizen aus den Jahren 1887–1902*. Korrigierter Nachdruck von 1962 (S. 305–446). Frankfurt/M.: Fischer 1975.
Freud, S. (1980). *Briefe 1873–1939*. Hrsg. v. E. u. L. Freud. 3., korrigierte Aufl. Frankfurt/M.: Fischer.
Freud, S. (1986). *Briefe an Wilhelm Fließ 1887–1904*. Ungekürzte Ausgabe. Hrsg. v. J. M. Masson. Bearb. d. deutschen Fassung v. M. Schröter. Frankfurt/M.: Fischer.
Freud, S. (1988). *Brautbriefe, Briefe an Martha Bernays aus den Jahren 1882–1886*. Hrsg. v. E. Freud. Frankfurt/M.: Fischer.
Freud, S. (1989). *Briefe an Eduard Silberstein 1871–1881*. Hrsg. v. W. Boehlich. Frankfurt/M.: Fischer.
Freud, S. & Binswanger, L. (1992). *Briefwechsel 1908–1938*. Hrsg. v. G. Fichtner. Frankfurt/M.: Fischer.
Freud, S. (2002). *Unser Herz geht nach dem Süden. Reisebriefe 1895–1923*. Hrsg. v. C. Tögel unter Mitarbeit v. M. Molnar. Berlin: Aufbau.
Freud, S. & Abraham, K. (1980). *Briefe 1907–1926*. Hrsg. v. H. C. Abraham & E. L. Freud. 2. Aufl. Frankfurt/M.: Fischer.
Freud, S. & Ferenczi, S. (2003). *Briefwechsel*. Band III/1: *1920–1924*. Hrsg. v. E. Falzeder & E. Brabant. Wien, Köln und Weimar: Böhlau.
Freud, S. & Ferenczi, S. (2005). *Briefwechsel*. Band III/2: *1925–1933*. Hrsg. v. E. Falzeder & E. Brabant. Wien, Köln und Weimar: Böhlau.
Freud, S. & Pfister, O. (1963). *Briefe 1909–1939*. Hrsg. v. E. Freud und H. Meng. Frankfurt/M.: Fischer.

Früchtl, J. & Zimmermann, J. (2001). Ästhetik der Inszenierung. Dimensionen eines gesellschaftlichen, individuellen und kulturellen Phänomens. In Dies. (Hrsg.), *Ästhetik der Inszenierung* (S. 9–47). Frankfurt/M.: Suhrkamp.
Fürstenau, P. (1979). *Zur Theorie psychoanalytischer Praxis.* Stuttgart: Klett-Cotta.
Gadamer, H.-G. (1990). *Wahrheit und Methode. Grundzüge einer philosophischen Hermeneutik.* 6. Aufl. Tübingen: Mohr.
Galliker, M., Klein, M. & Rykart, S. (2007). *Meilensteine der Psychologie. Die Geschichte der Psychologie nach Personen, Werk und Wirkung.* Stuttgart: Alfred Kröner.
Gamm, G. (1990). In der Lehre der verschwundenen Metaphysik. Das Ästhetische in der psychoanalytischen Therapeutik. In G. Gamm & G. Kimmerle (Hrsg.), *Ethik und Ästhetik. Nachmetaphysische Perspektiven* (S. 94–130). Tübingen: edition diskord.
Garfinkel, H. (1963). A conception of, and experiments with »trust« as a condition of stable concerted actions. In O. J. Harvey (Hrsg.), *Motivation and social interaction* (S. 187–238). New York: Free Press.
Garve, Ch. (1799). Einige Gedanken über das Interessierende. In Ders., *Sammlung einiger Abhandlungen aus der Neuen Bibliothek der schönen Wissenschaften und der freyen Künste* (= Popularphilosophische Schriften, Bd. 1, S. 161–347). Stuttgart: Metzler 1974.
Gasser, R. (1997). *Nietzsche und Freud.* Berlin und New York: de Gruyter.
Gattig, E. (1996). Zur Psychoanalyse des Taktgefühls. Ein Beitrag zur Metapsychologie der psychoanalytischen Behandlungstechnik. In H. Henseler (Hrsg.), *»... da hat mich die Psychoanalyse verschluckt«. In memoriam Wolfgang Loch* (S. 74–91). Tübingen: Attempto.
Gauthin, A, (1845). *Traité pratique du Magnétisme et du Somnambulisme.* Paris: Bailliére.
Gehring, P. & Gelhard, A. (Hrsg.). (2012). *Parrhesia. Foucault und der Mut zur Wahrheit: philosophisch, philologisch, politisch.* Zürich und Berlin: diaphanes.
Geier, M. (2012). *Aufklärung – Das europäische Projekt.* 2. Aufl. Reinbek bei Hamburg: Rowohlt.
Geißler, P. & Sassenfeld, A. (Hrsg.) (2013). *Jenseits von Sprache und Denken. Implizite Dimensionen im psychotherapeutischen Geschehen.* Gießen: Psychosozial-Verlag.
Gerhardt, V. (1992). *Friedrich Nietzsche.* München: Beck.
Giebel, M. (Hrsg.). (2006). *Träume in der Antike.* Stuttgart: Reclam.
Giesers, P. & Pohlmann, W. (2010). Die Entwicklung der Neurosenformel in den vier Psychologien der Psychoanalyse. *Psyche – Z Psychoanal, 64,* 643–667.
Gigerenzer, G. (2008). *Bauchentscheidungen. Die Intelligenz des Unbewussten und die Macht der Intuition.* 4. Aufl. München: Goldmann.
Gill, M. (1982). *Die Übertragungsanalyse. Theorie und Technik.* Frankfurt/M.: Fischer 1996.
Gilles de la Tourette, G. (1891). *Die Hysterie nach den Lehren der Salpêtrière.* Leipzig und Wien: Deuticke 1894.
Gisiger, S. (2014). *Anleitung zum Glücklichsein.* Dokumentarfilm über Yalom.
Gödde, G. (1989). »Das beschauliche Moment in großem Maße verstärken«. Zu einer Theorie der Muße bei Friedrich Nietzsche. In J. Tewes (Hrsg.), *Nichts Besseres zu tun – über Muße und Müßiggang* (S. 77–95). 3. Aufl. Oelde: Verlagsbuchhandlung Tewes 1993.
Gödde, G. (1990). Freuds Adoleszenz im Lichte seiner Briefe an Eduard Silberstein. *Luzifer-Amor, Zeitschrift zur Geschichte der Psychoanalyse, 3*(6), 7–26.
Gödde, G. (1991). Freuds philosophische Diskussionskreise in der Studentenzeit. *Jahrbuch der Psychoanalyse, 27,* 73–113.
Gödde, G. (1994). Charcots neurologische Hysterietheorie – Vom Aufstieg und Niedergang eines wissenschaftlichen Paradigmas. *Luzifer-Amor, Zeitschrift zur Geschichte der Psychoanalyse,* 7(14), 7–53.

Gödde, G. (1996). Nietzsche und Freud. Übereinstimmungen und Differenzen zwischen »Entlarvungs-« und »Tiefenpsychologie«. In J. Figl. (Hrsg.), *Von Nietzsche zu Freud* (S. 19–43). Wien: WUV-Universitätsverlag.
Gödde, G. (1999). *Traditionslinien des »Unbewussten«. Schopenhauer – Nietzsche – Freud*. 2. Aufl. Gießen: Psychosozial-Verlag 2009.
Gödde, G. (2000). Die Öffnung zur Denkwelt Nietzsches – eine Aufgabe für Psychoanalyse und Psychotherapie. *Psychoanalyse. Texte zur Sozialforschung, 4*(7), 91–122.
Gödde, G. (2003a). Schopenhauer und Nietzsche – zwei gegensätzliche Entwürfe der Lebenskunst. *Journal für Psychologie, 11*(3), Themenheft: Lebenskunst, hrsg. v. M. B. Buchholz & G. Gödde, 254–271.
Gödde, G. (2003b). Die antike Therapeutik als gemeinsamer Bezugspunkt für Nietzsche und Freud. *Nietzsche-Studien, 32*, 206–225.
Gödde, G. (2006a). Janets und Freuds Konzeptionen der Hysterie. In P. Fiedler (Hrsg.). (2006), *Trauma, Dissoziation, Persönlichkeit. Pierre Janets Beiträge zur modernen Psychiatrie, Psychologie und Psychotherapie* (S. 57–81). Lengerich: Pabst.
Gödde, G. (2006b). Freud und seine Epoche. Philosophischer Kontext. In H.-M. Lohmann & J. Pfeiffer (Hrsg.). (2006), *Freud-Handbuch: Leben – Werk – Wirkung* (S. 10–25). Stuttgart und Weimar: Metzler.
Gödde, G. (2006c). Hysterie-Studien. In H.-M. Lohmann & J. Pfeiffer (Hrsg.). (2006), *Freud-Handbuch. Leben – Werk – Wirkung* (S. 84–93). Stuttgart und Weimar: Metzler.
Gödde, G. (2008). Askese als Lebensform, therapeutisches Prinzip und Axiom der Lebenskunst bei Freud. *Aufklärung und Kritik, Sonderheft 14: Glück und Lebenskunst*, hrsg. v. R. Zimmer, 163–187.
Gödde, G. (2009). Therapeutik und Ästhetik – Verbindungen zwischen Freuds und Breuers kathartischer Therapie und der Katharsis-Konzeption von Jacob Bernays. In M. Vöhler & D. Linck (Hrsg.), *Grenzen der Katharsis in den modernen Künsten. Zur Rezeption des Katharsis-Theorems seit Jacob Bernays* (S. 63–91). Berlin und New York: de Gruyter.
Gödde, G. (2012). Takt als emotionaler Beziehungsregulator in der Psychotherapie. In G. Gödde & J. Zirfas (Hrsg.), *Takt und Taktlosigkeit. Über Ordnungen und Unordnungen in Kunst, Kultur und Therapie* (S. 213–245). Bielefeld: transcript.
Gödde, G. (2014). Unbewusst, das Unbewusste. In W. Mertens (Hrsg.), *Handbuch psychoanalytischer Grundbegriffe* (S. 1028–1044). Stuttgart: Kohlhammer.
Gödde, G. (2015a). Das Konzept »Lebenskunst« in der psychodynamischen Therapie. In G. Gödde, W. Pohlmann & J. Zirfas (Hrsg.). (2015), *Ästhetik der Behandlung. Beziehungs-, Gestaltungs- und Lebenskunst im psychotherapeutischen Prozess* (S. 117–143). Gießen: Psychosozial-Verlag.
Gödde, G. (2015b). Zwei gegensätzliche Formen sozialer Unsicherheit aus psychotherapeutischer Sicht. *Paragrana. Internationale Zeitschrift für Historische Anthropologie, 24*(1), 109–118.
Gödde, G. & Buchholz, M. B. (2011). *Unbewusstes*. Gießen: Psychosozial-Verlag.
Gödde, G. & Buchholz, M. B. (Hrsg.). (2012). *Der Besen, mit dem die Hexe fliegt. Wissenschaft und Therapeutik des Unbewussten*. 2 Bände. Gießen: Psychosozial-Verlag.
Gödde, G. & Loukidelis, N. (2014). Einführung zu: Nietzsche-Werkstatt Schulpforta: Nietzsche als Philosoph der Lebenskunst (21. Nietzsche-Werkstatt Schulpforta vom 9.–13. September 2013). *Nietzscheforschung. Jahrbuch der Nietzsche-Gesellschaft, 21*, 91–95.
Gödde, G., Loukidelis, N. & Zirfas, J. (Hrsg.). (2016). *Nietzsche und die Lebenskunst. Ein philosophisch-psychologisches Kompendium*. Stuttgart: Metzler.

Gödde, G., Pohlmann, W. & Zirfas, J. (Hrsg.). (2015). *Ästhetik der Behandlung. Beziehungs-, Gestaltungs- und Lebenskunst im psychotherapeutischen Prozess.* Gießen: Psychosozial-Verlag.
Gödde, G. & Zirfas, J. (2006). Das Unbewusste in Psychotherapie und Lebenskunst – ein Brückenschlag. In M. B. Buchholz & G. Gödde (Hrsg.), *Das Unbewusste in der Praxis. Erfahrungen verschiedener Professionen. Das Unbewusste, Bd. III* (S. 746–782). Gießen: Psychosozial-Verlag.
Gödde, G. & Zirfas, J. (2007). Von der Muße zur »gleichschwebenden Aufmerksamkeit« – Therapeutische Erfahrungen zwischen Gelassenheit und Engagement. *psycho-logik. Jahrbuch für Psychotherapie, Philosophie und Kultur, 2,* 135–153.
Gödde, G. & Zirfas, J. (2010). Psychoanalyse der Werte. In A. Schäfer & Ch. Thompson (Hrsg.), *Werte* (S. 77–108). Paderborn u. a.: Schöningh.
Gödde, G. & Zirfas, J. (2012). Die Kreativität des Takts. Einblick in eine informelle Ordnungsform. In Dies. (Hrsg.), *Takt und Taktlosigkeit. Über Ordnungen und Unordnungen in Kunst, Kultur und Therapie* (S. 9–29). Bielefeld: transcript.
Gödde, G. & Zirfas, J. (2014). Biographische Erfahrung, theoretische Erkenntnis und künstlerische Gestaltung. Eine Einführung in die Konzeptionen der Lebenskunst. In Dies. (Hrsg.), *Lebenskunst im 20. Jahrhundert. Stimmen von Philosophen, Künstlern und Therapeuten* (S. 9–27). Paderborn: Wilhelm Fink.
Göhlich, M. (2007). Σχολή, Arbeit und Organisation. *Paragrana. Internationale Zeitschrift für historische Anthropologie, 16*(1), Themenheft: Muße, hrsg. v. Ch. Wulf u. J. Zirfas, 40–47.
Görres, A. (1965). *Methode und Erfahrungen der Psychoanalyse.* München: Kindler.
Goethe, J. W. von (1827). Nachlese zu Aristoteles' Poetik. In *Gedenkausgabe. Band XIV* (S. 709–712). Hrsg. v. E. Beutler. Zürich: Artemis 1964.
Göttert, K.-H. (2009). *Zeichen und Sitten. Eine Geschichte des Anstands.* Stuttgart: Reclam.
Goffman, E. (1973). *Interaktion: Spaß am Spiel. Rollendistanz.* München: Piper.
Goffman, E. (1996). *Interaktionsrituale. Über Verhalten in direkter Kommunikation.* 4. Aufl. Frankfurt/M.: Suhrkamp.
Goffman, E. (2000). *Wir alle spielen Theater. Die Selbstdarstellung im Alltag.* München und Zürich: Piper.
Goldmann, St. (2003). *Via regia zum Unbewußten. Freud und die Traumforschung des 19. Jahrhunderts.* Gießen: Psychosozial-Verlag.
Goldmann, St. (2005). Von der »Lebenskraft« zum Unbewussten – Stationen eines Konzeptwandels der Anthropologie. In M. B. Buchholz & G. Gödde (Hrsg.), *Macht und Dynamik des Unbewussten. Auseinandersetzungen in Philosophie, Medizin und Psychoanalyse. Das Unbewusste, Bd. I* (S. 125–152). Gießen: Psychosozial-Verlag.
Grabska, K. (2014). Ganz Ohr. Zum Unerhörten der gleichschwebenden Aufmerksamkeit. In I. Bozetti, I. Focke & I. Hahn (Hrsg.), *Unerhört – Vom Hören und Verstehen. Die Wiederentdeckung der grundlegenden Methode der Psychoanalyse* (S. 99–117). Stuttgart: Klett-Cotta.
Grassi, E. (1984). *Die Macht der Phantasie. Zur Geschichte des abendländischen Denkens.* Frankfurt/M.: Syndikat.
Grawe, K., Donati, R. & Bernauer, F. (1993). *Psychotherapie im Wandel. Von der Konfession zur Progression.* Göttingen: Hogrefe.
Grimm, J. & Grimm, W. (2006). *Das Deutsche Wörterbuch.* Digitale Version. 5. Aufl. Frankfurt/M.: Zweitausendeins.
Guckes, B. (2004). Stoische Ethik – Eine Einführung. In Dies. (Hrsg.), *Zur Ethik der älteren Stoa* (S. 7–29). Göttingen: Vandenhoeck & Ruprecht.
Guggenbühl-Craig, A. (1978). *Macht als Gefahr beim Helfen.* Basel: Psychologische Praxis.

Gumbrecht, H. U. & Pfeiffer, K. L. (Hrsg.). (1986). *Stil. Geschichten und Funktionen eines kulturwissenschaftlichen Diskurselements.* Frankfurt/M.: Suhrkamp.
Gysling, A. (1995). *Die analytische Antwort. Eine Geschichte der Gegenübertragung in Form von Autorenportraits.* Tübingen: edition diskord.
Habermas, T. (2008). Freuds Ratschläge zur Einleitung der Behandlung. Eine narratologische Interpretation der Wirkweise der psychoanalytischen Situation. In R. Haubl & T. Habermas (Hrsg.), *Freud neu entdecken. Ausgewählte Lektüren* (S. 204–229). Göttingen: Vandenhoeck & Ruprecht.
Hadot, P. (1981). *Philosophie als Lebensform. Geistige Übungen in der Antike.* Berlin: Gatza 2002.
Hadot, P. (1995). *Wege zur Weisheit oder Was lehrt uns die antike Philosophie.* Berlin: Eichborn.
Hahn, A. (2000). *Konstruktionen des Selbst, der Welt und der Geschichte.* Frankfurt/M.: Suhrkamp.
Hamburger, K. (1996). *Das Mitleid.* 2. Aufl. Stuttgart: Klett-Cotta.
Hampe, M. (2004). Pluralität der Wissenschaften und Einheit der Vernunft – Einige philosophische Anmerkungen zur Psychoanalyse. In M. Leuzinger-Bohleber, H. Deserno & S. Hau (Hrsg.), *Psychoanalyse als Profession und Wissenschaft* (S. 17–32). Stuttgart: Kohlhammer.
Hampe, M. (2009). *Das vollkommene Leben. Vier Meditationen über das Glück.* München: Hanser.
Hardt, J. (2013). *Methoden und Techniken der Psychoanalyse. Versuche zur Praxis.* Gießen: Psychosozial-Verlag.
Hardt, J. & Hebebrand, M. (2006). Psychotherapie als Lebensform. *Psychotherapeutenjournal*, 1, 4–10.
Hartmann, H. (1992). *Psychoanalyse und moralische Werte.* Frankfurt/M.: Fischer.
Hartmann, H.-P. (2005). Das Unbewusste in der Selbstpsychologie Heinz Kohuts und seiner Nachfolger. In M. B. Buchholz & G. Gödde (Hrsg.), *Macht und Dynamik des Unbewussten. Auseinandersetzungen in Philosophie, Medizin und Psychoanalyse. Das Unbewusste, Bd. I* (S. 528–551). Gießen: Psychosozial-Verlag.
Hartmann, H.-P. (2014). Heinz Kohut und die Psychologie des Selbst. In G. Gödde & J. Zirfas (Hrsg.), *Lebenskunst im 20. Jahrhundert. Stimmen von Philosophen, Künstlern und Therapeuten* (S. 337–352). Paderborn: Wilhelm Fink.
Haubl, R. & Mertens, W. (1996). *Der Psychoanalytiker als Detektiv.* Stuttgart: Kohlhammer.
Haynal, A. (1989). *Die Technik-Debatte in der Psychoanalyse. Freud, Ferenczi, Balint.* Frankfurt/M.: Fischer.
Haynal, A. (1995). *Psychoanalytische Erkenntnis. Zu ihrer Entstehung, ihrer Ideen- und Kulturgeschichte.* Stuttgart: Kohlhammer.
Hegel, G. W. F. (1807). *Phänomenologie des Geistes.* Frankfurt/M.: Suhrkamp 1981.
Hegel, G. W. F. (1817). *Enzyklopädie der philosophischen Wissenschaft I.* Werke 8. Frankfurt/M.: Suhrkamp 1983.
Hegener, W. (1997). *Zur Grammatik Psychischer Schrift. Systematische und historische Untersuchungen zum Schriftgedanken im Werk Sigmund Freuds.* Tübingen: edition diskord.
Hegener, W. (2014). *Unzustellbar. Psychoanalytische Studien zu Philosophie, Trieb und Kultur.* Gießen: Psychosozial-Verlag.
Heidegger, M. (1927). *Sein und Zeit.* 15. Aufl. Tübingen: Niemeyer 1979.
Heim, G. (2013). Nachwort. In P. Janet, *Die Psychologie des Glaubens und die Mystik* (S. 359–389). Hrsg. v. G. Heim. Berlin: Matthes & Seitz.
Heinroth, J. C. A. (1818). *Lehrbuch der Störungen des Seelenlebens oder der Seelenstörungen und ihrer Behandlung.* 2 Bände. Leipzig: Vogel.
Heinroth, J. C. A. (1825). *Anweisung für angehende Irrenärzte zu richtiger Behandlung ihrer Kranken. Als Anhang zu seinem Lehrbuche der Seelenstörungen.* Leipzig: Vogel.

Heisterkamp, G. (2002). *Basales Verstehen. Handlungsdialoge in Psychotherapie und Psychoanalyse.* Stuttgart: Pfeiffer.
Helferich, Ch. (1999). *Geschichte der Philosophie. Von den Anfängen bis zur Gegenwart und Östliches Denken.* 2. Aufl. München: dtv.
Helsper, W. (2002). Lehrerprofessionalität als antinomische Handlungsstruktur. In M. Kraul, W. Marotzki & C. Schweppe (Hrsg.), *Biographie und Profession* (S. 64–102). Bad Heilbrunn: Klinkhardt.
Heltzel, R. (1995). Die haltende Beziehung im stationär-psychiatrischen Setting. *Sozialpsychiatrische Informationen, 25,* 30–39.
Henrich, D. (2001). *Versuch über Kunst und Leben. Subjektivität – Weltverstehen – Kunst.* München und Wien: Hanser.
Herbart, J.F. (1802). Die ersten Vorlesungen über Pädagogik. In Ders., *Kleinere pädagogische Schriften* (S. 121–131). Hrsg. v. W. Asmus. 2. Aufl. Stuttgart: Klett Cotta 1982.
Herder, J.G. (1778). Vom Erkennen und Empfinden der menschlichen Seele. In *Herders Werke in fünf Bänden, Band 3* (S. 341–405). Hrsg. v. R. Otto. Berlin und Weimar: Aufbau 1982.
Herrmann, S. (2013). *Symbolische Verletzbarkeit. Die doppelte Asymmetrie des Sozialen nach Hegel und Levinas.* Bielefeld: transcript.
Himmelmann, B. (2006): *Nietzsche.* Leipzig: Reclam.
Hippokrates (1994). *Ausgewählte Schriften.* Stuttgart: Reclam.
Hirschmüller, A. (1978). *Physiologie und Psychoanalyse in Leben und Werk Josef Breuers.* Bern: Huber.
Hobbes, Th. (1983). *Naturrecht und allgemeines Staatsrecht in den Anfangsgründen.* Darmstadt: WBG.
Hochkeppel, W. (1984). *War Epikur ein Epikureer? Aktuelle Weisheitslehren der Antike.* München: dtv.
Höffe, O. (2007a). Macht Tugend glücklich? In W. Kersting & Ch. Langbehn (Hrsg.), *Kritik der Lebenskunst* (S. 342–355). Frankfurt/M: Suhrkamp.
Höffe, O. (2007b). *Lebenskunst und Moral: oder macht Tugend glücklich?* München: C.H. Beck.
Hörisch, J. (2010). *Theorie-Apotheke.* 3. Aufl. Frankfurt/M.: Eichborn.
Hoffmann, S.O. (2002). Die Psychodynamik der Sozialen Phobien. Mit Anmerkungen zur psychoanalytisch orientierten Psychotherapie. In U. Stangier & T. Fydrich (Hrsg.), *Soziale Phobie und Soziale Angststörung* (S. 205–224). Göttingen: Hogrefe.
Hoffmann, S.O. (2009). *Psychodynamische Therapie von Angststörungen. Einführung und Manual für die kurz- und mittelfristige Therapie.* Stuttgart: Schattauer.
Holm-Hadulla, R. (1994). Zur ästhetischen Dimension der psychoanalytischen Erfahrung. *Jahrbuch der Psychoanalyse, 33,* 119–154.
Holm-Hadulla, R. (1997). *Die psychotherapeutische Kunst. Hermeneutik als Basis therapeutischen Handelns.* Göttingen: Vandenhoeck & Ruprecht.
Honneth, A. (1994). *Kampf um Anerkennung. Zur moralischen Grammatik sozialer Konflikte.* Frankfurt/M.: Suhrkamp.
Horkheimer, M. & Adorno, Th.W. (1947). *Dialektik der Aufklärung.* Frankfurt/M.: Fischer 1988.
Horn, Ch. (1998). *Antike Lebenskunst. Glück und Moral von Sokrates bis zu den Neuplatonikern.* München: Beck.
Hossenfelder, M. (1985). *Die Philosophie der Antike 3. Stoa, Epikureismus und Skepsis.* München: C.H. Beck.
Hüppauf, B. & Wulf, Ch. (2006). Einleitung: Warum Bilder die Einbildungskraft brauchen. In Dies. (Hrsg.), *Bild und Einbildungskraft* (S. 9–44). München: Wilhelm Fink.

Hufeland, Ch.W. (1797). *Makrobiotik oder Die Kunst, das menschliche Leben zu verlängern.* Frankfurt/M.: Insel 1984.
Hufeland, Ch.W. (1937). *Leibarzt und Volkserzieher. Selbstbiographie.* Hrsg. v. W. v. Brunn. Stuttgart: Verlag Robert Lutz.
Hume, D. (1751/77). *Eine Untersuchung über die Prinzipien der Moral.* Stuttgart: Reclam 1984.
Huppertz, M. (2006). Wissen und Können in der Psychotherapie. *psycho-logik, 1,* 176–194.
Ideler, K. W. (1835/38). *Grundriß der Seelenheilkunde, Theil 1 und 2.* Berlin: Enslin.
Ideler, K. W. (1841). *Biographien Geisteskranker in ihrer psychologischen Entwicklung dargestellt.* Berlin: Schröder.
Illouz, E. (2011). *Die Errettung der modernen Seele. Therapien, Gefühle und die Kultur der Selbsthilfe.* Frankfurt/M.: Suhrkamp.
Imhof, A. E. (1985). Geschichte der Sexualität – Sexualität in der Geschichte. In Ch. Wulf (Hrsg.), *Lust und Liebe. Wandlungen der Sexualität* (S. 181–215). München: Piper.
Im Hof, U. (1993). *Das Europa der Aufklärung.* München: Beck.
Irion, U. (1992). *Eros und Thanatos in der Moderne. Nietzsche und Freud als Vollender eines antichristlichen Grundzugs im europäischen Denken.* Würzburg: Königshausen & Neumann.
Iser, W. (1991). *Das Fiktive und das Imaginäre. Perspektiven literarischer Anthropologie.* Frankfurt/M.: Suhrkamp.
Jaeger, W. (1959). *Paideia. Die Formung des griechischen Menschen, Bd. 2.* 3. Aufl. Berlin: de Gruyter.
Janet, P. (1886/87). Der Fall Lucie. In Ders., *Die Psychologie des Glaubens und die Mystik* (S. 124–176). Hrsg. v. G. Heim. Berlin: Matthes & Seitz 2013.
Janet, P. (1889). Der Fall Marie. In Ders., *L'automatisme psychologique. Essai de psychologie expérimentale sur les formes inférieures de l'activité humaine* (S. 436–540). Paris: Alcan.
Janet, P. (1891). Etude sur un cas d'abolie et d'idées fixes. *Revue philosophique, 31*(1), 258–287, 382–407.
Janet, P. (1894). *Der Geisteszustand der Hysterischen (die psychischen Stigmata).* Leipzig – Wien: Deuticke.
Janet, P. (1895). J.-M. Charcot – son oeuvre psychologique. *Revue philosophique, 39,* 569–604.
Janet, P. (1897). L'influence somnanbulique et le besoin de direction. *Revue philosophique, 43,* 113–143.
Janet, P. (1913/14). Die Psychoanalyse. In Ders., *Die Psychologie des Glaubens und die Mystik* (S. 188–267). Hrsg. v. G. Heim. Berlin: Matthes & Seitz 2013.
Janet, P. (2013). *Die Psychologie des Glaubens und die Mystik.* Hrsg. v. G. Heim. Berlin: Matthes & Seitz.
Jörissen, B. & Zirfas, J. (Hrsg.). (2010). *Schlüsselwerke der Identitätsforschung.* Wiesbaden: VS Verlag.
Joffé, W. & Sandler, J. (1967). Über einige begriffliche Probleme im Zusammenhang mit dem Studium narzisstischer Störungen. *Psyche – Z Psychoanal, 21,* 152–165.
Jones, E. (1914/15). Professor Janet über Psychoanalyse. Eine Erwiderung. In P. Janet, *Die Psychologie des Glaubens und die Mystik* (S. 308–319). Hrsg. v. G. Heim. Berlin: Matthes & Seitz 2013.
Jüttemann, G. (Hrsg.). (1988). *Wegbereiter der Historischen Psychologie.* München und Weinheim: Beltz-Psychologie Verlags Union.
Jüttemann, G., Sonntag, M. & Wulf, Ch. (Hrsg.). (1991). *Die Seele. Ihre Geschichte im Abendland.* Weinheim: Psychologie Verlags Union.
Jung, C. G. (2010). *Archetypen.* 16. Aufl. München: dtv.
Junker, H. (2005). *Beziehungsweisen. Die tiefenpsychologische Praxis zwischen Technik und Begegnung.* Tübingen: edition diskord.

Junker, H. (2013). *Intersubjektivität und implizites Gedächtnis. Reflexionen veränderter therapeutischer Praxis*. Frankfurt/M.: Brandes & Apsel.
Kamper, D. (1995). *Unmögliche Gegenwart. Zur Theorie der Phantasie*. München: Wilhelm Fink.
Kamlah, W. (1973). *Philosophische Anthropologie. Sprachliche Grundlegung und Ethik*. Mannheim: Anton Hain.
Kant, I. (1765). Versuch über die Krankheiten des Kopfes. In *Werkausgabe. Band II* (S. 885–901). Hrsg. v. W. Weischedel. Frankfurt/M.: Suhrkamp 1982.
Kant, I. (1766). Träume eines Geistersehers. Erläuterung durch die Träume der Metaphysik. In *Werkausgabe. Band II* (S. 923–989). Hrsg. v. W. Weischedel. Frankfurt/M.: Suhrkamp 1982.
Kant, I. (1788). Kritik der praktischen Vernunft. In *Werkausgabe. Band VII* (S. 103–302). Hrsg. v. W. Weischedel. Frankfurt/M.: Suhrkamp 1982.
Kant, I. (1790). *Kritik der Urteilskraft*. Werkausgabe. Band X. Hrsg. v. W. Weischedel. Frankfurt/M.: Suhrkamp 1982.
Kant, I. (1797). Die Metaphysik der Sitten in zwei Teilen. In *Werkausgabe. Band VIII* (S. 303–634). Hrsg. v. W. Weischedel. Frankfurt/M.: Suhrkamp 1982.
Kant, I. (1798). Anthropologie in pragmatischer Hinsicht abgefasst [2., verb. Aufl. 1800]. In *Werkausgabe. Band XII* (S. 395–690). Hrsg. v. W. Weischedel. Frankfurt/M.: Suhrkamp 1982.
Kaufmann, W. (1982). *Nietzsche: Philosoph, Psychologe, Antichrist*. Darmstadt: WBG.
Kernberg, O. F., Dulz, B. & Eckert, J. (Hrsg.). (2006). *WIR: Psychotherapeuten über sich und ihren »unmöglichen« Beruf*. Stuttgart: Schattauer.
Kersting, W. (2007). Einleitung. Die Gegenwart der Lebenskunst. In Ders. & Ch. Langbehn (Hrsg.), *Kritik der Lebenskunst* (S. 10–88). Frankfurt/M: Suhrkamp.
Kersting, W. & Langbehn, Ch. (Hrsg.). (2007): *Kritik der Lebenskunst*. Frankfurt/M: Suhrkamp.
Kimmerle, G. (1998). Entstellung ins Bewusstsein. Zur Dekonstruktionslogik der Traumdeutung. In Ders. (Hrsg.), *Konstruktionen (in) der Psychoanalyse* (S. 75–109). Tübingen: edition diskord.
Kittsteiner, H.-D. (1995). *Die Entstehung des modernen Gewissens*. Frankfurt/M.: Suhrkamp.
Klages, L. (1932). *Goethe als Seelenforscher*. Leipzig: Barth.
Klappbacher, Ch. (2006). *Implizites Wissen und Intuition*. Berlin: Dr. Müller.
Kleinspehn, Th. (1987). *Warum sind wir so unersättlich? Über den Bedeutungswandel des Essens*. Frankfurt/M.: Suhrkamp.
Klepacki, L. & Zirfas, J. (2011). *Geschichte der Ästhetischen Bildung. Band 2: Frühe Neuzeit*. Paderborn: Schöningh.
Klepacki, L. & Zirfas, J. (2013). Ars Erotica? Zur pädagogischen Kultivierung der sexuellen Lüste im Abendland. In E. Liebau & J. Zirfas (Hrsg.), *Lust, Rausch und Ekstase. Grenzgänge der Ästhetischen Bildung* (S. 31–59). Bielefeld: transcript.
Klöpper, M. (2006). *Reifung und Konflikt – Säuglingsforschung, Bindungstheorie und Mentalisierungskonzepte in der tiefenpsychologischen Psychotherapie*. Stuttgart: Klett-Cotta.
Klöpper, M. (2014). *Die Dynamik des Psychischen. Praxishandbuch für das Verständnis der Psychodynamik*. Stuttgart: Klett-Cotta.
Knote, A. (2015). *Von der geistlichen Seelenkur zur psychologischen Kur. Zur Geschichte der Psychotherapie vor Freud*. Hrsg. v. W. Frindte & M. John. Paderborn: Wilhelm Fink.
Koch, F. (2000). *Sexualität, Erziehung und Gesellschaft. Von der geschlechtlichen Unterweisung zur emanzipatorischen Sexualpädagogik*. Frankfurt/M.: Peter Lang.
Köhler, T. (1987). *Das Werk Sigmund Freuds, Bd. I*. Frankurt/M.: Fachbuchhandlung Psychologie.
König, H. (1996). Gleichschwebende Aufmerksamkeit. Modelle und Theorien im Erkenntnisprozeß des Psychoanalytikers. *Psyche – Z Psychoanal, 50*, 337–375.

Körner, J. (2015). *Die Deutung in der Psychoanalyse.* Stuttgart: Kohlhammer.
Kohut, H. (1979). *Die Heilung des Selbst.* Frankfurt/M.: Suhrkamp.
Kohut, H. (1987). *Wie heilt die Psychoanalyse?* Frankfurt/M.: Suhrkamp.
Kollesch, J. & Nickel, D. (Hrsg.). (2007). *Antike Heilkunst. Ausgewählte Texte.* Stuttgart: Reclam.
Koßler, M. (2005). Wege zum Unbewussten in der Philosophie Schopenhauers. In M. B. Buchholz & G. Gödde (Hrsg.), *Macht und Dynamik des Unbewussten. Das Unbewusste, Bd. III* (S. 180–202). Gießen: Psychosozial-Verlag.
Krämer, H. (1992). *Integrative Ethik.* Frankfurt/M.: Suhrkamp.
Kronberg-Gödde, H. (2006). Möglichkeiten und Grenzen der Selbstanalyse von Psychotherapeuten. In M. B. Buchholz & G. Gödde (Hrsg.), *Das Unbewusste in der Praxis. Erfahrungen verschiedener Professionen. Das Unbewusste, Bd. III* (S. 397–431). Gießen: Psychosozial-Verlag.
Kühn, R. (2007). *Ästhetische Existenz heute. Zum Verhältnis von Leben und Kunst.* Freiburg und München: Alber.
Küpper, J. & Menke, Ch. (Hrsg.). (2003). *Dimensionen ästhetischer Erfahrung.* Frankfurt/M.: Suhrkamp.
Kuhn, T. (1962). *Die Struktur wissenschaftlicher Revolutionen.* Frankfurt/M.: Suhrkamp 1976.
Kutter, P. (1989). *Moderne Psychoanalyse. Eine Einführung in die Psychoanalyse unbewußter Prozesse.* München und Wien: Verlag Internationale Psychoanalyse.
Kutter, P., Páramo-Ortega, R. & Müller, Th. (Hrsg.). (1998). *Weltanschauung und Menschenbild. Einflüsse auf die psychoanalytische Praxis* Göttingen: Vandenhoeck & Ruprecht.
Laplanche, J. & Pontalis, J-B. (1967). *Das Vokabular der Psychoanalyse.* Frankfurt/M.: Suhrkamp.
Laqueur, Th. (2008). *Die einsame Lust. Eine Kulturgeschichte der Selbstbefriedigung.* Berlin: Osburg Verlag.
Leibbrand, W. & Wettley, A. (1961). *Der Wahnsinn. Geschichte der abendländischen Psychopathologie.* Erftstadt: area Verlag 2005.
Leibniz, G. W. (1704). *Neue Abhandlungen über den menschlichen Verstand.* Übers. u. hrsg. v. W. Schüßler. Stuttgart: Reclam 1993.
Leibniz, G. W. (1720). *Monadologie.* Übers. u. hrsg. v. H. Hecht. Stuttgart: Reclam 1998.
Leikert, S. (2012). *Schönheit und Konflikt. Umrisse einer allgemeinen psychoanalytischen Ästhetik.* Gießen: Psychosozial-Verlag.
Leites, E. (1988). *Puritanisches Gewissen und moderne Sexualität.* Frankfurt/M.: Suhrkamp.
Lempa, G. (2001). Der psychotische Konflikt. In M. Wolf (Hrsg.), *Selbst, Objekt und der Grundkonflikt. Psychoanalytische Beiträge zur Psychosentherapie, institutionalisierten Abwehr und Aggression* (S. 55–65). Frankfurt/M.: Brandes & Apsel.
Leven, K.-H. (Hrsg.). (2005). *Antike Medizin. Ein Lexikon.* München: C. H. Beck.
Levinson, J. (2013). Unterwegs zu einer nichtminimalistischen Konzeption ästhetischer Erfahrung. In S. Deines, J. Liptow & M. Seel (Hrsg.), *Kunst und Erfahrung. Beiträge zu einer philosophischen Kontroverse* (S. 38–60). Frankfurt/M.: Suhrkamp.
Lichtenberg, J. D. (1991). Motivational-funktionale Systeme als psychische Strukturen. *Forum der Psychoanalyse, 7,* 85–97.
Lichtenberg, J. D. (2007). *Kunst und Technik psychoanalytischer Therapien.* Frankfurt/M.: Brandes & Apsel.
Lichtenberg, J. D., Lachmann, F. & Fosshage, J. L. (1996). *Zehn Prinzipien psychoanalytischer Technik. Konzepte der Selbst- und Entwicklungspsychologie in der Praxis.* Stuttgart: Pfeiffer bei Klett-Cotta 2000.
Liebau, E. (2007). Über Geschmack lässt sich (nicht) streiten. In E. Liebau & J. Zirfas (Hrsg.), *Schönheit. Traum – Kunst – Bildung* (S. 209–222). Bielefeld: transcript.

Liebau, E. (2014). Habitus. In Ch. Wulf & J. Zirfas (Hrsg.), *Handbuch Pädagogische Anthropologie* (S. 155–164). Wiesbaden: Springer VS.
Liebau, E. & Zirfas, J. (Hrsg.). (2011). *Die Bildung des Geschmacks. Über die Kunst der sinnlichen Unterscheidung*. Bielefeld: transcript.
Loch, W. (1993). *Deutungskunst: Dekonstruktion und Neuanfang im psychoanalytischen Prozeß*. Frankfurt/M.: Brandes & Apsel.
Löwenfeld, L. (1897). *Lehrbuch der gesammten Psychotherapie*. Wiesbaden: Bergmann.
Löwith, K. (1986). *Nietzsches Philosophie der ewigen Wiederkehr des Gleichen*. Hamburg: Meiner.
Lohmann, H.-M. (1998). *Sigmund Freud*. Rowohlt: Reinbek.
Lohmann, H.-M. (2006). Die intellektuelle Biographie [von Freud]. In H.-M. Lohmann & J. Pfeiffer (Hrsg.), *Freud-Handbuch. Leben – Werk –Wirkung* (S. 49–76). Metzler: Stuttgart.
Lorenzer, A. (1984). *Intimität und soziales Leid. Archäologie der Psychoanalyse*. Frankfurt/M.: Fischer.
Lorenzer, A. (1985). Der Analytiker als Detektiv, der Detektiv als Analytiker. *Psyche – Z Psychoanal, 39*(1), 1–11.
Lorenzer, A. (1988). Freud. Die Natürlichkeit des Menschen und die Sozialität der Natur. *Psyche – Z Psychoanal, 42,* 426–438.
Lyotard, J.-F. (1979). *Das postmoderne Wissen. Ein Bericht*. Hrsg. v. P. Engelmann. 5. Aufl. Wien: Edition Passagen 2005.
Malter, R. (1988). *Der eine Gedanke. Hinführung zur Philosophie Arthur Schopenhauers*. Darmstadt: WBG.
Marneffe, D. de (1992). Looking and listening: the construction of clinical knowledge in Charcot and Freud. *Signs, 17,* 71–111.
Marneros, A. & Pillmann, F. (2005*). Das Wort Psychiatrie ... wurde in Halle geboren. Von den Anfängen der deutschen Psychiatrie*. Stuttgart: Schattauer.
Marquard, O. (1973). *Schwierigkeiten mit der Geschichtsphilosophie*. Frankfurt/M.: Suhrkamp 1982.
Marquard, O. (1987). *Transzendentaler Idealismus, Romantische Naturphilosophie, Psychoanalyse*. Köln: Dinter.
Marten, R. (1993). *Lebenskunst*. München: Wilhelm Fink.
Martin, N. (1984). Muße. In J. Ritter & K. Gründer (Hrsg.), *Historisches Wörterbuch der Philosophie, Bd. 6* (Sp. 257–260). Darmstadt: WBG 1984.
Masson, J.M. (1984). *Was hat man dir, du armes Kind getan? Sigmund Freuds Unterdrückung der Verführungstheorie*. Reinbek: Rowohlt.
Mattenklott, G. (1996). Zugunsten der Müßigen. *Paragrana. Internationale Zeitschrift für Historische Anthropologie, 5*(2), Themenheft: Mimesis – Poiesis – Autopoiesis, hrsg. v. G. Gebauer & Ch. Wulf), 161–176.
Mattenklott, G. & Vöhler, M. (Hrsg.). (2006). *Paragrana. Internationale Zeitschrift für Historische Anthropologie, 15*(2), Themenheft: Sprachen ästhetischer Erfahrung.
Matthews, G.B. (1995). *Die Philosophie der Kindheit. Wenn Kinder weiter denken als Erwachsene*. Weinheim und Berlin: Beltz Quadriga.
Mayer, A. (2002). *Mikroskopie der Psyche. Die Anfänge der Psychoanalyse im Hypnose-Labor*. Göttingen: Wallstein.
Meier, G.F. (1748). *Georg Friedrich Meiers öffentlichen Lehrers der Weltweisheit zu Halle Anfangsgründe aller schönen Wissenschaften*. Halle: Hemmerde.
Menke, Ch. (2013). *Die Kraft der Kunst*. Berlin: Suhrkamp.
Mentzos, S. (1967). *Mischzustände und mischbildhafte phasische Psychosen*. Stuttgart: Enke.
Mentzos, S. (1973). Psychoanalyse – Hermeneutik oder Erfahrungswissenschaft. *Psyche – Z Psychoanal, 27,* 832–849.

Mentzos, S. (1976). *Interpersonale und institutionalisierte Abwehr*. Frankfurt/M.: Suhrkamp.
Mentzos, S. (1982). *Neurotische Konfliktverarbeitung. Einführung in die psychoanalytische Neurosenlehre unter Berücksichtigung neuer Perspektiven*. Frankfurt/M.: Fischer 1986.
Mentzos, S. (1991). *Psychodynamische Modelle in der Psychiatrie*. Göttingen: Vandenhoeck & Ruprecht.
Mentzos, S. (Hrsg.). (1992). *Psychose und Konflikt*. Göttingen: Vandenhoeck & Ruprecht.
Mentzos, S. (1993). *Der Krieg und seine psychosozialen Funktionen*. Göttingen: Vandenhoeck & Ruprecht 2002.
Mentzos, S. (1995). Selbstpsychologische Aspekte der Behandlung von Psychosen innerhalb eines konfliktorientierten Modells. In P. Kutter, Ch. Schöttler, H. Hartmann & W. Milch (Hrsg.), *Der therapeutische Prozeß* (S. 133–155). Frankfurt/M.: Suhrkamp.
Mentzos, S. (1999). Operationalisierung versus »Psychodynamisierung« in der Psychodiagnostik. In G. Lempa & E. Troje (Hrsg.), *Psychodiagnostik: Psychodynamisierung versus Operationalisierung* (= Forum der psychoanalytischen Psychosentherapie, Band 1, S. 21–49). Göttingen: Vandenhoeck & Ruprecht.
Mentzos, S. (2000). Das psychosoziale Feld ist nicht nur für das So-sein, sondern – partiell – auch für das Da-Sein der Psychose von Bedeutung. In S. Mentzos & A. Münch (Hrsg.), *Die Bedeutung des sozialen Feldes und der Beziehung für Genese, Psychodynamik, Therapie und Prophylaxe der Psychosen* (= Forum der psychoanalytischen Psychosentherapie, Band 2, S. 9–25). Göttingen: Vandenhoeck & Ruprecht.
Mentzos, S. (2001). Der bipolare Mensch und sein Dilemma. In M. Wolf (Hrsg.), *Selbst, Objekt und der Grundkonflikt. Psychoanalytische Beiträge zur Psychosentherapie, institutionalisierten Abwehr und Aggression* (S. 101–113). Frankfurt/M.: Brandes & Apsel.
Mentzos, S. (2004a). *Hysterie. Zur Psychodynamik unbewusster Inszenierungen* [1980]. 8., erweiterte Aufl. Göttingen: Vandenhoeck & Ruprecht.
Mentzos, S. (2004b). *Psychose und Kreativität*. In S. Mentzos & A. Münch (Hrsg.), *Psychose und Literatur* (= Forum der psychoanalytischen Psychosentherapie, Band 11, S. 11–22). Göttingen: Vandenhoeck & Ruprecht.
Mentzos, S. (2006). Das Unbewusste in der Psychose. In M. B. Buchholz & G. Gödde (Hrsg.), *Das Unbewusste in der Praxis. Erfahrungen verschiedener Professionen. Das Unbewusste, Bd. III* (S. 315–341). Gießen: Psychosozial-Verlag.
Mentzos, S. (2009). *Lehrbuch der Psychodynamik. Die Funktion der Dysfunktionalität psychischer Störungen*. 2. Aufl. Göttingen: Vandenhoeck & Ruprecht.
Mentzos, S. (2010a). Stavros Mentzos im Interview mit Alois Münch zum 80. Geburtstag: Wissenschaftlicher Werdegang. In S. Mentzos & A. Münch (Hrsg.). (2010), *Reflexionen zu Aspekten einer Theorie der Psychosen* (= Forum der psychoanalytischen Psychosentherapie, Band 24, S. 95–120). Göttingen: Vandenhoeck & Ruprecht.
Mentzos, S. (2010b). Begründung des Bipolaritätsmodells der Psychosen und einige Erläuterungen zu deren neurobiologischer Dimension. In S. Mentzos & A. Münch (Hrsg.). (2010), *Reflexionen zu Aspekten einer Theorie der Psychosen* (= Forum der psychoanalytischen Psychosentherapie, Band 24, S. 10–23). Göttingen: Vandenhoeck & Ruprecht.
Mentzos, S. (2011). Kontraste und Gemeinsamkeiten bei den verschiedenen Psychoseverfahren. In D. v. Haebler, S. Mentzos & G. Lempa (Hrsg.), *Psychosenpsychotherapie im Dialog. Zur Gründung des DDPP* (= Forum der psychoanalytischen Psychosentherapie, Band 26, S. 45–51). Göttingen: Vandenhoeck & Ruprecht.
Mentzos, S. (2012). Schöpferische Aspekte der psychotischen Symptomatik. Vergleichbare ästhetische Qualitäten im Traum und in der Psychose. In S. Mentzos & A. Münch (Hrsg.), *Das*

*Schöpferische in der Psychose* (= Forum der psychoanalytischen Psychosentherapie, Band 28, S. 13–26). Göttingen: Vandenhoeck & Ruprecht.
Mentzos, S. (2014a). Zwei entgegengesetzte Strömungen in der heutigen Diagnostik und Therapie der Psychosen. In G. Lempa & E. Troje (Hrsg.), *Zwischen Biologie und Biographie. Einflüsse auf die therapeutische Praxis* (= Forum der psychoanalytischen Psychosentherapie, Band 30, S. 13–34). Göttingen: Vandenhoeck & Ruprecht.
Mentzos, S. (2014b). Interview mit Heinz Böker. *Zeitschrift für Psychiatrie, Psychologie und Psychotherapie, 62*(3), 219–224.
Mertens, W. (1989). *Einführung in die psychoanalytische Therapie*, Bd. 1. 3. Aufl. Stuttgart: Kohlhammer 2000.
Mertens, W. (1990). *Einführung in die psychoanalytische Therapie*, Bd. 2. Stuttgart: Kohlhammer.
Mertens, W. (1992). *Kompendium psychoanalytischer Grundbegriffe*. München: Quintessenz.
Mertens, W. (2004). Fragen an Freud – Wenn Freud heute noch leben würde. In W. Mertens, W. Obrist & H. Scholpp, *Was Freud und Jung nicht zu hoffen wagten ... Tiefenpsychologie als Grundlage der Humanwissenschaften* (S. 121–292). Gießen: Psychosozial-Verlag.
Mertens, W. (2009). *Psychoanalytische Erkenntnishaltungen und Interventionen. Schlüsselbegriffe für Studium, Weiterbildung und Praxis*. Stuttgart: Kohlhammer.
Mertens, W. (2010–12). *Psychoanalytische Schulen im Gespräch*. 3 Bände. Bern: Huber.
Mertens, W. (2014). Psychodynamik. In Ders., *Handbuch psychoanalytischer Grundbegriffe* (S. 756–774). 4. Aufl. Stuttgart: Kohlhammer.
Mertens, W. (2015). *Psychoanalytische Behandlungstechnik. Konzepte und Themen psychoanalytisch begründeter Behandlungsverfahren*. Stuttgart: Kohlhammer.
Mertens, W. & Haubl, R. (1996). *Der Psychoanalytiker als Archäologe*. Stuttgart: Kohlhammer.
Mesmer, F. A. (1781). *Abhandlung über die Entdeckung des thierischen Magnetismus*. Unveränderter Nachdruck. Tübingen: edition diskord 1985.
Micale, M. (1989). Hysteria and its Historiography: A Review of Pat and Present Writings. *History of Science 27*, 223–261, 319–351.
Mitchell, S. A. (1997). *Psychoanalyse als Dialog. Einfluss und Autonomie in der analytischen Beziehung*. Gießen: Psychosozial-Verlag 2005.
Mitchell, S. A. (2000). *Bindung und Beziehung*. Gießen: Psychosozial-Verlag 2003.
Montaigne, M. de (1976). *Essais*. Hrsg. v. R.-R. Wuthenow. Frankfurt/M.: Insel.
Montaigne, M. de (1989). *Die Essais*. Hrsg. v. A. Franz. Stuttgart: Reclam.
Moreno, J. L. (1959). *Gruppenpsychotherapie und Psychodrama. Einleitung in die Theorie und Praxis*. 2. Aufl. Stuttgart: Thieme 1997.
Morgenstern, M. (2008a). Schopenhauers Lehre vom Glück. *Aufklärung und Kritik, Sonderheft 14: Glück und Lebenskunst*, hrsg. v. R. Zimmer, 116–135.
Morgenstern, M. (2008b). *Metaphysik in der Moderne. Von Schopenhauer bis zur Gegenwart*. Stuttgart: Franz Steiner.
Morgenstern, M. & Zimmer, R. (Hrsg.). (2016). *Aufklärung und Kritik, Sonderheft 23: Arthur Schopenhauer*.
Muchembled, R. (2008). *Die Verwandlung der Lust. Eine Geschichte der abendländischen Sexualität*. München: DVA.
Müller, Th. (2006). Das Unbewusste in der Gemeinde – das Projekt der »Psychiatrischen Familienpflege. In M. B. Buchholz & G. Gödde (Hrsg.), *Das Unbewusste in der Praxis. Erfahrungen verschiedener Professionen. Das Unbewusste, Bd. III* (S. 342–370). Gießen: Psychosozial-Verlag.
Müller, T. & Kutter, P. (1998). Einleitung. In P. Kutter, R. Páramo-Ortega & T. Müller (Hrsg.), *Weltan-*

*schauung und Menschenbild. Einflüsse auf die psychoanalytische Praxis* (S. 7–15). Göttingen: Vandenhoeck & Ruprecht.

Müller, T. & Lempa, G. (1998). Die psychoanalytische Haltung in der Behandlung von Psychosen. In P. Kutter, R. Páramo-Ortega & T. Müller (Hrsg.), *Weltanschauung und Menschenbild* (S. 255–281). Göttingen: Vandenhoeck & Ruprecht.

Münch, K., Munz, D. & Springer, A. (Hrsg.). (2010). *Die Psychoanalyse im Pluralismus der Wissenschaften.* Gießen: Psychosozial-Verlag.

Müri, W. (Hrsg.). (1986). *Der Arzt im Altertum. Griechische und lateinische Quellenstücke von Hippokrates bis Galen.* München und Zürich: Artemis.

Musalek, M. & Poltrum, M. (Hrsg.). (2011). *Ars Medica. Zu einer neuen Ästhetik in der Medizin.* Lengerich und Berlin: Pabst Science Publishers und Parados Verlag.

Nehamas, A. (2000). *Die Kunst zu leben. Sokratische Reflexionen von Platon bis Foucault.* Frankfurt/M.: Europäische Verlagsanstalt.

Neumann, G. (2005). Theater der Sinne. Daniel Spoerri und das Szenario der Eat-Art. In D. v. Engelhardt & R. Wild (Hrsg.), *Geschmacksbildungen. Vom Dialog der Sinne beim Essen und Trinken* (S. 205–217). Frankfurt/M.: Campus.

Neuweg, H.-G. (1999). *Könnerschaft und implizites Wissen. Zur lehr-lerntheoretischen Bedeutung der Erkenntnis- und Wissenstheorie Michael Polanyis.* Münster und New York u. a.: Waxmann.

Nietzsche, F. (1869–74). *Nachlaß 1869–1874.* KSA 7.

Nietzsche, F. (1871). Die Geburt der Tragödie. *KSA 1,* S. 9–156.

Nietzsche, F. (1872). Ueber die Zukunft unser Bildungsanstalten. *KSA 1,* S. 641–763.

Nietzsche, F. (1873). Ueber Wahrheit und Lüge im aussermoralischen Sinne. *KSA 1,* S. 873–890.

Nietzsche, F. (1874a). Unzeitgemässe Betrachtungen II: Vom Nutzen und Nachtheil der Historie für das Leben. *KSA 1,* S. 243–334.

Nietzsche, F. (1874b). Unzeitgemässe Betrachtungen III: Schopenhauer als Erzieher. *KSA 1,* S. 335–427.

Nietzsche, F. (1878). *Menschliches, Allzumenschliches.* KSA 2.

Nietzsche, F. (1880–82). *Nachgelassene Fragmente.* KSA 9.

Nietzsche, F. (1881). Morgenröthe. *KSA 3,* S. 9–331.

Nietzsche, F. (1882). Die Fröhliche Wissenschaft. *KSA 3,* S. 343–651.

Nietzsche, F. (1884). *Also sprach Zarathustra. Ein Buch für Alle und Keinen.* KSA 4.

Nietzsche, F. (1885–87). *Nachgelassene Fragmente.* KSA 12.

Nietzsche, F. (1886). Jenseits von Gut und Böse. *KSA 5,* S. 9–243.

Nietzsche, F. (1887–89). *Nachgelassene Fragmente.* KSA 13.

Nietzsche, F. (1887). Zur Genealogie der Moral. *KSA 5,* S. 245–412.

Nietzsche, F. (1888a). Götzendämmerung. *KSA 6,* S. 55–161.

Nietzsche, F. (1888b). Ecce homo. *KSA 6,* S. 255–374.

Nietzsche, F. (1980): *Briefwechsel. Kritische Gesamtausgabe. Band II.6.2.* Hrsg. v. G. Colli & M. Montinari. Berlin und New York: de Gruyter.

Nussbaum, M. (1994). *The Therapy of Desire. Theory and Practice in Hellenistic Ethics.* Princeton: PUP.

Oberlechner, G. (2008). Die Hysterie und ihre Heiler im Europa des 19. Jahrhunderts. In C. Diercks & S. Schlüter (Hrsg.), *Sigmund-Freud-Vorlesungen 2006: Die großen Krankengeschichten* (S. 42–50). Wien: Mandelbaum.

Oberthür, J. (2005). Verdrängte Dunkelheit des Denkens – Descartes, Leibniz und die Kehrseite des Rationalismus. In M.B. Buchholz & G. Gödde (Hrsg.), *Macht und Dynamik des Unbewussten. Das Unbewusste, Bd. I* (S. 34–69). Gießen: Psychosozial-Verlag.

Oberthür, J. (2012). Intaktheit. Schiller, das Schöne und die Menschheit des Menschen. In G. Gödde & J. Zirfas (Hrsg.), *Takt und Taktlosigkeit. Über Ordnungen und Unordnungen in Kunst, Kultur und Therapie* (S. 69–94). Bielefeld: transcript.
Oevermann, U. (1996). Theoretische Skizze einer revidierten Theorie professionalisierten Handelns. In A. Combe & W. Helsper (Hrsg.), *Pädagogische Professionalität* (S. 70–182). Frankfurt/M.: Suhrkamp.
Oksenberg Rorty, A. (2004). Besänftigung der stoischen Leidenschaften. Die zwei Gesichter der Individualität. In B. Guckes (Hrsg.), *Zur Ethik der älteren Stoa* (S. 165–179). Göttingen: Vandenhoeck & Ruprecht.
Orlinsky, D. E. & Roennestad, M. H. (2005). *How psychotherapists develop: A study of therapeutic work and professional growth*. Washington, D. C.: American Psychoanalytic Association.
Ovid (1996). *Ars amatoria. Liebeskunst*. Stuttgart: Reclam.
Parin, P. (1989). Psychoanalytische Entlarvung des Glücks. *Kursbuch, 95* [Hrsg. v. K.M. Michel & T.Spengler: *Das Glück*], 111–120.
Parin, P. & Parin-Matthèy, G. (1983). Medicozentrismus in der Psychoanalyse. In S. O. Hoffmann (Hrsg.), *Deutung und Beziehung. Kritische Beiträge zur Behandlungskonzeption und Technik in der Psychoanalyse* (S. 86–106). Frankfurt/M.: Fischer.
Pflichthofer, D. (2008). *Spielräume des Erlebens. Performanz und Verwandlung in der Psychoanalyse*. Gießen: Psychosozial-Verlag.
Pflichthofer, D. (2012). *Spielregeln der Psychoanalyse*. Gießen: Psychosozial-Verlag.
Pflichthofer, D. (2013). Ästhetische Erfahrungen in der Psychoanalyse. Zeit und Raum für sinnliche Erkenntnis. *Imago. Interdisziplinäres Jahrbuch für Psychoanalyse und Ästhetik, 1*, 139–158.
Pieper, J. (1957). *Glück und Kontemplation*. München: Kösel
Pieper, J. (1965). *Muße und Kult*. 7. Aufl. München: Kösel.
Pine, F. (1990). Die vier Psychologien und ihre Bedeutung für die Praxis. *Forum der Psychoanalyse, 6*, 232–249.
Platon (1984). *Sämtliche Werke*. Hrsg. v. W. F. Otto, E. Grassi & G. Plamböck. Hamburg: Rowohlt.
Pochat, G. (1986). *Geschichte der Ästhetik und Kunsttheorie. Von der Antike bis zum 19. Jahrhundert*. Köln: DuMont.
Polanyi, M. (1966). *The tacit dimension*. New York: Garden City.
Poltrum, M. (2010). *Klinische Philosophie. Logos Ästhetikus und Philosophische Therapeutik*. Lengerich und Berlin: Pabst Science Publishers und Parados Verlag.
Poltrum, M. & Heubner, U. (Hrsg.). (2015). *Ästhetik als Therapie. Therapie als ästhetische Erfahrung. Festschrift zum 60. Geburtstag von Michael Musalek*. Berlin: Parodos.
Pörksen, B. (Hrsg.). (2011). *Schlüsselwerke des Konstruktivismus*. Wiesbaden: VS Verlag.
Pongratz, L. (1984). *Problemgeschichte der Psychologie*. 2. Aufl. München: Francke.
Preyer, W. (1881). *Die Entdeckung des Hypnotismus*. Nebst einer ungedruckten Original-Abhandlung von Braid in deutscher Übersetzung. Berlin: Paetel.
Proust, M. (1967). *Auf der Suche nach der verlorenen Zeit*. Frankfurt/M.: Suhrkamp.
Rabbow, P. (1954). *Seelenführung. Methodik der Exerzitien in der Antike*. München: Kösel.
Ranke-Heinemann, U. (1988). *Eunuchen für das Himmelreich. Katholische Kirche und Sexualität*. Hamburg: Hoffmann & Campe.
Reckwitz, A. (2012). *Die Erfindung der Kreativität. Zum Prozess gesellschaftlicher Ästhetisierung*. Frankfurt/M.: Suhrkamp.
Rehm, U. (2009). *Botticelli. Der Maler und die Medici. Eine Biographie*. Stuttgart: Reclam.
Reich, W. (1933). *Charakteranalyse*. 3. Aufl. Frankfurt/M.: Fischer 1973.

Reiche, R. (2000). »... versage uns die volle Befriedigung« (Sigmund Freud). Eine sexualwissenschaftliche Zeitdiagnose der gegenwärtigen Kultur. *Zeitschrift für psychoanalytische Theorie und Praxis, 15*(1), 10–36.
Reichenbach, R. (2004). »La fatigue de soi«: Bemerkungen zu einer Pädagogik der Selbstsorge. In N. Ricken & M. Rieger-Ladich (Hrsg.), *Michel Foucault: Pädagogische Lektüren* (S. 187–200). Wiesbaden: VS Verlag.
Reicheneder, J. G. (1983). Sigmund Freud und die kathartische Methode Josef Breuers. *Jahrbuch der Psychoanalyse, 15*, 229–250.
Reicheneder, J. G. (1990). *Zum Konstitutionsprozeß der Psychoanalyse*. Stuttgart-Bad Cannstatt: frommann-holzboog.
Reicheneder, J. G. (2005). Vom Magnetismus und Hypnotismus zur Psychoanalyse. In M. B. Buchholz & G. Gödde (Hrsg.), *Macht und Dynamik des Unbewussten. Das Unbewusste, Bd. I* (S. 262–295). Gießen: Psychosozial-Verlag.
Reicheneder, J. G. (2016). *Freuds Traum von einer neuen Wissenschaft. Irmas Injektion und die bakteriologische Forschung der Zeit* (= *Jahrbuch der Psychoanalyse*, Beihefte, JPB 27). Tübingen: frommann & holzboog.
Reichertz, J. (2002). »Ich könnte schreien vor Glück«, oder: Formen des Glücks in den Massenmedien. In A. Bellebaum (Hrsg.), *Glücksforschung. Eine Bestandsaufnahme* (S. 227–244). Konstanz: UVK.
Reik, Th. (1915). *Probleme der Religionspsychologie, 1. Das Ritual*. Leipzig - Wien: Internationaler Psychoanalytischer Verlag 1919.
Reik, Th. (1925). Geständniszwang und Strafbedürfnis. In T. Moser (Hrsg.), *Psychoanalyse und Justiz*. Frankfurt/M.: Suhrkamp 1971.
Reik, Th. (1927). *Dogma und Zwangsidee*. Stuttgart 1973.
Reik, Th. (1933). New Ways in Psychoanalytic Technique. *Int. Journal Psychoanal, 14*, 321–333.
Reik, Th. (1935). *Der überraschte Psychologe. Über Erraten und Verstehen unbewußter Vorgänge*. Leiden: Sijthoff.
Reik, Th. (1940). *Aus Leiden Freuden – Masochismus und Gesellschaft*. Hamburg: Hoffmann & Campe 1977.
Reik, Th. (1945). *Geschlecht und Liebe*. München: Kindler 1965.
Reik, Th. (1948). *Hören mit dem dritten Ohr*. Hamburg: Hoffmann & Campe 1976.
Reik, Th. (1949). *Fragment of a Great Confession: A Psychoanalytic Autobiography*. New York: Farrar, Strauss and Company.
Reik, Th. (1956). *Dreißig Jahre mit Sigmund Freud*. München: Kindler 1976.
Reil, J. C. (1803). *Rhapsodien über die Anwendung der psychischen Kurmethode auf Geisteszerrüttungen*. 2. Aufl. Halle: Curtsche Buchhandlung 1818. Nabu-Press 2012.
Reil, J. C. (1808). *Ueber den Begriff Medicin und ihre Verzweigungen, besonders in Beziehung auf die Berichtigung der Topik der Psychiaterie*. Halle: Curtsche Buchhandlung.
Rheinberger, H.-J. (2007). *Historische Epistemologie zur Einführung*. Hamburg: Junius.
Ricken, F. (1995). Seele. In J. Ritter & K. Gründer (Hrsg.), *Historisches Wörterbuch der Philosophie, Bd. 9* (Sp. 1–11). Darmstadt: WBG.
Ricœur, P. (2006). *Wege der Anerkennung*. Frankfurt/M.: Suhrkamp.
Rieger-Ladich, M. (1997). *Ästhetik der Existenz? Eine Interpretation von Michel Foucaults Konzept der »Technologien des Selbst« anhand der »Essais« von Michel de Montaigne*. Münster u.a.: Waxmann.
Roazen, P. 1999). *Wie Freud arbeitete. Berichte von Patienten aus erster Hand*. Gießen: Psychosozial-Verlag.

Rohde-Dachser, C. (2008). Sprachen des Unbewussten. In R. Haubl & T. Habermas (Hrsg.), *Freud neu entdecken. Ausgewählte Lektüren* (S. 43–64). Göttingen: Vandenhoeck & Ruprecht.
Rorty, R. (1988). Freud und die moralische Reflexion. In Ders., *Solidarität oder Objektivität? Drei philosophische Essays* (S. 38–81). Stuttgart: Reclam.
Rorty, R. (1992). *Kontingenz, Ironie und Solidarität*. Frankfurt/M.: Suhrkamp.
Rothe, C. (1617). *Cura Animae. Zwo Trostreiche Predigten / Von der Geistlichen SeelenCur: Aus den zweyen schönen Passion Sprüchlein / 1. Johann. 1. Das Blut Jesu Christi etc. und Esa. 53. Fürwar er trug unser Kranckheit etc.* Leipzig: Christoph Ellieger.
Rothschuh, K. E. (1968). *Physiologie. Der Wandel ihrer Konzepte, Probleme und Methoden vom 16. bis 20. Jahrhundert*. Freiburg und München: Alber.
Rudolf, G. (2004). *Strukturbezogene Psychotherapie. Leitfaden zur psychodynamischen Therapie struktureller Störungen*. Stuttgart: Schattauer.
Rudolf, G. (2010). *Psychodynamische Psychotherapie. Die Arbeit an Konflikt, Struktur und Trauma*. Stuttgart: Schattauer.
Rudolf, G. (2015). *Wie Menschen sind. Eine Anthropologie aus psychotherapeutischer Sicht*. Stuttgart: Schattauer.
Rühl, M. (2001). *Schopenhauers existentielle Metaphern im Kontext seiner Philosophie*. Münster: LIT.
Sacks, O. (2002). *Der Mann, der seine Frau mit einem Hut verwechselte*. 20. Aufl. Reinbek bei Hamburg: Rowohlt.
Safranski, R. (1987). *Schopenhauer und die wilden Jahre der Philosophie. Eine Biographie*. München: Hanser.
Safranski, R. (1990). *Wieviel Wahrheit braucht der Mensch? Über das Denkbare und das Lebbare*. München und Wien: Hanser.
Safranski, R. (1995). *Schopenhauer*. Ausgewählt und eingeleitet v. R. Safranski. München: Diederichs.
Safranski, R. (1997). *Nietzsche*. Ausgewählt und eingeleitet v. R. Safranski. München: Diederichs.
Safranski, R. (2000). *Nietzsche. Biographie seines Denkens*. München: Hanser.
Safranski, R. (2007). *Romantik. Eine deutsche Affäre*. München: Hanser.
Salaquarda, J. (1984). Zur gegenseitigen Verdrängung von Schopenhauer und Nietzsche. *Schopenhauer-Jahrbuch, 65*, 13–30.
Sandkühler, H. J. (2009). *Kritik der Repräsentation. Einführung in die Theorie der Überzeugungen, der Wissenskulturen und des Wissens*. Frankfurt/M.: Suhrkamp.
Sandler, J. (1976). Gegenübertragung und Bereitschaft zur Rollenübernahme. *Psyche – Z Psychoanal, 30*, 297–305.
Sandler, J. (1983). Die Beziehungen zwischen psychoanalytischen Konzepten und psychoanalytischer Praxis. *Psyche – Z Psychoanal, 37*, 577–595.
Sandler, J, Michels, R. & Fonagy, P. (Hrsg.). (2000). *Changing ideas in a changing world: The Revolution in Psychoanalysis. Essays in Honour of Arnold Cooper*. London: Karnac.
Sarasin, Ph. (2001). *Reizbare Maschinen. Eine Geschichte des Körpers 1765–1914*. Frankfurt/M.: Suhrkamp.
Sartre, J.-P. (1943). *Das Sein und das Nichts. Versuch einer phänomenologischen Ontologie*. Reinbek bei Hamburg: Rowohlt 1993.
Sautet, M. (1997). *Ein Café für Sokrates*. Düsseldorf: Moldenhauer.
Scheff, T. J. (1983). *Explosion der Gefühle. Über die kulturelle und therapeutische Bedeutung kathartischen Erlebens*. Weinheim und Basel: Beltz.
Schiller, F. (1984). *Über das Schöne und die Kunst. Schriften zur Ästhetik*. Hrsg. v. G. Fricke & H. G. Göpfert. München: dtv.

Schipperges, H. (1962). *Lebendige Heilkunde. Von großen Ärzten und Philosophen aus drei Jahrtausenden*. Olten und Freiburg im Breisgau: Walter Verlag.
Schmid, W. (1991). *Auf der Suche nach einer neuen Lebenskunst. Die Frage nach dem Grund und die Neubegründung der Ethik bei Foucault*. Frankfurt/M.: Suhrkamp.
Schmid, W. (1995). Selbstsorge. In J. Ritter & K. Gründer (Hrsg.), *Historisches Wörterbuch der Philosophie, Bd. 9* (Sp. 528–535). Darmstadt: WBG.
Schmid, W. (1998). *Philosophie der Lebenskunst. Eine Grundlegung*. 3. Aufl. Frankfurt/M.: Suhrkamp.
Schmid, W. (2000). *Schönes Leben? Einführung in die Lebenskunst*. Frankfurt/M.: Suhrkamp.
Schmid, W. (2004). *Mit sich selbst befreundet sein*. Frankfurt/M.: Suhrkamp.
Schmid, W. (2005). *Die Kunst der Balance. 100 Facetten der Lebenskunst*. Frankfurt/M. und Leipzig: Insel.
Schmidbauer, W. (1971). *Psychotherapie. Ihr Weg von der Magie zur Wissenschaft*. München: Nymphenburger Verlagshandlung.
Schmidbauer, W. (1977). *Die hilflosen Helfer*. Reinbek bei Hamburg: Rowohlt.
Schmidbauer, W. (1999). *Freuds Dilemma. Die Wissenschaft von der Seele und die Kunst der Therapie*. Reinbek bei Hamburg: Rowohlt.
Schmidt, G. (1998). *Sexuelle Verhältnisse. Über das Verschwinden der Sexualmoral*. Reinbek bei Hamburg: Rowohlt.
Schneider, K. J. & Krug, O. T. (2012). *Humanistisch-Existentielle Therapie*. München und Basel: Reinhardt.
Schönpflug, W. (2000). *Geschichte und Systematik der Psychologie. Ein Lehrbuch für das Grundstudium*. Weinheim: Psychologie Verlags Union.
Schöpf, A. (1982). *Sigmund Freud*. München: Beck.
Schöpf, A. (2014a). *Philosophische Grundlagen der Psychoanalyse. Eine wissenschaftshistorische und wissenschaftstheoretische Analyse*. Stuttgart: Kohlhammer.
Schöpf, A. (2014b). Einsicht. In W. Mertens (Hrsg.), *Handbuch psychoanalytischer Grundbegriffe* (S. 202–205). 4. Aufl. Stuttgart: Kohlhammer.
Schopenhauer, A. (1819). *Die Welt als Wille und Vorstellung I*. Zürcher Ausgabe. Werke in zehn Bänden. Band I-II. Hrsg. v. A. Hübscher. Zürich: Diogenes 1977.
Schopenhauer, A. (1836). Über den Willen in der Natur. *Zürcher Ausgabe. Werke in zehn Bänden. Band V* (S. 183–342). Hrsg. v. A. Hübscher. Zürich: Diogenes 1977.
Schopenhauer, A. (1844). *Die Welt als Wille und Vorstellung II*. Zürcher Ausgabe. Werke in zehn Bänden. Band III-IV. Hrsg. v. A. Hübscher. Zürich: Diogenes 1977.
Schopenhauer, A. (1851a). *Aphorismen der Lebensweisheit. Parerga und Paralipomena I*. Zürcher Ausgabe. Werke in zehn Bänden. Zweiter Teilband. Band VIII. Hrsg. v. A. Hübscher. Zürich: Diogenes 1977.
Schopenhauer, A. (1851b). *Kleine philosophische Schriften. Parerga und Paralipomena II*. Zürcher Ausgabe. Werke in zehn Bänden. Erster Teilband. Band IX. Hrsg. v. A. Hübscher. Zürich: Diogenes 1977.
Schopenhauer, A. (1985). *Der handschriftliche Nachlaß*. Hrsg. v. A. Hübscher. München: dtv.
Schott, H. (1989). Fluidum – Suggestion – Übertragung. Zum Verhältnis von Mesmerismus, Hypnose und Psychoanalyse. In J. Clair, C. Pichler & W. Pircher (Hrsg.), *Wunderblock. Eine Geschichte der modernen Seele* (S. 85–96). Wien: Löcker.
Schott, H. (Hrsg.). (1998). *Der sympathetische Arzt. Texte zur Medizin im 18. Jahrhundert*. München: C. H. Beck.
Schott, H. & Tölle, R. (2006). *Geschichte der Psychiatrie. Krankheitslehren, Irrwege, Behandlungsformen*. München: C. H. Beck.

Schrenk, M. (1973). *Über den Umgang mit Geisteskranken. Die Entwicklung der psychiatrischen Therapie vom »moralischen Regime« in England und Frankreich zu den »psychischen Curmethoden« in Deutschland.* Berlin, Heidelberg und New York: Springer.
Schröder, C. (1991). Bausteine einer alternativen Psychotherapiegeschichtsschreibung: Suggestionstherapie, rationale Wachpsychotherapie, Psychokatharsis. *Psychologie und Geschichte, 2,* 138–149.
Schröder, C. (1995). *Der Fachstreit um das Seelenheil. Psychotherapiegeschichte zwischen 1880 und 1932.* Frankfurt/M.: Peter Lang.
Schröder, C. (2007). Geschichte der Psychotherapie. In B. Strauß, F. Hohagen & F. Caspar (Hrsg.), *Lehrbuch Psychotherapie, Teilband 2* (S. 1047–1074). Göttingen: Hogrefe.
Schümmer, F. (1955). Die Entwicklung des Geschmacksbegriffs in der Philosophie des 17. und 18. Jahrhunderts. *Archiv für Begriffsgeschichte, 1,* 120–141.
Schultz, U. (1996). *Michel de Montaigne.* 2. Aufl. Reinbek bei Hamburg: Rowohlt.
Schwaber, E. A. (1988). Rekonstruktion und Wahrnehmungserleben: Weiterführende Gedanken zum psychoanalytischen Zuhören. In P. Kutter, R. Páramo-Ortega & P. Zagermann (Hrsg.), *Die psychoanalytische Haltung* (S. 207–230). München und Wien: Verlag Internationale Psychoanalyse.
Schwarte, L. (2006). Intuition und Imagination – Wie wir sehen, was nicht existiert. In B. Hüppauf & Ch. Wulf (Hrsg.), *Bild und Einbildungskraft* (S. 92–103). München: Wilhelm Fink.
Seel, M. (1995). *Versuch über die Form des Glücks. Studien zur Ethik.* Frankfurt/M.: Suhrkamp.
Seel, M. (1996). *Ethisch-ästhetische Studien.* Frankfurt/M.: Suhrkamp.
Seel, M. (1997). *Die Kunst der Entzweiung. Zum Begriff der ästhetischen Rationalität.* Frankfurt/M.: Suhrkamp.
Seel, M. (2000). *Ästhetik des Erscheinens.* München und Wien: Hanser.
Seel, M. (2004). Über die Reichweite ästhetischer Erfahrung – Fünf Thesen. In G. Mattenklott (Hrsg.), *Ästhetische Erfahrung im Zeichen der Entgrenzung der Künste* (S. 73–82). Hamburg: Felix Meiner.
Sell, C. (2012). Die Wissenskultur der Psychoanalyse und ihre Differenz zur kognitiven Verhaltenstherapie. In G. Gödde & M. B. Buchholz (Hrsg.), *Der Besen, mit dem die Hexe fliegt. Wissenschaft und Therapeutik des Unbewussten. Band 1: Psychologie als Wissenschaft der Komplementarität* (S. 271–299). Gießen: Psychosozial-Verlag.
Sellars, J. (2003). *The Art of Living. The Stoics on the Nature and Function of Philosophy.* Aldershot and Burlington: Ashgate.
Seneca (1983). *De brevitate vitae. Von der Kürze des Lebens.* Lateinisch/Deutsch. Stuttgart: Reclam.
Seneca (1984). *Vom glückseligen Leben und andere Schriften.* Stuttgart: Reclam.
Seneca (1987–2000). *Epistula morales ad Lucilium. Liber I–XX. Briefe an Lucilius über Ethik.* 1.–20. Buch. Lateinisch/Deutsch. Stuttgart: Reclam.
Seneca (1995). *De tranquillitate animi. Über die Ausgeglichenheit der Seele.* Lateinisch/Deutsch. Stuttgart: Reclam.
Seneca (1996). *De otio. Über die Muße. De providentia. Über die Vorsehung.* Lateinisch/Deutsch. Stuttgart: Reclam.
Seneca (1998). *De clementia. Über die Güte.* Lateinisch/Deutsch. Stuttgart: Reclam.
Sennett, R. (1998). *Der flexible Mensch. Die Kultur des neuen Kapitalismus.* 4. Aufl. Berlin: Berlin Verlag.
Sloterdijk, P. (1987). *Der Zauberbaum. Die Entstehung der Psychoanalyse im Jahr 1785.* Ein epischer Versuch zur Psychologie der Philosophie. Frankfurt/M.: Suhrkamp.
Sloterdijk, P. (2009). *Du mußt dein Leben ändern. Über Anthropotechnik.* Frankfurt/M.: Suhrkamp.

Soeffner, H.-G. (1992). Stil und Stilisierung. Punk oder die Überhöhung des Alltags. In Ders., *Die Ordnung der Rituale. Die Auslegung des Alltags 2* (S. 76–101). Frankfurt/M.: Suhrkamp.

Soeffner, H.-G. (1997). »Auf dem Rücken eines Tigers«. Über die Hoffnung, Kollektivrituale als Ordnungsmächte in interkulturellen Gesellschaften kultivieren zu können. In W. Heitmeyer (Hrsg.), *Was hält Gesellschaften zusammen?* (S. 334–359). Frankfurt/M.: Suhrkamp.

Soldt, Ph. (Hrsg.). (2007). *Ästhetische Erfahrungen. Neue Wege zur Psychoanalyse künstlerischer Prozesse*. Gießen: Psychosozial-Verlag.

Spence, D. P. (1982). *Narrative truth and historical truth*. New York: Norton.

Spence, D. P. (1993): Die Sherlock-Holmes-Tradition: Die narrative Metapher. In M. B. Buchholz (Hrsg.), *Metaphernanalyse* (S. 72–120). Göttingen: Vandenhoeck & Ruprecht.

Stackelberg, J. v. (1982). *Französische Moralistik im europäischen Kontext*. Darmstadt: Wiss. Buchgesellschaft.

Stadler, M. (1991). Renaissance: Weltseele und Kosmos, Seele und Körper. In G. Jüttemann, M. Sonntag & Ch. Wulf (Hrsg.), *Die Seele. Ihre Geschichte im Abendland* (S. 180–197). Weinheim: Beltz.

Stegmaier, W. (1992). *Philosophie der Fluktuanz: Dilthey und Nietzsche*. Göttingen: Vandenhoeck & Ruprecht.

Stegmaier, W. (2011). *Friedrich Nietzsche zur Einführung*. Hamburg: Junius.

Stern, D. N. (1985). *Die Lebenserfahrung des Säuglings*. Stuttgart: Klett-Cotta 1992.

Stern, D. N. (2005). *Der Gegenwartsmoment. Veränderungsprozesse in Psychoanalyse, Psychotherapie und Alltag*. Frankfurt/M.: Brandes & Apsel.

Stern, D. N. (2011). *Ausdrucksformen der Vitalität*. Frankfurt/M.: Brandes & Apsel.

Stern, D. N. et al. (The Boston Change Process Study Group) (2012). *Veränderungsprozesse. Ein integratives Paradigma*. Frankfurt/M.: Brandes & Apsel.

Stets, J. E. & Turner, J. H. (2007). The Sociology of Emotions. In M. Lewis, J. Haviland-Jones & L. Feldman Barrett (Hrsg.), *Handbook of Emotions* (S. 32–46). 3. Aufl. New York: Guilford Press.

Stierle, K. (1997). *Ästhetische Rationalität*. München: Fink.

Stierlin, H. (1971). *Das Tun des Einen ist das Tun des Anderen. Eine Dynamik menschlicher Beziehungen*. Frankfurt/M.: Suhrkamp.

Stolorow, R. D., Brandchaft, B. & Atwood, G. E. (1996). *Psychoanalytische Behandlung. Ein intersubjektiver Ansatz*. Frankfurt/M.: Fischer.

Stone, L. (1961). *Die psychoanalytische Situation*. Frankfurt/M.: Fischer 1973.

Strasser, S. (1964). *Phänomenologie und Erfahrungswissenschaft vom Menschen*. Berlin: de Gruyter.

Streeck, U. (1986). Hintergrundannahmen im psychoanalytischen Behandlungsprozeß. *Forum der Psychoanalyse, 2*, 98–110.

Strenger, C. (1989). The classic and the romantic vision in psychoanalysis. *Int J Psycho-Anal, 70*, 593–610.

Strenger, C. (1997). Further remarks on the classic and the romantic vision in psychoanalysis: Klein, Winnicott, and ethics. *Psychoanalysis and Contemporary Thought, 20*, 207–243.

Strenger, C. (2005). *The Designed Self. Psychoanalysis and Contemporary Identities*. Hillsdale, NJ und London: The Analytic Press.

Stroeken, H. (1998). *Psychotherapie und der Sinn des Lebens*. Göttingen: Vandenhoeck & Ruprecht.

Sünkel, W. (1972). Diätetik. In J. Ritter (Hrsg.), *Historisches Wörterbuch der Philosophie, Bd. 2* (Sp. 231–232). Darmstadt: WBG.

Taylor, Ch. (1993). *Multikulturalismus und die Politik der Anerkennung*. Frankfurt/M.: Suhrkamp.

Tewes, J. (Hrsg.). (1989). *Nichts Besseres zu tun – über Muße und Müßiggang*. Oelde: Verlagsbuchhandlung Tewes.

Thomä, H. (1983). Erleben und Einsicht im Stammbaum psychoanalytischer Techniken und der »Neubeginn« als Synthese im »Hier und Jetzt«. In S.O. Hoffmann (Hrsg.), *Deutung und Beziehung. Kritische Beiträge zur Behandlungskonzeption und Technik in der Psychoanalyse* (S. 17–43). Frankfurt/M.: Fischer.
Thomä, H. & Kächele, H. (1985). *Lehrbuch der psychoanalytischen Therapie.* Band 1: *Grundlagen.* Berlin: Springer.
Thomä, H. & Kächele, H. (1988). *Lehrbuch der psychoanalytischen Therapie.* Band 2: *Praxis.* Berlin: Springer.
Todorov, T. (1996). *Abenteuer des Zusammenlebens. Versuch einer allgemeinen Anthropologie.* Berlin: Berlin Verlag.
Tripold, T. (2012). *Die Kontinuität romantischer Ideen. Zu den Überzeugungen gegenkultureller Bewegungen. Eine Ideengeschichte.* Bielefeld: transcript.
Tuckett, D. (2000). Theoretical pluralism and the construction of psychoanalytic knowledge. In J. Sandler, R. Michels & P. Fonagy (Hrsg.), *Changing ideal in a changing world: The revolution in psychoanalysis. Essays in honour of Arnold M. Cooper* (S. 237–246). London: Karnac.
Tuckett, D. (2002). Die Konferenz im neuen Stil und die Entwicklung einer Kultur von Gleichrangigen in der europäischen Psychoanalyse. Ansprache des Präsidenten. *EPF Bull, 56,* 40–56.
Tuckett, D. (2003). Eine europäische wissenschaftliche Initiative über zehn Jahre. Ansprache des Präsidenten. *EPF Bull, 57,* 724.
Tuckett, D. (2005). Ist wirklich alles möglich? Über die Arbeit an einem System zur Einschätzung psychoanalytischer Kompetenz. *Forum Psychoanal, 23,* 44–64.
Tuckett, D. (2006). The search to define and describe how psychoanalysts work: preliminary report on the project of the EPF Working Party on Comparative Clinical Methods. In J. Canestri (Hrsg.), *Psychoanalysis. From Practice to Theory* (S. 167–200). London: Wiley.
Tuckett, D. (2007). Wie können Fälle in der Psychoanalyse verglichen und diskutiert werden? Implikationen für künftige Standards der klinischen Arbeit. *Psyche – Z Psychoanal, 61,* 1042–1071.
Tuckett, D. (2010). Wie arbeiten Psychoanalytiker? Die Arbeit der EPF-Arbeitsgruppe über vergleichende klinische Methoden. 2003–2009. *Psychoanalyse in Europa – Bulletin, 64,* 5–35.
Tuckett, D. (2011). Inside and outside the window: Some fundamental elements in the theory of psychoanalytic technique. *International Journal of Psychoanalysis, 92,* 1367–1390.
Tuckett, D. (2012). Some Reflections on Psychoanalytic Technique: In Need of Core Concepts or an Archaic Ritual? *Psychoanalytic Inquiry, 32,* 87–108.
Tuckett, D., Basile, R., Birksted-Breen, D., Böhm, T., Denis, P., Ferro, A., Hinz, H., Jernstedt, J., Mariotti, P. & Schubert, J. (Hrsg.). (2008). *Psychoanalysis comparable & incomparable. The evolution of a method to describe and compare psychoanalytic approaches.* London und New York: Routledge.
Tugendhat, E. (1979). *Selbstbewußtsein und Selbstbestimmung. Sprachanalytische Interpretationen.* Frankfurt/M: Suhrkamp.
Valéry, P. (1987). *Cahiers/Hefte 1.* Frankfurt/M.: Fischer.
Vasalli, G. (2005). »Wir sind genötigt, ins Dunkle hinaus zu bauen« (S. Freud). Skizze einer Epistemologie der Psychoanalyse aus der Technik. *Psyche – Z Psychoanal, 59*(6), 534–572.
Voelke, A.-J. (1993). *La philosophie comme thérapie de l'âme. Etudes de philosophie hellénistique.* Fribourg und Paris: Cerf.
Vogel, R.T. (2008). *C.G. Jung für die Praxis. Zur Integration jungianischer Methoden in psychotherapeutischen Behandlungen.* Stuttgart: Kohlhammer.
Vogel, R.T. (2013). *Existenzielle Themen in der Psychotherapie.* Stuttgart: Kohlhammer.

Vöhler, M. & Linck, D. (Hrsg.). (2009). *Grenzen der Katharsis in den modernen Künsten. Zur Rezeption des Katharsis-Theorems seit Jacob Bernays*. Berlin und New York: de Gruyter.
Voltaire, F. M. (2001). »Geschmack – Goût«. In *Diderots Enzyklopädie. Eine Auswahl*. Hrsg. v. M. Neumann (S. 211–214). Leipzig: Reclam.
Waelder, R. (1973). Psychoanalytische Wege zur Kunst. In H. Deutsch, Ph. Greenacre & R. Waelder, *Die Sigmund Freud Vorlesungen* (S. 161–240). Frankfurt/M.: Fischer.
Walach, H. (2009). *Psychologie: Wissenschaftstheorie, philosophische Grundlagen und Geschichte*. 2. Aufl. Stuttgart: Kohlhammer.
Walach, H. (2012). Komplementärer Rahmen für eine Wissenschaftstheorie der Psychologie. In G. Gödde & M.B. Buchholz (Hrsg.), *Der Besen, mit dem die Hexe fliegt. Wissenschaft und Therapeutik des Unbewussten. Band 1: Psychologie als Wissenschaft der Komplementarität* (S. 301–326). Gießen: Psychosozial-Verlag.
Waldenfels, B. (2002). *Bruchlinien der Erfahrung. Phänomenologie, Psychoanalyse, Phänomenotechnik*. Frankfurt/M.: Suhrkamp.
Walzer, M. (1983). *Sphären der Gerechtigkeit. Ein Plädoyer für Pluralität und Gleichheit*. Frankfurt/M. und New York: Campus.
Wampold, B. E. (2001). *The Great Psychotherapy Debate. Models, Methods, and Findings*. Mahwah, NJ: Lawrence Erlbaum.
Warhol, A. (1991): *Die Philosophie des Andy Warhol von A bis B und zurück*. München: Knaur.
Warsitz, R.-P. & Küchenhoff, J. (2015). *Psychoanalyse als Erkenntnistheorie – psychoanalytische Erkenntnisverfahren*. Stuttgart: Kohlhammer.
Warstat, M. (2011). *Krise und Heilung. Wirkungsästhetiken des Theaters*. München: Wilhelm Fink.
Weinkauf, W. (2012). *Die Philosophie der Stoa. Ausgewählte Texte*. Stuttgart: Reclam.
Weinrich, H. (2000). *Lethe – Kunst und Kritik des Vergessens*. München: Beck.
Weiß, G. (2014). Sich dem Leben exponieren, damit es einen trifft. Hannah Arendts Gedanken zur Lebenskunst. In G. Gödde & J. Zirfas (Hrsg.), *Lebenskunst im 20. Jahrhundert. Stimmen von Philosophen, Künstlern und Therapeuten* (S. 185–200). Paderborn: Wilhelm Fink.
Welsch, W. (1993). *Unsere postmoderne Moderne*. 4. Aufl. Berlin: Akademie-Verlag.
Welsch, W. (1994). Identität im Übergang. In Ders., *Ästhetisches Denken* (S. 168–200). 4. Aufl. Stuttgart: Reclam.
Welsch, W. (1996). *Grenzgänge der Ästhetik*. Stuttgart: Reclam.
Werder, L. v. (2000a). *Lehrbuch der Philosophischen Lebenskunst für das 21. Jahrhundert*. Berlin und Milow: Schibri.
Werder, L. v. (2000b). *Das philosophische Radio*. Berlin und Milow: Schibri.
Werder, L. v. (2012). *Existentialismus jetzt! Eine neue Philosophie der Hoffnung*. Berlin, Strasburg und Milow: Schibri.
Werle, J. M. (Hrsg.). (2000). *Klassiker der philosophischen Lebenskunst. Von der Antike bis zur Gegenwart*. München: Goldmann.
Wesche, T. (2011). Glück bei Schopenhauer und Kierkegaard. Vom richtigen Umgang mit der Negativität. In D. Thomä, Ch. Henning & O. Mitscherlich-Schönherr (Hrsg.), *Glück. Ein interdisziplinäres Handbuch* (S. 205–210). Stuttgart: Metzler.
Wetzel, T. (2005). *Geregelte Grenzüberschreitung. Das Spiel in der ästhetischen Bildung*. München: kopaed.
Wilde, O. (1892). *Lady Windermere's Fan*. Stuttgart: Reclam 2003.
Will, H. (2003). *Was ist klassische Psychoanalyse? Ursprünge, Kritik, Zukunft*. Stuttgart: Kohlhammer.
Will, H. (2006). Drei Türen zum Unbewussten in der analytischen Situation. In M. B. Buchholz &

G. Gödde (Hrsg.), *Das Unbewusste in der Praxis – Erfahrungen verschiedener Professionen. Das Unbewusste, Bd. III* (S. 25–52). Gießen: Psychosozial-Verlag.
Will, H. (2008). Über die Position eines Analytikers, der keiner Schule angehört. Eine Fallstudie zum Verhältnis von privater und öffentlicher Theorie. *Psyche – Z Psychoanal, 62*, 1–27.
Will, H. (2010). *Psychoanalytische Kompetenzen. Standards und Ziele für die psychotherapeutische Ausbildung und Praxis*. 2. Aufl. Stuttgart: Kohlhammer.
Willems, H & Jurga, M. (Hrsg.). (1998). *Inszenierungsgesellschaft. Ein einführendes Handbuch*. Wiesbaden: VS Verlag.
Williams, B. (1998). *Der Wert der Wahrheit*. Wien: Passagen.
Willutzki, U. & Teismann, T. (2013). *Ressourcenaktivierung in der Psychotherapie*. Göttingen: Hogrefe.
Wils, J.-P. (2007). *ars moriendi. Über das Sterben*. Frankfurt/M.: Suhrkamp.
Winnicott, D. W. (1965). *Reifungsprozesse und fördernde Umwelt*. München: Kindler 1974.
Winnicott, D. W. (1971). *Vom Spiel zur Kreativität*. Stuttgart: Klett-Cotta 2002.
Wirth, H.-J. (2001). Das Menschenbild der Psychoanalyse: Kreativer Schöpfer des eigenen Lebens oder Spielball dunkler Triebnatur? In A.-M. Schlösser & A. Gerlach (Hrsg.), *Kreativität und Scheitern* (S. 13–40). Gießen: Psychosozial-Verlag.
Wirth, H.-J. (2012). Zur »latenten Anthropologie der Therapeuten im Kontext unterschiedlicher psychoanalytischer Therapierichtungen. In M. B. Buchholz & G. Gödde (Hrsg.), *Der Besen, mit dem die Hexe fliegt. Wissenschaft und Therapeutik des Unbewussten*. Band 2: *Konversation und Resonanz in der Psychotherapie* (S. 279–315). Gießen: Psychosozial-Verlag.
Witte, K. H. (2010). *Zwischen Psychoanalyse und Mystik*. Freiburg: Alber Verlag.
Wittgenstein, L. (1982). *Tractatus logico-philosophicus. Logisch-philosophische Abhandlung*. 16. Aufl. Frankfurt/M.: Suhrkamp.
Wöhrle, G. (1990). *Studien zur Theorie der antiken Gesundheitslehre*. Stuttgart: Franz Steiner Verlag.
Wolf, M. (Hrsg.). (2001). *Selbst, Objekt und der Grundkonflikt. Psychoanalytische Beiträge zur Psychosentherapie, institutionalisierten Abwehr und Aggression. Stavros Mentzos zu Ehren*. Frankfurt/M.: Brandes & Apsel.
Wucherer-Huldenfeld, A. (1990). Zur Eigenständigkeit des Grundgedanken Freuds in der Rezeption der Philosophie Schopenhauers. In Ders., *Ursprüngliche Erfahrung und personales Sein* (S. 241–265). Wien, Köln und Weimar: Böhlau 1994.
Wulf, Ch. (2014). *Bilder des Menschen. Imaginäre und performative Grundlagen der Kultur*. Bielefeld: transcript.
Wulf, Ch. & Zirfas, J. (Hrsg.). (1999). Askese. *Paragrana. Internationale Zeitschrift für Historische Anthropologie, 8*(1).
Wulf, Ch. & Zirfas, J. (Hrsg.) (2007). Muße. *Paragrana. Internationale Zeitschrift für Historische Anthropologie, 16*(1).
Wulf, Ch. & Zirfas, J. (Hrsg.). (2014). *Handbuch Pädagogische Anthropologie*. Wiesbaden: Springer VS.
Wulf, Ch. & Zirfas, J. (Hrsg.). (2015). Unsicherheit. *Paragrana. Internationale Zeitschrift für Historische Anthropologie, 24*(1).
Wurmser, L. (1983). Plädoyer für die Verwendung von Metaphern in der psychoanalytischen Theoriebildung. *Psyche – Z Psychoanal, 37*, 673–700.
Wurmser, L. (1997). *Die Maske der Scham. Die Psychoanalyse von Schamaffekten und Schamkonflikten*. 3. Aufl. Berlin und Heidelberg: Springer.
Wurmser, L. (2000). *Flucht vor den Gewissen. Analyse von Über-Ich und Abwehr bei schweren Neurosen*. 3. Aufl. Göttingen: Vandenhoeck & Ruprecht.

Xenophon (1992). *Erinnerungen an Sokrates*. Stuttgart: Reclam.
Yalom, I. D. (1990). *Die Liebe und ihr Henker & andere Geschichten aus der Psychotherapie*. München: btb 1999.
Yalom, I. D. (1994). *Und Nietzsche weinte*. Hamburg: Kabel Verlag.
Yalom, I. D. (2000). *Die Reise mit Paula*. München: Goldmann (btb-TB).
Yalom, I. D. (2002). *Der Panama-Hut oder was einen guten Therapeuten ausmacht*. München: Goldmann (btb-TB).
Yalom, I. D. (2003). *Was Hemingway von Freud hätte lernen können*. München: Goldmann (btb-TB).
Yalom, I. D. (2005). *Die Schopenhauer-Kur*. München: Goldmann (btb-TB).
Yalom, I. D. (2007). *Theorie und Praxis der Gruppenpsychotherapie. Ein Lehrbuch* [1970]. 9. Aufl. Stuttgart: Klett-Cotta.
Yalom, I. D. (2010). *Existenzielle Psychotherapie* [1980]. 5. Aufl. Bergisch Gladbach: Edition Humanistische Psychologie.
Yalom, I. D. (2011). *In die Sonne schauen. Wie man die Angst vor dem Tod überwindet*. 5. Aufl. München: btb.
Yalom, I. D. (2012). *Das Spinoza-Problem*. München: btb.
Yalom, I. D. & Elkin, G. (2001). *Jeden Tag ein bißchen näher. Eine ungewöhnliche Geschichte* [1974]. München: Goldmann (btb-TB).
Yovel, Y. (1989). *Spinoza. Das Abenteuer der Immanenz*. Göttingen: Steidl 1994.
Zentner, M. (1995). *Die Flucht ins Vergessen. Die Anfänge der Psychoanalyse Freuds bei Schopenhauer*. Darmstadt: WBG.
Zimmer, R. (1999). *Die europäischen Moralisten zur Einführung*. Hamburg: Junius.
Zimmer, R. (Hrsg.). (2008). *Aufklärung und Kritik, Sonderheft 14: Glück und Lebenskunst*.
Zimmer, R. (2009). Philosophie der Lebenskunst aus dem Geist der Moralistik. Zu Schopenhauers Aphorismen zur Lebensweisheit. *Schopenhauer-Jahrbuch, 90*, 45–64.
Zimmer, R. (2010). *Arthur Schopenhauer. Ein philosophischer Weltbürger*. München: dtv.
Zirfas, J. (1993). *Präsenz und Ewigkeit. Eine Anthropologie des Glücks*. Berlin: Dietrich Reimer.
Zirfas, J. (2004a). Bildung und Ekel. Zur pädagogischen Anschlußfähigkeit eines Gefühls. In D. Klika & V. Schubert (Hrsg.). (2004), *Bildung und Gefühl* (S. 160–180). Baltmannsweiler: Schneider.
Zirfas, J. (2004b). Kontemplation – Spiel – Phantasie. Ästhetische Erfahrungen in bildungstheoretischer Perspektive. In G. Mattenklott & C. Rora (Hrsg.). (2004), *Ästhetische Erfahrung in der Kindheit. Theoretische Grundlagen und empirische Forschung* (S. 77–97). Weinheim und München: Beltz.
Zirfas, J. (2007a). Das Lernen der Lebenskunst. In M. Göhlich, Ch. Wulf & J. Zirfas (Hrsg.). (2007), *Pädagogische Theorien des Lernens* (S. 163–175). Weinheim und Basel: Beltz.
Zirfas, J. (2007b). In Schönheit leben und sterben. Ästhetische Bildung der Lebenskunst. In E. Liebau & J. Zirfas (Hrsg.). (2007), *Schönheit. Traum – Kunst – Bildung* (S. 236–268). Bielefeld: transcript.
Zirfas, J. (2008). Sterben lernen. Historische Anmerkungen zum philosophischen und pädagogischen Umgang mit der Endlichkeit. In K. Mitgutsch, E. Sattler, K. Westphal & I. M. Breinbauer (Hrsg.), *Lernen. Pädagogische Beiträge zum Vollzug des Lernens* (S. 309–323). Stuttgart: Klett-Cotta.
Zirfas, J. (2009). Der Scheincharakter der Kunst und die Schönheit des Lebens. Die Bildung der *ars vivendi* von Lucius Annaeus Seneca. In J. Zirfas, J. Bilstein, L. Klepacki & E. Liebau, *Geschichte der Ästhetischen Bildung. Band 1: Antike und Mittelalter* (S. 137–149). Paderborn: Schöningh.

Zirfas, J. (2010a). Die Zivilisierung des Körpers. Zur Benimmerziehung bei Erasmus von Rotterdam. In J. Bilstein & M. Brumlik (Hrsg.), *Die Bildung des Körpers* (S. 14–31). Weinheim und München: Juventa.

Zirfas, J. (2010b). Zeit und Endlichkeit, Tragik und Kontingenz. Kunst als Kontingenzbewältigungskompetenz. In E. Liebau & J. Zirfas (Hrsg.), *Das Drama der Moderne. Kontingenz und Tragik im Zeitalter der Freiheit* (S. 141–161). Bielefeld: transcript.

Zirfas, J. (2011). Die Tischgemeinschaft als ästhetisch-moralische Anstalt. Über Bildung, Geschmack und Essthetik. In E. Liebau & J. Zirfas (Hrsg.), *Die Bildung des Geschmacks. Über die Kunst der sinnlichen Unterscheidung* (S. 17–44). Bielefeld: transcript.

Zirfas, J. (2012a). Sigmund Freuds Grenzgänge zwischen Wissenschaft und Ästhetik. In G. Gödde & M. B. Buchholz (Hrsg.). (2012), *Der Besen, mit dem die Hexe fliegt. Wissenschaft und Therapeutik des Unbewussten, Bd. 1* (S. 573–597). Gießen: Psychosozial-Verlag.

Zirfas, J. (2012b). Anthropologie als Projekt der Psychologie. Immanuel Kants Anthropologie in pragmatischer Hinsicht abgefasst. In M. B. Buchholz & G. Gödde (Hrsg.). (2012), *Der Besen, mit dem die Hexe fliegt. Wissenschaft und Therapeutik des Unbewussten, Bd. 2* (S. 221–247). Gießen: Psychosozial-Verlag.

Zirfas, J. (2014). Imaginação da Felicidade. In N. Baitello & Ch. Wulf (Hrsg.), *Emoção e Imaginação. Os Sentidos e as Imagens em Movimento* (S. 173–185). São Paulo: Estação das Letras e Cores.

Zirfas, J. (2015a). Grenzen und Reichweite der ästhetischen Erfahrung. Perspektiven für Psychoanalyse und Psychotherapie. In G. Gödde, W. Pohlmann & J. Zirfas (Hrsg.). (2015), *Ästhetik der Behandlung. Beziehungs-, Gestaltungs- und Lebenskunst im psychotherapeutischen Prozess* (S. 55–73). Gießen: Psychosozial-Verlag.

Zirfas, J. (2015b). Ohne Gewähr oder: Die unsichere Zukunft. *Paragrana. Internationale Zeitschrift für Historische Anthropologie, 24*(1), Themenheft: Unsicherheit, hrsg. v. Ch. Wulf & J. Zirfas, 26–38.

Zirfas, J. & Jörissen, B. (2007). *Phänomenologien der Identität. Human-, sozial- und kulturwissenschaftliche Analysen.* Wiesbaden: VS Verlag.

Zirfas, J., Klepacki, L., Bilstein, J. & Liebau, E. (2009). *Geschichte der Ästhetischen Bildung.* Band 1: *Antike und Mittealter.* Paderborn: Schöningh.

Zirfas, J., Klepacki, L. & Lohwasser, D. (2014). *Geschichte der Ästhetischen Bildung.* Band 3: *Aufklärung.* Paderborn: Schöningh.

Zweig, S. (1931). *Die Heilung durch den Geist. Mesmer. Mary Baker-Eddy. Freud.* Frankfurt/M.: Fischer 1952.

Zwiebel, R. (2003). Psychische Grenzen und die innere Arbeitsweise des Analytikers. *Psyche – Z Psychoanal, 57,* 1131–1157.

Zwiebel, R. (2004). Der Analytiker als Anderer: Überlegungen zum Einfluß der Person des Analytikers in der analytischen Praxis. *Psyche – Z Psychoanal, 58,* 536–568.

Zwiebel, R. (2007). *Von der Angst, Psychoanalytiker zu sein.* Stuttgart: Klett-Cotta.

Zwiebel, R. (2013). *Was macht einen guten Psychoanalytiker aus? Grundelemente professioneller Psychotherapie.* Stuttgart: Klett-Cotta.

# Personenregister

Abel, G.   156, 159
Abraham, K.   416, 578
Achenbach, G.   44
Adorno, Th.W.   52, 130, 138, 345, 518, 585, 601f.
Alexander, F.   257, 261, 376, 411
Althans, B.   120, 129
Altmeyer, M.   359, 373, 494
Angehrn, E.   637, 679
Anzieu, P.   338
Arendt, H.   592
Argelander, H.   618
Ariès, Ph.   217, 243
Aristoteles   33, 45, 75, 89, 104, 169, 178, 187, 193, 202, 212, 252, 315–321, 349, 366, 379, 591, 595
Artemidor   204–209, 225, 340
Augustinus   7, 203, 228–230, 241

Bächli, A.   82
Balint, Alice   54
Balint, Michael   52, 54, 374, 376, 399, 407–411, 414–416, 462, 488, 493, 496–501, 504, 621, 624
Baranger, M. de   356
Barth, M.   69
Basch, M. F.   54
Bauman, Z.   667
Baumgarten, A. G.   129, 251–254, 264
Bayertz, K.   197
Bedorf, Th.   526, 536

Benedikt, M.   284
Benjamin, Jessica   374, 594
Benjamin, Walter   571, 664
Berlin, I.   131f., 138
Bernays, Jacob   8, 293, 308–321
Bernays, Martha   363
Bernegger, C.   652, 679
Bernfeld, S.   362f.
Bernheim, H.   265, 276–278, 285f., 292–294, 311–313, 377
Bilstein, J.   101, 203f.
Binswanger, L.   166, 355, 466
Birnbacher, D.   149
Bion, W. R.   354, 355, 349, 374, 410, 418, 430, 435, 442, 488, 494, 504
Bittner, G.   108, 415, 494, 506
Blackburn, S.   231, 242
Blankenburg, M.   268
Bloch, E.   574, 639
Blochmann, E.   596
Böker, H.   446, 465
Böhme, G. und H.   129, 137f., 680
Börne, L.   347
Bohleber, W.   55, 374f., 491, 506, 630–634
Bollas, C.   52, 358f., 407
Bolten, J. C.   244, 254–256, 264
Bourdieu, P.   64, 521, 550–552, 555, 558, 588f.
Bozetti, I.   418, 438, 442
Braid, J.   265, 274f., 285
Brandstetter, U.   562

Brandt, R.   125
Bräutigam, W.   496
Brenner, A.   60, 69, 327, 374, 553
Breuer, J.   8, 293, 300, 304, 307–322, 327f., 340, 364, 377, 404, 483, 486
Brock, E.   368
Bronfen, E.   298
Brown, P.   105, 230
Brückner, B.   259, 261f., 264
Brückner, D.   549, 558
Bruder, K.-J.   345
Brumlik, M.   658, 679, 685
Brusotti, M.   156
Buber, M.   466, 594
Buchholz, M. B.   3–5, 19, 39f., 47, 69, 138, 286, 292, 307, 345f., 360, 372, 375, 383, 390, 394, 398, 436, 442, 488, 490, 498, 506f., 612, 616, 625, 629, 634f.
Buck, G.   545, 640, 679
Buddha   466
Bühler, K.-E.   306, 307
Bürger-Prinz, H.   444f.

Callendar, J. S.   571, 579f.
Camassa, G.   574, 580
Camus, A.   466
Canestri, J.   55f., 374, 614, 630, 632, 635
Carbone, M.   159
Carus, C. G.   33, 135–137, 240f., 291, 509
Carveth, D. L.   344, 396, 398
Chrysipp   185, 216
Cicero   92, 96, 216, 595
Cremerius, J.   334, 378, 381, 396–398, 415, 419, 439, 492
Crisp, R.   589

Dalma, J.   315, 321
Dannecker, K.   19, 40, 564, 568
Dantlgraber, J.   496
Daston, L.   490
Deines, S.   247, 590
Delay, J.   299
Demmerling, Ch.   656–661, 679
Denis, P.   55, 630, 632, 635, 639, 689
Derrida, J.   165, 579, 641
Descartes, R.   105, 126–128, 134f., 140, 216, 253, 268

Deschner, K.   288
Dessoir, M.   276
Didi-Huberman, G.   297
Diogenes Laertios   74, 92f., 101
Dodds, D. R.   193, 199, 208, 225
Doolittle, H.   397
Dörner, K.   257
Dornes, M.   503, 544, 547
Dover, K.   209
Dubois, P.   295
Düe, M.   232, 243, 321, 331–334
Duerr, H.-P.   232, 243
Dulz, B.   624, 635

Eagleton, T.   547
Ebeling, K.   387
Eckart, W. U.   253
Eckert, J.   624, 635
Edelstein, L.   189, 194, 212
Eder, F. X.   227, 237, 243
Ehrenberg, A.   540, 543, 548, 583
Eissler, K. R.   363, 397
Elberfeld, R.   437
Elias, N.   214, 231, 233, 243
Ellenberger, H.   189, 225, 259–274, 279, 281–284
Engel, U.   258, 260, 264
Engelen, E.-M.   655, 679
Ennemoser, J.   265, 272, 274
Epikur   33, 38, 45, 71f., 92–99
Erasmus von Rotterdam   7, 33, 104, 107, 231
Erdheim, M.   338
Ermann, M.   53, 411, 612
Esquirol, J. E.   256

Fahrenberg, J.   121, 138, 375, 498, 506
Fellmann, F.   44, 69, 102, 104, 174, 177–179
Fenichel, O.   355, 407, 417, 421, 425–427, 499
Ferenczi, S.   10, 39, 374, 376, 396–416, 421, 425, 428, 462, 488, 491, 496, 504f., 621
Ferro, A.   494, 635
Fiedler, P.   307, 461
Finke, J.   619f., 635
Fischer-Lichte, E.   584
Fleck, L.   488, 519
Fließ, W.   54, 135f., 338, 340, 361, 613
Focke, I.   442

Fonagy, P. 55, 374, 462, 491, 530, 632
Fosshage, J.L. 620
Foucault, M. 6f., 20, 25f., 33, 38, 42f., 49, 63, 71–73, 101, 117, 165–182, 185, 195, 198f., 206f., 210–212, 222, 225, 230, 239, 257, 336f., 345, 509, 524–526, 544, 581, 590, 593, 597, 685f.
Frank, J. 466
Francke, A.H. 244, 246–249
Frankl, V.E. 466, 538
Freese, H.L. 44
Freud, S. 8f., 17, 20, 25, 28, 30f., 33f., 36, 39, 45f., 53f., 62, 64, 67, 98f., 134, 136, 138, 140, 149, 160, 173, 220f., 226, 233, 239, 242f., 264, 277, 279, 281, 284–286, 291–302, 304–439, 447, 457f., 466–468, 480, 482, 486–492, 494–496, 499, 502–505, 509, 516, 526, 537f., 541f., 546, 552f., 565f., 572, 578, 581, 591f., 595, 604f., 611, 618, 621, 646, 663f., 676, 683, 685, 689f.
Fromm, E. 374, 440, 466
Früchtl, J. 585, 593

Gadamer, H.-G. 557f., 563, 595, 644, 679
Galen 33, 188f., 192, 196, 225, 244, 397, 466
Galison, P. 490
Galliker, M. 230
Gamm, G. 346, 356, 359, 564, 566, 568
Garve, Ch. 130
Gasser, R. 162, 326, 336
Gattig, E. 405, 595, 603
Gauthier, A. 272, 274
Gehring, P. 345
Geißler, P. 375
Gelhard, A. 345
Giebel, M. 204
Giesers, P. 373
Gigerenzer, G. 178, 586, 593
Gill, M. 620
Gilles de la Tourette, G. 304, 307
Gisiger, S. 467, 487
Göhlich, M. 350, 635
Görres, A. 347
Göttert, K.-H. 596, 603
Goethe J.W. von 33, 131, 133f., 315f., 319f., 419, 421, 439, 570, 578, 596
Goffman, E. 516, 583f., 593, 598, 599, 603, 638

Goldmann, S. 101, 135, 332, 335, 372, 593
Grabska, K. 438
Graeser, A. 82
Grawe, K. 614
Gray, P. 374, 430f.
Grimm, J. & W. 539, 550, 596
Groddeck, G. 400f., 404f., 504
Guckes, B. 85
Guggenbühl-Craig, A. 58
Gumbrecht, H.-U. 592
Gysling, A. 491, 496f., 506

Habermas, Jürgen 20, 689
Habermas, Tilmann 491, 494, 506
Hadot, P. 33, 89, 91, 101, 165, 185, 197, 200, 225, 597
Hahn, Alois 583
Hahn, Inge 442
Hamann, J.G. 131, 132
Hamburger, K. 660, 679
Hampe, M. 165, 344
Hardt, J. 487
Hartmann, Eduard von 291
Hartmann, Hans-Peter 504
Hartmann, Heinz 374, 461, 540, 541
Hartmann, Nicolai 464, 594
Haubl, R. 341, 387, 394, 398
Haynal, A. 399, 400, 416
Hegel, G.W.F. 141, 527, 536, 594, 638, 640, 679
Hegener, W. 707
Heidegger, M. 165, 466, 519, 523, 525, 651
Heim, G. 306f.
Heinroth, J.C.A. 244, 261–263, 285
Heisterkamp, G. 412
Hell, D. 346
Heller, A. 667
Helsper, W. 667, 668, 679
Heltzel, R. 444
Henrich, D. 563
Herbart, J.F. 121, 291, 594
Herder, J.G. 33, 131, 133, 346, 492, 509
Himmelmann, B. 159
Hippokrates 33, 89, 190–193, 223, 244, 252, 466, 604
Hirschmüller, A. 315, 319, 321
Hobbes, Th. 7, 239, 242f., 263, 503, 528

729

Hochkeppel, W. 94, 101
Höffe, O. 564
Hoffmann, E.T.A.O. 136
Holm-Hadulla, R. 54, 356, 564, 568
Honneth, A. 528, 531, 536, 594
Horkheimer, M. 130, 138
Horn, Ch. 85, 93, 101, 105, 185, 197–201, 225, 333, 374
Horney, K. 52, 374, 466
Hossenfelder, M. 101
Hüppauf, B. 66, 571, 580
Hufeland, Ch.W. 106, 134f., 235, 291
Huppertz, M. 434, 435, 614
Hume, D. 659

Ideler, K.W. 244, 262, 263, 289
Illouz, E. 168, 510, 523, 543, 606, 681, 687
Imhof, A.E. 227
Im Hof, U. 130
Irion, U. 366–368, 372
Iser, W. 585f., 594

Jaeger, W. 193
James, W. 52, 444
Janet, P. 265, 281, 284, 292f., 299–307
Jaspers, K. 444, 466
Jörissen, B. 511, 516f., 523f.
Joffé, W. 618
Jones, E. 292, 305
Jung, C.G. 36, 284, 292, 374, 466, 572, 576, 580
Jung, J. 154
Junker, H. 375, 398, 407, 413f., 416, 495

Kächele, H. 55, 355
Kamper, D. 569, 580
Kant, I. 20, 33, 36, 38, 61, 71f., 104–106, 115, 118–125, 129f., 132, 138, 140–142, 180–182, 236, 258, 263, 349, 352, 529, 533, 550, 556, 596, 676
Kaufmann, W. 141, 156, 361
Kernberg, O.F. 374, 462, 504, 624, 635
Kersting, W. 60, 70, 179, 544
Kierkegaard, S. 33, 53, 439, 466
Kimmerle, G. 359, 388, 568
Kittsteiner, H.-D. 241
Klages, L. 134

Klein, M. 374, 462, 499, 504
Kleinspehn, Th. 551, 553, 558
Klepacki, L. 101, 138, 241, 243
Klöpper, M. 634f.
Knote, A. 244–247, 251–255, 264, 435
Koch, F. 238, 243
Kohut, H. 359, 374, 407, 429, 431, 461f., 488, 491, 497, 499f., 504, 594, 619
Köhler, T. 305
König, H. 348, 355, 357f., 360
Körner, J. 348, 498, 500, 506
Koßler, M. 352
Krämer, H. 70, 597
Kronberg-Gödde, H. 346
Krüger, J.G. 254
Krug, O.T. 467, 487
Küchenhoff, J. 430, 442
Kühn, R. 465
Küpper, J. 560f.
Kuhn, P. 488
Kutter, P. 465, 487, 506, 634

Lacan, J. 491, 499
Lachmann, F. 374, 620
Laplanche, J. 335
Laqueur, Th. 237f., 243
Leibbrand, W. 264
Leibniz, G.W. 128f., 133, 249, 251, 291
Leikert, S. 567f.
Leites, E. 235
Lempa, G. 452, 463, 465
Leven, K.-H. 187, 225
Levinson, J. 565
Lichtenberg, Joseph D. 54, 347, 457, 462, 618, 620
Lichtenberg, Georg F. 105
Liebau, E. 101, 157, 243, 558, 588f.
Linck, D. 321
Loch, W. 54, 603
Löwith, K. 159
Lohmann, H.-M. 341
Lorenzer, A. 305–307, 310, 324, 329, 374, 394
Loukidelis, N. 162
Lyotard, J.-F. 164, 292

Maaz, W. 19, 40
Malter, R. 143

Marneffe, D. de 298
Marneros, A. 257, 261
Marquard, O. 134f., 138, 163, 346, 665
Marten, R. 55, 70, 526, 536
Martin, N. 19, 40, 75, 165, 276, 293f., 341, 349, 519, 560f.
Masson, J. R. 329
Mattenklott, G. 349, 560, 568, 580
Matthews, G. B. 44
May, R. 374, 466, 468
Mayer, A. 276f., 286, 292
Mayer, R. 320
Meier, G. F. 252, 254
Mentzos, S. 39, 56, 374, 376f., 442–465, 488, 493, 497, 500, 503–505, 611, 662, 669, 687
Mertens, W. 55, 127, 341, 357, 359, 373, 387, 394, 398, 411, 418, 429f., 435, 442, 449, 462, 503, 505–507, 618
Mesmer, F. A. 264–275, 279–281, 284–286, 292
Micale, M. 298, 304
Milch, W. 465, 475
Mitchell, S. A. 374, 488, 494, 623f.
Mohn, B. 19, 40
Montaigne, M. de. 33, 38, 68, 71f., 101, 103–114, 146, 150, 176, 180–182, 439, 509, 538, 544, 644, 666
Morgenstern, M. 146, 149, 162
Muchembled, R. 227, 235f., 243
Müller, Th. 39, 714
Müller, T. 463, 465, 506, 634f.
Münch, K. 625, 635
Müri, W. 189, 191–193, 225
Munz, D. 635

Nehamas, A. 44, 101, 110, 172, 522
Neumann, G. 372, 554, 679
Neuweg, H.-G. 435, 614
Nietzsche, F. 23, 33, 38, 71f., 136, 138–140, 150–163, 165, 171, 175, 178–182, 233, 291f., 318–320, 325–327, 335, 337, 342f., 346f., 349, 352f., 360, 366–369, 372, 413, 422f., 439, 466–468, 471, 482–487, 489, 492, 503, 509, 526, 544, 581, 589f., 603f., 644, 653, 659, 666f.
Nussbaum, M. 98, 205, 216f., 225

Oberlechner, G. 270, 286
Oberthür, J. 19, 40f.
Oevermann, U. 653, 668, 679
Oksenberg Rorty, A. 86
Orlinsky, D. E. 624
Ovid 203, 239

Pappenheim, B. 308, 483, 485f.
Parin, P. 46, 476
Pieper, J. 352
Pfeiffer, K. L. 582
Pfister, O. 30, 394
Pflichthofer, D. 53, 565, 567f.
Pillmann, F. 257, 261
Pinel, P. 256f.
Platon 20, 33, 38, 43, 45, 71, 73–85, 90, 92, 97, 99–101, 104, 141, 169, 176, 180, 182, 195, 197, 199f., 202f., 205, 210, 212, 219–222, 366, 520, 604, 636, 638, 640, 653
Pochat, G. 213
Pohlmann, W. 39f., 70, 373, 390, 558, 568f., 635
Polanyi, M. 614f.
Poltrum, M. 70, 679
Pörksen, B. 490
Pongratz, L. 126, 138, 291
Preyer, W. 275

Rabbow, P. 202f., 314, 321
Rank, O. 399, 401f., 411, 414, 416, 419, 425, 466
Ranke-Heinemann, U. 229
Reckwitz, A. 509, 523
Rehm, U. 231
Reich, J. J. 253
Reich, W. 417, 421, 425f., 499
Reichenbach, R. 583
Reicheneder, J. G. 265, 273f., 277, 286, 307, 311, 321
Reichertz, J. 584
Reik, Th. 39, 54, 355, 358–360, 374, 376, 416–442, 488, 492, 496, 505
Reil, J. C. 134, 244, 256–264, 285, 291
Rheinberger, H. J. 488, 490
Ricœur, P. 517, 524, 536, 594
Rieger-Ladich, M. 113
Roazen, P. 334

Rogers, C.   36, 52, 466, 491, 594
Rohde-Dachser, C.   504
Rorty, R.   86, 164, 531, 536
Rothe, M. C.   244–246
Rousseau, J.-J.   33, 132, 236, 263
Rudolf, G.   499, 611

Sachs, H.   419, 421
Sacks, O.   514, 524
Safranski, R.   44, 132, 138, 142, 144, 151, 162, 346, 351, 492, 664
Salaquarda, J.   139, 163
Sandler, J.   374, 412, 618, 630f.
Sappho   209
Sartre, J.-P.   466, 649–652, 679, 685
Sassenfeld, A.   375
Sautet, M.   44
Scheff, T. J.   202
Schelling, F. W. J.   33, 134–136, 263, 291, 599
Schiller, F.   106, 348, 567, 595, 646
Schipperges, H.   190, 235
Schmid, W.   20, 26, 33, 38, 43–45, 47, 58, 60, 69–72, 105f., 172, 174–182, 185, 195, 200, 333, 335, 337, 346, 509, 521, 525f., 597f., 604, 653
Schmidbauer, W.   58, 244, 286, 390, 496
Schmidt, G.   177, 525
Schneider, K.-J.   467, 487
Schönpflug, W.   250
Schöpf, A.   330, 383, 499
Schopenhauer, A.   26, 30, 33, 38, 71, 105, 136, 138–154, 159–163, 177f., 180–182, 203, 283f., 291f., 325, 347, 349, 351f., 360, 366–371, 422, 439, 466–468, 471, 487, 503, 509, 574, 639f., 644, 651, 653, 659, 680f.
Schott, H.   264f., 274f., 285f.
Schröder, C.   264, 276, 286, 294f., 307, 321, 335
Schümmer, F.   549
Schultz, U.   114, 374
Schwaber, E. A.   431
Schwarte, L.   572
Seel, M.   60, 560f., 568, 592
Selesnick, S. T.   257, 261
Sellars, J.   72, 101, 185, 217, 225
Seneca   33, 38, 83f., 86, 88f., 100, 107, 219, 223f.
Sennett, R.   66

Slote, M.   589
Sloterdijk, P.   44, 70, 286, 520f., 524, 526, 544, 582, 589
Soeffner, H.-G.   582f., 594
Sokrates   20, 33, 38, 45, 71–81, 84, 99–101, 182, 199f., 221f., 225, 342, 466, 653
Soldt, Ph.   564, 569
Spence, D.   342f., 394f., 396, 398, 432
Spinoza, B. de   105, 134, 467f., 487, 503
Springer, A.   507, 604, 635
Stadler, M.   219
Stahl, G. E.   253f.
Stegmaier, W.   603
Stern, D. N.   23, 52, 282, 374, 412, 491, 594, 613
Stets, J. E.   662, 680
Stierle, K.   648, 680
Stierlin, H.   501
Stolorow, R. D.   374, 432, 488, 494, 594
Stone, L.   407
Strasser, S.   506
Streeck, U.   629
Strenger, C.   42, 70, 502, 524, 544, 548, 581
Stroeken, H.   538, 548

Target, M.   374, 462, 630
Taylor, Ch.   530
Tewes, J.   349, 360
Thomasius, C.   244, 247–249, 251, 253f.
Tölle, R.   264, 285f.
Thomä, H.   55, 355, 359, 373, 416, 494
Todorov, T.   532, 536
Tripold, T.   268, 280, 286
Tuckett, D.   614, 625–629, 632, 635
Tugendhat, E.   520
Turner, J. H.   662, 680

Valéry, P.   518
Vasalli, G.   379f., 398
Voelke, A.-J.   196
Vogel, R. T.   467, 487
Vöhler, M.   19, 40, 321, 560
Voltaire, F.-M.A.   33, 131, 146, 596

Waelder, R.   592, 594
Waldenfels, B.   641, 680
Walzer, M.   534–536

Wampold, B.E.   615f., 635
Warhol, A.   513
Warsitz, R.-P.   430, 442
Warstat, M.   321
Weinkauf, W.   84
Weinrich, H.   325, 335
Weiß, G.   592
Welsch, W.   164, 512–514, 524, 559
Werder, L. v.   44, 180, 467, 487
Werle, J.M.   71, 101
Wettley, A.   264
Wetzel, T.   562
Wilde, O.   239, 639
Will, H.   54, 357, 359, 382, 401, 405, 442, 621f., 626, 628, 635f.
Willems, H.   684
Williams, B.   334
Willutzki, U.   631
Wils, J.P.   185
Winnicott, D.W.   22, 25, 374, 376, 399, 407, 410f., 415f., 429, 462, 488, 491–493, 496, 504, 621, 624
Wirth, H.-J.   39, 498, 507

Witte, K.H.   430
Wittgenstein, L.   22f., 489, 585, 590, 596
Wöhrle, G.   189, 194, 225
Wolf, M.   465
Wolff, C.   116, 121, 126, 129, 249–252, 254, 438
Wucherer-Huldenfeld, A.   149
Wulf, Ch.   66, 171, 335, 349, 360, 372, 507, 569–572, 580, 635, 680
Wurmser, L.   383, 603f.

Xenophon   78, 208

Yalom, I.D.   20, 39, 374, 377, 466–488, 493, 497, 505, 539, 568, 587, 602, 663, 687
Yovel, Y.   503

Zentner, M.   149, 163
Zimmer, R.   57, 70, 104f., 138, 146, 149, 162f., 194, 275, 372, 418, 450, 482
Zimmermann, J.   585, 593
Zwiebel, R.   418, 423, 429f., 436–438, 442, 488, 492, 494, 497f., 507

# Psychosozial-Verlag

Carlo Strenger
## Die Angst vor der Bedeutungslosigkeit
### Das Leben in der globalisierten Welt sinnvoll gestalten

323 Seiten · Hardcover
ISBN 978-3-8379-2499-2

»**Ein überaus ambitioniertes Buch, das zu erkunden versucht, was es bedeutet, in der modernen Welt ein wertvolles Leben zu führen.**«

*Irvin Yalom*

Das Individuum ist heute mit der gesellschaftlichen Leitidee konfrontiert, alles sei möglich und jedes Ziel erreichbar. Das führt zu einer weit verbreiteten Angst, die eigenen Potenziale nicht voll auszuschöpfen und ein unbedeutendes, erfolgloses Leben zu führen. Die Entwicklung eines stabilen Selbstwertgefühls wird so erschwert. Die Vorherrschaft einer kommerzialisierten Selbsthilfekultur der Selbstoptimierung verhindert eine intensive Beschäftigung mit grundlegenden existenziellen Fragen.

Mithilfe philosophischer, psychologischer, soziologischer und ökonomischer Theorien analysiert und kritisiert Carlo Strenger in einzigartiger Weise diese Entwicklung und zeigt, wie durch eine aktive Anerkennung des eigenen Selbst und durch eine ernsthafte intellektuelle Auseinandersetzung mit dem eigenen Weltbild eine bedeutungsvolle Lebensführung gelingen kann. Dabei greift er nicht nur auf die Erkenntnisse vieler bedeutender Denker, sondern auch auf seine Erfahrungen als Psychotherapeut zurück.

Walltorstr. 10 · 35390 Gießen · Tel. 0641-969978-18 · Fax 0641-969978-19
bestellung@psychosozial-verlag.de · www.psychosozial-verlag.de

# Psychosozial-Verlag

Tilmann Moser
## Klinisches Notizbuch
### Psychotherapeutische Fallgeschichten

August 2015 · 345 Seiten · Broschur
ISBN 978-3-8379-2486-2

**In den meisten Biografien gibt es eine Grundmaserung, eine starke oder schwache Lebenslinie, die unserer biologischen Ausrüstung entspricht und an der sich ein Mensch lebenslänglich abarbeitet. Doch wie schwer darf das eigene Päckchen werden, das jeder zu tragen hat?**

In Philosophie, Theologie, Psychologie, Politik und sogar Wirtschaftswissenschaft wird der Mensch heute kaum noch als Ganzes wahrgenommen. Überall geht es um Teilaspekte, Teilidentitäten, Einzelthemen, Fragmente oder lose zusammengehaltene Persönlichkeitsanteile, die je nachdem, was in einer gesellschaftlichen Situation gebraucht oder abgefragt wird, zur Wirkung kommen. Geübte TherapeutInnen vermögen, stellvertretend für ihre bereits resignierten PatientInnen, die zerstreuten Anteile in der Vision einer wiederzugewinnenden Ganzheit zusammenzubringen.

Tilmann Moser berichtet im vorliegenden Buch – eine Bilanz aus seiner analytisch-körpertherapeutischen Praxis – von herausragenden Erfahrungen, die seine Arbeitsweise maßgeblich beeinflusst haben und durch die er psychoanalytisches Neuland betreten hat. Das *Klinische Notizbuch* dokumentiert, wie Psychoanalyse kreativ durch körpertherapeutische und gestalttherapeutische Verfahren bereichert und unterstützt werden kann.

Walltorstr. 10 · 35390 Gießen · Tel. 0641-969978-18 · Fax 0641-969978-19
bestellung@psychosozial-verlag.de · www.psychosozial-verlag.de